点校编
曲谱编

甘肃省图书馆藏
河西宝卷整理汇编 ①

甘肃省图书馆　编

浙江古籍出版社

图书在版编目(CIP)数据

甘肃省图书馆藏河西宝卷整理汇编 / 甘肃省图书馆编. -- 杭州 : 浙江古籍出版社, 2022.12
ISBN 978-7-5540-2408-9

Ⅰ. ①甘… Ⅱ. ①甘… Ⅲ. ①甘肃省图书馆—宝卷(文学)—文献—汇编 Ⅳ. ①Z822.1

中国版本图书馆CIP数据核字（2022）第206285号

2022年度国家古籍整理出版专项经费资助项目
2021—2035年国家古籍工作规划重点出版项目（第一批）

甘肃省图书馆藏河西宝卷整理汇编
甘肃省图书馆　编

出版发行　浙江古籍出版社
（杭州市体育场路347号　电话：0571-85068292）
网　　址　https://zjgj.zjcbcm.com
责任编辑　刘成军　　潘铭明　　张　莹
责任校对　吴颖胤
封面设计　吴思璐
责任印务　楼浩凯
照　　排　浙江时代出版服务有限公司
印　　刷　浙江新华印刷技术有限公司
开　　本　889mm ×1194mm　1/16
印　　张　80.25　　**插　　页**　4
字　　数　1060千字
版　　次　2022年12月第1版
印　　次　2022年12月第1次印刷
书　　号　ISBN 978-7-5540-2408-9
定　　价　1980.00元

谭蝉雪（1934—2018）

甘肃省图书馆副馆长李芬林（右）、职工黄禄堂（左）在谭蝉雪（中）上海家中接收其捐赠的河西宝卷

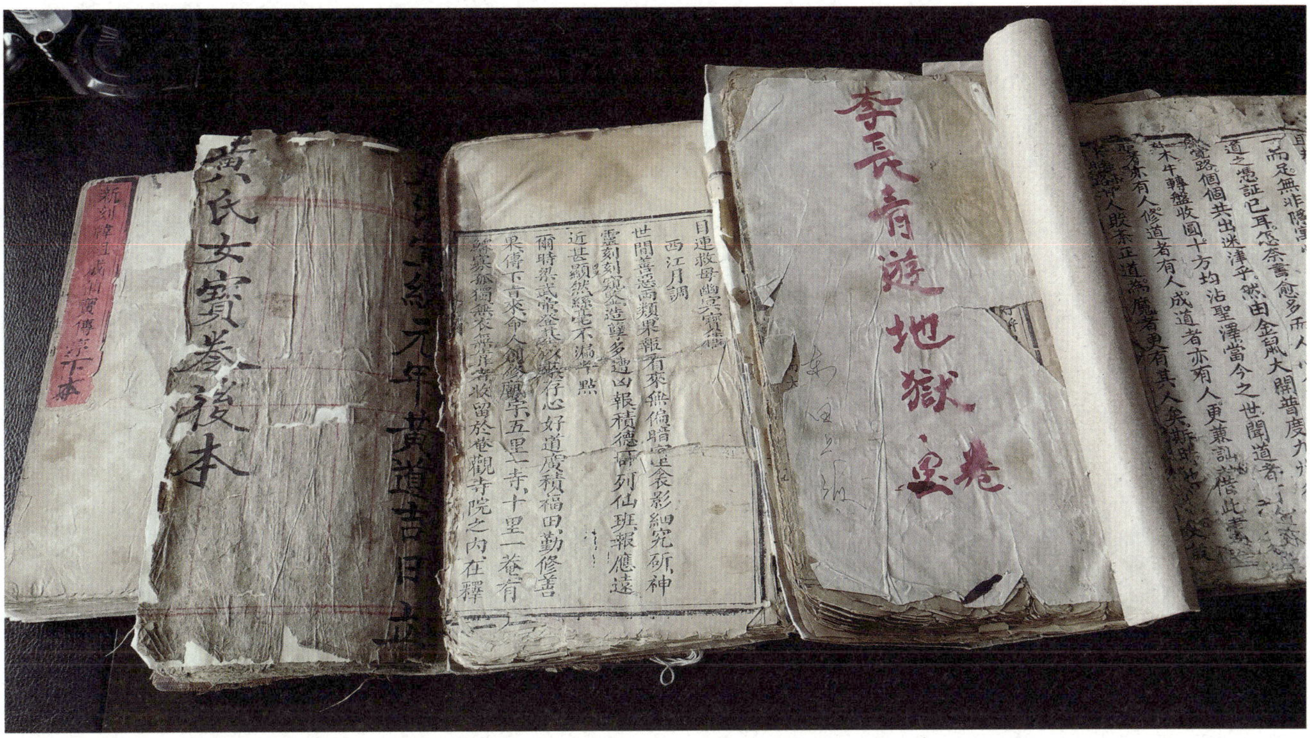

谭蝉雪捐赠给甘肃省图书馆的河西宝卷

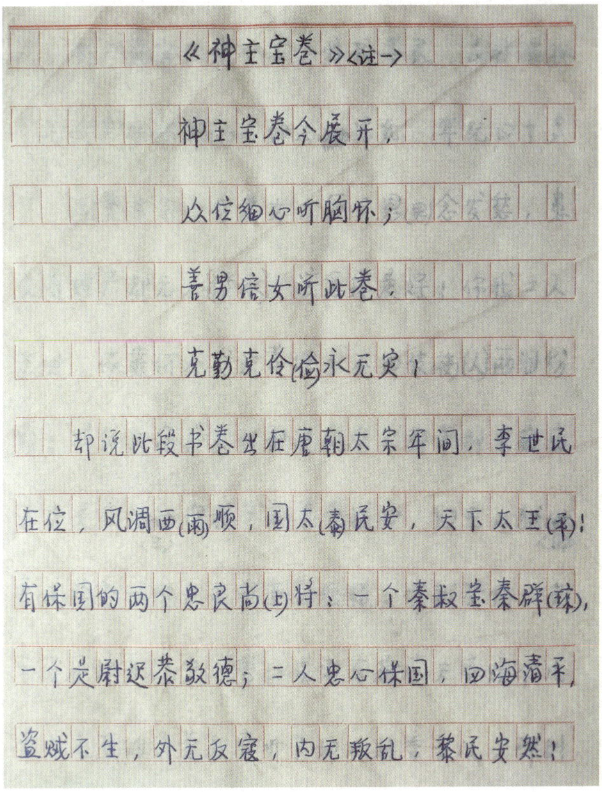

《神主宝卷》<注一>

神主宝卷今展开，

众位细心听胸怀；

善男信女听此卷，

克勤克俭(俭)永无灾；

却说此段书卷出在唐朝太宗年间，李世民在位，风调西(雨)顺，国太(泰)民安，天下太王(平)！有保国的两个忠良尚(上)将：一个秦叔宝秦群(琼)，一个是尉迟恭敬德；二人忠心保国，四海清平，盗贼不生，外无反寇，内无叛乱，黎民安然！

谭蝉雪手抄宝卷

谭蝉雪捐赠给甘肃省图书馆的河西宝卷录音磁带

甘肃省图书馆组织专家鉴定谭蝉雪捐赠的河西宝卷

甘肃省图书馆举办“河西宝卷修复项目研讨会”

序

宝卷是一种流传于民间的俗文学，是由唐代寺院中的俗讲演变而来的一种中国传统说唱文学形式，有深厚的民间基础。宝卷的表演形式在甘肃被称为“念卷”，亦称“唱宝传”“喧卷”“劝善书”“友善书”等。

河西宝卷是在唐代敦煌变文、俗讲以及宋代说经基础上发展而成的一种汉族民间吟唱的俗文学，是中国古代社会形态与河西地区独特的地域文化土壤中培育出来的传统文化与河西民间生活信仰相结合的说唱艺术形式，主要流行于丝绸之路沿线的武威、张掖、酒泉、敦煌等地区。甘肃最早研究宝卷的学者慕寿祺认为，“宝卷所叙多是佛教故事，其体裁却与俗文不同，亦有于开卷时引经云一段者，却与故事的本文无关，不似俗文之必以经文为提纲也。惟其于每一段落处须宣扬佛号之一点，则又与俗文同”[①]。同时慕寿祺在《中国小说考》中对《香山宝卷》开设条目，虽没有提及河西宝卷，但对甘肃宝卷的研究具有一定的参考价值。2006年，经国务院批准，河西宝卷被列入第一批国家级非物质文化遗产名录，受到地方文化部门的高度重视。

谭蝉雪女士毕业于兰州大学，是敦煌研究院的退休职工，副研究员，主要从事佛教和民俗学研究，是我省较早研究河西宝卷的学者之一。1998年，谭蝉雪发表《河西宝卷概述》一文[②]，介绍了甘肃河西走廊地区现当代民间念卷的历史、流传的地区、形式（仪式、演唱曲调）、演唱风俗，民间宝卷的现存概况等内容，其研究描述了中华民国时期河西宝卷的表演形态，虽然记述内容很少，但非常珍贵。在河西宝卷整理方面，谭蝉雪于1991年整理校录的《康熙宝卷》，收入西北师范大学古籍整

① 慕寿祺《甘宁青史略·文化卷》（副编卷四），兰州俊华印书馆1936年版。

② 见《曲艺讲坛》，1998年第4期。

理研究所、酒泉市文化馆编撰的《河西宝卷》（上编）[①]。2015年11月，谭蝉雪女士因为身体原因，不能继续从事研究工作，将自己多年收藏的河西宝卷资料和手稿共72种81卷捐献给甘肃省图书馆。这些宝卷资料包括清代刊本、抄本，民国印本、民间手抄本、宝卷说唱录音磁带，以及谭蝉雪本人抄录的清代宝卷、研究手稿、研究目录。这些宝卷有一部分是甘肃本地刻印的，具有很高的学术价值和版本研究价值。此举是她对甘肃民间文学研究、民间曲艺学科建设做出的重要贡献，也为甘肃省图书馆西北地方文献资源收藏增加了亮点。

这批宝卷具有以下鲜明的特色：

一是学术版本价值高。谭蝉雪藏宝卷反映了甘肃地方宝卷刻印出版的情况。刊刻最早的甘肃宝卷，据周绍良先生介绍，当为明朝末年肃藩出资刊印的明代民间宗教罗教的"五部六册"（即《苦功悟道卷》《叹世无为卷》《破邪显证钥匙卷》二册《证信除疑无修证自在宝卷》《巍巍不动泰山深根结果宝卷》），现在这些宝卷下落不详。清康熙三十七年（1698）甘州府（今张掖）板桥仙姑庙刊行的金城（今兰州）人谢历编辑的《敕封平天仙姑宝卷》，是现存最早由甘肃本地人创作、刊印的宝卷，今存北京大学图书馆[②]。谭蝉雪藏宝卷中清刻本共有4种，珍贵抄本1种：《七真天仙宝传》（四卷）为清光绪二十九年（1903）刻本，《目连救母幽冥宝传》（二卷）为清嘉庆二十一年（1816）肃州建康郡（高台县）刻本，《黄氏女宝卷后本》为清宣统元年（1909）肃州抄本，《湘祖成仙传》为清光绪·秋月重刊肃州印经社刻本，《李长青游地狱宝卷》为清肃州建康郡（高台县）刊本。车锡伦在《明清民间宗教与甘肃的念卷和宝卷》一文中指出，"甘肃当地刻印的几种祖师传记和因果报应故事宝卷……实为某个民间教团（先天道或其支派）所为"[③]，可以真实反映当时民间教团传诵、刻印宝卷之情形。兰州肃昌泰、肃州印经社刊刻的民间宝卷情况，客观说明清代、民国时期河西一带说唱、宣讲宝卷盛行，宝卷需求量较大，刊刻机构较多。

二是种类丰富。这批宝卷既有刻本、抄本、整理本，还有唱腔录音，形式多样，内容丰富，对宝卷研究具有重要价值。以往收集出版的宝卷，以抄本为主，刻本较少；

---

① 西北师范大学古籍整理研究所、酒泉市文化馆编撰的《河西宝卷》（上编），甘肃人民出版社，1991年12月版。

② 北京大学图书馆藏《敕封平天仙姑宝卷》，清康熙三十七年（1698）写刻本，1册1函。原为马廉（隅卿）旧藏，1937年入藏北京大学图书馆，典藏号：MX/814.8/0471。版框高25厘米，宽15.5厘米，双栏，黑鱼尾，细黑口，版心题"仙姑卷"。正文70叶，半叶9行，行24字。扉页题"平天仙姑宝卷"，原卷无序跋，首有绣像一幅。

③ 车锡伦《明清民间宗教与甘肃的念卷和宝卷》，《敦煌研究》1999年第4期，40—49页。

以文本为主，录音少见。此次谭蝉雪捐赠的宝卷，其内容和形式为宝卷收集机构历来收藏之最，为宝卷研究提供了多样化的内容，便于研究者更深入研究宝卷的内容与唱腔，体验宝卷吟唱的场景和现场效果。

三是稀见宝卷学术价值较高。谭蝉雪捐赠的部分宝卷内容为首次发现，为宝卷研究提供了新的研究内容。如清代刻本《李长青游地狱宝卷》、手抄本《李都玉参药山经》等文献较为罕见，在省内外出版的河西宝卷中均未见。据车锡伦研究，《李都玉参药山经》“这本宝卷故事的来源本为一段禅宗公案，始见《五灯会元》卷五载：唐朗州刺史李翱拜见澧州药山惟俨禅师，药山开始不理他，李拂袖而出。药山说：‘太守何得贵耳贱目？’李回首拜谢，问：‘如何是道？’药山手指上、下，李不理会。药山说：‘云在青天水在瓶。’李又问：‘如何是戒定慧？’药山说：‘贫道这里无此闲家具。’李莫名其妙。药山说：‘太守欲得保任此事，直须向高高山顶立，深深海底行。闺阁中物，舍不得便为渗漏。’李翱是一世俗的官史，他向药山问佛家之道和修行实践的问题。药山的回答，实际上告诉他要舍弃世俗的一切，才能如此问道问修行。这段公案，在明代罗清所编《破邪显证卷》‘破邪四生受苦品第二’中便演成‘李都尉参药山惧怕地狱’的说法，后来又被民间宗教家编成了‘李都御参药山救母出苦’故事的宝卷”[①]。

四是宝卷曲牌有新的发现。其中有部分唱腔为演唱者自创曲谱，为研究宝卷曲牌提供了更多的内容。如《方四姐宝卷》的唱腔有三种自创曲调，曲调根据内容创作，唱者动情，听者落泪。

河西宝卷是反映我省河西人民历史与现实生活的一种文学表现形式，表现手法独具河西地域特色，从民俗学、人类学角度审视，具有很高的文化价值，需要珍藏和传承。甘肃省图书馆在长达四年的时间里，分批将这批宝卷文献修复、整理注释，对唱腔进行谱曲、转录，最终成果即为《甘肃省图书馆藏河西宝卷整理汇编》。与以往出版的河西宝卷整理成果相比，《甘肃省图书馆藏河西宝卷整理汇编》有下列特点：

一、原版影印与文献整理结合，使读者既能观宝卷原卷之面貌，也能阅读宝卷之内容。此次整理出版的宝卷，既影印《观音济度本愿真经》《黄氏女宝卷后本》《李长青游地狱宝卷》《目连救母幽冥宝传》《七真天仙宝卷》《收圆还乡》《湘祖成仙传》等刻本、抄本，还有依据刻本、抄本整理出来的《精忠宝卷》《李都玉参药山宝经》《孟姜女长城寻夫》《孟姜绣龙袍宝卷》《神主宝卷》《唐僧出世宝卷》《王祥卧冰宝卷》《闫察山宝卷》等宝卷文本，从原本到整理文本，多方面满足研究者和读者的需求。

---

① 车锡伦《明清民间宗教与甘肃的念卷和宝卷》，《敦煌研究》1999年第4期，40—49页。

二、整理出的宝卷文本，又对应了宝卷的曲谱和唱腔录音，使宝卷研究方式更为生动。以往出版的河西宝卷文献，基本上以文本研究内容为主，也有少量的宝卷曲谱资料。此次出版的汇编，仅曲谱就有49首，如《莲花落——唐僧出世宝卷》《哭五更——唐僧出世宝卷》《哭五更——王祥卧冰宝卷》《十字符——方四姐宝卷》《七字道情——方四姐宝卷》《自创音调——方四姐宝卷》《十劝人心——孔雀明王宝卷》《浪淘沙——贫和尚出家全卷（含念白）》。同时还有唱卷人的录音唱段，如《丁郎寻父》《五朵梅花》《十二月念佛》《十报娘恩》《康熙宝卷》《红灯宝卷》《湘子传》《紫金宝卷》《韩祖成仙宝传》《佛曲七字道情》《五更禅词》等，让读者在欣赏宝卷内容的同时，还可以欣赏宝卷传承人的唱腔，从而对了解宝卷独有的语言特色、地方音乐等有更直观的感受。

本书在现有河西宝卷整理出版的基础上，依据谭蝉雪旧藏宝卷文献，科学分类，精心编纂，整理影印本10种（含刻本、抄本）、点校本20种，另附录河西宝卷演唱曲调49首、曲谱记录49种，体现了河西宝卷研究的最新成果。甘肃省图书馆把这些资料以点校、影印、曲谱录音整理的形式出版，是我省研究河西宝卷的重量级文献。相信它的出版，会对我省河西宝卷乃至全国宝卷的研究产生极大的影响，对传承保护研究开发河西宝卷、创建文化强省、提升我省民间文化的影响力均具有重要意义。

是为序。

周　琪

2022年5月于兰州心斋

前言

2015年11月初，酒泉市肃州区图书馆的秦国顺馆长给我打电话，说敦煌研究院的谭蝉雪老师有一批书要捐给我们图书馆，让我们和她联系。当天下午，我就拨通了谭蝉雪老师的电话，电话的那一端，她带着广东口音的声音铿锵有力，透着亲切慈祥，我们像认识多年的老朋友一样，聊了很久。聊的最多的话题是关于她收藏整理的河西宝卷。她告诉我，从敦煌研究院退休以后，一直坚持做学术研究。后来，她患了腰椎间盘突出一侧压缩性骨折，做了手术后，在骨折处注入了骨髓泥，腰部极其脆弱，行动也不自如，已经不能伏案工作了。她考虑到我们甘肃省图书馆是省级馆，有一定的学术研究能力，想把她收集整理的有关河西宝卷的资料捐给我们，并希望我们能把它整理出版。放下电话，我就和郭向东馆长商议，决定第二天启程去她上海的家。至此，我与谭蝉雪老师结缘。

我和同事黄禄堂在谭老师家里接收了这批宝卷，有刻本、抄本、民国石印本和她多年整理的钢笔手抄本，共计72种81卷，还有10盘20世纪80年代录制的磁带。其中，清光绪二十九年（1903）刻本《七真天仙宝卷》、清嘉庆二十一年（1816）肃州建康郡（高台县）刻本《目连救母幽冥宝传》、清宣统元年（1909）李光海毛笔抄本《黄氏女宝卷后本》、清光绪二十六年（1900）肃州刻本《湘祖成仙传》、清肃州建康郡（高台县）刊本《李长青游地狱宝卷》和手抄本《李都玉参药山宝经》等尤为珍贵。

中午我们和谭老师一起吃饭，饭桌上了解到她是广东开平人，早年曾在兰州大学中文系读书，1980年后调酒泉师范学校任教，后调入敦煌研究院文献研究所，1998年退休后和女儿在上海生活。她主要研究敦煌民俗和河西宝卷。对河西宝卷的研究，缘于一个偶然的机会，她了解到甘肃酒泉民间延续着讲唱宝卷的传统，这些散落民间的宝卷属于民间流传的俗文学，虽然一直在传唱，但尚未引起学界足够的重视。凭着一个文化工作者对民间文学的敏感和社会责任感，她开始了对河西宝卷进行抢救整理的研究之路。在艰苦的条件下，她搜集抄录民间收藏的宝卷40余部，并进行考证研究。相关研究论文发表在《阳关》《酒泉文史资料》《敦煌语言文学研究通讯》《曲艺讲坛》等刊物上，著作则汇集成《酒泉宝卷（上编）》（西北师范大学古籍研究所、酒泉市文化馆合编，甘肃人民出版社1991年12月版）。

和谭老师在一起也只有短短的几个小时，临走的时候，她一直把我们送到小区门口，依依别离，十分不舍。我们回到兰州后，我馆组织了省内外专家徐建华、万琼、张绍重、高启安、邵国秀，对她捐赠的宝卷进行了研讨，专家们认为这批资料涉及地域集中，学术研究价值高，研究出版空间较大，是我省难得的宝卷研究资料，也是我馆特色藏书的一大亮点。之后我经常和谭老师通电话，随时交流整理宝卷过程中遇到的一些问题。2016年，我们请专业公司把宝卷录音磁带整理成光盘，给她寄了一份，她很开心，希望我们陆续整理其他资料。2017年馆里很忙碌，整理工作停滞了一段时间，春节我们联系的时候，她还是那样精神矍铄、声音洪亮，并希望我有空去上海。

2018年6月1日，我在河北廊坊参加中国图书馆年会，谭老师女儿给我打电话，说谭老师在老年托管中心摔倒，送医院没有抢救过来。听到噩耗，我难过的心情无以言说，也因公没能亲自前往上海送她最后一程，很是遗憾！更令我遗憾和自责的是，没能让她生前亲眼看到河西宝卷整理出版。这成为我心中永远的痛！

2018年下半年，我们开始组织力量，对谭蝉雪老师所捐的宝卷进行集中整理。根据捐赠文献的具体情况，我们制订了六个方面的整理计划。

第一，修复破损版本。谭老师捐献的宝卷包括清代刊刻本、抄本和民国印本，部分为甘肃本地刻印，具有较高的版本研究价值。但是这些宝卷有部分破损，需要先期修复才能进行整理。我们首先召开了“河西宝卷修复研讨会”，会上请故宫博物院徐建华老师和我馆师有宽先生对这批宝卷的修复提出了修复方案，然后按照方案对存在破损的《七真天仙宝传》《湘祖成仙传》《观音普济本愿真经》《黄氏女宝卷后本》等进行修复，修复后对其进行了全文扫描。同时，对谭老师捐赠的所有手抄本宝卷进行扫描。

第二，整理手抄本。谭老师捐赠的大部分宝卷是她根据清康熙、乾隆刻本为底本抄录而成，有部分宝卷已经做了校对和注释。近年来，其他研究机构和个人整理出版了许多有关河西宝卷的专著。为了不重复出版，我们首先把谭蝉雪老师捐赠的河西宝卷与《酒泉宝卷》（何国宁主编，甘肃文化出版社2011年5月版）、《山丹宝卷》（张旭主编，甘肃文化出版社2007年7月版）、《金张掖民间宝卷》（徐永成编，甘肃文化出版社2007年8月版）、《河西宝卷集萃》（王学斌编，中国人民大学出版社2010年12月版）、《丝路稀见宝卷刻本集成》（张天佑、任积泉主编，天津古籍出版社2019年5月版）等书所收宝卷进行内容、版本方面的比对，发现谭老师捐赠的宝卷如《花名宝卷》《康熙宝卷》《蜜蜂宝卷》《贫和尚出家宝卷》《牧牛宝卷》《升天宝卷》《乌鸦宝卷》《紫荆宝卷》《玉历宝钞》等内容与以上已出宝卷的故事情节大致相同，只是人名、地名、开篇内容略有不同，而且都是毛笔或钢笔抄本和复印本。于是我们剔除重复版本，保留了《灯山宝卷》《洞宾老祖卷》《洞宾买药全卷》《多看看》《黄马宝卷》《黄氏女宝卷后本》《金龙宝卷》《精忠宝卷》《李都玉参药山宝经》《李长青游地狱宝卷》《孟姜女长城寻夫》《孟姜绣龙袍卷》《神主宝卷》《唐僧出世宝卷》《王祥卧冰宝卷》《王志福探地穴》《闫察山宝卷》《鹦鸽宝卷》《元始天尊说真武修行苦行宝卷》《张三姐闹贯州宝卷》20种宝卷。

第三，宝卷文字录入。我们组织人员对这20部宝卷进行文字录入和整理。这20部宝卷中，有谭老师自己整理的宝卷，如《黄氏女宝卷后本》《李都玉参药山宝经》《神主宝卷》等，也有她搜集复制的宝卷，如《灯山宝卷》《洞宾老祖卷》《孟姜女长城寻夫》《元始天尊说真武修行苦行宝卷》，还有她在别人抄写的宝卷上进行修改注释的宝卷，如《金龙宝卷》。谭老师将宝卷内容逐字逐句誊录在稿纸上，并指出抄写错误，注释相关俗语和方言。没有认识她之前，我对河西宝卷的讲唱形式和内容完全不了解，在整理这批河西宝卷的过程中，我逐步了解了一些宝卷的内容。从一篇篇手稿中我读到了她的治学精神，感受到了她为收集宝卷文献所付出的艰辛劳动。

第四，整理录音磁带唱腔内容。谭老师捐赠的10盘录音磁带是20世纪80年代她与酒泉文化馆的同仁开始对散落在民间的宝卷进行收集时，用录音机对宝卷传唱艺人唱段现场录制的。经过专业人员整理后，部分宝卷曲谱收录在《酒泉宝卷》中。录音时长10小时，所录唱段的曲牌有《七字符》《十字符》《浪淘沙》《莲花落》《哭五更》《达摩词》《祭梅花》等，也有念卷人自创曲调，如《紧加工—丁郎寻父》《浪淘沙—黄氏女宝卷后本》《古音—方四姐宝卷》《十字符—方四姐游花园》《十字符—方四姐担水》《七字符—康熙宝卷》等。念卷人分别是张生余、张德礼、田大基 、沈从英、段子云等。念卷形式为：念卷人以一人为主，还有一些陪佛者，遇到唱腔后有佛音（即句尾有“弥陀佛”“阿弥陀佛”之尾音）时，则由陪佛者或在场听众接唱。这些原始录音，每个唱卷人都是用浓郁的酒泉方言念唱，如果不懂酒泉方言，几乎听不懂所唱内容。在所有整理出版的河西宝卷中，只有部分附录了宝卷唱腔曲谱，如何国宁主编的《酒泉宝卷》、郭仪等选编的《酒泉宝卷》，但我们没有发现出版的唱卷人原始唱腔录音光盘。我们深切地感受到，只有听了宝卷的唱腔，才能对宝卷内容有一个更清晰的认识。我们在唱卷人如泣如诉的唱腔中感悟宝卷中人物的悲欢离合、苦难经历，尤其是《方四姐宝卷》唱卷人段子云几乎哭着唱完宝卷，每听一次，我都和唱卷人一样泪眼婆娑，感动不已。为了能让读者听明白唱腔内容，我凭借自己对酒泉方言的理解，对照《酒泉宝卷》《山丹宝卷》《金张掖民间宝卷》的内容，花了半年时间，对10盘磁带中的唱腔文字进行整理录入。在录入过程中，也有极个别唱腔文字听不明白，只能从已经出版的宝卷内容中核对唱腔内容，或者根据上下文和故事情节判断，写出文本内容，有11首唱腔实在无法识别文字以及曲牌名称，只能提供曲谱和录音。最终，去除重复内容，共整理宝卷唱腔49篇。

第五，为录音谱曲。以往文献记载的多种宝卷曲调都是口头传唱，没有乐谱记载，人们只是阅读宝卷内容，后人无法传唱宝卷，更无法传承，可以说宝卷曲谱唱腔几乎失传。为了让读者能够通过曲谱重温河西宝卷唱腔，49篇宝卷录音文字整理出来后，我又请兰州城市学院音乐学院的容艺洋老师花了近半年的时间，为录音磁带里所有的宝卷唱腔谱曲，作为这本《甘肃省图书馆藏河西宝卷整理汇编》的一部分出版。其中，有些曲谱是之前出版成果里从来没有的曲牌，如《紧加工》（根据唱腔定名），曲调柔美，朗朗上口，一边听着曲子，一边感受宝卷故事，可使我们在吟唱中充分理解宝卷的丰富内容，享受这民间音乐之美。之前出版的一些宝卷，虽然附有曲谱，但如果不识简谱的读者阅读，仍会对宝卷的唱腔无法识别。为此，我们将原磁带转录成音频，让读者在欣赏宝卷内容的同时，还可以通过扫描二维码欣赏宝卷传承人的唱腔，从而更直观感受宝卷独有的语言特色、地方音乐，在方便读者欣赏的同时，也让民间艺术真正活起来。

第六，宝卷影印整理。谭老师所捐宝卷中，宣统元年（1909）李光海毛笔抄本《黄氏女宝卷后本》在《中国宝卷总目》中未著录，也未见出版。清光绪二十九年（1903）刻本《七真天仙宝卷》、清嘉庆二十一年（1816）肃州建康郡（高台县）刻本《目连救母幽冥宝传》、清光绪二十六年（1900）肃州刻本《湘祖成仙传》、清肃州建康郡（高台县）刊本《李长青游地狱宝卷》和手抄本《李都玉参药山宝经》、抄本《康熙宝卷》虽然有著录，但未见影印出版。为了让读者能够阅读以上珍贵版本的宝卷，我们选出10部宝卷影印。

通过四年来对河西宝卷的整理，我们对河西宝卷丰富的内容有了更进一步的了解，我们多次被宝卷唱卷人深情的念唱所感染，对谭蝉雪老师的整理收集工作愈加敬佩。作为外行，我们只是依据前人出版的成果和多方面的认真学习，对这些宝卷进行整理。在浙江古籍出版社的大力支持下，我们将这些宝卷以点校、影印、曲谱整理、录音转录等方式结集出版，相信它的出版，会为我省河西宝卷唱腔的研究和传唱提供极大的帮助。由于我们水平有限，错误在所难免，敬请专家学者批评指正。

在此书出版之际，我们对此书出版给予大力支持和帮助的浙江古籍出版社王旭斌社长、钱之江总编、陈小林副总编以及甘肃文化艺术研究院周琪院长、兰州文理学院刘忠教授、兰州城市学院音乐学院容艺洋老师表示诚挚的感谢。此书整理过程中，我馆历史文献部张丽玲、蔡榕做了大量的文字录入、整理校勘工作，张丽玲、王娟、贾秀珍、李育敏完成了宝卷的扫描、图片校对工作，古籍修复中心完成了破损宝卷的修复工作，外聘人员潘利华负责宝卷部分刻本、手抄本录入工作，我本人负责宝卷唱腔的文字整理、全部宝卷文稿审稿、10部影印宝卷提要撰写及宝卷整理出版的全面统筹工作，历史文献部前任主任刘瑛负责宝卷的前期研讨、修复、扫描等工作的组织协调工作，历史文献部现任主任董隽负责与出版社签订合同和出版后续方面的工作，兰州城市学院音乐学院的容艺洋老师、兰州交通大学张之乐老师为宝卷唱腔谱曲。感谢馆领导对宝卷整理工作的大力支持，感谢团队四年来为整理宝卷付出的辛勤劳动。值得欣慰的是，本项目列入2022年度全国古籍整理出版专项经费资助项目，解决了出版经费问题，体现了全国古籍整理出版规划领导小组办公室对我省国家级非物质文化遗产整理项目的高度重视。

我们因宝卷与谭蝉雪老师结缘，也在整理宝卷过程中感受到河西宝卷这一国家级非物质文化遗产的独特魅力。谭老师生前把她收藏的宝卷资料全部捐给了我们图书馆，这是对我们图书馆的无比信任和期待，也是为我国非物质文化遗产的传承与保护做出的卓越贡献。

谨以此书的出版，告慰、怀念曾经为河西宝卷做出特殊贡献的谭蝉雪老师。

谨以此书献给河西宝卷的研究者、传唱者、热爱者。

想念您，谭老师！

李芬林

2022年5月

凡例

一、本书所收宝卷，点校20部，影印10部，其中《多看看》《黄氏女宝卷后本》《李长青游地狱宝卷》3种重复，故共收宝卷27部。另外收入了根据宝卷唱腔录音谱成的曲谱49首。

二、点校部分的宝卷和曲谱合为1册，影印部分的宝卷分为2册。两部分宝卷均按照题名的音序各自排序。

三、本书对20部宝卷的点校大体遵循以下原则：

1. 以底本为据，底本可通的尽量不改。底本明显不通而我们确实无法处理的，也仍然保留原貌，以待识者。

2. 底本存在大量讹、脱、衍、倒等错误（尤其是宝卷作为一种说唱的俗文学，存在大量的同音或音近替代字，也不可避免地存在大量的俗写字和异体字），为避免繁琐，一般径改，或根据上下文予以增删，不出校勘记。我们的校正吸收了谭蝉雪先生的部分校勘成果。

3. 对宝卷中前后不一致的人名、地名等情况，我们在同一宝卷内尽可能地做了统一。

4. 对宝卷中的部分俗语和方言，我们尽可能地做了注释，一些我们觉得需要说明的其他情况，也在脚注里予以说明。

5. 底本缺损或实在无法辨识的文字，用“□”代替。

四、影印部分的每部宝卷均附提要文字，大致包括：每部宝卷的题名卷数、抄录者名称、抄录时间、版本，无抄录者即作者不详。抄录时间按出版或抄写的年代顺序著录，用年号纪年或干支纪年者，在后面括号内注明公元纪年。版本著录不同形式，如刻本、抄本、石印本，还有开本、版框、册数；如时间、出版（抄录）者不详，则缺省，仅著录“×××抄本”或“抄本”。宝卷的牌记、封面、封底、卷首、卷末、结卷等信息如实著录。最后简单介绍宝卷发生的时间、主要内容等。

目录

● 点校编

- **曲谱编**

- **影印编**

◎ 点校编

灯山宝卷

一本宝卷终展开，诸佛菩萨降临来。
念卷之人坐端正，听卷之人仔细听。
男子听卷听分明，女子听卷听声音。
善男信女一同坐，菩萨话儿记心中。
人在世上要行善，不学歹人坏良心。
人人都学罗凤英，千万莫学吴彦能。
为人正直做好事，保证子女享福分。
我说这话莫要笑，听我与你说分明。
虽然现在不信神，可是人要有良心。
要做好事劝众生，贤德留芳万古明。
活在世上人人敬，死后阴魂能为神。

却说这一段，出在东京宋朝四帝仁宗年间，风调雨顺，国泰民安，枪刀积库，马放南山门。仁宗三、六、九日登殿，有一日文武朝驾已毕，包公奏道："朝中安乐，万民荒乱，贪官逼害黎民，吾主怎不差臣前去赈济安民，以除贪官之害？"仁宗便说："爱卿怎知朝外之事？"包公奏道："为臣夜断阴曹，只有陈州一带地方，屈死鬼魂无处藏身，前来告状。臣问了一遍，原是四位国舅通奸作弊，私通书吏放粮，每斗米只有七升，有沙土三升，半钱白布八百文。这等苦害良民，霸占民妻幼女，苦害军民人等，绝无人活之路，无奈投河落井，无数的冤魂不散，来在为臣案下，伸冤告状。臣不敢隐昧，只得申明吾主。"仁宗听奏大怒，说道："满福贵尽出于四家国舅，此贱贼心不改，扰乱社稷，苦害良民。"仁宗便说："爱卿你是铁面无私，命你前去安民除害。"包公奏道："为臣官小知浅，难以提拿。"仁宗说道："朕当日授你武英侯的铜铡，勿论朝郎驸马，先斩后奏，再赐你天地三合，你就在朕的头上也管五分。何况你彦能丞相，不敢拿他。"说得包公十分的高兴。包公当殿谢恩，出朝去了。有诗为证：

贪官心不良，时常在胸膛。
贼若到我手，铜铡实不放。

此话不提。再说仁宗天子，夜做一梦，甚是惊人。许下办个灯山大会，传旨悬挂榜文，寻个能摆灯山的匠人，要设灯山。不料日期已完，并无摆灯的能人。仁宗忧闷在心不表。再说玉皇大帝正在凌霄殿上，观见怒气冲天，便将千里眼、顺风耳照到人间有何事情，往下看，才是仁宗天子，许下灯山并无人摆，仁宗所以忧闷在心。玉皇听言，即差太白金星下凡帮造灯山，请愿答报神恩。星官领命下凡，不敢怠慢，驾起云头，到长街市上，摇身一变，变就个能工巧匠，扯了榜文，有看榜的人报与丞相。吴彦能听说大喜，便叫此人进来。彦能便问："你可会摆三十三天下，摆幽冥地府中，摆飞禽走兽、龙宫海藏、森罗万象的一座灯山？"那人便说："件件精通，各样灯术。"彦能言道："功成之日，再来领赏，若摆错一件，决不留情。"

有太白下凡来玉祖敕令，
东京城显手段要摆灯山。
头一遭先摆上玉皇大帝，
有三仙合五岳四大将军。
斗牛宫蟠桃会件件齐整，
儒释道九流佛云路皆生。
再摆上各神仙各显手段，
牛郎星与织女天河两岸。
天官的摆完了灯光普照，
又摆起人间的社稷乾坤。
百鸟灯凤凰灯朝样一坐，
孔雀灯鸟中师三朝通灵。
莺鸥灯汉献帝封为丞相，
鸦鹳灯哀声哭直到三更。
玛瑙灯听得切朦胧集主，
八哥灯会说话也有神通。
海鸥灯能腾空飞云驾雾，
仙鹤灯能会舞落在埃尘。
鸿雁灯往南飞捎书带信，
老鸡灯身体重不敢高飞。
白马灯性能灵他能晓路，
黄鹳灯来往飞只在空中。
喜鹊灯连声叫他能报信，
野马灯藏头尾保护其身。
鸭子灯水面上成双配对，
鸳鸯灯双对飞不敢独行。
百鸟灯摆完了分开次序，
又摆起兽中的走兽麒麟。
哮吼灯他为长观音出现，
狮子灯文殊座真火不侵。
白象灯菩萨座甚是威风，
青龙灯白虎灯两边排定。
有猿猴和麋鹿偷桃祝寿，
有狼虫和虎豹长在山中。
牛马灯在人间精忠报国，
有猪羊天下生祭祀诸神。
龙宫灯海鸥灯甚是齐整，
龙王灯圣母灯龙子龙孙。
青龙灯五百条翻江过海，
鳌鱼灯镇海底不敢动身。
飞鸟灯上天堂腾云驾雾，
鲜鱼灯在水底任意纵行。
大鱼灯发上岸鱼骨盖庙，
团鱼灯拨开用算命灵通。
虾蟆灯采檐光能免生死，
螃蟹灯定尔身任你横行。
各样鱼在水面跳跃潜水，
菩萨买金钩儿摆出龙门。
这灯山摆完了轰轰烈烈，
但摆错吴老大法不饶人。

天堂地狱灯，摆的甚分明。
此人世上少，天下第一人。

再说此人将灯山摆完，请丞相观看。彦能走到灯山跟前，细细看了一遍，果然点点不漏，样样精通，便叫手下人将绫罗拿来百匹、良宝一锭，还将此人叫着等待，会完还有重赏。吩咐人役，搭轿上朝奏主，来到金殿，山呼万岁："臣彦能，监造灯山功成告终，通摆连地，并照乾坤。"仁宗听奏，喜之不尽，吩咐摆宴与丞相欢饮一场。再挂榜文，通谕天下庶民人等得知：正是元月十五日，元宵佳节，大放花灯，若家有十口，三口看门，七口观灯，倘有初徒不尊，定要举家处斩，决不容情。饮宴已毕，散朝等待，元月十五日，定前去观灯。此话莫表。

再说汴梁西门外无等巷，有一员外，姓名田仲祥，家豪大富，骡马成群，广积金银，威名势大，人人都称他田半城。他那一日在家正坐，忽听家童报道："仁宗出榜，庶民人等各各观灯，若有违背之人，举家定要处斩。"仲祥不信，亲自走到街上，这儿人人喧说此事，确定真有的。急速回家来，到客所便叫家童："你请你奶奶到来，我有话商议。"家童不敢怠慢，急忙请罗风英。正在绣阁，家童来此报道："员外有话。"罗氏急忙来至客厅，便问："员外唤妻，有何商议？"员外言说："无事不唤妇人，今日正是元宵佳节，仁宗天子摆下灯山，通谕军民人等前去观灯，谁若不去，定处斩。"罗氏便说："为妻青春年幼，不去便好，你与孩儿都去略看不妨，又禀观灯，不大要紧。会场之中，君子小人之多，若有无耻之徒，如何是好？"员外便说："妇人讲的却有理，但是玉皇的圣旨，大□的遗言，谁敢不尊？恐有祸事，如何了得？"风英又说："古人之言，好女不观灯。"仲祥又说："此言差矣，我想元宵节前景致非常，一则尊着圣旨，二则观此常识，三则以助兴隆之日，岂不是得下了很多的经验？再说，观灯的美女很多，何况是你一人乎？"罗风英便说："此处京城地方，人烟甚多，不去为是。"员外怒道："你这贱人，不敢这等大胆，你不能守三从四德，还在我的面前强辩。赶快换了衣服，领上两个孩子玉孩、银钱前去观灯，再无胡提。"罗氏无奈，回上绣阁，便叫陈彪、张仙，请你玉孩、银钱。两个孩子闻听母亲有唤，急忙前来，便叫："母亲唤孩儿，有何教训？"罗风英便说："你父亲命我领上你们观灯，再无别事。"玉孩说道："陈彪、张仙快去备马，我们观灯。"正是：妇人甚聪明，好女不观灯。员外他不听，逼我出门庭。

仁宗爷挂皇榜通知天下，勿论他男合女都要观灯，家中有十口人七口观灯，七口人去五口谁人不尊？那一家违背了朝廷圣旨，全家人尽处斩一个不容。

汴梁城西门外无等巷内，
有一个田仲祥广积金银。
千亩地百担粮呼奴唤婢，
有骡马有牛羊富贵满门。
他的妻罗风英二十三岁，
心聪明会看书美貌佳人。
皇王旨不敢违前去观灯，
今天是元宵节男女混杂。
恐有那无耻人奸淫邪骗，
那时节后悔迟埋怨何人。
仲祥说若不去奸人知晓，
见家内无男人他来胡行。
我一心命你去休要胡推，
免得他后来时大祸临身。

并天下妇女多不论官臣，
何况你庶民女独自一人。
急速快忙梳妆免得推辞，
随儿女带家人快去观灯。
罗凤英不敢违只得依存，
思着前想着后无计可生。
若不去我丈夫心中加异，
无奈何领孩儿就往前行。

风英奉命出门庭，要观灯往前行。

却说罗凤英母子三人，随带陈彪、张仙同到街上，不多一时来到灯山之下，观了一遍，摆的甚是奇怪，上摆天宫，下摆地府，还有人间飞禽走兽，此灯山非常的好看。王侯公子、朝郎驸马、文武百官、庶民人等，男女混杂。此话莫表。风英便问陈彪、张仙："找个空闲地方，免得叫人推搡，我们好看。"又说："陈彪、张仙，你二人莫要远离。"此话莫表。

再说彦能，拜毕灯山，吩咐军民人等，好好看灯，不要远走，自己又思想心生一计，便叫手下人等："老爷上早失家，再无娶下小房。你们在这灯山之下四处寻找，若有美貌佳人，与我抢来，做一妇人。我老爷定有重赏，你们万不可误。"人役听了此言，急忙寻讨，访到东南角里，有一妇人，甚是好看美貌，就是天仙女下凡。赶快告知老爷彦能："小人看了一遍，惟有一个妇人生的天仙女一般。"彦能说："既然如此，我等用计拿她。便叫人役领上军人挨个围定这个妇人，齐声喊叫，惊她胡跑之时，我们便好拿她，就赖她冲撞我的马头，以免众耳目。你们好操心，若将她拿住之后，还有重重的赏钱送与你们。"不表。

再说罗凤英正看之时，见来了一队人马齐声大喊，都说丞相到来，闲人赶快远避。风英一时慌乱，不见儿女家人，也不知躲避，正要回家，不料撞到彦能的马头，风英只得低头立站。吴彦能问道："这位妇人不知避我，冲撞了我的马头，该当何罪？情理难容。"便说人役："将这妇人带到府中，等老爷回来问罪便是。"

风英中了奸贼计，吓得奴家战兢兢。

罗凤英只吓得心神不定，
不知南不知北里黑不明。
告大人开天恩容奴细禀，
无等巷西门外有我家生。
奴丈夫田员外名叫仲祥，
汴梁城有名的富贵满门。
他今天奉圣旨命我观灯，
一时间未避急冲撞你身。
望老爷开天恩将奴放回，
对夫君说明了再报你恩。
吴彦能叫妇女听我细说，
你把我莫当做非凡之人。
前有护后有拥朝班坐定，
老大人去年个丧了妻身。
你随我到府中双双配对，
做一对好夫妻同在朝庭。
风英说你把我小女拿住，
满城人都笑你抢夺良民。
又况且咱夫妻恩深意重，
再说起有夫妻怎配别人。
古人说好马儿不备双鞍，
烈女子永不嫁两个丈夫。
就是你将奴家抢到你府，
我就死也不配无耻奸臣。
只说得吴彦能无言可答，
低下头生毒计起了脏心。

吴彦能见此人死不能存，
叫人役硬与他霸王上弓。
罗风英听得说魂飞天外，
不由人一时间胆战心惊。
奴愿做屈死鬼悬梁自尽，
岂学那失节妇失身他人？
思想起一双儿难割难舍，
立逼得薄命人无计可生。
风英泪纷纷埋怨夫君身，
不听妻儿劝天降祸临身。

再说风英得了大祸，急得无生可想，便叫：“吴丞相，要得奴家配你，请来仁宗天子、包明公作了媒证，我才能成你，无有此二人，奴便不依从。”彦能听说，此人之言甚是贞烈，死不肯改嫁，便叫人役与她带到府中，交与梅香好好看守，待灯山完毕，交了圣旨回来，那时节不怕她不依从，此话不表。

再说玉孩、银钱只见母亲被吴彦能抢去，气得心如刀割，乱叫胡骂：“你这无耻的奸臣，你将我母亲抢去，我非把你告到包公案下，把你铡成万段。”正然朝骂，又被吴贼听见，叫了人役，将军中人马传齐，将这两个孩子乱马踏死，尸首送大水之中，流去无踪，以除后患。再说陈彪、张仙不见三个主人，又不敢回家，各处找寻，不知后来何处。且听下回分解。

风英被贼硬抢去，想起丈夫泪悲啼。
罗风英恨吴贼狼心狗肺，
拿好言相劝她一便不从。
硬被他抢到府无法可使，
就是仙会登云也难腾空。
恨丈夫你不该三番五次，
立逼的你妻儿跌在火坑。
哭夫君你在家怎得知闻，
盼儿女不能见疼杀娘心。
如不然今夜晚寻个自尽，
才不昧我夫妻结发之情。
叫金莲和梅香听我吩咐，
我自幼爱清洁不爱伺候。
姐妹们都回避各各睡去，
我等候老爷来好配婚姻。
哄的那一个个都尽走了，
白绫带解下来挽在梁中。
哭一声我的夫难得见面，
可怜我今夜晚一命归阴。
自幼内心存善不行恶事，
又不知那时节损了阴功。
拜神灵保佑我一双儿女，
又拜过我丈夫结发之情。
这一会自觉得心神不定，
耳听的高楼上鼓打三更。
无奈何将脸避悬梁自尽，
我死后定不与吴贼甘休。
善哉善哉，枯树临崖。
主神不救，再等谁来？

却说罗风英寻死惊动了当方土地，按落云头，前来搭救，将风折下来，便叫妇人快快生醒，“你的阳寿未满，日后还有夫妻母子团圆的日期，莫要误了”。风英醒来，不知何人答救，此话莫表。

再说丫环梅香正在厨房煎茶，忽听上房响了一声，走进门不见奶奶，只见梁上绕着一条绳子，不见踪迹，吓得丫环魂不附体，寻了一会，才见得躺在地下，丫环快叫：“奶奶醒来，免得我们受罪。”罗氏缓上气来，睁眼一看，看见梅香站在面前，便骂：“你这奴才，我已经死了，你如何将奴救活？”梅香便说：“奶奶息怒，一则老爷回来成就夫妻，二则免得我们受罪，三则母子同享荣华富贵，与前丈夫儿女还能相逢。”丫环正然解劝，不料丞相进来，观见妇人低头不语。彦能说道：“老爷半夜来陪夫人，勿要见怪。”风英骂道：“你这个无耻的奸丞，谁是你的妇人！奸臣太得胆大。”彦能便说：“妇人莫要再硬了，你与我成就百年的姻缘，呼奴唤婢，穿绸缎，好不荣华。我们要赛过田家的，岂不是好？”风英骂道：“奸贼，你现在万人之上，一人之下，难道娶不下一个美貌夫人？你抢良民之妇，贼心何忍！古人言，做官须要先正其身，而抢民妻，真是民间的淫贼，国家的奸臣，何为人乎？”说得彦能满脸发烧，只得暗笑，说道：“捉牲容易救牲难。”便叫梅香拉她上床，任她怎样。风英思想死又不死，走又走不了，只得任他所辱，不提。

再说太白金星奉了玉祖敕旨，前来答救有难金童玉女杀身之祸，正是：吾神终日在云端，要察人间善恶冤，金童玉女身有难，领上圣旨下凡间。

罗风英在吴府被贼霸占，
再说那有难的玉女金童。
玉孩儿银钱女乱马踏死，
屈死鬼无处去冤气冲天。
有太白千里眼下凡观看，
驾祥云来到了汴梁城前。
见两个小孩子气绝身亡，
将灵丹度在腹火速还魂。
有玉孩和银钱一时生醒，
耳听得有风声鼓响三更。
明明的被奸贼乱马踏死，
又怎么未得死却又还魂。
想必是有神灵前来搭救，
我此时回家中去见父亲。
有陈彪和张仙各处寻问，
正好的遇见了两个主人。
三个人到一处各叙各情，
玉孩说我母亲被贼抢擒。
两家人听得说放声大哭，
银钱说把我们乱马踏死。
神灵爷保佑我辞地回家，
禀父亲知道了去见包公。
他三人急忙忙就要回家，
不觉得来到了自己门庭。

金童玉女受灾难，神圣救我回家园。

却说田仲祥在家做了一梦，梦见玉镜破碎，鸳鸯两离分。慌忙惊醒，却是一梦。正然思想，三人喊门，仲祥把门开了，只见两个孩子、家人，不见风英，急忙问道：“陈彪、张仙，你家奶奶怎么未有回来？”二人说道：“你问两个孩子便知。”员外听说，大失一惊，两个主人细细地与父亲说来。正是：今夜做梦太太离，玉镜破碎鸳鸯分。忽然房里走跑马，黑驴戴的红缰绳。

有玉孩来开口两眼流泪，
禀父亲听孩儿细说分明。
昨夜晚灯山下母亲不去，
老爹爹立逼的出了门庭。
实想说闹元宵观灯玩月，
谁知道天降下大祸临身。
有奸贼吴彦能将母抢去，
又叫人骑乱马踏死儿身。
多亏了国王神前来救我，
如不然儿的命早赴黄泉。

田仲祥听的说满眼流泪，
又将见江中船流去无踪。
叫一声我的妻怎得相见，
不由人气怒胸两泪纷纷。
思着前想着后无法可使，
又如那弯把刀来割我身。
不知是前世里造下冤孽，
活拆散我一家不能团圆。
我现在开封府前去告状，
众家丁一个个听我吩咐。
叫老刘把孩儿好好照管，
叫陈彪和张仙勤务庄田。
安排了家中事前去告状，
一心上南衙府去见包公。
叫孩儿快拿来文房四宝，
告奸贼吴老臣霸占民妻。
告状人田仲祥二十八岁，
告奸贼吴彦能犯法不尊。
自那天圣旨下观灯玩月，
民的妻罗凤英也去观灯。
有丞相吴彦能心中不善，
他使人把民妻抢他府中。
望青天包大人电鉴作主，
则民等如再造大沾宏恩。
写妥了伸冤状从头细看，
实说起见包公定除奸臣。
仲祥怒生气，可恨吴彦能。
抢占民家女，与他见包公。

却说吴彦能自从把罗凤英抢去，心想田仲祥定然不舍，不能与我干休善罢，罗凤英每日啼哭不止，彦能又想仲祥定来告状，不然我装作包公，上街游玩，若有喊冤告状之人，莫要拦挡，即禀知道，千万勿误。且听下回分解。

官居丞相第一品，心中怀的蛇蝎心。常常做的亏心事，却来终究害自己。若人不信此言语，且听后来看奸臣。

吴彦能装包公心里害怕，
若后来坏了我一片好心。
有一日田仲祥将我告下，
那时节我的命定赴铜铡。
有彦能装包公胡作非为，
再提起田仲祥告状之人。
田仲祥恨彦能倚官仗势，
霸占了民的妻不顾廉耻。
就把我命舍上非要告他，
和奸贼论高低办个分明。
忽听得锣钹响前护后拥，
有王朝和马汉紧紧随跟。
有仲祥到街上急忙回禀，
望青天与小民电鉴伸明。
吴彦能接状子从头细看，
真真仲祥状子暗喜心中。
叫人役将仲祥带到衙内，
到衙内我与他细问分明。
奸贼假装文曲星，要害仲祥命归阴。

却说吴彦能假装包公接了仲祥的状子，看了一遍，心想问他个诬害相府，假告彦能，问他个两无照证，以除我心头之恨。吩咐人役将原告带上堂来。人役把田仲祥带到堂上。彦能问道：“你所告之事分明有假，吴彦能丞相官居一品，难道说娶不下个妻子么？他还抢民之妻，岂有此理？犯法之事，彦能敢做？我想你妻被人强奸，你还来此诬告丞相，此理难容。”吩咐人役拉下堂去，

“与我重打四十大板”。人役不敢怠慢，忙把仲祥扯下堂去，打得皮开肉绽，血水淋淋。仲祥一时气绝身亡。彦能暗想：“此人还未动刑就可死了，明明假装。”便叫人役把这尸首抬到江边，压在水底，与他个两无照证。此话不表。

再说当方土地，早知天曹官有难，待我救他一回，我去看守尸首。山神忙去奏知玉皇，玉皇准奏，差了金河老龙前去搭救。龙王领玉皇的敕旨，来到河边，吩咐巡河将军，忙把天曹官的尸首提出江来，放在沙滩之上，龙王即把灵丹度在仲祥的口内，便叫：“天曹官快快醒来，吾好交旨。”仲祥一时苏醒，抬头一看，河水波浪没有，我身却在沙滩，心中思想，奸贼把我打死在奸贼的府中，却怎么又到了此地？莫非是那位神灵救我活命，急忙望空拜了一拜，无法可想，只得逃命寻访包公不表。

再说吴彦能打死仲祥之后，甚不放心，若有与田仲祥争气告状之人，如何了得，不免再假装包公访一回，也叫人役装作王朝、马汉，抬上铜铡，上街游他一回，正走到街上。或该仲祥身受大难，正走之间，忽听锣声齐鸣，只见抬的铜铡过来，仲祥心中欢喜，这就是真包公来了，将我前去喊冤。走上前去，提住马头，行到轿子跟前，大声叫喊。人役禀知彦能，吴贼下轿看了一遍，又是仲祥。彦能大吃一惊，心内一想：“此人被我打死，却怎么又来告状？真个奇怪。怕是鬼魂，把我告到包公案下，这还得了。”吩咐人役带到府中，“我与他斩草除根，我再细细断他一回”。正是：

吴彦能出府中又遇仲祥，
不知人不知鬼实在难明。
我明明打死了丢在江内，
却怎么活来了好不惊人。
莫非是神灵救他来告状，
造化的又遇到我的手中。
田仲祥见彦能魂不附体，
叫皇天不睁眼残杀我身。
吴彦能叫人役将他绑住，
拿棉花缠住他倒点天灯。
忙了那方本地山神土地，
上天奏玉皇天曹官有难。
上一次救活他他又有难，
这一次犯的是倒点天灯。
玉皇爷急差来风云二神，
到凡间救天曹死尸还魂。
差雷神发动雷天摇地动，
一阵风又来了风云二神。
他二神照了手执会相对，
在空中救仲祥各显其能。
一时间起黄风天昏地暗，
使飞沙并走石好不惊人。
黄风止青云散白日照出，
一会儿不见那仲祥之人。
使一个动地法远人不知，
把仲祥送到了高丽山中。
叫一声天曹官听我细说，
你就在高丽国且住安身。
等三军文曲星陈州回来，
那时节你伸冤父子相逢。
风雷神说罢话腾云去了，
只丢下田仲祥卧在山前。
田仲祥苏醒来四下观看，
不知南不晓北不知东西。
忽然间耳听的有人说话，
他叫我在高丽且莫回程。
必定是神灵救望空叩拜，

若我们团圆时塑你全身。
前无庄后无村人烟稀少，
这叫我向何处去把身安。
妻受辱夫逃命儿女失散，
万贯财无一文如水洗瓶。
眼看看日落西天黑地暗，
身无衣肚无食好不伤心。
仲祥二次遭大难，神灵救在高丽山。

却说田仲祥身受大难，被神灵救在高丽国，游了一天，眼看日落西山，无处安身，身上寒冷，肚中饥饿，不免寻茶讨饭，度过光阴。不觉之间来到一座城前，城门紧闭，无奈扒上墙去，走到街上，不免打起《莲花落》来，好不叹杀人也。

离家千里路，别是异乡人。
叫声满城街上人，男女老幼听原因。
说起我家也不远，狂风刮到这里来。
汴梁城内无等巷，姓田仲祥是我名。
家豪大富银钱广，我妻生下两个子。
仁宗那年出皇榜，庶民百姓去观灯。
母子三人往前行，遇上奸贼吴彦能。
抢去我妻罗风英，立逼与他配婚姻。
一双儿女开口骂，奸贼使人乱马踏。
奸贼假装文曲星，王朝马汉两边跟。
他在街上乱打探，我就不该去伸冤。
将状送到他手中，还是吴贼装包公。
人役把我带他府，打死尸首送河中。
神灵救我又还魂，我心不忍又告状。
不料又遇贼手中，把我拿到大堂上。
棉花缠身油灌蜡，他要将我点天灯。
风云雷神把我救，一时送到此地边。
告诉一街两巷人，餐茶剩饭与我用。
有朝一日回家去，答报高丽国深恩。
天曹下凡祸临身，送到本乡把冤伸。

却说田仲祥唱罢《莲花落》，舍钱舍饭的人倒也很多，还有那地方的保甲长，也来查问，恐怕他是赖人，将他的家乡住处细细问了一遍。有一长者言说：“他是逃难之人，我们不可难为了他，西门外有座古庙，叫他那里安身，我们帮他些钱文米面，他在此庙度过光阴去罢。”田仲祥听说，谢了众人，天色已晚，来到古庙，冷冷清清，好不叹杀人也，只哭到五更。

天晚来到古庙院，冷冷清清受苦难。

哭五更[①]

一更里，好恓惶，想起了妇人泪汪汪。一双孩儿不见面，几时才能得团圆？我的天呀，几时才能得团圆？

二更里，泪悲啼，铺着一块破烂席。身上寒冷难睡觉，奸贼逼我受难过。我的天呀，自幼儿未受过此罪过。

三更里，好难熬，千思万想真心焦。我今到了高丽国，万贯家财无下落。我的天呀，才得别人受荣华。

四更里，睡朦胧，昏昏沉沉到家中。连叫孩儿两三声，一双儿女不答应。我的天呀，醒来不见孩儿身。

① 曲牌名“哭五更”三字底本原无，系整理者增补。下同。

五更里，天渐明，金鸡报晓两三声。家隔千山并万岭，天气寒冷无投奔。我的天呀，肚子饿了三天整。

却说仲祥哭罢五更，天明来到大街市上，讨饭度日。此话莫表，再说家中。有王婆子不知后事如何，且听下回分解。

我娘养我甚可夸，将我养成十七八。
身子渐渐长大了，就配许了王天汉。
不上半截前世死，后来嫁到刘管家。
当日扫地又搊灰，如今可是掌柜家。
奴是田家老刘妻，谁人不尊我管家。

却说王婆子自从田仲祥一家失散，大半不能回家，这一份家业岂不是我的吗？只有一双儿女终不思饭食，每日痛哭，不哭就骂，我有些妨碍，不免我和老汉商议，把他兄妹二人害到死处，与他个斩草除根。主意拿定，便叫老汉，正在厨房伺候两个孩子吃饭，忽听妇人之声，便出来观看。老婆言说："你我的时运来了。"老刘问："又是什么时运？"王婆说："老汉不知田仲祥和罗凤英逃走，音信无有，不免将他两个孩子害了，这一份家业岂不是你我的？"刘管家说："这话是你说的吗？常言道：'爱人之教，必成大事；害人之事，天理难容。'自古说：'夜草不肥有病马，财帛不富命穷人。'我们凭天而行，你好好照家事，我去庄田照料务农之人。"王婆言说："不必托咐，我自晓得。"老刘走了，王婆看他执意不从，他是无命纳福，老汉不在家中，我想将两个孩子唤来，就说花园散心，把他领花园之中，将他推入井中，以去我眼中之钉。把计想定，便叫一双孩子。二人正在庭院忧闷，忽听王妈又唤，想必父亲来了，急忙来到跟前。王婆言说："这几天兄妹二人每日忧闷，将面目都变了，不免我领你二人前去花园散心一回，以解心中之闷也。"

父母离别言不通，丢下儿女受孤冷。

王婆子领他们前去散心，
不一时来到了园中之门。
玉孩说王妈妈将门开了，
领我们到花园消愁解闷。
进花园四下看青枝绿叶，
却怎么一家人四散飘零。
王婆子将花名细细报上，
你二人用心看大放宽心。
你的父不由的急便回程，
包大人断明白母子相逢。
有牡丹并芍药样样开放，
你再看桃杏花满园开红。
正观见又看那湿死干活，
小主人进来了细看分明。
这等花却怎么湿死干活，
你与我说分明好不惊人。
这个花到干处还可能奇，
反若是到湿处不能久生。
听一言闷得我心神不定，
忽听得柳树响好不惊人。
又想起儿父母暗暗伤心，
不由人战兢兢魂鬼离身。
叫王妈领我们快回家走，
王婆说二主人且莫回程。
这几日你二人容目大变，
脸又黑身又瘦不像人形。
若不信井中照着你形容，
王婆子拉住脚送入井中。

取一块大石板将井盖定，
小冤家中我计斩草除根。
哄得小儿去照影，将他送入井底中。

却说刘老汉在庄上照应工人回来，不见一双主人，便问王婆。王婆言道："他二人往花园散心去了。"老刘急忙走到园内，四下找寻并无一人，慌忙来到家中，骂道："你这贱人，休要哄我，敢实说来。"王婆答道："恐怕他二人急切在井边玩耍，跌在井内。"只吓得刘老汉魂不附体，满身无力，跌倒在地，王婆扶起到了房中不提。

再表千里眼、顺风耳只见到怨气冲天，拨云观看，才是金童玉女有难，不免急奏玉帝，差谁前去搭救。玉祖准奏，就差金河老龙救他一回。金河老龙领了敕旨，急忙驾起云来，到田家花园井边跟前，显了神通。井水发涨流出，二童子的尸首送在荒郊野外，用灵丹把他度醒，叫他二人快快逃命去罢。黄金力士不怠慢，把两个尸首送在旷野之中，将灵丹度入腹内，带了一道清风去了。他二人正然昏迷，耳边有风声，睁眼一看，却在荒郊之地，兄妹二人大哭一场，不知那位神仙救命，望空中叩谢。眼看红日西落，银钱说道："哥哥，此处不可久站，我们逃命去罢，罗氏母亲不知怎么样了。"正走之间，不觉来到一个窖房跟前，玉孩说："妹妹，你看这个窖房倒也安静，不免我们到此躲避几日，我们再做料理。"现在进去安身不提。

再说老刘苏醒过来，哭哭啼啼来到井边，只见井水大涨，不见死尸，好不惊人也。

贼人思想太不良，害的主人受灾殃。
玉孩儿银钱女住在破窖，
有老刘直哭得真是伤心。
骂贱人起不良心生毒计，
把一双小主人送在井中。
这一家前世里造下大祸，
一家人活活的不能相逢。
害你的尽都是王氏贱人，
到阴司见阎君休怪我身。
我有心把贱人性命废了，
倘若是主人来无有见证。
自古道害一人还偿一命，
这家财怎肯付无富之人？
老刘的伤心事且莫细表，
再表那破窖的受罪之人。
有银钱叫哥哥心中难忍，
肚又饥身又冷实实难行。
荒郊处无一人难以久住，
叫妹妹莫啼哭慢慢而行。
哭一声儿父母活活离散，
只害得一双儿寸步难行。
多亏了那位神把儿搭救，
害得我无去处讨饭为生。

却说玉孩、银钱在窖房里住了一夜，到了天明，腹中饥饿，难以行走，无奈流浪到有人之处讨些餐茶充饥。二人哭着前行，不觉来到光明大路，忽听到锣响亮，不知过来什么官长，把二人吓得急忙躲在桥下。吴彦能到了桥边，马不前进，彦能说："此马有二不进：遇事不进，遇冤不进。"吩咐人役在桥下观看，必有什么怪事。人役细细看了一遍，原是一双孩儿，拉上桥来，领到丞相面前。彦能便问："这孩子为何躲在桥下？你们姓甚名谁？家乡住处？细细说来我听。"孩子便说："老爷在上，听小的诉来。我家住在汴梁城内无等巷，我父名叫田仲祥，母亲罗凤英，身遭大难，因有奸臣吴彦能，逼的我一家活活拆散，不得团圆。我兄妹二人，被贼连害几次，不知那位神灵搭救。我现在无处安身，只得寻茶讨饭。听着老爷过来，我们怕方才避开，又被大人看见。这就是真情。望大人放小的逃命去罢。”吴彦能听罢，吓得胆落魂飞，心中暗想：“这孩子被我害死，为何又在这里？若要救了他，恐怕后来与我不利。”便叫大将王明：“我与你十两银子，你把他领到无人之处，就是如此。你若做了，后来定有大赏，还要刀上见血。”自古道：“毒酒红人面，白银黑人心。”王明拿了银子，就往前走，玉孩便问：“你把我们拉上往那里去呢？”王明说：“你父亲在前安身，我领你们到你父亲面前去呢。”孩子听说，如风走到一个无人之处。王明说：“非是见你们父亲，丞相命我杀你二人来了。”玉孩听见，吓得魂不附体，双膝跪下哀告。真是：

田家孩儿命遭低，一出门又遇贼手里。

有王明杀孩子心惊胆战，
他兄妹跪埃尘哭得伤心。
叫老爷饶了我残活性命，
一家人答报你放我之恩。
可怜我无娘儿无处安身，
自古说饶一命寿比千秋。
杀了我不过是一席之地，
与你的儿和女积点阴功。
有王明不听劝提刀就杀，
若饶你两个人我命难存。
银钱女叫老爷把我杀了，
留哥哥是根芽祭祖拜先。
若杀了我妹妹留我何用，
总不如杀了我妹妹留存。
银钱女说将杀兄长年幼，
若杀他不要紧我便心痛。
杀男儿女孩子把我拉定，
杀女子男孩子抱定我身。
你要杀把我们一齐杀了，
并不可分前后一死一存。
活不散死不散同去归阴，
做一个团圆鬼死也甘心。
有王明见孩儿苦苦相劝，
这就是铁石人也叹几分。
恻隐心人皆有寒心不忍，
学一个唐张议开翠云名。
这冤家就如同赵孝赵礼，
他二人争着死不住留名。
小孩子争着死世上少有，
不如我放了他积点阴功。
舍我命放了他疏财仗义，
送与他十两银快去逃命。
若迟了倘若是有人看见，
放了你我的命实实难存。
兄妹们听的话急忙跪倒，
先谢了送银子放我之恩。

王明发善心，放舍二孩童。
现在无效应，日后报分明。

却说王明放了他兄妹二人，心中暗想：“这两个孩子神圣屡次救他，必是命大之人。”便叫孩子：“你二人快快去罢，此处不可久站了。”玉孩听说，便叫：“爷爷，你大名我们留下，若是父子团圆之日，好来报你的恩情。”老爷王明说：“我叫王明是也。你们二人快去十里之外，有破窑，你们快去安身，慢慢寻你父亲的下落，万是莫要回城。”玉孩兄妹二人叩头起来，赶快逃命去罢。王明又想：“刀上无血，怎见相爷？”不免把自己的鼻子打破，血染在刀上。一时来到相府门首，不要传禀，自己进去，禀知相爷，刀上验血。丞相一见刀上有血，当真确实，急取白银子三十两，赏与王明，此话不提。

再表玉孩二人跌跌趴趴来到一个窑门，二人进去，身体乏困，肚中饥饿，睡卧寒冷难忍，只哭到五更。

哭五更

一更里，好伤心，想起爹娘泪纷纷。父母死活不得见，闪下儿女无投奔。我的娘呀，死里逃生是冤魂。

二更里，泪悲啼，无娘儿女痛孤恓。夜间住在寒窑里，冻饿饥谁人知晓。我的娘呀，自幼儿谁受过此苦刑。

三更里，哭嚎啕，不见父母好难熬。儿在死了二三遭，娘养儿女无下梢。我的娘呀，多亏了神灵救了孩。

四更里，好恓惶①，兄妹二人哭断肠。几时才见父母面，死了我们真可怜。我的娘呀，闪下父母一场空。

五更里，做一梦，父母团圆在家中。爹娘孩儿哭一顿，醒来才是南柯梦。我的娘呀，醒来不见心里痛。

却说玉孩兄妹哭到天明，前去讨饭不表。再说罗凤英，自从被吴彦能抢去受了一年的折磨，又寻死。神灵屡次答救，言说夫妻儿女还有团圆之日，无奈忍气吞声，等着丈夫儿女杳无音信，不免今夜晚上逃走，花园寻死，不知那位神圣把我救到白音寺中，现在整三年有余，此话不提。

再表奸贼吴彦能，自从罗凤英逃走后，田仲祥屡次告状，甚是惊疑，他许下白音寺设醮救济贫人，再访田仲祥父子。吩咐人役洒扫庙宇，准备斋茶日起程，到了次日，便叫王明前去，诚心还愿，不表。

再说罗凤英，在寺中夜做一梦，梦见白衣观音说，今天说是母子相逢之日，你好好用心细看，不久夫妻还能团圆。不料神圣与我托梦，丈夫儿女还在人世。不提。

再说王明来到寺中香罢，吩咐僧人："你们赶快预备茶饭，莫叫闲人进来，若有讨饭之人，禀知道。"不大时来了两个贫人，一个名叫八节，一个名叫以世，他二人交结很好。八节便说："兄弟我们年青力壮，如何常做花子？"以世说："大哥出言差矣，我说来你听。花子生来命如此，东家出来到西家。前世造下要着吃，如今八字定不差。盘古出世自今论，富的富来贫的贫。钓鱼的是姜太公，乞食的是韩信。打柴的是朱买臣，推车汉柴世宗。破窑中是王氏明，背剑的是苏秦。吕相公文进，有个花子薛有名。这些古人未饿死，先遭难来后峥嵘。何况你我二人受饥寒，有朝一日天鼓响，鱼跳龙门大不同。虽然说是这样讲，肚中饥饿实难当。现在白音寺中舍饭，不免我们白音寺中讨饭一回。"这话不提。

且说玉孩、银钱忽听白音寺中舍饭，他兄妹二人也来讨饭，来到寺中等候。再说散饭人，二次并无散到他二人跟前，多数贫人吃饱散去，他二人心想也走，怎奈饥寒难忍，哭了一会跌倒在地。罗氏看见一双孩子跌倒，便叫尼姑问他："斋饭吃饱，为何不走？啼哭则甚？你将他的家乡住处，问来我听。"正是：

① 恓惶：方言，悲伤、伤心。

风英观见二孩童，不由两眼泪纷纷。
吩咐尼姑将他叫，家乡住处问分明。

二孩子未开言双眼流泪，
叫奶奶侧耳听细说分明。
家住在汴梁城无等巷内，
西门外大什字有我家乡。
我的父田仲祥富居员外，
我的母罗风英大贤之人。
那一年奉圣旨观灯玩月，
吴彦能将我母抢他府中。
把我们两个人乱马踏死，
亏神灵答救我到了家中。
我的父心不平伸冤告状，
吴彦能贼丞相假装包公。
丢下我在家中老刘照管，
谁知道王婆子毒害我身。
图家财起不良哄到花园，
推照影把兄妹送入井中。
亏神灵来救我送到郊外，
无处去破窑中暂且安身。
听的说白音寺舍茶施饭，
我二人寻一碗救度残身。
散饭的到跟前他就有事，
只散了二三次来到晌午。
天色晚肚中饥难忍难耐，
怎奈何放声哭倒在东郊。
这尼姑听得说心如刀割，
罗风英听一言大放悲声。
恨只恨天无眼活活拆散，
一家人只害得失群孤雁。
一把手拉住了一双儿女，
我就是你的母罗氏风英。
娘儿们见了面痛声大哭，
思想起我的家好不伤心。
正然哭又想起儿女饥饿，
含着泪把尼姑连叫几声。
你与我快快的端些茶饭，
叫孩儿充充饥也是慰安。
小尼姑听的说不敢怠慢，
铁石人他见了也叹几分。
吴老贼作此事狼心狗肺，
就是我小尼姑也要伤心。
他母子在一起如处酒醉，
哭啼啼满肚冤何日伸明？

却说罗风英见了孩子，今天才得相逢，“乘此无人，娘有话说，要你牢记在心。我们现在忍耐回去，等包公来时，见你父亲，同去告状。若是父亲不来，你二人到包公的衙门伸冤告状，舍死亡命将吴贼、王婆尽都告下，包公乃是铁面无私”。尼姑把饭端来，兄妹二人吃饱回上破窑去了，不提。

再说田仲祥在高丽国，不觉三年，夜晚神圣托梦，他说包公陈州回来，叫我前去伸冤告状。仲祥又说：“八千里路程，我几时才能到得？”有心不去，终日讨饭不是营生，不免辞了地方，谢过神灵，舍死亡命回家。走了数日，遇到江海，飞鸟不能得过，何况人怎么过去。正然梦虑，身体乏困，昏昏而眠，等我醒来，再作料理。

神圣叫我把冤伸，途遇江海当路径。

田仲祥离别了高丽地界，
他叫我回本国去把冤伸。
走数日前来到江河湖海，

波浪大鸟难飞人怎过去。
肚中饥身上冷不知睡去，
出门人命有天保佑我身。
玉皇爷早知道天曹有难，
海水隔山水阻不能而行。
他今日劫数满夫妻相会，
敕旨下差金星救他成功。
有金星领敕旨不敢怠慢，
驾祥云即来到江海之中。
使一个小手段将身一变，
变就了一老翁站在船中。
站船中叫仲祥休得睡觉，
错过了今日个不得相逢。
海水波浪滚，阻隔不相逢。
金星显手段，答救有缘人。

却说田仲祥梦中听着有人喊叫，睁眼一看，有一老翁驾小船，田仲祥便问老翁往那里去，仲祥说："你把我渡过江中到汴梁城去，既然如此，供我一条路。""快快跳上船来，将眼闭住，免得心惊。"仲祥上船不大一时，到了江岸。老翁说，将眼睁开。跳下船来，多谢老翁。老翁说："你看又从那边来了一人。"哄得仲祥一看，老翁化阵清风去了。仲祥才知，神灵救我，望空叩拜，又往前行。不多一时，只见汴梁不远，心中暗想："这一进城千万不可叫吴贼闻风，不免我在城外那方有个破窑安歇，等到天明，我再去打听包公的下落。"来到窑门跟前，内有玉孩、银钱正然去睡，只见来了一人，玉孩说："你是那来的人？"仲祥说："我是过路之人，在此住宿一晚。"玉孩说："你大小通礼，若是我一人还则可以，内有妹子，她是女流之人，你住不方便，赶快出去。"说得仲祥无言可答。仲祥又想，此人讲话有待之礼，我把他盘问盘问。他二人把我的寒窑占了，还说我大小通礼，"我且问你姓甚名谁，家住何处，来此有何事干，细说来我听"。玉孩叫声："年尊请坐，我就与你说来。"且听下回分解。有诗为证：白日里跋山涉水，到晚来无处安身。我好比失群之鸟，又像那丧家之犬。

叫年尊请你坐听我细说，
未开口先叫我痛哭伤心。
家住在汴梁城无等巷内，
名又大万贯财落于别人。
我的父田仲祥富居员外，
我的母罗凤英女中贤人。
自那年奉圣旨观灯玩月，
吴奸贼抢我母与他成亲。
使人役骑上马把我踏死，
多亏了那位神救我性命。
到家中王婆子将我暗害，
哄花园推照影送入井中。
又亏了神灵救兄妹性命，
送荒郊逃性命又遇仇人。
又撞到吴彦能贼人手中，
叫王明杀我们以除根苗。
有王明行方便把我放了，
送白银十两整快去逃命。
兄妹们得活命无处投奔，
无奈何来到了破窑安身。
这就是实情话并无虚假，
现如今整三年不得相逢。
田仲祥听一言心如刀割，
你把我莫当作过路之人。

我就是你父亲仲祥员外，
高丽国整三年转回家中。
二孩子见父亲放声大哭，
你为何丢我们各奔西东。
父子们在一处伤心痛哭，
这哭得父子们直到三更。
父子离别三年整，现在团圆又相逢。

却说仲祥父子三人在窖苦叹了一会。玉孩又说："爹爹不必伤心，昨日白音寺里舍茶舍饭，我们前去讨饭，见了母亲也在此庙住着，母亲她暗暗对我们说，包公陈州回来了，叫我们前去告状，万不可走漏消息。"仲祥说："既然如此，今晚我们父子在此等到天明，问实包公回来没有，再去告状不迟。"此话不提。

再说包公陈州放粮回来，不觉三载，除却奸臣数百余人，奉旨来到金殿，圣驾未任，再等了几日，圣驾回朝，起来梳洗已毕，来见圣上。仁宗可喜，赐下御宴。包公正在宴中饮酒，忽听铜铡连响三声，包公听见："必有奇事，我在陈州三年，朝中必出奸贼，欺君害民。今乃奉旨之日，放告三天，若有冤屈，早赴案下。"便叫王朝、马汉将告牌挂出，有人告状，不可阻挡。不大一时，就来有人喊冤，王朝、马汉禀知相爷知道，包公说："如此令他进来。"仲祥来到堂前，跪禀："大人，冤枉。"包公便问："有什么冤枉？告的何人？有状无状？"仲祥回道："小的有状。"便将状子呈上。包公细细观看。且听下回分解。

吴贼拆散一家人，开封府里断分明。
告状人田仲祥三十二岁，
我告的本朝的吴贼彦能。
有那个吴奸臣倚官仗势，
抢民妻做偏房王法不尊。
自那年奉圣旨母子观灯，
把民妻罗凤英抢他府中。
恨不得将民子纵马踏死，
多亏了神灵救死而复生。
田仲祥气不忍伸冤告状，
谁知道那奸贼假装包公。
又把我拿到府活活打死，
打死尸丢河内两无对证。
龙王救复还魂又去告状，
运气低又遇到贼的手中。
吩咐人拿绳索将我绑定，
洋蜡灌清油浇倒点天灯。
风云神着了忙前来答救，
救到了高丽国餐食之春。
小孩子丢家中王婆毒害，
哄花园去照影推入井中。
多谢那龙王神把我救下，
在城外去讨饭又遇仇人。
差王明无人处将他杀了，
有王明送银两放他逃生。
一家人活拆散无有害死，
望青天老大人细断分明。
仲祥泪纷纷，包公在上听。
尽是实情话，不敢说虚情。

却说包公听了一遍，太是欺人，吩咐王朝、马汉把父子带到后堂，明天听审。我想，奸贼与我官居一品，难以拿他，不免设下酒宴，请过府来，再作定计。便叫王朝、马汉拿上一封请帖，前去请吴老丞相过府饮宴，说是三年未见，久萦心怀，请台驾闲饮赐教。王朝、马汉急忙来到吴府，也不用人传禀，自己进去。只见彦能大座，走上前去，将帖投上。彦能看了一遍，说道：“既如此，原帖奉回，前行后到。”不大一时，彦能来了，包公前去迎接，吩咐人役看酒，二丞相施礼已毕，彦能便说：“学生有何能才，敢劳大人相召。”包公说：“不能谦，久望叙教。”彦能说：“老大人途中受了风寒，学生未得洗尘，多多有罪。”包公说：“大人不必过谦。便叫人来看酒，我们再叙正话。”且听下回分解。有诗为证：包公定下大中计，彦能里黑外不明。今天来到南衙府，有翅也难出得去。

包公把计生，哄他到府中。
与他治酒宴，把话说分明。
吴彦能叫大人容我细问，
你今日唤我来有何指教。
包公说学生的知薄识浅，
请你来做商议奇事一贯。
从陈州回家来路接一状，
这奇事难为我无法可想。
庶民们犯了法怎么判断，
做官的犯了法如何除斩。
为君王他立法若犯纪律，
叫我们为臣的怎么法办。
为臣的犯了法君王判断，
到叫那庶民们哭了一番。
路途中我接了状子一件，
有一个为臣的死不要脸。
望大人才学好出法征办，
我学生在你前领教一番。
包公出计不非轻，彦能里黑外不明。

包公言道：“请你老大人过府，就为这个状子的一番事情，学生出于无知，你老大人才高知广，请你征办，学生领教经验。”彦能说道：“老大人如何这等谦让，若要是做学生的薄见，法律乃是规定的，他那个不遵？谁敢不守？要是庶民犯法，犯的何罪，就有何刑处治。王侯公子犯法，与民之罪不相同，要更加十倍的严办。要是吾辈犯法，抢夺贤良的妇女，依我意见，定赴案下铜铡，分为七十二段，与他个碎骨粉身，不能魂全。他做此事，破坏我们朝中的秩序，如何是好！铜铡之罪，决不容情。”彦能将罪定罢，包公微微冷笑，便叫王朝、马汉：“你把状子呈上与他观看。”彦能接状子，不知告的什么人。且听下回分解。

吴彦能接状子从头细看，
只吓得头顶上失了三魂。
上写着田仲祥三十二岁，
我告的吴老贼名叫彦能。
自那年奉圣旨观灯玩月，
罗凤英是我妻美貌佳人。
吴老贼他抢去与他配对，
抢我妻还则可又害儿女。
将一对小孩子纵马踏死，
多亏了神灵救送到家中。
为民的气不平前来告状，
谁知道那吴贼假装包公。
时运低又遇到贼人手中，
打死我把尸首送入河中。
那吴贼腹怀刀心如蛇蝎，
他要把我田门斩草除根。
贼害我一家人未有害死，
现如今与吴贼办个分明。
这就是真情话无有虚假，
望青天老大人细细鉴查。
吴彦能看罢状心中胆怕，

谁知道田仲祥又在人间。
吴丞相叫包公听声细禀，
明明是田仲祥谋害良臣。
做官人抢民妻犯法非轻，
这样事叫为民怎样而行？
难道我做官人缺少妻身，
世上的美貌女铺着一层。
我抢去他妇人作何而用，
田仲祥告枉状甚是欺人。
与我们坏名誉罪过非轻，
赴铜铡罪不容碎骨粉身。
包公明听他说微微冷笑，
明明的要与人假定罪刑。
叫彦能你犯法你又定罪，
赴铜铡你莫要埋怨我身。
彦能说我犯法谁见谁证，
若无有见证人同见主公。
包公说你还要见证相对，
叫人役在后堂提来仲祥。
赶快去白音寺唤来风英，
再叫那他手下快头王明。
三个人都叫来当堂对证，
只吓得吴彦能战战兢兢。
包公怒气生，便骂吴彦能。
你做这样事，良心何处存？

却说包公吩咐人役，不大一时，叫来三个证人，田仲祥、罗凤英、王明，他三人七言八语，只羞得吴彦能低头无言。包公骂道："把你这个无耻的奸臣，死不要脸，还说你的有理，又假装我等，苦害良民，败坏我的名誉。你这等欺君害民，该当何罪？"彦能说道："我就犯罪，吾等同你一品，你还拿不了我。同你呈报上殿，面见天子，我死也甘心。"包公骂道："把你这个畜类之物，你还说我拿不了你。"吩咐王朝、马汉抬来铜铡，"将这吴贼扯下堂去，与我铡为七十二段，碎骨粉身"。人役急忙把吴彦能拉下堂去，赴铡上，只铡得骨头乱奔，血水长流，吓得两班文武、满城的军民人等，好不惊杀人也。

铁面无情文曲星，铡得吴贼血淋淋。
包大人铡吴贼七十二段，
再提那王婆子细问根源。
叫王朝和马汉听我吩咐，
无等巷再提来王氏妇人。
有人役听得说不敢怠慢，
不一时提来了王氏贼人。
有王朝和马汉急忙回到，
禀大人王氏妇来到堂中。
叫人役把贱人带上堂来，
有王氏见包公怒气上升。
王氏女尊大人听奴细说，
一件件一句句诉个分明。
自从他田仲祥夫妻在外，
丢下他儿和女谁人照管。
他儿女每日间痛哭不止，
全凭我王氏女看望他身。
早晚间我与他端茶换水，
到晚间又伺候睡觉安眠。
我与他费尽心照料家事，
现如今又赖我害他女男。
这就是实情话无有虚假，
望大人开天恩问个分明。
包大人听说罢微微冷笑，
你说的好花言尽是闲谈。
你还在我面前假言哄我，

若不信你叫来玉孩银钱。
当堂上同我见二人对证，
你若是无害他放你逃生。
有王氏听得说魂飞天外，
他二人被我害怎又复生？
包大人叫来了玉孩银钱，
只吓得王婆子低头无言。
玉孩说王婆子狼心狗肺，
万贯财你受用还要害我。
你害人无害死我还在世，
你如今逃不出我的手中。
这羞得王婆子无言可答，
包大人叫王朝拉下去打。
有王朝和马汉急动刑法，
板子打杠子压血水淋淋。
只打得王贼人气绝身亡，
用凉水喷活来再等非刑。
包公怒气生，只打狗贱人。
害人未得死，你今受苦刑。

却说包公吩咐人役停了刑具，快快买来黄蜡二十斤，羊油壹拾斤，棉花伍斤，青油壹斤，将棉花缠住她的身了，用黄蜡、羊青油将她缠成一支大蜡，再用洋红染为红蜡。人役不敢违命，不大一时，将东西买来，包公亲自观看，一时把王婆子缠成一支大蜡，足有缸粗，长有八尺之余。包公吩咐人役拿在十字街上，通知庶民百姓，都来观看，这就是贪图不足，反害主人之贱人的一贯下场。今犯我文曲星的案下，乃是铁面无私之人，绝不容情，将王婆子抬在十字街中，倒点天灯，以传此人之誉。你们观看之人过后，千万莫学此人做事。吩咐王朝、马汉快快就点。人役急忙点着，看的人等甚是害怕，油滚千层浪，大烟万道光。一时之间，王婆落了个火花焚身之鬼，参观之人各各散去。此话不提。

再说包公吩咐人役，将田仲祥当堂而拜，“跪禀老大人得知，那吴贼人府下还有快头王明，他乃是救民儿女的恩人。呈禀大人将他唤来，望大人提拔一二”。包公听禀，即叫人役前往吴府，“请来快头王明，听我吩咐”。人役前去，不大一时，将王明传到，王明拜过丞相，立站一边。包公坐堂，唤上田仲祥妻儿女，包公说道：“你家受了磨难，活活拆散，现在却又团圆。我与你表奏天子，准申皇恩，听我分管。”正是：不知分为何职，且听下回分解。

包大人叫仲祥听我吩咐，
臣封你田仲祥保国忠良。
朝内事由你治先斩后奏，
上管臣下管民掌治朝庭。
先有那皇天子下有你我，
再朝中做大官莫学彦能。
再叫那田妻子听臣吩咐，
封她为朝养院一品夫人。
被奸贼抢你去成双配对，
抢者死守贞节万古留名。
被吴贼抢到府整整三月，
想妙计无失身好落贤名。
自从那三月三星夜逃脱，
白音寺修真性直到如今。
封你为朝养院妇人一品，
世少有这等的女中贤人。
再叫来玉孩男听我吩咐，
封你为田玉孩挂帅先锋。
作战场全望你提兵调将，
领千兵带万将由你治掌。

我再封银钱女桃花姑娘，
每日在朝养院侍奉你娘。
封罢了你一家谢恩下殿，
再叫来吴府的快头王明。
有王明上殿来听臣吩咐，
封你为彦能位王明坐上。
你放了二孩童如今领赏，
吴贼的丞相位要你治掌。
你做官要清正我还私访，
若仿着吴贼样决不该放。
包大人封官毕又叫仲祥，
你一家和王明回家祭坟。
祭祖罢你们来各各就职，
那时节我与你表奏天子。
田仲祥和王明谢恩下殿，
包大人也下堂回上坐安。
大人封罢回府中，田王二人喜临身。

却说田仲祥、罗凤英领了儿女回到家中，里外看了一遍，再无一人，就是刘管家一人看守门户，见仲祥一家团圆，他们抱头痛哭一场，又惊动了左右邻人都来观看，一家到一处还犹则可，却又父母儿女都升官位。有那户族人等商议，又与他父子贺喜不提。

再说仲祥家中细看了一遍，各东西具全，他就请了户族人等，与他料理待客，仲祥父子先在家堂，祖宗灵堂祭拜先人，过了酬客之事，我们再兴奋祭祖，改立门庭，此话莫表。

再说地方首领、绅士前来与他贺喜，又与他送猪送匾，好不威风。这才是贫在世上没人问，富在梁山有远亲。仲祥说与东家先端茶，后斟酒。说罢众客起来与仲祥贺了茶，游津水之禧。仲祥请客入席，与客斟酒，酒宴一毕，众客俱散，还有些绅士首领户族亲邻人等，与他帮办，堂中悬匾，墓前立碑，才算是有富之人，方得读书。古人曰："人害人，天不容；恶事轻，抱儿孙；恶事重，杀自身。"彦能害我未害死，结果落个骨碎又粉身，王婆害儿未得死，结果造蜡点天灯，恶人怎么点天灯早归阴。善人在世享福分，为人莫学吴彦能，学我仲祥报日恩。此话不提。

仲祥向众位人等说了几句闲话，现在祭祖完毕，他父子准备望门拜谢地方绅士首领亲邻户族人等，整拜了三天。拜罢，仲祥将田地各农之事，托付于亲门堂弟以及刘管家，勤俭照料。他将夫人女儿搬到朝养院，钦受皇恩。仲祥父子还有王明他也接官已毕，同他父子三人上任去了。罗凤英又吩咐家人，急速请了东家设立酒宴，请待闭客，再请上僧道法师，答醮七七四十九天的道场，超度山灵，答报神圣救命之恩。我们诚心设供礼乐，诺神千万莫要虚情假意，诚心酬神。正是：

仲祥聚会一处存，设赠答醮报神恩。
罗氏凤英诚心重，与夫商量报神恩。
一报天地盖载恩，天下万民有处心。
二报日月照临恩，阴阳二气转法轮。
三报皇王水土恩，水土之内养万民。
四报父母养育恩，留下子孙祭先人。
五报老祖传法恩，教下弟子念经文。
六报护法护持恩，改邪归正保师尊。
七报僧那度众生，改恶修善出沉沦。
八报八方施主恩，常舍布施救贫人。
九报九祖升天界，后代子孙积阴功。
十报一切众诺魂，屈死魍魉出域门。
念经念了七七整，道场告终谢亲朋。
谢了亲朋户族等，急速要进朝养宫。
进了里宫见夫君，家事细细说分明。

户族堂弟田仲林，和他老刘务庄农。

家中一切闹事情，赖他二人全照应。

总之不论做什么事情，都要老实真诚，不说白话，不做坏事，不陷害别人，做好事为正。

一九七九年六月抄写

（蔡榕录入、校勘）

洞宾老祖卷

卷是洞宾老祖卷，善男信女听此卷，不可丢盹胡乱言①。佛在灵山莫远求，灵山只在你心头。人人有个灵山塔，何必灵山塔下修。

杭州买药

黄粱一梦退凡心，昔年谁是一道君？
贫道受尽千般苦，敕封大唐吕真人。

贫道姓吕名岩，字叫洞宾，道号纯阳，家住在山西蒲州城东关吕家巷口，有家受尽的寒窗、九湛熬油、八般的折磨。有一日功成圆满，得中唐王第二甲进士，实想在朝奉君，不料想做了黄粱一梦，参透红尘，是我上得山来，遇见了吾师钟离，秘传拾伍黄天大道，历传金丹，受尽了数十年寒窗，八般折磨，有一日功成完满，是吾尊师带往灵霄宝殿讨封，玉帝一见，龙心大喜，敕封我雷部大尚书吕真人，上管三十三天，下管幽冥地府。三月初三日，王母娘娘设下蟠桃大宴，是我一步来迟，王母将我隔在洞外，王母言道："高叫纯阳翁，你本是酒色财气之仙，不能赴蟠桃大宴。"是我纯阳听言，冲了大怒，便说："王母你听，娘娘不贪酒，九重天仙个个吃的酗了带醉；娘娘不贪色，九天仙女何处得；娘娘不贪财，八仙送礼都收来；娘娘不贪气，众仙俱赴蟠桃宴。纯阳一步来迟，娘娘就要坠落凡间。"问得王母无言可答。王母命了童子，将纯阳收进洞来，作诗一首。诗曰《念道情》：

好酒不是凡间酒，甘露一杯不离口。
好色不是凡间色，婴儿姹女常结果。
好财不是凡间财，三宝何曾露出来。
好气不是凡间气，常合魔王来对句。

① 丢盹：方言，打盹、犯困。

是我将酒色财气叹说已毕，往里进行，众仙一见言道：“请来是。”我答曰：“稽手稽手，天长日久。”众仙言道：“纯阳有杯之量。”使我连饮了五百双钟，吃得甚醉。众仙使我走出洞来，驾起祥云，路过麒麟山，慧眼一观，观见尘世上红光闪闪，雾气冲天，想必那家出了忠臣良将、孝子贤孙、烈女节妇，以在灵霄宝殿玉帝面前夸下海口，卖下良言，要度尘世以上忠臣良将、孝子贤孙、烈女节妇。出得南天门，驾起五色祥云，一奔尘世上来也。

驾起红云红似火，驾起白云白似雪。
驾起青云比靛青，驾起黑云赛锅底。
驾起黄云赛黄金，五色祥云驾在空。
贫道生来好云游，游遍天下四部州。
东游东洋东大海，南游南海普陀山。
西游我佛雷音寺，北游大漠饮马泉。
上游玉帝灵霄殿，下游阎君鬼门关。
四大部州都游遍，贫道特来游世间。
西方路上一只鹅，口贪黄粮念弥陀。
扁毛也有修心意，人吃五谷不念佛。
东方路上一只鹅，媳妇孝顺婆不知。
孝顺媳妇金桥过，作恶婆婆桥下行。
孝顺媳妇拉一把，小鬼摆手休管她。
一修天高十万丈，二修地狱十八层。
三修我佛莲台坐，四修童儿拜观音。
五修五百真罗汉，六修张老念番经。
七修婴儿须说话，八修猛虎窜山岭。
九修菊花头上带，十修莲花海内生。
叫你修来你不修，变成鱼儿顺水流。
上河撒是青丝网，下河遇见吊鱼钩。
吊鱼钩上三钱肉，吃肉容易退钩难。
早知得到渔翁手，鱼跃龙门早回头。
天如匣盖地为底，人生好比混水鱼。
阎君散下搭鱼网，不知来年谁搭谁。
若人好比一间房，皮比石灰肉比墙。
骨头好比梁合柱，口比门户眼比窗。
若气好比住房家，一来一往想家乡。
有到一日家不住，闭了门户关了窗。
日月好比两间楼，终朝每东西日游。
若人好比路旁草，个个埋在土里头。
一寸光阴一寸金，寸金难买寸光阴。
失却了寸金还犹可，失去了光阴那里夺？
正是纯阳往前走，惊动南海观世音。
家住南海普陀山，紫竹林中一天仙。
一旁站的白鹦哥，一旁杨柳串子莲。

贫道南海大法师傅、慈航道人，世人不知。吾党救苦救难观世音菩萨，正在紫竹林中讲经说法，忽然心血一潮，掐指一算，就知其意，原是终南山八洞大仙，内有一纯阳公，他本是酒色财气之仙，已在玉帝面前夸下海口、卖下良言，要度世人忠臣良将、孝子贤孙、烈女节妇。游在别处，还犹则可，若到杭州花景，恐怕迷了一位大罗神仙，如何是好？吩咐善财童子，驾着祥云，随吾党下杭州去了。

南海南来南海南，只是南海造法船。
月宫有个婆罗树，去下一枝作元杆。
观音菩萨为船住，四大金刚把船赶。
一枝留在阴曹府，一枝世上催少年。
一枝度过孔圣人，留了仁义礼知信。
二枝度过永乐王，五龙棒圣降天堂。
三枝度过达摩祖，十八罗汉他为尊。
四枝度过好善女，白雀寺里成了仙。
五枝度过庄周仙，三试其妻田玉莲。

六枝度过黄氏女，舍米舍面度供僧。
七枝度过黄石公，碾白山前得道名。
八枝度过唐三藏，西天取经也有功。
九枝度过李翠莲，因为行善转皇宫。
留下一枝无人度，专度酒色财气仙。
叫你上船不上船，推罢今年推明年。
上的迟来误了正，悔前容易悔后难。
船头一上七个字，不度无缘度有缘。
正是菩萨往前走，忽听善财禀一番。

善财童子禀知菩萨，到了杭州之地。菩萨吩咐善财童子，找一处干净之地，好来点化纯阳。童子听言，行走数里，往下一看，观杭州城内十字街前，坐北向南，有一处空滩，善财童子禀知菩萨。菩萨往下一看，果然一方之地，贫道就在此地大显神通，净水瓶放在中间，吹了一口，化就了小小的一座药铺。善财童子化就了八十往下、七十往上的一个老人，菩萨化就了一佳人，四大金刚化就了四面招牌，悬挂在药铺门上。牌上有字，分明写着："病有四百四症，药有八百八方。"师徒变化已毕，坐在铺内专等纯阳来也。

头带丝巾身穿袍，腰中束带簪九条。
身背青锋二龙剑，足登草鞋走云霄。

贫道纯阳公正在尘世以上游观，见世上人潮，七忙七密七杂七，三个一伙，五个一堆，真乃是草木之辈。那有忠臣良将、孝子贤孙、烈女节妇？我一眼观到杭州，但见白光门前紫气冲天，想必那家出了忠臣良将、孝子贤孙、烈女节妇，待我催动祥云，竟往杭州去也。

纯阳云中往前行，观见迷人乱昏昏。
天上云多月不明，地下人多心不会。
山中花多开不尽，海中鱼多水不清。
云雪以内观着看，观见世上十不亲。
说天亲来也不亲，日月周流转西东。
光阴似箭催人老，催老世间多少人。
说地亲来也不亲，到处黄土总埋人。
一辈老来一辈少，一辈新人换旧人。
君王亲来也不亲，君爱臣来臣爱君。
一时失手把法犯，三尺宝剑不容情。
父母亲来也不亲，枉养儿女挣千金。
一月千金入了柜，子孙渴了无一文。
儿女亲来也不亲，绑脚裹手枉劳心。
出门还嫌陪送少，嫁夫着实是外人。
子孙亲来也不亲，父母去世送出门。
请上僧道把宅镇，恐怕后来冲儿孙。
兄弟亲来也不亲，有酒有肉教旁人。
家中但有不知事，翻眼失了手足情。
媳妇亲来也不亲，各人怀的各人心。
枕头上把夫交顺，祖治家财公平分。
夫妻亲来也不亲，前夫去世后嫁人。
但到别处身荣华，忘了前夫同床亲。
亲戚亲来也不亲，有钱有势就有亲。
若还家中身贫淡，沿门路过躲着行。
朋友亲来也不亲，有酒有肉来往行。
若还朋友身有难，仰面脸儿不招承。
只是世上十不亲，那有参透早修心。
人人都把富贵盼，争名夺利一场空。
正是纯阳往前走，一道白光挡住云。
收了云头拦住雾，轻轻落在地流平。

纯阳正往前走，忽有白光挡住雾，纯阳向正南落下，神仙变化多端，摇身一变，就变成了云游的道人，身背蒲团，手拿禅杖，怀抱鱼骨尖板，从杭州正南而行。正是：

纯阳翁来显神通，化就云游一道人。
身背蒲团进南门，手打鱼骨念道情。
杭州城内闲游转，但度有孝行善人。
戊己土内包寒露，子午卯酉炼丹金。
出家炼了无价宝，要把水火治成功。
跨上仙鹤飞上天，出家离了终南山。
头无戴来身无穿，师傅打发去化缘。
善人若还遇见我，谁化米来谁化面？
谁人肯遇跟我走，那个跟我上蒲团？
众人都肯发善念，唱的无游逍遥谈。

贫道来到杭州，将世间讲说一边，回头观看，观见十字大街，坐北向南，有一座小小的药铺，白光闪闪，雾气冲天，想必那家出了忠臣良将、孝子贤孙、烈女节妇，待我坐在药铺之中，观看观看，招牌上面写得分明，待我读念读念，上写："病有四百四症，药有八百八方。"上边又有两行小字，写着："积善堂广积缘、积善人家。"纯阳观罢，叹说："哎呀，好大口气，这见他人口，未见他人手。待贫道走上前去，将他点化点化。"纯阳已在药铺门前，盘膝打坐，巍巍不动。铺内闪出八十往下、七十往上的一个老人，言道："稽首了。动问老仙长，你从那里来的？""我从来处来。"老医问曰："你从何处去？"纯阳答曰："我从去处去。"老医大怒，言说："好一仙长，这就不是了。我问你来，你从来处来；我问你去，你从去处去。那个为来？那个为去？""是你不知，出家人生者为来，死者为去。老医者既问，听我与你道来。"

来中自觉父母喜，去时自觉子孙悲。
来时昏了去时迷，一来一往几千回。
来时不知谁是谁，去时不知我是谁。
不来不去却也好，免得喜来免得悲。

老医答曰："好一仙长，你就无眼色了。你清晨起来饥了，你将蒲团背在饭馆门上，化一檩饭来充饥，渴了，你将蒲团背在酒馆门上，化一檩酒来解渴。仙长你坐在药铺门上，难道吹药不成么？"纯阳答曰："老医者是你不知，你还是门里君子，还是门外君子？"老医者答曰："门里君子怎说？门外君子怎讲？"纯阳答曰："门里君子必知药性，门外君子不晓根苗。"老医答曰："门里尽通，门里尽晓。老仙长还是初走杭州，次走杭州？"纯阳答曰："初走杭州怎说？次走杭州怎讲？"老医答曰："若是次走杭州，就知杭州事情。若是初走杭州，杭州城内有千座铺，我的这个药铺虽然算不了头一家，也算得了第二家。"纯阳答曰："高叫老医，听你这样讲说，你是门里人家。贫道要买四般药材，不知有也无有？"老医答曰："好一仙长，这就不是。我的招牌上边写的分明，病有四百四症，药有八百八方，何言四般药材无有？你买那四般药材，呈单抓药。"纯阳答曰："出家人来的慌忙，未带上药单，只是口说。"老医答曰："老仙长请讲。"纯阳答曰："一买家和散，二买顺气丸，三买消毒引，四买化气丹。"老医不解其意："老仙长请你且门外少暂一时，待我打开药包找寻。"

打开药包是豆蔻，谁知药中有大黄。
桃仁怀抱杏仁睡，睡卧防风牙床上。
鼓打三更交半夏，胆大木贼越过墙。
冰片伙里查着看，盗去水银四十两。
又盗麻子好几串，拐带巴豆几十双。
乌药听着是不好，羌活一旁泪悲伤。

消丸听着是不好，苍术伙里闹嚷嚷。
雄黄听着是不好，元散树上去乘凉。
神曲麦芽心胆战，当归黄芪好悽惶。
头带枳壳帽一顶，身穿山甲披身上。
腰系一根黄金带，骑马一心赶良姜。
毕拨听着是不好，知母桥下摆战场。
贝母听着是不好，赶到卡荷两岸上。
荆芥听着是不好，砂仁场中对刀枪。
捉住木贼人两个，拿到官桂大堂上。
上面坐的白附子，两边枷的小茴香。
肉桂曾把附子接，麦冬下边拆冤枉。
牙皂下边制甘草，棍棍打的人参上。
打破陈皮血满面，搧红落在地黄上。
木贼下在监禁内，气杀桔梗红娘娘。
檀香念起夫妻意，歌买牵牛叔槟榔。
走得红娘眼落泪，歌买木别四十双。
打发广茶头里走，君子单是好心肠。
样样药包翻个过，药包不见四般药。
药铺不见家和散，药包不见顺气丸。
架板上不见消毒引，本草上不见化气丹。
这一位仙长买的怪，偏买四般无一样。
善财找罢往前走，连摆仙长听一番。

善财走近前来，满脸陪笑，高叫："老仙长，我的药铺并未有四般药材，仙长你往别处买去。"纯阳听罢，微微冷笑言说："真乃是迷人，待我挑起蒲团就走。"且不说纯阳前去，再表善财童子禀知菩萨，菩萨听言就知其意，只是纯阳翁到此。菩萨言说："善财童子，你且退后，待我与他讲说道理。"正是：

观音菩萨往前转，连把仙长叫一番。
正是纯阳往前走，忽听后边有人言。
扭回头来观着看，倒把纯阳惊一番。
八旬老者不见面，铺内闪出女花槛。
面如银粉雪一般，一对金环坠耳边。
一指尖尖嫩如笋，落来银牙尖对尖。
身穿石榴大红袄，八副罗裙系腰间。
鸳鸯裤腿红丝带，裙下露出小金莲。
纯阳看罢心自叹，如个俊巧女花槛。
我当初戏过白牡丹，这女子还比牡丹鲜。
此人往生凡世间，好比天仙下了凡。
纯阳越看越爱看，上前叫声女花槛。

纯阳走近前来，满脸陪笑言说："女善人，请了请了。"菩萨答曰："稽手稽手，天长日久。"纯阳动问："女善人，你有什么本领，敢和出家人讲说道理？我且问你，你可知天地人三宝乎？"菩萨答曰："岂有不知？"纯阳又问曰："女善人既知，何不讲来？"菩萨答曰："老仙长，你听。"

天有三宝日月星，地有三宝水火风。
人有三宝精气神，仙长要你听心中。

纯阳听罢，大失一惊，便叫："女善人，天地人三宝讲的不错，女善人，你可知天地人周流带乎？"菩萨答曰："岂有不知？"纯阳说："既知，请讲。"菩萨说："你听。"

青气为天包元带，日月星辰为周流。
浊气为地包元带，江河湖海为周流。
人的皮肉包元带，血行上下为周流。

纯阳听罢大喜，便说："女善人，天地人周流，真讲的不错。"菩萨问曰："老仙长，这中间在药铺买的那四般药材，我爹爹年纪高大，将药认他不清，寻药不着，忘记药包也是有的。老仙长对我讲来，待我与你细细查看。”纯阳听言，微微冷笑，心中思想，你问我药性的二字，待我与你讲来，我看你的本领如何。“请问女善人，年高的个个不能通药性的大道，你一个女花童，能知药性的大道乎？”菩萨答曰：“老仙长讲话差矣。常言说的却好，人不在大小，有才者为妙；水不在深浅，鱼盛者方好；山不在高低，出神仙者为贵；有知不在年高，无知枉活百岁。”纯阳听罢，满脸陪笑言说：“这女子口气太大，待我与你讲来，一买家和散，二买顺气丸，三买消毒引，四买化气丹，出家人就买的这四般药材。”菩萨听言，冲冲大怒，言道：“好一仙长，这就不是。这四般药材都在你们出家人身上，难道说一字不知？小姐与你指示。”便说：“老仙长，听我与你道来。”

菩萨暗把纯阳叫，糊涂洞宾不识人。
开言我把仙长叫，听我把话讲分明。
父慈子孝家和散，兄宽弟仁顺气丸。
夫唱妇随消毒引，与人方便化气丹。

纯阳听罢，言说：“这四般药材讲的不错，且问女善人，病有多少症，药有多少方？”菩萨答曰：“老仙长抬头观看我的招牌，上边写的分明，病有四百四症，药有八百八方。有方就有病，有病就有方。”纯阳听罢，又问：“女善人，这四般药材，能治那样病症？”菩萨答曰：“能治八般的贪症，老仙长不知，听我与你讲来。”

不敬君主贪路症，不孝父母忤逆症。
利己害人奸巧症，记人小过狠毒症。
忘恩利己无义症，与人词讼好气症。
大斗小秤不公症，打街骂巷冤孽症。

纯阳听罢，便叫：“女善人，这般药材难道不用药引么？”菩萨答曰：“那有不用药引？药用一十二味。”纯阳说：“用那十二味药材？”菩萨便说：“要用老石儿一个，慈悲心儿一片，好肚肠儿一条，孝顺半儿一根，忠厚八分，忍耐三分，恩惠三分，根本四两，戒淫取心，阴阳全用，殷勤四两，方便不拘多少，容人铺内去买药，让人铺内去配，公平秤上秤，宽心锅内熬一炉，婆罗火每日用三分，和气汤送下，连用七七四十九天，此病方终得好。”纯阳又问曰：“女善人，服了此药，忌口不忌口？”菩萨答曰：“老仙长讲话差矣，常言说的虽好，服药不忌口，枉费明医手；要忌四般口，病能得回头。”纯阳答曰：“女善人，忌的那四般口？”菩萨答曰：“忌的骂人口、恶人口、是非口、仙长怕的多开口。”纯阳又问曰：“女善人，此病再不犯也不犯？”菩萨答曰：“此病再犯，再用四般药物。”纯阳又问曰：“女善人，用的那四般的药物？”菩萨答曰：“用的暗里箭、袖里刀、草里蛇、两头舌，怕的平地起风波，若还在犯，慢说凡人，就是大罗神仙也不能好了。”纯阳听罢，大失一惊，腹内辗转，心问口，口问心，天地人的三宝讲的明，提起药性样样通。纯阳满脸陪笑，便说：“女善人，此药材讲的不错。出家人还买四般药材。”菩萨答曰：“慢说四般，就是千般万般，任他所买。”纯阳说：“一买来来往，二买树无根，三买天养人，四买海样深，就买的这四般药材。”菩萨答曰：“这四般药材，有名无这药，这是口说。”纯阳答曰：“女善人请讲。”菩萨说：“你听。”

亲戚有钱来来往，朋友交好并无根。
和六乡来天养人，父母恩情海样深。

纯阳听言便叫："女善人，此药讲的不错，出家人还买四般药材。"菩萨答曰："还买那四般药材？"纯阳说："女善人你听，一买苦中苦，二买甜似蜜，三买软似饼，四买硬似铁。"菩萨答曰："此四般药材，又有名无药，还要口说。"纯阳答曰："女善人请讲。"菩萨说："仙长你听。"

寡妇守孤苦中苦，五男二女甜似蜜。
夫妻恩爱软如饼，弟兄不和硬似铁。

纯阳听罢，心内思想，这女子讲的有理，好不惊杀人也。

纯阳听罢心内想，不由教我失一惊。
样样药材讲的是，唬我不敢把她问。
八十老人不中用，好个能言女花童。
实是杭州把人度，这女比我强十分。
纯阳说罢往前走，上前恭敬女花童。
女子度上天宫去，灵霄宝殿也有名。

纯阳走近前来，打了一恭，便叫："女善人，把此方传与我仙道，来度化世人。"菩萨答曰："老仙长，你是出家之人，已在终南山修真养性，你把何事不知，何事不晓，还在我女子的上边领教，我的本事皆小，我姐姐本事皆大，你在她前领教。"纯阳问曰："你姐今日在那个名山？何处洞府？"菩萨答曰："老仙长，你回头观看，我姐姐来了。"哄得纯阳回头一看，菩萨吹了一口，化掉了药铺，驾起祥云往东而行。

纯阳回头观着看，不见药铺不见人。
驾起云来向东行，身背宝剑赶妖精。
菩萨空中一声叫，大胆纯阳休胡行。
你把真佛当假佛，观音菩萨当妖精。
玉帝面前奏一本，斩妖台上丧残生。
纯阳听言双膝跪，哀告菩萨饶性命。
菩萨若饶我性命，紧闭洞门去修心。

当时下杭州城内，善男信女见一位穿黄袍的道人，跪在空中哀告菩萨饶性命。杭州城内众人大家设香案，手执馨香恭拜，只见空中飘下来了一张谏帖，上边墨水未干。众人念来，世人且听：

佛在灵山莫远求，灵山只在你心头。
人人有个灵山塔，何必灵山塔下修。
观音菩萨驾祥云，来到南海紫竹林。
观音往奔南海去，纯阳驾云到空中。
不见观音来点化，儿女都在杭州城。
至今若到中华地，永世不离杭州城。
卷是洞宾老祖卷，留传在世人请看。
善男信女听此卷，不可丢盹胡乱言。
若要听完此宝卷，方保一家得安然。
行善君子来请看，不可忽略谨慎观。
劝君看完抄一本，留传在家子孙贤。
有人抄借此宝卷，抄完急速送回还。
倘若抄完不送回，异如犬羊不分焉。
该生提笔胡写完，若与君子改一番。

民国拾肆年岁次乙丑蕤宾月，提笔抄写《洞宾宝卷》，勿为□□也。观音菩萨驾祥云，来到南海紫竹林，观音往奔南海去，纯阳驾云到空中，不见菩萨来点化，儿女都在杭州城，至今若到中华地，永世不离杭州城。

（潘利华录入，张丽玲校勘）

洞宾买药全卷[1]

道本无邪正，行人念头差。

迷妄分三教，知者悟一家。

洞明四句偈，透开结外花。

一概均平有甚差，本来原是一人家。

只因落在枝梢上，迷了从前大道芽。

八洞神仙何处出，本是真空能变化。

言说八洞神仙之中，有一上仙，姓吕名洞宾，道号纯阳真人。他乃景州人氏，自幼好读书文，生在儒门。那年上京会试，遇钟离点化，弃家归山，修真养性，得成正觉，亦坐上仙之位。那年三月初三日，王母圣诞之辰，天下一切群仙，个个俱赴王母圣会，群仙宴罢，各归洞府去了。惟有上仙纯阳真人，与钟离禅师，正在祥云之中往下观看，只见污浊尘世之中，苦海波浪之内，大地众生贪恋酒色财气四字，造下无边大罪，怨气冲天，个个都在轮回之中，更无出身之路。禅师答曰："酒是迷人毒药，色是刮骨钢刀，为财多伤性命，气是惹祸根由。想来四般无用，不如一笔勾销！"洞宾答曰："禅师讲话有差，自古道：无酒不成礼仪，无色世上人稀，无财拿甚买办，无气定要人欺。想来四般有用，晓谕天下人知！"禅师答曰："你乃真是贪酒好色之徒也！贪世恋世，不叹世以日临命终时不能出世。"洞宾答曰："你如何说我贪酒好色之徒？"禅师答曰："只因三醉岳阳楼，失了仙体，岂不是为酒来！"洞宾答曰："好酒不是凡间酒，每日甘露不离口。"禅师答曰："你休强辩，我有古人作证！

汉王为酒丧家邦，杨妃为酒马前亡。

六郎酒失三关口，徐州酒失汉关张。

柳林为酒沉地狱，李白为酒跳长江。

---

① 此卷为合订本的第二篇。金塔藏本，光绪二十九年。

君子为酒迷真性，遇人饮酒礼不长。
如若饮过三杯酒，怨天恨地骂爹娘。”

洞宾答曰：“三醉楼只为酒，何为色？”禅师答曰：“只因贪恋白牡丹，彻阴补阳，失了金丹大道，岂不是为色来！”洞宾答曰：“好色不是凡间色，婴儿姹女同欢乐。”禅师答曰：“你休强辩，我有古人作证：

纣王为色失纪纲，吴王为色丧家邦。
楚王为色行无道，鲁君为色乱朝纲。
吕布为色下沛亡，董卓为色不久长。
色是人间双刃剑，为人贪色必他伤。”

洞宾答曰：“只因贪恋白牡丹，这个为色，何为财？”禅师答曰：“你疯魔了六十年，不能还原点石成金，点砖成银，却不是为财来！”洞宾答曰：“好财不是凡间财，三宝何曾露出来？”禅师答曰：“你休强辩，我有古人作证：

财是人间刺人锯，为人贪财必他伤。
石崇豪富因财死，王良为财割肚肠。
王朝为财因横死，马汉为财剑下亡。
劝君休贪无义财，命中有财自然来。”

洞宾答曰：“六十年不还原，这个为财，何为气？”禅师答曰：“只因飞剑斩黄龙，斩不得者，反拜黄龙为师，却不是气来！”洞宾答曰：“好气不是凡人争，一呼一吸养真性。”禅师答曰：“你休强辩，我有古人作证：

气是人间痨病方，为人贪气必他伤。
孙膑捉住庞涓道，六国分是为气亡。
三气周瑜归地府，诸葛神谋不久长。
临潼斗宝争闲气，人争闲气一场空。

酒色财气四字，混乱世界，许多家子弟丧命亡身。

酒便是乱性汤迷人之水，
色便是大囚牢火熬深坑。
财便是入我山刀林剑树，
气便是大毒蛇蟒龙之精。
这四字引大众和落凡景，
引罗汉下云梯贪恋红尘。
坏多少修行客迷踪失路，
坏多少文章士不得高登。
入我山坑性命谁人知道，
恩爱河是非海丧了残生。
堵塞住婆罗门无人来往，
截挡住菩提路少有人行。
若有人识破了酒色四字，
顿断了无情锁跳出樊笼。
酒色财气四堵墙，人人都在内边藏。
有人跳出墙儿外，不是神仙寿禄长。”

禅师言毕，驾起祥云去了。说得洞宾老祖心中烦恼，口中赞偈四句：

弃却飘囊击碎琴，如今不恋汞中金。
自从一见黄龙后，始觉从前错用心。

洞宾老祖赞经一毕，心中不喜，不免去到杭州游玩散心一番，有何不可！老祖驾起祥云，起在空中，往下方观看，只见南来北往，东走西行，只为贪名图利。老祖叹曰：“雁飞南北怕寒暑，人走东西为名利！”老祖赞毕，收云揽雾，落在杭州城中十字街前。只见那边有一生药铺，出一招牌，写得分明，上写：“病有四百四症，药有八百八方！”老祖心想这铺主口气好大，不免上前考他几句，看他如何。老祖走到铺门端站定，铺内有一老翁问曰：“先生或到酒馆化酒，或到饭馆化饭，站此何故？”老祖答曰：“吾不化酒不化饭，只化一君子，不知门里君子，门外君子？”铺主问曰：“门里怎说？门外怎讲？”老祖答曰：“门里君子必知药性，门外君子不晓根源！”铺主言说：“门里尽通，门外广晓。”老祖答曰：“我在你铺内买药四味，不知有无？”铺主答曰：“仙长初到杭州，千百个药铺，不为第一，也为第二，我家祖传三辈，广招药材，莫说四味，就是四百味样样都有。仙长请讲药名，我与你取！”老祖言曰：“一买家和散，二买顺气汤，三买消毒饮，四买化气方。”铺主不知其意，在架板上细细寻了数遍，四般药料一般无有。这铺主赞念：“药王老祖、观音菩萨，这四般药料为何不留在书籍上，到今有人买药，无处找寻。”铺主自觉羞愧，随躲在后边去了。

却说这铺主行阴功，感动虚空过往神灵，观音菩萨赴王母圣会，一毕而回，忽然云头不起，慧眼遥观，只见下方有纯阳真人洞宾，一坐上仙之位，不能安分，还在凡间作乐，不免前去与他答对一番，有何不可？吾今变化人不识，就是天仙也难明。

菩萨从铺内走出来，洞宾老祖等候多时，不见铺主。老祖拿起铺簟，正然前走，忽听得铺内香风飘然，闪出一个女子，身穿罗衣，腰系纱裙，倒有沉鱼落雁之容，闭月羞花之貌，便问：“老道站此何故？”老祖答曰：“在你宝号买药四味。”小姐答曰：“家父年老，眼目昏花，你买何药？报药名来，我与你取。”老祖言道：“一买家和散，二买顺气汤，三买消毒饮，四买化气方。”小姐当面大喝一声：“你这老道，不顾羞耻，枉己寻人，此药家家都有，个个圆成，你要想买，且莫说参大道，明真性，躲离四生之苦，枉作云游道人一场。汝且听之，有经为证：

在家的出家的人人都有，
男和女女和男个个圆成。
只为你有分别不明大道，
但分别必有二永堕沉沦。”

女子言毕，说得老祖满面通红，自觉羞愧，问曰：“你这女子，黄毛未退，奶痂未干，三绺梳头，两节穿衣，晓得什么人伦大道、三纲五常，敢来人前答话！”小姐答曰：“要上古人伦大道、三纲五常，当今人王佛人伦大道三纲五常，方寸中人伦大道三纲五常，佛祖人伦大道三纲五常？”老祖答曰：“就依你论。”小姐答曰：“我与你先说上古人伦大道、三纲五常。人伦者，二仪为伦；道乃是先天一气，一气乃是无极之根源、太极之体。”老祖问曰：“何为五常三纲？”小姐答曰：“无极作了天纲，太极作了地纲，纪之作了人纲。”老祖问曰：“何为五常？”小姐答曰：“五常者，刮风一场、下雨一场、热一场、冷一场、一年四季寻常。”

天裹地地裹天原是一体，
春又秋冬又夏一气发生。
天裹地地裹天原是一气，
云和风雨和雪一气发生。

老祖问曰：“何为当今人王佛人伦大道、三

纲五常？”小姐答曰：“人伦者，君正臣忠、父慈子孝、兄友弟恭、夫刚妻贤，君臣有义、父子有亲、夫妇有别、长幼有序、朋友有信。三纲者，君为臣纲，父为子纲，夫为妻纲。五常者，仁义礼智信，不杀仁常，不盗义常，不欺智常，不虚信常，人若从此仁义礼智信，此正是：

六合清宁太平年，家家念佛保平安。
风调雨顺民安乐，保佑皇王万万年。”

老祖问曰：“何为方寸中人伦大道、三纲五常？”小姐答曰：“人为万物之灵，性禀天地之体。纲乃是最美最妙，人之主也；最善最贵，事之用也。道乃天地之根原，仙佛之命脉。大道者，人之本性也。三纲者，佛祖上志以治人伦，妙法经书纲可讲世人，时与大众讲明心地，为之提纲。五常者，人生在世，空消岁月；贪红尘，不存仁义礼智信，丧身失命，枉活一场。今幸既得人身，遇祖妙法，了脱生死，超凡入圣，不肯回头堕苦海，不来世为人一场。听人念佛，不与善识，指点虚念，泥土假像，不能究竟，自己生不知来，枉行善一场，即回过头来，不悟本来面目，六根不除，六贼不净，不知守成，熬口一场，终日恍惚，不肯放下，以到临命终时，手足无措，不知来往，空吃斋一场。”老祖言道：“人伦大道、三纲五常说的是了，还有三从四德，你可晓得？”小姐答曰：“三从四德者，在家从其父母，出嫁从其丈夫，无父无夫者从其长子。四德者，孝顺父母翁婆为一德，尊敬长上为二德，和睦乡邻为三德，教训子孙为四德。”老祖言道：“三从四德俱各是了，你与我取药四味！”小姐答曰：“你且听之，咱与你家中取药！

父慈子孝家和散，兄友弟恭顺气汤。
夫唱妇随消毒饮，与人方便化气方。
家家都有四味药，人人服了体安康。
假若见方不服药，依然如旧病着床。”

老祖自想：“这女子年纪虽小，口气皆大，贫道上前考他几句，看他如何？”老祖上前问曰：“病有多少症？药有多少方？”小姐答曰：“病有四百四症，药有八百八方。”老祖问曰：“病有多少般，用何方才能治了？”小姐答曰：“内有八般症，有药难治！”老祖问曰：“那八般反症难治？”小姐答曰：“不敬君王不忠病，不孝父母忤逆病，不祭祖先负恩病，不睦兄弟生分病，忘恩失义背祖病，记人小过无容病，使心用心奸巧病，损人利己浪毒病。病有多般，惟此八般病，甚是难治！”

诓言诈语串竹林，人串竹林生疑心。
妙药难治疑心病，你说杂法是病根。

老祖问曰：“这八般病可有方而治之？”小姐答曰：“有病必有方，听我说这个方儿，先用老实头一个、好肚肠一条、慈悲心一片、信心半斤、孝顺八两、温柔十分、道理三分、忠厚八分 、忍耐三分、勤俭为本，方便不拘多少，把这十般药材，放在宽心锅内，存性而炒，不用焦了，用智慧切细，用波罗蜜为丸，丸如菩提子，大小不论，时常服之，一切杂毒，尽皆消除！汝且听之，有诗为证：

长生不用神仙诀，救急还得海上方。
靠着主人无量寿，算来都是别思量。”

老祖问曰：“服了此药，忌口不忌？”小姐答曰：“服药不忌口，枉费明医手。若忌数般口，病能得回头。”老祖问曰：“忌了口病有反？”小姐答曰：“怕反了草里井暗，祖箭两头，舌销里刀心头大，平地起风波。若要病好，常劝世人行善事，祸不侵临自己身。己所不欲，勿施于人。在邦无怨，在家无怨。若行方便，与人方便，自己方便。

孝父母子孙兴旺，敬兄长邻里不欺，
和睦了亲邻扶持，拘王法时时安康。
多财不虑多财虑，好诵无忧好诵忧，
贪淫无病贪淫病，学道无愁学道愁。”

洞宾老祖闻言，心中大喜：“昔日项橐七岁为孔子之师，这女子年纪虽小，倒说说三玄妙法、佛祖根原，就可为我之师父！”

洞宾云游在杭州，生药铺里寻根由。
年幼女子明大道，何况丈夫不回头。

洞宾老祖望那女子躬身施礼，说道：“小姐不嫌，贫道情愿拜你为师，把这妙法与我传来，贫道普济大地众生。”小姐答曰：“家父年老，在下年幼，本领浅薄，家有姐姐，神通广大，妙法无穷，你去拜她为师，与你传这妙法。”老祖问曰：“你姐姐身居何州府县？家座在那山洞府？贫道前去访拜！”小姐答曰：“先生！你往东看，那是我姐姐来了！”老祖转身一看，那女子化一道金光去了。老祖回头一看，不见女子，忽然毛骨悚然，心中想道：“莫不是邪妖精怪，教人不识？”一言未尽，从空中落下黄纸签帖一张，墨水未干，待我读来，上写何言。有诗为证：

紫竹林中一天仙，苦海娑婆驾法船。
杭州遇见纯阳子，闲谈闲论这一番。

洞宾老祖看毕，说道：“只此般道教，我到这里，他随我到这里；我到那里，他随我到那里。可见佛法亘比仙法，我今识破他藏身。闻知杭州花似锦，偏我来时遇观音，观音菩萨随跟我，来遇菩萨休想观音。饥吃喝饮当面对，世人不知外面寻。广知是非休开口，翼怨人间都点头。假若连头都不点，亦无烦恼亦无忧。”

洞宾老祖赞毕，袍袖一展，驾起五色祥云，起在空中，口中赞曰：

儒家归道志气高，得遇真传任逍遥。
每年三月初三日，九重宫里走一遭。
奉劝世间人，各各用心听，
古佛千万语，行善最为真。

（蔡榕录入，张丽玲校勘）

多看看

（附《敬惜字纸》《花名宝卷》）

阅过之后，切勿抛弃。转赠他人，功德无量。

多看看，虽系白话连篇，内寓劝善罚恶，名目不少，特为揭出于左，免得阅者随口读过。奉劝诸君，多多看看，趁早回头，莫学李三老官，死而后悔。

忤逆爹娘　淫人妻女　口舌是非　谋财害命　女不可溺　敬惜五谷　敬惜字纸　贪吃杀生　怨天恨地　赤身露体　勿欠钱粮　刻剥穷人　欺侮良善　大秤小斗　忘恩负义　刀笔唆讼　糠谷不淘　露坑不遮　断桥绝路　竭泽药鱼　擎鹰打猎　捕蜂捉蝶　杀龟打蛇　字褙鞋片底　书本夹线　字卷煤头　字糊纸窗　狼藉米谷　砻糠不摘　浪费水浆　骗人财物　趁风打劫　为善福报　作恶祸临　见了阎王　不能容情

板存上海河南路宏大善书局

多看看

人生在世，最怕作孽。作了大孽，便不能活。
招灾招难，子孙必绝。见了阎王，开口不出。
下了地狱，千里埋没。转世投胎，人生难得。
思想起来，不可作孽。我今且来，一一说出。
大众听听，心里明白。第一作孽，便是忤逆。
不孝爹娘，雷公要击。一生一世，永无好日。
寿也要减，福也要折。说是畜生，猪狗不及。
还要生出，逆子逆媳。一报还报，檐头水滴。
第二作孽，淫人女色。人家妇女，最重名节。
若然污犯，神明怒极。败他名声，自愿绝灭。
自家也有，妻儿女媳。学了好样，出丑狼藉。
替他还债，风流不歇。早年发狂，老年气极。
漫点开心，少伤阴骘。功名福寿，一齐削绝。
鬼门关上，凄凄切切。一时昏迷，懊悔不及。
所以少年，第一戒色。更有作孽，坏话莫说。
一样聪明，一样口舌。好话积德，坏话丧德。
那个不想，名声爱惜。一时失误，多要遮饰。

与你何干，烦你饶舌。批评长短，形容酷极。
谈人闺闻，调戏百出。恨了他人，造成话说。
坏他名声，激他火出。逼他打架，害他仇结。
弄出事来，缩头不出。还在暗里，打听消息。
东边讨好，西边饭吃。惹出官司，田产卖绝。
不过为此，三寸之舌。害人不浅，作孽已极。
天地动怒，鬼神变色。非灾横祸，逃走不脱。
或是发狂，自己嚼舌。或是失音，喉咙梗塞。
到那其间，有口难说。还恐子孙，不久绝灭。
夜叉勾去，舌头拔出。牛头喝骂，看你再说。
更有一种，十恶大孽。谋财害命，心肠毒极。
冤魂跟定，不能解释。或是天打，人财两失。
或是破案，法场斩决。或是讨命，阴间对质。
贪了财香，性命送脱。更有一种，最为作孽。
生下儿女，抱来淹溺。辣手毒心，风气恶绝。
淹女伤儿，子孙要绝。要养男儿，女不可溺。
更有作孽，五谷不惜。罚他后来，没得饭吃。
还恐难免，天雷霹雳。更有作孽，字纸不惜。
罚他子孙，一字不识。生灾作难，求免不得。
更有作孽，杀生贪吃。为了馋嘴，多吃活物。
无福消受，灾殃难脱。其他作孽，事件不一。
我今再来，一一分出。怨天恨地，也为作孽。
越怨越穷，那来好日？赤身露体，也为作孽。
一家和气，灶神喜悦。每日敬香，家门清吉。
拖欠钱粮，十分作孽。不报皇恩，良心没得。
一年四季，灾晦不绝。忘了皇恩，比如忤逆。
刻剥穷人，十分作孽。打莫太凶，一朝泼脱。
子孙消败，田房卖绝。欺侮良善，也为作孽。
家门颠倒，怪道弗得。大秤小斗，也为作孽。
千算万算，天要算结。忘恩负义，十分作孽。
想想前情，眼泪滴血。天理良心，全不念及。
摸摸心头，汗流背浃。刀笔唆讼，十分作孽。
后来自害，即在刀笔。糠谷不淘，也为作孽。
年深月久，火灾难脱。露坑不遮，也为作孽。
秽触三光，烧香无益。断桥绝路，十分作孽。
不肯便人，良心擦黑。绝人道路，自己也绝。
不肯布施，穷人路绝。自己落难，无人救急。
更有作孽，药鱼竭泽。细鱼细虾，不肯放脱。
大大小小，一齐捉出。后来恶报，满门绝灭。
更有作孽，擎鹰打猎。贪吃肥鲜，心肠狠极。
老的打死，小的难活。死得太惨，报应现出。
折福减寿，死得快极。捕蜂捉蝶，为也作孽。
杀龟打蛇，也为作孽。伤生太过，自伤阴骘。
字褙鞋片，也为作孽。踏在鞋底，天雷必击。
书本夹线，也为作孽。字卷煤头，也为作孽。
罚他报应，小儿疮疖。字糊窗壁，也为作孽。
纸包刻字，也为作孽。飘落粪坑，天心怒殛。
狼藉米粒，十分作孽。砻糠不掮，也为作孽。
火神有眼，烧得净绝。浪费水浆，也为作孽。
河中大便，也为作孽。河伯水官，不肯解厄。
脚底踏火，也为作孽。火神菩萨，一脚轻踢。
日晒屎桶，十分作孽。太阳菩萨，香气扑鼻。
露天粪缸，也为作孽。过往神明，触犯已极。
更有一种，骗人财物。满口莲花，奸计百出。
班门弄斧，神出鬼没。上你大当，圈套恶极。
那里得知，神明记得。好人吃亏，一时财失。
你占便宜，后来路绝。子孙受劫，家财败脱。
更有一种，强抢财物。一家饱暖，千家妒嫉。
愿他有事，天火烧脱。更想强抢，趁风打劫。
抢了钱来，十分喜极。是我本领，是我计策。
那知天道，报应快极。你抢他财，他财失脱。
皇天叫你，性命送脱。总而言之，容易作孽。
说之不尽，略为写出。人生在世，百年一日。
赤条条生，赤条条灭。一身孽障，撇洗不脱。
千斤百担，有口难说。见了阎王，一一查出。
你在阳间，专会造孽。几不得知，也有死日。

到此时候，不能叫屈。判官执笔，油锅火出。
求放还阳，其势不得。阎王拍案，打断背脊。
推入地狱，受苦难说。说到地狱，皆由作孽。
那个不想，急忙逃脱。然而总要，及早明白。
如若不信，光阴倏忽。上了眠床，悠悠七魄。
阎王叫你，限时限刻。今朝不保，明朝事迹。
两眼一闭，两脚一直。顷刻之间，咽喉气绝。
万两黄金，不能带得。一双空手，开口不出。
黄泉路上，一无熟识。望乡台上，凄凄切切。
见了阎王，要问明白。生前善恶，一一分出。
判官查簿，有时有日。孽镜台前，抵赖不得。
问你生前，多少作孽。有人劝你，你偏拗执。
由你开心，由你造孽。到了此地，人情难说。
使用不要，公事真切。分付夜叉，牛头鬼卒。
推入地狱，受苦再说。地狱之苦，一一说出。
问问自心，多少恶孽。从前之事，也不必说。
今朝想到，急应戒绝。从今以后，心里发急。
自愿改过，叩头流血。对天发誓，神明见及。
再不敢犯，从前恶迹。如敢再犯，天雷霹雳。
并愿为善，积功积德。方可免得，地狱罪孽。

如此说来，人生在世最不可作孽。《太甲》上说道："天作孽，犹可违。自作孽，不可活。"一定之理。作孽路上切不可走，一走便要走入地狱了。我今再把阴司一段新闻略为说出，可怕呀，可怕呀。

阎王殿上，传出新闻。苏州城里，有个客人。
李三老官，四处传名。他在阳间，不顾名声。
不孝不弟，奸盗邪淫。逍遥任意，自作聪明。
只管向前，不顾后程。行年三十，一命归阴。
见了阎王，查他罪名。十分恶业，一一分明。
阎王大怒，拍案高声。打入地狱，受罪该应。
牛头恶鬼，铁面无情。李三吓倒，哀告阎君。
求你老爷，可好通情。放我还阳，做个好人。
再也不敢，忤逆双亲。再也不敢，奸盗邪淫。
再也不敢，暗里害人。再也不敢，自坏良心。
待我十年，做个好人。牛头老爹，说说人情。
马面阿哥，烦你费心。好好替我，做个保人。
情愿送你，十两花银。阎王听见，冷笑一声。
何勿当初，就做好人。到了此地，不能容情。
何必多讲，该死畜生。吩咐夜叉，便要拖人。
李三听了，发急高声。阎王爷爷，你是明人。
阴司也要，讲理讲情。不教而诛，先圣人云。
你要我死，谁敢强硬？然而老爷，太嫌欺人。
无常鬼到，一叫便行。并未听见，通个信音。
你如早点，送我一信。我也是个，明白之人。
得了音信，便做好人。自然早点，孝顺双亲。
自然早点，学学正经。自然早点，好事行行。
自然早点，存存好心。送信之人，酒力千文。
就是老爷，也要见情。香烛元宝，多多奉承。
如今叫我，一朝绝命。还有家事，尚未分明。
还有债务，尚未收清。还有儿子，未曾做亲。
还有金银，未曾安顿。无常性急，即刻勾魂。
不肯容我，一刻留停。如今罚我，入地狱门。
派我受罪，自然该应。然而阴间，太不讲情。
不教而诛，欠理三分。请到茶坊，讲个分明。
如何解说，请教阎君。讲明白了，受罪甘心。
阎王听了，冷笑两声。你这忘八，说话胡喷。
你怪我道，不通信音。岂知此地，常常有信。
可惜你们，自己发昏。全然不觉，毫不动心。
李三说道，请问阎君。你说通信，送信何人？
何年何月，啥个时辰？何以阳间，毫不见形？
你说这话，说诳离经。做了阎王，不该骗人。
阎王又笑，该死畜生。你可记得，当初事情。
十六岁时，冬天生病。寒热一月，便是送信。

可惜你身，只说病轻。又到廿岁，嘴上生疔。
满面肿胀，也是送信。可惜病好，依旧胡行。
又到前年，吐血一盆。头晕眼花，哭喊娘亲。
此等光景，也是送信。可惜过后，全不回心。
况且世上，天天有信。即如今年，送信多人。
正月初六，东邻某人。一交跌倒，也是送信。
你也看见，叹息连声。二月十六，北村某人。
发痧病死，也是送信。你也前去，吊丧送殡。
此外送信，细数不清。你也曾经，闻见多人。
也该想想，自家寿命。安见不要，轮到自身？
可惜你身，全然不省。只说死的，事在他人。
不干我事，是他的命。他人该死，我可长生。
放心胆大，适意开心。我做阎王，讲理十分。
不教而诛，从来不肯。地狱一事，玉历分明。
人人晓得，谁不寒心。偏是你身，倔强不信。
你这忘八，受罪该应。推入地狱，不得超升。
李三听说，胆破心惊。阎王带信，确是真情。
懊悔当初，不肯相信。那知今朝，吃苦不尽。
还要去变，牛马畜生。奉劝世人，刻刻留神。
为善福报，作恶祸临。这两句话，一字千金。

敬惜字纸

从来一字值千金，何能一刻不留心？
君王有字定天下，宰相有字位乃尊。
文武百官都用字，尊卑上下始分清。
文人若是不用字，何能空手取功名？
农夫若是不用字，承揽笔帖写不成。
百工若是不用字，工价买卖乱胡行。
商贾若是不用字，账目票据记不真。
田地房产无十字，契据票券总无根。
三十六行不识字，睁眼犹如瞎眼人。
字在人间是墨宝，功用之大无比伦。
朋友相隔数千里，书信一到可谈心。
古人遥隔千百载，如同师友两相亲。
字迹关系如此重，世人奈何太看轻。
旧书旧报夹绒线，糊窗盖物扎油瓶。
吃烟点灯抹油桌，字纸乱用不留神。
文人惯用书作枕，乱撕乱嚼不留根。
淫文淫诗与淫曲，亵渎斯文罪非轻。
学生作践不责罚，先生未睁两眼睛。
自己尚且不惜字，何怪弟子不知情？
农夫墙根与屋角，字纸霉烂不伤心。
工人账目或小说，扫入灰堆认不清。
最是买卖做生意，作践字纸不忍听。
绫绸布匹用戳记，难免妇女做裤裙。
草纸本是污秽用，也印店号入粪坑。
更有靴帽鞋子店，鞋帮店号印分明。
脚汗何能不嫌臭，圣贤字迹里面存。
油桶油伞与油篓，谁肯少用略存心？
店家医家江湖客，满街报条贴不清。
银柜也将春联贴，男女杂坐在下身。
纸坊每造还魂纸，定遭雷击与火焚。
三十六行说不尽，总要自己各留心。
字迹原是济人用，恩将仇报没良心。
有钱同做惜字会，收来焚化要认真。
无钱也能积大德，走路处处要留神。
路口起墙留小洞，随手拾字有功程。
时时送入字纸篓，花钱不多阴骘深。
许多地方肯惜字，火灾消尽不受惊。
许多地方灾难大，愚夫愚妇那知情？
金陵有个马氏女，鞋帮夹了字一层。
咯喳一声天雷响，马氏打得活现形。
山西有个陈之栋，枕头用部《莲花经》。
忽然脑后生大毒，苦叫三声命归阴。
还有一人在东晋，惯用字纸去点灯。
父子双双俱瞎眼，房产又被火来焚。

字纸报应说不尽，家家户户要留心。
世人总总会作践，上苍菩萨怒生嗔。
也有身被天雷打，大风大雨吓煞人。
也有口禄都削尽，活活饿死见阎君。
也有年岁多荒歉，旱涝水伤没收成。
俗语自作还自受，莫怪菩萨半毫分。

花名宝卷

此卷奉劝世人，非同等闲小说，言明意显，妇孺咸知。宣此卷者，必须虔心朗诵，听卷男女诸人，不可嘻笑喧哗，闲谈浮论，务要屏气敛声，听我道来。

南无阿弥陀佛。
《花名宝卷》初展开，诸佛菩萨降临来。
茶花开来早逢春，媳妇贤良敬大人。
保佑公婆年千岁，门前大树好遮阴。
孝顺公婆为第一，自己也要做婆身。
你若不把公婆敬，生男育女也虚文。
在家买些公婆吃，何用南海去斋僧？
一心只管行孝道，皇天不负孝心人。
杏花开来是春分，孝顺男女敬双亲。
孝顺还生孝顺子，忤逆还生忤逆儿。
不信待看檐前水，点点滴滴不差分。
在生买些爹娘吃，灵前供养是虚文。
爹娘就是灵山佛，何用灵山见世尊？
桃花开来是清明，夫妻恩义两相因。
丈夫不可嫌妻丑，妻子不可怨夫贫。
妻子丑陋前生定，夫家贫苦命生成。
命好不到贫家去，命穷难进富家门。
姻缘本是前生定，五百年前结成姻。
千里迢迢能相会，夫妻恩义海洋深。
蔷薇花开立夏根，弟兄和睦过光阴。
兄若从容照看弟，弟亦从容为顾兄。
兄弟相争看娘面，千朵桃花一树生。
家中是有亲兄弟，何用外面结拜人？
三兄四弟一条心，门前泥土变黄金。
三兄四弟各条心，家内黄金化灰尘。
石榴花开是端阳，姑嫂做事要商量。
嫂嫂有事姑娘做，姑娘有事嫂当场。
姑娘仁义敬重嫂，做嫂贤良敬姑娘。
尊敬须看公婆面，姑娘不可太用强。
在家不用爹娘势，姑嫂相逢喜欢肠。
姑娘本是堂前客，做嫂原来要贤良。
荷花开来伏中心，邻舍和睦过光阴。
若有小儿相争闹，各叫儿女转家门。
不可眼前将儿打，宠用儿女骂四邻。
大人相争难得好，小人仍旧一同行。
日日门前要相见，邻舍和睦过光阴。
远亲不如近邻好，急难之中叫四邻。
凤仙花开是初秋，劝君做事要当心。
五更鸡鸣清早起，三日起早比一工。
起早做事做到晚，免得忙事去求人。
求人只可一二次，三次求人不相应。
别人求我三春雨，我求人家六月霜。
三春之雨时常有，六月浓霜何处求？
桂花开来是秋景，有钱不可笑穷人。
穷的那有穷到底，富的那有富到头？
世间多少贫了富，也有多少富了贫。
十年财主轮流做，富贵贫贱世上轮。
斗大红烛难照后，看他结果有收成。
满碗粥饭能好吃，说话之中留一分。
菊花开来是重阳，人到中年要子孙。
有钱无子非为贵，有子无钱不算贫。
穷子自有翻身日，有钱无子亦虚文。
三十无子平平过，四十无子冷清清。

五十无子无人敬，六十无子断六亲。
老来无子正是苦，更比黄连苦十分。
芙蓉花开是立冬，劝君行善莫行凶。
十分英雄都用尽，后代儿孙难做人。
虎头牢狱强人坐，那有良民在狱中？
家中之苦非是苦，牢狱之中苦难禁。
能可高山望牢狱，不可牢狱望高山。
只见恶人牢中坐，那有善人跪官厅？
荔子花开是仲冬，恶人休把善人欺。
人恶人怕天不怕，人善人欺天不欺。
善恶到头终有报，只争来早与来迟。
仙桥上面善人过，地狱之中治恶人。
阳间善恶由你做，阎王殿上看分明。
劝君及早回头转，人不回头怎奈何？
腊梅花开冷清清，劝君念佛早回心。
修行念佛无老少，无常不管少年人。
虽有钱财难买命，阎王殿上不容情。
阎王出了勾魂票，不要钱财只要人。
命中注定三更死，断不留人到五更。
天大家财拿不去，一双空手见阎王。
《花名宝卷》宣完成，奉劝贤良敬大人。
若能敬宣《花名卷》，胜造浮屠塔七层。

文昌帝君戒淫宝训

孽海茫茫，首恶无如色欲；尘寰扰扰，易犯惟有邪淫。拔山盖世之雄，坐此亡身丧国；绣口锦心之士，因兹败节隳名。始为一念之差，遂至毕生莫赎。何乃淫风日炽，天理沦亡。以当□当憾之行，反为得计；而众怒众贱之事，恬不知羞。刊淫词，谈丽色，目注道左娇姿，肠断帘中窈窕。或贞节，或淑德，可敬可嘉，乃计诱而使无完行；若仆妾，若婢子，宜怜宜悯，竟势逼而致玷终身。既令亲族含羞，尤使子孙蒙垢。嗟嗟，总因心昏气浊，远贤亲佞，岂知天理难容，神人震怒？或妻女酬债，或子孙受报。绝嗣之坟，无非好色狂徒；妓女之祖，竟是贪花浪子。当富则玉楼削籍，当贵则金榜除名。笞杖徒流大辟，生遭五等之诛；地狱饿鬼畜生，没受三途之苦。从前恩爱，至此成空；昔日风流，而今安在？与其后悔于无从，孰若早思而勿犯？奉劝青年烈士、黄卷名流，发觉悟之心，破色魔之障。芙蓉白面，不过带肉骷髅；美艳红妆，乃是杀人利刃。纵对如花如玉之貌，常存若姊若妹之心。未犯者宜防失足，已犯者及早回头。更祈辗转流通，迭相化导，必使在在齐归觉路，人人共出迷津，则大恶既除，众邪自消，灵台无滞，世荣垂远矣。

（蔡榕录入、校勘）

黄马宝卷

却说这一段因果，出在四帝仁宗年间，江南出了一桩故事：在大兴县城南面十五里之地，季家庄有一员外，家豪大富，骡马成群。所生一子，名叫季从龙，年方一十五岁，身入皇门。乃是南海观音菩萨面前左金童，临凡下世，脱化为人。娶妻田氏，名叫田玉平，年方一十四岁，原是上方水平星下凡，脱化为人不提。

再说季公子他父在世买卖为生，财发如金，自从他父去世，日后无有福，命薄连遭三次天火，烧得家如水洗，每日母子三人忧愁纳闷。他母言说："孩儿，这几年你舅父音信不通，落于何处？心中好不伤心！"

娘家兄弟无音信，杨氏心中不安宁。

老母亲不由得眼中流泪，
叫孩儿你当听细说分明。
你的父他在世家豪大富，
有房产和金银生意茂盛。
季从龙听一言低头不语，
叫母亲你当听且放宽心。
他母子正说话天色已晚，
有媳妇走近来动问一声。
叫母亲莫想伤且把饭吃，
到明天再打听山东音信。

玉平劝母休悲痛，明天街上去问信。

却说他母讲话已毕，正然用饭中间，门外有人喊门，有儿前去观看，原是一位客人，上前施礼。季从龙便问客人："喊门有何事？"客人便问："相公高名上姓？"季从龙便说："我姓季名叫从龙。"客人言道："济州府开市店有一杨翁，可就是你舅父么？带来一封信，因此喊门。"将信与公子，客人就走。从龙便说："请客人到我家少坐一时，吃一袋烟。"客人便说："不打搅，我有观步。"说罢折回走了。

季从龙将信拿到房内，还没开言，他母亲便问：

"何人喊门？"季从龙笑脸回说："母亲，我们今天有喜。"杨氏便说："为娘的喜从何来？""母亲想我舅舅杳无音信，今日带来书信，岂不是喜从天降？"杨氏听说满心欢喜，便说："我兄弟出门至今三年有余，未见音信，今日捎来书信，其中必有欢喜。"便说："从龙与娘念来我听。"

公子随母命，拆开信一封。
上写着你兄弟为先百拜，
拜上我老姐姐细听分明。
自从我那一年分别以后，
不晓得你母子怎过光阴。
弟在外做买卖生意茂盛，
自从到山东地万事顺遂。
东门处开市店买卖兴隆，
只因我年纪老无有子孙。
因弟妻出了事独自无靠，
谁料想冒风寒病倒床中。
我想来我外甥已经长大，
来到我市店内同做营生。
倘或间后一日去世亡故，
弟家财不能到别人手中。
季公子念罢了书中之情，
老妇人听一言喜在心中。
叫我儿你舅父捎来一信，
你急忙择吉日即速起程。
季从龙听一言回言便答，
叫母亲你年老依靠何人？
杨氏心中喜气生，从龙低头自思想。
家中贫苦无人助，母老妻少靠何人？

却说季从龙将信念完，杨氏心中欢喜，便叫："我儿，你舅父的生意茂盛，他有病无人照管，如何是好？好歹你舅父病好合他同做生意，倘若舅父去世，买卖不到手中，怎么行动？"从龙便说："儿出门家丢老母，难以在堂，儿如何放心？妻子年少，路上盘费怎办？"杨氏听说低头不语，玉平媳妇说道："此事买卖在他手中，常有方便银钱，依我之见，我丈夫去到我的爹妈家中与他商议，若是借来，那时回来，将借一本还二息。"杨氏听言满心欢喜："媳之才很高。"又便叫从龙："听你妻言，前去到你岳父家中，借上几两银子，你回来一本有二利。"公子听言，随命就往东庄去了不提。

单表公子他岳父名叫田万成，他是杀猪屠户，他有二个儿子，长子名叫田豹，次子名叫田虎，父子三人其实凶恶，单行横事，又不怕王法不提。

再说季从龙来到岳父家中，施礼问安已毕让坐，田万成问道："贤婿到我家中有什么事情？""因为小婿今日来到岳父贵府堂前，因起昨日个我的舅父带来一封书信，叫我前去合他做生意，为婿的家庭贫淡，缺乏路上盘费，特来到此问岳父借几两银子，小婿回来一本还二利，全望岳父意下如何？"田万成听言，满面欢喜赔笑，便叫田虎："与你妹夫取来几两银子。"田虎随即取银子八两递给。"贤婿也权当路资盘费。"用茶已罢，从龙道谢回家，择了良辰吉日，收拾行李便就起身，拜过田门亲戚，离别了贤妻："侍奉老母。"玉平言道："婆婆有奴侍奉，夫君不必挂念。"

从龙临行托一番，每日三次去问安。
季公子未开言心中思想，
叫一声贤德妻细听夫言。
我今日上济州同舅做卖，
家中的一切事每日操心。
高堂母全要你每日侍奉，

夫回来便知晓你的深恩。
自古说家贫了必出孝子，
国家乱那时节才显忠臣。
有一件古人名我对你说，
你听我从头儿说个分明。
昔日有赵女娘吃糠行孝，
后一日他也曾天下扬名[①]。
玉平说奴学个赵氏小姐，
又恐怕你学了无义郎君。
夫妻们在一旁正然讲话，
又来了杨氏母叫了一声。
一托手拉住了亲生之子，
娘的话全要你牢记心中。
常言说出门人三分作小，
凡事儿全要你依礼大通。
见了那老年人口称伯父，
同年的叫叔叔那里称尊。
少年妇口称他大妇之人，
三岁的小孩子你叫相公。
若一人千万的莫住古庙，
有二人要小心莫过独桥。
在路上不要住梢头客店，
上了船须要你帮助儿行。
娘说话为儿的时莫忘记，
你莫当闲言语过耳清风。
季公子叫母亲为儿小心，
草堂上施一礼即速登程。

行路难避风云雨，住店那有美味香？

却说季公子在路上走了数日，不知那日才到济州府东门以外，公子抬头观看，前边挂着一块招牌，上写“市店老父”。季公子看罢思想一会，不必问了，这就是我舅父的市店，待我进去观看。

却说杨公猛然冒过风寒，住在上房，四肢无力，忧愁纳闷，忽然走近一个人，来到了床前，躬身施礼，口称舅父，问道：“身体健康，万福金平。”抬头观看，才是外甥到来，心中大喜，急忙坐得起来，便问：“外甥儿何时到来？”从龙便说：“我才到此。”就问：“舅父身得重病，何不请先生治？”杨公便说：“猛然冒受风寒，也不妨事。外甥儿，母亲好吧？”季从龙便答：“我母亲也问候舅父，精神可好吧？”舅父和外甥又说了些家常之语。到了次日早，杨公将账目银钱都交与季从龙的手中。

不觉光阴似箭，日月如梭，又做五个月生意，杨公猛然疾病上身，不能起动。那时从龙着忙，即刻请先生调治，不见效应，求神不灵，数日之间，一命归阴。公子痛哭，请了僧道，公子披麻戴孝埋葬，入土为安。思想舅父归阴，又想起家中母亲妻子，不由得眼中流泪，自思自想，不免收拾回家。即就讨归账项后，将铺内货物家具尽都出卖与别人，清算了成本，除下盘费，银子八百两。将此银捡出来，一百贰拾两买了一匹黄大马骑上回家。择了良辰吉日，可以起身。各铺内好朋友，俱来送行饮酒，款待已罢，各自回家。季公子起身不觉天色又晚，仍复来到自己铺内宿了一晚，第二日早晨起行，离谢了众亲朋友回家儿去了。

公子一心要登程，不知何日到家中。

季从龙他舅父今日病故，
他无心做买卖想回家中。
他家里只剩的老母年老，

① 后一日：方言，后来。

妻年幼家贫寒依靠何人？
想舅父他挣下家财万贯，
死后了带不上劳而无功。
季公子正到了伤心悲痛，
不由得眼落泪似箭穿心。
在路上又加行又喜又痛，
又有钱又有马且回家中。
痛的是我舅父死得可怜，
喜的是不多日又见母亲。
季公子不住地加鞭打马，
即吩咐那匹马快往前行。
你虽然是匹马不会说话，
常言说一匹马为龙三分。
你驮我到扬州大兴小县，
我把你好草料侍奉不轻。
那黄马摇头尾真然实快，
那几天可走了三百有零。
在路上可走了不多时候，
猛抬头眼观见大兴城门。
那公子即催马将城来进，
见乌鸦拦着头叫了几声。
季公子在马上不解其意，
加一鞭闯进了枉死城中。
公子不解其中意，那知岳父害他身？

却说季从龙来到东门以外，正然进城，那乌鸦拦头叫唤了几声，心中暗想："我走路如今到家门，这乌鸦拦头叫唤几声，我心中如何惊怕。"在马上心慌不定，忽然前面来了一人，公子认得是他的岳父，急忙下马迎上前来，施了一礼，便问："岳父身体安康？"田万成见是女婿回来，满心欢喜，便问："贤婿几时回来？"从龙便说："方才到此。"田万成将公子请到家中，偏偏肉吃完了，"你快到街上买些酒肉菜蔬。"田虎不敢怠慢，去到城里买了各样菜蔬，急忙回到家中，吩咐做饭侍奉公子。正是：

女婿吃了岳父饭，准备勒绳命归阴。
有田万成父子们奉进女婿，
叫贤婿你今日宽饮几杯。
自从你出了门至今数月，
叫岳父每一日不免挂心。
你母亲常打探盼你回来，
我女儿长啼哭心神不安。
欢喜你今日个回家来到，
你母亲和妻儿俱各团圆。
慢慢的斟杯酒贤婿你请，
今日个到我家你放宽心。
有公子接了酒言说不敢，
老岳父看小婿义重如山。
我今日到家中母子相见，
合家人报父恩叫谢门前。
他心想下图财意，看你今日怎回家？

却说从龙饮酒中间，田万成问道："你上山东同你舅父去做买卖，你今回来，不知生意如何？"公子言说："生意茂盛，倒也有些利。忽然不幸我舅舅病故身亡，小婿葬埋已毕，想起家中老母及妇人，急速收拾生意，结账清算，除费用过，净落银子六百两。"说罢即取银子贰拾两说道："小婿从前借岳父的银子即收下。"田万成言道："贤婿哪里这话，吾与你帮助的路费盘缠，何言相还？"从龙便说："莫非嫌少，小婿本当再添。"田万成便说："既是小婿心上不肯，便叫田虎将银子收下。"田公女婿正然饮酒，狂风所起，大雨淋淋。公子起身告离，万成便说："你看风雨不止，再者天色已晚，留在我家住宿一夜，明天回去也还不迟。”公子想道：“风雨不止，身上有些乏困，就听了岳父留住。”老翁言道：“你就住岳父家中，明天早晨即回你家。”说罢田万成便说：“田虎，点起灯来，叫你妹夫早些安眠去罢。”

从龙不知今晚死，呼声好比如雷鸣。

季从龙走乏困呼呼大睡，
再说那田老贼起了坏心。
低下头想一想女婿前程，
骑大马拿白银八百余两。
偏偏的我田成时运不至，
无奈何开血盆宰杀为生。
又无个好买卖田产地业，
又思想受富贵万万不能。
我要想把女婿将他害死，
现有我小女儿理上不通。
田万成思想了好多一会，
若不害我女婿怎得身荣？
想到了其中意面不改色，
不由得那老贼大叫几声。

清酒吃得红人面，金银引动黑人心。

却说田老贼见财起意，自己叫骂：“我把你个无谋的老匹夫，眼前撞见这好的时运，你还不干！今天女婿从济州府回来，拿过银子八百两有余，现在我家吃得醺醺大醉，你为何不将他害死？银子岂不是到你我的手中？却不是个大富汉？”便叫两个儿子商议妥当，一定要害。田万成开言道：“我儿仔细听：今晚这场事，神鬼不得明。”

可恨那田老贼做事胆大，
低下头口问心就把说论。
因为我未挣下庄房世业，
开血盆杀猪羊本单利轻。
你妹夫他吃酒醺醺大醉，
包袱内放银两捌百余零。
得了他马和银我们穿吃，
神不知鬼不觉那个知闻？

白天害人人不肯，到晚害人天不容。

却说他父子三人，商议害人之事，被张氏听见，大失一惊，暗暗将他杀猪的刀藏在背静处，恐怕杀害我的女婿。又把丈夫叫到房中，用好言相劝：“你看杀害女婿依你所行还则罢了，闪抛下亲生女儿依靠何人？”

张氏劝夫便有贤，田成老贼是枉然。

这张氏不由得双眼流泪，
叫了声我丈夫细听我言。
我女婿他不是旁人相比，
他本是我女儿共枕之人。
无看小也只怨你我命薄，
损亲人坏阴功天理难容。
常言道做女婿半个儿子，
他是我们家的骨肉亲人。
自古道猪的肉羊身不贴，
那非财他不富命穷之人。
杀女婿他好比杀了亲女，
丢下我亲生女依靠何人？
老婆子年纪大六十余岁，
到今是绝了后好不伤心。
他的娘想儿子倘若得病，
害一命伤二命你心何忍？
伤天理自有那神圣有眼，
事犯了用钢刀自割自身。

你今日听妻言回心存善，
万不可提钢刀杀坏他身。
有张氏把丈夫好言相劝，
那老贼不容说怒气冲冲。
骂一声狗贱人多莫强辩，
再多言我把你一刀两段。
为人不做亏心事，那有钢刀杀自己？

却说那田万成听得他妻劝解，他眉头一皱，冲冲大怒，用手指着骂道：“我把你这个老贱人，我父子商议此事，正然动作，你就来拦挡。将他杀坏，我家女儿有我照管，再等一年写信一封带去，就说女婿山东亡故了。那时节与我女儿别寻个富贵人家，又能收八九十两银子的财礼，岂不是好么？你还要阻挡，我开刀先就杀你。”那张氏听说忙忙退后，低头不语，暗暗啼哭，便说：“女婿你枉了为人读书一场，十五岁进学，十八岁你上山东探望你舅父，今日回来带来银两，好运到来。离家不过三里之远，多走一时到自己家庭，老母妻儿相逢团圆，你为何先到我家？眼看下就不在阳世上，我为母的十分的不忍，我也救不下你的活命了。千思万想无法可来，眼观见两个儿子就在磨石上将钢刀磨快，递与田万成的手中，不知怎样下手？好不惊怕人也！可怜无救。”

田成接刀在手中，即刻要害女婿身。
田成贼把钢刀接在手中，
要杀那亲女婿季家相公。
有张氏一看见三魂不在，
上前来叫丈夫你可从容。
自古道常言说谋的却好，
凡事儿还要你想到而行。
我劝你莫杀他怕女知道，
告你个害女婿怎样低头？
你自知他有那父母情意，
难道就无有个夫妻之情。
有张氏前后跟苦苦哀告，
那田成当做了耳边之风。
阎王造定黄昏死，谁能留他到五更？

却说田万成他妇人跟前跟后，只是苦苦告诉，劝得田万成口中不言，心内想到：“吾今把他杀坏，况且只养他一个女儿，如何能忍？若放他走了，银两马匹不能到手，暂且看我女儿身上，与他个囫囵尸首。”便叫田虎：“取一根麻绳，将他勒死。”田虎取来麻绳，递与田万成手中，他父子三人一起来到公子身边，将绳子套在他的脖项里，便叫两个儿子快快用力，万不可放松了。

可怜从龙运不通，来到家门丧残生。
他三人发狠心生下垢计，
季从龙不知道害他自身。
托一根长麻绳拿在手中，
套在了季公子脖项之中。
田成说我孩儿加紧用力，
一时见勒死了一命归阴。
田老贼见尸首心惊胆怕，
把田虎和田豹叫了几声。
我今日最不该行此凶事，
只该把死尸首何处挖用？
一猛之间把人害，见了尸首又失惊。

却说田老贼把公子用绳子勒死，又见公子披头散发，鼻口流血，不由得心惊胆怕，便问两个儿子：“此尸首归落何处？”田虎便说：“父亲不必惊怕，孩儿倒有主意。我那个田荣叔父对我们有些不和，他的门前有一墩绿竹，我想把铁铣拿上，将绿竹拨开，挖上个深坑，将尸首埋在里边。就是日后事犯，于我们无干，只有我们赖他，那还有他说的话哩？”田万成听言哈哈大笑，便说：“才是老子英雄儿好汉，为父的杀人，儿就有埋没之计，即速抬出去埋了。”兄弟二人抬上前行，田老贼随后拿了两把铁铣，不多一时就来到田荣门上。父子三人将槽子搬开，正在里边挖坑，旁边来了一人，原是田荣的庄东住的邻居，名叫汪红，他是半夜起来黄昏时候，年纪六十余岁的人了。他们父子三人没防备，汪红走到跟前便问：“你们在此干起何事？”又看见旁边放着一个尸首，汪红觉事不好，回头就跑。田老贼一见此事大不稳便，急忙叫他儿子使了个计策，有田虎赶上前去，举起铁铣，照头一下，跌倒在地，头顶上鲜血直流，断气而亡。他父子三人将汪红性命活活的送了，也就埋在此坑，用土压盖。回到家中，打开皮包，将八百两白银拿到手中，那老贼欢喜无尽了，还说：“这个生意还比我的买卖十年肉还多。”田虎便说：“就是难为屈枉我的妹夫了。”

只要我的事不犯，那管他人死活生？
田老贼害女婿天理难容，
又连累路过人名叫汪红。
那老贼害二人太是可恨，
我再把观音母明上一明。
有菩萨正在那莲台打坐，
耳又烧眼又跳坐立不安。
心血潮就知道金童有难，
驾祥云离了那莲台之中。
不多时来到了大兴小县，
收云雾落凡间查看分明。
见尸首他埋在绿竹以内，
落云头摇身变站在埃尘。
使了个解土法将尸漏显，
把仙丹放口中不坏尸灵。
有菩萨开言把金童便叫，
叫了声季相公细听原因。
你冤魂快出去回家托梦，
报仇人便你妻田氏玉平。
观音菩萨救八难，难难救的有冤人。

却说杨氏自从她的儿子季从龙出门往山东探亲去了，她每日盼望不能放心。那日清早起来出门，思想我儿出门五个多月，怎无个音信？如论时常，好不伤惨。

杨氏妇人泪涟涟，想起亲儿痛悲声。
家丢老母并贤妻，无音为何不回程？
杨氏母想儿子泪流满面，
不由得发烦恼万箭穿心。
自从儿山东去到今数月，
倒叫我为娘的昼夜不安。
无一日不盼你三更以后，
儿回来也免得娘发忧愁。
想必是那生意未到你手，
也就该捎来信与母知道。
为娘的年纪老守你一个，
无一时不忘记盼你回程。
或有银或无银早些回转，
不思想娘盼你哭得眼红。
娘死后你回来怎能行孝，
竹篮儿去打水劳而无功。
终日盼望亲生子，盼子就如盼夜灯。

却说杨氏夫人哭了一会，茶饭不吃，玉平劝道：

“母亲不必啼哭，整整哭了一天，你看天色已晚，你我早些安眠罢。”

哭五更

一更里好伤心，想起我儿季从龙。自从奔上山东去，无论怎样转回程。想必探亲无有见，我儿落了一场空。我的天爷，我儿落了一场空。

二更里来好恓惶，娘想我儿在哪方？想必贪花迷了性，难道不念你亲娘。你妻她还年纪幼，为何你把良心丧？我的天爷，为何你把良心丧？

三更里眼朦胧，梦见我儿在房中。为娘叫他不答应，面带忧色怒冲冲。一把拉住我儿手，醒来却是一场梦。我的天爷，醒来却是一场梦。

四更里来好悲惨，想起我儿泪涟涟。我儿你把心昧了，不想亲娘不想妻。老母年老妻年幼，家中寒苦受难辛。我的天爷，家中寒苦受难辛。

五更里天渐明，金鸡报叫二三声。哭了一夜不得见，一觉睡个大天亮。媳妇叫门才惊醒，浑夜儿睡着好伤心。我的天爷，浑夜儿睡着好伤心。

儿子今日命归阴，婆媳心间要相连。

却说娘想儿整哭了一天一夜，茶饭未进。有玉平进门言说：“我丈夫出门已近七个多月，大约不多之日必定回来，一家相逢团圆，母亲不必挂念。你若想下疾病，如何是好？”

玉平开言叫母亲，婆媳想着一条心。
奴有一言说根源，老娘倘有好和歹。
再把老娘叫一声，丢下媳妇靠何人？
婆媳二人正讲话，西方落去太阳星。
玉平一见天色晚，急忙就要点起灯。
安顿婆婆睡了觉，她拿银针做针线。
手拿针线无心做，不由叫人好伤心。
丈夫一去多半年，又无音信转回程。
家中寒苦无度用，夫君一去变了心。
丢下你妻还则可，不念老娘何能忍？
你妻今晚思念你，哭了一夜贤夫君。
为妻送你大门外，怎样叮咛忘了情。
你说不久会回来，至今无有见音信。
猛听谯楼打三更，浑衣睡到牙床上。
好似魂魄离了身，人逢喜事精神长。
梦中惆怅瞌睡多，小房睡下田小姐。
再着公子把梦托，你夫收本回家中。
谁料岳父害我身，今晚回家把梦托。
与母和妻说分明，惊醒才是一场梦。

却说季公子回来，先到田家庄上，有田万成用绳勒死，有那冤魂不散，在田家庄上，大哭小喊，声声叫骂田万成。我从山东回来，东门以外遇见田万成老贼，把我哄到他家，用酒灌醉，见财起意，将我用绳勒死。现在无处安身，正然伤悲之间，多亏菩萨指点我与妻托梦，到自家门首，方才要进，猛然闪出二位差神挡住，好不惊杀人也！

公子回家要托梦，二位差神拦住门。
季从龙魂灵儿刚才进门，
忽然间闪出了二位差神。
他本是唐朝的两位上将，
仁宗爷封过他去把门庭。
一见了公子的阴魂来到，

喊一声这冤魂那里闯行？
只见他穿盔甲天神模样，
手拿鞭坐在门吓掉三魂。
开言说他本是和善之家，
又不是作恶的那里胡行？
季公子听一言上前跪倒，
叫一声门神爷细听根苗。
我不是魍魉鬼来到此地，
又不是哪里的柳树成精。
我本是季从龙前来托梦，
与母亲合妻儿诉说分明。
季公子说罢话泪流满面，
门神爷才放他进了宅门。

却说季公子细说分明，这二位门神放他进去。公子来到上房，观见他母亲睡下，有心与他母亲托梦，又怕老母吓坏，不免我与妻儿托梦一回吧。

公子来到上房内，又怕惊坏他母亲。
季从龙魂灵儿泪流满面，
回头来就到了妻儿房中。
进了门我把那妻儿便叫，
我本是你丈夫转回家中。
自从我夫妻俩分别以后，
每日儿盼路程去到山东。
济南府做买卖整整六月，
天不幸我舅父得病身亡。
发送了我舅父将账讨要，
身带来雪花银八百余两。
盼母亲想妻儿我就回程，
在路上急走了一月有零。
那一日刚到了东门以外，
就遇见我岳父屠户田成。
拦住马他把我请到家中，
见银两他起了不良之心。
他父子用好酒把我灌醉，
用麻绳勒死我一命归阴。
得银两又收我一匹黄马，
还有那零星物包裹行程。
天不管地不收无处投奔，
可怜我冤魂鬼那里安身？
哭一声可怜我青春年少，
娘养我十七岁劳而无功。
叫贤妻若念着丈夫恩意，
你即忙大兴县去把冤伸。
你若是不念起夫妻情义，
思着前想着后在你思忖。
我有心再与你多说几句，
鸡又叫狗又咬出门难行。
临走时床头上拍了一把，
惊醒了田玉平战战兢兢。
今夜晚上夫托梦，贤妻牢记在心中。

却说公子走后，小姐猛然惊醒，只吓得浑身打战，凉水盖顶的一般。急忙起来，点上灯，思想梦中之情，叫人十分伤心；有我丈夫把梦中言语说了一遍。他从济州回来，遇见我爹，爹请到他的家中，用酒灌醉，他父子三人用麻绳勒死他的性命，得去银子八百余两、黄马一匹，叫妻与他伸冤报仇。这事好不惊慌也！

玉平泪纷纷，低头自思情。
这梦好奇怪，惊醒正三更。
田玉平低下头暗想情理，
这个梦我做的大不相同。
奴的父他虽然行事霸道，

他总想女婿是骨肉之亲。
从盘古到如今从头细说，
哪有个岳父害女婿之身？
若不信我丈夫前来托梦，
梦中话他说的种种分明。
再素常盼天黑天又不黑，
今夜晚盼天明天又不明。
架上的金鸡儿它又不叫，
谯楼上打更人他又不打。
恨不得摘去了天上明月，
长竹竿拨开那满天雾尘。
闰年月合每时常常俱有，
莫见过今夜晚润了五更。
田玉平正盼望天色大亮，
正东方闪出了太阳星君。
玉平出房门，低头自思想。
有心对婆说，她又痛伤情。

却说玉平直到五更，自己想到我父他虽然利害，他怎肯下这个毒手？我先信我丈夫梦中甚是悲□口了，声声叫我与他伸冤告状，这该怎么样？我有心与他报仇，一来无有凭证，二来是我的生身父母，况且告他就是有一行大罪。有心把我梦中之言与婆婆讲说，又怕婆婆痛哭，只得隐藏肚内。若是放出见证，再作定夺。此话不提。

再说汪红他有二个儿子，长子汪祯，次子汪祥，且务庄农。这汪祥单宜读书，虽然弟兄二人不是一母所生，汪祥也是汪红拾来的，恩养成人，后日弟兄不和，分为两家居住，他父吃用，弟兄二人轮流照管。那日轮到汪祥的家中吃饭，偏偏的又遇上田万成父子三人，丧心把他害了。清早起来洗脸一毕，不见他父，即忙出门寻找了半天，并无人见，就去问哥哥，汪祯听话沉吟不语，只得汪祥出门又找。

富贵贫穷天造定，灾害祸福不由人。
有汪祯听一言犯了心病，
这件事倒叫我内外不明。
待说过出了门各处寻找，
直找了整一天无影无踪。
有汪祯无法儿心中暗想，
这叫我为儿的那里找寻？
虽然说我们是兄弟两个，
他合我不是那一母所生。
莫非是怕吃了他的茶饭，
他心里不情愿害了父身。
又思想这场事他也不敢，
世界上也没有这等愚生。
有汪祯正慌忽未有主张，
正南上来一人名叫田荣。
或该田荣运不通，平空降下祸临身。

却说田荣来到跟前问道：“你弟兄二人在此干起何事？”二人答言：“不知我父亲那里去了？找了半日杳无音信。”田荣便说：“我清早起来开开大门，只见旁边撂着一副粪筐，还有叉子，又见上边尽是血点。”不见此物还则可，一见此物，怎肯干休善罢不成。汪祯上前一把采住田荣。汪祥便说：“我父亲的粪筐、叉子现在还在你家中，父亲的下落你必知道。”田荣说：“并没看见你的父亲。”汪祯说：“我还怕你不知道？”

无义物件不可拾，惹下祸事后悔迟。
有汪祯把田荣一把拉住，
粪篮儿在你家怎不知闻？
我和你同进城去把官见，

大堂口我和你辩个分明。
那田荣只吓得浑身打战，
有汪祯他二人不能放松。
兄推里弟拉过去把城进，
不多时拉在那知府衙门。
忙击鼓马知县即忙升堂，
击堂鼓有什么要紧事情？
知县坐堂怒冲冲，身坐公案问分明。

却说马知县将汪祯、汪祥、田荣等三人都提上堂来。知县问道：“你们这是谁告谁着呢？”汪祯回道：“老爷在上，因为小的父亲那夜晚上拾粪从田荣门上所过，不知怎的得罪他，将我父亲害死，万望大老爷与小的做主。”知县问道：“你未眼见，又无凭证。”汪祯便说：“我父亲的粪筐、叉子现在他家，再者筐上现有血点，因此小的才敢上告。”知县便叫差人去到田荣家中，将粪筐、叉子拿来，果有血踪。人役回衙便与老爷得知：“小的查验粪篮子上果有血踪。”知县问道：“田荣你杀他汪祯的父亲，实实招来，免受非刑。”田荣哀哀告诉：“明公大老爷在上，小的因为那日早晨起来先开大门，外面放着粪篮、叉子，四下无人，将那物件拾去回到家里。不一时他二人找他的父亲，小的将粪篮、叉子给他，二人认得是他父亲的东西，不知何人将他父亲害死，把此物放在我的门前，祸归与我。我自幼以来，并不会害人，常言道：‘关过门儿坐，祸从天上得。’只听太爷发落罢。”知县便骂，冲冲大怒喝道：“我把你该死的奴才，既是别人的东西，你就不该拿到你家中。快快招来，免动非刑。”田荣回道：“拾物是实，杀人事不知，况且小的几辈子良善之家，怎能行凶害人？苦诉大老爷恩重。”知县骂道：“我不动刑，你怎肯招承？”即叫人役快动非刑，招也不招。

人心是钢铁，官法就如炉。
你若不招承，审死又还魂。
马知县叫人役即忙拉下，
有皂班喝一声怎敢消停[1]？
将田荣拉在那舟池以下，
头向东脚向西动了非刑。
马知县又吩咐着实拷打，
有皂班跑堂口禀了一声。

却说田荣五十多岁的怎受这样拷打，还不着十数余板，气绝身亡。知县听说田荣死了，大失了一惊，言道：“人无亏心事也不能死，暂且放在一边。”知县又问汪祯：“你父亲平素晚上何处安身？”汪祯便说：“我弟兄二人轮流侍奉，因为昨日挨我兄弟家中吃饭，就在他家歇睡。”知县又问：“你们弟兄二人是同胞还是叔伯？”汪祯便说：“我兄弟自小拾来的，恩养成人。”知县言道：“怪道来，汪祥上的堂来不言不语。”知县又说：“你父亲现在你家安歇，为何失身无踪？莫非你父打骂你，是你出于年幼，一时激起火心，想必将你父亲害死，也是有的。你从实招来，本县救你无罪。”汪祥回道：“老爷，我虽然不是亲养的，总念起我父把我未必荣耀，恩养成人，不能尽孝，那能有害父之心？”知县听笑：“我看你必知情义，我好问你谁肯容易招承？”即叫人役：“将汪祥与我夹起来。”汪祥那是读书之人，受刑不过，只得屈枉招承，说道：“小的招承。”

① 消停：方言，歇息。

知县吩咐人役将刑法松放了，当时有了招承二字。

知县堂上怒气生，便叫奴才快招承。
杀父原因实实说，免你浑身血淋淋。
有汪祥跪大堂泪流满面，
叫青天大老爷诉说原因。
只因为我的父常常打骂，
无奈何害了父丧我残生。
用钢刀把他的首级割下，
同谋的用计人名叫田荣。

却说马知县将汪祥苦打招承，又连累田荣不得脱身，知县又问汪祥："你父杀坏，尸首归落何处？说来我听。"

知县要问死尸灵，汪祥听说失一惊。
老爷问汪祥听生出巧计，
叫老爷听小的细说分明。
小的是读书人胆子又小，
埋尸首尽都是田荣知道。
有汪祥说罢了前后之语，
马知县听一言恨骂几声。
不知道他尸首埋于何处，
问小的就打死不得知道。

却说马知县言道："奴才，你见田荣死了，你推在他的身上。"还未及问，人役禀道："田荣乃复活了。"知县便说："与我带上堂来，再问口供。"知县问道："田荣，你把汪祥他父的尸首埋于何处？快快说来。"田荣回道："小的一字不知。"知县便叫牢头将他二人暂且收监，明天再审问。此话不提。

再说包爷夜做一梦，梦见江南扬州四大奇事，醒来就想梦中之情，不知吉凶。此日赴上奏折，要往扬州私访，一来暗巡。仁宗准奏，即速启行，带了王朝、马汉许多人役出了京城，赴往扬州去了。

大炮三声响，包爷出了京。
钢铡二十四，赛过五阎君。
猛然间震乾坤大炮三声，
包老爷就离了北京城中。
有王朝合马汉侍奉左右，
明晃晃提钢刀吓掉三魂。
十二口滚油锅街前所行，
抬铜铡二十四耀眼明光。
包老爷坐轿内威风八面，
就是那活阎君一样相同。
金架牌整八面上写大字，
代管着幽冥府鬼魂都惊。
有包爷出京来暂且莫表，
再提起田玉平做梦之人。
忠心保国人要怕，真正无私神鬼惊。

却说田玉平猛然想起家中之事，对婆婆说道："媳妇这几天甚是焦躁，我有心走娘家，不知母亲意下如何？"杨氏便说："我听你的心中之事，为娘的心上倒也明白几分，也是为我儿一去半年有余，不见音信，走一回娘家散散忧闷。"便说："媳妇你去莫可多住。"小姐听言，离别婆婆，心中有事走得甚快，不多一时，来到娘家门首，与他父母施礼已毕坐定，有那个田万成，见女儿来，更加亲热，说："田虎，请你妹子来住上几天尽都推托，今天你妹子自家来了，你还不快去买些酒肉菜品送到大房，即可做饭。"玉平心中暗想："素日家我来薄淡如水，今日来为何亲热？其中必有缘故。"玉平来到前院看了一遍，并无什么踪迹。那田万成看见女儿便说："你今日来老慌忙，还是找寻什么？"玉平便说："儿的心中焦躁，散散忧闷。"田万成不知，自往外边去了。小姐又到后院找寻，亦无踪迹。行寻的小姐少魂无魄，暗暗落泪，便说："好一个夫君，你与妻儿托梦，言说我爹爹把你害死，叫为妻与你伸冤报仇。我今天寻了半日，又不见你显个形影，好不急杀为妻了。"小姐又想我为寻他父亲的踪迹不提。

再说灶君见小姐与他夫主伸冤报仇，无有个赃证，猛然想起那匹马来，急速来到马房，便叫："黄马你叫唤几声，那小姐见你必解其意，与他丈夫伸冤才为妥也。"

人人不做亏心事，暗里必有神指点。

有灶君来开言便叫黄马，
你虽是一匹马为龙三分。
你也曾淤泥河救过唐僧，
也曾在西天路驮着唐僧。
长坂坡你也曾帮助赵云，
千里路探兄长驮过关公。
自古道你主仆如同父子，
你主人死得苦真乃伤心。
现如今报仇人来到此地，
你就该叫唤声那人来听。
在路上好草料拌与你吃，
今日个他屈死你不凄惨。

却说那灶君想道："叫那黄马叫唤几声，小姐听见，好与她丈夫伸冤报仇。"那黄马总不叫唤，灶君想道："你不叫唤，主人冤仇如何得明？快快叫唤。"那马总不叫唤，灶君骂道："你这无义的畜生，你主人待你不薄，凡是添草饮清泉水，受水之恩应当涌泉之报，你叫唤几声，何能费大的力气的？"灶君拿起个棒来照头打了几下，那黄马因为痛疼难挨，便就叫唤起来。

灶君不忍这件事，便叫黄马通信人。

田玉平正把那踪迹来找，
忽听得西房后马叫几声。
哭啼啼急忙忙往前就跑，
来到了西房后观看分明。
那黄马见小姐又跑又叫，
这马叫有缘故我怎知闻？
要知道这马叫其中有意，
进上房问我母便知实情。
哭啼啼进上房来把娘问，
叫母亲孩儿说恭敬不顾。
素日家毛驴子且听分明，
那里来这黄马说与儿听？
张氏母还未答此言情理，
忽然间走进来我父田成。

却说玉平正问她母亲那黄马的原情，她母亲未曾答言，有田万成听见此话，慌忙走进门来便说："女儿问那马的根源，为父的与你说来你听，为父每日那乡卖肉，放下了许多的账，为父下乡讨账，那人无钱，他将此马顶算与我，只错几天他就赎回。"女儿便答："那人能吃多少肉，将一匹肥膘大马，顶与我父？就是顶算，难道就连鞍子未必顶与父亲了么？"田万成听言，满口胡支，小姐见父亲不语，再没顶问。田万成对张氏言道："我女儿家中无人，看天色不早，叫女儿早些回去罢。"张氏言道："女儿时常不来，叫女儿多住几天再去。"小姐答言："我家中贫穷，我婆婆全凭我纺棉织布侍奉度过光阴，不能多住，奉请爹妈安歇。"离别了父母，回到家中，与婆婆问安已罢，天色将晚，进房安眠，待闷不闷，又梦见我丈夫披头散发站在床边，大声叫骂：“为妻，好不惊杀人也。”

冤魂开言道，妻儿你当听。
两次把梦托，仔细说分明。
这才是魍魉鬼冤魂不散，
口口儿只骂的田氏玉平。
我昨日就与你托了一梦，
你当作闲言语耳边之风。
我与你吹灭灯大显形象，
只听得又是骂又是哭声。
口口儿只骂的田成老贼，
他图财害了命勒死我身。
在床前就把那贼人叫骂，
我怎肯放过他父子三人？
你看起父母情不能告状，
难道说你不讲夫妻之恩。
阴曹府十王前就把你告，
告贼人无情义吾心可恨。
把小姐只唬得浑身打战，
抬起头黑影里看得分明。
披着头项带绳大睁眼睛，
鼻口中流鲜血吊客形容。
田玉平见丈夫魂不附体，
一时间只唬得迷迷昏昏。

却说季公子先到床前与小姐托梦，自从娘家走了一回，他就来打搅，就是大嚎痛哭，把小姐唬得魂飞天外，急忙起来点灯放照，公子躲在黑影之间。小姐坐在床上说：“夫君，你常常来打搅为妻的，就是我父害死你身，等我访出真赃，有了证见，我好与你伸冤告状。”小姐说罢大哭起来，只唬得一夜未睡，坐到天明，对她婆婆把做梦一番详细说了一遍，杨氏便说：“媳妇，你提说梦中之情，为娘含糊未说。我昨夜晚上也梦见我儿披头散发，项带麻绳，便说你父将他害死。现今无有音信，想必我儿当真死了，目下我也活不成了。”

杨氏妇人泪纷纷，忍耐不住放悲声。
为娘单养你一个，娇生惯养如宝贝。
养儿都为防备老，谁知今日一场空。
撂下老命活不成，眼前无有亲生子。
杨氏哭得如酒醉，小姐跌倒地尘埃。
无奈搌去胸前泪，老娘婆婆口内称。
奉劝婆婆莫掉泪，媳妇有言你当听。
虽然我是他亲生，倒也有些夫君情。
为儿若不把他告，丈夫冤魂怎安稳。
婆媳正然把话讲，忽听门外有人声。

却说季公子有一表弟，名叫许明，他在大兴县城西居住，那日来到门前喊门。婆婆正在那里啼哭，耳听门外有人喊门，莫必是儿，媳妇便说：“我的夫君回来了吧？”杨氏听说即忙去看，原来是他的外甥许明进来，就问：“我那从龙哥哥往那里去了？”他婆媳见问之间，婆媳眼中掉泪。玉平说道：“你知道你哥哥往山东去了，为何故意又问？”许明言说：“我哥哥回来了，我再不知道又去的。”玉平听说即忙又问：“兄弟，你在那里见来？”“我在东门外见来，手拉一匹黄马，和一位老人同行，我想与他答话，离得怪远，不知他往那里去了？不知那位老人是谁？”玉平便说：“那位老人怕是我爹爹。”就将梦中之情夫君显魂对许明言说。许明道：“此事不可信实，自古常言讲得好，捉奸抵双，审贼见赃。现时又无凭证，怎么明白此事？”玉平便说：“弟弟况且看见你哥合他同行，再道他家现有黄马一匹，这马现在，你昨日从东门外所过远了，你看见你哥哥手拉黄马，不是这马，难道说这不为凭证？总不是假的。”因为：

只知得了银子好，谋害女婿有谁知？
任你做这冤屈事，难免天下神鬼知。
有杨氏开言说便叫外甥，
听一声你舅母细说分明。
那一日夜晚上梦见我儿，
项带绳披散发鼻口流血。
口口声他说是岳父害死，
娘不信夜睡梦见儿显魂。
到家堂又是哭又是叫骂，
只唬得我婆媳不得安身。
你嫂嫂她放下包天熊胆，
实实的要告他父子三人。
有玉平她开言便叫叔叔，
你与我作干证去把冤伸。
我昨日到娘家亲眼见马，
那黄马照住我叫唤几声。
那畜牲也有个主仆之意，
难道说我夫妻无有恩情？
田玉平又是哭又是讲话，
倒把那许表弟大失一惊。

却说许明说道：“你看嫂嫂，我不过说了一句闲话，你叫我去作干证，我又未见真赃，也叫我难以为证。嫂嫂三思而行，只为亲者原来是大丈夫之人，女婿如亲子一般，世界上那有岳父害女婿的道理？梦中之语甚不可全信，免失父母恩情，况且告状又有一行大罪。劝嫂嫂你千思万想，再斟酌。”玉平便说：“叔叔以礼相劝我婆媳免告他，我父现今我亲眼看见，你还要支胡。你若不与我作证，我把他告到官前，与你干休。那时怎样脱身？”许明胆怕便说：“嫂嫂，你要不忍，一定要告此状，休要别处。我听得包爷出京，在江南扬州，下马之时，我们就把状子拦轿递上。”玉平便说：“我是女流之辈，到处怎么行动？”许明说：“有我承当。”田玉平说道：“若是叔叔有了这些好意，让转上边，受我一拜。倘若将这冤事辨明，完全不忘你的深恩重意了。”

一心要奔扬州府，那怕山高路不平？
田玉平忙跪倒拜上三拜，
叫一声小叔叔细听原因。
我婆婆年纪迈无人侍奉，
我去后丢在家依靠何人？
无奈何随婆婆一同前去，
在路上全要你做伴同行。
有许明快答应是我愿去，
把行李忙收拾即速起程。
婆媳妇即慌忙收拾齐备，
他三人一齐儿即往前行。
婆媳们在路上暂且莫表，
再提起包老爷明上一明。
逢州府就有那州官来接，
近逢县就有那县官来迎。
在路上只走了好多日子，
那一日才到了江南扬州。
闹轰轰人烟广都来迎接，
有大炮响三声住了公馆。

却说包爷到了扬州城中，进了察院，有那文武官员齐都惊怕，俱有本章参见。包爷当时令下，人役传与文武百官：“请安见驾歇劳儿见。”这话不提。

再说玉平婆媳三人，那日到了扬州城中，写了状子，跪叫喊冤。传禀主官一声喊道："将那喊冤告状的两个妇人与我带上堂来。"

包爷吩咐忙带上，婆媳二人胆战兢。
传禀官喊一声二人带上，
忙了那人役们不敢消停。
上前来就把那二人拽住，
把钢刀放在那脖项之中。
把小姐只吓得心惊胆怕，
老妇人也唬得掉了三魂。
有油锅合铜铡两边摆放，
就是他告状人也要担惊。
婆媳们跪在了大堂以上，
耳听得包老爷问了一声。

却说吩咐王朝、马汉问那妇人有状无状，王朝便问妇人："包爷大人问你有状无状？"玉平言说："有状。"王朝将状接来，呈与包爷看道：只此状子说的分明：这小女原是季门田氏，年方一十四岁，奴夫季从龙大兴县人氏，离城十五里之远，在季家居住。只今状上告的图财害命：本年三月□旬，奴夫季从龙往山东探亲回来，身带白银八百两有余，黄马一匹，来到本城东门以外撞见他的岳父，就是奴的生身父亲田万成，遇过女婿季从龙，叫到他家用酒灌醉，他父子三人用绳勒死我丈夫，冤魂不散，因为与我托梦几次又无凭证。现有奴夫表弟许明，他亲眼看见黄马一匹可就为证。奴父亲刁恶行凶，害夫如同害女儿一般，奴的婆婆年老无人奉养，单生奴夫一个，今被我父亲害死，我婆媳无依无靠。因此事理上难通，冒犯公堂，愿敢受死。愿望明公大人，俯念奴夫伤惨之处，冤准施行。

包爷看罢状子，心中暗想："本相做官出任以来，无头无尾的官司问过多少，只图财害命的事不知问过多少，没见过岳父害死女婿之事。"包爷说道："我且问你，你就是田万成亲养的么，还是恩养的？"玉平回道："奴是他亲养的女子。"包爷说道："那是亲生的，怎肯为着你丈夫身上，状告你的生身父母不成？"玉平便说："田家收了季家的财礼，我就是季家的人了。明公大人说我无有父母之恩，难道我不说夫妻之恩？岂不知脱衣者见夫，穿衣者见父亲，我若不伸冤告状，不但外人叫骂，就是我丈夫虽然死了，恨骂为妻的，奴怎肯落万古的骂名？"包爷说道："既然如此，就该县前去告，为何今日在本相处才告？""明公大人细听[①]。"

未见亲女把父告，那有岳父害女婿？
包老爷离扬州要去私访，
做清官为百姓坐身不安。
他装个算命的先生一位，
出了城往扬州大路而行。
在路上步行走不多数日，
抬起头观见了大兴县城。
正行走跑来了一匹黄马，
又是跑又是叫拦住包公。
包老爷想起来那一纸状，
莫非是这畜生来把冤伸？
包老爷正思想冤屈之事，
迎头子跑来了老贼田成。

① 以下疑有脱漏。

却说那匹黄马见了包公，又踢又叫，包公正然思想心中之事，那田万成走上前来说道："老客人，我这个马认生，得罪了客人莫必见怪。"包公暗想此人必定就是田万成老贼。

人有屈屈心，天有拐把根。
包老爷抬起头用目观看，
观见那凶徒相必是田成。
扫眉竹面带着七道青路，
刀头形贼人眼他是坏蛋。
腰系着皮条带三环铁扣，
刷刷胡一股做也道显凶。
包老爷细看他好多一会，
口儿里把田成叫了一声。
田成贼黑洞洞不知其意，
这客人他怎知我是田成？

却说田万成言道："老客人，你我二人素不相认，为何知道我姓？"包公说道："我会相面，还能除妖断怪。"田万成暗想："害死公子，冤魂不散，每夜晚上打搅不安。"田万成听说他会除妖断怪，面带笑脸说道："老客人，我就是田万成，我是每日杀猪，不知杀害的性命多少。不知怎的回事，我家猛然出了妖怪，打搅的夜夜不安。我今就请客人到我家中，看看他是什么东西作怪？""既然田兄宅子不安，我就前去与你看看罢。"田万成就将客人请到家中，包公看了一遍，心内明白，便对田万成言说："田兄，你家非是妖怪打搅，乃是冤魂魍魉作怪。"田万成暗想："这个好灵先生，我将季女婿害死，不是冤魂再有什么？"田万成便说："客人不管他是什么，与我赶出庄门，我就重谢于你。"便问："客人用些什么镇物，我好就做准备。"包爷说道："只用当院放下一张方桌，点上两盏明灯，前面铺一条白毡，后面再放下一个椅子，上边搭上一条红毡，俱家人等一下齐躲出庄子。"单留下包公一人，还未到三更时候，听得房子木料叮当乱响，猛然起风，耳听风音内里嚎声，不知好不惊杀人也。

身带国家无价宝，岂惧冤魂缠我身？
包老爷忽听得黑风起动，
黑风内只听得叫哭连天。
口儿里不住的破声大骂，
骂一声田老贼害了我身。
你见财起了意把我害死，
我怎肯饶了你父子三人？
包老爷坐桌上仔细观看，
大睁上两个眼望他不清。
无奈何我取出照妖宝镜，
在黑风里边内照看分明。
风里边照过他一个冤鬼，
披着头散着发又像鬼形。
鼻口中尽都是鲜血长流，
脖项中又带着一条麻绳。
包老爷喊一声全然不动，
把国家玉玺印举在手中。
叫一声冤魂鬼听我细说，
我本是包文正天下扬名。
有本相就在那扬州下马，
你妻儿将状告私访本县。
访明了这件事我回察院，
我与你拿凶手定把冤伸。
季从龙听一言扬长就走，
有包公低下头自己思想。

却说包爷暗想："此事果然是实，便说好一

个知县，你做的好官，管的好民，岳父把女婿害死，你全不管。我本相回到察院将此事定参，问明参你定了。”

为官爱民是忠臣，那怕上司并主文？
贪财受贿民遭害，丢官失职发后悔。
有包公自沉吟暗把头点，
真可笑这等人枉出世间。
不尽忠不尽孝不务正道，
丧良心害女婿怎能容情？
把老贼行的事全然不知，
骗人物图人财还害好人。
难道说不怕你女儿知闻，
将老贼告下你焉能逃命？
若躲着我的手才算你能，
怎知道暗害人天理难容？
包老爷思想了好多一会，
不觉的东方亮天色大明。

却说包公在田万成家中整整一夜，只等天明，田万成问道：“老客人，此事如何？”包公言道：“我将冤魂与你赶出庄，再不打搅你们了，我如今要回去哩。”田万成便说：“老客人请坐，用过饭再去。”包公言道：“再不扰累你了。”“既然如此，这是铜钱三百文，老客人莫要嫌少。”包公言道：“田兄，这只是小事，焉能致谢？”说罢出门去了。

包公出了门，不见一人相送，又听见田万成说道：“那客人昨夜晚上与我们除怪，不敢来要钱，又不见什么动静，平白倒受了多少的慢怠，因此他不敢要钱。”包公听得田万成说的那话，冷笑一声，走到那大兴县十里官所不提。

再说王朝、马汉在扬州直等了七日，不见包公回来，暗叫人役将轿门闭上，就说包爷出了扬州往大兴县去了，传与文武官员免见。放炮三声，包公出了察院，众官员不敢远送。一路无事，来到大兴县十里亭前，王朝、马汉便说：“包老爷来了。”一齐迎上前去，接到厂换了官诰。包爷吩咐进城，大兴县的文武官员听说包爷进城，岂都不知各各担怕？出城迎接进来，到了察院，包公吩咐各官免见。

铁面无私包文正，文武将官战兢兢。
不说那包老爷察院坐定，
有汪祯头顶状又把冤伸。
包老爷进察院神惊鬼怕，
文武官其免见俱各胆惊。
有包公忽听得外面人喊，
即吩咐传禀官看是何人。
传禀官忙出去将他细问，
急忙忙跪堂口禀了一声。
有一人叫汪祯前来告状，
头顶状跪察院禀知大人。

却说包公吩咐王朝、马汉将汪祯带上堂来，他二人即忙将汪祯带到堂前。包爷问道：“汪祯，你前来告状，只为何事？快快说来。”汪祯将状子呈上，包爷接在手中，展开细看了一遍，哼了一声，冲冲大怒，即吩咐将马知县带上堂来。人役听说，即忙把马知县带到堂上，知县唬得浑身肉跳。包爷问道：“马知县，你做的好官，管的好民，亲儿子杀父未有问明，岳父害死女婿你还不知，俱在本相处告你。做的县官，管的非是，本相不能容情，国法难犯。你今死后，莫怨本相。”包公便叫王朝、马汉抬过铜铡，“与我开刑罢”。

一样都是老官宦，唯有他是糊涂官。

包老爷坐大堂冲冲大怒，
骂一声贼狗官苦害黎民。
把王朝并马汉一声高喊，
快与我抬铜铡即速开刑。
有王朝和马汉不敢怠慢，
拿绳捆马知县口叫青天。
一编席三道腰铡口来放，
忽听得响一声血水淋淋。
不说那马知县死的好苦，
唬怕了旁边的文武官员。

却说包爷又吩咐把田荣斩首，汪祥铡断三节。不多一时，有王朝、马汉禀知："大人，暂且宽容。田荣斩首，刀不过项，汪祥入铡，铡不入身。"包公听言，大失一惊。

赃官问下冤屈事，自有神圣救他身。

包老爷听一言面目改变，
就如那头泼水杯冷成冰。
严查山本是我当初错断，
又遇了贼和尚名叫江龙。
十里亭错铡了包勉娃子，
到今日又遇了这桩事情。
把王朝并马汉一声高叫，
将汪祥放出那芦席之中。
包老爷坐大堂正然思想，
跑来了一匹马带着缰绳。
在大堂又是叫又是乱跳，
只望着包老爷叫不断声。
包爷说是昨日那匹黄马，
今日个为何到本相衙门？

却说包公看见是昨日那匹黄马，心中暗想："这汪祥杀父之事，莫非是这个马知道也是有的。"那些人役见马乱跳，往外就赶，包爷说道："不必赶他，这马是季从龙的一匹马，被田万成把季从龙害死，将马收下，本相已经访明此事。今天又来大堂叫唤，想必汪祥这事有冤情。"包公向马说道："你想必伸冤，再叫唤三声。"那马果然又叫唤三声，包爷又吩咐王朝、马汉："你二人跟定这马，出衙看它有什么踪迹，来禀我知。"便叫人役将汪祥、田荣押下去，说罢退堂而去。

再说王朝、马汉跟定黄马，一直来到田荣的门首，有一墩绿竹，那马用头将绿竹撞开，四蹄乱刨。王朝、马汉即便挖开，内边埋着二人的尸首在一处。当时来禀知，包公即刻坐堂，出了一根火签，把田万成全家人等一齐拿来听审。即不敢怠慢，不多一时来到田万成家中，将他锁拿，就如阎王去勾的一般。

自知害人无人知，暗里有神指点来。

只听得刷刷的俱把绳带，
拿住了害人贼名叫田成。
又拿了他的儿田虎田豹，
众差人又锁了婆媳三人。
他婆媳只唬得浑身打战，
那田成父子们失了一惊。
有人役摆摆头我们不晓，
你见了包老爷自然分明。
张氏说莫非是那个事犯，
有田成听妻言斜瞪眼睛。
差人们拉田成来得甚快，
不多时就来到察院衙门。
两班人禀老爷贼人拿到，
包老爷坐大堂便问分明。

却说人役禀知老爷，将田万成带到堂上。包公便问："田万成，有人告你，你可知道么？"田万成言道："小的不曾犯法，何人告我？"包公说道："你女儿告你图财害婿，你就实实快些说来。"田万成说道："小的并无此事。"包公即叫人役将他女儿带上堂来，与他对证，当便将他小姐带上堂来跪在一旁。包公便叫："田万成，你看那边跪的何人？"田万成见他女儿，就骂道："我把你个该死的奴才，女婿往山东去了，又无音信，你今枉告为父的，女婿被我害死，有谁证见？"小姐还未开言，包公堂上喝道："你这老贼，还要强辩，本相与你证见罢。"

田成暗想心发惊，包爷如赛活阎君。

包老爷听一言冲冲大怒，
手指着老匹夫叫骂几声。
昨日间我与你去把妖除，
在你家站一夜却是何人？
有本相装算命先生一位，
你将我请到了你的家中。
等了那三更时黑风猛起，
冤魂鬼带哭声大显真形。
他说你图银子八百余两，
还有那黄膘马袍服行李。
你今日按实说字字相投，
免得下叫人役动了非刑。
有田成低下头自己后悔，
最不该半夜里害死女婿。
我自思这次事该不得犯，
谁知道半空中自有神知。
我若是不招承再要强辩，
还能免受非刑血水淋淋。
细思想趁早些一字如实，
后悔迟不如我一字招承。
田万成他往上跪了几步，
叫一声大老爷细听分明。

却说："大老爷在上，小民在下，只今有眼无珠，我把老爷请到我家访明此事。小的今天也瞒哄不过去了，实实说来我的女婿就是我害死的。"包公问道："你尸首埋于何处？"田万成说道："尸首埋于我弟田荣的门首。"包爷说道："你害死女婿原为图财害死的，你害汪红所为何事？"田万成诉道："因为小的埋人时间被他看见，怕他走风，因此将他一铁锨打死，二人尸首埋在一处。"包爷又问张氏："你丈夫同两个儿子害死女婿，你就该解劝才是道理，为何同你丈夫通同作弊，该当何罪？"张氏诉道："为妻的跟前跟后再三相劝，我丈夫除不听，越发怒起来，再不敢拦挡。"包公说："既然如此，心存良善，放你无罪，将你媳妇领上去罢。"张氏听言，随即叩头谢恩，领了两个媳妇下堂去了。包公吩咐将田虎、田豹推下去杀了。就把田万成推下去千刀万剐，好不后悔人也。

行善虽无人见，存心必有天知。

包老爷他吩咐一言未罢，
人役们听一言下了无情。
父子们一齐儿绳捆索绑，
两边人唬得他掉了三魂。
有田虎合田豹告饶不断，
忽听得脖项里响了一声。
人头滚就如那刀杀西瓜，
将田成绑桩上又用剐刑。
又瞪眼又咧嘴咬牙切齿，
天门项割一刀着实心疼。

割了舌剜了眼将心扒出，
看的人见此刑唬掉三魂。

却说包公将田万成父子三人斩首，吩咐人役将汪祥、田荣提上堂来。包公说道："你二人屈受非刑，我每人赏你银子伍拾两，下堂去吧。"田荣、汪祥叩头谢恩走了不提。

且说包公又吩咐将杨氏婆媳叫上堂来，对玉平说道："你的父亲图财害了你的丈夫，如今将他父子三人斩首，伸冤报仇也就够他的了。现今你靠本相赏你些银两，婆媳度过光阴去罢。本相赏你银子一千两，拿去奉养你的婆婆，再与你十字街前立一座忠烈贤孝的牌坊，扬名天下，岂不是好？"便叫杨氏："将你的媳妇领下堂去。"玉平诉道："季从龙尸首抬来。"人役将他二人的尸首抬到堂上，包爷说道："汪祥，将你父亲的尸首领下去埋去罢。"包爷看见季公子面带活色，如生一般，包公即速下堂，到了公子旁边观看一遍，那公子生得天仓饱满，两耳垂肥，双手过膝，不但富贵，脸上带着官职的品形，此人还阳寿未尽，此后还有大富大贵。吩咐人役去将城隍庙土地与我抬请来，又吩咐叫木匠做一副大架子。人役听说，即速就将城隍土地抬到堂上，包公又吩咐将季从龙的尸首抬到东廊房以下，将城隍土地抬到架上，设起香案同后。

要想公子还阳去，请问城隍土地神。
包老爷把馨香举在手中，
多祝告空中的过往神灵。
倘若是季公子他今该死，
也是他前世里告定乾坤。
倘或问他今日命不该死，
祝告那城隍爷土地等神。
有包爷一句话方才出口，
忙坏了城隍爷送他还魂。
午时辰还了阳烧钱化纸，
午时中不还阳损坏金身。
城隍爷他问那土地就要，
土地爷差小鬼各处找寻。
我到那田成的花园以内，
看见了菩萨的南海金童。
小鬼们走上前慌忙跪倒，
忙把那上神爷口内专称。
包老爷今日个传下令箭，
叫请你快快去投腹还魂。
金童听跟小鬼来得甚快，
一阵风就来到察院衙门。
看见了他尸首快快入窍，
叫一声季公子即时还魂。
我岳父把银两尽都拿去，
你放我回家去奉养亲娘。
季从龙在廊下尽管诉冤，
大堂上喜欢了铁面包公。
有杨氏上前来把儿捉住，
把亲儿叫几声痛杀娘心。
谁知道我的儿死在贼手，
多亏了包老爷救你还魂。
田玉平在一旁恓惶无奈，
婆媳们昼夜间痛哭不停。
我只说夫妻们不能团圆，
谁料想今日个又能相逢。
不说他母子们伤心痛哭，
满堂上许多人也说伤心。

却说包爷见季公子还魂，满心欢喜，便叫："公子，你合家人等团圆，我本相欢喜不尽了。"不提。

再说："季公子，本相看见你面目形容，日后还有大富大贵。到了明年皇上大开科场，打发公子上京赴考，若得一官半职改换门庭，合家人同受荣华，岂不美哉？"这话不提，再说包公便叫人役："我本相启行要想回京去。"人役听说，即刻收拾，上路登程启行。包爷出了扬州，众官员送行远至十里长亭，去了告离。

包公今日要回京，王朝马汉不消停。

有包公出扬州八面威风，
有王朝合马汉紧紧随跟。
不多日就来到东京域界，
迎接官人马重千万余人。
那一年仁宗爷开了科场，
宣晓谕普天下举子知闻。
以后来季公子升了官职，
请僧道报皇恩大谢神灵。
那田成为银两图财害命，
天地间也少有这等畜牲。
我今日才留下忠烈宝卷，
劝众生侧耳听存心向善。
行善的自有那龙天保佑，
做好事早回头后辈长久。
作恶的有恶报自作自受，
常言说罪孽重天也不容。
劝老者行方便教训子弟，
千万的莫学那田成老贼。
劝中年守本分常行正道，
周公礼圣人书仁义礼智。
劝少年休开言莫骂差长，
左亲戚右邻舍常挂心间。
劝妇女学温柔孝顺贤良，
朝廷中也赐你忠烈牌坊。
劝众生早回头存心向善，
人生在天地间孝弟当先。
劝贤良把孝顺常常挂念，
你孝顺还养的孝顺子孙。
劝贤良听此卷精神刚健，
口不言眼不矇侧耳细听。
劝贤良你若懂书中情礼，
莫乱说发愁闷罪重如山。
劝大贤听此卷莫当闲言，
祥云散菩萨去功果圆满。

人生天地间，孝道最为先。
父恩深如海，母恩重如山。
怀胎十月整，日日扒心肝。
直到灵落草，真个太凶险。
儿在肚中转，母心如刀剜。
儿今尽落了，母胎鬼门关。
人生天地间，诸事最为先。
无名酒莫吃，邪道莫可贪。
你爱无义财，伤身后悔迟。
虽是闲谈话，劝君听一番。

先生留下和家论，男儿何失丈夫身。
塞耳莫入妻儿语，劝化世上蠢愚人。
弟兄本是一娘生，一条骨肉一条筋。
一日相见一日老，能有几日做弟兄？
弟兄相和家道盛，妯娌有祸不敢生。
乡党之间人称美，后世子孙称贤名。
你看今日兄和弟，不把弟兄当手足。
只说弟兄是连累，结冤仇多存私财。

听妻言来是真理。

兄不宽来弟不忍，一个要比一个狠。
闹沙河如唱大戏，妻儿暗中定巧计。
定下分家这个计，二老常受他的气。
你要争来我要夺，争夺不定动干戈。

你骂他的二老娘，二老无故遭了殃。
私下闹到官前告，银钱费了多和少。
若要兄弟得安然，除非弄个干上干。
兄无衣来弟无衫，龙头裤子漏风寒。
你无米来我无面，妻儿家中胡抱怨。
受饥寒来无奈何，妯娌与人去上锅。
但有一点做不到，主人骂个没死活。
笑哈哈来气莫生，兄弟不和好下落。
悔不该来听妻言。
那个少来那个多，只要大家都改过。
寿又长来名又贤，留下贤名世上传。
全家团圆多亲热，兄弟协力家和好。
虽是一些闲谈话，众人听过牢记下。

公元1980年12月30抄传，□□当存□□□

（张丽玲录入、审校）

黄氏女宝卷后本

李光海记，大清宣统元年黄道吉日立

一条白蛇在乌江，乌江岸上放毫光。
有日吃干乌江水，定然死在江岸上。

浪淘沙

赵令芳自思想，错了主张，黄氏临行说明亮，对经若还无差错，就来还阳，哎，就来还阳。

众亲朋说短长，何不商量，把妻就该寄中，百日若还不还阳，再去埋葬，哎，再去埋葬。

每日里痛悲伤，两泪汪汪，叫一声贤妻阴司见阎王，我把事情做错了，后悔难当，哎，后悔难当。

儿女哭好惨伤，加些愁怅。每日不住叫亲娘，我将巧言去作诳，几日还乡，哎，几日还乡。

却说赵令芳每日思想，黄氏将儿女丢下无人照应，教我怎么去做生意？只是痛哭。此话不提。

再说张员外，自从妻子李氏做了睡梦之后，身体有孕，好吃酸的、咸的，不想吃那甜的，渐渐不觉十月胎满临产。员外听说妇人临产，即忙请来两个守生婆。正是：正月十五日元宵佳节，人人都过灯光大会。张员外家中焚香，单候妇人容易生产，正是三更时候，观见霞光霭霭，丫环报道："爷爷，奶奶生下了个男孩子！"员外听说，喜之不尽也。

听得丫环报一声，不由员外喜气生。
大小家人一齐问，生的安宁不安宁？
有丫环听得问回言便答，
我奶奶肚子疼不多时辰。
守生的在一旁正说闲话，
猛然间有动静即刻生下。
也不迷也不混容容易易，

生下个男孩子大小安宁。
张员外听得说暗谢天地，
即慌忙到佛堂又把香焚。
我今年五十五有了后续，
我的妻四十一才见根苗。
又思想何一日才能长大，
我活上七十几才得能行。
把员外只喜得一夜未睡，
耳听得金鸡叫渐渐天明。
又只见守生婆她来道喜，
见员外笑嘻嘻施礼躬身。
员外说把你们多受惊怕，
再与我请一个奶婆妇人。
你二人不必走要过三日，
将孩子沐浴了再回家门。
人逢喜事精神爽，月到中秋分外明。

却说张员外得了儿子，喜之不尽，整整三夜未曾睡觉，只到天明也。有些户族人等与他道个空喜也，还有些近的亲邻张起风声，教他三日支应要吃。那张员外听得此言，忙将众亲朋辞退，到满月上，请大家都来贺喜也。有拿些礼物的，也有拿轴对的，乱乱昏昏，好不热闹。众亲朋叫张员外戴一个纱帽，骑一只牛，只忙得员外赶紧告饶，“我老汉家不必如此烦劳，众亲朋与我的孩子起个名字”。遂吩咐丫环把孩儿抱到席前，大家一见，都说好个孩子，生得眉清目秀，后来必有大富大贵，有见孩儿身上有胎记一处，仔细观看，却是两个胎字，一个“安”字，一个“定”字。众亲朋看毕，就将孩子乳名起成个安定郎，官名起成张事亨，安定如意、万事亨通之谓也。这张事亨本是黄氏女转生，胎中吃素，又见他母亲吃素，他才吃素，越发干净。话休烦絮，光阴似箭，日月如梭，不觉过了八年的光景，张员外将事亨送在学中念书，想盼功名大事可也。

事亨送学中，背地泪汪汪。
想起前生事，不由痛悲伤。

浪淘沙

盼丈夫赵令芳，牢记心上，十王与我说明亮。总要功名成就后，才准还阳，哎，才准还阳。

盼儿女两泪汪，哭断肝肠，娇姑伴姑长寿郎。三个儿女俱年幼，都想亲娘，哎，都想亲娘。

我不敢对人言，泄漏机关，十王降罪我怎担？若把天机泄漏了，佛法难犯，哎，佛法难犯。

我自得盼圣贤，是只法船，度我功名早几年，但愿皇榜得中了，夫妻团圆，哎，夫妻团圆。

却说张事亨身虽生在张门，背地里常常思念丈夫、儿女，不敢去认，每日苦读诗书，只盼功名早成，夫妻儿女就能早认。此话不提。

再说赵令芳自从黄氏赴了幽冥，再未娶妻。过了一年，他把娇姑子许配王员外的儿子，小娶过门，女婿名叫王万通，是个书生。又将伴姑子教他的外奶奶领着去教养，单丢长寿郎合他度日。过了几年，他也把长寿郎送在学中，合他姐夫同学读书。

寿郎送学中，姐夫王万通。
二人一处念，赵屠才放心。
赵令芳把寿郎送在学内，

全靠着王万通替他操心。
他自从黄氏妻归阴去世，
常吃素不开斋念此经文。
每日间做一个小本生意，
再不干杀猪羊那个营生。
他生意倒也好万事如意，
把如意长寿郎起个官名。
赵如意同姐夫读书十年，
师傅说他二人字义分明。
五经通诗书熟诗书俱会，
那一年皇王爷出了榜文。
招天下众学生都来应试，
他二人听此言只得起身。
赵如意盘缠少黄门告借，
王万通父子们帮凑而行。
此是弟一好事情，只得来告众亲朋。

却说此话不提。再说张事亨，原是个未迷性之人，念书容易明白，又兼常想着举家团圆，用功甚苦，因此上八岁念书，读了八年光景，文章诗赋超群出众。那一年听见皇王开了科场，便对父母商议，也要上京赴考。张员外听言满心欢喜。只有李氏妇人，偏偏一月之前得下疾病，今听事亨上京赴考，不由两眼泪下来，便叫孩儿："此去东京汴梁路远，为娘病体甚重，有心不教你去，功名事大，若得一官半职，于我张门荣光耀祖；有心教你去，我母子恐怕不得见面的多了。"

李氏说罢珠泪倾，刀割心肝满肚疼。
有李氏叫孩儿听我告说，
我的病我自觉不能起身。
这几日把茶饭渐渐不进，
吃上药无效应如霜飘冰。
儿此去东京地路途非近，
恐回来我母子不能相逢。
有无个相己人与你同行，
儿年幼无伴儿甚是孤零。
张事亨听母亲说了此话，
双眼泪把母亲再又叮咛。
我母亲病体重儿难赴试，
儿有心再一考再盼功名。
员外说我的儿不可错过，
这是你读书人大事一宗。
为父的今年个七十一岁，
难道说你防母不防父身。
谁有前后眼睛，难保二位双亲。
今母病不能去，不考谁保父生？

却说张员外便叫事亨："你就莫要胡思乱想，你母亲的疾病有为父照应，路上伴儿不愁，不过无有相识的人，我们安乐县里也有去的童生秀才。"李氏一旁说道："既教孩儿要去赴试，须将盘费银两多拿上些，尔若得机会，离不了银两打点。只要功名上进，不枉我夫妻二人挣扒了一趟[①]。放下银钱，此处不用，再往何处使用？"

事亨收拾行程，吉日就要起身。
张事亨择吉日上京赴试，
众亲朋知道的都来饯行。
但愿得此一去魁名高中，
与大家脸面上许多光辉。
你一杯我一杯连升三级，

① 挣扒：方言，忙碌、辛苦。

张员外也饮个禄位高升。

张事亨先叩谢诸亲六眷，

祖先堂把香焚拜别双亲。

起了身到县里就遇伙伴，

一路上同行走到了京城。

同伴儿就住在一个店里，

第三日领卷子各去投名。

第四天出了牌五日进场，

众举子这忙得乱乱纷纷。

一个个都早到场门等候，

张事亨收拾下要起五更。

事亨盼取功名，小心起个五更。

耳听对门人哭，把他大失一惊。

却说张事亨早早起来，收拾进场之事，猛然听得对门有人啼哭，灯光明亮，他不由的走到对门店房内上前观看，才是两个举子。他遂步走进去便问："二位尊兄，今是进场之日，你们啼哭为何？"二人含泪答曰："少先生是你不知，我二人将场误了，预备今晚早到场门，不料夜间被贼暗进房门，将我二人的衣服银两等物，尽尽盗去。我二人远方到此，无亲无故，漫说进场，就是回家也回不去了。"说罢啼哭不止。事亨心中不忍，慌忙答曰："我也顾不得细问你们，我情愿每人助你们拾两银子，赶紧收拾进场。"话说着忙到自己住的房子里，取了二十两银子，亲手交与二人，顾不得再问，即忙回转，并未对人讲说。只见同伙伴儿一齐起来，即忙收拾洗脸穿衣，同往场门，等候进场。此话不提。

再说事亨的母亲，自从他上京之后，病势渐渐沉重，张员外百般调治不应，不多的几日，口合眼闭，呜呼哀哉。

事亨上了京，母亲归了阴。

丢下张员外，每日动哭声。

张员外见妇人命归阴司，

不由的每日家痛哭伤情。

哭了声李氏妻恩爱难舍，

撇的我父子们甚是孤零。

事亨儿临行时见你病重，

他想着就不去服侍你身。

你说是怕孩儿不能见面，

儿去后你真个就赴幽冥。

若孩儿身荣贵应当喜幸，

听得你去了世哭杀儿童。

你今年五十七该要利吉，

不料想寿禄终一命归阴。

论大理把孩儿不能应试，

只因为路途远不得知闻。

暂寄在中堂内做斋过七，

等孩儿回来时再葬你身。

员外痛伤怀，妇人不葬埋。

暂寄中堂内，专等事亨来。

却说员外悲伤不提。再说张事亨三场考毕，龙虎榜上得中前十名举人，钦赐太守礼部候铨，道喜之人来往不断。事亨正在店中独坐，猛然进来了两个新贵人，顶冠束带，叩头礼拜，只忙的事亨顾不得问人，一把拉住，一面观看。两个贵人好面善，他只得忙将二位让坐。那二人口尊恩人恭喜："晚生昨日遇难，幸蒙恩人相助，那时急于进场，未暇细问，今日特来道喜，请问恩人的尊姓贵名？住处何乡？我二人日后好报恩人的大德矣。"

老龙正在潭中卧，一言提醒梦中人。

张事亨身荣贵忘记此事，
二贵人提一句他便知情。
昨日个他二人满面流泪，
又况在灯亮下未曾认真。
今日个中了举心喜貌喜，
身穿喜头戴喜满面喜容。
张事亨忙坐下二人就问，
问家乡问住处又问姓名。
事亨说我居住曹州地际，
安乐县张家庄有我家门。
我父是张员外母亲李氏，
我名叫张事亨独自一人。
年长的那一位随口应答，
此恩人原来是我们乡亲。
不过是恩人的县分相停，
我们在南华县同一州中。

事亨听得提南华，不由眼中泪如麻。
你们既住南华县，就该知道赵屠家。

却说那位年少的贵人听得张贵人提起赵屠家，慌忙答曰："我就是赵屠家的儿子，我父名叫赵令芳。"张贵人说："你既是他的儿子，你可知道长寿郎么？"赵贵人说："我就是长寿郎，官名叫赵如意。"张贵人说道："你可知道娇姑子、伴姑子么？"赵贵人说道："他就是娇姑子的丈夫，是我的姐夫，名叫王万通。伴姑子，我外奶奶恩养成人，配了一个生意人，名叫常吉庆。"王贵人问曰："不知恩人与我岳父是何亲眷？怎么善知他家中之事？请问恩人细说明白。"

二人要想细问根缘，他总不肯失漏机关。

赵贵人你今年一十九岁，
你本是三岁上离了母亲。
你的父他生来好宰好杀，
年少时杀害了许多生灵。
你的母黄氏女吃斋好善，
劝你父不杀生也念经文。
她吃斋她就该多福多寿，
不料想三十二赴了幽冥。
那时节丢下你方才三岁，
娇姑子伴姑子各长三春。
娇姑子她年长二十五岁，
伴姑子二十二不错分毫。
你的父五十六后事不晓，
这几年他还是吃素吃荤。
张贵人说道此流泪不住，
低下头胡推托只揉眼睛。
赵贵人说我父依旧吃素，
每日间常念些观音真经。
他二人听一遍越发糊涂，
不明白张贵人是个何人。

二人越听越不明，不知恩人是何人。

却说王、赵二人越听越不明白，还想着再问，却被道喜之人将话头打断，他三人都是前十名举人，曹州就出了他三人。商量定日起身，同伴回家。此话不提。

再说张员外自从妻子去世，渐渐身得疾病，调治服药，全无效应，每日昏迷卧床。那一日明白了些儿，他自己思想年幼之时，胡作胡为，倒也头清脚快，却无子嗣。及至后来，我妇人常常劝我做些善事，我就听了她的话，也曾修桥铺路、斋僧布施，不过十年的光景，就应了个点儿，与我生下个儿子，把我活了七十一岁，该就是死的，但惜我儿上京求功名，功名有无，不见回来。好不痛杀人也。

员外想儿郎，病中痛悲伤。
功名或有无，即速转回乡。
张员外想儿郎病中痛哭，
盼事亨就如同黑夜盼明。
上京去好几月未见音信，
又不知功名事成也不成。
儿临行只恐怕难见母面，
儿若还来迟了父不相逢。
儿的母病沉重有父照应，
父病下就是些丫环家人。
即说着眼矇眬昏迷不醒，
把丫环合家人战战兢兢。
耳听得柴门外人喊马叫，
忽报到上京的少爷回程。
张员外应该是喜之不尽，
偏偏儿病沉重不得知情。
三贵人进门来一齐动问，
不能言不能语不能应声。
张贵人只落得嚎啕痛哭，
又哭天又哭地又哭母亲。
儿临行眼望着母亲病重，
是爹爹一心教孩儿上京。
上京去虽然说皇榜得中，
回到家母丧命父欲丧生。
早知道二双亲有些大难，
最不该撇父母盼望功名。
哭得那张贵人如同酒醉，
把王赵二贵人泪湿衣衿。
三人同及第，回来同一行。
同到张府里，还要同伤悲。

却说张贵人只是痛哭，有那王、赵二人解劝：“父母之恩，昊天罔极，焉有不哭之理？常言说死而未有复生之理，老太爷现在活着，还是怎样调治，只哭无益。”张贵人听言止住痛泪，又问他父亲：“爹爹你认得孩儿吗？”他父看了小会，说道：“我的儿回来了，你的功名如何？”事亨应道：“儿成了名了。”他父听得此言翻身起，转动之际仍然昏迷，满口胡说：“你们都是阎王么？”事亨说：“不是的。”他又说：“是了，是了，城隍爷到了。”事亨又说：“我是你儿张事亨，他二人是来的新贵人。”问罢，不但不能应声，好像就要归阴。事亨忙吩咐把衣服取来，大家将衣服穿齐，只见员外口合眼闭，呜呼哀哉。事亨又是一场大哭，只哭得天昏地暗，日色无光。

喜中遇丧，幸而悲伤。
人来道喜，他去报丧。
张贵人得功名真可喜幸，
回家来偏偏的父母归阴。
也有些众朋友与他贺喜，
有的说候他把父母送终。
请僧道择吉日送坟合葬，
留王赵二贵人与他当东。
事以礼葬以礼祭之以礼，
做七天大道场沐浴讽经。
尊牲的尊供的己亲厚友，
烧纸的献盘的左右乡邻。
来的来去的去噪噪闹闹，
说的说哭的哭乱乱哄哄。
人都说他夫妻老来得子，
到今日也把他二老送终。
张贵人丧事毕又过喜事，
着忙了王与赵两个贵人。
王赵二人着了忙，想起家中二爹娘。
人家父母今有难，我们谁保常安康？

却说王、赵二人与张贵人当事一毕，就要告辞回家，张贵人不敢久留，知道他二人家中都有老人，只得送他起身。临行之时，张贵人对他二人说道："你们到了家里，先与我拜问你们的老人，再与我问候众亲戚，你们的亲戚待我你的亲戚一样。我将我的事情安置，即便我再会你们，与你父亲相见，自然水清石现。"说罢，二人又与张贵人施礼告辞，奔上南华县去了。

再说赵令芳，那一日赵如意上京赴试，不见音信，来到亲戚王员外的府上，打听信息。二人正在叙话之间，家人报道，两个少官人回来了，一齐高中。他二人听得此言，喜之不尽。只见两个新贵人走进门来，先问了爹娘可好，后又到祖先堂中焚香礼拜，又与他二人行了父子之礼，拜见了举家人等，然后父子坐叙，才说起上京赴试的情由，怎么遇了贼盗，张贵人怎么周济，进场路过，先到张府上，又遇的什么事，张贵人说的什么话，一一说了一遍，才把赵屠听得如同酒醉的一般，思想了半会，方才言道："你们就该问他到底待我们是亲是故。"如意答曰："他说与父相见，水清石现。"

此事自古稀罕，改头换面甚奇。
若不本人说破，谁人知道根基。

二贵人说出了水清石现，
赵令芳也不解其中之情。
任凭他父子们怎么议论，
非离了张贵人不得分明。
到后来举家人相会之日，
曹州城男共女个个知闻。
把后事且按下权且莫表，
再说他两家的庆贺功名。
他两家二贵人新坟祭祖，
庙堂中把香焚先拜师尊。
把本家合户族一齐先拜，
再拜望左右邻富富贫贫。
再拜望他两家诸亲六眷，
拜望州拜望县拜望绅衣。
他两家拜罢客人有庆贺，
又只见道喜的乱乱纷纷。
贫与贱居街市并无相识，
富与贵到深山也有远亲。

十年寒窗无人问，一举成名天下知。

却说王、赵二人拜望一毕，众亲朋又与他贺喜，真乃是喜天欢地，不提。再说那张贵人哭天叫地，自从他父母去世，每日啼哭，守孝敬丧，也不穿有色的衣服，家中闲坐，不能夸官，不能拜客，不由思想起两世之事，好不苦杀人也。

贵人丧双亲，独坐自思忖。
思想两世苦，不由痛伤情。

浪淘沙

头一世真伤情，一命归阴，阎勾我对金刚经，两个童儿来勾我，敢不依从，哎，敢不依从。

第二世更伤情，女转男身，教我今生会前生，总要功名成就后，才得相逢，哎，才得相逢。

说伤情真伤情，撇下夫君，丢下儿女甚孤零，每日常常把我哭，想杀儿童，哎，想杀儿童。

说伤情道伤情，盼望功名，苦读八年去上京，身荣显名回家转，丧了双亲，哎，丧了双亲。

却说张贵人正然思念两世之伤情，家童报道，门外来了两个差人，要见少老爷。他只得出门观看，原是州学中的门斗一来报喜，二来催他上任，言说少老爷的太守有了缺了。张贵人正想要见州学李太守，只因父亲服孝在身，不便拜见，今有门斗来请，乘此机会要上曹州城，见一面李太守。遂拿了素衣服，带了些银两，领了两个家人，坐了车子，奔上曹州去了。此话不提。

再说王、赵二人拜客一毕，又与他道喜，忙了许多的日子，才得闲暇。那一日他父子四人坐在一处，谈论张贵人助了银两之事，王员外说道："此人也是天凑其巧，非人力而所能也。"

两家功名一齐成，多亏他人助纹银。

王员外说此事遇的奇巧，
我两家老少人要细思忖。
进场的那一日被贼偷盗，
无衣服无盘费告借何人？
我两家京城里无亲无故，
就有亲就有故莫有时辰。
张贵人与我们素不相识，
却怎么与我们就能助银？
京城里应试的举子不少，
谁多余拿银两预备助人？
助了银他即去就要进场，
顾不得把名姓细问分明。
那一日是进场不顾细问，
出了场却怎么也不跟行？
真乃是有缘人千里相会，
无缘的对着面不得相逢。

思想助银人，教人实难明。
好像前世造，偏偏遇今人。

却说王员外同赵令芳父子四人说道："张贵人与我们助银，实乃深恩厚德，不可不报，但系张贵人现有孝服在身，未必能来，不免你二人亲身前去登门叩谢，再问水清石现之话。"大家商量一定，要与张贵人送银。此话不提。

再说张贵人进了曹州城，主仆三人来在复兴店中，问了一间干净房子住下，两个家人端来洗脸水。贵人洗脸一毕，将衣帽穿戴整齐，来到衙门上，把手本递进去。李太守一见手本，急忙开门迎接，请到书房。张贵人上前施礼，口称："年尊纳福，年晚有孝服在身，不能早见年尊，年晚之罪也。"李太守谦让不已。张贵人又从怀中取出一封书见礼来，摆在桌子上，说道："年晚父母双故，理应丁忧，深蒙年尊大人与年晚方便吊缺之事。"太守把贵人恭敬让坐，答道："此事年末分所当辨，何劳贵人厚礼相见？不敢当。"年尊心想另有一件善事与贵人商议："难免贵人出些资财，不知贵人情愿否乎？"

太守想下出钱事，谁知正中多贵意。

李太守见贵人厚礼来见，
忙让坐先待茶喜笑殷勤。
他看着张贵人疏财仗义，
提起那城隍庙修功原因。
城隍庙曹州城自古就有，
历年多墙壁破损坏金身。
我晓谕城乡的商民富户，
募化些银合两补旧换新。
把缘簿与贵人取在当面，
任凭你多上些布施随心。
张贵人接缘簿细细观看，
并无有出类的大光布施。
竟都是三五两七头八两，

还有些零布施乱乱纷纷。
他有心多上些随心布施，
猛然间想起来要事一宗。
看把缘簿自思想，要与太守坐商量。
画功若还随我意，多上布施也无防。

却说张贵人看了缘簿，心中想道："我游了一十八层地狱，十王对我吩咐的明白，教我在阳世劝化恶人。自从我女转男身，八岁上就把书念，十六上去盼功名，回家丧了双亲，这样的苦情，顾不得劝人。"今见太守募化布施，他就想着把十八层地狱画在隍庙，不知太守意下如何，踌躇未难言说罢。太守见他看了缘簿，半会不语，便问贵人："此布施轻重不论，为何作难？"贵人答曰："我心想着重些儿上个布施，此话难对年尊讲说，故作难也。""多多益善，需要讲出口来，有一定的数焉。"贵人答曰："年尊若讲庙中的画墙随了年晚之意，再与画匠言明，我要画阴曹地府的故事，我这么说，他就要这么画，若能如此，我情愿上银一百两。"太守听言大喜，便说："此事真乃其巧，明日众会首正要商量画工之事，请贵人同到庙中相见。你能出一百两布施，慢说画墙随你的意，就是再的功程[①]，只要你能烦心照应经理，众会首无不依从的理。"

老太守来小太守，城隍庙里当会首。
张贵人听说罢心中欢喜，
忙辞别老年尊回上店中。
李太守到次日庙中等候，
差会首拿帖儿去请贵人。
不多时把贵人请在庙中，
众会首一个个施礼躬身。
李太守张贵人一处同坐，
李太守张贵人一处同坐[②]。
人都说贵人的功德甚大，
同会首先答知布施原因。
把画工老师傅请在当面，
今日个就商量要动画工。
画工事全要你贵人照应，
李太守同合会一齐叮咛。
画大殿并两廊山门内外，
全靠你张贵人一人经理。
众人说这些人真乃甚善，
若贵人能照应无不依从。
张贵人见会首一齐情愿，
正是他随心事只得应承。
大众商量一定，要教太守照应。
别的事情犹可，全说经理画工。

却说张贵人告辞了太守众人，回到店中，吩咐一个家人收拾行程，次日回家取些盘费、伙食等物，留下一个家人，每日伺候他在城隍庙中经理画工之事。那时李太守常来庙中观看画墙上的故事，画得奇异。那一日把张贵人请到衙中，问道："年尊观看画墙上的大刑，好像都是阴曹地府之事，不知贵人从何处见的，还是贵人的高才？"张贵人答曰："年尊若问此事，不得不以实言告也。"

此事自古甚希罕，要对太守说根原。
阳间事情容易晓，阴曹地府实难明。

① 再的：方言，别的。
② 原文如此。

贵人见问泪湿胸，口称师傅老年尊。
若问画墙考见事，此话对人实难明。
年晚两世未迷性，前生今生俱伤情。
前生我是黄氏女，七岁会了金刚经。
每日持斋把经念，堂前怒恼二双亲。
把我嫁与赵屠家，他是一个杀生人。
我劝丈夫回心转，夫妻正好修善因。
不料阎君把我唤，三十二上命丧生。
丢下儿女人三个，少年夫妻两离分。
一家大小俱失散，你看伤情不伤情。
我到阴曹未受罪，两个金童紧随跟。
迷性之汤教我喝，菩萨空中显神通。
慈悲指点把我渡，金银桥上走放心。
阎王亲身来接引，森罗殿上对真经。
设下龙椅并书案，我在一旁诵真经。
十王殿上口旨下，两班鬼卒都来听。
从头至尾诵一遍，经文不错半分毫。
十王听经心欢喜，把我称为女善人。
吩咐童儿把我引，游玩地狱十八层。
他说放我还阳世，劝化十恶不善人。
灶君奏道尸首坏，十王把我转男身。
想与前生重相会，相会除非功名成。
苦读诗书整八春，举人又把太守升。
回家新坟来祭祖，堂前连哭二双亲。
前世伤情还未会，今世遇的更伤情。
前世夫妻儿和女，今生伤情是生身。
两世伤情接礼论，那个重来那个轻？
年晚伤情且莫表，十王法旨敢不尊？
教我阳世把人劝，我可怎么劝化人？
借重年尊众善力，要把事儿注分明。
善待告厥功名成，年晚才敢会前生。
句句都是真情话，不敢虚言诳年尊。
太守听了一遍，此事真乃空玄。
贵人未能迷性，真乃活佛一般。

却说贵人约定太守：“明日九月十五日，我们同在庙中相遇，我将画墙上的故事与年尊细细详明。”太守答曰：“年晚遵命。”遂即告辞。张贵人回上店中，来到店房，门上槽上拴着两匹大马，进门看见才是王、赵二人，此话不必细说。三贵人见面行礼一毕，各问了安好，然后才让坐。张贵人问曰：“你二人因为何事上城？实甚辛苦。”二人答曰：“我们到了恩人的府上，家童言说，恩人在城隍庙中照应画工，不能脱身，因此上城拜见恩人，还要请恩人意欲略酬。”遂把他二人的父亲感念张贵人的恩德，教他二人亲身补还银两之事，细细说了一遍。张贵人吩咐家童，先端些茶儿，后端些饭儿，三人各坐了位儿，吃饱了肚儿，再叙些正经话儿。

知己客来情不厌，会心友至话又谈。
三贵人同坐在复兴店内，
知己人对知己要说知心。
张贵人到今日不同前日，
他对住二贵人要说实情。
不藏言不露语水清石现，
从前生与二人说到今生。
说阴曹并地狱这么游玩，
这么在十王殿背诵真经。
迷魂汤多亏水这么未喝，
却怎么有把他女转男身。
王贵人听此言心中惊异，
赵贵人听说把两泪纷纷。
他二人离坐位双膝下跪，
婿认母子认母同认母亲。
怪道来母从前藏言露语，

把我的家中事说得分明。
儿回家望父亲细讲一遍，
儿的父到今日总不苏醒。
我二人请母去与父对面，
把此事问一个水清石现。
三个贵人说实情，一说说到金鸡鸣。
扯住贵人问岳母，拉住男人认母亲。

却说三人认了母亲、岳母，次日同往城隍庙中降香。张贵人说："你二人一个是儿，一个是婿，为盼功名，每人使银拾两，我岂肯教你们补还。若你二人也在城隍庙中上些随心布施。"二人听言说情愿。三人一同来在庙中，正值太守也来降香。降香一毕，三贵人同与太守见了个礼儿，大家让坐，张贵人把王、赵二人的姓氏与太守说明，太守才知是他前生的儿、前生的婿。有心细问，庙中耳目不便，太守离了坐位，把张贵人拖到画墙跟前，说道："你把故事与我们细细明言一遍，好教大家领教领教。"

贵人说明地狱难，留于后世把人劝。
至今你往隍庙看，画墙纵然不改变。
张贵人把画墙从头细说，
李太守同大众侧耳细听。
画阴曹并地府不画日月，
人死了如灯灭黑咕咚咚。
鬼门关森罗殿赏善罚恶，
善恶的两个字报得分明。
到此地论善恶不论贫富，
善报善恶报恶不错分毫。
行善的金桥过童子迎接，
人也善路也善八面威风。
作恶人奈河桥担惊受怕，
人恶了路也恶其实难行。
若一步走错了就有凶险，
跌在那千层浪受罪不轻。
破钱山恶狗庄人人皆怕，
迷性汤总要喝善不饶人。
画一个望乡台人善才上，
冤孽鬼都圈在枉死城中。
画铜蛇画铁狗镇守地狱，
再画上诸大狱一十八层。
头一层血池狱妇女受罪，
只因她不洁净冲犯神灵。
粪池狱是男子秽污佛圣，
他常常不净口不净真心。
寒冰狱剪绫罗破碎绸缎，
杀家生害野生剥皮暖身。
铁床狱怕做活最爱受用，
多半是睡红康昼夜不分。
磨研狱碓捣狱好吃荤肉，
全不知斋与戒毁谤经文。
剥皮狱抽筋狱好剥人利，
他不论大小事要占香音。
抽肠狱扒肚狱脏腑不净，
使大斗并小秤利己害人。
拔舌狱剜眼狱好说是非，
仇翁婆骂丈夫叙瞪眼睁。
喂虫狱吃蛆狱不惜五谷，
抛撒了米合面吃蛆吃虫。
刀山狱受罪的尽是好汉，
杀人的放火的霸道行凶。
铜柱狱抱的是奸淫邪盗，
诱闺女欺寡妇败坏人伦。
油锅狱是忤逆不孝父母，
不敬天不敬地不敬祖宗。

石枷狱都是些好嫖好赌，
又好怪又好骗又好哄人。
铜汁狱好杀生暗送性命，
写词讼拆散了田产婚姻。
锯解狱是寡妇不守贞洁，
吃斋的破了戒一律同行。
再转世倘若还生在人类，
但说话好像那车破声音。
各地狱离不下牛头马面，
受罪人若死了一扇还魂。
扇是阴阳宝扇，千两黄金不换。
死的能以扇活，活的扇得气断。

却说张贵人把画墙上的地狱与大众说了一遍，众人才知他是个活佛，人人赞叹。张贵人对太守说道："王、赵二贵人也情愿上些布施。"太守吩咐取来缘簿，他二人各上银拾两。张贵人又说道："年尊观此画工，不觉几日，十月初一必能告竣。我们三家情愿与城隍爷答醮讽经三天，过一个团圆大会。敢劳年尊与我们照应一二。"老太守答曰："贵人与我们尽心办事，又是贵人的善念，焉有不尽心的道理？此事一面有我。"言毕，三人告辞回店，太守回衙不提。

再说南海观音菩萨正在紫竹林中打坐，偶然心血潮犯，便知来历，原是菩萨下凡脱化了黄氏女，黄氏女转成张贵人。十月初一日应当复还本位，吾当前去度化。

家住南海普陀山，紫竹林中把身安。
一旁站定白鹦鸽，一旁杨柳串子莲。
南海难来南海难，南海岸上造法船。
观音菩萨为船主，八大金刚把船扳。
船头写着七个字，不度无缘度有缘。
月宫有棵梭罗树，扳下两枝造桅杆。
一枝打在阴曹府，一枝阳世度人缘。
叫你上船不上船，推罢今年推明年。
有朝一日船开了，想上法船难上难。

却说张贵人同赵令芳、如意父子三人，王万通、娇姑子夫妇二人，共是五人，唯有伴姑子身怀有孕，十月满足，夫妻二人但未能来。三家贵人醮神三天，三十日起，初三日止。曹州的善男信女自从张贵人与大家商量之后，人人传说，个个讲论，都知道张、王、赵三家要过团圆大会，就有预备着要看这个相会的夫妻，再看见面的儿女。此事真少有也。

人活百岁不为少，世事总然经不了。
黄氏两世重相会，此事真乃甚奇巧。
张贵人城隍庙团圆相会，
请僧道念真经答报神恩。
曹州的远近人都来观看，
老和少男共女闹闹哄哄。
有的说这画墙真乃少见，
若看了就如同见了幽冥。
恶狗庄奈河桥教人真怕，
还道比阳世间有重有轻。
也有说阴间的这等刑法，
地狱罪又还是一十八层。
行善的金桥过倒也逍遥，
作恶人受的那各样非刑。
还有些我看那夫妻相会，
未见过把男人怎叫□□。
也有说张贵人今年十六，
他女儿倒比他大着九春。
李太守来得早照应诸事，

人虽多他总也个个小心。
三家人似一家恭敬香火，
蒙神佑喜相逢各发虔诚。
人有诚心神有感，观音菩萨显手段。

却说观音菩萨驾动祥云，来到曹州城中，摇身一化，化就了一个贫僧，来在城隍庙的山门上，盘膝打坐。有人报到张贵人，张贵人吩咐家童拿来米面送与他些，教他早些去罢。家童拿了米面，出得山门来付与僧人。僧人说道："不化米，不化面，化个诚心把我见。"家童把此话禀知，张贵人听了自觉奇异，急忙来到山门外前，观见僧人端然稳坐，并不动身。贵人善知佛礼，口称："老师父稽首。"僧人答曰："稽首稽首，天长地久，如来我佛，古今少有。"张贵人说："老师父你从何处来的？"僧人说："我从化度山来。"贵人说："你到此处，不化米面，化些甚么？"僧人答曰："我化有缘人的先祖，超升三界。"贵人说："你看我有缘无缘？"僧人答曰："若你无缘，我就不来也。"

贵人听说自思忖，贫僧出言不非轻。
或者他能实超度，还要合他细叮咛。
贵人说老师父你能超度，
我先祖升不升怎得知情？
贫僧说总教你亲自见面，
才知道我手段不是哄人。
若加疑就不可教我超度，
全凭着你一点恭敬诚心。
张贵人说师父请你入内，
你还是这么度这么超生。
僧人说我要度就在门外，
教大家同观望便见分明。
张贵人听此言主意一定，
父子们同商量要度先宗。
请僧道念真经特为此事，
报答些父母的养育深恩。
感动了化度山僧人来到，
此机会若错过难遇难逢。
李太守见贵人一齐情愿，
也只得由他们任意所行。
庙中人听得说都来观看，
这事情真希罕少经少见。
人人都来观贫僧，那知贫僧是观音？
每日常在法船坐，霎时就能到半空。

却说贫僧从腰中解下一个单子来，便对张贵人说道："这是贫僧一参单造就，度双不度单，亲儿亲女亲父子，别人不得上参单。"张贵人问曰："再有别人，难道不度不成？"僧人答曰："再有别人，再坐一度。"张贵人父子四人先上了此单，留王贵人再度。僧人说道："你四人望空叩拜，如玄光返照的一般，自然就能得见本来面目。"四人依言叩拜，拜谢一毕，但向空中观望，果见祥云缭绕，霞光万道。众人也都来看，又指又说，一齐都来上看，谁还顾得下看？不知怎么贫僧、张贵人也才到了半虚空中。

听得有声，却也不真。
渐渐上升，无影无踪。

却说忽然从空中落下一个红纸谏帖，上边有字，无人能识。唯有李太守、王贵人他二人细细拆讲，拆出来了八句偈言。

黄氏生来好念经，普贤菩萨降凡尘。

赵屠为何杀心重，本是卷帘大将军。
长寿上方左金童，生在赵门取功名。
娇姑原是右玉女，婚缘完满回天宫。

却说众人听罢，赞叹不已，个个散去。李太守与王贵人、众会首完满了醮神，方才散去来。李太守升官加职，王贵人复娶妻子，各各成名，世世荣昌，皆后事也。

黄氏女转男，两世得团圆。
合家重相会，四圣归了天。
黄氏女对真经人人知晓，
留传与后世人救度众生。
若有人把经典常常诵念，
善男子善女人都有功称。
念真经先要把心肺洗净，
能信受能奉敬见性明心。
念得好延福寿有增无减，
又无祸又无患无是无非。
受持经读诵经心口如一，
口诵经心不善劳而无功。
念真经先要知敬重三宝，
念经要先尊重天地君亲。
念经人不可贪妻财子禄，
念经人要知道报答祖恩。
却怎么念经人争名夺利，
却怎么念经人奸盗邪淫？
却怎么使奸巧与人争斗，
却怎么贪口福宰杀生灵？
他谋着念些经消灾免罪，
他只说能念经就是善人。
糊涂念全不知参悟经义，
还要说却怎么不见功成。
像这样虽念经也是无益，
他还想得正果躲坠沉沦。
黄氏女七岁上会了真经，
整整的苦悟了二十五年。
头一世落了个未有迷性，
第二世下苦功才上天宫。
况且他非凡夫胎中吃素，
生下来他性中就有佛根。
佛无法佛无经经亦无说，
全凭着一点心心即是经。
奉劝人把念经莫当小事，
世常有破斋戒造罪非轻。
黄氏卷留于世人人听念，
也就是劝善的一部真经。
善男女听一遍平心参想，
总还是恶莫作善事当行。
劝世人先勿谋成佛作祖，
每日间行的事自问自心。
是真善是假善自己评论，
□□个无灾难祸患不侵。
生也好死也好安分守命，
学一个黄氏女善见阎君。
抄卷人念卷人也不容易，
还说是念卷人莫有功成。
莫好声总要把字辨分明，
会听的听情屈不听声音。
女人们十有九好听声音，
还说是念卷人莫有好声。

本卷只许高生读，一般君子万不能。若要硬读者，会有生命的危险。众大人题。光绪三十日吉，酒泉中学李光海。

（张丽玲与蔡榕录入、校勘）

金龙宝卷[1]

金龙宝卷才展开，诸佛菩萨降临来。
有人诚心念一遍，永佑全家保平安。
人留儿孙树留根，佛留经卷劝化人。
这些闲话没有完，再把卷情表一番。

却说这一段因果出在明朝嘉靖年间，开封府有一员外，姓金名叫金仁爱，妇人田氏，所生三子，长子名叫金龙，娶妻黄氏，心慈好善；二子名叫金虎，娶妻梅氏，贪淫好酒；三子名叫金豹，尚未娶妻。

这仁爱还生一女，名叫兰花女，方才三岁。员外夫妻在世，家豪大富，斋僧布施，广结善缘，修桥铺路。金龙妻黄氏所生一子，名叫桂哥。一日，夫妻二人商议，今日乃是玄武上帝圣诞，你我夫妻何不同到武当山降香一回呢？那黄氏听言，心中高兴，夫妻二人同来降香。正是：

夫妻进庙堂，放下表和香。
有金龙上前来便叫黄氏，
叫一声贤德妻一同上香。
今日是三月三武当圣诞，
夫妻们进庙中要把香焚。
黄氏妻听说罢心中欢喜，
有金龙领桂哥一同前行。
这金龙捧真香头里先走，
有黄氏和桂哥随后紧跟。
行一步念一声无量寿佛，
正走着不觉的来到山中。
进山中抬头看四下景色，
真个是真宝塔透彻玲珑。

① 本卷为陈瑞麟移录，谭蝉雪据原卷校勘，并用红字将异同标在相应位置。据校勘，知陈先生对原卷有所改正。本次整理，个别地方采纳了陈先生的改正。

走一步看一步一走一看，
不觉的到了那金殿门前。
夫妻进庙堂，忙把真香上。
祝告众神灵，保佑小儿童。

却说夫妻二人降香一毕，返回不提。且说玄关上帝，叫判官拿来善恶簿来，与金龙夫妻二人添寿。判官在簿上看了一回，启奏道：“桂哥原是上天童子投生于金龙膝下，当做儿童。该他今日赴告上神。”口说思想一会言道：“这金龙夫妻二人，两年前上香，广结善缘，今日将簿子改过，叫他父子离别八年。”便叫四位功曹，将桂哥提在百里之外。功曹得令，去了不提。

且说金龙夫妻，同桂哥回家，走在半路，猛然刮起一阵怪风，黑雾迷天，人不能睁眼。及止风住，不知把桂哥刮往何处去了。找了一会不见踪影，金龙夫妇急忙回家，家中到处找寻，还是不见踪影，忙问金虎、金豹。有梅氏言说：“和你们一同进香，不见回来。”夫妻听说，跌脚捶胸。那金虎便说：“想必是孩儿迷路了吧，各处再寻找一回吧。”

夫妻二人痛伤情，去找桂哥小儿童。
有金龙和黄氏嚎啕痛哭，
叫一声桂哥儿我的儿童。
娘为你乳三年挪干就湿，
娘为你无昼夜提心吊胆。
东寺里降明香这也为你，
西寺里去礼拜只为儿童。
娘意为老来时养老送终，
谁料想闪下娘劳而无功。
哭一声小冤家心如刀割，
不是你叫为娘如何安心？
身在外谁念你饥寒冷热，
谁人肯发慈悲看护你身？
哭一声我的儿痛杀娘心，
不由我两眼中珠泪滚滚。
找了有数十日全无音信，
夫妻们哭啼啼闷在家中。

却说金龙夫妻烦恼，感叹伤情，哭声小儿，在城里各处找寻，还是不见。夫妻二人两泪纷纷，若要相逢，除非一梦之中。二人转回家，不觉又黄昏。两人直想亲生儿，不觉哭五更。正是：

哭五更

一更里来痛伤情，娘想亲儿泪纷纷。孩儿那里去安身？与了我儿好报本，我的儿呀，与了我儿好报本，我的儿呀。

二更里来心中想，娘想我儿进房中。娘叫我儿两三声，惊醒却是梦一场，我的儿呀，惊醒却是梦一场，我的儿呀。

三更里来心中想，娘想我儿泪汪汪。你今流落在何方？闪杀娘来是妄想，我的儿呀，闪杀娘来是妄想，我的儿呀。

四更里来想我儿，哭声冤家在那里。年方五岁把娘离，不与我儿闪父母，我的儿呀，不与我儿闪父母，我的儿呀。

五更里来天渐明，金鸡叫了两三声。急忙起来告神灵，保佑冤家身安宁，我的儿呀，离娘在外谁照应，我的儿呀。

却说夫妻二人整整哭了一夜，金龙便说：“叫声贤妻，你在家中照管家事，并和妹妹兰花搞好团结。我去找寻一回桂哥儿童。”黄氏便说：“孩儿不知远近，即是去找，请来二位兄弟吩咐他儿句话。”正说之间，只见金虎、金豹兄弟二人进来。金龙便说：“二位兄弟，我今日外出找寻孩儿，不知远近。二位兄弟好好照管家事，你嫂嫂和妹妹，我走后好好照管。”正是：

金龙开言叫兄弟，家中主事要操心。
有金龙便开言泪流满面，
叫二位亲兄弟都听我言。
桂哥儿不知道失落何方，
我今日要离家找寻儿童。
有黄氏你好好看守家门，
不知道这一去何日回程。
家中事二兄弟好好治事，
我回家一重恩报你十重。
兰花女听说罢嚎啕痛哭，
叫一声亲哥哥休要离门。
有金龙见兰花心如刀割，
手拉住亲妹妹大放悲声。
这黄氏上前来将夫拉住，
哭丈夫怎舍得闪下妻身。
有金龙见妻子泪如泉涌，
无奈何上了马去找儿童。
兰花女和黄氏哭回家去，
这金龙上了马急往前行。
走一步哭一声思想一会，
因我儿离家乡攀入途程。
在路上也走了一月光景，
不觉的来到了汴梁城中。

却说金龙走进汴梁城中，来到店中下马，便叫店家开一净房，我要安身。店家便说：“北房干净。”金龙歇下，在店中感叹伤情，双眼流泪，心想孩儿，心中烦恼。店家便问：“客官你闷闷不悦，所为何事？”金龙便说：“店家有所不知，我家中兄弟三人，先有我生一子，名叫桂哥，因为三月三日往武当山降香，回家来半路上忽然刮起一阵怪风，不知将儿子刮到何处去了。烦劳店家与我打听，但有远方来的小孩子，领来我看。”店家每日打听，这话不提。

再说值日功曹奉玄天上帝敕令，把桂哥提在山西冯州府地界。桂哥清醒过来，东望西望不见父母，心中思想不知这是何地方。心中慌忙，也不知东西南北。正是：

桂哥眼中流出泪，爹娘闪儿不相逢。
桂哥儿大放声找寻父母，
叫一声我爹娘闪杀儿童。
又不知我来在何方地界，
不知南不知北不知西东。
寻一会哭一会心如刀割，
哭坏儿爹和娘怎得知闻。
儿今日眼看看他乡孤魂，
那一个知冷热看顾儿童。
有爹娘终日家将儿怀抱，
今日个怎不来抱抱儿身。
实指望一家人常在一起，
谁料想今日个母子分离。
桂哥儿正哭着抬头观看，
不觉的来到了一座庙前。
桂哥进庙堂，两眼泪汪汪。

却说桂哥在庙内祝告神灵一毕，朦胧睡去到了天明，出了庙门四下观看，往东走也不是，往西走也不是，心中正在烦恼，感动了上方的太白金星。

金星睁眼一看，原来是北斗真武殿前的金童

有难，不免救他一回。急忙驾起云头，来到凡间，化作一个白头老翁，站在路旁。桂哥一见，上前问道："你见我的爹娘来么？"有老翁说道："你是那里来的孩童？我不知你爹娘是谁。"老翁说："你叫啥？"桂哥便说："我家住河南开封府人氏。"老翁便说："这是冯州地界，你如何得到这里？"桂哥说："我同父母去武当山降香，回家走到半路，刮起了一阵怪风，把我刮到这里来了。"老翁说："既是这样，我指你一条大路去吧，往东去就是走冯州的大路，你往那里去。口唱佛号，寻茶讨饭去罢。"金星说："孩子，你看那边来了一个白头老翁。"桂哥回头观看，金星化作一道金光去了。桂哥心中思想，不知是那位神圣与我指路，望空中就拜，叩了几个头，往冯州来了。到了城内的大街市上，每日学打《莲花落》，讨茶讨饭唱曲子。

桂哥来到大街上，双膝跪在尘埃里。
高叫一声并两巷，爷爷奶奶你是听。
残茶剩饭休喂狗，舍与贫人离乡人。
说起家来家不远，说起爹来却有名。
家住河南开封府，金家巷里有家门。
爷爷名叫金员外，生爹弟兄三个人。
自从爷爷去了世，我们父子过光景。
爷爷自来多好善，父亲也是广念经。
自从三月初三日，武当山上把香降。
父亲领我回家去，谁知半路刮怪风。
因为把我遗失了，流落此处受苦辛。
桂哥越哭越伤心，不由两眼泪纷纷。
眼看日落天色黑，孩儿哭了多半天。
无有一人问一声，伤心怨哀天色黑。
哀告各位老爷们，救我孩儿离乡人。

却说桂哥哀告："各位老爷们，念我孩儿离乡背井之人，给我些残茶剩饭，舍与贫人救个饥。"连叫数声，汤点冷水并无到肚中。且说桂哥在街上哭了一会，有山东客人姓刘名叫刘朝相，在店中忽听有一孩子啼哭，出了店门，来到跟前，便问这孩子："你是那里来的？姓甚名叫什么？细细说来我听。"正是：

桂哥便说流痛泪，刘爷在上听原因。
我爷爷他姓金名叫仁爱，
所生我老父亲弟兄三人。
我父亲名金龙二叔金虎，
三叔叔名金豹母亲黄氏。
自从那三月三真武神寿，
我父亲同我去来降真香。
降罢香儿父母一同回家，
忽然间半路上起了怪风。
我父母又不知刮到何处，
就把我刮到这讨饭为生。
客人说你跟我回上家去，
到我家看顾你等你双亲。
桂哥开言道，刘爷你是听。
把我恩养大，永世不忘恩。

却说桂哥说罢家乡，客人便说道："你跟我到我家去。"桂哥言道："爷爷，我情愿跟你去。"收拾停当，即忙起身。那一日到了山东客人的家中，住了数日，刘朝相便问："你还是读书，还是做生意？"桂哥言道："我要读书。"刘朝相听说心中欢喜，就择了吉日把桂哥送在南学攻书，改名叫做刘英不提。

且说金虎夫妻二人商议，便说："大哥在外不在家中，黄氏大嫂每日在佛堂噜嘟噜嘟，不知念的什么。我们终日受苦，她吃的不操心，穿的不操心，我们无有闲饭养活她。”金虎便说：“大哥不在家中，起身走的时节，吩咐几遍，将她扶持。”梅氏听说，打滚撒赖：“你要叫她坐着吃，我一头撞死在这里，实实不想活了。”金虎便叫妻子：“贤妻休要着气，我们走到佛堂便问她一声。”梅氏听说，心中欢喜。二人来到佛堂，便问黄氏嫂嫂：“你的家事谁扶持的？”黄氏说：“有父从父，无父从兄。你大哥起身之时，怎样对你说来的？请你说来我听。”金虎便说：“从前说过的今日不行了，今日由不得你了。”梅氏怒气冲冲，高声便骂，金虎也骂黄氏泼妇，连骂几声：“狗贱人，我大哥抛下的余物你往那里去。”正是：

金虎骂大嫂，老天容不了。

有金虎开言骂黄氏泼妇，
你如今在家中自在为人。
这金虎骂黄氏心中恼怒，
举起拳打黄氏就下无情。
有黄氏见打她心惊胆战，
叫叔叔休要打听我原因。
自从那三月三迷失孩儿，
你哥哥离家乡去找儿童。
一去了三年整音信不通，
又不知他如今那里安身。
叫一声亲叔叔饶了我身，
念起来你大哥一母同生。
有金虎听见说心中大怒，
你说起那金龙可恼我心。
我看他心中有弟兄之意，
你看我如同似仇恨之人。
有金虎越说着心中烦恼，
手拿着一条棍就下无情。
有黄氏被金虎苦打一顿，
上前来双膝跪就在埃尘。
叫一声亲叔叔饶了我罢，
从今后再不敢自在为人。
兰花女听见打忙来哀告，
叫哥哥休要打嫂嫂当听。
有金虎见妹子心中害气，
拿起鞭打妹子苦下无情。
手拉着兰花妹就下无情，
有金虎和梅氏转回家门。

黄氏心烦恼，兰花珠泪掉。

却说黄氏和兰花女被金虎打了一顿，二人在家中啼哭。有金豹从学中回来，见金虎怒气冲冲，坐在庭前。金豹上前施礼一毕，便叫：“二哥，你今天烦恼为何？”金虎半晌不答话，口里不住地骂黄氏。这金豹听叫骂，急忙走到兰花妹妹面前，便说：“嫂嫂今天为何这样烦恼？”黄氏将金虎打骂的事说了一遍。金豹一看嫂子和妹子的身上全身都是血点，声声叫苦，跌倒在地。二人看见急忙扶起，叫了一会才清醒过来。金豹眼中流泪，拉住妹子放声大哭。正是：

有金豹双眼中泪流满面，
手拉住小妹子大放悲声。
叫一声我的哥你在何处，
丢下了儿和女依靠何人。
逐日而被二哥长打受骂，
却怎么丢下了无娘儿郎。
眼望着黄氏嫂心如刀割，
又一看兰花女摘胆割心。
恨一声二哥哥心是狼心，
你怎么不念我一母之生。
欲要想上前来将他问过，

又恐怕惹下他又下无情。
哭一声大哥哥你在那里，
怎知你弟妹们受这苦辛。
姑嫂双流泪，金豹痛伤情。
金虎心毒狠，不念手足情。

却说金豹、黄氏、兰花痛哭不提。且说金龙在汴梁城，结拜下两个光棍，一个名叫帮到底，一个名叫走断筋，终日吃酒作乐。金龙在街上游转，撞见一人，名叫郑三。此人乃是汴梁有名的光棍汉，吃酒顿顿带醉。撞见金龙，满口胡骂："好一个金龙，你们三个成群，四个打玩，敢来惹我么？"金龙听不过眼，骂了几声。有这帮到底正在吃酒，走断筋吃酒半醉，听见外边有人吵闹，急忙出来观看，原来是金大哥和人吵架。有帮到底便问："你们因为何事吵闹？"金龙便说："我又认不得他，我在街上闲游，他到跟前嘴里胡骂。"有帮到底听说，心中大怒，把郑三头上打了一石头，打得郑三昏迷不醒，头上脑浆流出来了。有帮到底、走断筋、金龙三个人一起拿到衙门，老爷正坐大堂。将三个人提到，地方禀知老爷："他们三个人无故将人打死。"老爷大怒，便叫两班人役："与我着实拷打。"正是：

老爷坐在公堂上，模棱凶徒骂一场。
骂一声贼凶徒着实可恶，
叫皂隶拉下去着实拷打。
一手上三十板皮开肉绽，
有金龙叫老爷你听我言。
我小的本是个离乡之人，
千里路到此地找寻儿童。
那郑三实实的是我打死，
叫老爷饶了我自己担承。
有老爷见金龙担承画字，
叫人役把金龙送在监中。
这金龙进监中四下观看，
看一看桂哥儿你可知闻。
有金龙手带锁脚带铁镣，
叫一声桂哥儿你在何处。
父为你不久的命丧黄泉，
可怜我在难中受尽折磨。
叫一声小儿童依靠何人，
哭一声弟兄们不能相逢。
有金龙哭一声屈死我身，
铁石人见了他也是伤心。
金龙进监中，胆战心又惊。
无人来送饭，我也活不成。

却说金龙在监中受罪不提。再说金豹、黄氏，那一日不在家中。有金虎在外边讨账，有梅氏便叫兰花，这兰花女听的嫂嫂叫唤，即时前来，便问："嫂子有何吩咐？"梅氏言道："你怕我不怕？"兰花女听说，便叫嫂嫂："你是一大，我是一小，全要嫂子看顾，我那有不怕之理？"梅氏言道："你这个小泼妇，你既是怕我，你昨日个编的骂我，这是怎样的情由？"梅氏待说的就下无情。兰花便说："你就是我哥哥娶下的奴才，我无有骂你。"梅氏听说，心中大怒，就把兰花拉倒在地，将衣服脱了，打了无数鞭子。

梅氏妇人心不善，折磨兰花小姑娘。
有梅氏口骂着心中大怒，
手提住兰花女就下无情。
这梅氏将衣服件件脱了，
手提着马鞭子乱打如雨。
兰花女浑身上打得稀烂，

好像似金鱼儿取了金甲。
打一下恨一声又打一下，
亲哥哥你不来救我残身。
今日个眼看的不久身死，
有谁人上前来看看我身？
叫一声亲嫂嫂饶了我吧，
从今后再不敢气你当身。
这梅氏听见说心头起火，
把贱人打死了方称我心。
一手上又打了百十板子，
打得那兰花女渐渐迷昏。
不良妇打一顿回房去了，
兰花女不由得胆战心惊。
睁开眼浑身上看了一遍，
不由得两眼中珠泪纷纷。
弟妹们不知道那世冤孽，
遭逢着不良人狗肺狼心。
叫一声大哥哥你在何方，
你要是来的迟不得相逢。
三哥哥大嫂嫂不见来到，
丢下我小妹妹受这磨难。
叫一声我父亲你何去了，
丢下我最小的依靠何人？
兰花苦难当，浑身血流光。
就是铁石人，一见也心伤。

却说兰花女被梅氏苦打了一顿，痛哭不提。且说梅氏回到房中，心中暗想："兰花被我打得不像样子，若丈夫回来了，亲骨肉妹子无不心疼，又怕是金豹回来吵闹，我怎么说呢？不免将她哄到后花园中，有一枯井，将她推到井中，叫她自己死去吧。他们回来就说不知道。此计可妙。"说罢就来到前房，到兰花面前说："小姑你不要生气，全都是嫂嫂的不对。如今我和你同到后花园中散心，不要烦恼，是我大大的错处。"兰花气在心中，无奈只得同她到后花园中散心。

兰花正然走，不防被梅氏一把推到井中，又拿起石头打在井中。梅氏听姑娘叫救声，并无应声。梅氏慌忙回到房中不提。

再说真武上帝正在打坐，慧眼遥观，见冤气冲天，原来是粉团星有难，不免救她一命。即差揭地神将兰花女提出井来，提到陕西地界潼关之中。兰花女思想多半会，不由泪纷纷。正是：

兰花女睁开眼四下观看，
思想起两眼中泪如泉涌。
恨泼妇将我的浑身打烂，
又哄我到花园推在井中。
把我的浑身上石头刮打，
打的我受疼痛恓惶无奈。
不知是那位神救我残命，
才把我救出了枉死城中。
哭一声亲哥哥不能相见，
丢下你小妹妹受这磨难。
不知道我一家那里冤孽，
被泼妇拆散的你东我西。
哭一声三哥哥你怎知我，
哭一声黄氏嫂摘胆割心。
只说是兄妹们团圆过日，
谁知道拆散的不得相逢。
哭一声想一会泪如纷纷，
恨一声贼泼妇狼肺狗心。
自己儿在家中未曾出外，
到今日路途上怎知西东。
我若是男子汉可则罢了，
女孩儿年纪小路上难行。

我但要找哥哥无影无踪，
路途上却无有一个亲人。
兰花女哭啼啼往前行走，
猛然间抬头看见一村庄。
进村庄看不见一个人影，
想出来天色晚无处安身。
哭一会想一会无计奈何，
无奈何泪纷纷独自安身。
兰花进村庄，观看无一人。
不由心烦恼，想起哭五更。

哭五更

一更里来睡不着，千思万想无着落。哥哥一去无下落，丢下妹妹受折磨。我的天爷，想起哥哥泪不干，我的天爷。

二更里来好伤心，前思后想苦难熬。不由人来把心操，想起哥嫂哭嚎啕。我的天爷，想起哥嫂哭嚎啕，我的天爷。

三更里来睡梦中，一梦来到我家中。醒来不见烂村庄，忽然大雨把我淋。我的天爷，忽然大雨把我淋，我的天爷。

四更里来在荒村，不由两眼泪纷纷。哥哥不知何处去，丢下妹妹受苦辛。我的天爷，丢下妹妹受罪辛，我的天爷。

五更里来天渐明，金鸡叫了两三声。哭声哥嫂泪汪汪，叫声三哥不知情。我的天爷，好叫我的命难苦，我的天爷。

却说兰花哭了一夜，好不难煞人也。不提。再说有个赵学士，做陕西巡按，任满回京。正走之中，忽然恶风暴雨，急忙叫左右的人役：“看看前边有何站处么？也好避风雨。”人役前去回来报道：“有一破烂村庄。”学士听说打轿前去。走到庄前一看，却见一个女孩子。兰花女见人进来，就往外跑，学士看见，心里暗想：“这里无人家，却怎么会有小孩子在这里？”命人前去叫来，“我有话要问”。兰花女听说，吓得魂不附体，急忙走上前去，双膝跪下。学士便问：“你是谁家的孩子？因为何事独自在这里？你快快说个明白。你的家乡在那里？是何处地方？我好送你回家去吧。”正是：

兰花听罢泪双流，叫声老爷听原由。
兰花女未开言泪流满面，
告老爷你在上细听原因。
我家住河南省开封府县，
南十字金家巷有我家门。
我的父金员外名叫仁爱，
我母亲她原是田氏妇人。
二双亲生下了哥妹四人，
三个男一个女同过光阴。
我大哥叫金龙嫂嫂黄氏，
二哥哥叫金虎嫂嫂梅氏。
三哥哥叫金豹兰花是我，
二双亲去世早兄妹离分。
遭遇着不良人梅氏嫂嫂，
终日家打骂我要害我身。
被泼妇浑身上鞭子打烂，
又哄我到井前推入井中。
她又将小石头打下井来，
打的我受痛疼恓惶无奈。
不知是那位神救我残身，
才把我救出了枉死城中。
到这里又不知是何地方，
女孩儿怎晓得南北东西。
赵学士听说罢两眼流泪，

这一家那世里造下冤孽？
兰花高声叫，老爷在上听。
若将我带去，永世不忘恩。

却说兰花与赵学士说了一遍，学士听见此言，就把兰花女抱在轿中，往前行走。不觉一日进了京城，回到自己府里，老夫人接迎，看见兰花，便问道："老爷，这是那里来的个女孩子？"学士听说，便将女孩的事说了一遍。妇人听说可怜人也，将兰花女的衣服换了，当作亲生女儿看待。好人把兰花女当作亲生的女儿看待。此话不提。

再说金豹、黄氏自从往别庄去那一日回来，不见妹妹兰花，金豹便问梅氏，梅氏便说："自从你往别庄去以后，随后就跟你去了。"金豹听说，出得门来，各处找寻一遍，不见踪影，来到家中，越思越哭，不知往那里去了。正是：

金豹两眼泪纷纷，黄氏不由痛伤情。
有金豹哭妹妹那里去了，
叫一声小妹妹摘胆割心。
梅氏嫂终日里胡打乱骂，
不见你如同似乱箭穿心。
你今日闪下我何处去了，
怎不到我跟前说上一声。
哭着来哭着去心中思想，
莫不是不良人害了她身。
这梅氏将衣服没有扔过，
有金豹见血衣吃了一惊。
忽然见兰花女血衣一件，
抱在怀不住地伤心痛哭。
仔细看衣服上都是血点，
这金豹见血衣倒在地上。
有黄氏上前来急忙扶起，
口儿里不住地叫了几声。
叫妹妹你若是归阴去了，
你今日好和歹我命难存。
那金豹清醒来睁眼观看，
见嫂嫂便开言大放悲声。
我妹妹必定是泼妇害死，
现如今衣服上有血为证。
我今日舍上命告到官前，
与妹子做一个报仇之人。
活到了一百岁终有一死，
上前来和梅氏说个分明。
金豹开言骂，梅氏你当听。
将我亲妹子，害死何方去？

却说金豹同黄氏的吵闹不提。再说梅氏见他二人吵闹走出走进，慌慌忙忙心神不定，心中暗想："他今日来到家中，要寻他妹子。昨日我将他妹子打了顿，血水遍地，衣服上尽都是血点，不料想把衣服脱在家中，不料被他看见，叫他加了疑心。他口口声声说我把他妹子害死，我二次将他妹子哄到后花园中，推入井内，一顿石头把她打死在井中。衣服被金豹看见了，他若将我告到官前，我如何对答此事？是大不吉利。罢罢罢，好汉做事好汉当，事到其间，我不免先拿了血衣，一口咬定先告倒他。此计甚妙。"这梅氏慌忙将二百两银子带在身边，走出门来了。到了本府衙门，大声喊冤："冤枉冤枉。"知府听见喊冤之声，吩咐人役："你们看是什么人喊冤，与我带上堂来。"人役听说，将梅氏带上堂来，双膝跪下，言说："喊冤人，本府问你有什么冤屈，实实说来我听。"正是：

梅氏跪在公堂上，老爷在上听冤枉。

这梅氏上前来开言诉冤，
叫老爷你在上细听原因。
小女子原来是本城居住，
大十字金家巷有我家门。
我公公金仁爱婆婆田氏，
所生下一个女三个儿郎。
有大哥名金龙在外出走，
我丈夫名金虎为二当身。
三小叔名金豹一十二岁，
他妹子年八岁兰花女名。
这金豹心肠狠其实可恶，
将他的亲妹子杀死井中。
昨日个他妹子他将领去，
他回来却不见兰花之身。
小妇人上前去将他问过，
他倒说无有去却在家中。
小妇人见妹子血衣一件，
仔细看血衣上血点为证。
小妇人若不早将他来告，
杀死他亲妹子巧赖我身。
王知府听见说心中大怒，
骂一声大胆的甚是欺心。
尽都是狂言话假告好人，
那里有做哥的害妹之身。
叫人役将梅氏押到下边，
叫乡约到他家查看分明。
知府开言骂，梅氏胆战怕。

却说梅氏见王知府情不顺礼，心下暗想，王知府的兵房有个把总，姓宋名叫黑虎，此人与王知府和好，欺压百姓甚是可恶，平时与梅氏有些勾搭之事。梅氏将二百两银子给宋黑虎送与王知府。知府见财起意，就不提梅氏了，即差衙役将害人的凶徒金豹即速拿来。这梅氏领了衙役来到家中，只见金豹正抱着妹妹的血衣涕哭，衙役上前一把拉住，将铁绳搭在金豹的脖子上一套。金豹说："你们锁我为何事？"差人说道："你把人杀死还不承认，你快到本府说去。"金豹说："杀人的是何人？"差人说："你说是何人？你将你妹子害死，你嫂嫂把你告下了，你还不知道吗？"金豹说："我正要告她，说来她先把我告下了，那也正好同她前去辩个分明。"金豹跟定差人，即刻来到衙门上。知府升堂，差人将金豹提上堂来，双膝跪下。老爷抬头一看，哈哈笑了一声："你为何把你妹子杀死了？"金豹说道："大老爷，小的并不敢杀人。老爷你想一想，那有亲哥杀妹子的道理？杀妹子的是我梅氏嫂嫂。我想先告她，她倒先将我告下了。请青天大老爷与小的断个分明。"知府大怒，说道："你将你妹子杀死了，你还想诬赖你嫂嫂。"便叫两班人役："与我拉下去着实拷打。你这个凶徒，善言问你你不招承，给我上刑拷打。"

两班人役来拉住，拉倒金豹下无情。
有皂班把金豹急忙拉倒，
一手上四十板血水淋淋。
有金豹叫老爷休要打我，
去了板听小的诉说情由。
有小的同大嫂别庄去了，
有妹子年纪幼丢在家中。
昨日个同大嫂来到家中，
不见那兰花女一母之人。
到家中我找着血衣一件，
有小的上前来便问原因。
望老爷与小的细查真情，
青是水明是镜断个分明。

王知府听罢话心中大怒，
我要是善问你你不招承。
将挟棍来挟上再问分明，
两班的差人们齐下无情。
叫皂班再与我压上杠子，
那金豹受不过只得招承。
罢罢罢与妹子招承认罪，
今日个偿了命不是别人。
金豹说告老爷休要打我，
有小的实招承说个分明。
我妹子原是我小的杀死，
现如今有血衣就为对证。
王知府见金豹招承二字，
快与我拉下去送在监中。
有金豹进监中放声大哭，
哭一声黄氏嫂两泪纷纷。
金豹进监中，胆战心又惊。
抬头四下观，如同枉死城。

却说金豹入监受了一场屈情不提。再说金虎在外讨账一毕，急忙回到家中，不见妹妹，进了房便问梅氏："妹子往那里去了？"梅氏假言说道："金豹将你妹子杀了。"把经过向丈夫说了一遍。金虎听说，明知是妻子害死的，吓得金虎魂不附体，有心把黄氏留下，恐怕大哥一日回来将此事说出来，便大不吉利。不免将黄氏活活打死，等大哥回来，就说三弟同嫂子把妹子害死了，此计最妙。金虎便问梅氏："她往那里去了？"梅氏说往佛堂去了。金虎怒气冲冲地来到佛堂，将黄氏头发一把抓住，脚踢拳打，越打越害气。又有梅氏将鞭子泡在水里，便说："把贱人衣服脱了，吊在梁上好好地打她一顿。"正是：

采住黄氏吊悬梁，手拿鞭子把命丧。
把黄氏浑身上衣服脱了，
水里头取鞭子就下无情。
打几下骂几声怒气冲冲，
把贱人打死了我才称心。
有黄氏在梁上痛哭哀告，
叫二叔可怜我饶了我身。
黄氏说梅氏听心中大怒，
叫丈夫着实打莫留她身。
一手上三十板皮开肉绽，
黄氏的浑身上血水淋淋。
有黄氏叫亲叔饶了我命，
从今后我把你当个年尊。
那黄氏七窍中鲜血流地，
看看的不多时一命归阴。
有金虎见黄氏她身已死，
拿刀子割断绳跌在埃尘。
梅氏心烦恼，金虎气冲冲。
贱人身受死，方去心头恨。

却说梅氏把兰花女推在井中，被神灵救出走了，如今黄氏也死了，我们把她抬在花园中，将她的心口上钉上铁钉，到天明把她的尸首埋了。金虎便说："此计甚妙。"二人将黄氏的尸首抬到花园，心口上钉了铁钉，埋在花园之中不提。

且说玄天上帝正在打坐，耳烧眼跳，慧眼遥观，原来是桃花星有难，不免前去救她一回。驾起祥云来到金家花园中，将灵丹药用在黄氏口中，又将黄氏心口上的钉子拔了。上帝说："你不可在这里长住，赶快逃到外边去吧。日后将要报仇。"说罢，驾起祥云而去不提。

再说黄氏一会儿清醒过来，心中烦恼，心想金虎和梅氏将我打死，不知是那位神灵将我救活，又叫我快快外逃性命。方才起来浑身痛疼，寸步难行，如何是好？正是：

黄氏眼中流痛泪，浑身疼痛步难行。

把黄氏打得个浑身稀烂，
爬起来走不动跌在尘埃。
有黄氏浑身上疼痛难忍，
不觉得一时而命该归阴。
我今日被金虎一顿打死，
感动了诸神灵救我性命。
吩咐我急忙忙快去逃命，
若迟了定遇难难逃残生。
叫一声三叔叔监中受罪，
哭一声小姑子你命难存。
咱一家那世里造下冤孽，
今世里才逢着不良之人。
哭一声我丈夫不早回来，
为妻的受尽了千辛万苦。
只恨你游外边无个亲人，
若有人救了我不敢忘恩。
今日里为妻的离乡逃难，
你回来不见我一场大空。
你走后不觉的五年光景，
眼看着拆散了你西我东。
豁上命佛堂里拜谢神灵，
辞别了我佛祖好离家门。
有黄氏进佛堂双眼流泪，
我有心放声哭怕他听见。
我今日离别了家中神灵，
再有难到佛堂来把香上。
猛回头看见了公婆神主，
不由得两眼中泪珠纷纷。
告公婆非是你媳妇不孝，
这都是不良人造下分离。
哭啼啼不由得心中害怕，
急忙忙出佛堂便往前行。
我今日离别了家乡地面，
又不知何年月才能回转。

黄氏感动上帝恩，救我性命方保存。

却说黄氏感动上帝救活，不觉到了大路，思想一会，不免先到南牢门上，便叫："监禁大爷，这监中有一位我的三叔叔，我来看望一下。"监禁言说："那里来的泼妇，你看这是什么地方？是你随便进去的吗？你快去罢。"黄氏听说，双膝跪下，哭着说道："念他是少亲无故之人，放我进去看一看吧，奴死也甘心。也是大爷的阴功。"监禁听说，思想一会："这妇人说得伤心，不免放她进去吧。"禁卒说："那你进去吧。"黄氏到了里面，有一黑洞洞房子，监禁便说："那匣床上的那人，就是你小叔子金豹。"黄氏上前抬头观看，见叔叔放声大哭。金豹便说："嫂嫂快来，我实实受不住了。"正是：

黄氏一见心胆战，刀割肝心满腹疼。

有黄氏上前来一把拉住，
手拉住小叔子大放悲声。
你如今在牢中身受大罪，
你嫂嫂在家中受苦不少。
有梅氏终日里挑唆金虎，
那金虎踩住我打你嫂身。
把我的浑身上衣服脱了，
吊起来拿鞭子就下无情。
把我的浑身上打了无数，
那时间不觉的一命归阴。
把尸首抬着去丢在花园，

还把我心窝上钉上铁钉。
惊动了诸神灵救我性命，
说与你离乡人好不苦辛。
有金豹恨一声金虎狠心，
拆散的一家人不得相逢。
有监禁听说罢眼中流泪，
上前来叫黄氏便问原因。
你一家为何事这样苦辛，
我听见如同似万箭穿心。
黄氏说一遍，监禁心疼酸。
走到匣床上，且把金豹放。

却说监禁朱善也是有道德的人，听了这一段情由，心中不忍，上前把金豹放下匣床，便说："这娘子不必啼哭，你叔叔茶饭衣服一切由我照管，你快快出监去吧。"黄氏听说，出了监门，离了开封府，走了半月天气。这天正走，不觉来到寺院门前，上前敲门，出来一位尼姑，便问："小师父，此寺院名叫什么？"尼姑便说："此寺院叫故乐寺院。"黄氏听说，心中想，如今不如出家。便向尼姑说道："我想在此出家，烦你引进。"尼姑言说："既要出家，我引你到我师父面前。"黄氏跟着尼姑来见师父，尼姑说："师父，这位善人出家。"师父听说，便问黄氏："你是那里来的？"黄氏将家中之事细细说了一遍，师父听说罢，甚是惨然："既然如此，收你出家。"黄氏听说先有了安身之地，过一时再说吧。此话不提。

再说金龙在东京汴梁城内南监受罪，与郑三偿命。忽一日处斩犯人，刽子手便叫金龙上刑。金龙言说："我又犯什么罪？"刽子手说："今日犯人处斩，你出监门。"金龙听说处斩的话，魂不附体，放声大哭。刽子手上前推出监门，一直来到杀场。正是：

金龙出监门，悲泪想儿童。
刽子手把金龙推出监门，
不由的一阵阵大放悲声。
我今日眼看着不久身死，
无个人把书信带回家中。
正走着观看见杀场斩首，
推杀场如同似地狱之门。
只见那两下里刀子出鞘，
犯罪人却绑在杀场之中。
哭一声黄氏妻你在那里，
怎知道我今日命丧黄泉。
实指望一家人白头到老，
谁知道你丈夫命先归阴。
哭一声你若到丈夫面前，
就死在九泉下我也甘心。
哭一声兰花女我的妹妹，
为兄的今日里谁是亲人。
哭一声弟金豹三弟骨肉，
我今日自受死你不知闻。
只见那杀场上人人啼哭，
有金龙一见了乱箭穿心。
见人家都有个亲朋妻子，
谁像我在别乡无个亲人。
有谁人来向我烧钱化纸，
眼睁着做一个无主孤魂。
这金龙冤屈心亏心不散，
真武爷坐山中又早知闻。
驾祥云来到了杀场救护，
刮一阵大黑风提人空中。
提他在离东京百里之外，
把金龙轻轻的落下地来。
有真武上前来摇身一变，
变一个八十岁白头老翁。

金龙在野滩，两眼泪不干。
眼前无亲故，必定丧黄泉。

却说金龙在荒郊野外，心中恍惚不定，谁知神灵把他提到荒野，真武上帝变一个白头老翁，在金龙面前行走。金龙看见问："老翁，这是什么地方？"老翁便说："这是东京荒野之滩，此地名叫黄羊坡。你因何事来到此地？"金龙言说："我为寻找儿童，来到东京，失下人命，受了多少苦难，多亏神灵搭救我命。有心回家，身边无有一文钱用，如何是好？"老翁言说："你的家乡在何处？姓甚名叫什么？细细说来我听。"正是：

金龙未曾开言说，不由两眼把泪落。
这金龙未开言两泪纷纷，
叫老爷你听我细说原因。
我家住在河南开封府内，
大十字金家巷有我家门。
我母亲生下我弟兄三个，
又生了兰花妹未曾许人。
只因那三月三真武神寿，
夫妻们同上山去把香降。
降罢香夫妻们同回家去，
半路上刮怪风不见儿童。
因此上想孩子离家寻找，
谁知道来东京失下人命。
问成罪下南牢与人偿命，
不料想杀场上起了怪风。
又不知那一位神灵救我，
到此间无盘费怎样回程。
有老翁听说罢感叹一声，
我今天指你路好往前行。
老翁开言道，君子你是听。
家中生何事，那方去安身？

却说老翁言道："你既然是河南开封府人氏，百里之外有一个乐院寺，我在本寺上了十两银子的布施未曾交还，今日我借与你做路上的盘费。若往后你得了时的时候，你把银子交与乐院寺中。"金龙听罢，将银子接在手中，老翁言说："你看那边又来了一位老翁。"金龙回头一看，这位老翁不见了，心想原来是神灵救我，金龙谢恩不提。慌忙起身往前行走，走到招商客店，住宿一夜天明，又往前走了数日，又一日去茅圈撒尿，见一个包袱，拿起一看，原来是一包袱银子。拿到店中等了几日，也无人来找。又一日到江边来到船上，遇了一人，金龙便问："老兄你往那里去？贵姓？"那人答道："我姓刘名叫刘朝相。我在外面做生意，家住山东济南府。我拿了三百两银子在外做生意，不知失落何处，我找了数日未曾找到。"金龙听说，心中暗想："这银子必定是此人的，不免问他一下，送还与他，到那地方再找儿童。"刘朝相便问："老兄你往那里去？"金龙说："我也要往山东去。"刘朝相说："既然如此，你我一同行走。"金龙听说："好好好，一同行走。"不几日来到山东刘朝相家中，刘朝相言说："老兄，我二人一路同行，甚是和好，我备下酒席，我们共同乐和一天，请兄上座。"饮酒中间，金龙将拾下的银子拿出来便说："这是你的银子，是也不是？"刘朝相一见，大惊失色。朝相言说："老兄你拾去就是你的。"金龙言说："我专与你送银子，故而到此，怎能就是我的呢？"刘朝相言说："既然如此，老兄不肯收银子，我二人均分。"金龙言说："既然均分，我就不给你送来。"二人推辞一会，金龙执意不肯收。饮酒中间，金龙想起儿童，不由眼中流泪。朝相笑着说："想必银子送给我，后悔了吧。"金龙说："不是。”朝相说：“我看老兄有冤心之事。”金龙说：“正是。”朝相说：“有什么冤屈之事，说出来我听。”正是：

金龙上前开言道，老兄你且听根苗。

有金龙上前来两眼流泪，
刘朝相尚且作侧耳细听。
我家住河南府弟兄三人，
我为长所生下一个儿童。
三月三武当山真武神寿，
我夫妻领儿童去把香上。
回家来半路上起了怪风，
刮去了我儿童无踪无影。
为孩儿找寻到东京汴梁，
谁料想到东京失下人命。
在南监身受罪与人偿命，
那一日绑杀场要杀我身。
不知是那位神救我性命，
他把我救在了荒野之中。
刘朝相听罢言长叹一声，
低下头想一会自已家中。
我那年在山东收下孩子，
到今日不觉的几年光景。
叫家人书房内叫出公子，
叫他来认一认这是何人。
不多时有桂哥书房来到，
进了门眼观看我的父亲。
有桂哥上前来将他相认，
又恐怕不是父冷淡人心。
刘朝相见桂哥学中回来，
叫一声金仁兄这是何人。
有金龙抬起头看了一会，
父望子子望父不敢相认。

朝相开言说，仁兄你是听。
桂哥是你子，为何不相认？

却说桂哥父子相认，抱头痛哭一场，刘朝相便说：“世上少有此事，若不是你与我送银子来，你们父子怎能相认？”又说：“金仁兄，你和我就如同亲兄弟一般，仁兄多住几日。”金龙听了朝相留住不提。

再说嘉靖皇帝驾崩，由太子登基，榜文下来，将天下的监门大开，犯人尽都放出监去。这金豹在监中，一日监禁来说：“恭喜恭喜。”金豹说：“喜从何来？”监禁说：“如今嘉靖驾崩，太子继了大位，敕令免罪，开放监门。我与你吃几杯贺喜酒。”金豹听说：“老兄你哄我了，是送我的礼行。”新知府把金豹叫到衙门里，问了一遍，将他的枷去了，放回家去。金豹得活命，出了衙门，先来到朱善家中：“多亏仁兄照顾，我日后一定来谢你的宏恩。”朱善说：“兄弟不能那样说，你赶快回家去吧。”金豹出门，如今已谢恩，心想回家，又恐遭害，无奈只得讨茶要饭，各处找哥嫂的下落。正是：

金豹离了开封府，不由两眼泪纷纷。

有金豹出了门往前行走，
扭回头看一看痛哭伤情。
咱一家被梅氏东拆西散，
到如今才显出他人所害。
哭一声小妹妹你在何处，
黄氏嫂又不知那里安身？
我有心回家去看看光景，
又恐怕不良人暗害我身。
哭一声大哥哥你在那里，
怎知道为兄的受苦难辛？

哭一声桂哥儿身在何处，
为找你拆散得你西我东。
我今日离河南找寻大哥，
倘若是找不着永不回程。
我只说南监里我无性命，
不料想今日里死里逃生。
骂一声走一步悲声不断，
善恶事到头来自有分明。
作为人行善事老天保佑，
作恶人有恶报日日小心。

却说金豹在路上行走，每日寻茶讨饭不提。再说万岁爷登基，乃是大科之日，大开考场，广招天下文武举子。上京赴考海文行出，有山东济南府中刘英听得满心欢喜，来到家中对父亲说了一遍："孩儿一心想上京求取功名，父亲意下如何？"刘朝相和金龙听了喜之不尽，即择了良辰吉日送刘英起身。在路上走了数日，来到京城，进场三场一毕，中了三甲进士。内中有赵学士见刘英人才出众，才貌双全，心中欢喜，回身与同朝的官员说："诸位，我有一件事和大家商议。"内中有个王学士言说："年兄你有何事？请说我听。"赵学士说："今有新科进士刘英，我有一女，愿许与进士为妻。不知新进士从不从？"王学士听言："这件事由我承担。"赵学士说："那么我就请你为媒。"王学士听说，急忙来到新进士面前说："刘年兄恭喜。"年兄言说："我的喜从何来？"王学士言说："赵学士有一女，愿许与年兄婚配。年兄心意如何？"刘进士便说："家有父母，万万不能。"王学士听得刘进士不从，心中暗想："他不从也得让他从。"学士不听进士的言。两家说罢，坐入席内。进士桂哥入房，在房中正坐，忽然想起父母，不由得两泪纷纷。有兰花女便叫："老爷，你今与我婚配，为何眼中流泪？"刘英言说："下官家住河南开封，姓金。"小姐听说是姓金之人，不由两眼流泪，刘英便问："小姐你为何啼哭？"兰花女言说："老爷请坐，听我与你细细讲来你听。"正是：

小姐此事将言告，老爷请坐听原因。

兰花女上前来将言苦诉，
叫老爷你且听我说原因。
我原来河南府金家人氏，
大哥哥名金龙嫂嫂黄氏。
所生下一个儿名叫桂哥，
三月三他夫妻去把香上。
降罢香半路中起了怪风，
将孩儿迷失了不见踪影。
因此上大哥哥去找儿童，
或是有或无有不见回程。
有二哥名金虎娶妻梅氏，
有梅氏心不良不善之人。
天天打天天骂要害我身，
不良人后花园推在井中。
不知是那位神救我性命，
遇大恩赵学士恩养成人。
到如今不知道家中好歹，
忽然间听你说和我同宗。
桂哥儿听得说双膝跪下，
叫一声小姑姑我是何人。
我就是迷失的桂哥儿童，
头抱头他二人哭得伤情。
赵学士听得哭上前来问，
叫相公怎样事说来我听。

兰花开言道，恩父你是听。
刘英是桂哥，便是侄儿身。

却说桂哥将迷失的情由说了一遍，赵学士听说：“可怜人也。”伤心痛泪，请同朝的官员，将兰花、桂哥的前方事说了一遍，得遇相逢之情与众官员又细细说了一遍。众官员言道：“世上少有这等人，不免天明奏知圣驾。”次日众官员奏知天子，皇上听罢，说道：“有此贤人出在我国，应该加官封职，名扬天下。赵学士加官一品，与刘英回家上香祭祖。”桂哥领了主命，次日同兰花姑娘辞了恩父，痛哭伤情告别了，即日起程。不觉来到山东，兰花见了大哥痛哭一场，桂哥上前向生身父说了一遍，下拜痛哭一场。他父说：“孩儿领我主之命回家祭祖。”今日离别，哭哭啼啼，一家急忙起身，来到江边上船行走。正走中间，只见江边翻了一船人，金龙言说：“如有人救出一人活命，赏银十两。”有些水手听说，急忙下水，救活三十多条人命，都来到金龙面前谢恩。金龙看见内中有一人好像是三弟金豹，是不是我先冒叫一声，说：“那是我弟金豹么？”金豹应声急忙过来一看，原是大哥金龙，听说便问：“你如何来到此处？如何这般光景？”金豹听说，不由两眼落泪，说道：“大哥听我细细说来你听。”

金豹上前忙告诉，大哥细细听原因。

有金豹叫大哥听我细说，
未开言不由我大放悲声。
自从你迷失了桂哥儿童，
离家门找孩儿不见回程。
害得我一家人不得安宁，
回家来不见那妹妹之身。
有金虎和梅氏每日打骂，
又不知把妹妹害死何处。
我那日同大嫂别庄去了，
进家门见血衣心中寒冷。
有大嫂和我去找寻妹妹，
这梅氏不良人暗害我身。
她说是我妹子是我杀死，
那知府受贿赂问我死罪。
有金虎和梅氏行事短见，
他二人把嫂嫂吊在梁上。
那鞭子把嫂嫂一顿打死，
抬花园心口上钉了铁钉。
不知是那一位神灵救护，
黄氏嫂到监中来看我身。
我如今得活命找寻大哥，
谁知道今日里在此相逢。
兄拉妹妹拉兄痛哭伤情，
桂哥儿哭得死里逃生。
若不是众神灵暗里相救，
却怎么我一家来得相逢。
桂哥泪汪汪，兰花好伤情。
只说不得见，谁知又相逢。

却说兄妹伤心一阵不提。再说金虎、梅氏和兵房宗把总，终日吃酒作乐，好不快活，又叫了两个唱曲子唱歌作乐。他三人玩乐，不知那一日有当方土地神、本宅灶君奏知玉皇，上帝听了大怒，即差南方火帝真君，快将金虎的房屋家财一火烧尽。真君领旨，不敢稍停，来到金虎庄上，摇身一变，变了一个蝎子爬在他的上房梁上，看他究竟是善是恶。金虎进了上房，灰尘落地，金虎抬头一看，看见中梁上爬着一个蝎子，像吃人的一般，对妻子说道。梅氏听说，进房一看，对丈夫说：“不要害怕，我们点一把香火将蝎子烧死不好吗？”金虎听了说：“有理。”即取香火往上一烧，蝎子跌在地上，不料将房子一齐烧着了，又将梅氏双眼烧瞎，夫妻二人喊叫邻人救火。好大火烧了三天三夜，把房屋尽都烧成灰了。那一日火住了，夫妻二人看了一遍，被火烧了个尽光。金虎捶胸跌脚，长出气，短叹声，两眼落泪，恨骂梅氏不良之人，后悔我也难说了。正是：

金虎流泪开言骂，恨骂泼妇不良人。

有金虎未开言先骂梅氏，
骂一声不良人可叹人心。
由着你把一家兄妹害死，
你说是我二人正好受用。
到今日神不佑家遭火焚，
将你的一双眼被火烧瞎。
害他人未害死反害自己，
把家产被天火尽都烧尽。
现如今我和你那里安身，
无奈何我和你叫化为生。
夫妻们上街走两眼落泪，
我不该在家中拆散他人。
上大街去讨饭人人叫骂，
见了的都骂我蛇蝎之心。
夫妻们无奈何心中思想，
往前走不觉的离了河南。
忍着饥离出了河南地界，
气得我战兢兢大放悲声。
这才是自作孽天不容人，
咱不仁天降祸自受苦辛。

金虎心烦恼，梅氏痛伤情。
离了开封府，啼哭不断声。

却说金虎领定梅氏，夫妻二人离城讨饭不提。再说金龙、金豹、桂哥同兰花女，正走中间，见一寺院，金龙便问兄弟是什么寺院，有尼姑言说：“这就叫乐院寺。”

金龙记起山东之事，东京黄羊坡神灵帮我银两说的明白，叫我到这寺还愿。尼姑将金龙请到寺院，拜毕佛像。且说寺院主持长老黄氏听见此人，我看是好像我丈夫，不敢动问，心中暗想，走上前来便问：“老爷姓什么名谁？写下年庚好疏表文。”金龙听说，将年庚写下，交与黄氏。黄氏接在手中，看了一遍，不由落泪。黄氏言道：“小僧年庚与老爷相同，因此上落泪。”金龙便说：“你不必啼哭，将你的姓名写来我看。”黄氏说：“我与你说来你听。”正是：

黄氏上前将言告，老爷在上听原因。

有黄氏上前来将言告诉，
未开言不由得两泪纷纷。
家住在河南府金家巷内，
三月三同丈夫去把香降。
香降毕领孩儿去回家中，
走半路起怪风迷失儿童。
我丈夫离家门找寻儿童，
丢下奴在家中苦受磨难。
遇着那不良人狼心狗肺，
把小姑打死了妹妹之身。
金豹叔里外找不见人影，
有梅氏她先告暗害叔身。
暗使钱把小叔问成死罪，
有金虎回家来苦打奴身。
他把我吊起来二人毒打，
狠着心打死了丢在埃尘。
二人把我尸首抬在园中，
又把我心窝里钉上铁钉。
感动了上方神将我救下，
说与我离家门走逃性命。
有小叔南监里身受大罪，

我前去辞了他到此修行。
到如今又不知家中好歹，
又不知他们等那里安身。
有金龙听说罢上前拉住，
叫一声贤德妻我是何人。
桂哥儿见亲娘更加伤情，
一家人痛恓惶大放悲声。
金龙心烦恼，兰花放悲声。
一家佛前去，报答众神恩。

却说金龙一家团圆不提。再说金龙吩咐人役传于河府的贫人，就说乐院寺放舍饭三天。贫穷之人听到心中欢喜，都来吃舍饭。有金虎和梅氏听说，我们终日受饥饿，面黄肌瘦，听得乐院寺放舍饭，我们何不去吃一顿？夫妻二人欢喜来到乐院寺放舍饭的东头。

且说散饭的先从西往东散，挨到他二人跟前无有饭了，金虎说："我们来得迟了。"下回来早些，坐到西头，谁知散饭的从东往西散，赶到他们跟前又无饭了。夫妻二人说："我们坐在中间，等吃晚饭吧。"却说那散饭的又从两头来散，散到他二人跟前又无饭了。夫妻二人言说："好命苦啊。"有心回家，肚中饥饿，无有奈何，只得上前打个《莲花落》吧。

付流莲花莲花落，莲花起落满空中。
莲花落时遍地生，夫妻来打莲花落。
爷爷奶奶叫一声，
残茶剩饭莫喂狗，
舍与贫人离乡人。
说起家来家不远，
家住河南开封府，
不是少名无姓人。
金家巷里有家门，
父亲名叫金仁爱，
母亲田氏老夫人。
我父所生三个子，
一女名叫兰花女，
大哥金龙他为长。
只因三月初三日，夫妻二人把香降。
回家半路起怪风，孩儿迷失影无踪。
因为大哥找儿童，丢我夫妻在家中。
金豹和嫂别庄去，害了妹妹兰花女。
嫂嫂不知归何处，金豹监中受苦刑。
我家谁知遭天火，一火烧得尽完光。
所有家财齐烧尽，少吃无穿像鬼形。
夫妻无有安身处，叫街要饭过光阴。
听说寺里放舍饭，
无有一口到肚中，
活该只是天不容。

却说金龙听得外边有人啼哭，便问人役："寺外甚么人喊叫？"人役便说："外边有一男一女两个化子喊叫。"金龙便说："你叫他进来，我问他那人。"人役出来，急忙把金虎夫妻叫进来。金龙一见，大吃一惊，恼恨在心，便问："你看我是何人？"金虎心亏不言语。有兰花、黄氏、桂哥、金豹一齐都来到跟前。兰花女上前便问："你是金虎、梅氏吗？你把我打了一顿丢在井中，实想害死。多亏神灵救我的性命。你害我没有害死，你怎么把你害的这个光景了？你今日无羞耻，不敢见我们的面了。"金豹说："你把我告到官前问成死罪，不料想天子大赦，把我赦出监门来了。你这狼心狗肺之人，细细思想不认他。"黄氏便问："你夫妻二人定计，把我的衣服脱了吊在梁上，一顿鞭子将我打死，抬在后花园中，心口上钉上铁钉。多亏神灵救我性命。只说你夫妻二人受用不尽，谁料想你夫妻二人讨要为生。”兰花便说：“把这梅氏倒吊死，把金虎打死，念他弟兄之情，打他一百板子赶出门去。”桂哥听说，便叫：“我亲父，看在孩儿面上，你就饶了他三十个板子。”金龙依从了。黄氏又说：“叫声丈夫，看在为妻面上你就饶他二十个板子。”金龙也依从了。金豹又说：“大哥看在为弟面上，你就饶他二十个板子。”金龙也依从了。有兰花女便叫：“大哥，看在妹妹面上，你就再饶他十个板子。”金龙也依从了。金龙接着说：“只饶了他八十个板子，打他二十个嘴吧，叫他脱了衣服。”桂哥言说：“父亲，你看他作恶之人如何这样的下场吧。”金龙又说：“请将他的衣服脱了，把他赶出门去。如今我们一家团圆，同上武当山还愿。”桂哥吩咐招过轿来，登程行路，向武当山还愿去了。正是：

一家大小齐上路，人马热闹前行程。

有金龙一家人朝香搭轿，
有轿夫忙招上急往前行。
肃静牌回避牌上书大字，
五方旗五帝旗遮盖天神。
放大炮响三声惊天动地，
人和马多齐整轿汉跟行。
吹鼓手喇叭响人人害怕，
笙琴乐唢呐吹打锣威风。
正行走不觉得急忙下轿，
口念着无量佛走进山门。

一家齐上庙，佛前把香烧。
打起天罗轿，神灵恩答报。

却说金龙到了庙中，恰似三月三打醮超度一切灾难，请了位僧道讽诵经曲。只见那山上，祥风飘飘，香烟缭绕，来往不断。正走中间，观见天上黑云盖顶，雷鸣电闪，无不害怕。却说金龙正往前行，忽听哈喳一声响，金虎被雷打死。金虎尸首不倒，上香的众客人都来观看。金龙、金豹听说金虎被雷打死，口中不断说：“善哉，善哉。”金龙前来对众香客说了一遍，众香客听说，无不嗟叹，尽说：“该当如此。”正是：

善恶到头终有报，只等来早与来迟。
金龙上前自嗟叹，不由泪珠落脸前。

有金龙上前来自嗟自叹，
见金虎雷击死心实可叹。
你害我还是要将后报答，
不料想到时间老天不容。
有善男并信女经卷听过，
一字字一句句不差分毫。
咱金龙见真武面前主公，
有黄氏她本是桃花星转。
有金龙他本是卷簾星转，
桂哥儿他本是金童一转。
这金豹他本是上神一转，
兰花女她本是粉团星转。
在人间作善事广结善缘，
不要学那金虎只行方便。
终日个他害人未曾害死，
使奸心昧良心自害自身。
作好事行方便要作善事，
天保佑一家人又得重逢。
阳世间坐监的就是地狱，
男共女早向善改恶回头。
刀山罪抽筋罪光人利己，
尽都是好杀牲自造罪孽。
自古来害一命必还一命，

行善恶有神灵定的公平。
劝世人不信佛报应在后，
冤报冤仇报仇不错毫分。
今留下这宝卷劝人行善，
听一遍恶化善阴功要念。
传来世再为人永不受贫，
听卷人细心听必学好人。
阴司里堕地狱不得翻身，
造罪人作恶人万万不能。
明白人听情节不听声音，
若有错说出来讲个明白。
念完了要爱惜明日再念，
熬灯油费柴禾不必在心。

听卷之人没听好，金龙宝卷到此终。
再要想听不用急，明日再念大家听。

（蔡榕录入，蔡榕、张丽玲校勘）

精忠宝卷

精忠宝卷才展开，诸佛菩萨降临来。
善男信女听一遍，合家老幼永无灾。
人情薄似一秋云，不曾须较一劳心。

这本卷说起来根基甚重，
劝世人仔细听起落缘因。
宋高宗坐江山有道明君，
普天下干戈定四方安静。
钦差的洪太尉谒见天师，
龙虎山摆献供祝告神灵。
天师爷不在府朝见三清，
洪太尉闲游在锁魔宝殿。
开石匣放出来天罡地煞，
才脱化英雄将一百八员。
占山岗游江湖杀劫宝库，
只闹得宋江山兵兴国乱。
玉祖爷坐灵霄三清供仪，
将金翅大鹏雕降下瑶台。
投岳门为公子大展安谋，
扶宋朝保江山镇定乾坤。
镇金兵无其数才夺我界，
得降文回朝纲起奏皇上。

却说这一段因果，出在宋朝高宗彰德府汤阴县，有一人氏姓岳名和员外，家有万贯两资财，娶妻姚氏，年过四十却之无后。夫妻商议香山观音菩萨庙降香祈求儿女。不觉老妇人身怀有孕，日久生下男孩，眉清面秀，生来武才。他父户部主事，猛然起了洪水，家财漂去，员外水淹身亡，他母子身坐鱼盆，漂在河北，大名府王名员外收下母子，好过光阴。陈抟老祖起名叫岳飞，字叫鹏举。读书习学文字，娶妻李氏，所生岳云、岳雷、岳霆、岳霖、银瓶小女在家。他母去世，并葬已毕，守孝完满。我母遗言，精忠报国背刺四字，上京应试，得中武状元名。老妇人吩咐丫环设摆酒宴，与老爷送行。

忠臣换留忠臣后，贤人自有贤人亲。

岳老爷坐二堂叫声妇人，
忠臣后关门学受王爵禄。
一重恩也□□□□□重，
到今日遵母命去见当今。
献岳巢头才能精忠报国，
到后来忠臣祠要把名传。
妇人说老爷言忠孝双全，
才算得尘世上胆大丈夫。
我孩儿名岳云门婿张宪，
你二人跟随着各自小心。

却说岳爷别了妇人、小姐，即日登程，一路无辞，来到京师。那日进了科场，学官看了天下第一学文，次日又考外场，即奉皇上连登甲第，三月十五日，金殿会试，试御笔亲点武状元一名。岳爷叩谢皇恩，夸官三日已毕，奏知皇上，龙心大喜，即封元帅之职，领兵十万征剿杨虎。岳爷领旨下殿，吩咐大小三军大教场点兵伺候。正是：

朝内天子三宣□，关外大将军一名。

岳元帅下教场吩咐罢队，
设香案挥旗帜祝告天空。
先祭了天地神军牙六县，
后祭的军伍中水火二神。
我岳飞奉王旨征剿水贼，
多保佑我弟子马到成功。
火以后谢下恩答报天地，
祭罢旗元帅邸才坐大堂。
传与了先行官大小三军，
听本帅与你行军纪律情。
沿路上端然走莫要逞凶，
到处里莫搅扰黎民百姓。
过州县大小站公买公出，
莫欺贫买卖人怨恨官兵。
为国家平干戈各秉天良，
日食粮月关饷自尽其道。
若犯了本元帅定斩不饶，
吩咐罢放三炮大兵起身。

却说岳元帅领兵离了京城，不上半月，即到洞庭湖对面，扎下营盘，与水贼交战三月光景，难以清除，水贼全凭水战，我兵不能亲近。岳爷无奈，退兵四十里，挑选三千精兵，亲自操练水军，不上一月之期，演练熟悉，复即进兵。未过十日，那日拿了杨虎，扫除烟尘，起本进京，奏知皇上："水贼已灭，将大兵退回，又闻得牛头山贼寇作乱，百姓不安，乞主定夺。"皇上见表文大喜，当即加封天下都招讨大元帅之职，又赐金银犒赏三军，出旨复命征讨。岳元帅接了圣旨，即日起了大营，往牛头山走了。

忠臣耿耿平干戈，将军声名天下扬。

岳元帅领大兵日行夜度，
不觉的兵行到牛头山前。
山势大贼势勇万难敌对，
头一阵伤损了三百精兵。
第二阵又打了败战回营，
连战了三五次兵未得胜。
岳大人坐宝帐自己寒心，
悔不该奏当今显我才能。
到今日兵不胜如何行动，
细思想只还要舍命相挣。
老大人换衣服夜入贼营，
看山势察路径设谋用功。
观罢了地理情回营设计，

桃壕蒲兵埋伏引贼入坑。
合该是兵贼的禄绝命尽，
只一阵操灭了大半贼寇。
未过上十数日反贼杀尽，
撤大兵回朝纲奏上当今。

却说岳大人平了牛头山贼寇，领大兵奏凯而回，来到东京，奏知圣主。高宗大喜："卿乃忠心第一，朕不负贤臣。"加封武昌国公。吩咐众臣武英殿设宴，文武相百拜叩安。三日上宴，岳爷上殿俯伏谢恩。高宗曰："贤卿不知，今有金国四太子金兀术，屡犯中原。朕命带领上五千人马前去镇守，以免金兵侵伐我界。"岳爷连呼万岁："臣遵旨前往。"旨下殿，出关东行。

南征北剿心未歇，今日领兵复东行。
岳元帅领人马出了东京，
沿路上劝三军各奔前程。
与国家尽了忠才算人子，
得大功做高官荣光耀祖。
我岳飞今受了武昌国公，
多亏我不惜命日夜操心。
皇上家养兵马用兵一时，
军阵上论功劳得功赏赐。
此一去遇金兵同心协力，
干戈定保奏你各自荣贵。
老大人路途上费尽心力，
慈爱心待兵丁如同己子。
正行走来到了两国交界，
传将令安营弁歇兵三天。
整顿了盔火甲出兵对敌，
那一日红光现两国交战。
岳元帅上了马好似天神，
未过上三五合金兵大败。
投降文收残兵让开地界，
五千兵才进了朱仙镇中。

却说岳爷得了金国降文，急急修表章奏知皇上，见表章不多日到了京城。高宗看了表文，龙心大喜，即日批回："爱卿真擎天玉柱、架海金梁。仍镇朱仙镇，平定几日，再为宣调，重赏三军。"岳爷将妇人、小姐搬到朱仙镇，训练人马，镇定金国不敢反乱。

一点忠心扶真主，威风凛凛镇金兵。
岳元帅镇定了边关隘口，
唬得那金兀术不敢出头。
老大人无昼夜操练人马，
巡边界探消息不肯放松。
金兀术无奈了才生巧计，
偶想起秦太尉必求他人。
差王俊晤秦上蜡丸书信，
乞求那太师爷念起前情。
放你回又送过□□□□，
前言定得江山四六均分。
到今日朱仙镇岳家镇守，
十年整我金国不敢交兵。
有王俊私过了朱仙镇口，
直奔上东京城太师府中。

却说岳爷镇守之事，且说太师秦桧乃是江宁县人氏，幼年习学文字，被金国抢去，住了三年。送来他滚龙珠三头，后得太师之职，常常思想与金国报恩。今有王俊送来蜡丸书信，被岳元帅镇定，金国屡战屡败，不能得胜。秦桧怀恨在心，就在东窗之下，合长舌夫人商议："只因金国王爷之恩，没路可报。今有岳家父子镇定，王俊送来腊丸书信，求我报答。我想假造金牌一十二道圣旨，调岳元帅进京，苦打成招，问他按兵不动、诈称无粮之罪，害了他的性命。那时节金国发了人马，得了江山，四六均分，岂不是好？”妇人说：“此计太妙。且只是保国忠良，怎能害他？才是冤孽对头家，不害他好不平也。”

你与金国报大恩，调虎离山害忠良。

秦太师坐东窗夫妻商议，
为金国定要害忠臣良将。
即造了假金牌一十二道，
速差那田思忠领命前行。
捧假旨执金牌不敢消停，
无昼夜夜不宿直奔边庭。
且不说田思忠路途行走，
再提起白翠连三房妻子。
窗棂外亲听见这桩故事，
怒冲冲进东窗听说原因。
宋皇上爱惜你官封太师，
金兀术待你好那是虚情。
乞太师你不必厚此薄彼，
新金国伐宋朝天理何容。
你如今现吃的宋王爵禄，
怎忍得下黑心害杀忠良？
秦太师听此言低头不语，
长舌妻在一旁起了毒心。

却说长舌妇人即忙劝住白翠连：“你我莫要管他那事，害与不害，与你无干。”叫了丫鬟，开了园门，“如今连[1]我玩花”。这白翠连随着长舌妇人进了花园，有花懒看，有景懒望，观见直丁香树下，水涝边歇□息，长吁短叹。有那长舌妇人自思想：“若留下此人，日后走漏消息，将她害死才得干净。”遂生一计，便叫小姐：“你看那边飞的甚么？”哄得小姐回头一看，罢下小姐推入水涝之中。

可怜痴人命不牢，今日丧生水涝中。

白翠连争闲气女中君子，
说是非多开口命归阴司。
长舌妻对太师来显其能，
害岳爷白翠连心怀不平。
诚恐怕到后来走漏消息，
妻将她推水涝除了祸根。
秦太师听此言哈哈大笑，
果然是知心人做的甚妙。
再不说他夫妻哄心大乐，
再提起假金牌来的速快。
远望见朱仙镇就在面前，
有操马飞星报元帅知情。

却说正坐宝帐，忽然探事军皇上圣旨下来金牌一十二道。元帅知情，传令四哨的将官员，展开龙棚，设了香案，迎接圣旨。开读已毕，原是太平年间调元帅进京，大宴成功。田思忠大人就该登程，岳元帅说：“你前边行走，我将边庭大事托与明白，随后进京。”田思忠即忙登程不提。且说岳云、张宪上前告禀：“父亲后进，上想依见，孩子见这金牌圣旨真假难定，都却怎么无有前行

① 连：方言，与。

牌？飞熏龙暗暗而来了[①]，其中必有原故。大人打听得过确是实，再进京不迟。”

好糖茶壹口在心，
岳爷听言怒气生，
胆大逆子敢胡行？
岳元帅听得说面带通红，
骂岳云恨张宪休要猜疑。
我在朝未住上三年五载，
初做官即领兵南征北战。
文武的公卿门从没交接，
并没有轻慢他五府六部。
我忠臣出世来命交与天，
有何人平白地害我忠良？
把生死全不有吾的心中，
一心要与国家出力报功。
宋皇上亲封我武昌国公，
谁敢欺我岳飞保国忠良？
言莫罢老夫人上前又劝，
这大事莫可欺小事莫量。
老大人趁刚强倚你大臣，
怪入了天罗网怎得脱身？
假若是朝廷有奸党出现，
灭旁人与自己谋害好人。
岳元帅听半晌心中自思，
这件事我料然无妨无碍。

却说这元帅听了一会，便叫二人放心，不必怀疑。这件事我处心无愧，大料无妨。即吩咐岳云、张宪按日操练人马，巡哨边界。我到京无事则可，如有情故，你二人见我的押手子，再来进京。岳爷吩咐已毕，别了夫人、小姐，上马出朱仙镇。正往前行，忽然有乡民拦住。

岳爷行路轻走，可怜干国忠良。
岳元帅正行走百姓拦挡，
众黎民齐合声口称大人。
想当初小的们年年遭殃，
金兀术不住地领兵骚扰。
自大人到这里干戈平定，
小人们刚才得太平乐年。
朱仙镇留大人再住几春，
这士农并工商自在为生。
岳大人你走后金兵再反，
那时节小人们业障临门。
岳元帅眼流泪叫声连天，
有王爷提调我盖不由己。
朱仙镇现留下岳云张宪，
管叫他保护你百姓平安。
众黎民泪汪汪即谢大人，
朝事毕请大人早些回程。

却说岳元帅别了乡民，前行三日，来到金山寺。这寺内有一僧人，名叫长老，善晓未来之事，是我的朋友，一来看望，二来问个吉凶。来到寺内，长老说：“哎哟，岳大人从何在此？”请到禅堂，行礼□坐，吃茶已毕，长老说：“闻听大人英雄第一，请将征剿金兵缘由细说一番，待贫僧听一听。”岳爷说：“不过是侥幸赀微之功，全伏皇上洪福，何为奇才？只因金兵屡犯中原，皇上有旨，命我去到阵前，大小三军努力上前，杀退金兵。圣上有旨，加封武昌国公，紫袍金带，方显男儿子孙。”

① 此处“父亲后进”至“飞熏龙暗暗而来了”，难以索解。

长老说：“真乃是大将军，八面威风，忠心人皇天永佑。”这长老细细端详，有见岳爷神色不正，便问：“大人今往何方去？”元帅说：“奉旨进京。”长老说：“我观见大人面色不正，目下必有大难，不必进京才好。”元帅听说，心中不悦，抽身回去。

岳爷听言心烦恼，长老说的太多疑。

岳元帅回方丈三年不幸，
目带血心内忧朓朦胧□。
黄昏后正半夜三更时候，
在梦中见二犬口吐人言。
望岳爷上前来张口便咬，
岳元帅惊醒后浑身抖战。
有长老听此言就知其意，
岳大人休怪我说说你听。
梦二犬加言字是个狱字，
劝大人休上京且回边庭。
若不听贫僧言身有大难，
岳元帅全不听要上京城。

却说岳元帅不听长老之言，要上东京，长老劝止不住，只得送出山门，元帅上马扬长去了。长老自叹将军不听贫僧之言，一心要上东京城。东京好比枉死城，你是鹦鹉也难飞。

且说岳爷离了金山寺，必然心中思想，我从未伤天害理，那是祸乱临身。忠臣不怕死，怕死岂为忠？自嗟自叹，行走数日，离皇城不远，早有田思忠报秦桧。即时挑了五百名壮兵，拿上枷锁，在十里亭等候。就说皇上圣旨下来，枷锁进京。只见奸贼安排停当，等岳爷来到。

奸贼定下牢牢计，将军闯入是非坑。

岳元帅催坐马抬头观看，
却怎么十里亭乱乱纷纷？
想必是宋皇上差人接我，
言未罢闪下了五百壮兵。
齐合声请大人暂且下马，
宋皇上口旨下枷锁进京。
岳元帅听言说魂飞天外，
知吊了多半晌下了马鞍。
未伤君未害民罪犯何律，
边庭上费这心万苦千辛。
暑伏天与人马浑身是汗，
数九天盔甲上雪霜成冰。
埋怨声宋皇上行事无道，
谁知道今日个反起歹心。
我父子在边庭明征夜战，
到今日降下旨枷锁进京。

却说岳大人换了官诰，戴上枷锁，来到太师府门，令人禀知太师。秦桧言说：“岳元帅你乃是无罪之人，休叫见我，送在大理收监，再作区处。”不提。

且说朱仙镇，夫人便叫岳云言说：“你父上京以后，无有音信。我昨夜偶做一梦，惊醒来神魂不定，不知大人吉凶。你们请一位算命先生来，占卦来看吉凶如何。”小将军听说，即差人役请来一位先生。夫人便说：“我昨夜晚做了一梦，见三环剑一口，曲红袍一件，牙齿掉落，房屋陷塌，河水皆干，弓折弦断。不知主的吉凶如何。”先生听言，就占了一课，便说：“此梦凶多吉少，与你说明。”

夫人莫怪我，先生对你说。
算卦不留情，留情卦不灵。

头一件三环剑口是非割，

第二件曲红袍血光之灾。
第三件牙掉齿骨肉离分，
第四件房屋塌大人遇殃。
第五件河水干夫妻难见，
第六件折子孙弓折弦断。
老夫人听得说心如刀绞，
与铜钱五百文奉谢先生。
与家人哭啼啼各自伤心，
这件事倒叫我内外难明。

却说夫人一家痛哭不提。且说秦桧思想已就，即叫手下人去请周三畏，“有事商议”。不多一时，周三畏来到，施礼序坐一毕，秦桧便说：“我请你来，有心腹之事托你。你将岳元帅问个要兵不动、诈称无粮之罪，我便奏知朝廷，加官赠职，俸禄名人。”周三畏听言：“乞求太师爷，岳元帅忠义大臣，如何害他？太师多行仁义，不可谋害忠良。”太师说：“我如今事已作就，若放他了，恐怕后来伤我。常言道捉虎容易放虎难，今日饶了他的性命，恐怕出笼又报仇。”这周三畏听言，“奸贼的主意已定，只得暂且应在身旁，再作区处”。“太师之言有理，只有错掌，并无错放之理，小官自去审问。”便别了太师，来到府中，吩咐人役将元帅提来审问。

害他忠臣连累我，天理昭彰怎敢行？
周三畏坐公堂自嗟自叹，
暗地里谋害人天理何容。
细思想岳元帅功劳盖世，
东西征南北杀费尽忠心。
都招讨大元帅提调山河，
我皇帝又加封武昌国公。
到今日被奸贼设计谋害，
惜天高皇帝远怎得脱身？
十担的大功劳一旦抛去，
血海的知冤仇谁人知闻？
叫人役请元帅挡强抛去，
会一会老大人自讨方便。
叫人役请元帅当面作计，
为甚么不动兵诈称无粮？
岳元帅告大人休听谗言，
我父子昼夜战血尽力干。
无一时不动身按兵不出，
粮草足又何敢诈称无粮。
我来时众百姓临路拦挡，
那有这不忠请大人三思。
周三畏听得说心如刀割，
叫大人我也知你的屈情。

却说周三畏便叫大人：“我知你是忠良，秦桧奸贼设计谋害你的性命，我的官小，不能放你，请大人且回监中，再作料理。”吩咐禁子：“好好看管，茶饭不可慢待。”周三畏回到府中二堂，心中思想：“这元帅功劳盖世，被奸贼陷害，甚是寒心。我这少卿何算其官，到后来有何结果，不如脱离红尘，入山修心去罢。”随即换了纱帻，脱下圈领，换了衣服，戴了小帽，抛离家缘，入山修心去了。

且说秦桧正坐，传令官报道周三畏弃官逃走。太师说：“既然如此，传治监官罗如礼、穆可绪二人见我。”即将二官传来，太师说：“你二人将元帅苦打招承，问罪上来。”二官遵命，回衙将岳飞提上堂来。岳爷见二官不正，站立丹墀。二官说：“为何见我不跪？”“我未犯王法，跪者何来？”二官说：“问你按兵不动、诈称无粮，速快招来，免受五刑。”岳爷说：“我营中现有五个月粮饷，谁说我诈称无粮？金兵屡犯中原，我父子舍命相争，明征夜战，不得休息，这也算个按兵不动？”“你既不招，左右人役，拿刑来，着实拷打。”

贼官上面心怀恨，叫声三怔下无情。

二狗官坐大堂心起不良，
下黑心叫人役招过非刑。
一霎时将岳爷挟棍挟起，
可怜见把英雄魂不附体。
岳元帅受非刑皮破肉烂，
二贼官又喊叫加上脑箍。
这大人受不过非刑拷打，
叫一声松了刑我自思从。
细思想我何必皮肉受苦，
认了罪到阴司再辨分明。
叫二官是不是我今认罪，
但只是我死后不得太平。
朱仙镇现有那岳云张宪，
他二人现掌着兵将帅印。
诚恐怕到后来伸冤前恨，
领大兵与人马天下造反。
众百姓遭涂炭吾心不忍，
我忠臣倒做了反叛之人。
二官说老大人忠心第一，
你该就寻良方调进京来。
岳爷说少不得画押书信，
调二人进京来同赴幽冥。
岳元帅提起笔泪流满面，
哭啼啼写书信摘胆剜心。
提起笔二冤家性命还在，
落下笔我父子一路丧生。
写毕书画了押交与贼手，
忠孝名我定要传留后世。

却说二官接了书信，吩咐人役将岳爷收监。二官来到太师府内，禀知太师：“小官将元帅苦打招承，已经认了罪了，又写了画押书信，调岳云、张宪进京。”太师听说，满心欢喜，设宴相待：“改日与你加官。”二官听说，即差人役掌了画押书信前去朱仙镇，调来二将军进京不提。岳爷来到监内，不由得放声大哭。

岳爷进南牢，烦恼痛伤情。
把在奸贼手，何日把冤伸？

哭五更

一更里进南牢，浑身疼痛好难忍。身上筋骨不能动，相见孩儿疼伤情。我的天爷，这个冤屈对谁明？

二更里好凄凉，夫人小姐在那厢？中途不听长老言，今日后悔怨着谁？我的天爷，奸贼害我实伤情。

三更里睡朦胧，妻子儿女不相逢。忠臣做了冤枉鬼，不知那时冤孽苦。我的天爷，不知那时冤孽苦。

四更里细思想，一心要见宋皇上。若能出得南牢去，九龙口里诉一场。我的天爷，怎么得见宋皇上？

五更里骂秦桧，你我有甚大冤仇？昧了宋朝恩合义，孝敬金国是何意？我的天爷，森罗殿上不饶你。我的天爷。

却说岳爷在监啼哭不提。且说二位将军在朱仙镇，接了画押书信，将大事交与中军张龙照管。二人别了夫人、小姐，即日登程，赶赴进京，要见父亲。

今日离了朱仙镇，不知何日才相逢。
二位公子上东京，心慌意乱不消停。
一去好似石沉海，有水无石不见踪。
双双飞蛾灯扑火，对对蝴蝶落胶盆。
二人去到东京地，再要还回别脱身。
不觉来到十里铺，望见秦桧对面迎。
奸贼前来无好意，倒叫将军失一惊。

却说秦桧领了五十名壮兵，在十里铺等候，不多一时，二位将军到了长亭。秦桧吩咐兵丁拿下马来，用绳索捆绑，送在罗、穆二司堂审问。这二官见了二将军，不由分辩，每人重打四十大板，戴上枷锁，送到狱中，改日定罪。二人来到监内，见了父亲，三分不像人，七分合像鬼。父子抱头大哭一场。

二人牢中见父亲，跌脚捶胸跪埃尘。
二将军见父亲双膝跪下，
老爹爹可怜你疼杀人心。
谁知道你今日到这其间，
那时节你就该暗捎书信。
你孩儿发人马把贼除斩，
答救我年老尊回上原郡。
如不然你孩儿去到金殿，
击御鼓告皇上定把冤伸。
老爹爹你为人太太忠正，
到今日父子们均入瓮中。
上天去天无路入地无门，
眼看着父子们命归幽冥。
岳元帅听言说泪流满面，
二冤家休埋怨我说你听。
上京来就入了贼人之手，
跟随的知己人被贼拿去。
孤令令我一人怎样行动，
周少卿不忍害弃官逃走。
贼又差二狗官将我拷打，
又恐怕你二人兴兵雪恨。
我忠臣岂肯做反叛之人，
因此上捎书信调你二人。
二冤家休逞你血气之勇，
听父亲说与你从前缘因。
想当初老太太背刺四字，
她叫我做公卿保国尽忠。
到今日舍性命敬遵母命，
落一个忠孝名天下知闻。

却说岳爷父子三人啼哭说一遍，罗、穆二官提父子三人大理寺认罪。三人来到亭上，二官说：“岳大人，今你的二将军都到，你叫他二人认了罪罢。”岳爷说：“二将军系朝有功之臣。”“现有王俊告你父子三人按兵不动、诈称无粮，原告病故，现有供状在此，还不招来。”

将军听言泪交流，十担功劳一旦休。
告二官你听我父子苦情，
父子们牛头山苦挣成功。
俺的父受皇封武昌国公，
朱仙镇又挂帅统领大兵。
镇守的边关口金兵胆战，
父子们无昼夜训练精兵。
到今日设奸巧苦打承招，
平白地丢了官身受磨难。

说一遍，罗、穆二官想父子三人□□，二官说：“□□□怕你上了□□[1]。”却说小将军言说：“我如今入了你的天罗地网，任你所为罢。”二官听言，去了供状，二位小将军画了押，吩咐人役将他父子三人仍收监内。二官即上太师府门，见了秦桧，将岳云、张宪认罪情故说了一遍。秦桧大喜：“果然你二人尽心竭力，实能干事。事毕之日，打发你等外做官。”二官听言，即忙谢恩。“今你岳家父子认罪事，不宜从迟，迟则有变。再过三日，乃是朝廷大宴群臣之日，文武百官宴罢回府之后，更深夜静之时，将他父子三人提在风波亭上，送了他的性命，才得干净。二官说：“此计最妙。”商议已定不提。

且说张保、施全乃是湖南人氏，先年跟随岳爷，有洞庭湖大战水贼之时，见得贼势骁勇，二人家中俱有年老母，岳爷准他二人回家养老母。今他二人各将老母送终，不忘岳爷之恩，正想侍奉大人，不意千山万水断了盘费，讨饭来到京地，闻听得大人被奸贼害到监中，心急要见，但只手中无金，只得乞些赀财，再赴监中看看恩主。

劝人莫学这奸贼，日后难逃地狱门。
张保施全上长街，哀告爷爷听心怀。
张保手拍四块瓦，施全口内说原因。
世上多少不一样，富的富来贫的贫。
古人也有几般样，酒色财气失人伦。
李白好酒朝朝醉，纣王好色失江山。
石崇为财丧了命，霸王争气丧乌江。
多少古人不一样，算来还是命运劳。
二人生在湖南地，跟随岳爷正十春。
大人恩实情义重，准回原郡奉母亲。
二人送终年迈母，欲报岳爷义合恩。
谁知大人遭了罪，杀身难保他的恩。
想要奉茶看他去，手中无钱难死人。
四方君子行善念，赏给铜钱看恩人。
仁义君子听一遍，当时凑有百文钱。
二人得钱忙叩谢，收拾茶饭赴监中。

却说张保、施全讨了百文钱，买了茶饭，来到监门，哀告禁子：“望乞太师开了监门，领我二人进去看一看岳大人，永不忘恩。”牢头听说：“忠臣孝子，人人皆爱。”领二人领进监中，言说：“你往里去，第三层房子就是岳元帅父子三人。”来到里面，见得父子三人披发蓬头、黑干焦瘦，好不疼杀人也。二人在前双膝跪下，岳爷一见泪如涌泉。

一见仆人到监中，倒叫岳爷苦伤情。
岳大人见仆人心如刀绞，
小哥哥你怎知来到监中。
我先生待你们有何恩义，
到今日还有心来看我身。
这二人听此言泪流满面，
小人们蒙恩令养老送终。
老大人恩合义如同山海，
为报恩上京来才知其情。
讨银钱买茶饭来把你看，
主仆人见一面死也心甘。
岳大人听说罢泪流满面，
二将军泪汪汪口称多心。
岳爷说小哥哥不必久话，
你与我朱仙镇通个音信。
小张保你奔上朱仙镇去，

---

① 此处底本有污损。

报与我老夫人小姐知闻。
叫施全你在京早晚听信，
若死后埋葬我父子死灵。

却说二人听了岳爷说，眼泪汪汪，奔上朱仙镇去了。别了父子三人，出得监来，张保不分昼夜，奔上朱仙镇去了。施全每日乞饭，就在监门看望不提。

且说秦桧刚到腊月二十八九日，皇上大宴已毕，文武百官各自回府，即忙请来罗、穆二人商议："今夜晚正是人烟混杂之时，将他父子三人提在风波亭上，送了残生，方得干净。"二官说："太师之计更妙。"即差人役："快去提来岳家父子三人，不可走漏消息。"又吩咐刽子手即忙伺候。

贼人定下牢笼计，要送忠臣命归阴。
这奸贼虎狼心安排定计，
差人来到监中瞒哄大人。
还说是风波上重审又问，
岳大人就知道性命难存。
有二位小将军信以为实，
正行走来到了风波亭上。
才知道杀人场大失一惊，
父子们泪汪汪命归幽冥。
正东上把岳爷三绞而殁，
西北上立斩了二位英雄。
瞒天子昧文武俱不知晓，
将尸首压在了交文井中。
再提起朱仙镇夫人小姐，
随张保连夜走奔到京城。

却说张保到了朱仙镇，说了一遍，夫人、小姐放声大哭，急忙起程，连夜来到京城，正遇着施全，说在城门上等候。夫人便问："你大人今在那里？"施全说："我家大人被奸贼昨夜晚送了性命，三人尸首俱在交文井中。"夫人、小姐听言，昏倒在地。二人急救醒来，来到井边，往下一看，井深数丈，无影无踪，好不伤心气杀人也。

千山万水连夜走，□□□□□□□。
老夫人站井边往下细看，
黑洞洞万丈深不见影形。
哭老爷在世上舍命相挣，
做高官还不如庶民百姓。
被奸贼屈害死尸首无影，
论功劳盖世重今日何存。
思想起不由人万剑攒心，
老夫人待哭着自扑井中。
银瓶女在一旁只管啼哭，
张保说小姑娘不必伤心。
老夫人扑了井你哭怎的，
银瓶女听一言掉了三魂。
扒起来望下看又无踪影，
父兄死母亲亡留我何用。
合该是我一家命该如此，
恨一声跌双足扑入井中。
有张保忙拉去双手空□，
千里路来搬你自各丧身。
父子们尽了忠母子尽孝，
我张保尽了义万古留名。

却说张保思想一会，头撞井栏一死不提。且说岳家父子三人冤魂不散，来到森罗殿上，见了十帝阎君，诉了一遍。阎君说："吾神早知，但只是秦桧劫数未满，阴间阳间合该受罪，吾命鬼使勾他三魂。阳间你三人前去问他要命，叫他阴间再受磨难。”父子三人领命即出。去了阳间，到秦桧的府内，见秦桧正坐，二位将军手提人头，走上前来，将秦桧摔倒在地，乱打乱踢，声声还要我命，唬得秦桧昏迷在地。长舌夫人从后堂走来，慌忙扶起救醒，便问：“怎么样了？”“我刚才正坐，见岳家父子三人来到，口口声声只叫还命，将我打了一顿，方才去了。”且说岳家父子不时前来，把秦桧唬得魂不附体，心慌意乱，睡卧不安，与夫人商议，请一位能镇压的人。夫人说：“他是忠臣孝子，所以冤魂不散，如今禳解超度，不可镇压。你明日往灵隐寺降香，请些僧人好好超度，才得安然。”

不提他夫妻商量之时，且说地藏王菩萨驾坐九莲台，就知他许下灵隐寺降香，不免前去点化他一回，叫他晓得罪过去。

善恶到头终有报，只争来早与来迟。

幽冥王离莲台神通广大，
驾祥云来到了灵隐寺中。
化就了一疯僧令人难识，
怪模样不像人真气难闻。
他口内念的是真言六字，
又念的三卷书佛法经文。
说的是阴阳间善恶两途，
唬得他五百僧闭口无声。
这疯僧粉壁墙留写诗句，
写三句丢一句人不知情。
让禅坐他不坐来在火房，
等秦桧他来了再说分明。
言未罢秦太师前来降香，
上大殿鸣钟鼓祝告神灵。
一炷香祈四时风调雨顺，
二炷香多保佑国泰民安。
三炷香未开口喝退人役，
低声告多保佑岳家超生。
保佑他父子们早归天界，
免叫他父子们缠扰吾身。
神祝告坐殿前抬头观看，
见墙上有诗句甚不分明。
走上前仔细看东窗诗句，
唬得他战兢兢大失一惊。
想当初作此诗谁人知晓，
到今日是何人写在寺中？
恨半会叫过来寺内僧众，
这墙上写诗句乃是何人？

却说秦桧见了诗句，心中思想，此诗是我东窗之下所作，今日如何在此？内外难明，便问长老：“这诗句何人写的？”长老说：“清早来了一位疯僧写的。”太师说：“好不奇怪，你唤他来见我。”长老来到火房，便叫：“疯师傅，太师爷唤你。”疯师傅说：“不得闲，不得闲。”长老说：“不得闲，做甚么者哩？”疯师傅说：“奸臣害死忠臣，父子三人冤魂不散，搅打不安，我许下五百卷真忏悔，我要赶着念完。”秦桧说：“你们寺内僧人每人替他念上一卷，叫他来。”长老说：“太师爷吩咐下来，叫寺内僧人替他念上一卷，请你去见太师。”疯僧说：“来了，来了。”大喝道：“我见过三十三天神王教主、太上至尊、西天释迦如来，天仙常会面前，未见乱国谗臣。”待说着往前走了三步，往后退二步，口中又说：“我不去，我不去。”长老说：“疯师傅，你为何不去？”疯师傅说：“我害怕哩，害怕哩，你看左边风波亭上的刽子手，右边捆绑的手，中间又是奸贼手，只怕学了那岳家父子三人。”秦□满面通红，忍气吞声说：“无妨，叫他来。我问你[1]，你写的为何不全？”疯僧说：“东窗下做来。是我写的[2]。”“你手拿笤帚、火筒，做何是用？胸前挂的何物？”疯僧说：“这是佛法经文，可也能顶住你的三颗滚龙珠。你若不信，听我说来。”

莫道苍天无报应，层层节节看分明。

这菩萨化疯僧寺中点化，
叫太师你听我细说分明。
胸前挂他本是识袋经囊，
这共挂藏内包天地混囵。
经典内注的是阴阳善恶，
是贫僧出家人根本要用。
这笤帚能扫净灰尘臭气，
又要扫天底下人心不公。
九十方八十里他都扫遍，
扫净了普天下四路烟尘。
到吾手才要扫奸臣逆子，
扫在那十八层阿鼻狱中。
火筒是一根笙中通外直，
他本是人世上公正宝筒。
行善的能吹到灵霄宝殿，
作恶的直冲在地狱门中。

却说疯僧还未说了，秦桧又问：“你能唤风唤雨么？”和尚说：“你看。”将笤帚扫望上一绕，大风即起；火筒一指，大雨下来。秦桧说：“止下风雨罢。”疯僧大喝一声，风细雨止。秦桧又问：“你如何不剃头？你那疯病如何不医治？”和尚说：“我不怕天打雷击，我只怕的剃了头生端。你看岳家父子风波亭上剃了头，如今害得走投无路。我下无家，我得下气带魔疯病，想要调治，只药引缺少。”秦桧说：“要甚药料？”和尚说：“要风波亭上冤气散，一要奸臣心、贼人胆作引，方能治好病。”秦桧说：“你喝一杯茶，吃个点心罢。”和尚将茶接在手内，看了一看，仍然放下，又拿了个点心，笑了一笑，丢在地下。秦桧说：“你如何不吃不喝？”疯僧说：“这茶好像岳家父子心血一般，我不喝。我不吃这点心，我要吃害人的奸心。”秦桧说：“你和岳家父子有亲么？”疯僧说：“金国和你无亲，为何替他害好人？”秦桧说：“你胡说。”和尚说：“我胡说强如你胡作。”秦桧说：“你随我到府中，还有话说。”疯僧说：“我不去，我不去，风波亭上送命哩。”秦桧说：“满口胡论你，与我绑了。”疯僧说：“白说，白说，量你不能。我□去也。”言罢忽然不见，唬得秦桧面如土色，半晌不言。

地藏王前来点化，这贼人有眼无珠。

这菩萨驾祥云腾空走了，
唬得那秦桧贼胆战心惊。
叫人役牵坐马速快回府，
这件事好奇怪内外难明。
正行走前来到千竹桥下，
竹桥下扑出了施全仇人。
走上前手执刀迎面就砍，
他言说与岳家要报仇恩。
被贼的跟随人乱刀劈死，
可怜把小施全一旦丧生。
且不说贼秦桧回府之事，

① 以下盖因底本破损，原文缺漏，误置后页同一位置的文字“桧说满口胡论你与”，今删。
② 以下盖因底本破损，原文缺漏，误置前页同一位置的文字“模样不像人真气难闻”，今删。

再提起岳父子阴曹之情。
鬼门关遇着了夫人小姐，
才知道自家人各自丧生。
正哭的又来了施全张保，
一家人到今日死后相逢。
亡冤魂同进了幽冥地府，
森罗殿见阎君各诉衷情。

却说杭州城有一饱学秀才，姓郭，名叫胡迪。此人聪明，赋性忠实，好办不平之事。自从害死岳家父子，他心怪不安，每日咬牙切齿，只恨奸贼，心想见皇上告贼一状。但只是小小秀才，无门可入，每日之间，东游西转，闷闷不乐，就如疯魔癫狂之人。那日三月二十八日，天齐东岳大会，先生来到庙里，见乱乱纷纷男女捧香紧走。先生来到庙前，只见庙宇修得巍魁好看，门上挂着金字大匾，匾上写的天齐仁圣帝君。“他是何人？待我进去细细看一看。”

先生进了东岳庙，四面八方看分明。
胡先生进庙门抬头观看，
大殿上明朗朗灯烛辉煌。
桌子上摆列的猪羊祭物，
男合女跪丹墀磕头焚香。
脸面前吊着个金字大斗，
磕罢头把银钱往上就扬。
中金钱笑嘻嘻添福添寿，
不中的皱双眉烦恼回乡。
上殿里坐一位金身塑像，
胡先生见神像仔细端详。
油黑脸三须胡好不面善，
一时间忘记了他的根原。
想半会忽然间记起来历，
他本是当日的英雄好将。
反五关武成王便他就是，
兴周朝灭纣朝赤胆忠良。

却说胡迪先生想起来历，这东岳天齐他就专管的阴阳善恶，赏罚无私，却怎么秦桧害死岳家父子，无有报应？今日忠臣死三月有余，奸贼还在世上烘烘烈烈受荣华，好不气杀人也。把这些泥神画像供在庙里，哄的男女枉费银钱，烧香献饭，待说之间，不由得怒气冲冲。

越说越想心烦恼，太阳见□有火光。
郭胡迪大叫声东岳天齐，
尘世上人敬你都是枉然。
全不理人间的你干何事，
哄男女献饭供枉受香烟。
斗大的黄金钱抚住你面，
善恶事全不管袖手旁观。
想当初为好将兴周灭纣，
出五关投西岐是你根原。
那时节也算得丈夫志气，
今做了仁圣君不如当年。
想必是事多了不惮劳苦，
心烦了不愿做别选官员。
如不然让与我胡迪上坐，
署几日我与你辨个分明。
小胡迪待说着心头火起，
走上前踏倒了香炉供桌。
把香炉并供器遍地乱滚，
好东西都献你都是枉然。
木鱼子铁磬儿一齐摔碎，
黄金钱捋下来打成泥团。

却说胡迪混打胡说，又要搬神损像，被住长老者劝住说：“胡先生，想必你疯了。”先生说：“你既不叫搬神像，拿笔砚来，我要留诗。”老者说：“我与你取来笔砚。”先生接在手中，就在墙上留一首诗：

湛湛青天不可欺，那里起意神不知？
胡迪若得阎君坐，拿住秦桧定不依。
三日拿住贼秦桧，万事皆休永不提。
三日不拿贼秦桧，定把阎君活剥皮。

写罢，便问老道：“我偶然发梦，可在那里睡一睡？”老道说：“请到禅堂歇息。”先生随老道到禅堂去睡不提。

且说东岳天齐朝罢玉帝，回到殿上，香烟童子禀了一遍，天齐听奏大怒：“好一狂生，敢来欺我。”吩咐鬼使：“速快将那胡迪提来。”二鬼领命，来到禅堂，拿了胡迪真魂。先生说：“我一不欠粮，二不欠草。”二鬼说：“我们是阴曹地府之人，东岳爷差来请你。”先生说：“不要他请，我正要找寻他，他还找我。正好二公差，你与我领路。”

胡迪性烈真如火，要会东岳仁圣君。
郭胡迪前来到森罗宝殿，
招招手面朝外站立庭中。
天齐说这狂生欺吾太甚，
见吾身不下跪罪犯不容。
有胡迪听一言上前便问，
察不出善恶事跪你何因。
东岳爷听一言微微冷笑，
那一件不分明你说我听。
胡迪说有秦桧设计谋害，
害死了岳父子满门丧生。
把这些善恶事全不在心，
你坐在幽冥府干何营生？
做不了幽冥主早些让位，
同到了玉帝前拜为我尊。
东岳爷听一言冲冲大怒，
骂一声郭胡迪大胆狂生。
人生在天地间各有劫数，
那善恶到头来自然分明。
大殿上粉壁墙由你胡写，
欺吾神打香案罪犯不轻。
把牛头合马面一声喝唤，
速快把这狂生下了油锅。
天曹官忙跪倒启奏上圣，
胡迪是青云客皇榜有名。
你今日油锅内将他伤坏，
玉帝爷降下罪谁人应承？

却说天曹官奏道：“胡迪乃是皇榜有名的状元，今日若将他伤坏，上帝闻知，定然不依。如今罚他游一十八层地狱，再送他还阳。”天齐准奏，便问；“胡迪，你要见善的，见恶的？”胡迪说：“善恶都要见。”即令青衣童子领到地狱，“游罢再带见我”。胡迪跟定童子下得殿来，忽然一个关口上便问童子：“这是甚么地方？”童子言说：“这是鬼门关。”二童子开了关门，引明胡迪进关，但见那黑洞洞的阴风大乱，雾腾腾不见人形。见判官手掌号簿，哈唎唎注定生死，而号发善恶，明朗朗件件分明。善人举手金桥过，口念弥陀接前因。恶人打在奈何内，哭哭啼啼漂水中。正是：

忤逆十恶早横死，孽尽还生丑陋人。
有胡迪随童子来到地狱，

见那些枉死鬼叫哭连声。
悬梁鬼自缢鬼绳索缠定，
投河鬼跳井鬼血水淋淋。
车碾鬼马踏鬼浑身血染，
胎前鬼产后鬼各自前因。
水淹鬼雀蹋鬼皮开肉绽，
犯忤逆造下恶不得脱生。
破钱山只为人挑破钱币，
望乡台见儿女感叹伤情。
思想岭想起家长吁短叹，
明镜山照善恶件件分明。
小胡迪看不尽冤魂叫哭，
眼望见又来了凶徒一人。

却说胡迪随童子正往前走，忽见一人，凶煞满面，手拿小刀走上前来。胡迪自思想此人凶徒王小儿，因为他在杭州城内不务正道，打街骂巷，讹诈好人，被我告在本县堂上，打了三十大板，枷了一面大枷，未上三月，将他枷死。今日见我，如何甘休？正在为难，那人走到跟前说："胡迪先生不必害怕，前世里我害你的性命，今世里你送我残生。我二人两命相还，从今后谁不怨谁。"那人待说走了。胡迪听言，又往前行，忽见前面又来一人。胡迪说难见同胞弟兄郭胡鱼。胡迪上前拉住，放声大哭。

糖茶一口在念，
一见同胞亲又亲，
叫声兄弟在那里。
郭胡迪见兄弟两泪纷纷，
这几年在那里干何营生？
郭胡鱼叫先生不必啼哭，
我本是讨账人到你家中。
为讨债到你家一十八年，
到阳间再休论谁兄谁弟。
待说着招招手扬长去了，
兄先生哭啼啼又往前因。

却说胡迪听言，不必伤心，正行之间，见一村庄，跑来四个大狗，豹头环眼，口如血盆，直奔前来。先生着忙，童子连忙喝退。先生说："这是甚么地方？"童子说："这就是恶狗庄，那狗咬恶不咬善，让好不让歹。"正往前行，见一妇人高叫："赵州桥单造茶呼美味，喝者茶饮者□酒。"先生听言，说："我正渴，要紧喝一杯茶。"二童子挡住说："先生你若饮了那茶，到阳间迷了真魂，认不得家门人口。"先生说："谁知阴司还有这些故端。"往前又走，见了结发的妻，先生上前拉住便说：

一见夫妻泪纷纷，不由叫人好伤心。
胡迪说夫的妻你心忒狠，
丢儿女你不管早早脱生。
你死后咱在家冷冷淡淡，
孙儿少女儿幼叫我怎养。
刘氏说胡先生不必埋怨，
我与你姻缘情二十三春。
在你家十三年端汤温水，
晚铺床早叠被打了十春。
迎春女讨账人止活七岁，
福柱儿乃是你后代苗根。
人生在天地间各有劫数，
到阴司再休论夫妻恩情。
有胡迪听言说泪流满面，
这才是在世人虚度光阴。

却说胡迪听言，甚是伤心，往前又走。只见那罪人叫哭连声，便问童子：“这些人在世间作何缘因？”童子说：“只因他在世间不行正道、挑唆是非、拆咬婚姻，死后打在拔舌狱中；又这些不敬尊长、打翁骂婆、父母面前翻眼，死后发入剜眼狱中；又有人瞒心昧己、大斗小秤、损人利己、骗哄好人，死后落在铁床狱、锯解狱、滚油锅狱、刀轮狱、火车狱分别受罪。有抛米撒面、不惜五谷，打入吃蛆狱中。一劫罪满之日，才入六道轮回，各各脱生。”胡迪听罢，又见血湖池中是些老少妇人，叫哭连声，忽然看见生身老母也在其中，胡迪大失一惊，跑到池边，放声大哭。

娘养孙儿不自由，死入幽冥罪不休。

有胡迪见亲娘泪如雨下，
问老娘血池中受罪何用。
老婆婆叫冤家你怎知情，
只因为娘养儿冲天恶地。
造下这血池罪一十二载，
到今日才九年还有三春。
每日家口喝血身坐血池，
浑身上血泡疼其实难忍。
娘养儿费尽了千辛万苦，
到阴司受磨难谁人知闻？
郭胡迪只哭得口干舌燥，
幽冥王离莲台来到池中。
叫胡迪不必哭细听我说，
你的娘罪未满赦她脱生。
我今天早度她早离血池，
到阳间劝人世再报娘恩。
有菩萨手一指池生莲花，
老婆婆随莲起一绕无踪。
有胡迪忙叩首往前又走，
才知道阴曹府这般灵应。
往上前又见来邻居郭五，
胡先生忙上前拉住他人。
你拐我黑驴子花布二匹，
又拐我二十两雪花白银。
跪羔子袖皮袄你也拿去，
到今日你就该一一还清。
郭五说胡先生不必埋怨，
请少坐你听我细说前因。
前世里你该我三十两整，
今世里你与我应当还清。
胡先生若不信请来细算，
袖皮袄四月五作的平公。
黑驴子坐五月布作五钱，
总共是三十两半分不争。
从今后你合我谁不该谁，
你在阳我在阴各自为人。

却说郭五待说走了，胡迪跟定童子，来到酆都城，见一五彩宫殿，进内观看，只见三法司赏罚善恶。有一妇人，“奴心不服，被长舌夫人哄到花园玩景，将我推入水涝之中，还乞圣上作主”。三法司说：“幽冥王早知，不必你说。”吩咐鬼使提秦桧、长舌夫人来，当面对供。见秦桧挂一个铁钩，二鬼相拉；长舌夫人脑后砍刀一把，一鬼手提。见了三法司，对供已毕，鬼使又推拉下去。童子说：“先生你看，夫妻二人受罪如何？秦桧背挂铁钩，在阳间身害大背疮；长舌夫人脑后砍刀，在阳间害能砍□□□□□□。劫数满了，才拿夫妻到了阴曹，发落地狱受罪。先生今日游了一十八层地狱，随我们去见天齐。”

胡迪听言心内惊，果然善恶早分明。

有胡迪随童子出了地府，
来到了森罗殿叩谢上神。
告上神莫怪我狂生大胆，
果然是阴司里善恶分明。
但未见岳父子今在何地，
我胡迪见一面才得放心。
天齐说你若知岳家下落，
上表文奏玉帝封他为神。
请岳爷父子们与我相见，
言未罢父子们来到殿中。
岳爷说多谢你耿直抬爱，
我父子有何能敢劳先生。
有胡迪忙上前施礼便说，
我为你屈枉死得罪上神。
告上神免究他迷路不醒，
念忠直差童子送他还生。
天齐说我忠直我不见怪，
见过了秦桧贼他再还魂。
我为你父子们游遍地狱，
到今日才知道封你为神。
即吩咐提秦桧长舌夫人，
再提来二贼官罗穆二官。

却说东岳天齐差鬼使将秦桧夫妻、罗穆二人提来，吩咐发落：将秦桧打入阿鼻狱中，长舌夫人打在拔舌狱中，罗、穆二人打在铜推针制狱，一劫罪满之日，再作开消；连仍然脱化，为三辈荣华，不受苦难。吩咐一毕，天曹官奏道：“玉帝圣旨下来。”天齐连忙接旨，原是周三畏修成大乐天仙，又封岳飞天地人曹主三界之神，岳云、张宪左右侍奉，同受香烟。封罢，祥云缭绕，各自去了。天齐便说：“胡迪，我差童子送你还阳，不可泄露天机。回到阳间，奉劝世人孝顺父母，尊敬长上。行善莫作恶，作好莫作歹，阳间作下恶，阴司不饶人。”胡迪听言，连忙叩谢。下得森罗殿，游游荡荡来到禅堂。这才是善有善报，恶有恶报，若还不报，时辰不到。

善恶到头终有报，阴阳不错半分毫。

二童子随胡迪真魂入窍，
醒来说睡了个好不受用。
睁眼看才知道来在阳世，
那时节上前来便问先生。
胡先生你睡了三日三夜，
在家中不睡觉做何营生？
有胡迪听得说心中自思，
这天机我不可泄露他人。
昨日个我打了供器什物，
改日来照原物样样赔清。

却说胡迪翻身来，便问长老说：“我昨日偶打神前什物，改日再来还原神物。”说罢回家去了。自此以后，积德行善，广积阴功，奉劝世人，寿至八十二岁，无病而终不提。

乃是五月初五日天子大宴，高宗驾坐金罗宝殿，偶然记起岳元帅镇守边关，便问诸臣：“怎么今年不见表文前来，不知干戈如何？”文武公卿见天子言念，不敢欺瞒：“启奏圣上，武昌国公被秦桧假传金牌圣旨，骗进京来，害了残生。”高宗听奏，冲冲大怒；“可恨盖世忠良，死不瞑目。即使秦桧加害，你们文武公卿为何瞒君不奏？闭口藏舌，是何情故？不论文武，各降三级，罚俸一年。”

天子大怒臣低头，可惜忠良死未咎。

宋皇上坐金殿冲冲大怒，
埋怨声满朝的文武公卿。
朕江山全凭的岳家征剿，
奸贼害你就该奏我知闻。
朕坐在深宫玩一字不知，
还说是太平国忘了恩情。
忙传旨起死灵御街大祭，
发在了汤阴县厚葬尸灵。
午门外修一堂忠臣祠堂，
立牌坊春秋祭旌表忠良。
又传旨把秦桧家灭九族，
但有他秦门后斩草除根。
断罗穆两家人不准做官，
子子孙又不许习武考文。
灵隐寺铸一个生铁秦桧，
立在那山门外天下知闻。

却说天子传下圣旨，文武公卿同到交文井中，御林兵起出尸灵，入了棺椁，御街大祭。又差了二位运粮官将岳爷父子、夫人、小姐俱送在汤阴县，金封玉葬。又差此郭胡迪□□□□□旨定夺[①]。高宗听闻，说："朕要御祭亲封。"率领文武来到祠堂，高宗□罢拈香，亲封岳爷速报尊神，岳云、张宪日夜游神，张保、施全跟随伺候，各受香烟。封岳夫人香花圣母，银瓶小姐蟠桃仙女。高宗封毕，听得岳爷父子半虚宫中谢恩。高宗听言，大喜回宫，文武各自散去。

秦桧害人灭九族，岳爷升天又封神。

岳元帅五口人升天去了，
天封神地封神各自为神。
有张保并施全贴己跟随，
到底是忠孝人皇天感应。
善有善恶有恶分毫不错，
贼秦桧堕地狱不得翻身。
这一本因果卷忠孝节义，
传留在天地间劝化迷人。
莫欺人莫害人天理昭彰，
莫使奸莫弄巧自修自身。
劝世人再不必损人利己，
看一看今古传起落缘因。
一劝你或男女养生父母，
你看那阴司里不错分毫。
二劝你或男女莫昧良心，
使大斗并小秤天理不容。
三劝你或男女莫使奸心，
使了奸并了巧难逃狱门。
四劝你或男女莫要损事，
损了人利了己阴司不明。
五劝你或男女孝顺父母，
行好事积阴功半毫不争。
劝世人莫学那奸臣逆子，
你看那地狱里件件分明。
有善男共善女细听经卷，
费纸墨误工夫牢记心中。
你看那行善的童子送过，
行恶的鬼使拉地狱门中。

人行好事天早知，地狱无门闯者行。
一报天地盖载恩，二报日月照临恩。
三报皇王水土恩，四报父母养育恩。
五报五祖增延寿，六报六祖引进恩。

① 此处底本缺损。

七报七祖来福寿，八报八方施主恩。
九报九祖升天界，十报骨魂早超生。
倘若不信这件事，阴司地狱不饶人。

这本卷念得我舌干口咽，
□□□□□□□□□□。
有善男共善女细听经卷，
会听的听情屈不听声音。
糊涂人听声音不听情屈，
他还说念卷人莫有好声。

精忠宝卷抄下念，教人行善得方便。
善男信女听一遍，合家老少永无灾。
抄下宝卷善人听，莫当闲言过耳边。
请卷说着人面前，这些人儿孝当先。
有人偷着请了卷，骂人杂种王八蛋。
此话说着人面前，走后莫叫人叹闲。
有人请着宝卷念，急忙念了送回还。
念了三天不还送，这些人儿不相干。

就是我抄卷人有些阴骘，
念卷人听卷人灾难退身。
念些卷劝男女不非容易，
费纸笔搭工夫才把人劝。
若劝回一个人荣华富贵，
劝回头十个人百病不生。
熬灯油费柴火不必在心，
精忠卷念完了劝回男女。
有善男共善女细听经卷，
有劝回共男女回头相善。

有人借卷，急速送来。
倘若不送，驴马畜生。
若要损坏，再借往还。

十八孙子到燕山，一马进门定江山。
要知我的名合姓，天下财主是一人。

中华民国五年中秋月十月吉日，□□州酒泉县城东乡临水坝坝主、地方大仰沟信士弟子（文字有阙）精忠宝卷壹本。

（蔡榕录入、校勘）

李都玉参药山宝经①

大道家乡本无踪，世人大众仔细听。
若能看破红尘意，便是灵山古世尊。

李都玉参药山为何基业，
因老母在地狱受罪不轻。
风毛岭有我鬼常行作怪，
访明师求正法超度亡魂。

却说李都玉家住浪州人氏，唐王驾前为臣，官拜上大夫之职。一日，唐王天子夜宿龙床，偶作一梦，梦中一灵真魂，去到四川成都府，有一风毛岭，那岭山有一地穴，穴中出来了一个恶鬼，见了唐王天子，扑向前来。把唐王天子唬得魂不附体，忽然醒来，却是南柯一梦，半思半想，直到天明。即登龙位，传旨宣大夫上殿。

李都玉来到殿上，朝拜一毕，口称："万岁宣臣上殿，有何圣谕？"唐王天子言道："今夜晚上偶作一梦，心中甚是加疑，我今差你前去探访一回，果有此事？"都玉领旨下殿，出了午门，班鞍上马，一直来到四川成都府。众官接旨，来到察院安歇。内有一总兵官，事急慌忙，因接旨来迟。总兵官说："大人在上，前面有一风毛岭，岭上有一地穴，穴中出来一个恶鬼，呼风唤雨，伤损行人无数，无人来往，因此接旨来迟。"李都玉听言，自思自想，天色下晚，就在察院安歇。夜至三更，都玉一灵真魂去入幽冥地府，来到森罗宝殿十王天子殿上，只见十人头戴纱帽，身穿蟒袍，回头八拜，参接圣旨。都玉便问十人："你等参接何人？"十人答曰："我非参接于你，我等参接唐王天子圣旨。"都玉又问："你等是何人也？"那十人答曰："吾乃是十帝阎君。"都玉

① 此卷为合订本之第一篇，毛笔旧抄本，红格麻纸，每半页十二行，分上下两格，均为双边框。封面为漆布，因年代久远，已成褐色，在右上方有"光绪二十九年"字。

说："你们即是十帝阎君，阴曹地府大事，在你十人执掌。我今想到幽冥地府游玩一回，探望我老母的下落，不知你十人尊意如何？"十人答曰："你既然如此，便差鬼使领你前去。"却说李都玉跟定鬼卒，来到鬼门关上，挂着一面铁牌，上写四句诗。都玉上前观看明白，言说：

鬼门关上挂铁牌，不论官员并秀才。
三更唤你三更到，五更唤你五更来。

下面提经四句，待我赞来：

到阴司地狱你从头受过，
孽镜台照见你苦处无边。
罪重的送在了无门地狱，
罪轻的送在他四生转轮。

却说都玉赞罢，跟定鬼使来到丰都城中，见得无数罪人，在那城中受无边罪苦。都玉一见，自嗟自叹。

进得地狱四下观，油撑火熬在两边。
刀林剑树剜心胆，唬杀阳间钦差官。
个地狱，五百劫，不得翻身。

都玉叹罢，跟定鬼使又往前行，来到了铁围山，有一座城池。都玉便问鬼使："此城叫什么城？"鬼使答曰："名叫铁围城。"都玉又问："此城中有多少恶鬼？"鬼卒答曰："此城是一面一百里，四面四百里，满满一城芥菜子，受罪之人来到地狱，一百年除一位，除尽了菜子之数，才出地狱。"都玉闻言，口中叹曰：

赞叹愚迷不回头，六道轮回几时休？
阳间造下无边罪，铁围山前受苦刑。
铁围山，无门户，不得出离。

都玉叹罢，跟定鬼使又往前行，来到了望乡台前。远远观见一座高台，都玉又问鬼卒："此台叫作什么台？"鬼使答曰："此台那是望乡台。"都玉抬头观看，只见台上站着一人，手指家乡，两泪悲啼，哭而言曰："我把家院儿女丢在家中，又不知何日才得相逢！"都玉闻言，赞叹经曰：

望乡台上也风狂，筛糠斗战好难当。
人死三日到阴司，望乡台上观明白。
望乡台，恓惶哭，不得出离。

都玉叹罢，跟定鬼卒又往前行，来到了骨人山前，眼望见支着一口油锅，见一鬼使把一个罪人下入油锅，用铁叉搅了一下，只见白骨现天。都玉一见，好不惊杀人也。都玉又问鬼卒："此人在阳世三间作何罪孽？今日到阴曹地府受此报苦！"鬼使答曰："此人在阳世三间杀生害命，并无疼爱之心，自图刀尖取利，不知后世的罪孽。今日来到阴司，受此报苦。"都玉闻言，赞经曰：

油锅滚滚翻波浪，只见罪人泪汪汪。
阳间造下无边罪，来到阴司下油锅。
滚油锅，锯叉解，不得翻身。

都玉叹罢，跟定鬼卒又往前行，来到奈河桥边，观见无数的罪人，在那奈河受罪。都玉便问鬼使："此等人在阳世三间作何罪孽？如今受这苦报！"鬼使答曰："此人在阳世三间怨天骂地，欺神灭象，不孝公婆，今日来到阴间，因受此罪。”都玉叹毕，有经为证：

奈河桥边多受苦，痛哭恓惶好难当。
阳间造下无边罪，死入阴司受此苦。
奈河里，出不去，造罪受苦。

都玉叹罢，跟定鬼使又往前行，来到了黑暗地狱，见一鬼使，手拿铁棒一根，赶着无数罪人，都到黑暗之中，也有抽肠的，也有割肚的，也有扒舌的，也有剜眼的。都玉一见，便问鬼使：“这些人在阳世三间作何罪孽？今日来到阴司，受这此罪。”鬼使答曰：“此等人他在阳世三间，咒公骂婆，不尊丈夫，折磨儿女，今日来到阴司，受这此罪。”都玉闻言，赞叹经曰：

阎王推上黑暗狱，剜眼地狱好恓惶。

都玉赞毕，跟定鬼使又往前行，来到刀山地狱，见一鬼使手拿铁叉，把这个罪人赶上刀山去，只见罪人披头散发，血流遍体，双眼垂泪，叫哭连天。都玉便问鬼使：“此人在阳世三间作何罪孽？”鬼使答曰：“此人在阳世三间不守礼法，抛米撒面，不惜柴炭，任意作贱，到今死入阴司，受这此罪。”都玉听言，赞叹经曰：

阎王推上刀山狱，望乡台上好恓惶。

都玉赞毕，跟定鬼使又往前行，来到血池地狱，只见得无数的罪人，在那血池内喝饮血水，声声叫哭。都玉一见，便问鬼使：“此人在阳世三间作何罪孽？今日来到阴司，口喝血水。”鬼使答曰：“此等人在阳世三间，生养儿女身体不净，冲犯三宝，家神不喜。今日来到阴司，受这此罪。”都玉听言，忽然想其生身老母，因在阳间不信正法，想必也在此处受罪，等我高叫几声，在此认母。口中赞叹经曰：

血湖池中认亲娘，高叫老母好恓惶。
都玉叫得舌干困，不见老母泪汪汪。

都玉在此叫了一会，并无一人应声，跟定鬼使又往前行，来到石板地狱，见一鬼使手拿铁叉，将那石板挑过，出来了一个妇人，项戴沉枷，腰缠铁绳，披头散发，面如锅底，见了都玉一把拉住，口口叫儿，如何不认你母？都玉一见，大吃一惊，言说：“你是那里的破头野鬼，将我拉住，声声叫儿，是何道理？”那鬼说道：“我就是你母张氏，你就是我儿都玉，你若不母子相认，我把前世的缘因诉说一遍，你方可信也！”

孽风吹来一灵魂，认得娇生骨肉亲。
前世不念千声佛，今入阴司受苦刑。

都玉听得此言，急忙上前一把拉住，果然是我老母，到今母子相认，抱头痛哭一场。那老母便叫：“都玉儿，如今不必哭了，你快快答救为娘的苦处，地狱甚是难受！”都玉便叫老母：“你且放宽心，我到阳世三间，奏上唐王天子，多发银两，将我母买出地狱。”那老母便说：“我儿你休胡言，你看这是什么地方，乃不是银钱买到。阎王铁面无私，小鬼不敢容情。吾儿不信，有经为证：

阎王本是平等君，不要银钱只要人。
阴司若要钱打点，贫者先亡富者存。”

老母赞经一毕，便叫：“我儿都玉，你去到阳世三间，请得那高僧高道，与娘打上三天三夜罗天大醮，那时节，为娘的才能超出幽冥地府，躲离轮回之苦。我儿牢记在心，不可误了！”母子正在不忍离别，忽然见一鬼使，手拿铁叉，把老母赶入石板洞去了。都玉一见，放声大哭，赞叹经曰：

可怜见老母亲身受重苦，
恨不得上前去手扯回程。
因为你在阳间不信三宝，
到阴司地狱里受罪不轻。

都玉叹罢，正在烦恼之处，忽然梦醒，还在察院安歇，又听谯楼正打三更，梦想老母之言，翻来覆去，睡卧不安，候到天明，班鞍上马，来到朝中，上殿缴旨，双膝跪下：“启奏我主，为臣去到四川成都府，果然有风毛岭一处，此岭上便尽是妖鬼作怪。”唐王听说：“此事怎处？”都玉便奏：“唐王急忙传旨一道，即差内侍臣，去到那深山神洞，请得高僧高道、得道的禅师下山，就在那风毛岭上，打醮三天，方可无事。为臣还有一事奏知。”唐王天子言说：“李爱卿，你还有那一事情？”都玉言说：“昨夜晚上，偶作一梦，来到阴曹地府，观见我老母，身受无边大罪，因此为臣的心身不安。”唐王天子言说：“既然如此，朕当传旨一道，复差你前去，请访得道的明师下山，打醮三日。头一件，风毛岭上剿除阴鬼，去了我的心上的疑病，是你的忠心。第二件，超度你老母堕离地狱之苦，是你的孝弟忠信，才为人间的第一人。”都玉听言，叩头谢恩，领旨下殿，出了午门，想了一会说：“我闻得药山有一祖家，他乃是得道的禅师，我不免上前探请一回。”都玉未分昼夜，来到药山，观见此山，清清亮亮，正是修真养性之地。赞叹经曰：

说本地好风光无寒无热，
三千界买不过绝是高强。
又无面又无目春秋不变，
佛胜境贵宝处永无秋冬。

都玉赞经一毕，走到洞中，见得老祖端坐定，都玉双膝下跪：“叩禀老祖！弟子李都玉奉了唐王天子的诏旨，来请师傅大发慈悲下山，剿除妖鬼作怪，超度为臣的老母脱离地狱之苦，弟子誓不忘恩。”祖家听言，即忙同都玉下山，来到风毛山岭，设醮三日一毕，那老母到了子夜三更，与都玉托梦言说：“我儿，为娘今日高超天界，出离幽冥之苦，多多叩谢老祖皇王拔济之恩。吾儿不信，有经为证：

只要脱离沉沦苦，信心不退是天堂。
信心男女天堂路，不信地狱受恓惶。”

老母赞经一毕，忽然冷风一阵，惊醒都玉，却是一梦，梦见老母早早升天界，喜得都玉急忙参拜，老祖上山不提。

有那都玉，来到朝中，上殿缴旨，谢恩已毕，将官诰金蟒袍玉带，俱放在龙书案上，四叩八拜，赞叹经曰：

李都玉拜官诰再不穿戴，
奉君王理朝事时时惊恐。
谢我主洪恩重天高地厚，
我如今怕生死访道修心。

都玉赞经已毕，有那唐王天子，听得此经，即刻准了李都玉表章。辞王别驾，出了午门，未分昼夜，药山进得洞中，参拜老祖，赞叹经曰：

亏师傅引进我杀身难保，
引得我出三界不得安心。
师傅的慈悲心世上少有，
万万年忘不了师傅恩情。

都玉赞经已毕，下跪在地，口称："祖师，出离三界，望师傅一大慈悲，指示安身立命之说。"老祖答曰："善哉！善哉！"以复如是：

性是佛佛是性本源无二，
永坚牢无退转证大实根，
知根源明佛意踏着实地，
若晓得禅之中就要修心，
证法身成正觉安身立命，
又不生又不灭都自为尊。
万般都在阴骘中，世事不必巧用心。
心良意善行方便，远在儿女近在身。

（张丽玲录入、校勘）

李长青游地狱宝卷

奉行十殿报应例案

同治元年，蓝大顺作乱，行至陕西，同长毛贼攻破汉中府城，杀人无数。府学教授李长青平生好善，被贼一刀砍在众人尸中，当时昏死，□日方才还阳，说出地狱善恶报应。昏死之时，见有牌坊一座，上面写着“阴阳界”三字，内有城隍点死尸之名，见好善者拱手敬之，命金童、玉女手执幢幡宝盖，送至东岳殿前，□考善恶。善多者送上天堂，中平者即送投生，见作恶之人，怒而大骂，叫牛头夜叉押往西岳殿前挂号，解到十殿问刑。点完众尸之名，未点长青名字，因问侧边唱名的鬼卒□：“何不点我的名乎？”鬼卒答曰：“黑簿上无有你的名字。”长青急忙上跪城隍面前，禀道：“城隍爷在上，府学李长青叩见。”城隍即起身答曰：“李善士请起。”长青问曰：“贼破汉中，老爷何不大显威灵，救济百姓？”城隍答曰：“汉中人民善少恶多，应该如此。”长青曰：“为何我无名字？”城隍曰：“因你平生好善，故黑簿上无有你的名字，尔阳寿未满。”叫判官刘瑞图上前：“你引府学老爷去游十殿，看这阴曹善报应，回阳好将果报传与世人，劝人改恶迁善，异日来此，免受地狱之苦。”说毕拱手而退。

刘判官说道：

我引你到阴曹去把刑看，
一路上将来由细说的端。
世人死先要到城隍宝殿，
挂了号才送至西岳殿前。
将生平善恶事问了一遍，
方解到十王殿问刑之官。

长青行至山坡，见有无数许多大狗，问道：“这些狗在此何故？”判官答曰：

这就是阳间人喂的家犬，
犬老了那主人拉来卖钱。

这些犬在阴府阴魂不散，
野犬村等主人要报含冤。

长青又走一湾，只见那些有许多的牛马满山。长青问道：“这是何故？”判官答曰：

这牛马在阳间酬偿前债，
筋力衰那主人就坏心田。
牵市途求高价卖与屠宰，
石灰水灌咽喉五脏油煎。
都在这牛马村冤魂不散，
等主人来到此要把命填。
阳间人他未曾亲眼看见，
那知道地府中王法森严？
阳间有十八刑萧何注典，
阴与阳虽异地理法同然。
阳衙门就好比森罗宝殿，
那吏书亦好似阴曹判官。
那差人就如同牛头马面，
设监卡及牢房地狱一般。
十八刑大清律上面定典，
你知道我今日略对你言。
第一刑打嘴巴这是小犯，
第二刑打小板在于腿间。
第三刑用满杖四十大板，
第四刑带板枷三五十天。
第五刑压杠子又跪铁链，
第六刑上绷子不得缩弜。
第七刑用拶指痛之无厌，
第八刑上夹棍眼泪不干。
第九刑用脑箍骨髓要滥，
第十刑问坐徒一二三年。
十一刑问流罪几千里远，
十二刑办充军外国海边。
十三刑是遣戍里有万千，
十四刑问绞罪绞死眼翻。
十五刑是斩首脑壳砍断，
十六刑问凌迟痛苦难堪。
十七刑是分尸四体皆散，
十八刑骨挫灰罪大无边。
阳律例阴律条不错半点，
不一时来至在鬼门关前。
无常爷鸡脚神关门立站，
进关门望乡台就在上边。
台刑样如弓月八十里远，
五十丈虽不高背靠刀山。
李老爷你不信上台去看，
普天下各州县都看得完。

长青听说，上台去看，见汉中府城衙门都被贼占，他就上头伤心啼哭。乃判官即答曰：

休啼哭你妻子未遭大难，
有圣神保佑她逃在龙安。

长青又往四川龙安一看，见他妻子就要开口喊叫，而判官答曰：

你莫喊阴与阳隔了天远，
下台去过黑洞奈河桥前。

长青随判官过了黑河洞，见洞口上写钻大金字四个，乃是“人生不免”四字，又有三条岔路。判官曰：

人有生必有死个个不免，

三条路走的人不得一般。
上一等忠和孝实在体面，
金童接玉女迎快乐天仙。
中一条走的人善恶相半，
到东岳挂了号投生阳间。
下一条走的人全无片善，
做的事尽都是万恶滔天。

长青问道：“人死了才到阴间，怎就知他是善人恶人？”判官答曰：

那善人头顶上红光闪闪，
作恶的头顶上冒出黑烟。
平常人脑壳后白光一线，
不必问就知道善恶心田。
这一座奈河桥是块木板，
有铜蛇和铁狗他把人餐。

长青在桥上一看，见那桥下一条路，走的人尽被那恶鬼叉下去河内了。乃判官答曰：

你看这男和女怕有千万，
在水内被铜蛇咬得惨然。
过了桥进城池就是头殿，
殿角下孽镜台右边高悬。

青公来在台下，见台高丈余，镜大十圆，向东悬挂，上写对字：人□□世莫作恶，孽镜台下无好人。乃鬼卒押些犯人下台。判官曰：

跪这些他不认阳间罪犯，
将孽镜照出来叫他自观。
在镜中看见了生平事件，
一个个尽都是哑口无言。
抓起来跪在那秦广大殿，
明朗朗天在上一报一还。
打开了善恶簿恶有千万。

长青曰：“普天之下有千万人数，人的善恶何神亲眼看见，写在簿上来对？”判官曰：

有三台北斗神在人头上，
日游神夜游神记在簿间。
有家先并土地录其过犯，
人身中三尸神不能隐瞒。
灶府君无私曲时刻点检，
三十夜把善恶奏上南天。
只等你日子到阳寿已满，
天曹簿地府簿阳曹簿翻。
拿你来在此处三曹对案，
无一个逃脱了一罪一愆。
那一旁补经所你且细看。

长青观见有些和尚、道士跪地念经，问道：“这是何故？”判官答曰：

这僧道图利市只晓要钱，
或落字或落句或未全念。
今日里带铁枷跪念补完，
落一卷补十卷加倍赔满。
身受刑痛入骨讽诵艰难，
心毒人叉下去四十大板。
押之在第二殿去上刀山。

长青来在二殿，见刀山白如银雪，恶鬼抬些罪人往上一抛，周身捍过，问道：“这作何罪犯？”

判官曰：

这刀山看见了心惊胆战，
在阳世只为他恨地怨天。
又呵风并骂雨逆贼反叛，
食王禄不报恩污吏贪官。
把三纲并五常一概扭转，
臣弑君子弑父无法无天。
奴欺主下犯上一切过犯，
到此日方知道王法森严。
转回来看剑树人鬼成串。

长青问道："这在生作何过犯？"判官曰：

他不孝父和母忘了老年，
饥与寒有病患他全不管。
只顾他妻和子有吃有穿，
妇人家全不把翁婆孝念。
咒老人早些死口出恶言，
把丈夫不当人任性作贱。
到此日方才知报应昭然，
这还有磨子刑把人推滥。

长青问："这宗王法犯了何等的罪过？"判官答曰：

皆因是在生时坏了心田，
使奸诈用暗箭谋人财产。
置大斗和小秤进出两般，
拐妇女引少年到处逃窜。
抢人货偷人物又使机关，
图财宝谋人命行至远县。
有私仇教盗贼攀害牵连，
到今日方才知这样凄惨。
推成泥孽风吹又把魂还，
这还有油锅煎更劲难看。

长青一看油锅烧得飞滚，炸有数人，问："这犯何罪？"判官答曰：

这为他在阳世罪恶多端，
为官的得了银把案颠转。
当幕宾受了贿杀人笔尖，
当书吏得了钱改供换卷。
当差的要钱使拿人作难，
不出钱搓磨尽又要蛮干。
用非刑更比那王法还严，
治死了还说是病死保店。
把罪过推在那问刑之官，
有牢头即禁子治死囚犯。
当代书写词状乱改乱添，
为武将太平年受王恩典。
离乱年一个个怕死当先，
克军饷害百姓如同反叛。
到此时油锅炸甚是惨然，
不用怕随我来去到三殿。
寒冰狱男和女叫苦连天。

长青来在三殿，听说寒冰地狱，见男女无数，赤身露体，头长白毛，在那叫冷。长青他也说道："冷狱作何罪犯？"判官曰：

在生时父母冷他全不管，
并不思娘睡湿儿在干睡。
家豪富一家人概缝绸缎，
威逼人水中死心坏不甘。

为后娘把前娘儿女嫌贱，
小笸媳受饥寒害死九泉。
把奴婢若打骂十磨九难，
卖米粮卖货物发水贱钱。
这一阵冷起来皮糠肉战，
转过去那一旁便是火山。

长青来在火山，见些拨火的鬼卒，生的红发，手执铁叉，押些罪人，烧得污焦巴黑。问道："这些罪人在生作何过犯？"判官答曰：

这罪人在生时心焦火钻，
动不动他就是冒火冲天。
阴阳火害得人妻离子散，
平白地他又要放火烧山。
有私仇暗地里放火一线，
烧房屋害得人口喊皇天。
心火冒把父母拿来埋怨，
到如今烧得他尸骨不全。

长青看了一阵，热得难当，问道："拿如何方法可以消热过去？"判官答曰：

热得狠快想你父母恩典，
除却了心头火自消狼烟。

长青一想生身父母恩典，果然就不热了，真可妙。判官曰：

这一阵你心中欲火消散，
到四殿黑暗狱慢慢来观。

长青来在四殿，手扯判官衣服，随着判官避了半天，过去问道："这人在生作何过犯，受了此罪？"判官答曰：

这些人一平生心如墨染，
不怕神不怕鬼万恶滔天。
欺神像灭圣贤三教经典，
忘八则只把拿银钱苦贪。
害孤儿欺寡妇谋人田产，
做假银那中间灌的铜铅。
做生意全莫得良心发现，
用钱文短少数又掺毛钱。
行医人用假药害人不浅，
使邪术去迷人又放闷烟。
黑暗狱罪恶多难以尽叹，
那一旁便就是血河池边。

长青一见血河腥气难闻，有无数女人坐在河内，问道："这些女人在世生男育女，污秽天地，在此受罪否？"判官答曰：

这些妇坐血河不为别件，
并非是在阳间育女生男。
仙佛圣都皆是父母生产，
岂都是坐血河受这罪愆。
坐血河为的是妇女不善，
他把那二翁婆全不当然。
每日里在厨下肆无忌惮，
但不动打碗盏怒气连天。
大小月身不洁灶房游转，
烟冲上烤鞋袜又烤衣衫。
早晨家他缠脚向对灶面，
吃了饭灶头上摆一大摊。
冷起来一双脚灶孔一钻，

细娃儿提屎尿都在灶边。
坐血河他不知何日得满，
转过去五殿上细看一番。

长青来在五殿，见那将军柱上绑了几妇，只见恶鬼将舌头抓出尺长，用刀再割破。判官答曰：

抓舌狱绑这妇能说会辩，
凡百事由着她一张嘴翻。
在娘家刁嫂子先后争战，
吵得来一家人全不安然。
出嫁时不由她公婆教管，
说一句还十句她心才甘。
她在那丈夫前更不消叹，
惹着她牛皮气就要冒烟。
或背时或倒灶由她乱唑，
指东瓜比葫芦咒骂几天。
总夸她后嫁人甚是能干，
把丈夫当做那奴婢一般。
先后间每日里说长道短，
些小事就祸起背舌枕边。
说嫂嫂与弟媳她把强占，
刁丈夫要分家各坐一边。
因此上那恶鬼把舌割断，
那一旁择花所这是新添。

长青一看，见些恶鬼押些妇女，鬼将铁圈烧红，叫那妇人带起，又将铁钉烧红，钉在木板，像挖字八仙花样，叫她手择完。判官曰：

这妇女平素间爱的妖艳，
脸打粉爱妖娆额搽柳烟。
她穿衣件件要栏杆栽满，
灯笼裤卍字格架在两边。
高底鞋雕空了粉粄内面，
卯在地说她走步步金莲。
卧单上挑龙凤又挑字眼，
帐檐子绣日月又绣八仙。
为艳粄污秽字银钱抛散，
五殿上才把这地狱新添。
择花所是铁钉钉在木板，
他平生做多少要他择完。
叹不尽这刑法又听叫唤。

长青抬头一看，只见有城一座，并不见有人，听见哭声。“是何地狱？”判官答曰：

此乃是叫唤狱紧把门关，
在生时把五谷全不上算。
多喂些鸡和鸭好把肉餐，
细娃儿吃饭时概不检点。
喂猪牲还要拿米谷来掺，
因死后关在狱拿来饿饭。
未说毕见妇人绑在高杆。

长青一见高杆绑一妇人，恶鬼拿刀把肚破开，肠肚肝肺拘出一堆，问道：“妇人犯的何罪？”判官曰：

绑这妇她心肠不如牛犬，
又打胎又溺女罪大无边。
她说是儿女多房欲不便，
每日里要吃饭又要衣穿。
有了孕暗地里就把药办，
吃了药打下来血包一团。
如不然生下来就要蛮干，

或灰包或烧酒尿桶淹浇。
众恶鬼把毒肠狠他割断，
莫怜悯我们走六殿去观。

长青来在六殿，见些恶鬼把人叉下碓窝，又有二鬼脚在舂碓，问道：“这些人犯等，何等罪过？”判官答曰：

碓舂狱这些人狼心狗胆，
妇人家谋丈夫贪爱少年。
最可恨吹来客口能舌辩，
刁子女卖院房徒弄媒钱。
当龟婆开院房并开淫馆，
那节女去作贱其心何甘。
那女子无奈了舍下脸面，
浪荡子只见得意马难拴。
只有那胭花院害人不浅，
害多少好女子又害佳男。
那男鬼总把那酒色贪恋，
刁人妻拐人妇作科奸犯。
少年子他引诱走州过县，
到晚来好与他共枕同眠。
到今日一个个拿来舂滥，
孽风吹还了魂又抱铜杆。

长青一看，见殿阶外有一铜女，那旁有个铜男，又见一鬼卒拖来个男子抱住这个女子，又见拖来个女子抱住一个铜男。几根铜柱都抱得有人，柱内俱空，烧红炭。见几个恶鬼卒拿来些罪人，将两手足绑在铜柱上面，乃抱住就不得脱了。而判官答曰：

这铜柱见嫖客他就会变，
变一个美貌女同他上前。
抱倒起是铜人内烧红炭，
烧得你周身上燃起出烟。
化成灰孽风吹又还魂转，
嫖几回抱几回痛苦难堪。
女人家不正道照样所办，
押她去抱铜男周身烧烂。
看起来淫为首阴刑甚惨，
那一旁又坐的几位赌官。

长青一看，果有四人赌钱，坐的是铁桌子、铁板凳，打的铁牌，都烧红的。判官曰：

赌钱人在阳世他不信劝，
说打牌玩意耍莫得罪愆。
抛正业坏良心家业飘散，
带坏了人与己多少佳男。
为赌博出盗贼又出命案，
阴间刑才制得这般森严。
慢慢走随我来去到七殿，
有一把天平戥摆在中间。

长青问道：“造此物件，而秤何物？”判官答曰：

那一把天平秤称人过犯，
秤仇气罚受罪不能屈冤。
爱与人结冤仇不忍不善，
好斗气使黑心打入阴山。
那一旁锯子解请你观看。

长青看见，问道：“此人生平作何罪，犯锯解分身法？”乃判官曰：

锯的是阳间人不为正端，
打虾蟆筌鱼鳅又捉黄鳝。
杀牛马打龟蛇捕猎游山，
射飞禽宰猪羊伤胎破卵。
一生平他总图口腹香甜，
唆弟兄不和睦又用暗箭。
害得人夫与妻骨肉不全，
损桥梁拆路道不修片善。
到今日分解狱锯作两片，
铁床狱他二人再吃片烟。

长青一看，床上有二人对面睡着吃烟，说：“地狱都有人玩吸洋烟，是何故？”判官答曰：

在阳世充假哥玩的洋烟，
他说是吃洋烟莫得罪犯。
引坏了好多的子弟少年，
有正业他不做是事懒办。
一心想图便易刁对弄钱，
女人家吃洋烟无耻下贱。
这是那亲丈夫勾引下山，
妻儿女做出丑他全不管。
把祖宗好田产灯下烧完，
死阴曹拿铁床用火煅炼。
拿他去铁床上睡吸洋烟，
铜烟竿烧红了指着口按。
痛得他死去后又把魂还。

长青说：“吃烟多有为病吃的，不能丢脱，有少年无知吃的，为应酬吃的。此罪用何方能救？”答曰：

阳世间现有传玉历经典，
能奉行这卷经赦罪消愆。
能传送广劝化万罪皆免，
时记心传说者功德无边。
这刑法不稀奇再往下看，
砍脑顶割耳根就在下边。

长青问曰：“犯的何等罪，拿来便砍脑髓、割耳根？”判官答曰：

砍脑顶割耳根不为别件，
为的是爱听那妇人之言。
他父母说的话全不听见，
那妇人说一句如圣旨传。
有这种莫脑髓用刀砍滥，
把耳朵拿割脱决不姑宽。
阴法多看不完来在八殿，
铜汁狱不由人心惊胆战。

长青来在八殿，看见铜汁地狱，只见恶鬼把铜汁烧化，把人口刁开，灌进口内，问道：“犯的何罪，要喝铜汁，受此难当惨苦？”判官答曰：

这一座铜汁狱令人胆战，
用铜铅烧成水灌下喉咽。
这些人在阳世心恶口善，
立邪教刁异端聚众弄钱。
劝别人奉他教一家无难，
功圆满要成神又要成仙。
江湖上巧言语说得花现，
安门坎窖钗环要捡金砖。
有铜匠化宝钱铜汁灌咽，
有医卜并星相一言难叹。
有端公和道士只图要钱，

有阴阳害得人倾家破产。
使主人与词讼懂祸两边，
当乡约说的话光取两面。
弄银钱全凭他三寸舌尖，
到今日方知道王法难犯。
铜汁水下了肚烫你心肝，
那一旁又套去罪犯一串。
用毒蛇钻孔窍实在惨然。

长青又见些恶鬼把人口刁开，又见一鬼捉蛇一条从口内放进。“犯何罪？”判官答曰：

这犯人那舌头好似利剑，
有说无无说有害人多端。
或时说某家女跟人赶汉，
又说是某家妇长偷少年。
再不然逢着人坛子就讪，
尖脑壳烧火老混名乱安。
人有事他进去两边说滥，
因此上拿毒蛇放在身间。
随我来到九殿去把刑看，
阿鼻狱那苦情才叫惨然。

长青来在阿鼻地狱，周围千里，黑暗沉沉。问道：“这是犯的何罪，打入此狱受苦？”判官答曰：

阿鼻狱有千里周围一转，
有铜墙和铁壁甚是广宽。
此一重大地狱真是凶险，
进了狱并不是一二三年。
为男子把四恩不报半点，
为女子把七出都已犯全。
逞横豪凶恶辈杀人作乱，
偷抢人财和宝劫墓开棺。
有和尚并道家皈戒常犯，
入空门反把那酒色来贪。
学旁门食阴枣说把丹炼，
作淫书画春宫引动心猿。
种种的大过恶难以尽算，
那还有大地狱名号无间。

长青一看无间地狱，尽是铜墙铁壁，中间用的刑法，是铜是铁，是石是火，尽是重物。问道：“在生作何过犯，受此罪苦？”判官答曰：

无间狱甚宽阔尽是恶犯，
把天理尽灭绝一概不沾。
臣不忠子不孝弟兄生怨，
夫不和妻不顺朋友生嫌。
不说嫖就讲赌胡行乱干，
不贪酒便贪财做事心偏。
三纲坏五常灭人伦改变，
六亲疏八则忘禽兽一般。
读书人假聪明不务正传，
耕田人晴和雨时常怨天。
为工匠使奸计暗地盘算，
为商贾心不正巧使机关。
做买卖把天理不存一点，
或掺沙或发水假货赚钱。
百十行都莫得良心一片，
还有那无业辈游手好闲。
莫得事他在那街头游转，
斗患患寻孔孔无故生端。
设圈套专学的招摇撞骗，
罪受满变牛马十倍赔还。

撞套人善银钱百倍还转，
又还有忘恩辈负义之男。
阳有报阴有报迟早不免，
外设有小地狱略对你言。

长青说道：“此小地狱那些人受的这等罪，在生因做何犯？”判官答曰：

剥皮狱为的是把人坟犯，
挖眼狱他爱把账目改添。
惟丢了无名帖才刮他脸，
砍脚狱是讼师兴词告官。
腰扎狱多只为豪强霸占，
抽肠狱皆因是假借不还。
剖肚狱在阳世明瞒暗骗，
割肾狱在阳世占假姻缘。
铁狗狱为的是好吃牛犬，
饮血狱翻是非乱发狂言。
搞打锤拔手狱宰他手腕，
割骨狱为的是骨肉相残。
铁衣狱治的是妖娆小旦，
铁莺狱治要儿又去闹官。
铲皮狱铲龟子他不要脸，
石压狱烟花女难把身翻。
刺嘴狱因他爱诅咒发怨，
塞口狱为的是讪谤圣贤。
沸汤狱无老少不分亲眷，
碎身狱为的是不敬祖先。
酒疯客到阴曹要把尿灌，
耍光棍拿他来要抱铁竿。
割胆的多只为年无片善，
抽筋狱为的是月有多愆。
小地狱百多所难以尽叹，
殿角下枉死城立在右边。

长青说：“枉死城乃是阳间受冤枉死的受罪，是也不是？”判官曰：

尽都是寻短路自死之犯，
并不是受冤死鬼魂住焉。
受冤死受屈死无辜之犯，
岂拿来在城中冤上加冤？
此乃是冤枉人未死之犯，
阳寿满在此城受罪几年。
有些是寻短命自把命短，
或吊颈或刎喉投水吞烟。
今日间受苦罪失悔不转，
自寻死受枉罪难出城圈。
还有那戌亥日痛得真惨，
候阳寿日期满才提出圈。

长青说：“这些大小地狱，受罪满了，就该放他投生，是也不是？”判官曰：

罪小的十八狱重重受满，
即解至转轮殿投生阳间。
或贫穷或下贱六畜转变，
罪大的无间狱难把身翻。
受痛苦不知道何日得满，
坐地狱想投生千难万难。

长青曰：“这人死了，阳间儿女修斋破地狱，与十王行文烧纸，可免地狱之苦？”判官曰：

阳间人只仗恃念经拜忏，
无大孝焉能够就免罪愆。

这地狱非容易孰能破滥，
除非是西方佛孝子目连。
阴曹府又不用银钱通干，
那怕他烧纸钱堆积如山？

长青曰：“地府不用银钱，又拿作何方法可以解脱罪愆？”判官曰：

除非是孝顺子改恶向善，
看经文作善果悔罪消愆。
把阴功行一千脱人一难，
行一万阴德事度脱九玄。
只徒这修善果别无主见，
徒做斋离地狱难上又难。

长青曰：“地府只有十王，然普天之下若干人数，莫非人死了都要十王问明，方可发落投生阳间吗？”判官答曰：

万岁爷坐北京六部掌管，
阎罗王坐酆都十殿司权。
阳间人犯了法州县定案，
罪小的只解到州道衙前。
罪大的解上省过司游院，
焉能够尽解至刑部秋官？
阴曹府无罪的城隍定案，
即详文东岳殿投生人天。
些小罪解府州城隍判断，
罪大的方押在十王殿前。
若再有犯大罪恶孽已满，
解酆都打入在黑暗狱间。
任凭你铜金刚铁打罗汉，
那怕你在阳世举贡生员。
那怕你人马多雄兵百万，
那怕你公与侯一品高官。
十八曹大地狱受罪已满，
变禽兽与水族万劫难翻。
阴曹府地狱多定有铁案，
有一部玉历经普天下传。
皆因是地府中刑法难惨，
地藏王心不忍恳恩上天。
同十殿跪凌霄通明宝殿，
请敕书下阴曹传与阳间。
书的名玉历钞阴曹铁案，
奉玉旨体行者准赦罪愆。
将玉历传世人阴功久远，
准转世享荣华福报身边。
传得多送得多名登仙卷，
照你的传劝功为神为仙。
那一部玉历经慈恩非浅，
能成仙能富贵体行要专。
幽冥中诸鬼神再查案件，
体行者瞒不过日夜巡弁。
阳世人求儿女求免病患，
求功名求寿元求超祖先。
许此愿送玉历大有灵验，
灶神前祝告毕申奏上天。
诸鬼神齐保佑他的心愿，
加福禄加寿元不遭祸冤。
李老爷记心中回阳普劝，
传与人阴功大福寿无边。
不信者是他人善根浅鲜，
自作恶受罪时悔后迟难。
务须要将我话刻成书卷，
一一的记清楚望你耐烦。
作成书传劝世各处普散，

冥王爷保佑你名列仙班。
随我到投生处你再细看。

长青来在殿外，十分热闹，有穿靴戴顶的，有衣冠平常的，有施衣落食的，有披六畜皮子的，种种不一。见牌上写有诗曰：“为人容易做人难，再要做人恐更难。与生福地无难处，口与心同却不难。”又看这边有一老婆婆，执壶斟茶，众人都在乃些吃茶。长青不觉口中发渴，心想上前也要一碗茶吃，乃判官急忙向前而止曰：

那婆婆她卖茶切莫去餐，
她本是孟婆神出在前汉。
是处女寿八十鹤发童颜，
长斋戒入深山修到后汉。
上帝爷敕封她十殿外前，
施药茶迷却了生前事件。
药茶内有五味苦涩酸甜，
吃茶后就带了二分病患。
这就是阳间人起病根源。

长青曰：“放去投生，为何与他病灾祸患，是何缘故？”而判官答曰：

这都是他前生善恶印证，
投生时将善恶印在他身。
印迟早印轻重皆有分定，
寿与夭祸与福不差毫分。
只有那善全者不在此论，
又有那恶全者不在此斟。
为善者印福寿并印显达，
为恶者印灾害并印穷困。
功多者过又轻福多灾少，
功小者过又重福少灾生。
印病灾印福寿不得错乱，
印迟早印轻重各自攸分。
这都是上天爷慈悲浅露，
暗使人遇灾惧侧身修行。
若有人效法古遇灾而惧，
对上天发誓愿叩祝灶神。
前生事愧无知而今才悔，
从今后悔前非改过回心。
上天爷慈悲大不加悔罪，
保佑你祸转福又种来生。

长青说：“今生行善，可以祸转为福，也就罢了。又说种于来生，那有这便当的事？我全不信。”而判官答曰：

循环理今生受前生所做，
来生受却又是今生种因。
若果能修善行天律批定，
倘积有大善果九祖超升。

长青曰：“今生好与前生印证，这话难使人信。”乃判官答曰：

你不信试看那观相算命，
看相的视人相一望而清。
算命的把八字一推而定，
贫与富福与祸自然而成。
寿与夭弱与强如同一印，
这都是幽冥中善恶妙因。
天地间转轮回阴阳理定，
因此上善恶事不差毫分。
只有那为善的方可换命，

如不然要想好万万不能。
说不完祸转福又往前进，
放投生你看来转轮大车。
酝忘台迷魂汤迷了本性，
吃罢了就要进转轮之车。

长青一看，转轮车上写有“生道随缘”四字，两边有对联，上写：“儿女债有讨债有还债有宿债是有假儿女；夫妻缘有善缘有恶缘有前缘非是真夫妻。”又见那些穿好穿歹之人，与他披六畜皮子的都从那车口内进去。“是何缘故？”判官曰：

六条路各样人走住一连。
上一条走的是为官为宦，
子孙贤福寿多富贵双全。
一一条走的是衣食丰满，
又不愁又不焦快乐无边。
三一条有妻子田地有点，
一平生焦到老又不得闲。
四一条走的人贫穷下贱，
一辈子苦到老衣食难全。
五一条或痴聋喑哑病患，
无衣食一平生困苦不堪。
六条路是禽兽牛马猪犬，
有龟蛇并虫蚁水族百般。
生天道与佛道人道游转，
地狱道饿鬼道畜生道边。
六道中并四生胎卵湿化，
由转轮放投生现形阳间。
这就是地府中一部例案，
还阳世即传与善男信女。
若有人把此书传送一卷，
阴曹府免了他十种罪愆。
若有人把此书传送百卷，
地府中注阴德功果一千。
若有人刷书本四处传散，
身死后免地狱即可升天。
听此书就起心回心向善，
生者昌死者吉快乐无边。
把此书记心中切莫怠玩。

长青说：“看来天地之大，无所不有。奈世间有等自作聪明的，有些世情不能大通的，又有阴阳循环之理不能见到的，他说人死了，气散了，尸埋了，无身受罪了，他说不知了。如此看来，还是晓得痛苦，这三魂是不能死的。”判官答曰：

来在这臭得很屎粪池边，
粪池中那一人你可看见。
他的名叫白起秦国武官，
在生时杀降将四十余万。
到如今千百载还在受愆，
皆因他心恶毒受罪难满。
你看这变牛马一位大官，
李林甫为宰相唐朝年远。
心不好设奸计克害众官，
阳寿满拿他来投生还愿。
七十牛九十娼变满循环，
变水族到今时朝数久远。
还在这地狱中叫苦连天。
那旁有秦宰相还去变犬，
他不该害岳爷一家受冤。
武穆王尽忠死为神天界，
假金牌害人的还在狱间。
那还有王实甫一位好汉，
逞才学造西厢罪大无边。

西厢戏是淫书大干天谴，
传于世害多少子弟少年。
他不该在生时逞他才干，
到今时还在这受罪作难。
善恶报阴与阳不漏半点，
随我来送你在阴阳界前。
每逢着朔望日十□□□，
吃斋戒焚宝香悔罪消愆。
施一礼从此路快□□□，
但愿你福寿增子孝孙贤。

长青还阳，见地狱受刑之人惨忍极矣，愿世人谨将地狱之刑法深信，若有虚言，永绝书香，故录之。但见此书者，诸恶莫作，众善奉行，而必有感矣。

钦加六品衔即用府经历县丞德庵樊政识，经理募捐仝刊

十王圣诞日期列后[1]

□□□□焚香祭祀

幽冥教主地藏王菩萨　七月三十圣诞

酆都大帝　九月初九日圣诞

一殿秦广大王　二月初一日圣诞

二殿楚江大王　三月初一日圣诞

三殿宋帝大王　二月初八日圣诞

四殿五官大王　二月十八日圣诞

五殿阎罗天子　正月初八日圣诞

六殿卞城大王　三月初八日圣诞

七殿泰山大王　三月二十七日圣诞

八殿都市大王　四月初一日圣诞

九殿平等大王　四月初八日圣诞

十殿转轮大王　四月十七日圣诞

每逢十王圣诞日，□□诵念十殿冥王救世真经，或三遍七遍，戒杀放生，依期□□，□寿功德，浩大无量矣。

诗曰：“湛湛青天不可欺，未曾举念神先知。善恶到头终有报，只争来早与来迟。”

（张丽玲录入、校勘）

① 所列圣诞日期，原有缺损，据习惯说法补。

孟姜女长城寻夫

孟姜思夫

孟姜在家思夫君，相信夫妻恩爱情。
秦皇要把长城造，各州府县来抓人。
丈夫抓去无音信，我在家中不安宁。
白天思夫到深夜，晚来思夫到天明。
想起花园一段情，荷花池塘把澡洗。
瞧见万郎来藏躲，吓得孟姜胆颤惊。
上前将他来盘问，他叫奴家莫高声。
他讲他是落难人，要求奴家救生命。
孟姜一听喜不尽，只得仔细观书生。
观他品德多端正，自为媒来自许婚。
结婚不到一天整，秦皇差官到来临。
压迫我夫要动身，去到边关筑长城。

孟姜女十二月探夫

正月探夫是新春，家家户户点红灯。
人家夫妻团圆住，孟姜女丈夫筑长城。
二月探夫暖洋洋，双双燕子闹华堂。
燕子成双又成对，孟姜女成单不成双。
三月探夫是清明，家家户户祭祖坟。
人家祖坟飘白纸，万家的祖坟冷清清。
四月探夫麦穗黄，家家户户养蚕忙。
孟姜采桑把园进，一把眼泪一把桑。
五月探夫是端阳，龙船下水闹长江。
人家夫妻把船看，孟姜女一人好凄凉。
六月探夫热难当，蚊虫飞出闹嚷嚷。
宁可叮奴千口血，别咬我夫万喜良。
七月探夫秋风凉，孟姜女子进绣房。
手拿钥匙开衣箱，只见郎衣不见郎。
八月探夫雁门开，雁从南方带霜来。
奴与孤雁一般苦，恩爱夫妻两分开。
九月探夫是重阳，重阳美酒菊花香。
人家造酒夫君饮，孟姜造酒无人尝。
十月探夫小阳春，想起我夫两泪淋。
心中只把秦皇恨，强迫我夫筑长城。
冬月探夫雪花飘，一心要把丈夫找。

长城天气多寒冷，夫君无衣命难熬。
腊月探夫过年忙，家家户户喜洋洋。
看看新春佳节到，但愿我夫早回乡。

孟姜女十二月寻夫

正月寻夫是新春，辞别高堂二双亲。
包裹雨伞拿在手，一心要奔万里城。
人家门前挂红灯，我家门前冷清清。
春风冷雨心头热，鞋尖足小路难行。
二月寻夫是春分，燕子叼泥飞高门。
白日空中拼翅飞，晚来交翅同窝眠。
记得万郎在家里，我与郎君去踏青。
春暖花开八般景，郎挽妹手笑盈盈。
三月寻夫是清明，家家户户祭祖坟。
有子有孙坟前祭，无子无孙冷清清。
前世姻缘由天定，天赐良缘一段情。
夫妻恩爱生一子，乐坏高堂二双亲。
四月寻夫麦穗黄，插秧割麦两头忙。
人家割麦把身插，我到长城找喜良。
记得花园荷花池，奴在池塘把澡洗。
万郎藏在树阴下，两人相爱配夫妻。
五月寻夫是端阳，男女老少看龙船。
人家佳节多欢畅，想起我夫好凄伤。
千里迢迢到边关，一路行走好艰难。
长城能见我夫面，但愿一家能团圆。
六月寻夫热难当，路边井水当茶汤。
泉水能解心中火，我夫能解奴心肠。
天气炎热如火焚，夫在边关筑长城。
奴家想你肝肠断，汗湿衣衫往前行。
七月寻夫七月七，牛郎织女两相会。
他们夫妻再相会，除非来年七月七。
七月太阳如火焰，孟姜行路如油煎。
翻山越岭路难走，夫妻何日能相见？
八月寻夫到河崖，上无桥来下无船。
上无桥来犹自可，下无船来难上难。
河又宽来水又长，两眼落泪等渡船。
得见渡船靠了崖，不由奴家心喜欢。
九月寻夫是重阳，秋风落叶路凝霜。
寒风刺骨天气冷，要为我夫送衣裳。
我夫边关筑长城，身边无人来照应。
一无钱来二无衣，劳累受苦好可怜。
十月寻夫小阳春，家家户户都担心。
千村薜荔人已死，万户休唱鬼嚎声。
庄稼汉子都抽尽，人烟稀缺好惨情。
但愿夫君身无病，奴家行走十月另。
冬月寻夫雪花飘，要送寒衣对郎交。
新衣穿在夫身上，免得我夫受煎熬。
来到北方天气冷，雨雪冰雹扎奴身。
披风冒雨库前走，夫妻见面受苦情。
腊月寻夫长城边，孟姜寻夫数十天。
抬头看城多雄伟，一眼望去长无边。
民工老幼结成群，人哼马嘶闹沉沉。
监官挥鞭马鞍坐，残酷手段压黎民。

孟姜长城哭夫

孟姜寻夫到长城，长城工地许多人。
日夜筑城多辛苦，个个累得死气沉。
走向前来开言问，谁人知道我夫君？
几位民工来回答，他把实话说我听。
他说我夫命归阴，秦皇把他祭长城。
孟姜一听心头恨，突然昏倒地崖沉。
哭得众人都伤心，死去活来又还魂。
哭声夫来叫声君，不该抛丢一家人。
堂上父母无人敬，绣房你妻靠何人。
只望与你天长久，生同罗帐死同坟。
哭得天地也寒心，哭得山河水又浑。

哭得筋疲力又尽，哭倒害人此长城。
只望长城见夫君，谁知我夫归了阴。
我夫死得好凄惨，要为我夫守孝灵。

孟姜女守七

一七到来好悲伤，孟姜女子守孝堂。
灵前只见一杯酒，不见我夫用口尝。
二七到来守夫灵，叫夫哭夫不回音。
如今我夫归阴去，再想见夫万不能。
三七到来昏沉沉，哭得你妻也无力。
我夫长城归了阴，丢着你妻独一人。
四七到来跪夫灵，灵牌之前叫夫君。
叫声夫君等一等，等着你妻一路行。
五七到来泪流干，我夫死得好凄惨。
阳间不见丈夫面，愿到阴间会一场。
六七到来夫去远，丢下奴家好可怜。
苍天拆散鸳鸯鸟，今生不能再团圆。
七七到来功成满，喉咙哭破泪流干。
回头辞别二双亲，黄泉路上会夫君。

（潘利华录入，张丽玲校勘）

孟姜绣龙袍宝卷

昔日有个秦始皇，磨明查章造我方。
北打长城东征海，南挑五岭坏纲常。
酷杀忠良无其数，铲杀黎民有万千。
千言难征百姓苦，单表昔日许孟姜。
无机祖来脱化孟姜女，哭长城十万里劝化众生。

却说单表昔日秦始皇天子，他见的四海清平，万民乐业，刀枪积库，马打南山，真乃是太平乐年。

那日秦始皇爷，夜宿龙床，偶作一梦，青黄赤白黑，五色人等，一个一个跪在床前，就要求命。秦始皇梦中就问："你们是何人氏？为因何事？"言说："害我性命。""何人害你们的性命？你叫为王与你们偿命，请急速叫来那四人。"奏道："我们六畜长管，如牲的灵秀，有这新坟记者，娶儿嫁女者，有这酒馆面店，血朋合知，杀害牲灵，害得我们父子不能团圆，兄弟不能相认，皆因我贵管大事，冒犯天颜，才来上告，我主子一大慈悲。"秦始皇言道："我命天子，不与你们偿还命，干其何事！"那四人奏道："你若不与偿还命者，一日有知奸臣事起。"秦始皇惊醒，却是一梦，思来想去，未曾睡着。

等到天明次日，宣那文武上殿。急忙来到金殿，朝王一毕，"有何事情？"始皇就将梦中之情由，说了一遍。于部之中，有一大臣，非为阴阳官，奏道："依臣奏本，东西南北，修打长城，日后奸臣事起，按律所斩。"始皇又问："长城工力甚大，怎样修行？"非为又奏："我主库内，良天天赐舆，为臣将地气数丈量明白，然后动工。"又下殿来到府中，将地理图展开，看了一次，数余天造成了一张图样，东至辽埬，南至行河，西至长安，北至大漠饮马泉，将图样呈与。始皇一见，龙心大喜，便说："长城工力皆大，用何人修打？"那非为又奏："天下有百姓之内，三人排一名，五人排二名，并无相害。"始皇又说："无人管理，怎样修打？"非为又奏："有一蒙和将军，可以去得。"即宣蒙和上殿。上得殿来，朝王二十四拜，口呼万岁三声：“宣臣上殿，有商议？”始皇言道：“我钦差二字管兵假民，修打长城，你可愿去？”蒙和言说：“长城工力甚是皆大，何人修打？”始皇言说：“天下百姓之内，三人排一人，五人排二人。”文臣又奏：“天下百姓之内，但有书生秀才，焉能受大苦工？”始皇言说：“但有书生秀才，重排夫丁。”那蒙和领旨，下殿来到府中，各省府州县，行开文疏，要排丁。这话不提。

四州红水县，有一范员外，家好大富，所生一子，名叫范郎，身红门，送入南学读书。那日回家，见父亲忧愁，不知有何事情，儿又问父亲，员外就将排夫之事说了一遍。范郎言说：“父亲，你放宽心，儿生员前去替父亲修工。”员外言说：“孩儿信口胡言，岂不知皇王有旨，六部有文，不要书生秀才。你今前去，大不稳便。”范郎言说：“我门单丁独户，我父年七旬，不能受此大苦。生愿替父修工，也无有什么大过。”主意已定，前去修工，收拾包囊便行。不多一时，公差来催，必定要出得门来，嘱托几句话。恐你不信，父亲有十字卷口为证：

老员外叫范郎听父嘱托，
儿出门早晚间最要小心。
到长城学自息操心用力，
休贪玩唱花酒误了休工。
范郎说叫老父放心回去，
儿今去修完工急便回程。

却说员外嘱托已毕，那范郎儿起身走了。行了三日，来到长城行营，那蒙和取夫三日，未曾点夫。那日站东过西，细点到范郎跟前，大失一惊，言说：“年兄岂不知，皇王有旨，六部有文，不要书生秀才。你今前去，大不稳便。”范郎言说：“我们四州红水县，范家单丁独户，我父年过七旬，不能受此大苦。生员前来，替父修工，父也无有什么大过。”蒙和听言大悦：“天下忠孝之子，世上少有。”让在一旁坐下。他那里将夫点毕，来到营中，待茶已毕，便问：“年兄，我的姑母听说，出嫁与四州红水县的范家，你可得知么？”范郎言说：“我母常言，与我说过，她是蒙氏。”蒙和言说：“她未望你说，我家可有什么人守。”“我母与儿说过，蒙家自思舅父舅母，所生一子，叫蒙和，出任做官，生员未曾会面，不知今在何处。”蒙和言：“原是表兄到了。”行礼已毕，便叫：“表弟，你今身入红门，焉能受此大苦？”范郎言说：“不提表兄，这半时后，无计可施，难办了。”有诗为证：

有蒙和不听宣此入金殿，
九龙口朝帝王奏明原因。
始皇爷听得奏有忠有孝，
一时儿找范郎修打长城。

却说范郎修打长城工力，赞礼已毕，蒙和又奏：“长城工固皆大，范郎修打，为臣干其何事？”始皇言说：“你不奏者，二人同办，你既奏者，其何事情。你去楼罗山下，操练兵马，去到怀中，恨在心，退朝而去了。

有那范郎来到长城的行营，出了一张告示，条等人一来取十一年，老的楼上，中年小的提行，每人等官价钱五拾文，除扣官价者，按律所斩。郎修工程三月有余，那日蒙和暗暗进了长城行营，躬身已毕，蒙和言说：“表弟修工三月有余，天黑你也不看看姑父姑母去么？”范郎言说：“你看我有病在身，谁人知道怎样前去？”蒙和又说：“为兄替你照管，你看谁人知道。”范郎乃是孝子贤孙，信以为实，等到夜半三更时候，用人扯马，暗暗出了长城。有那土地山神，起了一阵狂风，将范郎乱刮到花云县许员外的后花园里，上在桑树林上，梦梦不醒。

却说许员外，家好大富，骡马成群，牛羊满圈，半辈发慈悲无后。所生一女，名叫孟姜女。小姐七岁吃斋，广念经文。那日那员外与夫人商议，“你看我们半辈发慈悲无后，所生一女，身高力大，今年一十六岁，未曾配与人家”。小姐听说，跟定老母，便说：“孩儿有言在先，忠孝之子得配婚姻，伺奉一双父母到老，也不枉为人一场。”老夫人便说：“孩儿休口胡言，天下忠孝之子，世上少有，你可等着几时？”孩儿又言：“我们后花园里，有一座周堂庙，不免我前去降香。”小姐梳头洗脸，穿上衣服，求婚姻一回。员外听言，即忙打发田四郎打扫周堂庙去。姑娘降香，来到周堂庙里，双膝跪下，祝告神灵。恐你不信，有经为证。唱曰：

孟姜女奉明香双膝跪下，
忙祝告空中的过往神灵。
保佑我忠孝男早配婚姻，
免得我双父母昼夜操心。

话说再表小姐降香已毕，来到未水池边，洗澡一回。四郎来到池边，观见水池沿桑树林上有一人，唤下树来，便问：“姓甚名谁？那里人氏？”范郎言说：“我是四州红水县人氏，我名叫范其郎。”说了一遍。小姐又说：“就是忠孝之子。”到了次日，天定良缘婚姻，小姐就将成亲之事说了一遍。那范郎言说：“岂不知古人之言，天上无云不下雨，地下无媒不成亲。”小姐此处，就有媒证。

桑树林未水池为媒做证，
田四郎在一旁他是媒人。

却说这话不提。小姐看经已毕，范郎言说：“我恐怕后来大不稳便，我们花园里，对天发愿。”恐你不信，有经为证：

孟姜女跪当天对天发愿，
忙祝告过往神稽查分明。
一个说海枯了再不改嫁，
一个说树朽了再不重婚。
二人发罢宏誓愿，四郎领路来到家。

却说范郎走进门来，见了许员外，行礼已毕，小姐就将成亲之事说了一遍。员外言说：“贵人到来不凑巧，再等三日，才有个良辰吉日。”与一双父母，孩儿成亲，这话不提。

且说蒙和那日暗暗地奏了一本，要害他范郎的性命。恐你不信，有十字卷为证：

有蒙和不听宣此入金殿，
九龙口朝帝王奏明原情。
蒙和说范其郎逃走无信，
臣奏本君作主定齐朝纲。

却说蒙和看经已毕，这话不提。且说始皇言道：“急传圣旨，宣那黑狗二大臣上殿。”二位大臣大殿来，二十四拜，口呼万岁三声：“在上宣臣上殿，有何大事商议？”始皇言说：“我封钦差二字，管兵假民，欲锁拿范其郎，倘若拿住，要顺情他。”二人领旨。

二人下殿，来到府中。那蒙和吩咐三军：“你们好打听黑狗二大臣，出报我知道。”那日忽听张义们炮仗三声，即报与蒙和。蒙和听说，抬了喝酒桌子，迎接在路枯桥下。待茶一毕，抬过满斗金银。二人言说：“将军这是何意？”那蒙和就将害死范其郎之事说了一遍。黑狗说：“但要你不收，伤了将军的脸面。”二人收了财礼，黑狗言说：“我们将范郎拿住，来先送与他将军定罪。”走了数日，来到四州红水县范郎的庄子上，查了未曾回家，又问了左坊右邻，一口通云，并未回家。那黑狗二大臣，上得朝来，各州府县行文疏，要拿范郎。这话不提。

且说花云县官出了一张告示，那许员外闲游闲转，观见十字街前，贴着一张告示，拿范郎之话语。员外看了一遍，回到家中，即报范郎，绳捆锁绑，与县官得知，不一时，公差来催，衙役来到了庄子上，报那范郎涕哭而叹。范郎走进门来，便叫岳父：“我今去何不知，你急将小姐别配何人，□问去吧。”小姐便说：“岂不知花园里誓重？”范郎听罢，叹曰：“不能失散，今日提起花园，心如刀绞。”正是：

你提起花园内心如刀绞，
好夫妻今一日终得相逢。
孟姜女叫丈夫休要啼哭，
要相逢敬在人呼之意心。

却说范郎日后若得活命，夫妻相认。小姐听去，出门来，鸳鸯布三尺，青凉伞一把，“你日后若得活命，此物对□相认”。那范郎听罢，扬长走了。三日以后，来到铁桥关，见有一个道人，算卦算得生死无比。范郎走上前来，算得一卦。那道人言说：“君子你往前走三步，后退三步。”那范郎前走三步，后退了三步。那道人通了四柱，便叫：“年兄，你出门的日子不好，你不上半月天气，命近无常。”范郎听言，心中自思自想：“我死了不要紧，但各青春少年，有心捎一封家书，又无纸墨。”忽然记起鸳鸯布三尺，当作一张书信，中指咬破，当作毛笔，双眼流泪。恐你不信，有十字卷为证：

范其郎写血书双眼流泪，
哭一声孟姜女许氏贤人。
红水县上拜上生身父母，
可怜见不孝儿闪下双亲。
我自说伺奉你黄金入柜，
谁知道有蒙和害了儿身。
再拜上花云县岳父大人，
我只说做女婿伺奉到老。
可怜见不孝婿闪下双亲，
谁知道半路你闪下年尊。
再拜上贤妻儿许氏小姐，
好夫妻不到头也是前生。
我自说做夫妻同床到老，
谁知道半路里孤身一人。
你若还不忘我夫妻恩意，
休等得我的妻误你青春。
你若还见血书别行改嫁，
你与我十月一送件寒衣。
满肚中恩情话书写不尽，
尽手儿书性命敬去贤人。
把一封血书儿方终写就，
有公差上前来就要起身。

却说范郎打听一回：“行路的君子，与我捎一封书子，世不忘恩。”言说看看旁边闪出一个人来，只说：“我走花云县的人，与你捎一封书子。”这话不提。

且说田四郎走那街上，闲游闲转，撞见一人，说："有人与你捎书一封来了。"田四郎不敢怠慢，急忙来到家中，报与小姐得知。小姐取出鸳鸯布，对□见见是定，急忙取出首饰银子，拿上送与捎书信的人去，把当作个辛苦，吃饭不饱，当作一盏茶钱去罢。田四郎将书接来，来到家中，送与小姐，一见血书，大失一惊。恐你不信，有经为证：

孟姜女见血书大失一惊，
书记上血染的一片通红。
念一声哭一声可怜夫君，
一字字一行行写得分明。
把一封血书儿放终看罢，
老员外上前来要书观看。

小姐言说："爹爹你就莫要观书中的字，你眼目昏花。书中自说，算卦平安，再无别言。"说："你如何眼中流泪？"小姐说："我有一件大愿，因此眼中流泪。"员外言说："我生一女，就如掌上明珠一般，有什么愿？"小姐说："我与始皇许下个拆黄袍一件，此工不就，因此眼中流泪。"员外说："我家绫罗紫缎俱全，任你所造。"小姐领了她父亲的言令，上楼做袍去了。这话不提。

再说那范郎数日来到长城的行营，一见蒙和，恨骂如苦。恐你不信，有经为证：

范其郎见蒙和高声大骂，
骂了声蒙和贼短命之人。
你不念我的母是你姑母，
你不念我和你表弟表兄。
把蒙和口骂得无言可答，
叫三军绑范郎打在长城。

却说范郎一死，冤魂不散，来到阎王面前。阎王一见，冲冲大怒，便说："你这些无迷不孝，世上少有。"吩咐鬼使将范郎送入油锅，受罪去吧。判官奏道："阎君得知，岂不知范郎妻子孟姜女，至七岁吃斋，度念经文。日后上神降罪，谁人应承？依臣本奏，将范郎幽魂送入凉天庙，且等孟姜女小姐日后与始皇进袍，叫他夫妻梦梦相认。"这话不提。

且说小姐将袍造就，那日梳头洗脸，穿正衣服，下得楼来，参拜一双父母。小姐言说："要与始皇进袍，二来寻一回。"员外听言，便叫："孩儿冤家，你胡说的什么！长安路远，你今女流之辈，怎样前去？"小姐言说："长安路远，总有一到，恐怕什么！"老夫人听罢，大骂奴才。

老夫人听一言冲冲大怒，
骂了声狗奴才大胆欺心。
娘养你费尽了千辛万苦，
夫妻好怎比得养你之人？
小姐说叫老母休说儿短，
听孩儿与你说天地人伦。
好儿女敬父母如敬天地，
好妻儿敬丈夫如敬双亲。
你今日若不让儿往前去，
我两头撞死了闪你无功。
老员外叫冤家休要破命，
我打发田四郎做伴同行。

员外言说，便叫："四郎，你同姑娘前去，保着姑娘回来。"小姐收拾包囊行李，出得门来，扬长走了。三日来到铁桥关，挡住不叫过去，出银子三两付与他人，放过去。又走了三日，来到黄草关，将说："他二人下在监中去罢。"

孟姜女进监中放声大哭，
哭了声我丈夫何处安身？
我在家要不听亲娘言语，
今日个我落在火凹之中。
他二人在监中正哭半夜，
惊动了上方的太白金星。
孟姜思想冤枉事，家中父母却不知。

哭五更

一更里泪汪汪，想起父母泪思伤，今日冤枉对谁讲？好似钢刀刺断肠，我的天爷，好似孤雁落了网，我的天爷。

二更里来睡朦胧，冤枉苦情何日明？要得举家重相见，除非命短归了阴，我的天爷，再要相见万不能，我的天爷。

三更来恨夜长，苦读十载在寒窗，祖上有得登金榜，思想范郎受恓惶，我的天爷，除非南柯梦一场，我的天爷。

四更里好伤惨，今遭磨难对谁言？家中大小不能见，儿父母至今不团圆，我的天爷，丢下父母好心酸，我的天爷。

五更里天色明，耳听外边有人声，昏昏沉沉为做梦，醒来却是两个人，我的天爷，何人来救我性命？我的天爷。

却说这夜晚间，惊动了空中的过往神灵，遇见太白金星下凡，许孟姜女压在监中，身受大难。田四郎啼哭在监。太白救难下凡，用眼观看，黎民苦难，南修五岭，北打长城，东至山海关，雁门关中至，西至嘉峪关，十万八千里远。至始皇听言，百姓苦难，土神山神来到奏道，无机祖脱化孟姜女，哭长城十万里，劝化众生。单表昔日太白金星要救孟姜女。

太白金星要下凡，救度孟姜出牢监。

却说太白金星心血一潮，便知孟姜女有难。太白金星摇身一变，变了一个白头老翁，手提饭罐，来到门，便叫牢监：“监中有一孟姜女，请来吃饭。我是她的干父，她是我的干女。”小姐上前，接住罐子吃饭。老翁便说：“今夜晚监中有你们主仆二人，莫要担怕。”那老翁化了一阵青风刮去了。小姐叩头谢恩，才知是神灵搭救。等子夜三更，忽听空中谈速了一声，大火灵监将他二人从烟头上调送上凉天庙去了。走着天色夜晚，来到凉天庙外，有一间小房安身去罢。

梦范郎进门来双膝跪下，
叫一声贤妻儿不忘你恩。
孟姜女在梦中慌忙进门，
叫丈夫身染血却是何因？
范郎说有蒙和害了我身，
命丧在第九功万人坑中。
孟姜女在梦中慌忙又问，
叫一声贤丈夫四郎你听。
许小姐开了门叫苦连天，
有蒙和害死了打在九功。
今夜晚你与我托了一梦，
去袍服换孝衣盖了青红。

小姐便叫：“四郎你回家去，与我父母报信去吧。你就说我不回去了。”田四郎便说：“我家爷爷与我说的明白，保着姑娘来，还要保着姑娘去。你不去，我也是不去。”小姐言说：“你不去，无人报信，叫我一双父母门前要愁下一场大病，谁人应当？”四郎无方，回家与她一双父母报信去了。这话不提。

且说将梦中情由，实虚不等，前边有大佛寺，不免前去抽签一回。来到大佛寺，有一法师王和尚一见小姐，他就心里起意了：“早知范郎死故，你与我做一床夫妻，岂不是好？”小姐言说：“我与范郎发愿，就如山海一般，和你成亲之事，万万不能。”“你要来，你还能走！听我和尚原因，小沙弥你将我前后山门一起上了，你可从那里出去？”小姐听言，低头不语，就生一计，便问：“你这个寺里，可有多少罗汉？”和尚言说：“我这寺里有一百单八个罗汉。”小姐言说：“我要嫁你，许下一个罗汉八个头，你与我参头还愿，我与你撞钟。”和尚听言，连忙参头去了。有那山神土地撞钟，将小姐送上十里长亭去了。和尚头参得快了，钟也响得快了，头参得慢了，钟也响得慢了，方才头参毕了，钟也不响了。来到钟架，不见小姐，庙里庙外细细寻找，不知小姐何处去了，气得和尚倒在禅房。恐你不信，有经为证：

哭五更

一更里来说孟姜，和尚庙里泪汪汪，早知女子托空记，我的佛爷，罪不改与佛先还愿，我的佛爷。

二更里来正黄昏，起来坐倒睡不定，可恨和尚元逢义，我的佛爷，先招亲来后还愿，我的佛爷。

三更里来不放心，点上灯笼到钟亭，三寸金莲稍裙边，我的佛爷，走出走进叫贤人，我的佛爷。

四更里睡朦胧，梦见小姐成了亲，说说笑笑来饮酒，我的佛爷，惊醒不见难妆人，我的佛爷。

五更里大天明，和尚想下脑后风，眼睛看斗愁不证，我的佛爷，口儿念的许夫人，我的佛爷。

过千山并万水不顾性命，
走一里哭一里实为夫君。
山又高石又广寸步难行，
进龙袍见圣主奏明冤情。

却说小姐参毕，来到了十里长亭，过见忠臣王辽。王辽便问：“小姐你到此地为何？”小姐言说：“找寻我的丈夫，名叫范其郎。”王辽将蒙和害死范郎的事与小姐说了一遍。小姐说：“你就为证。”这话不提。

小姐走到长城的行营，那蒙和一见小姐，他就起了意了。“我们做一床的夫妻，岂不是好么？”小姐听言，低头不语，生了一计，便说：“我与始皇献袍一件，将袍进与始皇，情愿和你成亲。”蒙和听言，急忙把他急得糊涂了，连忙做本章去了。他在一旁，小姐在旁将包袱换了，他那里做本章写圣旨，我这里将包袱换过了，急急忙忙没有细看，将包袱提上，就进袍去了。

有蒙和不听宣此入金殿，
九龙口朝帝王奏明冤情。
始皇爷取包袱冲冲大怒，
骂了声蒙和贼大胆欺心。
本章上你写的黄袍一件，
包袱里包纸衣要笑朝廷。
恨不得把奴才千刀万剐，
可恨你这奴才剥皮抽筋。

却说始皇恼怒，有那蒙和又奏：“此袍不是奴才进的。”始皇又说：“何人进的？”蒙和言说：“有孟姜女进的。”始皇言说：“此人在那里？”

蒙和奏到："现在长城的行营。"便叫差人："你去到长城，有一孟姜女子，宣她上殿。"恐你不信，有唱为证：

孟姜女上金殿双膝跪下，
头顶着五家宝进与朝廷。
万岁爷见龙袍龙心大喜，
问女子身穿孝为的何因？

却说始皇看经已毕。小姐言说："范其郎丈夫戴孝。"始皇言说："范其郎逃走无信，未曾回来，你可从那里知道？"小姐将蒙和害死范其郎之事说了一遍。始皇便问："谁人为证？""忠军将王辽为证。"即宣王辽上殿。那王辽三叩头、二十四拜，山呼万岁三声："宣臣上殿，有何事情？"始皇便说："蒙和害死范郎之事，你可得知？"王辽将军说："蒙和害死范郎。"细细说了一遍。始皇听言，冲冲大怒，急传圣旨一道，急将黑狗二大臣加鞭到午门；又传圣旨一道，将蒙和倒点天灯；又传圣旨一道，要灭蒙和的九族。小姐便说："一人犯罪，九族代律，小姐不知，你饶了他九族的性命。"那始皇听言，便说："你为我的事饶他九族性命，把你与我要得一宫。"小姐便说："要与你要得一宫，我有三件大事，你可从得，情愿与你要得一宫。"始皇有言："你有那三件大事？""头一件，与我父母翁婆养老银子一千两；第二件，你吩咐你的宫娥彩女披麻戴孝，专陪我长城寻丈夫一回；第三件，你取出金箱玉柜，装了范郎夫主骨殖，送入东海。那时节与你要得一宫。"始皇听言，急传圣旨一道，发她父母翁婆银子每人一千两，又吩咐宫娥宫女披麻戴孝；又传旨一道，取出金箱玉柜，装定了范其郎骨殖，送入东海。那小姐搭起二马车，耀天动地，行来到长城第九功，闪出万民的死灵。那小姐认骨，但是范其郎我夫主的骨殖，血脉入骨三分，但不是范其郎我夫主的骨殖，血脉滚骨而去了。将骨认清楚，装了金箱玉柜。始皇言说："此事俱各其毕，情愿成亲。"小姐言说："我有拾件黑纸衣，去到东海岸上，用火化过，那日情愿成亲。"始皇听言，心中自思："此事虚实不知，待我打其二马车，看看此事如何。"来到东海岸上，将金箱玉柜送入东海。那小姐将黑纸衣用火化过，叩头大谢龙恩，哭而叹曰：

孟姜女在东海大谢龙恩，
好一个有道的始皇明君。
千亏主万亏主千万亏主，
多谢你发俸银养活双亲。
始皇爷做皇帝他是洪君，
多谢你宫娥女陪我寻夫。
千亏主万亏主千万亏主，
多谢你金箱玉柜装我夫。
孟姜女将龙恩口谢已毕，
拉罗裙遮了脸扑棺入水。

却说那小姐扑棺入水去了，那始皇呵呵大笑了一场。人人都说，想孟姜女也不枉为人一世。始皇回得宫来，后人作一本劝一劝本，留下古名之言。恐你不信，有经为证。

无机圣祖来脱化，脱化贤人劝众生。
孟姜普下书中礼，留在经中劝化人。
一句了然超百意，将今比古针对针。
一家和气子孙贤，儿要常听父母言。
又请礼义行大孝，天赐福寿万万年。
佛面有如净满月，一入千日放光明。

圆光普照放十方，喜舍慈悲皆但度。
这部行脚十三年，昼夜下苦不安然。
苦中下苦必有甜，忽然参保天外天。
天内天外都走遍，十方参坐一朵莲。
十方世界都参过，一休同官便十方。
一僧一道一如线，入同心宣及弟宽。
似水源流入大海，日月星辰红一天。
超过十方无边际，天上天下独为尊。
各开透地通天眼，终得生之万夕劝。
法明行地无一无，我蜜陀罗独为尊。
阎王永断生死路，菩提自在得合川。
会听来的听情由，不会听的听声音。
还说念卷莫好声，不愿听的下床滚。
卷是无机祖师卷，留传在世人请看。
善男信女听此卷，不可丢盹胡乱言。
若要听完此宝卷，方保一家得安然。
宝卷忠孝无全本，开口不要说闲言。
若是闲言不注意，听者也就是枉然。
卷是龙袍宝贵卷，抄卷其实非常难。
若念此卷不诵去，异与大羊不分言。

民国三十五年十一月初一日，提笔抄写《绣龙袍卷》一本。此字写得不好，若有君子改一遍。

（潘利华录入，张丽玲校勘）

神主宝卷[①]

神主宝卷今展开，众位细心听胸怀。
善男信女听此卷，克勤克俭永无灾。

却说此段书卷，出在唐朝太宗年间，李世民在位，风调雨顺，国泰民安，天下太平。有保国的两个忠良上将：一个秦叔宝秦琼，一个是尉迟恭敬德。二人忠心保国，四海清平，盗贼不生，外无反寇，内无叛乱，黎民安然。

湖广省有夫妻二人，性格善良，品性温和。丈夫姓董名敬庵[②]，妇人冯氏，年纪四十多岁，未曾生下一男半女，每日思念发愁，患家有财产却无人继承，该怎样是好？你我二人去世，依靠何人发送葬埋？不由得两泪纷纷。冯氏又说："人人都说、个个都夸那东岳庙天齐灵应，你我二人善举诚心，向东岳庙降香一回。办些香表纸蜡、供献祭物，去东岳庙降香祝告一番，或者东岳庙天齐赐个儿女也是有的。"董敬庵听了妇人这番言说，即到街上把那些祭物办治齐备，夫妻二人往东岳降香，祝告神灵求儿女去了。正是：

素行端正心田好，诚心皈命办家院。
董敬庵和夫人去求儿女，
走两天来到了东岳庙里。
先祝告老苍天玉皇大帝，
二祝告东岳庙山岳天齐。
三祝告三曹的千神万鬼，
祝神灵又把香焚在炉中。
有小人家住在湖广省中，
因无子我夫妻来求神灵。
我名叫董敬庵夫人冯氏，

① 此卷又名《董永宝卷》，只有一个底本，为1979年过录本，抄卷人贺彩兰。
② 卷内还出现敬安、静安之名，现统称敬庵。

父母亡家中贫丢下我们。
我夫妻结成婚三十余年，
守规矩守祖业受尽贫苦。
众神灵有灵应多行方便，
或赐个小花童或是儿童。
自古说受贫穷在天在命，
无儿女愁坏了小小黎民。
董敬庵祝告毕焚了祭物，
低下头不由得泪珠纷纷。
这一番有诚心感动天地，
惊动了上方的四大天师。
站班的四天师急忙奏明，
奏玉帝再不叫有了灾星。
他夫妻半辈子缺男少女，
求玉祖赐儿女他有依靠。

却说玉皇大帝开言便说："四位爱卿！你们查看上方的那位皇君有灾，贬下凡去，与湖广省善人董敬庵夫妇为子，改换门庭，后来以显他夫妇二人的善心。"四位臣急忙查看了上方的众位皇君，查来看去，有文曲星造下恶孽，将他打下凡去，与董敬庵为子。就叫他三岁亡父、九岁亡母，名登金榜，官居太史之职，给国家尽些忠心，赎了罪孽，原回天宫。玉祖听言大喜，遂将文曲星打落凡间投胎去了。正是：

忠心感动天，上天赐儿郎。
文曲星君领了旨，要走湖广黄州府。
停住云头往下看，不觉一时到此间。
鼓打三更交半夜，敬庵夫妇都睡着。
冯氏突然作一梦，斗大星光落怀中。
双手急忙捉星光，惊醒才是一场梦。
醒来对他丈夫说，敬庵一听喜心中。
东岳庙里祝神灵，要求神灵赐儿童。
不觉过了二三月，冯氏身怀有了孕。
光阴速快好似箭，不觉十月怀满圆。
生养苦难真痛苦，那日生下小儿童。
当家邻居齐听见，来把敬庵贺一番。
敬庵忙把众人问，大家给儿赐乳名。
众人口里笑盈盈，小儿起名叫永生①。
夫妻二人转怀抱，挪干晒湿受苦辛。
不觉过了三年整，敬庵忽然得了病。
病是头痛肚子痛，一命归阴见阎君。

却说董敬庵死了，妇人冯氏成天哭叫不止，便说："丈夫在世有言：'我若死了，你把孩子送学攻书，后来成名改换门庭。'在我想来，我是女流之辈，怎叫孩子攻书，何物送先生束脩之礼？想来想去，不免自身多受些痛苦，纺线织布卖些银钱，也能让孩子读书。"这话不提。

再说那些邻居们听得董敬庵死了，都来看望冯氏。妇人："丈夫死了，无有银钱，怎样葬送？"众位听说，便说："我们帮了你治办棺材衣衫。"冯氏说："那就要累大家的恩爱了，敢不遵命！我还有一个菜园，你们帮的银钱，若是支还不起，就把这菜园典与别人，给大家支还银钱。"邻居听言，便说："这都尽取与你便了！"择了良辰吉日，将董敬庵葬埋了，邻居仍散去。冯氏和孩子冷冷淡淡度过光阴，冯氏纺线织布为业。

光阴似箭，不觉又过了三年，孩子六岁了。冯氏独自一人静坐自思："万般皆下品，唯有读书高。今家中有些余钱，应把孩子送学读书。"

① 永生：卷内还出现荣生、董荣之称，酒泉方言"荣""永"同音，今据传说统称为董永。

拿定主意，便把孩子送到学馆攻书去了。正是：

冯氏可是贤良人，坚守节义能守贞。

有冯氏叫永生去把书念，
遂把那永生的衣服新换。
永生儿跟前来娘有话讲，
娘叫你读诗书你将怎样？
你的父嘱托我叫你念书，
娘不能忘掉了你父遗言。
我把你送学馆去把书念，
做官的为臣的人说贵重。
朝廷里做官的原来人少，
难道说都是那读书之人？
冯氏说你年幼不知情由，
做官的全都是读书之人。
娘把你送学馆去把书念，
总莫要贪玩耍哄过光阴。
下苦功读诗书后来成名，
不枉说为娘的费了心劲。
这永生听娘话泪珠纷纷，
我读书无银钱怎么能行？
流着泪母亲话孩子尊命，
我念书成了名改换门庭。
冯氏说我择就良辰吉日，
我把你送学中拜个师尊。

却说冯氏把永生送入学馆，有老师姓傅名文显，是个饱学生员之人，见冯氏领来了一个小孩，聪明非凡，与众不同，后来必成大名，心中甚喜，便说：“小孩几岁？”冯氏说：“六岁了。”老师又问：“乳名叫什么？”冯氏说：“叫永生。”先生说：“我与他起个学名叫董永吧。”冯氏说：“小儿送你学中，望老师真心指教。”老师说：“你妇道人家拿何物送礼？就随你的方便去吧。”冯氏辞老师和孩子，就要出学门，有董永说：“我把母亲送出学馆。”他含泪把母亲送出学门，又来到先生桌前。先生把书读一遍，他顺口如流，一日念会了几十篇书，以后见什么就会了。真是天生聪明伶俐的孩子。正是：

寒门忽然出贵人，下功读书成大名。

说董永在学馆每日读书，
他念书不玩耍时时下苦。
勤又学苦又练奋发念书，
哪一个不说是聪明伶俐！
有文章和诗文作的甚好，
傅先生一见了喜在心中。
我听说皇王爷开了科场，
叫董永你前来我说你听。
你快去上京城考科应试，
我随后盘备费也进京去。
董永说把此话与母说明，
应考试行不行由于母亲。
有董永遵师命回到家中，
将此话对母亲说个分明。
有冯氏听董永说了一遍，
不由得两眼里泪珠纷纷。
说孩子你今日去求功名，
是一件大喜事谁不高兴。
你一去早晚间不能见面，
丢下我为娘的孤苦伶仃。
这董永听母亲说的伤心，
不由得心里酸泪珠纷纷。
有冯氏含着泪开言吩咐，

同老师去考试好好扶丞[1]。
把老师好侍候早起晚睡，
当做的各样事好好操心。
就和那同考的童生起身，
和老师一同儿进了京城。
监考的称个爷少者称兄，
宁下谦不教上不可自大。
有冯氏吩咐罢手忙脚乱，
与师傅和众等去把行送。

却说傅先生和董永等众师徒，择了良辰吉日收拾起程。不几天就来到京城，急忙把众学生卷子报在县府内。傅先生说："董永跟我入大考场，三场已毕，考了个府首就有治了[2]。若等先师大人来到，你功名十有八九成功。"此话不提。不觉主考大人已到，那日考试已毕。董永得了首名秀才，方才九岁，名扬天下。把喜报与冯氏一同打发报子去了。这话不提。

再说次日董永复进了考场，主考大人把董永叫到跟前，细问家中之情，才知道是寡妇守节，供儿子读书成名。主考即刻写表奏于朝廷，力旌表守节，建立牌坊，赐送匾牌。正是：

中秀才喜事临门，大喜中冯氏亡身。
再表那日科考毕，新中秀才都贺喜。
主考大人唤董永，大人有话说你听。
你父早亡无依靠，冯氏你母养成人。
我奏朝廷龙心悦，钦赐书考对匾额。
着实用心把书念，以后学成进京城。
那时本院照应你，一步高中增祖荣。
董永忙跪把头叩，急忙就把大人谢。

却说冯氏织布供帮董永成名，当时把她的贤名传与天下。那日正在织布，有报子报道："你儿子得首名秀才！"又见皇王钦赐匾额、对联、红花细缎，众邻居都来给冯氏恭喜，都说冯氏贤守节义，叫儿子读书成名，改换门庭。冯氏说："我儿名登金榜，真然可喜，也与你们扶持不分，等他回来与你们谢扶持之恩。"正说之间，不料冯氏素日的风迷病偶然发作，跌倒在地，霎时断气而死，邻人将尸首停在家堂。正是：

有邻人昼夜间派人来看，
又差人走黄州去把言传。
正遇着那董永街上拜客，
把此话对董永一一说明。
有董永听一言母亲去世，
顶门上失三魂不言不语。
把头巾兰衣衫皆尽扯破，
泪纷纷放开步要走家院。
亦不知师傅前禀告分明，
越思想越伤心痛哭伤情。
一路上哭着走走着又哭，
不觉得来到了自己家中。
见母亲停在了家堂之上，
不由得倒叫人痛哭恓惶。
一哭母归阴去儿未回来，
二哭母无银钱怎样葬埋。
三哭母父早亡孤身无靠，
四哭母为儿的费尽心肝。

---

① 扶丞：扶持帮助之意。
② 治：方言，解决的办法。

五哭母尊父命叫儿读书，
六哭母你得病儿未扶持。
七哭母每日间纺线织布，
八哭母儿想你泪湿衣襟。
九哭母费尽了千辛万苦，
十哭母丢下儿孤孤恓恓。

却说董永回到家里，茶汤未用，哭哭啼啼，治办了衣裳棺木，停殓妥当已毕，把邻居款待已毕，各都回家去了。董永守母亲灵位前，不觉红日到西，又到黄昏时候，哭哭啼啼大哭五更。正是：

哭五更

一更里，月初起，声声哭母不答应。素日音容不得见，谈笑语儿听不见。我的娘呀，真个丢儿去归阴。

二更里，月儿高，想起母亲哭嚎啕。养儿费了千般苦，时时刻刻把心操。我的娘呀，恩德怎能报分毫？

三更里，月当中，两泪纷纷哭母亲。笑话又想再见面，除非南柯一梦中。我的娘呀，越思越想越伤心。

四更里，月转西，独坐草堂哭啼啼。不料母亲忽然去，叫儿无靠又无依。我的娘呀，家中并无柴和米。

五更里，月归西，望着母亲泪纷纷。守了两夜不说话，身体如似泥一堆。我的娘呀，你的儿孙好苦心。

却说董永哭了一夜，请来邻人商议，要与父合葬，安茔抱券[①]。邻人说："随你便了。"自己思想合葬又无银两，细算了一遍，能费九十两银钱，心生一计：把自己卖与别人，交换些银钱与父母合葬，以后再来与他还清便是。这个主意定了。正是：

卖身葬亲大孝顺，后世扬名唯董永。

董永说那一日来到街上，
在头上插草苗自卖本身。
遇着个姓傅的员外大人，
来问道为什么自卖本身。
董永说先年间父亲去世，
今母亲又去世家中贫穷。
想父母合并葬捧地安茔，
无银钱行不起因卖本身。
傅员外听董永卖身葬亲，
是一个大孝子我心不意。
遂领到他家中细盘细问，
葬父母费用钱我都应承。
若费上多少钱以后算账，
那时节写文约再做商量。
有董永听傅公应了身价，
即叩头拜谢着傅公大人。
傅公说我有块荒滩之地，
卖与你葬父母抱券安茔。
这董永听得说心中甚喜，
辞别了傅员外回到家中。
他师傅傅文显亦通风鉴，
忙请来把地方查看一遍。
合该是遇地吉天就造定，
择吉日抱个券葬了双亲。
有董永葬罢亲谢了师傅，

① 抱券：指修造券台。券台即墓前的祭台。

到后来傅家里算清银账。
费用银和地价全都算清，
共合了整二百七十多银。
有董永心中想银价太重，
只吓得那浑身战战兢兢。
傅公说这银钱还加利息，
过三年利与本两利归一。
有董永听得说两泪纷纷，
说此钱还不清怎样活人。
有妇人见董永如此伤心，
说老爷行一点恩义之心。
董相公行义人家中贫穷，
那银价莫加利后来还清。
有傅公听一言妇人之话，
命董永写文约去利还本。
写罢约傅公说你回家去，
到坟上守灵位以尽孝心。
过三年孝满了来我家中，
再上工销银两莫可失信。

却说傅公命董永回家守坟尽孝，董永言道："依傅公之言便了。"来到家中守坟尽孝。真是光阴似箭，日月如梭，不觉三年孝服满了，辞谢左亲右舍，又来拜谢了师傅，与傅公还银之话说了一遍。先生说："你用傅员外的银子，应该销还，你速快上工去罢。"董永辞了师傅，来到家中，收拾包裹，拿了母亲的画像，去与傅家上工。

走到槐荫树下，天气炎热，董永坐在树下歇凉，将母亲的真像挂在树上，四叩九拜已毕，放声大哭。董永昏迷在地，三魂出窍，一股冤气冲天去，早感动了上天玉帝，即差中曹正神，查看是何情由。中曹查知才是董永卖身葬双亲，今日还银，走到半路，哭死在槐荫树下，急忙奏知。玉帝说："天宫何人造下恶孽，打下凡间，与文曲星救难。"中曹领旨，即刻查到斗牛宫里有七仙姑娘错绣了龙袍，笑话了王母娘娘胭脂粉，造下罪恶，应该贬下凡去，与文曲星董永为妻，作工还账，受些苦难，三年姻缘已满，原回天宫。正是：

日惊君子宫，天相吉人家。
董永孝心大，仙姑来帮他。
玉皇大帝降敕旨，命七仙姑下凡去。
太白金星奉敕旨，太白唤来七仙姑[①]。
仙姑听了敕旨令，两泪纷纷放悲声。
太白念毕敕旨情，一袖打出南天门。
仙姑驾云往下降，按住云头往下看。
观见槐荫树茂盛，
树下睡着小董永，
昏昏迷迷在埃尘。
仙姑急忙落凡间，
用手扶着小董永，
连叫几声才苏醒。
一旁站着女花童，
叫声大姐你一人，
来到此处为何因？
敢问你是谁家女，姓甚名谁说仔细。
仙姑听得董永问，急忙上前说分明。
爹娘去世独自一，上无兄来下无弟。
今遇相公在树前，亦是天定有前缘。
至今身未许配人，与你为妻是本心。
董永听得你胡说，不可胡作乱人伦。
与我为妻理不通，谁是媒人六证人？

① 仙姑：卷内出现神姑、仙姑、神姑娘等不同名称，今依传说统称为仙姑。

仙姑指着槐荫树，当做三媒六证人。
今与相公作妇人，去还银账一同行。
仙姑说来董永听，随即应从结成婚。
先拜天来后拜地，再拜做媒槐荫树。
夫妻拜过天和地，仙姑方才说真情。

却说仙姑与董永说真情话："奴的家住天宫，奴的父亲是玉皇大帝，奴的母亲是王母娘娘，生下我姐妹九人，奴就是七姑。因奴家错绣了龙袍，父亲恼怒，将我打下凡来受难。因相公卖身葬亲，孝心感动天地上帝，是我的父亲降下敕旨，差与你为妻，同到傅家销还银两。将银子还完，姻缘圆满，奴原回天宫。"董永听说，就心中更加喜，急忙拜谢上帝好生之德。此时四方并无一人，云雨已毕，忽然风吹一张黄纸简帖。董永急忙收起来观看，上有四句诗号，诗曰：

俊秀才郎配良缘，美貌佳人是天仙。
帮助董永还账完，三年圆满回天堂。

有董永念罢诗泪流满面，
我董永出生来真是屈枉。
若三年姻缘满就回天宫，
我和你这夫妻不如不作。
仙姑说这夫妻原由天定，
由不得我和你方便而行。
当初是你与我结成夫妻，
好夫妻半路里谁知分离。
我和你傅家里上工还账，
银销完到日后你落安然。
说着走来到了傅家门首，
有一个老家人门前所站。
这董永施一礼问声家人，
今日个老员外可在家中？
家人说你问他有啥原因，
董永说我今天前来上工。
家人说员外爷前去坐席[①]，
他儿子今日个都在家中。
老家人把这话传与长子，
长子说叫进来我们商议。
这董永和妻子来到内宅，
有傅大一见了开言便问。
说董永你从前卖身之日，
言说道你家中无有妻子。
今日个你上工领上妻子，
你妻子她娘家住在哪里？
这董永年纪幼无多经事，
他听得这里问无有主意。
有仙姑见董永闭口不言，
急忙忙上前来细说一番。
我娘家住得远他不知道，
因为我家遭着继母所拷。
奴想的逃在外避灾躲难，
妙妙儿逃在了董永门上。
董永说为葬亲自卖本身，
奴看他是孝子才结婚姻。
我娘家路途远奴却知道，
你们问董永君他从何知？

却说傅大观见此女子生得好看，两眼望定仙姑，筋骨酥麻：我若娶这么个妻子，不枉说在世上活人一场。想了一回，把董永叫到跟前说："你看那时节你把身子卖与我家，做工还银子

① 坐席：方言，赴宴。

二百七十二两，你几时才能还清？依我之见，把你妻子改嫁与我，把银子账还完，一笔勾销了，当作礼钱。除此之外，再与你银子二百两，你与我家做工受苦，这几百两银子你拿回去，吃不愁，穿不愁，再娶上一房妻子，在家逍遥自在，岂不是好嘛！”董永说：“问妻子情愿不情愿改嫁与你。”遂到仙姑面前，把傅大的话给仙姑说了一遍。仙姑说：“小畜生还有这样的心思么！既然如此，丈夫你待我给他开一个礼单拿去，他有这些物件，我就情愿与他为妻。”仙姑提笔在手，好不气杀人也。正是：

妻子财礼皆由天，背里讲情是枉然。

有仙姑提起笔大怒冲冲，
傅家的小员外用目细观。
礼单上要的有你就招亲，
若无有对奴家不得妄动。
一要那黄河长两串铜钱，
二要那金银斗上千带万。
三要那头戴花金枝玉叶，
四要那琼液浆迎宾待客。
拿肉斤猪羊头八百成双，
要一个人参果定在盒上。
有锦缎和彩绸不要短尺，
最少儿你要拿一千余匹。
招亲时还叫你红毡满地，
自董家到傅家一路铺住。
招亲时要请那八大金刚，
送亲的要请那四大天王。
打旗的要请那二十八宿，
娘家人是玉皇王母娘娘。
我写的句句真无有假情，
但若是这些事一齐全备。
小奴家定与你订为妻子，
写毕书奴手儿递与丈夫。
你拿去给与那无耻小子，
也不是说大话四海扬名。

却说傅大看了礼单，大吃一惊，这丫头说话来吓人，说得旋天无地，惊破人胆，待说着家人报道：“老太爷来了。”这傅大把爹爹迎进门来，就把董永领妻子的话说了一遍，傅老公说：“董永死亲无银，自卖本身，他说他家少针无线，将身卖与我家，他当和尚，哪里的银子娶妻子？其中必有缘故。”傅大乘此机会就想夺他的妻子，便说：“我想了半日，必定他是拐上好人家的女子。”傅公说：“你把他唤到跟前问明白，看他怎样说法。”傅大将董永唤到跟前，员外问道：“你卖身那时节，言说你家中少针无线，并无有大小人儿，却怎么上工还账有了妻子？想必是你拐上何人家的女子，领到我家。人家知道你必是拐上人家女子犯了王法，必定连累我身不利。你把银子限日还清，你回家去吧。我就不敢使你了。”董永推上大礼说：“此女我父在世就与我娶下的，不幸我父早亡，她父也早亡，又拿过银礼。她母亲、我母亲双亡，此女无依无靠，有先年媒证张大姐说：‘你先年你父母把你许配董家，与董永为妻，可你情愿吗？’此女言说：‘既然我父母将我许配董永为妻，小女哪有不情愿之理？况且好女子不嫁二丈夫，我又无依无靠。’乃同媒证嫁我为妻。员外何必疑有媒证，你怕的为何？你不要盘问我身，我夫妻二人一心与你上工还银，别无缘故可也。”正是：

傅员外把董永盘问一番，
再问了他妻子我才心宽。
叫家人唤他妻我再问过，

问实了使他们我才放心。
有仙姑到跟前拜上一拜，
细思想那实话与他说来。
那实话说出来员外不信，
我就照丈夫话哄了他人。
我丈夫那言语一一皆真，
若拐奴他还敢来哄与你。
这傅公见女子说话伶俐，
再问你娘家里学过针指？
仙姑说那针指并织绸缎，
小女子在娘家学过一番。
有傅公听一言样样会做，
不由得老员外心中大悦。
叫他的赛金女跟前来到，
你急忙取来了针线材料。
你二人那绣房同做针工，
试一试你二人针线身分。
到晚来赛金女梦来大睡，
有仙姑她自己心中思忖。
咱夫妻两个人来还银账，
先与他二双亲绣双寿鞋。
焚信香请来了二位姐姐，
一齐儿帮助她同做针工。
姊妹们这一夜大显神通，
则一夜把寿鞋她就做成。
有赛金到次日用目观看，
这寿鞋做的好倒也新鲜。
急忙忙拿到了二老面前，
把仙姑这手段夸奖一番。
男寿鞋绣麒麟百花齐放，
女寿鞋绣的是秀俊凤凰。
这个说绣的好巧夺天工，
那个说实做的花美爱人。
这傅公把仙姑就看贵重，
教赛金学针指姊妹相称。
叫家人快办来五彩丝线，
她二人进机房同做绸缎。
有仙姑和赛金拿了丝线，
织绸缎要把那金银来还。
这一夜赛金女瞌睡大睡，
有仙姑焚信香直透天庭。
请来了她姐姐仙姑六位，
齐动手织绸缎各显神通。
你织的五爪龙蛟龙戏珠，
我织的是虎豹麒麟狮子。
她织的是凤凰鸿雁高飞，
她织的是飞鸟走兽之形。
有花草并树木样样织尽，
有蛇蝎和鱼虾尽都织成。
干一夜织绸缎四十余匹，
到次日交员外拿上前去。

却说傅公见女儿拿来绸缎四十匹，刚一夜织成，大吃一惊，便问金花说：“一夜如何织成这些东西？”“赛金奴已睡着了，不知如何织成这些东西。”傅公将彩绸一尺一尺的扯开看了一遍，织的花美如此，真是仙女所造的，凡人不能造也。况且十数余尺，就是一日也织不成的，必定有缘故。将仙姑唤到跟前细问真情：“这一夜如何能织成这些东西？”把话未问出真情，有亲戚请他坐席，傅公把话没有问毕，随叫亲戚请上坐席去了。

有傅大和傅二两人商量：今日爹妈不在家中，那张大姐实在生得华美伶俐，不免前去调戏她一番。此时二人来到机房中，“玩耍玩耍吧”。仙姑听见，张口骂道：“你们这两个无耻的小子，敢来戏我身。”念起真言咒语，霎时变为鬼王恶像，雷鸣闪电，照他二人头上打去，吓得二人没命的逃了。傅大说："这个丫头有些神通，从今后再不敢戏弄她了。"

到了次日，老爹坐席回来，将仙姑喊到跟前便问："你昨夜织了许多绸缎，是何缘故？你与我说来我听。"仙姑便说："奴此时不说，等到账债还完了，那时节与你细说明白。"傅公员外见仙姑不说真情，再不问了。以后逐日织绸缎再不表了。不觉又过了一年，那日傅员外命家人多办来了些丝线，叫仙姑织几尺绸缎发卖，再看仙姑如何织也？正是：

天上仙女下凡尘，织缎受苦换金银。

说仙姑这一次织的绸缎，
立三个名字号要使手艺。
立下了天字号与地字号，
立下了国字号又立当朝。
天字号织的是日月星光，
地字号织的是地理形藏。
国字号织皇上朝堂形象，
并阴曹十八层十殿阎君。
又织些匾与对琴棋书画，
再织些好花草样样不差。
那一日仙姑的大功造就，
都拿到傅公前细看分明。
先看那天字号天文景致，
有星斗并日月各都有意。
老祖的兜率宫与别不同，
灵霄殿斗牛宫具各有情。
玉皇爷坐神殿诸神站班，
蟠桃会好热闹晏乐众仙。
织西天雷音寺十八罗汉，
八金刚同侍候如来佛前。
织南海善财童以拜观音，
她又织降妖的无量天尊。
天上的那景致也看不尽，
再把那地字号细看分明。
织高山是昆仑四大名山，
各山上有寺庙也有神仙。
山中的那虎豹豺狼野鹿，
乱纷纷都在那山中树林。
织九江并八河五湖四海，
海中有水晶宫坐的龙君。
有水鬼并夜叉合鳖丞相，
侍候那龙王神站立两旁。
有山川和城池也都织成，
看不尽地字号各样风景。
再扯开国字号细看分明，
长安城金殿上坐的太君。
文武臣站两班侍候明君，
一个个穿朝服甚是威风。
又织的阴曹府十八地狱，
有地藏大菩萨掌住幽灵。
东山岳爷坐在神罗殿中，
那两边陪坐的十帝阎君。
有判官并城隍两边陪定，
那牛头并马面鬼卒护拥。
这就是国字号各样风景，
傅员外看一遍夸奖不尽。
暗思想这女子织此绸缎，
又能巧又神通也不非凡。
此绸缎若进到锦绣朝堂，
皇王爷定赐我黄金百两。

却说是傅公说："此女子织绸缎，如神仙做下的，也做不上这么好。"将董永叫到面前说："你的银子我与你勾销，请你再与我办几天外账。”董永领命，随员外各处讨账。仙姑见董永外边讨账，就是几日不回来，奴婚姻将满了，奴父降旨收回天宫，这该怎么霎时随丈夫？仙姑说：“我和你与傅家来还银账，至今三年将满，你我二人到员外面前算个明白，再看他怎么的发落我们。”就到员外面前算个明白。傅公说：“董相公，你妻与我织下的绸缎，发卖下的银子，足够了我的银数。今日把你卖身的文约抽去吧。”董永抽了文约，回到自己的卧房。仙姑流泪说：“丈夫，至今三年圆满。前天奴父降旨调回天宫，奴与邓天君说限三日即便回天。乘今早些儿辞了员外，夫君回家，奴回天宫。”董永听言大吃一惊，魂飞天外，半晌不言。仙姑说：“事已如此一定，就由不得人了。夫君和奴回去，辞别二老才是。”

夫妻二人来到二老面前，叩头告别。傅公问仙姑说：“我看大姐就不是凡人的气象，今日告别，大姐将实实的根基说来我听。”仙姑才把实话给傅员外说了一遍。傅员外惊听，说道：“我昔日看的不错，果然是个仙女。”遂把董永夫妻二人留下住了一天。傅公把仙姑的原情对众人细说了一遍，一传十、十传百传千，都说傅家里站[1]着仙女，叫仙姑，我们去看看怎样的气象，说这也是古人的一段奇事，大家都来争着看，赞叹不已。这话不提。

再说傅公把他们留下住了一天，他夫妻二人次早来到二老面前辞别。二老唤来了赛金女，取来五十两银子说：“你拿去与张大姐前去送行。”赛金女领了父命，去到仙姑房内便说：“姐姐，这几年在我家里织绸缎，受了千辛万苦，小妹思想无恩以叩报。这是五十两银子，送与小姐权当一杯茶钱，略表小妹之心。”仙姑听言流泪说：“妹妹，你却怎么今日拿银子送行！姐姐亦无恩所报，你看我与董郎眼下就要离别，你的终身大事听姐姐与你说明：那董郎是个孝子，皇天必容饭吃，日后你父许你为婚之时，你就与他为妻。”小姐听言，羞愧满面。董永夫妻二人即来到二老面前，告别已毕，俱各流泪相别。傅公想到董永如此孝心，若张大姐回天宫，谁与他为妻做伴？可不愁杀人也！正是：

昔日相逢今日别，不由叫人泪珠簌。

董永和七仙女往前所走，
说着走走着说奴夫孝心。
仙姑说三年前夫君奉孝，
奴的父降下旨与夫为妻。
到今日婚姻满眼下离别，
邓天神率诸神天中站定。
因夫君是肉眼不能看见，
奴有句知心话记在心中。
一直儿来到了槐荫树下，
又把那槐荫树谢过一番。
有董永让仙姑坐在石上，
叫妻儿知心话与我细讲。
仙姑说我身子目下有孕，
怀着个儿童子董家苗根。
那时节赛金女与你结婚，
若生下小冤家送与傅家。
赛金女她性格却也贤良，
少不下她费心把儿恩养。
起官名董仲书不可改名，
到日后定与你改换门庭。

---

① 站：方言，作居住、住宿讲。

今离别你回去好好念书，
到后来开科场上京赴考。
包袱内我绣下寿鞋一双，
急忙忙拿出来夫君穿上。
还有那碎银两足有千万，
拿着去过光阴亦不作难。
有董永听仙姑这样细说，
不由得他眼里泪珠纷纷。
这一会越渐渐伤心痛哭，
叫妻儿我怎能舍你恩义。
仙姑说在先年此处结亲，
到今日又在此夫妻离分。
那前面有一个土台一座，
咱夫妻上土台再作离分。
上土台他夫妻又诉离别，
忽然间半天空有了人声。
叫仙姑跟我们快回天宫，
这仙姑听人叫足登祥云。
驾祥云回天宫腾空而去，
只吓得小董永痛哭号啕。
坐地下叫贤妻真个腾空，
只哭得倒叫他霎时昏迷。
邓天君见董永魂魄出窍，
说仙姑快下去即把他叫。
有仙姑听得说急忙回转，
把董永扶起来她就唤叫。
这董永耳内里听得人叫，
好像是贤妻声喜在心中。
霎时节明白了用目细看，
果然是仙女妇手持他身。
开言说我只当不能见你，
谁知道你有心夫妻相逢。
我只说夫妻们同偕到老，
不料想狠心的把我丢下。
仙姑说非是我把你丢下，
奴的父降旨调我回天宫。
众神灵半空中等候奴家，
若错过今日个不得回宫。
倘若是今日个降旨不去，
奴父王差五雷要焚我身。
董永说我先年欠下银账，
蒙贤妻受苦辛销还银账。
这神恩一辈子我不能忘，
今你去我怎能报你恩情。
仙姑说有此心不在眼前，
存一点常人心我就情愿。
你有心每日月不忘奴身，
在天宫奴就知夫君之心。
正说着半天宫又叫一声，
有仙姑说不好又驾祥云。
到空中与众神一齐相见，
随众神回到了斗牛宫院。
这董永见妻儿无影无踪，
眼流泪心思忖好不惊心。

却说董永见妻子回上天宫去了，心中思忖：就是把我哭死也无益了。拿包袱回到家中，冷冷淡淡站了一夜。次日买了些香蜡纸表，又来到槐荫树下，焚香叩头，拜了上天的各位神灵点佑之恩。起身来到师傅面前，拜见了师傅。先生问道："傅员外的银子可还清了没有？"董永说："学生一人就不能还清此账，因为先年守孝一毕，学生即去上工还账，行走槐荫树下，幸喜天赐仙女结成婚姻，同到傅家做工还账。多亏她会织绸缎，又奇巧，又好看，把账勾销了，不用还完。回来到槐荫树下，那仙女原回天宫去了，早与师傅做下一双寿鞋，又是银子十两，以谢师恩。”先生将银子辞了，寿鞋收下，绣花美丽无比，果是仙女的手段，夸奖不尽。此话不提。

再说董永到师傅的书馆又念了几月书，那日皇王开了科场，招天下的举子赴考。傅先生急忙办了些盘费，打发董永上京赴考去了。正是：

今日夺就凌云志，定夺天下状元郎。

有董永起了程往前行走，
走一程才到了大路之中。
一路上无路伴独自前行，
不觉得来到了京城地界。
人人说京城好果然不错，
今日个到晚来哪里安身？
说着走不觉得来到城门，
有董永进城门用目细看。
两边的那铺里字号客商，
有美女并才郎穿街过巷。
这董永站铺面观看对联，
一个个都写得华美好看。
看不尽满城的各样风景，
寻一个旅客店我好安身。

却说董永进了一店，那店主姓李名梅，见董永衣服朴素，就有不悦之意。董永上前施礼问道：“可有住宿之房？我住下应试赴考。”李梅说：“我店中应试的人多了，房子都站满了，你别处店里问去吧。”董永说：“我一人但有一席之地就可安身了。”正说之间，有李梅的妻子姚氏却有眼力，见董永容貌端正，便对丈夫说：“这位客人留在店里住下吧。”李梅见妻子说，难以推辞，就领董永到磨房里说：“客官不嫌我店破烂，磨房安歇吧。”董永说：“居无求安哩，还敢说那个话吗？”董永站在磨房里，李梅将灯点来，这一夜董永就在磨上安身睡下。夜至三更，李梅夫妻二人同做一梦，梦见有角的一条大蟒盘在磨上，二人惊醒，都说此梦好怪，把丈夫抱怨几句，并说：“看此人有贵处，你岂能把贵人安置在磨房里站下？”说罢又重择了一间房子，把董永唤醒安置停当。他夫妻二人心中暗想，此人必定中之，好不喜欢。正是：

姚氏来把丈夫怨，你今做事理不端。
应科举子是贵人，岂可磨房去安身。
此客睡在磨盘中，二人梦他是大蟒。
又选房子把身安，叫他住下求功名。
日后如果状元红，店里增光扬名声。
李梅听了妻子言，不觉叫他喜心中。
从今以后莫怠慢，殷勤侍候那秀郎。
次日早晨来问安，尊声秀才听我言。
你今站在我店中，薄茶淡饭休见怪。
粗言恶语莫在意，董永听罢店主言。
喜喜笑笑说一番，五湖四海皆兄弟。
还有几天累负你，再说皇王开科场。
那日早上登金殿，文武大臣一齐宣。
太宗这里开言道，哪位爱卿做主考？
左班丞相忙奏道，翰林大人做主考。
太宗提笔点翰林，出题晓与那众英。
文高得中龙虎榜，名登金榜天下扬。

却说主考大人将举子点进场来，出下题目是“三月不知肉味”，题次是“王之好乐甚”，还有诗题“唯有读书高”。三场已毕，择了良辰吉日，张挂了皇榜，董永中了首名状元。董永也出店看榜，中不中全然未在心上。店主李梅在街上游浪，忽听有人找董永状元，不知在哪里。李梅来说在他店里。听了实信，急忙回到店里，到董永面前鞠躬施礼说：“贵人中了状元，把你恭喜。”董永只是不言。二人正在争论之间，报子打听明白，来到李梅的店里，拿着报单报喜，与贵人叩头贺喜，店门上贴了喜报，连报三次，都是李梅赞称状元打发报子走了。姚氏说：“丈夫呀，这位客官从前不是我留下，焉有今日这样的光辉？我们开店每年拿的支差银子二十四两，这就上司免我们的支差银子，一定要免三年，不拿支差银子。贵人若是再提拔，我们也就受福不尽了。”正是：

龙到处无不有水，名成了自然身荣。

说傅公有二子亦来应考，
皇榜上二兄弟未有得名。
拿仙姑织下的三号绸缎，
拿进朝敬与在太宗面前。
唐太宗见绸缎喜在心上，
赐与了他二人千两黄金。
他二人见皇榜董永首名，
正就是他家里住的董永。
忙找到李家店贺喜送礼，
叫店家摆桌子筹办酒宴。
在席上诉说了先年古事，
只说得董状元泪如雨下。
傅大说我妹妹一十八春，
和状元岁数等配你为妻。
董永说干不得此事不行，
在家中称妹妹乱了人伦。
傅二说那妹子和张大姐，
今与你配妻子理上可作。
在先年这婚姻仙姑议论，
今日个我说出你就依从。
他兄弟见董永应了婚姻，
辞状元回店中收拾起程。
到次日皇榜宣三元入宫，
到皇宫赏花酒钦赐彩红。
有三元进了宫赐了彩红，
但口称万万岁谢了龙恩。
太宗说你三人出宫夸官，
夸官罢你回家坛先祭祖。

却说董状元夸官已毕，拜见了宰相姓赵名京，相貌堂堂，说他有一个女子，年方二九，名叫金定。赵宰相暗想：新科状元相府招亲，古今常理，乃对董状元说：“我有一女，情愿与贵人为妻。”董永回言说：“学生已有妻室，不敢再娶。”赵宰相说：“我们做官的就娶三房五房妻子也不为多。今日黄道吉日，与我女儿拜花堂便了。”董永心中不愿意成亲，也由不得他，就和赵金定洞房花烛，乐也其中。次日朝廷文武官员送礼贺喜，相府宴宾待客，甚是热闹。

过了几天，傅家的父子二人，晓行夜宿，赶着日子将赛金女送到京城，恐怕有人霸占了先配婚姻。因为路途遥远，来得迟了，状元在相府里招亲。傅家父子恼怒，在朝的傅本御史是傅家的族长，父子三人见了御史，说知其情。傅御史听言，急忙上殿奏了一本：“启奏吾主：宰相霸占先配新科状元的婚姻。”天子御笔批旨：“婚姻不可紊乱，傅家女儿许配在先，相府配在后；傅家女儿为正，赵家女儿为妾，日后两家不可争论。”于是状元又与赛金女洞房花烛，宴宾待客已毕。状元上殿交旨，天子赐圣旨：“状元升为黄州的太史，上任辖民去吧。”状元谢了龙恩，领旨，择了良辰吉日上任去了。正是：

鱼门三起浪，平地一声雷。

说状元领圣旨黄州上任，
先来到相府里辞谢岳亲。
选吉日和家眷一起起程，
再辞别傅御史两班文武。
拿白银五十两谢了店主，
走几日来到了黄州城中。
有家眷进城门站在街门，
董状元回故乡祭奠祖先。
祭罢祖拜谢了乡党亲朋，
拿礼物学馆里谢过师尊。
私事毕才回到衙门上任，
这些事且按下不必细表。
再说那七仙姑生下儿童，
奏玉帝降敕旨送下凡尘。
那一日董状元谒庙回城，
有仙姑在路旁大叫一声。
董状元忙下轿施了一礼，
见仙姑不由得泪珠纷纷。
叫贤妻我只说不能见你，
你今天因何事又下凡尘？
待说着把仙姑叫在轿中，
和状元在轿中再说离情。
进了门满家人一齐相逢，
赛金女一见了泪珠纷纷。
叫姐姐在先年忽然离去，
每日间不由人心如烈火。
这仙姑见赛金哭得伤心，
说前事在由天不由得人。
我眼前天宫里生下儿童，
奉了我爷王旨送下凡尘。
这妹妹性格良劳你恩养，
那痘症并疾病由我扶丞。
姐回头又劝了赵氏金定，
你二人同一体抚养儿童。
你二人到后来若不和睦，
我父亲知道了降下罪过。
回头来对状元劝说一番，
叫丈夫妻儿话牢记心间。
做了官要清正忠君爱民，
万不可贪民财背里亏心。
若不清贪财利欺害人民，
我家父必恼怒降下灾星。
这都是真情话牢记心中，
到后来天官佑百福并臻。
说毕话对大家告辞离分，
奴父旨不敢违原回天宫。
董状元和赛金听得告辞，
把仙姑手拉手又扯衣服。
有仙姑挣脱手走出府门，
脚底下登祥云起在空中。

却说仙姑走后，董永和赛金又流泪一会。再说赵氏、傅氏看待董仲书就如亲生之子一样。光阴似箭，日月如梭，赛金又生下了一子，起名叫董仲易。不觉冬去夏来，董仲书长大，状元把他送学念书。这董仲书来到学馆，有姓陶的一个学生，口角不端，骂道：“你董仲书父亲穷极，把身子卖与傅家为奴之人，并你母亲都与傅家当了几天奴仆，把你为奴之辈又来读书。”这几句骂得仲书羞愧满面、怒气上升，把书扯碎，把笔砚抛到地，哭哭啼啼来到府里，见了母亲，双膝跪下哭着说：“那姓陶的学生骂了恶话，真气杀人也！难以忍之，儿与母亲告说。”正是：

刺骨之言人皆怒，揭短之言谁能安？
有赛金坐床前听儿说情，

这仲书把骂话对母细说。
儿今天遵父命上学攻书，
姓陶的那学生他把我欺。
他骂我父亲是蛮种奴根，
骂母是傅家的为奴之人。
为儿的年纪小不得知晓，
望母亲对孩儿细说根苗。
若母亲你知道这个情况，
儿日后活了人倒也乐心。
儿知道生身母是你一人，
谁料想人骂儿别有母亲。
有赛金听得问无言可答，
心问口口问心说出实话。
想当年你父亲果然贫穷，
你奶奶去世了无有衣更。
并棺材也无有不能埋葬，
把身子卖我家卖些银两。
你爷爷和奶奶合葬安茔，
他孝心感动了玉皇知情。
降敕旨命仙姑下了凡尘，
和你父在槐荫树下招亲。
到我家将三年把账还完，
婚姻满你母亲回上天宫。
后你父中状元此处上任，
那时节生下你送到府中。
儿的母交与我恩养成人，
到如今不觉得一十三春。
儿身子是上界仙姑神根，
还怕那陶畜生恶骂你身。
常言说真金子不怕火烧，
有泰山坐得稳怕虫蛐攻。
陶畜生他骂你必犯天条，
儿忍气去念书不必哭了。

却说董仲书把实情听了一遍，才知他的生身母亲是天上仙女，遂对母亲说：“既然如此，儿要寻找生身母亲见一面。”赛金说：“儿，她是天上仙女，现在天宫中，往往不能寻找着的。”仲书说：“儿去到天涯海角之地，总找着哩。”赛金再三劝着不听，又妙妙的父亲不在，出外办公事去了，留他不住，心生一计，说：“有个卜卦先生袁天罡，算卦甚灵，去到那里卜个卦，找着可去，找不着不可去了。”仲书听了母亲之言，来到袁天罡的跟前，算了一卦。袁天罡说：“你想找母亲，是天宫的仙女，怎么寻得着？要想寻母，到灵山的松柏林里，有会仙桥，那地方有七口清水池塘，到六月二十四日，来七位仙姑沐浴，穿的衣裳颜色各不相等，有个穿青的正是你母亲。那地方才能找着，你去的时候可一人去，不带人了。”仲书占卦已毕，来见傅母，将袁天罡的话说了一遍，随就择了良辰吉日，拿了口粮盘费，一人起程。赛金流泪吩咐：“儿去到路上，总要小心谨慎，昼行夜宿，不可大意。”正是：

董仲书出了门径往前行，
昼则行夜则宿旷野安身。
过了山又是岭山路难行，
走到处无人烟难辨西东。
又取出袁天罡指路图形，
照图形摸撞着尽往前行。
山坡上见野兽乱跑乱行，
树林中有百鸟语言好听。
前后看并无个来往行人，
孤恓恓独一人眼泪纷纷。
董仲书存一点至行皈命，
要见母是孝心神灵护身。
一路上无灾害受苦前行，

会仙桥见不远喜在心中。
那一日正六月二十四日，
董仲书站暗处等候他母。
到一时见来了七位仙姑，
穿的衣各颜色俱各不同。
董仲书也未敢前去相见，
等候时洗浴毕穿上衣衫。
有仲书忙上前走快如风，
手拉住穿青的叫声母亲。
七仙姑用目看大吃一惊，
你是个什么人这样胡行？
有仲书见了母大放悲声，
叫母亲丢下儿为的何情？
有傅母养活大送学攻书，
人骂我无娘子根基不正。
七仙姑听说罢两泪纷纷，
忙扯住孩儿手细说分明。
在天宫生下儿三日未过，
奏父王交赛金把你养成。
娘只说母子们不能相逢，
不料想今儿个得见儿面。
走千山过万水儿为寻母，
不枉说我的儿一片孝心。
今日个重相逢送花复发，
难得她赛金女把儿养大。
自今后回家去把她孝奉，
赛金母养儿大费尽心劲。
费千辛并万苦挪干移湿，
做儿的要知道抚养恩情。
娘的话你牢牢记在心中，
到后来功果成回上天庭。
娘今日到此处洗沐身体，
是何人指教你来寻母亲？

却说董仲书听母亲问：“谁教你来这里寻母？”仲书说道：“儿是那袁天罡占卜，与我一张图画，照着路行来了。”仙姑说：“这是个银盘儿，拿去酬谢袁天罡占卦之劳。还有天书一卷，儿拿去读看，日后朝廷遭害，照天书使法，除了妖邪，得做高官。以后在家尽孝，在国尽忠，功成，就与儿一个仙瓜吃了，瓜子儿三步一颗点在路上，日后长成瓜藤，你好照着瓜秧来，那时节娘带你上天庭，受敕旨加封为要。儿速快回去，加功读书，博取功名，后来忠孝尽全，修成正果，那时节娘自有定夺。”说罢起了一阵清风，回上天宫去了。

再说那董仲书本是仙体，总少不下在人间修成正果，也和父亲都是文曲星下凡，他母与傅赛金都是牡丹星，后来去世，都升天宫成仙去了。正是：

仲书千里寻母亲，全凭孝心得相逢。
说母亲吩咐话仲书细听，
忽然间一阵风不见母亲。
望空中将母亲连叫几声，
叫几声不答应悄悄无声。
他只得跪尘埃放声大哭，
哭一会不见影只得住声。
望空中叩一头谢过母亲，
翻起身照旧路转回前行。
瓜子儿走三步点上一颗，
长瓜秧到后来母子相见。
走几日回到了黄州城中，
见傅母把前情细说一遍。
奉母命拿银盘去谢先生，
袁天罡收了盘放在书上。
忽然间起了火将书烧尽，
此以后袁天罡算卦不灵。

董仲书到府中次日上学，
见师傅急忙忙就拿头磕。
到次年皇王爷开了科场，
董仲书和仲易上京赴考。
董仲易进了个首名秀才，
董仲书没有进气满胸怀。
父骂道在素日不肯用功，
母亲说到下场儿必成名。
且按下董仲书未进学事，
再说那朝堂里遭了瘟症。
唐太宗屈杀了五个贵人，
那冤鬼到阴曹告与阎君。
这五个无非是死得冤枉，
遂奉了阎君命扰害朝堂。
有内侍并宫娥死了几人，
朝堂内大小官俱染瘟症。
唐太宗和皇后得病甚重，
在朝的文武官恶病缠身。
每夜里皇宫里神号鬼叫，
惊动得满朝人睡不安稳。
唐太宗在龙床朦胧大睡，
缠挠他要命债原有五人。
只说的我们是忠臣良将，
未犯罪斩我们为的何情？
五个人拉太宗阴曹对证，
一同去见阎君辨个分明。
正闹间唐太宗惊醒是梦，
到次日出口旨晓谕翰林。
出皇榜招天下高僧高道，
在皇宫除妖邪加重封赠。

却说唐王出了皇榜，招天下的高僧高道，入朝除邪。榜文到了黄州，董仲书见了榜文，忙忙来到父亲前说："朝堂有了妖邪，扰害不安。天宫的母亲赠我一卷天书，能以除妖邪。"董状元从前不知董仲书寻找母亲的情况，今才知道寻母，仙姑赐了天书一卷。董永心中大喜，次日排设香案，和家人等拜谢仙姑已毕，随做文书，办些盘费行李，差两人侍候仲书，打发起程。

晓行夜宿，到了京城，董仲书将文投与傅本御史，奏与太宗天子。太宗出旨，命工部供除邪所用的器物等项治办齐全。仲书就照天书上的法符坐坛，黑夜使法，拿住五人，跪在坛上，口称法师宽恩。仲书问了姓名，一个叫魑魅，一个叫魍魉，一个叫不鬼神，一个叫不吉，一个叫不铁柱。姓名说毕，董仲书又问："为何扰害朝堂不安？"这五人诉说："先年为国出力报效，我们也是忠臣良将。天子听信谗言，将我们屈杀死。我们告与阎君，因奉了阎君之命，扰害朝堂，以报冤仇。望法师恩神明冤屈，放我们回到阴曹缴旨，再永不扰害了。"仲书问明五人，吩咐来日等候发落交旨。

到了次日，仲书将冤情奏知太宗，那日染病官员和皇后，病大都好了。正是：

圣君不杀无罪人，时畏天命福祸因。
善恶到头终有报，所做难欺上界神。
仲书五人才问明，连忙奏与唐太宗。
太宗听奏五人封，封为上界五瘟神。
五个急忙谢了恩，当时朝廷俱安宁。
次日早晨登正殿，宣来仲书有功臣。
爱卿保国有大功，封你镇国状元身。
仲书谢恩忙奏明，今日除妖受龙恩。
家有父母二双亲，小臣当报养育恩。
太宗听奏心中喜，一道圣旨出朝门。
调来仲书全家人，当殿加官受皇恩。

太师出城接圣旨，接到皇城万寿宫。
钦差宣读圣旨情，仲书除妖有大功。
封为镇国状元身，又宣父母也进京。
太师听罢圣旨情，心中大喜回府中。
随把圣旨宣召情，说与傅赵二夫人。
太师忙写书一本，去请文显傅先生。
因念老师恩义重，请到京城报师恩。
人役拿到学馆中，给与先生看分明。
先生心内有见识，忙写回书与状元。
太师拆开书一看，书中写的许多言。
写说富贵与荣华，人人见了都爱它。
你今进京扶朝君，荣华有寻要小心。
贤德请我是敬心，我今寿活七十零。
与其入朝图热闹，不如在家乐逍遥。
董永看罢书中情，即拜师傅指教恩。

却说董永太师看了书中的情由，感激不尽，忙拿纹银三百两，儒冠、袍服、鞋袜各样一套，差人送去，文显先生收了不提。

再说黄州军民人等，闻听太师进京，俱写恳词，要太师不准进京。恳词奏与天子，旨意不准。董太师不得已而收拾行李，将府中的公事与新官交清，同家眷出了黄州城，那军民人等抬了香案桌子，满街满路送行。

再说董太师家眷晚宿昼行，走了几十日，进了京城。次日入朝见驾，参拜了太宗皇帝。天子龙心大喜，当殿封为上师之职，傅氏、赵氏都封为一品夫人，董仲书封为镇国大臣，董仲易封为江南的巡抚之职。父子三人当殿加封已毕，谢了皇恩，夸官三天。董仲易出京江南上任去了，董太师和仲书在朝奉君，但做大官也。可谓全家福也。正是：

诗曰：虽说富贵由于天，亦从作善人保全。
果能忠孝兼行尽，终身必然福寿绵。

董状元年幼时家中贫穷，
父亲亡多指靠母亲养活。
受千辛并万苦送在学中，
把诗书读几年遂就成名。
成名后母去世家如水洗，
想父母要合葬也行不起。
把身子自卖与财主傅公，
卖白银二百两葬了双亲。
卖身子葬双亲本是孝心，
有皇天原不昧大孝之人。
赐仙女配婚姻扶助还银，
先贫穷后富贵天报孝心。
有傅公出这银救难济贫，
发大富行方便大有阴功。
到后来受荣华应当理行，
有皇天又不昧好心之人。
董永的全家人受大富贵，
这傅公享荣华祖祖辈辈。
劝世人发有富学那傅公，
救贫穷济艰难大有阴功。
有贫人学董永能孝双亲，
守忠心存诚意实不昧心。
敬天地利神明祭念先人，
和乡党睦邻舍不要争论。
守本分爱五谷热爱祖国，
建桥梁修道路都是阴功。
世上人能孝亲行此阴功，
要终身行长久百福并臻。
得富贵享大寿名生贵子，
做善事天保佑无不分明。
古人言有大福本由天定，

有小福由于人勤苦之心。
尘世上勤苦人多有吃穿，
浪荡子懒惰人多受贫穷。
说天地并无私要全分明，
善降祥恶降灾分毫不错。
正月里元旦日念得一遍，
两边的男共女牢记心间。
这卷书留世上劝他众人，
主要是存孝心孝敬双亲。
现如今好多人一听念卷，
倒气得他心中就如刀割。
因为他不行孝双亲不认，
没思想他怎样长大成人。
娘生下半斤肉挪干移湿，
尿一把屎一把难得容易。
长大了娶妻子他顶头上，
父母亲缺吃穿他看不见。
董状元为葬亲卖身还账，
却怎么见双亲倒把眼翻。
一听见妻子喊跑得不慢，
父母亲使唤他就把脸变。
这般人应该是五雷焚身，
留世上无有用不知西东。
此卷完听卷人各回家园，
手按心细思想应该孝贤。

此卷尽是父母恩养子女，为儿成家立业，保送父母葬埋，得到孝子贤孙，朝朝代代，不能例外。

一九七九—一九八三年三月抄

抄卷人贺彩兰

（蔡榕录入、校勘）

唐僧出世宝卷

却说这一段因果，出在唐朝年间，海州城洪龙县八宝村有一陈员外，娶女妻张氏。所生一子，不觉光阴如箭，不觉年方七岁，送在南学读书。先生见孩子生得清秀可爱，日后定做大官，起了一名叫陈光蕊。不一天，那员外忽得重病，呜呼哀哉，一命归阴去了。众亲朋都来吊孝，祭奠一毕，送入坟阴。

光蕊守孝三年，忽听皇王大开科场，昭于天下军民人等。此皇文行到海州，惊动有一举子，名叫陈光蕊。光蕊对母亲商议："如今唐王开了科场，儿一心要求取功名，不知母亲心意如何？"张氏言道："我儿上京去赴考功名，丢下老娘由谁养活？我儿不必前去。"光蕊言道："儿上京城，多者五月，少者三月，儿就回来了。若得一官半职，也好光耀门庭，望老母不必忧愁。"

光蕊回家问母亲，要上东京求功名。

张氏听陈光蕊要上东京，

忍不住落下泪眼泪纷纷。

儿一去母在家谁人伺奉，

你一走为娘的依靠何人。

陈光蕊见老母伤心落泪，

上前去劝老母不必伤心。

儿若是上京去得中状元，

做高官扬名声光耀门庭。

儿走后母在家不必挂心，

儿走后若不来有人报知。

母亲说陈光蕊一定要去，

上京城中了举即速回程。

陈光蕊即忙忙收拾行李，

明日个黄道日要上东京。

老母亲与光蕊嘱托几句，

到路上全要你自己小心。

光蕊听说母亲孩儿知道，

把行李忙收拾即速登程。

光蕊今日要起身，丢娘在家好伤心。

却说陈光蕊即速起身，走了数日，来到东京城里，住宿一夜。忽听贴出告示，报与举子都来知道进场。陈光蕊到了场中，那主考官见光蕊生得清秀，便叫："举子，我出诗一首，你若对上，取你首名状元。"光蕊看罢，对诗一首，考试官看罢，果然不错。试官又说："照那大寺作诗一首。"光蕊又对诗一首。主考官看罢，果然对好："放你为第一名举子，你在场中看榜。"主考官奏知天子，说道："洪龙县有一举子，文章惊奇，取了头名状元。"次日光蕊看罢，果然中了，喜之不尽。

中了状元头一名，走马上朝谢皇恩。
陈光蕊得中了头名状元，
海州城洪龙县天下知闻。
陈光蕊在京城夸官三日，
插金花饮玉酒真是威风。
游三街和六市都来游遍，
一城人都说是俊俏书生。
陈光蕊做高官心中欢喜，
心思想回家去看望母亲。
我今日做高官身受荣华，
设香案拜天地又谢皇恩。
我今日到家中拜谢祖宗，
身荣贵倒忘了养育之恩。
也是我陈光蕊合族得□，
亏我祖这三官感应之神。
状元今日去夸官，不知母亲安不安。

却说陈光蕊中了状元，夸官三天，有殷丞相看见新科状元人才出众，回到家中和夫人商议，将小姐殷满堂与状元为妻。择了良辰吉日，把女儿与状元送过府去不提。

再说唐天子把新科状元封了洪州太守之职，状元来到殷丞相府内，辞别了丞相，带了小姐往洪州赴任。路过海州城八宝村，搬上了母亲同往洪州进发。真是：

状元洪州去上任，来到家中搬母亲。
陈光蕊同殷氏上路前行，
不住的连夜走不敢消停。
正走了数十天用目观看，
洪州城也不远就到跟前。
夫妻们进门来观看老母，
有张氏一见儿喜笑心间。
唐王封太守官前去上任，
到家中搬母亲一路同行。
因此上不消停前来搬母，
到明天就起身不敢消停。
有张氏听得说两眼流泪，
母子们手拉手两泪纷纷。
娘儿们哭一会方才收泪，
陈光蕊见母亲乱箭穿心。
夫妻们忙收拾就要上路，
同老母到洪州共过光阴。
母子三人要起身，一心要上洪州城。

却说光蕊走了数日，来到万花店中住下。第二天忽然母亲得病，不能起身。光蕊便叫母亲，想吃什么，母亲说想喝点鱼汤开味。光蕊听了，走到街上，见一人手提竹篮，内有一鱼。光蕊把鱼买来，提刀要杀，此鱼泪流满面，此鱼想有屈情。光蕊即忙赶上鱼公："这鱼公那里打捞来的？"鱼公说："九江口内的。"光蕊走到江口跟前，将鱼放到水中去。好不痛杀人也！

状元把鱼放水中，龙王必得报恩情。

万花店老母亲身得重病，
那光蕊忙祝告过往神灵。
保佑我老母亲疾病可好，
我即忙请僧道大报神灵。
我母亲他养我身荣得贵，
离家中十余天疾病缠身。
陈光蕊问母亲想吃何物，
与老母买金鱼不得沾唇。
我观见那鱼儿双眼流泪，
心思想这鱼儿必有原因。
我这才送鱼儿九江口内，
祝告毕把鱼儿送于水中。
鱼得水到江中全然不见，
有水鬼和夜叉来报知闻。
有龙王坐水中高叫一声，
陈状元你是我救命恩人。
陈状元急回头用目观看，
有青龙在空中不见来踪。
陈光蕊双膝跪向空叩拜，
叩拜毕回店房问母一声。

状元今日谢龙恩，一心要上洪州城。

却说状元来到店中，便问母亲是何疾病，张氏说道："这场病大了，你们夫妇二人先前去上任，留下一个丫鬟与我调治为娘之病。"说罢随后来到江边，夫妻两人吩咐船家，把船赶过来。原来有两个船手，一个船手名叫李虎，一个名叫刘洪。二人连忙答应，把大人夫妻二人往船上请。中间观见光蕊妻子长得十分美貌清秀，二人起了不良之心。二人商议好，把状元捆住，二个家人一起害死，把状元水内一丢。殷氏听见，魂飞天外，放声大哭。真是：

一见丈夫落水中，魂飞天外放悲声。

殷小姐骂刘洪欺人大胆，
不怕天不怕地王法当水。
把官人谋害死该当何罪，
送二人当官前削皮抽筋。
我今日为丈夫肝肠哭断，
不如我跳江中同见阎君。
我的父在东京不知音信，
怎知道你女婿死在水中。
殷小姐哭多时将身就跳，
跳江中同丈夫一命归阴。
有刘洪走上前用手挡住，
你小姐听我劝细听分明。
我看你好一个美貌佳人，
我才害他三人留你一人。
留下你你与我同做妇人，
也是他陈光蕊富贵一人。
有刘洪听小姐开言叫骂，
劝小姐莫生气再莫伤心。
殷小姐直哭得恓惶不止，
想丈夫不由得大放悲声。
我丈夫前世里造就冤孽，
谁料想今日个死在江中。
好夫妻不到头无生拆散，
是前世五百年冤孽对头。
殷小姐坐船上半夜未睡，
那刘洪走上前解劝夫人。

刘洪这里劝夫人，眼看天色已见明。

却说殷小姐坐在船上，千思万想，无法报仇申冤。小姐思想何日才能与丈夫申冤，又想定主意，小姐便说："我丈夫的官印和文凭都放在船上带着，我们不如一块往洪州上任。"再说刘洪把船交与李虎，同小姐往洪州赴任去了。

小姐今日上洪州，几时才能报冤仇？

贼刘洪得文凭洪州上任，
殷小姐暗思想两泪纷纷。
正行走就从那江中经过，
忽然间恶风起波浪千层。
云雾起遮太阳天昏地暗，
那船上哭坏了殷氏夫人。
哭一声陈光蕊死得不明，
夫妻们今日个不得相逢。
我今日落在了贼人之手，
夫妻们再相逢除非梦中。
想我的生身母不得见面，
又思想万花店婆婆之人。
把小姐直哭得肝肠哭断，
那刘洪走上前解劝夫人。
哭得那殷小姐无计所思，
也只得随刘洪一路同行。
你今日听我劝不要啼哭，
我叫你再啼哭命见阎君。

却说刘洪同小姐来到洪州城做官不提。再说陈光蕊和两个家人叫刘洪害死，两个家人的尸首叫水漂去，唯有陈光蕊的尸首落在水底里，不能漂动。有那龙王错行风云雨，玉帝降罪，把在凡间变了一个金鱼，叫鱼公钩去，拿在街上去卖。岂不知正卖给陈光蕊状元，光蕊要给母亲熬鱼汤，准备提刀要杀，见鱼眼中流泪，状元说："你定是龙宫里来的。"急忙拿去放在宫中去了。

状元今日要熬汤，龙王必得报恩情。

陈状元见此鱼两眼流泪，
母得病不起身两泪纷纷。
我今日贼刘洪害了性命，
落水底不漂动感动龙王。
有龙王猛然间端然正坐，
又心慌不安然怒发冲冲。
那龙王开言叫水鬼夜叉，
江周围巡一回必有原因。
有夜叉听得说不敢消停，
各江里巡一回无影无踪。
前来到洪州江仔细观看，
见一个俊巧男漂在江中。
那夜叉走向前从头细看，
原来是陈状元他的尸首。

巡水夜叉不消停，报与龙王得知闻。

却说夜叉报知龙王，江内有陈光蕊的尸首。龙王听说，急忙出殿观看，果然是我的恩人，死得有些不明。思想一会，来到龙宫，写了一度牒文，差水鬼送到洪州，将这牒文送交与城隍土地，把陈光蕊的灵魂拿来，日后叫他还阳。夜叉拿了牒文，来到洪州城里，将牒文交与城隍土地手中，展开一看，就知此情，把陈光蕊的灵魂就交于夜叉。一时三刻，就来到水晶宫内，投魂入窍。正是：

夜叉送魂水晶宫，一时三刻就还魂。

陈光蕊在宫中静眼观看，
水晶宫八宝殿大放光明。
见龙王忙跪倒三叩九拜，
屈死鬼告上帝诉说分明。
家住在海州城洪龙县里，
丁家街垂杨村有我家门。
我父亲陈员外早已去世，
丢下我母子们独过光阴。

忽然间唐天子贴出告示，
我一心要上京求取功名。
天保佑我考了头名状元，
中状元做高官大报神恩。
殷丞相有一女名叫满堂，
他见我中状元要配我婚。
唐天子他封我洪州太守，
同老母要上任要奔洪州。
一路走来到了万花店中，
老母亲身得病不能动身。
我的母她想吃鱼汤开味，
无奈何在市上找寻鱼公。
出店门看到那鱼公来到，
提竹篮卖金鱼买到店中。
提刀杀我见鱼两眼流泪，
吓得我不敢杀胆战心惊。
出店门忙赶上鱼公就问，
他说是九江中钓来金鱼。
我听说急忙忙去把鱼送，
到九江祝告毕放在水中。
鱼得水到江中全然不见，
陈光蕊你是我救命恩人。
回到店问母亲疾病可好，
自到庙到如今不知吉凶。
娘在店妻受苦不能见面，
母子们到今日不得相逢。
状元今日诉屈情，龙王必得报恩情。

却说龙王听罢，把光蕊放到水晶宫坐好，叫夜叉取了定颜宝珠，定了光蕊的身子，以免日后坏了尸首，好送他还阳。光蕊听罢，谢了龙恩，在水晶宫里坐了，这话不提。再说水贼刘洪与小姐成亲，小姐苦苦不肯，每日胡思乱想，放声大哭。正是：

若要一心去上任，我与丈夫报冤仇。
殷小姐哭一声屈死丈夫，
长江水漂流去无影无踪。
每日里常思想不能用饭，
痛伤情心肝痛两泪纷纷。
好夫妻不到头天已拆散，
丢下妻受冤屈谁人知道？
哭一声我亲夫无人知道，
我婆婆在店中你怎知闻？
我婆婆好苦命你儿失散，
要相逢除非是南柯梦中。
正思想肚内里忽然疼痛，
不由人心发黑如火烧身。
心思想身怀胎十月满足，
或是男或是女早离娘身。
小姐今日肚内疼，不知几时产儿童。

却说小姐腹内疼痛不安，痛苦不止，一直哭到五更天。

哭五更

一更里好恓惶，想起爷爷泪悲啼，丢下婆婆在店中。丈夫屈死在江中，我的天爷，丈夫屈死在江中。

二更里痛伤情，丈夫一死谁知情？我今落在贼人手。不知后来怎活人，我的天爷，不知后来怎活人。

三更里想婆婆，千思万想睡不着，两眼纷纷哭嚎啕。闪下妻子无着落，我的天爷，闪下妻子无着落。

四更里好昏沉，待睡不睡见阴灵，丈夫

连叫两三声。丢下你妻靠何人，我的天爷，丢下你妻靠何人？

五更里天渐明，金鸡叫了两三声，分明唤醒梦中人。不见丈夫一场空呀，我的天爷，不见丈夫一场空。

却说小姐想丈夫整整哭了一夜不提。再说西天雷音寺有那我佛释迦牟尼佛带领众生，正在讲经说法。迦叶佛吩咐八大金刚、四大菩提、地藏老母、十帝阎君、一切众神，内中有那金蝉佛子长睡不醒，迷昧深沉。吩咐叫他下凡脱化人性投胎。一股灵性投到殷小姐腹中，小姐做了一梦，好不惊杀人也！

禅长今日去投胎，子夜三更降生来。

殷小姐梦见了红光出现，
一时间肚内疼忍苦痛声。
娘怀胎十月整提心吊胆，
临生时挂九宫剐肚劳心。
一时间昏迷了倒在床上，
催生母二菩萨保佑我身。
把小姐只疼得昏迷不醒，
三更时生下个清秀孩童。

却说殷小姐夜之三更生下一子，细细看好像和丈夫一样，相貌十分清俊可爱。一时间忽然想起丈夫，心如刀绞，泪流满面。好不难杀人也！

殷小姐望空中拜谢天地，
香炉里上金香祝告神灵。
我家住就在那洪州县城，
我父亲殷丞相谁不知闻？
生下我殷满堂一十八岁，
身配为陈光蕊状元良君。
唐天子封丈夫洪州太守，
夫妻们去上任遇了贼人。
有刘洪和李虎二个贼人，
把丈夫他绑住丢在江中。
不知道把尸首漂在何处，
保佑我见一面死也甘心。
告上空保佑我孩子长大，
上京城诉屈情定把冤申。
保佑我万花店婆婆安康，
到今日无音信不知吉凶。
倘若是保佑我一家团圆，
报冤仇申血恨不饶贼人。
那时间请僧道大谢天地，
谢皇恩并大报神灵之恩。

小姐祝告众神灵，几时才能得相逢？

却说殷小姐祝告一毕，不由落下泪来，抱住孩子便说：“与你老子披麻戴孝三年。”叫那刘洪贼听见了，就起了不良之心，要想害死小儿，斩草除根。小姐听见，急忙跪下哀告。刘洪说教满月之日，我叫他一命归阴。正是：

贼刘洪骂小姐欺人大胆，
把小姐只气得泪流满面。
叫人役把冤家丢在城外，
或狼吃或狗吞斩草除根。
殷小姐抱孩子上前哀告，
母子们难割舍好不伤心。
你留他满月上一命归阴，
你若活三十天命见阎君。
那刘洪听小姐哀告不止，
就容他活一月记此阴功。

进门来忙穿衣转回府中，
殷小姐抱孩子双眼流泪。
恨刘洪奸巧贼狼心狗肺，
心思想又害怕暗害儿童。
养儿养女费心情，吃斋念佛报娘恩。

却说殷小姐不觉到了满月之日，又怕刘洪暗害儿童，如何是好？叫个人役听我吩咐，叫你到街上叫了木匠。其实有南海观音菩萨驾起祥云，来到洪州，收了祥云，变化一个木匠站在街心，等人役来到。

观音菩萨来点化，站在十字大街中。
殷小姐忙叫来人役两个，
到街上叫一个木匠之人。
叫一声我的儿难割难舍，
怎下手害了儿丧了性命。
若有人行方便将儿搭救，
送于他外爷家恩养成人。
儿今日合该是无人搭救，
祝告那空中的过往神灵。
天保佑我孩儿性命在世，
陈光蕊他也有后代儿童。
若日后我的儿得了活命，
杀猪羊望皇天大报神恩。
世间人怎知道菩萨下界，
落云头到凡间要度众生。

却说观音菩萨来到洪州，变成一个木匠站在街心。人役便叫木匠："到我府中去做活。"木匠听言，跟定人役到了府门，报与太太知道。太太听说，便叫木匠："你与我做一个不漏水的匣子。"木匠听言，就做了一个不漏水的匣子。把孩子装在不漏水的匣子中，又把中指咬破，写了一封血书，放在一处。日后若有人捞去，打开木匣观看，恩养成人，有金钗相谢。小姐抱着木匣哭了一场，叫了一个知心之人："与我把这匣子放在江中去吧。"小姐哭哭啼啼出了府门，好不伤心。真气杀人也！正是：

我今送儿到水中，不知那里得相逢。
殷小姐送孩子长江漂去，
到家中哭嚎啕大放悲声。
细思想把孩子放在江中，
怎舍得咬中指血水淋淋。
有血书上写道他的父亲，
陈光蕊被刘洪送在江中。
外爷家殷丞相人人知道，
他奶奶万花店音信不通。
你母亲殷小姐刘洪强占，
儿若是到好处搭救娘身。
娘把你放在水顺水漂去，
又不知落何地痛杀人也。
我丈夫丧长江不知下落，
小冤家在家中不知吉凶。
也是你父子们前生造定，
到今日父子们不能相逢。
你二人天造定活该命尽，
我婆婆张氏母怎样知闻？
把小姐只哭得恓惶不止，
猛然间天色变黑暗昏沉。
殷小姐心中想口中又念，
见天色黑暗了口念声佛。
小孩子送江中天昏地暗，
不知吉不知凶两泪纷纷。

却说殷小姐把孩子送在江中，那晚夜之三更

做了一梦，孩子在江漂着无有落底，有四大金刚跟定，惊醒以后好生怪奇，莫非我儿子神圣保佑，若有人捞去，救活一命，后来母子还能相逢。正在哀痛，这话不提。

再说金山寺内有一老和尚在山门前闲转，看见江中漂来一个木匣，有一个大石头挡住，那长老用手捞出来，听里边还有哭声，把匣抱在寺内打开观看，见一个孩子，又有血书一封，上写洪州县人氏，孩子的父亲名叫陈光蕊，中了头名状元，天子封他做了洪州太守之职。那日上任路过，搬了母亲，到了万花店中，忽然母亲身得重病。我把老母和两个家人留在店中，夫妻坐船。将船行到江边，水贼刘洪起了不良之心，把丈夫打在江中，强夺丈夫的官印文凭，强占我身。不多几日，奴又生了孩儿，刘洪要害死小儿。我无奈叫木匠做了一个木匣，把孩儿和血书放在里边，有人捞去，金钗当恩养之费。若是成人长大，好与父母报仇。

海鸟山金山寺有一寺院，
寺院中坐的是千年长老。
修盖的各样的景致好看，
这长老领五百徒弟僧人。
西廊下他望的罗汉为记，
直角里栽松柏造定金身。
有长老上前来讲经说法，
五百僧侧耳听普度众生。
那长老在佛堂参禅打坐，
讲罢经散了堂各回号房。
众和尚见孩子心中欢喜，
这寺内又添了一个僧人。
众和尚把长老请到堂上，
要与这小僧人起个法名。
长老说今日个江中漂来，
又无父又无母独自一人。
一年小二年大不觉数年，
说经典学佛法样样精通。
千年长老起法名，五百僧人尽知闻。

却说长老见这孩子生得聪明，心中欢喜，世上也少有。他又无父母盼望，我们照顾这孩子，有了祸落我们寺中，日后还要指教成人。长老自从捞下，每日后宅安身，加上众和尚把这孩子好好看顾，不觉一十八岁了，一表人才。一寺和尚都骂他有娘无父的江流生，江流僧听罢，来到师父面前哀告："众和尚骂我无父无母。"师父便说："弟子你听师父与你说来。"正是：

江流听的说一声，烦烦恼恼不得明。
众和尚都骂我漂流之子，
我今日问师父讨个分明。
长老说我在那山门观看，
水面上漂来了一个木匣。
漂在那山门前石头挡住，
我即忙前上去救你本身。
拿进来寺院中大声啼哭，
打开看才是你一个孩子。
有金钗和血书上写大字，
方才知那金钗恩养儿童。
我思想把血书仔细收放，
到后来长成人好认双亲。
我看你正年幼无说不晓，
通大礼识正义甚是伶明。
众僧人都看你人人夸奖，
可怜他无爹娘这样光景。
你今日长成了一十八岁，
众和尚他不说你怎知道？

江流儿跪在地徒弟有罪，
你恩养指教我不敢忘恩。
江流儿心思想眼中流泪，
那里生何处长我怎知闻？
我在这金山寺为僧数年，
我师父指教我才知东西。
若不是众和尚开言叫骂，
江流僧活到老也不知闻。

却说江流僧听了师父之话，思想要报父母之仇。谁知父亲去做官上任，被水贼刘洪害死，我奶奶死活不知，我的生身母刘洪强占。思想了一会，我问师父要出对证，我才明白。师父听罢，与江流僧取出血书，拿在手中展开一看，写的大字明明白白。心中思想："这才见血书面。"将血书端在手中，要上洪州看望母亲。正是：

江流儿听师父说了一遍，
把血书拿在手观看分明。
上写着陈光蕊我的父亲，
下写着殷满堂我的母亲。
我奶奶在店中遭磨受难，
身住在万花店吉凶不知。
外爷家殷丞相掌握宰相，
身在朝到今日也不知闻。
夫妻们受此难何人搭救，
又无亲又无故何人知闻？
又写着娘生你良辰之日，
那日生何日降甚么时辰。
我生你在宣华三月初三，
戊午年子时生降下儿童。
有一日长成人洪州认母，
又不知漂流去何处安身。

江流儿看罢书辞别师父，
出了门哭坏了一个僧人。
我今日上洪州找寻母亲，
告上天保佑我母子相逢。

却说江流和尚先到江岸，找寻父亲的尸首，毫无影踪。思想一会，要上洪州找寻母亲再做计较。这话不提。

再说殷小姐夜之三更做了梦，见一个小和尚站在衙门口，躬身施礼，便叫我："母亲，孩儿吃斋化些道粮。"小姐惊醒之后，才是一梦，好不奇怪。江流和尚到了刘洪的衙门来化斋，找我母亲的下落。次日午时，有一小和尚在衙门口站住，那日刘洪正好不在府衙。小姐听说，急忙走出门去，见那和尚，好像和我丈夫一样，不免我问他一遍，开言便道："问你姓什么，那里人氏，你还是自幼出家，还是半路出家，在那里修行，如何长大？"和尚言说："自幼出家，失了家乡。我在寺内，众和尚骂我无父漂流来的。我就哀告我师父，到底我有没有父母。师父与我说了来历，方才知道，我才找寻我父母亲的下落。不知我的生身母被刘洪强占，不能脱身。"说着从怀中取出血书对证。唬得小姐接到手看了一遍，好不伤心人也！

殷小姐见血书双眼流泪，
手拉娘江流儿两泪纷纷。
我只说为娘的不得见面，
谁知道被人捞又得相逢。
小冤家你有命为娘有靠，
到今日为娘的才能宽心。
我见你貌堂堂上天保佑，
甚么山甚么寺那处修心？
小和尚叫母亲听我细说，

海鸟山金山寺削发为僧。
殷小姐拉住儿伤心不止，
盼家乡到几时才得回程。
母子们哭多时方才收泪，
十数年无昼夜思想儿童。
又无亲又无故无处访问，
不知死不知活音信不通。
叫一声我丈夫阴魂你听，
阳世间还有你后代儿童。
母子们今日个与你烧纸，
到后来超度你屈死魂灵。
叫一声小冤家你且回去，
贼刘洪来看见你命难存。
我今日忙许愿斋僧布施，
许僧鞋五百双大报神灵。
娘今日吩咐话为儿记住，
江流儿忙回头母子分离。
有一日娘还愿在于寺中，
那时节母子们再来相会。

和尚出府往前行，小姐得病许愿心。

却说小姐见了儿子，可又想丈夫，可怜你死在江中，怎能脱身。假装一病，倒在床边。刘洪一见，便问："你得了什么病？"小姐言说："因为我夫妻二人上任的时候，许下了一个愿心，没有还。我做了一个梦，梦见了神灵进愿。"刘洪便说："许下何等愿心？"小姐说道："许下了僧鞋五百双。"刘洪听说，叫了两个人役，走到街上叫了几个鞋匠："老爷要做僧鞋五百双，限十天交清，每双鞋价五十文。"鞋匠听说，无分昼夜地加工，十天交齐。刘洪听说，同殷氏往金山寺还愿。刘洪收拾行李，就往金山寺还愿。一日来到寺内，降香一毕，殷氏便说："长老请你的弟子来，每人穿僧鞋一双。"江流僧也来穿鞋，殷氏见他左脚中趾未有，我急忙拉住放声大哭。正是：

有殷氏还了愿收拾行李，
又观见江流儿两泪纷纷。
今日个舍僧鞋寺中还愿，
走千山和万水只为儿童。
江流儿见母亲她今走了，
在寺中不由得两泪纷纷。
我的母把左脚中趾咬下，
今拿来对脚上不错分毫。
拿着了忙请动罗汉神像，
祝告毕左脚上十趾周全。
有江流上前来三叩九拜，
那长老心欢喜大报神恩。
江流儿上前来辞别师父，
辞师父我一心找寻双亲。
我一心要走那万花店中，
看奶奶在店中怎过光阴。
有江流在路上走了数日，
不觉得来到了万花店中。
满门问我奶奶并无音信，
人都说在城外破石窟中。

却说张氏住在万花店中，无有度用，来到了大街市上，打《莲花落》度日。听众且听道来：

一半春来一半夏，春夏秋冬四季天。
人人自愁光阴快，不愁光阴只愁人。
不幸老汉早去世，留下一子读书人。
取名叫个陈光蕊，是我生下小儿童。
求名得了状元郎，封了洪州太守身。

我在中途得了病，留在万花小店中。
儿去做官十几年，并无音信转回来。
老身今日无度用，店家把我赶出门。
贫婆无奈来叫花，各门讨饭过光阴。
残汤剩饭休喂狗，舍与贫婆度饥寒。
叫一声来哭一声，想起儿来泪纷纷。
你在洪州去做官，不管老娘吃和穿。
叫声我儿陈光蕊，不顾爹娘昧良心。
养儿图的防备老，谁知老来一场空。
终日思想儿无信，时常想得泪纷纷。
哭得老娘双眼瞎，那年那月不相逢。
若还母子重相见，大报天地谢神恩。
打罢莲花收了泪，无人给个十几文。
只得回到破窑中，你看伤心不伤心。

却说张氏想起儿子和媳妇，大不体谅老娘，他们在那里享受荣华，不管老娘受灾苦。我吉凶不知，好不伤心。一直思儿子媳妇，痛苦不止，一直哭到五更。

哭五更

一更里来好恓惶，想起儿子泪两行。你去做官不回还，闪下老娘受磨难，我的天爷，闪下老娘受磨难。

二更里来睡朦胧，我儿媳妇太不良。你在那里身受荣贵，不管老娘受灾星，我的天爷，不管老娘受灾星。

三更里来好伤心，耳烧眼跳睡不成。两眼哭得泪纷纷，闪下老娘靠何人，我的天爷，闪下老娘靠何人。

四更里来睡朦胧，梦见了个僧人到窑中。声声只把奶奶叫，好似我儿转回程，我的天爷，好似我儿转回程。

五更里来天渐明，金鸡叫了两三声。我今住在破窑中，不见孩儿一场空，我的天爷，不见孩儿一场空。

却说张氏哭了一夜，梦见一个和尚来到窑中，便叫："奶奶，我是你孙子。"醒来不见，好不奇怪。此话不提。

再说江流和尚来到万花店中，不见奶奶，人都说在城外窑中，见一贫婆在窑中啼哭。江流上前便问："奶奶为何这样啼哭？"贫婆便问："你是什么人？"江流听说："我是陈光蕊的儿子。"贫婆听言，流下泪来。贫婆见和尚到，满眼泪珠往下流。这贫婆双手拉江流和尚："我就是陈光蕊他的母亲。"

小和尚听得说满眼流泪，
见奶奶好命苦痛杀人心。
奶奶说我孙子不见你父，
江流说我的父命丧江中。
那贫婆听得说三魂不在，
一口气不上来昏迷不醒。
江流儿见奶奶昏迷不醒，
连叫声我奶奶苏醒不昏。
有张氏醒过来开言便问，
有孙子你与我说个分明。
我父亲和我母江中所过，
贼刘洪把我父推在江中。
奶奶听孙子说放声大哭，
母子们到如今不能相逢。
前世里造下罪又与今世，
可怜我把我儿命丧江中。
江流儿劝奶奶不必啼哭，
我进京找外爷搭救娘身。

江流儿把奶奶搬在城内，
安顿在客店中且过光阴。
辞别了我奶奶往前就走，
到东京访问着丞相衙门。
张氏今日离窟中，刘家店中去安身。

却说江流儿把奶奶搬进城去店中居住，便叫店家好好看顾，辞别了奶奶往前就走，不几日来到东京中，寻找外爷家报仇。来到丞相衙门，便叫人役："你与我传说，外爷孙子来了。"人役听说，急忙奏知老爷。丞相叫道："他进来见我。"江流跟定人役往里就走，见了丞相，双膝跪下。丞相便问："你从何处来的？"江流听说，从怀中取出血书一封递与丞相。展开一看，心如刀绞，流下泪来。

见血书眼流泪，便叫夫人你细听。
叫夫人这是你孙子书信，
你亲手展开看细细分明。
那夫人一见书甚是可叹，
谁知道今日个这般光阴。
自从我殷小姐洪州上任，
谁知道你今日又遇贼人。
贼刘洪把女婿害死江中，
他欺心把女儿要做妇人。

却说江流和尚与丞相苦苦哀告，丞相便说："孩儿，我急忙写了本章，入朝报与天子知道。"天子见了，龙心大惊，便问丞相："既有此事，何不早奏万岁知道？"便叫丞相："我给你三千人马前去捉拿，捉住了千刀万剐。"丞相谢恩。到了此日，领了人马来到洪州衙，我把刘洪抓住，押到江岸，丞相便说："姑娘也出来，来到江岸。"

有三千人和马来到江岸，
拿出了贼刘洪水贼之人。
把刘洪拿到了江岸口上，
殷小姐骂刘洪大胆贼人。
我把你今日个千刀万剐，
把你心取出来再祭神灵。
殷小姐同丞相来到岸上，
江流儿割心肝祭奠亡魂。
江岸上许多人一齐跪下，
祝告那空中的过往神灵。
齐来到江岸上超度光蕊，
小姐和江流儿痛苦伤心。
娘儿们只哭得惊天动地，
有龙王叫恩人细耳长听。

却说龙王听江岸有人啼哭，便叫判官："你们的灾难已满，差鬼你把尸首送出龙宫，叫他还魂。"鬼头听说，急忙送出龙宫。陈光蕊醒来，只见岳父同妻子都在江岸，领着一个孩子，也在江岸，心中好不奇怪。

殷小姐见丈夫放声大哭，
手拉住亲人手痛苦伤心。
自从那刘洪贼把你害死，
十八年暗流泪一直到今。
我只说害死你难得见面，
谁知道你今日可又相逢。
我身怀有了孕十月满足，
有一日正半夜生下儿童。
次一日贼刘洪就要谋害，
我急忙跪在地哀告贼人。
才留到满月上又生一计，

叫木匠做了匣送了儿身。
丢在江顺水流长老看见，
收留在金山寺恩养成人。
小姐叫江流儿来拜你父，
江流儿听娘言拜父当身。
小姐叫了千千万，一家团圆到今天。

却说丞相同小姐、光蕊、江流一家团圆，大谢龙王，又把刘洪心肝祭奠神灵已毕，来到店中搬上母亲，一起进京朝见丞相。父子写了本章，天子看罢大喜，把状元封官职，江流送在金山寺。日后好往西天去取真经。

释和佛等众生听我细说，
人生在天地间必要忠厚。
莫杀生莫害人方便为本，
早上香晚上灯时常念经。
奉劝那世上人善男信女，
莫指天莫骂地莫怨神灵。
莫学那刘洪贼伤人害命，
人害人自有那老天不容。
世上人早回头行善改恶，
使奸心昧良心自害自身。
今留下这宝卷奉劝男子，
若回头肯念佛自有成功。
才说罢有菩萨归空去了，
祥云散宝卷完正果万朝。
高明贤老莫取笑，若有错处再加评。
此卷说到这里止，听众听了再评论。

抄于一九八一年元月一日，郭仁清

（蔡榕录入、校勘）

王志福探地穴

地穴宝卷才展开，诸佛菩萨降临来。
天龙八部坐天界，大众听了永无灾。

却说这一段事的因果，出在天启年间。山东济南府王家花园有一尚书，名叫王昔春，妇人张氏所生一子，起名叫王志福，年方一十六岁，父亲在朝做官。这话不提。

再说山西临洮府有一豆丞相，名叫豆荣，妇人李氏所生一女，名叫豆千金，至小许与王尚书之子王志福，二人做下姻缘。这门亲事原先立下了合同，割下汗巾为证，两家做了亲，说明后以汗巾为证前来认亲。日子不久，王老爷得了个疾病，不能起身，看着病势不好，不觉一日半夜三时，阎王收这真魂儿去，至那时节，一家大小好不伤情。真是痛杀人也！

半夜三时收真魂，千金难买到天明。
我今一死命归阴，你闪半路两难分。

王员外叫妇人我来细说，
半路里闪下你依靠何人？
这病儿只见得渐渐沉重，
到今日我一死一命归阴。
我一死小孩儿要你恩养，
一口气上不来去见阎王。
说着话穿衣裳倒在床上，
到如今我一死一命归阴。
有张氏哭一声满脸流泪，
哭几声老员外闪杀儿女。
娘儿们在房中放声大哭，
哭丈夫你死去倒也心甘。
丢下我母子俩忍饥受饿，
终日家受熬煎好不伤心。
员外去归阴，张氏痛伤情。
若要再见面，除非在梦中。

却说员外死后，张氏痛哭不止。再说有一家童，名叫张春，急忙相劝说："奶奶，今日老爷已死，哭到几时也哭不活了。"张氏方才止泪，便叫王志福："我儿，你叫张春拿几两银子做个棺木，让老爷入棺。"到了七日，请了高僧高道发送已毕。张氏与家人度过光阴，活该他母子有难，不料天灾把个家财烧了个净光，家中一无所有，好不难过。光阴过了几日，张氏想起亲事，对王志福说："你父亲在朝做官，与豆丞相之女做下亲事，以汗巾为证。如今家境穷困，你拿上汗巾，一者去认亲事，再去借些银钱好来度日。"

有张氏叫孩儿听娘吩咐，
有几句知心话牢记心中。
过桥梁过村庄让人先行，
清早起天色亮与人同行。
到那里认了亲早些回来，
娘在家盼望你及早回程。
王志福听得说满心欢喜，
叫母亲你在家且放宽心。
儿前去认了亲即速回来，
娘在家昼夜里不必操心。
有母亲听得话满心欢喜，
叫孩儿你听娘细说分明。
有两件无价宝你且小心，
这合同和汗巾好作证明。
倘若你遗失了亲事难认，
全靠你路途中一定操心。
若母放宽心，儿今要起身。
心中仔细想，前去把亲认。

却说张氏便叫张春，吩咐："孩儿你今前去认亲事，叫家人备马两匹，你和主人一路要小心，这两件东西不可叫外人知道，你二人前去认亲一回。"

张春听罢不消停，急忙收拾往前行。
有张春你听我细说分明，
早晚间在路上务必小心。
有张氏忙吩咐前去认亲，
到路上要小心礼在为人。
到山西认了亲早些回来，
娘在家盼望儿早点回程。
有母亲吩咐罢回到房中，
王志福同张春一路同行。
走一里过一里又是一里，
走一程过一程又是一程。
这一去到山西千辛万苦，
只因为家贫穷才去认亲。
到山西实指望认亲借钱，
倘若是不认了落一场空。
有张春叫相公你听我说，
在路上莫发愁且放宽心。
到山西认了亲乃早回家，
回家去孝奉母养老送终。
他二人在路上感慨伤心，
不由得心发酸两泪纷纷。
二人同行走，各怀一条心。

却说王志福在路上走得人困马乏，不觉来到一树林之中，心中自思，不免在这歇一歇。便叫张春："我们二人在此树荫下歇一时，再走十五里路。"张春听说，忙接马把马拴好。王志福问张春："我们带的干粮拿来吃些。"张春说："还有点酒呢！"相公说："拿来吃几杯，倒也罢了。"张春听罢，一时起了不良之心，把些蒙汗药下在酒内。相公吃了几杯，不觉头眩，昏在地上，不省人事。张春一见，忙把合同、汗巾取上，把马骑上，急忙跑去。

且说王志福活该命不该绝，一时醒来，未见了行李马匹，并无张春。心想不好，真是叹杀人也！

如今到了难受处，心如刀割痛杀人。

王志福在路上受此大难，
就是那铁面人他也心酸。
哭一场到树林再往前走，
行一程哭一阵怎样认亲。
忽然间想起了我的母亲，
眼泪流心感叹大放悲声。
谁知是张春贼把我害了，
遗失了两件宝衣服头巾。
你拐去行李我倒不害你，
丢失了两件宝难以认亲。
天报应这奴才若有报应，
我母子团圆了重谢神恩。

人想奸计天不害，后来便是一场空。

却说张春把相公害在树林之中，拐去他的行李马匹，心中自想：“我今去到山西临洮府安家庄豆丞相家中，活该是天保良缘，豆千金不是王家的女人了。”

张春路上多喜悦，谁知后来受难过。

有张春在路上欢天喜地，
这一去到山西冒认他亲。
到山西认了亲且受富贵，
命苦的王相公丢在路中。
他母亲在家中怎能知闻，
怎晓得把她儿害在林中？
我如今心中喜行走如风，
唱几个山曲子再往前行。
这一去到他家要把亲认，
相认了豆千金美貌妇人。

却说张春走了多时，面前有一高大府门，不免上前问个详细。思想一会，见府门前有两个家人，上前便问：“大哥，此地有一豆员外，他家住在何处？”家人便说：“我这里就是豆丞相府第，前面有一铁狮子和下马牌的大门就是。”张春听说，心中大喜，并说：“多谢大哥指点。”便来到府门，见有门军把守。张春上前问道：“此地就是豆老爷的府吗？”门军说：“就是。”张春便说：“请二位告知老爷，就说济南府王相公认亲来了。”门军听说，忙进内说：“老爷，外面有一山东济南府王相公认亲来了。”老爷听说：“怕是你家王姑爷来了，快将中门开了，请进来。”张春来到员外面前，口称：“二位岳父母在上，不贤的穷女婿叩个空头。”员外拉住便说：“贤婿，你为何成了这等光阴了？”张春便虚情假意，两眼落泪说道：“岳父大人在上，听我细说来。”

张春听得岳父问，从头到尾说分明。

这张春听得说满眼流泪，
叫一声老大人细听分明。
道不为家中穷度日难过，
我父亲早去世死入幽阴。
又因为王志福承受大难，
遭天灾烧得我片瓦无根。
我家中受贫穷怎样活人，
想起来认亲事来到衙门。
望大人发慈悲大放洪恩，
借银钱到家中奉养母亲。
豆员外听罢言泪流溅血，

便是你母子们应该受穷。
豆员外叫女婿既然认亲，
有当日留下的合同汗巾。
有此物我才敢认这亲事，
若没有两件宝不能认亲。

却说张春听罢，急忙拿出合同、汗巾递与员外，员外看后说："此物就是的，我自得认亲。"便叫家人："把你家王姑爷请到后花园中，读书三年后完婚。"张春听说，只得跟着家人往后花园中去了，且受荣华富贵。把他害在树林之中，却怎知道我有此命也。

跟着家人往前行，后花园中把书攻。
有张春跟家人去往前行，
前来到豆员外后花园中。
我如今后花园又把书攻，
也不知王志福死里有生。
我把他害在了松树林中，
他母亲在家中盼望儿童。
我拿来两件宝合同汗巾，
才得了豆千金美貌之人。
我今受了富，花园把书攻。
说下三年整，然后再成亲。

却说王志福自那日叫张春把行李马匹拐上走了，一人一路寻茶讨饭，今日来到山西一座高门大厦面前，不免前去寻问一声。便走向前去，问门军说："二位贤兄，此地有一个豆员外大人，府第门道在那里？"门军回说："这就是的。"王志福又说："请二位相传一声，就说有山东济南府王志福认亲来了。"门军听说，便道："这几日好多人认亲，他只有一个女儿，不知许了几家，都来认亲。罢了，即如此，我告诉员外。"门军来到二堂："老爷，外面有一人，口称山东王志福，认亲来到。"老爷听说，心中大怒，心想："怎么又一个王志福认亲来了？""快把门关了，不准他进来。"王志福等候多时，不见门军出来，便自己入中门，进来二堂，见了岳父，双膝跪下，口称："岳父在上，小的拜见。"豆员外一见，开口便骂，说道："你今日是充个（原作冲各）冒认亲来了，真该打死。"便喊人役："赶他出去。"志福忙说："岳父且听小人细言。"

王志福跪在地泪如雨下，
叫岳父在上听细说分明。
家住在山东府济南人氏，
父亲叫王昔春广有金银。
谁料想父去世丢下母子，
与大难天火烧难以度日。
我母亲才叫我前来认亲，
有家人叫张春做伴同行。
又不知半路上他起歹心，
用药酒害倒我拐去合同。
把汗巾并行李尽都拿去，
害得我半路里死里逃生。
因此上到山西来把亲认，
望老爷发慈恩打救我身。
员外爷听得说心中大怒，
若不打这贼人竟敢欺人。
老爷怒冲冲，骂声狗贼人。
快来赶出去，关了我的门。

却说王志福被豆丞相赶出家门，痛哭不止。心想："回家身上烂，身边又无盘费，况且丢了两件宝，料想难见母亲之面。思想老天如此，也无个感应，豆小姐既不是我的妻子，当初就不该结这门亲事，既然做了，却美貌妇人又叫贼人抢去了。”思想一会，也无良计，只来到他家后花园中一棵树下，心想：“不如寻个自尽罢了。”便解下腰中布袋挂在树上，倒身拜一拜父母养育之恩，二拜天地知晓，又想起母亲在家，怎得知道儿的下场。想到此事，痛哭不止。不提。

却说豆千金小姐夜晚做了一梦，见一老公言说：“你的丈夫王志福到山西认亲来了，你父亲亲女婿不认，赶出门去了，反将害你丈夫的贼人张春认了亲女婿，进奉攻书去了。你的丈夫无奈何，到你后花园中上吊去了。你快去救得他的性命，他日后必定金榜题名，若有迟慢，今后不得团圆。”小姐惊醒，却说一梦，思想一会，便叫了丫环说：“我做一梦，梦见花园着火，我如何去花园看。”丫环听说，急忙起身，跟上小姐来到花园，不见有火，却听有人啼哭。丫环、小姐仔细听了一遍，更觉眼跳心紧，心想：“不知痛哭的是何人，我却看个分明，问个原因。”

老公亲托梦，小姐救夫君。
豆小姐令丫环来到花园，
耳听得花园里哭声连天。
有小姐叫丫环站住细听，
才听得哭的人远乡人氏。
王志福想母亲哭声不止，
别母亲到山西来把亲认。
谁料想张春贼暗把我害，
用药酒闷住我拐走合同。
你的儿到山西受这大难，
舍这命到山西来把亲认。
谁知道豆老贼不把亲认，
倒把我赶出门依靠何人？
娘在家盼望儿不得回信，
现死在后花园娘怎得知？
忽然间又想起千金小姐，
谁又知千金体配与贼人？
我和她豆小姐婚姻早配，
却怎知豆老贼瞎了眼睛？

却说王相公正要寻死，有小姐同丫环来到面前，便问道：“花园之中寻死的是何人？家住那里？姓甚名谁？因何到此？为何寻死？我今救你的活命，你可从头到尾细说分明。”

相公听得小姐问，不由两眼泪纷纷。
王相公叫小姐听我细说，
想起来这件事叹杀人心。
家住在济南府王家庄村，
父亲叫王昔春广有金银。
我母亲好善人张氏妇人，
我父亲早死去丢下母子。
那年间想不到起了天灾，
把房屋并家产尽都烧完。
有牛羊有鸡鸭尽都烧死，
有财物有金银炼成钢块。
我母亲才让我前来认亲，
又不知豆大人不把我认。
他把那张春贼认作女婿，
那张春是家人做伴同行。
谁知道半路里他把我害，
到松林用药酒暗害我身。
又不知老天爷把我相救，
我醒来不见了行李马匹。
那贼人把合同汗巾拐走，
豆大人见此物就把亲认。

这就是实情话并无假话，
豆大人他把我赶出府门。
思想起母亲话实在伤心，
豆小姐听此言眼泪纷纷。
小姐听一遍，心中好悲惨。
心想今见面，何时得团圆？

却说小姐便叫："相公，你把我当何人，我就是你的妇豆千金，前来救你。"夫妻相认，叫声夫君，放声大哭，说："你今日怎样受了这大的苦难，不免今晚你在后花园门等等，我与你送些银钱，你拿上去京城求一功名，若是能得一官半职，那时候再报仇不迟。"便叫丫环："你把姑爷领到后门等候，我去拿了银两送他去求功名。"言罢，去到后楼取银三百两、衣服几件递与丫环。丫环接着，急忙来到姑爷面前，把姑娘的情意向姑爷讲说一遍，并把东西送与相公。

相公听话接过，正要谢姑娘好意，却不料豆大人带领人役出来查夜，只见后门大开，过去见有一个男子和丫环梅香说话。豆老爷一见，心中大怒，便叫人役："就是大贼，与我拿住。"小姐一见，魂飞天外，哭哭啼啼上楼去了。老爷一见银子越气，开言骂道："你这贼，昨日冲着认亲，我把你赶出府去，今日为何又在我的花园盗我财宝？老实招来，免得受刑。"便叫人役："把这贼吊在梁上，苦打审问。"家人听了，忙吊在梁上打了一顿，给了一张帖儿，送到知县衙门，家人听说，急忙送去。来到衙门，知县一看，坐在大堂，叫来人役带上王志福上堂跪下。老爷便问："昨日豆员外把你不认，为何又偷他的财物衣服？如实招来，也免得受刑。"

老爷问犯人，两眼泪纷纷。
叫老爷听小人说个分明，
就是那听卷人他也伤心。
小的家住在那济南府里，
我父亲王尚书天下扬名。
又不知于天火家产烧尽，
只烧得我家中片瓦无根。
王志福把前情细表一番，
豆老爷不认我赶出门庭。
又无亲又无故难以生存，
无盘费身褴褛肚中饥饿。
因此上后花园引个自尽，
豆小姐来救我送我金银。
拿住我不放松送到衙门，
望老爷晓小的大放洪恩。
县老爷听得说冲冲大怒，
我老爷善问你总不招承。
叫衙役拉下去着实拷打，
有衙役动了刑痛苦难忍。
一上手四十棒皮开肉绽，
王志福受不住只得招承。
眼前不招承，叫你命归阴。

却说王知县骂了几声王，问："你偷了豆员外的衣服财宝，如实招来，免得再受苦刑。"王相公痛苦难忍，只得招承："尊老爷，小的实实偷来。"老爷听得招承，当时立了口供，马上叫他签字。王相公手提笔杆，泪如雨下，如今签了字，好不屈杀人也。便叫人役领来付脚锁给他戴了，送入监中去，老爷退堂。

王志福到监中，天色已黑。哭一声老天爷怎不睁眼，我母亲在家中不能相见，我苦苦的一命归阴，母在家怎知道儿在监中受罪，眼不住泪纷纷，一哭到五更时。

哭五更

一更里来在监中，想起母亲泪纷纷。父亲去年归阴去，丢下母子受可怜。我的天爷啊，可怜那孩儿受疼痛呀，受疼痛。

二更里来疼伤情，我受五刑疼难忍。手拷脚镣难行动，谁人救我的命？我的娘呀，想见唤母亲万不能呀，万不能呀。

三更里来天气寒呀，天黑地暗实可怜呀。牵挂孩儿无人救啊，罪行几时才受满呀。我的天，孩儿想起也难上难呀，难上难。

四更里来眼朦胧呀，方才一梦到家中呀。老母拉开门一声唤醒来，才是做一梦。我的娘呀，想见呀骨肉万不能呀，万不能呀。

五更里来天渐明呀，金鸡连叫两三声呀。盼望夫妻不得见呀，几时才到我家中呀？我的娘呀，美貌的妻儿不得见呀，不得见呀。

却说王志福痛哭不止，监官呼唤，王志福便说“老大爷是你不知，因为我父亲在朝做官，是个尚书，名叫王昔春，和豆丞相做下亲事，写下合同并拿汗巾为证”等表了一遍。又说：“那豆老爷把张春认了女婿，把我不认，并把我赶出府去。我又无盘费，难得回家，无奈何在豆员外的后花园中寻个无常。谁知黑夜之间，有豆小姐和丫环来到后花园救我不死，又与银子三百两、衣服两件叫我拿去，好好攻书去求功名。我和丫环来到花园后门，那豆老爷领着家人查夜寻更，看见后诬赖小人贼情，把我送到衙门问罪。这就是实情。”老监子听罢，便叫了：“可怜的王相公，你只得在监中忍耐。”

叫老爹听小的细表一遍，
一字字一项项都是实情。
我的妻豆千金本是她名，
她去和丫环取来了金银。
有丫环送银两来到面前，
谁知道豆大人来到花园。
拿住我见财物诬赖贼人，
送到官动五刑苦打招承。
叫老爹可怜我绕我一命，
这件事诬赖我屈枉好人。
我若是得活命永不忘恩，
张春贼路途上陷害我身。
他若到我的手千刀万剐，
儿受罪娘在家怎得知闻？
实想说认了亲回家奉母，
谁知道到山西大祸归身。
在监中受不住非刑拷打，
儿死后闪下娘靠谁活人？
这些话暂搁下莫可细表，
再来那豆千金家中事情。

却说豆员外和夫人相谈，言道：“自从女儿昨日和那贼人相见，沉思不语，面带愁色，不如让她乘早完婚罢了。”计语已定，就叫家人：“前去请你姑爷前来完婚。”当时有丫环与老爷送茶，听见此话，急忙上楼便叫：“姑娘，不好了。”小姐道：“有何事？快与我讲。”梅香便说：“你还不知道，我家老爷命家人到花园请姑爷和你成亲完婚呢。”小姐听说，吓得魂飞天外。便叫梅香：“这该怎么办好呢？”思来想去，没个主意。便说：“梅香，快与我想个计策，逃脱此难，永不忘你的恩情。”丫环便说：“姑娘，我与你想个妙计，你快收拾行李，逃个方便去罢。”小姐听说，无奈何只得依从。

小姐今日遇个难，急速出门逃外边。

有小姐听得说满眼流泪，
我的父做的事于心不忍。
骂一声张春贼胆子太大，
害得我夫妻们不得团圆。
却无个计策儿相见一面，
夫妻们见一面死也心甘。
父把我亲丈夫问成死罪，
倒把我千金体配于贼人。
自古说好马儿双鞍难备，
贞烈女怎能嫁两个丈夫？
我今日无奈何寻个自尽，
又来把老婆婆孝敬一天。
有梅香走上前叫声姑娘，
我这个小丫环替你主张。
今日个万不能寻了短见，
装男子逃外边保全你身。

却说小姐听罢，两眼流泪，便说：“梅香，你我二人那里逃身？”梅香说：“你暗暗把张春的衣服拿来穿戴起来，女装男扮，外边逃命，再等姑爷出监。若是老天保佑，夫妻团圆，也是有的。”千金听说，只得敛泪，穿戴齐整。梅香看罢，说：“很像男子，姑娘收拾好，我送你出府，逃命去罢，我在家伺候。”等到二更时分，二人来到花园后门，小姐倒身下拜：一拜父母养育之恩，二拜老天保佑，三拜梅香不可走漏风声。梅香忙扶起小姐，便说：“姑娘，急速前去，我心中知道。”姑娘起身去了。这话不提。

再说张春听得要成亲，急忙来到前庭见了老爷，施礼毕，老爷、太太正在议论此事。有丫环急忙来到说：“老爷，不好了。方才我入楼来给老爷送茶，姑娘还在楼上。送过茶，我上楼去不见姑娘，我想是去解手，等了半天，不见回来，特来回老爷知道。”老爷一听，吃了一惊，来不及说话。一边急坏了张春，便说：“好啊！今天是我完婚的日子，你把女儿藏在何处？假意请我完婚，我看你是见穷爱富，莫不是又把女儿许了别人？要想你女儿另嫁别人，那万万不能。”老爷忙说：“贤婿，并无此事。”

张春当下怒冲冲，手指老爷骂几声。

骂一声豆老贼你好无礼，
为什么把女儿又配他人？
你也是当朝的一个大官，
这件事你思想成也不成。
你既然嫌贫穷不能认亲，
却为何认了亲又许别人？
你今日把我妻藏在何处，
老奸贼要权势无故欺人。
豆员外听罢言心中大怒，
骂一声王志福胆大畜牲。
叫梅香各房中细细寻找，
梅香说找遍了无影无踪。
老爷心头怒，不见小姐身。
张春心不平，骂声老奸人。

却说豆老爷领丫环并人役到处寻找一遍，不见踪迹，便说：“女婿，你暂到书房攻书，等我找到小姐后，那时节再让你完婚。”张春怒气未消，便说道：“你不用哄我，等我把你告到官前，那时节我的妻子她就出来了。”这话不提。

再说豆小姐自那日出门，行走多日，来到封州府地面，离城二十五里之远，见一高大府门。小姐心想：“现今天色晚了，不免在此借宿一夜，明天再走。”便来门首求见，见了员外，躬身施礼。

员外便问："相公，你在那里？姓甚名谁？因何到此地？"小姐说："说来话长也。"员外听言，便说："请前庭坐定，慢慢细说。"说着请相公进庭，献茶伺候已毕。姑娘便说："员外在上，听小的详细说来。"

员外在上听分明，相公从头说情形。

叫员外你听我细说细讲，
提起来我家中也有名姓。
谁知道我的父被贼打死，
一家人只害得剩我一人。
在家中我一人光阴难度，
因此上奔上京去求功名。
天睁眼我若是金榜题名，
那时节为我父再把冤伸。
因此上无奈何出门上京，
天色晚无处去来到府门。
这就是实情话并无假言，
相公的伤心话还未说尽。
实情事不敢言藏在心中，
员外听细思想想留家中。
龙吃千江水，虎踏万里山。
君子不得时，哀首告人难。

却说员外把豆相公看了一遍，看也长得聪明清秀，男有欢像，美貌漂亮，想后来必有富贵。员外心中暗想："我只有一个女儿，不如把他留在家中，配与女儿倒也罢了。"便道："相公，我老身姓张，并无子，只生一女，起名叫张灵英，年方一十三岁，未曾许人。我把你招为过门女婿，你看怎样？"相公听说，半会不语，心中思想："有心不从，把员外的一片好心白费了。我若从了此事，我乃是女流之辈。"便说道："员外，我乃是贫民后生，不敢高攀。"员外听说，便道："相公，此话你讲错了。你不寻找，是我问你，我情愿做亲着你，相公倒说出如此的话来了。"相公沉思了一会，想到不如答应了，暂且安身再说。说道："员外不嫌我贫穷，我就情愿招亲。"员外听说罢，满心欢喜，随即选了良辰吉日，让他二人同拜了天地，就算成了亲事。豆千金心中思想："这事左难右难，将怎样处置？"到晚上豆小姐进入洞房，低头不语，忧愁纳闷，如同酒醉，长出气短回声。灵英便问丈夫："因何事面带愁色？我本是千金之体，有啥不称心的地方，或者是我脚大面丑，有什么妨碍你，心里不情愿的话，就请你说与我听。今晚上我与你成双配对，不能这样冷漠。"就势倒酒一杯，亲手递于夫君面前，说："请喝一杯，我替你分愁解闷。"相公听后，便说："姑娘，谁嫌这样那样！你是黄花闺女，我一个贫民百姓。"说了半夜，方才入睡。豆千金合衣而睡，你东我西。灵英便问丈夫："为何不解衣而睡？你我今天起就是长久夫妻，还有什么不情愿的呢？""千金，也不是我不愿意，是有一段事情，我说与你听。"

心中有事你不知，许下愿心不脱衣。

豆小姐听得问开言便说，
这件事我不说你也不知。
想当初我父亲生我一子，
生下我才七岁病不离身。
父见儿病势重许下愿心，
吃长斋上长香长拜明灯。
上长香断不了念佛上供，
表真心要净身衣不下身。
才把我恩养大至到如今，
我母亲为我身受尽苦心。
许愿心不脱衣年限已近，

再过了一年半才可称心。
我如今在外边避灾逃难，
更不能忘父恩脱衣而睡。
过年半愿心满再好成亲，
张小姐听得说心中思念。
原来是孝奉子睡我一边，
因此上叫夫君听我细说。
人行善天睁眼神灵感应，
现如今你行孝天从地容。
到后来必成果金榜题名，
我今日依从你也尽孝心。
小姐听原因，盘问豆千金。
千金编谎言，瞒了张灵英。

却说灵英盘问丈夫，豆相公把话说了一遍，小姐明白。这话不提。再说王志福的母亲在家思想，我儿怎么认亲不回家中？常在外边打听，更无音信，不觉光阴过了三年，家中贫寒，过光阴无计奈何，只得去山西找寻儿子一回。

生儿育女难上难，不见儿回在外边。
张氏母想起来亲生之子，
他一去三年整不见音信。
想当年你归行吩咐叮咛，
他且把娘的话不记心中。
你在路受尽苦谁人知道，
又不知娘在家饥寒热冷。
娘怀胎十个月提心吊胆，
茶不思饭不想只为盼儿。
娘生你三年整奶水不离，
冬尿炕擦尿屎并非容易。
又想你在外边或有富贵，
全不念为娘的咋过光阴。
一路上走得我身困肚饥，
到山西不见儿倒落一空。
张氏泪汪汪，只为小儿郎。
且舍生富贵，把娘已径忘。

却说张氏千辛万苦走了一月有余的路程，一日来到山西临洮府安家庄，见一人役，上前问讯："大哥，三年前有一山东王志福前来这儿认亲，你们可知有此人没有？"那人便说："老奶奶，三年前，果真有一王志福来我老爷府上认亲，拿的合同、汗巾为证，我老爷认了亲事。过了几天，却又来了一个王志福前冒认亲，我家老爷把他赶出了府门，他却又去后花园中偷了我老爷家小姐的财物，老爷把他拿住送到了王知县衙门，问成了死罪，现在监中受罪。"张氏急问："监中是那个王志福？"并形象外貌问个详细。

明日见了监子老头，问候已毕，说道："老伯，监中有个山东王志福是我的儿子，请你行个方便，让我与儿见上一面，死了也甘心。如母子团圆，永不忘恩。"说罢，痛哭不止。那老监子也不由心酸，就去打开了监门，唤王志福前来认娘。张氏进了监门，见儿戴的手铐脚链，不由得箭穿心，想到真是屈杀人也。

张氏见儿泪不干，不知几时才出监。
张氏母见孩儿一把拉住，
叫一声心疼儿大放悲声。
娘在家只说你荣华富贵，
却不知犯了罪进在监中。
为什么进了监所犯何罪，
你从头仔细地说个分明。
叫母亲这件事你还不知，
我要是说起来痛叹人心。

离山东来山西前来认亲，
张春贼害了我拐走东西。
有老天救了我来到这里，
谁知道豆老贼瞎了眼睛。
认张春赶走我出了府门，
无奈何花园里寻个自尽。
豆小姐下得楼把我相救，
咱夫妻后花园相见一回。
她救我送银两去求功名，
谁知道豆老贼查夜来验。
拿住我狠拷打不肯放松，
送衙中打成招问成死罪。
到监中三年整又见母亲，
待说着娘儿们泪如雨下。

却说王志福母子二人痛哭不止，在监的犯人各伤心泪劝。张氏说道："我的儿，你暂时在监中忍耐，为娘的上街与你讨饭，想法救儿性命。"王志福听说，满面泪流，说道："母亲你若不来，儿靠何人？"二人痛哭不止。老监子看时间已久，便拉张氏出监。张氏哭哭啼啼去大街叫化去了。

张氏沿街去讨饭，想法打救儿的命。
哀告一街两巷人，残茶剩饭莫蹂踏。
舍于命苦讨饭人，别的事儿我不表。
说个王祥救母亲，孝心感动天和地。
三九寒天卧寒冰，惊动阎王不安宁。
更阎王的三太子，变作神鱼救贤人。
孝子见鱼心欢喜，拿回房中救母亲。
母亲见儿孝心到，一家安宁值千金。
前世有个吕门子，彩楼房下与主人。
老母身贫受苦难，曾到寺院木僧道。
唐朝有个泰书金，为敬孝义配充军。
也曾买过黄龙马，后来却曾为国王。
我今在街讨饭吃，哀告一街两巷人。
我家住在山东城，家无衣着肚无饥。
才来哀告行善人，可怜离乡背井人。
残茶剩饭莫喂狗，舍于穷人救儿童。

话说张氏在外讨饭不提。却说南海观世音老母在洞心血来潮，忽然想起月亮星新官在难三年，刑期已满，该救他出监了。随即驾起祥云，来到王知县衙门上空，但见王志福忧愁纳闷，就于当夜给他托梦说："你的罪过已满，不久就能出监，到时候地现地穴，你去探它一回，保你全家团圆。"醒来乃是南柯一梦，心想梦中说话老母必是神灵。

神灵指点已毕，速即来到临洮府门外，指地为裂，现出一道地穴，要救王志福出监。第二日，众人议论纷纷，说："南门外怎么开了一个裂道？快去报于知县官。"知县大人亲自前来观看，确实有一地穴，里面乌烟瘴气，黑雾迷天，其中必有原故。不免写奏章表字奏于皇王知道。按下不表。

却说皇王爷当日晚做得一梦，梦见新官有难。天明，皇王起床，正然思想此事，门军报说有山西临洮府奏章呈上。皇王銮殿开阅奏章，知地穴一事，便下圣旨，令知县提出所有押犯，问那个敢下地穴探得实情，便舍他终身无罪，赏银五十两为资。知县接旨，立即放出所有在押犯人，提明圣上旨意，问所有犯人，谁敢下地穴探望一回，舍他无罪。犯人们听了，都说不敢探，就是死也不探。

这里有王志福思想梦中一事，便说："老爷，我能探得地穴。"知县听说，便令人役给王志福开了刑具，一行人来到地穴跟前。王志福一看里面深不见底，黑雾迷天，心中确实害怕。无奈放将下去，到了底里面，正然害怕，却有人呼唤，听声音往前行走，见有一老婆婆坐在里面。王志福上前跪下，哀求：“老奶奶救命！”听话的，你知这是何人？此乃是观音老母转化。听王志福说，老婆婆开言问道：“王志福，你可认得我么？我便是踏开地穴设法救你的人。今天我救你活命，你出去后，可立即上京去求功名，保你全家团圆。”

叫一声王志福听我细说，
我今日踏地穴搭救你身。
我思想赐于你真宝三件，
你拿去献君王必定高升。
第一件夜明珠真宝无假，
第二件温饮盏冬热夏寒。
第三件保颜珠尸首不烂，
三件宝赐于你去求功名。
你妻子豆千金现保真身，
夫妻们后团圆高榜扬名。
你仇人张春贼把你所害，
他日后必落在你的手中。
王志福听得话心中欢喜，
即叩头拜谢了观音老母。
忙感谢老慈母救命大恩，
永保我夫妻们不受灾难。
我在监受苦难已经三春，
出穴去寻母亲母子相逢。

却说王志福拜谢了老母恩情，告别老母。来到穴洞门前，抓绳索连摇动，上面见了绳动，知县令人拉起绳头吊了上来。知县见了，喜之不尽，忙问：“你到地穴之内，见了什么？里面怎么样？”王志福说道：“里面就是黑雾迷天，别无什么。就是坐着一位老奶奶，说我罪期已满，该我出监了。”知县听罢，思想这也是神灵点化于他，便宣了告书，免了罪过，赏银两五十两整，他寻母亲去了。王志福谢过皇恩，正然问，一声响，地穴不见了。知县叫人役备轿回府，王志福去寻母亲不提。

再说张氏正在大街市上叫化吃，王志福找到跟前。张氏见了儿子，痛哭一会，便问儿子：“我听说你去探地穴，怎么又出来了？”王志福便将此事说了一遍，二人回家去了。在家过了几日，听说京城开了科功名，王志福留银一半在家，拿了一半银两在身，辞别了老母，上京求取功名去了。

志福上京求功名，老母临行细叮咛。
张氏母叫孩儿听我细说，
一路上无行人时刻小心。
白日行夜晚宿小心谨慎，
过桥梁先让人莫要争分。
倘若是得官职早日回程，
娘在家盼望你日夜操心。
到京城住店房你要小心，
苦攻书细学习力求功名。
倘若是得功名光门耀祖，
又不知豆小姐身居何地。
又思想豆大人暗里害你，
路途中要防各奸恶贼人。
王志福听娘说心中思想，
娘说的真心话牢记心中。
出门三五步，另是一层天。
君子不得时，到处受人欺。

王志福出门上京此话不提。话说豆千金在张员外家中，听着当今皇王开科，心中忽然想起丈夫在监受罪。今日我和岳父商议，不如上京赶考，或得功名，求个一官半职，那时节搭救我的丈夫出监。心下主意定，来到上房，见了岳父，躬身施礼。员外让座，问道："贤婿，你不在书房攻书，来此有何事情？"豆千金便说："岳父在上，贤婿听说皇王开了科功，我心想上京去求功名，今日错过机会，还得三年等。"员外听了，说道："贤婿，我供你读书也就是为了这事。既然如此，你快去收拾停当，选择个吉日良辰，好起身上京。"说着话，员外免不了要主持一番。

路途上要小心日行夜宿，
莫与人说闲话牢记心中。
我为你莫等闲身神费心，
你到京做了官莫忘亲人。

话说豆小姐听罢，客气一番，立即辞别员外和小姐上京去了。一路上少不了日行夜宿，节节前行，但是各地上京应考的举子三三两两，乱乱哄哄，走了多日，来到京中，确实是京都城，也好一个去处。

正行间，忽听有人说："官人，我店中清洁，房子多，请进来住。"豆千金听音，跟上老头来到店中，要了一间房子。进门一看，内中坐着一位书生，二人施礼已毕，同桌坐下。你知道这是何人？便是王志福。二人寒暄半夜，各自睡卧。住了几日，二人相敬相爱，很是投机，二人情愿结拜为兄弟，王志福年长为兄，豆千金年小为弟。开科之日，二人进了考场，王志福带三件宝进于皇王，皇王大喜，即封王志福为敬宝状元，豆千金改名豆科，一举考中了二名榜元。兄弟二人考罢回店。"同住几日，未曾问得年兄家住那里？家中还有何人？可结婚否？今日应考已毕，回来无事，兄长可细说我听。"

志福听得豆科问，从头至尾说分明。

王志福叫贤弟你听我说，
想起来这件事实在伤心。
我和你拜兄弟情如同胞，
我只得将根原都说分明。
家住在山东省济南府里，
鼓楼旁路北边有我家门。
想当年我父亲在朝做官，
我母亲是贤良张氏妇人。
自小儿我父亲订亲豆氏，
父去世天火烧家产尽困。
娘提起要认亲要我前去，
有家人叫张春伴我同行。
谁曾想那贼人生了歹心，
半路里害倒我拐走行李。
天搭救半日里方才苏醒，
坐起来用眼看不见张春。
想回家无盘费难所前行，
无奈何去山西勉强认亲。
我岳父不认我倒认张春，
思在前想在后难以孝身。
无奈何花园中行个自尽，
谁料想豆小姐听音救我。
送银两鼓励我去求功名，
夫妻们刚见面不能久暄。
拿银两出后门我便被抓，
豆老爷拿了我当贼审问。
吊打我逼口供要我招承，
又把我送县衙问成死罪。
三年整在监中受尽苦刑，
我母亲为找我来到监中。
每日里为叫化为儿操心，
谁知道山西城出了怪事。

出南门本地里开了窟窿，
观音母夜托梦探救我身。
地穴里神赠宝献上皇王，
因此上进京来要求功名。
提起来伤心事眼泪纷纷，
咱二人拜兄弟店中相认。
今无事将实情说与你听，
有小姐听分明痛情伤心。
志福说话小姐听，夫妻对面不相认。

却说王志福和豆科二人在店相会数日，豆相公告别。各自上任夸官，豆科到了山西，回到张员外家中。员外得知贤婿高官回乡，这话不提。再说王志福到山西报了喜，又回去张员外家找兄弟豆科。员外报入内堂，王爷便问："我贤弟那里去了？"员外回说："去大街市上夸官去了。"二人便寒暄。至晚豆科回府，各自相见，到夜各自安睡不提。

再说张春自那日完婚不成，一日骑马外游，信马儿由缰。忽想起听人说封州府来了一新上任状元，不免我前去告老头一状。想毕，便策马来到张府，下马喊冤。有人役挡住，状元吩咐带进来。张春进得府门，堂前跪下，口喊冤枉。状元在上，问讯下边："何人？那里人氏？因何事喊冤？"张春便说："大人清官在上，小的告老爷，听小的从头细说一遍。"

叫老爷听小的从头细说，
这件事提起来叹杀人也。
年小的家住在山东济南，
王昔春他本是我的父亲。
走山西临洮府前来认亲，
认了亲豆老贼不让完婚。
三年后说完婚藏了美人，
想必是豆老贼另许他人。
害得我王志福有冤难伸，
今日里叫老爷断个分明。
叫老爷我说的真情实话，
我是他亲女婿理应娶人。
王状元心中想贼人到手，
我叫他害人贼吃些苦刑。
豆小姐听他言心中大怒，
自思想仇人到立判死刑。
犯到时神，神鬼指定。
仇人相见，分外眼红。

却说王状元审罢，叫人役将张春带入监中，明日再开审，查理办清，便打点退堂去了。入的后房中，豆科问道："年兄今日审问这贼冒充你的名字，你就该定罪，为何又押入监中？"状元听说，便道："贤弟不知，这贼冒我名字认了亲事，豆老贼既许了亲，却苦了我的妻子千金小姐。"豆小姐听说，又问："年兄，你的妻子现在那里？若找到了，你还认不认识？"王志福听罢，双眼流泪，说道："贤弟，那有不认识的？小姐有情我有意，她乃是贤良女子，我便不能忘了她的恩情，但愿咱夫妻早配。"说罢泪如雨下。

夫妻盼望能团圆，牛郎织女七月七。
豆千金听得说心中暗思，
故意的寻话题报的真实。
便说是你妻子听人闻议，
装男子逃外边寻访丈夫。
听人说她现在改嫁别人。
王状元问贤弟她在何处，
请她来咱夫妻一处团聚。

豆千金假意儿走出房门，
拐弯儿来到了后堂房内。
忙脱了扮男衣还了女形，
在脚上脱去了大鞋一双。
出本象现金莲小脚迈行，
来到了前庭中见了夫君。
未开言心先酸满面流泪，
叫一声我夫君听奴说明。
你把我错认作谁人女辈，
我乃是你的妻豆氏千金。
平日里叫贤弟称兄道弟，
今日里见了我楞里傻气。
王状元听得说一把拉住，
叫一声贤妻儿悲痛伤心。
夫妻们只哭得眼泪纷纷，
说不尽知心话自个伤心。
豆小姐叫丈夫我说你听，
我为你受尽了多少辛苦。
想当初父把我错许别人，
要张春择吉日和我完婚。
有梅香听此言说与我听，
无奈何装男子逃奔外边。
想方儿设法儿打救你身，
进张府先安身自力更生。
求功名离家乡意想功名，
没料想住店中相见称兄。
喧闲谎咱夫妻结拜弟兄，
考期到应考试头名高宣。
你为大我为二喜在心中，
为何因张家门配了风俗。
只因为女扮男无计依从，
女配女不成婚礼上不通。
同房中同床上合衣就寝，
张小姐问原因论理而哄。
每日间苦攻书求取功名，
没想到今日里夫妻团圆。

话说小姐诉说真情，夫妻相见恩爱不提。再说张灵英小姐端茶进门，一见此情，心下吃了一惊，想罢，倒也奇怪。豆小姐上前来拉住张小姐，嬉笑问道："你把我当成了何人？我便是你先前的丈夫。今天我对你实说了罢，这位王状元他是我的原配夫君，我本是丞相女子之人。"细细说了一遍，小姐听了也觉伤心，流泪不止。

小姐才知女配女，天生状元一双妻。

豆千金说着话流泪不止，
张小姐听原因更觉伤情。
细思想豆小姐女中贤人，
我二人女配女为啥成亲。
今日个她对我说了实情，
却才是贞烈女万世留名。
这样的贤良女世上少有，
没见过女儿家金榜题名。
我若是靠了她也有美名，
倒情愿做二房却也甘心。
叫一声榜元姐心事说明，
我和你称姐妹金兰结成。
若不信对苍天发誓表心，
豆小姐见此情知是真心。
忙施礼称贤妹互相尊敬，
张小姐急出门奔向前庭。
告父亲知此事要配良姻，
张小姐叫父亲我说你听。
豆榜元女流辈贞烈妇人，
儿发愿拜姐妹同嫁王生。

却说张员外听罢女儿万言，想道是好事，心中欢喜，便叫人役忙摆酒席，各请王状元、豆榜元二人入席，各说详情，全家团圆，喜之不尽。不提。

次日起来，豆小姐便问丈夫："今日你我同坐大堂审问张春贼子。"状元允许上堂。张春上堂跪下，只呼："青天大老爷，小的拜见二位大人。"二位大人在上发问说："告状人，告的何事何人？细细说来，我好与你伸冤。"

张春听得老爷问，从头到尾说分明。
王老爷听得说冲冲大怒，
骂一声张春贼瞎了狗眼。
抬狗头认一认我是何人，
我本是王志福你的主人。
豆老爷在那边大骂张贼，
你做梦豆小姐和你成亲。
却怎么瞎了眼自来找死，
只是你欺主人天理不容。
半路上害主人良心丧尽，
抢行李拐合同冒名认亲。
口里骂气上身喊来人役，
吩咐下提起贼着实拷打。
打一阵骂一阵张春这贼，
才打了四十板血肉淋漓。
小姐骂冒认亲着实拷打，
再打棍三十下皮开肉绽。
这张春受不住只得招承，
害人贼定了罪千刀万剐。
叫人役推出去上了杀场，
张春贼只吓得摊如烂泥。
有人役悬提起动刀制刑，
刮一刀问一声疼也不疼。
不一会刮了个白骨现天，
害人贼只疼得死不完全。
天堂有路你不去，地狱无门闯进去。

话说二位大人刀刮了张春，消了闷气。王志福取路回山东，来到家中，见了老母亲，三叩九拜，请入上房更衣，家人伺候。老母喜之不尽，开言问道："你认豆千金我的媳妇了没有？"王志福说："认了。"并将张灵英和刀刮张春之事也说与老母听，老母真是高兴。此话不提。

再说自王志福走后数日，张员外叫着二位小姐说道："你二人起身去认你婆婆，好好孝奉孝奉。"二人大喜，当下人役跟官抬了轿前行，吹吹打打，锣鸣鼓响，到得山东，见了婆婆，双双跪下二十四拜，口称："婆母在上，儿媳拜见。"后又拜过丈夫，取位坐了。婆婆细端二个媳妇，心中真是高兴，却不知二个媳妇来由，问了儿子，王志福说了个分明。

我的妻豆千金贞烈不过，
装男子逃外边求名救夫。
来到了张家庄小姐配婚，
想巧计哄小姐保住真身。
到京城去应考店中相认，
结拜后称兄弟双双应考。
我状元她榜元高官显祖，
到张家说真情才认灵英。
谁知道张小姐又是贤良，
她二人姊妹双双配我身。
我仇人张春贼被我拿住，
问死罪报了仇一命归阴。
老母亲听儿说心中喜欢，
说孩儿报了仇咱家团圆。

母子受尽千般苦，夫妻团圆把官升。

却说王志福一家团圆不提。再说豆荣丞相在家，正替女儿担心，忽有人役报说："王姑爷中了状元，姑娘中了榜元，他夫妻相认团圆了。"豆老爷听罢，心中暗觉害怕，心想此事做成浆糊，没法处置，只好多备银钱礼物，送上状元府，或许能免我无罪。思想已定，便叫人役多拿黄金、白银、绸缎、布匹、米面，自登门赔罪。有门军报入进去，王大人一听，有心不见，豆千金是他亲生骨肉要见，想起前事，确实生气，后一想，念起千金面上，不免就得相见。

有人役请豆荣进府相见，
豆丞相整衣服去见大人。
先拜过张氏母状元老母，
再拜过王大人状元贤婿。
豆大人行过礼才敢坐下，
叫贤婿莫生气我来认你。
王状元听此言心中恼怒，
说丞相劳累你别费心机。
豆丞相听此言心中害怕，
叫状元前些事何必挂心。
想当初本来是我的不对，
今日个望大人宽放洪恩。
千不该我把你前次不认，
万不该我把你赶出门庭。
也无奈张春贼字据认亲，
张春贼若拿住斩草除根。
状元听着不开言，岳父心中自觉寒。

却说豆丞相说了许多情话，这边有张氏开言说道："豆大人不知真情，你孩儿家无知者无罪，不必计较了罢。"豆大人听了说："这事根由在张春贼子身上，如得我手，应千刀万剐了，才能解恨。"正说间，有人役说："圣旨到。"众人慌忙跪下，由状元宣："张员外皇封宰相，张氏皇封贤良妇人，以供后来尊重。"张氏谢过皇恩，请了僧道，大办道场，请亲友和邻居报谢天恩。

当时离别难相见，今日转回又团圆。
人行善天睁眼神灵保佑，
罪受满富贵来魁名高升。
罪恶人期数到天赶地凑，
到后来只落得一命归阴。
壹劝人早回头改恶行善，
坏良心时节到没好报应。
说白话福气短性命不存，
死无有安身地狗拉尸首。
贰劝人见识广行善积功，
亏心事不能做富贵高升。
话说世莫占人大小便宜，
做恶事到后来白骨露体。
叁劝人在世上莫要眼残，
人生在天地间孝奉为先。
瞒哄人倒是非良心葬尽，
轻有罪重有命报应灵验。
肆劝人莫奸巧与人田地，
便宜事没下场阴魂索命。
到后来也不免自害本身。
伍劝人须当心把卷记下，
好坏事得报应分毫不差。
王志福好行善做了高官，
张春贼没良心白骨显天。
且不说王志福一家团圆，
收拾齐上京城做了高官。

壹报天地水土恩，贰报日月照临恩。
叁报皇王清子恩，肆报父母养育恩。
伍报师傅传法恩，陆报明师引造恩。
柒报法界多承恩，捌报八方施主恩。
玖报玖祖升天恩，拾报真魂造生恩。
全卷善意劝化人，一字一句良言真。
男女老幼记分明，少灾无难喜盈门。
人生平等都一般，多做好事福寿长。
人生天地乾坤转，神鬼回位人安然。

阿弥陀佛！

抄卷人贺彩兰

（张丽玲录入、校勘）

王祥卧冰宝卷

却说这段故事，出在东晋怀帝永嘉四年。山东省济南府济河县仁孝村有一人，姓王名文德，字懋三，娶妻孔氏，家豪大富，骡马成群，牛羊满圈，金银满库，食粮盈廒，时行方便，利物济人，矜孤恤寡，惜老爱贫。不料文德四十五岁，女人三十七岁，生下一子，天性纯朴，气禀诚实。孰料孔氏半道早丧，父子度过光阴，儿名取为王祥。

有那左亲右邻劝说："王员外，你的这份家业自从你妇人死后，你们父子二人顾里不能顾外，不如你趁早些娶上个妻子，好与你治掌内中之事。"那员外听言，即央亲邻打听再娶之事。有那近村张友仁说道："西正村中有个李世俊，因他去年二月死故，丢下朱氏，年方二十五岁，家中贫寒。自从他丈夫死后，无有度用，日无口粮，夜无铺盖，心想另行改嫁。那妇人倒也聪明，又会针线茶饭，当家过日，一律不能挡手。"那员外听言大喜，即请张友仁为媒，来去说亲，满了一百二十两银子礼银，娶到家中，亲邻俱来贺喜，款待已毕，各自道谢回家。

过了一年之后，朱氏身怀有孕，十月满足，生下一子。将自四岁，那王员外得了个疾病，吃药不应，求神不灵，不上一月，呜呼哀哉，死了。发送已毕，那朱氏倒也当家仔细，过日子谨慎。那小儿子取名王览，资质明敏，敬兄信友。到后来，那朱氏良心大变，胡穿胡吃，任性所为，神一绺，鬼一绺，笑一绺，哭一绺，今日想穿这个，明日想吃那个，今日走东家，明日串西家，神三鬼四，嫋嫋哽哽，不守一点妇道，也不怕人笑。未上二年天气，把一份家财懂得也有限了[①]，所以生不尽坏方，用不尽的诡计，看王祥为眼中之钉，心中之根，待王览似手中之珠，心上之肉。岂不知那王览仁孝诚恭，天性孝友之人，其母常怀害兄之心，

① 懂：方言，祸害、损坏。

王览不做不仁不义之事。不料那朱氏，她一日心闲无事，想出了一个害儿子的方子，便说道："王祥，娘今日身上不爽快，想吃鱼肉，你快去上街，与我买一条鱼来，为娘要治疾病。你若快去拿来，还则犹可，若要来得迟些，定要打死与你。"

王祥遵母命，出门街上行。
上街跑下街，不见卖鱼人。
不见鱼人心内慌，左思右想无良方。
迟了时刻母生气，无鱼如何答对娘？
王文德他在世财发万千，
又有田又有粮又有银钱。
站者庄躺者地牛羊满圈，
伸手来拳手去好不自然。
娶孔氏生王祥一个儿男，
谁知道天不幸孔氏归天。
丢下我父子们孤孤单单，
家内中无个人谁做吃穿？
有左邻并右舍来把我劝，
再办个老伴儿治掌家间。
一天家她与你做吃做穿，
到晚来强如你孤枕独眠。
她还要再为你拉把儿男，
你出门她在家总把门看。
张友仁他做媒与我调办，
西正村朱氏妇说到家间。
费白银一百二也不上算，
来到家一二年生了儿男。
三四岁起了名便叫王览，
与王祥兄弟们一处同玩。
谁料想王文德他的命短，
丢下了两个儿他又归天。
那朱氏夫殆死也不胡干，
到后来不本分良心大变。
把一份好家财懂得有限，
又胡穿又胡戴由她胡喧。
朝游东晚游西满家胡串，
这时哭那时笑鬼四神三。
见王祥眼中钉心上大怨，
恨不得就把他一刀两段。
王览儿她亲生一个儿男，
恨不得顶在头戴在胸前。
那王览年纪小心有主意，
虽两母总一父一脉相传。
把哥哥跟前后常常挂念，
或吃饭或走路就把哥喊。
朱氏母那一日心闲无干，
想下了一诡计要害祥男。
假装病叫王祥把鱼买办，
你若是来得慢命不周全。
她思想寒冬天那有鱼儿，
必无鱼倒教他左难右难。
有王祥遵母命大街去转，
并无个卖鱼人碰在眼前。
买不上有心来难见娘面，
倒教他为娘的气恼心田。
打了我不要紧娘加病患，
为儿的不孝罪难对上天，
用尽了千般计鱼终难见，
也只得脱了衣睡在冰滩。
黄河内他有鱼不能出现，
急得我王祥儿疼苦难言。
寒冬天冰冻得又牢又坚，
怎能够把鲤鱼取出冰眼？
倒不如把泞冰从头打烂，
看见水好捞鱼拿回家园。

无奈何脱衣服卧在冰坎，
卧一个冰窟窿鱼儿出现。

却说王祥卧在寒冰以上，大哭一阵，将冰打烂，忽见跳出两条鱼来。王祥喜之不尽，将鱼拿在岸上，把衣服穿好，急忙提回家中。走在后娘的面前，笑嘻嘻地说道："孩儿把鲜鱼买回来了，请母亲观看。"朱氏说："你拿在一边，老娘不爱。看得你这个奴才，娘教你上街买鱼，为什么这般时候你才回来？真正教人可恼。"于是手拿大棍，把王祥一顿苦打。王祥跪在母亲的面前："母亲请息怒，这是孩儿等鱼不来，一步来得慢了，致令妈妈生气。"王览见哥哥挨打，急忙也跪在母亲面前，说道："母亲要打，把我弟兄一人打一顿，以消母亲之气。"朱氏道："乖乖儿呀，你为何挨得起打？"王览道："哥哥挨得起打，儿也挨得起打。"朱氏道："乖乖儿，快起去。"王览道："母亲不放我哥哥起来，儿也不起来。"朱氏指着王祥骂道："你这个鬼儿子，好生造化，今天把你饶过，下次定要打死你这奴才。"王祥道："下次再不敢了。"于是弟兄一同起来。王祥急忙把鱼提在厨房烹熟，又炖了一壶酒，摆在桌上。来到母亲面前说道："儿请母亲吃鱼。"朱氏怒道："娘不想吃。"王祥跪下说："母亲，儿还进得一壶热酒，趁热请吃，少时冷了，味道就不新鲜了。"朱氏道："为娘着气吃够，实不想吃鱼了。"王祥见母亲不吃，连忙起来，把盘内的鱼顶在头上，一手提酒壶，一手拿杯筷，跪在母亲面前劝道。

有王祥顶鲜鱼手捧杯筷，
提酒壶急忙忙跪在尘埃。
请母亲且息怒休要见怪，
细听儿为与娘说个开怀。
儿的母你素常就把鱼爱，
今日个为吃鱼命儿上街。
不料想那市上无有鱼卖，
为儿在大街上等候迟来。
直等到晌午偏才把鱼买，
儿才将几条鱼拿回家来。
谁知道儿的母今日不爱，
或打儿或骂儿罪也应该。
多亏我小兄弟他把罪代，
儿的母疼小弟儿才起来。
从今后再不敢娘前懈怠，
遵母命听为娘怎么安排。
请妈妈你把鱼吃上几块，
再把那好热酒用上一杯。
请母亲且息怒落个爽快，
且不可为怒儿气在胸怀。
朱氏说气吃饱鱼我不爱，
不吃鱼娘的病怎得爽快？
王祥说儿的母你不举筷，
倒教我为儿的哭声哀哀。
挨到那吃饭时无有好菜，
无有个好甘脂遂娘心怀。
儿只说买鱼来娘心总爱，
娘今日并未有来把口开。
谁知道反惹下娘的不爱，
娘教儿这样事怎么下台？

却说王览在旁，见娘不吃，也跪地下说道："哥哥你把鱼端上，把酒壶杯子拿上，递与为弟手中。"王览把酒起上："请妈妈饮酒。"朱氏笑嘻嘻地说："乖乖儿呀，你来起酒，娘不吃也只得吃上几杯。"王览又叫道："妈妈吃了酒，再请吃鱼。"朱氏于是又将鱼吃了。王祥兄弟方才起来。

次日，朱氏又想吃黄雀肉，又叫王祥说道：“娘心想吃黄雀肉，你快与娘办来。”王祥道：“母亲你想这黄雀是天上飞的，儿为何办得到手？”朱氏道：“你这奴才，又是这样忤逆。”王祥连忙出门，四方寻遍，不见一个黄雀，想起母亲有病，不敢空手回家，远望半崖上有一座土地庙，忙上前走在庙中，跪在地下哭道：“土地尊神，显个灵应，念我王祥大难临身。”

求土神，显威灵，怜我一声。继母要把黄雀用，若无黄雀命难存。南无佛神圣感应。

赐黄雀，救我命，拿回家中。奉与后娘暖她心，吃了黄雀饶我命。南无佛答报神恩。

朱氏母，铁石心，害得王祥无计生，终日啼哭泪纷纷。南无佛求神感应。

哭一阵，又一阵，黄雀它是一飞禽，谁能把它捉手中？南无佛求神感应。

不会箭，不会弓，黄雀飞在半空中，乃是天上野飞禽。南无佛求神感应。

我继母，心肠狠，一心叫我捉只虫，若无此鸟命难存。南无佛求神感应。

朱氏后娘大变心，要想害我身，千方百计拨弄人，南无佛，好不而艰辛。

终朝每日把计生，一见我恼恨，总想去了眼中钉，南无佛，才遂了她心。

吃了鱼儿想飞禽，诡计而用尽，害得王祥卧寒冰，南无佛，好不而伤心。

有王祥对土地双膝跪定，
不由我这一阵泪湿衣襟。
昨日个我的母想鱼要紧，
我也曾求得鱼奉与娘亲。
只说是吃了鱼母心安定，
又谁知吃水族还要山禽。
想我娘她心中全无思忖，
这黄雀空中飞儿怎能擒？
方才间在家中领了娘命，
我也曾在四方把雀找寻。
东一跑西一奔并无雀影，
我怎敢回家中见我娘亲？
无奈何到庙中一一告禀，
求神圣今日里大显威灵。
在此方保佑民平安清净，
你也曾管山林走兽飞禽。
我娘病要黄雀想吃得很，
仰神圣邀到来捉回家中。
我王祥每日里把你来敬，
早上香晚叩头答报神恩。
怕的是我母亲在家久等，
回家去无黄雀何言应承？
我娘亲若发怒空受她刑，
打了我不要紧娘病越重。
土地神把此话细听分明，
你何不发慈悲即显神通？
昔有个姜安安送米藏隐，
他祈神受耗子神都有灵。
今日里我王祥叫神不应，
只恐怕回家去命活不成。

却说王祥哭了一阵，土地神真有灵验，忽见黄雀飞进庙来。王祥捉了十几只，拿回家去，急忙煮熟，奉与娘亲吃了。当时四方传闻，人人惊讶，皆说孝心所感。

又说王祥门前有李子树一株，年年结得甚稠。朱氏吃了黄雀肉，又叫王祥说道：“我家门前有李子熟了，娘命你看守此树，昼夜莫离。倘若被人偷上一个，鸟儿吃上一个，风吹落一个，定要你的狗命。快去看守，不可有误。”王祥领命走了，坐在树下大声喊道：“天呀，我母亲命我看守李树，倘若有人来摘，我看得住；鸟儿来吃，我赶得去；难道说，天今要刮风下雨，我如何挡得住呢？”正说之间，只见乌云骤起，霎时风狂雨大，急得王祥抱住李树大声哭到五更天明。

哭五更

一更里，哭皇天，可怜王祥命薄淡。爹爹妈妈早归天，后娘手中受作践。我的天呀，害得为儿难上难。朱氏母，心不良，害得难肠[①]。终朝每日想坏方，一心害我见阎王。南无佛，好不悲伤。

哀哀吾真可伤，黄粱梦归西方。
若是得亲娘在，焉有今日这场？

二更里，哭皇天，后娘她说有病患。命我买鱼把汤煎，吃了鱼儿她心安。我的天呀，冬天那里鱼儿见？她吃鱼，正寒冬，那有鱼生？街上无个卖鱼人，黄河沿上去找寻。南无佛，水皆成冰。

千思万想无计生，王祥脱衣卧寒冰。
若是坚冰能卧化，得了鱼儿奉娘亲。

三更里，哭皇天，吃了鱼儿又打算。又想吃个黄雀肉，这个鸟儿它在天。我的天呀，怎能把它捉家间？奉母命，忙出门，四方找寻。不见黄雀飞空中，土地庙里忙求神。南无佛，神有感应。

土地尊神显神通，一阵黄雀进庙门。
王祥上前捉几个，拿在家中奉娘亲。

四更里，哭皇天，屡次害我真艰难。鲤鱼黄雀她都吃，今又令我把树看。我的天呀，要是风来怎了然？人来吃，鸟来啖，这不做难。刮风下雨我怎看，李子风若摇地边。南无佛，性命难全。

皇天果然有灵应，风不摇来树不动。
若是地下落一个，明日我的命难存。

五更里，哭皇天，几次上天都灵验。人有诚心神有感，步步救我躲灾难。我的天呀，多亏神圣把我怜。感鲤鱼，出冰沿，奉母她啖。又把黄雀捉家间，又喜李子都周全。南无佛，神圣灵感。

王祥卧冰奉娘亲，鲤鱼黄雀拿家中。
狂风不摇李子树，诚然孝感动天心。

后娘不贤不良，一心要害王祥，时时想方。
王祥不是亲生，那是肚子不疼，真来心狠。
王览是她亲生，此儿分外聪明，一片好心。
他母时时想害，王览不忍折兄，想劝母亲。
虽则不是你养，同我一父所生，你心何忍！
害了哥哥一命，后娘名声难听，落下骂名。
哥哥其心孝顺，娘怎不时拨弄，人都议论。
继母能爱前男，贤名天下传闻，名声好听。

---

① 难肠：方言，作难、为难。

朱氏心太糊涂，儿的好话不听，由心胡行。
见了王祥之面，就如眼中之钉，要害他身。
亲儿好言相劝，千提万提不醒，多少不听。

手抱李树泪两行，风伯雨师听端详。
我娘命我看李树，三件大事要提防。
人偷鸟吃风吹落，我要活命见阎王。
人偷鸟吃我能挡，天上刮风我怎防。
一言未罢黑云起，霎时雨大风又狂。
树摇枝动真害怕，吹落李子怎下场。
两手抱住不敢放，风伯雨师叫声忙。
快快停住莫鼓场，王祥感恩谢上苍。
李子若是落一个，我娘降罪我怎当？
打骂王祥不要紧，反令我娘气满腔。
呵风骂雨我不敢，只得一一诉衷肠。
天神恩高德又广，暂息风雨待何妨？
叩头叩头再叩头，泣血沾恩永不忘。

古人云：“人有善念，天必从之。”王祥抱住李树大哭一阵，即时风停雨息，那李子并未吹落一个，人人皆称奇异。朱氏见别人家树上的李子皆被风吹落了无数，自家树上的李子并未吹落一个，亦极奇怪。但只是心病难改，总想把王祥害死。次日，朱氏暗将毒药下在酒内，将酒炖滚，手把酒壶递与王祥，说道：“我家李子多亏我儿冒雨看守，风未吹落一个，娘心甚喜。炖来前酒一壶，我儿用上几杯，免受风寒。”孰料王览早知其情，故意向前问道：“妈妈，壶内是甚么酒？这样香气扑鼻。”朱氏说：“是绍兴酒。”王览说：“既是绍酒，儿也要吃几杯。”朱氏道：“儿要想吃，为娘与儿另炖一壶，吃上一醉。”王览拉着酒壶说道：

儿的母听儿言，勿害前男。害了我哥落不贤，一股臭名传外边。南无佛，人人厌烦。
有哥哥是我伴，气同枝连。大小事件有帮办，他死了手足两散。南无佛，儿心不安。

王览儿手拉壶忙把话讲，
叫一声儿的母细听端详。
娘提壶为儿的心中暗想，
今日个与他酒必有过场。
因你哥冒风雨把李看望，
娘与他炖前酒莫甚过场。
我的儿你快快把手开放，
再莫拉这酒壶惹气为娘。
你说是有过场不听娘讲，
提起来你哥哥气满胸膛。
那朱氏瞒不过对儿明讲，
儿定要把这酒尝上一尝。
娘一心酒中把毒药下上，
一定要毒死他忤逆王祥。
王览说娘用酒毒死兄长，
哥哥死叫为儿怎样下场。
娘今日用药酒毒他命丧，
免得他到后来要分家当。
王览说娘这话于理不祥，
叫妈妈你心中错了主张。
害我哥他先死儿也后丧，
占人业生毒心何能久长？
要害他你先把儿也命丧，
免得下到后来自惹祸殃。

浪淘沙[1]

朱氏母，屡次恨，一见王祥怒气生，时时步步害他身。南无佛，难度光阴。

想方子，想不尽，又把毒药下酒中，要害王祥命归阴。南无佛，老天不容。

那王览，且聪明，识破他母其中情，忙扯酒壶劝母亲。南无佛，吃也不听。

害死他，不要紧，后娘身名不好听，万古流传落骂名。南无佛，失了人伦。

害人事，干不成，千思万想理不通，你的心怎这么狠？南无佛，人人不容。

他与你，无仇恨，你怎见他起毒心，定要害他命归阴。南无佛，阎君不闻。

你思想，害死人，一方如何得安稳，官家知道了不成。南无佛，定要受刑。

却说朱氏见王览把计看破，即将药酒倒了。要害王祥另想个方子，到晚忽然又生出个诡计来，不免叫王祥看守柴房，等到夜深的时候，把他一刀两段，只说被贼人杀了，免得旁人说我当后娘的长短。主意打定，即叫王祥说道："娘命你今夜晚上，睡到柴房去看贼，快去勿慢。"王祥奉命而去。那知王览早觉母亲不是好意，因出外叫道："哥哥你莫去睡，怕母亲要来杀你。"王祥说："兄弟，你说疯话，世上那有一个母杀子的道理？你快进房去睡，为兄在此守贼。"王览说："哥哥你快进房去睡，我也睡在这个床上。妈若来时，我自有话答对。"王祥决意不从，王览无法，只得同哥哥都睡在柴房里的床上。等至三更的时候，朱氏果拿切菜刀一把，来到柴房，揭开帐子一看，王览急忙大声喊道："有了贼子，快捉快捉。"朱氏道："儿呀，是我。"王览说："妈呀，你当真来了。"

跪柴房把母亲一声高喊，
儿莫喊不要教王祥听见。
问一声今日娘安也不安，
身体安娘心中有些不安。
夜深了到此来所为那件，
娘怕的贼来到我的家间。
怕强盗有弟兄二人守看，
贼来了你不醒看守那件？
却有子又何必母亲来看，
我不来贼把你偷去家院。
娘为何把此事不能明言，
为娘的特看贼有甚言谈。
难道说儿不知其中端下，
你知道娘有的什么心田。
娘心想杀我哥与贼安骗，
为娘心谁能知你何知焉？
今日里做此事大失点见，
娘主意已打定你再莫缠。
娘不爱我祥哥为得那件，
提起那鬼娃子怒发冲冠。
论孝道此孩儿十分周全，
你哥哥什么孝你说一番。
娘不记老娘亲前把病染，
世上人吃五谷谁无病患？
睡在床一月多不得安全，
就害病我怎没死在阴间？
亏哥哥守床前不分早晚，
谁要他扶持我他自情愿。

① "浪淘沙"三字底本原无，系整理者增补。

衣不解药先尝昼夜不眠，
乃是他立等着娘死阴间。
他每日焚信香对天许愿，
巴不得咒死娘他心才甘。
他口口愿老娘病疾早痊，
为人子尽善良何必口占。
这就是些小事不足上算，
还有的甚么事对娘明言。
那一日娘想鱼要除疾患，
娘为病也应该叫他这般。
正是那数九天凝冰冻满，
乃是娘一皆儿忘了冬天。
街市上未有鱼那怕有力，
就莫鱼他也该早回家间。
把鲜鱼未买上空手回转，
就是那腌下鱼病也治全。
我的娘一见面怒气冲天，
那是娘病发狂气莫动焉。
口口儿骂工祥忤逆儿男，
真来是不孝子可恼可厌。
那时节把哥哥作了大难，
你哥哥作得难作的何件？
没奈何到江边转了几转，
难道说他把鱼转出河沿？
脱衣服卧冰上透体皆寒，
却怎么莫把他冻死冰滩？
大大的哭一声冰裂水现，
却怎无跌下去淹死水边？
忽跳出两条鱼到兄面前，
那个是天赐来治娘病患。
我哥哥一见鱼笑容满面，
拿回来就是了笑得那件？
却忙忙穿上衣叩谢苍天，
那是他为儿的理之当然。
提回鱼烹好了母用一边，
那鱼儿他的味并未新鲜。
娘的病方才得渐渐安然，
娘的病害够了应该安全。
第二次娘心想雀肉下啖，
娘病好雀能补问他要飧。
那黄雀它乃是飞的物件，
他何不去打那怕他高悬？
我哥哥不会弓又不会箭，
难道说在伎天都在半天？
这件事把我哥费尽难艰，
作甚难那黄雀满院乱翻。
左一思右一想无计盘算，
为儿的你尽说哄我之言。
莫奈何对土地虔心许愿，
那土地他未必即有灵验。
忽然间飞来了黄雀千万，
他乃是自飞来自把命还。
乡党中人皆说孝心格天，
有何孝未气死娘命不短。
娘吃了黄雀肉病好身健，
我病好吃补药非鸟补痊。
亏哥哥受尽苦与娘备办，
假若是未有他娘该死焉？
想那是不是哥备办周全，
他办得甚么物我怎未见？
母子们焉能够胡胡圆圆，
人生死由天命谁个强勉？
依儿想我哥哥毫无过犯，
你思想他为何没有过端？
为甚么下毒药又用刀砍，
怎没有毒死他命丧黄泉？

是那件不遂母心中之愿，
提起他遂心事没有一件。
常言说虎虽毒不把儿飧，
他连你非一娘何必挂牵。
兄虽然是一个前娘生产，
他总是我爹爹一脉相关。
把哥哥即杀了遂娘心愿，
你不怕世上人骂娘不贤。
娘舍得我哥哥能用刀砍，
儿也能舍得娘命丧刀砍。
兄若死不孝儿定寻短见，
百年后靠何人送娘归天？
这一阵把儿的咽喉哭断，
劝母亲从今后改换心田。

却说王览说过，拉住娘衣，放声大哭，直哭得天昏地暗，喑哑无声，不能言语，只是磕头，把头碰得鲜血直流，总是不放娘衣。王祥听了半晌，知道他母亲前来杀他，急忙跪在母亲的面前请死，说道：

王祥跪地悲声放，拉住母衣泪汪汪。
不孝王祥罪恶大，愿从母命赴黄泉。
君要臣死臣当丧，父要子亡子当亡。
倘若不亡又不丧，何为忠臣尽孝郎？
今晚老娘要儿丧，儿愿遵命刀下亡。
孩儿一死话难讲，难舍兄弟与老娘。
伸开脖子叫声娘，快快送儿早辞阳。
王览见得事不好，急忙爬在兄身上。
娘今不念母子义，兄弟恩情定难忘。

有王祥，泪汪汪，好不悲伤。叫声老娘把气藏，为儿愿在刀下亡。南无佛，送儿辞阳。

杀小兄，苦悲伤，拉住老娘。急忙爬在哥身上，要杀连儿一命亡。南无佛，同见阎王。

叫一声亲生母听儿言讲，
从今日我母子二人分张。
你要杀两个头一刀俱伤，
我弟兄两个人同见阎王。
他弟兄只哭得恓恓惶惶，
哭得那朱氏母神魂飞扬。
一阵阵昏迷了倒在地上，
忽然间醒来了叫声王祥。
这一下为娘的心中明亮，
你快快站起来莫怨为娘。
你孝心天地敬人人皆望，
为娘的今日里改换心肠。
他兄弟磕了头俱各无恙，
叩娘恩今日个如同慈航。
儿不死母恕我罪重儿郎，
从今后再不敢忤逆老娘。
娘今日饶了儿没世不忘，
不孝名今日里天下显扬。

却说王祥跪在娘的面前，叩头请死。王览见事不好，急忙爬在哥哥的脊背上，叫道：“母亲要杀，把我弟兄二人一起杀了。”于是弟兄抱头相哭，哭得朱氏神魂飞扬，一阵昏迷，跌倒在地。忽然醒来，不知是那一位神圣点化，她自言：“我明白了，我儿快快起来，莫怨想。”必是神圣暗中指点，朱氏从头悔悟，改换心肠，待王祥十分慈爱，如亲生的一般，人人夸他是一门慈孝。祥后仕晋，官至太保。览拜宰相，九代公卿。历传唐宋元明，至今官职不绝，妇孺皆知纯孝所感。

从这案看来，孝心能以感动天地，信非虚语。

愿世人急早回头，无论前娘后娘，总要随其所欲，竭力孝养父母，为事要学王祥的孝亲、王览的弟兄才好。

弟兄最难得，勿伤手足情。
敬兄如敬父，司马著芳名。

抄于一九八五年十二月三十一日
此卷底本为临水沈从瑛所藏
（潘利华录入，张丽玲校勘）

闫察山宝卷

思想好伤心，寻泪问几意。
他送南衙内，叫我泪汪汪。

且说闫奶奶哭着一直来到柳家哥哥门前，也不问人，一直闯进院内，大哭大叫。有那柳员外听见，言说："我正去问你，你倒今天自己来了，你把我的女儿害死了，你今日还有脸来见我！你快给我滚出去！"那闫奶奶便说："你今天诬赖我的儿子，你也瞎活了一世。我今日就死在娘家门上，与你个人命。"那闫奶奶喊叫大哭，撞头要赖，刮脸大闹，只说我儿好不疼杀人也。柳氏母亲嚎啕哭恨哥哥嫂嫂，呼按住胸膛站在地上大放悲声。

在家中人来说我还不信，
到今日果真是屈死儿身。
手拉着柳员外嚎啕痛哭，
今日个你倒是血口喷人。
我的儿那世里造下孽债，
撞着你老祸害害了儿身。
骂着哭哭着骂咬牙切齿，
只骂着要死在柳家家中。
天下人心肠狠不像你狠，
你比那铁石人更狠十分。
只骂着怒气冲不管好歹，
手拿着掏灰板[1]胡打乱行。
柳员外夫妻俩不敢动手，
自由她老太婆撒泼遭风。
前后屋各家具全都打坏，
跺跺脚恨出气离开家门。
奶奶怒气冲，离开他家门。
来到南衙府，搭救我儿身。

① 掏灰板：民间掏煤灰工具。

且说闫奶奶遭风撒泼大骂了一阵，径直走了不提。却说柳员外叫妹子骂了一阵，又将他家的家具打破，甚是可气，好不敢杀人也！她往南衙府救她的儿子去了，不免我先到衙门里打听一回。柳员外急急忙忙收拾银子来衙门，先看他们老头大爷，却被那门护挡住了，柳员外忙把银子拿出来说："这三两银子权当一杯茶水钱，送给你们。如果我妹子前来告状的话，你们要挡住，不可叫她进去。你们若是挡住了，我重赏给你们五拾两银子，做我的酬谢。"门护老头说："你员外老爷放心回去，我们自有道理，一言为定。"那闫奶奶哭哭啼啼来到南衙府门，大放悲声而哭。

来到南衙开封府，不知鬼童在那里。
奶奶今日不消停，来到南衙把状论。
恼恨哥哥柳员外，活活害死我儿身。
走条大街不怠慢，走条小巷如飞行。
正行走来抬头看，观见包公一衙门。
门上挡住不让进，明日再来看真情。
哭哭啼啼无奈何，怎样见得我儿身？

奶奶听罢，哭着回家，我儿不见面，何日才能相逢？且说闫察山进监后，哭得死去活来，一夜没有合眼，直哭到天明。

哭五更

一更里来上石匣床，浑身疼得实难当。老娘不知在何处，冤屈孤儿最难当。

二更里来孤惊惶，冤得监中受床难。挟棍挟来板子打呀，儿的性命难指望，我的亲娘啊，儿的性命难指望。

三更里来心痛酸，老母在家难得见。若杀孤儿谁人救，我的亲娘啊，眼睁睁的活拆散。

四更里来睡梦眠，方才一梦到家中。老母拉住问一声，醒来才是梦中的娘。

五更里来天渐明，金鸡连叫三遍声。娘在家中谁伺奉，若杀孤儿谁通信，我的亲娘啊，若杀孤儿谁通信？

且说闫察山在监中，哭哭啼啼的发大怒，这时监卒说："我把你个凶徒，你还哭什么！你这些日子连一文打油的钱都没有的。闫先生，请你在那匣床边受坐去吧。"闫察山听了放声大哭。正在这时，有包公进监，听见众人哭哭啼啼，哀声不断，匣床上坐的闫察山好不屈死人也。

包公外边听见闫察山哭，这事必有冤情，闫察山进监来，连日不见天日，眼泪冷浸，别是乾坤。如若母亲来的早，母子还能见面，倘若是来的迟，母子不能相逢。

匣床上高声叫生身母亲，
难道说我家中还不知情。
早知道身受苦拎她做甚，
为什么无生意爱他衣服。
分明是跳火坑冤家路窄，
屈死我的性命难得知闻。
我的命多只怕死在监中，
要出监除非是再世为人。
闫察山在监中哭的无奈，
包老爷在外面听得分明。
到明天过阴去细细查看，
或是屈或是冤就知实情。

却说包公来到监中，听是闫秀才叫哭连天，哀声不断，包公言说："必有冤情。"此日包公升堂，叫王朝、马汉抬过阴床，拿过还魂枕，过阴去查看分明。包公通了阴间，查看了无数阴魂，包公点头嗟叹不提。

且说阴间有一判官名叫张洪，和那闫察山的父亲有仇，到了阴间当了判官，原来是李保的舅舅。张洪听见包公过阴，急忙把李保的名字拆下来，捻成一个纸捻，钉在生死簿上，谁人知道是改了名字？又将善恶簿上写上闫察山害死了柳金禅。

包老爷来把阴曹过，判官张洪改了名。

包老爷升堂来高高坐，
吩咐手下人抬过阴床。
有王朝并马汉不敢消停，
抬过阴床老爷过阴。
包爷走城隍土地神伺候，
阴间里那些鬼战战兢兢。
行走看了阴间不见天日，
黑洞洞冷浸浸别是乾坤。
万虑步行前去观看，
看见那罪人不断哭声。
诽谤法骂僧道寒地狱，
说人长道人短割了舌根。
打父母骂爷娘天雷打死，
破婚姻调唆人锯解分身。
咒公婆骂伯父眼睛挖了，
使大斗并小秤下了油锅。
不孝敬父母亲受铁床罪，
人害人有青天过分明。
劝世人在阳间行善阴间，
阴间里有五阎王查看分明。
劝世人休瞒人骗取财礼，
到阴间变畜生阳世还人。
包爷正行走，不觉鬼门关。
阎王来迎接，文曲到阴间。

却说包爷来到阴曹地府，在阎王殿上坐下。包公将闫察山的事情细细说了一遍。阎王爷听罢，便叫判官张洪将生死簿拿过来，递与包公。包公亲自展开看了一遍，果然是闫察山害死了柳金禅。包公辞别阎王，起身就走，还阳枝身，入窍苏醒，翻身下床，便叫王朝、马汉将那监中的闫察山提来。包爷便将阴司里查过的情况说了一遍，便对闫察山说：“分明是你害死了柳金禅，为何不招？”闫察山又往前跪上几步，叫了一声老爷冤枉。包公听罢，便叫两人拉出去加刑，闫察山听说到，魂飞天外，口中直唤冤枉、冤枉。是苦中人，不打不招。

大喊两声快加刑，三班衙役不消停。

有包公一见他不肯招承，
我这里受刑法怎请真情？
分明是他行凶来把人害，
用花言并巧语来哄我身。
喊一声拉下去非刑拷打，
人不打不招承着实加刑。
一只手三十板皮开肉绽，
三挟棍一百鞭血水淋淋。
把一个闫秀才活活打死，
又吩咐用水喷依旧还魂。
闫秀才醒过来直喊冤枉，
若要是屈死我谁得知闻？
叫老爷你为官清廉如水，
你捉我闫察山不是凶人。
我若是害妹妹还有老母，
你不信提老母问个分明。
包老爷听他言心中暗想，
他的母朝廷封诰命夫人。
又封她龙头拐去打奸人，

我若是屈死人怎肯饶人？
包爷忙吩咐，暂且进监中。
明日再过阴，细细查分明。

且说包公把闫察山送到监中，这话不提。却说柳金禅小姐冤魂不散，痛苦不至，思想父母亲身在何处，今日屈死了我，不能报父母深恩，可是奸贼李保害死了我的性命，不免我在阎王面前告他一状，把他千刀万剐，才合我意，报了冤仇。

小姐三魂引了路，还有七魄赴幽宴。
柳金禅死的苦谁人知道，
想爹爹并妈妈大放悲声。
我的母在家中不能得见，
今日个实实是屈死儿身。
哭父母屈死我不能得见，
养活我十六岁劳而无功。
一边走一边哭恨贼李保，
走一步哭一声两泪纷纷。
这一去到殿上定把状告，
把奸贼告下去剥皮抽筋。
正行走来到了鬼门关前，
有判官挡住我不让进去。
叫判官发慈悲放我进去，
望阎君告一状报我冤仇。
向老爷双膝跪再三哀告，
有李保勒死我害了我身。
前后语这就是真正实情，
有判官他听说就失一惊。
小姐把状告，判官使奸心。
李保我好甥，我去改了名。

却说柳金禅小姐诉说了遍，那判官张洪听罢，心使鬼计，他把那柳金禅的魂灵拿来压在竹叉山内，心想："生死簿上我从前改了的名字，莫说你包文正查不出来，就是天王爷也查不出来。想那闫察山的父亲做过吏都天官，和我有仇，现在我也要叫他受受苦。"想罢，判官张洪便叫柳小姐女子过来，说："我想叫你过来与我做个妻子，若不答应，就不放你过去。"小姐听罢，破口大骂。那判官张洪低头不语。

判官不放柳金禅，羞得小姐面通红。
慌忙说了句耍笑的话，
柳金禅恼怒就大骂张洪。
羊白的发狂言不放我过，
阎王爷你心公你倒欺人。
这一去连判官一起告下，
把奸贼除去了德服我心。
我思想阳世里欺理欺够，
阴司里也还有奸贼欺人。
骂判官太无理欺人胆大，
阎王爷知道了抽了贼筋。
有张洪听见说怒气冲冲，
这女子太大胆来骂我身。
喊一声休撒野将她拿住，
压在那竹叉山谁人知闻？
有判官使小鬼又做奸计，
拿黄腊灌了耳不得翻身。
这张洪压了魂往常去了，
哭死了柳金禅谁得知闻？
屈死柳金禅，压在竹叉山。
判官改了名，闫家害了命。

却说张洪将柳金禅的冤魂绑住压在竹叉山内，改了生死簿，就是神仙也查不出来了，莫说包公查不出来。这话不提。且说包公二下阴曹地府，又将闫察山的事情细细查看了一遍。

两边王朝并马汉，伺候包公去阴间。

那包公早开堂心里思想，

常思想闫察山这件事情。

忙吩咐手下人抬过实物，

过阴床还魂枕一睡起身。

不多时包公像往常去了，

有王朝并马汉定守死灵。

有包公前来在鬼门关上，

有判官早报上阎王知闻。

就坐在王殿上列次序坐，

阎王爷开言问又为何因。

包老爷就为那闫察山事，

闫察山冤屈事到底谁明？

望阴间发慈悲细查真情，

上告那闫察山害死金禅。

展开生死簿，从头看分明。

上告闫察山，害死柳金禅。

善劝众人细听详，阴间阳间都一样。

只因李保生毒害，奉劝世人女共男。

你在阳间生毒害，瞒人难瞒老龙天。

富贵贫贱有天定，不用巧语并花言。

吃酒行凶非名贵，不如打坐学师禅。

六人聚出行山路，同天得度上下翻。

降了青龙有白虎，现出老泥紫金丹。

开关展来云消转，前三关来后三关。

关透九窍开通了，让出云头山外山。

睁开通天透地眼，关透山前避大仙。

世上多少名利客，为人不得自周全。

家有钱财少儿女，有儿有女少有财。

贫者贫来富者富，富贵前者没修全。

有子有财多有果，无子无财少修来。

富贵荣华修劝善，贫穷寒苦没怨天。

恶的恶来善的善，愚的愚来贤的贤。

知命君子随时有，为人一世修不全。

心闲就是无价宝，身闲就是富根苗。

一日无事一日安，十日无事谢龙天。

衣禄官昌有天定，莫要怅□越礼行。

倚强倚力多财宝，霸道行凶命不长。

世人修来好好修，想的有来难得有。

今世不修来世修，我劝世人早回头。

广种福田多行善，种下福田多方便。

命中有财自然有，命中无财没苦救。

富贵荣华有天定，何必□夜用心功。

却说包公将闫察山的事情细说了一遍，仍然是他害死了妹妹柳金禅。包爷辞别阎王回到阳间，还魂苏醒下床，有王朝、马汉伺候，吩咐手下人将闫察山提来。手下人不多时提来了闫察山，包公便骂：“大胆的奴才，明明是你害死柳金禅，为何不招承？”闫察山言说：“冤枉，老爷。”包公大怒，喊叫二人拉下去重打四十板子，看你招不招。闫察山满口尽喊：“冤枉，冤枉。”包公大怒，他怎还口口声声不招承？把铁绳烧红缠在腰里，铁鞋烧红穿在他的脚上，犁铧烧红戴在他的头上，看他招承不招承？

铁鞋犁铧都烧红，看他招承不招承？

有包公心中怒高声大骂，

大胆的狗奴才还不招承。

明是你害死她你还胡说，

善恶簿记的是你害了人。

你与我把犁铧戴在头上，

把铁绳拿过来缠在腰里。

把铁鞋拿过来穿在脚上，
浑身上都是火一遍通红。
烧得那闫察山双脚乱跳，
浑身上都烧得皮开肉变。
父母亲你快来搭救儿命，
你若是来迟了不得相逢。
眼看着就成了冤家之鬼，
这件事屈死我谁得知闻？
包老爷又吩咐铁绳冷了，
二番间又烧红缠腰里间。
闫察山上无气身已死了，
有包公叫衙役又要加刑。
其不知闫察山一命死了，
有尸体竟倒立站在当庭。
包公说尸不倒必有原故，
莫非是错断了这件事情。
包公心里想，这事好难明。
死尸竟不倒，必有冤屈情。

却说包公将闫察山烧死，尸首不倒，心中思想此事难明，忧愁纳闷，便叫王朝、马汉把闫察山尸首抬到城隍庙里好好放下，等我过个阴，到阎王面前细细查看。这话不提。

且说闫察山死后，冤魂不散，大放悲声，游游荡荡来到了朱桥底下，寻找他的妹妹。此话不提。

却说柳金禅小姐，魂灵不散，来到鬼门关前，有判官张洪挡住不放我进去，将我魂压在竹叉山内，还有一魂守定尸首。有那个魂灵看见闫察山姑舅哥哥来到，好一伤情，兄妹二人大放悲声，痛哭一场。

哥哥寻妹妹，封正远远情。
谁人害了你，我今丧了命。
闫察山死的苦谁人知道，
重火烧受非刑谁人知闻？
谁知我今日身归了阴路，
丢下我老母亲依靠何人？
一边走一边哭声声不断，
不觉的来到了朱桥之下。
柳小姐见哥哥一把拉住，
闫察山见妹妹大放悲声。
闫察山问妹妹谁人害你，
把衣服并包袱撂在桥中。
正有我上学去看见包袱，
拿回去不知道惹祸烧身。
你父亲赖着我把你害死，
他把我告包爷送了残生。
有小姐听得说双眼流泪，
这场事屈死我兄妹二人。
我就被那李保奸贼害死，
为什么把哥哥苦打招承？
到几时要等上我们报仇，
屈枉死才知道苦死好人。
我兄妹两个人冤枉屈死，
无处告无处诉气杀人心。
兄妹去告状，烦恼同情伤。
何日得脱身，入家看亲人？

却说兄妹二人诉骂一场，痛哭一阵，“你在朱桥下等我，我回到家中与我母亲托梦一回”。一言未罢，兄妹二人难难舍去，嚎啕痛哭，双眼流泪，往常而去了。不多时就来到了自家门首，但有那门神挡住，便问：“那里来的野鬼？与我快走开！”闫察山听说，双膝跪下，哀告门神：“我是自家的鬼，并不是外鬼。”闫察山就将屈情说了一遍。门神言说：“既然是自家的家鬼，就放你进去一趟。”惊鸡弄狗，来到母亲睡房门上，放声大哭。

一见母亲好伤情，跺脚捶胸放悲声。
见母亲头低下双膝跪下，
止不住腮边泪大放悲声。
鬼今日上前来与你托梦，
有包爷不明白送我残生。
屈死我魂不散来到家内，
与母亲说明白死也甘心。
我如今自己死不大要紧，
丢下你老母亲依靠何人？
说着哭哭着说眼泪痛流，
这冤屈说不尽屈杀人也。
只说着眼泪流真是心酸，
又难丢又难舍两泪纷纷。
诉不尽这冤屈人人难知，
今把我实做了冤枉鬼魂。
正说着只听得金鸡叫鸣，
又恐怕天明了难以行程。
临行时床头上拍了一把，
化清风无踪影离了家门。
魂灵影无踪，惊醒梦中人。
果然是真情，年老靠何人？

却说闫察山与母亲托梦去了，惊醒闫太太，却是我儿闫察山托梦，却见我儿身上□里血水淋淋，口口声声说老爷烧死我了，明明白白就是我儿闫察山，睁眼不见了，定有冤情。内心思想，不由得心酸流泪，嚎啕痛哭一会。闫太太说：“我也是皇圣封我诰命夫人，又封龙头拐棍，上殿打昏君，下殿打奸臣，专打邪妖奸贼。我丈夫做过吏都天官，难道连我儿子都救不了？不免我穿上官诰，拿上龙头拐棍走一趟。”闫奶奶一直来到南衙开封府，门上传人报知。有那包公大吃一惊，急忙出门迎接。闫奶奶看见包公，对面就问：“我的儿子在那里受罪？”包公无言可答，缓和了一会，便说：“老太太在上，是我错断了你的儿子闫察山。”闫太太说：“既然错断了我的儿子，我儿今天在那里？”包公又不敢说明。“想必是害死我儿子了吧？”包公不敢言语，闫太太破口大骂：“我把你无道的昏君、奸贼，你当为清官，擅吃良民钱财，你还断什么官司！你把我的儿子害死，图财者害命，吃了别人家的钱财，害了好人家的子女。”一言未罢，闫太太手拿龙头拐杖，就打那包公，打得包公忙忙告饶。包公回言说：“我到晚上，到阴曹地府，仍然与你细细查看，然后明断。如果是错断了，我就拨他还魂。”一言未定，闫太太往常而去了。

包公吩咐手下人，快快跟我下幽冥。
包公爷劝太太回府去了，
忙吩咐手下人快赴幽冥。
我若是错断了与他拨活，
又拿起拨魂杖拨他还魂。
叫王朝并马汉勒请定钗，
有楼清合李贵抬过铜铡。
过阴床还魂枕抬在庭前，
众多人跟包公去赴幽冥。
喊一声包老爷走进地府，
有城隍和土地紧紧相跟。
正走着听见那竹叉山内，
无数的冤枉鬼叫哭连天。
小姐罪难免，见着包青天。
鬼魂来叫苦，细细听因原。

却说包公会定王朝、马汉、楼清、李贵，抬过七十二把铜铡钮数，就从竹叉山走过去，正走着，只听到竹叉山中有人啼哭，包爷听到声音，就寻找此处，一见冤鬼在竹叉山中压着。包爷便问："你是何处冤鬼？"冤鬼言说："我就是柳金禅，叫那李保害死。我身有那判官张洪压在这里，不能前去阎王面前喊冤。有那张洪又将生死簿上改了名字，簿上写的是闫察山害死柳金禅，把李保的名字捻成一个纸捻钉在生死簿上。"包公言道："小姐不要啼哭，等我见了阎王后，回来路过到此地方，把你统在袍袖，带你回去还阳。"说罢就往前行，不多一时，来到阎王宝殿府前，有那阎王前来迎接。包公便问阎王："闫察山的事情总不明白，叫他母亲把我乱打一顿。今日故来细查。"阎王听罢，便叫判官将文簿拿来。包公接来，将文簿拆开，把纸捻抽出来展开一看，果然是李保害死柳金禅。包公气怒，大骂无道的昏君，可怒，真可怒。

铁面无情文曲星，赤胆忠心不容情。

有包公抽出那纸捻一个，
取开看原来是李保行凶。
不由得心中怒高声大骂，
骂阎王好奸贼无道昏君。
为甚么李保名捻成纸捻，
查不出倒赖我为官不清。
越思想越生气情实可恼，
丹墀中铁铜铡不顺人情。
叫一声拉下去绳捆锁绑，
吓得那十阎君战战兢兢。
那包公忙吩咐王朝马汉，
将铜铡抬过来一律而行。
把判官拉过来不用吩说，
用铜铡铡五截血气通红。
把小鬼拉过来一律铡了，
铡得他分分碎骨肉难分。
叫王朝并马汉采住阎君，
拉下去铡了他无道昏君。
那旁边忙了那牛头马面，
一封郎跪倒那东岳面前。
请东岳去说情快快救命，
去得迟十阎君有命难存。

判官铡了五截子，又铡小鬼乱纷纷。
来叫王朝并马汉，采住阎君莫放松。

却说包公喊王朝、马汉将十殿阎君采住一律同行，有牛头马面忙到东岳府里，请东岳前来求情。那东岳忙忙来到包公面前，开言便说："我们阴间行事公直，那有这等事情？看起那小鬼面上，将那阎王饶了罢！"包公听言大怒："你们行事公直，为何把李保的名字捻在纸捻里？阴间这个不平之事，阳间如何查得出来？"便叫王朝、马汉把那东岳与我捉住捆绑下去，合那十殿阎君一律铡了。有那东岳看事不好，抽身从门缝里出去，急忙跪到地王菩萨面前，请那地王菩萨说情来了。

地藏菩萨来说情，不知包公容不容。

有地藏前来到森罗宝殿，
有包公一见面久坐高身。
有菩萨开言道把他饶了，
看我的脸面上饶他当身。
若不见菩萨面总然不肯，
忙吩咐手下人去放阎君。
地藏母说了情律常而去，
十阎君与包公赔罪到身。
有包公辞阎君往前所走，
有王朝并马汉紧紧相跟。

包老爷起了身谦复之让，
说阎王把你们都受惊恐。
正行走来得快抬头观看，
竹叉山在前面去见魂灵。
将袍袖去展开统在袖内，
叫一声柳金禅跟我还魂。
不多时来到了南衙本府，
各报声入气窍苏醒还魂。

包公皎阴回阳间，便叫王朝并马汉。
李贵楼清都叫醒，准备提那行凶奸。

却说包公过阴回来还阳，忙吩咐手下人："拿我火签、令票快快到朱屠圈那里去捉那李保。"那李保正在宰猪，看见两人来了，失了一惊，便问："二位差人，到此有何贵干？"王朝、马汉言说："我们老爷差我二人前来拿你夫妻二人，也不知有何事。"不由二人说话，就绳捆锁绑，吓得那李保夫妻二人战战兢兢。正把那李保夫妻送到南衙府内，包公开堂就问："那柳金禅是你夫妻二人害死的吧！""老爷，小人不知道。""既然你不招承，快将那挟棍拿来与我挟起，看你招也不招？"李保忙说："老爷冤枉。是何人害了的？你说是我，确实说来，要是我害了的，谁人看见了？证见在那里？"包公说："我把你这个凶徒，你还要问我要个证见。"便吩咐王朝、马汉前去到了朱桥之下的水底里。把那柳金禅的尸首给我捞出来抬回来。

王朝马汉不消停，正门行走快如风。
有王朝并马汉往前行走，
他二人领勒令不敢消停。
到了那朱桥下叫个水夫，
这水夫下水去摸她尸首。
一会儿把死尸捞到岸上，
这女尸就是那金禅小姐。
他二人忙抬上来到衙门，
把尸首放在了大庭里面。
有包公见尸首心中可叹，
忙拿起拨魂杖拨她还魂。
将头上敲三趟真魂入窍，
有三魂和七魄都赴身来。
柳金禅苏醒来又到阳世，
睁开眼见包爷失了一惊。
叫老爷我的命李保害死，
为什么闫秀才受苦偿命。
有李保夫妻俩把我勒死，
他把我送在那朱桥之中。
包爷说柳金禅抬头观看，
这就是那李保你要认真。
柳金禅抬起头忽然看见，
害我的就是他夫妻二人。

包爷这里问原因，夫妻二人跪堂前。
忽然抬起头来看，前面跪的是柳金禅。
浑身酥麻又打战，天门顶上吊三魂。

却说这李保夫妻二人见了柳金禅，吓得无言可答。"将那铜铡抬过来，"包公吩咐王朝、马汉，"把李保夫妻二人给我铡了。"有王朝并马汉急忙用卷席卷住，拉过来把夫妻二人铡了。包公又吩咐王朝、马汉到城隍庙里去，将那闫察山的尸首好好抬来。不多一时，将尸首抬来了，包公随手拿起了拨魂杖，把他拨活。苏醒睁眼一看，一见包公，口中便说："冤枉！"有那包公口中不言，眼中流泪，道："闫察山，实实是冤枉了你，有那柳金禅的事我断明了，把李保夫妻二人都铡了，与你兄妹二人顶罪。"包公即把柳金禅从后堂叫来，兄妹二人一见，大放悲声，嚎啕痛哭一场。你看伤心不伤心！

哥哥做了冤枉鬼，妹妹做了鬼冤枉。
哥哥冤枉说不尽，妹妹冤枉说无穷。
铁面无私包明公，日断阳来夜断阴。
小儿判官遭了难，十殿阎君受灾星。
忙了牛头并马面，请上东岳说人情。
东岳一见包公面，心内胆怕战兢兢。
东岳一见事不好，抽身出门去逃生。
一直来到地藏府，请上地藏来说情。
我若跑的迟慢了，十殿阎君命难存。
阳间自有钱打点，阴间也有鬼弄灯。
判官张洪作私弊，弄坏阳间多少人。
闫家秀才挨烙铁，水里泡着柳金禅。
有那李保害人命，祸移好人受灾星。
因为阴间有私弊，些呼烧死闫察山①。
幸亏包爷神力大，阴间阳间都细查。
神力费了多合少，救出兄妹两个人。
兄妹一见泪纷纷，倒叫包爷也伤心。
我只说兄妹们不得相逢，
谁知道今日个又得相见。
柳金禅见哥哥一把拉住，
闫察山见妹妹珠泪涟涟。
他二人在衙门痛哭多会，
又来了柳员外夫妻二人。
一见了儿和女上前抱住，
柳员外夫妻们大放悲声。
女拉母母拉女泪如雨下，
老母亲见女儿实实伤心。
孩儿们正哭着声还未断，
又来了闫太太诰命夫人。
两家人并一家嚎啕痛哭，
大放声只哭得日落黄昏。
子抱母母抱子哭声不断，
夫拉妻妻拉夫大放悲声。
有王朝并马汉泪如雨下，
止不住腮边泪各个伤心。
那包公心酸痛难忍难止，
不由得两眼湿两泪纷纷。
满衙门众多人各个都哭，
无一个心不痛苦杀人心。
只哭到日落西天昏地黑，
包老爷上前去解劝他们。
劝他们都回去此天度舍，
两家人今团圆大谢苍天。
包公吩咐话，两家都听真。
两家团圆了，大谢众神灵。

却说两家人回走，与包公口头谢恩。包公言说："多亏神灵保佑你们两家人，都在我们衙门复活相逢。是我救活你们两家的儿女，我老爷有句话对你们两家吩咐，不知从也不从？"两家人说："老爷有话尽然吩咐，我们两家怎不服从呢！"包公言说："我与你们两家做个媒人，你二人做个亲家，把柳金禅许与闫察山，配个婚姻，亲上加亲，金上贴金，岂不是好吗？"那闫太太、柳员外言道说："好，多谢青天操心疼爱，老爷的好处。"两家辞谢了包公大人，各自回家去了。

救活儿女真性命，兄妹二人得相逢。
柳员外闫太太深深称谢，

① 些呼：方言，差一点。

拜老爷多谢你救活儿童。
又与我儿和女解怒报仇，
你就是我们的实实恩人。
闫奶奶领儿子回家去了，
柳员外领女儿也回家中。
到家中即忙择良辰吉日，
柳金禅与秀才配合婚姻。
请包公和员外行过聘礼，
把花红和表礼摆上金银。
员外开言说，明日好良辰。
行聘过表礼，各自去过门。

却说明天就是良辰吉日的日子，将小姐娶过门成亲，到时候有那柳员外、闫奶奶、柳金禅、闫察山，奋请僧道两人，诵经三天，大谢天地，大报神恩灵。有那四人即谢天地，感动那南海观世音菩萨，驾起祥云，一展落下凡间，化变成一位贫婆，前来化斋。有那仆人报香省进去，柳金禅便说：“请进来坐下。”金禅问曰：“贫婆，你又不是和尚，你又不是道人，明白着甚么为修？”贫婆答曰：“我有好说为修，你们四人听等，我贫婆与你说一遍。”

老母听得众生问，开言吐语度众生。
有菩萨说众生听我言语，
人生在天地间少使奸心。
常言说行善人经有善报，
行恶人不久长恶报逐身。
一不许倚心性指天骂地，
父是天母是地一样同寿。
二不许偷财宝咬哄人物，
人不知自哄自各有神明。
三不许贪口味杀牲害命，
是牲畜也惜命那个不痛？
四不许言语中说长道短，
休骂大休欺小恭敬为人。
五不许吃酒醉行凶闯祸，
做明师投高人听人都训。
穿三皈和五戒超凡入圣，
除邪妖皈正经佛祖家风。
自要把佛弥陀常常挂念，
行也念坐也念坐睡在心。
心是佛佛是心行走正念，
人是鬼鬼是人一体同春。
凡是神神是凡背死一礼，
佛是人人是佛不二法门。
修心人若知道明心见性，
就是那成神仙正果修成。
柳金禅听得说恭身下拜，
家人诺不怠慢跪在埃尘。
有菩萨驾祥云腾空而起，
众多人喊一声叫我原因。
闫太太在上房婆婆圣母，
因造下一点孽坠下凡尘。
闫察山在上房东到下界，
为甚么官不动天捞出名。
柳金禅是上房看是玉女，
因为她造下孽坠下凡尘。
有安人和土神容呈玉女，
柳金禅来投胎借房存身。
有李保夫妻们五鬼下界，
杀耕牛宰猪羊吃酒行凶。
罪孽满随佛法同登极乐，
宝卷终功程满同转天宫。
念此书大小人无灾无难，
听卷时用心听也有功程。

善男女万不可交用恶语，
有佛法在面前举点诚心。
念卷心如念经经通天界，
请卷人如引进早早修成。
念卷人如同堂讲佛说法，
有善男和信女广积阴功。

却说菩萨腾空走了，两家大小四口人，迎空叩头行礼一毕，化道场圆满，王圣皈天，佛法普度。《红灯宝卷》两月完成，劝人行善，不白烦心，福当小事，皇王万发，五谷其登，菩萨天下，容转代度众生。

一报天地盖载恩，二报日月照临恩。
三报皇王水土恩，四报父母养育恩。
五报祖佛请儒法，六报空中转法轮。
七报禅那多成法，八报八方施主恩。
九报九祖生净土，十报孤魂早起升。
父母前增远寿路，亡故宗祖得安宁。
红灯宝卷看完了，五谷丰登定太平。
经卷本是劝人文，念与男女善性人。
改邪归正存真善，荣华富贵几千年。
自己功夫自己用，谁能用功谁修成？
从古到今细观看，那有恶人得太平？
此卷善信用心听，听了莫当耳边风。
父母养儿受够劳，生产疼痛谁知道？
两命相挣娘受苦，孝顺双亲把恩报。
只要堂前能孝敬，何必梁山求零根。

（张丽玲录入、校勘）

鹦鸽宝卷

鹦鸽宝卷才展开，诸佛菩萨降临来。
天龙八部生欢喜，听了宝卷永无灾。

却说这一段因果古事，出在大宋年间。仙果山中，有一沙柳树上，有一对黄鹦，他们受了千辛万苦，抱了三个儿童，大儿名叫八鸽，二儿名叫野鸽，三儿名叫鹦鸽。老鹦每日打食喂养，他兄弟三个长大成人。大儿同他父亲后山打食，不见回来，次子在阳关地界招亲去了，单丢下老鹦合三儿鹦鸽，食水不吃，想他父子三个，双眼流泪，好不愁杀人也。正是：

仙果山前沙柳树，黄鹦垒窝抱儿童。
千辛万苦老母亲，阳世三间受奔波。
老黄鹦打食水把儿喂养，
只喂得小鹦鸽长大成人。
八鸽儿他生来不会说话，
他本是世间上糊涂子虫。
唯有那鹦鸽子会懂人话，
只喂得小鹦鸽能说会道。
翎毛干翅膀密就要腾空，
八鸽儿他飞在潼关地界。
只念得小鹦鸽年纪又小，
单丢下老黄鹦不念恩情。
倒叫我老母亲常挂心中，
野鸽子飞在那雁门关外。
梧桐树招了亲快乐如风，
冷了时垒窝巢把儿喂养，
热了时展开翅搭上凉棚，
老黄鹦得下个想儿疾病。
倒在了窝巢中不能动身，
每日里不思想吃食吃水。
就是那好果品懒得沾唇，
此山中好果品无心所用。
想吃那鲜梨子度在口中，
小鹦鸽见母亲双眼流泪。

我只得在窝中问娘一声，
你想吃啥东西儿给你弄。
鹦鸽孝双亲，睁开圆眼睛。
看见亲生母，两眼泪纷纷。

却说鹦鸽一见母亲双眼流泪，食水不吃，叫声：“母亲想吃什么东西？”老鹦说：“东京城内有一个小张三，他园中有那鲜梨子，度在口中，疾病也就好了。”鹦鸽便问母亲：“张家园中到此有多少路？”老鹦说：“孩儿，走张家园中有四千里远近。”小鹦听说，“这也不难，今日早晨去，明日晚上就回来了”。正是：

鹦鸽有孝心，与母盗果品。
儿是铁罗汉，不怕下网人。
小鹦鸽听一言叫声母亲，
你的儿要走到东京城内。
我今日张家园去盗梨子，
若盗来鲜梨子度在口中。
小冤家今日走张家园中，
倒叫我为娘的不得放心。
老黄鹦听得那小鹦说话，
不由得我头上失了三魂。
世间人见了你心中可爱，
路途中逼人谋谁得知闻？
打牲的那些人心肠太狠，
又恐怕见了你伤你性命。
儿今日盗梨子若有好歹，
为娘的把终身靠于何人？
小鹦鸽听一言对娘细说，
叫一声我的娘不必叮咛。
仙果山离别了生身母亲，
沙柳树不怠慢就要腾空。
走关口过城池不可留停，
渡龙江又过了再往前行。
一路儿自思想几时走到，
张家园盗梨子孝敬母亲。
走千山并万水飞来飞去，
就来到张家园落在树上。
鹦鸽进花园，梨子用眼观。
桃树枝上站，自觉两翅酸。

却说鹦鸽飞到花园，落在树上，不觉两翅发酸，四支无力，忽然抬头观看，两边开的鲜花，结的红果，因此这园中的景致好看，不免照这个园中鲜花作诗一首。正是：

此园黄花竹叶青，移来移去又精精。
百花相连富贵春，鹦鸽又见桃花红。
千朵桃花一树身，奉劝弟兄家不分。
古人桃园三结义，千里独子为弟兄。

却说鹦鸽作诗不打要紧，惊动了一个小张，书房坐着看书，忽然听到园中有人云诗，是什么人，不免我出去，园中看一下。来到花园中，抬头一看，并没一人，观来观去，只见桃树枝上站着红嘴绿毛的一个鸟儿，其实好看。不免我回来，拿去天罗地网，将他与我高堂老母，消愁散闷，岂不是好？我从小长大，莫见过这个飞禽，他还会说话，懂得人言，稀奇贵物，世上少有，没有一人不爱他的。正是：

鹦鸽会云诗，张三听得清。
好个俊巧鸟，其实可爱人。
像仙鹤却怎么头上有红，
像孔雀他身上色不一样。

这飞禽倒叫我认不明白，
他等我上前去将他拿住。
给我的高堂母好散心焦，
我急忙拉开了天罗地网。
四下里又射箭弹弓上功，
有张三手拿着金弓银箭。
惊动了小鹦鸽展翅就飞，
忙了他小鹦鸽胡行乱飞。
不由得一阵儿胆战心惊，
心慌忙细思想怎能出网。
不料想落在了天罗地网，
小张三收了网套在身上。
把鹦鸽拿在手大笑一声，
这鸟儿全天下人没见过。
鹦鸽进花园，又怕网来捉。
口吐人言语，哀告小张三。

却说张三拿住鹦鸽，只见他双眼流泪，口叫：“张三爷爷，放我一命吧。”张三一听大笑，大吃一惊，世上只有人说话，那有飞禽来说话的道理？我的母亲年高七旬，没有见过这个飞禽，我赶快拿到母亲面前，叫我母消愁散闷去罢。张三把小鹦拿在母亲面前，双膝跪下，口叫：“母亲万福金安。”张婆抬头一看，只见我的儿拿住一个飞禽，长的红嘴绿毛，他又会云诗作对，说话件件精通。张婆开言问道：“你这聪明的鸟儿，家住那里？说了实话，我好放你回去。”鹦鸽开言便叫：“奶奶、张三爷爷，不嫌聒耳，听鸟道来。”正是：

鹦鸽泪纷纷，三爷你是听。
此处盗梨子，孝敬老母亲。
小鹦鸽未开言泪流满面，
家住在仙果山沙柳树上。
我的娘那山中有名黄鹦，
叫一声张三爷你是当听。
我的娘费尽了千辛万苦，
窝巢中抱成了三个儿童。
每日里去打食把儿喂养，
喂得我兄弟仨长大成人。
我的父同兄长飞出窝外，
我的娘她得了想儿疾病。
野鸽子飞在那雁门关外，
娘睡在窝巢中不能动身。
每日里他不想吃食用水，
就是那好果品懒得沾唇。
此山路好果品无心所用，
想吃那鲜梨子度在口中。
因为我大着胆来盗梨子，
谁料想落在了你的手中。
叫了声张三爷饶了我命，
我日后永不忘你的恩情。
老张婆听一言心中欢喜，
把鹦鸽挂笼中消愁散闷。
我家中养下你食水不缺，
比山中强十分何必发愁。
小鹦鸽听一言叫声奶奶，
你不知这事情听我细讲。
叫奶奶你若还饶我一命，
回山去不能忘你的恩情。
我说实情话，三爷你是听。
行点阴功事，子孙官职升。

却说张婆开言便叫鹦鸽，道有孝心，叫一声：“我儿，不免放他回去罢。”张三听说：“母亲，你不知道此鸟，他三千佛法，八百灵文，又会云诗作对，件件精通。”张婆听言，便叫“我儿，既然如此”，便叫：“鹦鸽，你与我作诗一首，我好放你回去。”鹦鸽说：“奶奶，照什么为题？”张婆说：“照我的脖项素珠作来。”鹦鸽说：“不嫌聒耳，听鸟道来。”正是：

素珠一百单八颗，拾住心头问阎罗。
有道一日功成满，接迎菩萨坐莲台。

却说张婆听言，满心欢喜，便叫：“鹦鸽，你与我再作一首，我好放你回去。”鹦鸽说：“再照什么为题？”张婆说：“原照素珠来作一首。”正是：

素珠五千零四颗，接迎菩萨上西方。
有道一日功成满，四面八方大金刚。

却说张婆便叫：“鹦鸽，你照我花园各样花草，再作诗一首，我好放你回去。”鹦鸽说：“奶奶不嫌聒耳，听鸟道来。”正是：

双林树儿长门外，桃树柳绿真可爱。
梨果树儿颜色鲜，梭罗树儿空中悬。
杏树核桃长成伞，葡萄搭架泪涟涟。
柿子树儿甚甘甜，笑得桃儿嘴嘴红。
春树甘挂金罗伞，麦梨红了有人爱。
松柏长青万万年，牡丹树儿来作伴。
桑树不住发盘算，紫金树儿跟着劝。
珍珠树儿用眼观，秋子树儿红似火。
石榴树儿战兢兢，李子树儿吊水蛋。

却说鹦鸽作诗一毕，张婆便叫：“儿呀，这鸟儿能卖多少钱？不免拿到街上卖了，给我置上一身老衣，岂不是好么！”鹦鸽听言，心中思想：“这个泼妇心也太狠，你叫我给你云诗作对，放我回去不说，还卖我置一身老衣穿，你心不善。不免将这个贼婆骂上一顿，我就死了，我也甘心。”正是：

鹦鸽怒气生，睁开圆眼睛。
口吐人言语，贼婆你是听。
小鹦鸽便开言骂声贼婆，
口不善心太毒念甚经文。
每日里吃长斋心身不定，
嘴儿甜心儿狠暗谋害人。
骂一声老贼婆心肠太狠，
阎君爷勾你去定下油锅。
骂一声老贼婆真是下贱，
你心中起毒意要卖老子。
骂一声老贼婆你心不良，
你脖项戴的是拴狗铁绳。
卖老子拿银子何处使用，
你不是吃了药就是妖神。
小鹦鸽骂贼婆越骂越狠，
气得那贼婆子两泪纷纷。
鹦鸽骂贼婆，张三你是听。
气得老贼人，两眼白瞪瞪。

却说张婆开言，怒气冲冲，便叫：“儿呀，这个扁毛把老娘狠狠骂了一顿，气死我也。将他拿出去，用斧子剁死，喂了小猫儿去罢。”骂一声：“我儿，你捉拿来这么个畜牲，把你娘骂成这个样子，要他何用？”张三言道：“母亲不要生这个扁毛的气，杀了他不够半斤，煺了毛骨没有四两。等到明天，将他拿到大街市上，卖上几两银子使用。”不觉到了天明，张三手提鹦鸽出去，来到大街市上去卖。好不愁杀人也！

张三卖鹦鸽，大街人又多。
好个俊巧鸟，众人都笑他。

张三爷拿鹦鸽上街去卖，
不多时来到了东京城内。
许多人上前来就要问他，
每个人问鸟儿喜笑盈情。
众人说没见过这个飞禽，
这个说不认识叫甚名字。
一个说像孔雀身子又小，
那个说像仙鹤毛色不一。
想不开这飞禽众人乱说，
忽听得开封府人役问话。
看的看喊的喊人马来到，
又观见包大人出了府门。
拿皮鞭打得那神嚎鬼叫，
仔细听原来是南衙包公。
包大人叫一声王朝马汉，
众百姓一个个站立两边。

王朝马汉不消停，站在街心问原因。
众人一齐立两边，耳听王朝讲一番。

却说包大人叫："王朝、马汉，吵吵闹闹是什么人？吵的什么事情？"王朝回禀相爷得知："那众百姓内有一人，拿的一个鸟儿叫卖。此鸟红嘴绿毛，其实好看。"包公一听，便说："拿来我看。"王朝、马汉便叫："卖鸟的人，你把鸟儿拿到相爷跟前来。"包相爷一看，此鸟真是好看。包相爷便叫，张三听言，不敢怠慢，走上前来，双膝跪下，口称："相爷，小人叩头。"已毕，包公便问道："这个俊鸟要卖多少银子？"张三说："这个鸟儿要卖三两银子。"包公说："一匹马能卖多少？"张三说道："这个鸟儿，他会三千佛法，八百灵文，又会云诗作对，件件精通的个灵鸟，带在府中，给相爷消愁散闷，岂不是好么？"包大人听言，莫非是一个稀奇之物，必有贵处。不免将这俊鸟买下，给张三给了白银两。吩咐人役抬轿回衙。这话不提。

再说买下鹦鸽，拿到府中，放进笼子，吩咐丫环与鹦鸽每天每顿不错时节，打食喂水，不要靠[①]瘦。小鹦食水不吃，每天只是啼哭，想起老母，愁眉不展。秋香便说："妹妹，这个扁毛若是靠瘦，相爷必定要拷打我们，如何是好？"梅香上前把鹦鸽打了一扇子，骂了一声："你这个害人的飞禽，你食水不吃，想吃些甚么东西？"鹦鸽想起母亲，只是啼哭，又叫丫环打了一扇子，好不上气，不免将她骂上几句，死也甘心。正是：

鹦鸽不由怒气生，口骂奴才你是听。
不是相府当奴来，狼虫虎豹把你吞。

小鹦鸽眼流泪骂声贼人，
你主人用银子把我买下。
到晚来三更后不得安眠，
你主人两三日若不打你。
穿一身好衣服就装太太，
小鹦鸽骂丫环真是奴才。
又成精又作怪又装妖魔，
骂一声小奴才好无脸面。
两只手就像个拆粪之叉，
你脸面就像个锅盖灶门。
净着脚敞着腿忙上楼来，

① 靠：方言，熬煎。

把手巾长长的吊在胸前。
口儿里喊乱团就要胡干，
骂得那两丫环泪如雨点。
你望我我望你不敢言喘，
两丫环气得那两腿打颤。
骂得丫环泪不干，小鹦怒气到眉尖。
句句骂得不要脸，大放悲声立面前。

却说鹦鸽把丫环骂得只是啼哭，惊动了太太，上楼来问道："你这两奴才，叫你们两人好好喂鹦鸽，为何啼哭？"梅香丫环说："他将食水不吃，百般叫骂，因此我二人气得双眼流泪。"太太说："你二人快下去吧。"太太问道："你这个扁毛，食水不吃，为何加起愁肠，又叫骂起丫环？"小鹦鸽又说："你太太不知我的情由。我母亲在家中，身得疾病，想吃鲜梨子，为儿飞在张家园中去盗梨子，被张三下网套住，拿到街上去卖给相爷，不能脱身。望着太太放我一命罢。"李氏便问："你是从那里来的？说了实话，我好放你回去。"小鹦便叫："太太不嫌聒耳，听鸟道来。"正是：

小鹦听得太太问，不由两眼泪纷纷。
不能动身去打食，诚恐老母饿坏了。
小鹦鸽未开言双眼流泪，
叫一声老太太细听原因。
家住在仙果山沙柳树上，
我的母抱成了三个儿子。
父打食母垒窝受了苦辛，
双双来对对去度过光阴。
每日里打食水把儿喂养，
全不念父母的养育之恩。
我大哥翎毛干飞出窝外，
在山中胡浪荡不管母亲。
我的父去打食渺无音信，
单丢下母子俩受这灾星。
我的母她得下想儿疾病，
睡在了窝巢中不能动身。
此山中好果品无心所用，
想吃那鲜梨子度在口中。
我前来张家园去盗梨子，
不料想落在了张三手中。
有张三拿住我大街去卖，
他把我卖相爷大人府中。
在府中愁死我不大要紧，
窝巢中饿坏了我的母亲。
望太太你今日把我放了，
与你的儿孙们积点阴功。
李氏恩德重如山，后辈儿孙不离朝。
今日你若放了我，你的恩情比山高。

却说李氏太太，鹦鸽苦苦哀告："放我一命吧。"太太听说："你是老爷买来的，我敢放你？等老爷回来，到了府中，我替你要求相爷，叫他放你回去。"老爷回来，太太下楼去了。这话不提。再说老鹦等儿不回来，必定叫人抓去了。正是：

忽然想起亲生子，心慌谋乱不安宁。
冤家与了贼人手，抛下老母谁伺奉？
老黄鹦想起了亲生儿子，
不由得一双眼两泪纷纷。
哭一声我的儿何处去住，
不见儿转回来母不甘心。
小冤家若不是有甚好歹，
那时节为母的依靠何人？

抬起头不由得两眼冒花，
飞起来翅膀软战战兢兢。
眼睛里张望着乱箭来射，
耳朵里只听得弹弓上身。
一出窝飞不动跌将下来，
可怜把老黄鹦一命归阴。
有老鹦想鹦鸽死在林中，
惊动了上方的太白金星。
太白星在空中忙传圣旨，
有神仙和土地不敢消停。
太白金星来下凡，老鹦尸首盖得严。
小鹦回来不见母，金星卷叶盖尸体。

却说太白星驾起祥云，来在空中，只见老鹦死在树林下。因为小鹦不在，童子下凡有难，若要回来，不见母亲，那里去找？我叫本山土地尊神，刮起一阵大风，卷起树叶，将老鹦的尸首盖住。金星腾空去了，这话不提。

再说包大人回到府中，坐在二堂，忙叫丫环："将你家的太太请来。"李氏夫人急忙上前，便问："老爷唤我说什么话？"老爷说："我昨天买来的一个飞禽，他会云诗作对，不免将他拿来，我夫妻二人听得一番。"李氏说："老爷，因为飞禽他食水不吃，只是啼哭不止。他是一个守孝道的鸟儿，仙果山中，沙柳树上，还有他的母亲，看起来他是一个孝顺父母的鸟儿。看为妻面上，还是把他放开好了。"包爷又说道："既然如此，就叫他与我云诗作对。"太太喜之不尽，便叫鹦鸽："老爷叫你云诗作对，岂不是好？"鹦鸽说："照老爷的甚么为题？"包公说："你照我的黑面作诗一首。"鹦鸽说："老爷、太太，你们二位大人，不嫌聒耳之言，听鸟道来。"正是：

大人本是丑时生，降生之时没点灯。
守生人儿身穿青，你和皂君拜弟兄。

却说鹦鸽作的不错，包公听言便说："你照我的妻子白面作诗一首，我好放你回去。""不嫌聒耳之言，听鸟道来。"正是：

太太坐在象牙床，银簪掉在粉皮墙。
梅花心蕊儿生星，好似雪上又加霜。

却说包大人又说："你照太太的白面和老爷的黑面作诗一首，黑不要白面，白不要黑面，我好放你回去。"鹦鸽说："老爷、太太，你们二位不嫌聒耳之言，听鸟道来。"正是：

笔过砚描粉皮墙，敬德赶着一群羊。
白鸭白鹤同窝巢，砚台落在石头上。
立人缘合水土山岭树木，
有江南并海底一线串同。
普陀山观音母讲经说法，
终南山韩湘子自幼出家。
丁山上祥云起霞光万道，
山底下百花香瑞气千条。
前花山众大仙参佛考道，
花果山水帘洞万花香逢。
山左边有青龙喷云驾雾，
山右边有猛虎快如乘风。
山上边金凌鸟清泉流水，
山下边白玉兔朝拜日光。
山坡上有神佛讲经说法，
山凹里有狼虎大说大讲。
山岸边依里来往前行走，
山沟里有青羊靠着留行。
太行山武当山八仙青寿，

东衡山西华山修炼成功。
山前头有猿猴心身不定，
山后头有石洞万丈深坑。
山岭上有仙长下棋解闷，
山躺里绿草坡麻雀争春。
山岗上梅花鹿声声怕死，
山周围松柏树冬夏长青。
前是山后是山无边无岸，
包相爷放小鹦回到山中。

刮的风来真可凉，树梢不动自然香。
薄荷花儿抬头看，菽气花儿真可笑。
池内开的水莲花，池沿开的是金花。
洗脸花儿法盘算，见人就把头低下。
蜜蜂采得花心动，松柏长青四季春。
人生好比一枝花，花笑松柏不如他。
鹦鸽有心不说话，想起老母泪如麻。
你放小鹦回山中，大人把话听心下。

却说包公听言，便叫鹦鸽：“你照我的府中作诗一首，我好放你回去罢。”“包大人不嫌聒耳，听鸟道来。”正是：

金童玉女两边站，个个神仙把花献。
花在园中四季开，八洞神仙采花来。
钟离献的长寿花，洞宾献的牡丹花。
果老手拿树桂花，李拐葫芦神通大。
国舅拿的海棠花，仙姑拿的荷花献。
采和拿的云花绕，湘子花篮四季开。
口吐白玉梅花开，放出禀名福寿花。
只去悟空把花献，遂根带叶一起拔。
一个跟头一朵花，拿到西方进菩萨。
白玉莲台将花献，各位佛爷把花观。

却说包大人听言，这个飞禽会云诗作对，件件精通，便叫夫人：“这个鸟儿，进给宋王天子，得他一功。”夫人李氏太太急忙上前，便叫老爷：“看看为妇的面上，还是把小鹦放了为好。”“你这个妇人，天子没有见过这个鸟儿。明天早晨登殿，进于仁宗皇帝，要得他一功，岂不是好？送到朝廷，天子、娘娘见上一面，放他回去，如何？”太太说道：“见过后当堂就把他放了。”老爷说：“夫人你放心吧，说放就放，你再不要叮咛了。”到了次日，吩咐王朝、马汉，打轿上朝。正是：

大人进朝进鹦鸽，小鹦心中乱如麻。
若要天子不放我，想见老母愁死我。
包大人身坐在八抬轿内，
有王朝和马汉早上灵朝。
走大街过小巷神嚎鬼哭，
我前去到大堂又得一功。
人役们前边走不敢怠慢，
不多时来到了午门外边。
东华门住了轿步行前走，
上金殿九龙口面见仁宗。
宋王爷听一言龙心大喜，
那包公走上前奉侍问安。
鹦鸽送进朝，老鹦命归阴。
进与宋王爷，天子开了恩。

却说包公上殿，三叩九拜一毕，万岁便问：“爱卿，上殿有何事情？”包公奏道：“吾主二十一登殿，无有一点功劳，为臣在街上买来一个俊鸟，进与吾主消愁散心。”万岁听言，龙心大喜，便叫长官，将鹦鸽抬在殿上。万岁一见，便叫包公说：“此鸟他是一个扁毛，怎会说话？”包公奏道：“吾主在上，不知这鸟他会三千佛法，八百灵文，又会云诗作对，件件精通。”仁宗便叫鹦鸽：“你照我的文武百官、两班人役作诗一首。”鹦鸽说：“吾主在上，不嫌聒耳之言，听鸟道来。”正是：

武要刚强文要能，都是安邦治国臣。
文官提笔安天下，武官提刀定太平。

却说宋王爷便叫鹦鸽，你照二十主人作诗一首。小鹦说，吾主在上，不嫌聒耳之言，听鸟道来。正是：

鹦鸽说话泪涟涟，小鹦奏与万岁知。
二十有个黄氏女，阎君请他对经去。
一日走到阴司里，神嚎鬼哭泪涟涟。
低下头儿往前行，许多罪人好惨凄。
不觉池内波浪深，只觉来到血湖池。
白头散发紧枷锁，三餐血湖当饭吃。
若还不吃鬼拷打，皮开肉绽血淋淋。
瞒心昧己有羞耻，猛然抬起头来看。
地狱般便更不通，铁锁有个长枷锁。
双手有来把筋抽，油锅煎煎看锯解。
倒研磨来佛堂狱，滚水锅里铁笼蒸。
壹拾八层大地狱，诸盘小事在其中。
这些罪人是何人，黄氏便把鬼来问。
听我与你说原因，狱主便把罪人问。
铁锁锁的不良人，长枷枷的干骨汉。
拔舌剜眼抽断筋，偷牛盗马刀剁手。
铁笼蒸的杀牛人，油锅煮的暗害人。
毁骂丈夫拔舌根，恶用暴雨耕牛受。
狠骂翁婆剜眼睛，挑唆是非着锯解。
抛米撒面磨又推，大斗小秤又短根。
瞒心昧己撬肠狱，粉身碎骨罪不轻。
一还一报照样行，阳间造孽阴间受。
为啥不把好事干，恶人一听心胆寒。
地狱王法不饶人，慢说阴间无报应。
时间到了终有报，善恶有根两离分。
善者到了高升去，恶者坠在地狱门。

却说宋王天子便叫鹦鸽：“你打阳间说了一遍，再把阴曹地府讲上一遍，岂不是好？”“吾主在上，不嫌聒耳，听鸟道来。”正是：

你听鹦鸽说一遍，劝君各自问心间。
为人不作亏心事，晚上叫门心不安。
早上吃了家和饭，晚上要吃顺气丹。
怒了吃了消毒散，愤了吃上化气丹。
早些你要改回过，病在床上后悔迟。

却说宋王天子问道：“此事出在何处地方？”小鹦鸽说：“此事出在仙果山沙柳树上，是我的家。父母辛辛苦苦，抱了三个儿童。我大哥名叫八鸽子，和父亲飞阳关地界。我二哥名叫野鸽，他飞雁门关梧桐树招亲。他们父子三个，出去不回来了，但丢下三弟和母亲，独自单身。我母亲想他们三个，得下想儿疾病，倒在窝中不起。她想鲜梨子度在口中，小鹦飞在东京去盗梨子，被张三那网套住，拿去卖给包大人散心。包大人他把我进给天子，求天子放我一命。我出有一月光景，家丢老母亲，现在死活不知。我也愁得不能吃食用水，母亲不来，我的命也难存。请求天子宽恩，慈悲一二吧，放我回去罢。”宋王听说：“小鹦，你把阳间说上一番，我好放你。”小鹦说：“天子不嫌聒耳之言，听鸟道来。”正是：

小鹦讲说笑一声，吾主何不细思想。
父慈子孝家和睦，兄慈弟恭顺气丹。

上和不能消毒散，家遇贤妻散气丹。

聪明孩子仔细听，争名夺利一场空。

宋王爷听一言龙心大喜，

叫一声文武官细听根由。

突然间进来了一个宝贝，

免包公个月真不上朝来。

圣旨下赐爱卿金银彩缎，

有包公谢了恩退了朝班。

叫王朝和马汉出了金殿，

包大人坐了轿各回府中。

宋王爷看包公越看越喜，

退金殿文武臣各各送行。

叫官人进前来听我吩咐，

把鹦鸽挂在那五凤楼前。

将好食并好水好好奉养，

丫环们听一言不敢靠瘦。

鹦鸽入笼挂府门，不由两眼泪下来。

要求宋王听母亲，放我回家搬母亲。

却说宫娥彩女把小鹦挂在府门，奉茶敬水，鹦鸽食水不吃，思想老母，双眼流泪，只是啼哭。宫娥彩女说："你这个扁毛，食水不吃，你想吃些啥东西？你讲出口来，我好给你取来你吃。"鹦鸽说："啥都不想吃，只是心慌老母亲。"丫环说："怎么样了？你只说啥都不想吃，若还靠瘦，如何是好？万岁知道，我们怎么承当？今日早朝，奏与吾主得知，鹦鸽食水不吃，只是啼哭。"万岁吩咐宫娥彩女："将鹦鸽提来，我好问他。你为啥食水不吃？就有欺君之罪，不好容易放你回去。"小鹦说："吾主在上，听鸟道来。只因我母亲在仙果山中，也是有名的黄鹦，比我强的十分。恳求吾主大人，大发慈悲，放我回去，把我老母亲搬来，将我母子二人挂在膀，我母挂在左边，把我挂在右边，云诗作对，岂不是好？我母子两个再与宋王爷消愁散闷，你看主人如何？"宋王天子听了，龙心大喜："放你不难，怕你放回去，你不来了，想上个脱身之计。"鹦鸽就苦苦哀告地说："万岁爷爷，那是个啥话？万岁爷爷洪福齐天，我一个扁毛还敢骗你。"宋王说："你们那山中仙花野草，杂果品多么，那是你们用的东西，吃起又好。"小鹦说："我还敢骗宋王天子！我是一个扁毛，说话算话，能做出此事，怎么对得起万岁爷爷？你把我放开，快去快来好了。"宋王听了，小鹦讲的很有道理，吩咐小鹦："封你朝廷之职务为鸟臣，不准你在荒郊野外为鸟了。"吩咐人役把笼子提来，打开门户，解开金绳，放出小鹦来，"你要听王吩咐，你快去快来"。小鹦连连点头应承："说话算话，快去快来，不能骗万岁爷爷。"天子敢把小鹦放开，飞在金銮殿前，点头谢恩："我去和母亲快来，不能骗宋王天子。今日去，明日就来了。"宋王称赞着道，小鹦口称万岁爷爷谢恩，两翅一飞就走了。路过张贼的园，还要去盗梨子。正是：

鹦鸽飞出金笼来，想我进朝万不能。

不骗宋王不开恩，你那笼中闷死人。

小鹦鸽出了笼飞在空中，

落在那金銮殿万岁三声。

你今日才放我活的性命，

回山去再不来东京城中。

叫天子真乃是一个恩人，

摇着头摆着尾大谢龙恩。

你今日放了我回山敬母，

实不能在朝中奏知明君。

我今日回山去修真养性，

岂不知犯王法君不容情？

世间人都盼着高官一品，
你叫我进朝去万万不能。
叫一声万岁爷休要想我，
我再去想起你那个绳锁。
宋王爷听一言怒气冲冲，
唤一声文武官拿箭来射。
要送你小鹦鸽一命归阴，
连发了三支箭不能上身。
金殿上气坏了四帝仁宗，
且不说宋王爷在朝生气。
只见那小鹦鸽飞在空中，
飞得高不多时来得又快。
不觉得又来到张贼园中，
卖老子拿银子何处使用？
你不是吃了药就撞妖邪，
偷几个鲜梨子孝顺母亲。
一展翅飞出来贼婆园中，
走关口过地池赶快飞走。
两程路并一程即往前行，
飞到了仙果山沙柳树上。
窝巢中怎不见我的母亲，
小鹦鸽不见娘三魂不在。
气哑了多一会才得还魂，
睁开眼望下看不见母亲。
不由得心疼酸两泪纷纷，
哭一声老母亲难得见面。
儿回来怎不见娘的踪影，
儿前去盗梨子娘还有病。
今日个儿回来不见娘面，
把梨子盗回来娘又不见。
把梨子放在了窝巢之中，
满山中找不见娘的踪影。
小鹦鸽找不见恨天怒地，
惊动了上方的太白金星。
叫鬼使上前来听我吩咐，
快急忙叫神通刮起神风。
将大风刮上那三两大阵，
刮尽了树底下枝叶刮尽。
小鹦鸽飞在空四面观看，
这树下才看见娘的尸首。
急慌忙飞树下抱娘大哭，
叫几声苦命娘乱箭穿心。
小鹦鸽只哭得如同酒醉，
昏迷了一阵阵倒在埃尘。
醒来时多半会才能说话，
叫一声我母亲苦命冤家。
不怨天不怨地不怨儿童，
只怨那张三贼猪狗畜生。
小鹦鸽只哭得难割难舍，
千声叫万声哭不应一声。
我的娘你不知儿的命苦，
你有灵你有应叫儿一声。
阳世间儿与母不得见面，
到阴司儿与母相逢一齐。
小鹦鸽只哭得肝肠哭断，
惊动了百众鸟凤凰知闻。
看凤凰在空中忙传圣旨，
普天下传圣旨百鸟来丧。
有孔雀和乌鸦头里所行，
白鹤儿黑老哇后边紧跟。
有天鹅和地鸭不敢消停，
他后边紧跟的大鹏老鹰。
天下的众百鸟来得又快，
落在那仙果山一座山岭。
有狼虫合虎豹急忙躲避，
有老獾担柴火功敬皂门。

红嘴鸭蒸供献灵前去献，
剁木虫做棺材不敢消停。
鹅老莺在灵前读念祭文，
小乌鸦合寒鸭读念经文。
有骨鹞你跑东来往不断，
长脖雁来吊孝哭得伤心。
海燕子在灵前祭奠烧纸，
八鸽子野鸽子只是啼哭。
有谷鹊在灵前三叩九拜，
小鹦鸽哭亲娘泪如雨下。
有喜鹊看风水丁山埋葬，
红嘴鸭他本是打穴之人。
那班鸠合青莺前边行走，
黄尖子雨查拉披麻戴孝。
有青鸟祭后土焚香礼拜，
在山中埋葬了老鹦尸首。
众百鸟把老鹦埋葬一毕，
一个个飞在空各回本窝。
小鹦鸽泪不干来在后山，
蹲在了窝巢中疾病上身。
鹦鸽想母得下病，独自单身在窝中。
食水不吃想母亲，想得小鹦不安宁。

却说鹦鸽啼哭母亲，惊动了百鸟来临，葬埋了老鹦，一个个飞在空中，又落在窝中去了。小鹦独自单身，思想老母亲，梨子没有沾唇，不由两眼流泪，无了白云中功夫，昏昏沉沉一阵，想起老母，哭到五更，心慌老母，好不愁杀人也！正是：

鹦鸽入了白云中，不由两眼泪下来。
哭得母亲不应声，思想老母哭五更。

哭五更

一更里好恓惶，想起母亲泪汪汪，空中不见亲娘面，哭得小鹦一场空，我的娘呀，倒叫小鹦实难忍，我的娘呀。

二更里正半夜，小鹦正在睡梦中，忽然惊醒一场空，何日母子得相逢，我的娘呀，几时才能见母亲，我的娘呀。

三更里泪盈盈，祝告空中过往神，保佑母亲入云中，脱骨飞身儿甘心，我的娘呀，丢下小鹦独一人，我的娘呀。

四更里泪并涕，小鹦想娘一场空，儿愁母亲在阴间，倒叫孩儿哭伤心，我的娘呀，高超老母上西方，我的娘呀。

五更里天渐明，东方闪出太阳红，儿想娘来无影踪，娘想孩儿命归阴，我的娘呀，哭得小鹦一场空，我的娘呀。

哭罢五更天渐明，不知母亲怎安身。
哭坏小鹦母无声，不知阴间母知闻。

却说鹦鸽哭到天明，思想老母一命归阴。有南海紫竹林中，普陀山中有一观音菩萨，来在白云当中，左手拿的净水瓶，右手拿的杨柳枝，来到凡间要度众生。鹦鸽还魂，将小鹦带在白云中，南海佛教会真言咒语教服与他，叫他修真养性，接绪人言，劝化众生。扁毛都有修行孝母意，人吃五谷不顺母，扁毛都有修真养性意，人不修真等几时？人是怀胎十月整所生，人在世间不如鸟乎？

鹦鸽孝母天地动，感动南海观世音。
这个此鸟孝敬到，惊天动地上九霄。
观音母救鹦鸽莲台打坐，
叫孝道这扁毛脱了凡体。
把绿毛变成了白毛形象，

莲台下早晚间常受香烟。

世间人若照那鹦鸽行孝，

发慈悲作孝心救苦良民。

有信香通三界人人行孝，

到后来享荣华福寿康宁。

耳不听眼合着只发瞌睡，

他倒说念卷人没有好声。

鹦鸽卷留在世人人听念，

从今后听此言急忙改变。

千辛万苦孝母亲，阳世三间受苦刑。

有人接了千声佛，子子孙孙做高官。

遂日接祥云，处处现金童。

有人参透理，辈辈不受穷。

佛留孝事万为先，古人行孝感动天。

文王卜卦白玉考，武王伐纣八百年。

丁郎刻木当亲娘，孟宗哭竹冬生笋。

当年有个赵五娘，她吃谷糠救翁婆。

三娘教子中状元，郭巨埋儿救亲娘。

孟母择邻子大先，存孝打虎又脱难。

鞭打芦花闵子骞，王祥卧冰救亲娘。

董永卖身因葬父，曹三杀子救亲娘。

床前喂蚊是吴猛，恐怕蚊虫咬母亲。

昔日有个汉姜诗，孝敬母亲把婚离。

曹庄杀狗把妻劝，劝回贤妻孝翁婆。

当年有个秦香莲，剪发卖钱葬翁婆。

三次还魂杨月贞，找着丈夫救翁公。

唐朝有个殷满堂，拾八年间夫返魂。

先朝有个于月英，挖了眼睛救丈夫。

丁郎寻父受苦辛，状元孩子杀严七。

杨广谋位杀父亲，他把继母当正宫。

杀兄谋嫂当他妻，乱棒打死隋炀帝。

先朝有个目莲生，打破地狱救母亲。

放出恶鬼十万八，手拿锡杖收回去。

纣王昏君听妻言，妲己害忠踢江山。

甘罗十二为宰相，太公八十遇文王。

王祥卧冰救亲娘，热身卧在冷冰上。

一双鲤鱼配药方，治掉母亲疼痛病。

昔日有个黄氏女，阎王请她对经去。

对罢经文时间长，送她转生张家庄。

当年有个孟姜女，她为范郎送寒衣。

昼夜啼哭不住声，舍死忘命找丈夫。

千山万水都游遍，范郎打倒长城里。

善男信女仔细听，听在两耳记在心。

辈辈鸡儿辈辈鸣，留与后世照样行。

为人若能行方便，荣华富贵万万年。

人人要学那鹦鸽，孝子贤孙出状元。

一个孝字顶破天，西方路上无阻拦。

孝敬父母不怕天，上了皇粮不怕官。

媳妇孝顺敬公婆，生下孩子不染病。

年年康泰多清平，岁岁平安福寿增。

若还媳妇不孝敬，生下孩子疾病多。

黄氏死后命归阴，哭坏她母两眼睛。

哭死哭活日坠山，肝肠哭断也枉然。

趁早不把孝敬到，把你想死不得见。

各位妇女记心间，孝敬父母扬名声。

亲生孩子不孝敬，打娘骂父有报应。

你若不孝害处多，后代儿孙跟父学。

儿孙出来不孝父，廊檐水照点点行。

不错分毫跟脚踪，样样不错半毫分。

若是孝敬父母身，恭敬兄长有名声。

懂得天理国法情，一家老幼不生病。

百病不生好孩子，岁岁平安富贵春。

弟兄敬爱人格好，妯娌和好家不分。

婆贤父顺人伦后，父慈子孝一家人。

要知抄卷名和姓，宝卷最后有他名。

天子有口口进门，二人十四有一心。

水头加点写卷文，细细参透最分明。

　　卷是鹦鸽卷，有人请着念。

　　念完送回来，再请也不难。

一报天地盖载恩，二报日月照临恩。

三报皇王水土恩，四报父母养育恩。

五报祖师传法恩，六报福寿与康宁。

一九八四年正月初五日抄

（潘利华录入，张丽玲校勘）

元始天尊说真武修行苦行宝卷下[1]

（前缺）人天上太微。朝元始，出群迷，生生世世，常当崇敬礼。

虽有钱和宝，难买不到老。
一心无罣碍，寻师学仙方。
上告父母细听言，观看红日落西山。
贪恋荣华风中烛，一失人身万劫难。
一心不恋财和宝，只要访道入深山。
王劝太子小储君，怎肯放你去修行？
弃舍皇宫抛父母，不做三宫六院人。
万里江山都丢下，锦绣江山属何人？
传与皇后劝太子，再劝太子小储君。

太子劝，告父王，人生在世不久长。投明师，求仙方，若遇明师，飞升到天宫。真武卷，不思议，普度人天上太微。朝元始，出群迷，生生世世，常当崇敬礼。

太子舍皇宫，苦心去修行。
父王留不住，母后痛伤情。
太子一心去修行，父王不放把四门。
太子不得出城去，烦恼焚香告上神。
惊动城隍并土地，一驾祥云到山中。
太子脱离皇宫院，不嫌冷淡要修行。

要修行，把四门，太子焚香告上神。众神灵，有感应，一驾祥云，送到此山中。真武卷，不思议，普度人天上太微。朝元始，出群迷，生生世世，常当崇敬礼。

---

① 本卷为复印本，来自天水麦积山石窟艺术研究所，系谭蝉雪个人收集而来，原文内容不全。

太子要修行，父王把四门。

城隍来护佑，送我到山中。

太子今日出城门，痛杀三宫六院人。

有仁有义皇太子，全忠全孝小储君。

父母哭得肝肠断，宫娥彩女也伤情。

父哭后朝谁做主，母痛想你掌乾坤。

太子不知归何处，流落何方那下存？

若还父子重相见，除是南柯一梦中。

父又思，母又想，太子不知在何方。身受苦，最难当，甚年何月，太子得回乡？真武卷，不思议，普度人天上太微。朝元始，出群迷，生生世世，常当崇敬礼。

太子出城门，皇后痛伤情。

母子重相见，南柯一梦中。

太子修行入山中，峰高叠翠水潭清。

麋鹿衔花岩前转，猿猴献果两边行。

狐兔野鹊林前走，獐豹豺狼顺岭行。

高山虎啸如霹雳，深涧龙吟似雷鸣。

青松桂柏冲天长，百鸟啼鸣喜人心。

又蒙神灵赐宝剑，得剑山中好修行。

太了得进深山里，跳出尘世苦海中。

到山中，苦修行，猿猴献果喜人心。赐宝剑，赖神明，得道成仙，不忘众圣恩。真武卷，不思议，普度人天上太微。朝元始，出群迷，生生世世，常当崇敬礼。

太子入深山，四景都一般。

神灵赐宝剑，助道得神仙。

听说太子在山中，五差五百御林军。

君令程行如飞走，正见太子读真经。

传令即行围太子，休要走了小储君。

太子见君来得近，祷告虚空过往神。

插剑成河深万丈，阻隔君臣前难行。

急写表文奏帝王，一一从头诉原因。

君王见奏各免罪，随后再访小储君。

帝差军，赶回程，赶回太子坐金殿。抬头看，心太敬，插剑成河，阻住御林军。真武卷，不思议，普度人天上太微。朝元始，出群迷，生生世世，常当崇敬礼。

君王传令行，大将赶储君。

太子插宝剑，水涨阻君臣。

过了一山又一山，山山不断水连连。

观山所走往前进，猛虎毒蛇在两边。

有心不待山前去，一条大路透山前。

既要修行何惜命，怎舍皇宫内院亲？

不怕虎狼撞出去，或凶或吉命属天。

毒蛇喜迎前引路，猛虎惧伏后随跟。

接引太子修行径，皆洞修行是原因。

麋鹿衔花猴献果，百鸟进食不曾停。

相随祖师修真洞，功成果满上天庭。

过一山，又一山，猛虎毒蛇在路边。蛇引路，虎伏跟，引入洞门中，得道上天宫。真武卷，不思议，普度人天上太微。朝元始，出群迷，生生世世，常当崇敬礼。

一山又一山，毒蛇在路边。

来把祖师路，有缘遇神仙。

太子修行四十春，寻师访道出山门。

行至深山见老母，手执铁杵磨绣针。

太子醒悟急回转，入洞依旧苦修行。

不食五谷并百草，淡饭黄齑日用功。
饥来去采松柏叶，渴时就饮涧下泉。
深山修行随时过，不须下山问前程。

太子修，下山门，遇见老母磨绣针。用此功，何日成？太子醒悟，复去再下功。真武卷，不思议，普度人天上太微。朝元始，出群迷，生生世世，常当崇敬礼。

太子复入山，五谷已不食。
饥食松柏叶，渴饮涧下泉。
太子复修又三年，功成果满上朝天。
仙乐徘徊声嘹亮，龙车凤辇紧相迎。
五龙捧圣朝玉帝，敕封北极掌八天。
一断天下妖魔鬼，护国安民万古传。
古人留下修真洞，入到洞中是神仙。

祖师功，果修成，仙乐嘹亮来相迎。风辇乘，驾祥云，奉送玉帝，敕封真武神。真武卷，不思议，普度人天上太微。朝元始，出群迷，生生世世，常当崇敬礼。

祖师功行满，得道上朝天。
敕封真武位，镇国保平安。
祖师威力显神通，三战幽州助天功。

（有缺）魂飞沙走，扫尽四夷人。真武卷，不思议，普度人天上太微。朝元始，出群迷，生生世世，常当崇敬礼。

永乐出北京，玄帝显威灵。
神兵来助阵，胡人走无门。
敕差驸马修武当，行取各色匠作人。
修盖一十二年整，昼夜无眠不曾停。
宫观庙宇都完就，金殿修盖赛天宫。
永乐幽州与龙地，国泰民安岁岁丰。

差大臣，领圣旨，取到各色匠作人。到武当，敕宫观，三十六院，修盖似天宫。真武卷，不思议，普度人天上太微。朝元始，出群迷，生生世世，常当崇敬礼。

敕令修武当，盖造似天堂。
神仙来赴会，永乐保安康。
九天上帝掌乾坤，观尽阎浮世间人。
造善造恶终有报，贫富贵贱是前生。
今生修下前生福，子孙礼乐奉圣君。
劝君休作亏心事，往古来今放过谁？

向善人，侧耳听，回心向善报四恩。敬父母，和六亲，年年来朝，个个保安宁。真武卷，不思议，普度人天上太微。朝元始，出群迷，生生世世，常当崇敬礼。

富贵前世修，贫穷后世换。
若还不信者，两字不一般。

（张丽玲录入、校勘）

张三姐闹贯州宝卷

贯州宝卷才展开，观音菩萨降临来。

却说这一段因果宝卷，出在宋朝四帝仁宗天子年间。南乐贯州城有一员外，姓杨，名叫杨泰，娶妻康氏，万贯家财，富贵莫比。年迈四旬，缺嗣无后，夫妻广行方便，累积阴德。夫妻二人商议，三月初三乃是玄关上帝无量祖师圣诞日期，一来金山寺降香，二来私求儿女，随带香包布施银两，行金山寺来了。诗曰：

积善逢善，积恶逢恶。
仔细思量，天地天昌。
杨员外贯州城家豪大富，
年过了四十零并无儿孙。
夫妻们为儿女慈心向善，
发善念积阴功并无二心。
夫妻们五台山去把香降，
带家童拿布施吉日登程。
贯州城走五台三千余里，
夫妻们水旱路多受辛苦。
来到了五台山金山寺院，
上布施去焚香祝告神圣。
无量佛善恶簿细细查看，
有杨家他命里并无缺欠。
值日神将此事奏知玉帝，
有杨家夫妻们苦求儿女。
玉皇爷借本章就知其意，
等待我天宫里查看分明。
人心生念天地天地皆知，
善恶簿速报来早与来迟。

却说杨泰夫妻二人，感动玉皇大帝，天宫查看，左金童暂他下凡，吩咐黄沙天蓬二使，将左金童送于杨家投胎，顶门立户去了。

世间常把神仙供，神仙也哄世间人。

杨员外回家来自己思量，
有金银添子嗣劳而无功。
金山寺求儿女夫妻妄想，
自不知神圣爷灵也不灵。
三日九九日三光阴似箭，
不觉的老安人身胚有别。
胚过了十个月理当生产，
生下个男孩儿俊利聪明。
杨员外得了子欢天喜地，
康夫人见孩儿喜笑盈盈。
众亲朋合邻居都来贺喜，
又送匾又送对闹闹哄哄。
终日家抱孩儿喜笑哈哈，
眼不见三两年成人长大。
不说他杨员外夫妻安乐，
再提提斗牛宫出奇事情。
湛湛青天不可欺，人心俱意早天知。

却说斗牛宫王母娘娘所生九天仙女，自从张四姐下凡，婚配崔文瑞，大闹东京，不得安稳，被西天大圣收复，回上天宫。张三姐思想妹妹下凡配婚，难道我下不得凡婚配，忙去到王母娘娘宝藏库，将一应宝贝偷来，又在婚姻簿上查看，与杨员外的儿子有缘，他是左金童下凡，应和他有三年的姻缘。张三姐凡心动，王母不知，私下天宫，我和金童配婚姻去了。

千年婚姻着线穿，仙女来配凡世人。
张三姐斗牛宫凡心一动，
瞒玉皇和王母私下天宫。
天宫里偷看了婚姻簿上，
一心想下凡去要配金童。
来到了南天门高声大喊，
金星宫李太白快来开门。
三姐说瞒了上不必瞒下，
你放我下天宫急速回程。
太白说吩咐人天门挡定，
我看他那一个私下天宫。
张三姐听得说心头火起，
这件事倒叫我无计所生。
念起来定身法黑眼神咒，
盗来了三皇锁自开天门。
太白不把天门开，惹恼三姐显神通。

却说张三姐用了定身法，定了金星，盗来了三皇宝锁，自开天门，一驾祥云来到贯州游玩散心去了不提。

再说左金童脱化杨家为子，不觉长年一十六岁，合该父母子受难日期到了，猛然家里遭天火，烧得家财什物片瓦无存，金银钱财化为水泛去了，气得员外跳进火中死了，单丢康氏与儿杨天佑，在场院小房安身。这个学生名叫杨天佑，自幼儿受福，并不晓得农商之事，他母子二人即将外账吃用完了。天佑长了一十六岁，为难的走投无路，只得与邻人打柴为生，度日糊口。正是：

功名富贵眼前花，心有余而力不加。
杨员外贯州城富贵员外，
又堆金又积玉有名财东。
谁知道猛然间家遭天火，
烧得他杨员外片瓦无存。
母子们受贫苦光阴难过，
忍着饥受着饿好不寒心。
在山中去打柴出于无奈，
好一个俊巧男苦里为生。
正行到半山坡抬头观看，

那一旁站立着美貌佳人。

却说张三姐来到深山之中，遇着金童挡住路径，开言便问道：“观看相公你不是受苦之人。”相公答曰：“身贫寒迫，理当如此。”三姐言曰：“家有何人？是否有婚配？”相公言曰：“家有老母在堂，寒迫之家，焉敢讲说妻室二字？”三姐言曰：“你又受苦，岂不难为你老母亲？”相公边说边满眼流泪：“我母大贤，多受泪淡，不能必言也。”

落花无意随水流，水流有意渡落花。

有相公听言说羞愧满面，
低下头只思想两泪纷纷。
张三姐走上前开言告诉，
叫相公有句话我说你听。
我便是三神姑私下凡世，
我和你前世里配定姻缘。
我替你在高堂多行孝道，
我和你做夫妻同过光阴。
杨天佑听得说大惊失色，
必定是古洞中妖精出身。
你不是三神姑休要哄我，
你便是古洞中古怪妖精。
我本是真正的正人君子，
那里有仙家女来配凡人？
张三姐听得说心中暗笑，
叫一声杨相公你要当听。
你若是不从我婚姻之事，
当时下我叫你有命难存。
用金簪就地里划了一道，
现黄河浪千层大水滔天。
杨天佑一见了心惊胆战，
却怎么就地下波汹浪涌？
吓得我杨天佑三魂不在，
战兢兢跪山坡饶了性命。
杨天佑叫神姑饶了性命，
我同意从婚姻同过光阴。
张三姐用手指黄河不见，
有狼虫和虎豹无踪无影。
杨天佑担柴担前边行走，
张三姐在后边紧紧跟随。
不觉得来到了自家门首，
叫母亲快开门来了神人。

三姐一心配婚姻，不从婚姻显神通。

却说杨天佑来到门首，便叫母亲开门来。有康氏正在厨房下，耳听得天佑叫门，便即开门。天佑领了美貌佳人来到康氏面前，康氏便问：“谁家的姑娘？为何与同来？”三姐便叫：“母亲在上。”夫妻二人同拜高堂，又设堂案祭礼，拜了天地，就入洞房花烛。老母言曰：“家中寒迫，那有酒席待客？”三姐言曰：“婆婆宽心，我自有料理。”

时去了黄金失色，时来了铁也争光。

张三姐叫婆婆听我细讲，
你母子放宽心有我应承。
摇钱树刮金板随身带来，
过三天不打者仓库满盈。
刮金板就地下刮出金来，
拾一拾刮一刮就是几斤。
穿绫罗挂绸缎你问我要，
要金银并宝物样样俱全。
将婆婆先让在上席端坐，
待孩儿把酒宴奉请母亲。
袖儿里取下来玻璃小盏，
吹一口一桌席摆在面前。

张三姐用金簪东南一指，
一时间出来了几个美人。
又喜乐又歌舞喜笑盈盈，
吩咐了四美人把盏盅了。
老安人坐上边满心欢喜，
忙吩咐请新人洞房花烛。
张三姐用手指美人不见，
酒宴罢宾客散彩结重新。
人逢喜事精神长，月到中秋分外明。

却说杨天佑洞房花烛，一言难尽，不可言也。糊里糊涂招亲到了。此日三姐对婆婆说道："我们被天火烧得片瓦无存，不到三七二十一天，照样高楼、大厦、院落各样齐整，仍是贯州的财主。"杨天佑只当是耳边狂言。到了七日，果然楼台盛如当年。母子三人好可喜杀人也。

时来运转不善交，兵旺又把祸福招。
杨天佑受贫寒人人都见，
猛然间富贵了大不相同。
唤梅香用家人各各奇勋，
骑骡马坐车轮大有名声。
母子们受荣华亲邻知晓，
惊动了贯州的太守知情。
贫穷人无故的猛然大发，
莫非是做歹人为盗偷人。
无三媒无六证娶妻美貌，
不务农不经商满仓金银。
差几个公差去捉来审问，
细查看来路事便知真假。
有公差到门首开言便问，
叫一声杨相公即走出门。
我老爷请你去衙内议事，
要得知到衙门自有处分。
杨相公听此言不敢怠慢，
跟公差一时间来到堂前。
诗曰：祸福无门，为人自招。
善恶自报，如影便行。

却说知府官相公，受杨天佑的银两，将杨天佑请到二堂便说："相公帮助帮助。"杨天佑年轻识浅，开言便道："官居太守，银钱缺乏，百姓焉有银两？"说得知府官羞愧满面，吩咐人差，即便坐堂，将杨天佑提上堂来，审问口供，快快说来。

真是好人多磨难，福祸到来不由人。
知府官坐大堂冲冲大怒，
要审问杨天佑问个口供。
家贫穷卖柴草每日受苦，
拐来了谁家的美貌妇人。
拐人口骗妻子大犯律条，
又偷盗财合宝如实招来。
你今日不招承王法无情，
且免得动非刑拷打你身。
杨天佑叫老爷不必胡说，
平地里起风波屈杀好人。
知府官听此言心头火起，
拉下去三十板血水淋淋。
杨天佑挨了打又要分辩，
又说要抬夹棍快动非刑。
杨天佑挨夹棍三魂不在，
用凉水喷过来快快招承。
杨天佑心思想受刑不过，
无奈了屈招承受那五刑。
人心是铁真是铁，王法是炉真是炉。

却说杨天佑招承画字，知府官吩咐下在监中，审问死罪。再说杨天佑的母亲和张三姐在家中等到午时三刻，不见公子回来。婆婆言曰：“我心中慌急眼又跳，不知是何情由。”三姐道：“我不免占卦一算，查看吉凶如何。”三姐道：“婆婆，不好了，你的儿子被那知府老爷屈打成招，受了五刑，押在南监中，问个拐人口、偷盗财物之罪，正在受难。”正是：

婆婆听言魂不在，不怪年高寿大人。

康夫人听得说魂飞天外，
死了活活了死几头还魂。
叫一声张三姐明明害我，
害得我母子们不得相逢。
想前后受贫寒倒也安乐，
你来家倒惹祸大祸临身。
我的儿受五刑娘心何忍，
儿死了闪下娘劳而无功。
三姐说老婆婆不必发怒，
当即下我叫他即便回程。
受五刑也是他前生造定，
为儿的显神通搭救他身。
念神咒牵来了黄巾力士，
到监中快提出杨家相公。
半空中惊雷响狂风一阵，
一时间杨天佑来到家中。
见母亲双膝跪放声大哭，
那一天受五刑好不伤情。
张三姐见丈夫疼痛难忍，
急慌忙取灵丹止住疼痛。

天有不测风云，人有旦夕祸福。

却说张三姐一见丈夫身带重伤，满眼泪下，即刻念六字真言，到了南海观音菩萨面前，要来净水。菩萨打发善财童子，送来净水瓶杨柳枝，一驾祥云，一直来到杨天佑的院内，用净水浑身上下洗了一遍，那有伤处当时止痛，仍然照旧好的一般。善财童子拿上净水瓶，回上普陀山去了。此话不提。

再说看牢的禁子，听得雷声响亮，一时间不见杨天佑，即便回禀老爷得知，知府官听说，言道奇怪，即差几个大将，在杨家庄上拿杨天佑。有那差役到了杨家门首，连叫几声：“开门来，开门来。”张三姐言说：“你们不必害怕，有我上前答话。”三姐开门细看，原来是几个大将：“你们做何事情？”衙役言说：“杨天佑越监逃跑，老爷差我们前来锁拿定罪。”三姐言说：“一个个回去还可罢了，如其不然，我叫你们有命难存。”几个大将言说：“量你一个女人，有多大的本事。杨天佑出来还罢了，如其不然，我们闯进宅内，和你一起捉拿去见老爷，一律定罪。”衙役就要动手，先捉张三姐，惹恼了三姐的性子，当时用了神通，用神力打死七个大汉。有一个见事不好，回头就跑，跑回衙门内报信去了。三姐才与丈夫出了口气罢了。正是：

错了就打错处走，事到头来不自由。

衙役他们不知三姐神通，
一定要进宅内捉拿犯人。
惹下了张三姐心头火起，
使起了金刚法就下无情。
用神力打三个就地跌倒，
使神法将四个就地栽葱。
打死了七个人斜躺横倒，
有一个猛跑了去把信报。
一溜风进衙门回禀此事，

唬得那知府官胆战心惊。
即慌忙请来了贯州武将，
说本府杨家庄出了妖精。
使神通越监牢犯法不小，
打死了七个人如何担承？
请武官点动了三百人马，
一时间围住了杨家庄村。

却说张三姐便叫："婆婆，你母子不必害怕，知府官请来了三百人马，围住了我们庄村，自有孩儿一面承当。自古常言，一不做，二不休。"即速戴了金凤冠，穿了仙衣，足踩凤头鞋，手拿斩仙剑，出庄院来，大喊了一声，空中雷鸣电闪，飞沙走石，雾气弥天，大小石块打将下来，一多时，可怜三百人马尽都命丧黄泉。有那知府官一见，着了忙，即刻申文奏表圣上去了。

四姐大闹东京地，三姐大闹贯州城。
张三姐显神通杀了官兵，
可怜把三百人命见阎君。
张三姐对婆婆实言告禀，
你把我莫当作凡间之人。
我的父张玉皇万神之主，
我的母西王母斗牛宫中。
生下我姊妹们九天仙女，
一个个有神通法力无穷。
要夺他宋江山何难之中，
想人皇坐江山掌月之中。
你乃是左金童凡间受罪，
三个月好婚姻不久完成。
知府官害天佑未曾害死，
竟惹下三神姑动起刀兵。
今夜晚到城中杀了知府，
那怕他宋王爷发来大兵。

却说张三姐言说："你母子不必害怕，我想杀了知府，不能与丈夫报仇，心想念灵文一道，将这个知府官拿来，绳捆索绑，审问口供。"一多时，拿来知府官。正是：

杀人一命还一命，仇报仇来冤报冤。
张三姐发了怒冤仇相报，
拿来了知府官就下无情。
问相公你受的什么刑法，
今日个就照样应该而行。
先打了知府官三十大板，
用夹棍三四次掉了三魂。
吩咐人吊在那东廊以下，
每日里打三顿定不饶生。
打得那知府官苦苦哀告，
叫神姑饶了我离乡之人。
有神姑细思想冤冤相报，
念真言放了他逃回城中。
宋王爷那一日登了金殿，
黄门官传本章细看分明。
说贯州出妖人女子反乱，
杀官兵三百名广有神通。
宋天子听得说龙心大怒，
宣文武和六部商议军情。
文武官忙跪倒拿本相奏，
把这个小贼寇祸在其中。
传圣旨运粮官封了元帅，
扫殿侯胡伯先马前先行。

却说宋王天子委了元帅，点了三万人马，胡伯先马先行，领大兵一直来到贯州城下，安营下寨，商议破贼破寇。张三姐在家心血来潮，早知其意，对婆婆言说：“你们不必害怕，有儿前去大战宋兵就是。”张三姐身穿仙衣，头戴金凤冠，手拿长枪，披挂起来。有那宋兵正然出击，不多一时，将张三姐围住。张三姐大战了四五十个回合，宋兵不退，张三姐祭起飞沙走石，半空中打将下来，黑雾弥天，一阵好杀好战。正是：

一心火坑万顷地，惹下三姐显神通。

胡伯先领大兵大战三姐，
有三姐显神通法宝奇能。
忙吩咐众兵丁摆成阵势，
猛然间半空中火雷一声。
狂风起雷雨下天昏地暗，
大石块如雨下打散家兵。
一时间将人马折了大半，
打散了众兵丁叫哭连天。
把营官一飞石将腿打坏，
把哨官打得他鲜血淋淋。
刃兵丁把哨官不敢抬头，
胡伯先着了忙逃回营中。
回东京见天子就拿本奏，
贯州城出妖人大有神通。
能呼风能唤雨石块打人，
将三万人和马折了大半。
为臣的着了急逃回营中，
用粮官打得他大哭小叫。
宋天子听奏本大吃一惊，
宣文武上殿来快扫烟尘。

却说宋天子宣文武上殿，商议贯州出了妖人，神通广大，收伏不下，各处挂起诏书榜文，晓谕天下黎民百姓知悉者，有仙术通灵者，能灭妖人，可现法宝，加官升职，赐赏金银。此话不提。

再说张三姐打死宋兵三万人马，点成三万鬼兵，摆成三万迷魂大阵，专等宋王兵将来。

三姐摆下迷魂阵，专等宋王兵将来。

张三姐杀败了宋兵三万，
惹起了大干戈何日安宁？
贯州城摆下了五鬼大阵，
单等着宋兵来人马交锋。
白日里不住的神嚎鬼哭，
到晚来空营盘鬼哭神嚎。
再提起九连山有个妖道，
修就了一千年道高其能。
耳听得宋王爷挂了皇榜，
奏宋王我贫道能除妖精。
宋王爷听得说龙心大喜，
杨满堂作先行急速起身。
胡伯先挂元帅领兵五万，
朕封你大元帅斩除妖精。

却说妖人来到贯州城下，大兵安营下寨。胡伯先、杨满堂来到列阵前来观，原是一座空营，即刻便催马进了营盘。转了多时，猛然黑气弥空，对面不见人，天昏地暗，无数降鬼拥上来，都是青脸红发、巨齿獠牙，团团围住。杨满堂自觉头疼眼黑，一时七窍流血而死。再说妖道站在高处观看，见打死杨满堂于阵中，妖道认得是五鬼大阵，非用五雷法破阵，吩咐三军按兵不动，妖道请了三十六雷神破阵。正是：

九连山前妖道高，加比三姐半分毫。

打虎金鞭重换起，斩妖宝剑再磨新。

却说妖精吩咐三军，打了一处津棚，供献了三十六个馒首，七十二个羊心，即请雷神下界，要破他阵。有那张三姐随时就到。

腾云的驾雾的随风就到，
来到了贯州城定要交兵。
张三姐望见了哈哈冷笑，
你这个内怯怯也来争功。
有天兵和天将我也不怕，
龟鳖兵鱼虾将何在心中？
照西天吹一口阴云四起，
炸雷响大冰雹打得不轻。
将水兵并鱼将一起打死，
有龙君二太子即忙收兵。
将龙宫兵和将一起丧命，
领兵官鳖丞相报上龙宫。
龙王兵败回龙宫，怒气不过又请兵。

却说龙王回上水晶宫，这一口怒气如何放得下去？这个妖精女子太可恶了。我不免打发二太子回白云洞中，请来金灵圣母，搬来兵将收伏妖精。

再说有那金灵圣母正然打坐，来了水晶宫的二太子。二太子叩头已毕，便把贯州出了妖精、损兵折将之事说了一遍。金灵圣母听说大怒，即速打发温大元帅前去降妖精，吩咐二太子："你且回去。"

龙宫兵将未曾安，白云洞中烟尘来。
出阵来认不得挡住就战，
正战了六十回未见输赢。
金圣母忙使了金光一道，
显出来妖道人一副死灵。
进阵来认不得五鬼乱叫，
这都是这冤魂作怪成精。
急忙忙现出了金光一道，
鬼阴魂见金光一起现形。
金光圣打破了五鬼大阵，
张三姐知道后即来交兵。
战了有三六合金光出现，
张三姐见金光大笑一声。
我当是那一个天神下界，
原来是金蛤蟆他也逞能。
你不在金鱼洞贫闲快乐，
惹得你三神姑便不容情。
金灵圣母自逞能，惹下神姑显神通。
一层一层又一层，层层落落用大兵。

却说三姐将她的金光收入袖内，便拿降魔杵，将金灵圣母一杵打出原形，是一千年得道的金蛤蟆成精，"有心伤了你的性命，可惜你苦修了一场，饶你的性命回去罢"。金灵圣母忙叩了几个头，化了一道金光去了。正是：

一层一层又一层，层层落落用大兵。
包丞相搬海兵不能取胜，
单等着胡元帅来报军情。
胡元帅在大营按兵不动，
这几天只听得阴雷呜呜。
打听得那妖精委委不动，
写公文差马夫送到京城。
包相爷见军师就知其意，
海中兵水中将未必成功。
我不免上天曹启奏玉帝，
求玉帝发大兵收伏妖精。
勒一条取风带祥云高绕，
再穿上登云鞋就地腾空。

驾祥云到半天四下观看，
飘荡荡普天下看得分明。
望东看东正止东洋大海，
西看是西天的我佛雷音。
南望见交趾国太阳周生，
北望见达么子饮马清泉。
一阵风来到了南天门上，
四天王来迎接再问分明。

文曲星官上天庭，玉帝得闻发大兵。

却说文曲星官便问金星：“上天是否有神仙下凡？现今凡间不得安宁，如今清平世界，贯州出了妖精，天子每发大兵，收伏不下。是有金灵圣母借了海兵，也拿她不住，故来上天查问一番。就烦太白上仙奏闻玉帝，希发天兵收伏妖精。”金星说道：“文曲星官，请暂下界，我即奏闻玉帝得知此事，即发大兵收伏妖精。”

包丞相依金星忙回下界，
李金星替包公乞奏一本。
来到了灵霄殿三呼万岁，
愿我主听为臣细奏分明。
贯州城出妖人行凶作乱，
邪法高武艺强广有神通。
伤宋军无其数还犹则可，
杀龙兵并海将不在其心。
文曲星下地府仔细查看，
并不是阴曹府古怪成精。
玉帝爷听得说心中大怒，
忙传旨发大兵听令而行。
左天蓬黄沙神快离宝殿，
右天蓬黑沙神快离天宫。
四天王九金刚且下凡世，
贯州城出妖怪莫要消停。

天蓬天将下天台，忙得三姐巧安排。

却说三姐战退金灵圣母，回到府中，猛然婆婆头疼发昏，不多时无病而终。夫妻二人请了高僧道，亲友都来吊奠。道场一毕，送入坟茔埋葬已毕，夫妻二人守孝百日完满。三姐心血一潮，就知其意，天兵子下了天台，我如何对敌？便叫相公：“我身胚有孕三月有余，如何上阵对敌？”杨天佑言说：“你要上天，丢下我上天无路，入地无门，只该怎处？”公子哭将起来，三姐看这情形，我也确实伤情心酸。二人难割难舍，恓惶一会。忽听摧阵兵言说：“天兵已到来了，出阵大战。”三姐言说：“公子放心，我若上天，自然有个主意，你不必操心。待我迎敌，大战天兵一回。”正是：

天兵天将下凡尘，贯州城前显神通。

黄沙神下天台威风凛凛，
黑沙神下降来杀气腾腾。
几金刚出天宫明明朗朗，
四天王驾祥云各显神通。
妖道人出阵来迎兵交战，
遇着了黄沙神两下交锋。
战几合妖道人败阵就走，
黄沙神走进阵看得分明。
这才是五鬼阵阴魂作乱，
天上神岂怕你地下妖精。
抓一把黄沙土往里一扬，
一时间众鬼魂毫无影踪。
张三姐一得手破了此阵，
即慌忙显神通要见输赢。
显出来菩萨的三头六臂，

敌住了黄沙神面面相通。
正战了三十合黄沙败阵，
抓黄沙打将来就要伤人。
张三姐取出来铁扇一把，
把黄沙扇得个无影无踪。

却说黄沙天蓬败下阵去，黑沙神前来交战，不上两三合，用起黑沙打伤人。三姐用铁扇将黑沙神扇了个倒栽葱，黑沙神见事不好，回头就跑，化了一道金光而去。有那几大金刚见二位天蓬败下阵去，金光神性如烈火，弟兄几个各显了三丈六尺高的金身，各拿降魔杵，团团将张三姐围住，就要活捉张三姐。三姐不慌不忙，拔下青丝一根，抽断几截，变为几口飞刀，从空中落下来，将几大金刚一起斩了。金刚见事不好，各腾云而去了。

张三姐战败了天蓬二将，
又战败几金刚各各回程。
四天王也本是魔家兄弟，
天上神战不过地下妖精。
天王神他本是魔家四将，
兄弟们一个个广有神通。
头一个魔里青战他不过，
第二个魔里红前来争锋。
第三个魔里寿前来助战，
第四个魔里海一起动兵。
四天王战不过一个妖精，
一个个显法宝各显神通。
混元伞起空中天昏地暗，
斩妖剑半空中就要伤人。
火琵琶弹一下天黑地暗，
花狐貂放出来就要伤人。
四天王战不过各使法宝，
张三姐一见了全不在心。
四天王各使法宝，战不过女子妖精。

却说张三姐战魔家四将，四将各使法宝，被张三姐用铁扇破了法宝，不能取胜，四天王回上天宫去。走到南天门上，正遇太白金星，问道：“你们魔家四将降妖如何？”四天王言道：“贯州女人妖精神通广大，我们败阵回来了。”金星言说：“我代你们奏知玉帝。”不提。

却说张三姐自从打阵回来，猛然腹内疼痛，孕期十月满足，想是降生的日子到了。正是：

神仙又有神仙产，那是凡人养神仙？
张三姐战败了魔家四将，
回家来腹内疼必然降生。
但不知身胚着是男是女，
袖儿里占一课就知实情。
明知道东斗星降临凡世，
借凡胎成正果执掌乾坤。
忽然间腹内疼昏迷不醒，
有当方土地神保护降生。
三姐身胚东斗星，降临凡世掌乾坤。

却说三姐腹疼一阵，不多一时，生下一个孩儿。按下不提。

再说太白金星上奏玉帝，言说有天兵天将下了天台，各使法宝，收伏不下，不知是何妖精作乱。玉帝听言收伏不下，玉帝闻奏，即差太白金星，请玉虚宫中教主到那里借了神兵来大战妖精。正是：

神仙驾祥云，邪魔作怪风。
有玉帝差金星前去搬兵，

李金星来到了玉虚宫中。
见教主双膝跪从头细奏，
贯州城出妖人大有神通。
二教爷听一言心中大怒，
忙吩咐广成子下了天台。
广成子身携着番天大印，
驾祥云来到了贯州城中。
广成子未答话前来观阵，
正遇着三神姑前来交锋。
张三姐执宝剑前来大战，
连战了整一天未见输赢。
广成子忙使了番天大印，
原来是斗牛宫仙女东临。
张三姐拿出来混元宝斗，
就迎着广成子就下无情。
混元斗回冲了番天大印，
广成子败了阵回上天庭。

广成子忙使番天印，三姐混元斗也逞能。

却说广成子老祖，手执番天印，神仙也难躲此灾，被张三姐用混元斗冲回宝印，败阵回上天宫，奏明玉帝。王母正在斗牛宫打坐未了，时有广成子行礼已毕，言说："三神姑下凡，大闹贯州，黎民不安，宋王江山不得安宁。"王母听言，心中大怒，即忙打发童儿查看九天仙女。果然三丫头不在，不知几时下凡，大闹贯州，又私配姻缘之罪不轻，即时打发揭帝神，前来到花果山水帘洞，请来西天大圣孙悟空收伏孽障。正是：

揭帝请来孙悟空，再叫王母收女英。
有王母听此言心中大怒，
丑丫头做此事胆大欺心。
斗牛宫受不尽逍遥快活，
下凡世收回来这个贱人。
她若遵我的旨归回天界，
如不遵我的命打入幽冥。

王母宫中怒气生，要收三姐上天庭。

却说揭帝即忙传旨，吩咐太白金星，请来孙悟空。金星说道："同我一起降伏妖精。"孙悟空听言，说道："多年来不曾听说妖精，今年又有降妖之事。"大圣带了通背猿猴，驾了筋斗云，手拿金箍棒，一直来到贯州城不提。

再说纣朝时候，有个长眉天仙，有一个徒弟，名叫韩成，被秦环打在十绝阵内，第一次投胎汉朝关锁，叫法提菩萨装了，二次投胎唐朝关雷，又被黄沙神打死在无有仙胎，可入等三次。张三姐与杨天佑配成姻缘，大闹贯州。天仙早知其意，随后即下山来收伏徒弟。正是：

五百年前结大冤，天数到来自团圆。
有长眉李天仙离了洞府，
一心儿贯州城要金师尊。
我弟子三下凡功果未就，
这一回在贯州结了仙根。
生下地三个月就要离母，
我今日不搭救再等何人？
有天仙驾祥云来得甚快，
一霎时来到了杨家门府。
有通背猿猴子前来骂阵，
有绿毛猕猴子前□□□。
张三姐见悟空来得甚快，
一霎时来到了杨家门府。
孙悟空在门外高声叫骂，
快跟我上天庭王母喜心。
丑丫头你若还推托不去，

金箍棒打下去便不容情。
孙悟空和三姐大战一场，
连战了整三天未见输赢。
他二人在空中争来战去，
战天上到地下不得消停。
三姐大战孙悟空，一来一往不消停。

话说孙悟空大战张三姐，整整战了三天，不分胜败。孙悟空拔了一根猴毛，吹了一口，变了无数孙悟空，将张三姐团团围住。三姐不慌不忙，念动六甲灵文用的撒豆成兵之法，一时变了千千万万数兵丁，将孙猴子一起打回，一个也不能前来。孙行者见事不好，这个丑丫头本领太大，不能取胜，非离变化不能取胜。孙行者摇身一变，不知变了个何物，打听变化成名。正是：

孙悟空他有七十二变化，
张三姐有变化更比他能。
孙悟空战不过三姐神通，
败了阵摇身变各显神通。
孙悟空变了个斑斓猛虎，
张着牙舞着爪前来吃人。
张三姐变了个金毛狮子，
吼一声唬得他无影无踪。
孙悟空又变了满山大树，
张三姐她到来定要成功。
张三姐又变了木匠几个，
拿铁锛并铁斧砍断房门。
孙悟空又变了清泉一股，
等三姐来解渴捉拿成功。
孙悟空他也有七十二变，
张三姐神通大变化无穷。
孙悟空神通广大，三神姑法宝其能。

却说孙悟空与张三姐变化多端不提。再说杨天佑等三姐不来，领着孩儿在高处观望。有那李天仙变做一只猛虎，窜将出来，将小儿夺去，直往山中去了。再说张三姐下凡多年，天上三日，地上就三十年，生下孩子有十二岁。再说张三姐回来，早知孩儿被猛虎抢去，进门来对丈夫言说，你也不必忧愁痛哭，孩儿被仙家领去了，长大成人与你送来。你我不久之日同上天界去了。

王母降下敕令旨，要收三姐上天庭。
有王母降下了一道敕令，
收金童和三姐回上天斗。
他二人见敕令不敢违慢，
张三姐回上了斗牛宫中。
有金童他也曾回上本位，
有天兵和天将回上天宫。
天有道人没有错生错死，
尘世上那里有错配婚缘?
天宫里造就他三年婚姻，
到凡间就是那三十余春。
劝世人休贪那娇妻艳妇，
见他人美色妇莫要起心。
婚姻事原有个天生造定，
前世修今世得不错毫分。
有贤妇配丑夫前生造定，
有伶女配呆夫也有前因。
勿见人妻妾灵淫心调戏，
勿见人姐妹们便起淫心。
你家中也有妻姑表姊妹，
细思想与别人一般相同。
假若还有人将你妻淫戏，
那时节你心中平也不平?
就遇着丑陋了总是天定，

莫怨父莫怨母莫怨媒人。
存好心说好话学好便好，
天保佑生贵子改换门庭。
常言说夫妻和家内财旺，
妻遵夫夫爱妻如鼓琴瑟。
家若还有爹娘多行孝道，
有公婆共敬他一般相同。
不孝公不孝婆天地知闻，
早生下儿和女照样而行。
贯州宝卷念完了，奉劝善男并信女。
功德千万在人修，明报再世好来生。

抄卷人写于公元一九八〇年三月初八
校正于公元一九八〇年三月初九
（潘利华录入，张丽玲校勘）

◎ 曲谱编

莲花落

《唐僧出世宝卷》

1=G $\frac{2}{4}$
♩=92

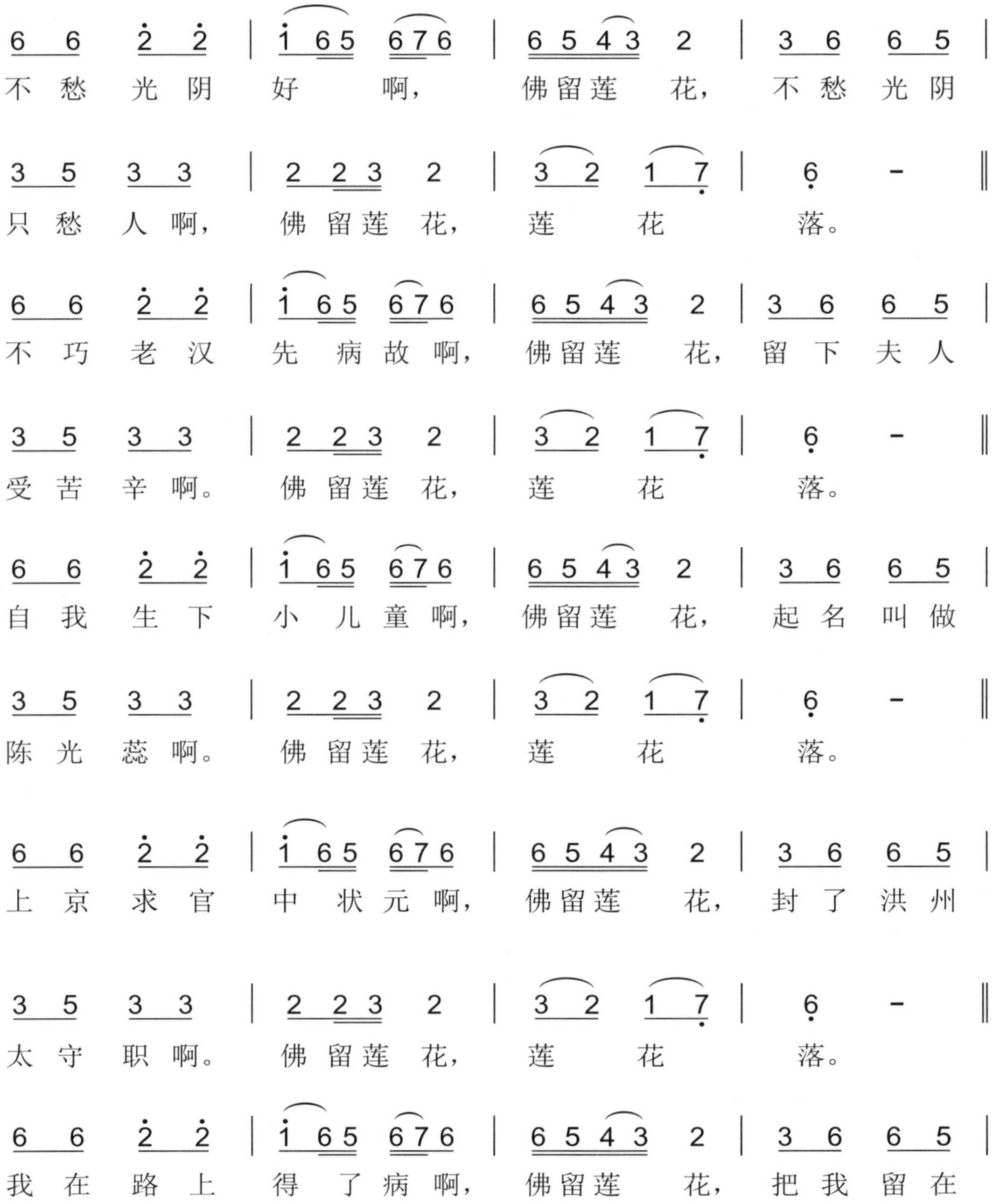

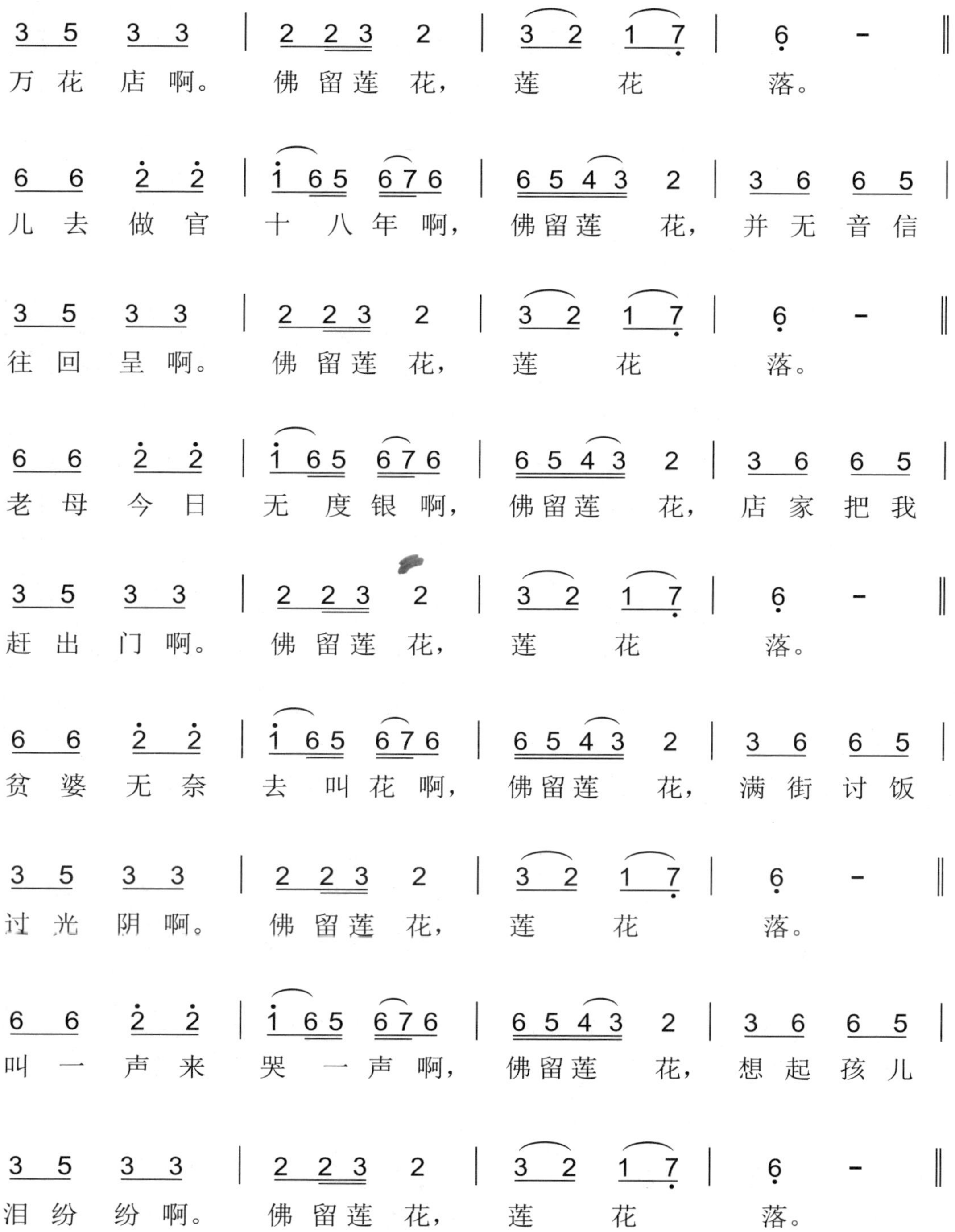
万花店啊。佛留莲花，莲花落。
儿去做官十八年啊，佛留莲花，并无音信
往回呈啊。佛留莲花，莲花落。
老母今日无度银啊，佛留莲花，店家把我
赶出门啊。佛留莲花，莲花落。
贫婆无奈去叫花啊，佛留莲花，满街讨饭
过光阴啊。佛留莲花，莲花落。
叫一声来哭一声啊，佛留莲花，想起孩儿
泪纷纷啊。佛留莲花，莲花落。

6 6 2̇ 2̇ | 1̇ 65 676 | 6543 2 | 3 6 6 5 |
你往洪州 去做官啊，佛留莲 花，不知老娘

3 5 3 3 | 2 23 2 | 3 2 1 7̣ | 6̣ - ‖
怎么样啊。佛留莲花，莲 花 落。

6 6 2̇ 2̇ | 1̇ 65 676 | 6543 2 | 3 6 6 5 |
叫声我儿 陈光蕊啊，佛留莲 花，养儿养女

3 5 3 3 | 2 23 2 | 3 2 1 7̣ | 6̣ - ‖
防病老啊。佛留莲花，莲 花 落。

6 6 2̇ 2̇ | 1̇ 65 676 | 6543 2 | 3 6 6 5 |
谁知后来 一场空啊。佛留莲 花，终日思想

3 5 3 3 | 2 23 2 | 3 2 1 7̣ | 6̣ - ‖
无音信啊。佛留莲花，莲 花 落。

6 6 2̇ 2̇ | 1̇ 65 676 | 6543 2 | 3 6 6 5 |
每天到晚 泪如雨啊。佛留莲 花，哭得老娘

3 5 3 3 | 2 23 2 | 3 2 1 7̣ | 6̣ - ‖
双眼瞎啊。佛留莲花，莲 花 落。

6 6 2̇ 2̇ | 1̇ 65 676 | 6543 2 | 3 6 6 5 |
娘儿几时 才相逢啊。佛留莲 花，何时母子

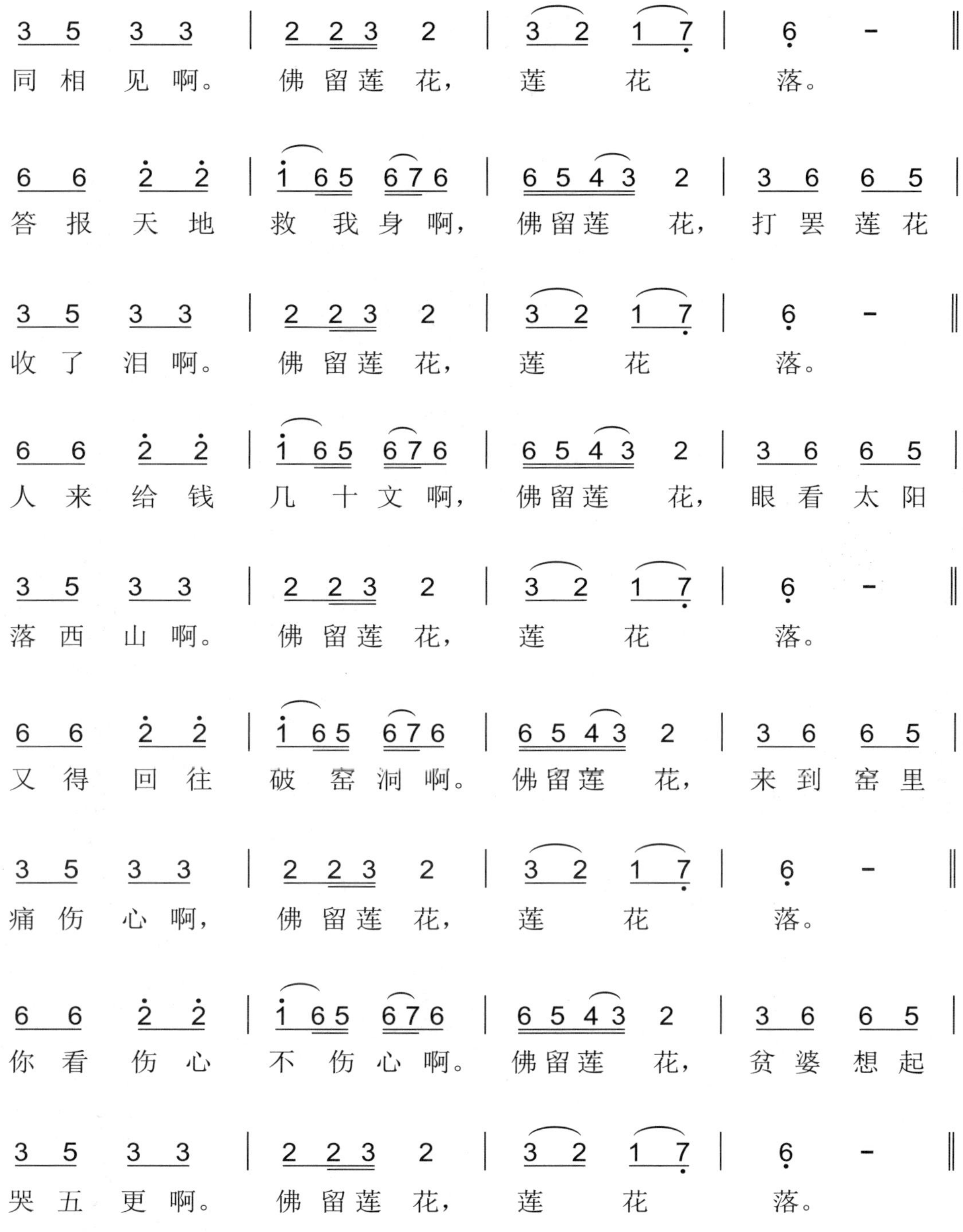
同相见啊。佛留莲花，莲花落。
答报天地救我身啊，佛留莲花，打罢莲花
收了泪啊。佛留莲花，莲花落。
人来给钱几十文啊，佛留莲花，眼看太阳
落西山啊。佛留莲花，莲花落。
又得回往破窑洞啊。佛留莲花，来到窑里
痛伤心啊，佛留莲花，莲花落。
你看伤心不伤心啊。佛留莲花，贫婆想起
哭五更啊。佛留莲花，莲花落。

哭五更

《唐僧出世宝卷》

1＝F $\frac{2}{4}$
♩＝90

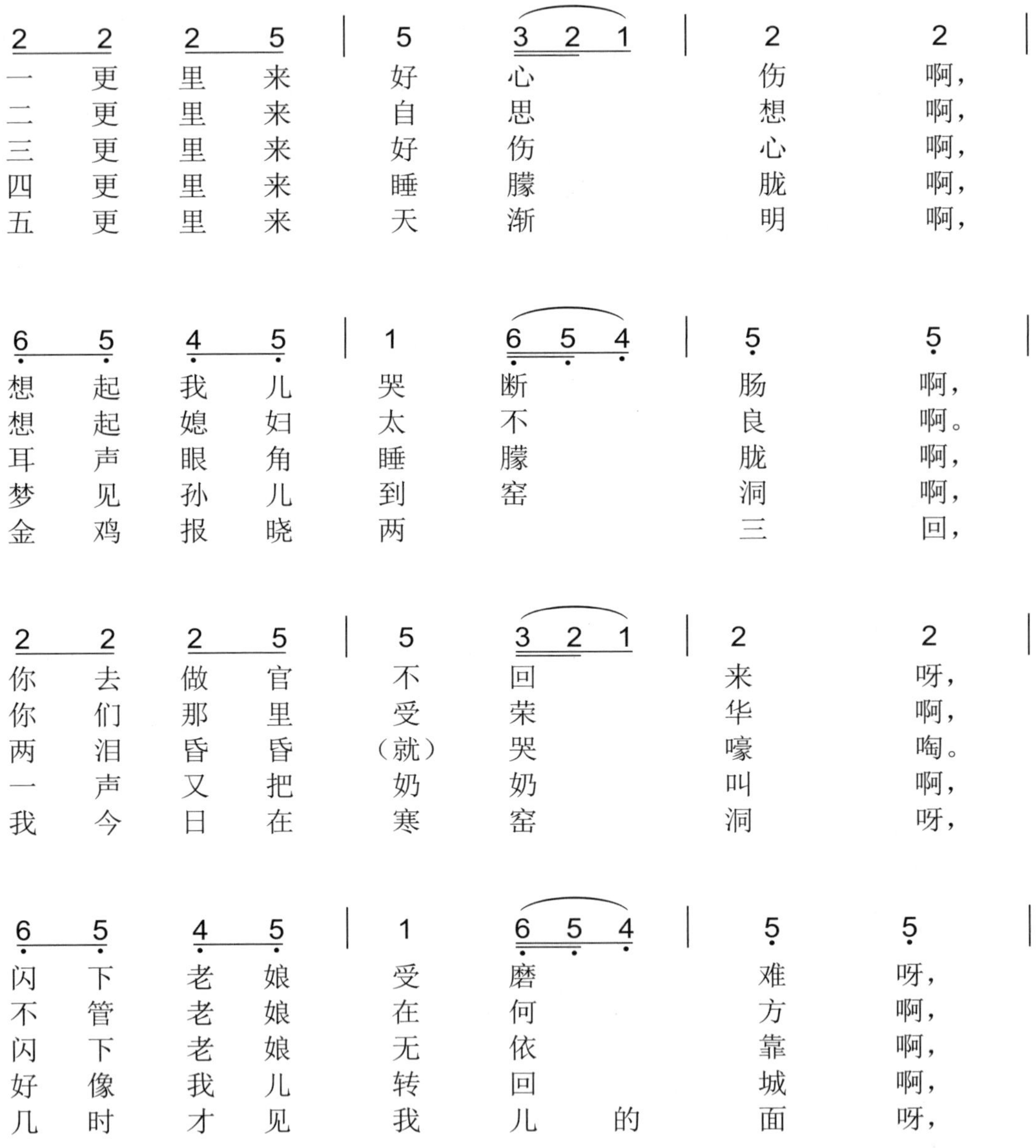

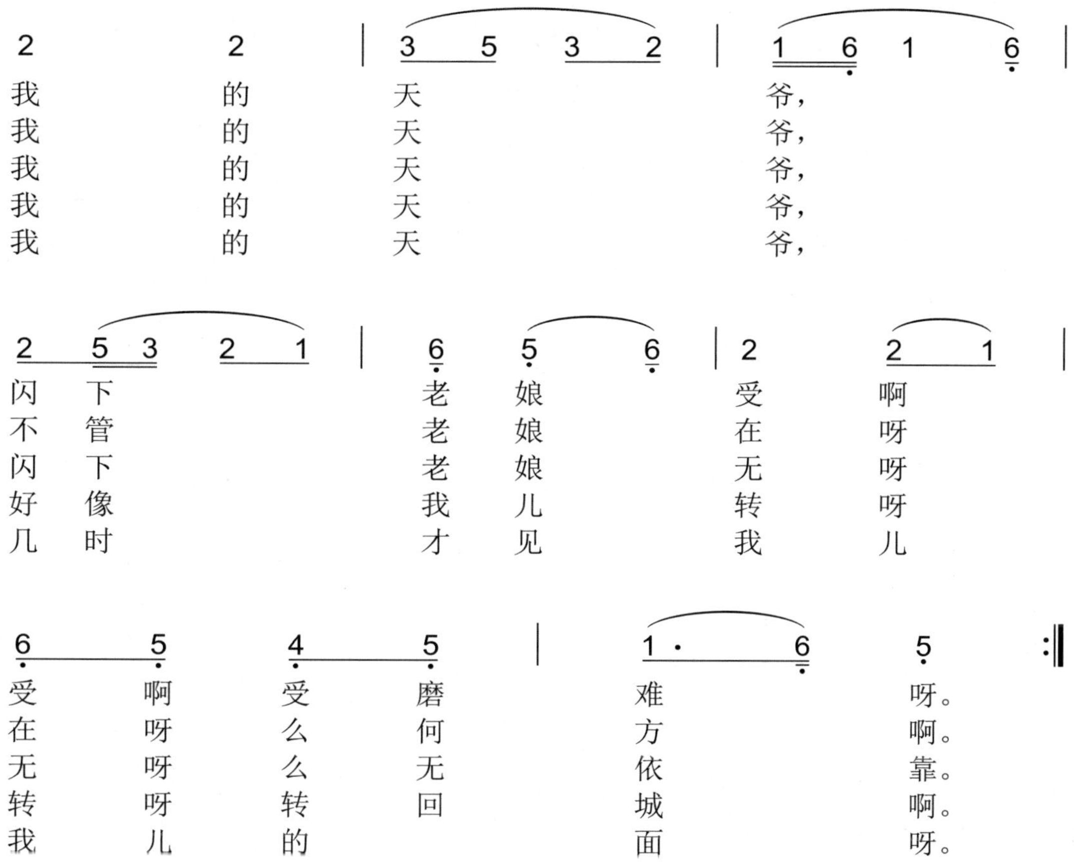

我的天爷，
我的天爷，
我的天爷，
我的天爷，
我的天爷，
闪下老娘受啊
不管老娘在呀
闪下老娘无呀
好像我儿转呀
几时才见我儿
受啊受磨难呀。
在呀么何方啊。
无呀么无依靠。
转呀转回城啊。
我儿的面呀。

紧加工

《丁郎寻父》

1=C $\frac{2}{4}$
♩=94

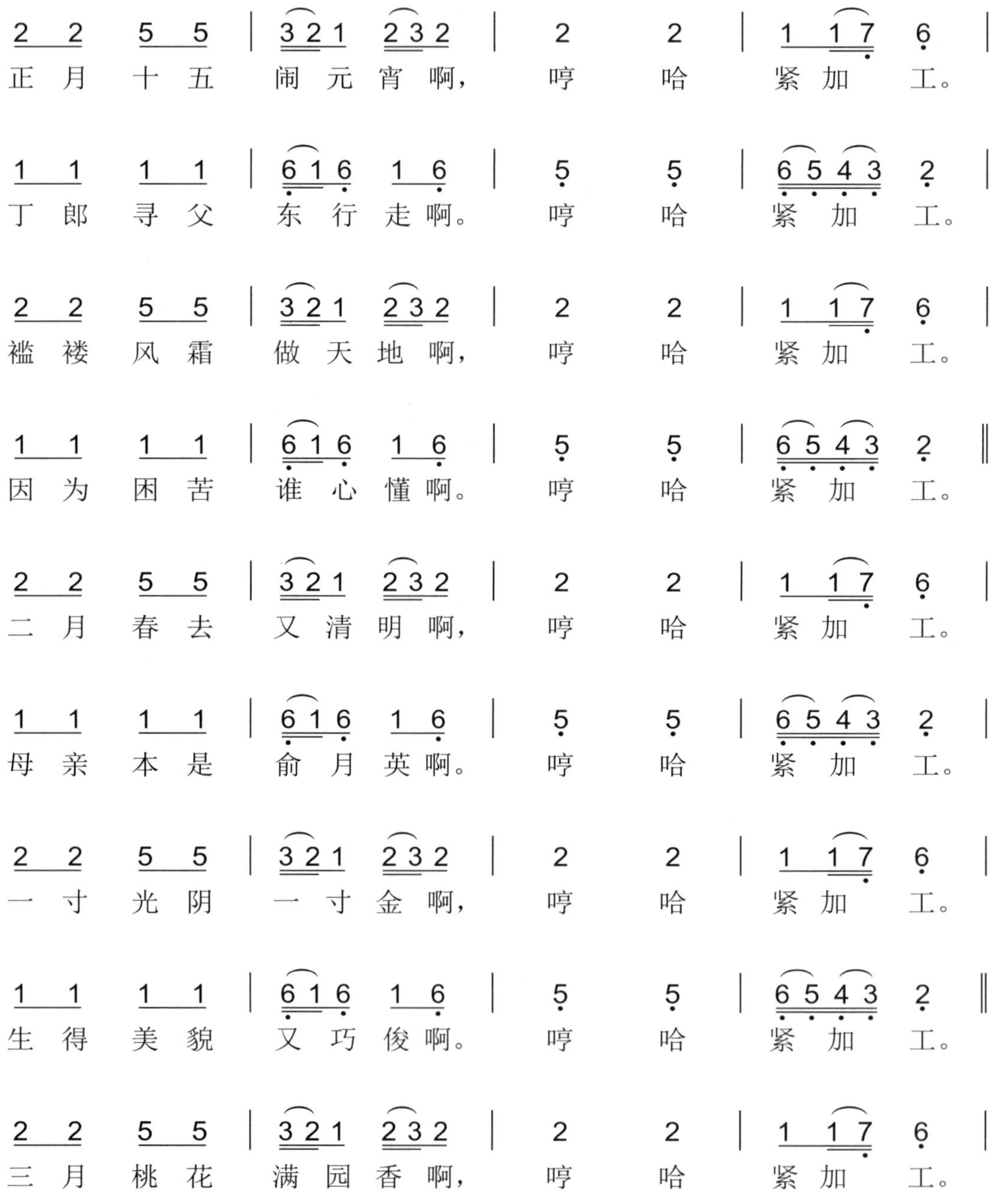

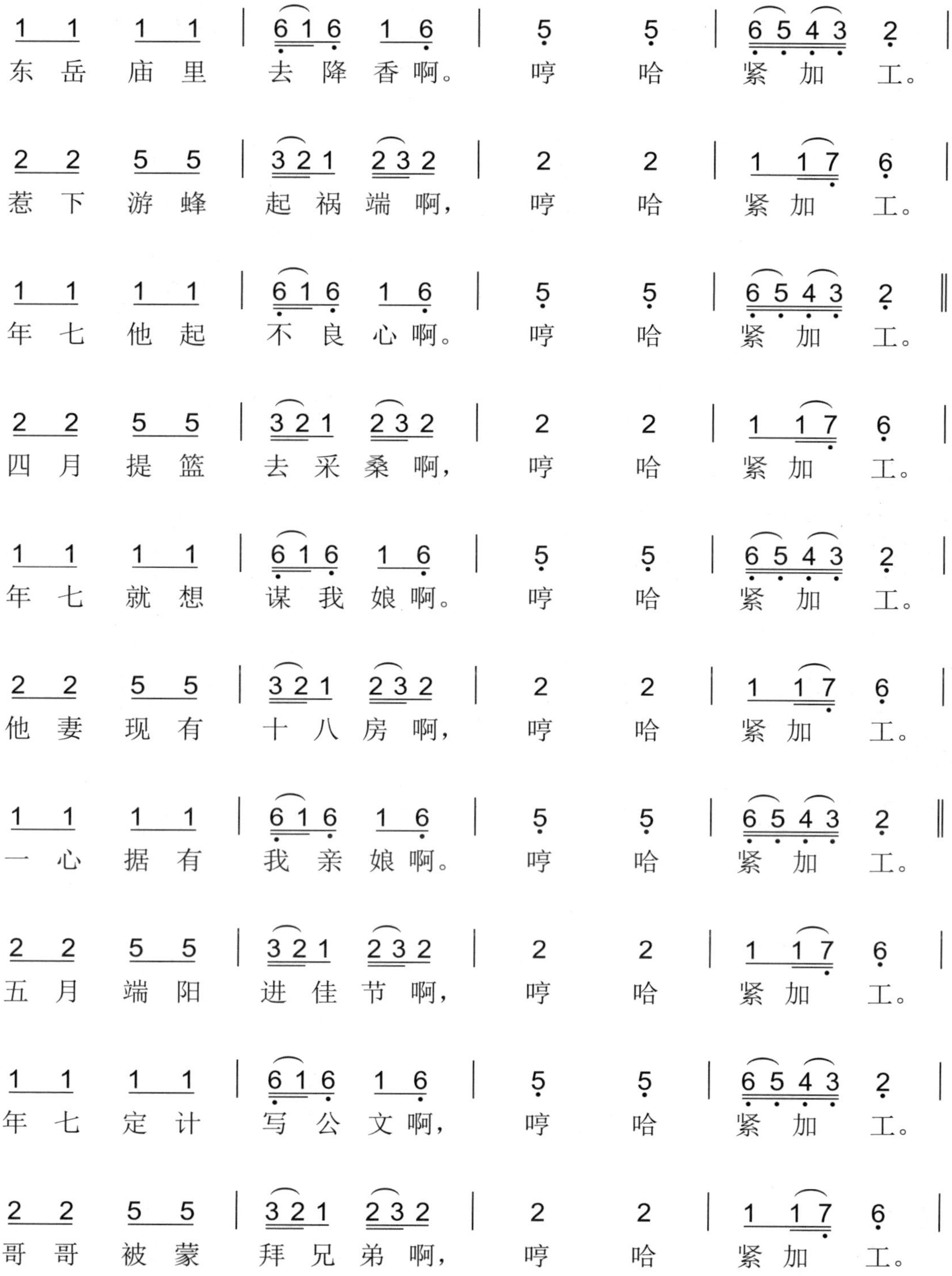
东岳庙里去降香啊。哼哈紧加工。
惹下游蜂起祸端啊，哼哈紧加工。
年七他起不良心啊。哼哈紧加工。
四月提篮去采桑啊，哼哈紧加工。
年七就想谋我娘啊。哼哈紧加工。
他妻现有十八房啊，哼哈紧加工。
一心据有我亲娘啊。哼哈紧加工。
五月端阳进佳节啊，哼哈紧加工。
年七定计写公文啊，哼哈紧加工。
哥哥被蒙拜兄弟啊，哼哈紧加工。

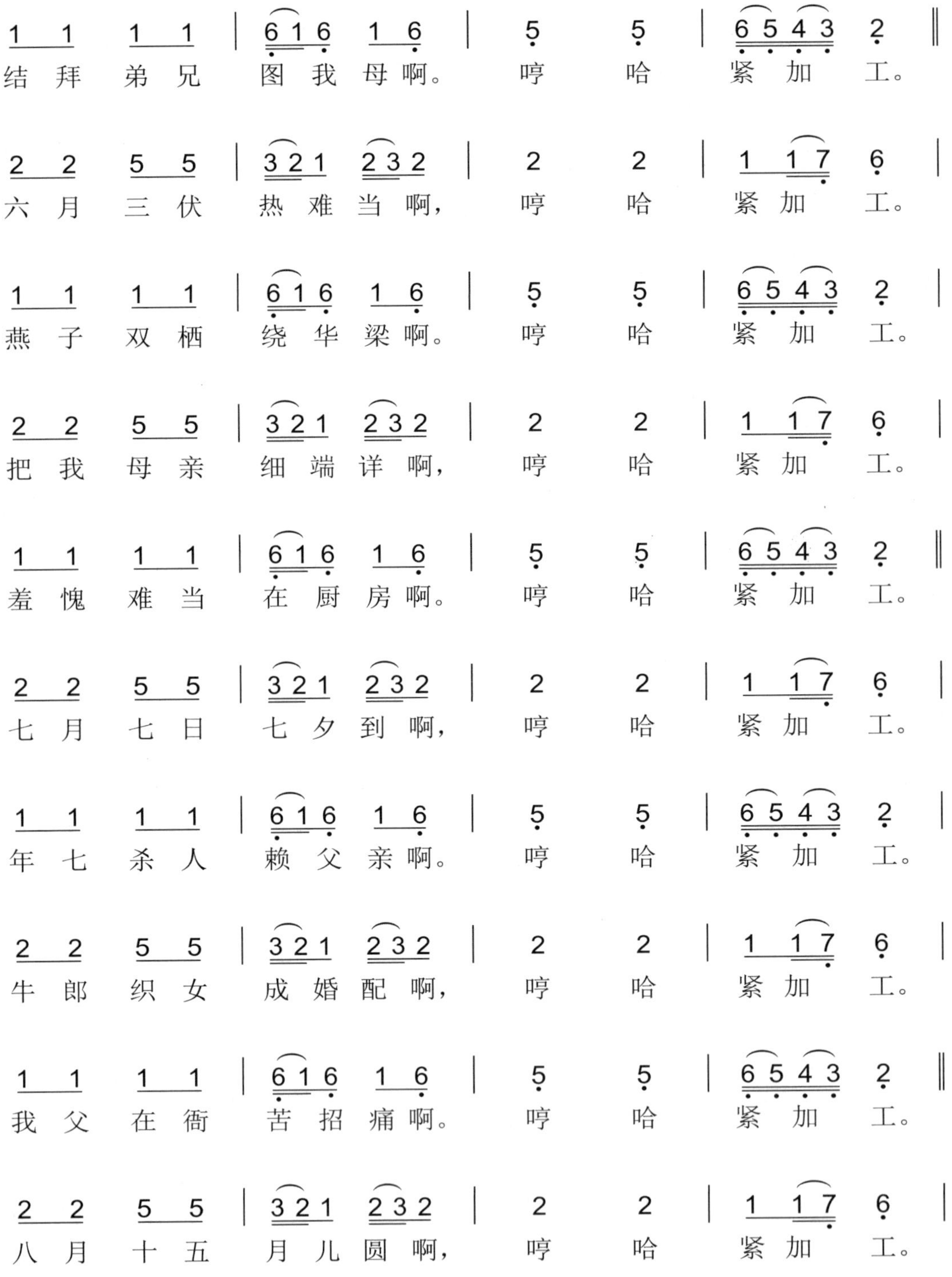
1 1 1 1 | 6 1 6 1 6 | 5 5 | 6 5 4 3 2 ‖
结拜弟兄图我母啊。哼哈紧加工。
2 2 5 5 | 3 2 1 2 3 2 | 2 2 | 1 1 7 6 |
六月三伏热难当啊，哼哈紧加工。
1 1 1 1 | 6 1 6 1 6 | 5 5 | 6 5 4 3 2 |
燕子双栖绕华梁啊。哼哈紧加工。
2 2 5 5 | 3 2 1 2 3 2 | 2 2 | 1 1 7 6 |
把我母亲细端详啊，哼哈紧加工。
1 1 1 1 | 6 1 6 1 6 | 5 5 | 6 5 4 3 2 ‖
羞愧难当在厨房啊。哼哈紧加工。
2 2 5 5 | 3 2 1 2 3 2 | 2 2 | 1 1 7 6 |
七月七日七夕到啊，哼哈紧加工。
1 1 1 1 | 6 1 6 1 6 | 5 5 | 6 5 4 3 2 |
年七杀人赖父亲啊。哼哈紧加工。
2 2 5 5 | 3 2 1 2 3 2 | 2 2 | 1 1 7 6 |
牛郎织女成婚配啊，哼哈紧加工。
1 1 1 1 | 6 1 6 1 6 | 5 5 | 6 5 4 3 2 ‖
我父在衙苦招痛啊。哼哈紧加工。
2 2 5 5 | 3 2 1 2 3 2 | 2 2 | 1 1 7 6 |
八月十五月儿圆啊，哼哈紧加工。

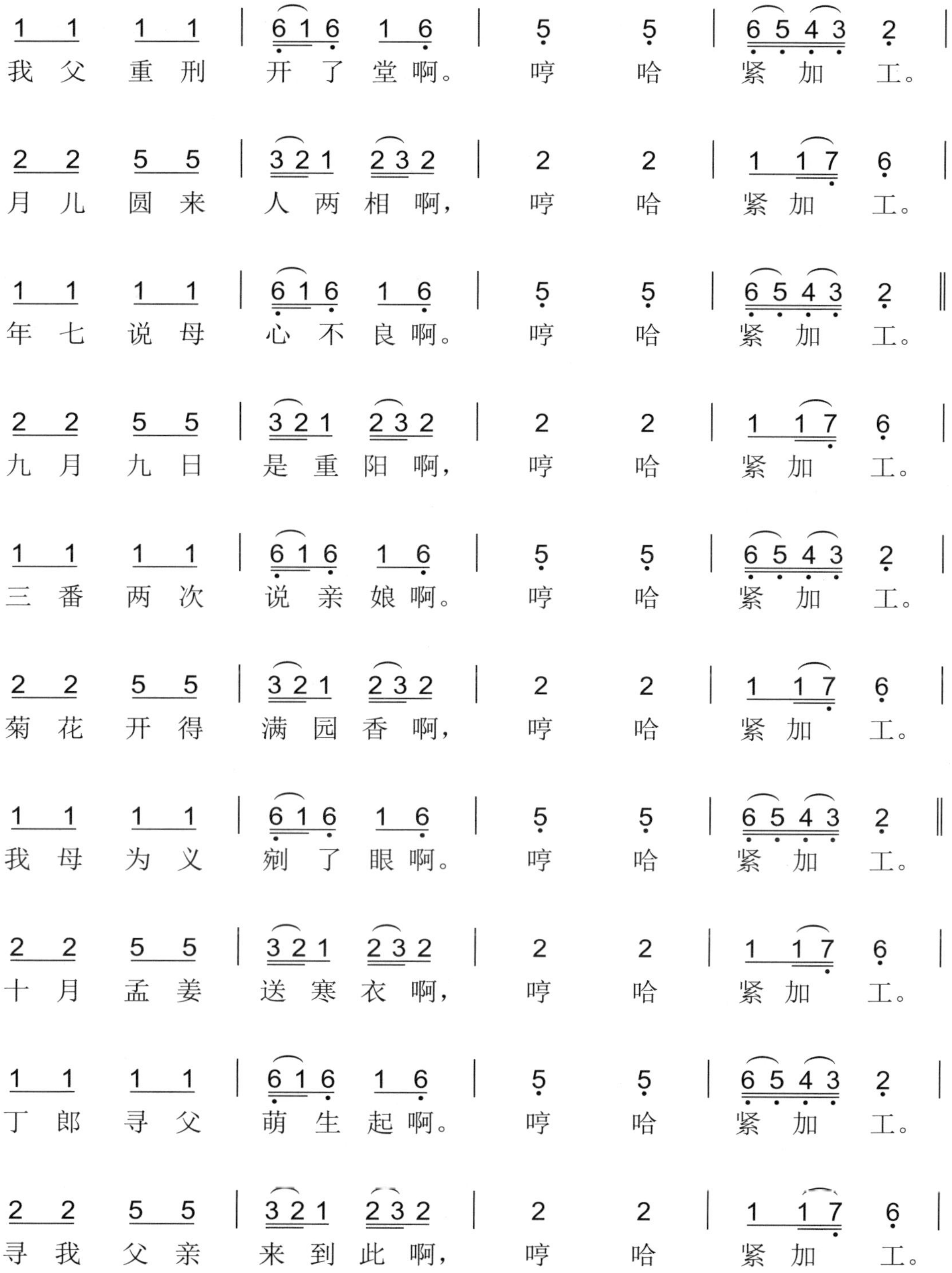
我父重刑开了堂啊。哼哈紧加工。
月儿圆来人两相啊，哼哈紧加工。
年七说母心不良啊。哼哈紧加工。
九月九日是重阳啊，哼哈紧加工。
三番两次说亲娘啊。哼哈紧加工。
菊花开得满园香啊，哼哈紧加工。
我母为义剜了眼啊。哼哈紧加工。
十月孟姜送寒衣啊，哼哈紧加工。
丁郎寻父萌生起啊。哼哈紧加工。
寻我父亲来到此啊，哼哈紧加工。

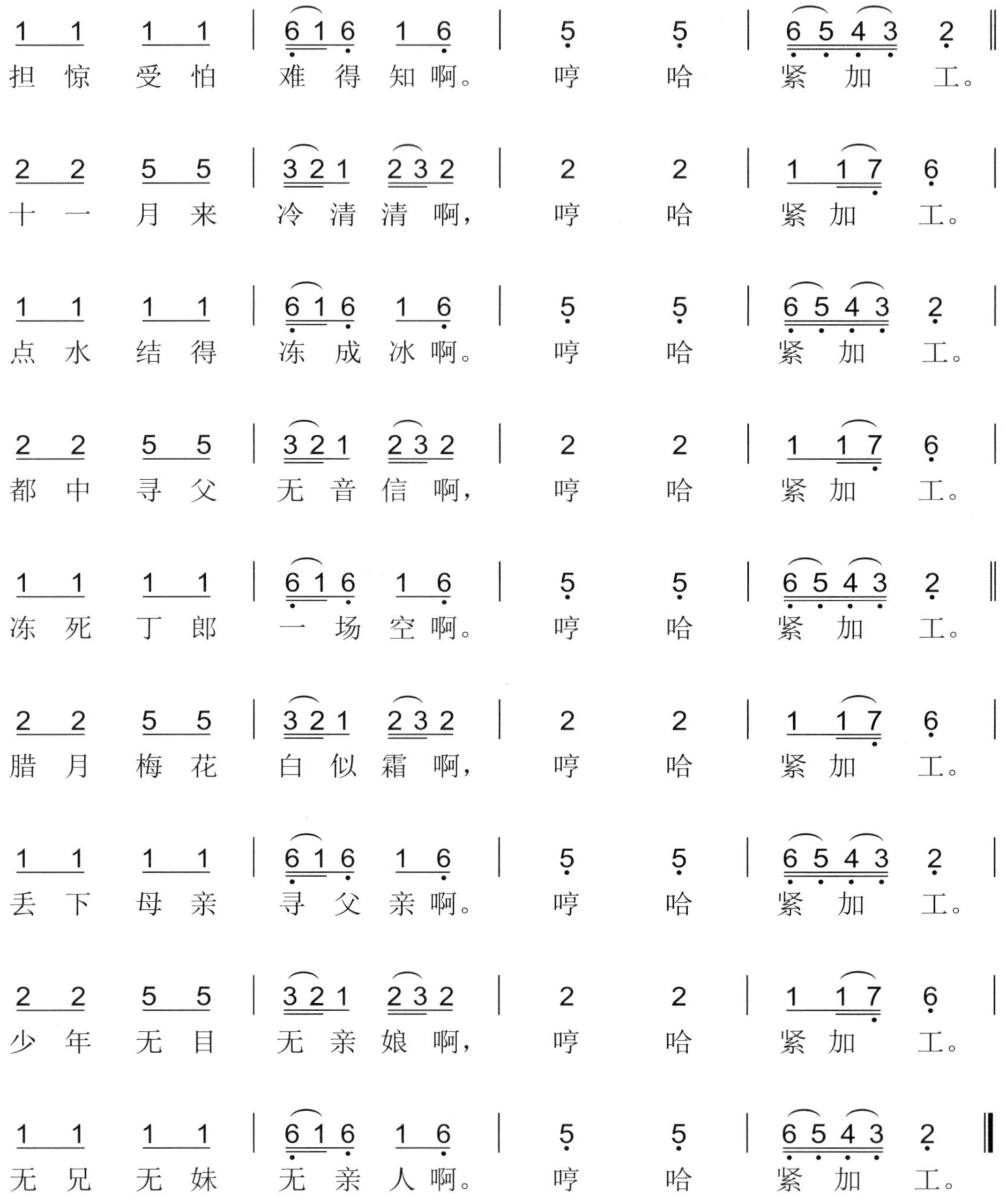
担惊受怕难得知啊。哼哈紧加工。
十一月来冷清清啊，哼哈紧加工。
点水结得冻成冰啊。哼哈紧加工。
都中寻父无音信啊，哼哈紧加工。
冻死丁郎一场空啊。哼哈紧加工。
腊月梅花白似霜啊，哼哈紧加工。
丢下母亲寻父亲啊。哼哈紧加工。
少年无目无亲娘啊，哼哈紧加工。
无兄无妹无亲人啊。哼哈紧加工。

祭梅花

《五朵梅花》

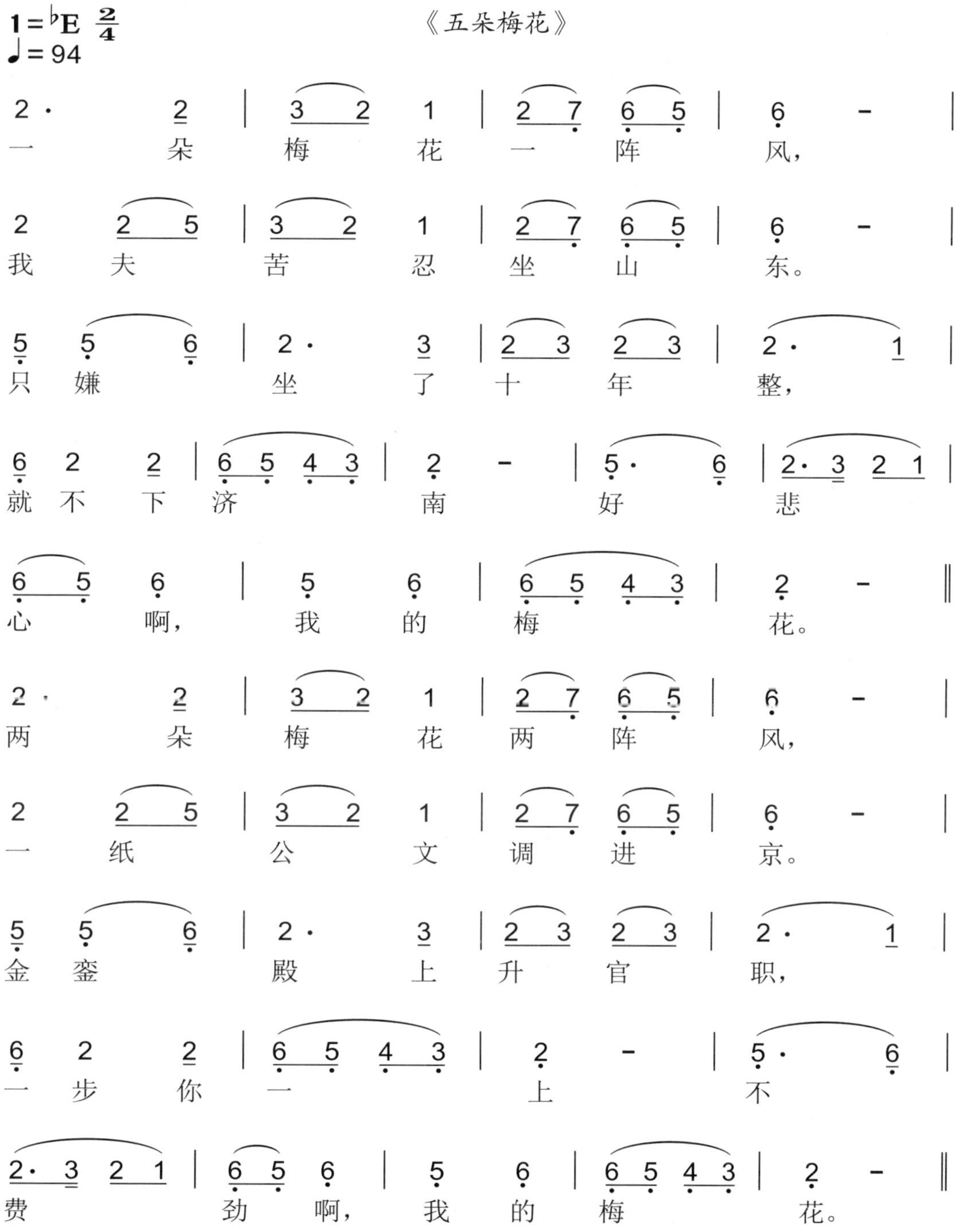
1=♭E 2/4
♩=94
一朵梅花一阵风，
我夫苦忍坐山东。
只嫌坐了十年整，
就不下济南好悲
心啊，我的梅花。
两朵梅花两阵风，
一纸公文调进京。
金銮殿上升官职，
一步你一上不
费劲啊，我的梅花。

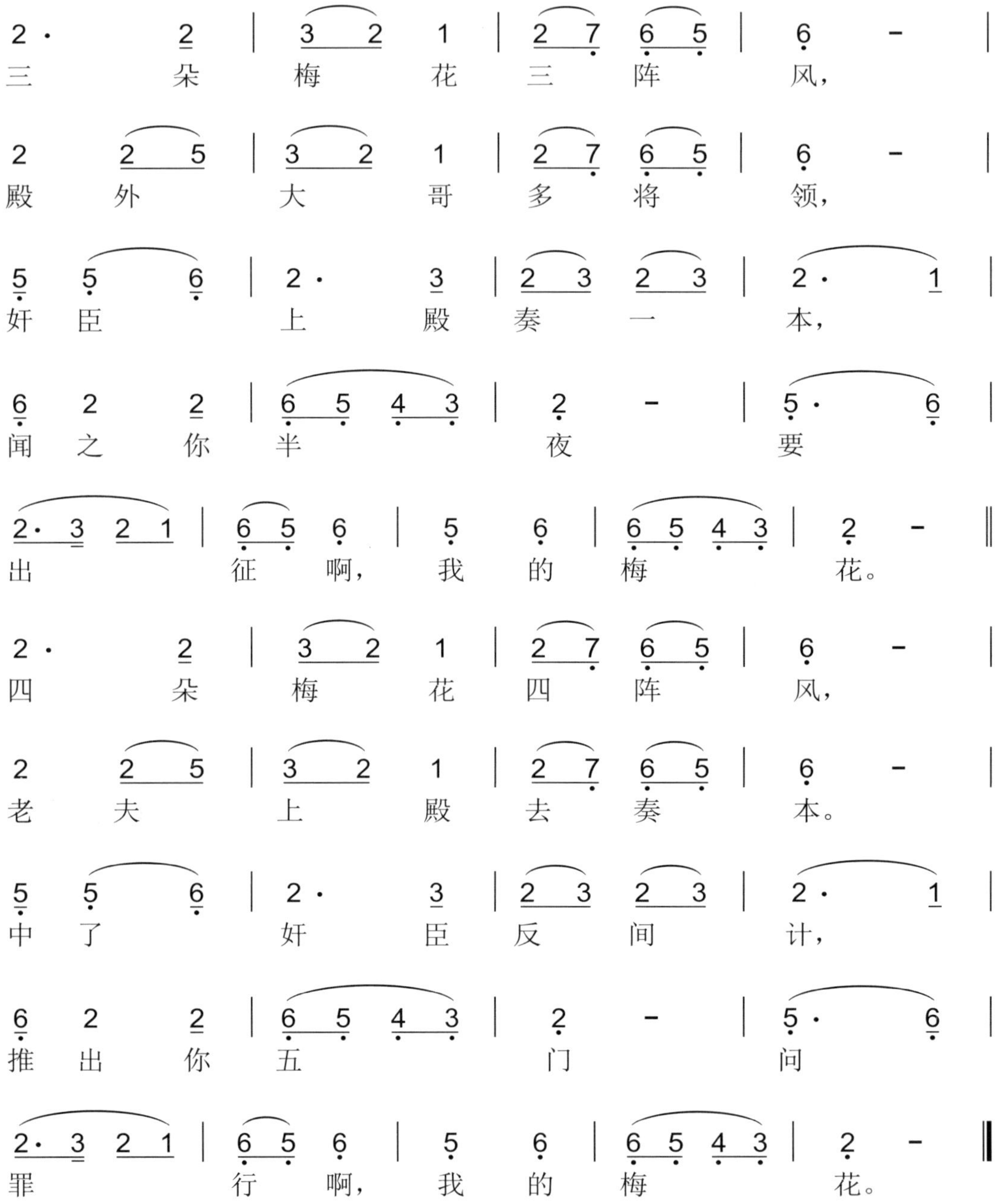
三朵梅花三阵风，
殿外大哥多将领，
奸臣上殿奏一本，
闻之你半夜要
出征啊，我的梅花。
四朵梅花四阵风，
老夫上殿去奏本。
中了奸臣反间计，
推出你五门问
罪行啊，我的梅花。

浪淘沙

《黄氏女宝卷》

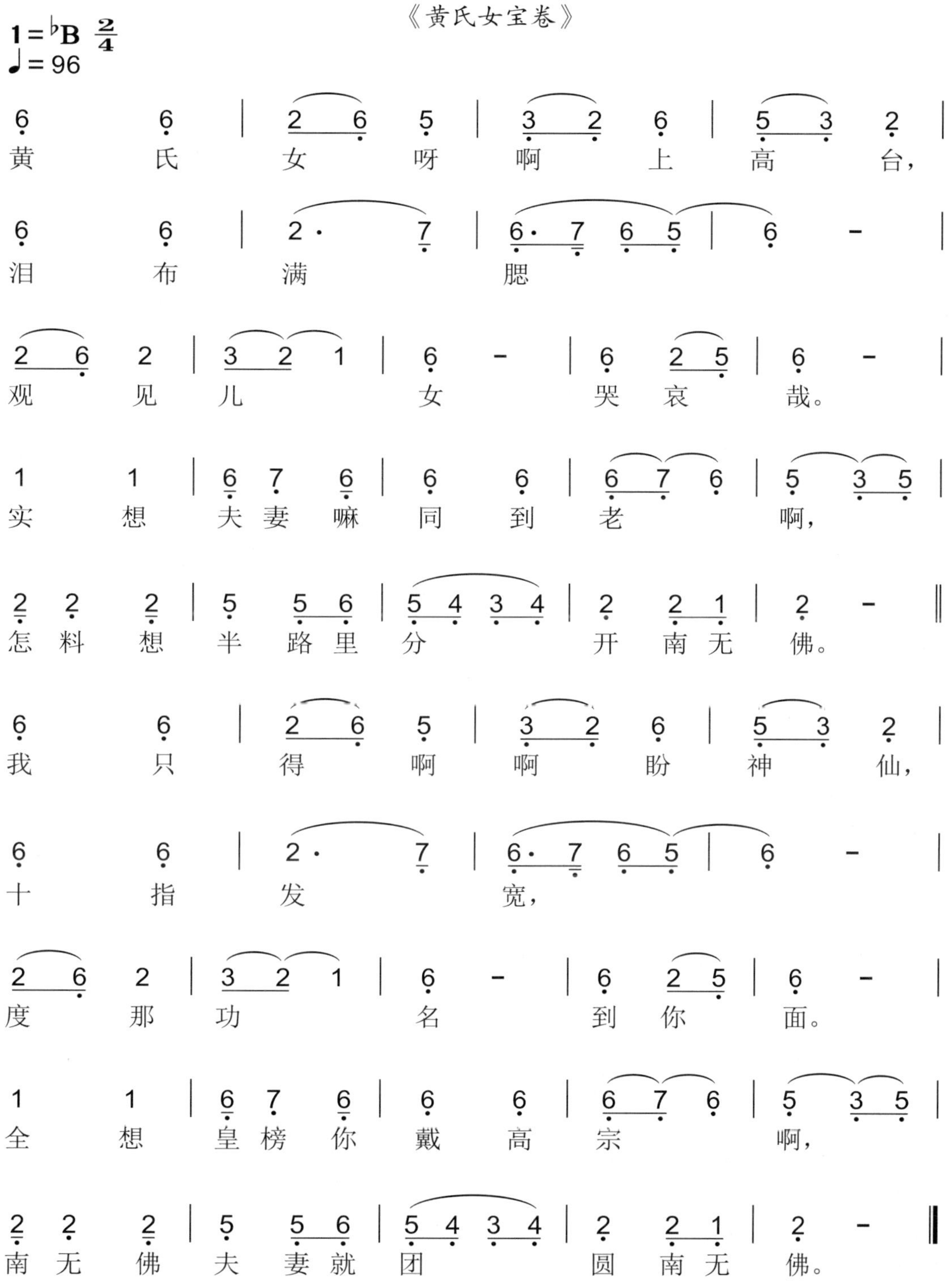
1=♭B 2/4
♩=96
黄氏女呀啊上高台，
泪布满腮
观见儿女哭哀哉。
实想夫妻嘛同到老啊，
怎料想半路里分开南无佛。
我只得啊啊盼神仙，
十指发宽，
度那功名到你面。
全想皇榜你戴高宗啊，
南无佛夫妻就团圆南无佛。

浪淘沙

《湘子宝卷》

1=C 2/4
♩=96

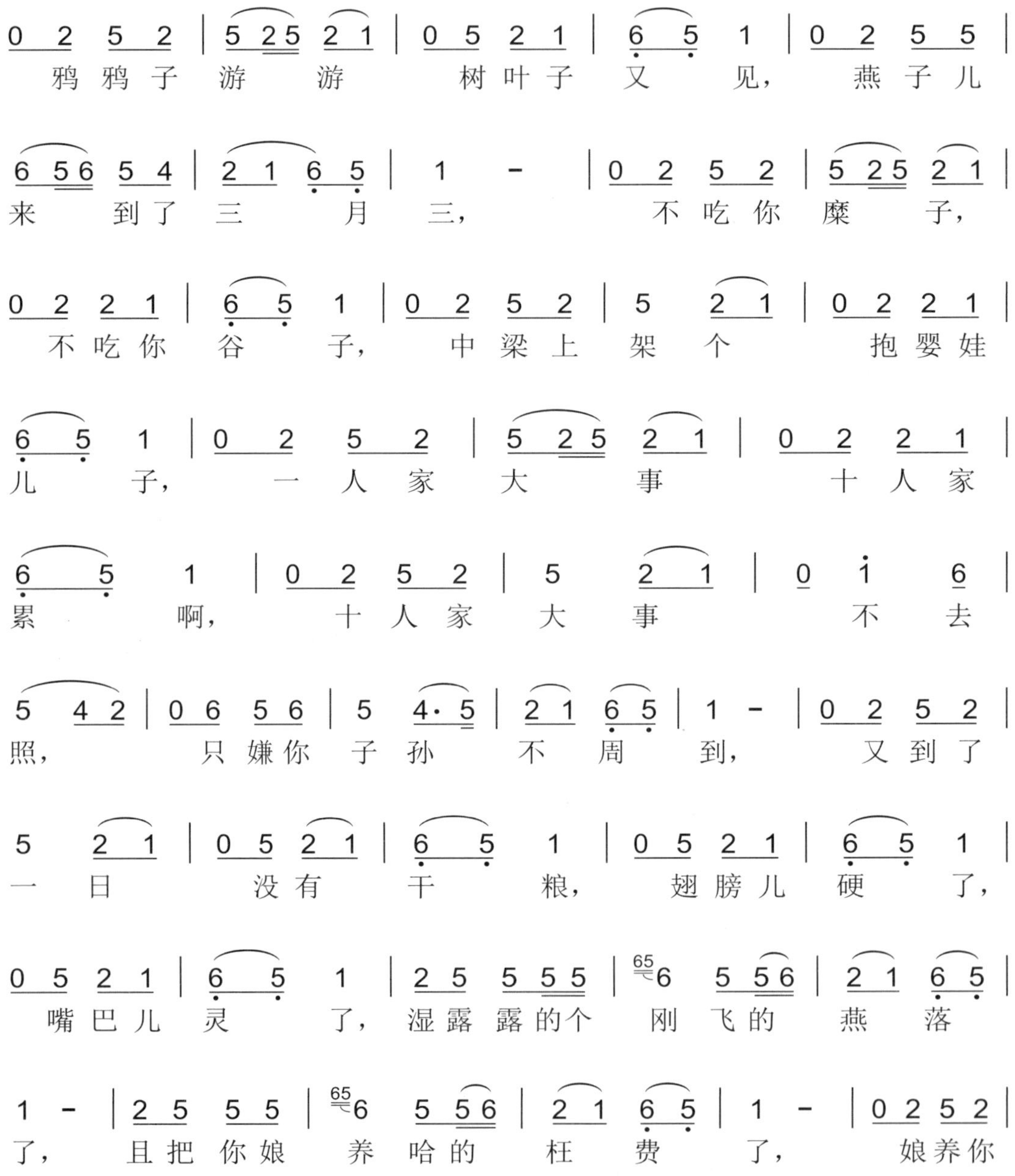

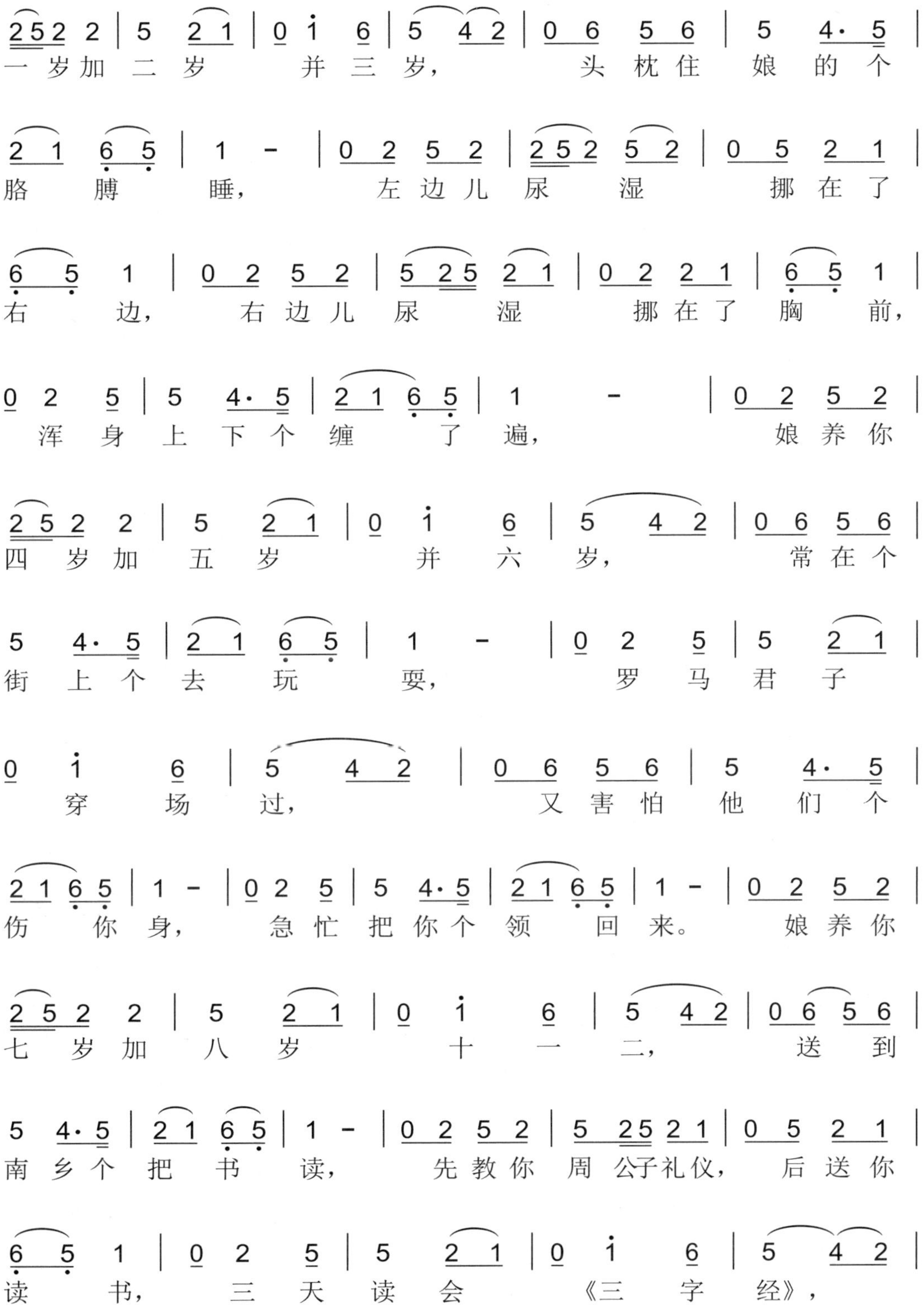
一岁加二岁 并三岁， 头枕住 娘的个
胳 膊 睡， 左边儿尿 湿 挪在了
右 边， 右边儿尿 湿 挪在了胸 前，
浑身上下个缠 了 遍， 娘养你
四岁加 五 岁 并 六 岁， 常在个
街 上个 去 玩 耍， 罗 马 君 子
穿 场 过， 又害怕 他 们 个
伤 你 身， 急忙 把 你个 领 回 来。 娘养你
七 岁 加 八 岁 十 一 二， 送 到
南 乡个 把 书 读， 先教你 周 公子礼仪， 后送你
读 书， 三 天 读 会 《三 字 经》，

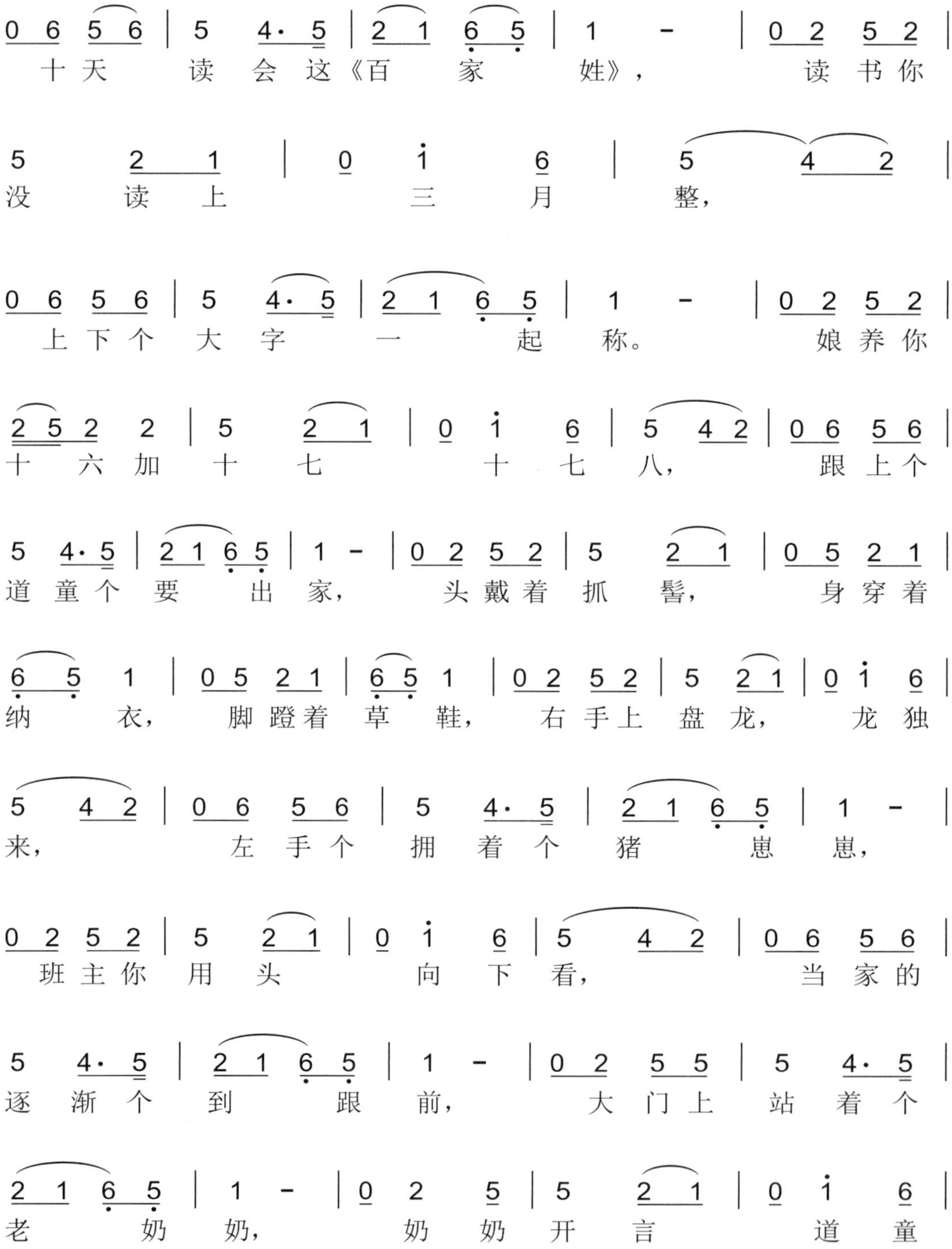
十天读会这《百家姓》，读书你
没读上三月整，
上下个大字一起称。娘养你
十六加十七十七八，跟上个
道童个要出家，头戴着抓髻，身穿着
纳衣，脚蹬着草鞋，右手上盘龙，龙独
来，左手个拥着个猪崽崽，
班主你用头向下看，当家的
逐渐个到跟前，大门上站着个
老奶奶，奶奶开言道童

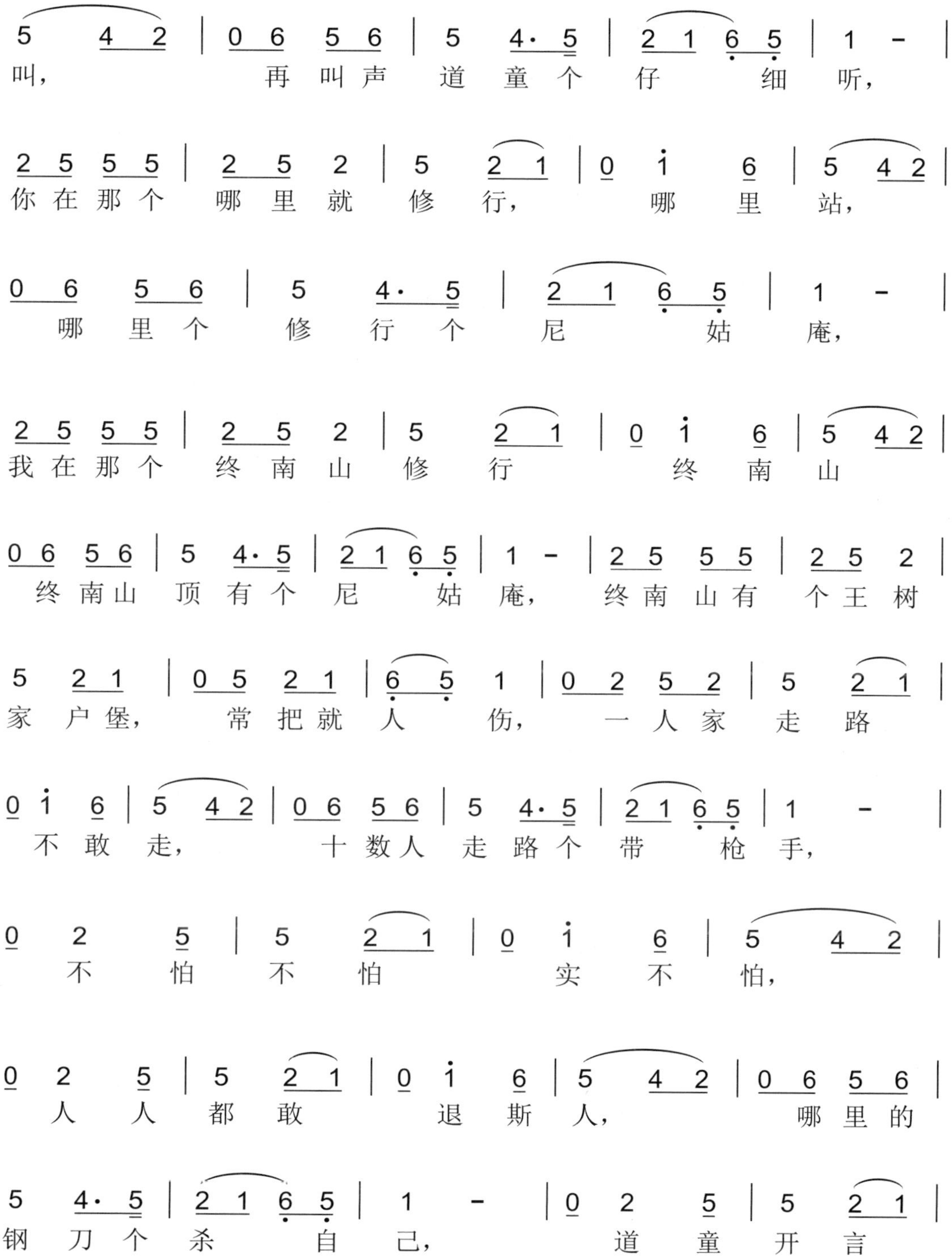
叫，再叫声道童个仔细听，
你在那个哪里就修行，哪里站，
哪里个修行个尼姑庵，
我在那个终南山修行终南山
终南山顶有个尼姑庵，终南山有个王树
家户堡，常把就人伤，一人家走路
不敢走，十数人走路个带枪手，
不怕不怕实不怕，
人人都敢退斯人，哪里的
钢刀个杀自己，道童开言

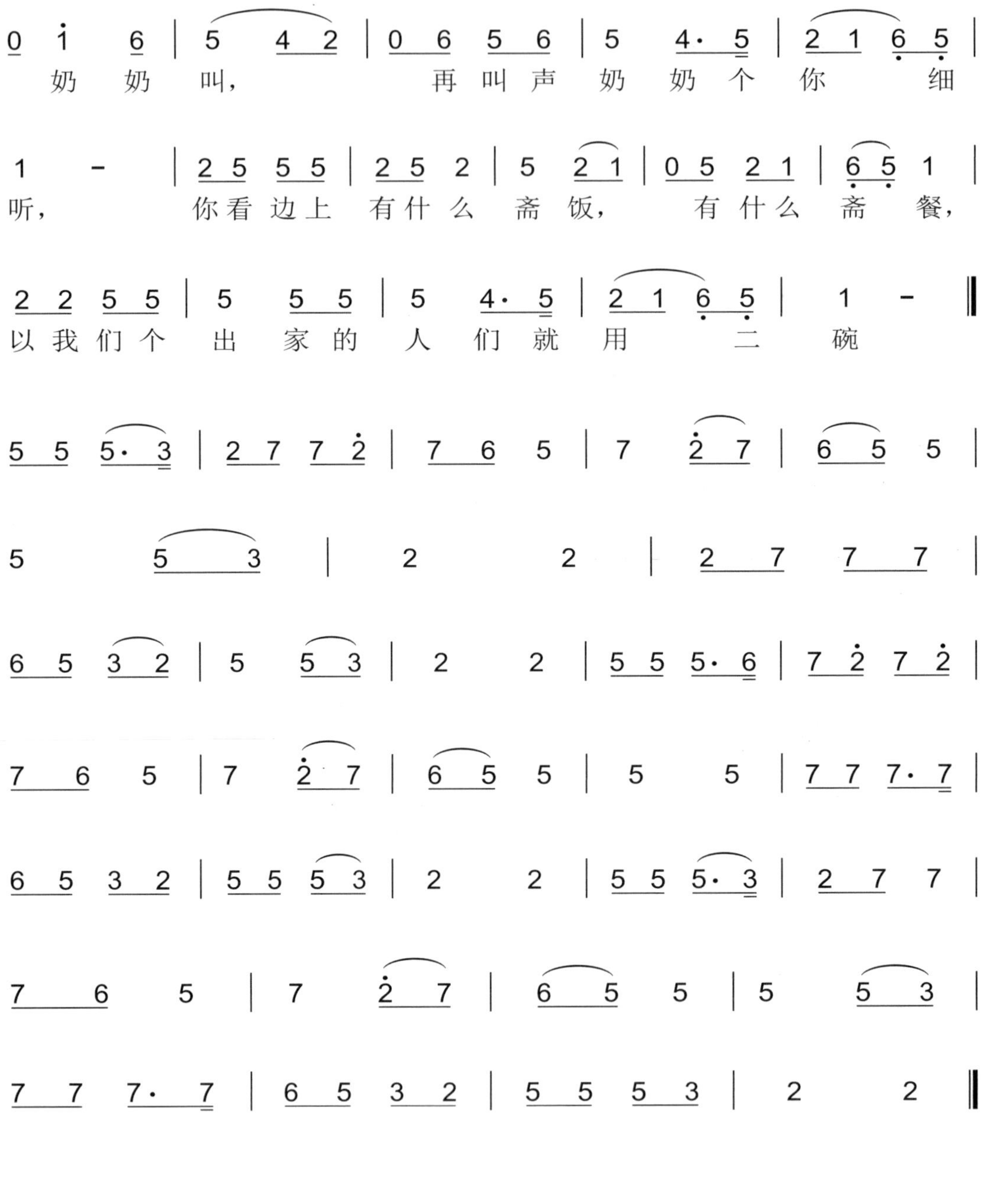
奶 奶 叫， 再 叫 声 奶 奶 个 你 细
听， 你 看 边 上 有 什 么 斋 饭， 有 什 么 斋 餐，
以 我 们 个 出 家 的 人 们 就 用 二 碗

十字符

1 = A $\frac{2}{4}$
♩ = 94

《方四姐宝卷》

唱卷人：乔德勇

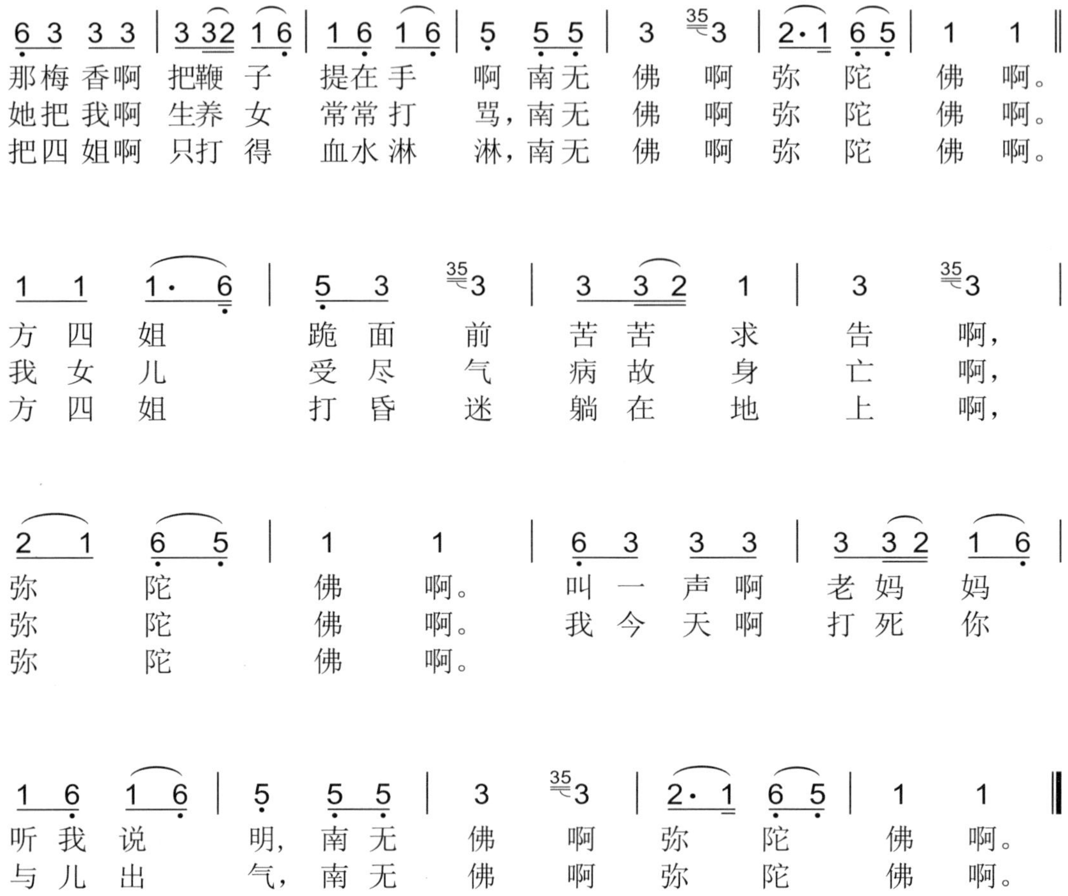
那梅香啊 把鞭子 提在手 啊南无 佛 啊 弥 陀 佛 啊。
她把我啊 生养女 常常打 骂，南无 佛 啊 弥 陀 佛 啊。
把四姐啊 只打得 血水淋 淋，南无 佛 啊 弥 陀 佛 啊。
方 四 姐 跪 面 前 苦 苦 求 告 啊，
我 女 儿 受 尽 气 病 故 身 亡 啊，
方 四 姐 打 昏 迷 躺 在 地 上 啊，
弥 陀 佛 啊。 叫 一 声 啊 老 妈 妈
弥 陀 佛 啊。 我 今 天 啊 打 死 你
弥 陀 佛 啊。
听 我 说 明，南 无 佛 啊 弥 陀 佛 啊。
与 儿 出 气，南 无 佛 啊 弥 陀 佛 啊。

七字符

《方四姐宝卷》

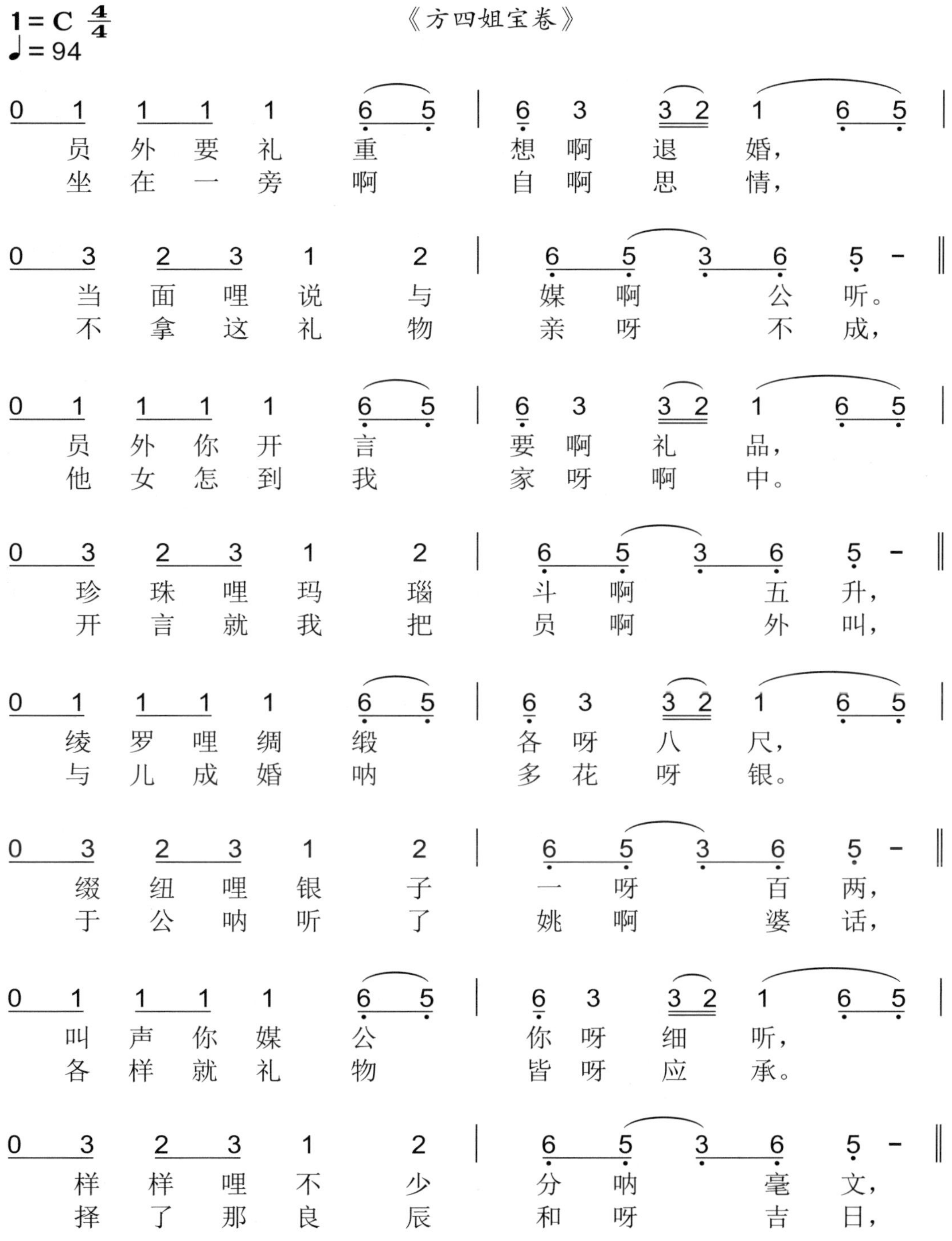
1=C 4/4
♩=94
员外要礼重想啊退婚，
坐在一旁啊自啊思情，
当面哩说与媒啊公听。
不拿这礼物亲呀不成，
员外你开言要啊礼品，
他女怎到我家呀啊中。
珍珠哩玛瑙斗啊五升，
开言就我把员啊外叫，
绫罗哩绸缎各呀八尺，
与儿成婚呐多花呀银。
缎纽哩银子一呀百两，
于公呐听了姚啊婆话，
叫声你媒公你呀细听，
各样就礼物皆呀应承。
样样哩不少分呐毫文，
择了那良辰和呀吉日，

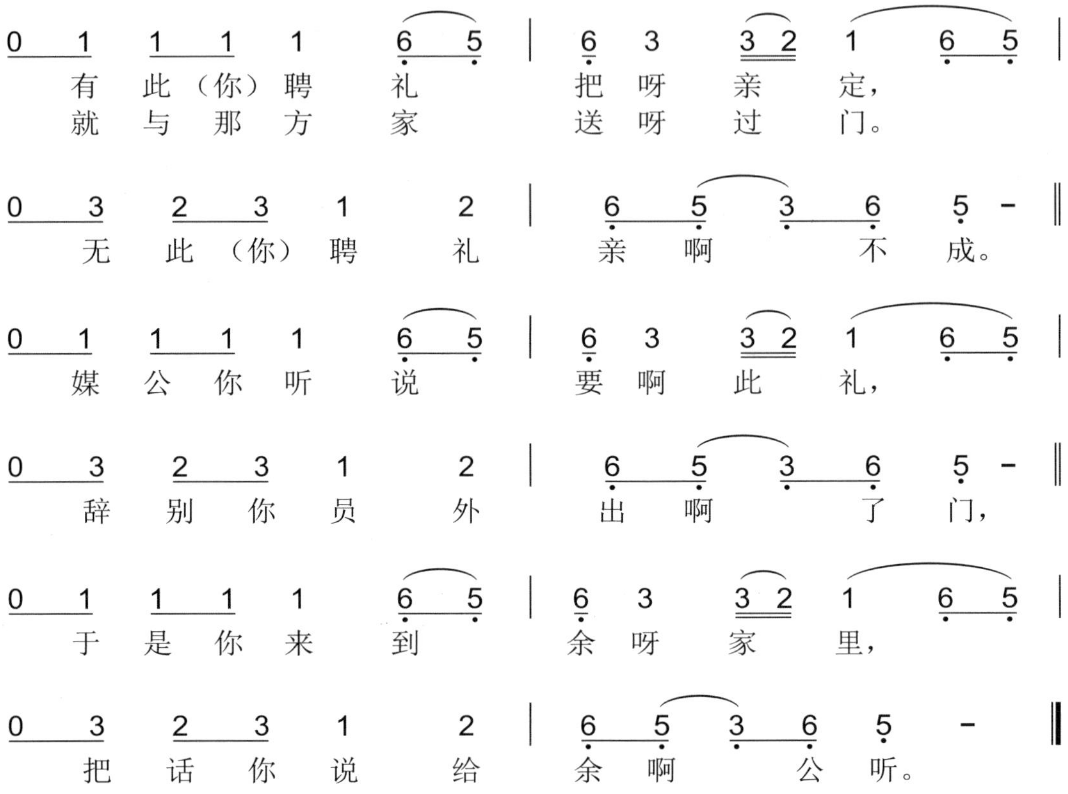
有此（你）聘礼把呀亲定，
就与那方家送呀过门。
无此（你）聘礼亲啊不成。
媒公你听说要啊此礼，
辞别你员外出啊了门，
于是你来到余呀家里，
把话你说给余啊公听。

哭五更

《王祥卧冰宝卷》

唱卷人：韩有杰

1 = C 2/4
♩= 96

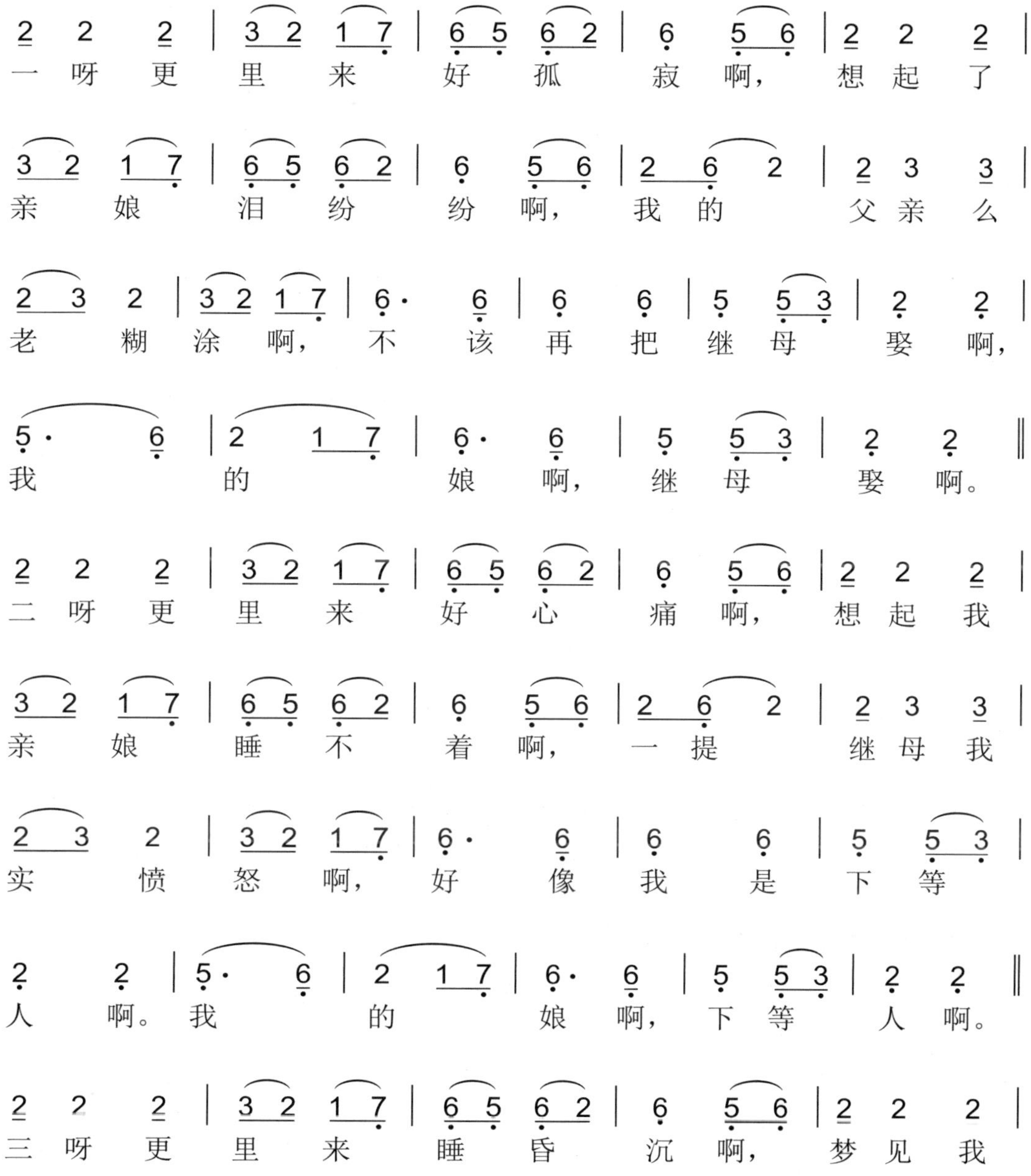

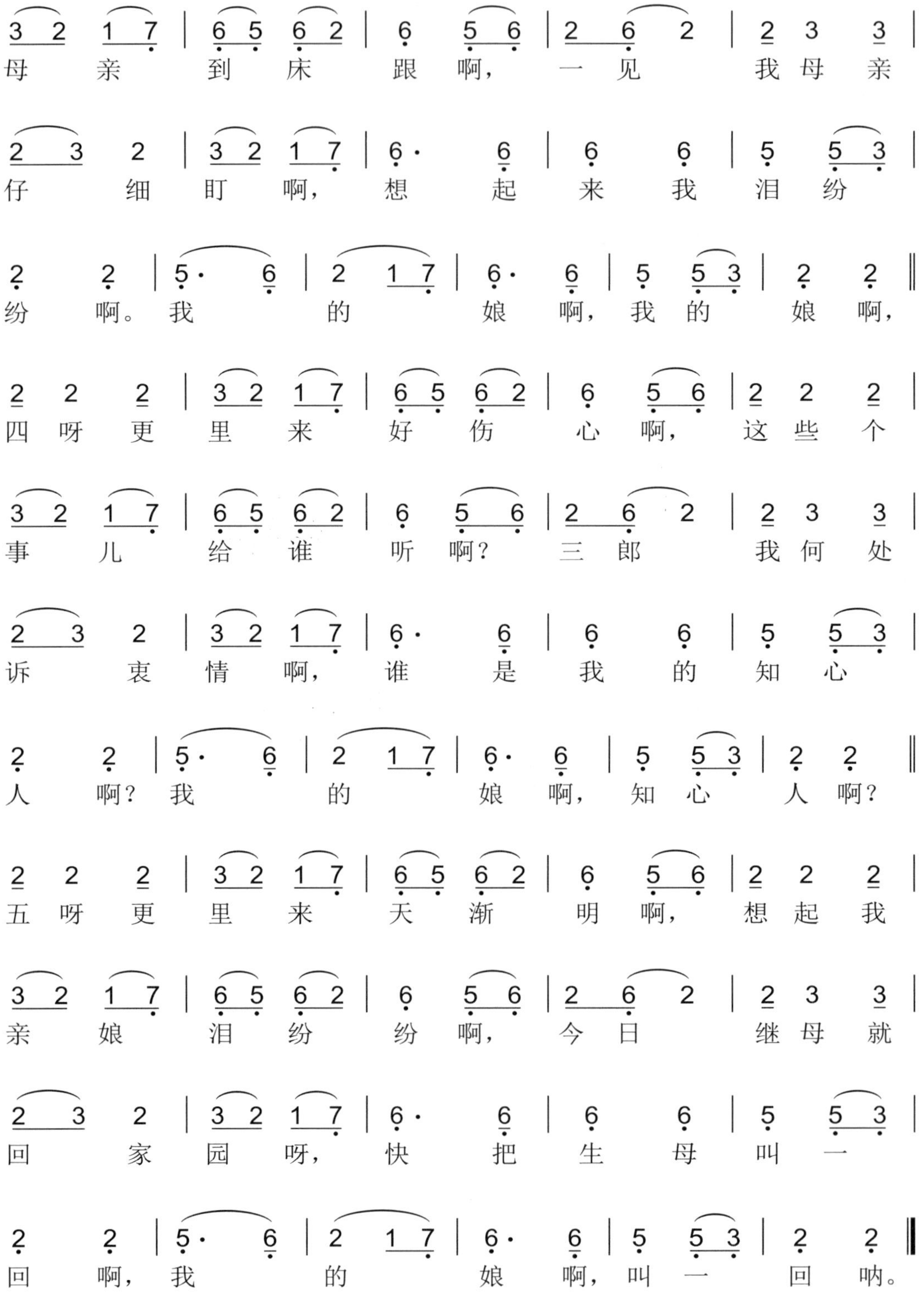
母亲到床跟啊，一见我母亲
仔细盯啊，想起来我泪纷
纷啊。我的娘啊，我的娘啊，
四呀更里来好伤心啊，这些个
事儿给谁听啊？三郎我何处
诉衷情啊，谁是我的知心
人啊？我的娘啊，知心人啊？
五呀更里来天渐明啊，想起我
亲娘泪纷纷啊，今日继母就
回家园呀，快把生母叫一
回啊，我的娘啊，叫一回呐。

古音

1＝♭A $\frac{4}{4}$
♩＝92

《方四姐宝卷》

唱卷人：周子健

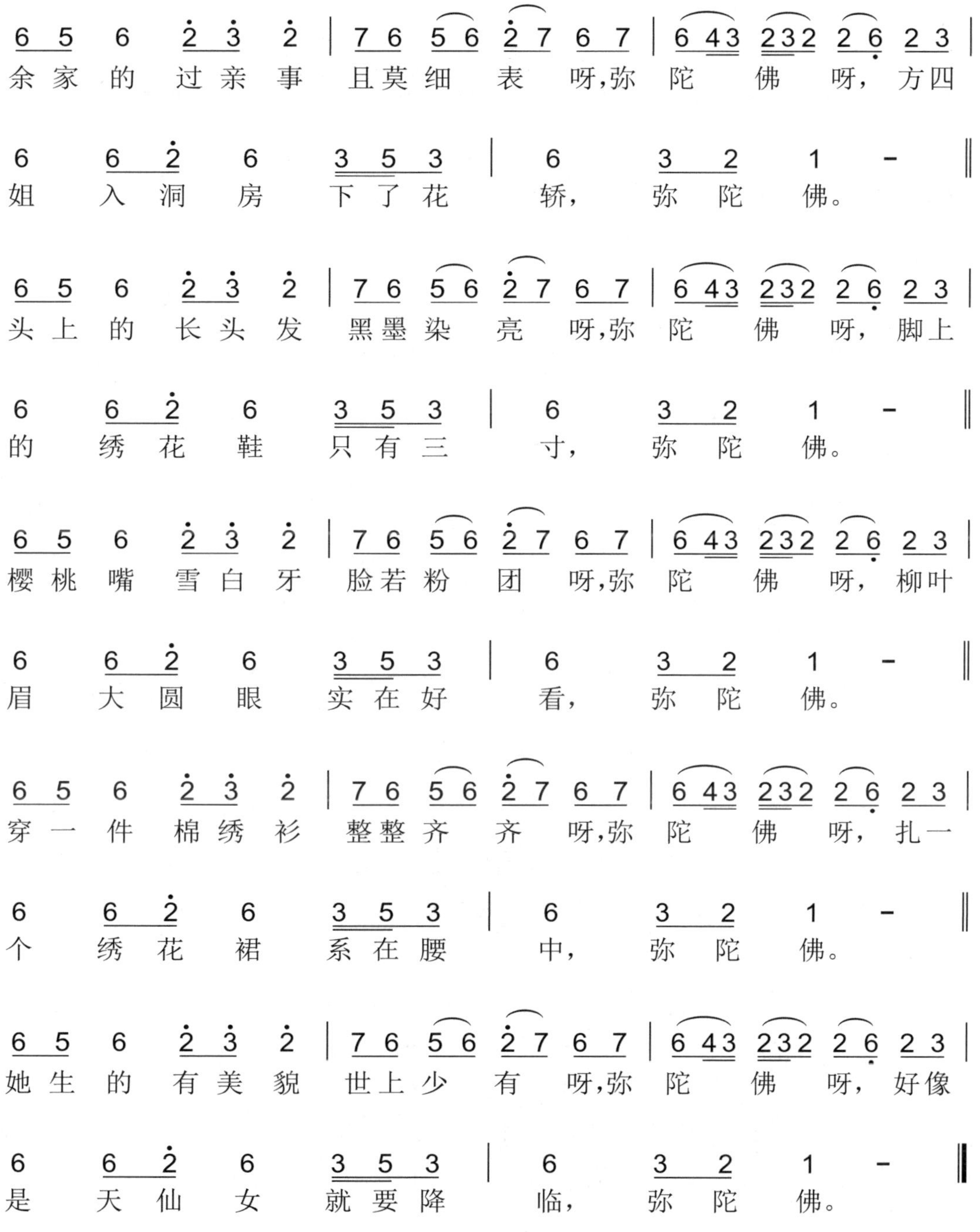

达摩词

《韩祖成仙宝卷》

1 = ♭E 4/4
♩= 98

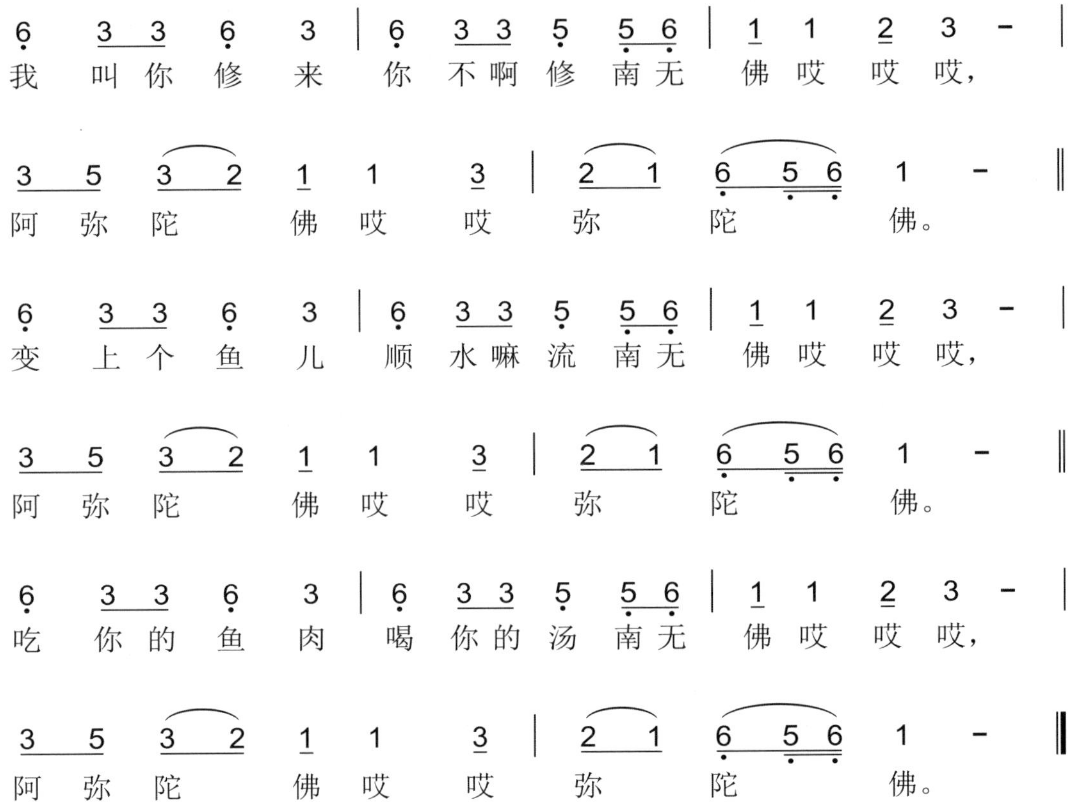

达摩词

《王祥卧冰宝卷》

1 = E 2/4
♩= 96

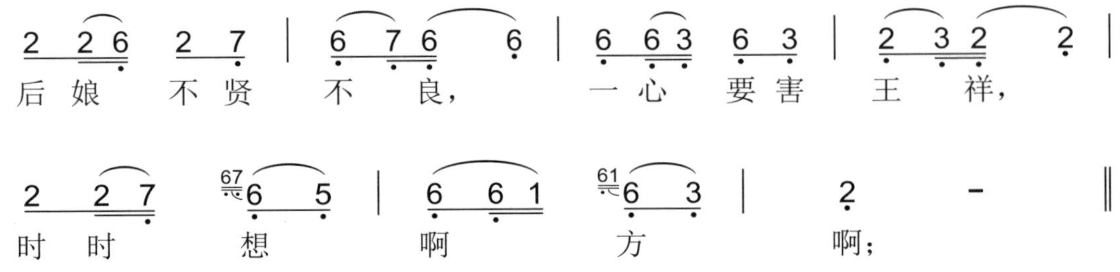

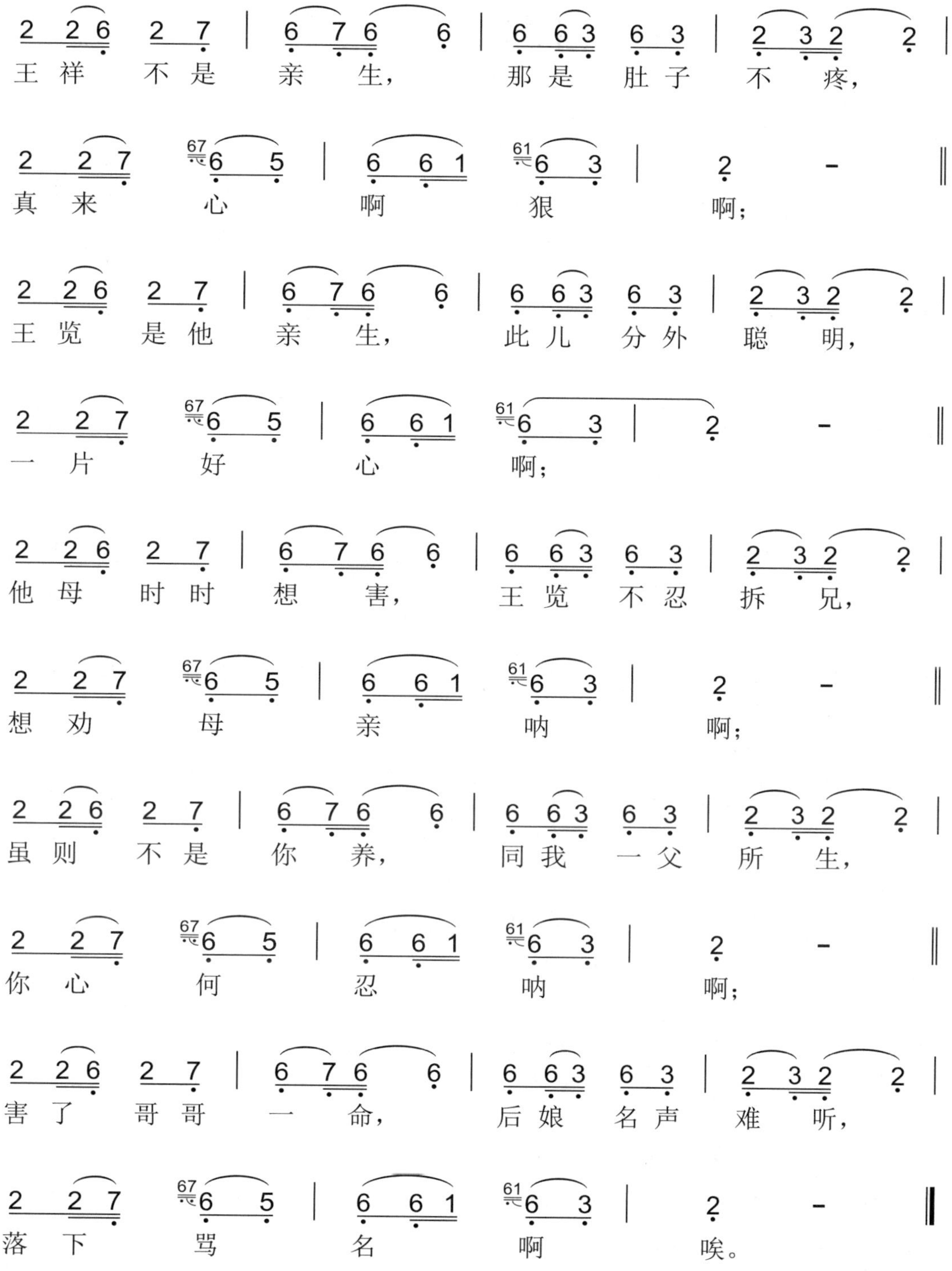
王祥不是亲生，那是肚子不疼，
真来心啊狠啊；
王览是他亲生，此儿分外聪明，
一片好心啊；
他母时时想害，王览不忍拆兄，
想劝母亲呐啊；
虽则不是你养，同我一父所生，
你心何忍呐啊；
害了哥哥一命，后娘名声难听，
落下骂名啊唉。

自创音调

1=♭A $\frac{4}{4}$

♩=94

《方四姐宝卷》

唱卷人：段子云

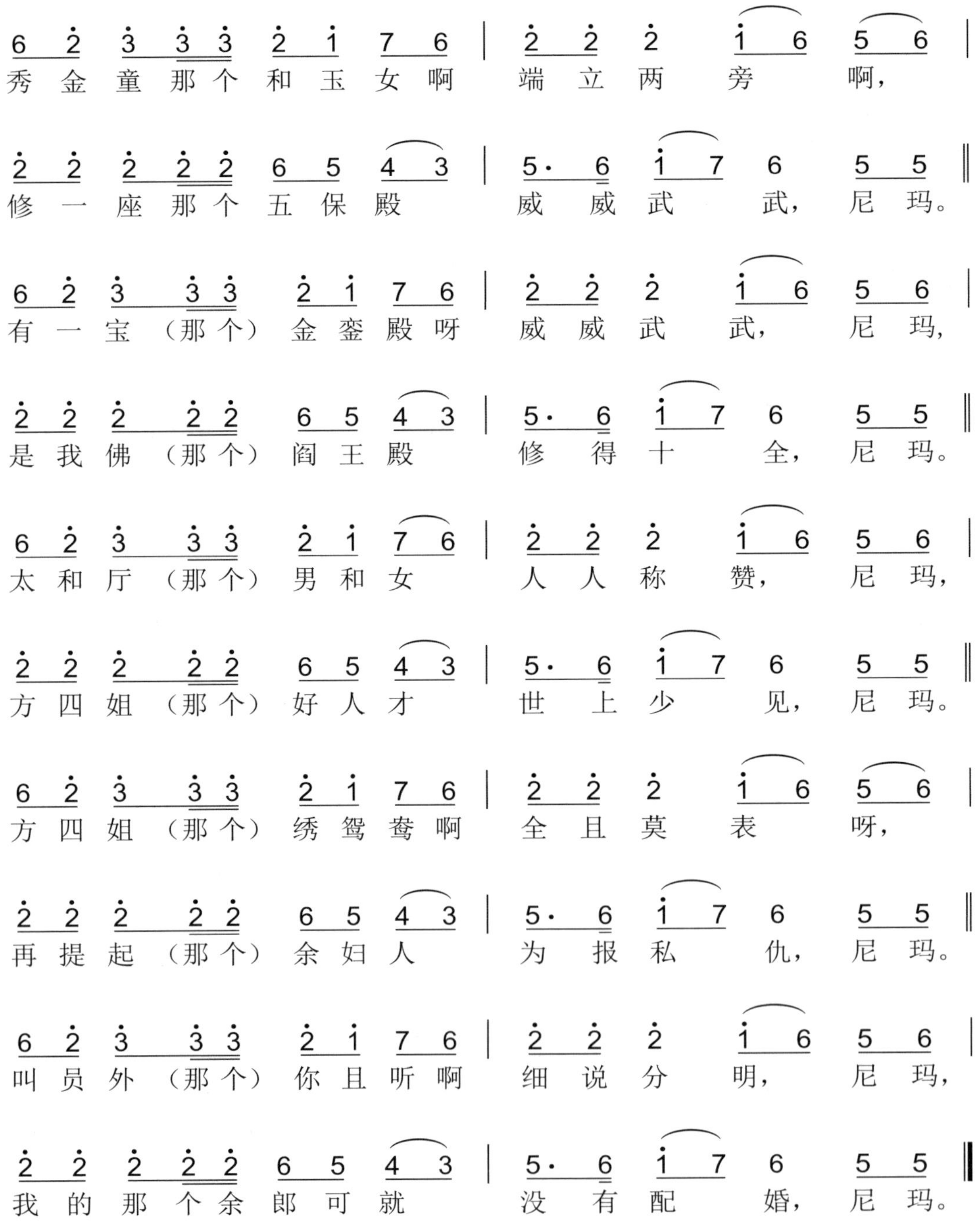

七字符

《自创曲调》

1=♭A 2/4
♩=94

唱卷人：段子云

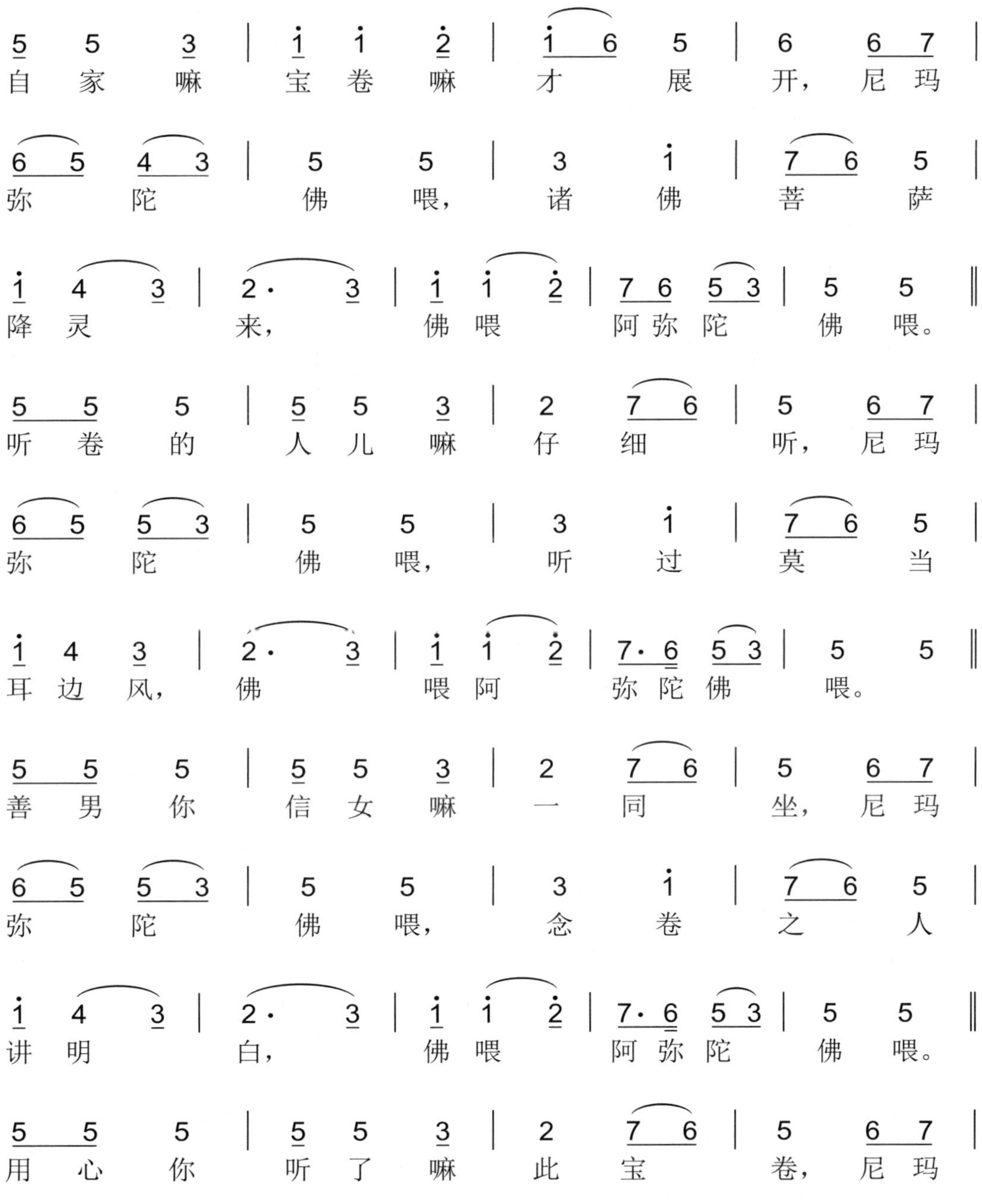

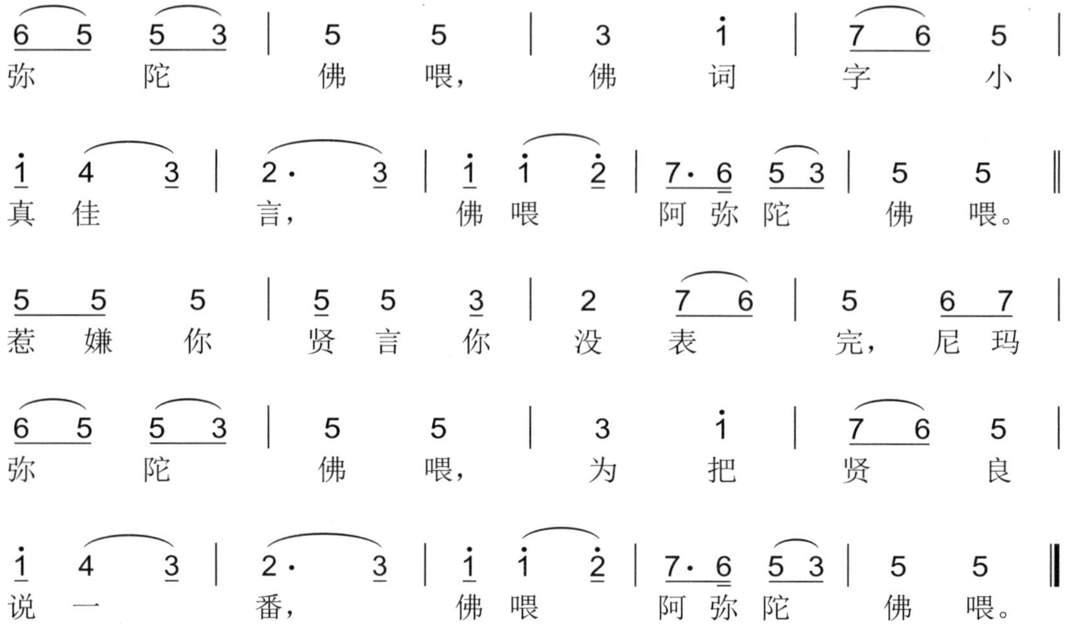
弥陀佛喂，佛词字小
真佳言，佛喂阿弥陀佛喂。
惹嫌你贤言你没表完，尼玛
弥陀佛喂，为把贤良
说一番，佛喂阿弥陀佛喂。

十字符

《方四姐担水宝卷》

1 = A $\frac{4}{4}$
♩= 96

唱卷人：段子云

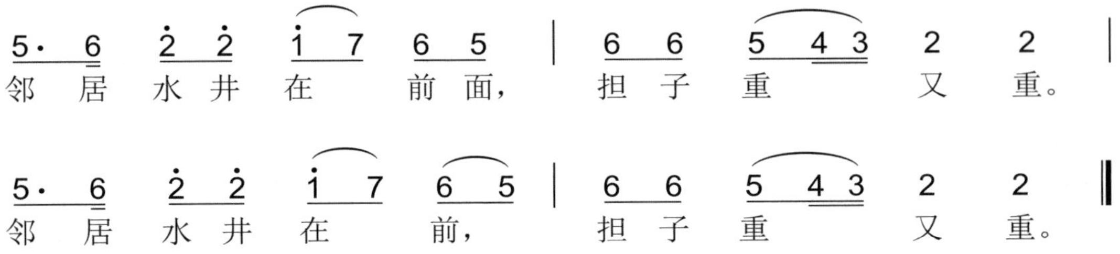
5· 6 2 2 1 7 6 5 | 6 6 5 4 3 2 2 |
邻 居 水 井 在 前 面， 担 子 重 又 重。
5· 6 2 2 1 7 6 5 | 6 6 5 4 3 2 2 ‖
邻 居 水 井 在 前， 担 子 重 又 重。

七字符

《方四姐游花园宝卷》

1=A $\frac{4}{4}$
♩=96

唱卷人：段子云

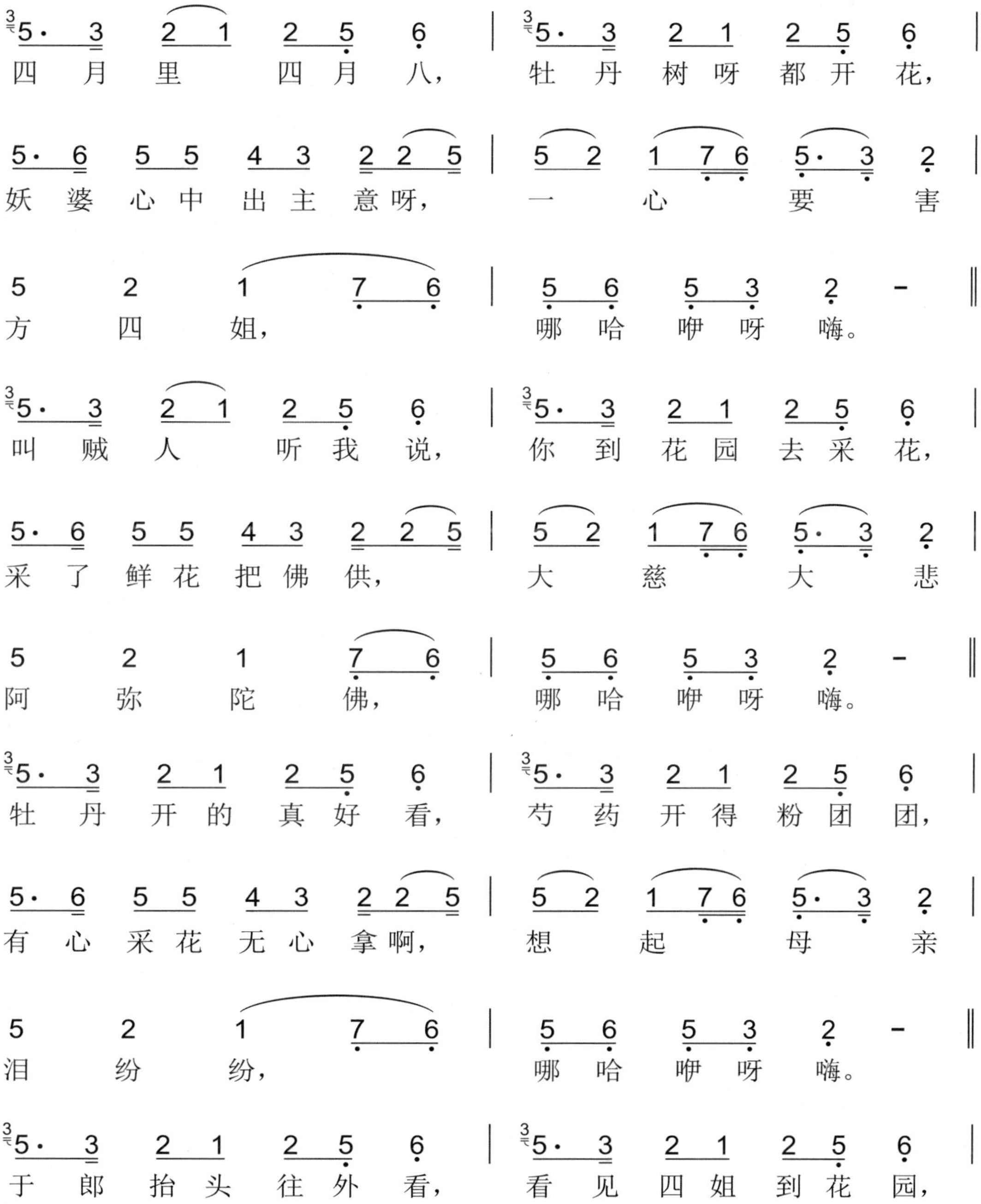

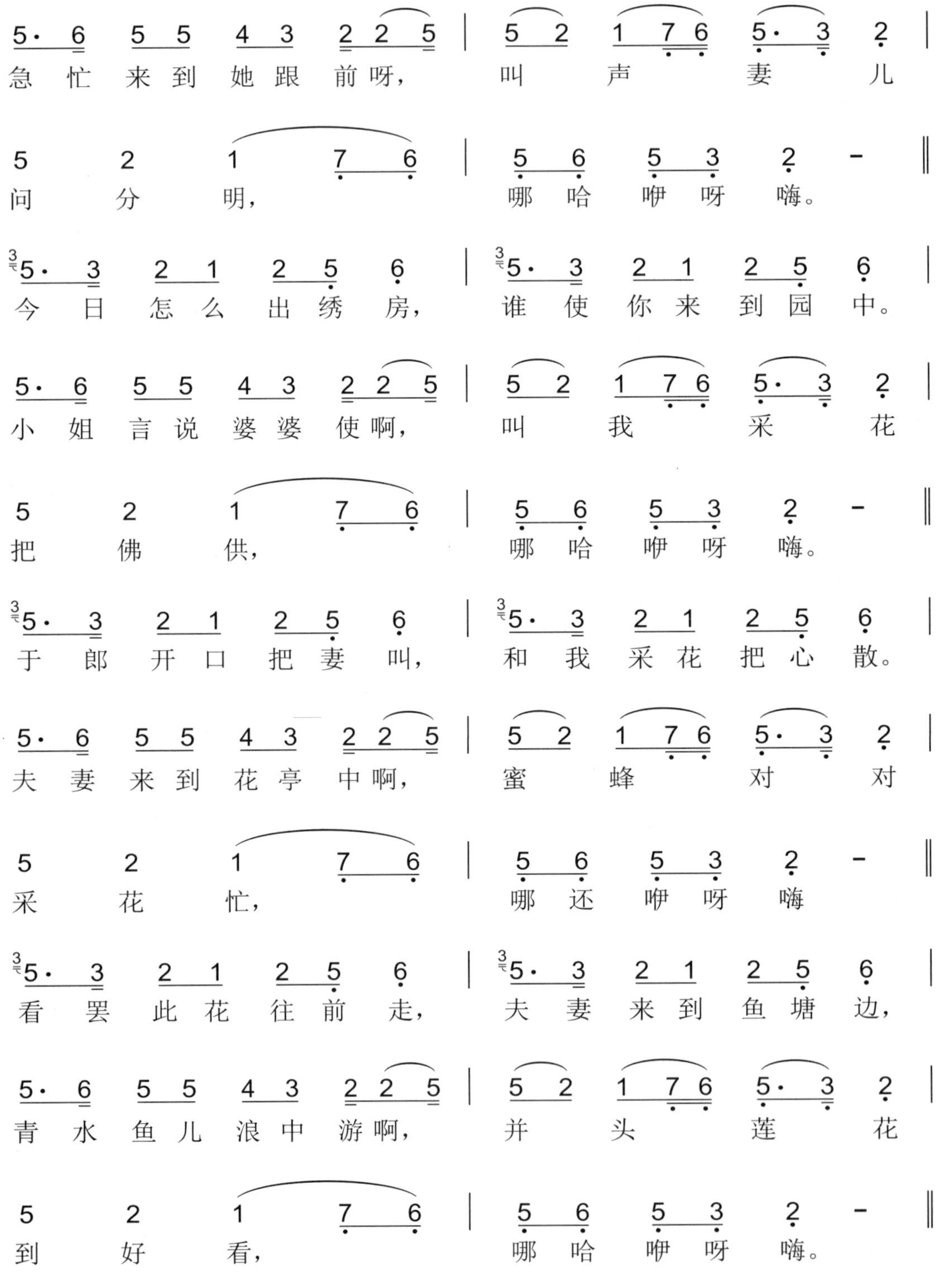
急忙来到她跟前呀，叫声妻儿
问分明，哪哈咿呀嗨。
今日怎么出绣房，谁使你来到园中。
小姐言说婆婆使啊，叫我采花
把佛供，哪哈咿呀嗨。
于郎开口把妻叫，和我采花把心散。
夫妻来到花亭中啊，蜜蜂对对
采花忙，哪还咿呀嗨
看罢此花往前走，夫妻来到鱼塘边，
青水鱼儿浪中游啊，并头莲花
到好看，哪哈咿呀嗨。

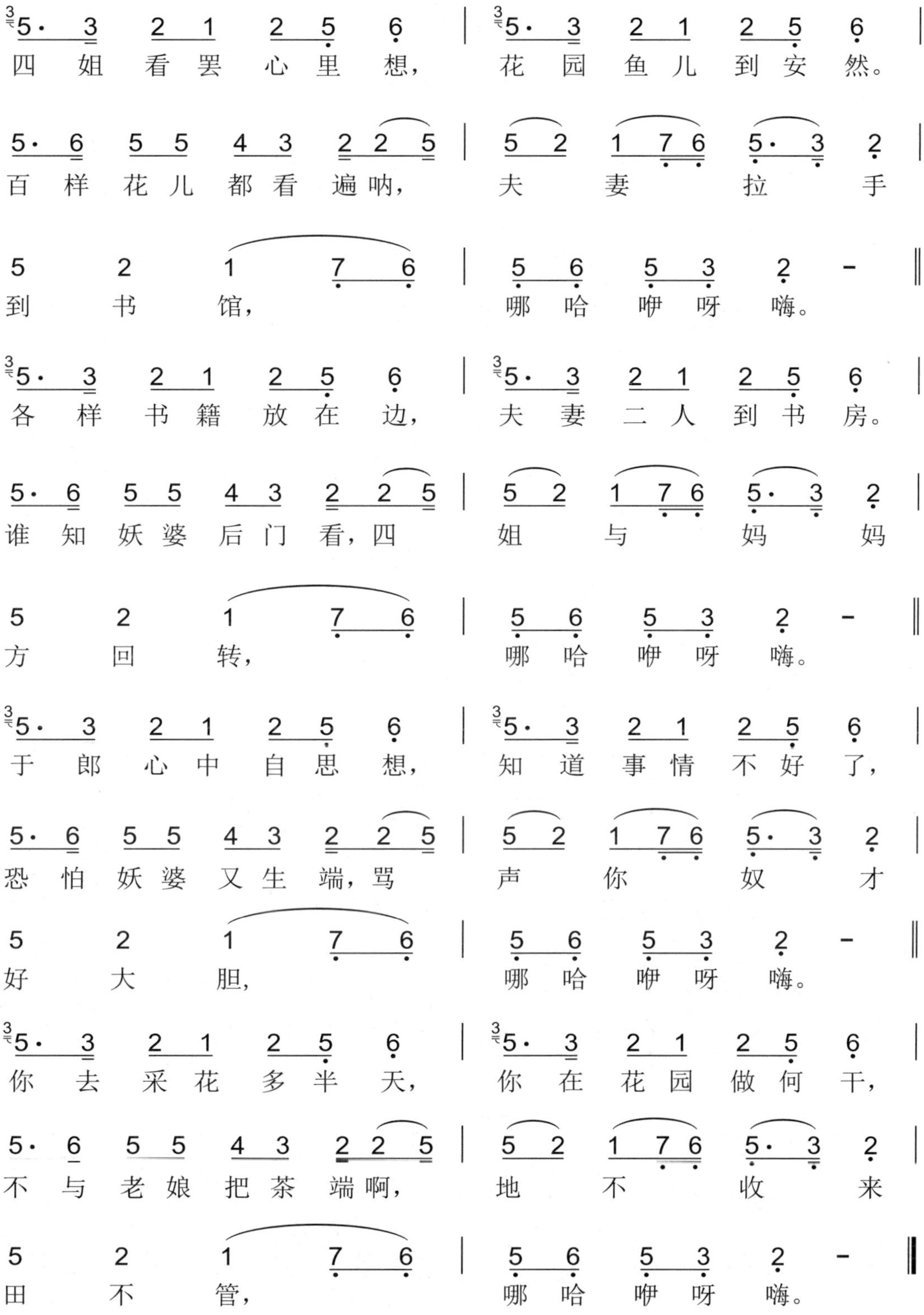
四姐看罢心里想，花园鱼儿到安然。
百样花儿都看遍呐，夫妻拉手
到书馆，哪哈咿呀嗨。
各样书籍放在边，夫妻二人到书房。
谁知妖婆后门看，四姐与妈妈
方回转，哪哈咿呀嗨。
于郎心中自思想，知道事情不好了，
恐怕妖婆又生端，骂声你奴才
好大胆，哪哈咿呀嗨。
你去采花多半天，你在花园做何干，
不与老娘把茶端啊，地不收来
田不管，哪哈咿呀嗨。

十字符

《方四姐哭五更宝卷》

1=♭B 2/4
♩=96

唱卷人：段子云

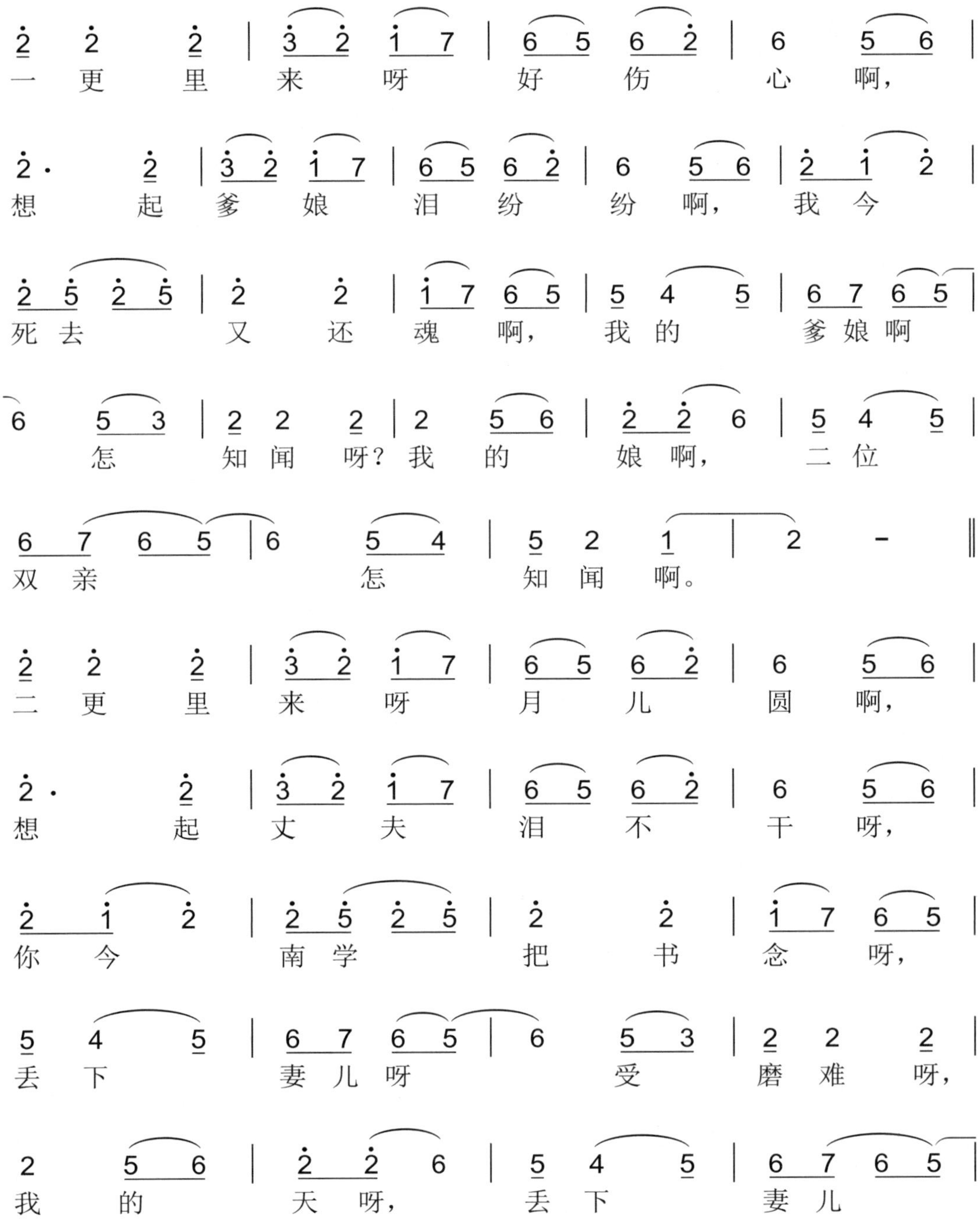

受磨难啊。
三更里来呀月正蓝呀，
睡在床上哭连天，
浑身上下都打烂呀，
昏迷不醒啊无安然呀，
我的天呀，昏迷不醒
无安然啊。
四更里来呀做睡梦呀，
灵魂走到娘家门，
双亲面前说细听，
一把啊拉住放声悲啊，

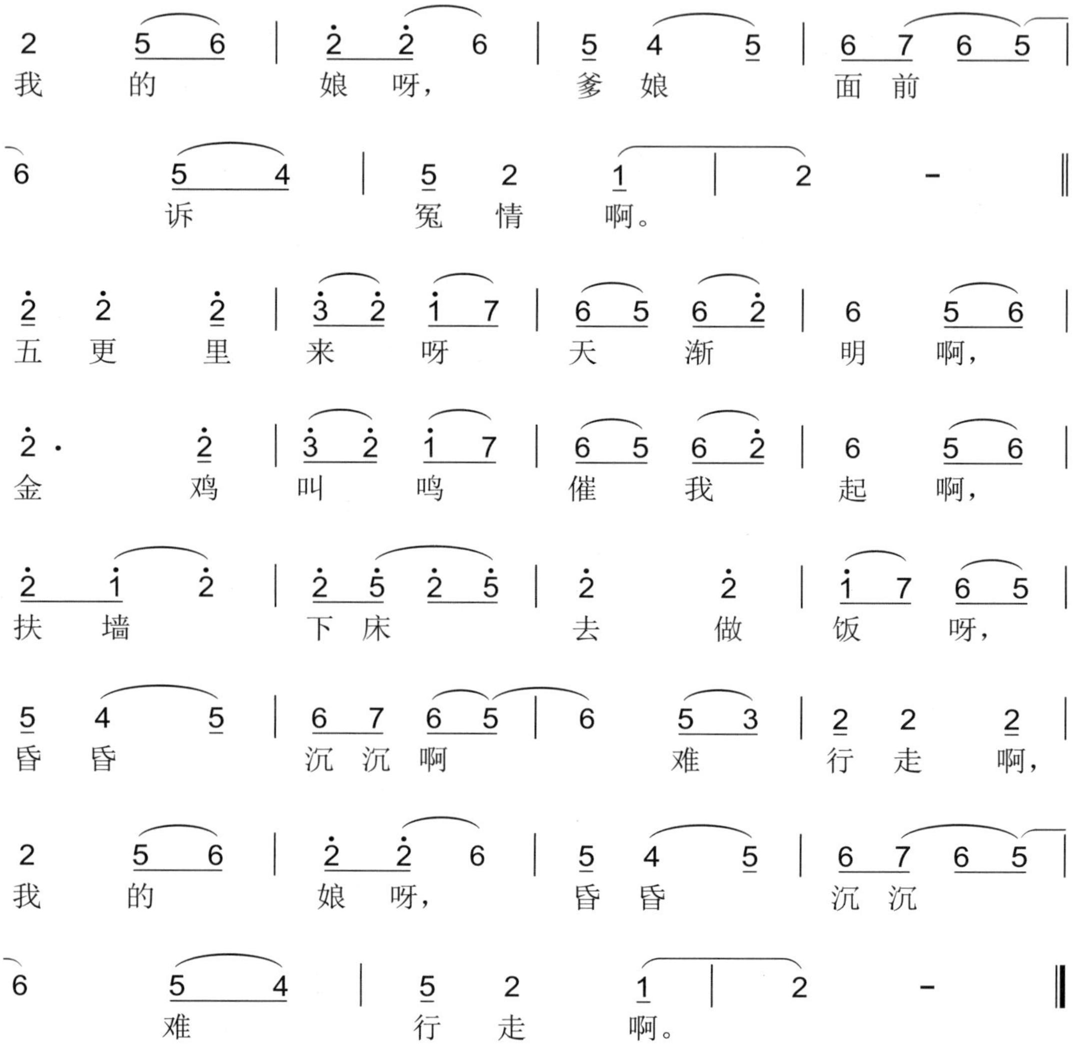
我的娘呀，爹娘面前
诉冤情啊。
五更里来呀天渐明啊，
金鸡叫鸣催我起啊，
扶墙下床去做饭呀，
昏昏沉沉啊难行走啊，
我的娘呀，昏昏沉沉
难行走啊。

十字符

《康熙宝卷结尾》

1=♭E 2/4
♩=96

唱卷人：张德礼

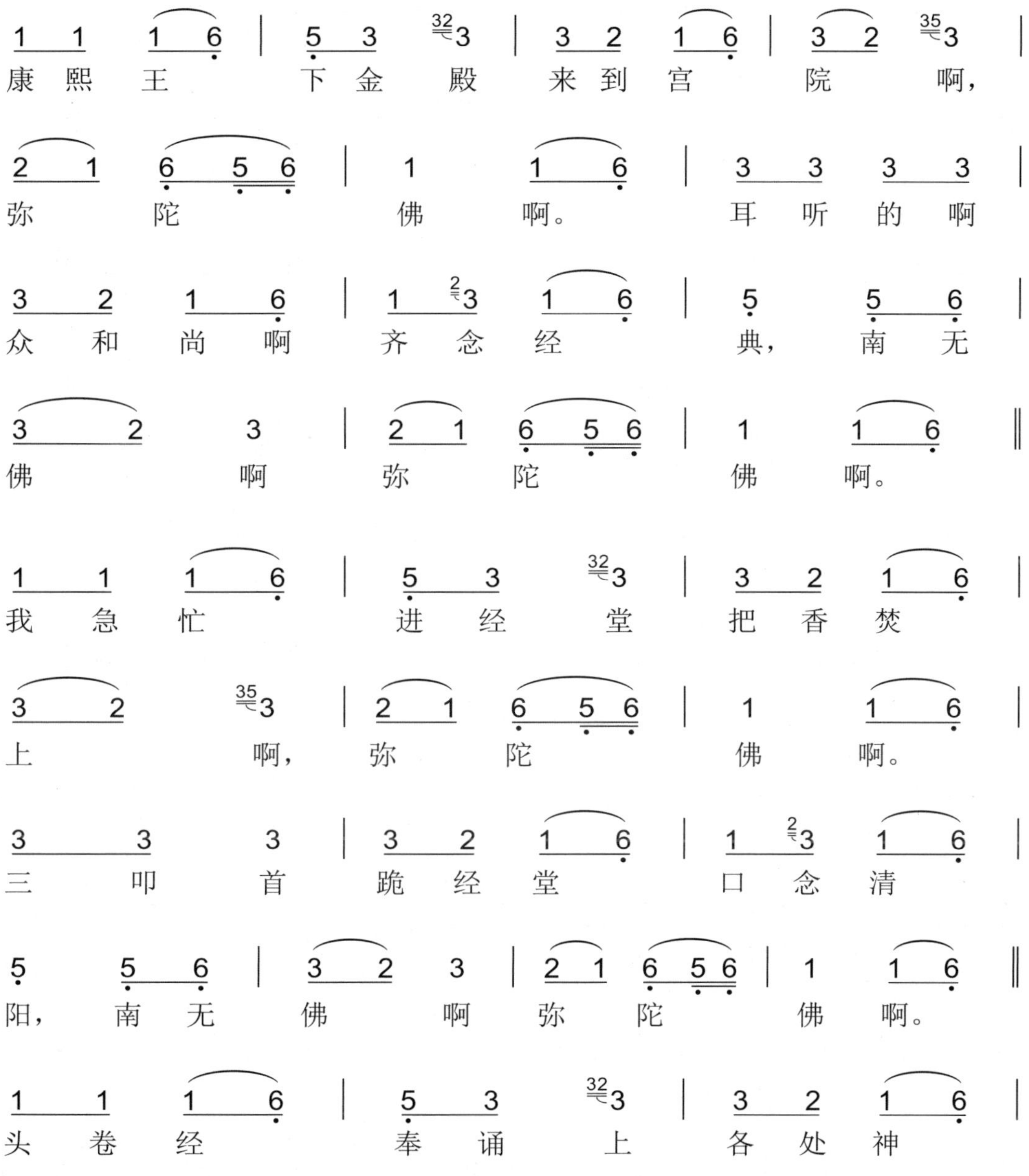

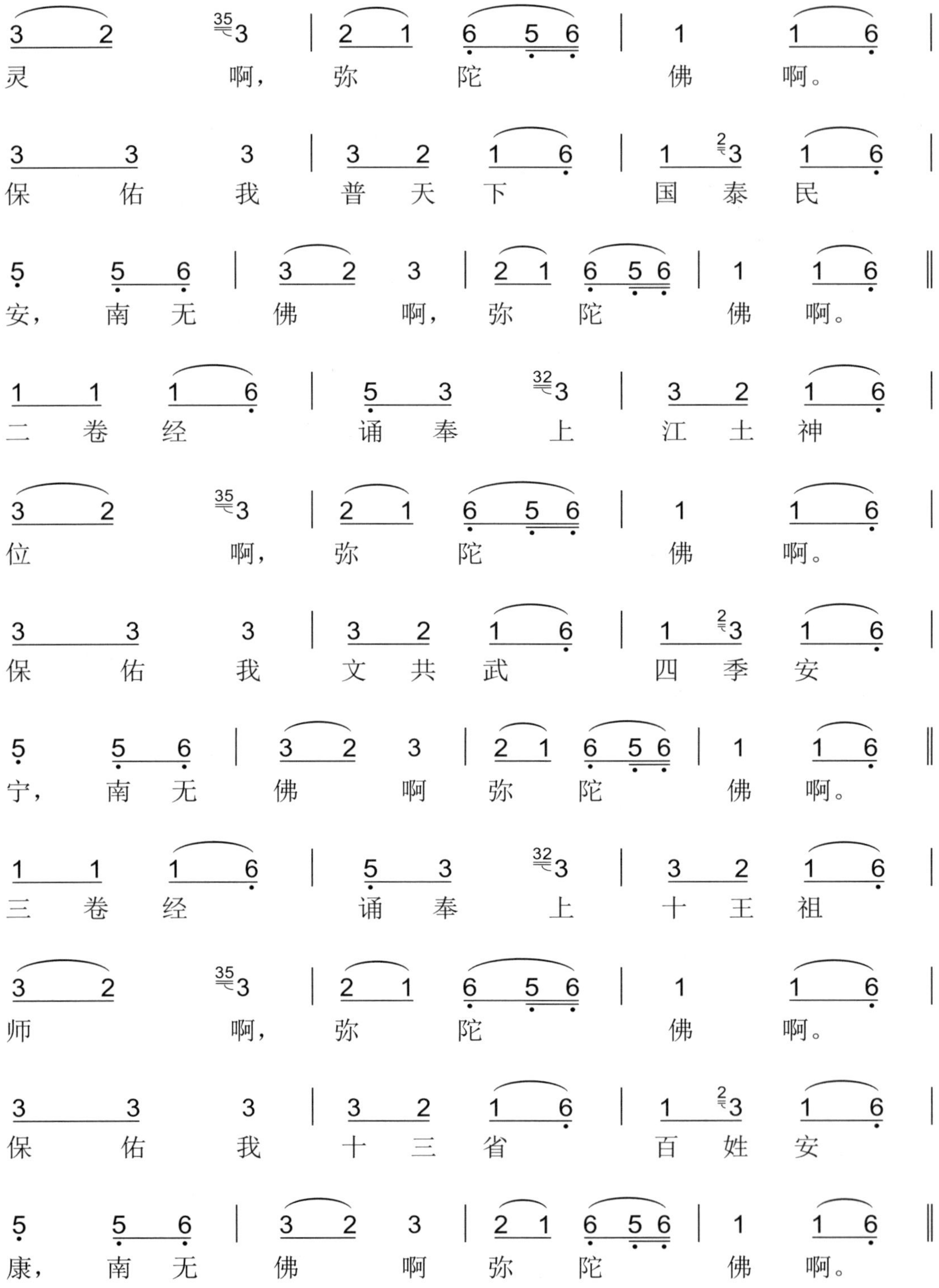
灵 啊，弥 陀 佛 啊。
保 佑 我 普 天 下 国 泰 民
安，南 无 佛 啊，弥 陀 佛 啊。
二 卷 经 诵 奉 上 江 土 神
位 啊，弥 陀 佛 啊。
保 佑 我 文 共 武 四 季 安
宁，南 无 佛 啊 弥 陀 佛 啊。
三 卷 经 诵 奉 上 十 王 祖
师 啊，弥 陀 佛 啊。
保 佑 我 十 三 省 百 姓 安
康，南 无 佛 啊 弥 陀 佛 啊。

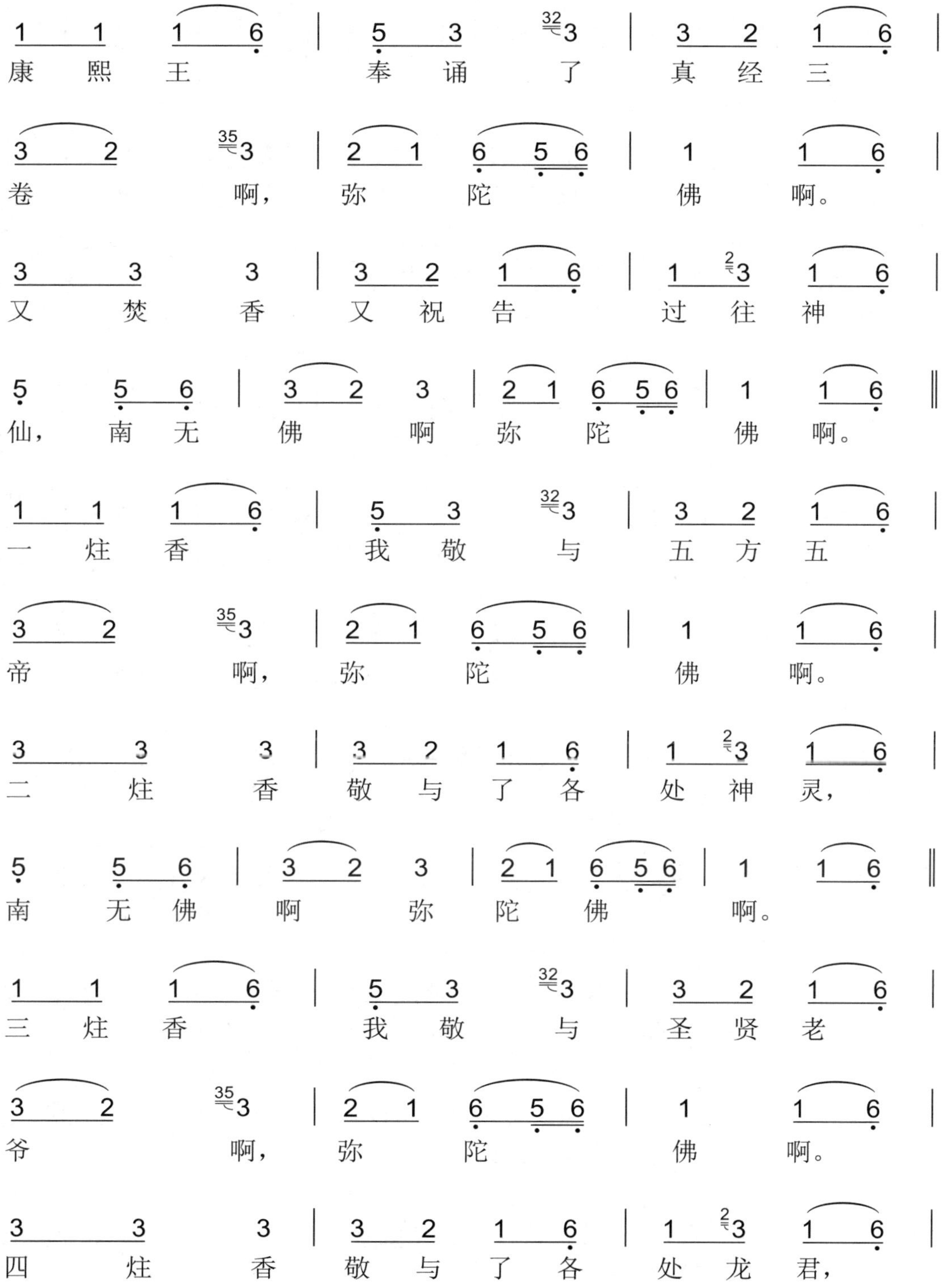
康熙王奉诵了真经三
卷啊，弥陀佛啊。
又焚香又祝告过往神
仙，南无佛啊弥陀佛啊。
一炷香我敬与五方五
帝啊，弥陀佛啊。
二炷香敬与了各处神灵，
南无佛啊弥陀佛啊。
三炷香我敬与圣贤老
爷啊，弥陀佛啊。
四炷香敬与了各处龙君，

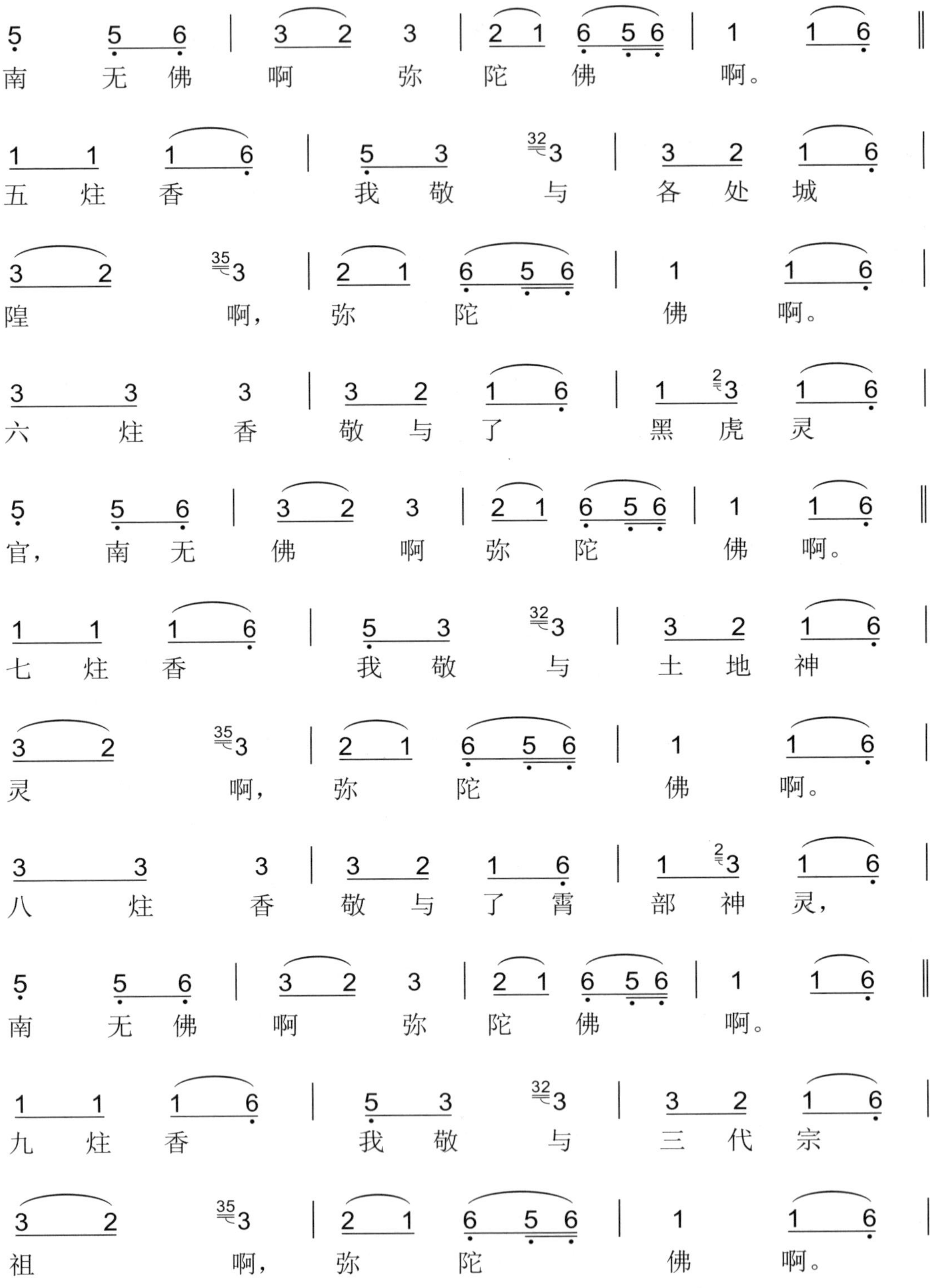
南无佛啊弥陀佛啊。
五炷香我敬与各处城
隍啊，弥陀佛啊。
六炷香敬与了黑虎灵
官，南无佛啊弥陀佛啊。
七炷香我敬与土地神
灵啊，弥陀佛啊。
八炷香敬与了霄部神灵，
南无佛啊弥陀佛啊。
九炷香我敬与三代宗
祖啊，弥陀佛啊。

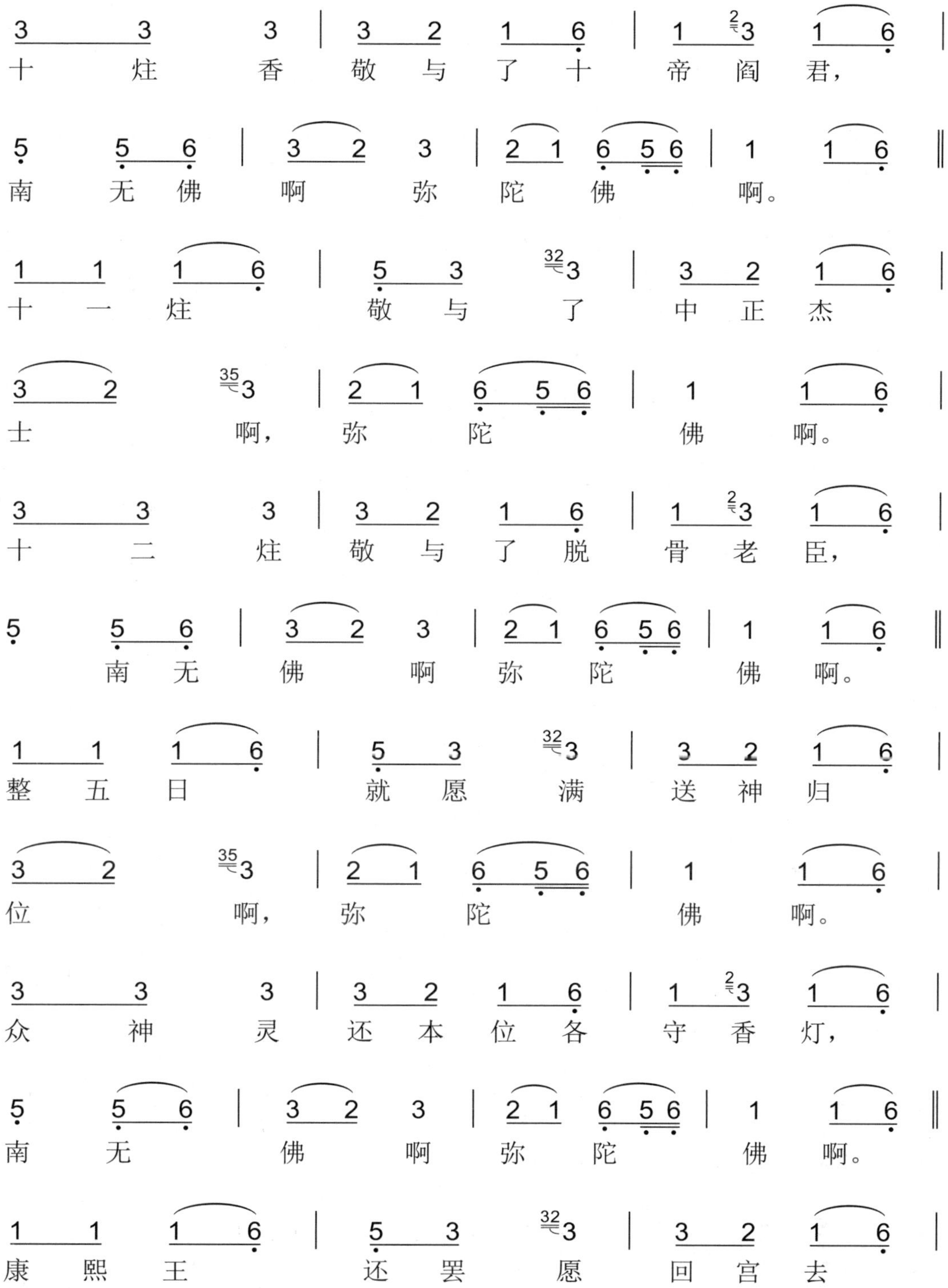
十炷香敬与了十帝阎君，
南无佛啊弥陀佛啊。
十一炷敬与了中正杰
士啊，弥陀佛啊。
十二炷敬与了脱骨老臣，
南无佛啊弥陀佛啊。
整五日就愿满送神归
位啊，弥陀佛啊。
众神灵还本位各守香灯，
南无佛啊弥陀佛啊。
康熙王还罢愿回宫去

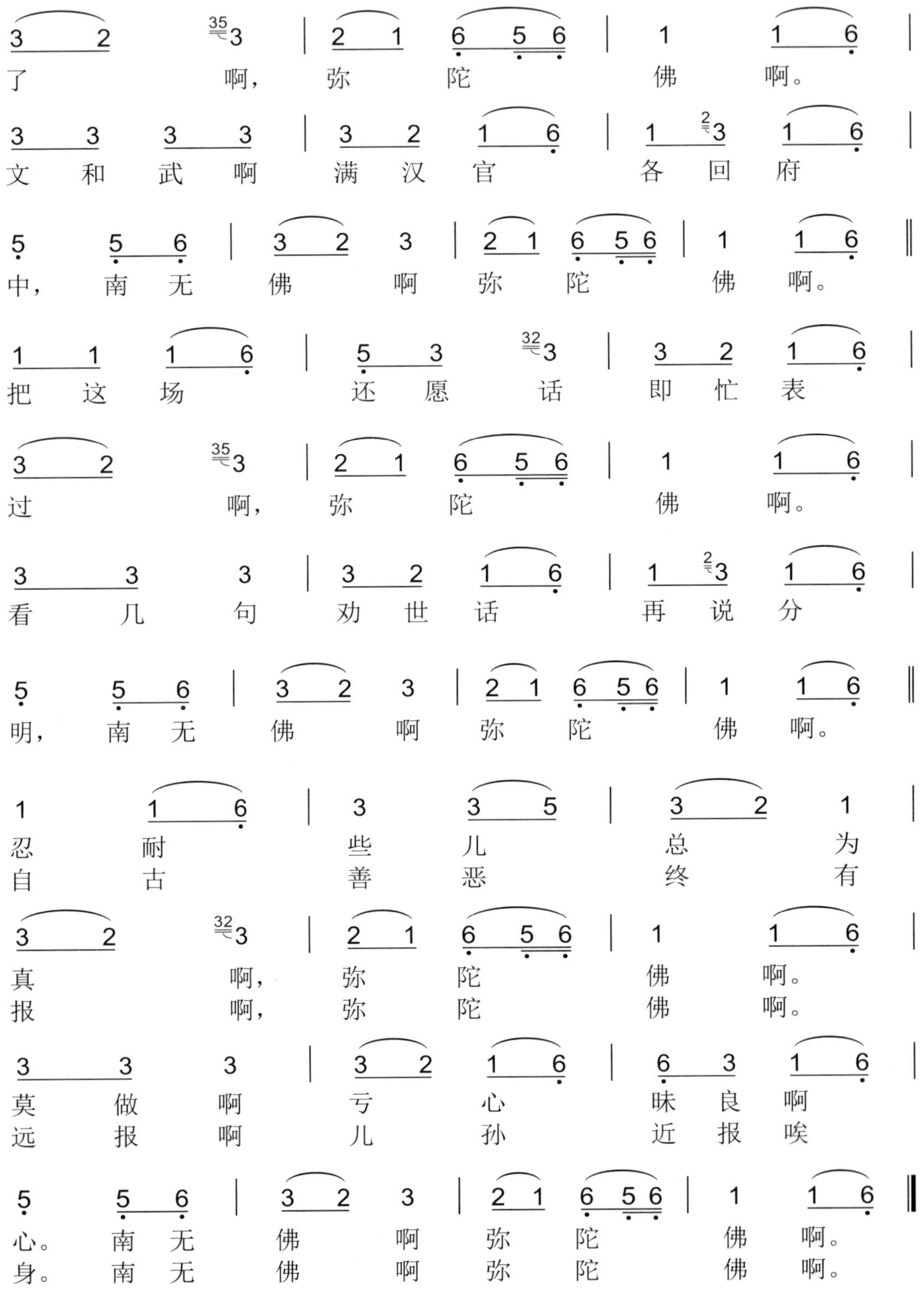
了 啊，弥 陀 佛 啊。
文 和 武 啊 满 汉 官 各 回 府
中，南 无 佛 啊 弥 陀 佛 啊。
把 这 场 还 愿 话 即 忙 表
过 啊，弥 陀 佛 啊。
看 几 句 劝 世 话 再 说 分
明，南 无 佛 啊 弥 陀 佛 啊。
忍 耐 些 儿 总 为
自 古 善 恶 终 有
真 啊，弥 陀 佛 啊。
报 啊，弥 陀 佛 啊。
莫 做 啊 亏 心 昧 良 啊
远 报 啊 儿 孙 近 报 唉
心。南 无 佛 啊 弥 陀 佛 啊。
身。南 无 佛 啊 弥 陀 佛 啊。

十字符

《十劝人心—孔雀明王宝卷》

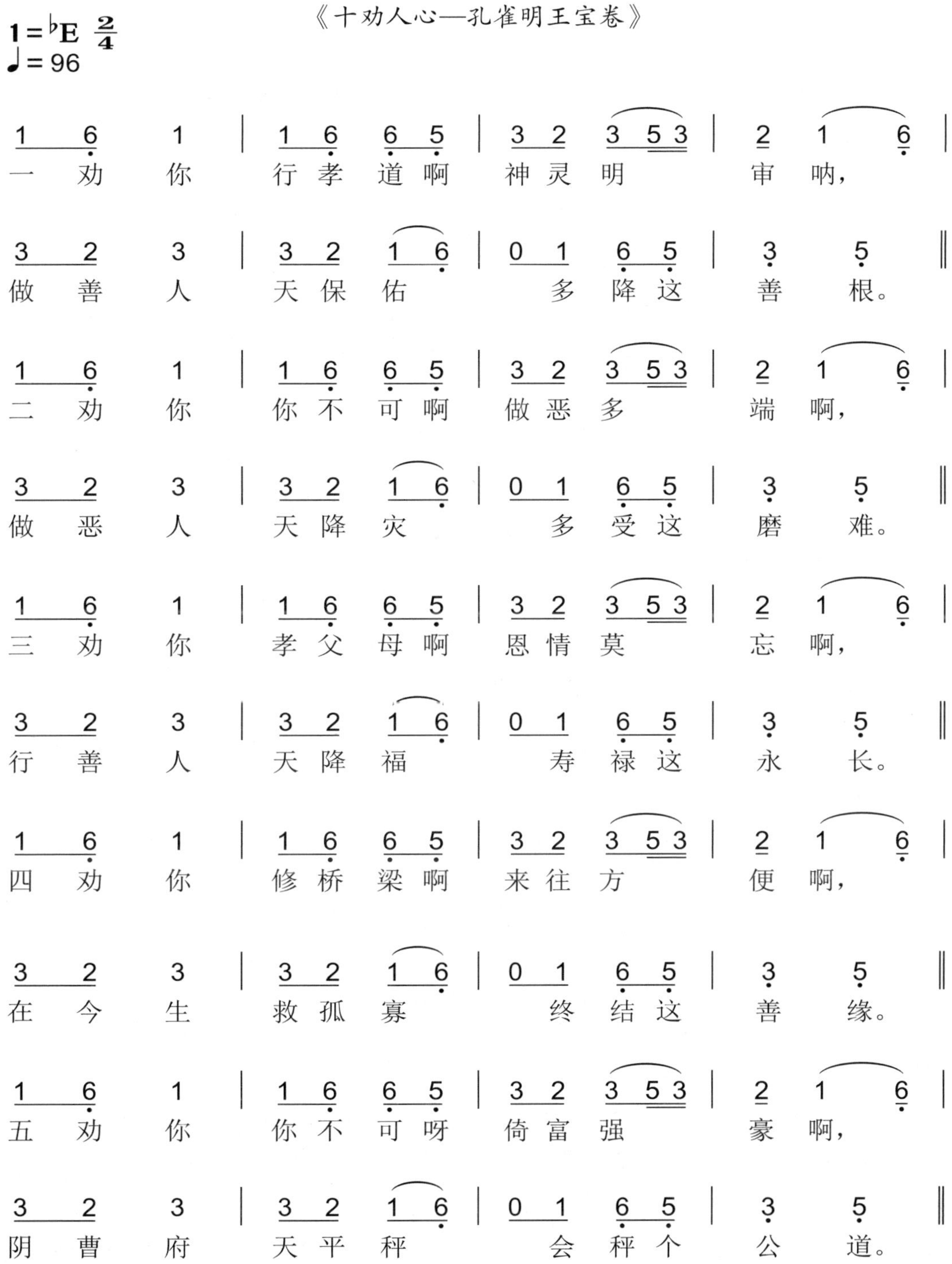

1 6 1 | 1 6 6 5 | 3 2 3 5 3 | 2 1 6 |
六劝你 你不可呀 挑唆诡 辩啊，

3 2 3 | 3 2 1 6 | 0 1 6 5 | 3 5 ‖
十阎君 那地方 哪容你 分辩。

1 6 1 | 1 6 6 5 | 3 2 3 5 3 | 2 1 6 |
七劝你 你不可呀 欺强后 生啊，

3 2 3 | 3 2 1 6 | 0 1 6 5 | 3 5 ‖
比高低 争高下 礼上不 光彩。

1 6 1 | 1 6 6 5 | 3 2 3 5 3 | 2 1 6 |
八劝你 你不可呀 私心留 偏啊，

3 2 3 | 3 2 1 6 | 0 1 6 5 | 3 5 ‖
留偏了 再一世 猪羊就 转变。

1 6 1 | 1 6 6 5 | 3 2 3 5 3 | 2 1 6 |
九劝你 你不可呀 欺孤压 贫啊，

3 2 3 | 3 2 1 6 | 0 1 6 5 | 3 5 ‖
欺了孤 压了贫 良心就 丧完。

1 6 1 | 1 6 6 5 | 3 2 3 5 3 | 2 1 6 |
十劝你 你不可呀 倚公挟 私啊，

3 2 3 | 3 2 1 6 | 0 1 6 5 | 3 5 ‖
挟了私 来世里 就变了 牲畜。

1 6 1 | 1 6 6 5 | 3 2 3 5 3 | 2 1 6 |
劝世人 行好事啊 多行方 便啊，

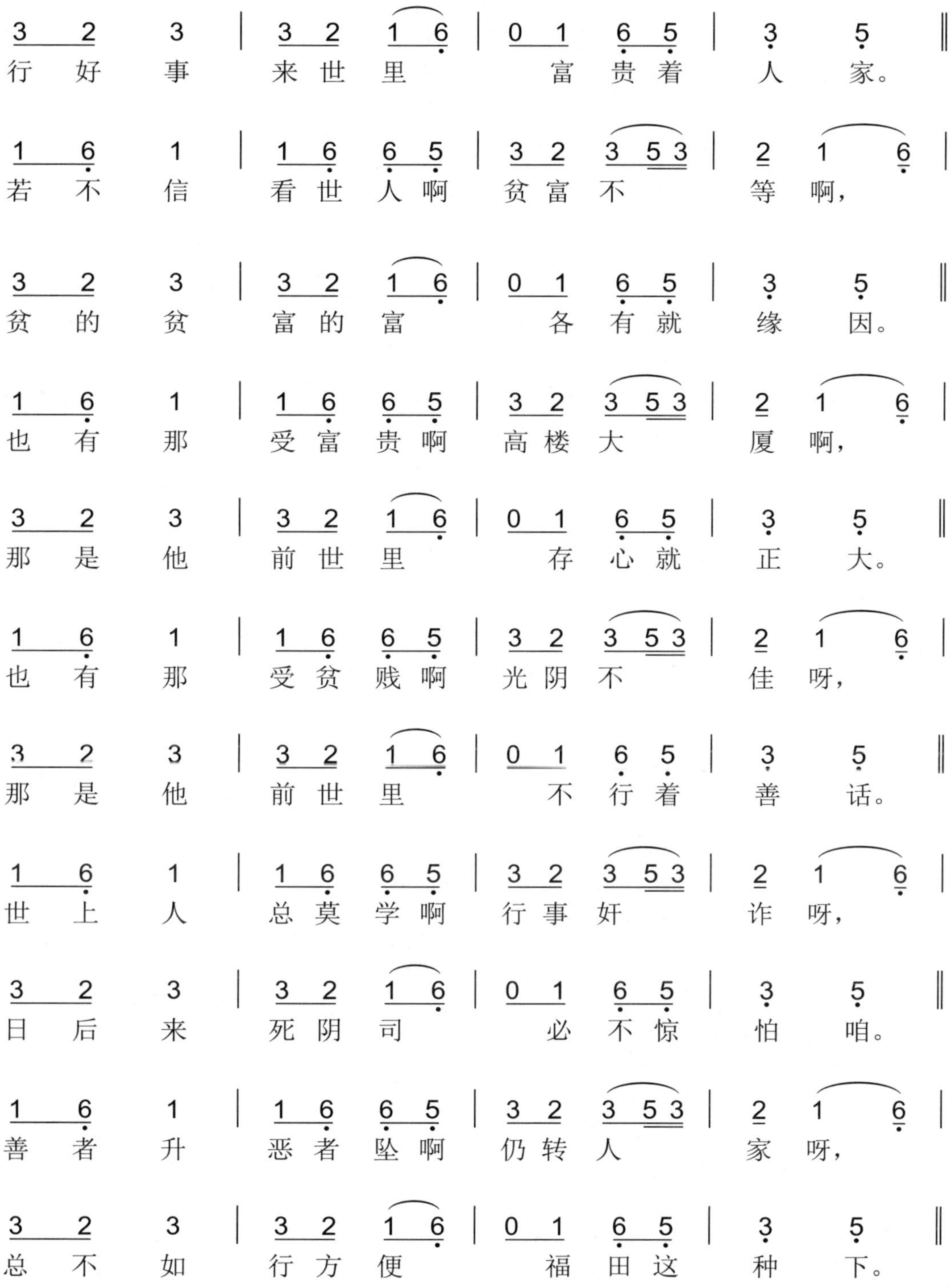
行好事来世里富贵着人家。
若不信看世人啊贫富不等啊，
贫的贫富的富各有就缘因。
也有那受富贵啊高楼大厦啊，
那是他前世里存心就正大。
也有那受贫贱啊光阴不佳呀，
那是他前世里不行着善话。
世上人总莫学啊行事奸诈呀，
日后来死阴司必不惊怕咱。
善者升恶者坠啊仍转人家呀，
总不如行方便福田这种下。

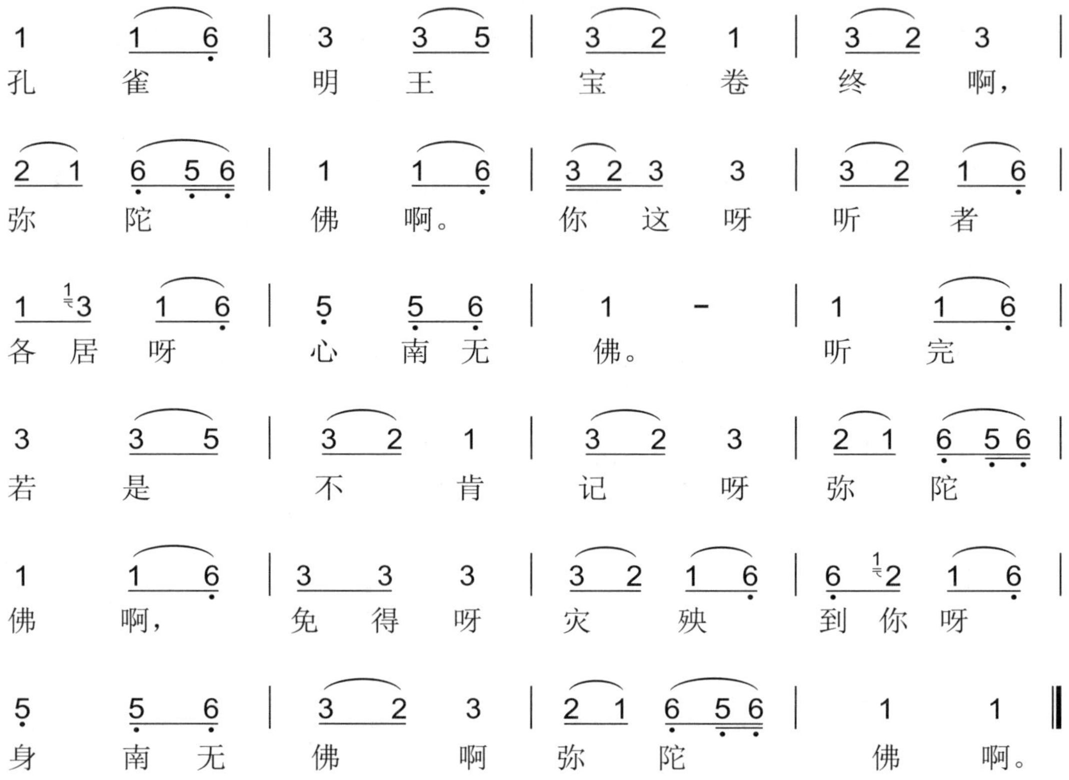
孔雀明王宝卷终啊，
弥陀佛啊。你这呀听者
各居呀心南无佛。听完
若是不肯记呀弥陀
佛啊，免得呀灾殃到你呀
身南无佛啊弥陀佛啊。

七字符

《康熙宝卷选段》

1=♭E 2/4
♩=96

唱卷人：张德礼

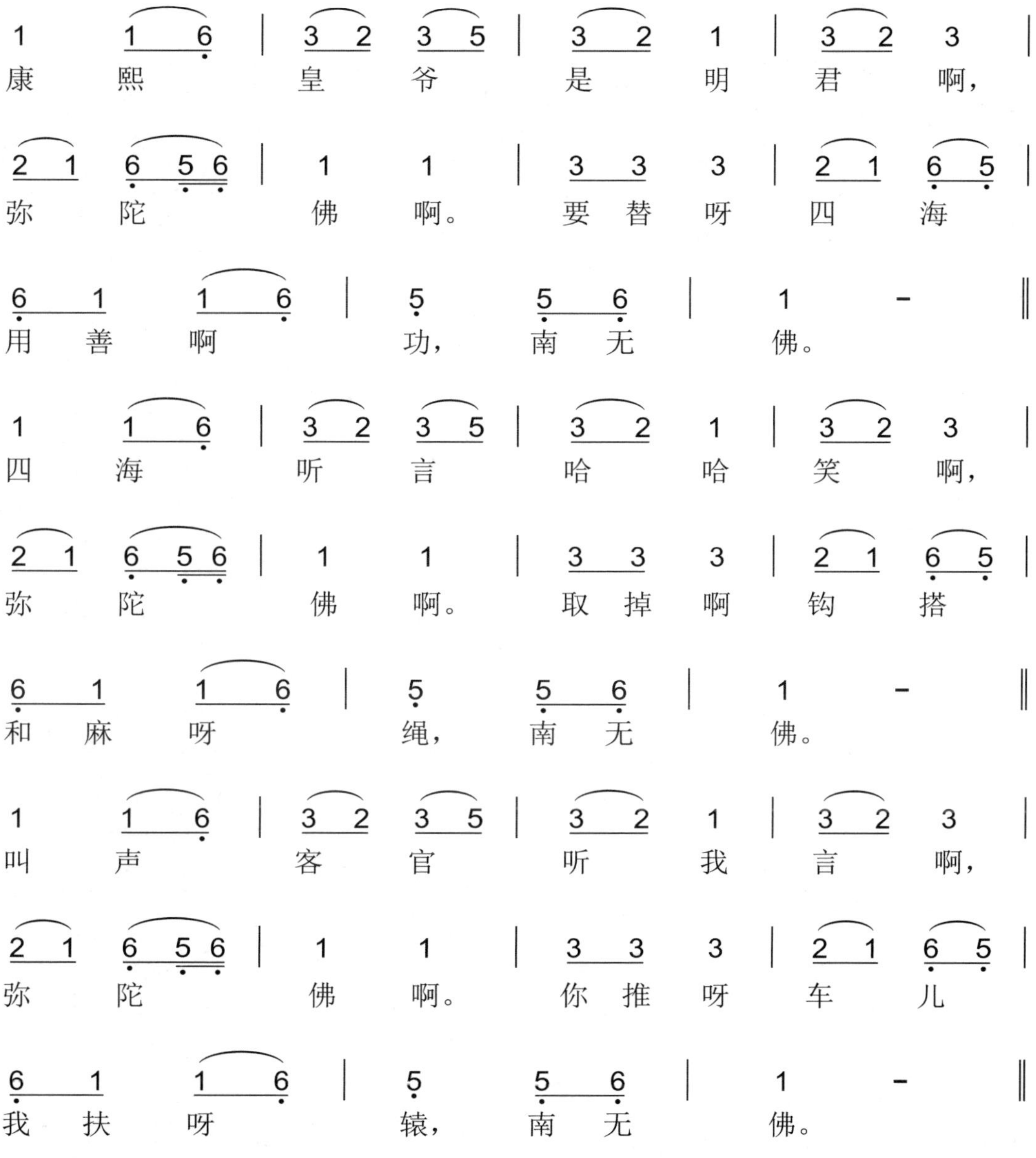

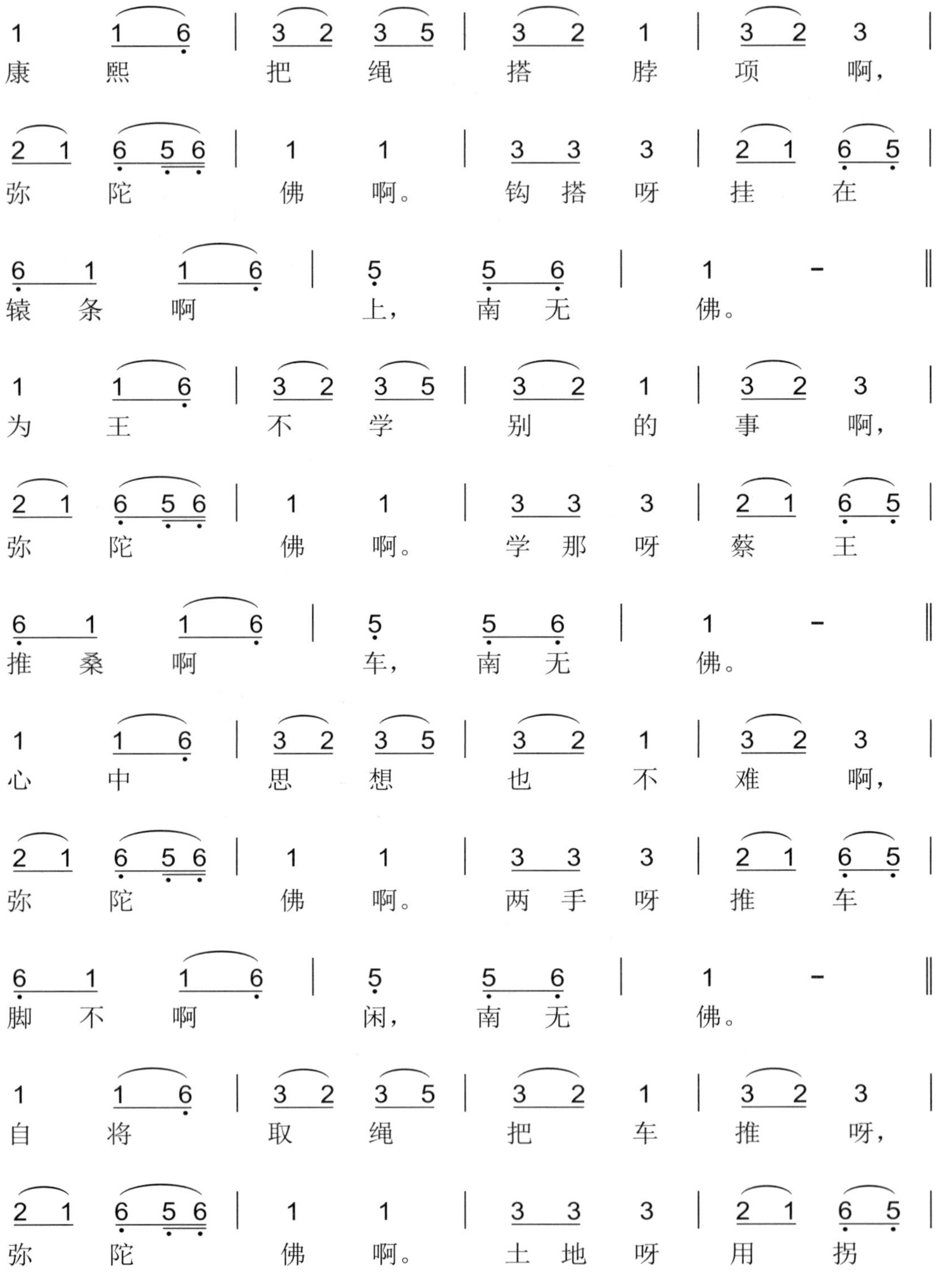
康熙把绳搭脖项啊，
弥陀佛啊。钩搭呀挂在
辕条啊上，南无佛。
为王不学别的事啊，
弥陀佛啊。学那呀蔡王
推桑啊车，南无佛。
心中思想也不难啊，
弥陀佛啊。两手呀推车
脚不啊闲，南无佛。
自将取绳把车推呀，
弥陀佛啊。土地呀用拐

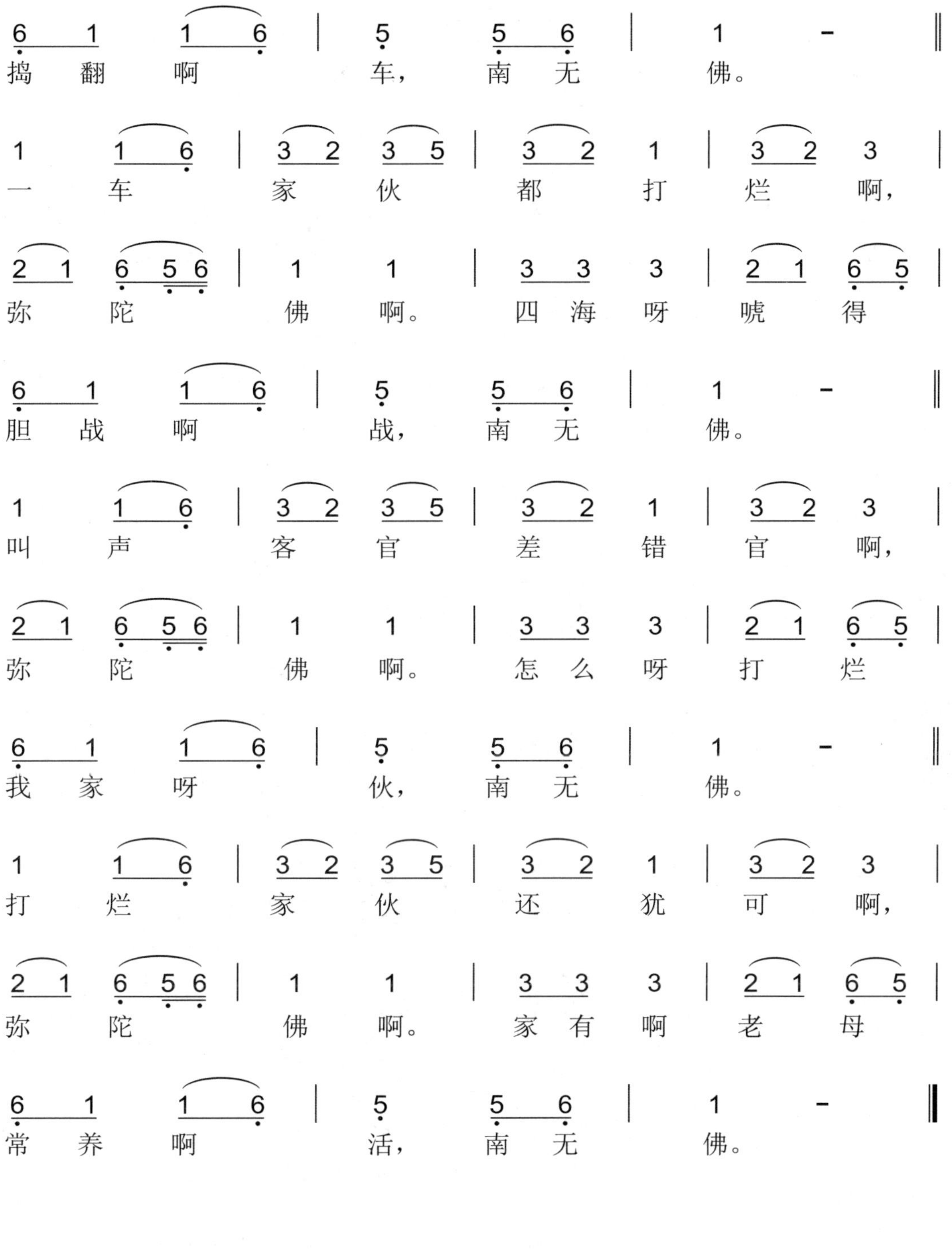
捣翻啊车，南无佛。
一车家伙都打烂啊，
弥陀佛啊。四海呀唬得
胆战啊战，南无佛。
叫声客官差错官啊，
弥陀佛啊。怎么呀打烂
我家呀伙，南无佛。
打烂家伙还犹可啊，
弥陀佛啊。家有啊老母
常养啊活，南无佛。

浪淘沙

《贫和尚出家全卷》（含念白）

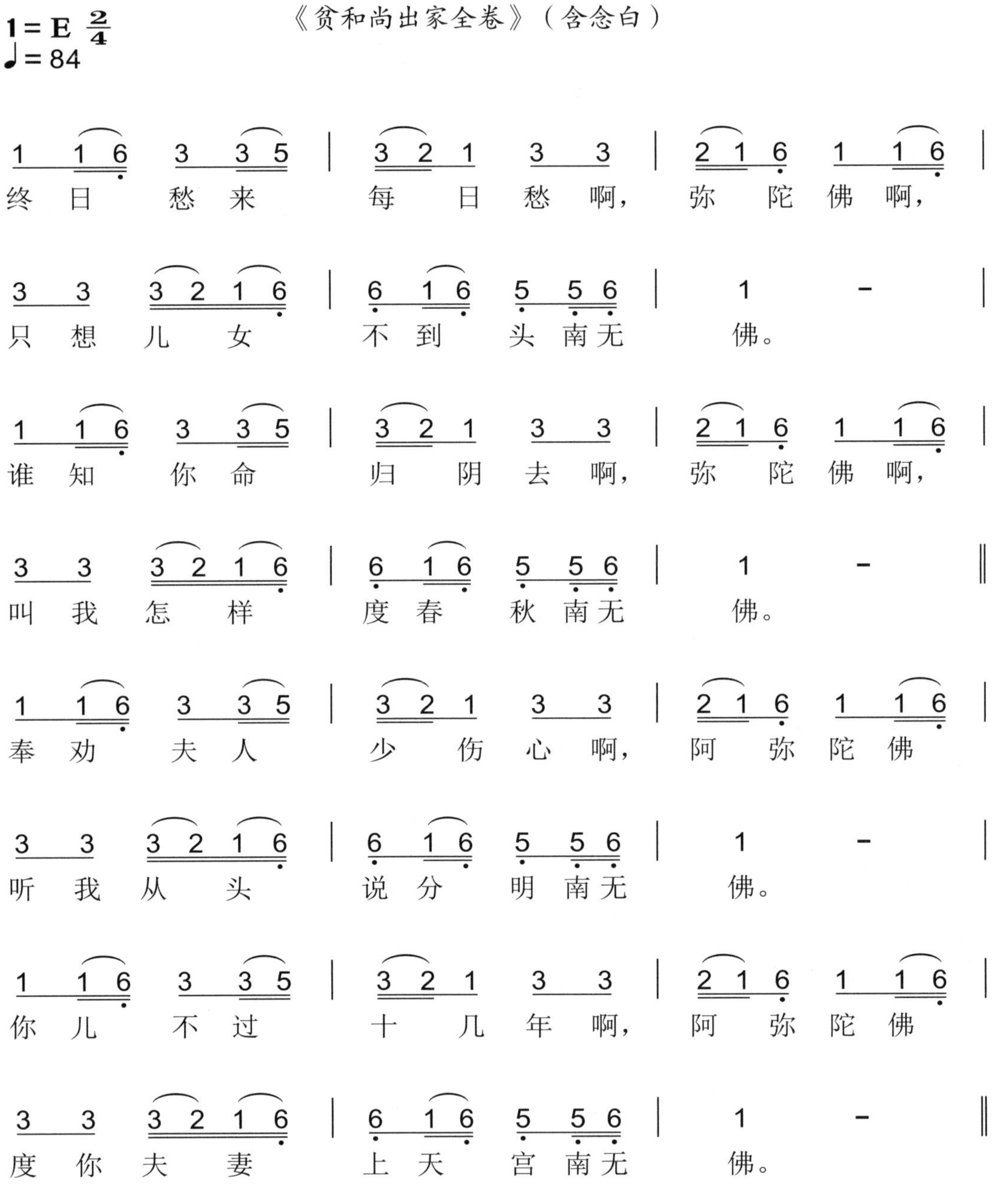

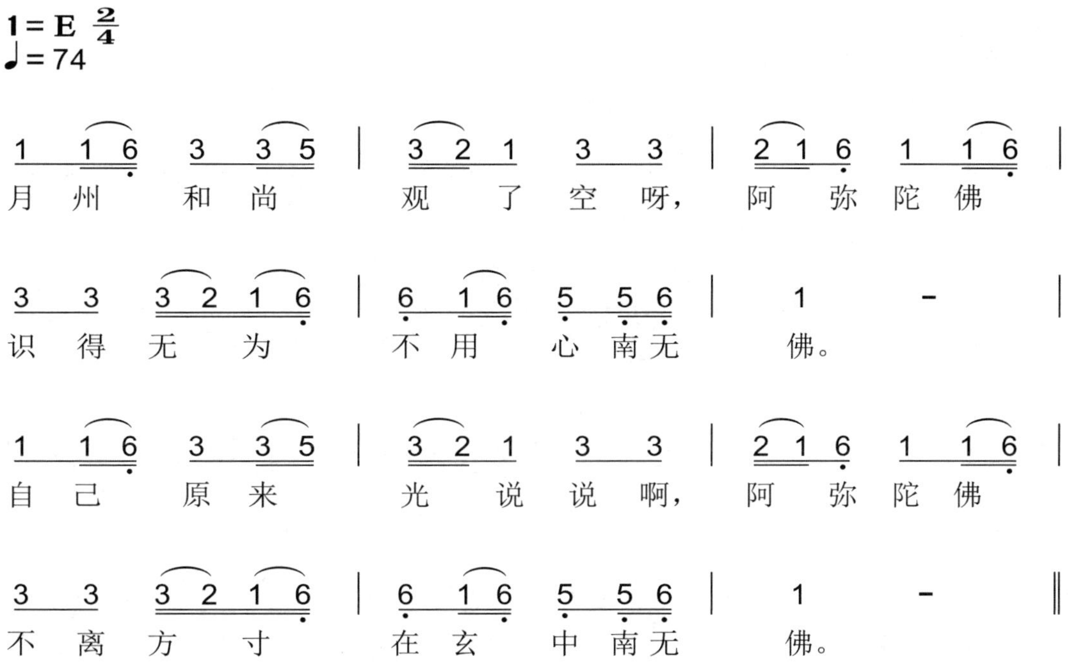
1=E 2/4
♩=74
月州和尚观了空呀，阿弥陀佛
识得无为不用心南无佛。
自己原来光说说啊，阿弥陀佛
不离方寸在玄中南无佛。

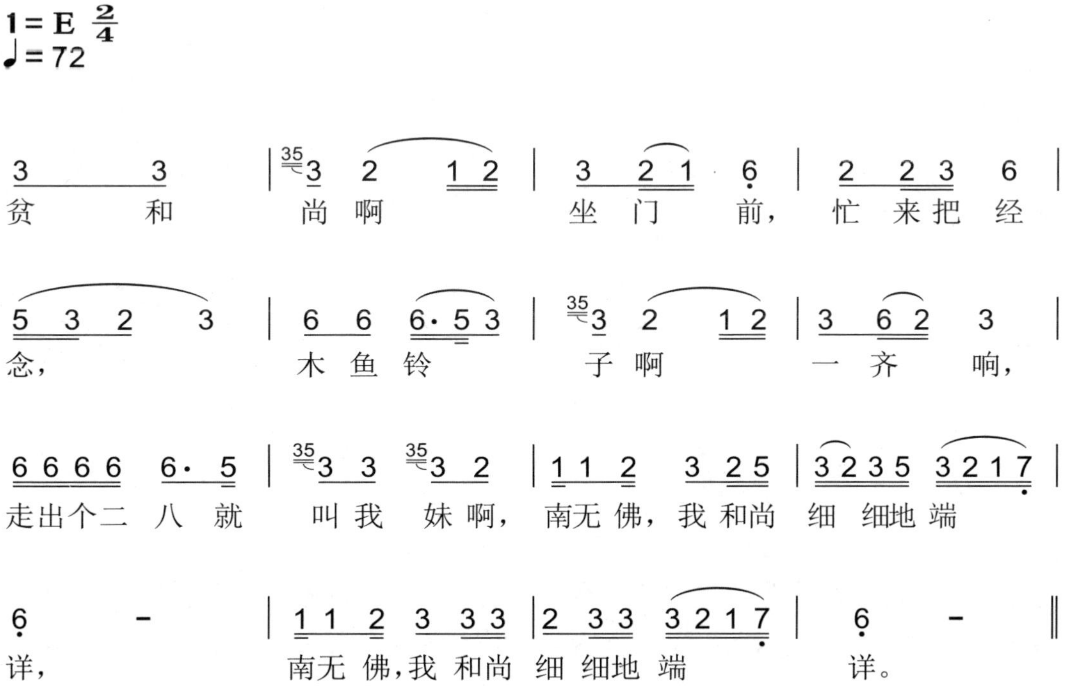
1=E 2/4
♩=72
贫和尚啊坐门前，忙来把经
念，木鱼铃子啊一齐响，
走出个二八就叫我妹啊，南无佛，我和尚细细地端
详，南无佛，我和尚细细地端详。

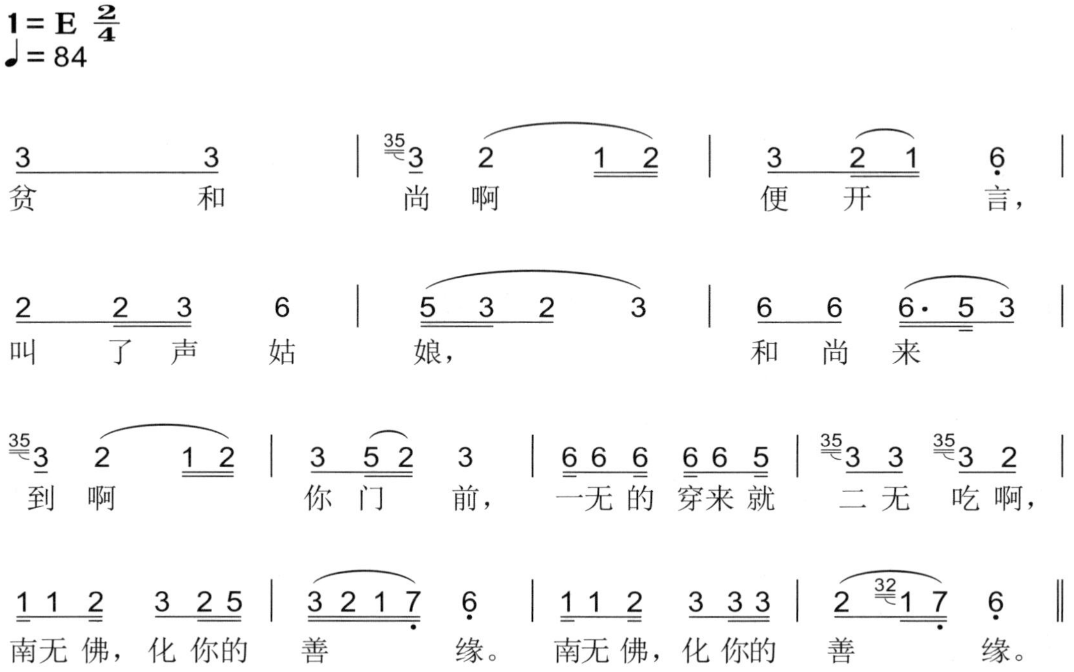
1＝E 2/4
♩＝84
贫 和 尚 啊 便 开 言，
叫 了 声 姑 娘，和 尚 来
到 啊 你 门 前，一无 的 穿来 就 二 无 吃 啊，
南无 佛，化 你的 善 缘。南无 佛，化 你的 善 缘。

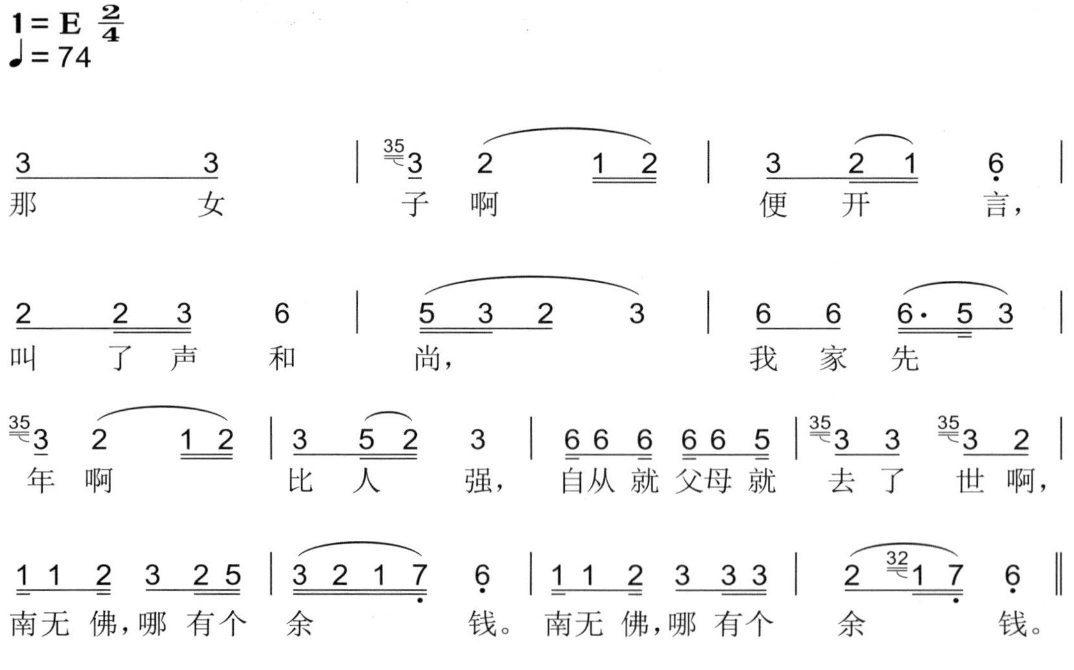
1＝E 2/4
♩＝74
那 女 子 啊 便 开 言，
叫 了 声 和 尚，我 家 先
年 啊 比 人 强，自从 就 父母 就 去 了 世 啊，
南无 佛，哪 有个 余 钱。南无 佛，哪 有个 余 钱。

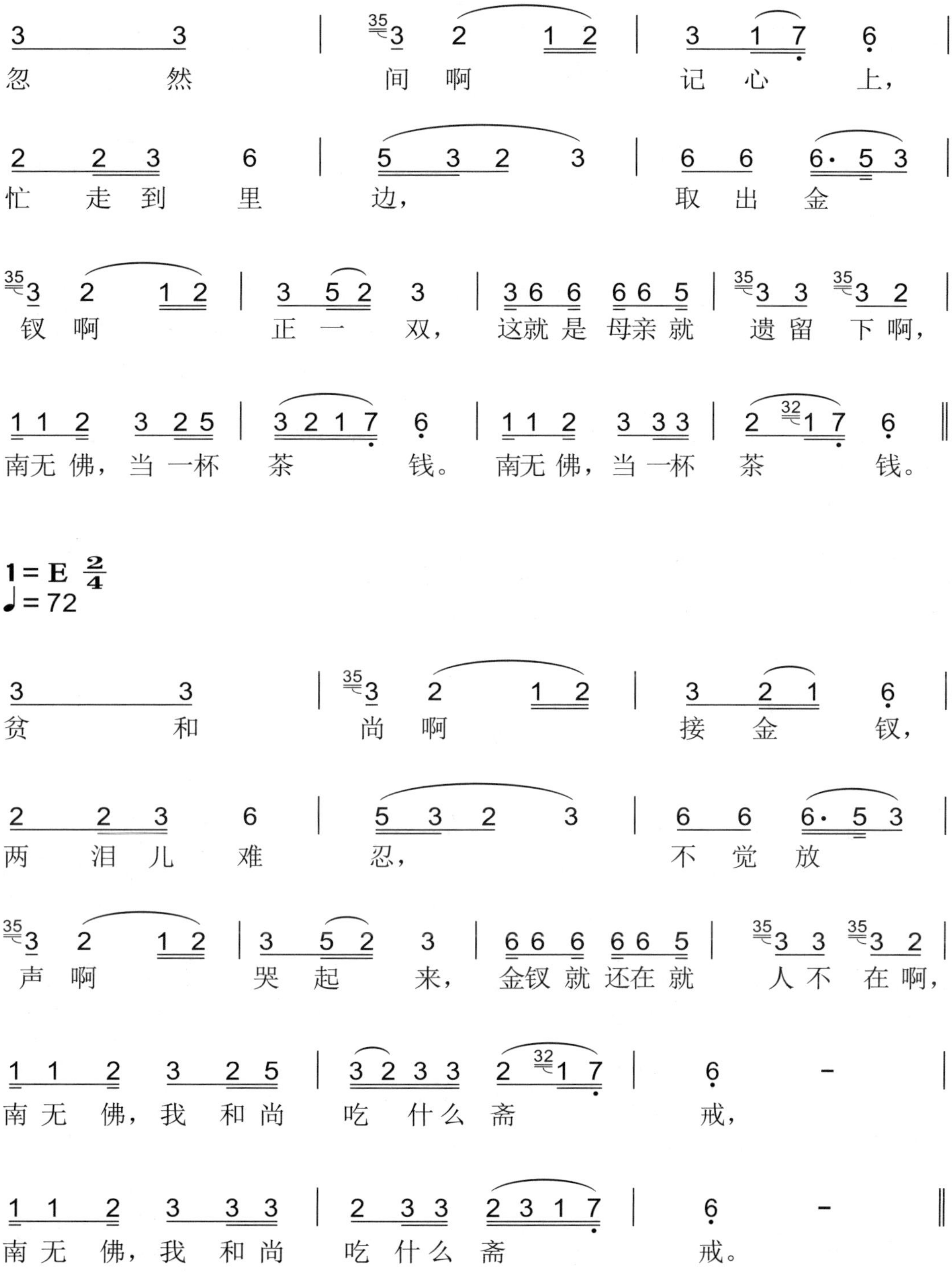
忽然间啊记心上，
忙走到里边，取出金
钗啊正一双，这就是母亲就遗留下啊，
南无佛，当一杯茶钱。南无佛，当一杯茶钱。
1 = E 2/4
♩= 72
贫和尚啊接金钗，
两泪儿难忍，不觉放
声啊哭起来，金钗就还在就人不在啊，
南无佛，我和尚吃什么斋戒，
南无佛，我和尚吃什么斋戒。

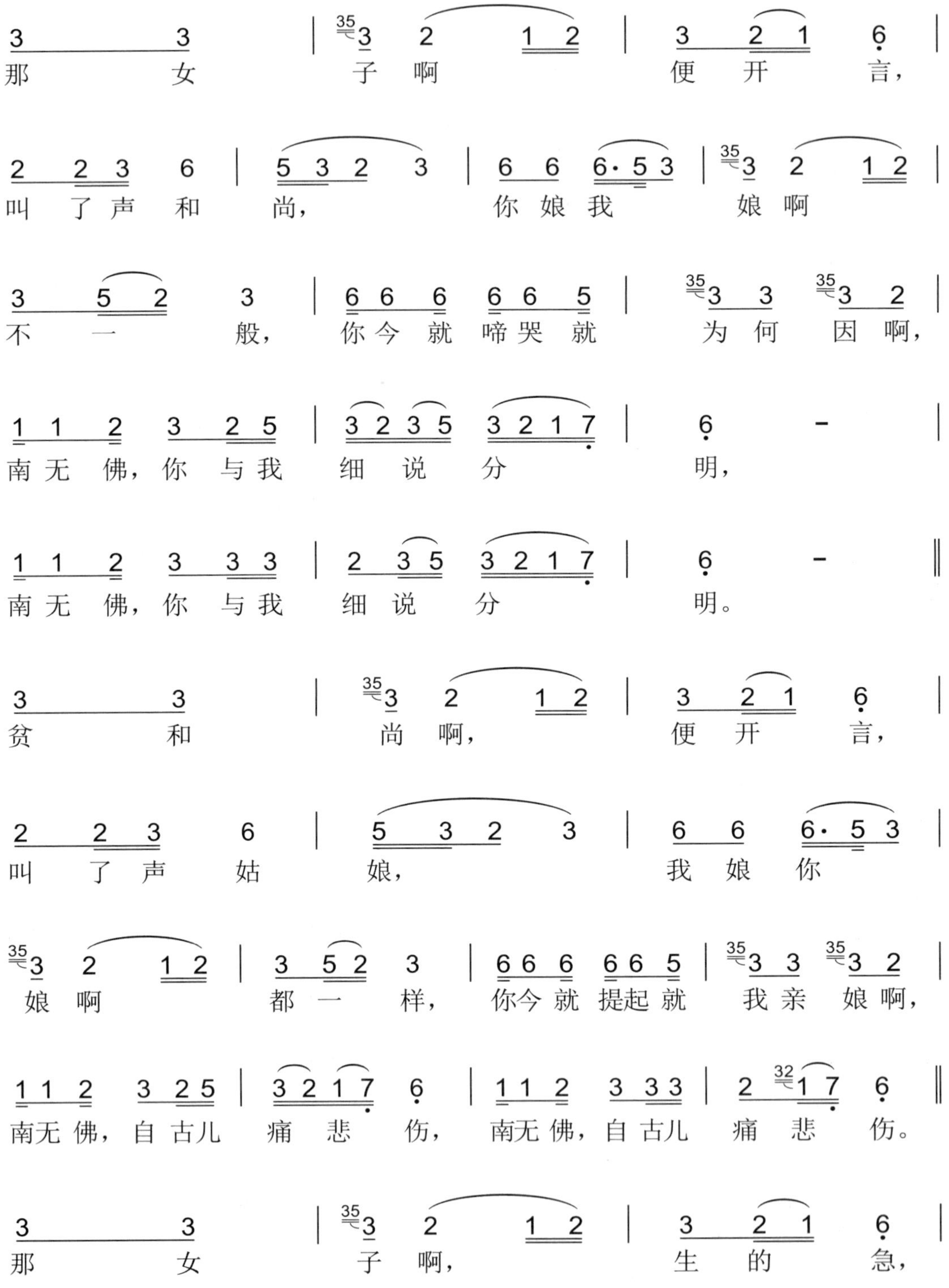
那女子啊便开言，
叫了声和尚，你娘我娘啊
不一般，你今就啼哭就为何因啊，
南无佛，你与我细说分明，
南无佛，你与我细说分明。
贫和尚啊，便开言，
叫了声姑娘，我娘你
娘啊都一样，你今就提起就我亲娘啊，
南无佛，自古儿痛悲伤，南无佛，自古儿痛悲伤。
那女子啊，生的急，

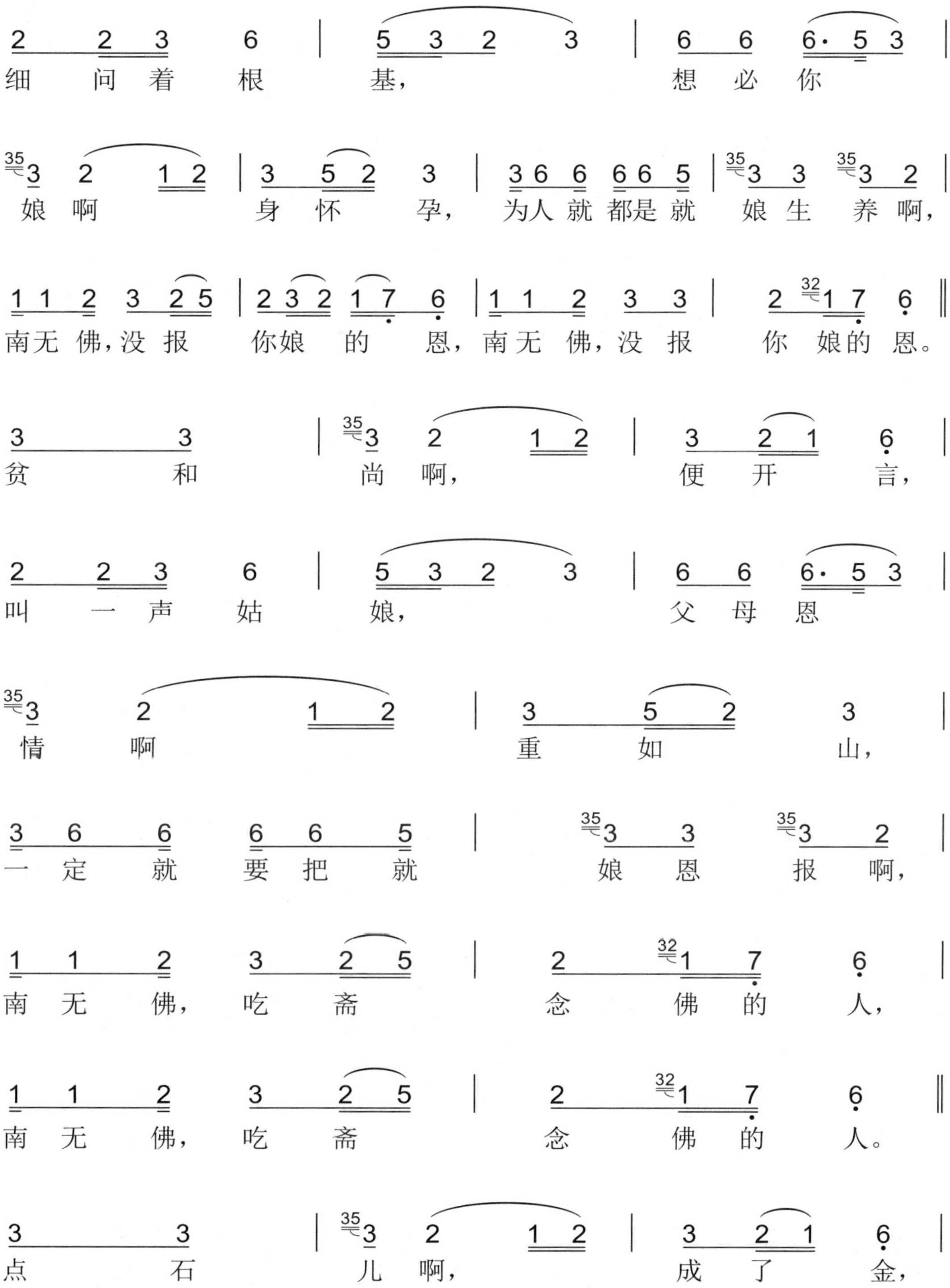
细问着根基，想必你
娘啊身怀孕，为人就都是就娘生养啊，
南无佛，没报你娘的恩，南无佛，没报你娘的恩。
贫和尚啊，便开言，
叫一声姑娘，父母恩
情啊重如山，
一定就要把就娘恩报啊，
南无佛，吃斋念佛的人，
南无佛，吃斋念佛的人。
点石儿啊，成了金，

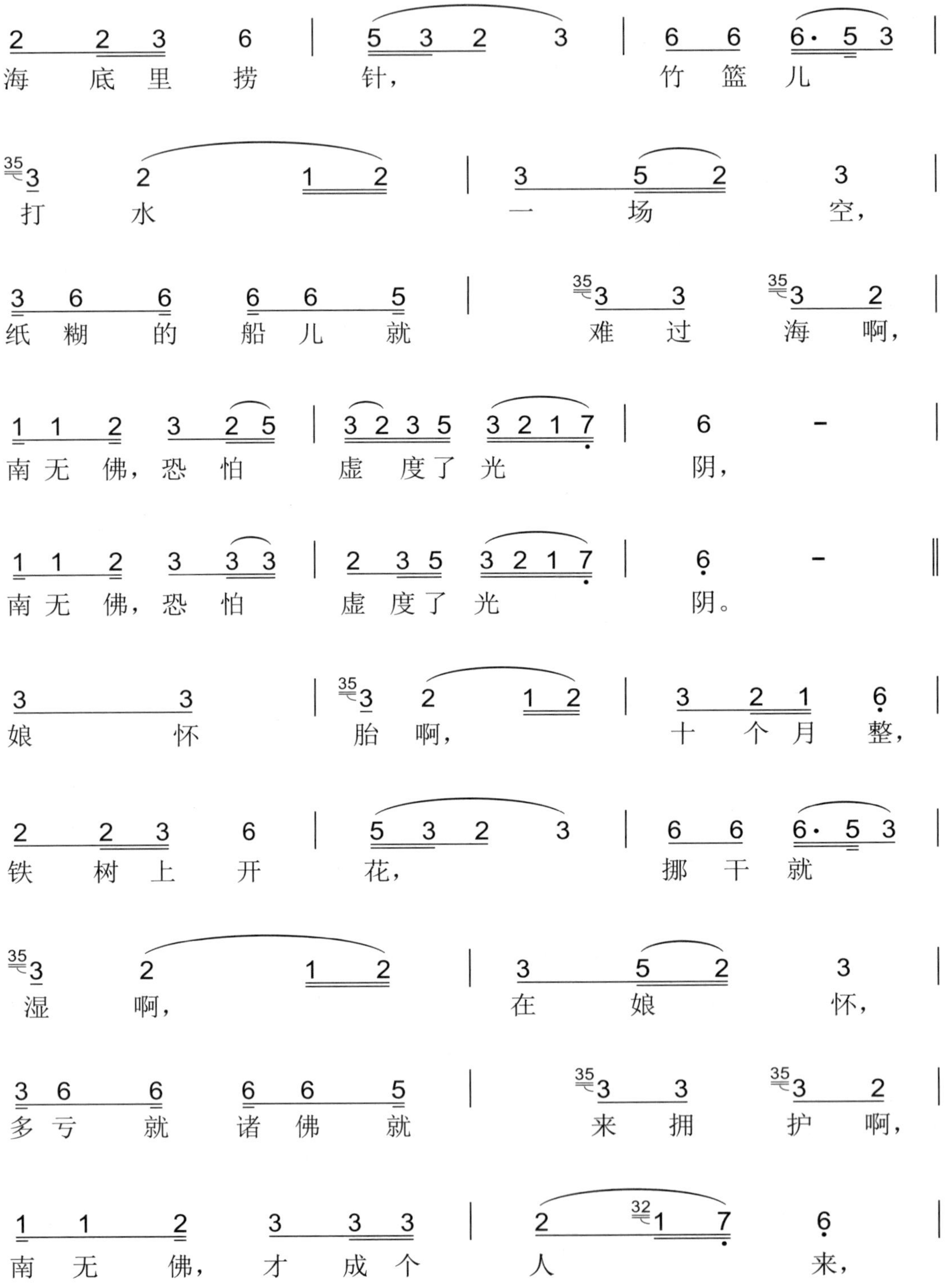
海底里捞针，竹篮儿
打水一场空，
纸糊的船儿就难过海啊，
南无佛，恐怕虚度了光阴，
南无佛，恐怕虚度了光阴。
娘怀胎啊，十个月整，
铁树上开花，挪干就
湿啊，在娘怀，
多亏就诸佛就来拥护啊，
南无佛，才成个人来，

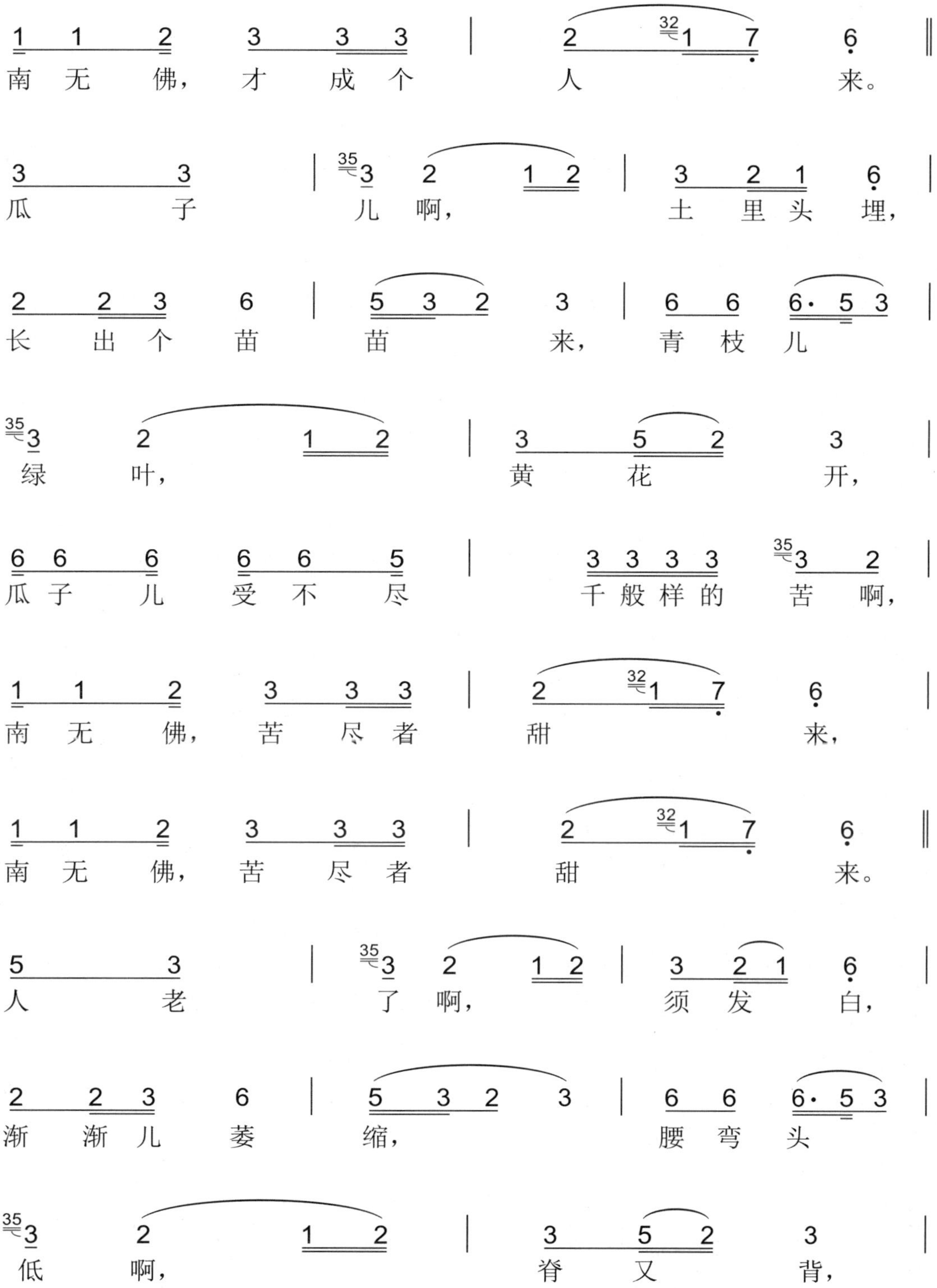
南无佛，才成个人来。
瓜子儿啊，土里头埋，
长出个苗苗来，青枝儿
绿叶，黄花开，
瓜子儿受不尽千般样的苦啊，
南无佛，苦尽者甜来，
南无佛，苦尽者甜来。
人老了啊，须发白，
渐渐儿萎缩，腰弯头
低啊，脊又背，

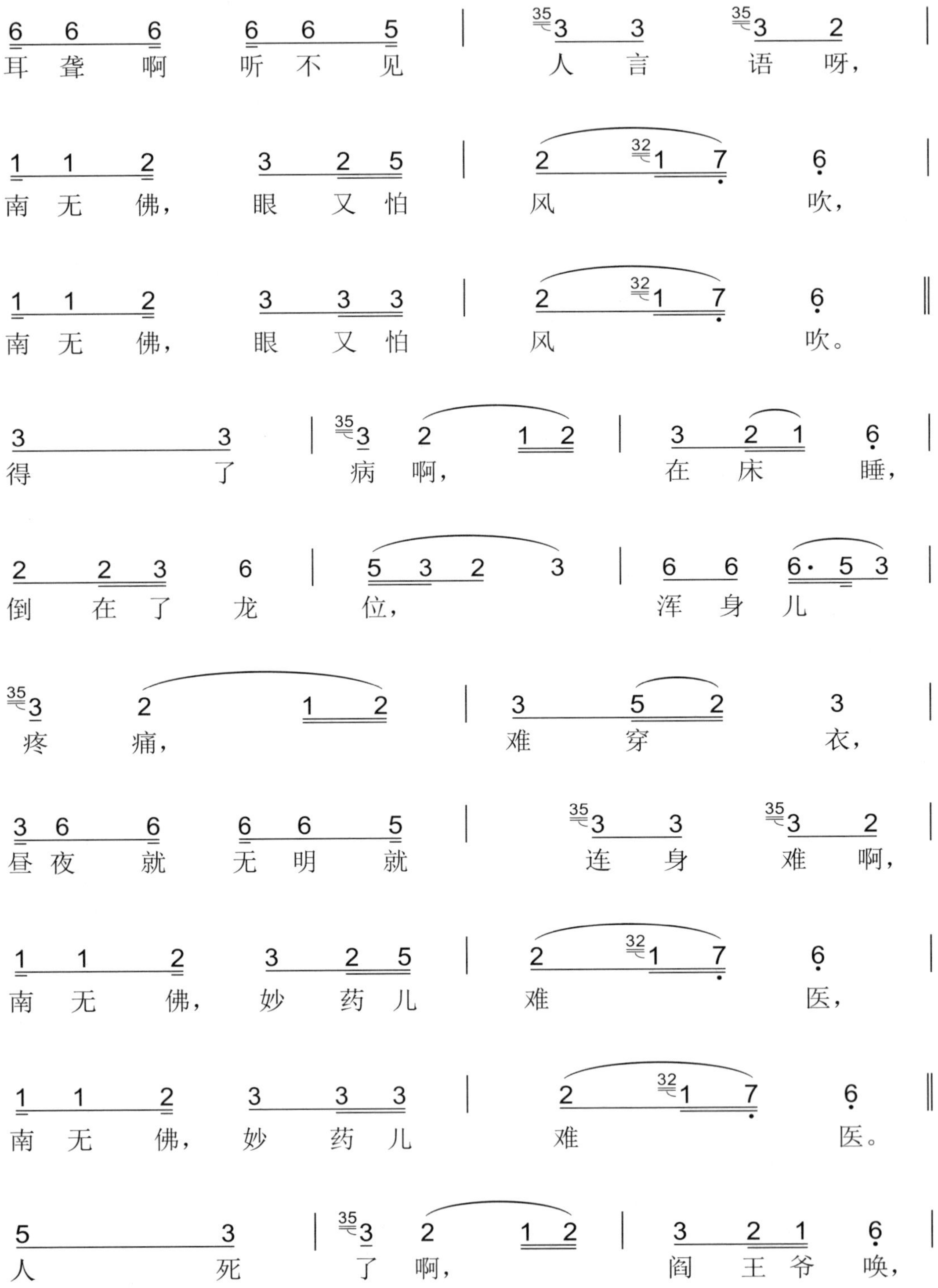
耳聋啊听不见人言语呀，
南无佛，眼又怕风吹，
南无佛，眼又怕风吹。
得了病啊，在床睡，
倒在了龙位，浑身儿
疼痛，难穿衣，
昼夜就无明就连身难啊，
南无佛，妙药儿难医，
南无佛，妙药儿难医。
人死了啊，阎王爷唤，

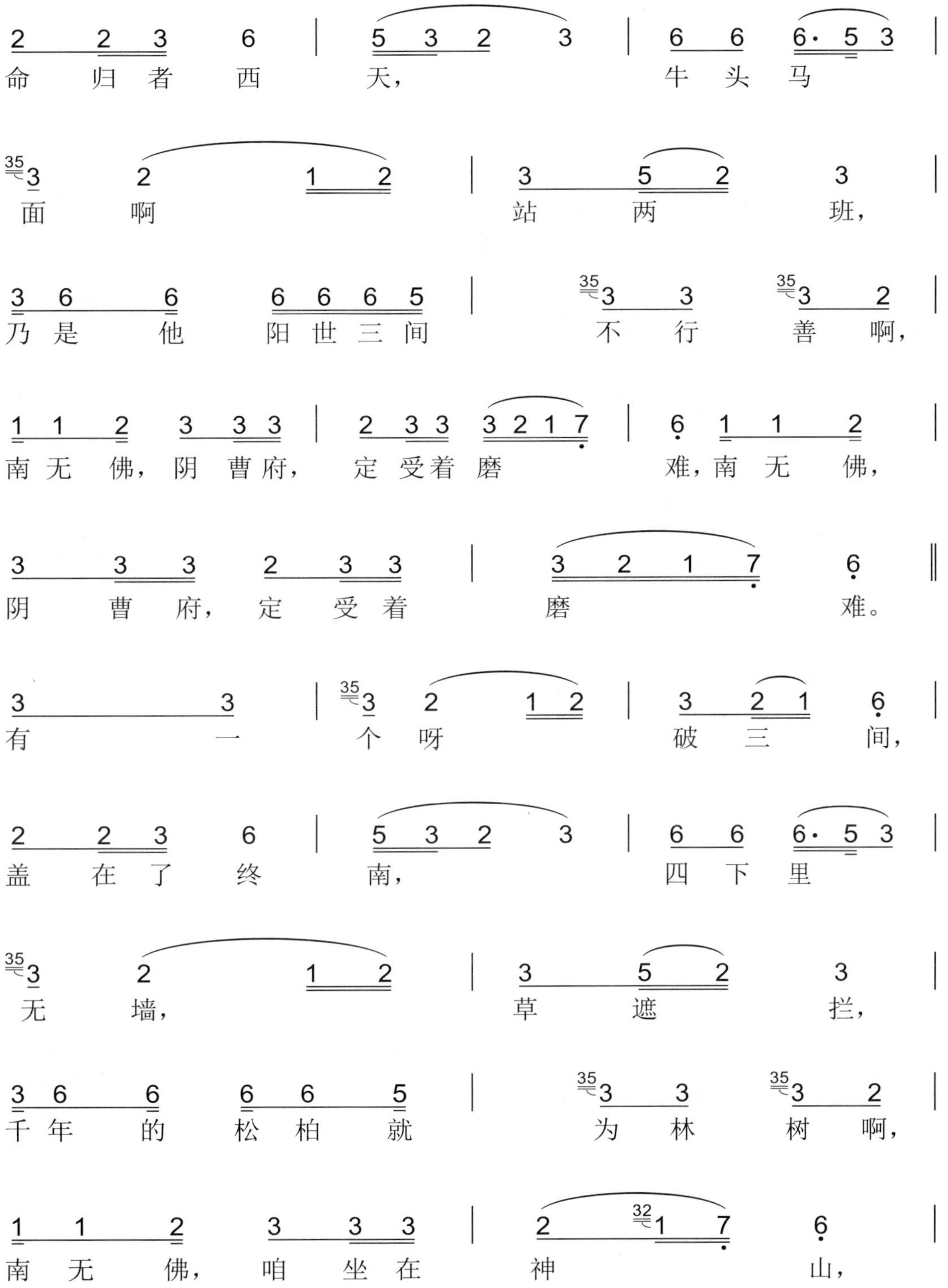
命归者西天，牛头马
面啊站两班，
乃是他阳世三间不行善啊，
南无佛，阴曹府，定受着磨难，南无佛，
阴曹府，定受着磨难。
有一个呀破三间，
盖在了终南，四下里
无墙，草遮拦，
千年的松柏就为林树啊，
南无佛，咱坐在神山，

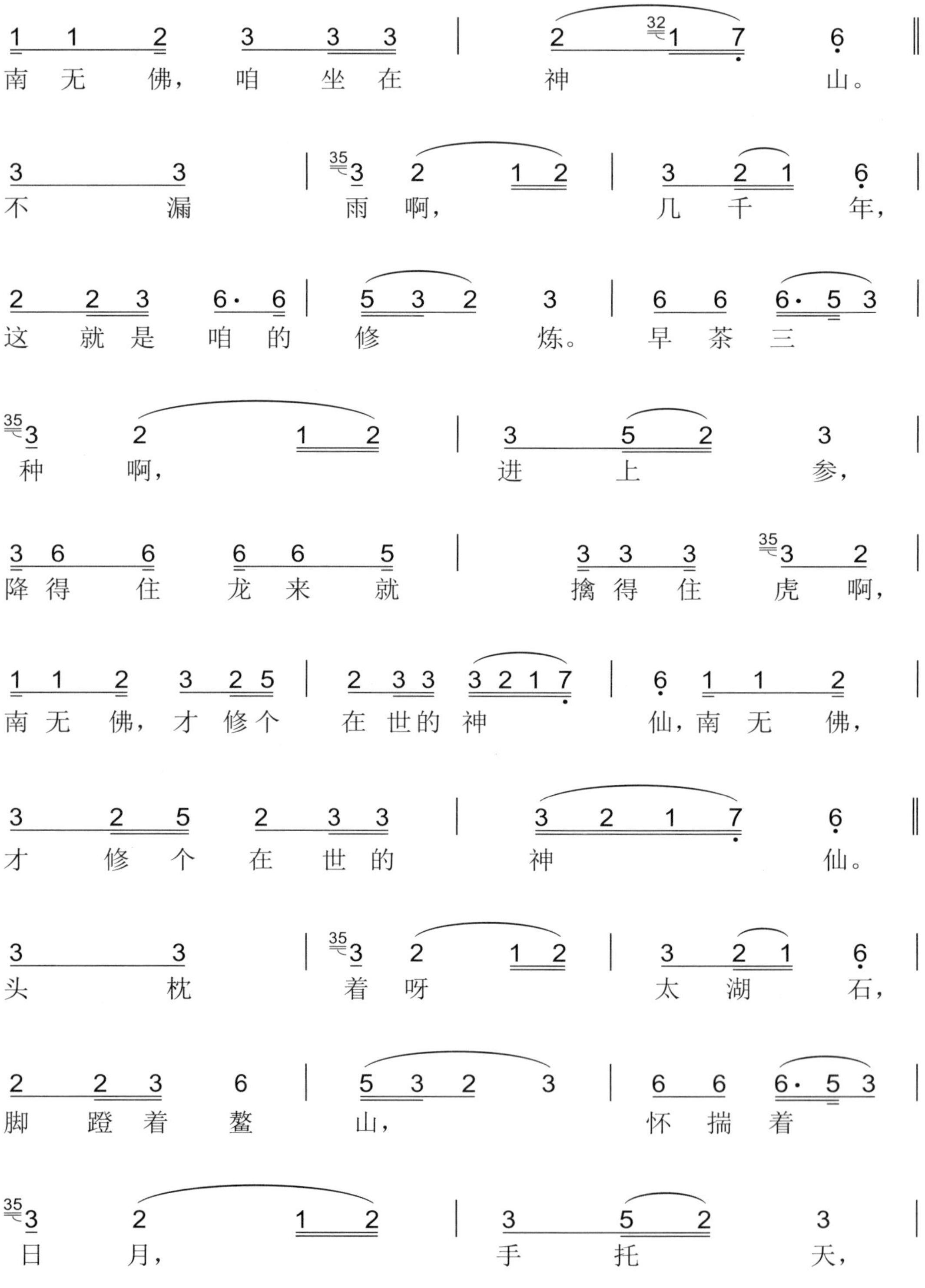
南无佛，咱坐在神山。
不漏雨啊，几千年，
这就是咱的修炼。早茶三
种啊，进上参，
降得住龙来就擒得住虎啊，
南无佛，才修个在世的神仙，南无佛，
才修个在世的神仙。
头枕着呀太湖石，
脚蹬着鳌山，怀揣着
日月，手托天，

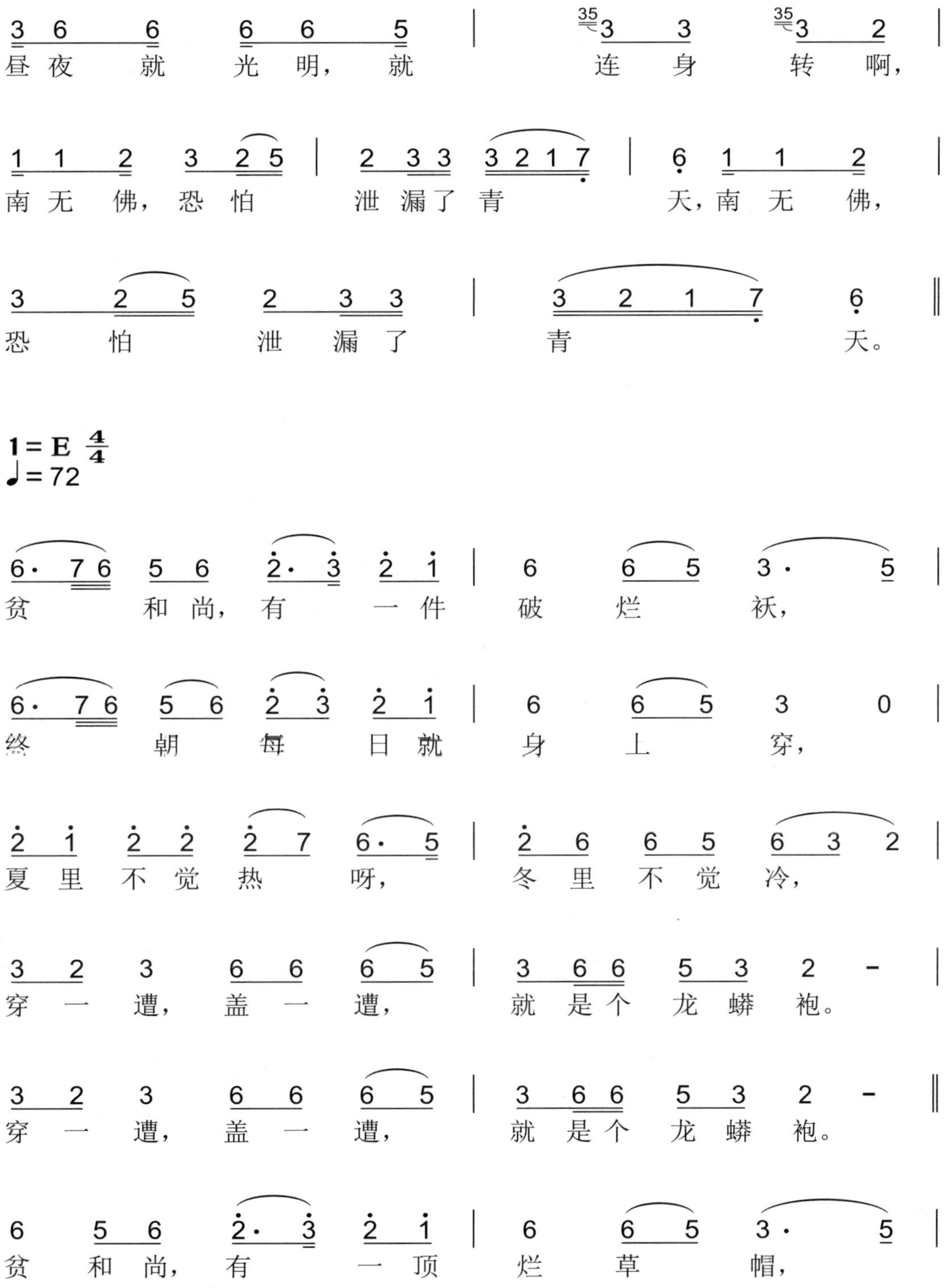
昼夜就光明，就连身转啊，
南无佛，恐怕泄漏了青天，南无佛，
恐怕泄漏了青天。
1=E 4/4
♩=72
贫和尚，有一件破烂袄，
终朝每日就身上穿，
夏里不觉热呀，冬里不觉冷，
穿一遭，盖一遭，就是个龙蟒袍。
穿一遭，盖一遭，就是个龙蟒袍。
贫和尚，有一顶烂草帽，

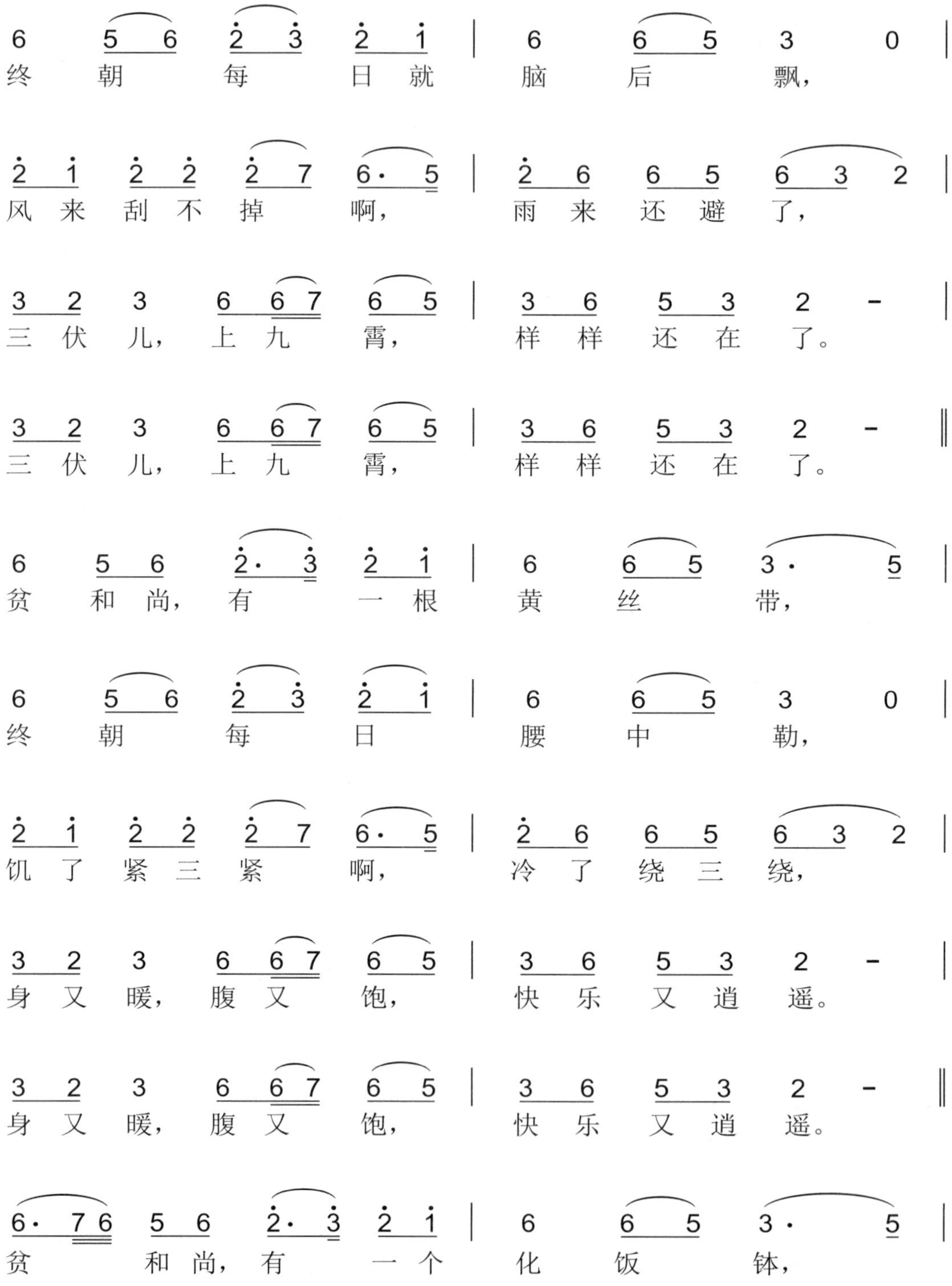
终朝每日就脑后飘，
风来刮不掉啊，雨来还避了，
三伏儿，上九霄，样样还在了。
三伏儿，上九霄，样样还在了。
贫和尚，有一根黄丝带，
终朝每日腰中勒，
饥了紧三紧啊，冷了绕三绕，
身又暖，腹又饱，快乐又逍遥。
身又暖，腹又饱，快乐又逍遥。
贫和尚，有一个化饭钵，

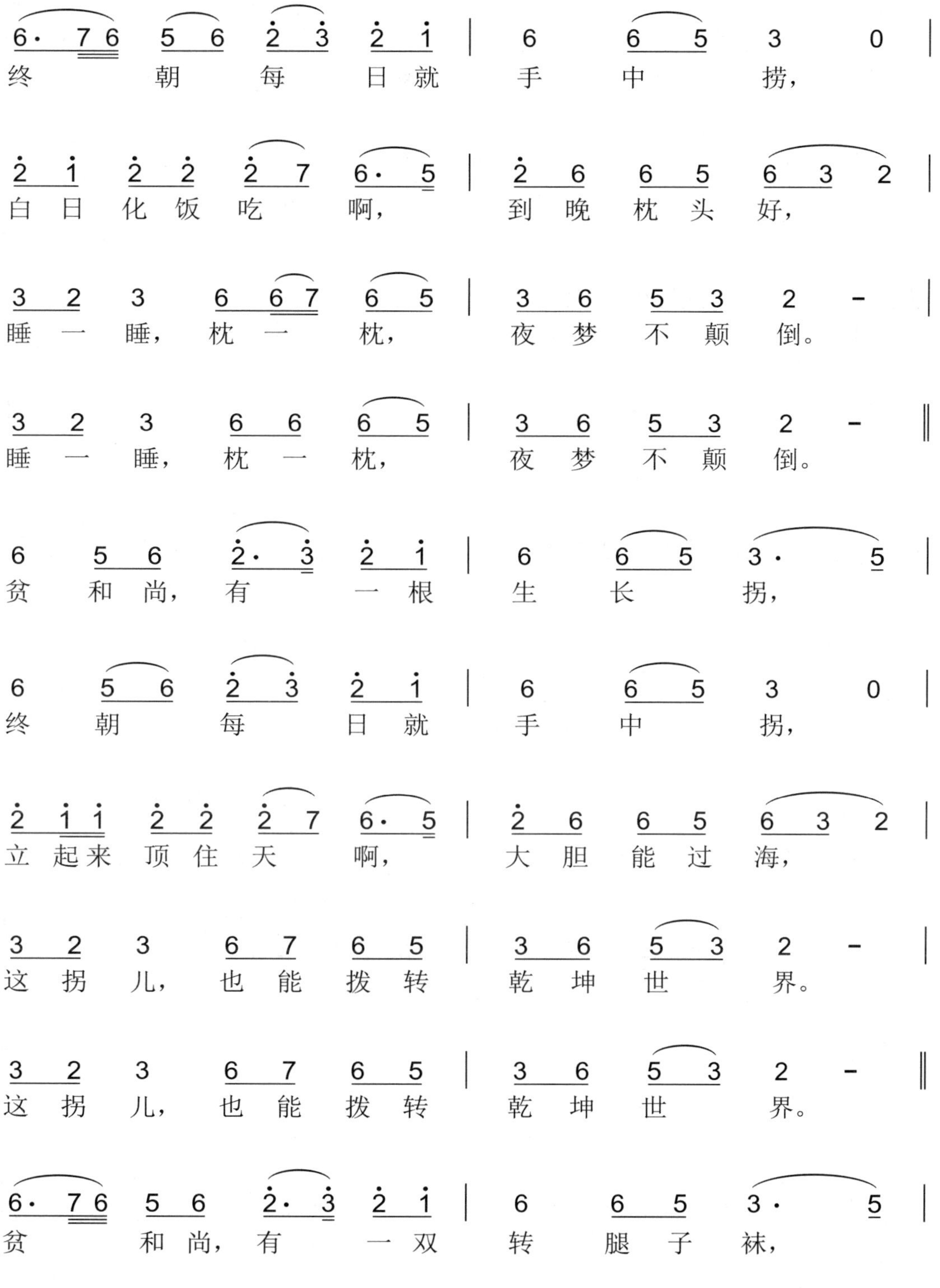
终朝每日就手中捞，
白日化饭吃啊，到晚枕头好，
睡一睡，枕一枕，夜梦不颠倒。
睡一睡，枕一枕，夜梦不颠倒。
贫和尚，有一根生长拐，
终朝每日就手中拐，
立起来顶住天啊，大胆能过海，
这拐儿，也能拨转乾坤世界。
这拐儿，也能拨转乾坤世界。
贫和尚，有一双转腿子袜，

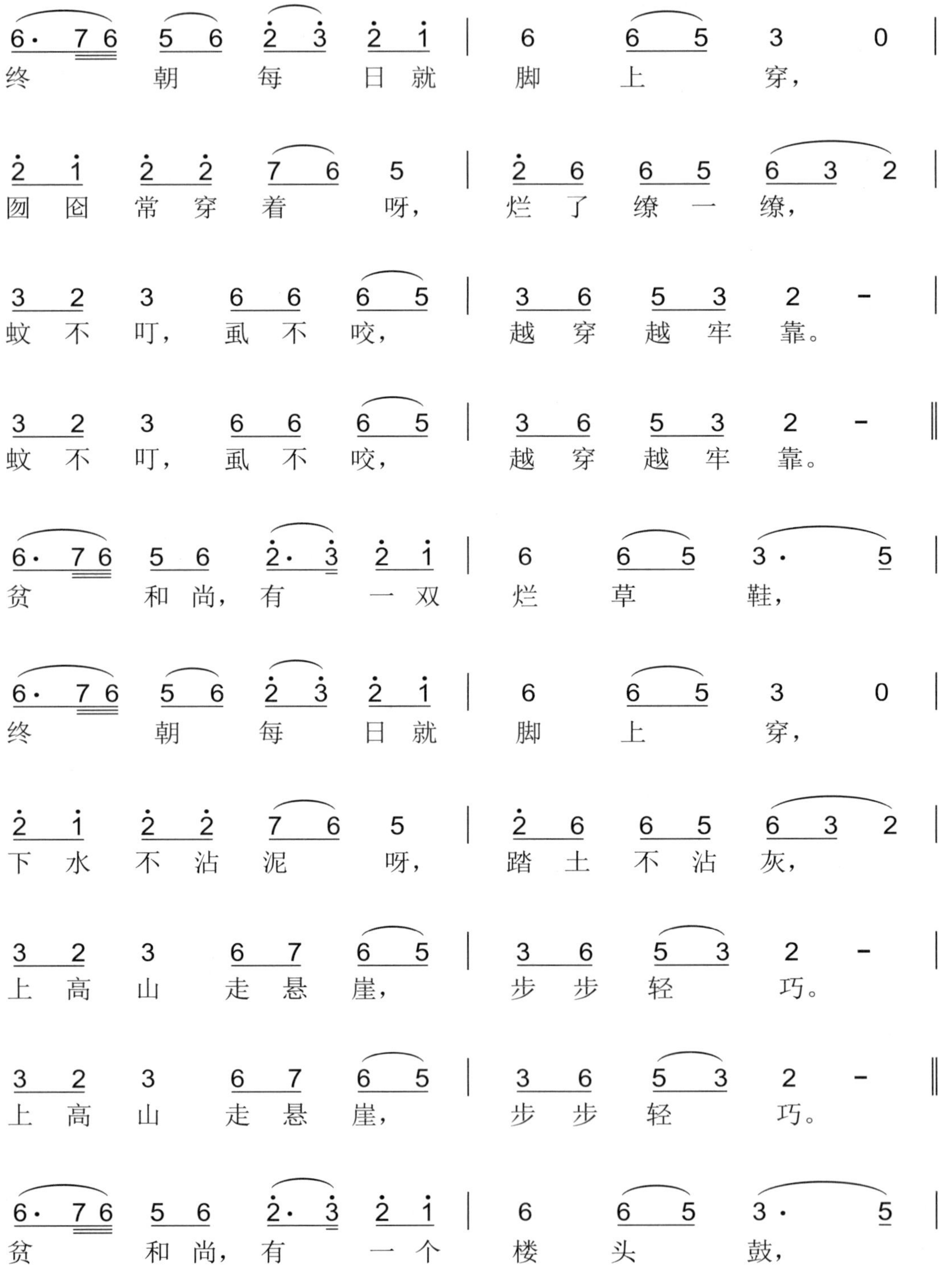

终朝每日就脚上穿，
囫囵常穿着呀，烂了缭一缭，
蚊不叮，虱不咬，越穿越牢靠。
蚊不叮，虱不咬，越穿越牢靠。
贫和尚，有一双烂草鞋，
终朝每日就脚上穿，
下水不沾泥呀，踏土不沾灰，
上高山走悬崖，步步轻巧。
上高山走悬崖，步步轻巧。
贫和尚，有一个楼头鼓，

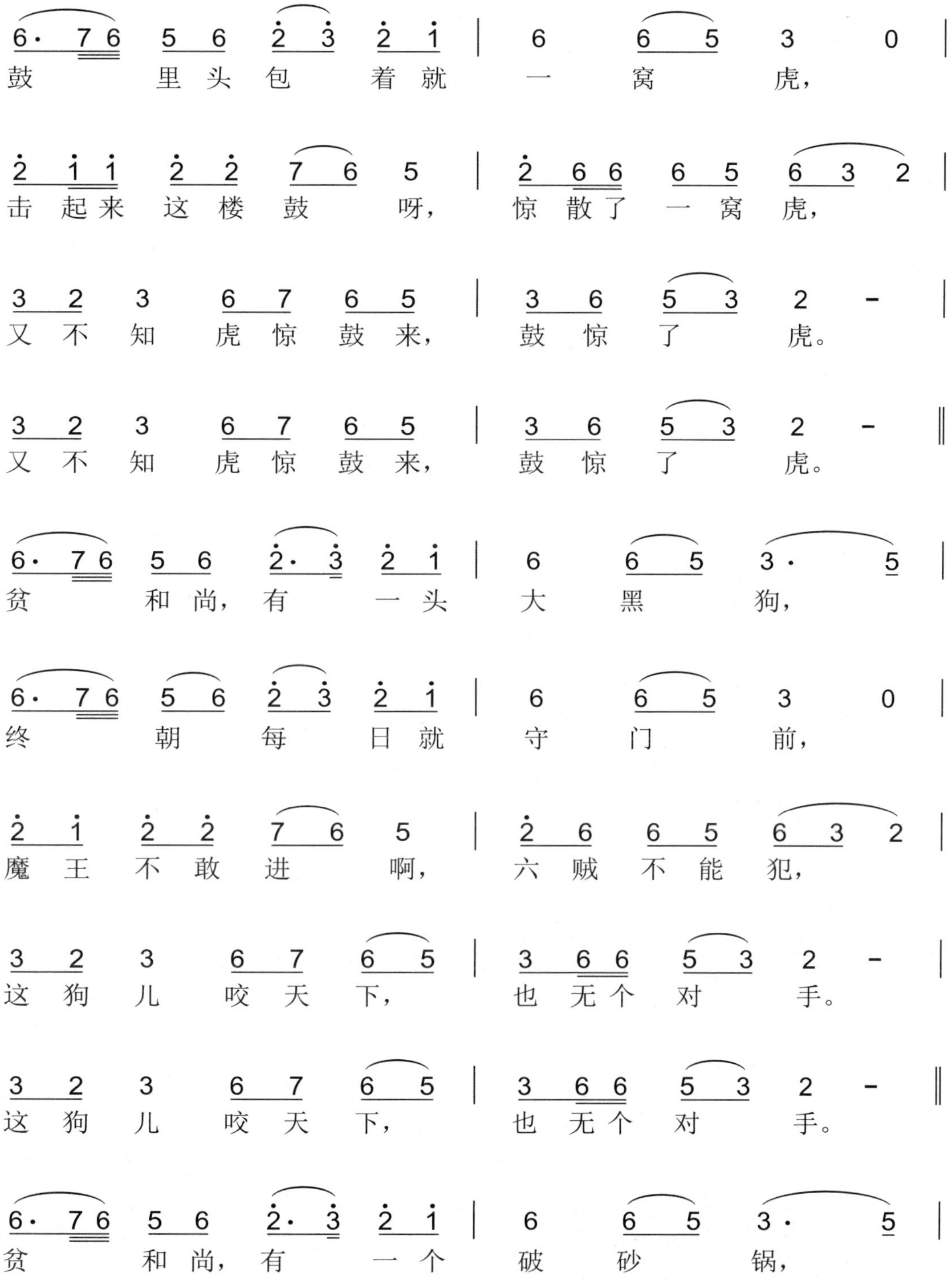
鼓里头包着就一窝虎，
击起来这楼鼓呀，惊散了一窝虎，
又不知虎惊鼓来，鼓惊了虎。
又不知虎惊鼓来，鼓惊了虎。
贫和尚，有一头大黑狗，
终朝每日就守门前，
魔王不敢进啊，六贼不能犯，
这狗儿咬天下，也无个对手。
这狗儿咬天下，也无个对手。
贫和尚，有一个破砂锅，

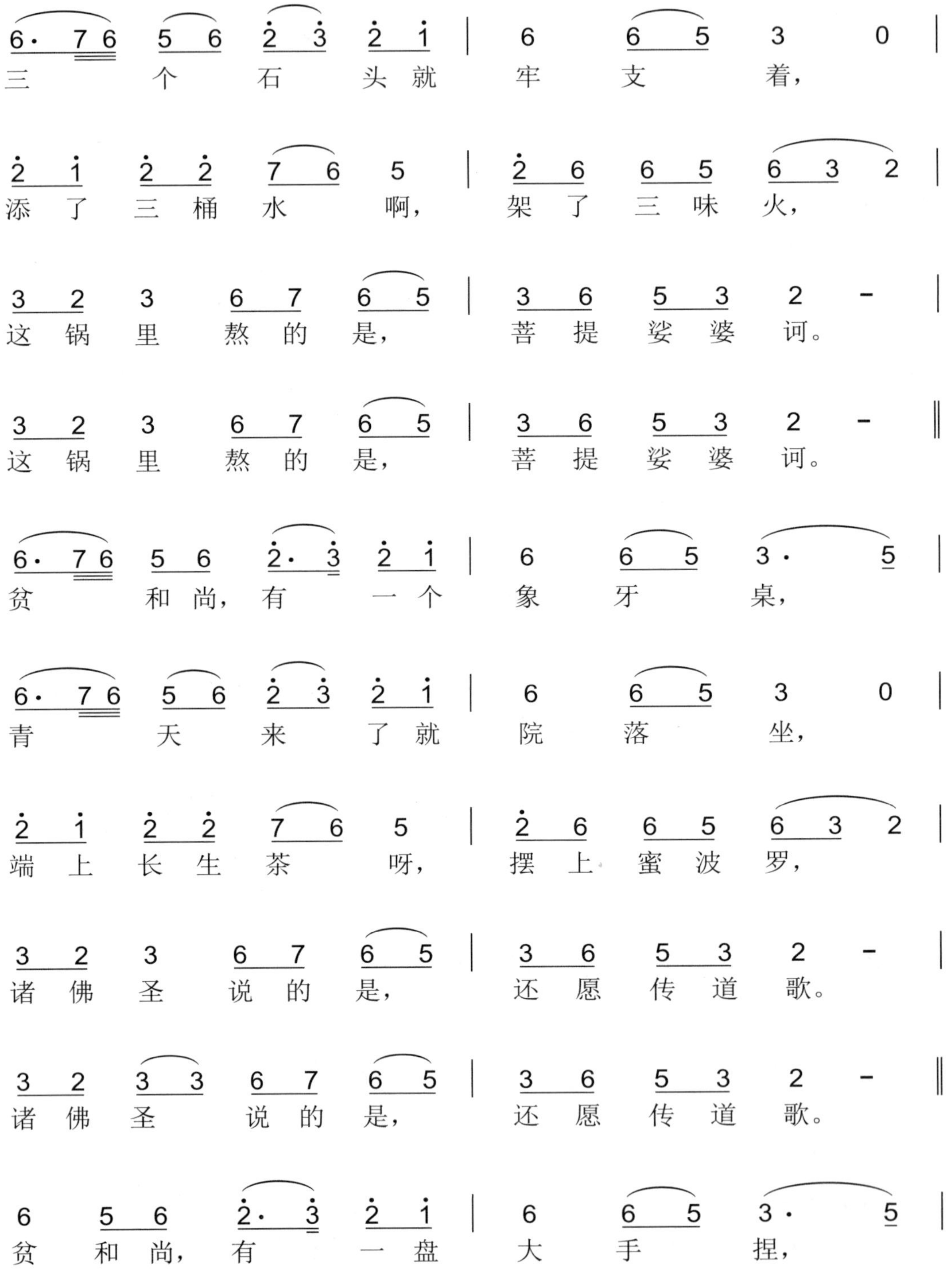
三个石头就牢支着，
添了三桶水啊，架了三味火，
这锅里熬的是，菩提娑婆诃。
这锅里熬的是，菩提娑婆诃。
贫和尚，有一个象牙桌，
青天来了就院落坐，
端上长生茶呀，摆上蜜波罗，
诸佛圣说的是，还愿传道歌。
诸佛圣说的是，还愿传道歌。
贫和尚，有一盘大手捏，

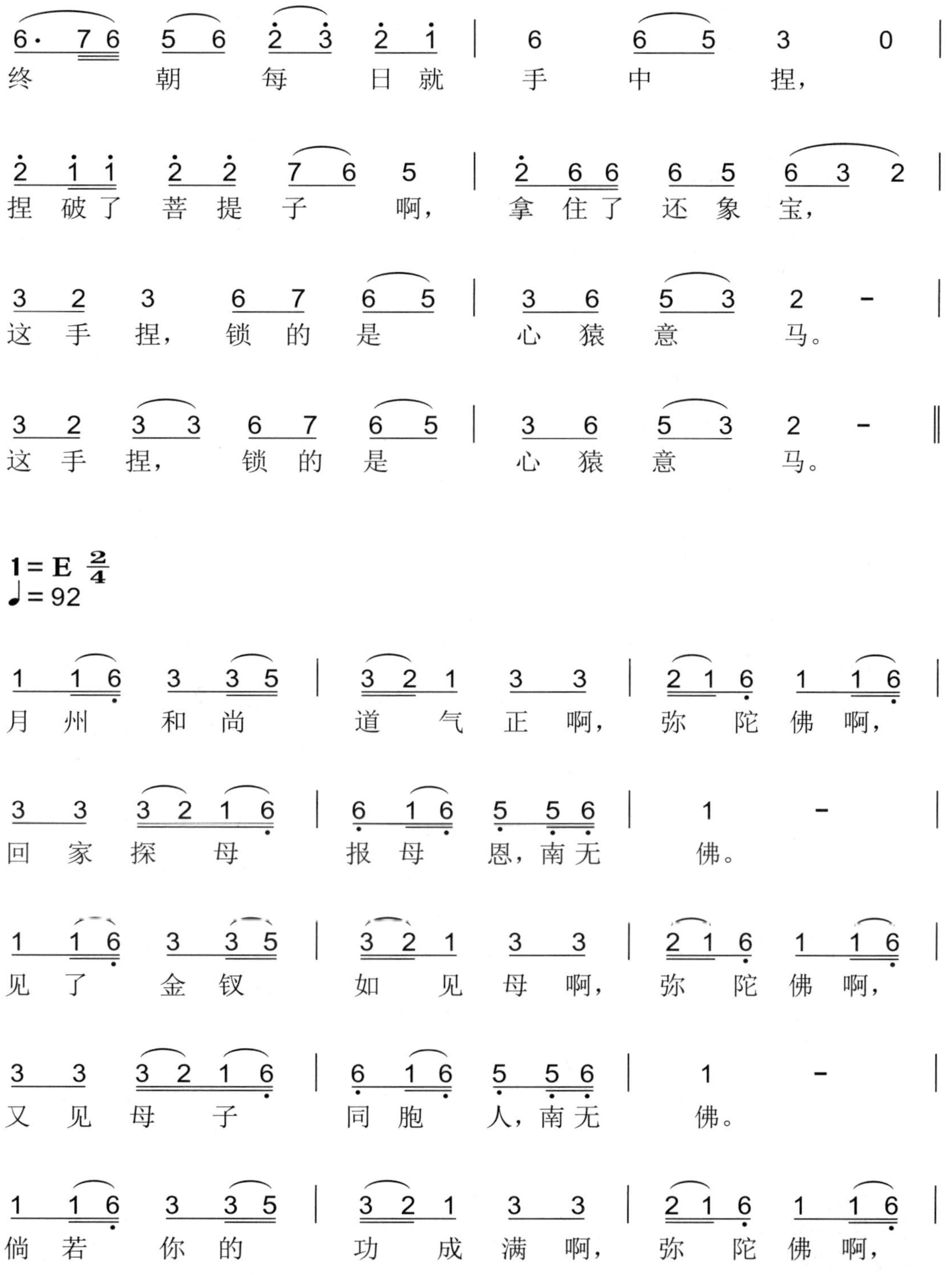
终朝每日就手中捏，
捏破了菩提子啊，拿住了还象宝，
这手捏，锁的是心猿意马。
这手捏，锁的是心猿意马。
1=E 2/4
♩=92
月州和尚道气正啊，弥陀佛啊，
回家探母报母恩，南无佛。
见了金钗如见母啊，弥陀佛啊，
又见母子同胞人，南无佛。
倘若你的功成满啊，弥陀佛啊，

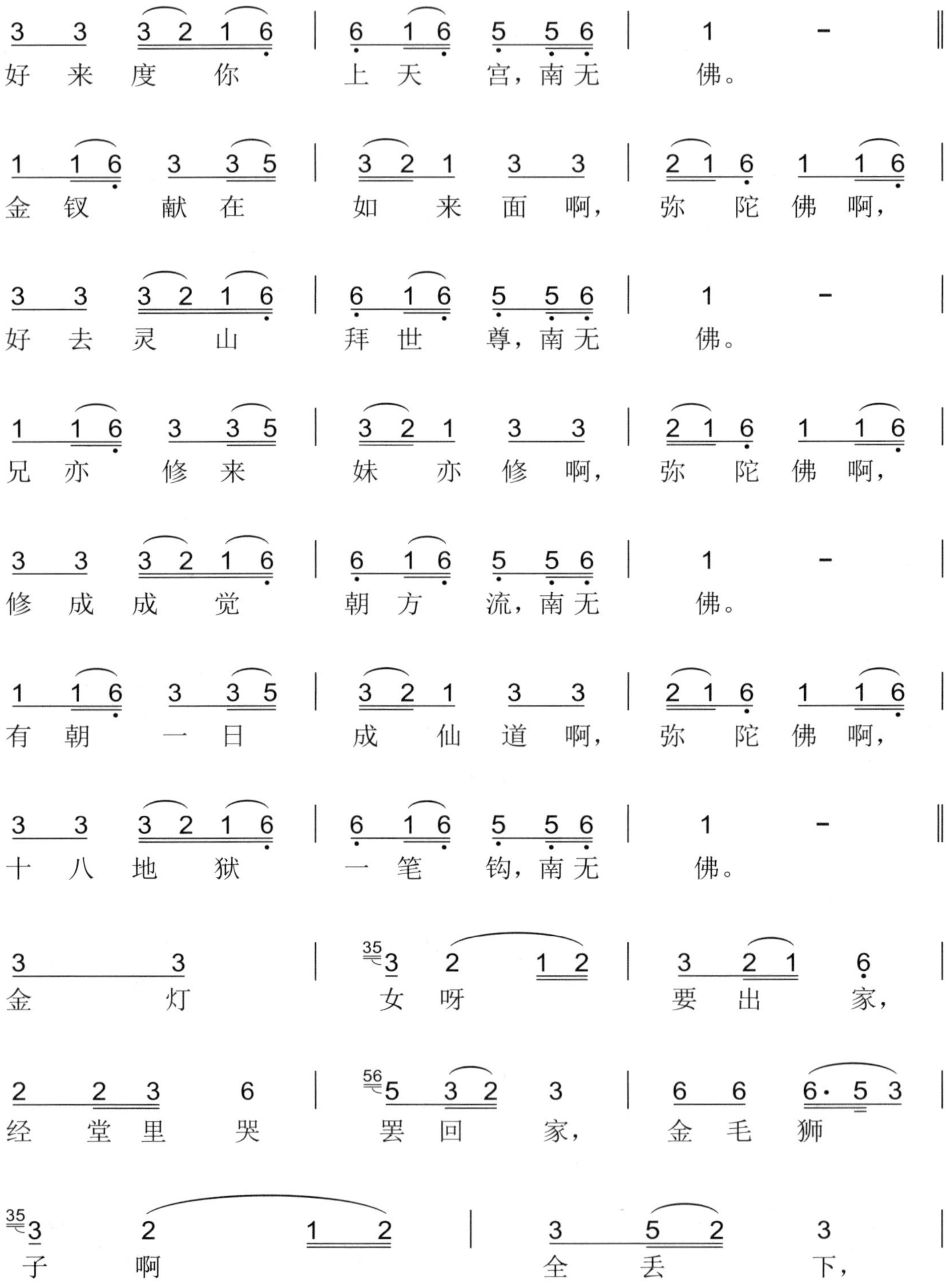

好 来 度 你 上 天 宫，南 无 佛。
金 钗 献 在 如 来 面 啊，弥 陀 佛 啊，
好 去 灵 山 拜 世 尊，南 无 佛。
兄 亦 修 来 妹 亦 修 啊，弥 陀 佛 啊，
修 成 成 觉 朝 方 流，南 无 佛。
有 朝 一 日 成 仙 道 啊，弥 陀 佛 啊，
十 八 地 狱 一 笔 钩，南 无 佛。
金 灯 女 呀 要 出 家，
经 堂 里 哭 罢 回 家，金 毛 狮
子 啊 全 丢 下，

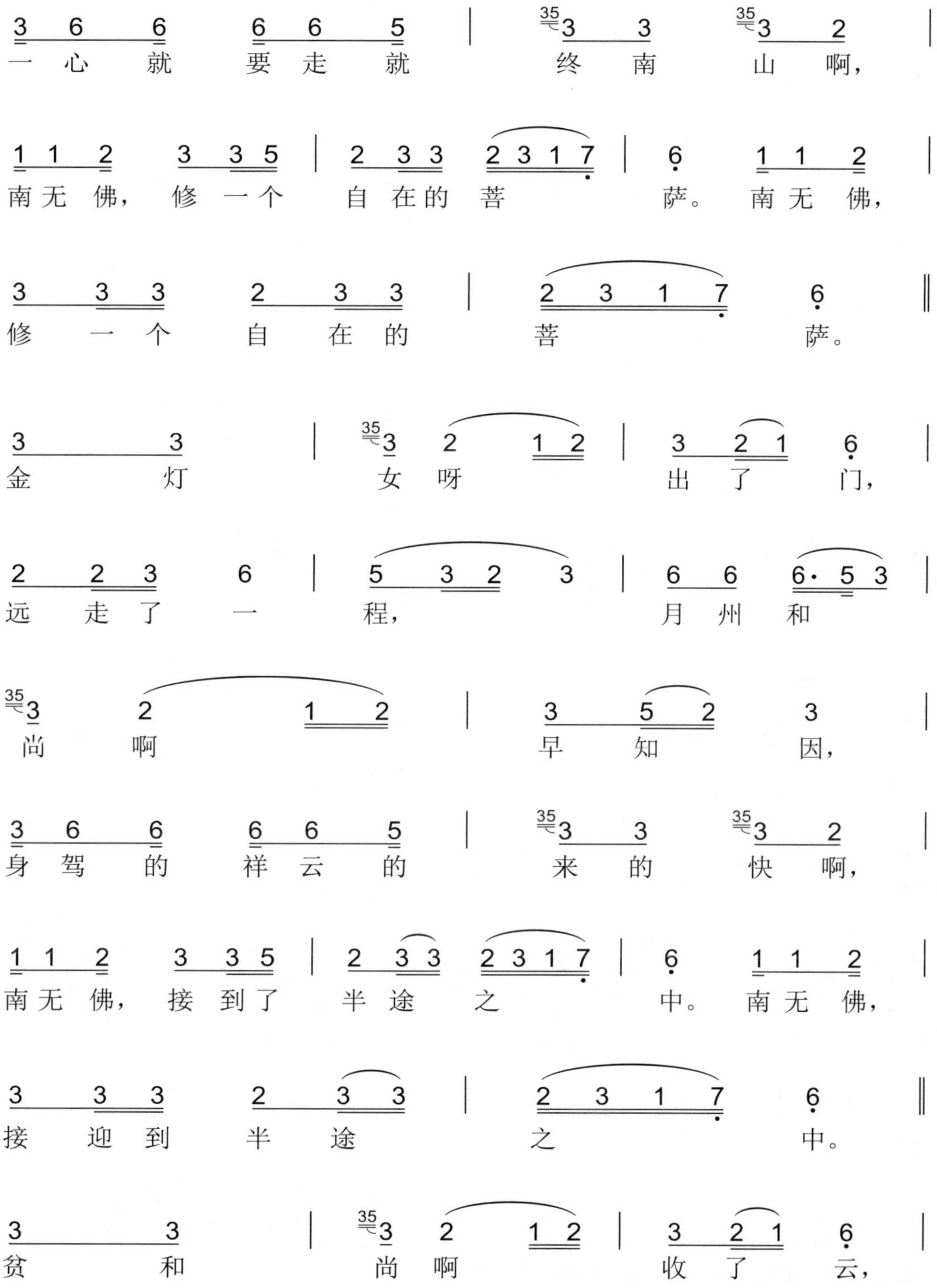
一心就要走就终南山啊，
南无佛，修一个自在的菩萨。南无佛，
修一个自在的菩萨。
金灯女呀出了门，
远走了一程，月州和
尚啊早知因，
身驾的祥云的来的快啊，
南无佛，接到了半途之中。南无佛，
接迎到半途之中。
贫和尚啊收了云，

落在了埃尘，叫一声
妹妹，哪里行，
你今就年方就十六岁啊，
南无佛，还没有成婚配。
南无佛，还没有配成婚。
金灯女呀便开言，
叫了声长兄，自从父
母啊归了天，
你说就婚配就咱不爱啊，
南无佛，我心中不贪。

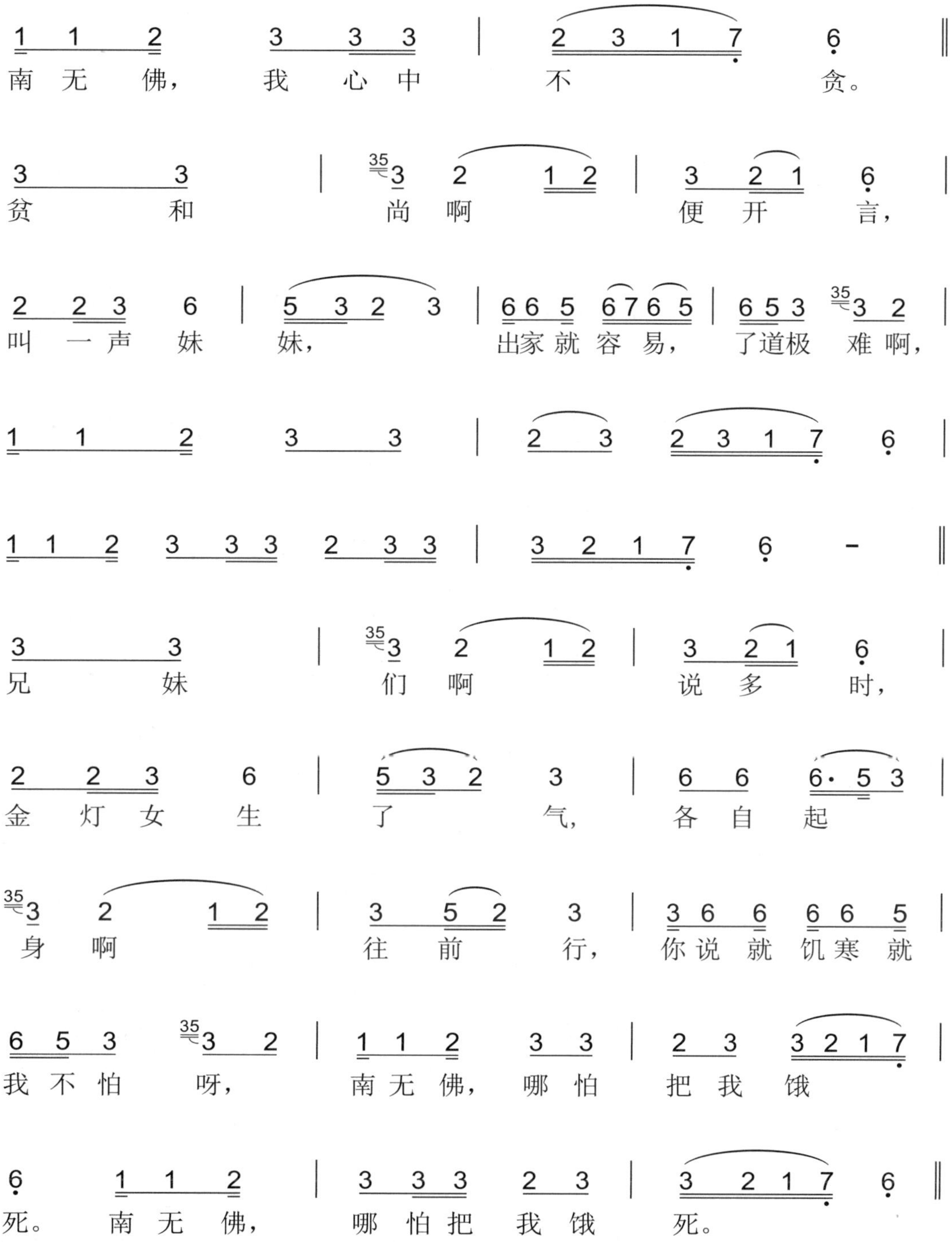
南无佛，我心中不贪。
贫和尚啊便开言，
叫一声妹妹，出家就容易，了道极难啊，
兄妹们啊说多时，
金灯女生了气，各自起
身啊往前行，你说就饥寒就
我不怕呀，南无佛，哪怕把我饿
死。南无佛，哪怕把我饿死。

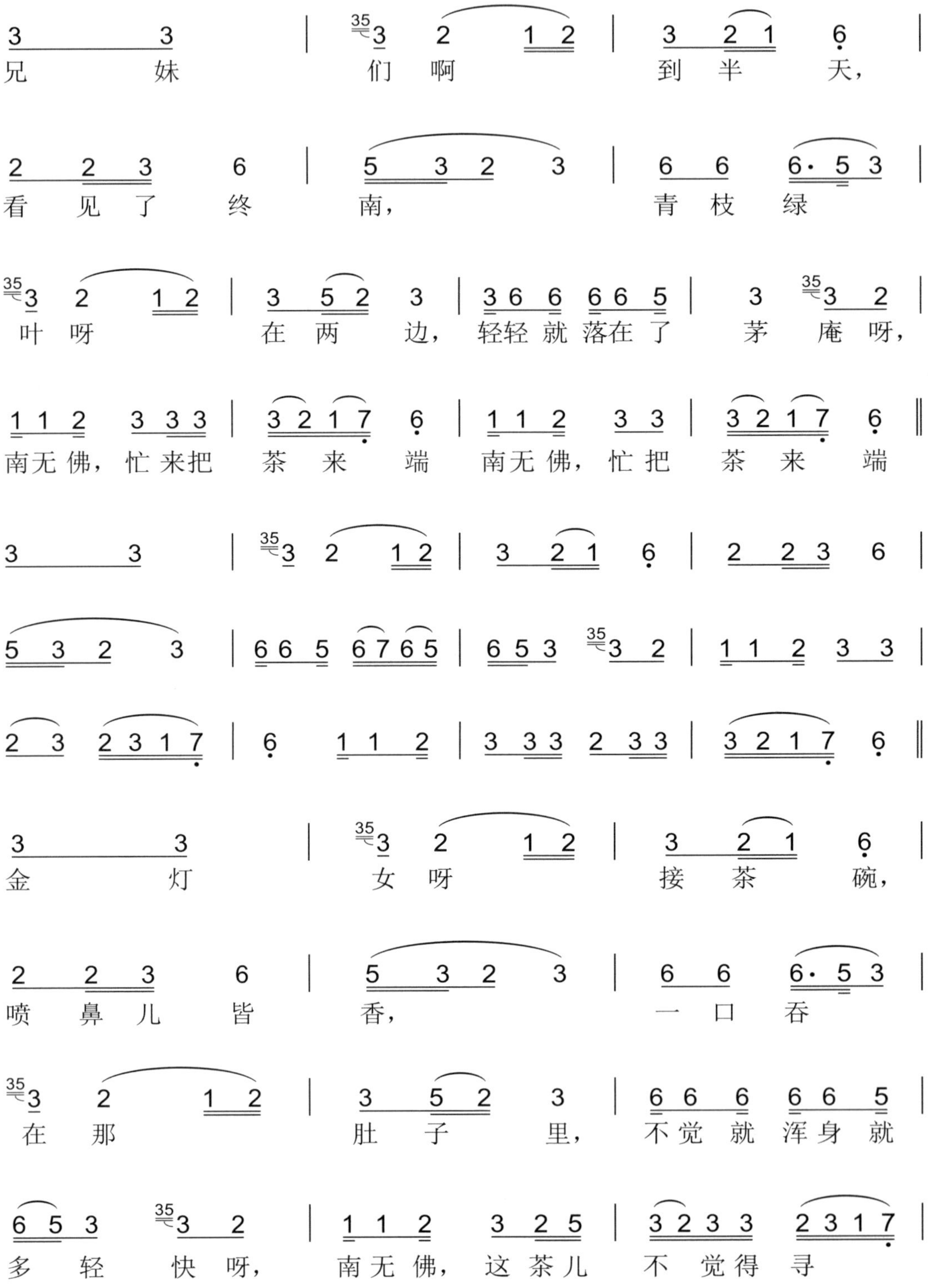
兄妹们啊到半天，
看见了终南，青枝绿
叶呀在两边，轻轻就落在了茅庵呀，
南无佛，忙来把茶来端南无佛，忙把茶来端
金灯女呀接茶碗，
喷鼻儿皆香，一口吞
在那肚子里，不觉就浑身就
多轻快呀，南无佛，这茶儿不觉得寻

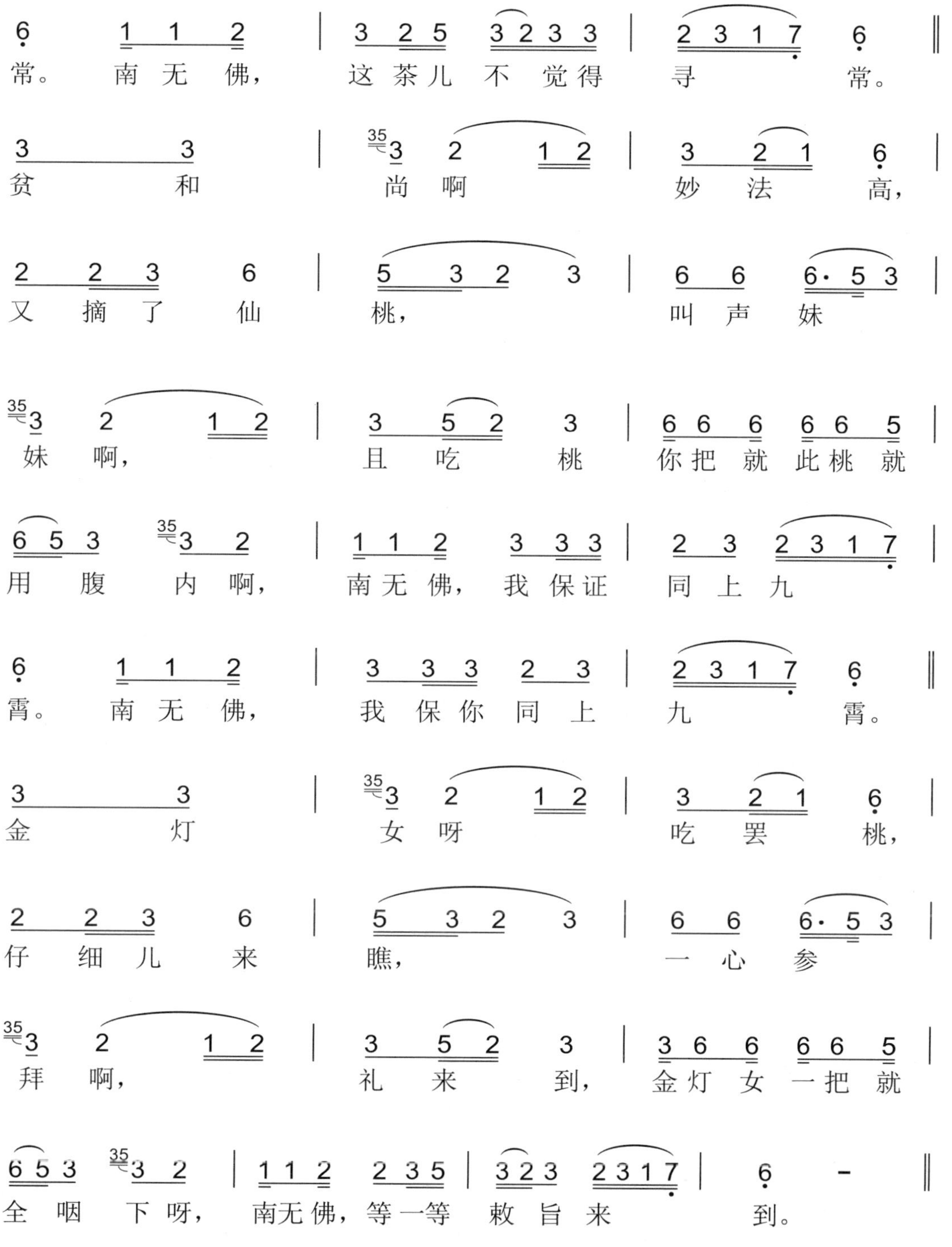
常。南无佛，这茶儿不觉得寻常。
贫和尚啊妙法高，
又摘了仙桃，叫声妹
妹啊，且吃桃你把就此桃就
用腹内啊，南无佛，我保证同上九
霄。南无佛，我保你同上九霄。
金灯女呀吃罢桃，
仔细儿来瞧，一心参
拜啊，礼来到，金灯女一把就
全咽下呀，南无佛，等一等敕旨来到。

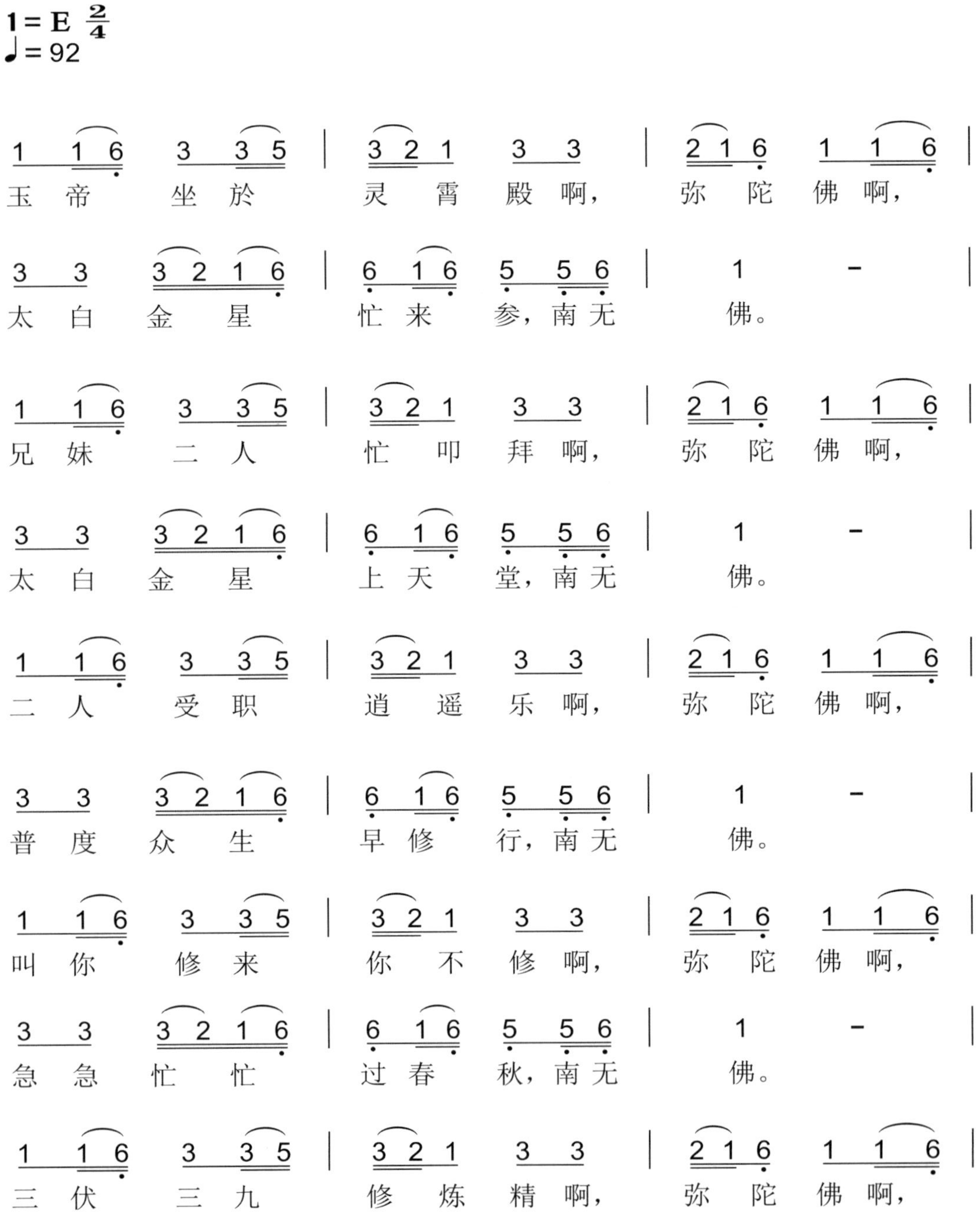
1=E 2/4
♩=92
玉帝坐於灵霄殿啊，弥陀佛啊，
太白金星忙来参，南无佛。
兄妹二人忙叩拜啊，弥陀佛啊，
太白金星上天堂，南无佛。
二人受职逍遥乐啊，弥陀佛啊，
普度众生早修行，南无佛。
叫你修来你不修啊，弥陀佛啊，
急急忙忙过春秋，南无佛。
三伏三九修炼精啊，弥陀佛啊，

炼 就 精 气 不 坏 身，南 无 佛。
有 人 修 炼 精 气 神 啊， 弥 陀 佛 啊，
永 享 天 乐 见 世 尊，南 无 佛。

五方撒净词

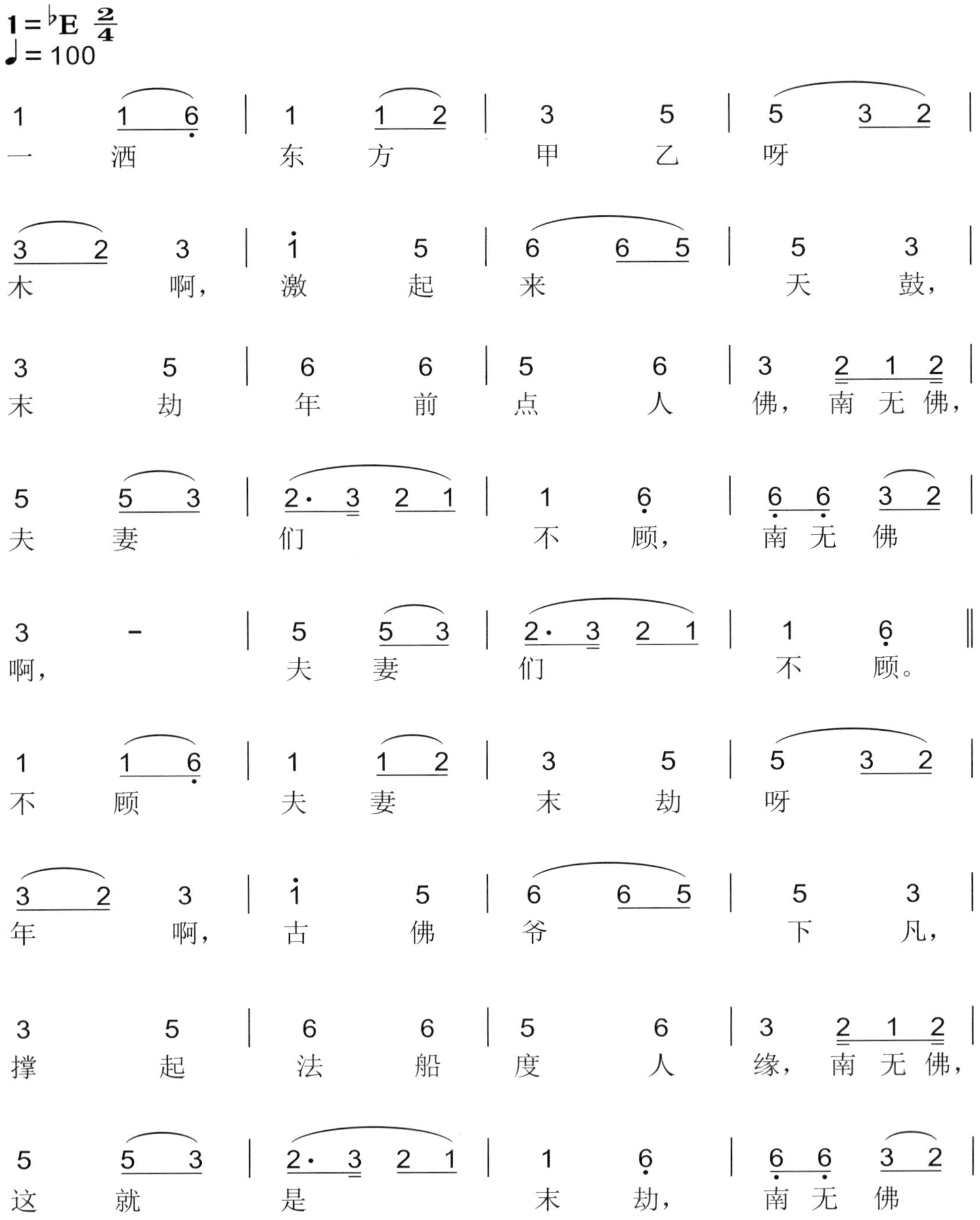
1=♭E 2/4
♩=100
一 洒 东 方 甲 乙 呀
木 啊，激 起 来 天 鼓，
末 劫 年 前 点 人 佛，南 无 佛，
夫 妻 们 不 顾，南 无 佛
啊，夫 妻 们 不 顾。
不 顾 夫 妻 末 劫 呀
年 啊，古 佛 爷 下 凡，
撑 起 法 船 度 人 缘，南 无 佛，
这 就 是 末 劫，南 无 佛

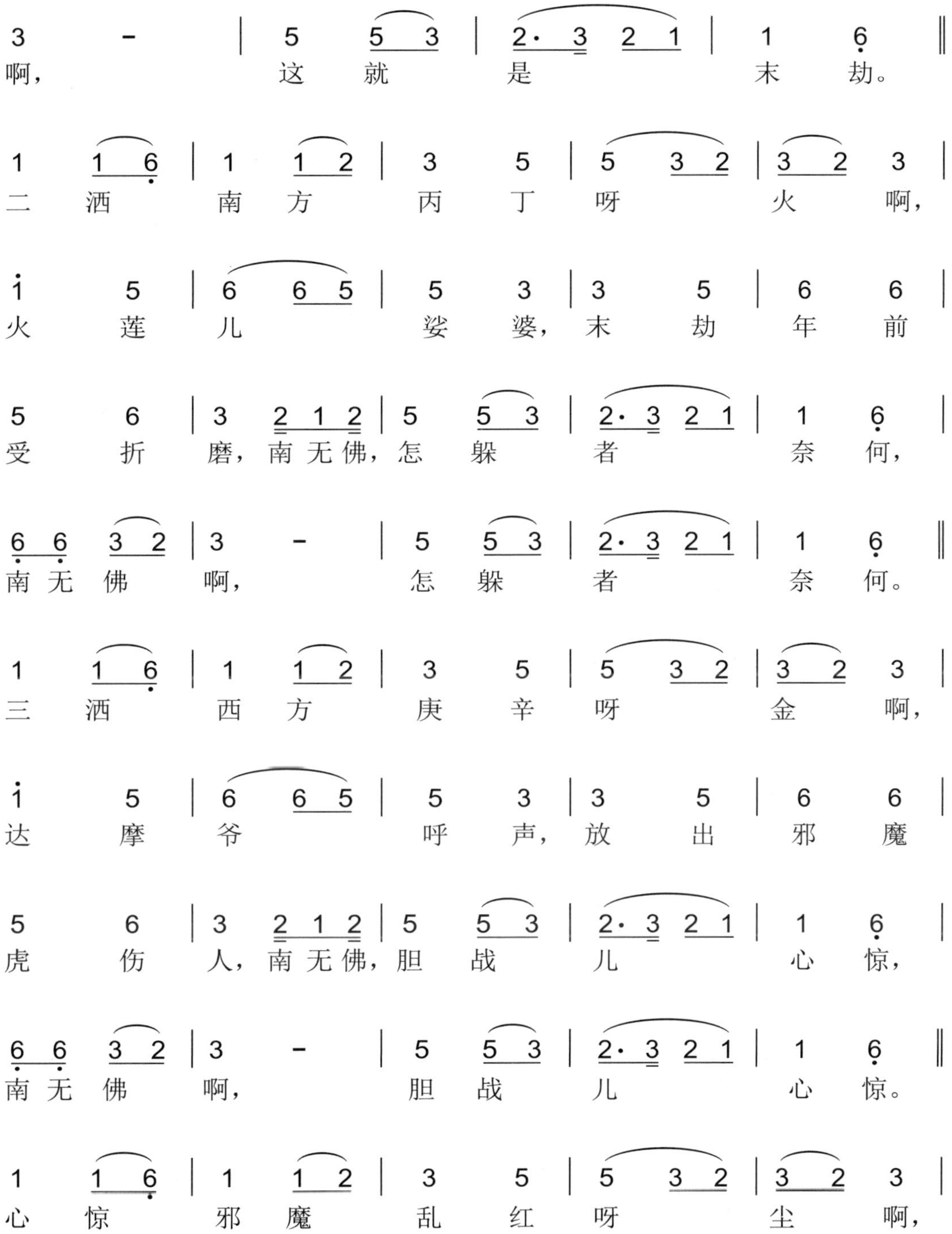
啊，这就是末劫。
二洒南方丙丁呀火啊，
火莲儿娑婆，末劫年前
受折磨，南无佛，怎躲者奈何，
南无佛啊，怎躲者奈何。
三洒西方庚辛呀金啊，
达摩爷呼声，放出邪魔
虎伤人，南无佛，胆战儿心惊，
南无佛啊，胆战儿心惊。
心惊邪魔乱红呀尘啊，

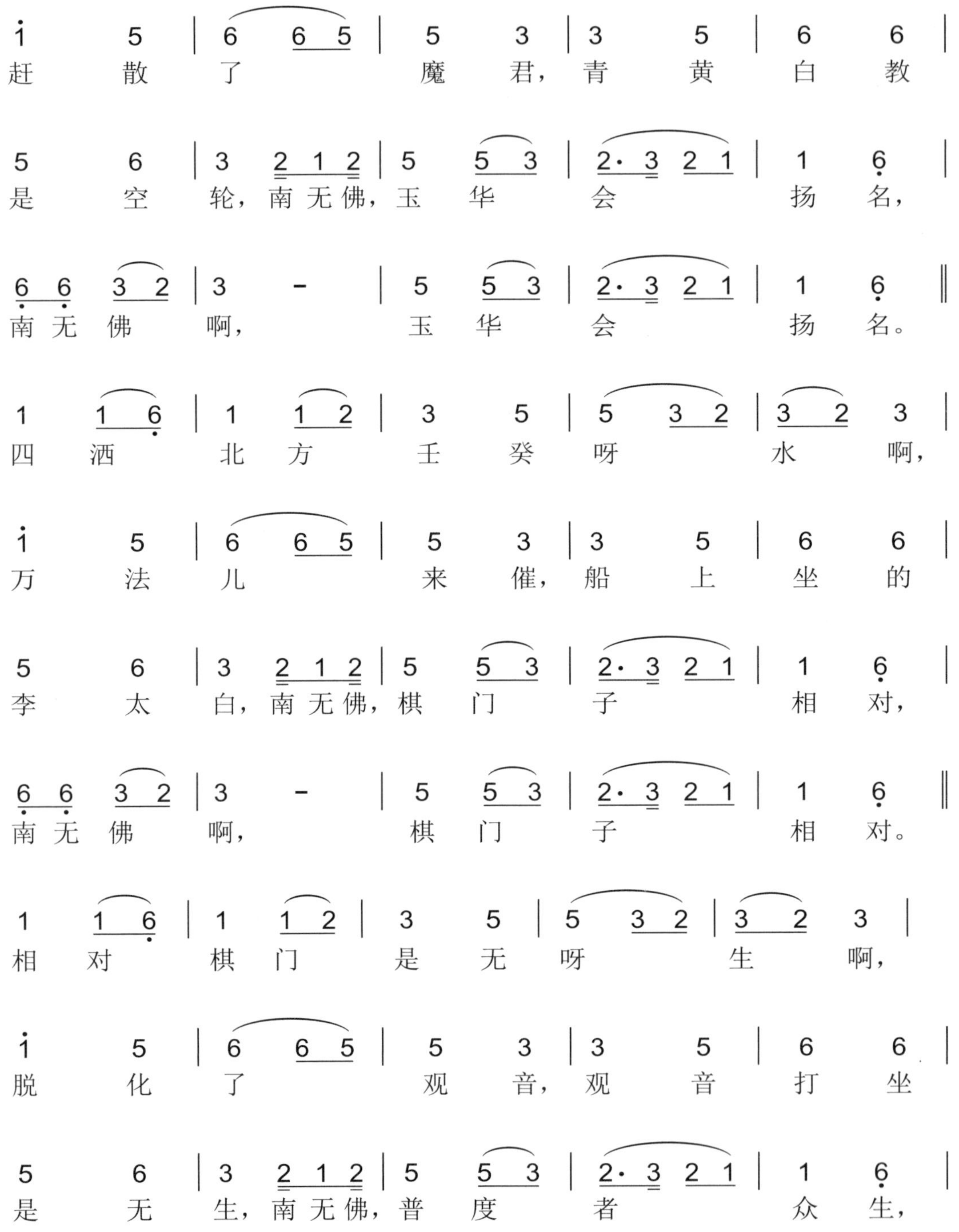
赶散了魔君，青黄白教
是空轮，南无佛，玉华会扬名，
南无佛啊，玉华会扬名。
四洒北方壬癸呀水啊，
万法儿来催，船上坐的
李太白，南无佛，棋门子相对，
南无佛啊，棋门子相对。
相对棋门是无呀生啊，
脱化了观音，观音打坐
是无生，南无佛，普度者众生，

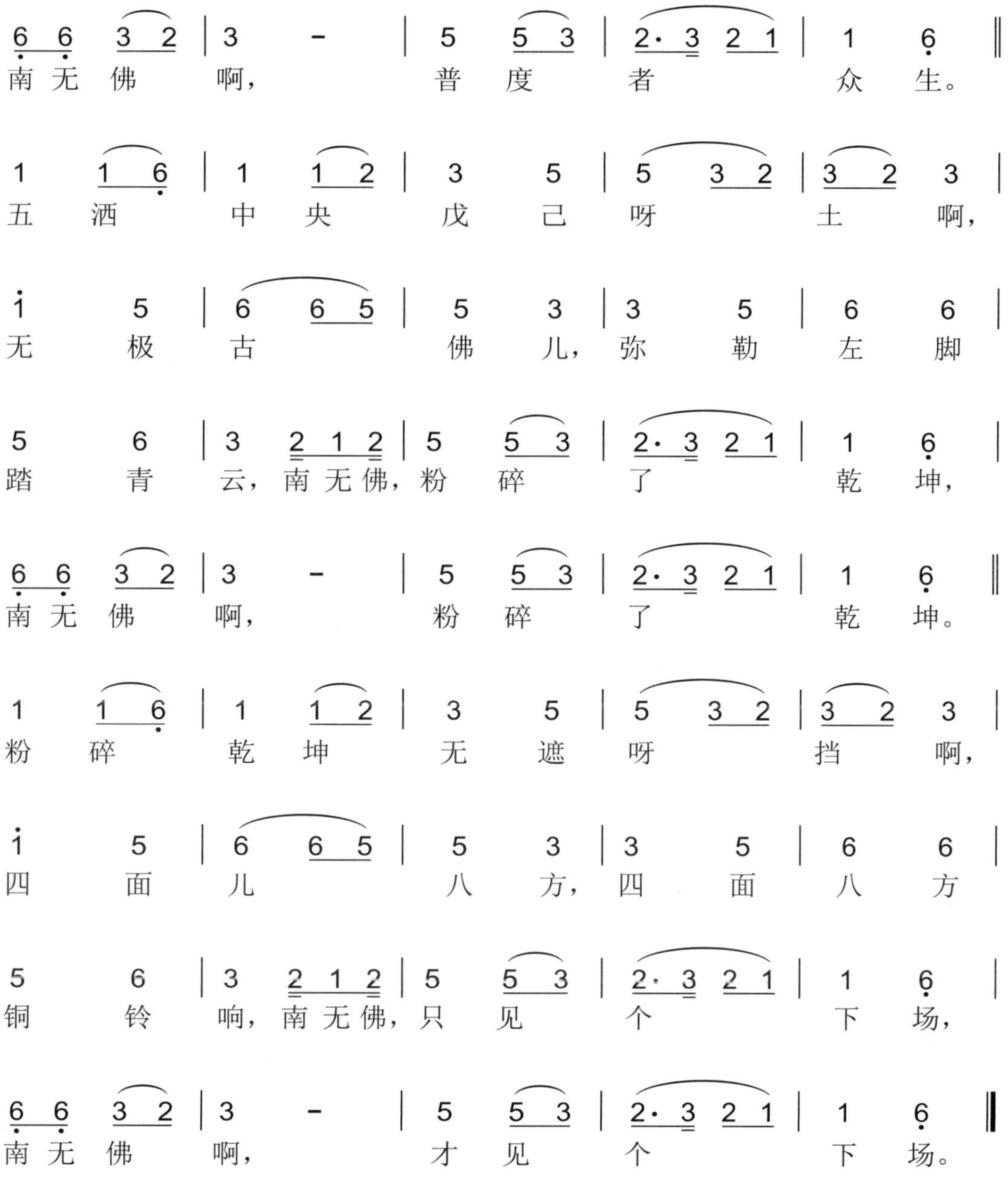
南无佛啊，普度者众生。
五洒中央戊己呀土啊，
无极古佛儿，弥勒左脚
踏青云，南无佛，粉碎了乾坤，
南无佛啊，粉碎了乾坤。
粉碎乾坤无遮呀挡啊，
四面儿八方，四面八方
铜铃响，南无佛，只见个下场，
南无佛啊，才见个下场。

吃斋词

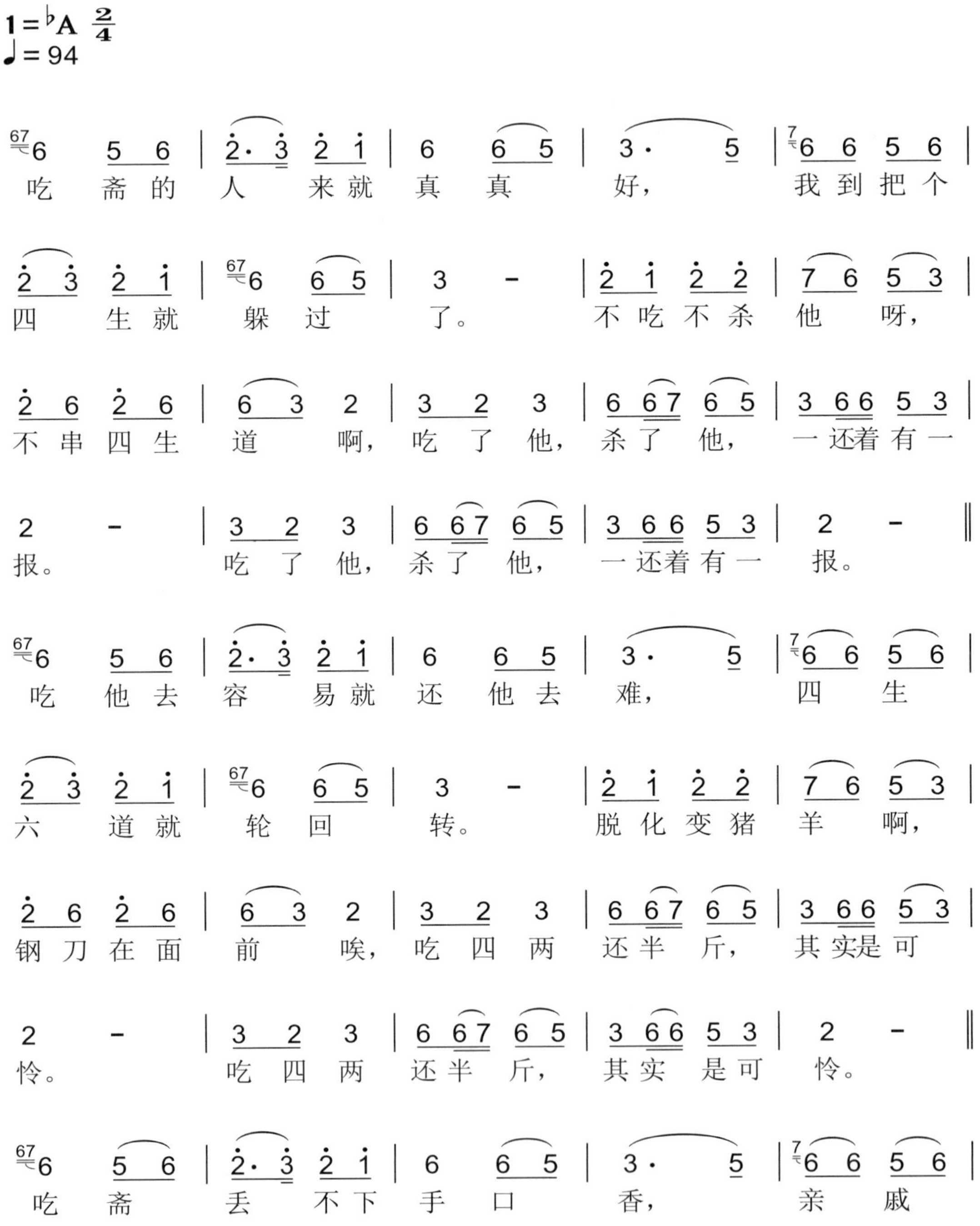
1=♭A 2/4
♩=94
吃斋的人来就真真好，我到把个
四生就躲过了。不吃不杀他呀，
不串四生道啊，吃了他，杀了他，一还着有一
报。吃了他，杀了他，一还着有一报。
吃他去容易就还他去难，四生
六道就轮回转。脱化变猪羊啊，
钢刀在面前唉，吃四两还半斤，其实是可
怜。吃四两还半斤，其实是可怜。
吃斋丢不下手口香，亲戚

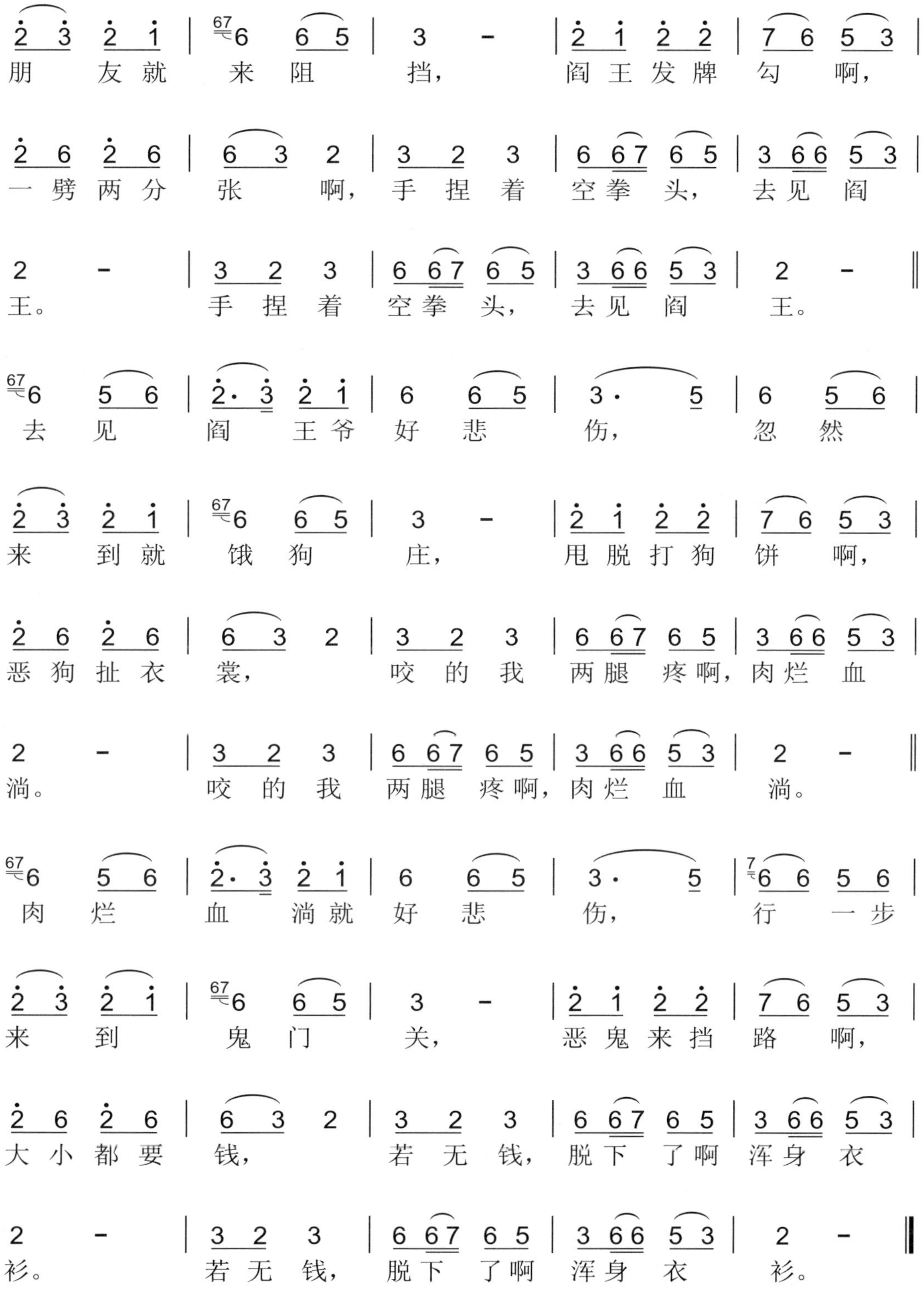
朋友就来阻挡，阎王发牌勾啊，
一劈两分张啊，手捏着空拳头，去见阎
王。手捏着空拳头，去见阎王。
去见阎王爷好悲伤，忽然
来到就饿狗庄，甩脱打狗饼啊，
恶狗扯衣裳，咬的我两腿疼啊，肉烂血
淌。咬的我两腿疼啊，肉烂血淌。
肉烂血淌就好悲伤，行一步
来到鬼门关，恶鬼来挡路啊，
大小都要钱，若无钱，脱下了啊浑身衣
衫。若无钱，脱下了啊浑身衣衫。

五更禅词

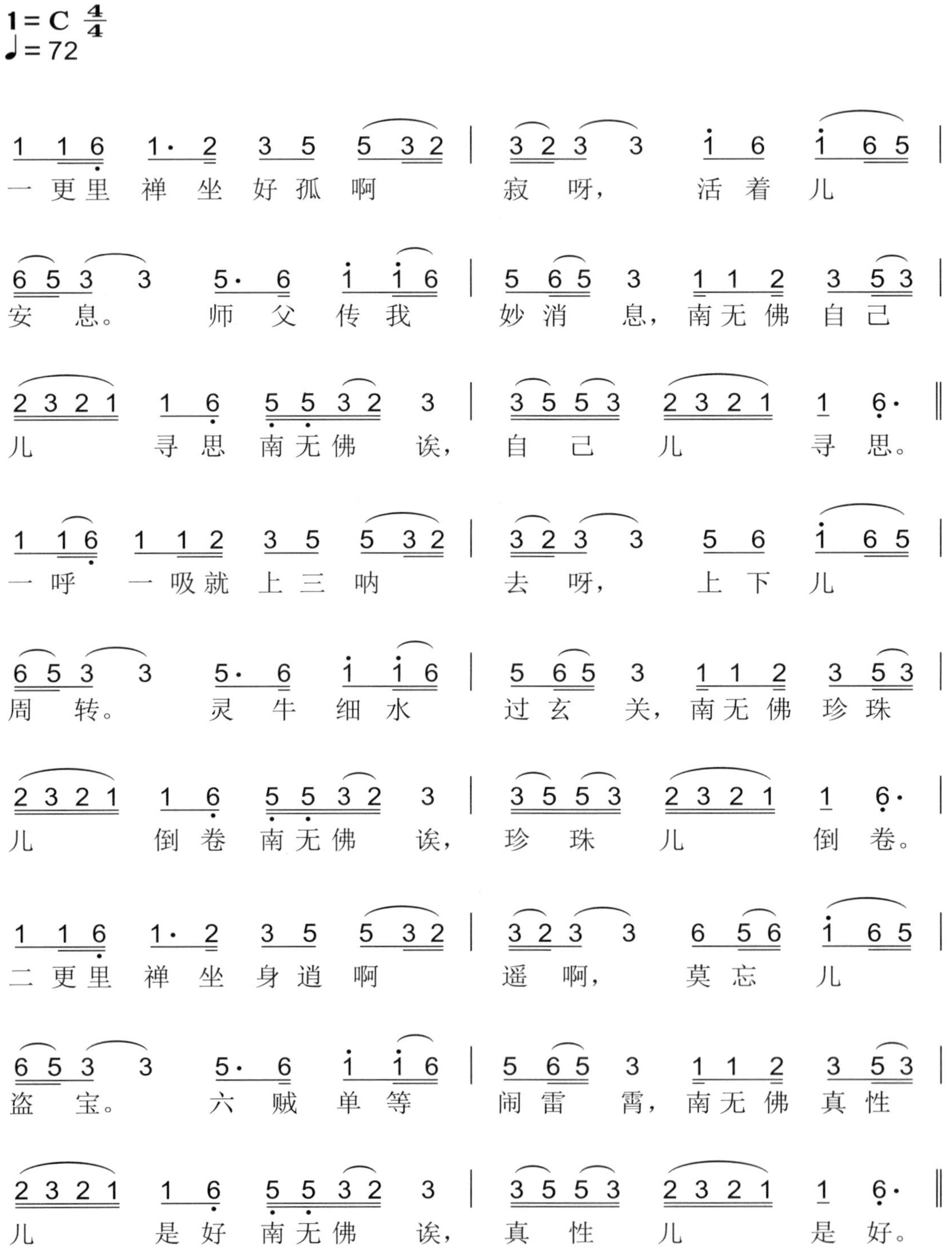
1=C 4/4
♩=72
一更里禅坐好孤啊 寂 呀，活着儿
安 息。师父传我 妙消 息，南无佛自己
儿 寻思南无佛 诶，自 己 儿 寻 思。
一呼 一吸就上三呐 去 呀，上下儿
周 转。灵牛细水 过玄 关，南无佛珍珠
儿 倒卷南无佛 诶，珍 珠 儿 倒 卷。
二更里禅坐身道啊 遥 啊，莫忘 儿
盗 宝。六贼单等 闹雷 霄，南无佛真性
儿 是好南无佛 诶，真 性 儿 是 好。

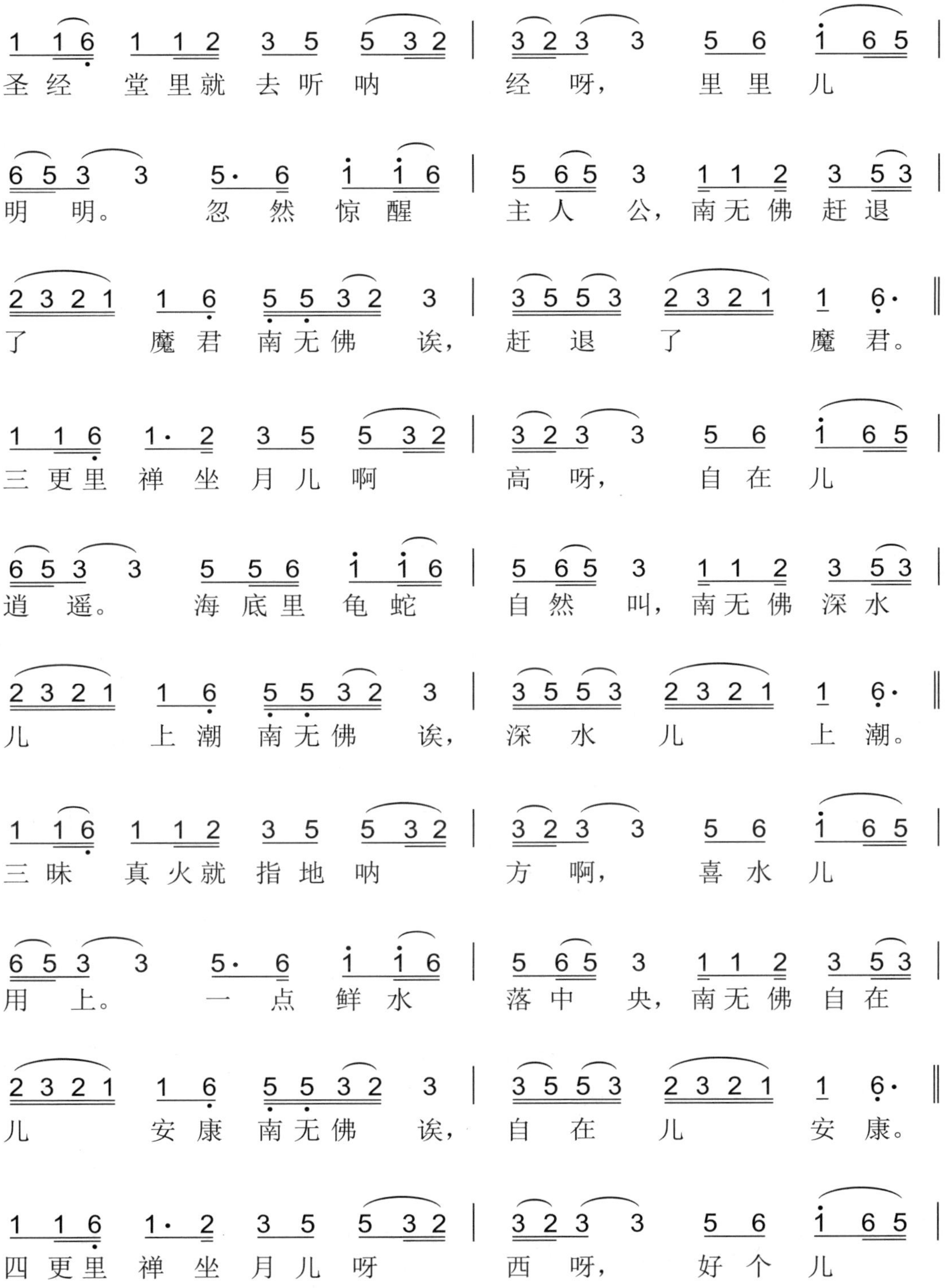
圣经 堂里就 去听 呐 经 呀， 里里 儿
明 明。 忽 然 惊 醒 主人 公，南无佛 赶退
了 魔君 南无佛 诶，赶 退 了 魔 君。
三更里 禅 坐 月儿 啊 高 呀， 自 在 儿
逍 遥。 海底里 龟 蛇 自然 叫，南无佛 深水
儿 上潮 南无佛 诶，深 水 儿 上 潮。
三昧 真火就 指地 呐 方 啊， 喜水 儿
用 上。 一 点 鲜 水 落中 央，南无佛 自在
儿 安康 南无佛 诶，自 在 儿 安 康。
四更里 禅 坐 月儿 呀 西 呀， 好个 儿

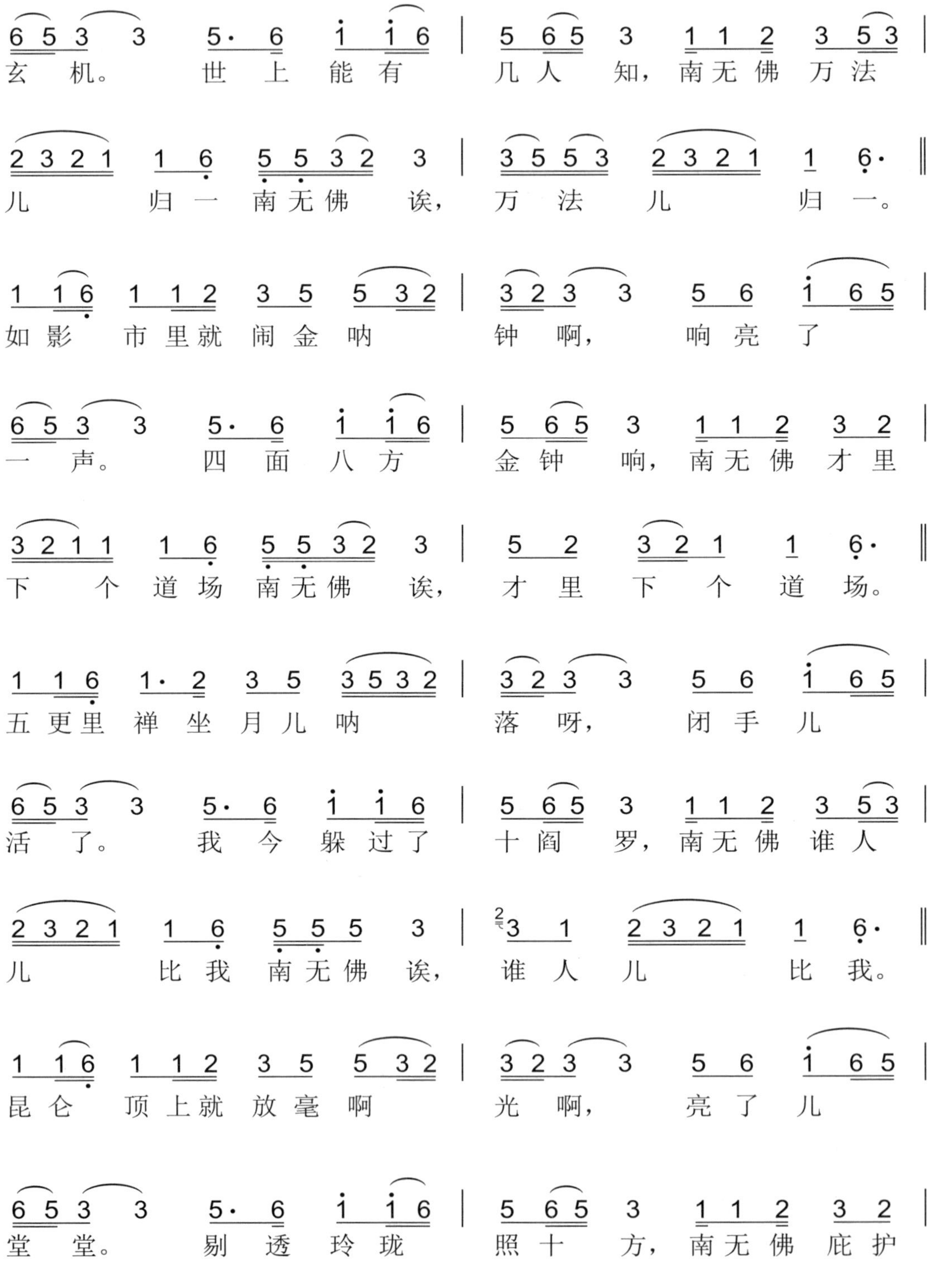
玄 机。 世 上 能 有 几人 知，南无佛 万法
儿 归 一 南无佛 诶， 万 法 儿 归 一。
如影 市里就 闹金 呐 钟 啊， 响 亮 了
一 声。 四 面 八 方 金钟 响，南无佛 才里
下 个 道 场 南无佛 诶， 才 里 下 个 道 场。
五更里 禅 坐 月儿 呐 落 呀， 闭 手 儿
活 了。 我 今 躲 过 了 十阎 罗，南无佛 谁人
儿 比 我 南无佛 诶， 谁 人 儿 比 我。
昆仑 顶上就 放 毫 啊 光 啊， 亮 了 儿
堂 堂。 剔 透 玲 珑 照十 方，南无佛 庇护

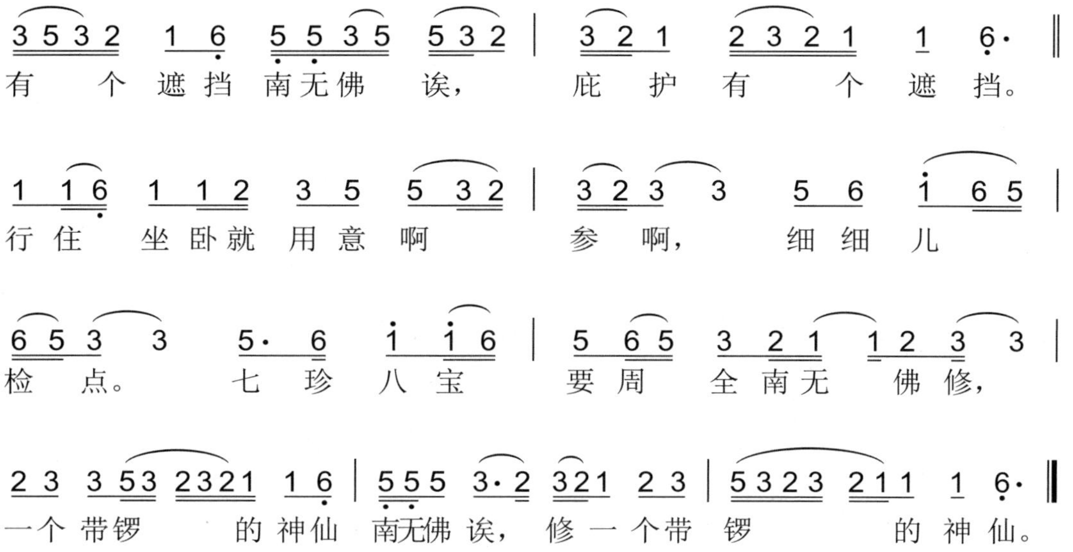
有 个 遮挡 南无佛 诶， 庇 护 有 个 遮 挡。
行住 坐卧就 用 意 啊 参 啊， 细 细 儿
检 点。 七 珍 八 宝 要 周 全南无 佛 修，
一个 带锣 的 神仙 南无佛 诶， 修 一 个带 锣 的 神 仙。

茶词

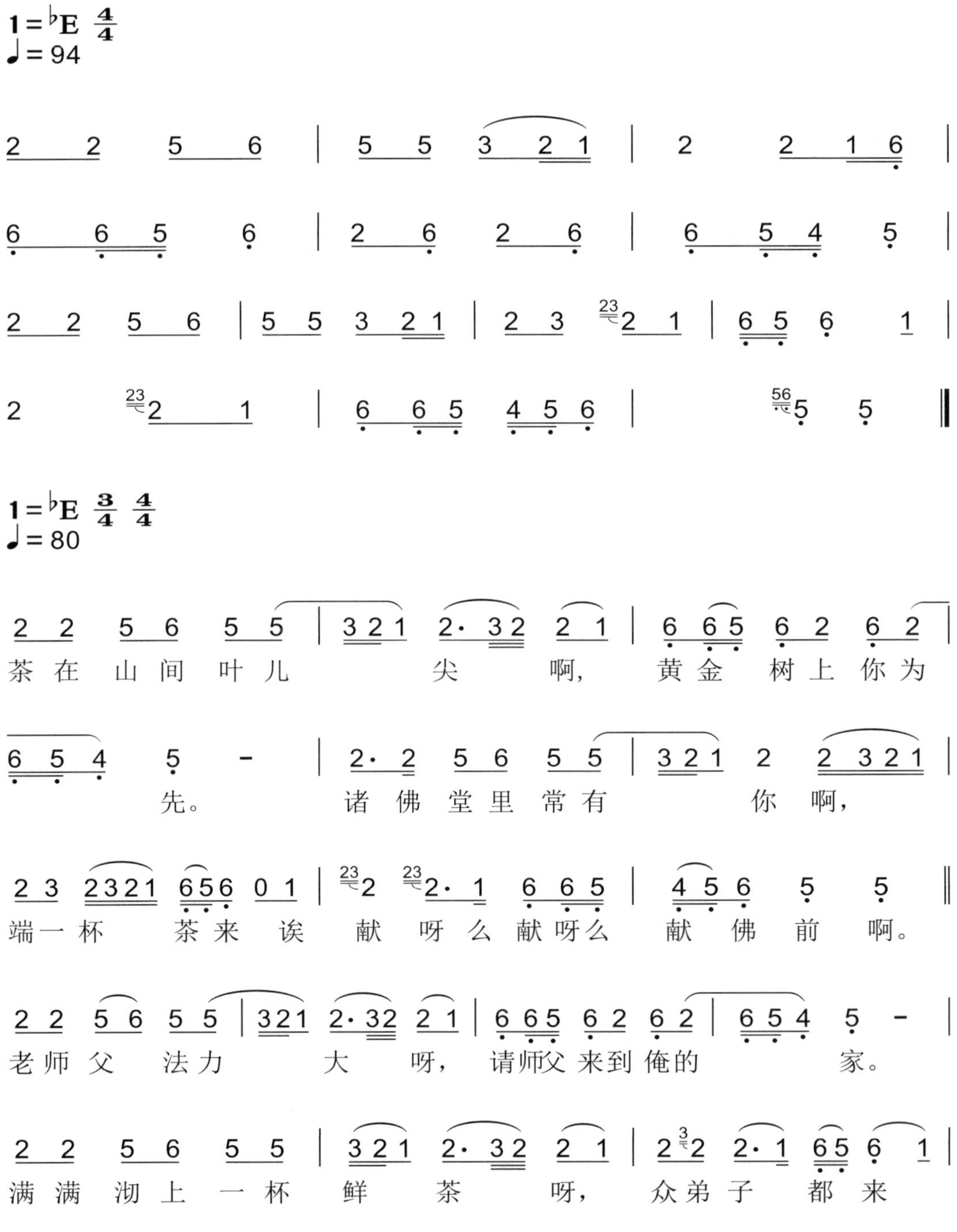
1=♭E 4/4
♩=94
1=♭E 3/4 4/4
♩=80
茶在山间叶儿尖啊，黄金树上你为
先。诸佛堂里常有你啊，
端一杯茶来诶献呀么献呀么献佛前啊。
老师父法力大呀，请师父来到俺的家。
满满沏上一杯鲜茶呀，众弟子都来

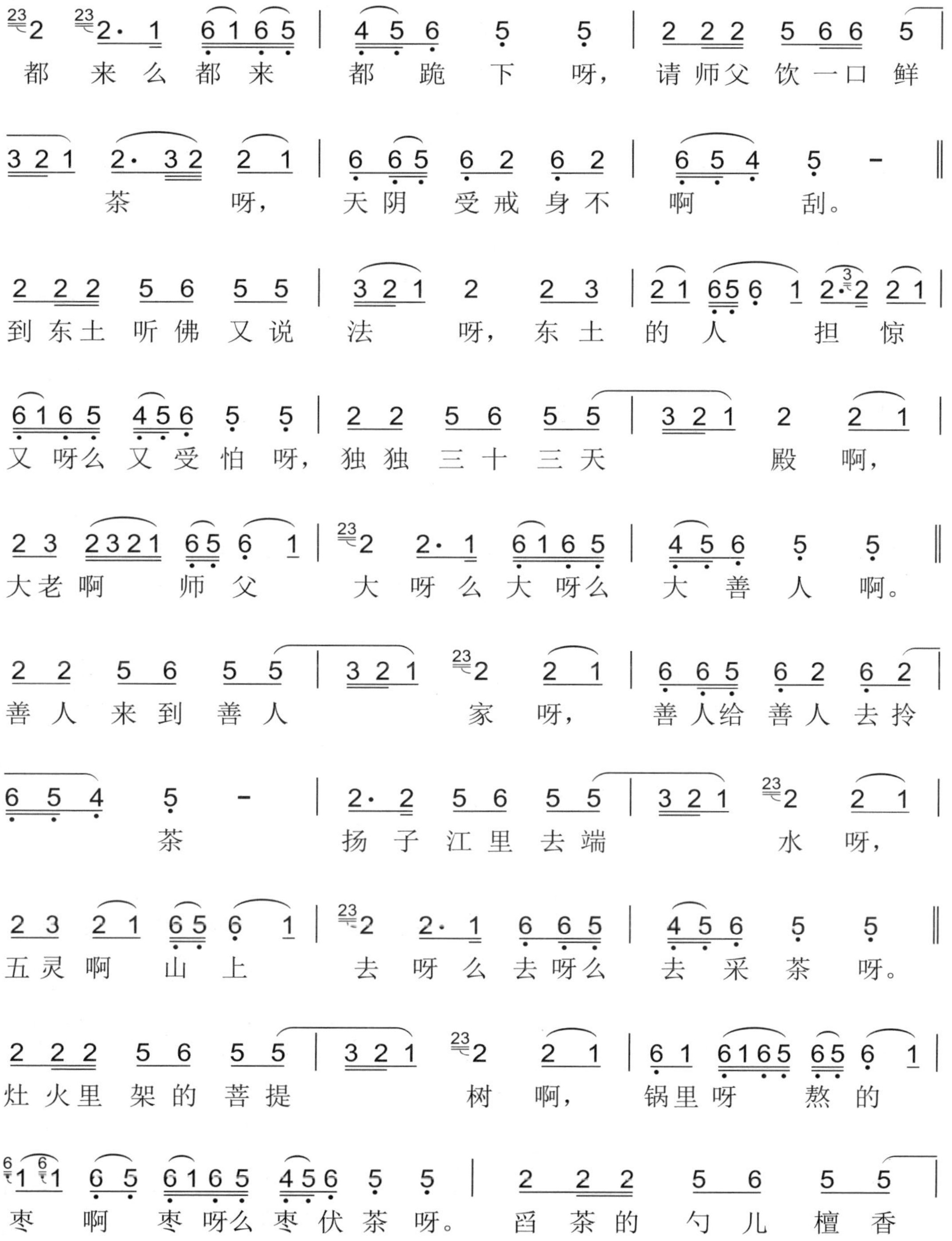
都来么都来 都跪下呀，请师父饮一口鲜
茶 呀，天阴受戒身不啊刮。
到东土听佛又说法 呀，东土的人 担惊
又呀么又受怕呀，独独三十三天 殿啊，
大老啊 师父 大呀么大呀么大善人啊。
善人来到善人 家呀，善人给善人去拎
茶 扬子江里去端 水呀，
五灵啊山上 去呀么去呀么去采茶呀。
灶火里架的菩提 树啊，锅里呀 熬的
枣啊枣呀么枣伏茶呀。舀茶的勺儿檀香

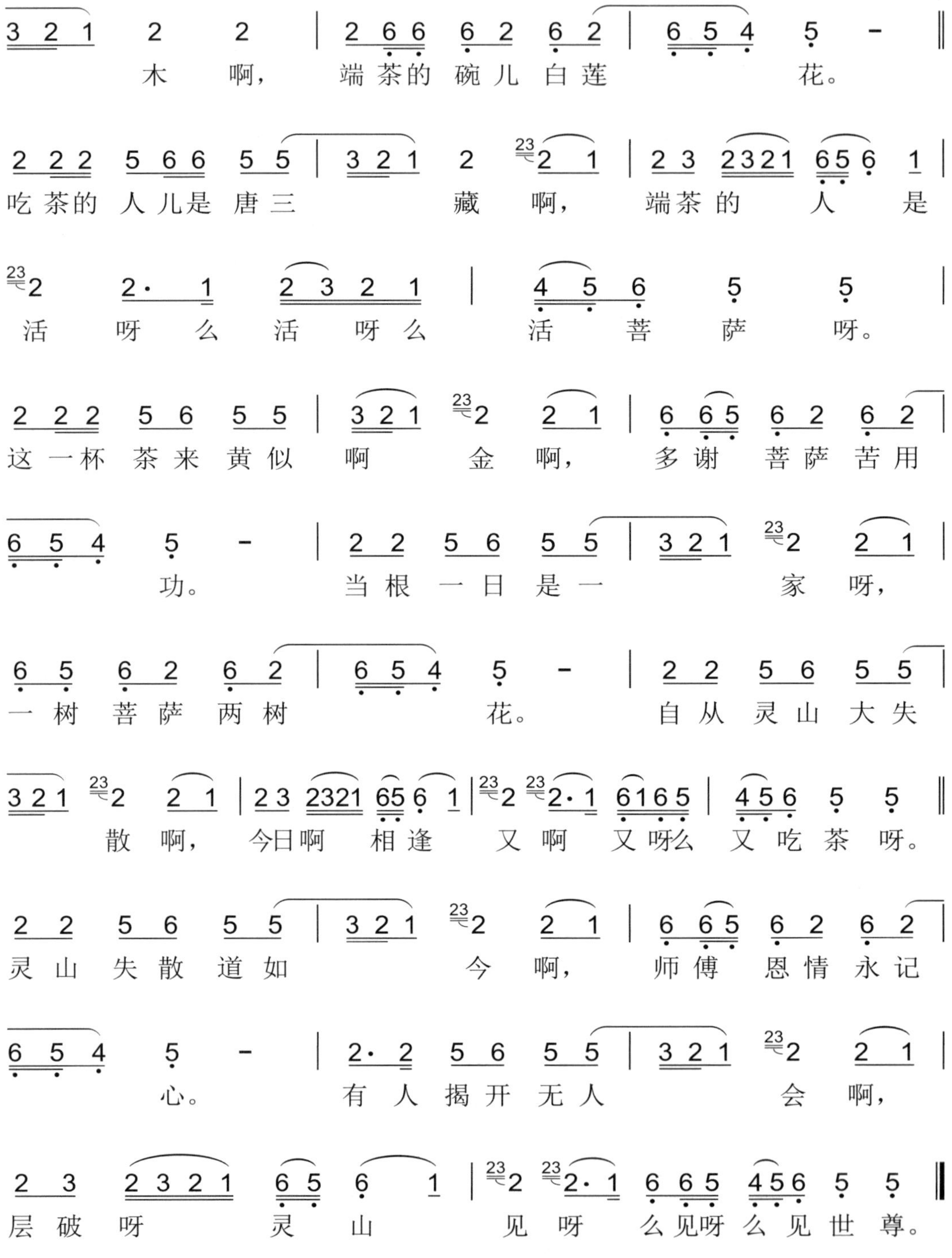
木 啊，端茶的碗儿白莲 花。
吃茶的人儿是唐三 藏 啊，端茶的 人 是
活 呀 么 活 呀 么 活 菩 萨 呀。
这一杯茶来黄似 啊 金 啊，多谢 菩萨苦用
功。当根一日是一 家 呀，
一树菩萨两树 花。自从灵山大失
散 啊，今日啊 相逢 又啊 又呀么 又吃茶 呀。
灵山失散道如 今 啊，师傅 恩情永记
心。有人揭开无人 会 啊，
层破 呀 灵 山 见 呀 么见呀么见世尊。

八瞧词

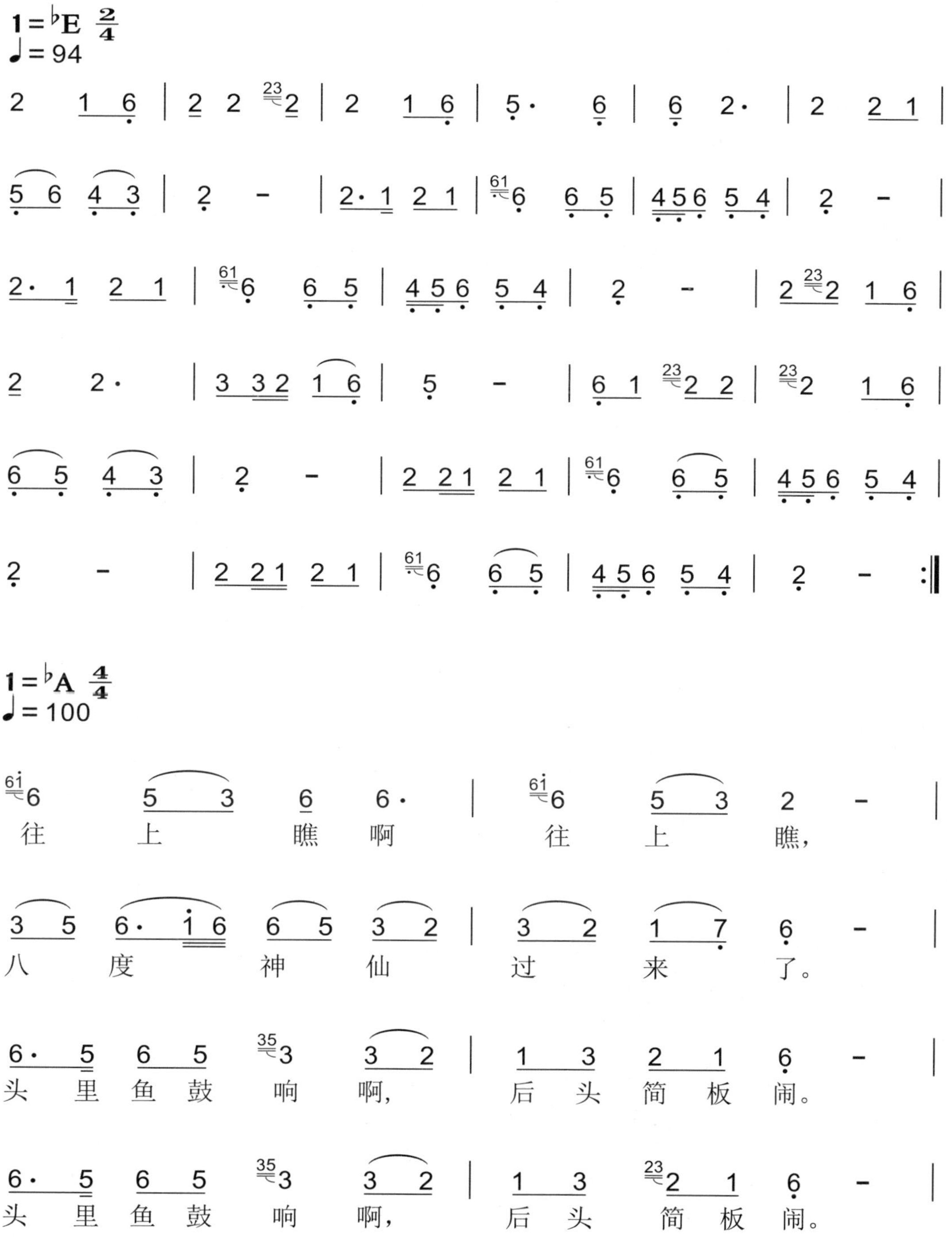

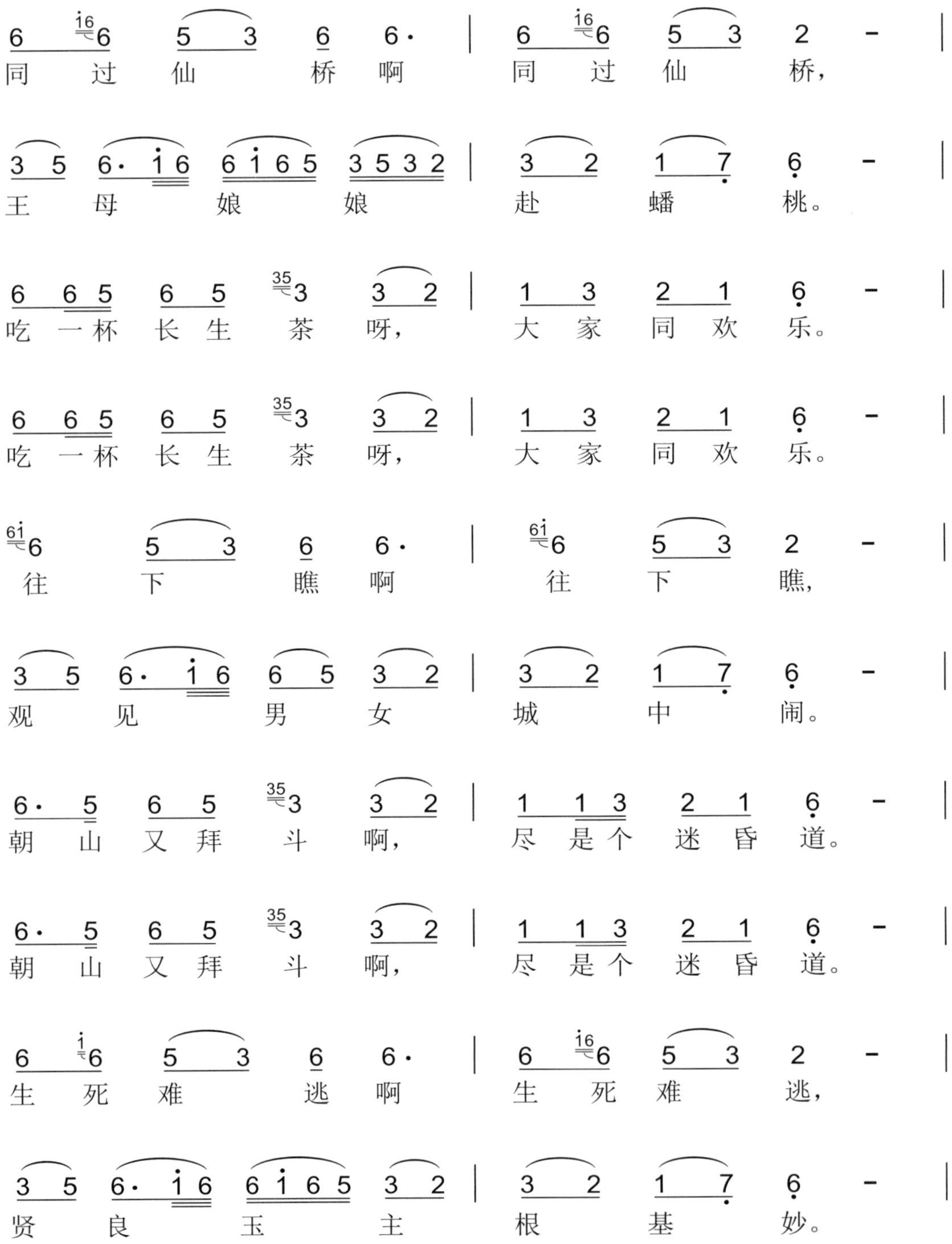
同过仙桥啊同过仙桥，
王母娘娘赴蟠桃。
吃一杯长生茶呀，大家同欢乐。
吃一杯长生茶呀，大家同欢乐。
往下瞧啊往下瞧，
观见男女城中闹。
朝山又拜斗啊，尽是个迷昏道。
朝山又拜斗啊，尽是个迷昏道。
生死难逃啊生死难逃，
贤良玉主根基妙。

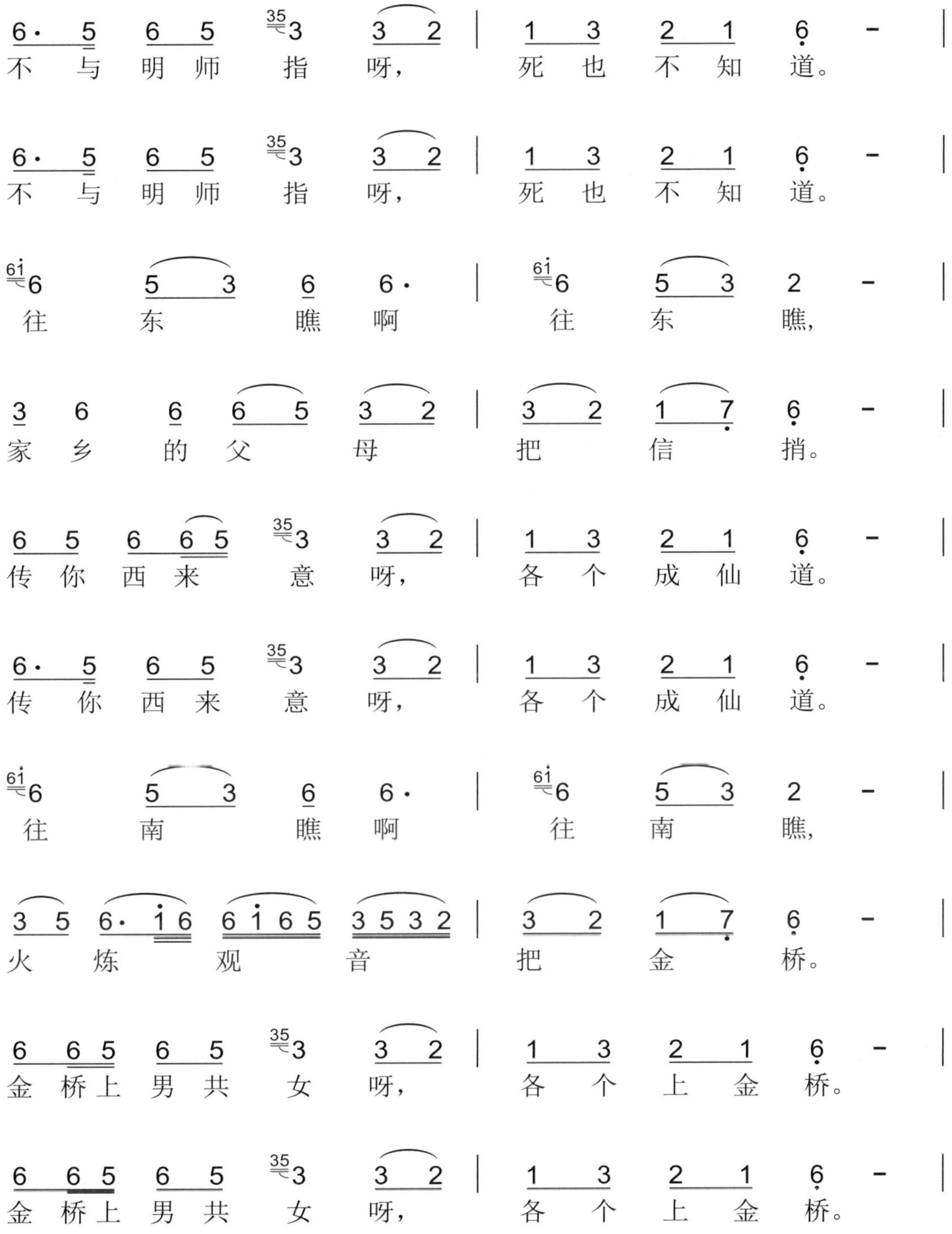
不与明师指呀，死也不知道。
不与明师指呀，死也不知道。
往东瞧啊往东瞧，
家乡的父母把信捎。
传你西来意呀，各个成仙道。
传你西来意呀，各个成仙道。
往南瞧啊往南瞧，
火炼观音把金桥。
金桥上男共女呀，各个上金桥。
金桥上男共女呀，各个上金桥。

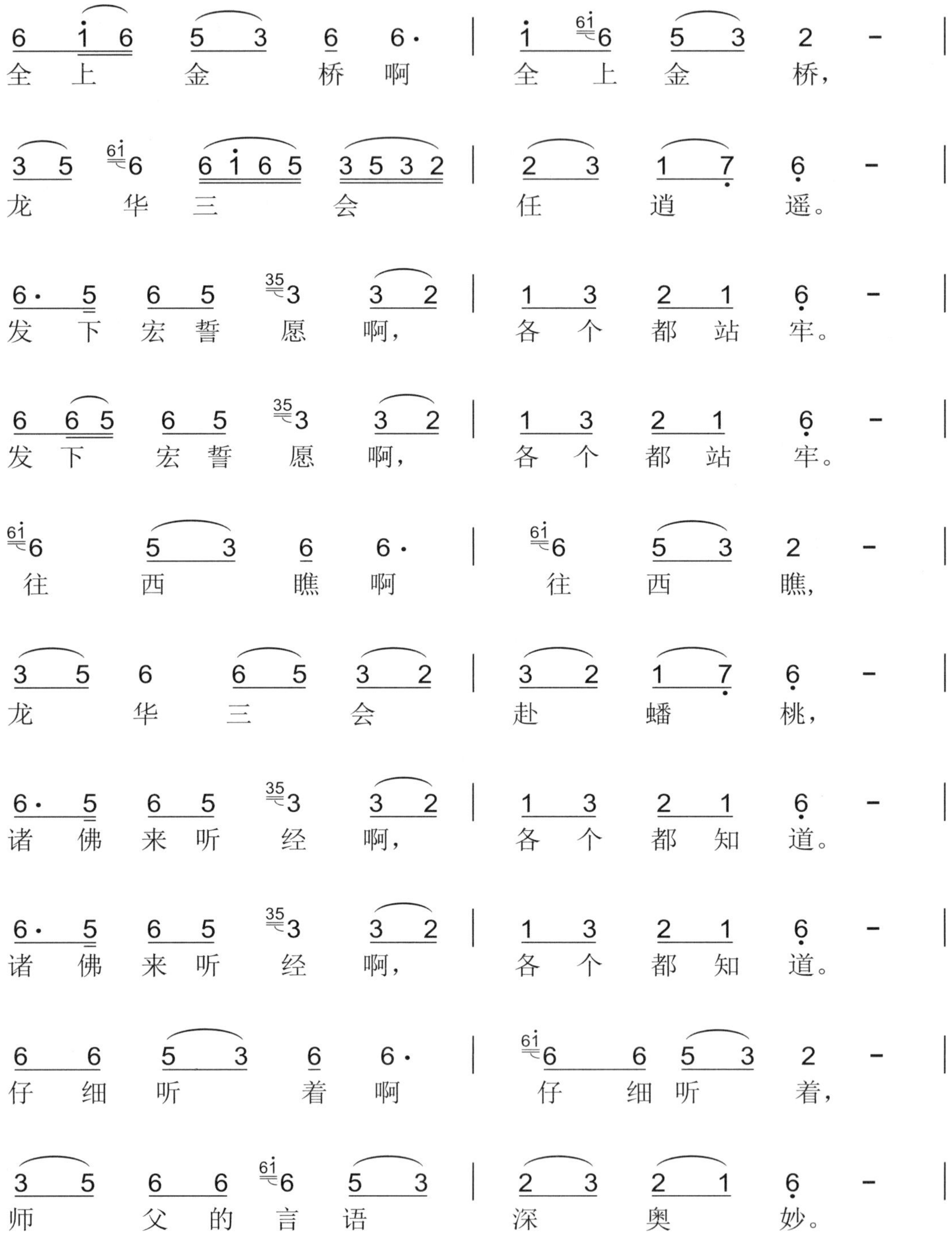
全上金桥啊全上金桥，
龙华三会任逍遥。
发下宏誓愿啊，各个都站牢。
发下宏誓愿啊，各个都站牢。
往西瞧啊往西瞧，
龙华三会赴蟠桃，
诸佛来听经啊，各个都知道。
诸佛来听经啊，各个都知道。
仔细听着啊仔细听着，
师父的言语深奥妙。

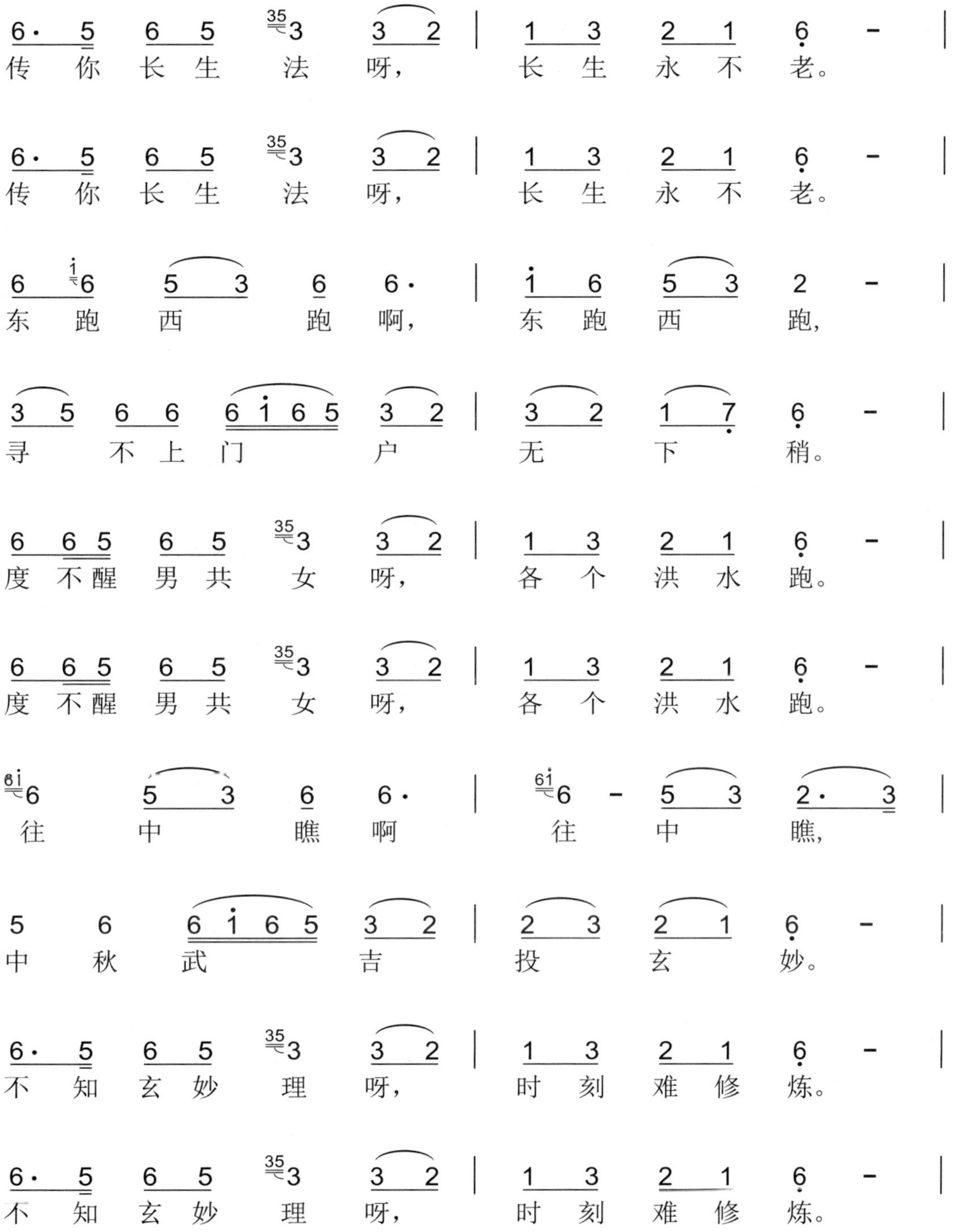
传你长生法呀，长生永不老。
传你长生法呀，长生永不老。
东跑西跑啊，东跑西跑，
寻不上门户无下稍。
度不醒男共女呀，各个洪水跑。
度不醒男共女呀，各个洪水跑。
往中瞧啊往中瞧，
中秋武吉投玄妙。
不知玄妙理呀，时刻难修炼。
不知玄妙理呀，时刻难修炼。

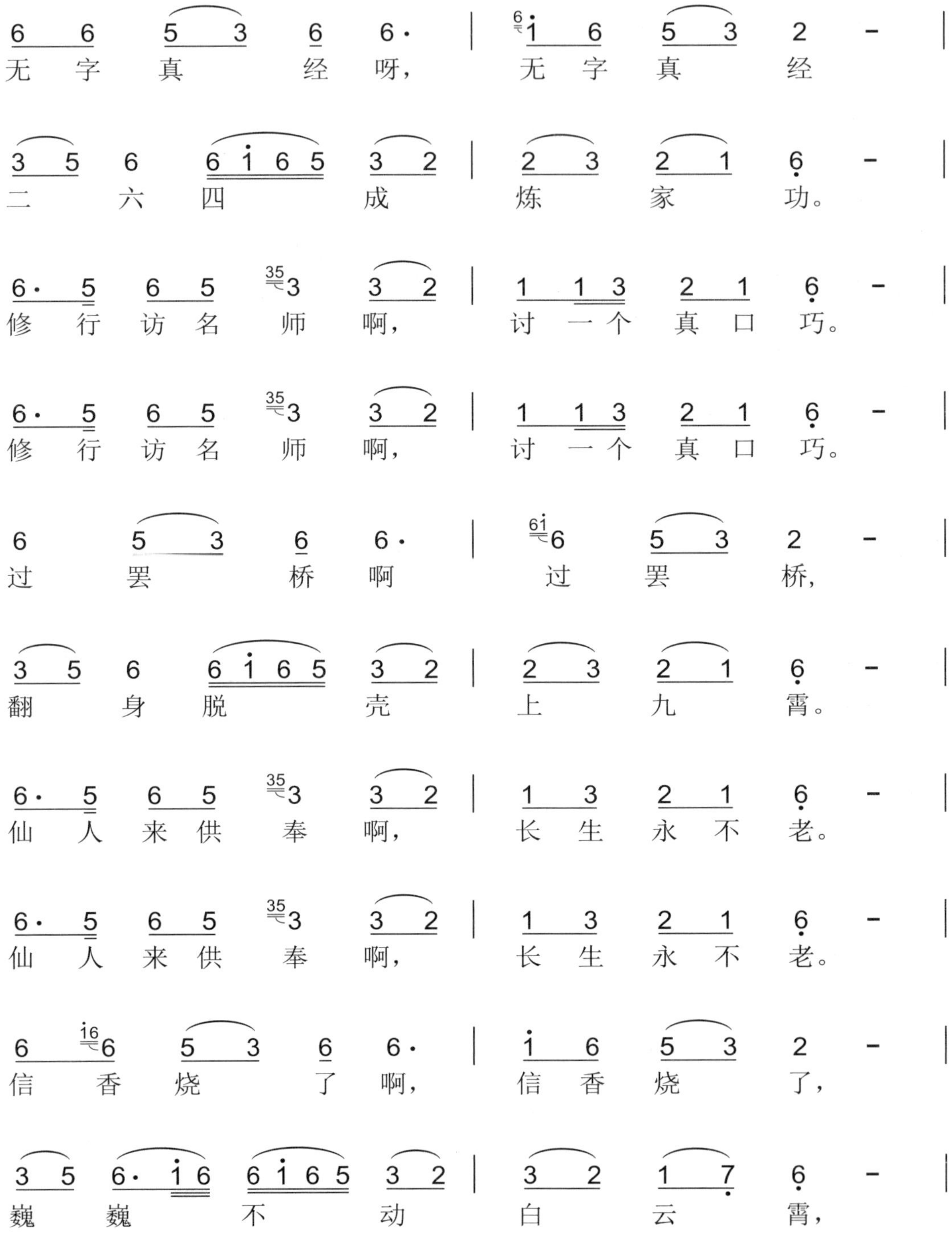
无字真经呀，无字真经
二六四成炼家功。
修行访名师啊，讨一个真口巧。
修行访名师啊，讨一个真口巧。
过罢桥啊过罢桥，
翻身脱壳上九霄。
仙人来供奉啊，长生永不老。
仙人来供奉啊，长生永不老。
信香烧了啊，信香烧了，
巍巍不动白云霄，

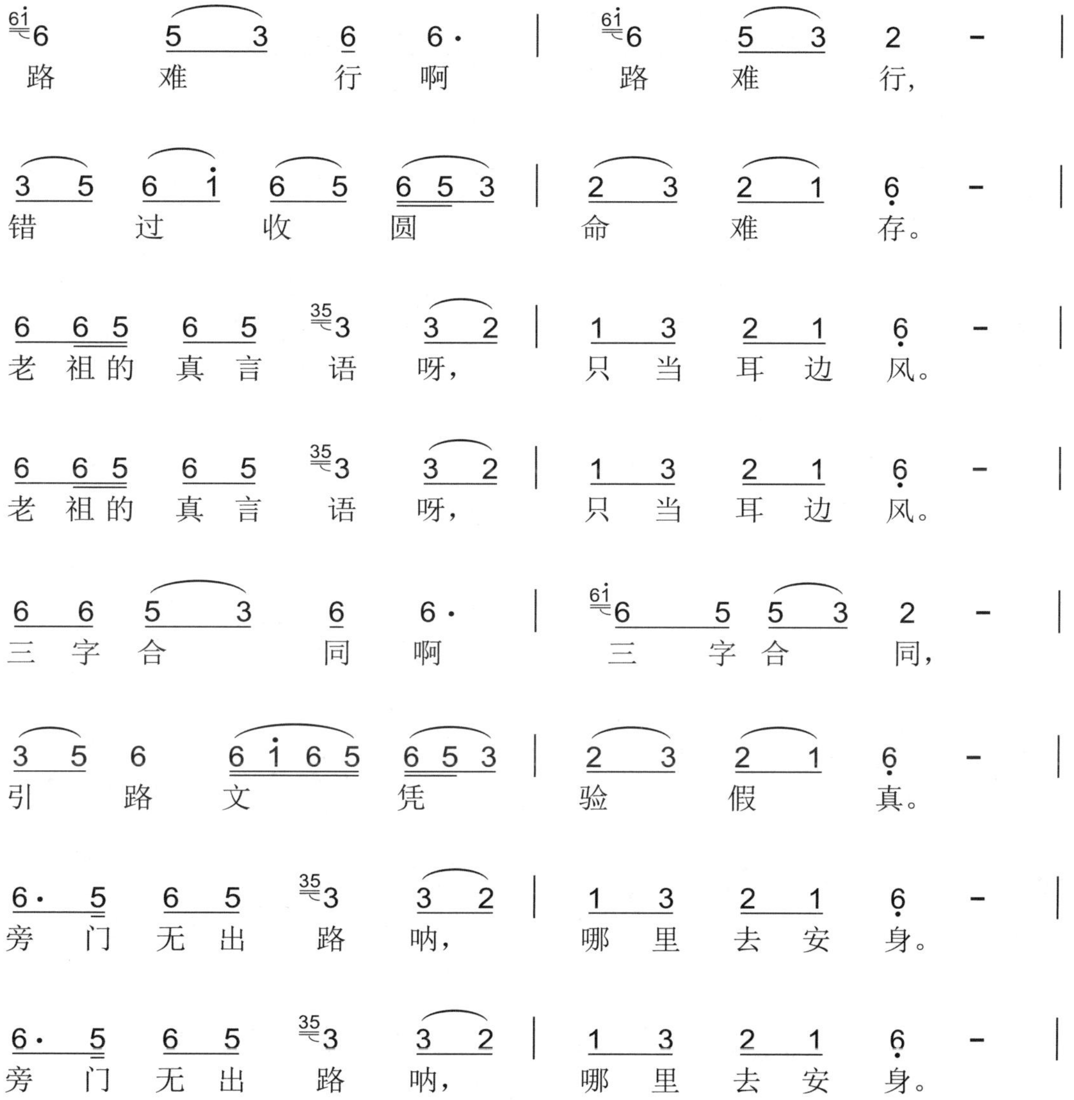
金身永不坏呀，再不投机巧。
金身永不坏呀，再不投机巧。
路难行啊路难行，
错过收圆命难存。
老祖的真言语呀，只当耳边风。
老祖的真言语呀，只当耳边风。
三字合同啊三字合同，
引路文凭验假真。
旁门无出路呐，哪里去安身。
旁门无出路呐，哪里去安身。

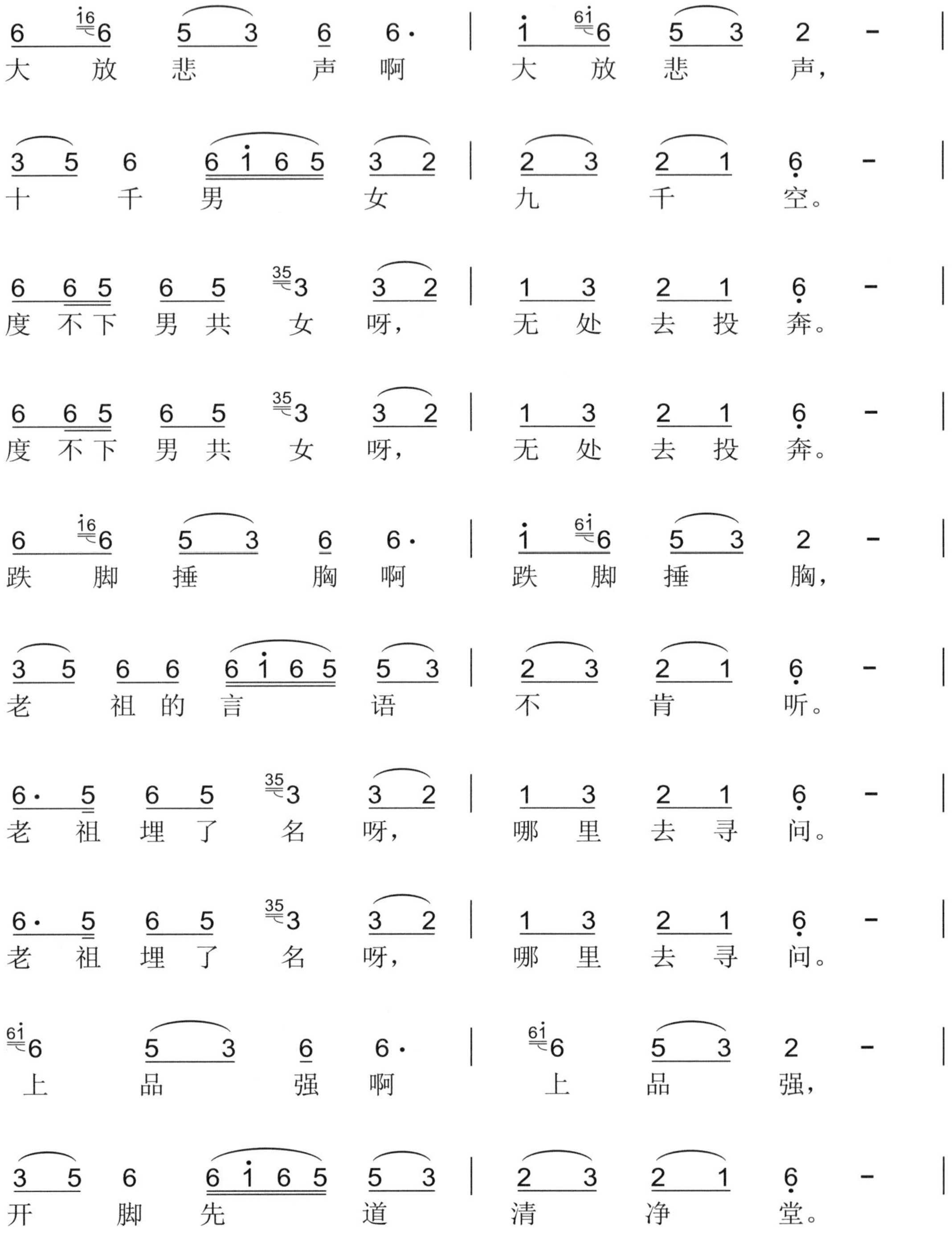
大放悲声啊 大放悲声，
十千男女 九千空。
度不下男共女呀， 无处去投奔。
度不下男共女呀， 无处去投奔。
跌脚捶胸啊 跌脚捶胸，
老祖的言语 不肯听。
老祖埋了名呀， 哪里去寻问。
老祖埋了名呀， 哪里去寻问。
上品强啊 上品强，
开脚先道 清净堂。

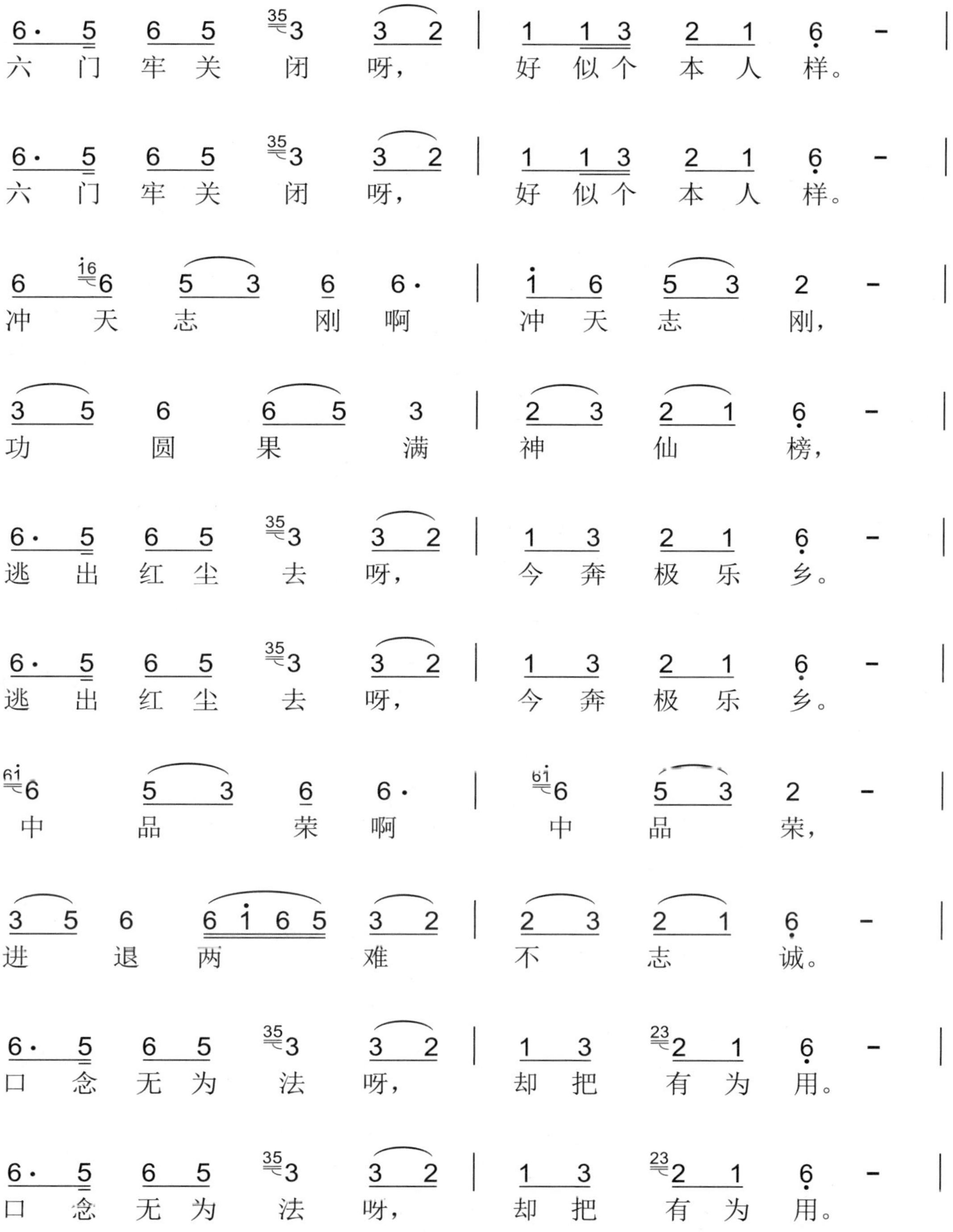
六门牢关闭呀，好似个本人样。
六门牢关闭呀，好似个本人样。
冲天志刚啊冲天志刚，
功圆果满神仙榜，
逃出红尘去呀，今奔极乐乡。
逃出红尘去呀，今奔极乐乡。
中品荣啊中品荣，
进退两难不志诚。
口念无为法呀，却把有为用。
口念无为法呀，却把有为用。

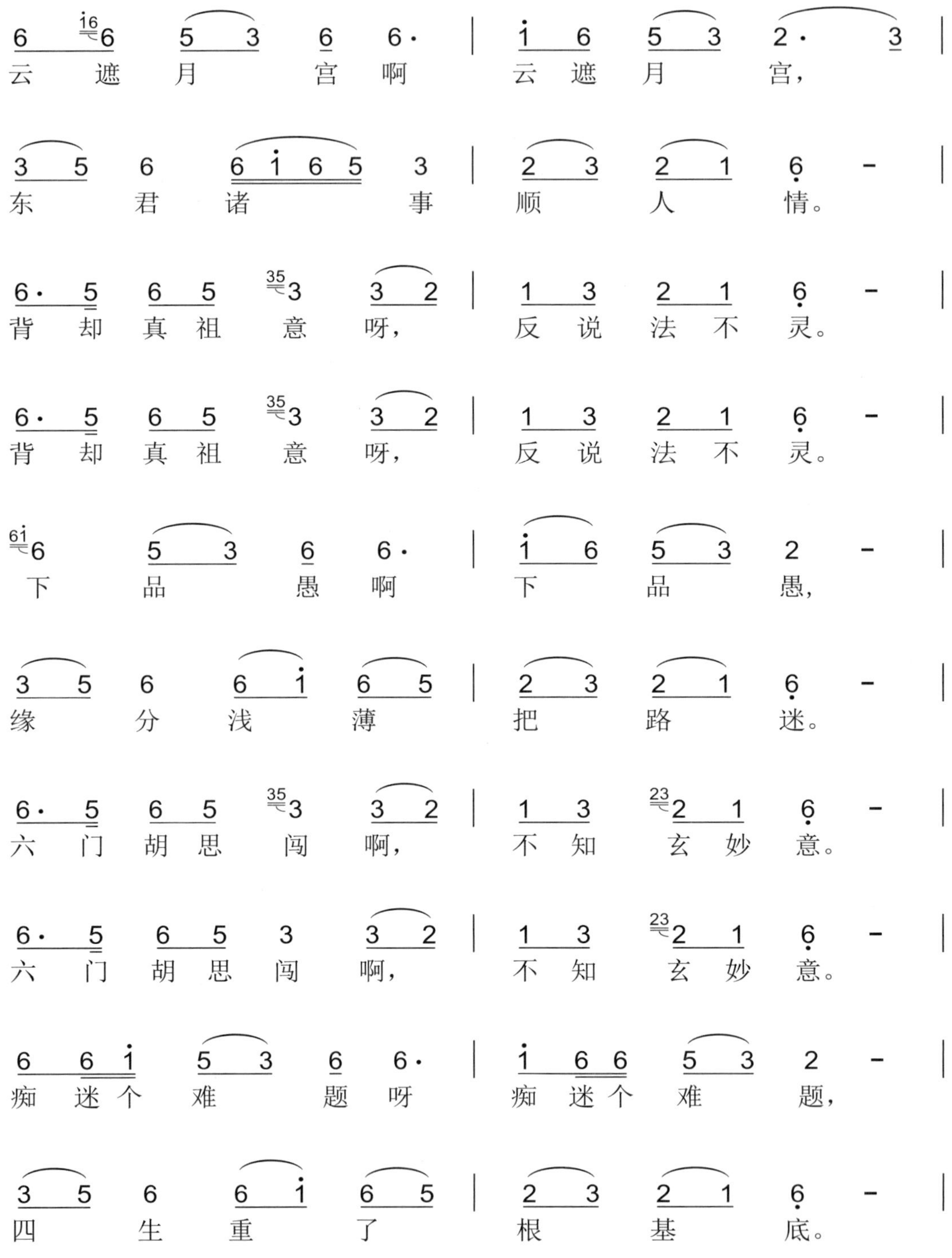
云遮月宫啊云遮月宫，
东君诸事顺人情。
背却真祖意呀，反说法不灵。
背却真祖意呀，反说法不灵。
下品愚啊下品愚，
缘分浅薄把路迷。
六门胡思闯啊，不知玄妙意。
六门胡思闯啊，不知玄妙意。
痴迷个难题呀痴迷个难题，
四生重了根基底。

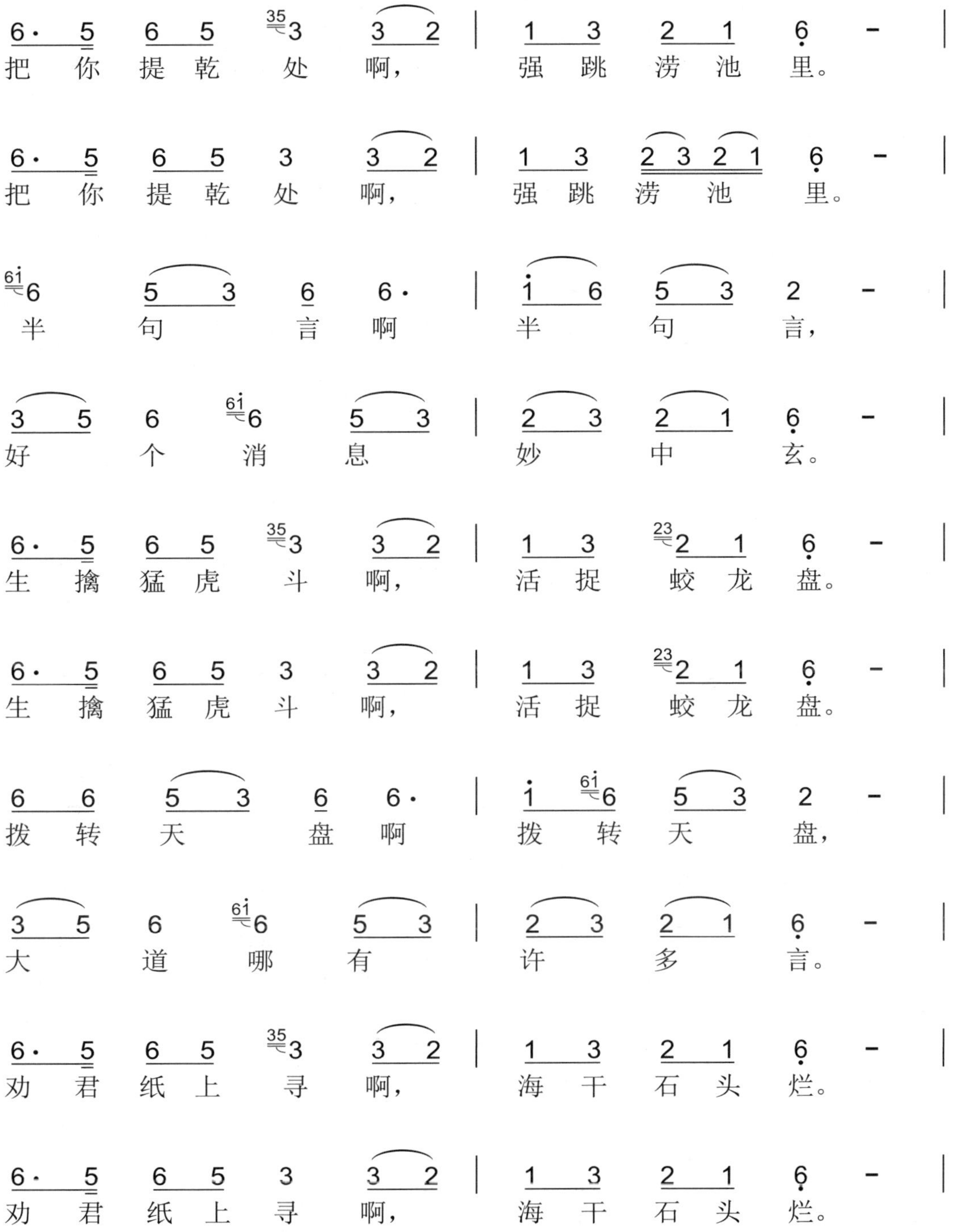
把你提乾处啊，强跳涝池里。
把你提乾处啊，强跳涝池里。
半句言啊半句言，
好个消息妙中玄。
生擒猛虎斗啊，活捉蛟龙盘。
生擒猛虎斗啊，活捉蛟龙盘。
拨转天盘啊拨转天盘，
大道哪有许多言。
劝君纸上寻啊，海干石头烂。
劝君纸上寻啊，海干石头烂。

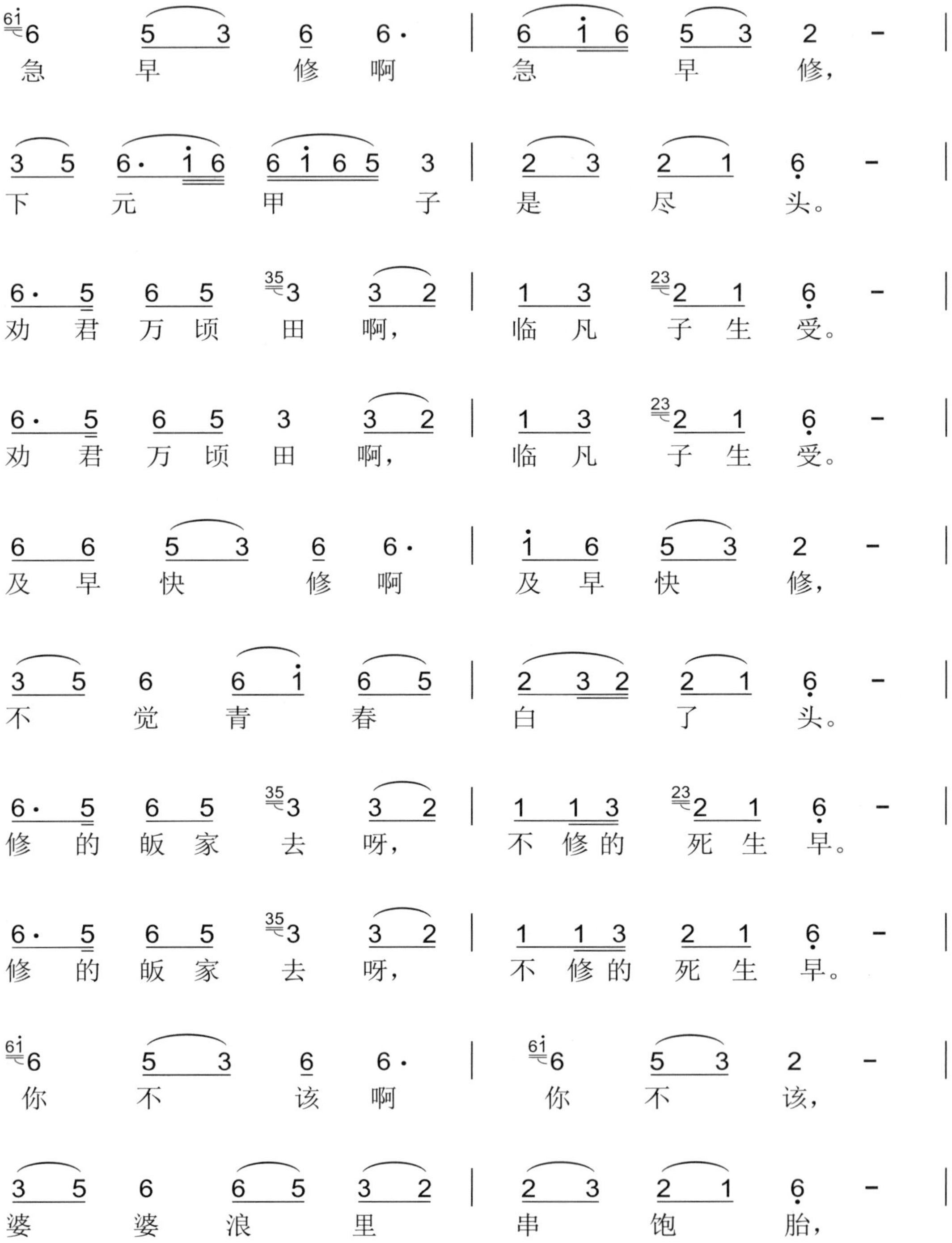
急早修啊急早修，
下元甲子是尽头。
劝君万顷田啊，临凡子生受。
劝君万顷田啊，临凡子生受。
及早快修啊及早快修，
不觉青春白了头。
修的皈家去呀，不修的死生早。
修的皈家去呀，不修的死生早。
你不该啊你不该，
婆婆浪里串饱胎，

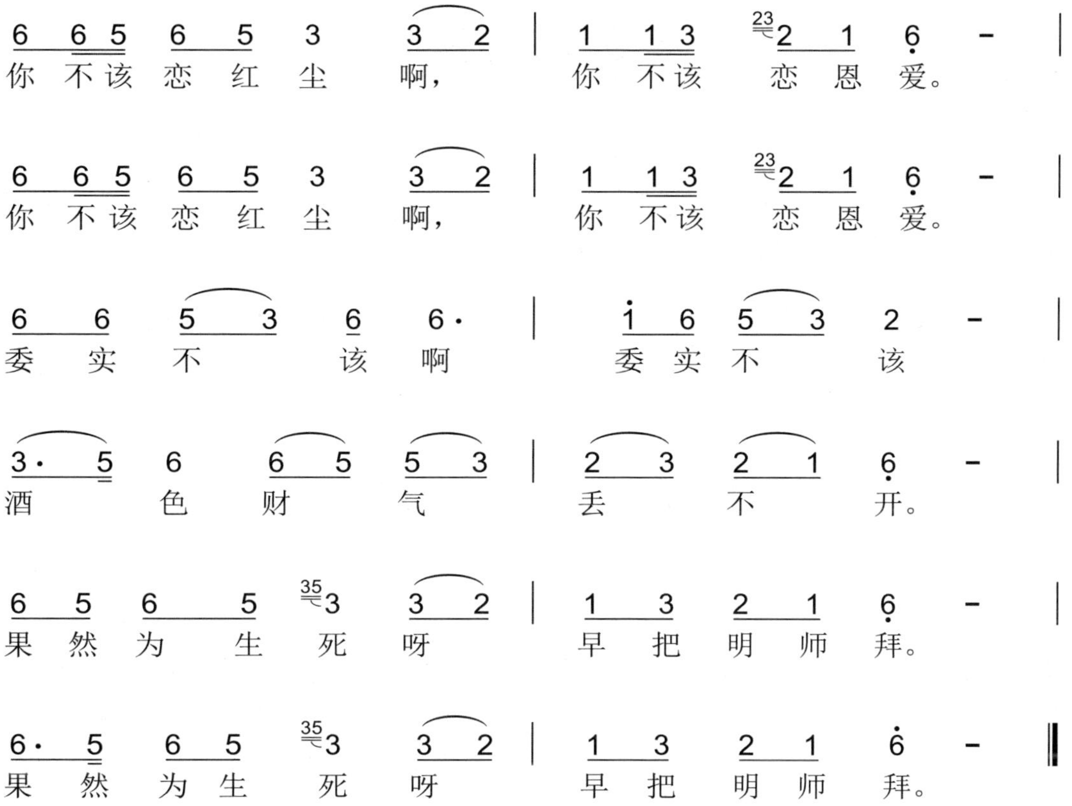
你不该恋红尘啊，你不该恋恩爱。
你不该恋红尘啊，你不该恋恩爱。
委实不该啊 委实不该
酒色财气丢不开。
果然为生死呀 早把明师拜。
果然为生死呀 早把明师拜。

十二月念佛

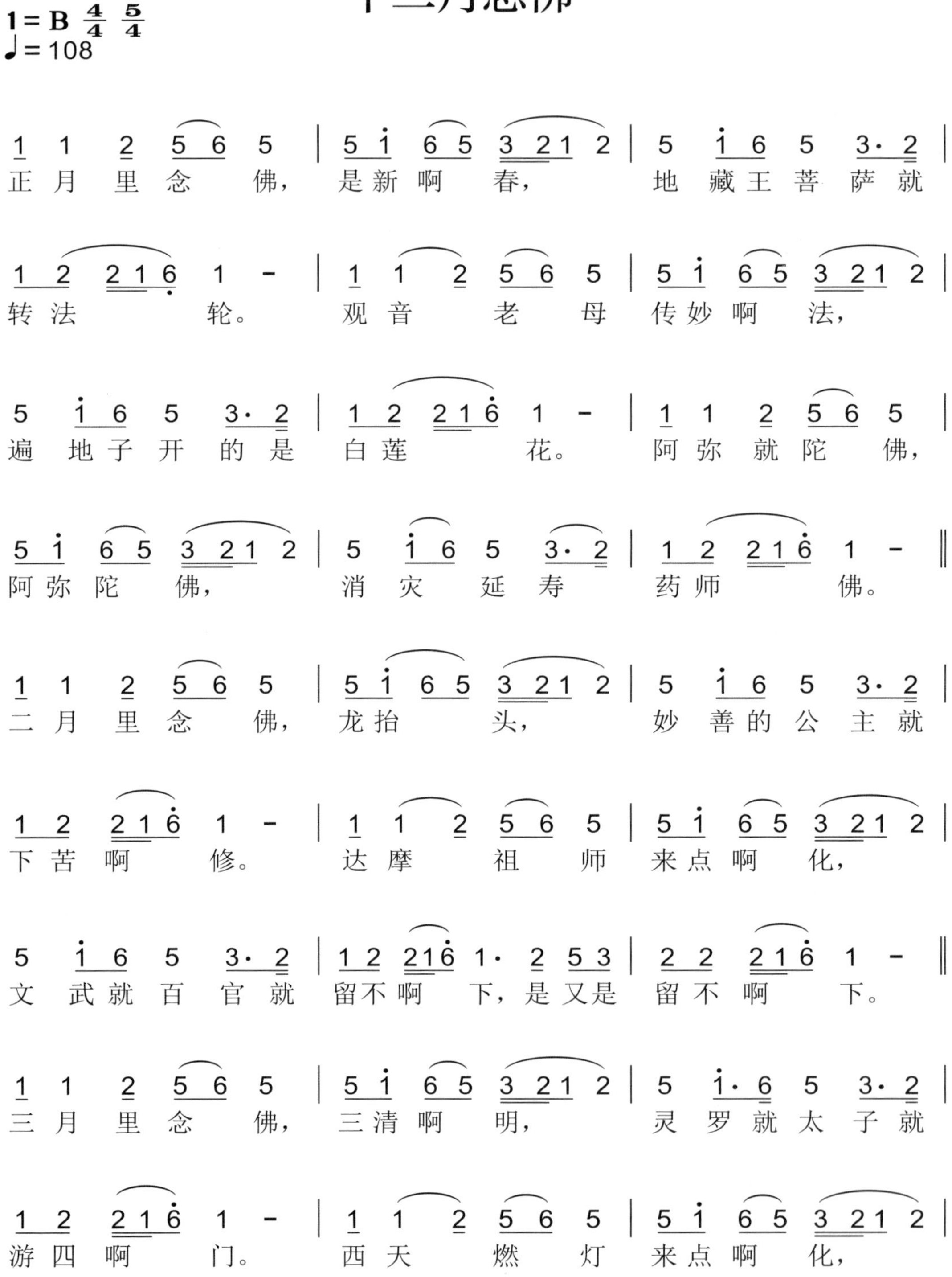
1＝B 4/4 5/4
♩＝108
正月里念佛，是新啊春，地藏王菩萨就
转法轮。观音老母传妙啊法，
遍地子开的是白莲花。阿弥就陀佛，
阿弥陀佛，消灾延寿药师佛。
二月里念佛，龙抬头，妙善的公主就
下苦啊修。达摩祖师来点啊化，
文武就百官就留不啊下，是又是留不啊下。
三月里念佛，三清啊明，灵罗就太子就
游四啊门。西天燃灯来点啊化，

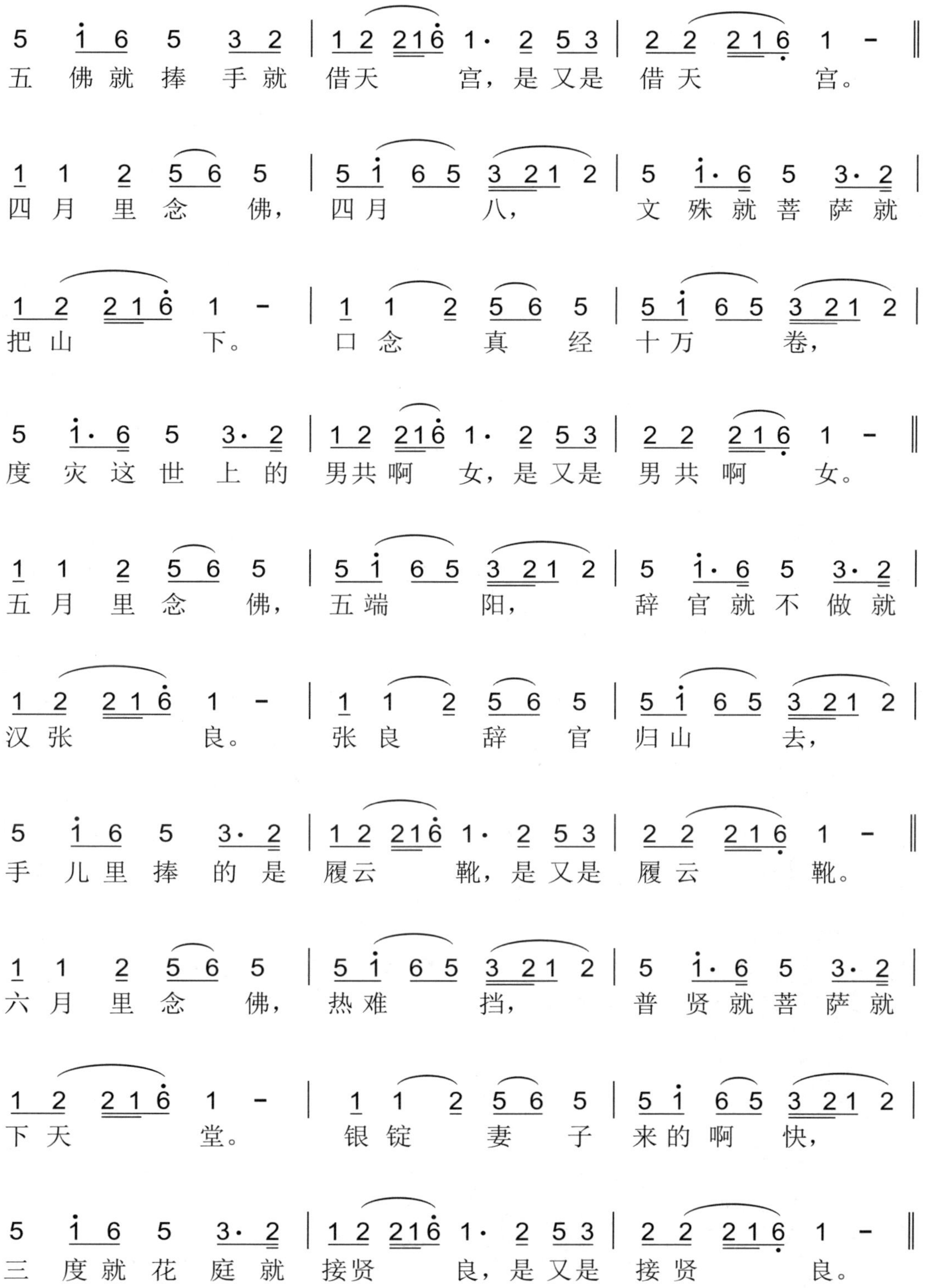
五佛就捧手就借天宫，是又是借天宫。
四月里念佛，四月八，文殊就菩萨就
把山下。口念真经十万卷，
度灾这世上的男共啊女，是又是男共啊女。
五月里念佛，五端阳，辞官就不做就
汉张良。张良辞官归山去，
手儿里捧的是履云靴，是又是履云靴。
六月里念佛，热难挡，普贤就菩萨就
下天堂。银锭妻子来的啊快，
三度就花庭就接贤良，是又是接贤良。

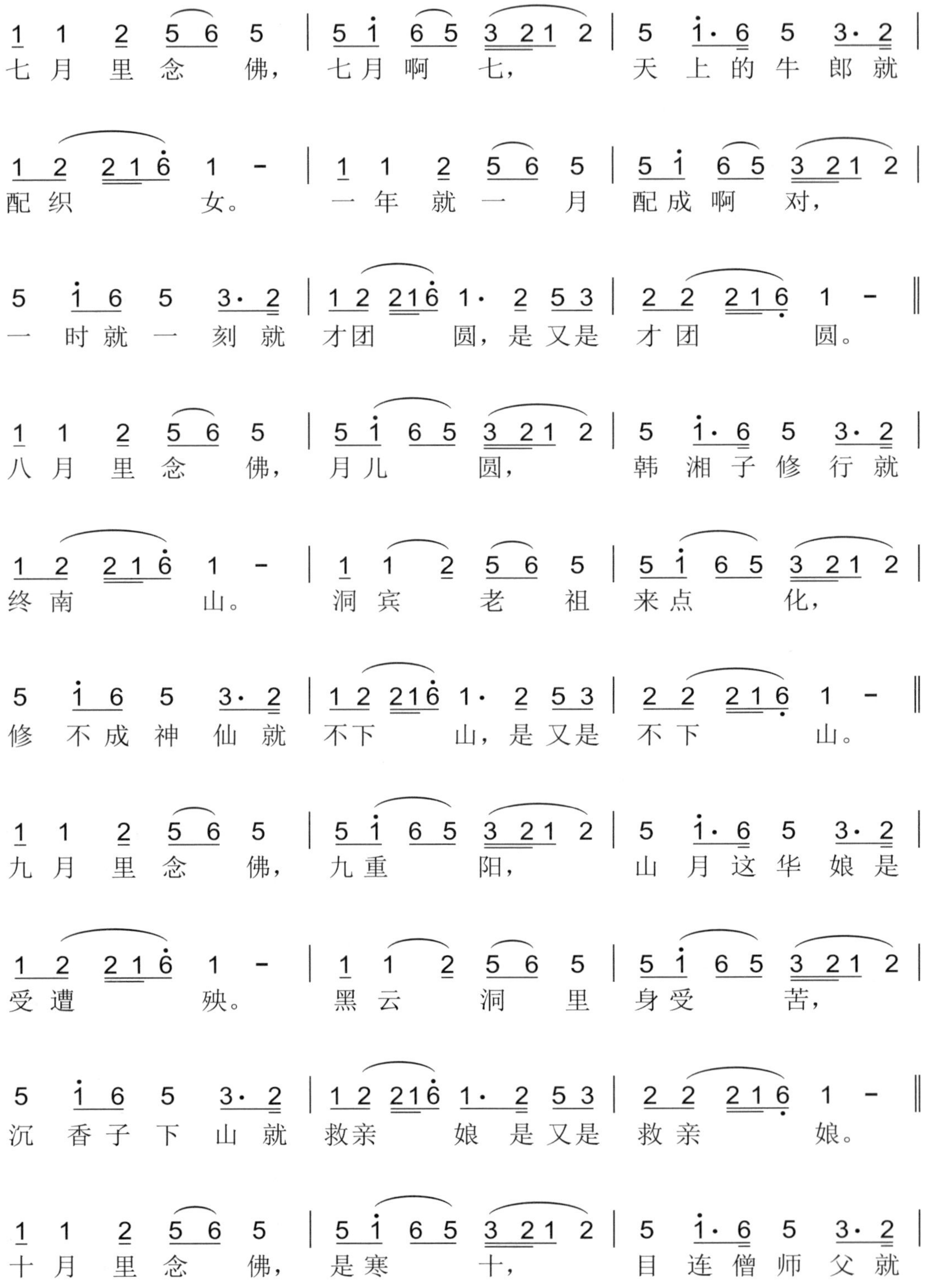
七月里念佛，七月啊七，天上的牛郎就
配织女。一年就一月配成啊对，
一时就一刻就才团圆，是又是才团圆。
八月里念佛，月儿圆，韩湘子修行就
终南山。洞宾老祖来点化，
修不成神仙就不下山，是又是不下山。
九月里念佛，九重阳，山月这华娘是
受遭殃。黑云洞里身受苦，
沉香子下山就救亲娘是又是救亲娘。
十月里念佛，是寒十，目连僧师父就

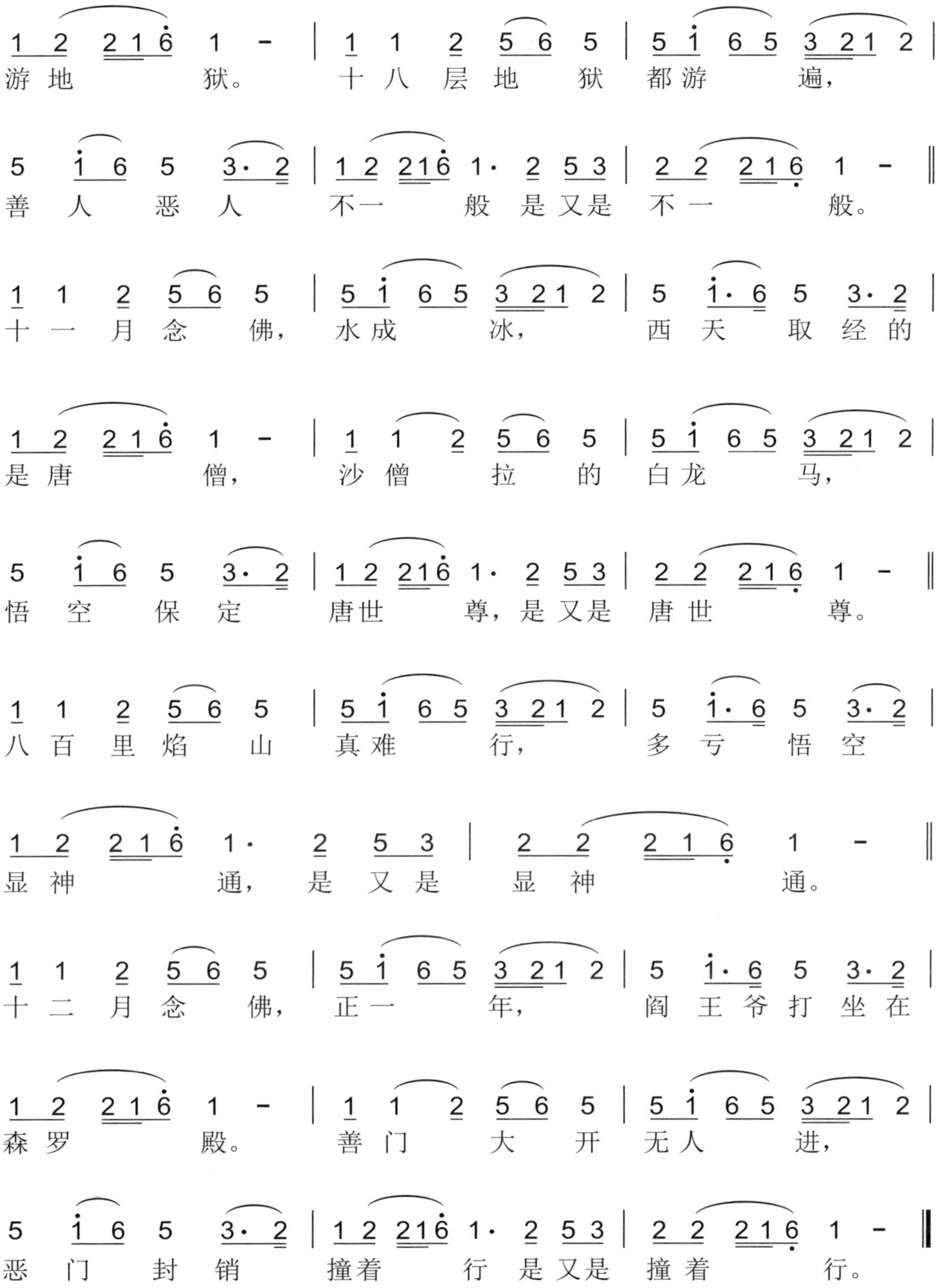
游地狱。十八层地狱都游遍，
善人恶人不一般是又是不一般。
十一月念佛，水成冰，西天取经的
是唐僧，沙僧拉的白龙马，
悟空保定唐世尊，是又是唐世尊。
八百里焰山真难行，多亏悟空
显神通，是又是显神通。
十二月念佛，正一年，阎王爷打坐在
森罗殿。善门大开无人进，
恶门封销撞着行是又是撞着行。

十报娘恩

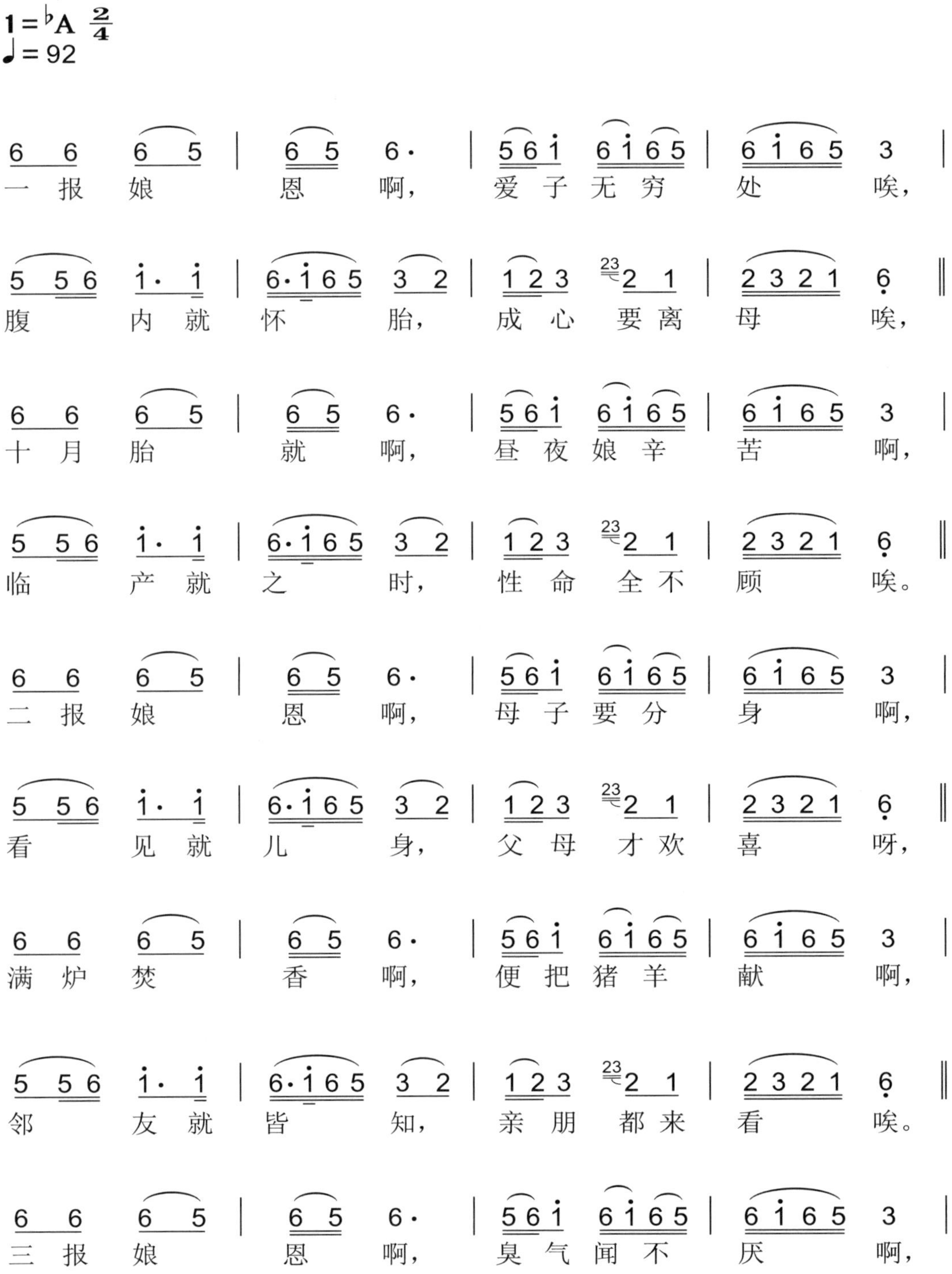
1=♭A 2/4
♩=92
一报娘恩啊，爱子无穷处唉，
腹内就怀胎，成心要离母唉，
十月胎就啊，昼夜娘辛苦啊，
临产就之时，性命全不顾唉。
二报娘恩啊，母子要分身啊，
看见就儿身，父母才欢喜呀，
满炉焚香啊，便把猪羊献啊，
邻友就皆知，亲朋都来看唉。
三报娘恩啊，臭气闻不厌啊，

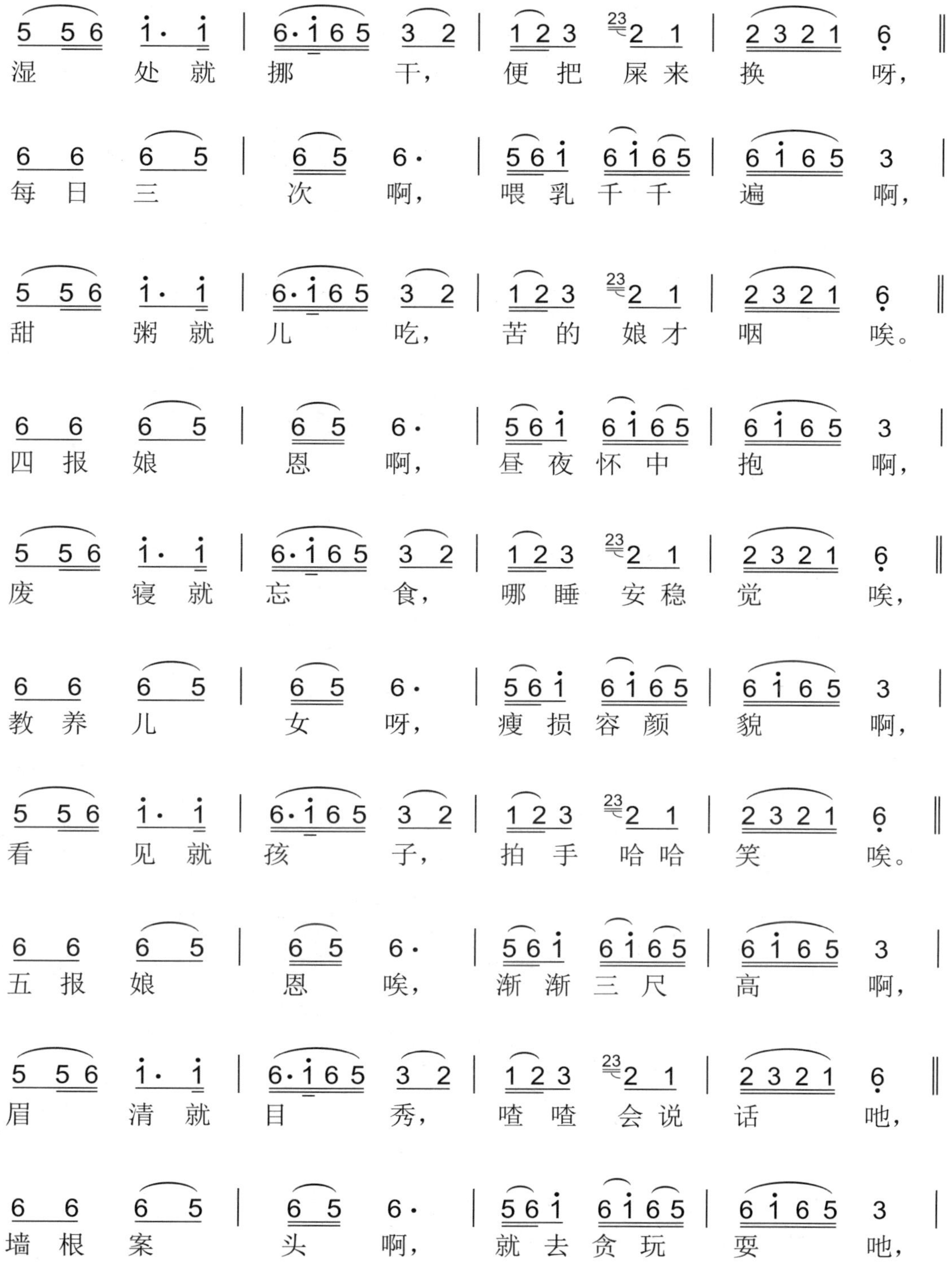
湿处就挪干，便把屎来换呀，
每日三次啊，喂乳千千遍啊，
甜粥就儿吃，苦的娘才咽唉。
四报娘恩啊，昼夜怀中抱啊，
废寝就忘食，哪睡安稳觉唉，
教养儿女呀，瘦损容颜貌啊，
看见就孩子，拍手哈哈笑唉。
五报娘恩唉，渐渐三尺高啊，
眉清就目秀，喳喳会说话吔，
墙根案头啊，就去贪玩耍吔，

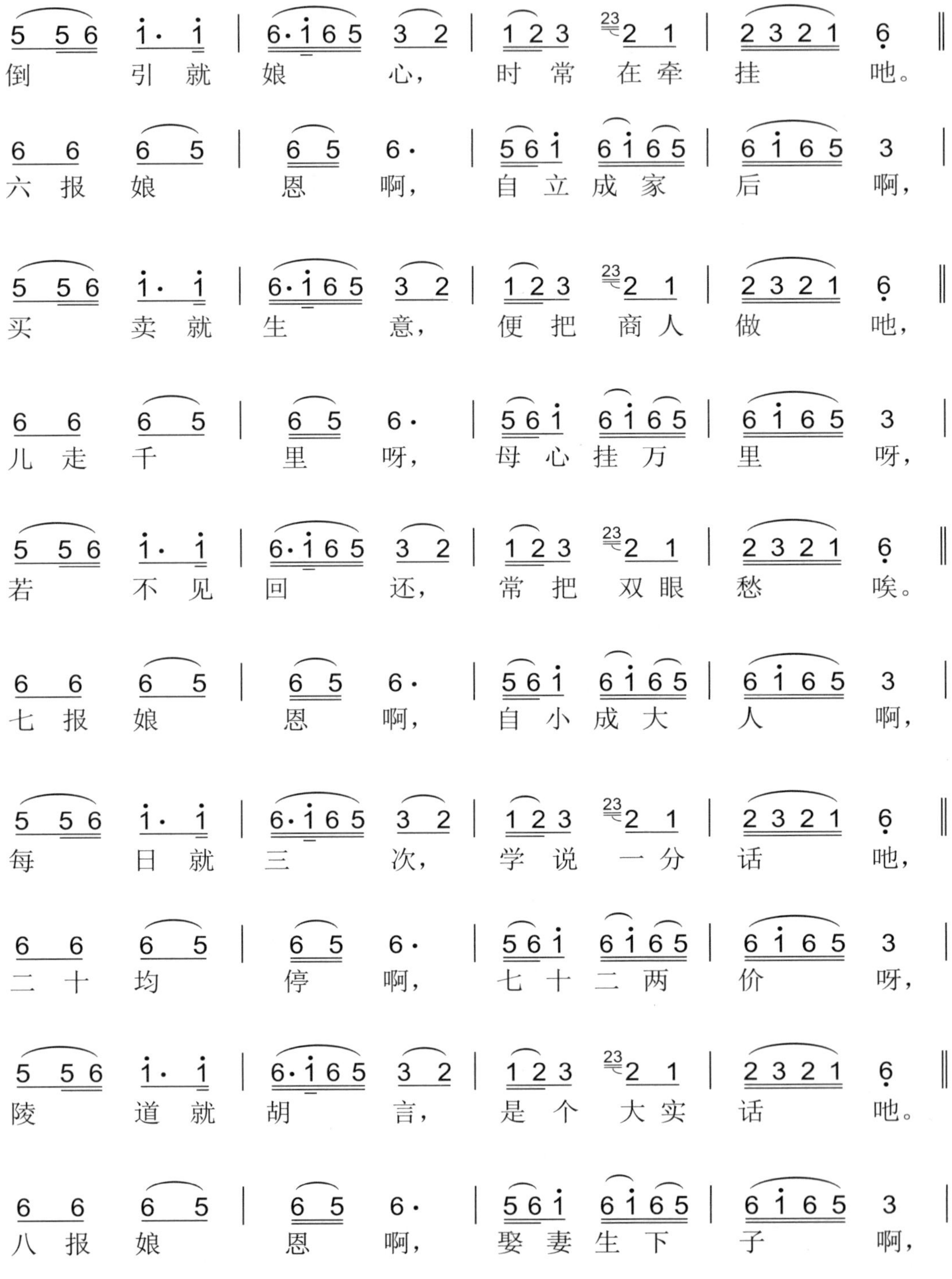
倒 引 就 娘 心， 时 常 在 牵 挂 吔。
六 报 娘 恩 啊， 自 立 成 家 后 啊，
买 卖 就 生 意， 便 把 商 人 做 吔，
儿 走 千 里 呀， 母 心 挂 万 里 呀，
若 不 见 回 还， 常 把 双 眼 愁 唉。
七 报 娘 恩 啊， 自 小 成 大 人 啊，
每 日 就 三 次， 学 说 一 分 话 吔，
二 十 均 停 啊， 七 十 二 两 价 呀，
陵 道 就 胡 言， 是 个 大 实 话 吔。
八 报 娘 恩 啊， 娶 妻 生 下 子 啊，

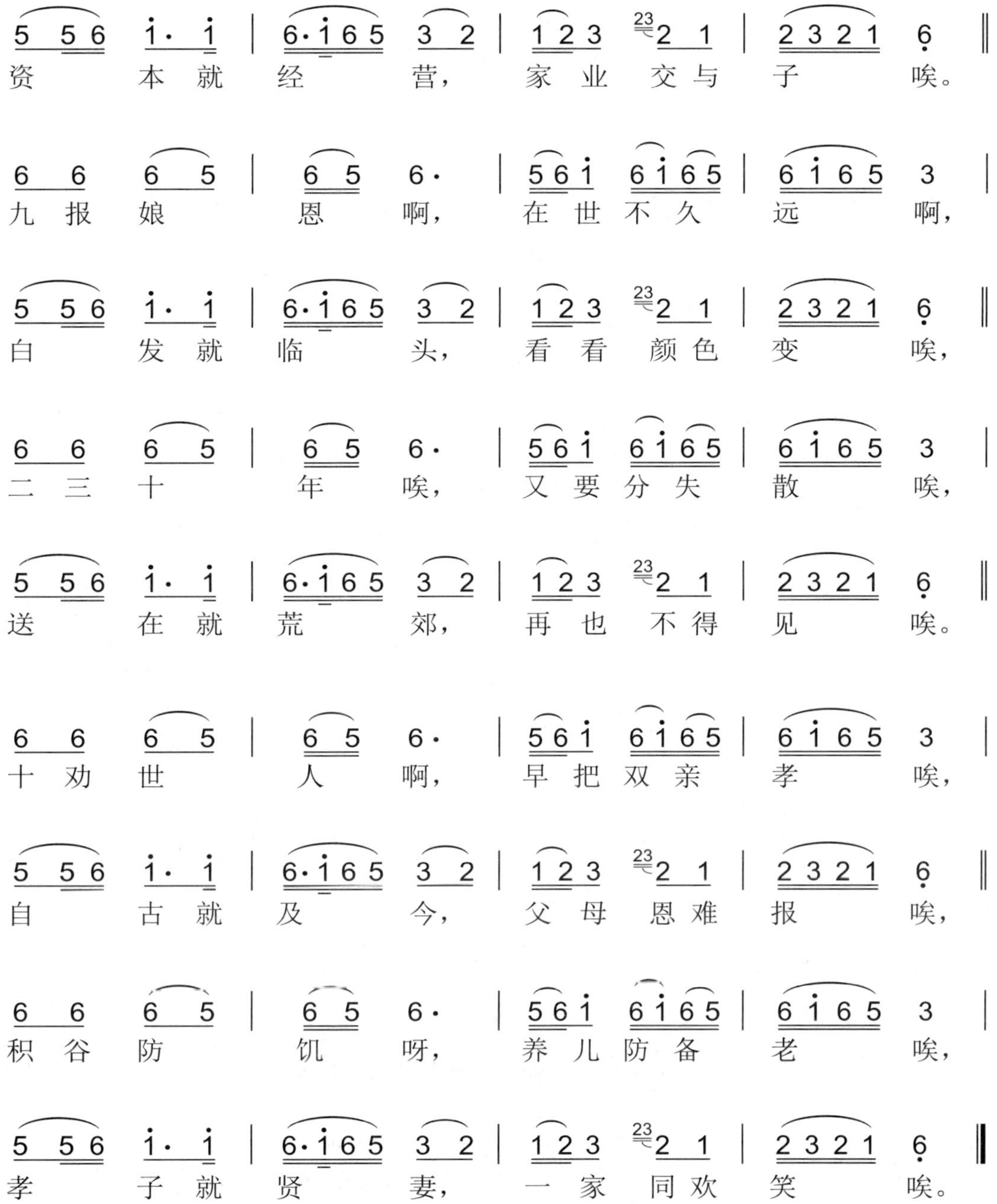
资本就经营，家业交与子唉。
九报娘恩啊，在世不久远啊，
白发就临头，看看颜色变唉，
二三十年唉，又要分失散唉，
送在就荒郊，再也不得见唉。
十劝世人啊，早把双亲孝唉，
自古就及今，父母恩难报唉，
积谷防饥呀，养儿防备老唉，
孝子就贤妻，一家同欢笑唉。

紫花弥陀词

1 = A $\frac{4}{4}$

♩= 72

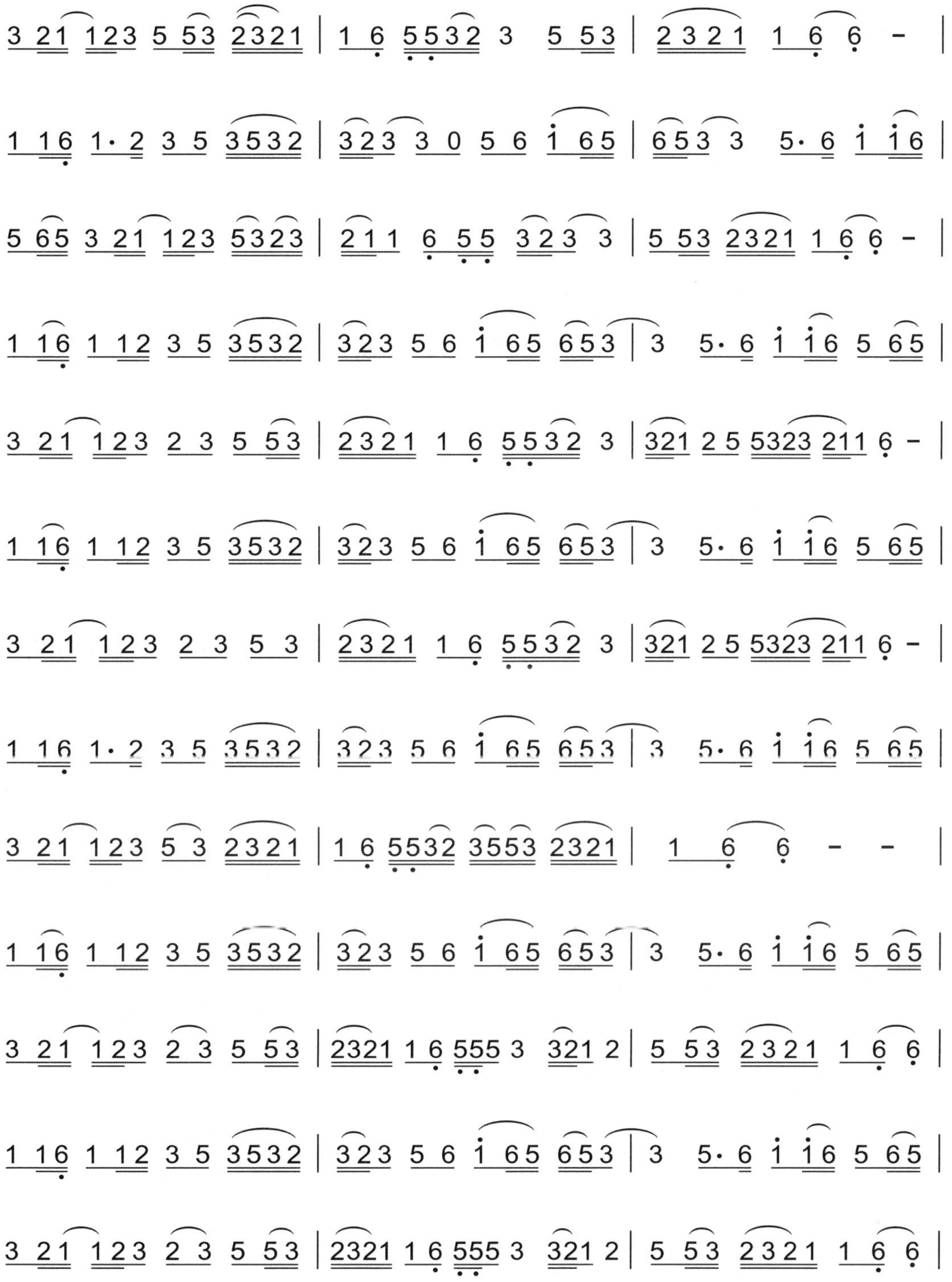

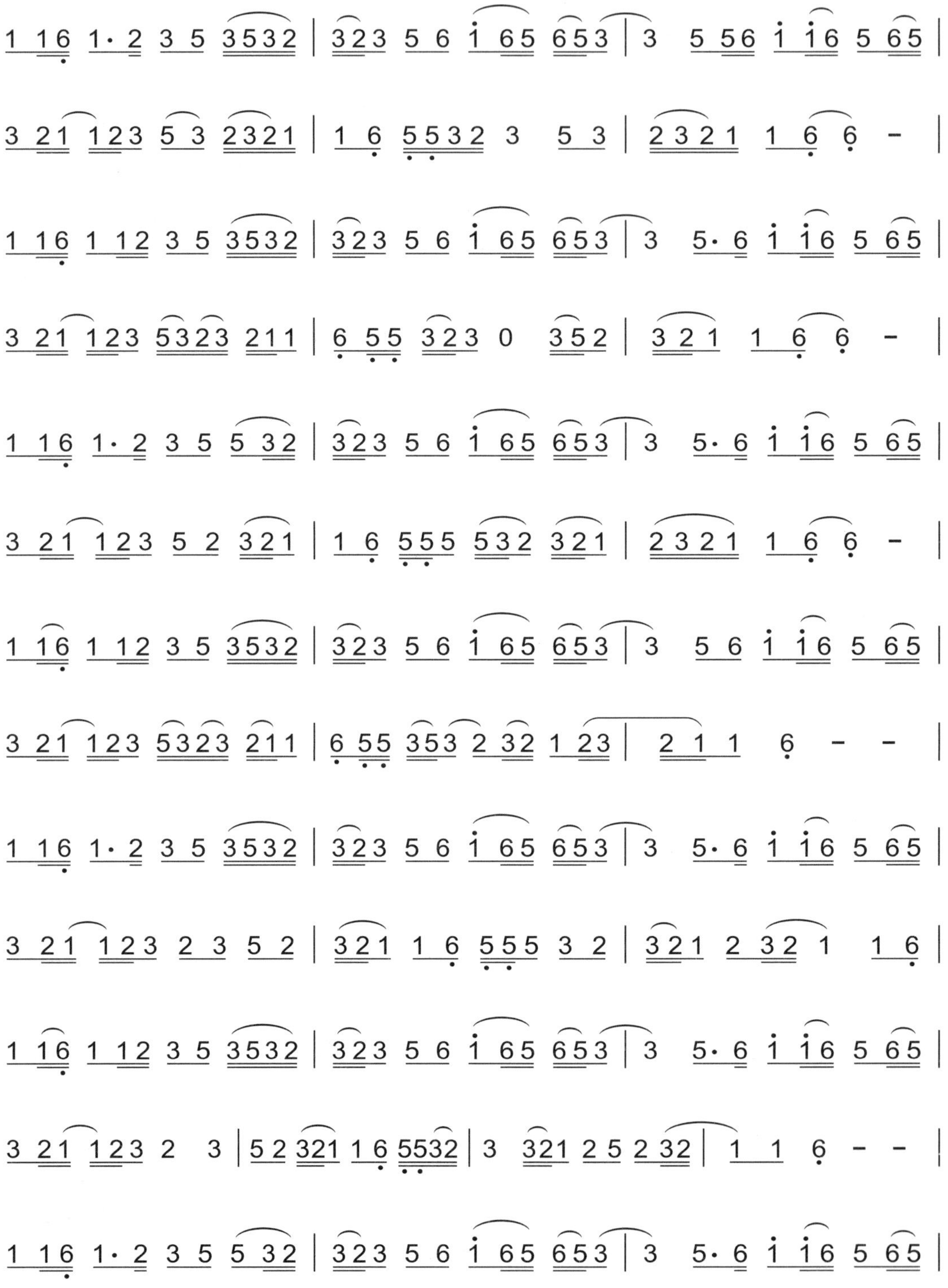

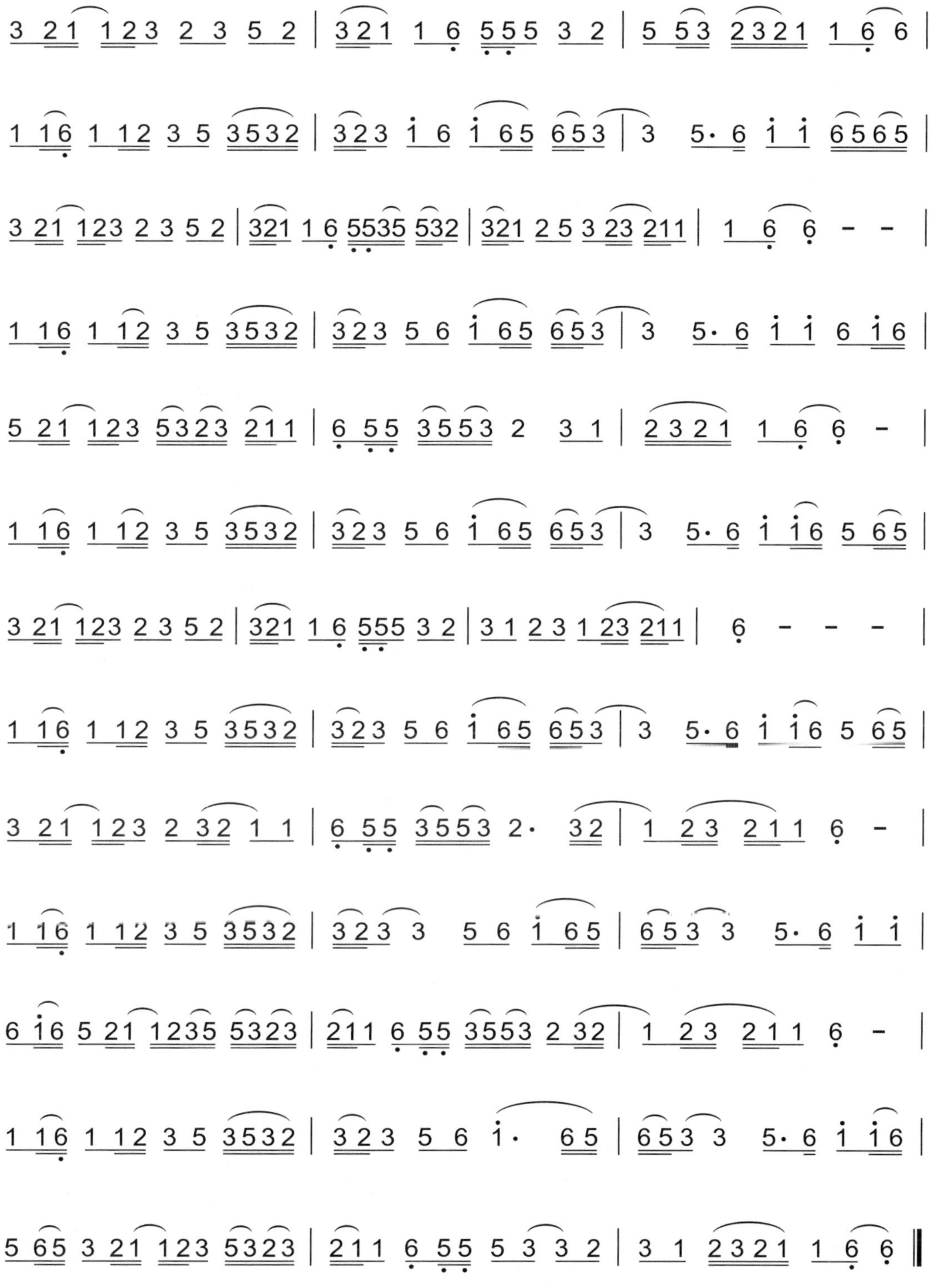

王祥卧冰宝卷

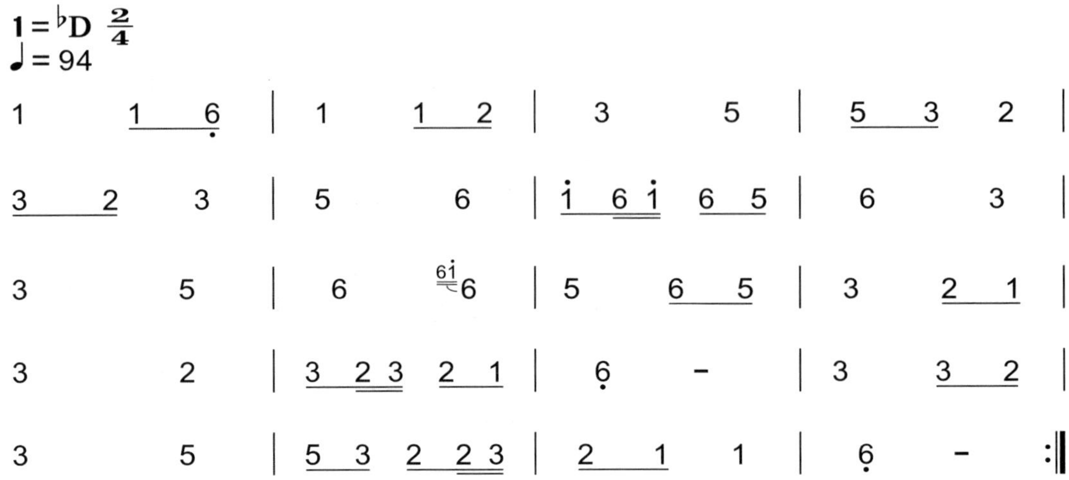

五更调

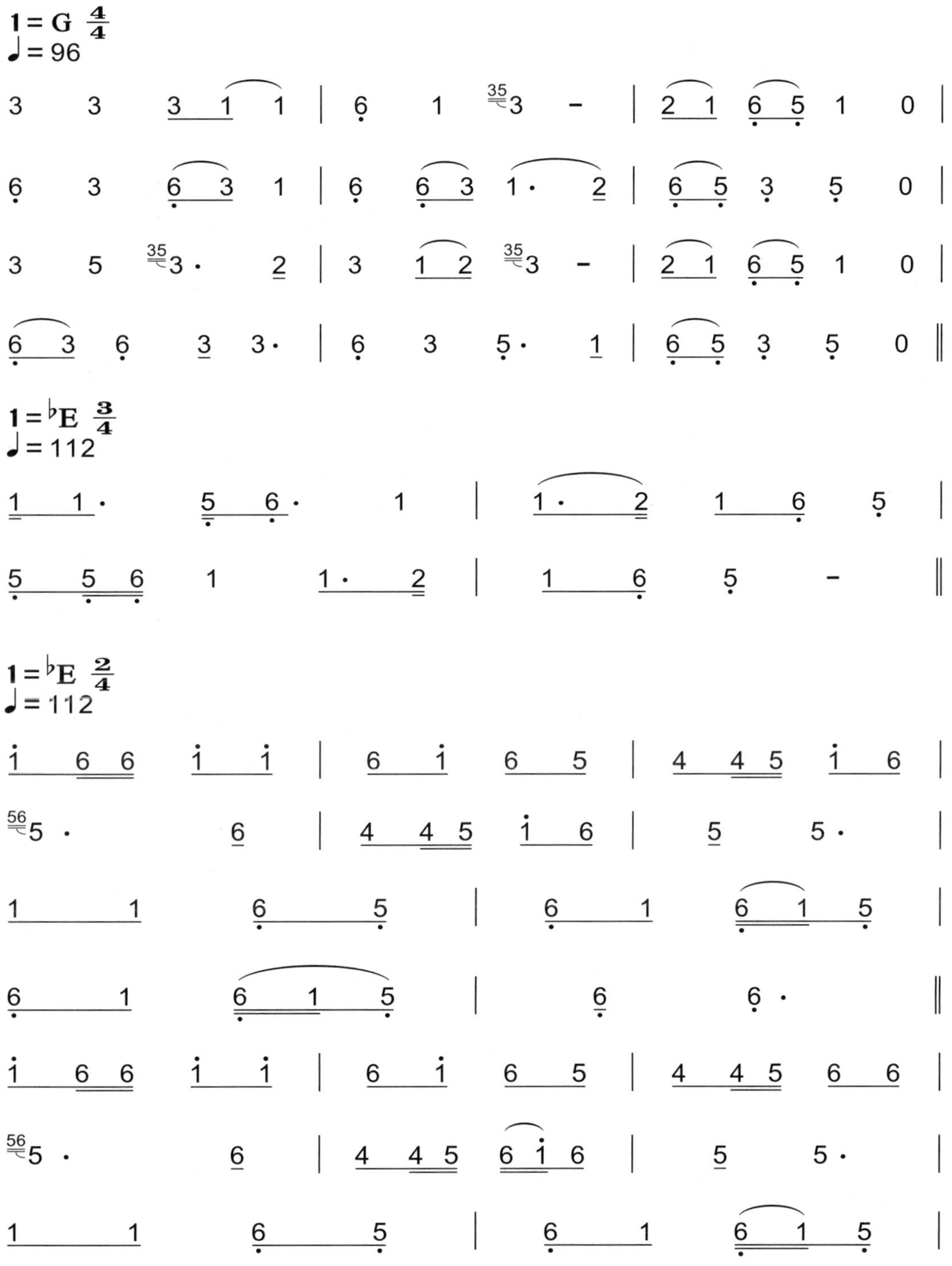

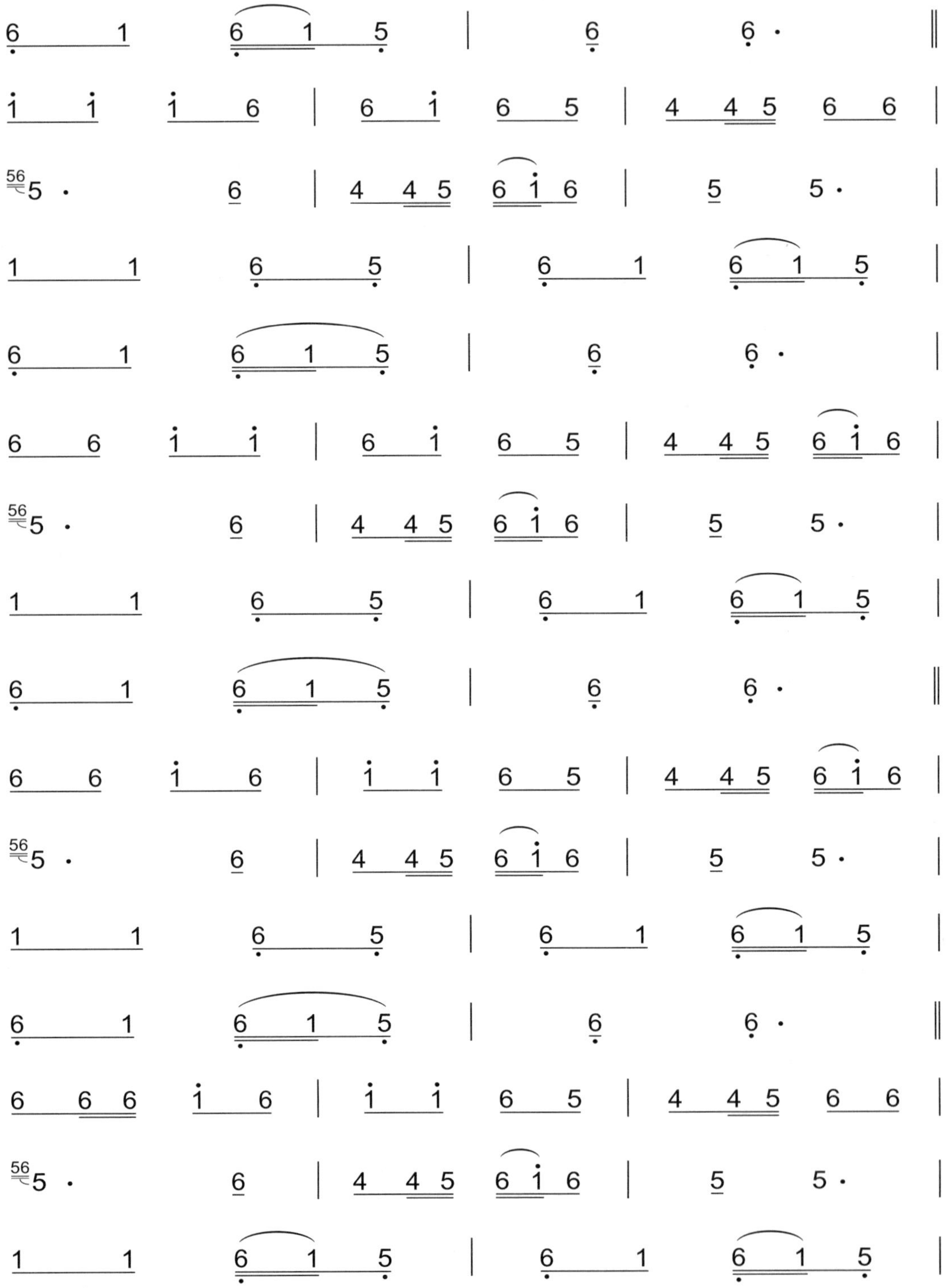

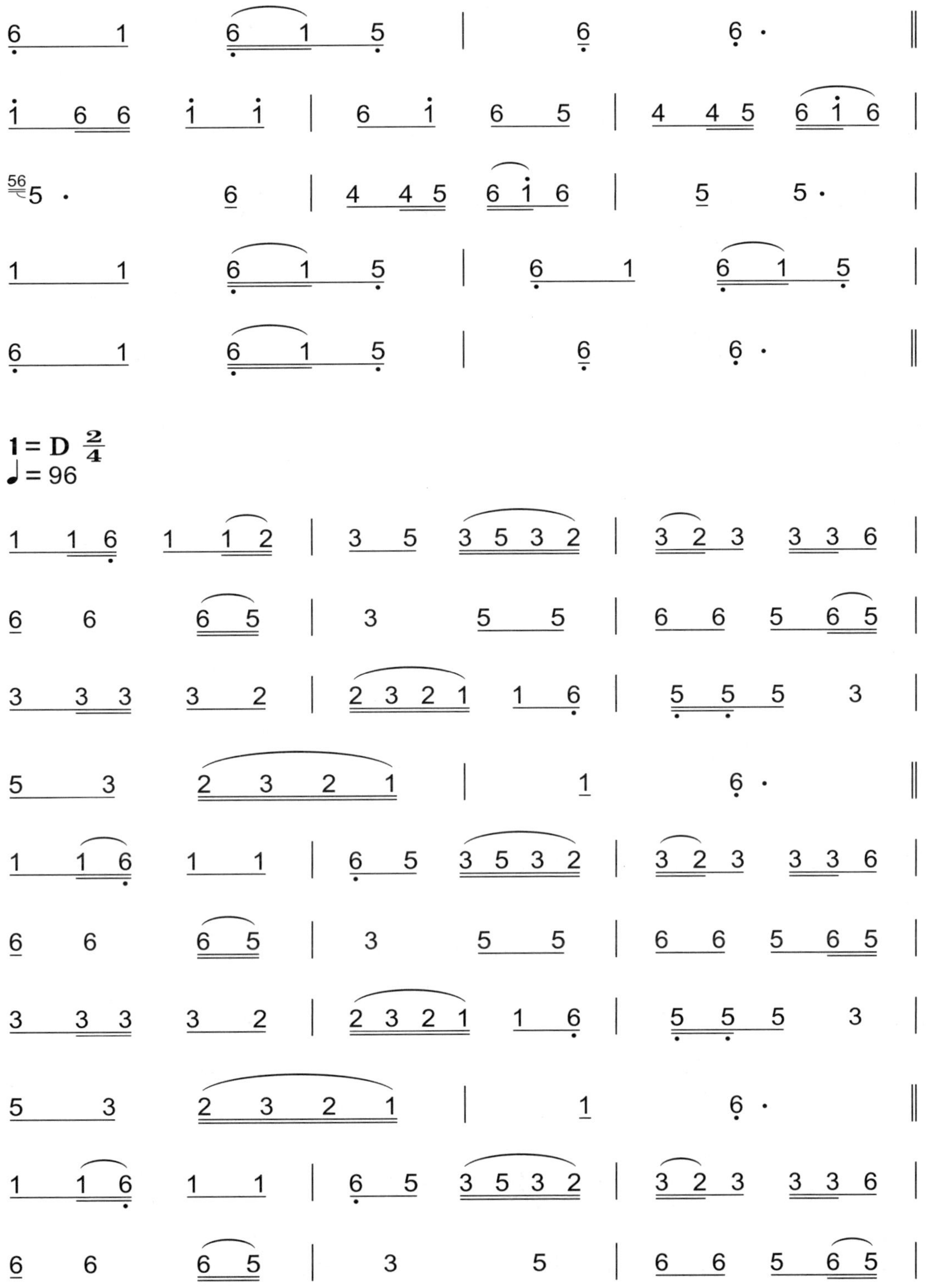
1 = D 2/4
♩= 96

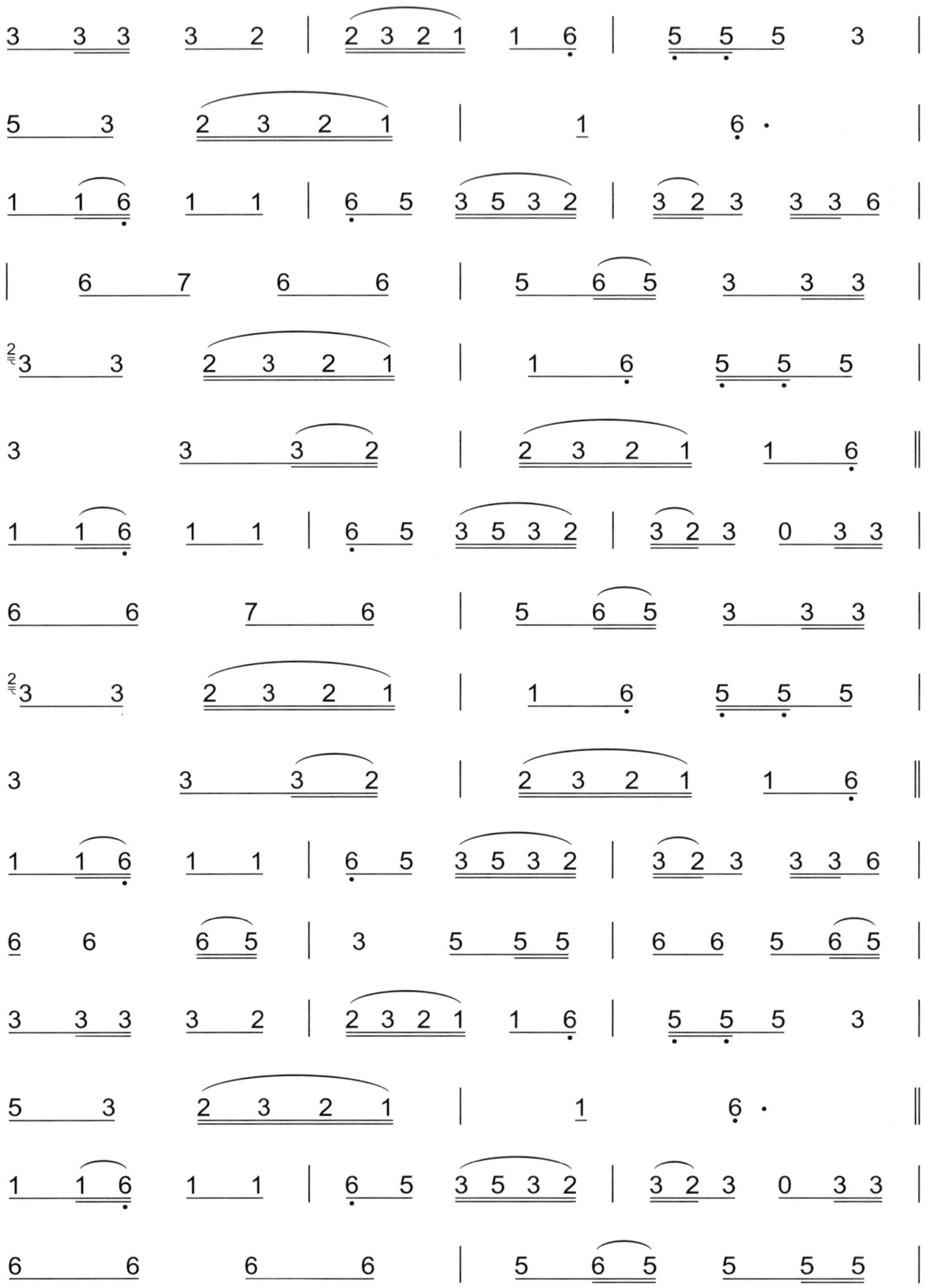

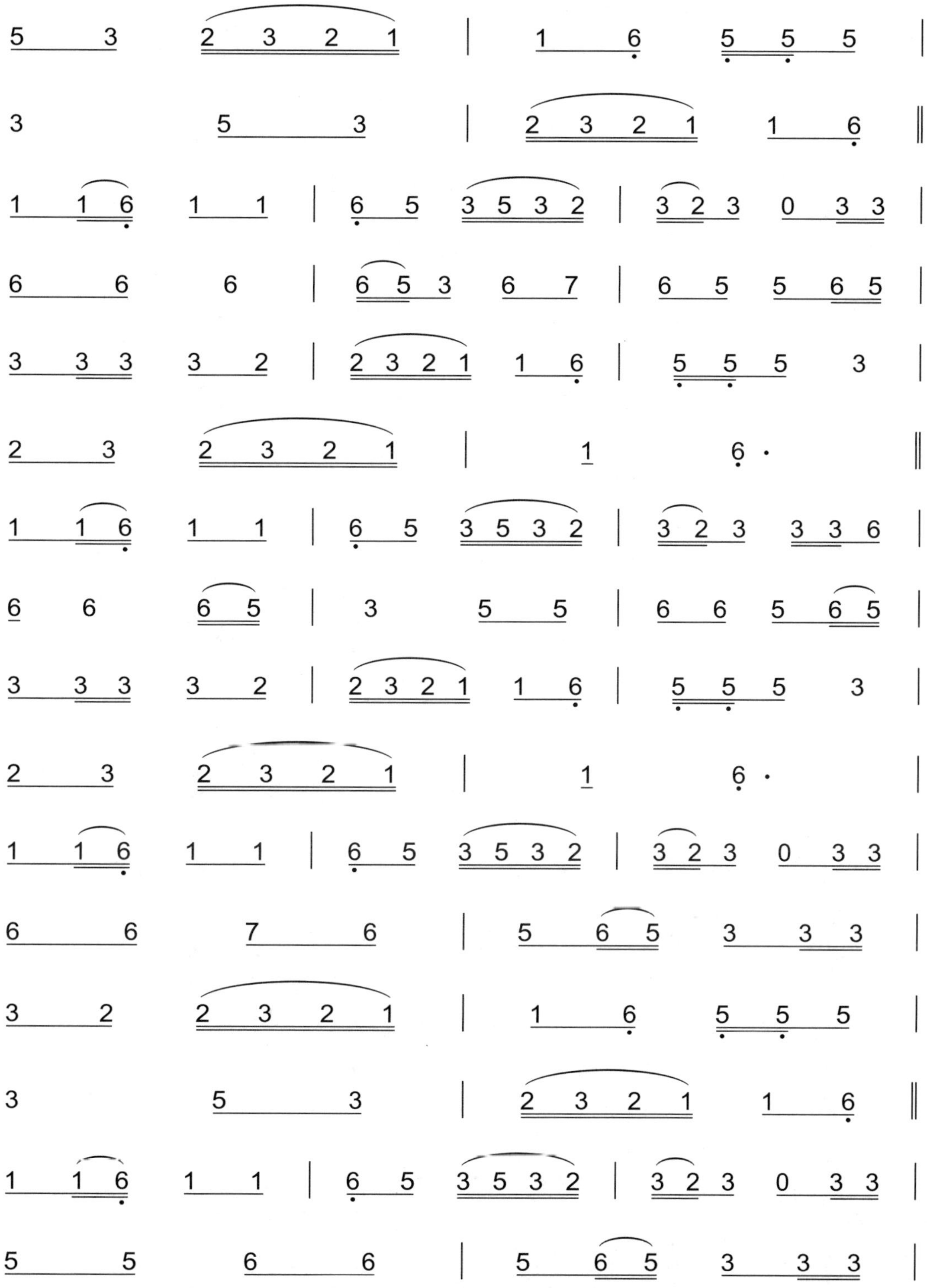

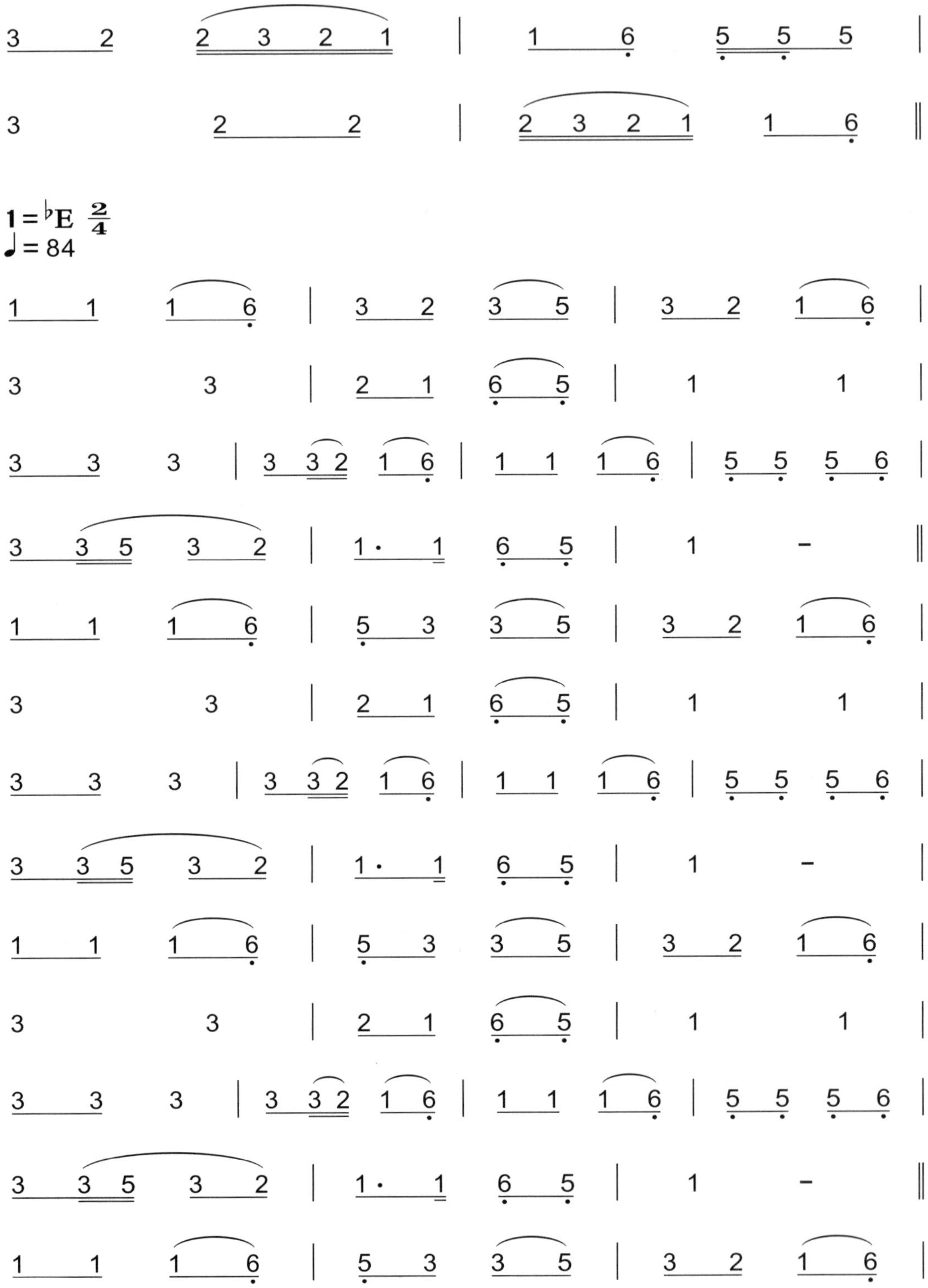
1=♭E 2/4
♩=84

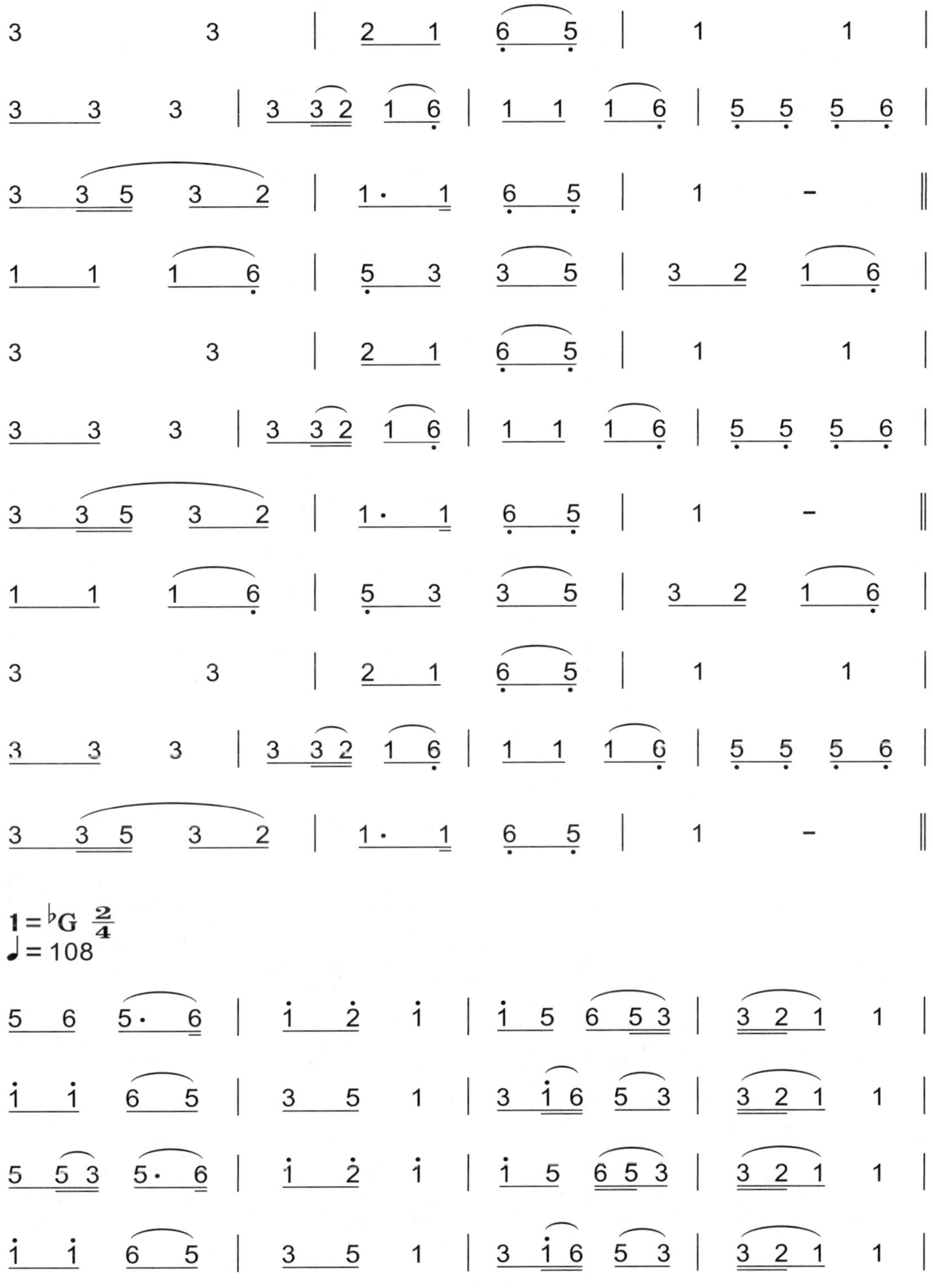
1=♭G 2/4
♩=108

湘子传

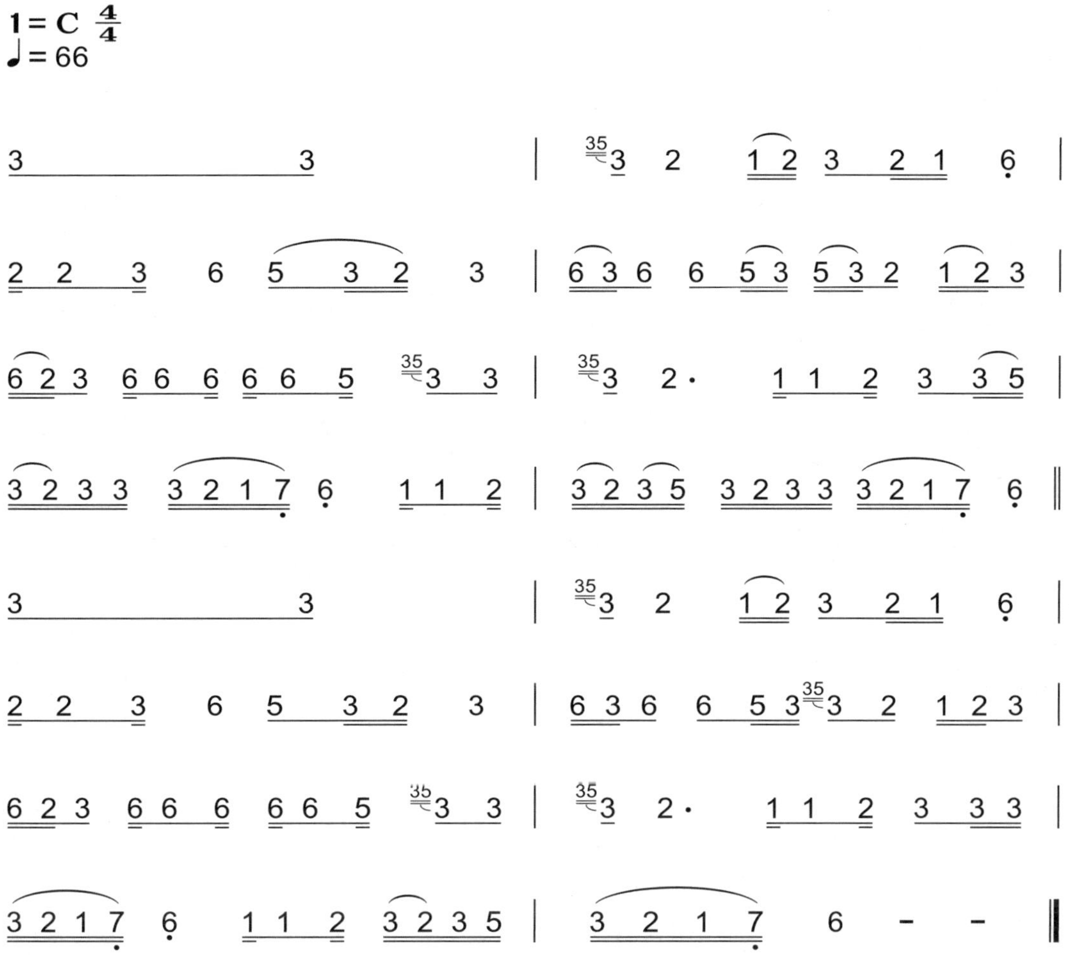

韩祖成仙宝卷

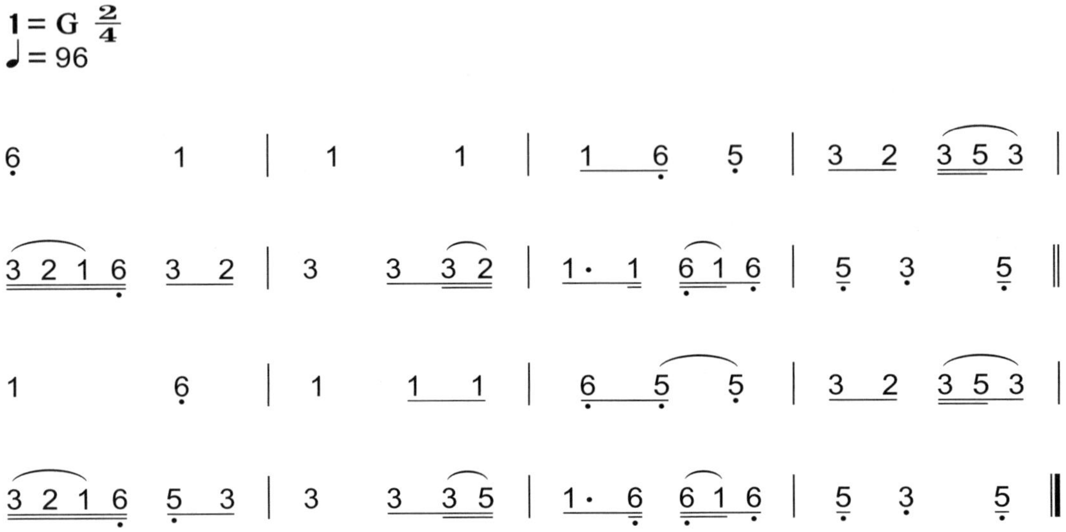

小二祭财神宝卷

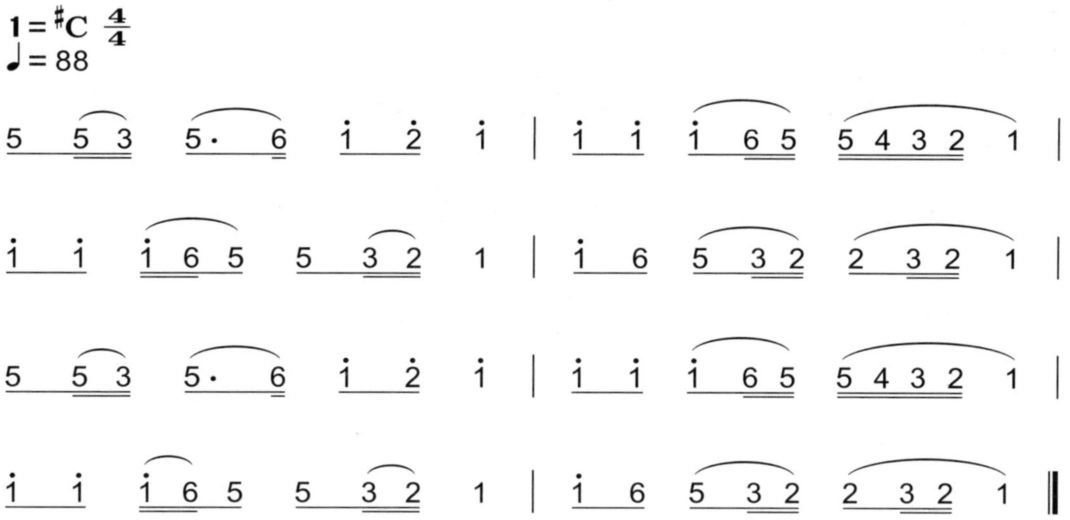

河西宝卷 11 首

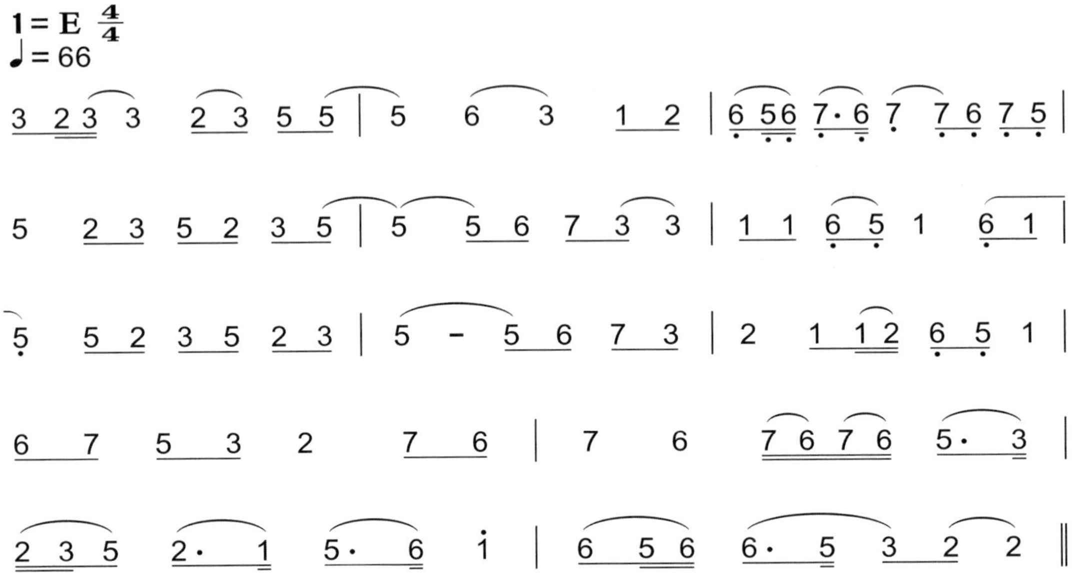

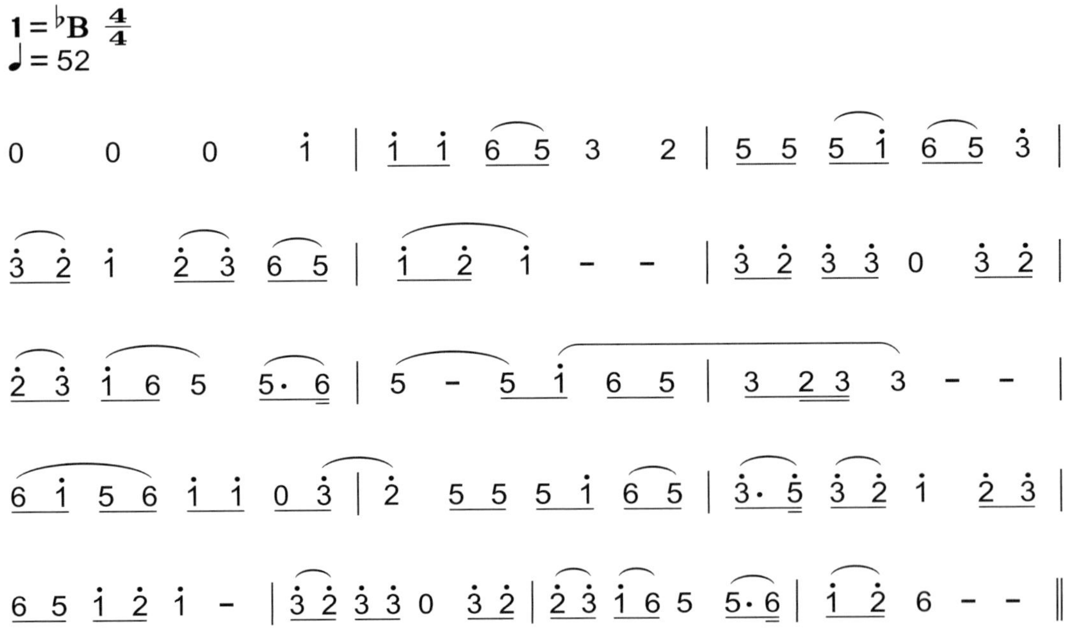

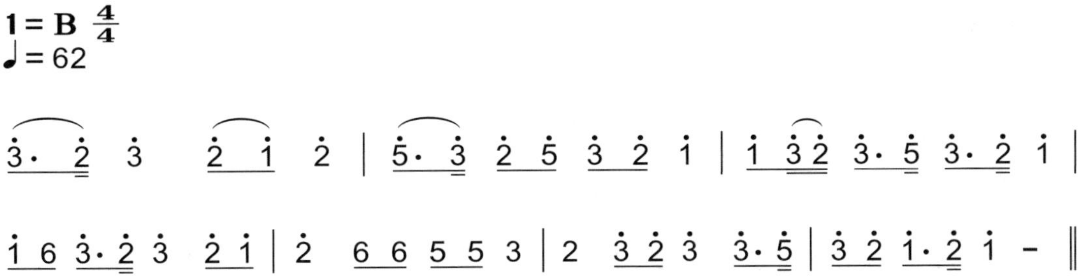
1 = B 4/4
♩ = 62

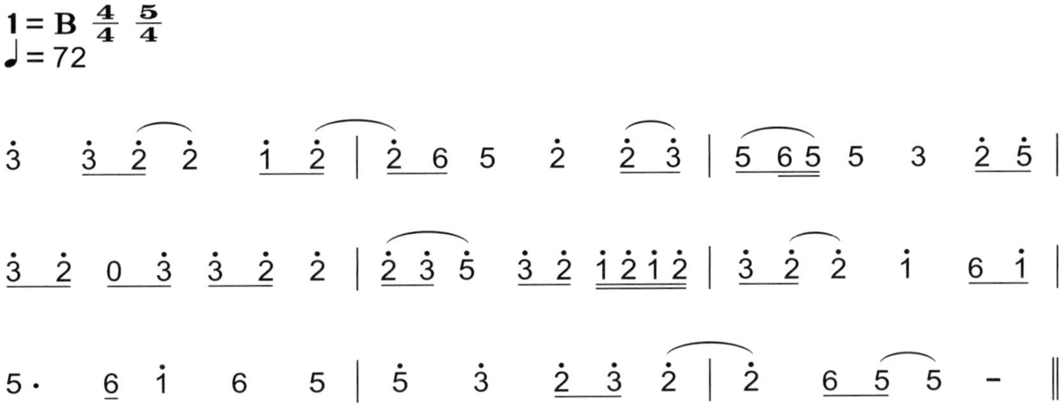
1 = B 4/4 5/4
♩ = 72

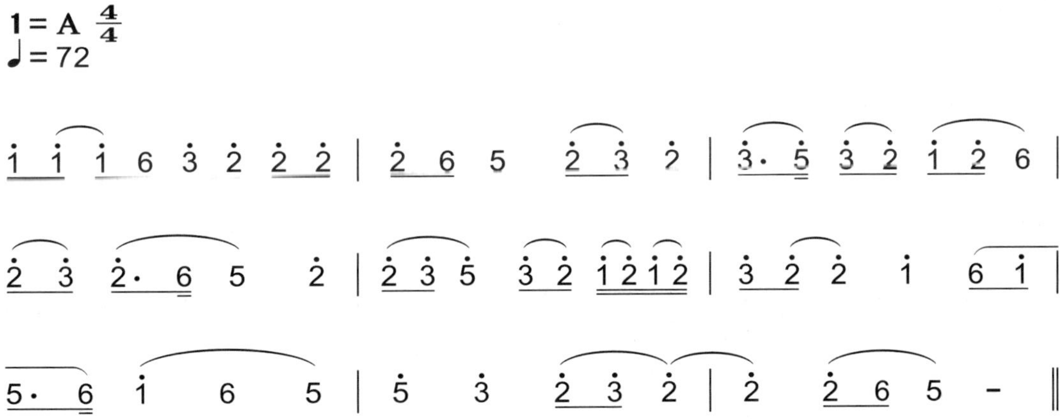
1 = A 4/4
♩ = 72

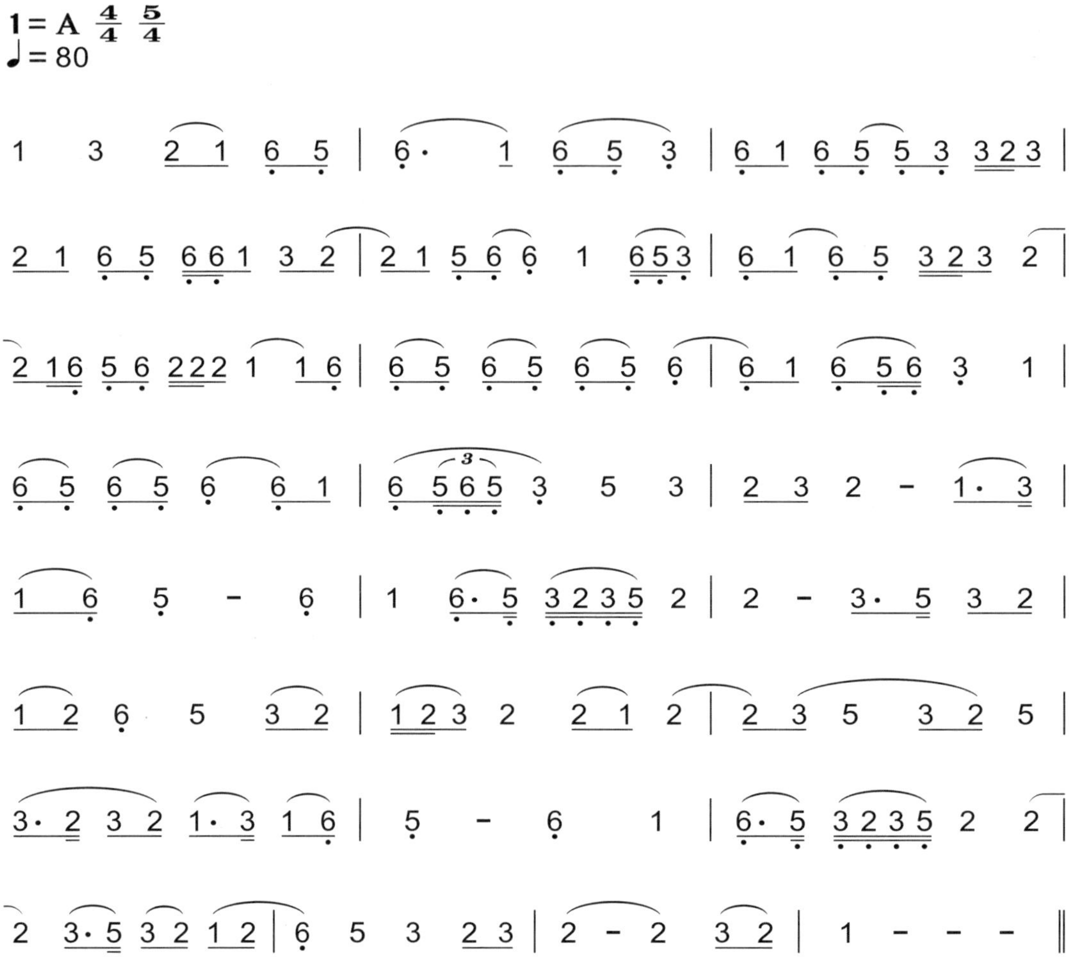
1=A 4/4 5/4
♩=80

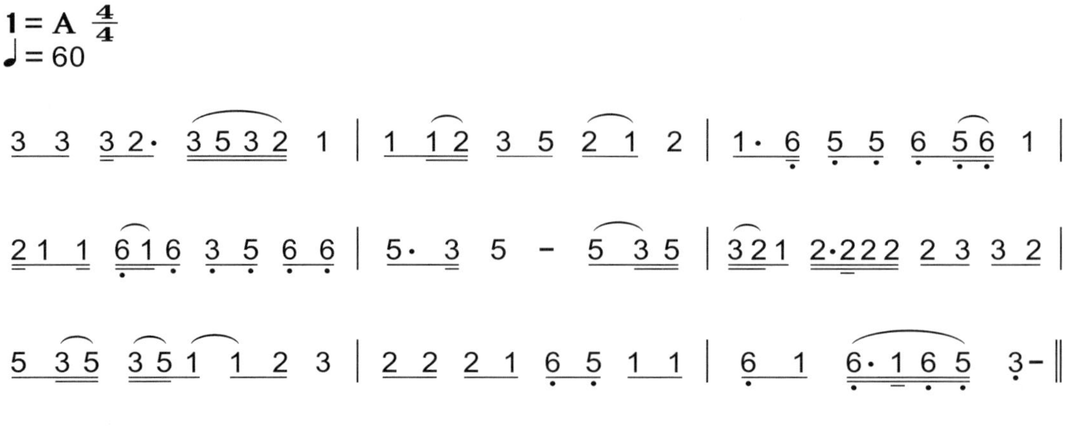
1=A 4/4
♩=60

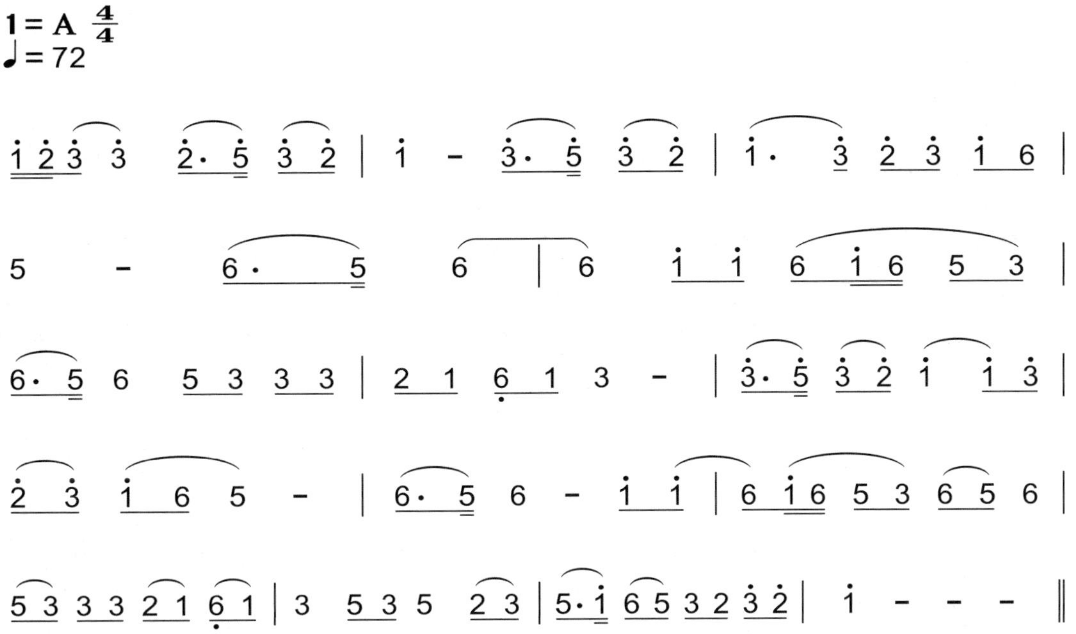
1 = A 4/4
♩= 72

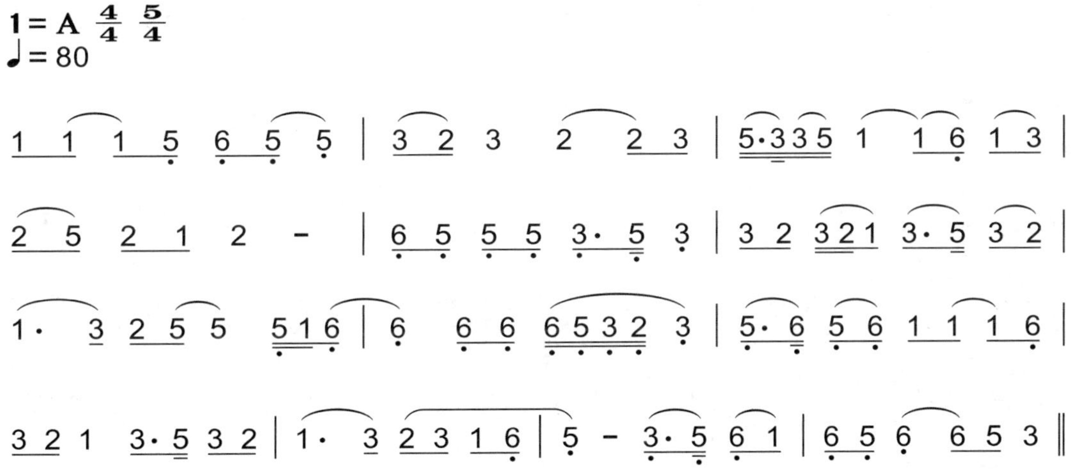
1 = A 4/4 5/4
♩= 80

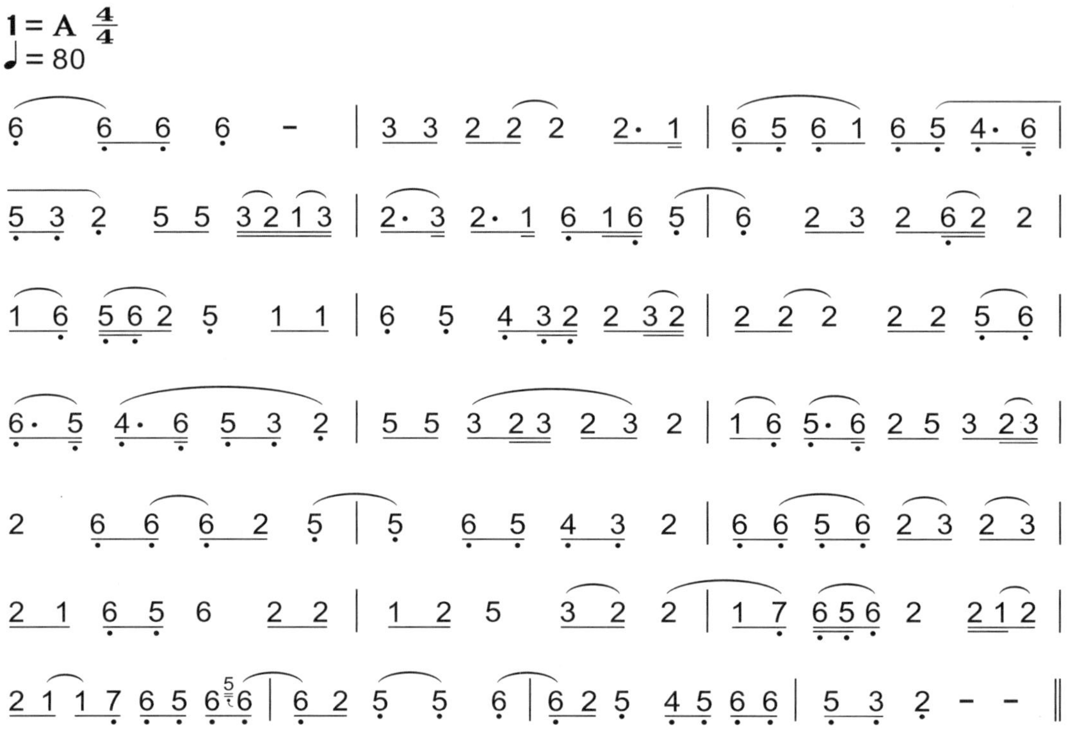
1 = A 4/4
♩ = 80

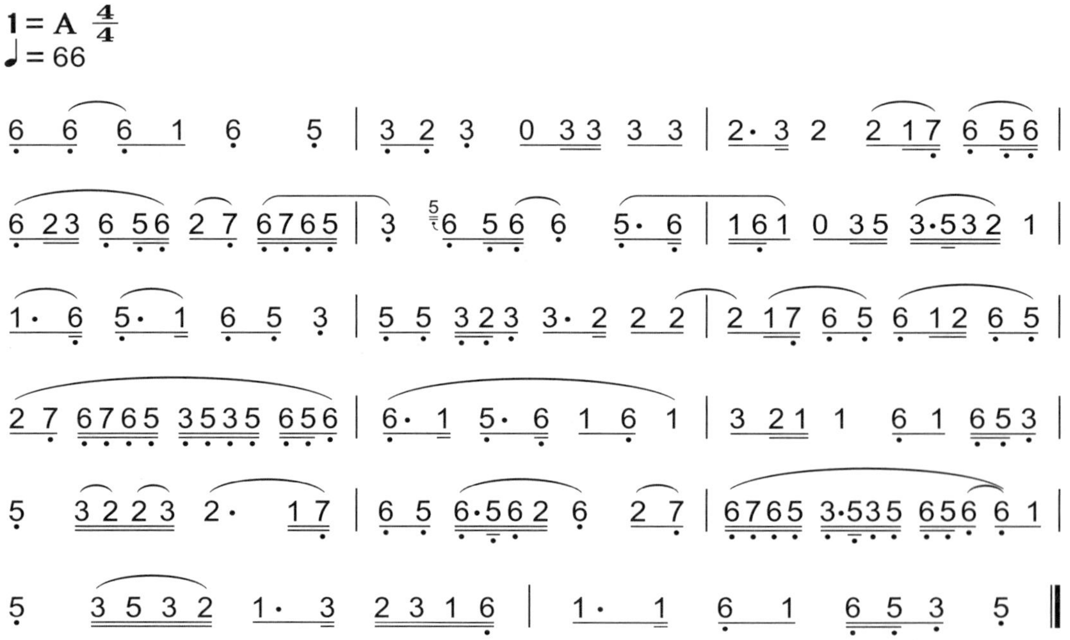
1 = A 4/4
♩ = 66

黄马宝卷

1=G $\frac{2}{4}$
♩=88

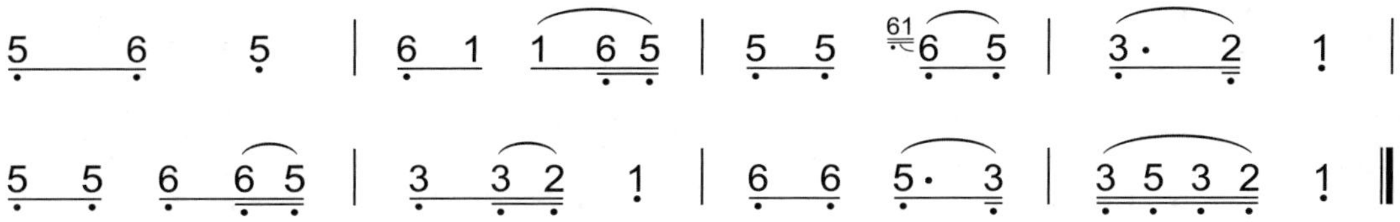

七字符

《紫金宝卷》

1=C $\frac{2}{4}$
♩=104

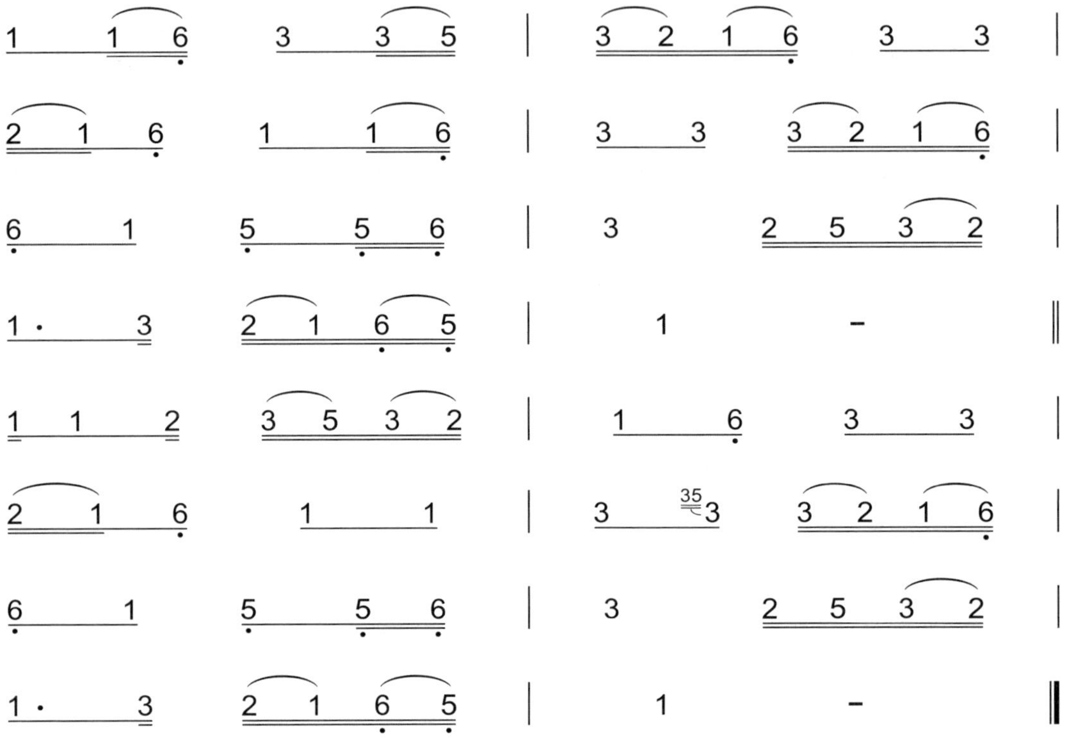

宝卷唱腔辑录

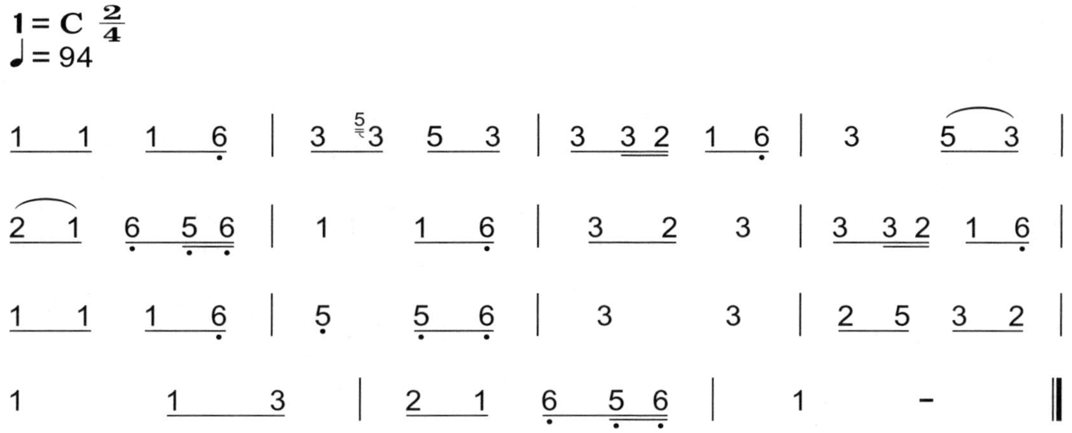

七字道情

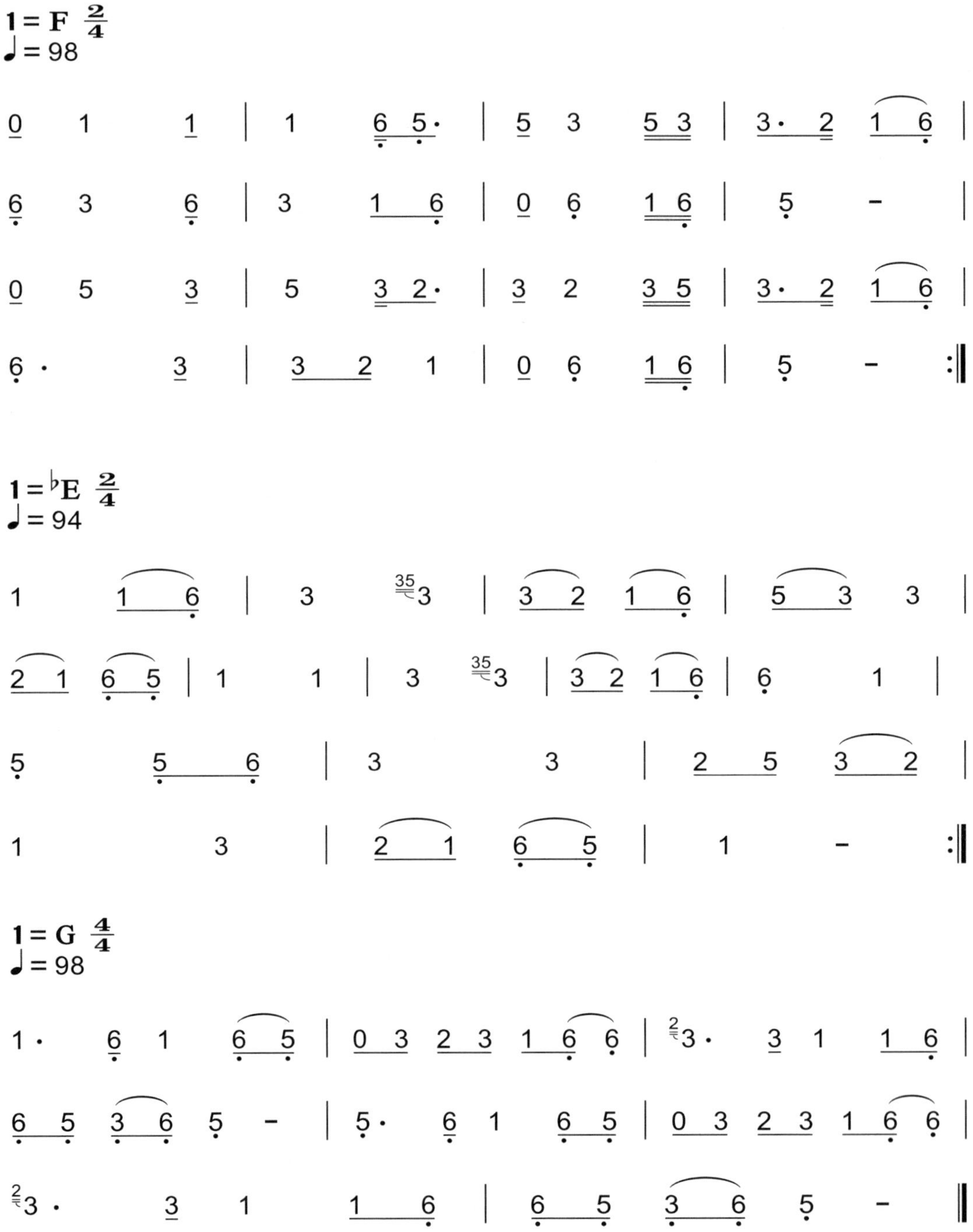

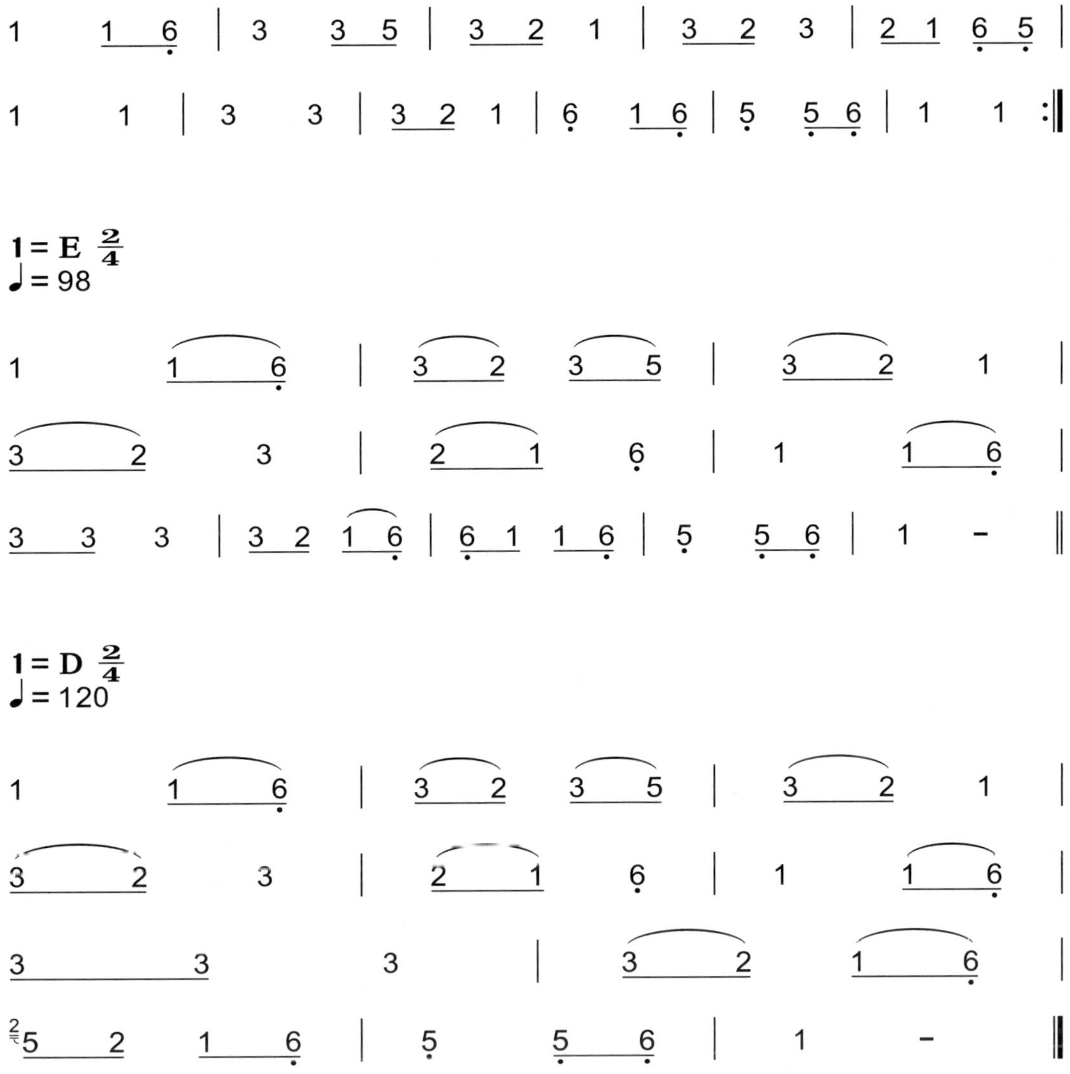
1 = E 2/4
♩= 98
1 = D 2/4
♩= 120

板存上海河南路宏大善书局

《多看看》通篇四字句，围绕上引『忤逆爹娘』『淫人妻女』『口舌是非』等36项内容，逐个详细解释违反上述36项行为会造成的恶果。虽然文字不多，却处处宣传中华优秀传统美德，如敬老、抚幼、节俭、助人、惜字、洁净、除恶、廉洁、守法、真诚、友善等。并通过苏州李三在阴间的『新闻』，告诉人们要积德行善、不可作孽。如果作孽，就如李三的下场。

《敬惜字纸》是对写有文字的纸张书籍表示尊敬和爱惜，代表着古人敬重文化、尊重知识的思想。《敬惜字纸》指出，『从来一字值千金，何能一刻不留心』，『三十六行不识字，睁眼犹如瞎眼人，字在人间是墨宝，功用之大无比伦』。这些说法和今天的崇尚知识、尊崇传统思想都是非常契合的。

《花名宝卷》为七字句，依次从敬奉公婆、孝顺双亲、夫妻恩爱、兄弟和睦、姑嫂亲近、邻居和睦、行善积德等方面劝世人修行养身。

《文昌帝君戒淫宝训》是对世人最易犯的过错『淫邪』，揭开了那所谓快乐里面的丑陋，文字精要简明，说出其中要义。文中指出『孽海茫茫，首恶无如色欲；尘寰忧忧，易犯唯有淫邪。拔山盖世之雄，坐此亡身丧国。绣口锦心之士，因兹败节隳名。始为一念之差，遂至毕生莫赎』，并劝『未犯者宜防失足，已犯者及早回头』。

《多看看》宝卷及所附三篇，内容均为劝善教化，采用白话形式，语言流畅，易于阅读。刊印有错字。

多看看　四卷　民国十一年（1922）石印本

1 册，平装。作者不详。

版式：白口，四周双边，单黑鱼尾。

行款：15 行 31 字。

开本尺寸：19.8 厘米 ×13.4 厘米。

版框尺寸：16.5 厘米 ×11.5 厘米。

宝卷内容包括《多看看》《花名宝卷》《敬惜字纸》《文昌帝君戒淫宝训》四部分。

《多看看》牌记依次印有：民国十一年六月续刊/多看看/附《敬惜字纸》《花名宝卷》。阅过之后，切勿抛弃，转赠他人，功德无量。

书前另有一篇文字如下：

《多看看》虽系白话连篇，内寓劝善罚恶，名目不少，特为揭出于左，免得阅者随口读过。奉劝诸君，多多看看，趁早回头，莫学李三老官，死而后悔。

忤逆爹娘　淫人妻女　口舌是非　谋财害命　女不可溺　敬惜五谷　敬惜字纸　贪吃杀生　怨天恨地　赤身露体　勿欠钱粮　刻剥穷人　欺侮良善　大秤小斗　忘恩负义　刀笔唆讼　糠谷不淘　露坑不遮　断桥绝路　竭泽药鱼　擎鹰打猎　捕蜂捉蝶　杀龟打蛇　字褙鞋片底　书本夹线　字卷煤头　字糊纸窗　狼籍米谷　砻糠不搗　浪费水浆　骗人财物　趁风打劫　为善福报　作恶祸临　见了阎王　不能容情

◎影印编

甘肃省图书馆藏
河西宝卷整理汇编 ②

甘肃省图书馆　编

影印编

浙江古籍出版社

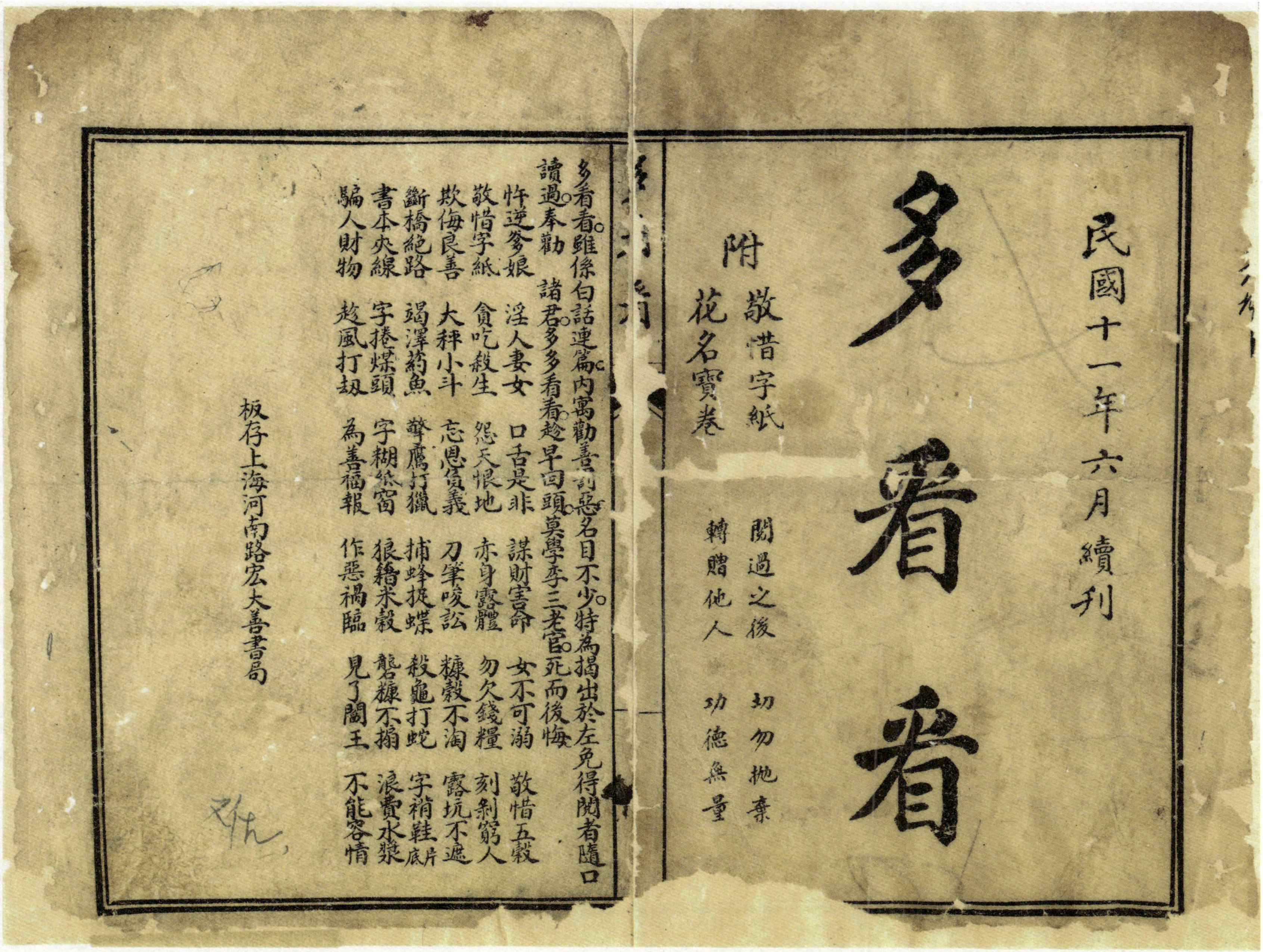

民國十一年六月續刊

多看看

附 敬惜字紙 花名寶卷

閱過之後 切勿抛棄

轉贈他人 功德無量

多看看。雖係白話連篇內寓勸善訓惡名目不少。特為揭出於左免得閱者隨口讀過。奉勸 諸君多多看看。趁早回頭。莫學李三老官。死而後悔

忤逆爹娘 淫人妻女 口舌是非 謀財害命 女不可溺 敬惜五穀

敬惜字紙 貪吃殺生 怨天恨地 赤身露體 勿欠錢糧 刻剝窮人

欺侮良善 大秤小斗 忘恩負義 刀筆唆訟 糠穀不淘 露坑不遮

斷橋絕路 竭澤菂魚 聾鷹打獵 捕蜂捉蝶 殺龜打蛇 字褙鞋底片

書本夾線 字捲煤頭 字糊紙窗 狼藉米穀 礱糠不揃 浪費水漿

騙人財物 趁風打劫 為善福報 作惡禍臨 見了閻王 不能容情

板存上海河南路宏大善書局

多看看

人生在世　最怕作孽　作了大孽　便不能活　招灾招難　子孫必絕
見了閻王　開口不出　下了地獄　千里埋沒　轉世投胎　人生難得
思想起來　不可作孽　我今且來　一一說出　大衆聽聽　心裡明白
第一作孽　便是忤逆　不孝爹娘　雷公要擊　一生一世　永無好日
壽也要減　福也要折　說是畜生　猪狗不及　還要生出　逆子逆媳
一報還報　簷頭水滴　第二作孽　淫人女色　人家婦女　最重名節
若然污犯　神明怒極　敗他名聲　自願絕滅　自家也有　妻兒女媳
學了好樣　出醜狼籍　替他還債　風流不歇　早年發狂　老年氣極
漫默關心　少傷陰騭　功名福壽　一齊削絕　鬼門關上　凄凄切切
一時昏迷　懊悔不及　所以少年　第一戒色　更有作孽　壞話莫說
一樣聰明　一樣口舌　好話積德　壞話喪德　那个不想　名聲愛惜
一時失誤　多要遮飾　與你何干　煩你饒舌　批評長短　形容酷極
談人閨閫　調戲百出　恨了他人　造成話說　壞他名聲　激他火出
逼他打架　害他仇結　弄出事來　縮頭不出　還在暗裡　打聽消息

多看看　一

東邊討好　西邊飯吃　惹出官司　田產賣絕　不過為此　三寸之舌
害人不淺　作孽已極　天地動怒　鬼神變色　非災橫禍　逃走不脫
或是發狂　自己嚼舌　或是失音　喉嚨梗塞　到那其間　有口難說
還恐子孫　不久絕滅　夜叉勾去　舌頭拔出　牛頭喝罵　看你再說
更有一種　十惡大孽　謀財害命　心腸毒極　寃魂跟定　不能解釋
或是天打　人財兩失　或是破案　法場斬決　或是討命　陰間對質
貪了財香　性命送脫　更有一種　最為作孽　生下兒女　抱來淹溺
辣手毒心　風氣惡絕　淹女傷兒　子孫要絕　要養男兒　女不可溺
更有作孽　五穀不惜　罰他後來　沒得飯吃　還恐難免　天雷霹靂
更有作孽　字紙不惜　罰他子孫　一字不識　生災作難　求免不得
更有作孽　殺生貪吃　為了饞嘴　多吃活物　無福消受　災殃難脫
其他作孽　事件不一　我今再來　一一分出　怨天恨地　也為作孽
越怨越窮　那來好日　赤身露體　也為作孽　一家和氣　竈神喜悅
每日敬香　家門清吉　拖欠錢粮　十分作孽　不報皇恩　良心沒得
一年四季　災晦不絕　忘了皇恩　比如忤逆　刻剝窮人　十分作孽

打莫太光　一朝潑脱　子孫消敗　田房賣絶　欺侮良善　也為作孽
家門顛倒　怪道弗得　大秤小斗　也為作孽　千算萬算　天要算結
忘恩負義　十分作孽　想想前情　眼淚滴血　天理良心　全不念及
摸摸心頭　汗流背浹　刀筆唆訟　十分作孽　後來自害　即在刀筆
糠穀不淘　也為作孽　年深月久　火災難脱　露坑不遮　也為作孽
黐觸三光　燒香無益　斷橋絶路　十分作孽　不肯便人　良心擦黑
絶人道路　自己也絶　不肯佈施　窮人路絶　自己落難　無人救急
更有作孽　藥魚竭澤　細魚細蝦　不肯放脱　大大小小　一齊捉出
後來惡報　滿門絶滅　更有作孽　擎鷹打獵　貪吃肥鮮　心腸狠極
老的打死　小的難活　死得太慘　報應現出　折福減壽　死得快極
捕蜂捉蝶　也為作孽　殺龜打蛇　也為作孽　傷生太過　自傷陰騭
宗積鞋片　也為作孽　踏在鞋底　天雷必擊　書本夾綠　也為作孽
字捲煤頭　也為作孽　罰他報應　小兒瘡癤　字糊窗壁　也為作孽
紙包刻字　也為作孽　飄落糞坑　天心怒極　狼藉米粒　十分作孽
礱糠不捐　也為作孽　火神右眼　燒得淨絶　浪費水漿　也為作孽

河中大便　也為作孽　河伯水官　不肯解厄　脚底踏火　也為作孽
火神菩薩　一脚輕踢　日晒屎桶　十分作孽　太陽菩薩　香氣撲鼻
露天糞缸　也為作孽　過往神明　觸犯已極　更有一種　騙人財物
滿口蓮花　奸計百出　班門弄斧　神出鬼沒　上你大當　圈套惡極
那裡得知　神明記得　好人吃虧　一時財失　你佔便宜　後來路絶
子孫受刼　家財敗脱　更有一種　强搶財物　一家飽暖　千家妬嫉
願他有事　天火燒脱　更想强搶　趁風打刼　搶了錢來　十分喜極
是我本領　是我計策　那知天道　報應快極　你搶他財　他財失脱
皇天叫你　性命送脱　總而言之　容易作孽　說之不盡　略為寫出
人生在世　百年一日　赤條條生　赤條條滅　一身孽障　撒洗不脱
千斤百擔　有口難說　見了閻王　一一查出　你在陽間　專會造孽
幾不得知　也有死日　到此時候　不能叫屈　判官执筆　油鍋火出
求放還陽　其勢不得　閻王拍案　打斷背脊　推入地獄　受苦難說
說到地獄　皆由作孽　那個不想　急忙逃脱　然而總要　及早明白
如若不信　光陰倏忽　上了眼床　悠悠七魄　閻王叫你　限時限刻

今朝不保　明朝事蹟　兩眼一閉　兩脚一直　頃刻之間　咽喉氣絶
萬兩黄金　不能帶得　一雙空手　開口不出　黄泉路上　一無熟識
望鄉臺上　凄凄切切　見了閻王　要問明白　生前善惡　一一分出
判官查簿　有時有日　孽鏡臺前　抵賴不得　問你生前　多少作孽
有人勸你　你偏拗执　由你開心　由你造孽　到了此地　人情難説
使用不要　公事真切　分付夜叉　牛頭鬼卒　推入地獄　受苦再説
地獄之苦　一一説出　問問自心　多少惡孽　從前之事　也不必説
今朝想到　急應戒絶　從今以後　心裏發急　自應改過　叩頭流血
對天發誓　神明見及　再不敢犯　從前惡蹟　如敢再犯　天雷霹靂
并願為善　積功積德　方可免得　地獄罪孽

如此説來人生在世最不可作孽。太甲上説道天作孽猶可違自作孽不可活一定之理。作孽路上切不可走。一走便要走入地獄了。我今再把陰司一段新聞略為説出可怕呀可怕呀

閻王殿上　傳出新聞　蘇州城裏　有个客人　李三老官　四處傳名
他在陽間　不顧名聲　不孝不弟　奸盜邪淫　逍遥任意　自作聰明

多看看　一

只管向前　不顧後程　行年三十　一命歸陰　見了閻王　查他罪名
十分惡業　一一分明　閻王大怒　拍案高聲　打入地獄　受罪該應
牛頭惡鬼　鐵面無情　李三嚇倒　哀告閻君　求你老爺　可好通情
放我還陽　做个好人　再也不敢　忤逆雙親　再也不敢　奸盜邪淫
再也不敢　暗裡害人　再也不敢　自壞良心　待我十年　做个好人
牛頭老爹　説説人情　馬面阿哥　頻你費心　好好替我　做个保人
情願送你　十兩花銀　閻王聽見　冷笑一聲　何勿當初　就做好人
到了此地　不能容情　何必多講　該死畜生　吩咐夜叉　便要拖人
李三聽了　發急高聲　閻王爺爺　你是明人　陰司也要　講理講情
不教而誅　先聖人云　你要我死　誰敢强硬　然而老爺　太嫌欺人
無常鬼到　一叫便行　並未聽見　通个信音　你如早點　送我一信
我也是个　明白之人　得了音信　便做好人　自然早點　孝順雙親
自然早點　學學正經　自然早點　好事行行　自然早點　存存好心
送信之人　酒力千文　就是老爺　也要見情　香燭元寶　多多奉承
如今叫我　一朝絶命　還有家事　尚未分明　還有債務　尚未收清

還有兒子　未曾做親　還有金銀　未曾安頓　無常性急　即刻勾魂
不肯容我　一刻留停　如今罰我　入地獄門　派我受罪　自然該應
然而陰間　太不講情　不教而誅　欠理三分　請到茶坊　講个分明
如何解說　請教閻君　講明白了　受罪甘心　閻王聽了　冷笑兩聲
你這忘八　說話胡噴　你怪我道　不通信音　豈知此地　常常有信
可惜你們　自已發昏　全然不覺　毫不動心　李三說道　請問閻君
你說通信　送信何人　何年何月　啥个時辰　何以陽間　毫不見形
你說這話　說誑離經　做了閻王　不該騙人　閻王又笑　該死畜生
你可記得　當初事情　十六歲時　冬天生病　寒熱一月　便是送信
可惜你身　只說病輕　又到廿歲　嘴上生疔　滿面腫脹　也是送信
可惜病好　依舊胡行　又到前年　吐血一盆　頭暈眼花　哭喊娘親
此等光景　也是送信　可惜過後　全不回心　況且世上　天天有信
即如今年　送信多人　正月初六　東鄰某人　一交跌倒　也是送信
你也看見　嘆息連聲　二月十六　北村某人　發痧病死　也是送信
你也前去　弔喪送殯　此外送信　細數不清　你也曾經　聞見多人

也該想想　自家壽命　安兒不妥　輪到自身　可惜你身　全然不省
只說死的　事在他人　不干我事　是他的命　他人該死　我可長生
放心胆大　適意開心　我做閻王　講理十分　不教而誅　從來不肯
地獄一事　玉歷分明　人人曉得　誰不寒心　偏是你身　偏强不信
你這忘八　受罪該應　推入地獄　不得超昇　李三聽說　胆破心驚
閻王帶信　確是真情　懊悔當初　不肯相信　那知今朝　吃苦不盡
還要去變　牛馬畜生　奉勸世人　刻刻留神　為善福報　作惡禍臨
這兩句話　一字千金

敬惜字紙

從來一字值千金 何能一刻不留心 君王有字定天下 宰相有字位乃尊
文武百官都用字 尊卑上下始分清 文人若是不用字 何能空手取功名
農夫若是不用字 承攬筆帖寫不成 百工若是不用字 工價買賣亂胡行
商賈若是不用字 賬目票據記不真 田地房産無十字 契據票劵總無根
三十六行不識字 睜眼猶如瞎眼人 字在人間是異寶 功用之大無比倫
朋友相隔數千里 書信一到可談心 古人遙隔千百載 如同師友兩相親
字跡關係如此重 世人奈何太看輕 舊書舊報夾絨線 糊窗蓋物扎油瓶
吃烟點燈抹油臬 字紙亂用不留神 文人慣用書作枕 亂撕亂嚼不留根
淫文淫詩與淫曲 褻瀆斯文罪非輕 學生作賤不責罰 先生未睜兩眼睛
自已尚且不惜字 何怪弟子不知情 農夫牆根與屋角 字紙霉爛不傷心
工人賬目或小說 掃入灰堆認不清 最是買賣做生意 作賤字紙不忍聽
綾綢布疋用戳記 難免婦女做褲裙 草紙本是污穢用 也印店號入糞坑
更有靴帽鞋子店 鞋幫店號印分明 脚汗何能不嫌臭 聖賢字跡裹面存
油桶油傘與油簍 誰肯少用略存心 店家醫家江湖客 滿街報條貼不清

多看看 二

銀櫃也將春聯貼 男女雜坐在下身 紙坊每造還魂紙 定遭雷擊與火焚
三十六行說不盡 總要自己各留心 字跡原是濟人用 恩將讐報沒良心
有錢同做惜字會 收來焚化要認真 無錢也能積大德 走路處處要留神
路口起牆留小洞 隨手拾字有功程 時時送入字紙簍 花錢不多陰騭深
許多地方肯惜字 火災消盡不受驚 許多地方災難大 愚夫愚婦那知情
金陵有个馬氏女 鞋幫夾了字一層 咯嗒一聲天雷响 馬氏打得活現形
山西有個陳之棟 枕頭用部蓮花經 忽然腦後生大毒 苦叫三聲命歸陰
還有一人在東晋 慣用字紙去點燈 父子雙雙俱瞎眼 房産又被火來焚
字紙報應說不盡 家家戶戶要留心 世人總總會作賤 上蒼菩薩怒生嗔
也有身被天雷打 大風大雨嚇煞人 也有口祿都削盡 活活餓死見閻君
也有年歲多荒歉 旱澇水傷沒收成 俗語自作還自受 莫怪菩薩半毫分

花名寶卷

此卷奉勸世人。非同等閒小說。言明意顯。婦孺咸知。宣此卷者。必須虔心朗誦。聽卷男女諸人。不可嘻笑喧嘩。閒談浮論。務要屏氣斂聲。聽我道來。

南無阿彌陀佛

花名寶卷初展開　諸佛菩薩降臨來　荼花開來早春　媳婦賢良敬大人
保佑公婆年千歲　門前大樹好遮陰　孝順公婆為第一　自己也要做婆身
你若不把公婆敬　生男育女也虛文　在家買此公婆吃　何用南海去齋僧
一心只管行孝道　皇天不負孝心人　杏花開來是春分　孝順男女敬雙親
孝順還生孝順子　忤逆還生忤逆兒　不信待看簷前水　點點滴滴不差分
在生買些爹娘吃　靈前供養是虛文　爹娘就是靈山佛　何用靈山見世尊
桃花開來是清明　夫妻恩義兩相因　丈夫不可嫌妻醜　妻子不可怨夫貧
妻子醜陋前生定　夫家貧苦命生成　命好不到貧家去　命窮難進富家門
姻緣本是前生定　五百年前結成姻　千里追逐能相會　夫妻恩義海洋深
薔薇花開立夏根　弟兄和睦過光陰　兄若從容照看弟　弟亦從容為顧兄
兄弟相爭看娘面　千朵桃[illegible]生　家中是有親兄弟　何用外面結拜人
三兄四弟一条心　門前泥土變黃金　三兄四弟各條心　家內黃金化灰塵
石榴花開是端陽　姑嫂做事要商量　嫂嫂有事姑娘做　姑娘有事嫂當場
姑娘仁義敬重嫂　做嫂賢良敬姑娘　尊敬須看公婆面　姑娘不可太用強
在家不用爹娘勢　姑嫂相逢喜歡腸　姑娘本是堂前客　做嫂原來要賢良
荷花開來伏中心　鄰舍和睦過光陰　若有小兒相爭鬧　各叫兒女轉家門
不可眼前將兒打　寵用兒女罵四鄰　大人相爭難得好　小人仍舊一同行
日日門前要相見　鄰舍和睦過光陰　遠親不如近鄰好　急難之中叫四鄰
鳳仙花開是初秋　勸君做事要當心　五更雞鳴清早起　三日起早比一工
起早做事做到晚　免得忙事去求人　求人只可一二次　三次求人不相應
別人求我三春雨　我求人家六月霜　三春之雨時常有　六月濃霜何處求
桂花開來是秋景　有錢不可笑窮人　窮的那有窮到底　富的那有富到頭
世間多少貧了富　也有多少富了貧　十年財主輪流做　富貴貧賤世上輪
斗大紅燭難照後　看他結果有收成　滿碗粥飯能好吃　說話之中留一分
菊花開來是重陽　人到中年要子孫　有錢無子非為貴　有子無錢不算貧
窮子自有翻身日　有錢無子亦虛文　三十無子平平過　四十無子冷清清

五十無子無人敬　六十無子斷六親　老來無子正是苦　更比黃連苦十分
芙蓉花開是立冬　勸君行善莫行凶　十分英雄都用盡　後代兒孫難做人
虎頭牢獄强人坐　那有良民在獄中　家中之苦非是苦　牢獄之中苦難禁
能可高山望牢獄　不可牢獄望、山　只見惡人牢中坐　那有善人跪官廳
荔子花開是仲冬　惡人休把善、欺　人惡人怕天不怕　人善人欺天不欺
善惡到頭終有報　只爭來早與、遲　仙橋上面善人過　地獄之中治惡人
陽間善惡由你做　閻王殿上看分明　勸君及早回頭轉　人不回頭怎奈何
臘梅花開冷清清　勸君念佛早回心　修行念佛無老少　無常不管少年人
雖有錢財難買命　閻王殿上不容情　閻王出了勾魂票　不要錢財只要人
命中註定三更死　斷不留人到五更　天大家財拿不去　一雙空手見閻王
花名寶卷宣完成　奉勸賢良敬大人　若能敬宣花名卷　勝造浮屠塔七層

文昌帝君戒淫寶訓

孽海茫茫。首惡無如色慾。塵寰擾[illegible]。易犯惟有邪淫。拔山蓋世之雄。坐此亡身喪國。繡口錦心之士。因茲敗節墮名。始為一念之差。遂至畢生莫贖。何乃淫風日熾。天理淪亡。以當悲當憫之行。反為得計。而衆怒衆賤之事。恬不知羞。刊淫詞。談麗色。目注道左嬌姿。腸斷簾中窈窕。或貞節。或淑德。可敬可嘉。乃計誘而使無完行。若僕妾。若婢子。宜憐宜憫。竟勢逼而致玷終身。既令親族含羞。尤使子孫蒙垢。嗟嗟。總因心昏氣濁。遠賢親佞。豈知天理難容。神人震怒。或妻女酬償。或子孫受報。絕嗣之墳。無非好色狂徒。妓女之祖。竟是貪花浪子。當富則玉樓削籍。當貴則金榜除名。笞杖徒流大辟。生遭五等之誅。地獄餓鬼畜生。沒受三途之苦。從前恩愛。至此成空。昔日風流。而今安在。與其後悔於無從。孰若早思而勿犯。奉勸青年烈士。黃卷名流。發覺悟之心。破色魔之障。芙蓉白面。不過帶肉骷髏。美艷紅妝。乃是殺人利刃。縱對如花如玉之貌。常存若姊若妹之心。未犯者宜防失足。已犯者及早回頭。更祈輾轉流通。迭相化導。必使在在齊歸覺路。人人共出迷津。則大惡既除。衆邪自消。靈臺無滯。世澤垂遠矣。

观音济度本愿真经

二卷 刻本

2册，线装。彭德源著。

版式：白口，四周单边，单黑鱼尾。

行款：9行23字。

开本尺寸：20.5厘米×14.0厘米。

版框尺寸：17.2厘米×12.0厘米。

卷前载《观音古佛原叙》，署『永乐丙申岁六月望日书』。以下依次为《西天达摩祖师题赞》《孚佑大帝吕祖题》《观音济度本愿真经叙》《观音古佛原本读法十六则》。叙言有残，已修复。

关于此书的作者和出版年代，车锡伦在《中国宝卷文献的几个问题》一文中指出：『青莲教（先天道）的《观音济度本愿真经》，卷首既有署为「永乐丙申岁六月望日书」之《观音古佛原叙》，又有「大清康熙丙午冬至后三日广野山人月魄氏沐手敬书于明心山房」之叙文，叙中编造了他在「普陀朝元洞灵通寺」得此「真经」，并且由梵文译写刊行的话头，其实这位「广野山人月魄氏」即这部宝卷的作者，他是道光间青莲教（先天道）教主彭德源。』（载《中国宝卷总目》，北京燕山出版社2000年版，第15页）两篇序言所署的时间分别为明成祖永乐十四年丙申（1416）和康熙五年丙午（1666）。宝卷的作者署名为广野山人月魄氏。车锡伦先生对序言中的两个时间进行了考证，并指出广野山人的活动年代在清道光、咸丰时期，序言假借时为『康熙』，是为逃避清政府查办，求得公开刊印流传，叙中所署年代均系伪托，成书时间应在嘉、道之际。由此认定此书作者是彭德源，字超凡，道号依法，又号浩然、沧州子、广野老人等，生于嘉庆初年，自谓水精古佛化身，咸丰八年（1858）去世。著有《广野归原宝筏》等多种著作。

据谭蝉雪《敦煌宝卷》上编（西北师范大学古籍整理研究所、酒泉市文化馆合编，甘肃人民出版社1991年版，第39页）介绍：此卷原名《观音济度本愿真经》，俗名《香山宝卷》，刻本，据郑振铎先生所论，此卷为『许多最流行的宝卷中之最古者』，为宋普明禅师所作《佛曲叙录》。

《观音济度本愿真经》内容为观音佛祖自叙。观音佛祖因不忍众生尘苦，领旨下凡，托生兴林国皇宫，为妙庄王第三女妙善公主。她自幼灵慧，立志修道，不肯招亲，遭到父亲妙庄王的反对。其父不信修真，诬为邪孽，下令剥去她的锦衣，罚她去花园服苦役，送她去白雀寺受折磨，然而她都没有屈服。妙庄王甚至放火想烧死她，押解法场要杀她，妙善公主仍是坚定不移，决不更改修道初衷。后来天神引游地府，遍观阴律果报，度狱还阳，至香山修养成真。其父受到了上帝的惩罚，妙善公主却拿手眼配丹药去救父王。最后，妙善公主化度了父母、姐姐和姐夫等人，从此知非从善，修建丛林，设立斋醮，超度冤愆。后至香山还愿，感化驸马、宰相等人，同修大道，共成正果。妙善公主所为是最大的孝道表现，是孝道的极致。

此宝卷文字严谨流畅，集叙事与抒情于一体，极具可读性。

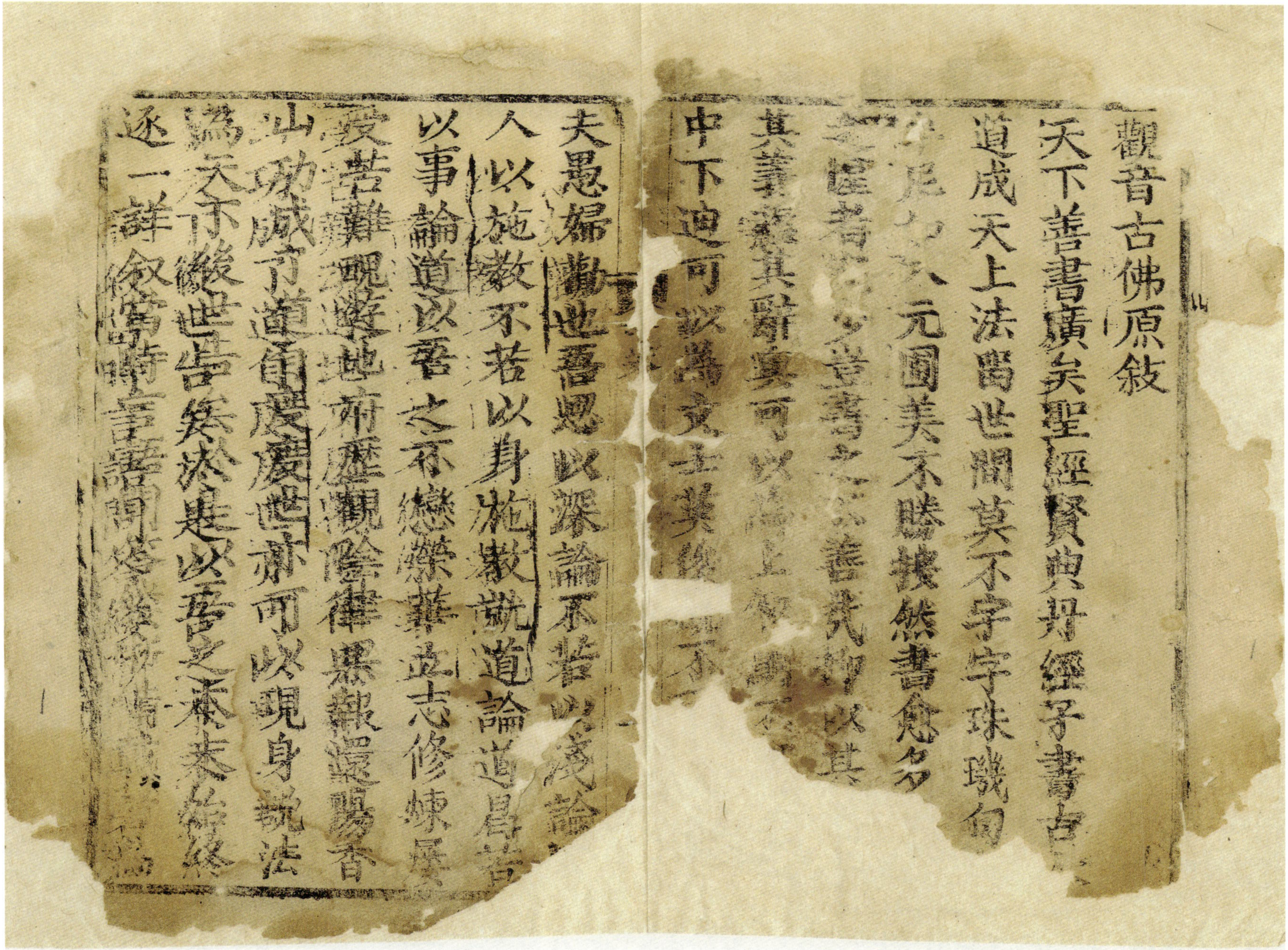

觀音古佛原敍

天下善書廣矣聖經賢典丹經子書古

道成天上法留世間莫不字字珠璣句

[illegible]足以[illegible]元圖美不勝搜然書愈多

[illegible]者[illegible]蓋書之[illegible]善[illegible]以其

其義[illegible]其辭奧可以[illegible]上智[illegible]不

中下[illegible]可以[illegible]文士[illegible]後[illegible]不

夫愚婦勸世吾恩以深論不若以淺論

人以施教不若以身施教說道論道君若

以事論道以吾之不戀榮華立志修煉屢

受苦難遊地府歷觀陰律果報還陽香

山功成方道自度度世亦可以現身說法

為天下後世告矣於是以吾之來去始終

逐一詳敘[illegible]言語問答[illegible]

歌句聯為俚語言簡意顯辭淺理明又將
修道之火候功用玄妙法則一一流露於
常言俗語中能令閱者一目了然由淺求
深因經尋義書成藏之朝元洞內石室門
中以待後之見者廣為流布不但可為上
智訓亦可為中下迪不但可為文士英傑
觀亦可為愚夫愚婦勸於以改過遷善
行方便訪求至人指示經中功用玄妙之
不難彼岸同登矣吾昔立下洪願濟度一
切此經其吾濟度之一助也歟因以濟度
本願真經名其書而綴數語於箋端云
時
永樂丙申歲六月望日書

西天達摩祖師題讚

歌真經叙真經識得真經出沉淪人人紙
上尋文義外道旁門妄猜尋要知真經端
的處慈航說法露原因自從我佛拈花笑
衣鉢真傳到於今四句偈等七寶施菩提
金剛不離身五千四八歸黄道人人有奉
大藏經後來不解傳經意着空執相口

一卷 一

文豈知真經無聲色一竅天機值萬金第
止定靜至善地精一執中儒有云瞬存息
養幾希裏戒慎恐懼不覩聞河洛洩蘊玄
妙理三五歸中守虛靈水升火降名既濟
八八卦爻火候精五千靈文談道德玄之
又玄衆妙門有物混成先天地玄牝竅籥
養谷神昔來東土傳直指授記神光續祖

燈為闡大道遭苦難口口相傳轉法輪掃
除文字飛四相色空空色有妙音下手妝
取先天炁龍戲虎穴北海存蘆芽穿膝撥
濁出波羅蜜多太和生衣鉢收轉本位地
敷座而坐用意烹祇樹園中牟尼煅佛在
舍衛放光明如是降伏龍虎住日月會合
皈本真囑咐菩薩善護念舍利結就文火

上卷　二

溶飯食醍醐如癡醉波羅揭諦意自明鹿
沙罪垢俱滅劫十方虛空現金身無為功
德莫思議三梵同此不二門濟度一經括
衆妙慈航度世宏願深字字洩盡元妙理
火候天機齊發明將身作則動指點善惡
果報語句真言談俗語藏奥妙寶筏遺留
度迷津安得共體慈悲意同作靈山極樂

人蟠桃大筵瑤池地快樂逍遥永長春

孚佑大帝呂祖題

風入松調

朝遊大地暮蓬萊為度原來朝元静把直
經閱度人船字字瓊瑰得受慈航寶筏同
昇玉宇天台

其二

淩風鶴駕息朝元得閱真言玄微火候齊
披出一行行直透根原柱杖驚惺愚昧中
流砥柱瀾翻

其三

千言萬語嘆南柯着意吟哦因緣莫錯光
陰遊拜明師早養中和不受閻羅晦氣無

被猿馬牢魔

其四

天堂地獄只爭心莫入沉淪真經一卷離塵菩寳修持鬼敬神欽王簡丹書下接青鸞白鶴來臨

其五

指玄我昔貯青城煞費深情慈悲度世

三卷 四

難已見此書又慰生平字裏晨鐘暮鼓行間玉振金聲

其六

賢愚智慧得知音語不幽深鴛鴦繡出金針度積陰功感格天心這會修同淨土從此不到棘林

觀音濟度本願真經叙

從來三教經典垂訓教人字字隱義句句
藏玄旁喻曲引告誡不一無非欲人明善
復初修性了命以全其本來耳言雖不同
理則一也余自生以來不昧本性知人為
萬物之靈質列三才之中不敢自棄常行
濟人利物事件窮究性命根原幸遇普[illegible]

上卷 五

仙師指示先天大道授以率性復初功用
一日往朝普陀舟至南海預得真武祖師
之報船將到岸忽狂風大作波浪洶湧當
時船壞者不少余蒙神蓋佑緊攥舵槳得
達津涯將船泊於海岸散步瀾遊忽至一
處見石門壁立牌坊森列篆鐫朝元洞符
不數里内有一菴名曰靈通寺余進步内

觀遇一道童瀟洒不俗謂余曰居士還此
風波實乃上天數定玄機報應今適到此
此中有一濟度慈航其賴居士成就此功
德以慰我佛無量度人之心談敘之間因
出觀音濟度本願真經一册授余余誠敬
捧讀乃知為觀音佛祖自敘本行不忍衆
生塵苦領旨下世託生與林國裏皇宮之

一卷　六

中自幼靈慧不昧报棄浮華勤修大道爾
時其父妙莊王迷却善因不信修真誣為
邪孽致菩薩受苦花園火焚白雀斬絞法
場守死善道苦難備嘗英靈不昧冢神引
遊地府遍觀陰律果報度獄還陽逃至香
山修養成真其後莊王惡盈福盡　上帝
降旨寃孽尋報菩薩慈悲廣大顯靈救父

勸惺知非從善頒旨國中修建叢林設立
齋醮超度冤愆後至香山還愿菩薩元神
顯化度轉父母骨肉感化駙馬宰相同修
大道共成正果善惡報應始末備載菩薩
又復以所得心印之法闡發修煉虛實辨
別旁正以及抽添還丹功用配合溫養調
理脫胎神化威儀了凡成聖一總節度玄

上卷　七

妙秘奧法則無不流露於行間句裏雖言
談俗語皆有妙義存焉俾後來有緣善信
得授此經深者見深淺者見淺誠意為人
講誦即有神光照耀體貼遵行自然智慧
朗開神鬼欽敬誠照破幽冥之明珠超昇
極樂之梯航也余得授此焉敢不成就此
一宗功德無奈經係西天梵字東土之人

識此字者少余急歸家譯寫書正刊刻行
世使人觸目驚心改過遷善廣積功德濟
心體會經中妙諦以經為證訪求至人指
示經中妙義明止於至善之所知下手修
煉之方道全德備極樂西天何難到哉噫
嘻壁聞琴聲古經不絕書守靈威金簡長
存二酉稱神仙貯書之所瑯環為天設載

二卷　八

籍之地唐李筌得陰符經於嵩嶽呂祖翁
藏指玄篇於青城古人道成天上書遺後
世非一人矣今何幸而機緣相遇也因樂
而為之叙云
　　旹在
大清康熙丙午歲冬至後三日廣野山人
月魄氏沐手敬叙於明心山房

觀音古佛原本讀法十六則

一、本願眞經闡道之書也、當作道德心印、金剛法華讀之、其言天道人道、無不備載、入世出世、靡不纖陳、剖露玄機、所關最重、讀者須當淨手焚香、誠敬開誦、讀畢掩卷高供、不得褻瀆、知此者方可讀本願眞經、

一、本願眞經善惡金鑑也、當作感應篇功過格讀之、善惡昭彰、因果顯然、天堂地獄、只看所行、苦海無邊、回頭是岸、誠感發善心、徹劍逃苦之良劑也、知此者方可讀本願眞經、

一、本願眞經暗室燈、考金石也、言因果本福善禍淫之理、講修煉實返本還原之道、解悟此經、一切惡孽妄念、惕目而驚心、旁門曲徑、不闢而自破矣、知此者方可讀本願眞經、

一、本願眞經不比一切演義傳奇、俳本彈唱、歌曲此等書卷、徒悅人耳目、無益身心、此經所論皆善惡因果、所言皆性命道德、不作邪無益之論也、知此者方可讀本願眞經、

一、本願眞經讀者勿以敘何粗俗、文不華麗輕之、從古才子刻畫山川、景物纖寫、風雲花月、逞其逸思、徒供人吟詠耳、究於身心何補、此經不作無補之論也、知此者方可讀本願眞經、

一本願眞經其間有與禪機同者又非野狐禪之棒
喝語自欺欺世使人無處捉摸者可比其用意處或在言
中或在言外修語常寓中時藏元機舉動云爲處處顯露心
傳若經明眼皆示頭頭見道洵佛經中一部修諦乃佛經
中一部眞諦知此者方可讀本願眞經
一本願眞經言雖淺近元妙無窮時時可讀人人可讀深者
得之而見深淺者得之而見淺如以爲粗俗無文是從文
字上起見也修辭立其誠此經無文所關實天地之至文
也知此者方可讀本願眞經

上卷　二

一本願眞經不在口讀而在眼讀不在眼讀而在心讀不在
心讀而在身讀何以故知行並進也知此者方可讀本願
眞經
一本願眞經自讀須爲人讀人讀又須當其爲我讀何以故
成己成人互相砥礪藉他人之吟咏爲自己之塵蒙知此
者方可讀本願眞經
一本願眞經言火候甚詳古今傳藥不傳火從來火候少人
知經中設象寓言火候之妙形容的當知此者方可讀本
願眞經

一本願真經前半是艱苦備嘗後半是道成樂境語曰甜從
苦處來也、知此者、方可讀本願真經、
一本願真經既以經名、何每篇多以詞說冤之屏去一切梵
語與艱、直以說話者說經、令人易讀易悟、了了於目自了
了於心也、知此者、方可讀本願真經
一本願真經每有重復字眼、原爲人之利鈍不齊、不欲以字
語變換、炫心惑目、以便人記誦耳、況真言要語、不在多也、
知此者方可讀本願真經、
一本願真經言善功甚詳、然亦未嘗言及者、夫善在人爲耳

隨心隨手皆可以積功累行也、知若經中所未載便疎忽
而不爲、是自阻也、知此者、方可讀本願真經、
一本願真經言陰律甚詳、然亦有未能悉述者、須當依例比
儗、夫諸惡莫作、恐一念有差也、知以經所未載、便大膽做
去、是自悞也、知此者方可讀本願真經、
一本願真經須具一付玲瓏心眼、讀之四方八面相照、中邊
底裏相映、種種元妙法則、無不畢載其中、切莫被淺言俗
語瞞過、知此者方可讀本願真經、

觀音濟度本願眞經上卷

爾時慈航尊者、在大羅天宮逍遙勝景、座八寶金蓮、受用無
疆、慧眼遙觀見東土衆生貪迷酒色財氣、利鎖名韁、造孽無
邊、六道輪迴、轉報不一、醉生夢死、脫骨如山、冤緣相報、皆無
了期、尊者不覺慈心悲念曰、吾自混沌分判、以至於今、爲救
衆生、託化東土、刼刼度人、功證無上正等正覺、今乃周末之

際、人心大變、殺淫滔天、觀此衆生寃孽、何能解消、黑氣盤空、
實實駭人、吾觀男子哩、亦有知覺三教之理、明善窮原、嗄、但
視女子、不明天理循環、但所禁戒、有墮落不堪者也、細思慮
苦、可悲可嘆、吾不如下世、脫化女身、解此五濁之災、以作後
世榜樣、使婦女亦好知非改過、逃脫輪迴之苦、免却地獄諸
刑、血河之報、同登菩提覺路、共享極樂美景、方如吾願、當即
啟奏、
瑤池金母、無極天尊座前、曰、航今巍巍別將、觀東土衆生、越
迷越墮、航心不忍、有意下凡度醒衆生、指破迷途、明正於至

善之道知返本還原之功跳出生死之所離脫苦海之路

金母曰東土衆生迷昧本性輕慢三寶打僧罵道誹謗佛法、甘墮沉淪難以勸轉慈航哀告、金母慈悲大開洪恩准航下凡誠心苦勸自有回心向化之人、金母曰爾若定要下世時下塵苦不比於前須當小心莫落苦海自悞前程謹記於心後曰　吾命達摩指你大道迴光返照慈航即謝洪恩、辭別諸佛菩薩往東而來、

慈航下世投胎第一

今慈航別瑤池靈山勝景　捨不得金世界霞光騰騰
捨不得瑤池母慈悲教訓　捨不得諸佛仙常近常親
因衆生墮苦海迷失本性　怕不忍求佛旨投下東林
嘆名利恩愛牽羅網陷穽　看不破解不脫甘墮火坑
嘆天下人心刁世道改更　君不仁臣不忠天理不存
嘆那些仙眞客都遭所困　細思想不由我雙淚下傾
只見那黑殺氣虛空結定　這一場大災劫怎樣安寧
嘆婦女不明理罪過更甚　身本是五漏體羞鎖難云
怕今番下東土好言垂訓　願捨身遊苦海度脫原人
轉女身做一个後世把柄　使下界婦女們學我修行

恭慶同信心客把毋欽敬　作筏船遺後世萬古標名
覩普天進匠地誰有根行　借父毋而投生闡化妙因
這萬國四部洲咱一看盡　惟西域與林國好箇錦城
那國主妙莊王婆伽爲姓　有國毋伯牙氏慈悲愛仁
再看那二公主是個善信　查伊等是西果仙眞化生
所掌的這江山却也不远　率領有大小官三千餘臣
東至那佛齊國西至天眞　南至那边羅國萬里乾坤
吾不免就在此借毋投性　到日後必然的有段奇蹟

話說諸佛菩薩齊送慈航、來至興林國、霞光照徹宇宙、彩滿

二卷　三

乾坤、東嶽城隍土地等神齊來迎接佛駕、諸佛菩薩談論送駕不表、且說伯牙國毋夢中恍惚、覩一太陽落於身懷腹中有孕、光陰似箭、日月如梭、不覺十月胎足、娩娩生下公主、報與莊王知道、莊王曰長女妙音、次女妙元、伊取名妙善、宮中慶賀一切不表、且言國毋自懷公主於身、一切葷腥之物見之心中煩溺、公主自幼葷乳不食、及長至五六歲時、秉性善良、心靈異常、凡讀書過目不忘、出言吐辭比衆不同、莊王國母喜愛至切、不覺公主長立成人、一日莊王與娘娘言道、妙音妙元已招駙馬、今妙善年已十六、不免擇選良辰吉日備

辨綵樓招親，以爲終身之靠，豈不是好。吩咐綵女，傳公主進
宮。宮女曰：領命。宮女來至公主繡閣內，尊聲公主，萬歲與娘
娘傳公主進宮。公主曰：領命。起身就走，來至宮庭。公主曰：父
王、母后在上，爲兒叩拜。莊王曰：皇兒平身，賜坐。公主曰：謝坐。
父王、母后喚兒有何教訓？莊王曰：皇兒，爲父叫你無別，你大
姐、二姐已招駙馬，想兒今年已十五六歲，爲父要與你選擇
良辰，傳辨綵樓，命你招親，以定終身大事。公主曰：父王、母后，
容兒呈禀。

妙善宫庭來禀道，請聽爲兒說根苗。十月懷胎恩難報，

七卷　四

三年乳哺母劬勞。舉動行爲把兒教，三從四德指節操。
世俗人情兒盡曉，覷此紅塵甚蹊蹺。爲臣盡忠子盡孝，
懽行八字是英豪。時下人心多奸巧，糊糊塗塗過終朝。
兒把紅塵識破了，不招駙馬學道高。人活百歲如夢兆，
榮華富貴似火硝。我勸父母修行好，拜佛持經感天曹。
積功立德善爲寶，修出苦海脫塵勞。不食五葷體天道，
不與六畜冤結交。世事一切循環報，天理昭彰不混淆。
父母前世修積好，今掌山河率群僚。若還從此又修道，
求神將名紫府標，一朝功滿丹書詔。享受天福勝人曹。

行有仙鶴𤇂托繞　無煩無惱真道逍　雖然皇宮快樂好
憂國憂民費心焦　與民分憂事微渺　寃屈人命罪難饒
話說莊王言道、皇兒不必胡想、爲人在世、不過盡五倫五事
便了、何必持齋修行耶、公主曰、人生質列三才、體備萬物、自
當效法天地之全功、父王所言、不過人道之常耳、兒有十字
文一篇、奏明父王母后、
有妙善在皇宮雙膝跪定　稟父母請坐上聽訴真情
嘆人生在世間盡是胡混　人之初性本善幾個明心
貪酒色與財氣昧迷天性　爲口腹殺生命天良何存

上卷　三五

有一千想一萬機謀用盡　有了富又想貴心不滿盈
想前生修積好今世僥倖　怕只怕福盡了要見閻君
孽鏡臺高懸起功過現定　論善惡那怕你王侯公卿
行善的依善功受福承任　作惡的照惡報永受苦情
發銅鍘與碓舂苦楚難忍　刀山獄與劍樹一見散魂
還有那血河獄苦楚慘景　臭蕭蕭浪滾滾蛇狗爭吞
有兒女金銀廣誰來探問　有田地與家財難買閻君
爲兒的怕只怕生死大限　因此上不捨親要去修行
想人生活百歲如同夢醒　不修行只怕的是墮輪迴人

願父王發慈悲莫把兒憾　兒秉心誠好道要學古人
自古來爲仙佛出凡希聖　我做個女丈夫跳出火坑

花園受苦得樂之道第二

話說莊王言道、眞眞氣死我也、一時大怒、罵道、不成才的賤人、爲父憐與你分拼、你若修行、不依我勸、將身上衣服、一概脫下、只留遮體衣衫、去到花園、挑水澗花、如若花有損敗、開之不茂、叫你性命難留、

公主當時雙流淚　脫了錦衣好傷悲　將身來到花園裏
肩擔水桶命不違　我今本是玉葉體　怎麼挑水把花培

二卷　六

雖然水挑在肩上　誠意切志心不灰　龍神土地齊來到
城隍忙得似雲飛　諸神暗中來擁護　接引空中暗助威
公主挑水澗花草　一身輕爽不覺腐

話說諸神、暗中扶持、不表、單講國母見三公主、一心只想修行、不肯招親、他父王將他謫貶在花園挑水澗花、我心牽罣、不免傳大公主、與二公主進宮、教他二人往花園勸他、不迷於修行之路、命太監傳二位公主進宮、太監曰、領旨傳二位公主進宮、少時二公主進宮齊曰、母后在上、兒臣見駕、國母曰、皇兒平身、賜坐、二臣公主齊曰、謝坐、母后傳兒等進宮有

何教訓國母曰我見有所不知只因你妹三公主妙善心性
顛倒、妄想神仙、一心只要修道、你父王勸他招親、他不遵命、
你父王一時怒起、將他打在花園挑水澆花、爲娘心中難忍、
教你二人去往花園、勸他招親、同享榮華。二位公主曰、領命、
遂來至花園、只見三妹觀花、神凝於花根之上。開言問道、賢
妹何得如此。三公主見二位姐姐來到、喜笑相迎曰、想二位
姐姐、莫非看破紅塵、來此亦想學道耶。大公主對二公主曰、
哈哈、你看他、真正鬼迷心竅、死貪神仙做。二公主言道、賢妹
生於皇宮、受享榮華、如掐一匹馬、無边快樂、何苦如此。公主

言道、姐姐勸我招親、耶是美意、但你等只圖眼前之樂、不明
福盡之苦。聽我道來。

堪嘆人生不識真　貪名圖利過光陰　你我前生修積好
今生方得享福祿　借此榮耀好修積　自然感格上天心
若還一朝功行滿　脫凡成聖入天庭　如若迷昧因果事
貪圖口腹傷牲命　大限快快毫不漏　善惡昭彰甚分明
食齋戒殺爲正理　並非古怪有妄行　古言萬物皆同體
殺他肥已恁恣心　今斬叨殺冤暗結　造下罪過似海深
有朝一日洪福盡　無常一到萬事傾　功名富貴帶不去

善惡兩事隨性行　到了陰司閻羅殿　夜又惡鬼甚驚人
孽鏡臺前來跪下　功過現出判斷清　功多過少生福地
過多功少苦難云　我勸二姐修善好　莫要迷昧前來因
神仙都是凡人做　只怕凡人心不眞　我今立志要修道
任父把我怎樣行　人活百歲如春夢　勸你不必望我身
你我雖然同胞養　終久百年要離分　說得二人無言答
低頭默然不做聲　二人見他難勸轉　圍到宮庭奏父君
即時走到皇宮內　哀告父王與皇后　見今啟奏非別事
爲的三妹他修行　纔到花園會一轉　人是鐵心也淚淋

上卷　八

兒勸父王休煩惱　捨他一心去修行　莊王聞言心大怒
膽大妙善不是人　食齋修行那些好　痴心妄想成佛眞
花園受苦怕不怕　死路是他自已尋　他今修行不要緊
顯我之醜敗名聲　若還磨他心不退　爲父自有別調停

話說莊王實意不准公主修行，一切不表。單說值日功曹監察護法直奏我佛座前，將莊王之言一一奏上，又將妙善公主決志修行、勸二位公主行善之語，句句啟奏。佛祖觀此奏文，金容大喜，曰：果眞佛性不昧。急宣達摩尊者，曰：命你東土一往，指示慈航先天大道，率性返本，始成正覺。達摩尊者欽領法旨即離大雄寶殿靈山勝景雲府之間來至東土撥開雲端只見妙善公主花園站立尊者曰待咱家化一沙彌考他一考看他心性何如不覺來至花園稱聲女居士請了

公主舉目來觀看　一見和尚着一驚　你今如何來到此
輕入皇家花園門　若還父王知道了　教你性命活不成
和尚當時回言答　尊聲大姐發慈心　我也不知怎到此
恍惚走進這花亭　你是誰家良民女　將你真情說我聽
公主開口回言答　師傅聽我說分明　我乃不是良民女
妙善公主是我身　不戀紅塵想修道　父王惱怒磨我身

上卷　九

把我貶謫花園內　要我挑水潤花根　達摩假意來考問
考定心猿指性根　公主你本玉葉體　洪福不享修甚行
我本香至國太子　爲人所愚來修行　只望修道想清靜
誰知苦楚不易承　修行還要仙骨體　不然一考就灰心
我勸公主回意轉　莫悞青春好光陰　嘆爲修行有甚好
紅塵美景樂風情　一世人身實難得　黃金難買少年春
公主當時回言答　和尚你亦不聽明　三教聖眞凡人做
積功行德悟本因　功成德備超三界　遺留經典引後人
酒色財氣迷人網　紅塵苦海害人坑　百歲光陰似火爍

富貴功名等浮雲　此日不向先天度　更向何時度此身
勸你和尙心性穩　切莫二意兩三心　只要一心修正道
西天佛祖自看成　雖然眼前無好處　功成遠標萬古名
天地三曹是人掌　苦樂原來爭一心　善惡到頭終有報
遲早報應各有因　達摩哈哈來笑道　果然根大佛緣深
你今眞心想修道　何處下手是性根　那裡是你娘生面
誰個是你本來人　止於至善在何處　知止定靜可得聞
厥性復初是那樣　清濁二物怎麼分　修行不明這些理
只嘆迷齋枉費心　不過不欠六畜債　難免紅塵轉迴輪

二卷　十

人秉父母陰濁體　不知撥陰陽怎生　公主低頭來思想
莫非佛祖度我身　當時跪在塵埃地　哀求大師發慈心
達摩慈悲開言道　大道立誓方爲憑　公主朝西來跪下
虔誠敬禀告天京　上告玉皇天齊主　三十三天諸佛尊
下禀陰曹幽冥主　十殿閻君聽分明　弟子本是皇王女
取號妙善是乳名　自幼五葷都戒除　今年方纔十六春
立誓求領先天道　蒙師指點無字經　若還後來有退悔
永墮沉淪地獄門　伏望諸佛來護佑　保佑妙善無災星
祖師慈悲來指點　指點玄關鍊虛靈　一不殺生並偷盜

三不邪淫守戒清　四不酒肉並妄語　五戒總要守得精
皈依佛法僧三寶　二五相交妙合凝　靈台收取先天炁
北海存留龍虎迎　定靜恍惚無人我　一元復始地雷鳴
午酉緘友意相合　五行攢簇毫光騰　一四二三顛倒會
移戌就巳虎龍吟　牟尼寶珠能結就　功行圓滿內果純
任他千磨無退悔　九九難滿脫紅塵　諸佛諸祖空中接
永証極樂勝華榮

曾題西江月二首以定公主之前程

緣深得遇大道切莫大意看輕無中生有煉虛靈自爾明心

上卷　十二

見性

護防火焚斬絞返遊地府悽情佛度魔滅證金身永住普陀

勝景

語說達摩祖曰、叫聲公主、你今已得大道、護防考懲、吾即告
辭別行公主曰弟子蒙師指點大道何日報答師恩達摩曰、
只要公主千磨不改萬難不退一朝功行圓滿始成正覺即
是報吾之恩也言畢就走公主悲淚送出花園轉於松柏樓
修煉不題且說達摩尊者行至南門化道白光往西而去同
繳佛旨一切不表單講莊王與娘娘言道道數日磨道寃家、

他該回心不想修行、就命太監看他心意如何、太監領命來到花園觀看各種花色開得甚美、實實賞心、又見公主一旁打坐、巍巍不動、毫不憂戚、容貌喜色更加十分、太監回奏莊王、莊王聽得如此、忙傳四相與趙魁何鳳二駙馬進宮、太監曰萬歲有旨、宣四相二位駙馬進宮、四相駙馬齊曰得令、不一時俱皆進宮、參見曰、臣等見駕、願吾主萬歲萬歲萬萬歲、莊王曰、衆卿平身、賜坐、四相駙馬齊聲曰謝坐、稟奏吾主宣臣等進宮有何大事議論、莊王言道、朕非爲別事、只因三公主妙善死想修行、磨他不改、如何懲制、左相奏道、吾主不必

上卷　三

憂心、依臣之計、本城南有個白雀寺、主上傳旨一道、宣長老尼僧與他商議、說些修行苦楚、勸三公主自然回心、莊王言道、此計甚妙、即傳口諭、宣白雀寺長老尼僧進宮、不多時、尼僧進宮見駕、口稱萬歲、尼僧得眞見駕、莊王言曰、宣爾進宮非爲別事、只因三公主妙善一心好道、只想修行、朕將諭貶花園、使他挑水潤花、說培植不好、花有損壞、性命難存、只望磨他退道、不想修行、誰知他不憚勞苦、調護花根、盡善盡美、並不回心、朕今將他送在爾庵中、教爾用些苦事使他去做、講些修行苦難、使他回心、寡人重重有賞、遂命宮娥綵女去

到花園把三公主送到白雀寺修行去罷命四相二駙馬暫
答回府莊王商議苦磨妙善公主之事一切不表單講宮娥
綵女領命來至花園只見公主在五花松亭之中一傍打坐
綵女稟道公主你好不知苦也公主抬頭一看見是綵女急
問到此何事綵女曰萬歲見公主不肯招親貪圖修行本城
有一白雀寺院盡是女人修行萬歲傳長老尼僧將你拜他
門下修行公主意下何如公主答曰父王有命焉敢違拗但
不知幾時去綵女稟道今日就去綵女勸道公主何不招親
免此苦難公主曰綵女你不知修行好處道成樂境聽我道來

二卷　三

教綵女　一傍坐　聽我言道　觀苦海　不由我　兩淚雙拋
共天地　同三光　一體相照　爲甚麽　受樂苦　異種千條
生如夢　死如醉　輪迴不了　世間人　不惺悟　貪戀紅鬍
不窮究　三教經　率性大道　貪伎各　想假利　甘墮塵勞
心不慮　這色身　百年難保　全不想　古聖眞　怎上天曹
富貴者　昧前因　心毒計巧　德不修　善不積　殺淫蹊蹺
可惜這　好因緣　光陰錯了　活百歲　轉眼間　無常難逃
有孝子　和賢孫　生死難保　任金銀　高北斗　難免陰曹
雖然的　做道場　熱熱鬧鬧　怎能够　將眞性　超登九霄

貧賤的不守分迷却心竅　天不怕神不懼作孽惡滔
惡貫滿到陰司人身失弔　在地獄受苦難永不生超
將生前冤孽賬還報清了　方能彀轉人身又落貧寥
勸爾等今有福莫把罪造　轉輪車冤孽報不能得消
凡富貴與貧賤修善為靠　敬天地禮神明好生為高
古迄今善惡事終有奇報　切不可縱心猿橫行奸刁
我今日要修行得明大道　觀天道執天行修步天橋
春來時採諸花徧開滿道　到夏時賞花情聚飲烹調
屆秋節諸花性盡歸根了　歷冬景萬花謝松柏不凋

上卷　四

你講余居花園孤單不好　你想着在皇宮樂享逍遥
你豈知這靜中許多玄妙　飲烏肝食兎髓龜蛇蟠交
五花亭松柏樓龍吟虎嘯　有猿猴來獻菓美味嘉殽
一簞食一瓢飲無窮妙奧　左嬰兒右姹女守定一爻
其中的玄妙味你不知曉　識此味纔算得仙佛根苗
有一日功行滿丹書下詔　脫凡體證金身得赴蟠桃
超九玄拔七祖同享榮耀　免輪迴無生死天外逍遥
稱大忠稱大孝名利至[illegible]　莊進臺大雄殿富貴英豪
話說衆宮女言道、聽得公主此言正語、思德修行是一件美

畢但我們日後亦要修行方好暫時不說談敘一切不表單
言公主、與眾宮女同至昭陽正院妙音公主進於內宮只見
娘娘與二位姐姐談論傍有一位老尼僧不知說些甚麼公
主進前稟道母后在上為兒叩拜娘娘叫聲皇兒平身賜坐
公主曰謝坐二位姐姐請了娘娘觀看公主身上衣服不覺
雙眼流淚教聲皇兒今在花園受無邊苦楚怎不遵父王之
命招親同享榮華何等不好怎麼迷入修行之路連累為娘
憂愁望念兒心何安此即兒之不孝也公主稟告母后適有
宮女言父王命兒白雀寺修行兒亦遵命但兒有告別父王

二卷

母后之辭一篇叩稟上呈

今妙善來昭陽辭母叩拜　尊一聲老國母細聽情懷
思父母生身德恩如山海　即粉骨與碎身都是應該
身懷兒在腹中那有爽快　茶不思飯不想苦楚難挨
若生兒骨節散身痛古怪　兒拨生娘如死好不悲哀
母子們見了面方算安泰　三年乳哺養成費盡心懷
兒臥乾娘睡濕將兒調擺　又怕兒命不長根難穩栽
出麻痘父母憂怕兒損壞　二六時費心機求神保孩
教之到十五六嫁娶交代　把父母這恩情從何報來

為兒的雖女流天理知解　世人生秉乾坤質列三才
論報親陰陽理前傳後代　為甚麼兒不遵所為何來
兒觀這光陰過急如風快　不修善怕的是墮落塵埋
兒前日在花園蒙佛下界　指性命無字經修煉本來
佛祖恩大慈悲將兒訓誡　悟透了三教理心花明開
俺言道超父母食齋守戒　積功德修性命得見如來
兒立志苦修煉不敢懈怠　採鉛汞行火候虎龍徘徊
九九的功行滿超出天外　將父母先亡魂接至蓮臺
往極樂金色界無罣無碍　報父母生身恩乳養成栽

上卷　六

非是兒說妄語古尊現在　釋迦佛寶臺位始証如來
將梵王九玄祖齊超天界　坐蓮台享天福快樂悠哉
父要我白雀寺修行無害　好何歹聽父母怎樣安排

話說國母言道：我兒修行，都是好事，奈你父王心中不愛，為娘亦無奈何。兒今往白雀寺修煉，勸兒同心，以遵父命。妙善公主曰：兒依意修行。就此即拜告別國母，吩咐綵女陪送公主往白雀寺去罷。往路一切行程不表，且聽下回分解。

白雀寺試火焚燒第三

話說宫娥綵女將妙善公主送在白雀寺中，吩囑大衆尼僧

總要勸解公主不貪修行萬歲將來至重有賞衆尼僧齊曰
、僧等自然苦口相勸不要可憐宮娥與衆僧人談論一切不
表單言妙善公主來至庵中進了大雄寶殿沐手焚香參拜
三佛、又參師長老衆位尼僧公主曰、自今辭別皇宮來在白
雀寺中恍惚地雷鳴響黃芽白雪轟轟轟鐵雀虛空叫喚清風
明月相通觀看猿馬忘相又是一重妙容活活潑潑靈機步
乃允執厥中此把無人無我纔識本母金公在此望師教訓
指示所行之功有日功就果滿報答師長師兄衆人齊聲答
哈大笑長老言道公主本是王葉金枝之體洪福勝大宮娥

上卷　三十三

綵女伺候口食珍饈美味身穿繡鳳錦衣何等快樂今乃皈
此淡泊耶衆人言曰噯我們出家都是命運不好或犯言語
或犯關煞或帶八敗或帶孤貧故此出家削髮為尼每日乞
齋叫爹爹告奶奶臉皮下賤走長街行小道受人欺壓有施
主來廟須當奉敬如神稍有怠慢他就言出家之人許多不
好想我們日食兩餐清茶淡飯有鹽無油苦楚難言每見人
家豐衣足食夫妻恩愛滿堂子孫樂享天然我等自思不如
流了多少眼淚公主聞之哈哈大笑你們收回心猿意馬要
迷當來之路聽我道來

30

妙善公主開言道　勸衆修行心莫焦　富貴前世預修造
行善積德立功勞　或修義渡把橋造　或修廟宇人拜朝
或修崎嶇來往道　或買生物放他逃　或周貧窮無倚靠
或者食齋把香燒　或者誦經誠意好　或者勸人莫奸刁
或者勸人行正道　或者施藥把病療　或講節義禮忠孝
或施棺木免尸抛　或施棉衣顧寒襖　或刊善書指迷條
或施粥飯充饑飽　青書冊上記功勞　一切陰功修積好
今生享福甚逍遥　夫妻兒女多榮耀　一生受福過終朝
貧窮疾病卻不少　前世作孽今世遭　不信陰功與果報

上卷　六

心中惡毒不解消　一味奸巧自棄暴　引人作惡罪難饒
誹謗聖賢滅佛道　欺天背理犯天條　不忠不孝殺淫盜
造成罪過在陰曹　罰在陽世多苦惱　六根不全受煎熬
銜前求食苦哀告　指人行善修德高　福禍從來由心造
善惡循環不差毫　你我學道把佛靠　怕甚苦楚身受勞
天地之理須當曉　陰極自有陽來朝　釋迦雪山苦修道
身穿衲襖立志高　居無求安食無飽　萬法歸一錬一爻
今證極樂爲掌教　丈六金身萬古標

話說滿堂衆僧聽得公主一篇偈心經文，只好稱讚善哉善哉長老心想萬歲與娘娘叮嚀、與我勸轉公主、不負修行之事、今聞他之言、心堅如同金剛、志穩猶如泰山、教我等如何是好、不免將庵中數種執事、要他去做、諒他必定難行、長老言道、公主乃皇王之女、金枝玉葉之身、既然看破紅塵、投入佛門、你不來我不怪、你既來要受戒、我佛家有一規條、凡初入廟內、掃地打柴、挑水舂米、焚香等等之事、你可做得否、公主不知多少、隨口應允、誰知諸神暗助、竟不爲苦、尼僧驚訝、談叙一切不表、單言公主行至廟前廟後、左右兩廊一觀、來至三清殿兩边、有兩張活活潑潑之門・公主又行之於裏邦、

上卷　九

是不大不小、一間丹房、上边掛有匾、匾上寫有四字曰、至善之地、初進於裏、黑暗不明、實實不當好坐、不多時、來了黃長老法師、哈哈笑道、三公主你怎麽找着此地、公主告道、由三清殿而進、長老曰、不錯不錯、我因此廟煩惱之極、晝夜奔忙、把我精氣神三寶耗散、我纔無有管事、任從他們施爲、今公主到此、望你常常看顧、我亦常常沾光沾光、公主言道、此房如何這樣黑暗不明、黃長老哈哈答曰、三公主初進此地、還不明這個消息、我今告汝、將這活潑兩扇門帶攏、閉轉陽光、自然通亮、汝明白麽、公主曰曉得曉得、黃長老曰、汝心意如

此靈會必然得遇至人指點承汝照顧坐不一時果然幽靜
景界不同黃長老與公主心投情合就相似一個人了公主
情歡意樂將心印之法表出一篇使門外人醒覺豈不是好
學道修錬講參玄　不明自身汞與鉛　旁門三千六百八
九十六種外丹丸　豈知自身有妙藥　精氣與神是根原
不是山石草木類　不是金銀銅鉄鉛　訪求明師親指點
虛無竅中細鑽研　降得赤龍伏黑虎　採陰取陽見本元
性復乾初神恍惚　仰之彌高鑽彌堅　六合同春歸戊己
出玄入牝錬丹丸　八寶凝聚舍利子　勿忘勿助太極圈

上卷　二十

修道辨此眞妙諦　功成同吾坐金蓮　堪嘆假知瞌睡漢
以假作眞返遭愆　此篇吾之心印法　妄語一句墮九泉
話説公主在此談叙妙理忽然想起長老命我所做之事亦
要行持方不犯佛規尊聲黃長老請坐待我掃地打柴助火
運水且候閑時再來奉陪公主起身諸神擁護暗中扶持接
引古佛神光照耀於公主所以公主承當執事毫不勞苦諸
神幇辨各件做之完全長老前來觀看心中大驚行之數日
衆尼僧議論紛紛一切不表單言莊王傳宣白雀寺長老問
公主可有回心之意否不多時尼僧進宮口稱貧僧得眞朝

見萬歲國母莊王言道命你相勸公主時下何如一一奏來

有得真跪宮庭低聲上奏　尊萬歲與娘娘細聽根由
僧領命將公主苦勸深阻　誰知他心性堅不肯轉頭
將一切苦執事要他去做　三公主所做事鬼驚神愁
數十人難做事他一做就　這一段奇怪事萬歲發憂
講修行那苦楚心不懼扭　論言辭賢公主三教通熱
衆勸他他大笑言衆糊塗　一篇言說大衆不能抬頭
望萬歲將公主另立調度　貧僧等實難勸公主不修
想我等女流輩拙齒聎口　三教理又不明話語不周

二卷　十二

求萬歲開洪恩赦我罪殃　非尼僧不遵命懶於計籌
妙莊王聞此言心中大怒　不由孤心惱憾氣冲斗牛
這冤家死心想修行之路　不招親氣得我體不舒酥
居皇宮樂無窮他不享受　學神仙遭苦難自墮貧流
想寡人座江山一國之首　細思想這妖精情理難留
老國母勸萬歲且息雷怒　妙善兒他修行何必過憂
自古來修行人亦是本有　非皇兒今日裏格外圖謀
勸萬歲又何必苦苦擋阻　依我勸聽他爲怎樣行遊
倘若是他日後成真作祖　你與我到後來萬古名留

天地間善惡報應不爽　敬天地聘神明豈無神料

話說莊王聽得國母之言、唱他修行是你教訓、不好你亦听他之言、莫非也想學神仙麽、國母答曰、嚒我亦不過聽佛說歲而已、莊王道、呌聲得真你且回寺、須要用些計謀、與公主勸回招親、寡人有賞、不得空勞、於你得真、帶謝龍恩、衛別國歲國母回到庵中、與衆談論、一切不表、單言空中陡降童子唱曰、莊王有一女、今住三清觀、真與一黄法師、媒合達彼此勾引白面君、談論天外理、當飲菩提酒、三人共一體、一朝嬰兒出、通天各揚起、好癸亥迎國王、假不知其理、此乃天降玄機、名

處大小男女皆唱此歌、傳入莊王耳中、文武衆官、盡皆知之莊王氣得火高千丈、就與首相黄靈言道、勸他招親、他不、死心不肯、既是如此、傳王真虎進宮、一時王真虎見駕、口稱吾主萬歲、宣臣進宮、有何國事議論、莊王言道、因爲三公主不聽教訓、只想修行、今在白雀寺、藉出謗言、賣氣死於我命你快點五百大兵、用乾柴圍住寺院、放起烈火焚燒、三個知客、六個當家、五百餘僧、盡皆不留、逃走一人、連你有害、須要心誠意而爲之、

真虎領旨忙往走　即刻號辦不留停　怕的違旨萬歲命

滿門有害受災星　點傾人馬如雷吼　卽刻就圍寺院𢌞
吩咐放起大烈火　滿天紅光好驚人　國母聽得綵女報
提胸跌足大放聲　哭聲妙善刀割胆　叫聲三女痛肝心
國母一時昏死了　魂魄恍惚死復生　上天諸神來護佑
扶持公主修道人　滿庵尼僧盡燒死　寺院佛像化灰塵
公主坐在三淸殿　內有丹房一重門　左右兩門來擋攏
巍巍不動轉法輪　眞虎同朝鐵聖旨　奏聞萬歲得知音
急忙走進皇宮內　三呼萬歲口稱臣　庵中僧人都燒死
未曾逃脫一個人　公主一人神保佑　坐定禪床不受驚

君臣議論且不表　把話分開別有因　欲知此情下落事
待候下篇說分明

新校歸陰遊地獄第四

話說莊王與娘娘言道，火焚白雀寺人等，一概燒死，誰知這冤家，他又不死。娘娘言道：他今既未燒壞，不免接他回宮，好言相勸，纔是道理。莊王答曰：接他回宮可也。急命太監宮女火場接公主回宮。衆人領命，不多時候，將公主接至昭陽宮庭。公主進宮參見，口稱皇兒妙善朝拜父王母后，赦兒不孝之罪。莊王一言不答，國母叫聲皇兒妙善，平身賜座。公主

36

36

曰謝座莊王言道妙善你痴心妄想做神仙今在庵中苦歎多少難聽之言使黎民做作歌唱你真真氣死我也在寺受苦奔忙見此火焚怕是不怕勸你回心招親爲妙公主奏道此是兒之罪孽立此苦行方可消脫冤愆至於黎民所唱之歌乃天降立機打悟父王知返本還原父王豈不知儒有云君子造端乎夫婦易曰一陰一陽之謂道不思孟子云睟然見於面盎於背乎莊王曰胡說胡說你如不招親性命難保公主答曰父王言兒修行是爲非理之事要兒招親方如父王之意兒有奏章一則請父王細聽

上卷　廿四

兒妙善寫奏文一本呈上　尊父王與母親細細聽端詳
兒今日學修行非是狂妄　遵三皈守五戒這又何妨
儒釋道著經典是何言講　難道說言修身華此一章
朝聞道夕死可說的那樣　言厥性始復初怎樣行藏
我皆因前世遂造下罪障　故今生轉女身好不悲傷
在家中未出嫁從父教養　若招親從丈夫不敢主張
倘夫君壽不長閆王票降　守節志還從子纔算賢良
精婦工謹婦言一誠不妄　正婦容純婦德毫無傍徨
這三從與四德就算體量　還難免地獄路九泉悽惶

37

世間人作文字罪孽難講　生身女殺牲命有多罪殃
走竈前血臭氣竈神難擋　又或是到廟前褻瀆神堂
將血衣放河中搥洗擺蕩　污穢了水府神罪過非常
不知禁將臭物對天晒晾　污虛空過往神魁氣怎當
或血水不隱倒對天傾向　又污穢虛空神日月三光
這一段罪孽事幾個推想　到死後問君爺考問端詳
請父母細思想這些罪賬　皃因為此情由立志修藏
見誠心感動了佛祖下降　指靈臺傳一貫修煉性王
但要見招駙馬却也易講　依得我幾件事方可從行

上卷

要那人降得龍伏虎手匠　取龍精與虎髓為兒食嘗
取得動日中的烏肝入兩　擒月裡兎羊御進兒心涼
要王母來為媒說合情暢　要玉帝寫庚書配合陰陽
依得我這些事成親有望　倘若是缺一件不能成雙
妙莊王聽此言火發千丈　好大膽這妖精一派胡狂
這奏文鬼使你自尋羅網　想活命除非是轉過閻王
乃無福受皇恩生成孽障　要斬你警後人以正朝綱
一霎時傳聖旨公主綑綁　只嚇得宮內人膽戰心慌
一時間天地昏日月無亮　推的推擁的擁鬼哭神張

必國母與衆人跪把情講　妙莊王兇狠退不比平常
頃刻間將寶劍宮門懸上　若有人來保本同斬法場

話說莊王命金瓜武士將公主押解法場時有三官大帝護法諸神暗中扶持大小神將站立伺候郤言公主來至法場嘆曰噯今父王昔昔要我招親我實立志不從只想勸轉父王同我修行而證妙果誰知貪戀紅塵迷郤本來認假作真得人爵而棄天爵聽我奏表不明修身妙義不但不肯回頭究竟生死大事反將我定下死罪今解法場我今一死郤也無防但父王與母后二位姐姐難捨難丟噯不由我兩淚雙流好不悽慘人也然事到如今亦只聽天安排今坐法場不免將我父王嘆道一番

細想父王苦奔忙　戀假作真慢時光　三宮六院來奉養
文武臣僚保贊襄　一國爲主江山掌　前呼後擁好榮光
口食百味洪福享　忍害生靈肥肚腸　朝斬暮殺生靈喪
去皮退毛又抽腸　五味調和鍋中放　煎炒烹煮心忍傷
率領一國衆官長　號令黎民定家邦　百姓性命他們掌
定人生死各一方　好歹一木奏台上　理不精詳造罪殃
生前權柄歸你掌　死後陰司考端詳　今日將兒來綑綁

法場之上受淒涼　自生兒女何冤枉　何況府縣不非唐
我把做官細思想　冤屈人命罪怎當　幸我不迷知修養
明覺大道修性王　今日脫殼現本相　一心無愧靠上方
人說富貴是好相　我看就是造孽場　十劫修來一劫亨
一劫造罪萬劫忙　仔細推思心頭爽　呼吸二五守黃房
日月相照毫光明　三花五炁結一堂　吾嘆此篇非虛妄
日月三光爲憑章
話說三官大帝、與衆神聖、盡皆合掌、傾會句句、記於冊簿、一
切官員軍民人等、聽得公主嘆叙、無不流淚、衆人議論之事

一旣不表、單言監斬官進前稟道、請公主昇天、公主曰、死生
古有限、借假而修真、一任剛刀利、难傷我法身、爾時、接引
佛祖、領金童玉女、諸佛菩薩、雲端觀看、吩咐護法金剛衆神、
須將金剛宝杵、隔着公主頸項、免傷形骸、其中存有機關、在
內衆神齊目領旨
娘娘听得公主斬　叫天喚地大放聲　妙音妙元齊啼哭
叫聲同胞共母人　大哭一聲乾坤動　哭上一聲鬼神驚
午時已到來斬首　諸神暗中顯威靈　金瓜武士殺氣勇
鋼刀出鞘白如銀　將手劍上來一舉　鋼刀斷得幾節零

斬官一時慌張了　卸公回宮見當今　跪奏官院[illegible]
尊聲萬歲聽原音　公主斬首神保佑　鋼刀斷得碎紛紛
莊王聽得這句話　駡聲狗才欺寡人　你把鬼話來哄我
其中必定有弊情　吩咐武士綁下去　一同斬首不容情
霎時斬官頭落地　鮮血上冲怕驚人　斬官今遭冤枉死
三魂七魄陰府行　莊王又把令傳下　賜下七尺大紅綾
斬他不死須當絞　要除禍害這妖精　公主一見紅綾到
兩眼流淚痛傷心　之任大屈大結果　受此磨難證高真
紅綾縛於公主頸　吩咐緊手莫鬆刑　武士就對監官禀

上卷　十六

公主頸項如鐵鉎　監官一見慌張了　心驚膽戰嚇散魂
話說公主自思嘆曰、今絞刑不傷我体、莫非有神護佑、先前
監官為斬我首不死而亡、父王又賜紅綾來絞、如若絞我不
死、監官又有殺身之禍、開言禀告諸神、我前世造下孽冤、今
修大道、受此惡報、請衆位神聖不必遮攔、要遵父命、公主禀
告畢、恍然之間見崑崙山黄龍真人、同靈山須菩提而至、黄
龍真人曰、咱奉　瑶池金母法旨、言慈航尊者該有斬絞之
災、特同靈山須菩提引慈航尊者歸家、朝見四尊三佛、得會
母面、衆當依行、衆俗真齊曰、遵領法旨、衆位佛尊空中叢論

一切不表且言盛勒官見武士稟報一时心內着慌定神
時符我親自動手頃刻之間虛空雷鳴公主咽喉氣息一霎
眞性從玄關透出光華宇宙不覩不聞丈六金身公主哈哈
笑曰無相却有相得見眞模樣色身紅綾綾現出萬道光拱
手見諸佛足踏金蓮上黃龍眞人命太白星看遣勤神虎將
公主形骸送於松林衆人見大風陡生現出一隻猛虎盡皆
驚退回報皇宮一切不表單言黃龍眞人與衆位佛尊將公
主引至崑崙山時有一童子進前迎接公主童子言道四位
天尊已往靈山黃龍眞人曰既天尊去往靈山我等必須快

二卷　九

去霎時之間到了靈山公主舉目而觀只見兩散天花地湧
金蓮耳边听得笙簫鼓樂鐘鼓齊鳴異景非常祥光靄靄瑞
氣騰騰樂在其中美不盡言恍惚之間進了大雄寶殿有
道行　道德　靈寶　元始四位天尊並路而行黃龍眞人
呌聲公主參見四尊公主曰遵命口稱弟子妙善參拜四位
天尊聖福無疆四位天尊曰公主平身挽手相會三佛共登
大雄宝殿妙善公主又參叩　三佛如來三佛齊曰
呌慈航你平身細听吩咐　爲衆生道場事苦楚嗚呼
東土人貪酒色本性迷悞　紅紗罩六根迷失却明珠

想我等見衆生紅塵悲苦　下東土去度他返遭欺乎
教行善說修煉他言怪古　逞奸雄殺淫盜他偏拱扶
分三教著經典指引迷路　遭誹謗受刑拘脫殺罔無
臣不忠子不孝天理不顧　立三官定善惡設出酆都
設城隍分府縣善惡不漏　派閻君立地獄刑法張鋪
為衆生費盡了無限辛苦　定轉輪分六道報應不糊
你今番下東土受此屈苦　註中天大果位萬古名書
但你的愿未滿还有事務　往地獄看一看善惡不虛
此一去借假體勤把道悟　功行滿命接引來下丹書

上卷　卅

話說公主叩謝聖恩、黃龍真人又將公主引至無極宮中參
見金母、公主覲見金母慈容、伏首於八寶蓮座之前、口稱
妙善叩拜　瑤池金母無極天尊受福無疆、金母曰、慈航聽
吾吩咐、混元一炁開始、列分三才、五老溜鎔後、吾兒下瑤堦、
遍滿九洲地、酒色與氣財、花花假世界、原人盡迷埋、你本洪
愿大、度回原人來、一朝功行滿、同吾座蓮臺、公主曰、叩謝
金母慈恩、　瑤池金母曰、叫黃龍你與金童玉女引妙善觀
看各獄善惡報應、送他還陽、指惺衆生、候功行圓滿、吾自有
丹書來詔、切莫有悞、黃龍真人金童玉女齊曰、欽領法旨、公

主叩拜　金母出了無極宫中退至靈山公主難捨勝景坐
在盤陀巖上嘆道一番法場斬色身幸遇黄龍臨靈山須菩
提接吾上崑崙轉至靈山地得會　四天尊同行大雄殿觀
見　三佛眞指惺當來意三教治乾坤談叙東土苦句句是
眞情黄龍大慈悲引我見娘親一片金言語點破我來因觀
看八宝地金色世界聆耳听笙簫樂恍惚妙中音無人無我
相無壽無衆生快樂眞揭諦波羅意中明這些眞實味世人
不肯尋識得此中理纔算靈山人話説黄龍眞人曰叫聲公
主快離靈山勝景公主曰遵命速行不覺一時來至陰陽地

上卷　廿一

界乃三曹法官座管關口之所黄龍眞人曰金童前去報答
金童曰領命金童進前來到門首裏有看門鬼使觀看金童
毫光彩彩詠必西方大仙問道大仙到此所爲何事金童言
道吾乃　瑤池宫中金母座前童子同黄龍眞人奉
金母法旨引妙善公主觀看各獄敢煩通報鬼使曰奉命待
我進去禀報金童曰快去報來鬼使進内禀三曹法官時有
西方黄龍眞人奉　瑤池金母法旨引妙善公主要觀看各
獄之事三曹法官聞聽忙排香案迎接佛駕黄龍眞人同公
主行至内關公主問三曹法官曰此處設立關口所管何事

三曹法官稟道凡人歸陰到此照各掛號考究善惡纖細詳
交發落如修善之人功德全備心性純良發往天堂受職依
功果而爲神道受享香烟如善功未滿由一殿遞發十殿然
有八殿不到至十殿依善功發放註定衣祿或富或貴受享
洪福如過多功少將功折過以過之多寡即發於各殿諸獄
依過受罪輕重不一亦有功過兩平即發往十殿投生陽世
衣祿缺限貧苦爲人公主曰此一関只可算煩勞想你等亦
有陞降否法官曰如考查分明辦事勤勞有功者　上帝依
功陞賞如善惡有錯亦要降職問罪公主曰我聞陰府有孽

三卷　卅二

鏡臺照人陽間所作之事善惡一一照出可是真否法官曰
果有此事原非虛語黄龍真人曰煩法官與我通知一殿少
時法官回稟曰小妝奉命通報王爺聞知現在等候公主曰
既是如此就此告别法官送駕行不多遠忽來二官長迎接
佛駕公主問曰你是何人答曰小妝乃管鬼門関的判官是
也奉一殿王命前來迎接佛駕公主曰有勞費心行之不遠
來至孽鏡臺前只見一個紅髮鬼兵青面獠牙拿着一人跪
在臺前上有一鏡衆鬼兵指手指脚傍有一官人手拿簿筆
點頭書寫公主聞曰此是何故判官曰此人在生所作罪過

不肯認承在此隨他生前之罪判官傍書記掛以便發於三
殿受罪公主曰都是此理且走且敘來至一殿秦廣王聞聽
二真人到出殿迎接直至殿上分賓主坐下閻君曰接駕到
遲望乞恕罪二真人齊曰豈敢黃龍真人曰我奉瑤池
金母法旨引妙善觀看各獄望乞指示閻君曰小王管理鬼
門關陰陽界孽鏡臺考查善惡分發之事刑獄受苦解往二
殿施行公主聽畢抬頭觀看殿上橫匾四字曰第一關頭旁
有對聯曰孽鏡分明巧計千般難掩蔽夜台淒楚公侯權品
不相饒公主曰請問閻君我看前殿座着喜笑跪着痛哭是

二卷　廿三

何故也閻君曰那身穿藍衣之人姓劉名培善一世体天地
好生為心施濟貧苦始終如一穿青衣者姓江名修德一生
敬惜字紙誦持經典食齋戒殺修橋砌路終身不怠那穿色
衣者姓張名知悟先三十年不知善惡造過不一至三十一
歲遇至人提惺立願誦太上感應篇周濟困苦行功過格樂
善不倦今至七十二歲而終那穿青破衣者姓徐名立志自
幼食齋家貧苦力行善至死不二那穿藍衣女士王門洪氏
丈夫學習屠戶伊苦口勸善早晚告天求夫回心不做殺生
之事伊夫見妻苦勸改過從善全家齋戒此五人依律而定

早已詳文、只候令下、送上天堂。因此心喜、君那身穿朝服跪
哭、痛切者姓侯名復綠、伊前生貧苦、心性好善、孝順父母、長
齋四十二年、施有草鞋三百七十一雙、自身勤苦、培修崎嶇
之路四處、始終如一、感格天心、死後將他送於侯家投生、定
他公卿之職、八十六歲善終、誰知伊有了富貴、迷昧本性、從
縣尹做到上卿之職、欺君虐民、持權害人、宽傷十九人性命、
打死兩個家人、害人破家六十三户、貪圖口腹、殺害牲物三
十七萬有零、減壽二紀、減功名一級、今六十二歲身故、那身
穿藍服跪哭者、姓李名茂亭、身列儒林、不習正道、刀筆傷人、

上卷　廿四

仁義忠孝全無、佛口蛇心、此二名罪犯、不時就要發往二殿
受罪、故爾悲痛甚切、公王聞此情由、對衆嘆道一番、

今妙善　座閆府　堪嘆乾坤　　覌陰曹　這善惡　賞罰均平
人一死　這靈魂　陰曹而進　　陰陽界　有三官　掛號點名
有判官　置筆簿　善惡評定　　功者功　過者過　孽鏡為憑
有善德　雖貧賤　閆君欽敬　　賜坐位　面叙談　喜笑相迎
若作惡　即富貴　閆君惱恨　　受刑法　也不論　王侯公卿
天堂樂　地獄苦　兩條路徑　　樂與苦　出心造　自作自承
劉培善　與修德　江氏為姓　　座閆羅　宝殿前　鬼敬神欽、

張知悔自作惡遇人提惺　遵太上感應篇功過格行
不但的前孽消還有吉慶　有徐昌家貧苦立志真誠
洪氏女勸丈夫改惡從正　一家人盡勸善拜佛持經
這五人上天堂快樂常靜　可嘆這侯復緣自迷前因
不思看害黎民天理滅盡　短陽壽滅官級還有獄刑
勸世人去前惡修德要緊　來陰司任隨我擺擺遊行

話說黃龍真人叫聲公主，我等即此告別，往二殿去罷。公主曰：遵命。秦廣王曰：未曾遠送，恕未陪駕。一路談叙，不表。霎時之間，來至二殿。楚江王聞聽冥官報道，二真人駕至，吩咐作樂出殿迎接。四人至堂上，分賓主坐下。王曰：不知真人駕臨，未能遠迎，望乞恕罪。二真人曰：豈敢。黃龍真人曰：我奉瑤池金母法旨，引妙善公主往各獄一望。公主曰：請問閻君所管何樣地獄？望乞指示。王曰：小王司掌大海之底，正南沃燋石下，活大地獄。此重縱廣五百由旬，另設十六小地獄。公主觀看，殿上掛有一匾，上寫四字曰：摸心自問。側有對聯曰：心似箭笑藏刀，到此纔知刀箭苦；牢從牛獄來，夫何修得免犬牛身。黃龍真人曰：煩閻君指我等往各獄一望。王曰：遵命。遂引二真人至刀鋒山諸地獄而觀。

公主觀看刀鎗山　慈悲一見心膽寒　男女悲哭喊叫苦
刀鎗形景似竹山　閆君當時回言告　此等爲人太不端
狠毒刀咬離骨肉　强騙人錢使人难　且說且走別獄去
來到凶陡油滑山　公主抬頭來一望　油滑山上罪苦難
男女至此不肯去　鬼兵拿着拋上山　跌跌倒倒皮肉破
血流山上真难看　閆君又對公主講　此等造罪實不堪
誹謗佛道滅天理　死後要上這座山　公主點頭是如此
再行別獄看一番　行至又殺地獄處　只听哭悲好心酸
公主又將閆君問　此等兇惡不非凡　閆君即對公主說

上卷　廿六

乃是婦人心性頑　不孝公姑磨前子　爲人刻薄心毒諺
死後要受這罪苦　想轉人生難上難　公主點頭再別走
斬截地獄在其間　將人捆綁用刀割　不分貴賤依罪單
公主請問這地獄　閆君答曰叙一番　這些罪犯因果昧
自行欺天起痴貪　公主觀之心不忍　轉成十字度苦难
妙善女觀地獄雙淚流下　這地獄一重重人都嚇煞
看黑雲沙地獄心驚膽怕　糞屎泥小地獄悲苦堪嗟
五叉獄與餓餓苦痛更大　銅釜盆是兩獄惡鬼擒拿
鐵鎧獄幽量獄小獄司卡　雜小獄灰河獄苦難更加

孤狠獄寒冰獄真果不假　劝世間男和女修善爲佳
日三省夜九思自把自化　三教經細体行自然無差
吾行善到陰司閆君陪駕　不過是棄紅塵不戀榮華
思這些地獄苦放心不下　提一提彌陀佛超度與他
一霎時電光閃諸獄變化　衆惡獄就成了金霞蓮花
衆鬼使沿吾光超生去罷　改心田學善人靠定菩薩
話說黃龍真人吽聲、公主曰、二殿鬼魂已度、往三殿去罷、公
主曰遵命、楚江王曰、小王未能遠送、望乞恕罪、一路談敘、不
表、不覺來至三殿、宋帝王聞听二真人駕臨、吩咐音樂相迎、

上卷　廿七

將四人接至大殿、分賓主座下、王曰、不知真人駕臨、有失遠
迎、望乞恕罪、二真人齊曰、豈敢、黃龍真人曰、我奉　瑤池金
母法旨、引妙善往各獄一望、公主曰、請問閆君所掌何樣地
獄、王曰、小王司掌大海之底、東南沃燋石下、黑繩大地獄、此
重、縱廣五百由旬、另設十六小地獄、公主仰观殿上横匾上
寫四字、口見個明白、側有對聯、曰、平稱豈無權毫釐不爽、倒
懸你毫辯報應從分、黃龍真人曰、請問君指引我等往各獄
一望、王曰遵命、遂引四人同行至各獄觀看、來到弔脚地獄、
公主觀看鬼兵將人左手右足倒弔、叫苦悲聲、公主問曰、這

是生犯何罪、王曰此是陽間怨天憾地、恃強欺弱、謀卡田産
等犯、死後均受此刑、往進一重、來至挖目地獄、公主朝內一
看、見青面獠牙鬼使將人捆於鐵柱之上、用鐵鈎挖人兩目
形相難看、公主問曰此是生犯何罪、王曰此是在世不敬惜
字紙、不明地理、妄改祖墓、或邪目邪心、窺人妻女、眦睚必此
等犯、死後均受此刑、又來至平稱臺邊、公主舉目一觀、見臺
上將人用秤稱量、判官筆簿記揖、公主問曰、這是生犯何罪
王曰此乃在世大斗小稱、穀米毛濕、用盡機謀之人、到此用
稱紀其罪之大小輕重、發往各獄受罪、公主前行、又來至剝

上卷　卅

皮地獄、見鬼使將人縛於柱上、用刀剝皮、鮮血淋淋、公主問
曰、此是生犯何罪、王曰此乃在世謀傷人命、挖揚墳墓、恃勢
嚇詐、死後均受此罪、公主觀看各獄刑苦、對獄嘆息一篇、使
衆聞法、吾好超度於他

奉勸世人心須正　怨天恨地切勿行　天覆地載恩難報
化生萬物養羣生　恃強欺弱謀田産　忠恕二字怎歷行
此等罪過陰律定　死後要受倒吊刑　不敬字紙罪不小
糊塗褻瀆造孽深　地理不精休妄作　改壞祖墓害子孫
見人妻女邪言戲　三等罪過亦不輕　死後要入挖目獄

鐵鈎挖目鮮血淋
米穀毛濕善用計
平秤臺上定罪刑
貪財挖墳盜人墓
要人剝皮地獄門
用刀把人皮來剝
陰曹法律不順情
吾觀獄苦心何忍
運轉天河道炁凝
秤斗切勿用兩樣
欺心昧理惱上神
恃勢殺人不可做
恃勢倚強嚇詐人
將人綁於鐵柱上
鮮血下流苦難明
十六小獄眞個苦
顯個道法度衆生
呼提一舉乾坤動
出輕入重過難云
二等罪過陰律載
陽律可逃陰律存
三庄罪過陰律定
鬼兵兇惡甚驚人
陽間由人強辨别
勸人總要體天心
合掌默提無量佛
毫光照徹地獄明

上卷　廿

一切刑拘盡變化
惡獄化作白蓮城
諸鬼冤罪皆消解
沾仰佛光得超生

話說黃龍眞人叫聲公主、三殿鬼魂已度、往四殿去罷、公主曰遵命、宋帝王曰、小王未能遠送、就此告駕、不多時來至四殿、五官王聞聽判官報道、二眞人駕臨、吩咐作樂相接、將四人一直迎於大殿、分賓主坐下、王曰、恕小王接駕來遲之罪、二眞人曰、豈敢、黃龍眞人曰、我奉瑶池　金母法旨、引公主往各獄一望、公主曰、請問閻君所掌何樣地獄、王曰、小王司掌大海之底、正東沃燋石下、合大地獄、縱廣五百由旬、另設

一十六小地獄、公主仰觀殿上掛有一區上寫四字曰諸瞞
過我、側有對聯曰萬慮成空自昔漫言得意一塵至此於今
悉好、翻身黃龍眞人曰請閻君指我等往各獄一望王只小
王遵命遂引四人同行至各獄觀看不覺行至燒手地獄公
主舉目一觀只見鬼使將人手捉在火中燒焚公主問曰此
是身犯何罪王曰此乃在世造賣假藥不辨藥性誤人性命
以及一切偽造假貨銃打禽獸等犯死後均受此刑言畢又
走來至削筋地獄鬼使將人縛於架上削去其筋寸寸裂斷
公主問此是生犯何罪王曰此乃唆人爭訟誘人嫖賭撕人

卷上　四

墳墓散人骨肉以圖自便死後均受此罪正言間公主遠遠
望見亂石成堆鬼使將人埋於石內悲苦痛切公主問曰那
是生犯何罪王曰此乃謀奪財產假公濟私侵吞捐項欺瞞
肥己死後均受此罪且敘且走忽見陰風凜冽寒凍徹骨公
主抬頭一看乃是一池寒冰鬼使將人拋在池中令其殭凍
公主問曰此是生犯何罪王曰此乃鈎取蝦蟆毒害魚蝦殺傷性
命偷竊衣服强佔基業各犯死後均受此罪公主又往前進
來至刺嘴地獄只見鬼使將男婦捆綁用針刺嘴痛苦難當
公主問曰此是生犯何罪王曰此乃陽間强舌之人好造口

孽變亂黑白說是道非等犯死後拘受此罪公主一一看畢
不覺嘆息一番超度他們
五人同行觀幽冥 耳聞寃鬼悲哭聲 吾今舉目來觀看
燒手地獄用非刑 販賣假藥將人害 打鐃傷生同罪名
造賣假貨將人哄 三等罪過陰律存 死後要入燒手獄
劝人早改切勿行 唆人爭訟平古墓 引大嫖賭罪不輕
掘人墳墓散骸骨 五等罪過造孽深 死後要受削筋獄
削筋碎骨痛苦情 或貪財産假公濟 或借神明募化人
此等罪孽亦不小 死後亂石埋其身 或釣蝦蟆毒蝦魚

上卷 四

天地好生不體行 或偷衣服把人害 死後要墮冷寒冰
男婦强舌造口孽 變動黑白唆哄人 死後要入剌嘴獄
鬼使鐵針搗嘴唇 吾觀刑法心悲切 叫衆寃鬼聽我論
有緣遇吾來超度 往生陽世學好人 凡事須當存天理
忠恕二字細體行 要明陰功何行積 舉念爲衆慈悲心
若能立志修大道 方寸山谷細搜尋 果能始終無懈怠
誠心自可感天庭 無字眞經咱提動 毫光閃灼地雷鳴
地獄刑拘盡化解 恍惚蓮花現幽冥 寃鬼沾光齊超脫
哈哈大笑彌陀尊

詩說黃龍眞人曰公主四殿地獄冤鬼已度往五殿去罷公
主曰遵命、五官王曰小王未能陪送、就此告辭、不多時、來至
五殿閻羅天子、聞聽眞官報道、二眞人駕臨、吩咐作起笙樂
將四人接至森羅殿上、分賓主座下、王曰未知眞人駕到未
曾遠迎、望乞恕罪、二眞人曰豈敢、黃龍眞人曰我奉　瑶池
金母法旨、引妙善公主往各獄一望、公主曰敢問閻君所掌
何樣地獄、閻羅天子曰小王司掌大海之底、東北沃燋石下、
叫喚大地獄、幷十六誅心小地獄、公主觀看殿上掛有橫匾、
上書饒過誰來、側有對聯曰、盼甚鄉關、此日心將剖奏對茲

上卷　四

鐵案當年否倘在乎、黃龍眞人曰煩閻君指示我等一望、王
曰遵命、遂引四人同行各獄觀看、行至一獄、見鬼卒將人綁
於柱上、用燒滾銅汁灌入口中、齒落舌爛、公主問曰此是生
犯何罪、王曰此乃奸談閨閣、破人婚姻、捏造謊言、誹謗善人、
又爲官私受賄賂、枉屈正直、冤枉殺人、罪犯到此、即有冤鬼
索命、對証不認、將銅汁灌口、始得招承、以便發落諸獄受罪、
談敘之間、從一臺邊經過、上書望鄉臺三字、只見鬼兵押着
一羣罪犯、指手指脚、哭哭啼啼、鬼兵旋即扯下臺來、公主問
曰這是何故、王曰此乃在世利鎖名韁、不思積德修善、死後

猶思念妻財兒女難捨難忘思得一見甘心故爾押着上臺一望、鄉關如在目前、其或子孫不肖零落難堪、或苦苦掙下財產、後代穿喫嫖賭、聲勢熱閙、全不思父母陰中受苦、故此一望悲痛、始悔生前未行善功、不知修積之錯也、公主點頭前行、來至挖心獄邊、鬼使將人綁於柱上、用刀挖其心肝腸肺、鮮血滿地、公主問曰、此是生犯何罪、臣乃在世不信正道、誹謗聖賢、侮慢仙佛、見人學道、勸人開齋、以及僧道不守戒律、飲酒食肉、不求修行之路、死後均受此罪、公主一一看畢不覺慈心悲念、說法一篇、超度於他

上卷　四三

公主就對閻羅講　咱觀地獄眞淒凉　爲官貪財將人害
誣傷良民罪難當　寃鬼陰曹來等候　五殿臺前訴端詳
對審不認銅汁灌　外加鐵槌打身傍　好談閨閫破婚者
暗造惡言侮善良　三等罪從陰律載　死後非刑實慘傷
銅汁灌口眞個苦　勸人改過體天良　教人開齋罪不淺
僧道食葷過非常　死後要入挖心獄　碎其心肝抽肚腸
七字頭上加三字　傳成十字化善章
妙善女遊五殿心驚膽怕　只見這寃魂鬼扯扯拉拉
將罪定押獄中刑法拷打　有牛頭與馬面人都嚇煞

觀望鄉一座臺獨立高架　男共女站臺上痛哭悲嗟
有鬼使指着人一一看罷　觀見那家中人喜笑喧嘩
看過了那惡鬼將他拉下　依罪過輕與重刑拘惡押
教世人在陽間聽善勸化　臣盡忠子盡孝莫犯律法
陽間時由擴行自高自大　欺善良罵長上還將自誇
那孝弟與忠信仁義之話　陽可違陰難恕甘墮輪車
吾今日將爾等超度去罷　轉陽世須行善修身爲住
細思這地獄苦刑拘拷打　訪善人求玄妙修煉丹砂
我在此默一默如來佛駕　三車轉黃河逆普放光霞

上卷

一霎時地獄刑盡皆變化　呼吸我南無佛就現蓮花
眾寃鬼沾佛光一齊脫化　免去了地獄刑凶惡銅叉

話說黃龍真人曰、叫聲公主、五殿鬼魂已度往六殿去罷、公主曰、遵命、閻羅天子曰、小王不能陪送、就此告駕、行走之間、不覺來至六殿卞城王、聞聽判官報道、西方二真人駕臨、急命作鼓樂出階迎接、將四人迎至大殿、分賓主坐下、王曰、未知駕到、有失迎迓、望乞恕罪、二真人齊曰、豈敢、黃龍真人曰、我奉瑤池金母法旨、引妙善公主各獄一觀、公主問曰、請問閻君所掌何獄、王曰、小王司掌大海之底、正北沃燋石下無

開地獄廣大五百由旬四圍另設十六小地獄公主朝上觀
看見上面掛有横匾上寫四字曰知如此旁有對聯上書天
界爾以仁爾把良心喪去帝勅予之法予憑公道治來黃龍
真人曰煩閻君指引我等各獄一望王曰遵命遂引四人觀
看各獄來至腰斬獄中見鬼卒將人腰斬分爲兩段公主問
曰此是生犯何罪王曰凡人在世忤逆不孝毀罵尊長假設
圈套拐騙銀錢等犯死後均受此罪速步前行又見無數鬼
卒割人舌頭擢出心肝公主問曰這是甚麼罪犯王曰此乃
在世姦人孀婦閨女自爲得意反對人言敗人門風死後悉

上卷 四十

受此刑風吹還魂發往各殿受苦苦盡投生陽世爲娼妓之
身雞犬之類羞恥不顧正行之間忽聞腥血酸鼻乃是一般
鬼卒將罪人裝在碓中如舂米一樣公主問曰此是甚麼罪
孽王曰此乃公門之中借勢作威索勒銀錢死後來在碓舂
地獄受罪行不多時來在鐵磨地獄公主抬頭一看只見一
人家在磨口鬼兵二人團團推轉骨碎血流公主問曰這是
甚麼罪孽受此慘報王曰此乃狐僧野道採戰邪淫紅鉛閨
丹假術惑眾妄談玄妙死後均受此罪公主見此兇惡嘆息
一番好度他們超生

五殿度亡來六殿　六殿刑法更森嚴　陽世拐騙將人害
設成圈套詐銀錢　忤逆不孝辱尊長　三等罪過實可憐
歸陰要受腰斬獄　失却人身墮九泉　強姦孀婦並閨女
自爲得意對人言　割出舌頭挖心苦　罪滿爲娼受顛連
僧道淫行妖邪術　假道惑人妄談玄　來陰鐵磨眞悽慘
不知果報失良緣　惟有公門能造孽　貪圖財物昧心田
死後要歸碓舂獄　惡鬼扯定口難言　地獄受苦諸冤鬼
無有一個是良賢　今日遇吾來度化　轉生須當培心田
舉念就把彌陀請　倒轉崑崙性光圓　佛日增輝法輪轉

上卷　四十八

金光燦爛照幽泉　惡獄霎時即改更　獄刑化作紫金蓮
諸鬼沾光皆超度　個個合掌笑連天　叮嚀鬼眾聽吾語
切莫迷昧又遭愆

話說黃龍眞人曰、叫聲公主、六殿鬼魂已度往七殿去罷、公王曰遵命、卞城王曰、小王未能遠陪、望乞恕罪、二眞人一路行來不覺來至七殿判官通報、不一時笙簫鼓樂、七殿泰山王降階拱手迎接、四人直至殿上、分賓主坐下、王曰未知二眞人駕臨有失遠迎、望乞恕罪、二眞人齊曰、豈敢、黃龍眞人曰我奉　瑤池金母法旨、引妙善公主名獄一望、公主朝上

觀看見上掛有一匾上寫四字何苦乃爾旁有對聯一幅上
寫機事機心當時空使千般計惡緣惡報此地難容半點情
公主看罷即問閻君所掌何獄王曰小王司掌大海之底西
北沃燋石下熱惱大地獄縱廣五百由旬並設十六小地獄
黄龍眞人曰煩閻君引我等各獄一觀王曰遵命遂同眞人
等觀看各獄行至油鍋地獄見鬼使燒得油湯沸沸將罪人
又於鍋裏公主問曰此是生犯何罪王曰此乃糾衆搶刦盜
賊害人或毀折橋樑古廟佛像或屠宰牲物營生死後均受
此罪公主前行觀看左廊獄中鬼使將人綁於柱上用刀破

上卷　四十

其肚腹抽去其腸公主問曰此是何罪王曰此刀筆傷人庸
醫喪命凡神會演戲不點忠孝節義之事鼓勵風俗偏點那
風流邪淫之文使男女動情以假作眞節義難全故爾死後
均受此刑轉過右廊又見鬼使將人縛於柱上脚登胸堂用
鐵鉤搭去其舌割爲兩斷公主問曰此是生犯何罪王曰此
乃喜作淫辭歌曲誹謗聖賢沿門唱演使男女聚聽敗壞風
俗或婦女怨天恨地打奴駡婢夫無子嗣娶有偏房心起嫉
妒兇惡潑悍如此等犯死後均入拔舌地獄受罪公主看畢
談敘之間有判官報道言功曹捧有一佛旨秦山王聞之急

忙迎接旨意請問功曹何事功曹曰有胡存德之妻胡修音
之母張氏前生本性迷昧造下罪孽死墮獄替其子修音恩
母張氏身故立志修行得遇光明法師指苿玄牝之道痛卿
返本還原積功修德感動如來詔下靈霄命吾接引張氏天
地門安養我自六殿查號言其鋒至七殿血湖獄來矣王曰
請眞八一同前去观看一路談敍不表單言功曹捧西天超
幽法旨來至血湖獄外𠮟声胡存德之妻胡修音之母張氏
聽讀超度佛旨張氏俯首跪聽功曹開詔讀曰
八天乾坤陰陽資生父精母意兩情合眞精施血合二炁聚

上卷

㒓恍惚查冥神感天心三家會合結就靈嬰內藏二五妙合
虛灵混然一團太和氤氳勿忘勿助呼吸青清十月胎足圓
地一聲先天炁收後天氣與霹開太極現出光明性本相近
習之遠分猶近而遠猶遠而昏二案拆散識神爲君元神迷
昧失却天眞貪食濁物昏迷本根醉生夢死不知來因爾子
行善得遇光明指示玄牝知覺性根採鉛添汞去濁留清恍
兮惚兮性復全眞修養中和五行相親視而不見聽之無声
日就月將水火平均結就黍米靈宝有音動微晃朗妙道威
音光遍宇宙氣塞乾坤提声彌陀爾魂沽恩靈霄旨下得出

獄門金光速現蓮花上昇一篇法語度人真經知者成仙得
者作眞躲離地獄極樂安身欽哉毋忽
爾時功曹讀罷詔書忽見天光下照血湖池中現出一朵五
色蓮花張氏座在其中天衣罩體祥光捧昇功曹引在天地
門安養公主看見胡張氏上昇言道果眞善惡不虛嘆道

咱觀這七殿王所掌刑境　那法度宼疊疊實實駭人
在陽世刼搶人偷盜邪徑　屠殺賣傷生靈肥口營生
折橋梁毀古廟甘迷心性　此三等死歸陰油鍋受刑
習刀筆慣害人違背聖訓　作醫生理不精把人命傾

上卷　兕

世俗內神聖會演戲爲敬　不點那忠節孝單唱邪淫
使男女視之者慾心難禁　此三等死歸陰抽腸悽情
將人的那腸肚刀割碎粉　勸世人早改悔免此獄驚
又狂徒作淫書誹謗聖　使男女聽唱戲壞人閨門
或者是婦女們不遵教訓　怨天地罵風雨欺慢神靈
若無嗣要偏房他不依順　起嫉妒時爭鬧家庭不寧
又或是虐奴婢由己情性　此四等罪孽事陰律註明
到死後鬪君爺一一審　發之在接吾獄苦況難聞
世間人好溺女這庄要禁　天生之人殺之惱恨天心

婦女們身五漏不知乾淨，九血水臭穢污不擇地潑。
在陽世不知覺一概糊混，死歸陰坐血湖要你喫吞。
可羨這胡張氏算有緣分，得一個胡修音立志修眞。
幸遇了光明師指示玄牝，積功德培心田德感天庭。
上帝爺降赦書九祖僥倖，血湖獄有功曹捧詔來臨。
把赦旨將讀罷蓮花獻定，胡張氏坐蓮花喜笑歡欣。
一霎時雲托起功曹接引，喜哈哈脫離苦冉冉上昇。
那張氏天地門安養樂靜，候伊子功圓滿同座蓮京。
勸世人要盡孝修行爲本，超九玄拔七祖齊離幽冥。

功圓滿先亡祖同登蓮品，稱孝子稱賢孫萬古標名。
天人仰諸佛愛喜笑相迎，天地間這報應不差毫分。
我今观衆獄鬼悲苦受禁，今日裏不超度怎麽忍心。
教衆鬼聽吾言各當惺心，超度你轉陽世須學好人。
切不可自迷昧陰德傷損，要思這獄中苦一種嚴刑。
待我把衣鉢顯彌陀聽令，南無佛提一提逆轉乾坤。
各地獄頃刻間都皆變盡，一重重化成了五色蓮城。
衆鬼魂沾佛光超生樂境，拔東獄候發落陽世超生。

話說黄龍眞人曰：尊声公主，七殿鬼魂已度往八殿去訖。公

主曰遵命泰山王曰小王未能陪送就此告駕一路談敘不
表不多時來至八殿平等王聞听判官報道二真人駕至吩
吩作樂迎接將四人迎至大殿分賓主座下平等王曰小王
接駕來遲望乞恕罪二真人齊曰豈敢黃龍真人曰我奉
瑤池金母法旨引妙善公主各獄一望談敘之間公主觀看
殿上橫匾曰悔已遲了側有對聯曰能離此個関頭纔成漢
子若到這般模樣豈是丈夫公主曰請問君所掌何獄王
曰小王司掌大海之底正西沃燋石下大熱惱大地獄此獄
縱廣五百由旬另設十六小地獄黃龍真人曰請問君指引

上卷　五

一觀王曰遵命遂與四人同往行至火山獄公主與衆舉目
觀看只見火燄非常幾個鬼兵將人用鐵叉叉於火中悲苦
難看公主曰請問羣此是生犯何罪王曰凡人在世不體
天地好生之德放火燒山胸中一切生靈傷於他手或撒逼
孤寡或貪圖口腹忍傷生物烹調異味毫無禁止又無善功
超度生物之罪如此等犯死後均受此罪觀罷又行至於炮
烙獄見一鬼兵將人捉抱於火炮之上公主問曰此是生犯
何罪王曰凡人生前挾讎毒蠱陰險謀殺人命或學習廚子
傷生不堪如此等犯死後均受此刑言畢又往鐵牀地獄公

主衆目內觀只見那紅髮青面鬼兵將人放於鐵床上用鐵板壓之七孔血流叫苦悲哀公主問曰此生犯何罪王曰此在生高談濶論利口狂語戲侮聖賢謗毀釋道輕慢尊長言食齋戒殺行善是爲異端匪類或者遇入開齋勸人破戒罪人善路或者婦人不守節操背夫私奔自行當娼始終不知悔改如此等犯歸陰均受此刑言畢又行復至於劈頭獄公主問曰那鬼兵將一男一女綁於柱上大刀劈頭鮮血下傾此犯何罪王曰此乃陽間偏听妻妾唆哄不孝父母不敬尊長輕棄骨肉刻薄待人或事係冤屈逼死人命或棄妻寵妾

上卷　三

横行莫制不听善勸由己之性始終不悔死歸陰曹均受此刑公主曰觀此獄刑法甚是可慘不免嘆道一番指惺冤魂迷途慶他們超生去罷

奉勸世人莫燒山　放火燒山傷生靈　胎卵濕化皆有性
亦知怕死而貪生　凌孤欺寡不可做　爲口傷生切莫行
飛禽走獸雖異類　臨死之時叫悲聲　三等罪惡陰律誅
死歸火山受苦刑　或挾私仇陰謀害　暗中把人性命傾
勸人養子學好藝　莫學廚夫傷四生　朝殺夕斬生物擾
造成孽冤似海深　兩等罪過陰曹定　歸陰要受炮烙刑

奉勸世人息口過　三教同心不二門　倘若在口胡誹謗
佛祖雖慈自損罰　勸人開齋罪不淺　阻隔善門造孽深
人爲婦女節義重　棄夫爲娼罪不輕　三等罪過陰律載
死後鐵牀板壓身　男女各當從正禮　莫使偏見亂家庭
不可橫行作歹事　二等罪過陰律存　歸陰要墮劈頭獄
重重惡獄實傷情　今番遇吾來超度　轉生陽世莫昧眞
舉念須當行因德　凡事三思畏鬼神　吾今合掌彌陀請
運起無爲骨髓經　阿耨多羅舍利現　毫光透徹顯威靈
地獄刑拘都改化　蓮花朵朵色色新　鬼魂沾光齊超脫

66

十二到東嶽往投生

話說黃龍眞人曰、叫声公主、八殿獄魂已度、往九殿去罷、公主曰、遵命、平等王曰、小王天務不暇、未能陪駕、望乞恕罪、行程談敘、一切不表、頃刻已至九殿、都市王聞聽、判官報道、二眞人駕臨、吩咐作樂迎接、將四人迎至大殿、分賓主座下、王曰、小王接駕來遲、望眞人海涵、二眞人曰、豈敢、黃龍眞人曰、我奉　瑤池金母法旨、特引妙善公主各獄一觀、公主仰觀大殿之上匾列四字、曰也有今日、側掛對聯曰、笑他用盡機關、仍歸地獄、看你有何面目、再到人間、公主看畢、曰請問閻

君所掌何獄王曰小王司掌大海之底西南沃燋石下阿鼻
大地獄圍疊繞廣八百由旬密設鐵網之內另設十六小地
獄黃龍眞人曰請引我等一觀王曰小王遵命遂引道同行
五人來至毒蛇鑽孔獄公主舉目觀看內有一池池裏盡是
惡蛇只見那些男女叫苦悲嚎兇惡難看公主即問閻君此
是生犯何罪王曰凡人在世狠心毒惡用盡機關暗箭傷人
或打蛇攢龜毒害魚蝦生靈等罪死來陰間均受此刑觀畢
又行之火坑獄公主朝裏一望乃是一個火坑公主問曰此
是生犯何罪王曰凡人在世放火燒屋劫搶財物或爲仕宦

上卷　五十

者讀聖賢之書違理橫行貪財害民曲直不分無辜者用刑
令人痛苦難當命終歸陰悉受此刑言畢又往鋸鉞獄公主
向內觀看只見紅髮圓眼鬼使用兩塊大板將人倒夾用鋸
下鉞鮮血淋流甚是駭人公主問曰此是生犯何罪王曰此
乃木匠石匠瓦匠一切匠人暗使邪術令人傾家喪命死後
均受此罪敘畢復行至奈河橋邊觀看河中男女悲哭難听
臭氣難聞見那座橋深危險異常公主即問閻君情由王曰
此橋長有七十二丈寬七寸二分凡諸罪犯生前不善死後
要過此橋難步難行一墮橋下蛇狗嚼吞罪滿孽風一吹方

還本體解往十殿較其罪之重輕或投生貧苦或發往畜道、若正直公平之人、心有善念有童子引路平平而過或者生前戒殺立誓齋戒或隨時方便利人利物或持經唸佛創修廟宇、或刊刷聖賢經卷替天行化指人迷途命終歸陰行到此間即有金童玉女陪行足生祥雲坦蕩逕過若得道高真行到此橋、橋獻蓮花公主開之日真乃天生之神機也观此地獄苦趣待我指示鬼犯迷途超度與他脫離苦難也不枉我地獄一遊、

咱今日观地獄雙淚難忍　勸世人心習善惡念莫存

上卷　卅五

心存惡手必毒把人喪損　打龜蛇毒魚蝦其罪不輕
陰律載壽蛇獄慘苦報應　到死後歸陰曹要受苦刑
凡富貴與貧賤安守本分　處富貴體聖經法度施行
切不可貪財物曲直不定　昧天理害良民罪過深沉
居貧賤前少修衣藏有分　若放火與打刦害人家傾
此二等罪過事陰律註繫　候命終來陰府火坑受刑
勸手藝各匠人莫使法令　若害人自損德自害自身
來地府鋸鋮獄痛苦難忍　倒綁起使鋸鋮鮮血下淋
可嘆這奈河橋兇惡苦徑　橋高長又險窄難步難行

悲念這男共女橋下飄滚　臭薰薰惡蛇狗圍聚攢存
是善人過此橋童女接引　有罪犯過此橋鬼不饒情
待我上這橋看是何情景　足踏橋現蓮花五色祥雲
默默提靈山佛波羅密運　观自在行般若大轉法輪
毫光閃照地獄諸刑化盡　惡地獄變成了蓮花池形
衆冤鬼沾佛光喜笑恭敬　勸衆等轉陽世學習好人
要思這地獄苦刑法嚴禁　善惡報毫不爽你等知情
須學我生皇宫不迷天性　千萬苦不退志鬼敬神欽
只等候功圓滿了凡成聖　超九玄拔七祖快樂長春

話說黃龍眞人曰、叫声公主、九殿鬼魂已慶、且往十殿去罷、公主曰遵命、都市主曰、小王未能遠送、就此告駕、公主同四人一路行程、不表、不多時、來至十殿、轉輪王聞听判官禀報、二眞人駕臨、吩咐笙簫鼓樂、將四人迎接於大殿、分賓主座下、王曰、小王迎接來遲、望乞恕罪、二眞人齊曰、豈敢、黃龍眞人曰、我奉 瑤池金母法旨、特引妙善公主各獄一望、公主曰、請教閻君所掌獄事、王曰、凡問罪定刑、二殿至九殿掌理獄事最繁、上帝須令賞善罰惡、不可錯謬、甚是森嚴、日夜杳考、無有刻暇、我居幽冥、管理沃燋石外、正東直對世界五濁

之處設有金銀玉石銅木各有等橋六座司各殿解到鬼魂
分别核定發往四大部洲各處爲男爲女壽妖富貴貧賤之
家投生逐名詳細開載每月送交第一殿註册送呈酆都陰
律所定胎卵濕化或無足或二足或四足或多足等類生化
不一公主曰人墮胎卵濕化可還有復人身之時麽王曰得
罪甚受滿冤孽還清亦復得人身古經云萬刧千生得個人
須知前世種來因此生不向今生度更向何時度此身奈何
世人不知惺悟也公主曰聞說有罪之人歸陰由二殿至九
殿獄刑森嚴受此刑苦魂魄靈性一獄就磨散安怎麽當得

殿殿地獄受罪王曰公主有所不知罪人由二殿受刑罪滿
時孽風一吹又復還魂如生隨解往三殿受刑殿殿如此公
王曰我聞陰曹設有枉死城今我至十殿諸大地獄與十殿
諸小地獄一一遊遍未見此城王曰此歸酆都大帝管理公
主曰所管何等罪犯王曰乃陽間一種無知男女或爭閑氣
或受冤屈逞忿自盡或圖賴騙嚇胡行捨身害人傾家敗產
死後打入枉死城受罪看他怎麽而死每日受苦三次疼痛
難當罪滿發往陽世投生遭貧苦之報輕重不一若事關忠
孝節義守志不偏捨身成全大義天地鬼神無不欽仰即可

造昇天堂、依輕重受職。公主曰：我看陽間惡者竟獲福報，善
者反遭禍殃。王曰：惡者福報，乃人前劫陰功浩大，福祿先已
註定，而後投生。今生他雖作惡，上天亦不能即降顯報之罪，
候他福盡惡盈，方加其罪。善者反遭殃報，乃人前劫所造孽
過，禍患先已註定，而後投生。雖他行善，寃要還淸，上天亦不
好阻隔，孽盡自有福生。金剛經云：若爲人輕賤，是人先世罪
孽應墮惡道，以今世人輕賤故，先世罪孽即爲消滅，當得阿
耨多羅三藐三菩提。公主問曰：我看陽間有一週二歲或五
六歲有甚罪惡，怎麼妖壽而亡？王曰：此非今世罪孽，乃前劫

爲僧爲道，不守佛規，飲酒食葷，造罪多端，死後將他受刑，他
即誦佛經，與刑法不能制他，只得發他投生，與他有緣着借
母懷胎，長至一週二歲或五六歲即亡，轉生數次，候他惹却
眞言法語，將他受罪，名爲化僧子。天地之報，豈有虛漏。公主
問叙之間，望殿上横匾四字曰：回頭是岸。側有對聯曰：走到
盡頭，問何處可瞞罪案；分開兩路，願世人莫犯天條。黄龍貞
人曰：請閻君指示六橋一望。公主還陽，普諭世人，始知輪迴
不虛。王曰：遵命。遂引四人同行，至孟婆茶店，只見男女出的
出，進的進。公主看見一切男女在此喫茶，內有鬼使叫公主

喫茶、王曰、休得亂喚、此乃妙善公主、得受先天大道、身有菩
提舍利、瓊漿、八寶華精之茶、一切鬼使、聞听此言、即叩頭謝
罪、王曰、爾等不知、赦其無罪、公主問曰、設此茶店、何故、王曰、
凡投生爲人、從此經過、必定口渴、喫了此茶、即忘前刼之事、
問畢、行於轉輪車所、公主舉目一望、只見一種鬼惡鬼兵、將
一切男女、打入車中、車轉時、分出六條徑路、上一層爲金路、
車出投生的、頭戴朝冠、身穿朝服、衣冠燦耀而出、第二層爲
銀路、車出的、盡是一種庸常男女、衣帽不一、第三層爲玉路、
車出的、皆是殘疾六根不全之人、第四層爲石路、車出的、皆

上卷　五九

是一種飛禽、其類無數、第五層爲銅路、車出的、盡是一種走
獸、物類甚多、第六層爲木路、車出的、乃水中族類、魚鱉蝦蟹、
物更繁多、公主看罷、又問閻君曰、白雀寺五百餘僧、被火焚
身而死、今各獄遊完、何以未見、王曰、陽間男女爲善、身遭寃
死、即發在天地門修養、那五百餘僧、幸有奇緣、時值公主修
行、火焚身亡、上天將伊等歷刼寃孽、一並消滅、當時　佛祖
如來降旨、接引衆僧、在天地門修養、待候公主果圓功成、同
往極樂、公主聞此情由、曰、善惡有報、毫不差謬、我今觀此慘
苦、魂盡心勸化一番、使衆等、知爲善是樂、作惡慘苦也、

妙善奉命遊地獄　观看地獄各分途　善惡到頭毫不漏
富貴貧賤由人修　天堂地獄隨人走　只爭善惡心性求
十殿諸獄我盡度　思想刑苦淚雙流　行善歸陰神欽厚
作惡難逃諸獄囚　富貴前刼修積有　今生受享樂悠悠
借此加修了塵垢　訪求至人指丹邸　一貫大道孔門露
萬法歸一釋迦修　道言守一明說透　三教經典細綢繆
不可暴棄造孽垢　紅塵美景等浮漚　不怕金銀堆北斗
無常一到萬因休　只有功過隨性走　孽鏡臺前照心頭
善惡庄庄來現就　閻君鐵面情不留　那時想修不能彀

上卷　六十

悔煞當初入迷途　貧窮前刼昧善路　甘遭罪過困苦流
今生又不尋善做　死後人身恐難周　莫說貧苦功無有
善門廣大在人修　或是遇人來爭鬪　低心苦勸解分憂
或是遇人走錯路　指明清白免返遊　或是遇着嫖賭友
勸他改心莫邪流　或勸戒殺把生救　積德行善美名留
遇人行善勢稍湊　助人成美功德週　種種陰功隨便做
功深自然有出頭　存留陰德子孫受　自己轉生樂無憂
命終歸陰心無疚　地獄任我行擺遊　不怕牛頭馬面有
他見拱手要低頭　轉輪車上分六路　定入樂苦往生投

吾劝世人早

跳出輪迴免憂愁

生生化化轉無休

久久行持功圓就

卵濕化是人做

戒殺放生把佛求

观音濟度本願真經

觀音濟度本願真經下卷

還陽山中伏虎第五

話說黃龍真人呼聲公主曰地獄之說已歷還陽去罷公主曰遵命、留君將二真人金童玉女送於陰陽界告辭分別旋禮送行不表、却說黃龍真人與金童玉女送公主還陽行不多時來之陰極山松林之下見公主屍首卧虎巖之上揭諦神同本方土地誠心看守見二真人、躬身叩頭迎接黃龍真人呼、盡公主曰、徐可認得此形、跪公主曰怎麼一個死屍在此、黃龍真人曰乃公主幻身也、公主聞之、道前着神覌看、

下卷 一

黃龍真人一掌、推去公主魂魄、依舊復體還陽、而轉睜開兩眼、坐在石巖松林之下、不見黃龍真人金童玉女、舉目無親、叩唸南無阿彌陀佛、不覺雙眼流淚、好不凄慘人也、黃龍真人曰今公主還陽、待我變一會、變金童玉女亦化為俗子、勸他不必心慌、言畢、太白金星到來、黃龍真人曰、金星此來恰好、請這變着一老者、同我等、去妙善公主往香山修行、金星曰遵命、言罷、即刻元神化現、變着二老、推推攘攘、來至公主面前

叩叫大姐姐、何悲哽異非失路、一一明告

妙善女回言答、雙淚滾下、尊一聲、二老人細聽根由

我本是皇王女不願出嫁　棄紅塵要修行思學釋迦
我父王將我貶花園受卡　我存心無二意依定菩提
感動了達摩祖將我點化　傳授我無字經三藏法華
我父王他見我受苦不怕　又將我送白雀戴髮出家
三清殿至善地一塵不罣　嘗執事衆菩薩暗裏綁拿
天降些禪機語玄妙之話　父不明西來意惱怒氣加
白雀寺用火焚人盡燒化　有菩薩來扶持把我救拴
父見我未燒死放心不下　復招我回皇宫苦勸逼壓
我既然得了道生死事大　豈肯去犯誓願墮落塵沙

下卷　二

我將那天性理把父勸化　誰知他富貴迷貪圖虛花
一霎時要斬我令人驚怕　監斬官領君命把我解押
舉鋼刀來斬我諸佛護駕　將斬我刀即斷回奏皇家
父聞奏心生疑將監官罵　受了賄有弊情不遵王法
即刻間把監官捆綁解下　可憐他受冤屈爲我遭殺
頃刻時賜紅綾又傳令下　復縊死歸陰曹好不悲嗟
回西天見諸佛慈悲廣大　領佛旨遊地獄观看刑法
十殿王引我遊刑拘驚怕　善惡報毫不爽件件無差
話說二老人齊曰你乃金枝玉葉之体何必修行受此苦難

況爾是個女子在外行走許多不便何處安身依我們勸送爾同朝招親何等是好你意可否公主曰修行是爲生死講甚富貴之分只要心眞有甚不便老人曰你修行想長生不死有菩薩庇佑我看你不修行倒還活得幾十年今爲長生現即死路也公主嘆曰眞乃愚見不明大道不知富貴如花轉眼即謝人活百歲猶如夢兆生死皆無了期不思孔子云朝聞道夕死可矣似此看來只要得道明覺生死之義直超三界躲脫輪迴長享天福不生不滅是謂長生豈色身不死之說老子云吾所以有大患爲吾有身及吾無身吾有何患

老人曰時下人心刁頑惡毒非常恐遭其害然佛法遠而寔法近也公主曰修行人九九之難所天安排孔子曰知者不惑仁者不憂勇者不懼佛法雖遠功成顯應亦有定期寔法雖近作惡滿盈天律豈容二眞人私自嘆息曰果眞樹大根深天性毫不昏昧老人叫声公主你修行心眞決無退志若不嫌路途之苦我們老家有個香山古寺却是婦女修行之所我等現今歸家認祖你可同我們去麽公主聞之十分歡喜答曰承蒙二老者慈悲指引安身之處敢嫌路途遥遠請教高名大姓老人曰我乃姓金號長庚那位婆婆是我家姐

這兩個孩子是我外孫他兩姊妹生在香山因他娘親接我歸家、不是他兩人意合心定、我也不得同去、公主曰、今我有緣遇着好機會也、老人曰且說且行、

今如善寘二老听我謝拜　有煩你慈悲心把我安排
但願得一路上清吉安泰　到彼地再叩拜扶助培栽
言罷時即起身不敢慢怠　我五人今同行機緣奇哉
行敍間談家常心無罣得　观青山合綠水日月徘徊
正逢這暮春時花木可愛　翻一山過一嶺氣象展開
來至此明月寺駐足坐在　只听得雞兎声叫徹靈巖

下卷　四

進廟內空蕩蕩無人佈擺　因門外施主迷和尚又歪
不明白修行路是非好歹　棄却了明月寺甘墮塵埃
滿山的仙桃菓隨人所愛　食於口其中味實實難猜
一霎時人昏沉奇巧古怪　現去個小孩子哈哈笑來
問姓名他竟然揚却不睬　身騎着四不根靈物壽胎
他喫那諸菓子行走搖擺　惚然時食飽了睡臥塵埃
那波婆進前去一聲驚駭　喚孩子睜開眼快快醒來
你睡此不惺覺恐遭禍害　靜中明樂中知無患無災
叮嚀罷叫公主速行莫捱　路不行不能到怎知安排

三公主聞此言急行不懈　行不覺兩足疼神氣敗衰
足又疼氣又衰心煩難捺　叫一聲老人家暫且停來
二老者依法行所從鋪擺　囑金翁與令姐兩路分開
言畢時不多久風雨下界　橫身來盡打濕好不悲哀
前無店後無舖飲食無買　腹中饑身中冷時刻難捱
我今日為修行消解孽債　可嘆這二老人亦受此災
我本當勸化他指示皈戒　又怕他迷不醒不惜本來
若肯信得大道修出苦海　不投東不下生逍遙蓬萊
二老人假報怨天理不在　天不佑行善人阻隔賢才

三公主發二老寬心忍耐　人有善天有報不得虛埋
陰極陽苦盡甜天理主宰　為聖賢成仙佛苦其形骸
孔聖人在陳蔡絕糧遭害　公冶長曾受過縲絏之災
周文王囚羑里苦愁無奈　先知覺天數定隱忍心懷
古聖賢順天理守德不敗　任千魔與萬難不斜不歪
釋迦佛為修行節節支解　成道時割下頭位證如來
太白星見公主言語耿介　遣一隻神虎到考他心才
恍惚間虎現形搖頭尾擺　太白星與黃龍假悲假哀
三公主見虎現心恐意揣　叫二老有我在放開心懷

喝山君休橫行听我告誡　你前劫因造孽墮入畜胎
我三人那一個與你有債　你今世來闖着食也應該
要食人將我食卻亦無碍　他二老有後人不可傷哀
太白星見公主蘇心爽快　三千功八百果從此瀟懷
老黃龍上前去將虎來帶　叫公主騎上虎好把頭抬
那神虎心性靈任其調擺　往香山非此物難上山崖
三公主乘着虎心安体泰　一陣風恍惚間忘卻形骸
頃刻間到香山瑞氣靄靄　仙佛的元妙法神鬼難猜

香山温養聖胎第六

下卷　六

話說黃龍真人、與太白星君將三公主送至香山、二老曰公主此即香山、公主聞之、舉目一观、果然是個仙佛之境、不勝歡喜、二老人曰、公主在此、我等即此告別、公主問曰、尊駕府居諒必離此不遠、二老朝西指曰、那方就是、公主望之、四人頃刻不見形影、只見虛空中吊下一張箋帖、有偈語為証曰、先天黃龍、後天金星、一陰一陽、會合成眞、妙善公主、五人同心、伏虎載送、性原歸根、少女開放、育養聖嬰、九載面壁、自在观音、超度父母、普救衆生、靈山有會、知我声名、公主观畢、知是神人、朝西叩謝、黃龍真人同金星回官繳旨不表、卻說公

6

主稱坐片刻起身來至廟內 頭殿供的四大金剛中間供的
甫袋祖師耳听木魚響声行 於後殿观看乃是誦金剛經的
公主曰待我坐在一傍听听 課誦罷有當家師观見一個女
居士坐在一傍端覌不凡公 主起身陪声道長請了當家問
曰道位善人家住那裏高姓 大名公主曰道長問我家住姓
名、听我道來

道長問我名和姓　家住何方那裏人　說起家鄉家亦遠
論我姓氏郝有名　父王輿林為國主　母后正宮掌印人
生我姊妹八三個　妙音妙元公主身　我乃第三名妙善

下卷　七

自幼看破苦紅塵　不愛榮華富與貴　不愛口腹傷生靈
不愛綾羅與錦繡　不愛使喚綵女們　不愛勢利逞刁輩
不愛一切虛假情　一心只想修大道　迷出生死地獄門
說起修行道假事　表出天地亦寒心　父王榮華迷本性
得受八爵昧天良　只圖眼前多榮耀　不思輪迴死與生
他不回頭將我阻　要我招親莫修行　我靜生明他迷暗
千謀百計阻我身　把我貶在花園裏　要我挑水把花澆
倘若花木有傷損　性命難保活不成　我心只想修善路
不畏勞苦這身形　多蒙諸神暗扶助　花開茂盛葉滋繁

有勢祖師來指點
見我毫無退悔心
累劫孽冤難以解
不明禪機發怒嗔
五百餘僧盡燒死
暗中救我命得生
可嘆富貴迷人網
總總要逼我招親
父王不解元中理

傳我玄關無字經
設計又送白雀寺
借此凡体消孽根
點兵圍着白雀寺
寺院佛相化灰塵
父王不明神顯應
有權不仁造罪坑
我把道理呈表奏
一時將我問斬刑

暗命太監來打听
商量密事要我行
天降法諦把父哄
放火燒死衆尼僧
我蒙菩薩來保佑
反疑說我似妖精
又復拐我回宮去
只望勸父同修行
誰知菩薩暗來助

下卷

鋼刀斷得成節零
紅綾將我來絞死
黃龍引我地府行
善者登天金童接
無有一個是善人
或是爲人心不善
貪財冤屈害黎民
或是貪懶爲盜賊
或是手藝自欺心

可憐監官遭冤死
回到西天見世尊
十殿地獄都遊盡
惡人六道轉迴輪
或是不忠與不孝
或是恃勢害好人
或是逼人開齋戒
或是放火燒山林
或是假貨將人哄

又傳一令教我身
瑤池金母傳法旨
觀看善惡甚分明
觀看地獄受苦者
或是好貪把人坑
或是爲官心毒惡
或是誹謗聖賢經
或是殺生爲孽業
或是害人把命傾

種種罪過陰律定　命終歸陰始報清　行善歸陰閻君敬
對談功果喜笑盈　不論富貴貧與賤　善者昇天惡沉淪
轉輪車上分六道　福善禍淫各有因　胎卵濕化皆人轉
惡貫滿盈失人形　富貴榮華由修積　依善定祿享團圓
地獄究魂我盡度　黃龍送我得還魂　又蒙佛祖來點化
指引香山這路程　一路行程苦難表　餓餓冷熱實傷心
渾身走得痛難忍　有勞佛祖發慈仁　遣動神虎來試我
我秉心誠毫不驚　見我不懼哈哈笑　叫虎載我香山行
一陣松風虎騰起　頃刻即到寶山林　將我送此就不見

虛空弔下箋帖文　此乃是吾眞情話　並無一句虛假情
請問道長高名姓　家住何方法號名

話說當家師曰：我乃姓周，法名全功，本處人氏，自幼看破紅塵之苦，善惡轉報，立誓出家，在此修行。今聞公主之言，學道好，不苦也。吩咐徒弟，快擺菓品，欵待善人。二人分賓主座下，自喜自嘆。

周全功將公主仔細觀看　昨夜晚得一夢希奇顯然
恍惚間萬道的毫光閃閃　現出個文菩薩相貌威嚴
左金童右玉女兩傍立站　現一塊金匾牌字字正端

上寫着古慈航奉旨道辦　功成時證南海观音名傳
稱大慈稱大悲救苦救難　三期至領佛旨又下凡塵
西乾地十八易彌陀結伴　號还虛闡大道一貫顯傳
观菩薩好威儀慈悲面善　他叫我早悟覺快上慈船
叩嗱我立功果不可怠慢　認真他金容親蹦出塵寰
今观道三公主修行能幹　他相貌就似那菩薩面顏
尊一声三公主听我分辨　就在我小庵中安養清閒
或誦經或禮懺所從你便　前後殿任隨你散步遊頑
每日裏參禪坐唸佛修煉　是我們修行人大大定

下卷　十

詔說三公主言道、多承美意、尊声道長[illegible]今出家、棄塵覓靜、所爲何事、當家曰出家修行、無非望超苦海而昇天堂、公主曰須明超苦海之法、登天堂之路、當家曰誦經即是超苦海之法、唸佛即是登天堂之路、公主哈哈笑曰錯矣、三教經典乃三教聖人、道成德備、透徹性理以成、八爲心、教人爲要、泄露天機、著書立說、使後世衆生、自省自悟、知経中道妙無窮、郎訪求明師、解明生死來義、性命根蒂、以経爲證、依法修煉、不隨旁門曲徑、始得超三界而脫輪迴、是教人信受奉行、非教八口頭唸誦、遂能超生了死、證佛成眞也、金剛經云若以色見我以音声求我、是人行邪道、不能見如來、明示經者經也、由經求道、證訪高人指點、那南無之所、阿彌陀佛作用絵、三我藐三菩提之道、煉後天而返先天、日就月將、養成舍利金、剛牟尼寶、致陰盡陽純、脫離苦海、超昇天堂、方可不生不滅、今観你等只知依經讀誦、不知受持、雖誠心叩拜、感格神明、亦僅可消僻璧寃、求來生洪福耳、我有眞經文一篇、爲你等道來、

如是我聞佛即心　人心道心要分明、　世人只知人心静
不明道心何方存　我把心印來泄出　听我說授眞經文

下卷　二十

三教聖經各隱義　章章藏道引衆生　無奈世人不窮理
只圖口誦望超昇　誦經若能了生死　古佛當初唸何文
三聖道成於大上　法遣人間度衆生　骨髓眞經無一字
旨授心傳悟本眞　開口神氣皆耗散　三品妙藥神氣精
不明生來死去路　盲修瞎煉枉費神　無縫塔前眞自在
行深般若分濁清　波羅密多性返本　時候恍惚多主臨
性復乾初居其所　衆星朝拱向北辰　虎歸龍穴汞鉛合
四相齊飛掃三心　恍兮惚兮立中妙　杳兮冥兮龜蛇烹
允執厥中三昧定　無人無我無壽生　牛郎織女鵲橋會

九曲黄河水自清　靈明地上極風舞　出玄入牝性歸根
牟尼寶珠煆煉就　攀陰攪盞体自清　有日功成於行滿
脱却凡体證金身　毫光閃閃如來現　超出三界見世尊
足蹬八寶蓮花座　逍遥極樂永長生　修道明得其中義
纔是靈山貼骨親　真經元妙可惺否　仔細推詳理最深

話說當家師曰、聞听公王句句法語、字字元妙、弟子有緣、幸遇公主、求乞慈悲、指示大道、有日功成、萬劫不忘公主、曰、你既求我大道、請備供菓、秉燭焚香、立誓申文奏明我佛如來、去可指點於爾也

下卷　三

周氏聞听心喜笑　備辦供菓不辭勞　不多時候盡辦到
啓請公主把佛朝　公主观看色色到　十分歡喜在眉稍
誠心默誦佛旨告　驚動三曹鬼哭嚎　護法諸神來掛號
先天大道不輕交　開口便把全功叫　自立洪誓心堅牢
周氏即刻來跪倒　敬稟天地人三曹　弟子修行依大道
不敢冒犯佛規條　倘若返悔違聖教　萬劫沉淪不生超
公主見伊立愿了　叫声全功听根苗　先天大道自古少
朝聞夕死登天曹　勸爾積德爲緊要　歷劫寃孽方解消
大道一得防魔考　無智無德怕蹊蹺　好歹一心把佛靠

千魔百難莫棄拋　吉凶諸神暗護保　九九災滿脫塵囂
指你南無這一竅　四時行爲在此爻　消長闔衆要知曉
陰陽配合須純調　存無守有北海造　心猿意馬莫動搖
克己復禮萬緣掃　攢陰取陽採藥苗　汞去投鉛候真香
鉛來歸汞二五交　要知藥物不嫩老　鉛遇癸生心要牢
果然恍惚杳冥到　雷鳴空中下雨毛　天理流行元中妙
三花聚鼎五氣朝　衣鉢收於本位抱　八寶金光透九霄
嬰兒姹女黃房笑　產個聖胎赴蟠桃　一日功滿丹書詔
脫却凡体步靈霄　九祖元亡都榮耀　西方極樂任逍遙

下卷　十三

先天大道盡泄了　不遇師指枉徒勞　若還半途退大道
誓願昭彰罪不饒　自己墮落罪還小　連累九祖哭陰曹
日後成道且不表　下篇方知結前梢

莊王惡滿上帝降旨覔魂審辦第七

話說妙善公主來至香山，每日焚香念真經，勤修苦煉，不覺九年，一切細情不表。却說時逢冬至佳節，玉皇大天尊、玄穹高上帝，駕登靈霄通明寶殿，三界十方諸天衆神、大小神靈，盡皆朝賀，三官大帝將三曹青紅二冊，一一呈於玉案之上，上帝檢查、觀覽，勅曰：

福善禍淫，照律施行。內有太白

金星出班奏曰、微臣奉命、巡遊天下、惟典林国、妙莊王、姓婆伽名羅者、因妙善公主修道、被伊綏死之後、伊心中惱怒、僧道阻隔善良、不体天地好生之德、縱惡滅善、請旨定奪、上帝聞之、心中不悅、命三官清查莊王陽壽福祿、看是何如三官即刻查核、奏曰、妙莊王陽壽福祿、還有二紀、但伊有十惡難赦、不信善言、由己橫行、第一惡也、毀燒佛殿、欺神滅像、第二惡也、苦刑阻隔善門、天理不遵、第三惡也、放火燒死五百餘僧、第四惡也、總理一国、臣僚忠奸不辨、黎民遭害、第五惡也、違悖聖教、理法不遵、第六惡也、善惡不分、曲直不辨、第

下卷　十四

七惡也、貪圖口腹、恣殺牲物、仁心盡忘、第八惡也、權柄交與奸貪之臣、第九惡也、風俗敗壞、不知整理、枉為国主、第十惡也、　上帝聞奏大怒、吩咐即將伊的二紀陽壽福祿折除、即命三官勅令冥府、勾取莊王命、將歸陰、照律施行、命太白金星往天地門處、勅五百餘僧、每人將莊王身上、捶波羅瘡一顆、等伊爛死歸陰、依過受罪、決不寬恕、太白金星與三官大帝及諸天眾聖、三界十方大小神靈、齊叩謝恩而退、吩咐眾眞、奉命各方行為、各稱其職、一切不表、且說太白金星奉詔往天地門去宣傳五百餘僧、齊听吩咐、

咱太白領玉詔天地門去　劝人生在紅塵莫把心撒
舉法眼观莊王頭頂黑氣　光昏暗陰殺氣心糊塗漆
得人爵不修善天爵甘棄　不思想三教言善惡第一
妙莊王你本是西天佛子　佛命爾下東土度慳癡愚
來與林身爲着一国之主　爲甚的迷本性不知修積
慈航佛來脫化爲你三女　自幼時性不迷勸你皈依
談的是性天道三教正理　爾不信反誹謗異端怪奇
全不思這紅塵苦海之地　全不想善惡報天地無私
全不明這洪福果報修集　全不知那六畜竟墮墜之

全不懼人百歲難免不死　全不怕造罪過地獄難壞
全不畏失人身六畜苦趣　仗權勢造孽冤眞果愚癡
吾今日奉上帝勅令玉旨　叫尼僧來尋報命在懸絲
歸陰曹不怕你一国之王　十殿王鐵筆判照律行施
那時節想懊悔不由於你　過十殿受刑法悔爛心思
離愛滿轉輪車六道分理　失却了本來面好不慘淒
一霎時來至在天地門處　衆神靈見金星名把禮施
老金星開言道衆神免禮　傳白雀衆尼僧所答言辭
衆僧人齊來跪聽其吩咐　金星言衆平身兩邊站立

吾來此喚爾等都無別事 因莊王惡貫滿報應到期
上帝爺命你等各報冤氣 領毒藥報冤讐在爾爲特
衆僧人聞報讐磨牙恨齒 一個個就起身哈哈笑嘻
頃刻間來皇宮諸神接引 有司命遣王路不敢推辭
引衆僧見莊王龍床睡起 衆僧們一見了叫駡不息
齊向前將莊王一把扯住 打的打咬的咬拳打足踢
妙莊王嚇得個魂不復体 只喊叫饒我命封衆官職
衆駡道這昏君糊塗至極 將孽瘡種你身看爾消支
凡一切冤魂鬼盡來宮裡 問莊王來要命苦情難抵

下卷 十六

話說金星同織玉旨一切不提。且說莊王見衆冤鬼嚇得胡言亂語、只叫不好了、口出白泡兩眼橫視、滿宮人等盡皆驚起、衆位娘娘齊來問候、急用姜湯灌轉、莊王方纔醒來、衆人問曰、主上是那些不好。

莊王恍惚開口應 口言不好嚇壞人 朕這數日心不定
眼跳心驚不安寧 三更二點人將靜 忽然來了一羣僧
認得白雀寺長老 還有司命衆神靈 個個將孤來叫駡
不由分說亂橫行 將我一把來扭住 拳打足踢傷我身
心想逃跑不能夠 渾身[illegible]痛情 你等齊[illegible]我身上

遍身上下有血痕　心驚膽戰不好過　渾身四体鐵索拴
悔煞當初燒古廟　燒死僧人五百零　今日冤魂來尋我
想孫性命活不成　叫声娘娘快許愿　哀告上天諸聖尊
保佑朕的冤孽脫　重修白雀興叢林　拔合高僧和尚到
做齋超度眾冤魂　眾人观看国王體　渾身火泡似魚鱗
國母許愿且不表　單講傳給眾醫生　內宫領命不怠慢
醫官得令快如雲　霎時就至宫庭裡　观看莊王病症形
先將脈摸後看体　脈不合症甚費神　勉强且將藥方開
看可對方病治輕　頃刻就把藥辦到　內外調治毫不靈

莊王只喊疼不過　日夜叫哭不安寧　吩咐醫官齊宣到
快用藥方救寡人　眾位醫生將症看　都言此症無有名
凡是藥書翻完了　個個把症認不清　滿朝文武慌張了
宫中個個哭悲声　妙音妙元二公主　見父有病實憂心
二位駙馬亦悲嘆　無不日夜闹沉沉　服藥揉藥越不好
一身爛得臭難聞　一陣疼來痛花眼　白晝看見眾鬼魂
胎卵濕化便身臨　個個要命發怒嗔　唧唧呱呱宫裡哭
等我一同見閻君　這些冤孽齊發作　怎麼消解得清平
千錯萬錯自己錯　不知福盡冤孽臨　早知果報這兇險

應該修善戒殺生　恩念三女所說話　至此何何盡是
吾今半百如春夢　縂此兒孽怎脫身　左思右想無計使
吩咐眾臣出榜文　招選天下名醫士　醫好寡人謝不輕
十萬白銀爲謝禮　官封三代受皇恩　羣臣領旨就寫榜
不敢怠慢一時辰　一時將榜來掛出　但看何人揭榜文
其中細情難表叙　且听下章說分明

妙善公主元神　顯化揭榜救父第八

話說妙音妙元二位公主見父王病体沉重服藥不效如何是好二人商議花園焚香祝告天地與父王懺悔前愆纔是

道理即吩咐梅香春花安排香案於观花亭上伺候梅香春花齊曰領命

三

妙音妙元商量定　沐浴身体換衣襟　虔誠恭敬心不二
梅香春花引路行　將身來至花園內　攜手同行到花亭
舉目观看花園內　諸花盡謝樹凋零　春夏花木多美景
秋季蕭條難賞心　今值殘冬霜雪至　萬物凋謝盡寒形
松柏青翠四時茂　花木雖美怕雪臨　看來花美暫時節
難比松柏永長青　談叙已畢焚香拜　祝告虛空過往神
姊妹朝拜無別事　爲的父王病纏身　滿朝醫生皆不好

十分疼痛不安寧　或是父王前有錯　錯燒廟宇害僧人
前者三更得一夢　夢見衆僧盡來臨　個個喊叫要還命
揪住亂打不容情　醒時口內說胡話　滿身泡泡驚駭人
哀告天地諸神聖　救除父王這災星　從新修造白雀寺
做齋超度衆尼僧　二八許願回程轉　驚動公主妙善身
慧眼遙觀與林國　怨氣冲天起黑雲　二位姐姐叩許願
爲父得病申表文　此病不是風寒症　冤孽尋報病纏身
不怕神仙靈丹藥　冤孽不除病難輕　父王此時我來救
冤魂纏死難超昇　我今迷速快救度　使父悟明善惡因

下卷

當時慈悲來顯化　性光一道出威音　隨心變化元中妙
霎時就到紫金城　雲中且將形容變　變作和尚救父親
身帶葫蘆數十個　走進前來看榜文　看罷皇榜哈哈笑
伸手揭榜驚衆人　看榜官見忙扯住　叫声和尚休胡行
莫將皇榜看容易　你有何能揭榜文　和尚開口哈哈笑
衆位老爺你且听　貧僧普濟通天下　依我藥方叫得靈
瞽目能整光明亮　啞子能整開声音　文武官員聞之喜
吾主今日有救星　即刻就把和尚帶　引進內宮見聖君
莊王龍床呻喚叫　叩叩只言疼死人　冤魂覌見公主到

諸鬼迴避盡藏身　莊王一時心清白　問是何人進宮庭
阿難大夫即奏道　今有和尚揭榜文　他言能醫吾主病
特來引見主公身　莊王聞听心大喜　快傳良孤細問情
和尚即至龍床下　口稱無相小貧僧　莊王當時開言道
叫声和尚你平身　家住何方來到此　妙手可能醫寡人
和尚開口來啟奏　尊声国主听原音　家住義眉接引寺
施藥普濟救良民　貧僧因見聖上榜　大膽接榜醫主身
莊王听見心中悅　孤王今日有救星　你若醫得為王好
身享榮華受皇恩

下卷　三十

話說和尚言道，貧僧以慈悲為心，救人為要，不在謝儀上說。待貧僧观看萬歲龍体，方好對症下藥。吩附伺候，和尚观罷，曰：啟奏主上，此病整好不難，但藥方難辦。莊王曰：朕為一国之主，一切味寶都可辦得到的。和尚曰：諸物易辦，只有二味，要親人手眼配藥，丹藥即刻見功。莊王曰：此是何症，要親人手眼配藥？和尚曰：乃陰毒症，名曰波羅瘡，須當齋戒，秉乞天佑，立心培德，可以挽回天意。此乃主公心不潔仁，毀廟傷生，冤孽奉報，主上自心明白。莊王听之，大着一驚，和尚真神人也。即刻就與娘娘言道：道和尚言寡人之病，要親人手眼配

藥急可來，徐國舟且觀八手，眼只有妙音妙元不知往何人
可肯否，商議嘗且，不表。却說妙音公主勸父王，花園許願求
神保佑，病退痊生。聽聞和尚揭榜，言說能好，父王不離得爵
進宮，不覺行之龍床面前，口稱皇兒妙音來，即父王金資賞
意如何。

妙莊王睡龍床疼痛難忍　叫皇兒且平身細聽諸情
為父的得此疾十分難整　眾醫官認不得症候之名
父只好出榜文醫生招請　幸來了一和尚可算高明
他認得疾來由陰毒大症　但只是要親人手眼難尋

備辦了藥丹藥即退病症　無此藥為父的性命難存
你若是救父王捨身應允　父好了即封你忠孝大仁
大公主聞此言心中憂悶　不依從違背了生身之恩
開言道對父王一一告稟　有三從並四德兒要躬行
未出嫁在家中從父教訓　今嫁出從丈夫方不違倫
別父王見母后將將坐定　大駙馬進宮庭走如風雲
大公主見駙馬起身接迎　先行個君臣禮後談家情
大公主對駙馬敘父瘡症　談敘間忍不住雙淚下傾
來一個遊方僧能整父病　要親人手與眼配藥丹囊

父要我捨身休我亦應允　捨手眼救父王孝義全
大駙馬听此語搖頭不肯　叫公主休依從切莫亂行
大駙馬怕公主遵從父命　將公主來扯住攜手回程
即父王心不愛摘除職分　你同我回家去亦有華榮
你父王全無有愛子心性　自畏死教別人捨却身形
想你我乃前生姻緣修定　叫父王別主意另設調停
大駙馬叫公主快走休論　怕父王來阻攔你我難行
大公主急忙忙就把轎進　拜父王休怪我無有孝心

話說大公主同趙魁駙馬回府、叙論一切不表、却說國母對

下卷　十二

莊王言道、妙音纔與駙馬商議、言手眼配藥、趙駙馬豈不肯祈望萬歲恕他夫婦之罪、莊王聞之無奈、如何疼得時刻難度、急請和尚問曰、別人手眼可以用得否、和尚言道、非親生骨肉不能見功、談叙之間、二公主妙元同何鳳二駙馬進宮、莊王听之、十分心喜、諒必他肯捨身救我、不覺公主駙馬奏王龍床面前、口稱兒臣見駕、父王貴体何如、

莊王開口淚雙流　口叫皇兒齊平身　爲父得此惡瘡病
時刻難過不安寧　一切醫官皆看過　越醫越爛越濃沉
無奈只得出皇榜　招選天下妙醫生　會蒙天地有感格

公主開口回言答　尊声駙馬听元音　生身之恩何等重
我今豈學不孝人　父王要我捨身体　若不遵命留逆名
駙馬即時回言道　叫声公主你且听　你父生你八三個
三妹修行受難星　不許他修苦魔考　用盡計謀絶親情
將他摘貶花園內　要他擔水把花澆　後又送之白雀寺
不該放火把廟焚　五百餘僧盡燒死　廟宇佛像化灰塵
三位菩薩暗保護　救他一人未傷身　父王就該同心轉
又來遣逼要招親　不肯依從問斬罪　神明扶持顯感靈
斬首就將鋼刀断　父王全然不灰心　賜下紅綾又命絞

下卷　十二

來了一個出家人　他今揭了皇諭榜　可能醫父這殘皇
但要親人手與眼　配定藥物把丹昇　皇兒若肯捨手眼
大忠大孝萬古名　賜你黃金二十萬　江山日後付你身
公主低頭暗思想　駙馬當時把話明　天憑日月輪流轉
人仗手目定乾坤　萬般藥物都能取　人去手目死得成
和尚莫非是妖怪　說去藥方不通情　我劝父王休要信
明明和尚來害人　生死原來都有定　手眼配藥醫長生
我今生長三十歲　纔听這段希奇文　將手扯叫公主走
別却皇宮快回程　二人同行當花殿　駙馬重囑苦叮嚀

虎負屍首無處尋　三妹苦苦磨死了　只有二女眼前存
今日所信和尚語　又要你們命歸陰　虎狼雖毒不喫兒
可嘆父王好狠心　自己半百都畏死　你我青春不貪生
古言人生實難得　六根全備豈非輕　黃金乃是身外物
江山不能買長生　三從四德你盡曉　難道違理逆五倫
公主正在兩難處　來了國母掌印人　公主起身來叩拜
叫聲母后我娘親　父王要見捨手眼　應該當報生身恩
怕的捨身整不好　況且駙馬不肯行　兒未出嫁從父命
嫁出還要從夫君　劝父另立別主意　再用別方事可行

下卷　廿四

駙馬吩咐人伺候　我與公主要同程　三人同府且不表
待候下篇結前因

話說國母見妙元公主同府、即與莊王言道二公主妙元與何鳳駙馬日言手眼配藥不可輕信、須當另請高明醫生不日進宮請安問候、伏望萬歲赦他違命之罪、莊王聞之、見二公主不肯捨此手眼、不覺雙眼流淚、就對和尚嘆道、是我當初錯了、

妙莊王思情由雙淚滾下　想當初三公主言語不差
不遭難識不破世事真假　臨難時就明白浮景虛華

嘆妻恩與子愛富貴逍洒　好比那春花景人人愛煞
怕只怕霜雪至一概謝架　惟松柏長青幽不惧雪壓
一年的四季盛幽幽雅雅　諸花物雖美茂不能比他
想從前妙善女把我劝化　他劝我棄紅塵修煉精華
我只說為帝王根基浩大　奉天命做国王随我心發
豈知道善惡事暗有神掛　洪福盡惡貫滿孽兒攻伐
前造孽不知覺心中不怕　此時節冤眼到好不悲嗟
睜開眼四体痛油煎心下　閉着目家冤魂打咬拖拄
身疼痛心戰兢無人救為　這冤孽無人解實實無法

下卷

今蒙來這和尚慈悲廣大　要手眼配丹藥能救孤家
有妙音與妙元哺養婚嫁　叫他們捨手眼並不應答
不應承抽身回却也还罷　反言我信邪語存心有差
倘若是命歸陰刑法拷打　衆冤魂來要命怎麼開發
細思索這冤家心驚膽怕　叫和尚須慈悲替朕設法

話說妙善見二位姐姐、不捨手眼、父王病体沉重、醒時四肢疼痛難忍、睡着一種冤魂要命、自知悔悟悲嘆不一、故儒云、八之將死、其言也善、鳥之將死、其鳴也哀、諺云善惡到頭終有報、只爭來早與來遲、真格言也、父王刻下、我不救度待等

何時、乘此劝爻皈依、三寶積德解冤、誠心懺悔、叫命八往香
山、取我手眼病好香山還愿我顯法像度惺爻王毋后與三
位姐姐、成眞皆不難矣、
和尚即對莊王禀　尊声国王听來音　要僧救度亦容易
行善積功感天心　須食長齋並長戒　速修廟宇興叢林
招請高僧並高道　超度一切衆冤魂　莊王听之心歡喜
尊声和尚大善人　紅塵我今俱看破　榮華妻子是虛情
孽冤病苦誰來替　善惡昭彰自身承　冤孽要賬無貴賤
講甚国王富貴身　寡人情願修善道　須旨一国修庵林

下卷　共

即請高僧與高道　超度一切衆冤魂　只要病好冤孽脫
削髮爲僧我都行　從此長齋守長戒　願捨江山棄紅塵
我若病好有退悔　永墮地獄不超昇　和尚听之暗哈笑
改過行善福星臨　馬不臨巖足不退　人不遭難不慈心
只要国王來向善　依法行持保安寧　公主手眼盡不肯
命人香山辦來臨　那廟有個仙姑女　慈悲廣大救良民
淩心一片普濟世　捨身度人体天心　他的手眼可用得
配藥薰丹病即輕　莊王即刻傳口詔　快宣楊杰老大臣
時不多久楊杰到　三呼萬歲口稱臣　我主龍体可痊愈

衆臣個個擔憂心　龍王龍床開金口　叫声楊杰老愛卿
宣卿進宫無別事　要你香山走一遭　廟中有個仙姑女
取他手眼救寡人　楊杰當時開言奏　尊声吾主听臣論
齋戒倫且貪生路　護皆捨身救別人　倘若此去伊不允
豈不往返空勞神　和尚即便回言答　尊声楊公放寬心
他是佛門大弟子　脫化東土救衆生　總要你心無二念
一路行往須虔誠　如若手眼他不肯　我願斬首剜眼睛
楊杰听得心放下　吩咐伺候急行程　一切備辦情不敘
領旨即刻出皇城　身騎龍駒白鬃馬　行路好似風趕雲

下卷　二七

穿州過府俱不表　一路風景難敘名　虔心誠意把路趕
日夜行程不留停　行了二十四天整　望見香山瑞氣騰
恍惚來之山根下　樹木青秀可愛人　山高路險馬難走
步行方可上山林　行之山頂細觀看　四圍寬廣心氣平
左有錦雞戲泉水　右有玉兎望日雲　猿猴獻菓声音舞
虎臥靈巖不亂行　菓木花樹般般有　看來剛似一乾坤
山中景象看不盡　急進大雄寶殿門　公主早已安排定
接迎欽差奉命人　楊杰沐浴把香進　秉燭執將焚香焚
三跪九拜行大禮　即請當家申表文　楊杰舉目抬頭看

手眼現於香案存
焚香已畢客堂座
仙姑久等貴人臨
吾主若还病体好
等我回朝奏明君
楊杰來之丹房地
不敢怠慢一時辰
一路之上風霜苦
望見帝都大皇城

楊杰一見心中喜
長老當時把話論
楊杰開言心膽顫
龍傷親身酬謝恩
長老若曰亦可見
恍惚神散看不眞
即此告辭就起馬
披星戴月勞不辞
莊王正與和尚嘆

存細观看膽心驚
恭喜老爺救国主
有勞仙姑發善心
仙姑若还我見得
隨我前來看分明
辭別即刻回程轉
別却香山还帝京
一連行了數十日
談道論德講修因

下卷 三十八

叙議之間楊杰到
叫声愛卿你平身
手眼可曾取到否
啟稟吾主所原音
二十四天纔到彼
寺裏安排接御文
果然仙山神顯應
手眼現於香案存
伊言仙姑早吩咐

進宮恭賀見主君
錦繡花発卿座下
一一從頭奏寡人
自從起馬日夜走
香山美景甚幽青
山高車馬難上去
四肢輕爽似風輕
香焚已畢客堂座
眞眞神仙有感靈

莊王龍怺開言道
一路風霜有勞神
楊杰謝座忙啟奏
不敢停留半時辰
臣亦到時仙姑應
爲臣先行到山林
沐浴虔誠把香進
長老對臣把話明
仙姑不過三十幾

臣見威儀非凡形　莊王聞知哈哈笑　有勞捨身大德仁
孤王只等病体好　親到寶山酬神恩　即刻請教大和尚
手眼已到怎麼行　和尚吩咐來取出　自有妙用把丹昇
楊杰親手來呈上　和尚接之笑盈盈　太和殿中安鑪鼎
驚動五方揭諦神　呼吸先天元始炁　口念真言請神靈
勅令麻姑覔靈草　水府龍宫借寶珍　又勅土地陡壓請
借他慧劍掃冤魂　和尚即將形容變　化着三頭六臂身
南無阿彌來默運　衣鉢收放寶盡臨　麻姑送來靈芝草
龍宫現出定海珍　陡壓慧劍飛在手　三家寶物鼎鑪烹

煉至七七四九日　太和殿上瑞氣凝　開鑪拆鼎將丹取
紫金丹砂毫光騰　勅符一道將神退　來見莊王把話論
先命服洗敗毒散　後將丹藥搽於身　莊王依法急調辦
丹藥一搽四體輕　不到半月病痊愈　莊王自此得安寧

駙馬公主勸開齋第九

話說二駙馬與妙元公主言道父王之病今已痊愈預備上筵進宫與父王賀喜請安纔是道理二公主荅曰甚好二人談敘之間大駙馬與大公主來府迎之內室分賓主座下二駙馬言曰我今排筵進宫與父王慶喜請二位同賀大駙馬

日遵命不多一時筵已備齊、四人同行來之皇宮内院一齋
飯見莊王、口稱兒臣等恭喜父王龍体痊愈、兒臣今備齋筵
孝敬父王母后、望乞受納、莊主言道、爲父前染疾病、十分沉
重、寃魂纏攪、日夜不安、曾蒙無相法師指惺迷途、叻父重修
白雀寺院、設立齋醮、超度寃魂、自立洪誓、長齋長戒、持經念
佛、究竟性命大事、不失本來面目、兒今所辦之筵、爲父不用、
有勞費心、

有駙馬與公主听父齋素　四個人心悲切兩淚交流
鄧刻的跪宮殿把本啟奏　尊父王听兒等說段情由

下卷　三十

馬牛羊雞犬豕乃人享受　若除了這厚味精神欠周
想父王爲国主福祿生就　又何必食長素棄儒佛投
人生於天地間正直無謬　食六畜有甚麽鬼魂寃讐
前父王遭災星神不會收　血氣衰神恍惚魂魄顛遊
此時好嘆些葷補補腸胃　切不可信和尚戒除口祿
妙莊王听此言不喜不怒　叫駙馬與公主忽遭慾尤
嘆從前孤迷昧同爾所奏　貪口腹食生靈任我調謀
不明理謗佛道把善沮阻　那時節任我行不見神糾
豈知道上天命慈悲大肚、任人作任人造神暗記錄、

只等人福祿盡惡貫滿候　神不佑冤魂來各要報讐
所吃的衆牲物遍身行走　思想起心驚戰四体痳酥
幸來了無相師德大慈厚　指引我回頭路勸把善修
造白雀與叢林消解罪垢　做齋醮超冤魂除陆罪尤
蒙香山仙姑女慈悲少有　捨手眼配丹藥病縂痊瘳
有五穀並六米是人享受　報不完天地恩風雨調繆
這六畜德俠養肥人腹口　要有德超拔他隨爾口收
若無功解他免陰曹等候　老閻君來判斷情面不留
你看那寫飼字食司合就　古聖賢始造字暗隱來由

下卷

賜欠錢陰有簿还報亦有　人與畜体雖異心性同流
我劝爾早惺覺莫迷善路　你体言儒釋道各分支頭
言齋明與盛服修身儒露　存其心養其性須究根由
一篇言說得衆無言回首　一個個心醒覺歎把心頭

香山还愿妙善公主劝父修道第十

話說二位駙馬與兩個公主听此父王之言善惡顯然不敢回隔二位公主心有向道之意姊妹二人敘講一切不表却說妙善公主自思莫日今白雀寺院已會修齋醮功畢父王病体痊愈不如告辞免其世露機関當時奏明莊王口稱

賓儐恭見回主告辭別往莊王曰法師救孤有功封你爲六
慈大悲靈感救難法師無相和尚曰叩謝龍恩莊王又曰法
師不必別往現今白雀寺修造齊美亦可養静賜你黄金五
千四百兩珍珠一斗和尚賓儐謝旨奏　我佛如來法旨普濟衆生
豈可在此躲靜求安但主公須當速往香山了愿不可延遲
所賜金珠帶往香山修整宇殿莊王曰既是法師要去孤王
實實難捨何日相會和尚曰主公回心向道自有會期莊王
曰法師在此寬住幾日前往不遲和尚曰光陰似箭日月如
梭豈敢怠慢自失功果莊王曰今法師駕行難留吩咐文武

衆臣排駕伺候孤王於長亭與法師餞行衆臣領命排駕長
亭莊王與法師並駕而行不覺來至長亭衆臣齊接聖駕和
尚曰自此分別主公我有　篇要言叮囑主上謹謹記心

無相長亭一本奏　主公須當記心頭　人生不覓修行路
好似無舵行船舟　隨風波飄任他走　飄去飄來不自由
吉凶憑他不能扭　一概任隨他自遊　怕的灘頭橫風鬬
一時沉淪隨水流　主公幸今遇我度　明却覺路上舵舟
心堅認定彼岸路　香山還愿把道求　我着性命知回首
鉛汞相投坎離抽　擒着金烏捉玉兎　出玄入牝鍊丹圖

日就月將功成後　脫離輪迴萬古秋　不生不滅[illegible]
三十三天任逍遙
話說無相法師言罷，分別莊王與文武眾臣[illegible]
齊同法師慢步而行，只見和尚行如風快，眾人趕救一切不[illegible]
表說莊王吩咐眾臣，眾人要各香山[illegible]衙臣等常看
[illegible]道臣等護保主上往香山
还愿，但不知那日起駕，莊王曰：明朝乃是黃道吉日，即可起
程。莊王吩咐御[illegible]兩宮眾臣各歸府第預備辦事，且不表。到了
次日，文武眾臣領了三千護衛大兵，午朝門外伺候莊王與

国母普駕而來，文武眾臣一齊呼，接聖駕。莊王曰：眾卿平身，
听孤吩咐，眾臣齊回謝過主公。

妙莊王與娘娘龍車座上　傳文武兵合將站立兩旁
吩咐爾等一個個聽孤言講　一路上須虔誠切莫猖狂
除酒葷全齋戒虔行往　又不可踏青苗攪害善良
想孤王座江山一國執掌　這洪福亦算罷你們思量
都只為昧天理不听劝講　惱佛道阻修行心存傍偟
三公主要修煉我將阻擋　燒白雀眾尼僧自壞心腸
我只說做國主由我[illegible]　誰曉得有罪過不知提防

誰知那善惡報絲毫不爽 洪福盡惡貫滿寃報難當
犯了罪不怕你天子皇上 衆寃魂來要命苦楚凄惶
幸詔來無相師慈悲和尚 他劝我改心田修培廟堂
天赦宥改過人寶言不謊 做齋醮申表文哀告上蒼
感動了香山寺仙姑現像 捨手眼救孤家恩德難忘
立善功自懺悔消解寃賬 今日裡孤纔能体健身康
劝你等將善惡莫當虛誑 朕今時頭報應可爲憑章
倘若是不遵命神靈鑒降 招罪過頭立報勿怪孤王
吩咐畢叫衆等催馬前往 文共武排鑾駕真果威光

下卷

观青山並綠水逍遊心爽 各省官設香案迎接爲王
過边地諸景致難叙難講 一路上飄蕩蕩迤遲而行
行數日清平安毫無阻攩 望香山瑞氣騰異景非常
一時間來山边車馬難上 下龍輦要步行手捧信香
將八馬札山下安營停當 候爲王还了愿保駕同鄉
登仙地观山景四方遥望 滿山的花菓木十分清香
來之到大雄殿觀觀氣象 耳听那羣鳥声心意靜凉
進佛殿申表文鐘鼓齊響 轉之在後殿內細观端詳
老楊杰指寡人仙姑一望 楊將軍引主公來至丹房

用手兒撥開了公主神帳　只見那光灼灼亮堂堂
莊王封添手眼慈悲法相　尋声音救苦難萬古名揚
三公主口謝恩把法顯放　生千手並千眼放大毫光
有国母覌公主回首思想　好似我三女兒面貌相同
妙莊王叫国母休得乱講　此本是活佛地言莫荒唐
国母言問仙姑生身地方　父母姓請說出好把名彰
三公主回言答從頭細講　遵国王與国母静听端詳
我家住興林国脫化生長　自幼時棄紅塵立志修藏
父不許我修行苦苦阻擋　說起那苦情事兩泪汪汪

下卷　卅三

在花園挑過水受過苦况　白雀寺立誓功無限凄凉
燒寺院蒙菩薩把我遮擋　衆尼僧盡燒死真乃慘傷
又將我問斬罪繩索捆綁　斬不死復令絞性还西方
遊地獄覌善惡冤魂超往　我屍首神虎馱松林隱藏
还陽來到香山安身修養　見国王要手眼配藥醫瘡
此乃是真情話决不虛誑　我乳名數妙善母后父王
国母听之雙泪淋　叫声妙善好傷心　母女自從分別後
爲娘刻刻痛傷情　眼泪不鄉流多少　爲你欠成心氣爽
只說母女不能見　豈知香山又相親　你修善道天保佑

離別相逢有十春
我乃當初迷本性
二者該你有難星
我遭寃病是你救
持經念佛學修行
當日我講修行事
凡休焉能修成仙
一誠感格佛指點
元神合体始成真

並王見之心有愧
昧却良知失良能
善惡顯報終有日
至忠至孝菩薩心
公主當時回言道
父王聞之怒氣嗔
我曾立願志不改
傳我先天得髓經
蓮花寶座金身現

叫声[illegible]
一者是我遭難[illegible]
遲早不等各有因
我今改悔長齋戒
叫声父王母后听
反說爲兒是魔見
任生任死不退心
九九災滿聖胎就
諸神護法顯威靈

父王今日想修煉
性復乾初怎樣行
三教聖人著經典
食齋念佛修來生
我劝父王與母后
一念之差墮輪迴
狐狸他亦壽修養
蝴蝶悟道出沉淪
鶴明養神長不死

可知精一大道門
心存何地性怎養
字字隱義有妙音
要想超由輪迴外
同心修煉棄紅塵
二老早把大道尋
老蚌對光吸日魂
龜納鼻息卸煉氣
鹿運尾閭固其精

允執厥中怎麼講
坎離怎么復乾坤
學道不明此中理
求師指點無字經
富貴榮華有定數
戴頂如來指真經
蝙蝠苦修成正果
不遭人害壽長生
諸般畜物用修積

人道反不如物靈　只貪紅塵假名利　迷情笑待無常臨
那怕富貴齊天地　閻王票到萬事傾　靈前設擺諸祭禮
魂魄隨票見閻君　真性一去形色变　三五六六氣難聞
不禁酒葷做齋醮　惱怒閻君加罪深　兩旁一看盡惡鬼
一声號呼膽戰兢　善者閻君賜坐位　對談功果叙修因
轉生陽世受人爵　依功定位享榮華　若是有過無功者
閻君惱怒用非刑　富貴二字全不在　萬事盡休空手行
惟有孽冤隨看性　閻君判報苦傷情　地獄刑法難得講
我若虛言罪不輕　莊王點頭是真語　我前遭過冤魂苦

回首即對娘娘道　我今在此隱修行　国母開口哈哈笑
願同我主修本真　莊王就對公主講　你母同我此修行
我若得道有退悔　萬刼墮入地獄門　公主聞之心欢喜
呌声及王母后听　指此生死先天性　兩儀歸中黄虛靈
火逼金行龍戲虎　克己復禮盡歸仁　果然知止即定靜
冬至来復雷有声　存心分别濁清候　抽坎填離養性蘊
乾坤定位萬物育　座個真人不覩聞　其大無外小無內
出玄入牝斯道門　一朝功果行滿了　脫却凡体證金身
回此超出三界外　得見如来佛世尊　行有雲車隨意成

端坐金蓮永長生　公主法像顯大道　道傳已畢轉法輪
話說莊王言道寡人今乃五十有餘得此大道纔明生死來
由故聖曰道不遠人人之爲道而遠人眞果言不虛也寡人
將江山之事付與大臣嗯咀嗟執掌我卽在此修煉文武衆
臣憑孤畫押文武衆臣遵命惟楊杰趙震嗯嗟喃等不肯畫
押莊王曰文武俱已畫押三卿不肯畫押諒必心中不服楊
杰趙震嗯咀喃上前叩頭齊奏曰非是臣等不畫其押但累
刼以來未能超出迴輪今幸遇此大道不願爲官情願同主
公修煉望主公開恩准我等修行一旦功成萬刼不忘莊王

下卷　廿八

龍顏大喜曰你等既知回頭奔岸同孤修道孤亦喜之不勝
也莊王隨與衆臣在香山修持及皇家之事一切不表却說
三公主自思嘆曰我父王母后既已得道在此修煉但二位
姐姐心中亦有向道之意不免前去度惺與他同證妙果豈
不是好言畢之後元神不覺頃刻來之與林国皇城中與目
观看只見二位姐姐花園观花談叙父王母后之事三公主
曰待我变做化緣道姑方好度他一变二变與俗同顔口談
足行來至花園叫声三位善人請了貧道特來化緣且說二
位公主一見道姑喜笑相迎曰問聲出家人既來我花園化

緣要化些甚麽待我辦來道姑曰尊声善人听我道來
不化東來不化西　只化公主早皈依　莫安迷昧紅塵裡
訪個長生不死機　富貴前生陰功積　今生享福隨心分
百歲光陰轉眼事　紅塵樂景有定期　富高金銀北斗比
貴至天子福祿齊　百子千孫盡孝義　無常一到兩分離
老病死苦不能替　只有善惡隨性依　到了赫赫閻羅地
孽鏡臺前考端的　善者超往極樂處　惡者獄刑受慘淒
十殿閻君無私義　賞善罰惡鐵面皮　六道輪迴真苦趣
脫骨如山無了期　不如訪求明師指　超出乾坤返太虛

要學香山妙善女　不招駙馬得貫一　花園挑水明師遇
火焚白雀他不急　死心要把紅塵棄　任生任死修靈虛
將他捆綁法場去　一心認道不改移　縱死屍首虎馱去
神靈看守不敢欺　真性接往西天地　地獄观看善惡跡
还陽香山修妙諦　功成盡孝整父疾　行有金童並玉女
八宝蓮花把身棲　你們依我善劝論　同往香山去修持
話說二位公主言道听你之話乃是我三妹修行情由其中皆有來、義請問道姑你家住何地、三公主曰善人問家鄉听我道來、咱在無影山、雙林樹下、頑猿猴戲獻菓問看日月歡

倦飲菩提酒、烏肝兎髓餐、縱然天地壞、我性却安然、公主齊
肯學、跳上我蒲團、指你先天道、煉顆紫金丹、一朝功圓滿、同
我回靈山、若还心不信、看我現雲端、現出我原相、二位姐姐
观、勸你早悟覺、切莫把凡貪、父王與母后、修煉在香山、倘你
迷不惺、一墮恐難翻、妙善今功滿、顯化於人間

駙馬香山求道第十一

話說妙善顯化雲端、二位姐姐观見法像、稱贊不盡、不一刻、却
說二位公主、轉之內室、向駙馬而言曰、我們適纔花園遊頑、
我三妹妙善、他变着一個道姑、劝化我等修行、談叙一篇、雲

起空中、現出原像、左有金童、右站玉女、足踏蓮花、五色祥雲
托着、真果威嚴、又叮嚀我們一番、言父王母后、今在香山修
行、駙馬哈哈笑曰、胡說胡說、二位公主齊曰、我們淸淸白白
一個好人、對你講真言正語、怎麼是胡說、还有這幾個綵女
看見、衆綵女齊曰、是真是真、我們明明白白看見、駙馬曰、你
看這綵女、都說起瘋話來了、三公主因爲修行、法場絞死、屍
首又被虎傷、至今十年有餘、夢都沒有報過、平白說他顯化、
成了神仙、怎麼不是鬼話、彼此爭論、一切不表、却說光陰似
箭、日月如梭、不覺數日、有探馬報道、言妙善公主、在香山修

莊王娘娘、一見駙馬公主、心中大喜、四人一齊跪下、莊王曰兒等平身、賜坐、四人齊曰、兒等謝坐、莊王問曰你四人今來香山何事、二位駙馬就對莊王娘娘奏道

見四人來香山有本奏道　尊父王須赦兒冒奏罪條
想父王坐江山一国之尊　為甚麽把江山一旦盡抛
自古今立三教佛道虛渺　空寂滅實落那些為高
我儒門有孔子治世傳教　食酒肉講文理有規有條
言三綱談五常明明大道　臣忠君子盡孝樂享逍遥
劝父王須回朝兒等餙保　文共武每日裏齊[illegible]上朝

成神仙前搭手眼都出於他王上與娘娘登山盡感公主劝化留在香山修行、龍位傳與惡咀嚧執掌、兩個駙馬所之十分不爽急對公主言道、父王怎麽做此糊塗之事、現在江山不要香山修行是何故也、四人商議曰你我速往香山劝父王回朝、纔是道理、一心辦備、次日起程、不必多論到了次日駙馬公主四人一齊同往香山而來、行了數日已至香山、四人下車步行、上了山頂、觀見一座寺院、諒必父王母后、此廟修行、即進寺內、行至客堂、四人坐下、即問當家師、国王娘娘、今在何處、道姑曰現在後殿禪堂養靜、四人聞之、尋到禪堂

做神仙亦不過快樂爲妙　爲帝王享榮華勝於天曹
妙莊王聽此言哈哈大笑　时駙馬與公主聽說根苗
想爲王做國王快樂榮耀　乃前生苦修積今生報消
你今言三教聖各是各道　不明白性天道誹謗罪招
孔聖人爲儒門治世學教　拜項橐傳一貫樂中換爻
五經書言三才人全不曉　還才能作辭章就稱自高
天言性與天道盡皆失了　棄根本究末務妄談還刁
言寂滅與克己返本除要　不覩聞是何說人不推瞧
劝你等急惺覺莫要胡鬧　有妙善指性命坎離投交

二駙馬開此言希有節調　謝父王開迷鎖指兒身超
我本當同修道堇難戒弔　嘆夫妻世俗情怎麼別拋
三公主坐禪床哈哈而笑　笑駙馬乃無志不算英豪
你今生受皇恩富貴顯耀　前不修今怎能如此逍遥
怕的是洪福盡閻君降票　所傷的衆冤魂怕難開交
你那曉百歲時如同夢兆　陽壽滿無常到不由支消
那怕你恶愛重亦要丟了　那怕你身富貴要往陰曹
陰陽界鬼門關查名掛號　不怕你哭斷腸也是難逃
孽鏡臺定善惡將人來照　平生的所作事照出絲毫

不怕你利口辯依律還報　轉倫車分六道施行不饒
那時節想修行不能得到　若失却這人身叫苦悲嚎
得大道知性命修煉三寶　明厥性始復初採取藥苗
鉛投汞坎離交龍吟虎嘯　定陰陽分子午翻動彖爻
煉成顆九曲珠長生不老　功成滿脫形骸駕鶴九霄
見如來朝上皇承授封誥　瑤池宮見聖眞受享蟠桃

話說公主駙馬、聽此法音、大開茅塞、知夢初醒、大駙馬與絲夫言曰、這段玄機、世所難聞、我今立心修煉、二駙馬曰、好漢同心、是道則進、非道則退、於理果合、聖經見道不求、豈不得絲、失絲你我主意已定、但不知他爾位公主怎樣、三公主齊聲哈哈笑曰、我姊妹二人、久有修行之意、因怕阻隔、遲至於今、始償初志、既你二人同心向道、我們豈肯自棄乎、但父王三妹所談之道、理深元微、不求口傳心授、從何下手、你我須當進前跪求慈悲、開示我等、四人齊叩向三公主曰、我等願求賢妹指示修道下手、三公主曰、你們既求先天大道、須要備設供菓、憑佛立誓、方可傳授、大駙馬曰、既與孔子之道不二、如何要人立願哩、孔子當日周遊列國、教化三千徒衆、七十二賢、未開教人發願、三公主曰、你等只知其一、不知其二、天因下方衆生性心不古人心大變特命五老之一脫化東土教化愚頑以三綱五常治度人心後問禮於老聃傳授心法遂定五経以継往而開来道隱易經未敢輕泄三千七十得道者有幾也子貢曰夫子之文章可得而聞也夫子之言性與天道不可得而聞也駙馬曰那時聖人如何隱而不傳豈有私見耶公主曰非也上天大道非時不泄非人不傳要奉天命而傳儒云君子有三畏畏天命畏大人畏聖人之言小人不知天命而不畏也駙馬曰那時聖人未聞教人食齋哩公主曰噯聖人乃代天行化敎天法地以天下爲一家中

國爲一人萬物爲一體由此言推之皆無傷生之義駙馬曰自古聖人著書立說就該叮嚀後世定要戒殺公主曰書云天子無故不殺牛大夫無故不殺羊士庶人無故不殺犬豕其中亦寓戒殺之幾駙馬曰祭天地古聖亦殺生祭之天地古聖亦享受之人何不可食也公主曰乾曰大生坤曰廣生天地位而萬物育人資以養生恩深浩大碎身難報故殺生以報荅天地也若聖人則思明天鑒其於人也養繼以教一切制度皆爲有切於世人日用德配天地所以亦殺生而祭也然天地聖人當憫將生物而超度之何嘗享受而食之不

過取人之誠敬而已駙馬曰未聞聖人講修煉之道公主曰儒書云自天子以至於庶人壹是皆以修身爲本又曰飯疏食飲水曲肱而枕之樂亦在其中矣即修煉之道也聖人亦將立妙法則一一備載不遇至人指示難以惺悟四人得聞其言皆無異心誠心求領大道

四人虔誠心性同　求教賢妹開愚朦
雙膝跪在佛殿上　立志修道告蒼穹
我等得道有退悔　永墮地獄罪不容
公主見衆發了願　叫聲衆等聽玄工
三皈五戒宜謹守　傳授先天悟性窮
點開玄關這一竅　收取精華採鴻濛
行雌守雄候定靜　恍惚杳冥地雷轟
兩儀會合太極體　萬殊歸一在執中
放彌六合性發理　卷退藏密妙無窮
水中生金火生木　五行顛倒性自隆
七寶佈施三昧定　半夜現出日頭紅
明心見性佛是我　太極始成無極中
明珠一粒來煉就　毫光萬道透虛空
行住坐卧觀自在　定南針上莫放鬆
待候功滿朝金闕　丹書來詔出樊籠
九玄七祖齊超度　方稱忠孝大英雄
三十三天逍進樂　永證西方坐華龍
若還半途生退志　照舊果報苦無窮
此乃我佛心印法　依法修煉悟柏松

話說公主傳道已畢四人叩頭謝恩十分歡喜共 坐談敘共
中立機三教妙理各歸丹房男左女右修煉大道四人各題
讚一篇

大駙馬曰

自幼讀書習五經 講究詩詞與賦文 身受皇恩享富貴
筆下生花始成名 不遇師指這大道 枉在人間走一巡
生來死去全不曉 醉生夢死轉迴輪 自此纔明性命理
厥性返本悟虛靈 但願一日功成就 盡丹大顯萬古存

二駙馬曰

少年時志氣高 文韜武略逞英豪 只講三綱五常道
那之學未深造 今遇師指方纔曉 明覺一貫陰陽交
去拔鉛把性找 一元復始換卦爻 樂在其中立珠兆
得此立機萬有拋 三關九竅悟開了 煉個至寶起蟠桃

妙音公主曰

三十餘年困紅塵 貪名圖利混光陰 多蒙三妹來劝惺
告明指我無字經 開來採取先天炁 北海存留清濁分
要把赤龍來斬斷 水來濟火入寶凝 安爐立鼎鉛汞合
巽風鼓動悟長生 功滿脱殼朝三界 不生不滅證天京

妙元公主曰

花甲一半假快樂　好似孤[illegible]　辭退賢妹引[illegible]

指示生死造化窩　無事禪床穩坐　陰中取陽日月合

待候冬至無人我　演明客唱太平歌　牛郎織女齊声賀

崑崙頂上轉黃河　全備外功純內果　超出紅塵證大羅

丹書下詔道成受封第十二

[illegible]馬公主在此修行勤苦不怠，一切不表。且說三官大枝、曹官將慈航尊者功果一總錄奏我佛如來家前[illegible]，從頭閱之十分欢喜，今慈航願滿功成，頒下丹書、[illegible]引去往香山，勅慈航將四果仙人白雀火焚遺宛，[illegible]度一切衆生功成者一[illegible]山，依定功果受[illegible]。[illegible]欽旨謹遵三[illegible]，佛旨即辭一我[illegible]大雄寶殿[illegible]一駕快無比。

一旨接引領丹書　接引[illegible]

別却靈山把西離　慧眼遥觀香山地　毫光閃灼照眼[illegible]

拋却紅塵繁華境　學道此山身可棲　三官接引來南[illegible]

須當頭化八難知　一時就將暴風起　掃除塵垢下[illegible]

當時昏天黑了地　遣動豺狼虎豹力　凡夫嚇得[illegible]

妙善公主認得[illegible]

恭敬虔誠行大禮 風吹帽子攪亂衣 三官代宣[illegible][illegible][illegible]
勅令妙善聽詞之 此番稱功大無比 東土捨身化[illegible][illegible]
回果仙人多虧你 不然墮落難歸西 五百餘[illegible]幸遇汝
[illegible]你火燒受[illegible]淒 周氏全功德了[illegible] 有緣得道同歸西
妙善謝恩開言叙 有勞諸真[illegible][illegible][illegible] 弟子修道仗佛庇
[illegible]中[illegible]古[illegible]不一 會衆佛祖慈悲攜 領衆同西登菩提
[illegible]虔誠無他意 各得性理四體舒 即時元神盡復體
[illegible][illegible]頭道笑嘻嘻 左有金童右玉女 手抱淨瓶楊柳枝
[illegible][illegible]雲來托起 八寶金[illegible]把身棲 叫衆同光將神[illegible]

黄氏女宝卷后本

一卷　清宣统元年（1909）抄本

1 册，线装。

版式：黑口，四周双边，无鱼尾，红框。

行款：12 行，字数不等。

开本尺寸：24.8 厘米 ×25.2 厘米。

版框尺寸：19.0 厘米 ×21.0 厘米。

卷端题『李光海记，大清宣统元年黄道吉日立，黄氏女宝卷后本』。左题『一条白蛇在乌江，乌江岸上放毫光。有日吃干乌江水，定然死在江岸上』。尾题：『本卷只许高生读，一般君子万不能。若要硬读者，会有生命的危险。众大人题。光绪三十日吉，酒泉中学李光海。』

《黄氏女宝卷》又名《三世修黄氏宝卷》《三世修行黄氏宝卷》《佛说黄氏女看经宝卷》等。车锡伦《中国宝卷总目》著录此宝卷名为《三世修行黄氏宝卷》。

《黄氏女宝卷》讲述了曹州府南华县清风乡黄家庄黄员外五女，乳名五姐，年小好善，吃斋念佛，天生聪明，秉性温良，每日烧香念佛，一心学念经文。父母苦劝五姐开斋，嫁个富贵人家，五姐苦苦哀告，至死不从。黄员外夫妇无可奈何，心生怒气，找媒人李氏将五姐嫁与一个杀猪宰羊的恶人屠夫赵令芳。赵屠杀生害命，黄氏女屡劝不听，心中闷闷，却无可奈何，每日念经修行。后观音现身，赵令芳改恶从善，夫妻二人一起吃斋念经修善。阴曹地府阎君见黄氏女经念得好，派童子请黄氏女来对经史。黄氏女哭别丈夫与儿女，来到阴曹地府，在金桥边有金童玉女，幢幢宝盖来迎接黄氏女。来到阎王殿，十殿阎君以问题一一提问，黄氏女回答非常清楚，没有差错，阎君命童子送黄氏女回阳，享阳寿四十年。童子带黄氏女观看地狱，在观看地狱过程中，其尸身已坏，无法还阳。在《黄氏女宝卷后本》中，阎王命送黄氏女转世为男身投生到善根人家。黄氏女投生到曹州府安乐县张员外家，取名张事亨（又作张士亨、张士亭）。张事亨生性聪明，广读五经，心慈性善，长大后连中三甲进士，即选曹州太守。张事亨派差人去南安县，招来赵令芳，叫他带儿女来相认，母子团圆，是以念经行善果报为证。

此宝卷文字大量使用方言，写到悲伤处加一些叹词，以表现人物心情。使用《浪淘沙》曲牌，通篇朗朗上口，通俗易懂。对黄氏女游地狱的描写生动形象，写法独特。

李光海記

大清宣統元年黄道吉日立

黄氏女寶卷後本

一条白蛇在烏江
一
烏江岸上放毫光
物
有日吃于烏江水
破
定然死在江岸上

浪淘沙　趙令芳自思想錯了主張黃氏臨行說明
亮對經若還無差錯就未還陽哎就未還陽
衆親朋說短長何不謫量把妻就該寄中百日若还不
还陽再去埋葬哎再去埋葬　每日裡痛悲傷
兩泪汪汪叫賢妻陰司見閻王我把事情做錯了後
悔难當哎後悔难當　兒女哭好慘傷加些愁
常日每不住叫親娘我將巧言去作狂幾日还鄉哎幾日还鄉
却說趙令芳每日思想黃氏將兒女丢下無人照應教我怎
么去做生意只是痛哭此話不提再說張員外自從妻子
李氏做了睡夢之後身体有孕好吃酸的鹹的不想吃
那甜的漸漸不覺十月胎滿臨產員外听說婦人臨產即
忙請來兩個守生婆正是正月十五日元宵佳節人人
都过灯光大會張員外家中焚香单候婦人容易
生產正是三更時后現見霞光藹藹香風兮环報
道爺爺奶奶生下了个男孩子員外听說喜之不尽也

听得兮环報一声　不由員外喜氣生
大小家人一齊問　生的安寧不安寧
有兮环听的回言便答　我奶奶肚子疼不多時辰
守生的在一榜正說閑話　猛然間有動靜即刻生下
世不迷世不混容容易易　生下個男孩子大小安寧
張員外听得說暗謝天地　即慌忙到佛堂有把香焚
我今年五十五有了後緒　我的妻四十一才見根苗
又思想何一日才能長大　我活上七十幾纔得能行
把員外只喜的一夜未睡　耳听得金雞叫漸漸天明

又只見守生婆他来道喜　見員外笑嘻々使礼恭身
員外說把你們多受驚怕　再於我請一個奶婆婦人
你二人不必走要过三日　将孩子沐浴了再回家們
人逢喜事精神爽　月到中秋分外明
却說忙員外得了兒子喜之不尽正々三夜未曾睡矓只到天明
也有些户族人等於他道個空喜也還有些近的親鄰忙起風
声教他三日支應要吃那忙員外听得此言忙将衆親朋贈
退到滿月上請大家都来賀喜也有拿些礼物的也有
拿軸對的乱々昏々好不熱閙衆親朋呌忙員外代
一個沙帽騎一隻牛只忙的員外赶緊告撓我老汗家不
必必此煩勞衆親朋于我的孩子起個名子遂吩咐了
环把孩兒抱到席前大家一見都說好個孩子生的眉清目
秀後来必有大富大貴有見孩兒身上有幻記一處仔細
观看却是一個幻字一個安字一個定字衆親朋看畢
就将孩子乳名起成個安定郎官名起成忙事事安定
幻意若事事通之謂也只忙事事本是黄氏女轉生胎
中吃素又見他母親吃素他才吃素越發净手下々話休煩絮
光陰似箭日月幻梭不覺过了八年的光景忙員外将
事事送在學中念書想心盼功名大事可也
事事送學中　員地泪汪々　想起前生事　不由痛悲傷
浪淘沙　盼丈夫趙令芳牢記心上十王於我說明亮
總要功名成就後才準还陽 吆 才準还陽
盼兒女两泪汪汪哭短肝腸嬌姑伴姑長壽郎三個兒女
俱年幼都想親娘 吆 都想親娘

我不敢對人言洩漏机関十王降罪我怎担若把天机洩
漏了佛法难犯 吆 佛法难犯
我自得聆聖賢是隻法船度我功名早幾年但原皇
榜得中了夫妻團圆 吆 夫妻團圆
却説姝事亨身雖生者唯门見地裡常々思念丈夫兒女
不敢去認日每苦讀詩書只盼功名早成夫妻兒女
就能早認此話不提再説趙令芳自從黃氏赴了幽
冥再未娶妻过了一年他把嬌姑子許配王員外的兒
子小取过门女婿名叫王万通是個書生又將伴姑子
教他的外奶々領者去教江養单丢長寿郎合他度
日过了几年他也把長寿郎送在斈中合他姐夫同斈
讀書 寿郎送斈中 姐夫王万通 二人一處念 趙屬才歡心
趙令芳把寿郎送在斈内 全靠者王万通替他操心
他自從黃氏归陰去世 常吃素不聞斋念些經文
日每间做一個小本生意 再不幹殺猪羊那個營生
他生意道也好苐事好意 把如意長寿郎起個官名
趙如意同姐夫讀書十年 師傅說他二人字義分明
五經通詩書熟詩書俱會 那一年皇王爺出了榜文
招天下衆學生都来应試 他二人听此言只得起身
趙如意盘纏少黃门告借 王万通父子們帮凑而行
此是第一好事情 只得来告衆親朋
却説此話不提再説姝事亨原是個未迷性之人念書容易
明白又兼常想者俱家團圓用功甚苦因此上八歲念
書讀了八年光景文章詩賦超羣出衆那一年听見皇

王開了科場便對父母鬧議也要上京赴考張員外听
言滿心歡喜只有李氏婦人偏〻一月之前得下疾病今
听事亨上京赴考不由兩眼泪下未便呌孩兒此去東
京汴梁路遠為娘病体甚重有心不教你去功名事大
若得一官小職於我張門榮光耀祖有心教你去我母子
恐怕不得見面的多了

李氏說罷珠泪傾　刀割心肝滿肚疼

有李氏呌孩兒听我告說　我的病我自覔不能起身
只几日把茶飯漸〻不進　吃上藥無效应如霜飘冰
兒此去東京地路途非近　恐回来我母子不能想逢
有無個相己人於你同性　兒年幼無伴兒甚是孤零
張事亨听母親說了此話　双眼泪把母親再又叮嚀

我母親病体重兒难赴試　兒有心再一考再盼功名
員外說我的兒不可錯過　只是你讀書人大事一宗
為父的今年但七十一歲　难道說你抛母不防父身
誰有前後眼睛　难保二位双親　今母病不能去　不考誰保父生

却說張員外便呌事亨你就莫要胡思乱想你母親的疾病有
為父照應路上伴你不愁不過無有相識的人我們安樂
縣裡也有去的童生秀才李氏一傍說道既教孩兒要
去赴試須將盘費艮兩多拿上些你若得机會離不
了銀兩打點只要功名上進不妄我夫妻二人扒掙了一堂
放下銀錢此處不用再往何處使用

事亨收拾行程　吉日就要起身

張事亨擇吉日上京赴試　眾親朋知道的都来賤行

但願得此一去魁名高中　與大家臉面上許多光輝
你一盃我一盃連陞三級　怅員外也欲伺禄位高升
怅事亨先叩謝諸親六眷　祖先堂把香焚拜别双親
起了身到縣裡就遇夥伴　一路上同行走到了京城
同伴兒就住在一個店裡　第三日領卷之各去投名
第四天出了牌五日進塲　衆舉子這忙得乱乱紛紛
一個個都早到塲门等候　怅事亨收拾下要起五更
事亨盼取功名　小心起個五更　耳听對门人哭　把他大吃一驚
却說怅事亨早早起來收拾進塲之事猛然听得對门有人啼哭灯光明亮他不由的走到對门店房内上前观看才是兩個舉子他遂步走進去便问二位尊兄今是進塲之日你們啼哭為何二人含泪答曰少先生是你不知我二人將塲務了每備今晚早到塲门不料夜间被賊賠進房门將我二人的衣服銀兩等物盡盡盗去我二人遠方到此無親無故漫說進塲就是回家也不去了說罢啼哭不止事亨心中不忍慌忙答曰我也顧不得細问你們我情愿每人助你們拾兩銀子趕緊收拾進塲代說者忙到自己住的房之裡取了二十兩銀子親手教於二人顧不得再问即忙回轉並未對人講說只見同夥伴尔一齊起來即忙收拾洗臉穿衣同往塲门等候進塲此話不提再說事亨的母親自從他上京之後病勢漸漸沉重怅員外百般調治不
應不多的幾日口合眼　闭鳴呼哀哉
事亨上了京　母親归了陰　丢下怅員外　日每動哭声
怅員外見婦人命归陰司　不由的每日家痛哭傷情

哭了一声李氏妻恩爱难捨　撇的我父子们甚是孤零
事亨儿临行時見你病重　他想者就不去扶是你身
你說是怕孩儿不能見面　儿去後你直伯就赴幽冥
若孩儿身榮貴应當喜幸　听得你去了世哭殺儿童
你今年五十七該要利吉　不料想寿禄終一命归陰
論大理把孩儿不能应試　只因為路途遠不得知闻
暂寄在中堂内做斋过七　等孩儿回来時再整你身

員外痛傷怯　婦人不整埋
暂寄中堂内　専等事亨来

却說員外悲傷不提再說张事亨三塲考畢龍虎榜上得中前十名舉人欽賜太守礼部候註道喜之人来往不断事亨正在店中獨坐猛然進来了兩個新貴人頂冠束帶叩頭礼拜只忙的事亨顧不得问人一把拉住一面观看兩個貴人好面善他只得忙將二位讓坐那二人口尊恩人恭喜晚生昨日遇难幸蒙恩人相助那時急于進塲未暇細问今日特来道喜請问恩人的尊姓貴名住處何鄉我二人日後好報恩人的大德矣

老龍正在潭中卧　一言提醒夢中人

張事亨身荣貴忘記此事　二貴人提一句他便知情
昨日個他二人滿面流泪　又况在燈亮下未曾認真
今日個中了舉心喜貌喜　身穿喜頭帶喜滿面喜容
张事亨忙坐下二人就问　问家鄉问住處又问姓名
事亨說我居住曹州地際　安樂縣张家庄有我家门
我父是张員外母親李氏　我名叫张事亨獨之一人
年長的那一位隨口应答　此恩人原来是我們鄉親

不過是恩人的縣分相停　我们在南華縣同一州中
事亨听得提南華　不由眼中泪如麻
你们既住南華縣　就該知道趙屠家

却說那位年少的貴人听得張貴人提起趙屠家慌忙答曰我就是趙屠家的兒子我父名叫趙令芳張貴人說你即是他的兒子我父名叫趙令芳張貴人說你即是他的兒子你可知道長寿郎么趙貴人說我就是長寿郎官名叫趙如意張貴人說道你可知道嬌姑子伴姑子么趙貴人說道他就是嬌姑子的丈夫是我的姐夫名叫王万通伴姑子我外奶奶恩養成人配了一個生意人名叫常吉慶王貴人問曰不知恩人与我岳父是何親眷怎么善知他家中之事請問恩人細說明白

二人要想細问根緣　他総不肯失漏机関
趙貴人你今年一十九歲　你本是三歲上離了母親
你的父他生来好宰好殺　年少時殺害了許多生靈
你的母黄氏女吃斋好善　功你父不殺生也念經文
他吃斋他就該多福多寿　不料想三十二赴了幽冥
那時節丢下你方才三歲　嬌姑子伴姑子各長三春
嬌姑子他年長二十五歲　伴姑子二十二不錯分毫
你的父五十六後事不曉　只幾年他還是吃素吃葷
張貴人說道此流泪不住　低下頭胡推托只揉眼睛
趙貴人說我父依旧吃素　日每间常念些観音真經
他二人听一遍越發糊塗　不明白張貴人是個何人
二人越听越不明　不知恩人是何人

却說王趙二人越听越不明白還想者再问却被道喜之人将話頭打断他三人都是前十名舉人曹州就出了他三人論量定日起身同伴回家此話不提再説张員外自從妻子去世漸々身得疾病調治服藥全無效应日每昏迷卧床那一日明白了些尔他自己思想年幼之時胡作胡為道也頭清脚快却無子嗣及至後来我婦人常々劝我做些善事我就听了他的話也曾修橋補路僧斋布施不過十年的光景就应了佪点兒与我生下佪兒子把我活了七十一歲該就是死的但惜我兒上京求名功名有無不見回来好不痛殺人也

員外想兒郎　病中痛悲傷　功名或有無　即速轉回鄉

张員外想兒郎病中痛哭　盼事亨就如同黑夜盼明
上京去好幾月未見音信　又不知功名事成也不成
兒臨行只恐怕难見母面　兒若還未遲了父不想逢
兒的母病沉重有父照应　父病下就是些兮環家人
即説者眼朦朧昏迷不醒　把兮環合家人戰々兢々
耳听得柴门外人喊馬吽　忽報到上京的少爺回程
张員外應該是喜之不尽　偏々兒病沉重不得知情
三貴人進门来一齊動问　不能言不能語不能应声
张貴人只落得嚎啕痛哭　又哭天又哭地又哭母親
兒臨行眼望者母親病重　是爹々一心教孩兒上京
上京去雖然説皇榜得中　回到家母喪命父欲喪生
早知道二双親有些大难　最不該撇父母盼望功名
哭的那张貴人如同酒醉　把王趙二貴人泪濕衣衿

三人同及弟　回来同一行　同到張府裡　還要同傷悲

却說張貴人只是痛哭有那王趙二人解劝父母之恩昊天
罔極焉有不哭之裡常言說死而未有復生之裡老太
爺現在活者還是怎樣調治只哭無益張貴人听言
止住痛泪又問他父親爹爹你認得孩兒么他父看
了不會說道我的兒回来了你的功名如何事亨了
應道兒成了名了他父听得此言翻身起轉動之際
仍然昏迷滿口湖說你們都是閻王么事亨說不是
的他又說是了是了城隍爺到了事亨又說我是你
兒張事亨他二人是来的新貴人問罷不担不能應
声好像就要归陰事亨忙吩咐把衣服取来大家
將衣服穿齊只見員外口合眼閉嗚呼哀哉事亨又
是一場大哭只哭得天昏地暗日色無光

喜中遇喪　幸而悲傷　人來道喜　他去報喪

張貴人得功名真可喜幸　回家来偏々的父母归陰
也有些親朋友与他賀喜　有的說候他把父母送終
請僧道擇吉日送墳合塋　留王趙二貴人与他当東
事以礼葬以礼祭之以礼　做七天大道場沐浴諷經
尊牲的尊供的已親厚友　燒紙的獻盘的左右鄉鄰
来的来去的去噪々鬧々　說的說哭的哭乱々烘々
人都說他夫妻老来得子　到今日也把他二老送終
張貴人喪事畢又过喜事　着忙了王于趙兩位貴人
王趙二人着了忙　想起家中二爹娘
人家父母今有难　我們誰保常安康

却説王趙二人于㤗貴人当東一畢就要告辭田家㤗貴人
不敢久留知道他二人家中都有老人只得送他起身
臨行之時㤗貴人对他二人説道你门到了家裡先于我拜问
你們的老人再于我问候衆親戚你們的親戚代我你的親
戚一様我將我的事情安置急便我再會你們你父人
親相見自然水清石現説罢二人又於㤗貴人施礼告辭
奔上南華縣去了再説趙令芳那一日趙如意上京赴試不
見音信未道親戚王員外的府上打听信息二人正在叙話
之間家人報到两個少官人回来了一齊高中他二人听得
此言喜之不尽只見两個新貴人走進门来先问了爹
娘可好後又到祖先堂中焚香礼拜又於他二人行了父
子之礼拜見了俱家人等然後父子坐叙才説起上京赴
試的情由怎么遇了賊盗㤗貴人怎么周濟進場路
過先到㤗府上又遇的是么事㤗貴人説的是么話一一説
了一遍才把趙屠听得如同酒醉的一般思想了半會方
才言道你們就該问他道的代我們是親是故如意答曰他
於説父相見水清石現

此事自古希罕　改頭換面甚奇　若不本人説破　誰人知道根基
二貴人説出了水清石現　趙令芳也不解其中之情
任憑他父子們怎么議論　非離了㤗貴人不得分明
到後来俱家人相會之日　會州城男共女個个知聞
把後事且按下全且莫表　再説他两家的慶賀功名
他两家二貴人新墳祭祖　廟堂中把香焚先拜師尊
把本家合户族一斉先拜　再拜往左右鄰富上貧匕

再拜往他两家諸親陸眷　拜往州拜往縣拜往紳農
他两家拜把客人有慶賀　又只見道喜的乱乱紛紛
貧於賤居街市並無相識　富於貴到深山也有遠親
十年寒窓無人問　一舉成名天下知
却說王趙二人拜往一畢衆親朋又與他賀喜真乃是喜天歡地
不提再說那張貴人哭天叫地自從他父母去世每日啼哭守
孝敬喪也不穿有色的衣服家中閑坐不能嗲官不能拜客
不由思想起兩世之事好不苦殺人也
貴人喪双親　獨坐自思材　思想兩世苦　不由痛傷情
浪淘沙　頭一世真傷情一命归陰閆我勾我對金經兩
個童兒來勾我敢不依從　吖敢不依從
第二世更傷情女轉男身教我今生會前生總要功名
成就後才得想逢　吖才得想逢
說傷情真傷情撇下夫君丟下兒女甚孤零每日常常
說傷情到傷情盼望功名苦讀八年去上京身榮顯名
把我哭想想殺兒童　吖想想殺兒童
家轉喪了双親　吖喪了双親
却說張貴人正然思念兩世之傷情家童報到們外來了兩個
差人要見少老爺他只得出门觀看原是州學中的门
斗上來報喜二來催他上任言說少老爺的太守有了缺了張
貴人正想要見州學李太守只因親服孝在身不便拜見
今有门斗來請乘此机會要上會州城見一面李太守遂拿
了素衣服代了些銀兩領了兩個家人坐了車子再上會
州去了此話不提再說王趙二人拜客一畢又與他道喜忙

了許多的日子才得閑暇那一日他父子四人坐在一處彼
論佉貴人助了銀兩之事王員外說道此人也是天湊其巧
非人力而所能也　兩家功名一齊成　多虧他人助欽銀
王員外說此事遇的奇巧　我兩家老少人要細思忖
進場的那一日被賊偷盜　無衣服無盤費告借何人
我兩家京城裡無親無故　就有親就有故莫有時辰
佉貴人與我們素不相識　却怎么與我們就能助銀
京城裡應試的舉子不少　誰多餘拿良兩損偹助人
助了銀他即去就要進場　顧不得把名姓細問分明
那一日是進場不顧細問　出了場却怎么也不跟行
真乃是有緣人千里相会　無緣的对者面不得相逢
思想助銀人　教人实難明　好像前世造　偏偏遇今人

却說王員外同趙仝等父子四人說道佉貴人與我們助銀
实乃深恩厚德不可不報但係佉貴人現有孝服在身
未必能來不免你二人親身前去登門叩謝再问水清
石現之話大家議量一定要與佉貴人送銀此話不提再說
佉貴人進了曹州城主僕三人來在復良店中開了一間乾
淨房子住下兩個家人端來洗臉水貴人洗臉一畢將衣
帽穿代整齊來到衙门上把手本遞進去李太守一見手
本即忙開门迎接請到書房佉貴人上前施礼口稱年尊
納福年晚有孝服在身不能早見年尊年晚之罪也
李太守謙讓不已佉貴人又從怀中取出一封書見礼未擺
在桿之上說道年晚父母双故裡應丁憂深蒙年尊大
人與年晚方便吊欽之事太守把貴人恭敬讓坐答道

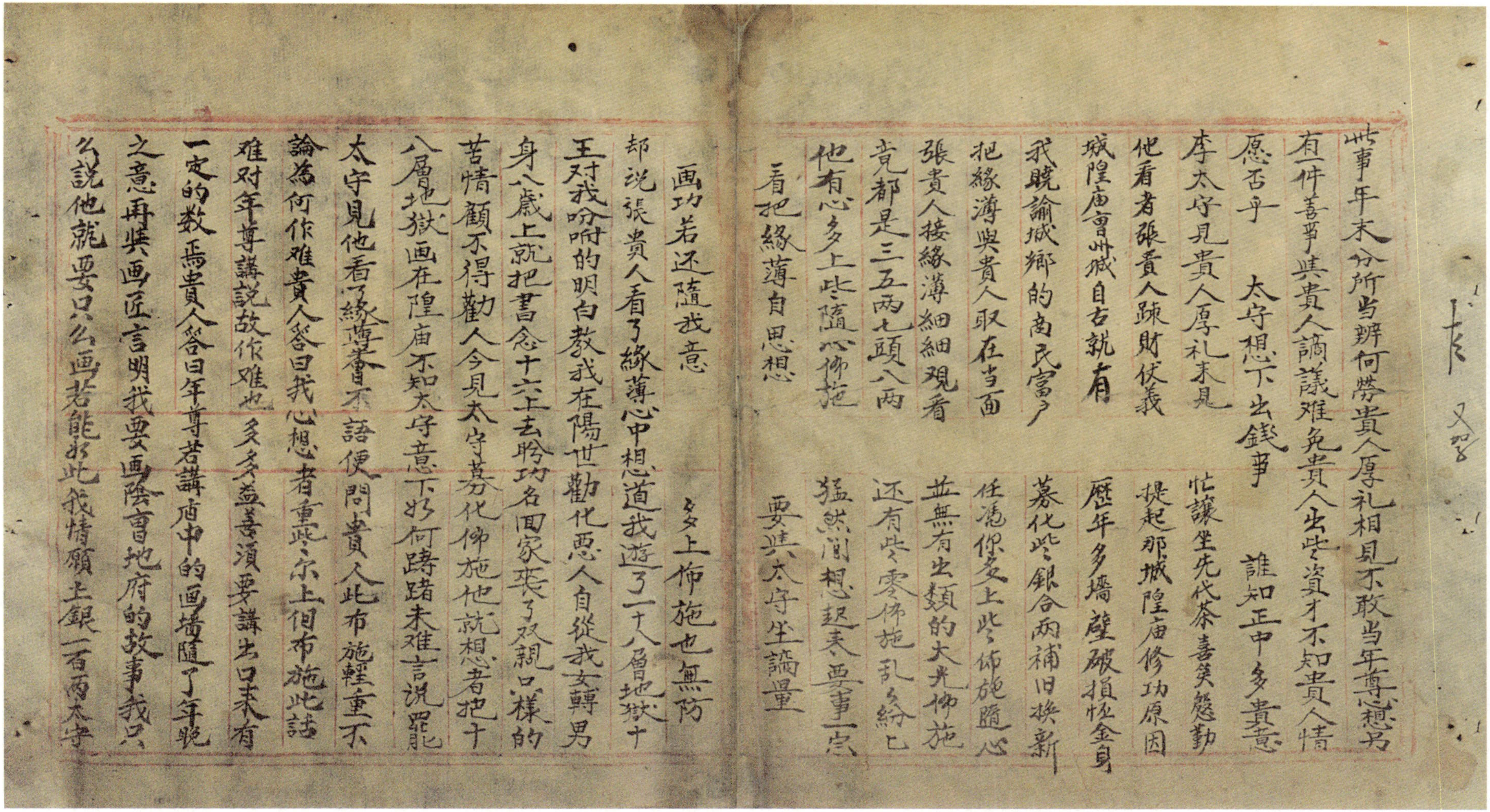

此事年末分所当辦何勞貴人厚礼相見不敢当年尊心想另
有一件善事與貴人商議难免貴人出些資才不知貴人情
愿否乎 太守想下出錢事 誰知正中多貴意
李太守見貴人厚礼末見 忙讓坐先代茶喜笑慇勤
他看者張貴人踈財仗義 提起那城隍庙修功原因
城隍庙曾州城自古就有 歷年多墻壁破損恆金身
我曉諭城鄉的商民富户 募化些銀合兩補旧換新
把緣薄與貴人取在当面 任憑你多上些佈施隨心
張貴人接緣薄細細观看 並無有出類的大光佈施
竟都是三五兩七頭八两 还有些零佈施乱紛紛
他有心多上些隨心佈施 猛然間想起來要事一宗
看把緣薄自思想 要與太守坐議量

画功若还隨我意 多多上佈施也無防
卻説張貴人看了緣薄心中想道我遊了一十八層地獄十
王对我吩咐的明白教我在陽世勸化悪人自從我女轉男
身八歲上就把書念十六上去聆功名回家喪了双親口様的
苦情顧不得勸人今見太守募化佈施他就想者把十
八層地獄画在隍庙不知太守意下如何躊躇未难言説罷
太守見他看了緣薄沓不語便問貴人此布施輕重不
論為何作难貴人答曰我心想者重與尔上個布施此話
难对年尊講説故作难也 多多益善須要講出口來有
一定的数焉貴人答曰年尊若講庙中的画墻隨了年晚
之意再與画匠言明我要画陰曹地府的故事我只
么説他就要只么画若能如此我情願上銀一百兩太守

听言大喜便说此事真乃其巧明日衆会首正要議量
画工之事請貴人同到庙中相見你能出一百两佈施幔
说画墻隨你的意就是再的功程只要你能煩心照应
經理衆会首不依從的理

老太守来小太守　城隍庙裡当會首
怅貴人听说把心中歡喜　忙辭别老年尊回上庙中
李太守到次日庙中等候　差會首拿帖兒去請貴人
不多時把貴人請在庙中　衆會首一個个施礼躬身
李太守怅貴人一處同坐　李太守張貴人一處同坐
人都说貴人的功德甚大　同會首先答知布施原因
把画工老師夫請在当面　今日但就議量要動画工
画工事全要你貴人照应　李太守同合會一齊叮嚀

画大殿並两廊山门内外　全靠你怅貴人一人經理
衆人说只些人真乃甚喜　若貴人能照应無不依從
怅貴人見会首一齊情願　正是他隨心事只得应承
大衆議量一定　要教太守照应　别的事情有可　全说經理画工

却说怅貴人告辞了太守衆人回到店中吩咐一個家人収拾行程
次日回家取些盘费伙食等物留下一個家人每日伺候他
在城隍庙中經理画工之事那時李太守常来庙中观看
画墻上的故事画得奇異那一日把怅貴人請到衙中问道
年尊观看画墻上的大刑好像都是陰曹地府之事不知
貴人從何處見的还是貴人的高才怅貴人答曰年尊若
问此事不得不以实言告也

此事自古甚希罕　要對太守说根原

陽间事情容易曉　陰曹地府実难明　貴人見问泪濕胸
口稱師夫老年尊　若问画墻考見事　此話对人実难明
年晚兩世未迷姓　前生今生俱傷情　前生我是黃氏女
七歲会了金剛經　每日特斋把經念　堂前怨恼二双親
把我嫁與趙屠家　他是一個殺生人　我劝丈夫回心轉
夫妻正好修善因　不料閻君把我喚　三十二上命丧生
丢下兒女人三個　少年夫妻兩離分　一家大小俱失散
你看傷情不傷情　我到陰曹未受罪　兩個金童緊隨跟
迷性之湯我教喝　菩薩空中顯神通　慈悲指點把我渡
金銀橋上走放心　閻王親身来接引　森羅殿上对真經
設下龍倚並書案　我在一傍誦真經　十王殿上口言下
兩班鬼卒都来听　從頭至尾誦一遍　經文不錯半分毫
十王听經心歡喜　把我稱為女善人　吩咐童兒把我引
遊玩地獄十八層　他說放我還陽世　劝化十恶不善人
灶君奏道乃當坛　十王把我轉男身　想與前生重想会
想会除非功名成　苦讀詩書整八春　辇人又把太守昇
田家新墳来祭祖　堂前連哭二双親　前世傷情还未会
今世遇的更傷情　前世夫妻兒和女　今生傷情是生身
兩世傷情接礼論　那個重来那個輕　年晚傷情且莫表
十王法旨敢不尊　教我陽世把人劝　我可怎么劝化人
借重年尊衆萬　要把事情註分明　善待告厰功名成
年晚才敢会前生　句句都是真情話　不敢虚言誑年尊
太守听了一遍　此事真乃空玄　貴人未能迷性　真乃活佛一般
却說貴人約定太守明日九月十三日我們同在庙中想遇我將画墻上

的故事㚐年尊細〻詳明太守答曰年晚遵命遂即告辭伥貴人回上店中来到店房门上檩上拴着两匹大馬進门看見才是王趙二人此話不必細説三貴人見面行礼畢各問了安好然後才讓坐伥貴人問曰你二人因為何事上城实甚辛苦二人答曰我們到了恩人的府上家童言説恩人在城隍廟中照座画工不能脫身因此上城拜見恩人還要請恩人意欲畧酧遂把他二人的父親感念伥貴人的恩德教他二人親身補还銀兩之事細〻説了一遍伥貴人吩咐家童先端些茶尔後端些飯尔三人各坐了位尔吃飽了肚尔再叙些正經話尔

知己客耒情不厭　会心友至話又談

三貴人同坐在復典店内　知己人对知己要説知心

伥貴人到今日不同前日　他对住二貴人要説实情

不藏言不露語水清石現　從前生㚐二人到説今生

説陰曹並地獄只公遊玩　只公在十王殿具論真經

迷昏湯多虧水只公未喝　却怎么有把他女轉男身

王貴人听此言心中驚異　趙貴人听説把两泪紛〻

他二人離坐位双膝下跪　婿認母子認母同認母親

怪道耒毋從前藏言露語　把我的家中事説得分明

兒回家望父親細講一遍　兒的父到今日總不甦心

我二人請毋去与父对面　把此事問一個水清石現

三個貴人説实情　一説〻到金鷄鳴　拉住貴人問岳毋　拉住男人認爹親

却説三人認了毋親岳毋次日同往城隍廟中降〻伥貴人説你二人一個是兒一個是婿為盼功名每人使銀拾两我豈肯教你們補还若你二人也在城隍廟中上些隨心佈施二人合言

說情願三人同來在廟中正直太守也來降香降香一畢三貴人同進太守見了但礼众大家讓坐姓貴人把王趙二人的姓氏與太守說明太守才知是他前生的兒前生的婿有心細問廟中耳目不便太守離了坐位把姓貴人托到画墻根前説道你把故事向我們細〻明言一遍好教大家領教領教

貴人説明地獄难　留於後世把人劝
至今你往隍廟看　画墙總然不改変
姓貴人把画墙從頭細說　李太守同大衆側耳細听
画陰曹並地府不画日月　人死了如燈滅黑古洞〻
鬼门関森羅殿賞善罰惡　善惡的兩個字報得分明
到此地論善惡不論貧富　善報善惡報惡不錯分毫
行善的金橋過童子迎接　人也善路也善八面威風
作惡人奈河橋悍驚受怕　人惡了路也惡其实难行
若一步走錯了就有凶險　跌在那千層浪受罪不輕
破錢山惡狗庄人〻皆怕　迷性湯總惡喝善不饒人
画一個望鄉台人善才上　冤孽鬼都圈在枉死城中
画銅蛇画鉄狗鎮守地獄　再画上諸大獄一世八層
頭一層血池獄婦女受罪　只因他不潔淨冲犯神灵
糞池獄是男子穢汚佛聖　他常〻不淨口不淨真心
寒冰獄剪綾羅破碎紬緞　殺家生害野生剥皮暖身
鉄床獄怕做活最愛受用　多半是睡紅康晝夜不分
磨研獄碓搗獄好吃葷肉　全不知斎於戒毁謗經文
剥皮獄抽觔獄好剥人利　他不論大小事要占香音
抽腸獄扒肚獄臓腑不淨　使大斗並小秤利〻害人

拔舌獄剜眼獄好說是非
喂啞獄吃蛆獄不惜五谷
刀山獄受罪的盡是好漢
銅柱獄抱的是姦淫邪盗
油鍋獄是忤逆不孝之毒
石枷獄都是些好標好賭
銅汁獄好殺生暗送姓命
鋸解獄是寡婦不受貞節
再轉世倘若還生在人類
各地獄離不下牛頭馬面
詸心翁婆罵丈夫叙瞪眼睁
抛撒了米合麵吃蛆吃虫
殺人的放火的霸道行凶
誘閨女欺寡婦敗壞人倫
不敬天不敬地不敬祖宗
又好怪又好騙又好哄人
寫詞訟拆散了田產婚姻
吃斋的破了戒一律同行
但說話好像那車破声音
受罪人若死了一扇還魂
扇是陰陽宝扇　千兩黃金不換
死的能搧活　活的搧得氣斷

却說黃貴人把画墻上的地獄與太象說了一遍象人才知他是個活佛人已讚嘆黃貴人对太守說道王趙二貴人世情願上些佈施太守吩咐取来緣簿他二人各上銀拾兩黃貴人又說道年年观此画工不覓九日十月初一日必能告峻我們三家情願與城隍爺答熙謝經三天過一個團圆大会敢勞年尊與我們照应二老太守答曰貴人與我們尽心辦事又是貴人的善念焉有不尽心的道理此事一面有我言畢三人告辞回居太守回衙不提再說南海观音菩薩正在紫竹林中大坐偶然心血潮犯便知来歷原是菩薩下凡脫化了黃氏女黃氏女轉成黃貴人十月初一日应当仍还本位吾当前去度化

家住南海普陀山　紫竹林中把身安
一傍站定白鸚鴿　一傍楊柳串子蓮
南海難來南海難　南海岸上造法船
观音菩薩為船主

八大金剛把船扳　船頭寫着七個字　不度無緣度有緣
月宮有科梭羅樹　扳下兩枝造噃杆　一枝打在陰曹府
一枝陽世度人緣　吋你上船不上船　推把今年推明年
有着一日船開了　想上法船難上難

却說佛貴人同趙金芳如意父子三人，王万通嬌姑子夫婦二人，是五人惟有伴姑子身懷有孕，十月滿足，夫妻二人但未能末，三家貴人瞧神三天，三十日起，初三日止。曹州的善男信女自從佛貴人與大衆議量之後，人人傳說，個個講論，都知道佛王趙三家要過團圓大会，就有預備者要看，只個相会的夫妻再看見面的兒女，此事真少有也。

人活百歲不為少　世事總然經不了
黃氏兩世重相会　此事真乃甚奇
佛貴人城隍廟團圓相会　請僧道念真經答報神恩
曹州的遠近人都来观看　老和少男共女鬧鬧烘烘
有的說只画墻真乃少見　若看了就如同見了幽冥
惡狗庄奈河橋教人真怕　還道比陽世間有重有輕
也有說陰間的只等刑法　地獄罪又還是一十八層
行善的金橋過道也逍　作惡人受的那各樣非刑
還有些我看那夫妻相会　未見過把男人怎吽
也有說佛貴人今年十六　他女兒倒比他大者九春
李太守来的早照应諸事　人雖多他總也個個小心
三家人似一家恭敬香火　蒙神佑喜相逢各發虔誠
人有誠心神有感　觀音菩薩顯手端

却說观音菩薩駕動祥雲来到曹州城中，搖身一化，化就了一個貧僧，来在城隍庙的山門上，盘膝大坐，有人報道佛貴人佛貴

人吩咐家童拿来米面送与他些教他早些去把家童拿了米
面出得山门来付与僧人僧人説道不化米不化面化但誠心把我
見家童把此話稟知炶貴人听了自覺寄異急忙来到山门
外前观見僧人端然穩坐並不動身貴人善知佛礼口稱
老師夫齊手僧人答曰齊手齊手天長地久如我来佛吉
今少有炶貴人説老師夫你從何處来的僧人説我從化度
山来貴人説你到此處不化米面化些甚么僧人答曰我化有
緣人的先祖超昇三界貴人説你看我有緣無緣僧人答
曰若你無緣我就不来也

貴命説自思忖　貧僧出言非輕　或者他能安超度　還要合他細叮嚀

貴人説老師夫你能超度　我先祖昇不昇怎得知情
貧僧説總教你親自見面　才知道我手端不是哄人
若加疑就不可教我超度　全憑者你一點恭敬誠心
炶貴人説師夫請你入内　你還是只么度只么超生
僧人説我要度就在门外　教大家同观望便見分明
炶貴人听此言主意一定　父子們同商量要度先宗
請僧道念真經特為此事　報答些父母的養育深恩
感動了化度山僧人来到　此机会若錯過難遇難逢
李太守見貴人一齋情願　也只得由他們任意所行
廟中人听得説都来观看　只事情真希罕少經少見

合都来观貧僧　那知貧僧是观音　日每常在法盤　霎時就能到堂

却説貧僧從腰中解下一個單子来便对炶貴人説道只是貧僧
一条單造就度双不度單親兒親女親父子別人不得上条單
炶貴人問曰再有別人難道不度不成僧人答曰再有別人再坐度

怯貴人父子四人先上了此單留王貴人再度僧人說道你四人
望空叩拜如玄光返照的一般自然就能得見本來面目四人
依言叩拜〻謝一畢但向空中觀望果見祥雲繚繞霞光萬
道象人也都來看又指又說一齊都來上看往還顧得下看
不知怎么貧僧怯貴人也才到了半虛空中

听得有声 却也不真 漸〻上昇 無影無踪

却說忽然從空中落下一個紅紙練帖上有边字無人能識惟有
李太守王貴人他二人細〻拆講拆出來了八句偈言

黄氏生來好念經 普賢菩薩降凡塵
趙屠為何殺心重 本是捲簾大將軍
長壽上方左金童 生在趙门取功名
嬌姑原是右玉女 婚緣完滿回天宮

却說眾人听罢讚嘆不 但〻散去李太守與王貴人眾會首完
滿了醮神方才散去來 李太守昇官加職王貴人復娶
妻子各〻成名世〻榮昌皆右事也

黄氏女轉男 兩世得團圓 合家重相会 四聖归了天

黄氏女對真經人〻知曉 留田傳與後世人就度眾生
若有人把經典常〻誦念 善男子善女人都有功稱
念真經先要把心肺洗淨 能信受能奉敬見性明心
念得好延福壽有増無减 又無禍又無煥無是無非
受持經讀誦經心口如一 口誦經心不善勞而無功
念真經先要知敬重三宝 念經要先尊重天地君親
念經人不可貪妻財子祿 念經人要知道報答祖恩
却怎么念經人争名奪利 却怎么念經人姦盜邪淫

却怎么使奸巧與人争鬬
他謀者念些經消災免罪
糊塗念全不知恭悟經義
像這様雖念經也是無益
黃氏女七歲上会了真經
頭一世落了個未有迷娃
况且他非凡夫胎中吃素
佛無法佛無經々亦無説
奉劝人把念経莫当小事
黃氏卷留於世人々听念
善男女听一遍平心慷想
劝世人先勿謀成佛作祖

却怎么貪口富宰殺生灵
他只说能念經就是善人
還 说却怎么不見功成
他还想得正果躲墜沉輪
整々的苦悟了二十五年
弟二世下苦功才上天宫
生下来他性中就有佛根
全憑者一點心々即是經
世常有破斋戒造罪非輕
也就是劝善的一部真經
總还是悪莫作善事当行
每日间行的事自问自心

是真善是假善自己評論
生也好死也好安分守命
抄卷人念卷人也不容易
莫好声総要把字辨分明
女人們十有九好听声音

但無災难禍患不侵
学一個黄氏女善見閻君
还说是念卷人莫有功成
会听的听情屈不听声音
还说是念卷人莫有好声

本卷只許高生讀々一般君子万万不能。若要硬讀者，會有生命的危險。

梁大人題

光緒三十日吉

酒泉中學李光海

康熙宝卷

一卷　民国十九年（1930）抄本

1 册，线装。作者不详。

行款：13 行，21–24 字不等。

开本尺寸：24.2 厘米 ×27.5 厘米。

卷端题『顺治十八创国登基，康熙登位六十一』。卷首有俞登武章，系俞登武所藏。卷尾题『民国十九年三月初一日，何中选谨录，费力抄成一本』。此抄本前面完整，最后一页及边沿有残缺，部分文字不全，甘肃人民出版社 1991 年版点校本《酒泉宝卷》，以此本为底本校录。车锡伦《中国宝卷总目》著录。

该宝卷又名《康熙访山东宝卷》《孔雀明王宝卷》，讲述了康熙年间，山东大旱，颗粒无收。济南府道台王复同私放公粮后，进京面圣请罪。索奈公会同红门寺和尚，有谋反之心。王复同路遇索奈公，被索奈公囚禁并诬陷。索奈公要将王复同斩首，施锡龙劫法场，将王复同救走。康熙帝带王进忠微服私访。在观音堂散钱之后，康熙帝与王进忠失散。康熙帝经历了帮唐四海老汉推车、认周富贵为义子等事，又与王进忠相逢。后因康熙帝义子周富贵去当黄马褂，惹下官司，康熙帝、王进忠被抓。康熙帝派周富贵带上信物到京城找太后和施锡龙。施锡龙带兵救驾，赈灾安民。康熙帝回京途中又将张保童收为义子，与张豹的妹妹张金定喜结良缘。康熙帝回京之后，将索家诛灭九族，封赏了各位功臣贤人。

此宝卷抄写工整，有标点，文字生动，近乎口语化。尾部有残，已修复。

一户楊澤存
實征捌束柒分
原額正草壹拾叁束柒分
荒蕪伍束

一户胡應科
實征貳拾伍束
原額正草肆拾壹束捌分
荒蕪壹[illegible]

一户邢蘭益
實征貳束伍分
原額正草伍束
荒蕪貳束伍分

一户嚴正威
實征壹束捌分
原額正草叁束
荒蕪壹束貳分

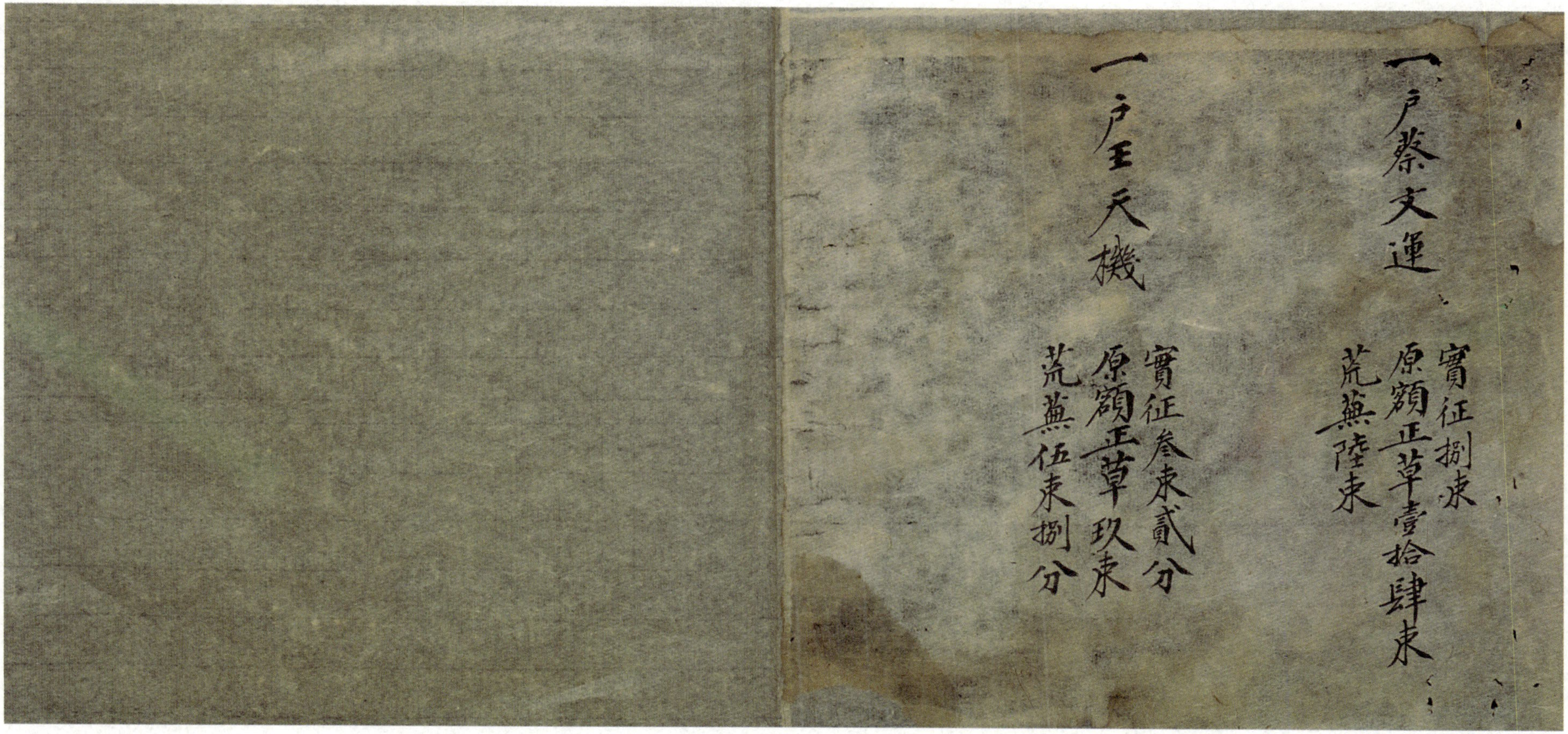
一户蔡文運
實征捌束
原額正草壹拾肆束
荒蕪陸束
一户王天機
實征叁束貳分
原額正草玖束
荒蕪伍束捌分

順治十八劉國泰

康熙登位六十壹

當今生卷展開　諸佛明王降臨來
康熙私放到山東　勸化黎民仔細听
郝說只段故事出在大清年間康熙皇爺在位有道明君
風調雨順國泰民安因爲山東六府大旱一十三年寸
草不生黎民荒亂王子那裡得知有那濟南府的倉
庫也無有銀餉餘粮府道的知縣連奏了九本不都呌
那索三神丁王子那裡曉得濟南府的百姓頭目趙讓
王進李玉三人說我们是地方的農約鄉老甲長今日
我们濟南府的百姓甚是荒乱如今饑困挨门閉户都
傳進城來園道台衙门来見大憲大人討粮遞那
荒旱字見如今你我進城去把荒旱的字見投入衙内
庄看如何一言未盡來到大堂口前邊呌三班六房
將爺们我請你们有……出來言
尊李耆老趙老輩你们三人來到衙门有何事情
三人言說我們同百姓遞那荒旱字見要求見大人
煩勞將爺把字見你與我們轉進去張頭見緊敢接
者過來便說你們少站一時恐怕大人问話一言未把進
來了無數的百姓大門以裏二門以外三个一夥五个
一堆老幼大小斜橕横臥胡言乱語張頭見一見連
忙跪進三堂回禀大人得知都說那道台大人姓
王名吽王復同是河南長沙府興定縣人氏出任
坐六府的知縣爲官清正愛民如子陞了山東的
五湖道台坐了五年因爲山東大旱百姓荒乱心中
甚是憂愁正在書房悶坐只見張頭見手中拿
者無數的字見進來跪下回禀大人得知今日來了
無數的百姓俱有荒乱的字見他們都來求見大人

王夫人听說用手扽字見棲者過來細〻看了一便心裡都
有檢粮的意思便說吩咐你出去與他們農的說知你們出
去叫百姓一齊進衙門來大人問話一言未把王大人坐了白虎大
堂百姓一齊連忙上前跪下口稱青天大人在上快救我們百姓
性命一齊乱嚷横吵王大人一句都听不明白了又吩咐你們
不必乱嚷站立一時听本道說來你們細細听正事

大人心中自思量　奉勸黎民田嵗鄉

王夫人吩咐畢回到三堂　此事見到叫我好不心傷
知縣官曽放粮曽不回轉　私開倉放皇粮此事太荒
康熙爷必降罪我要承當　進三堂與夫人再作論量

都說大人吩咐一畢來到三堂與夫人李氏把偶表章上
京領粮安民的話說了一便夫人吩咐丫環忙〻與老爷端
茶來你老爷寫表章正是

夫人回到三堂滿　大人端坐寫表章

王大人坐三堂心中暗想　我一心進京去求見皇王
回頭來叫書吏細听我講　叫三班合六房听我心上
有書吏並房班一齊跪堂　尊大人有甚事吩咐緊忙
今夜晚寫本章奏與聖上　到明天我一定去奏君王
我急忙坐在了書案以上　王復同提起筆先寫本章
王復同提起筆涙流滿面　坐書案不由的一陣心酸
我昨日出了城鄉礼施訪　衆百姓都恭念我是清官
回衙來我請了李驛丞商　買貴人借與我白銀千兩
三千銀與百姓尽數散完　本道的奉季銀還有兩千
與百姓也散完仍受飢寒　细思想世上人還叫天養
救萬民離不了尊帝皇王　王復同只坐到更深夜靜
耳听得樵樓上鼓打三更　我慌忙寫本章去見君王

却說王渡同坐在書案要寫見君王的本章內此百姓苦難不由心中憂愁耳听得樵樓上鼓打三更還未動筆忙叫人役換上大蜡西枝提筆在手一心任定要寫見君王本章正是

大人提筆在手中　一心寫表去上京

奏本臣王渡同三叩九拜　本奏道龍位前吾主細看
山東域六府縣大遭年旱　不收成眾百姓甚是可憐
眾官員連奏了几道本章　臣的本並無有一句虛文
我的主九龍位何不矜念　為甚么不發粮饑餓黎民
自古說飢寒是人之難忍　山東的眾百姓真是可憐
十二載並無有下个雨点　只旱的六府縣黎民不安
倉中粮只几年並無餘賦　不餓饑眾百姓必起禍端
臣的本是真情不敢奏慌　並無有一句假吾皇是情
王大人寫完本細看幾遍　一句句一行行也是分明
猛抬頭不覺得天色向　登壹晚來百姓話語不安
慌忙忙把人役壹聲高叫　叫書班你上前細听我言
傳驛官你與我備上馬鞍　我回上三堂內辭別夫人

却說王大人吩咐一畢來到三堂夫人李氏把寫下表章進京的話說了一遍辭別夫人急速進京夫人听說慌忙吩咐学环快與老爺端茶淨臉吃菜待飯一畢換了衣服夫人送出三堂去了正是

老爺辭夫人　趕行上路程

王大人辭夫人往前行走　出宅門到大堂細說分明
坐大堂叫書班听我細說　有三班各六房各要小心
手下早備上兩匹大馬　我壹心去上京身入皇城
有書吏合衙役一齊跪倒　尊大人有甚么吩咐之言
大人說此一去不知遲早　莫胡行衙中事好好照管
等老爺起京地回上衙來　那時節饒你們快樂輕閑

其老爺快了見拉過坐馬　我二人忙上馬出离堂中
出大门耳听得紛紛亂嚷　覌見那買賣人前來送行
王大人忙吩咐把馬站定　下馬來我自得以禮相叅
我本道在此地有何恩意　敢勞你眾客商前來送行
買賣人听一言慌忙回稟　為百姓勞大人遠行一程
王大人听此言喜之不尽　領田粮那時節在拜你们
辞别了眾客商又往前走　又覌見眾百姓前來送行
當街上設香案叩首禮拜　两边列跪百姓也有萬千
王大人走上前開言便问　百姓们設香案口為何情
百姓說與大人都化行遠　老大人為我们遠受風塵
王大人听此言喜之不尽　叫一聲眾百姓你们細听
只凡年把你们多受飢寒　領田粮那時節好救你们
辞别了眾百姓不必遠送　將上馬慌忙了出了城门
此一去若到了北京順天　我先見施大人吏部天官
我合他上金殿見了吾主　捨者命空者死拿上本条
論走路也走了十數餘站　不覺的來到了六股橋前
王渡同上了橋且莫细表　再表那索泰公出了府门
却說索泰公便是君不君臣不臣，何必斬殺，當今一心要
謀金龍位，何日龍[illegible]我[illegible]我索公也不非凡，我妹子坐
的昭陽正院，我本是皇親國舅，披其排房，我叫索三，我的两
个侄兒子一个名叫索龍、一个名叫索虎，他二人在轉華山打
家截道，非是打家劫道，明明的招兵聚將，昨日來了一封書信
聚下了三萬八千人馬，若聚十萬人馬，合通紅寺和尚要奪主
子的江山有何难哉。還有一个覡子在山東七河縣裡開看一坐皇
當，他名叫索景，也有武藝，只山東大旱一十三年，寸草不
生，六府的官員累次有討粮本章，我有个干兒他坐的樁本

御史我吽他押了山東官員的本章若是逼反山東的百姓
路道東到轉花山兩兵合營馬踹北京其不是好么只几个月
並未見他的个王信到来我又恐怕山東有大胆的官員進了
京城合通那索公候王爷奏本上殿康熙主子降罪連累了
見千子如何湧了吩咐人役打轎上六股橋一來散心二来打听山東
消息如何是好

老夫生來不非凡　一心要謀王江山
索太公坐八台威風烈烈　手下人排刀殺氣騰騰
出府门正行走容目觀看　一時间来到了六股橋前
把此事妥且下莫可细表　再表那王渡同催馬来到
王渡同正催馬往前所走　不覚的来到了四座城门
正行走抬趑頭容目觀看　不覚的索奈公来到跟前

却說索三在橋中行走觀見前面来了二人騎着兩匹大馬就
像是官長中打扮身代塵灰必定是遠路上来的人吩咐人役
把他與我吽来手下人役慌忙把王渡同吽来站住王渡同听吽慌
忙跳下馬来㨿敢走到索大人面前双膝跪下口稱皇亲大人
小官見王渡同叅拜索太公所說淘言便问王渡同你在山東鎮
守姓末在京地赶其何事王渡同言說山東天年大旱故末求見大人
與小官見作任索太公所說吩咐人役把王渡同與我代来一言未尽
来到衙门到了二堂書館設下酒讓坐王渡同推蛋不飲索太公问
到王渡同你見君的本章拿来我看王渡同便說小官見未有拿上本
章故来求見大人與小官見寫个本章索太公便說你滿口的支
吾甚麽謊說你是个五湖道台無有手本就是个皇堂如縣
他也有个底見吩咐人役们與我搜揀一反不多一个時當下搜出
三个本章唬的王渡同面如土色料衣打戰不敢言語索太公
把本章看了一便吩咐人役把王押在班上與我看轎上朝去
不多一時来到午门便說内中有人么太监所說索奈公你上殿

有何大事索公說你奏吾主知道臣有要緊事情上殿有那宮ろ
太監慌忙奏知主子康熙所說有奏慌忙登了九龍金殿
便說皇上有何本奏索奈公說慌忙跪下口稱萬歲湯知
那山東的五湖道台王渡同會通知縣私意開倉放粮况且山
東是豐收之年廣出一口蘇糖今日皇王有旨六部有文也該到
皇王無旨六部無文他又進京奏本來了只个道太公假說天年
大旱山東拐吾主倉庫銀兩谷粮只要貪官要他何用吾主
說該作主定奪康熙所說好一王渡同只說不是皇令無旨六部
無文私放倉粮犯罪不輕朕批皇親國舅開消去罷天子田
朝去了索太公吩咐人役捉王渡同綁到殺場斬他首級
日後山東的官員所看他永不敢奏本了

康熙準了索三本　一心要殺王渡同

王渡同听一言泪流滿面　背地裡罵了聲賊人索三
寔想說我進京要遇清官　誰知道偏遇着賊人索三
犯罪人脫官詰代了繩索　釘手肘代脚鐐出了衙門
行末在大街上泪如雨下　叫了聲滿城人細听我言
我的官是山東五湖道台　天年旱為黎民來求粮皇
我只說遇清官保本上殿　誰料想遇奸当捉我命傷
寔想說救百姓显我清正　誰知道今落在剛刀下边
我好相領就的一隻神羊　進殺場我的命定見閻王
索府人又好比左右判官　拉的拉扯的扯要奔殺場
只殺場好相似枉死之城　仁命斬捧在了我的身上
頭頂上去去了三魂七魄　閻王爺他開了酆都城門
索太公坐殺場怒氣冲冲　背地裡罵一聲大胆湯同
只天堂有明路你却不走　那地獄無有门闯者來行

設香案祭天地要殺你斬　好比是五閻王送你殘生
索奈公坐在了公案以上　等午時要斬你渡同歸途
託此話安且下莫可細表　再表那施不全來到街門
却說吏部天官說我父名叫施彥紅我名叫施錫龍入了
托我叫施不全我能站在養老院我的表兄康熙王我奉
旨建修五台山無有糧餉回京去領餉令坐府下都怎麼
荒眼跳不知甚麼情由連說施安見走來手下人說開倭大人
施公說你托黃天損其我叫來一言未盡黃天損來到連說
叫小人有何吩咐施公說我心荒眼跳必定有要緊之事吩咐
人役端我補褂頂帽過來你跟我去到大街散心一回
大人心驚坐不安　必定殺人要伸冤
施大人拿頂花頭承斯走　黃天損合人役緊緊跟
心又驚眼又跳坐卧不安　我一聯又一溜出了府門
施不全我走到府門外前　街坊上那些人笑他噫噫
因此上我心中自思自嘆　我爹娘生下我一個怪形
前鷄樓後馬構真乃难看　脊背上長个答十分甚圓
我只个左腿長右腿又短　臉上的大麻子足有萬千
搖吊了小帽兒並無頭髮　鬆唇子還代着兩个包牙
左耳大右耳小两个璽了　兩隻手十个指只有九个
生下我容貌醜五行不正　因此上人把我叫个不全
正府在大街上閑遊閑看　耳听得五花门鼓鑼之聲
却說施公便叫施安見你前去看看是那乳的破鑼之聲施安
見去看回稟大人殺人者礼施公便說你去問个明白殺
的何人甚麼人監斬施安見問了一遍前來回稟大人殺
王讀同　索太公監斬施公听說　罢了罢了哎呀好
熊的个名子当下就記不起來了哎呀只是山東濟南府的

官長他前任做過六府的知縣清正愛民陞了山東
五湖道台王渡同我听他坐官清正不知几時来到京他如何
洛在賊人的手中拖他條斬便咩施安見快端我的頂帽
補褂過来慌忙穿帶起来便咩黄、天娸你前去对他的人役説
稟知他們大人我要見面黄天娸往前走了几步对他的人役
説稟知你們大人我家吏部天官要見人役慌忙稟索大人
得知索太公吩咐人役你就説我心中有事改日在見那人役
緊蔵説娸黄、天娸回稟施大人得知索大人有事改日見、
今日不准見施公面施公听説罷了罷了好好你再对他的人役
説他教我見我也要見他不教我見我偏一定要見黄天娸对
他的人役將此話説知那人役慌忙稟知索大人太公听此言
心中暗想那施不全是个咬呀兜兜就是了答个請字請
見那人役对黄、天娸説知大人有請黄、天娸回稟施大人
吩咐人役你去娸那監斬的説刀下留人劊子手停住（一言未了施
大人来到面前索太公问施大人你好公施公説罷了罷了且问太人
你斬的何人索太公罷王渡同的話細、説了一遍施大人听説
就是王渡同私放倉粮他也是為救貧民並無有拿到他
家肥家用飢就是皇家大人也做的主子的官就是王渡同
他也做的主子的官就是我施不全也做的主子官你想你
在我滕上看我的面把他饒了我把他代到我府尚他个明白
等到明天再罷他條斬你看如何索太公説施大人你不
用管他只恐淌事施公听説你教我管我也管你不教我
管我一定要管二人講話中間施公便咩黄、天娸你快去截
了杀場把王渡同背到我府又怕甚么黄、天娸听説慌忙跪
到杀場罷王渡同背上走了索太公説施不全你不遵律條
私截杀場我合你休手罷不成施不全心中暗想打樣不好

先下手一拳打吊索的三个门牙秦三說只还了淂你我扭袍
上殿施公說上殿就上殿誰還怕誰一言未罢二人来到午门擊
動了金鐘鼓康熙登殿二人齊奏康熙康熙主人說你二
人不必乱嚷天官底頭皇亲奏来秦三齊奏萬歲得知
臣領聖旨去斬王漠同天官私截杀场又打吊臣的三个
门牙看他合王漠同怎樣之人萬歲其臣作主康熙說
皇亲底頭天官奏来施不全說吾王淂知那王漠同是个
清官山東天年大旱護說王漠同私放倉粮就是會通
知县私放皇粮他也是粮亂安民替主子安民国泰並
無肥家用亂己就是皇上無旨六部無文王漠同他也
有些罪站县下在刑部监中截天官私通王漠同我有七
十二口家眷杀在五花门上我的只裸黑頭也情愿献其主
子若是山東大旱主子那時節再作定奪康熙
听說天官言者有禮吩咐人役聞鉴就罢王漠同並他的家
眷下在监中你二人下殿去罢主子自有道礼吩咐一畢
康熙退宫且說老皇后正在養老宫院獨坐忽然想起
先君創業之事难不由的双流泪眼

獨坐院中無思量　想起先君事一場
老皇后坐院中心内嗟嘆　忽想起先君爷創立江山
李闖王在燕山登龍立位　普天下众百姓坐臥不安
破天下立國号崇禎皇帝　倉庫空並無有銀錢使用
吳老臣他本是忠臣良将　他花那吳老臣選上金殿
河兵部他一定要下銀錢　若無錢鉄鏈鎖籠死朝廷
逼者那吳三貴三官造反　反過海投奔我翁父爺前
我翁父九龍宫兵多將廣　我扶主順治王坐了江山
吳三貴我西家作了亲眷　那時節挽四六分了江山

老皇后口说話還未说尽　康熈王有道君来進宫中
却说老皇后正在宫傥思念先君之事觋見康熈来到面前
行礼一畢不禔且说施不全下得殿去暗暗出来走到宫门
便问有人在宫人说施大人你做甚么来了施公说你奏國
母就说天官要見宫女當入奏知国母便说只个醜官見我
有何本奏吩咐叫他進来宫女聰忙開了宫门施不全一
跏一倒進了宫门来到国母面前王子也在一傍连忙三叩
九拜便问国母合萬歲駕安老皇后康熈说承问了天
官吏部你好么施不全说罢了罢了老皇后问你進宫来
有何本奏施不全说啟奏国母萬歲得知剛绕我两家
金殿動本臣不知主子欽差那家公侯王爺清正大人
出京私訪山東康熈说我不差那家公宫侯王爺我亲自
出京私訪施不全所说真乃是有道的明君老皇后
听得此言便说我兒康熈自古長言講話却好龍不離位虎不
離山山東地方山高路遠必何去得母亲解勸康熈只不
听一心要去出京私訪山東施不全見王子定一亲自私訪
便问還是代上多少人馬多少银錢康熈说将那满漢官
員代几伍御林兵代上几十个银錢不怕多少施不全听说
啟奏吾主得知你又不東省西杀南征北戰代上只此官員
兵丁作甚么你不怕朝裏的賍官走漏了消息只还了得
康熈说依你之見施不全说你就把鎮殿将軍王進忠代上
他一人代你二人妝了客商買賣人把名諱改了萬歲叫作趙
大太爺王進忠叫作王忠心你二人先生夥計稱呼若出京
有人盤问你说是大康王的夥計出京貿易豈不是
个救了雅了的个事見么康熈听说天官言者有礼憶
忙换了衣服施不全又與王進忠说只此事又吩咐長歲

備了兩匹大馬慌忙起身二人來到五花大門施不全說我看王子
頭上代的樹棵帽子身上穿的天藍緞袍子腳上登的滿緞靴子
騎的是白龍紅鬃馬王進忠頭上代的大絨帽子身上穿的
此套樣的袍子腳上登的皂布靴子騎的白龍青鬃馬真乃
打扮的像个買賣人施不全說我也騎上坐馬送他君臣二人
好出城去不多一時君臣二人出了皇城來到六股橋上君臣
行禮一畢上馬走了

君臣二人出了京　施公夫人轉回程
二人走了西關路　再表康熙有道君
康熙王他君臣離了京地　出順天一心兒要奔山東
此一去到山東大府之地　看一看我的只黎民百姓
康熙王在馬上自思自想　忽想起養老供我的老娘
只兀日我未曾與母請安　又不知我的母安也不安
康熙王正想起坐身老母　覌見那眾百姓喜之歡之
我看見使牛的手提牛鞭　口兒裡不住的唱的乱談
放羊的坐一處都把烧喧　自常喧也不怕羊去吃田
篤王的在馬上自思自想　此地方必定是豐收之年
索太公他奏本还餘奏假　施不全只醜官說白道烧
篤王的在要站清早用飯　曾吃的羊肉能又是灰馬
只顧的好年景銀錢又廣　他還說百姓們受了飢寒
我君臣催動馬又往前走　又走了正一天日落西山
正行走君臣們答目覌看　黑洞洞又不知甚地原方
君臣們騎著馬往前行走　不覺得他二人來到東門
耳所得眾百姓紛紛乱嚷　他言說只年景甚是飢寒
有的說天年旱人都餓死　有的說胡刀槍作乱胡行
有的說夫拋妻各討方便　有的說父丢子各討姓命
有的說挖草根都当飯吃　有的說抱樹皮吞都吃光

康熙王在馬上听得此言　不由的一陣陣好不心酸
叫一声王忠心听我細説　下馬來找店房且罷身安
君臣們騎拉着馬東門尚遍　那店家他説的一个言語
他都説我的馬怕人刀槍　那裡去無處站那裡安身
正行走抬起頭容目観看　見寺院在面前借宿一晚
却説君臣二人來到一座寺院根前抬頭觀看匾上有觀音堂
的三字王忠心説便尚此處有人広和尚听説便尚你們是做
甚広的人王忠心説我們是借你的寶寺住宿一晚和尚听説
開了山門出來一看見他二人身穿紬緞手拉大馬也不是非
凡之人便問客官你姓甚名誰那裡人氏為何不在店中去
站康熙便説我們是北京順天府的人氏我姓趙我的夥計
姓王因為出京貿易來的各店裡都尚便都説是無處站
故來寶寺借宿一晚和尚听説慌忙罷趙王二客人請進寺裡
坐王忠心説老師傅我家掌櫃的肚餓了你與我們造些飯吃
和尚答曰是你客官不知我們山東地方大旱年成並無米面那
甚広造飯王忠心説我多與你們些銀錢你到街上與我們買
些米面和尚説就是街上也無有米面可賣你二人少坐一時有
大沙泥在你們北京順天府化來的些米我與你們造上些飯你
們吃去罷
觀音堂前前吃飯　末了老翁到門前
何該王子有大難　君臣二人偏兩邊
有徒弟合師傅慌忙造飯　忙搭起火德星又罷水添
小沙泥忙洗鍋不敢怠慢　老和尚先洗手又罷面趕
忙趕上面棋子下在鍋内　一時間造成了一頓湯飯
滚一滚成两碗就往上端　端上來請客官去罷飯参
説客官請用飯莫嫌粗淡　康熙王見此飯嘻口而護
叫僧人你與我再端兩碗　我且問你只飯叫作何名

十二

那和尚听此言满口應答　我只飯名叫个魚兒潛沙
康熙王听此言心中暗想　只飯的好此名必定尋常
只魚兒不在河就在海　都怎広今日个潛了沙窩
不知道為王的那些有难　怕的是應在了王的身边
康熙王正思想心中品　又觀見門外边来了一人
手拿着兩根棍年紀高大　頭髮白眼睛花双膝跪下
口稱着財主爷大行方便　你的飯與我些搪了飢寒
那老汗双手見接過飯碗　飢餓人吃了个美味香甜
吃了飯謝了恩回家去了　只个人他就是這禍根原
回家去对老婆细说壹遍　他旁邊須多人細听他言
他说是觀音堂站下客人　穿紬緞拉大馬磨有银錢
他要與了他壹碗美飯　到明天我還要去討银錢
那些人听此言紛々乱嚷　都説是觀音堂来了富汗
一傳十々傳百百傳千萬　都来在觀音堂去討银錢
康熙王見此事大不穩便　問和尚那裡有换錢舖面
和尚説换錢舖还有几座　頂换的各好頭不能差錯
康熙说王忠心听我吩咐　將良子拿弍百去换銅錢
王忠心听此言不敢怠慢　那良子到大街去换錢文
到當舖將良子忙罷换　整々的换銅錢弍百餘串
在當舖央几人將錢抬上　一時间抬到了觀音堂前
那説康熙見王忠心抬办抬来吩咐貧人你们不必乱走站東邊
西邊我的賬計其你们散办叁百文不多一時將办散完还有須多
的百姓紛々乱嚷胡言乱語康熙又吩咐王忠心你在换銅錢三百串
散其他们来罢王忠心听说又换来弍百串銅錢放在丹墀又見来
了多数的百姓胡乃横搶見事不好把办放筐裡用脚將串
子踏断用手抓起胡扬那些百姓自顧了錢王忠心慌忙拉過

尖馬保康熙王子偷走後門又順巷口來了[illegible]百姓你看客官走
百姓走擋住他哄我們散〻不哄我們散〻擋了他兩匹大馬哄他
槍了代說着往前一撲就康熙的馬嘿驚跑出東門去了王忠
的馬嘿驚跑出西門去了　百姓刀槍馬嘿驚　康熙騎馬出東門

忠心西門上下找　觀音堂前失散君

王進忠出西門且莫細表　再表那康熙王出了東門
康熙王到城南回頭細看　卻怎麼不見那鎮殿將軍
為王的催動馬上下找遍　又不知王進忠那裡所行
無奈何獨自个往前行走　轉回頭叫一聲鎮殿將軍
不覺的又走了一日路盡　日落西天黑晚那裡安身
四下裏我用眼細細觀看　並無个烏鴉鳴又無人烟
前無庄後無舍又無客店　往前走今日个盡是沙灘
康熙王不由的淚流滿面　哭了聲王進忠你在何方
閃下我好像似失羣孤鳥　又像似羊過狼進退兩難
獨自个在沙灘無人作伴　王的那保駕臣他在那邊
今夜晚無店舍何處去站　王進忠你怎知王在沙灘、
忽想起觀音堂到今兩晚　都怎麼我心跳兩腳發酸
又想起那和尚造的那飯　到今日王果然困在沙灘
向前往有棵垂柳楊樹　傍邊裡還有个大〻埃灣
我慌忙往坐馬拴在樹尚、　與崖灣就是我安身地方
進埃灣好像似人來作伴　今夜晚王覺得到也安然
正坐着不由的心中發夢　那崖灣睡着了孔雀明王
有山神合土地不敢怠慢　都歇灣來伺候康熙皇王
土地說我在此與他作伴　山神說柳樹下我與馬看
康熙王睡了个東方大亮　睜開眼不覺的閃出太陽
却說康熙一呼睡醒睜眼觀看日出半天翻身起來把馬[illegible]了

稔在馬上观見面前有一條大路㧗馬解下樹東𩎟鞍上馬順路
羊常去了

土地山神不消停　　奉送君王往前行
观音堂前君失散　　七和小县在國圖
康熙王上了馬往前行走　　幽荒雖素到了大路前边
有山神合土地二神開言　　送上神走去了穩得安然
在此地明王佛孤宿一晚　　只跪的我二人两腿發酸
土地说罢我的两腿跕壊　　山神说跕的我力乏汗乾
有二神回祠堂且莫細表　　再表那有道君康熙明王
康熙王過山岔山水又多　　又不知那是畀水深水淺
無奈了下下馬跕立河灘　　罢坐馬拴在了河柳樹上
康熙王拴下馬且慕細表　　再表那唐四海推車来到
今日个明王神君臣失散　　我當面推小車去投信傳
土地神拄枴棍坡前立候　　唐四海推炭依来到坡前

都说康熙王正在河沿看見坡下来了一个推車的老汗㧗車子推上坡来土地用枴棍一指退下坡去了又推者上来土地神又擄下坡去連推三次總未見推者上来坡康熙望見坡去是他推上坡来是我的好意唐四海正在無奈之中观見湲说我出京訪的孝子賢孫孤寡年大之人我不免下湡坡前来了一人双手過膝两耳墜腮渾身穿紬緞面代红光湲说貌像也不非凡不是公侯王爷湲是富豪客商一言未尽来到跟前康熙湲問只老汗姓甚名誰那裡人氏推只小車做甚麼去四海答曰我姓唐名四海家住人氏四海说你姓甚名誰那裡人氏康熙说我姓趙名大大爷北京順天府人氏我的夥计姓王因為出京貿易我二人以在观音堂前失散不知几時纔得尋看四海听说口中不言心中暗想清朝家的人了不得貝有几个錢而就在人跟前稱其大

來了且說客官我問你走那裡去我往七和縣裏去尋四海听說如此
你我二人一同去走抱康熙說我的躲計自從失散我在前他在後还未
到來我見你年大之人推不上車來我與你推着上去你看如何四海
說你們買賣人恐怕不會推車打滥我的家伙如何是好康熙說你
要繩索取吊把只个推車之事有何難我非與你推上坡去正是

土地擋住推車人　康熙與他用苦功

康熙皇爺是明君　要替四海用苦功　四海听言哈哈笑
取吊鈎搭合麻繩　咩嘜客官听我言　你推車兒我裝
康熙要繩搭膊項　鈎搭掛在轅條上　為王不學别的事
學那蔡王推桑車　心中思想西不难　兩手推車腳不閑
自将取繩拖車推　土地用拐撬翻車　一車家伙都打滥
四海嚇的戰索索　咩嘜客好差錯　怎去打滥我家伙
打滥家伙还有可　家有老母要養活　我母現有九十多
全望賣个去養活　今要家伙都打滥　連本代利要一个
四海說的眼流泪　道咩康熙好難過　咩嘜四听我言
我今與你賠家伙　你在車上去占過　滥的多来好的多
你看全滥来有滥　我將與你賠家伙　四海用手車內摸
滥的有很好的多　回頭開言对答說　一車全滥要一个
憶然畫車都打滥　能置銅錢我百串　連本代利都賠過
你在不用瞞怨我　四海口裡回言答　我的家伙買的多
本錢就是八串多　連本代利十串多　康熙听言哈哈笑
十串大錢也不多　與你元宝整一个　拿回家去養老母
我今與你賠的多　好好死奉買吃活

康熙打滥他家伙　到咩四海好難過

却說康熙问事四海你的家伙已今打滥了我與你賠上五十兩銀
子你看如何事四海說五十兩銀子是數有餘康熙走到馬跟前

馬上抹了一挖，说只使弄壞了唐四海，说怎麽了，康熙说我與你
说下烧了。唐四海说你不與我賠了。康熙说非是不與你賠了，
我這說的明白，我的夥計在後頭，艮子在夥計的馬上搭着。
你代说看從帽子裏取出一顆寶珠子，说你代在身上，你若回
去路上遇見我的夥計，你把珠子與他，他必然與你今萬銀
子。唐四海说你的夥計怎麽樣的个人，康熙說穿代汗架細说了
一遍。又说騎着一匹大馬，合我的只个馬一个樣子。唐四海说若遇
不着了，康熙说遇不了，我當武[illegible]，將只顆珠子你使用去罷。
四海说的只顆珠子能買多少銀錢，康熙說若遇上識家，能買一頭兩千
銀子，若不遇識家，能直七頭八百兩艮子。四海接過珠子一看，真
个是光彩明亮，果然是一顆寶珠，只說你與我賠了，也是我老汗
的運氣，你與我推查，也是你的好意，並不是故意而打攪我的家伙。
康熙聽說，只老汗也是个賢德之人，我日後回京差人與你送来
些本錢。我且問你，走七和集還有多少路？四海說還有卅十里路
了。康熙聽說把馬解下，樹上上馬就走。唐四海說我與你拉馬送過
河，你再去罷。康熙說，康熙說，說你有勞，真乃是賢德之人也，正是

四海送過康熙王　忙拱欲侬回家鄉
唐四海回家鄉且莫細表　再表那王進忠找尋君王
王進忠在馬上淚流滿面　哭了哧有道君康熙皇王
观音堂我二人君臣失散　臣的主出山门那裡所行
為臣的出西门我到東门　東西尋南北找並無影信
我有心不找尋轉回京去　难見那班不全吏部天官
我保駕失去了康熙皇爺　他必定要殺我五花门前
我有心不回上北京城去　又想怕康熙王回進朝班
我的王你若是有些好歹　叫為臣满家人不得安然
思在前想在後進退两难　到不如尋自盡命見閻君

我有心柚下刀一命自尽　又恐怕落不下囫圇屍首
催開馬我自得往前所走　尋一个好地方懸梁而終
正行走抬起頭容目觀看　有一坐龍王廟走到跟前
殿前邊有一棵重楊大樹　只樹下尋無常到也干淨
忙下馬重楊樹我拴馬拴　推開门到廟裏先罷神靈
進山门抬起頭細細觀看　龍王廟修蓋的甚是威風
上面而塑的是龍王神像　兩邊裡塑的是水鬼判官
王進忠走上前双膝跪下　忙祝告龍王爷細听根牙
龍王爷你感應有灵有顯　我死在你廟中罷我收存
我有心普天下各逃性命　又恐我世人罵落个不忠
叩罷頭從腰中解下帶子　拴梁上系有人説下無情
挽了个繩扣児推下壹凳　可憐罷鎮英王壹命歸陰
老龍王備來在歇馬宝英　見梁上吊一人失了一驚
鎮英王今有難吊下欲死　我吩咐水鬼门答救他身
巡河將水鬼门各听吩咐　快救他鎮英王君臣團圓
衆神灵只忙的安下莫表　再表那唐四海推車來到
進忠尋死且莫表　再表肆海推車到
且説王進忠正在廟中尋死不提且説唐海推車來到山门
抬頭观看見樹上拴着一匹大馬合趙大太爺的馬是一个樣
想必就是他夥計在廟裏歇涼敢把車放下走進廟门一看
哎呀不好了他的夥計不知因甚事情在只裏尋死犇裡我上前用
手心口一摸此人還有氣必有救星又見此人口只大的汗子如何搞得
下來思想了一會有了我把只車子推到跟前站在車子上往
上一擱巡河將軍把繩扣而所吊人接神力神接人力輕輕放在
地下睁了一會甦醒過來唐四海細細問了一遍果然就是
趙大太爺的夥計唐四海罵打鑑家伙賠了不的話細細説了一遍

王進忠便叫唐大哥你說我的掌櫃的帽子上的一粿珠子你那
來我看 唐四海听說緊忙取肴出來 王進忠見了珠子就像
見了主子的一般用手接着過來跪倒叩了一頭起來取了五千
銀子與了唐四海又與龍王爺叩了一頭起來走出山門把馬解
下樹來便問唐大哥走七和果還有多少路 唐四海說還
有八十里路了 王進忠听說辭别四海上馬去了 不提且說唐四
海我今日救人一难又得長子五十兩日後必定還有富貴 王進
廟來也是龍王爺叩了一頭翻起身來 慌忙推上車子回家去
了正是 進忠騎馬我主人 四海推車回家中
唐四海回家去莫可细表 再表那王進忠催馬來到
何該是不得時壽禄有定 只總是命不尽終有救星
龍王廟若不是四海報信 我死後臣的主不得知闹
王進忠得活命莫可细表 再表那有道的康熙皇王
康熙王催動馬頭裏行走 王進忠得了信後邊緊跟
康熙王進了城又到東门 王進忠走到了十里長亭
有的說不落雨天年大旱 有的說受飢寒活他不成
康熙王上前去細問一遍 又怨恨學了那觀音堂前
為王的在馬上仔细思想 我渾身學武藝料他不成
細思想習武藝也會打拌 論起我也能打壹頭兩千
康熙正拉着馬找尋店房 見百姓鬧吵吵各回家中
東西尋南北找各處尋遍 那店主都說的一个言語
他言說買賣人纔有站下 到的人各處站那裏安身
康熙王矣叅何拉馬前走 眾百姓只飢寒到也難忍
為王的若進京發出粮餉 餓飢荒叫百姓落个安然
康熙天庄大街正憶 叅叅 倆有个周富買賣鋪前
却說康熙皇爺拉馬來到街上找尋店房店家都說是一人难站

又怕我馬被人刁搶如何訓好只裏奔旁刖處踏去康熙奔奈
只得把馬拴上大街所站了提再說周氏寡婦便說我兒
當貴今日一天酥餅未曾發市你看眼前黑了怕有走東
過西的客人你將酥餅端上再賣一回周當貴听說緊敢
就把盤兩端上走出門來哞哞一陣賣酥餅來街坊上的說
你看周倒皂的娃子眼前黑了他還賣酥餅着裏周當貴
便說我們七和县的人十分不台舉會夯他也說我是周倒皂
的娃子你也說我是周倒皂的娃子叫他們把我叫都叫壞了
只也我無奈的是猜又說我的酥餅一天未有發市不免我罢名子該
了叫賣我看如何便說賣將軍盔兒來康熙正在街上耳听小孩
子哞叫賣將軍盔來康熙心裏思想兆物好怪的个名子只
將軍盔乃是文武官員頭上戴的東西定在盔鋪所賣怎麼
在小孩子的盤兒裏端着賣便說小孩子端來我买周當
貴听說哈哈一笑便說好怪我不該名子還不發市真他別孩
子个名子就有人买抬頭一看便說哎呀我看此人面代红光两
耳墜腮身穿紬緞手拴大馬他不是公候就是王爷必定是官
長富豪之人家一言未盡來到跟前便說客官你莫非买酥餅
玄康熙說小孩子你賣的甚玄東西周當貴說我賣的酥餅康
熙听言心中思想索國舅他在京城奏本莫我說的明白他說山
東地方廣出一口酥麵今日來到此處果然是實便向小孩
子我幾听見你賣的將軍盔怎玄又成了酥餅你周當貴說
我的酥餅一天未有發市我真他改了个名子就有人要你來
康熙听說滿心的歡喜取了一个酥餅往里一对土地神吹了一口
嗔氣难聞[illegible]敢放在盤兒裏便說小孩子我總吃了飯了
我不买了我借你的美言莫我問个話處周當貴便說我
們七和县裏好少店房还缺你話的一間房子康熙說店裏都站

廿八

满了富贵说我的店裏怎么连一个人都么有話下不必罢休
領到我的店裏站下道也罢了且问客官姓甚名誰那裡人氏
到此做何生意康熙说我姓趙名叫趙大太爷北京順天府的
人氏我是大康王的御駕计出京貿易来的周富贵听说哎
呀好大的个班輩我且问你了这是你的趙大太爷你還是
我小娃子的趙大太爷康熙说我也不是你小孩子的趙大
太爷也不是姓趙的趙大太爷我是普天下一十三省通武百
官的趙大太爷周富贵听说莫非你有几个钱你就心思想
我若有几个钱兒時節人還稱呼个周小太爷富贵说我有
一座破烂店房不嫌呵賍了請你站在我的店裏你看如何
康熙说出了门的人還甚么呵賍富贵说即然不嫌呵賍你
且少站一時等我问過母亲叫你站你就站不叫你站你還不
得站康熙说我出京訪的就是孝子賢孫只孩子到也罢不
孝子便说我少站一時你快去问過你的母亲富贵听说忙回店
中问母亲去了

富贵回店问母亲　不知老母從不從
康熙在街且莫表　再表富贵到店中　進的店门哈哈笑
叫声母亲听根苗　街上来了一客官　他心想站我的店
宋氏口裏开言到　叫声我兒听根苗　自從生下小兒郎
店中未曾站客老　芳草房而又破烂　窑窿天堂不好看
说其客官别處站　母子二人落安然　富贵口裏开言道
叫声母亲听根苗　你的言語兒知道　客官情愿站店道
他说不嫌破烂店　被宿一晚登程站　母亲不必打发兒
把客請到我店裏　他来今日站一晚　算下几百大食力
罢些樹皮並谷糠　蒸些酥餅好囊办　说的他娘哈哈笑
叫声我兒听根苗　你将客官請到店　你娘打掃破烂店
富贵听言心欢喜　慌忙上街請客官　开言将罢客官叫

小嫌草舍到店中 康熙听言心欢喜 孩儿说話通道礼
壹言未尽到店门 康熙抬頭仔细観 上面悬着一塊匾
上寫三字卧龍店 此匾悬掛店门前 為何来往無人站
與我修下歇馬店 因此他人不敢站 康熙進了卧龍店
當爹忙罢店门閉 康熙開言问一遍 為何你罢店门閉
當爹口裏開言道 趙大太爷听根苗 山東地方天荒乱
黎民刀搶不安然 恐怕有人来看見 搶了馬匹难承就
搶去堂然你不依 店家貧窮無贍能 康熙听罢只句話
孩子说話大通礼 當爹樓馬槽上拴 康熙皇爷坐上边
忽然想起王進忠 要與店家说分明 當爹端来茶一碗
康熙叫唬店主人 叫唬店主你细听 我有夥計王進忠
後边来到無處站 你说我在口裏存 當爹听言不怠慢
慌忙上旁遠之看 當爹上旁正了看 忠心催馬到店前
當爹口裏開言叫 叫唬忠心王先生 你的掌櫃我店站
趙大太爷口裏洋 當爹下旁店门看 忠心拴馬店门站
當爹開门讓客棧 樓過先生馬匹拴 當爹樓進白龍馬
君臣二人總相見 康熙一見泪滿面 忠心忙忙罢頭叅
只说君臣不得見 今日喜得又團圓 二人说了多半會
康熙飢餓實难會 叫唬進忠你听言 今日我的肚飢寒
说與店主得知言 忠心忙罢店主唪 叫唬店主你听言
我的掌櫃肚飢了 你與我们造些飯 我好與你几文錢
拿到街上買来麪 康熙肚飢實难忍 说與店主造飯飲
却说康熙皇爷合王進忠将失散的情由細細说了一遍康熙便
说今日君臣相見過了的事而再不必言了我的肚中飢了
你快與店主人说知與我们造些飯来吃罢走出门来便叫
店主你来我有話说周當爹听说慌忙走到跟前便问先生

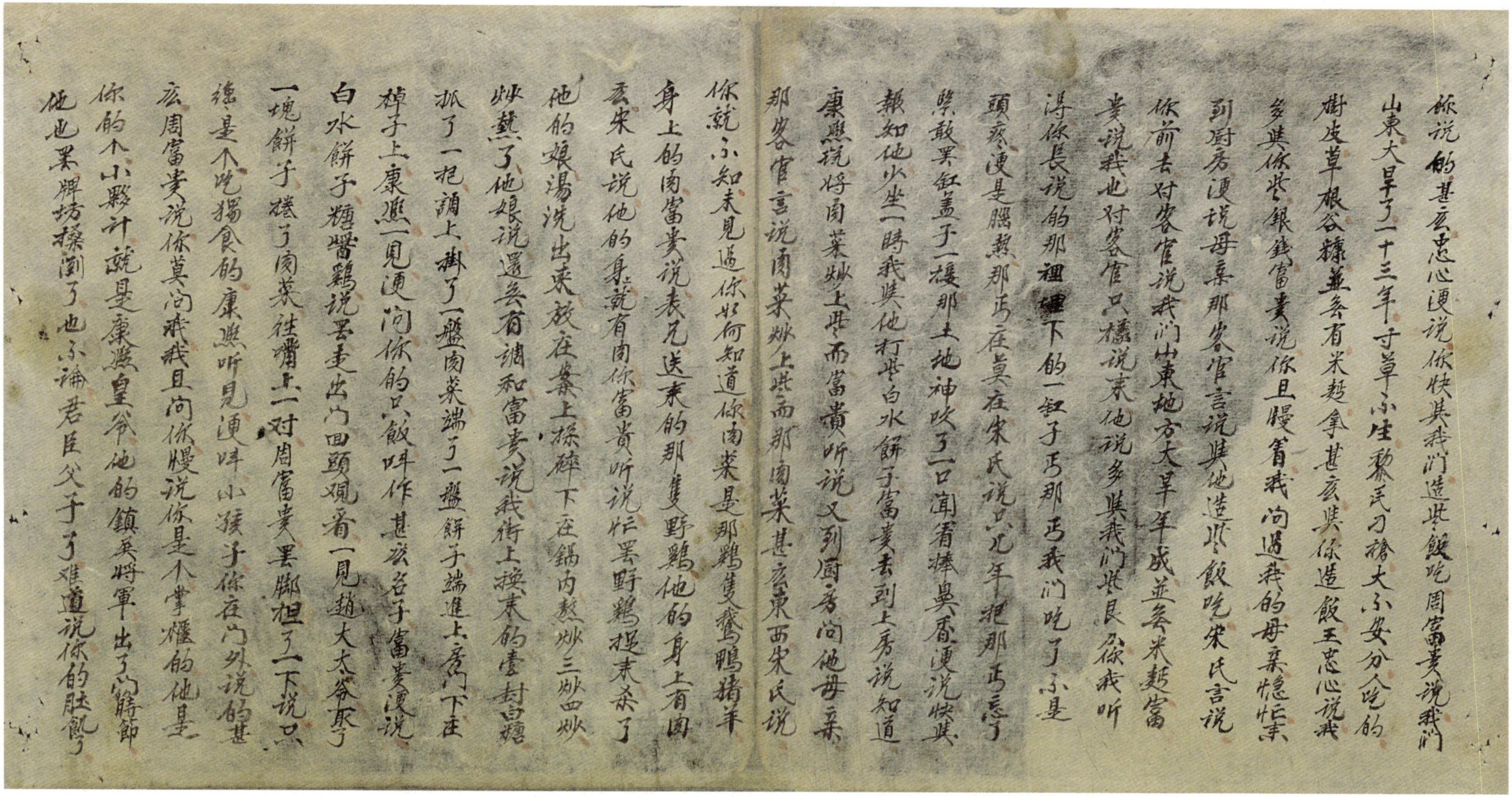
你說的甚么忠心便說你快與我們造些飯吃周富貴說我們
山東大旱了一十三年寸草不生黎民刀搶大不安分人吃的
樹皮草根谷糠並無有米麺拿甚么與你造飯王忠心說我
多與你些銀錢富貴說你且慢着我问過我的母親恼怕
到厨房便說母親那客官言說與他造些飯吃宋氏言說
你前去对客官說我們山東地方大旱年成並無米麺富
貴說我也对客官只標說來他說多與我們些银子你我听
得你長說的那裡埋下的一缸子丐那丐我們吃了不是
頭疼便是腦熱那丐在真在宋氏說只九年把那丐忘了
要敢異缸盖子一揭那土地神吹了一口闻着撲鼻香便說快與
報知他少坐一時我與他打些白水餅子富貴去到上房說知道
康熙說將肉菜炒上些面富貴听說又到厨房问他母親
那客官言說肉菜炒上些面那肉菜甚么東西宋氏說
你就不知未見過你如何知道你肉菜是那鷄隻鵝鴨猪羊
身上的肉富貴說表兄送來的那隻野鷄他的身上有肉
么宋氏說他的身就有肉你富貴听說忙罢野鷄提來杀了
他的娘湯洗出來放在案上操碎下在鍋内熬炒三炒四炒
炒熟了他娘說還無有調和富貴說我街上换來的壹封白糖
抓了一把調上樹了一盤肉菜端了一盤餅子端進上房门下在
棹子上康熙一見便问你的只飯叫作甚么名子富貴便說
白水餅子糖醬鷄說罢走出门四頭觀看一見趙大太爷來了
一塊餅子揍了肉菜往嘴上一对周富貴罢脚想了一下說只
德是个吃獨食的康熙听見便叫小猴子你在门外說的甚
么周富貴說你莫问我且问你慢說你是个掌權的他是
你的个小夥計就是康熙皇爷他的鎮兵將軍出了门時節
他也罢牌坊揉闹了也不論君臣父子了難道說你的肚餓了

他的肚子不飢应只几句话而不多罢他君臣二人大失一惊
康熙说只孩子言之有礼紧敢把餅子留菜楼子西楼
便叫小孩子只两楼你拿上去你母子二人用去又吩咐王
忠心你来我们同席君臣二人用飯罢

康熙吩咐王忠心　你我二人罢飯用
王進忠听吩咐不敢怠慢　那一頭謝了恩站立一边
周富贵出了门四頭壹看　見忠心他那頭笑了一唛
人说是北京城礼義通全　我今日观看見果然四真
掌櫃的坐上席奉筷用飯　有夥计在下边忙罢頭岙
人都说我是个孝子賢孫　母吃飯我未曾作過半操
周富贵拿楼子心中思想　我先祖也未曾吃過口飯
慌忙忙拿到了先祖面前　将餅子献灵前又罢頭岙
恭畢頭将餅子拿到廚案　对母亲笑嘻嘻細说一遍
富贵说今日个吃了口飯　母子们日後来必做大官
他母子拿餅子各吃一塊　壹時间吃了个美味香甜
周寡婦说我儿不必胡言　收碗盞点上燈照客安眠
只此话且莫言又到天明　周富贵端上水又去问安
康熙说只孩子生的俊巧　我有心拜干兒叫人引進
進忠说主即就有口心带　為臣的亲自而去说一番
王進忠出门来叫聲店主　你快来我有话與你商議

都说王進忠便叫店主人你来我且问你你想受富想受
貧富贵答曰人生天地之间人人都想受富谁人想受貧
王進忠说你即然想受富我家掌櫃的是个财東你與他
拜个干兒子日後受不尽的榮華富贵周富贵听得
此言喜之不尽我到情愿叫人引進王進忠说我與你引進
富贵听说满心的欢喜来到廚房合母亲商議他母子二人

都也情愿去人引進王進忠說我與你引進前來拜過你的干父周
富貴听說走進上房門跪下叩頭說干父在上孩兒拜過康熙
滿心歡喜一把拉着趙來便問你叫甚麼名子富貴說我叫周
富貴康熙說我但在朝裏收了干兒子文武大臣他必定賀
與我賀喜便叫王進忠你拿上几兩銀子買些酒席肉菜我
們今日樂飲一天王進忠啟奏吾王得知良月分文無有了
康熙說便叫富貴兒你口口此處可有當鋪麽富貴說一十三
座當鋪把一十二座関了門了還有一座就是你們北京城裏
的索七索八所開的康熙說就是索景麽富貴說就是的
乃是丁娜香硬的五分利加干父問看為何康熙罵觀音
堂前百姓刀槍的話細了說了一遍又說路上賠了家伙的話
也說了一遍我有一件馬褂子你拿去當上些而良加我們使用
富貴說干父的馬褂子能值多少銀子康熙說當上

壹千良子富貴說少當些而罢康熙說少當八百兩再
少將原子拿回來富貴听說往外走者心中思想我的皇天爷
真乃是財東的衣服不知那些而有些貴處還能當口口
些良子今日担去萬萬不可撞着索景了若見了那賊未
必當口些良子

富貴偏去撞索景　氣的心裏如刀恨
周富貴出在門莫必細表　再表那康熙王有道明君
方寸地周富貴提趙索三　不由的我心裏怒氣冲天
背地裏恨索三罵哇賊人　清器鋪紬緞鋪各樣具全
鴿金鋪換良鋪字号當商　他占了皇城的鼓樓半面
他妹子坐的是裕養鑾駕　他又是皇國舅掌立朝班
那些而鉄少你使用良錢　在山東七和県又署刺貪
為王的訪畢賢回上北京　進宮西罢口活好看丹言
那時節在宮中忙罢衣換　滞龍帽穿龍衣坐在金殿

先把那施不全選上金殿上　在選上两班的文武官員
有金瓜合岳斧一齊排对　索府裏先拿了賊人索三
五花门杀斩凳頭掛高杆　索國舅我叫他命見閻閻
再差人到索府斬杀樓棟　杀鷄犬全莫留操他家眷
差人馬皇當裏捉拿索景　我有心杀索景斬断賊根
康熙王口、出、話安下莫表　再表那富貴兒来到當鋪
却説周富貴走進當鋪门来偏偏撞見索景便説周倒鬼
的娃子作甚家来了周富貴説當号来了代説看将馬褂子
放在鋪櫃上那索景那在手中一看心裏思想只、件好宝
衣服外邊的紬緞内装的珍珠瑪瑙又邊看五道鈕子是
五棵宝珠逼塵珠逼水珠逼火珠夜明珠逼風珠只、件宝貝
衣服千萬莫可走失了只、九日若有順便人代到北京城裏
叫我父亲穿去其不是好家便问你只、件衣服何處得来的
富貴説索大爺你不知我的店裏站下趙王二客人的馬褂子
並不是我的索景闻听失了一驚心内思想恐怕是那家公侯
王爺出京施访要拿我的端也過悪也是有的又想了一會他
不能只、来的怕是馬上的搶盗路過皇城裏盗来那家公
侯王爺的衣服拿着只、裏當来也是有的我且晓他便説
周富貴少當上些、及罢富貴説不當少了良子你索景説当多
少良子你富貴説當一千两良子你索景説再少当不当富
貴説再少八百两索景説當其你两串銅錢富貴説再少
就不当了你将原号拿来我送其人家去罢索景听的要号
便罵周倒鬼的娃子只、説不是你長了私通賊盗偷来
那家公侯王爺官宦人家的衣服拿着我的當鋪還要多当
良子是也不是我偏罢不号不其你号良子你着你罢
我怎麽樣你便叫賬計把周倒鬼的娃子赶出去富貴听説

扢的双眼流泪　索景起了不良心　要谋只件宝衣襟
周富貴听此言　泪流满面　只缘是為救而要赵福瑞
恨索景做行事太太欺人　硬抗我小孩子礼上不通
细思想我要他向上几句　他是狼他是虎吃我不成
周富貴走上前一声高叫　索大爷你説的只是何情
情愿了或當不或當白銀　不情愿拿原号送與原人
為甚么不與　号也不與　明〻的昧良操灭好人
有索景听此言冲〻大怒　骂一声周富貴敢欺我身
叫夥計速出来與我快打　打死他谁向我要个人命
方説罢漫後门出来二人　揉住那周富貴就下無情
把富貴只打的昏迷不醒　推倒地且莫表再表傍人
宋進朝正進城心中思想　我姑母合表弟安也不安
上無兄下無弟单身独步　我每日在山中打虎為生
三股叉挑梅鹿大街行走　一心想把梅鹿便賣良人
七和县天年旱良人难渡　買梅鹿為了索家當鋪
宋進朝挑梅鹿放在當鋪　我慌忙取吊了三股鉄钗
回頭来當鋪门容目观看　原来是周表弟骨肉亲人
忙扶起連声叫方才蘇醒　周富貴見表兄细説分明
宋進朝听此言冲〻大怒　骂了声大胆贼由你胡行
你想的你的父来闹皇當　七和县通貧民五分利八
不由人一阵〻冲〻大怒　恨不得打死他命見阎君
有索景在鋪内胡言乱語　宋進朝打索景跌在當鋪
都説索景被宋進朝打倒當鋪〻堂翻者赵来便叫夥計
你们手拿猛棍杠子與我把宋進朝打死宋進朝他也是个
详龍赴虎的个汗子人少了也不能不打他宋進朝听得
此言忙拿三股鉄钗拿手裏观見门外来了一十三个夥計手裏

拿的五尺又長的猛棍杠子一齊下手乱打宋朝宋進朝西拿
用力一极把又闪壞就打死了他的两个夥计竟亊不好使
遣莽看栓馬的个石棒走到跟前两膀用力掇着下
来一陣好打々了个風魔掃秦用目观看又打死了他的
夥计五个再的一齊嚎跪了索景槳敢把当舖门関了
抓石在手就要打门末了有些老者搭挂便说门外打架不
犯律條宋進朝听说把石頭往下一放又豁沿了把吊了半木
怒糀而坐不提且说宋進朝未曾看見索景撲々送後门
出去跪到本县衙门裏二堂書房坐下便说王知县你坐
的好官你管的好百姓野人宋進朝把我皇當裏夥计
打死了七个你還不去拿凶犯你若拿不住凶犯我你叫有命
难存代说看出衙门去了王知县听𤀹此言就如風魔了
的一般便叫三班六房頭儿衙役張孝李志跟老爷捉拿
凶犯正是

索景一直出衙门　到把知县失了驚

有王礼听此言心中大乱　唬的我戰兢兢不敢多言
叫一聲老天爷此事怎樣　到叫我無主意左难右难
莫必是前世裏冤孽讀　今世裏冤報冤不錯毫分
王知县出宅门来到大堂　忙開言叫一聲三班六房
叫皂隸拿板子快頭拿绳　跟老爷出衙门捉拿犯人
灌湧步慌忙忙来到大门　两隻手提衣襟忙的好風
未坐轎来到了皇当门上　只見那宋野人上坐门前
王知县代走看仔细观看　大街上死七人果是實言
坐死場先打了夾又乱板　王知县戒憑的皇上犯官
有農官合鄉約一齊跪倒　王老爷開言问细说根原
宋進朝打死人他是凶犯　你為何提住他不拿縄拴
有農官合鄉約一齊回禀　叫老爷你在上细听原因

宋野人力乾大祥龍伏虎　我鄉約若兵器不敢拿他
王老爷听此言乾生满面　袖刑差每人打三十大板
衆百姓見打板不敢多言　続罢那宋野人叫到跟前
宋進朝睁眼觀老爷面前　翻起末跪在那老爷下面

郝說王老爷便向宋進朝你打死皇當的七个縣計是實
敢寔說来宋進朝罢周富貴的話細細說了一便王老爷
听說明了的是索景的不是你其把他們打了乾不平
难道說你不思想一个是大康王的御縣計一个是皇
親國舅的兒子宋朝進你為何打只不平非說此話要你
心上明白皇上的紀𦋺要槑你把法繩代了我把你送到
監裏日後好救你的活命宋進朝听說緊忙代了法繩
上了手肘脚續進監去了不提再說王老爷又吩咐張孝
李忠你們二人去到周富貴的店裏拿了文簽火票把
趙王二客人與我提来說畢四衙去了不提再說周富貴
躲在人縣裏偷着看听的提拿他的干父慌忙跑到店裡
便說干父不好了把當舖家情由細細說了一便康與諧
了此言便說慢說打死他的七个縣計就把索景打死也
是个滚事與你小孩子無干一言未盡店門外有人叫門
康與說王進忠你前去答話看他是甚麼人叫門王進忠
走到店門店門還未開不提且說張孝李忠門外說多半晝
馬上的槍並便說拿就拿拴就拴王進忠開門一看張孝
忠把繩子搭到脖子裏了王進忠說你是甚麼人敢拿拴捣
的鉄繩拴我二人緊敢賠笑臉說大爷是你不知我們是
知县的巡役因為周富貴當了宋進朝打死皇當裏
的七个縣計我們奉老爷的簽票提末請大爷回話王進忠
听說你且站住我與掌櫃的說知此事代說着回上店中去了

花

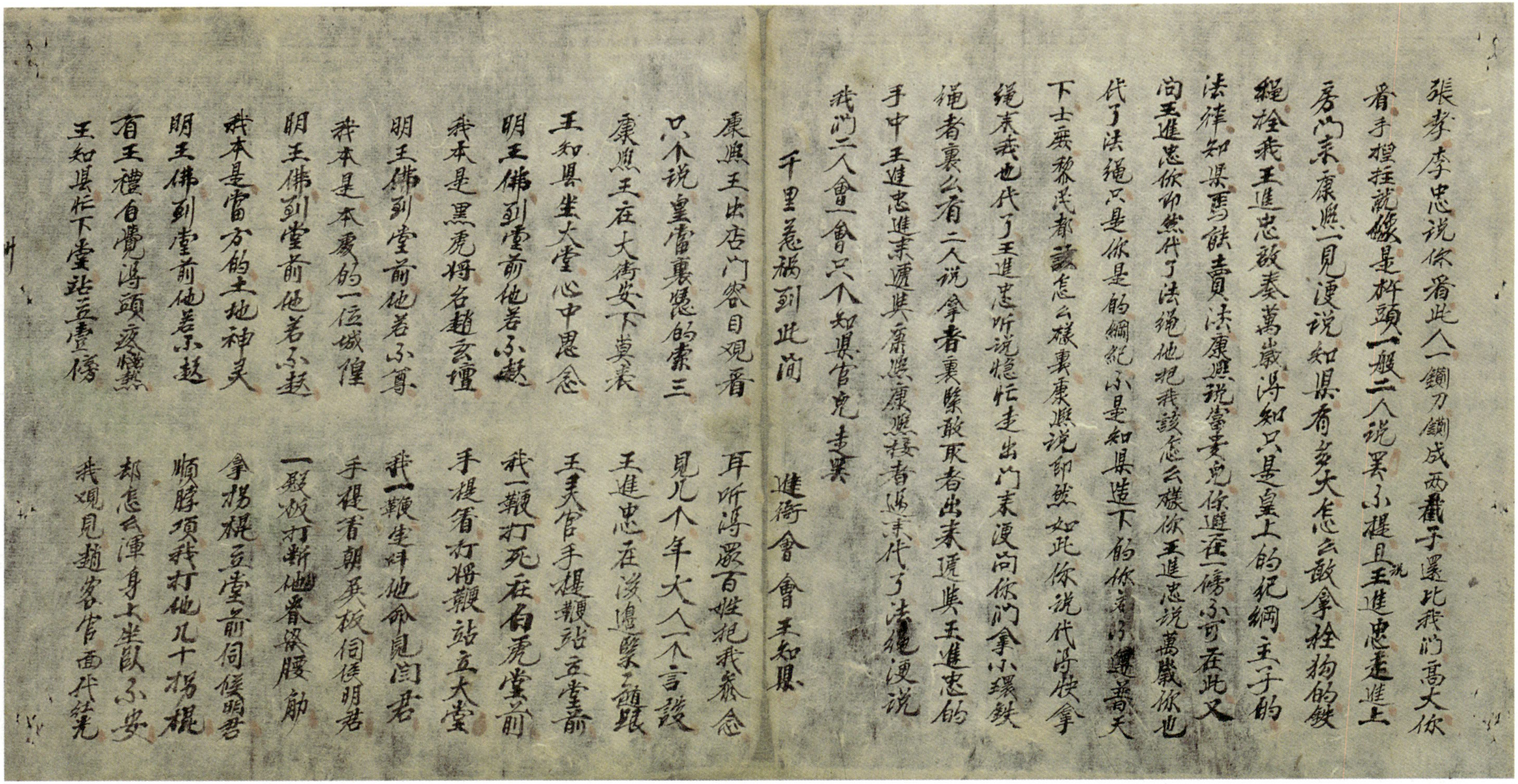
張孝李忠説你看此人一鍘刀鍘成兩截子還比我們高大你
看手捏拄就像是杵頭一般二人説罷不提且説王進忠走進上
房門來康熙一見便説知県有多大怎么敢拿栓狗的鉄
縄栓我王進忠啟奏萬歲得知只是皇上的紀綱王子的
法律知県焉敢賣法康熙説當要免你進在一傍不可在此又
向王進忠你即然代了法縄他把我該怎么樣你王進忠説萬歲你也
代了法縄只是你是的綱紀不是知県造下的你若遲普天
下士庶黎民都該怎么樣裏康熙説即然如此你説代得快拿
縄來我也代了王進忠听説慌忙走出門來便向你們拿小環鉄
縄者裏么有二人説拿者裏縣取來者出來遞與王進忠的
手中王進忠進來遞與康熙康熙接者過來代了法縄便説
我們二人會一會只个知県官兒走罷

千里蔥稀到此間　進衙會會王知県

康熙王出店門舉目観看　耳听得衆百姓把我參念
只个説皇當裏隱的索三　見几个年大人一个言談
康熙王在大街安下莫表　王進忠在後邊緊緊跟隨
王知県坐大堂心中思念　王老官手提鞭站立堂前
明王佛到堂前他若不赦　我一鞭打死在白虎堂前
我本是黒虎將名趙玄壇　手提着打將鞭站立大堂
明王佛到堂前他若不尊　我一鞭坐呼他命見閻君
我本是本處的一位城隍　手提着朝笏板伺候明君
明王佛到堂前他若不赦　一殺板打斷他背後腰筋
我本是當方的土地神灵　拿拐棍立堂前伺候明君
明王佛到堂前他若不赦　順脖項我打他几十拐棍
有王禮自覺得頭疼懸然　却怎么渾身上坐臥不安
王知県忙下堂站立一傍　我覌見趙客官面代黄

王知县站堂前脑子又响　吽客官往下跪面向太阳
康熙面跪太陽田　县長站立堂前聽
却說王知县便问王、趙二客官你們是那裏人氏姓甚名誰
敢是說来趙客官言道我姓趙名熙他姓王名忠心家住在北
京顺天府我们是大康王的御賬計王知县說难道却你
们使用的銀錢為何當馬褂子趙客官說我们拿上的是学
路過观音堂前時百姓刁搶完了王知县說就叁良子
使用城裏不可站店来到我们衙门你使用一千不敢慢你
八百為甚么當号閙褂趙客官說進衙门並無有執照
王知县說你满口胡支的甚么我有心動大刑審你们天色晚了
吩咐人役把趙王二客人收到監裏去罢等到明天我在问
他吩咐一畢回到二堂坐下心中思想此人萬萬不可收監便问
張孝李忠那裡干淨張孝說厥神廟裏干淨知县說
就把趙王二客送到厥神裏去罢正是
康熙皇爷下公堂　知县心裏便明亮
趙黑虎王吴官大街立站　有城隍合土地站立两班
康熙王走大街容目观看　只看那两边裡乱赶風神
康熙說你是神各归本位　你是鬼各散去各入墳營
有四神听吩咐各自归營　康熙王不見那須多瘋神
進倉门那鬼卒不敢怠慢　放天兵来到了厥神面前
忙跪倒禀上神說事不好　明王佛進倉說来到吴前
有厥神听此言心驚胆戰　我憶忙霄别位迎出吴前
有衙役進廟门仔细观看　却怎么泥神爷倒在一边
那衙役跪老爷忙忙回禀　老爷快說請在廟安神
知县說厥神爷你有感应　平安了我與你轉塑精神
却說康熙進了厥神廟中不提再說王知县又吩咐張孝李忠

你快去把周當貴與我摱來二人把當貴提到堂上双膝跪下
王老爺便問我且問你趙王二家他們道的是甚么人敢實說
來周富貴便說回稟老爺小的所他說是北京順天府的人氏
小人也不得明白了王老爺說張孝李忠你們看他是甚么人
李忠說小人看他是馬上的搶盜王老爺說拉下去打他二十个
嘴扒張孝憶肝回稟老爺小的看那此人不在官宦之內就在公
侯王爺之上王老爺說我看他就在那門呢你周富貴說老爺在
上小人還與趙大太爺拜了干兒子者裏王老爺听得此言忽然
想起一升便說周富貴他即是你的干父我把肉菜湖上一盤抬
上些面酥餅我合你去到厫神廟裏你就說你與他送飯來
了千萬莫說我的你在廟内問他的真情實話我在廟門
外所看他道的甚么人又吩咐張孝李忠快打趁燈樓叫周
富貴提上一个小燈樓到了厫神廟裏好與他干父送飯一回

一言未盡來到廟門外王老爺把鎖子開了富貴進去把門閉
住王老爺假粧衙役說周富貴我把門打外扣住我在倉門
衙上等你你走的時候喊我一声我就來了說畢略了暗在
門外所看康熙說小兒你作甚么來了富貴說我與干父
送飯來了代說着道了西碗遞與干父又一碗遞與王進忠
康熙說你兒還有那裏的口供良父買此肉菜周富貴
祀說干父是你不知我母亲拆辦了些良办與干父罢來
的康熙說與王進忠滿眼的流泪周富貴說干父不必
流泪吃飯罢吃畢了把你的家鄉實話與我說得一番难道
說你無有个亲眷人等三朋四友么你看只人命事你想索
景看磐皆大慢說你是大康王的御殿計就是康熙主子
他也了不得了你與我把真名實姓說得一便我好與你北京
城送信回你看如何康熙說兒你即然送信回坐在一傍听干父

廿三

与你说来你听正是　老爷交其话　富贵二人听
要知心服事　当听耳边风

康熙爷听此言心中发酸　不由人嚴神面珠泪不干
时总见富贵儿对我细说　他一生与干父去罢信通
我有心罢实话与你说了　又恐怕门外边有人听睦
罢口话与他个半明半暗　小哥哥他本是涮冷子汗
我闻罢富贵高叫壹声　你前来听干父细说备因
你问我本心里真姓实话　杨開那百家姓我是头家
你问我家住在谋州谋县　顺天府皇城里有我家门
你问我朋友的高名上姓　他名叫施不全吏部天官
富贵儿你一心要去通信　怕的你北京城无处投奔
我有心与孩儿写封书信　又无纸又无笔难住我身
康熙王口不言心内暗想　忽想起生身母嘱咐之言
宫院里临行时我罢衣换　我的娘与龙票一十二张
他叫我那些儿若有灾难　无奈何他叫我取上一张
倘若是有一个心服之人　把龙票莫迟误送到北京
将龙票先送到养老宫院　我的娘见龙票有个灯篁
周富贵就是我心服之人　忙取票罢此话托与别人
忙开言叫富贵与你书信　你干岁莫迟误送到北京
我的儿你到了北京顺天　你去进九道门九道宫院
皇城里有一座五花大门　你就在那里而我寻向人
你若见施不全吏部天官　你干父只场事对着他言
你就说干父在七和县里　得人命收到了嚴神庙中
他领你到了那奶奶面前　你见面罢此话实对他言
我说的口此话要你牢记　为父的在无育嘱托之言

卅三
却说周富贵说干父走北京山高路远何日得到康熙说你的店

裏有我的兩匹大馬你騎上一匹連夜出城去罷周富貴聽
得此言故意而喊了一声把门開了富貴出门張孝又把门鎖
了一路無言不多一時來到二堂書房坐下王老爷說周富貴
你干其你書信拿來我看周富貴心裏思想着不得
把双膝跪地回稟大老爷我干父並無有書信王老爷說
打嘴只个奴才了不得了我亲自看見怎么無有周富
貴聽不住了我說的話多了把書忘了無有拿上王老爷
說非是無有拿上你恐怕我把你的干父难為了是也不是
你拿來我看我不肯难為你的干父富貴聽得此言緊敢
從腰中取書出來遞與王老爷看老爷一看果然是龍
票一張王知县緊敢跪下拜過龍票取開一看週圍九條
金龍中間還有清漢篆隸四字我雖是个進士出身只四
个大字我就不得明白了便說周富貴你還是一个去你
要个伴兒你周富貴說越有伴兒更好王老爷說只就是了
便叫張孝你們班上選个手裏好的心裏明白的八个人役把周
富貴保送到北京張孝說李忠武藝算高大的他的兒難敵
打八百餘人就是他荒伏其而王老爷說就把李忠叫來王老爷
說你的武藝高大我與你三十兩艮子安家你把周富貴保
送到北京吩咐一畢富貴又與王老爷叩了一頭說老爷在
上小人的母亲無有胜用王老爷說你放心去罷你家吃用西
有我你的干父的茶飯我也與他好〻恭敬又與你們路資盤
費便說張孝你到店裏把馬拉來送他二人出城去罷正是
李忠情愿送上京　　老爷穩任衙役心
王老爷坐書房一声高叫　　叫李忠進前來細听分明
有几句要緊話牢記心中　　千萬间莫悮了我的命令
路途上還要你向飢問渴　　那怕西有大难我命你言〻

李忠说大老爷不必嘱咐　我学个趙志龍保住無錯
只時候来望亮天色上早　城守營還未必開了城门
你就说縣送文他把门開　把他们两个人送出城门
周富貴出城门安下莫表　再表那索景戲出了衙门
王知縣見索景大失一驚　忙讓坐裝代菸又把茶端
知縣说索大爷昨日失驚　索景说只一驚也不非輕
索景说那凶犯几時除斬　知縣说文書到就要除斬
二人出城且莫表　再表索景進衙门
却说王知縣说索大爷此事你在不必掛心我今夜晚上把文書送到京裏去了等文書到来我就斬他索景说此事就要只樣所辦又说那凶犯千萬不可放鬆了索景出衙门去了
只话不提再说黑風老祖说今日小仙領了玉祖勅旨要奔轉花山前答救独角龍遇山洪東斗星合旋不全通風走信要救孔雀明王佛田上北京只般時候代我駕上祥雲早去轉花山正是
領了勅旨不怠慢　一心要奔轉華山
三皇爷他治世年代甚遠　五帝爷他治世百姓安然
正行走雲端裏容目观看　轉華也不遠就在面前
有索龍合索虎走到半山　那李忠忙取出他的虎鞭
黑風祖看了忙摇身一变　变風神合飛沙吹下高崗
只刮的那索虎难睁眼睛　有索龍看了忙走馬回山
到半山二人说天色明亮　你看那山頭上还有日光
周富貴合李忠頭裡行走　黑風祖在後邊緊緊跟
白龍馬红鬃獸走的甚快　不覺的来到了六股橋前
周富貴合李忠安下莫表　再表那索太公扯鼓風棚
索太公在風棚正然飲酒　观看見有二人拉馬上橋
将上橋黑風祖馬腿拿打　把二人栽下馬擒在橋中

却說黑風祖罢他二人候闹闹住跌在橋中索太公抬頭一看便說手
下人將那二人與我咩來二人走到面前跪下索太公便問你們是
那裏來的為甚麼跌下馬來二人心裏明白說不話來只是撓
手索太公說原來是兩個啞子又仔細觀看此人不像個痖子
只必定是山東的細作到了吩咐人役把只二人綁在橋樁與我
殺了那劊子手把剛刀往下一看砍那黑風老祖手腕子裏一汀
將剛刀閃成三截跌到地下了人役急忙回禀索太公听說心
裏不覺加疑又吩咐人役拉在橋洞踏死去罢將自陡下一解
施大人轎子上來了橋坡人役回禀大人得知吏部天官到此
索太公說慢着一言未尽施大人又來到跟前便說施安見你
看前面是甚麼人的風棚施安見一番回禀大人索大人
在此飲酒施不全說罢了罢了我也此飲酒他是打敗的烏
閙敗的烏人役們你合他對面拉起風棚來又怕甚麼你
索太公抬頭一看只个醜官便說他是个咬呀鬼見我合他坐
朝奉君他太太傲慢大不得不與他答个請字便說請他合我
飲酒一處來罢好比說我就是康熙主子的時節他也得答个請字
肤說施安見得知請他們大人施安見回禀大人得知索大人有請
施公听說好好罢了罢了前走後到便說施安見你拿來坐而見
他一言未尽來到跟前施大人便說索大人你好么索太公說天官
你好么承問了又施大人你可好么施公說罢了罢了施公說昨日索大
人監斬王傻同因我不令飲酒那日建修五台山回來清早用
了几盏酒把大人得罪了大人不用計交索太公說過去的
事再不必提了且問天官到此為何施不全說因為昨日
他我上殿之事主子差了那家天人出京私訪山東未了口几
个月並無音信今日我奔到此打听山東的消息索三听
說我也原為此事且說黑風老祖把周富貴李忠二人候閙來閙

周富貴覌見那位大人好像是干父說的此人心裏想啐兌便說
大人兌兌施公听說是甚么人啐兌索三說是两个啞叭施公說
啞叭怎會說話索三說我後問他了不會說話又怎么說出謀來
了吩咐人役拉下去與我杀了施公說你且慢着等我问明
了再杀也不遲便說施安兒你把那两个汗子與呼来我问
施公台頭一看覌見轎上栓着两匹大馬原是王子的合王進忠
騎出去的一見馬心裏有了主意你口口两个汗子我且问你
是那裏来的不可信口胡說你說你們是買賣人么周富貴
說就是的施不全說想必京裏有你們的親戚么想来你們作
賣買来的是也不是你為見了大人不說話想必你們
嗐怕見了大人你們假粧啞叭李忠說就是的施公笑了一陣
問罢說索大人他們是两个京外的孩子未有見過官員
因此嗐怕假粧啞叭大人不必上氣是我告訴了便說施安兒
將那两个孩子叫来跟我進京去罢一言未尽来到二堂書房
坐下施大人把那两个孩子盤问明白吩咐人役把李忠領
下边施公說周富貴你的干父你當何人就是康熙王子
小哥哥你是个有造化的慢說你的来先宋進朝打死皇当
裏的七个縣計人命就是把他索景打死也是沒事你把龍票
放在案上我先拜過拜畢說小干岁你轉上受我一拜累敢粧柱
便說施大人我拜你纔是道禮六骨橋上多虧是你老大人
若不是我命难存我问你老大人六股橋上那位大人名咋
甚么施大人說那就是索三周富貴又把索三杀他的話說
了一便施公听說口口還了得今日我若出去的遲就有了
大錯了 富貴二堂說分明 大人不由怒氣生
施不全听此言冲冲大怒 將了手把富貴柔在橋边
背地裏罵了啼賊人索参 我心裏不由的拿着刀劍

王演同昨日不拿本来奏　贼说是王演同是个赃官
若不是我亲自保本上殿　此了事把演同一命归天
我保住把演同下在监内　康熙王亲自而出京私访
周富贵他对我细说壹遍　山东城六府地大旱可怜
人吃的是树皮草根谷糠　把百姓都饿的穷了难常
此一去先到了养老宫院　把此话对国母细说壹遍
又不智毋国怎样发放　看那家文武臣大小官员
出北京走三东七和小县　（餘康熙我表兄回上朝班
他若是回京来到了宫院　三九月他壹宝必登金英
我约就文武官九卿四厢　公侯王上金英都拿本奏
五花门先杀了奸贼康参　康国舅我杀他命见阎闵
我只里把龙票朦中怀抱　进宫院说与我国母知闻
我怀把周富贵用手拉定　我一蹴又一闯进了宫院

走的快来到了五花大门　进朝门又到了养老宫中

都说施公走到宫院限前演说宫内有人么内司臣听说施公
来到施公演说你奏国母得知你就说吏部天官要见内臣听
说紧敢来到国母面前启奏国母施大人来见老皇侯听说
只个醜官见我想必我儿山东有了信息演说内臣开了宫院
咔他进来施公进了宫门演说小千岁你当只个宫院好也
不好周富贵演说此我门的万寿宫还好施公说他富贵
富分小的能得到只里代说着进了九道宫门到国母面前憁伝
跪下三叩九拜拜毕施公演问国母你好皇侯说天官承门
了且问天官你好施公说罢了罢了老皇侯一见朦中抱的
是龙票大夫了一惊我儿在外有信么施公说国母不必失今
也无有甚么事情又见面前跪着一个小孩子生的眉清目
秀演问施公只是那里来的小孩子只就是吾主在山东

七和具见拜下的千兒子便說小千岁與你好了叩頭老皇侯
听得此言喜之不尽暴敢扶着起来又吩咐宮女取来了五彩龍
的紫緞袍子双眼追子的帽子满緞靴子更换一果老皇侯
便问孫孫你千岁在山東幹甚么何事施公說小千岁你與
國母運了奏了罢周富貴把千岁前後的話细细說了便老
皇侯听言大哭起来了

當着進宮說真情　皇后不由淚紛紛

老皇后听一言淚流满面　宫院礼罵了晚賊人袁參
王復同他進京那本来奏　賊說是山東城豐收之年
康熙王他不信亲自私訪　到今日害的我母子兩难
為娘的在宮院把你解勸　你想然不听娘一句良言
你一心看黎民出京私訪　到今日你落在廢神中
現今日身有难娘不能見　誰是个知心人與你送飯
宫院礼為娘的吃的上飯　現在那廢神庙多受飢寒
叫一聲施不全吏部天官　听姑母罢此話說在心间
我亲自賜與你兵將十萬　再與你護駕的上將大官
你在那眾軍中為了元帥　掛帥印你領了十万大兵
周富貴小孫子留在朝中　你脚下点大兵齊了朝班
此一去到那个山東地界　殺鷄犬全萬掃秋了賊卧
你罢我康熙王保留燕山　我亲自封你个一並江山
五花门嗑一頭忠臣大兵　後背的兒孫门得坐高堂

那說施公說國母不必上粉你點領上十萬大兵出京直蹦山
東不大要緊恐怕不便現如今袁三在朝專權押了山東的多
少本章五等百姓造反况且主子現在廢神廟礼領了大兵
出京不大要緊那袁三知道恐怕將吾主的錦唐皇城奪
了只遲了得老皇后說依你之見天官說將大康王爷讓進宮
来合他商議一言未尽大康王爷進宮来了施公說大王千岁

依替吾王千歲上一庫金一庫銀再發上二十四台粮餉九門提督
李忠良掛了副元帥押定粮餉頭礼出京我掛了正元帥黃天
塤封你八台總鎮点了兵馬前行不多一時兵將不用多
少代上三千兆走後代上五百我合周富貴一同前去到
山東好與王千歲往通信一來保主千田京二來銀飢安
民豈不是好么又說大王千歲你把朝礼的大事好好執掌
三六九的日子文武上殿就說王千歲在朝進著千萬不可說
出京的話江山是你門的江山社稷是你門的社稷我說此话
要你心明白大康王爺說天官言者有礼老皇后合大康
王爺與敢與施不全斟了三盃玉酒施公吃畢又與了
元帥大印斬杀的宝劍龍頭拐杖拿上北京去了正是

宮中黑话嘱託明　領了帥印田府中
先接了掛帥的一稞玉印　上方劍龍頭拐懷中抱
辞别了皇國母出了宮院　出午门来到了自己府中
施不全忙傳了一道將令　即刻要李忠良傳到府中
施公說你拜過老王玉印　封你个副元帥出了北京
黃天塤你拜過老王玉印　亲口而封你个八台總鎮
点人馬臨了的出了北京　只件事你不可打鼓摆鈴
施元帥忙傳了兩道將令　曉與那五營的馬步兵丁
到各處發良月公買公賣　莫擾害山東的黎民百姓
那一个擾了那黎民百姓　我叫他一个个有命难存
頭條礼排開刀一齊皆明　弍條礼走的是馬步兵丁
叁條礼金瓜斧朝天玉镫　四條礼滿漢軍一齊皆行
五條礼黃天塤八台總鎮　六條礼周富貴黃旗當先
七條礼抬的是老王玉印　龍頭拐上方劍都在当中
施元帥李忠良前擁後護　再表那叛子馬不敢消停

都說馬上長嘆只施元帥九門提督随代押坐粮餉要到
山東饑飢安民我説其各處的報子報其各州各县各府
的衙门文武官員的正是　探馬不住走的急　腰中斜插令子旂
飛子飛來飛子飛　令子旗上有名諱　报子报來报子报
各州府县报知道　各處官員忙起身　抬轎走馬不消停
都來七和小县中　十里長亭接大人　黎民百姓听的真
天官押粮出了京　壹心要走山東省　要站七和小县中
各處百姓都來接　要接青天施大人　报子报到一嘍票
大人來到十里亭　大官走路不非輕　各州府县忙接通
都說施公說小干兇來到你们地方了你不可坐那黃泳
大轎了自古長言講话却好官大一品不滅鄉黨之人你合
黃天壩抱馬騎上先進城去將公館安在萬壽宫裏
你換了衣服去到廟神廟裏其你干父説知此事
周富貴听得此言急忙上馬去了往前走了几步觀
見來了兵數的百姓都來通接大人周富貴見了鄰居
蔡敢跳下馬來便向眾位爺们你们都來了么張三爺說只
好像似周富貴那个娃子李四爺說就是的趙大爺説昨
日在皇當失下人命都說那偷跪了你看今日就像做上
官的一樣了此话不提再說富貴往前走了几步又見知县
王老爺在巷口跪着通接大人富貴蔡敢跳下馬來
不敢叫他叩頭知县便向大人到來到那门毕了富貴説
到了十里長亭了周富貴代說看上馬走了正是下四
富貴進城且莫表　再表施公吩咐好
施不全來到了十里長亭　又觀見文武官接駕通風
千揔總兵遊府提督協鎮　穿盔甲带弓箭通接大人
學教官粮餉官州县府道　都一齊來跪在大人面前

四十二

施大人忙吩咐且把轎住　吁了哮众位官細耳當听
莫接我你对那百姓細説　到明天進城来入倉打粮
文武官一个々都把衣换　天亮熱取盔甲各自回還
吩咐畢忙坐轎又往前行　又观見众生員来接青天
施大人在轎内喜之不尽　吁了哮生員们細耳當听
只几年把你们多受飢寒　你千萬莫忘了念書當留
施大人吩咐畢抬頭一看　又观見众百姓跪接青天
忙吩咐住了轎下来前走　吁了哮众百姓你们細听
濟南府坐着个複同道台　為你们他進京拿看本奏
康熙王他本是有道明君　欽差我施不全賑飢安民
我代了一庫金一庫白銀　各倉口都放粮答救你们
吁了哮众百姓你们都散　到明天各倉各(放)你们打粮
众百姓听吩咐一齊俱散　一个々都説是果眞青天
施大人坐了轎往前又走　王知県跪巷口接駕通風
都説施大人説慢着我且问你下跪的(官)宄想必是知県王礼
王禮叩頭説就是小官施公又问宋進朝打死皇當七个人命
可是崔公王礼説回稟大人是崔施公又问那趙王二客還
在廢神庙裏么王礼説還在廢神庙裏施公又问他二人茶
飯你王禮説小官伺候着你施公听説心中大喜便説只
就是了該你坐官的日子到了我且问你々肩頭上担上
一把剛刀杀我不成公王礼只是叩頭不説施公又问你
傍邊放着一付棺材我心上也明白我不降罪只就是了
我若降罪你與我失个人命是也不是自古剛刀雖快不
杀無罪之人我安了山東的百姓見那康熙王子就像
是你只樣行事我不降罪了　知県得活命　死裏又逃生
王知県听一言心繞放寬　滉的我渾身上好似寒戦

四十二

忙穿衣上了馬頭礼行走　進了城先到那萬壽宫中
耳内裏忽听的三哧炮响　跟随的衆官員一齊來到
施大人進宫院抬頭观看　萬壽宫修盖的威風八面
上面而掛的是老王王印　龍頭拐上方劍供在中间
施不全先拜過老王玉印　好像似北京的養老宫院
施不全坐宫院安下奠表　再表那皇當裏惡人索景
索景説耳听的大炮三哧　又不知甚么人他来進城
夥计説施大人来到县中　押皇粮代金庫賑飢安民
有索景听此言冲冲大怒　背地礼駡醜官行事短見
又不知多會見偷西北京　來山東七和县賑飢安民
我皇当都無有一兵一将　我心白着粧也是亡将
今夜晚坐皇当寫封書信　到明天送北京我父知觧
要奪那康熙王錦秀江山　徐非是殺了那吏部天官
萬壽宫我去見施不全面　我會他口醜官怎樣睍晋
手而礼拿一把引風大扇々　我摇々又摆々進了宫院
施不全坐宫中抬頭观看　又凶々又烈々進来奸汗

却説索景來到施公面前躬身一礼便説施大人在上小索景叩首施公瞭敢拉狂讓坐且説罢了便尚索公子你的罗責好可也央財索景説罢了大人承问了不知大人多忽來此未有遠迎多得有罪施公説你是个罗妻公你有何罪况且我合你父親都是合好的兼眷你就無罪了就是朱進朝打死你的皇当礼的七个夥计我到明天自有處奪你且回去我轉時㫫黄天埧㫫你送些慱礼你可不用计交索景説大人多謝了当時辞别了大人出宫去了不提再説施公便吽小千來我今審问你的干父你可不必多嘴周當妻口礼不言心内暗想救不下干父表兄斡了一場何事施公吩咐人役把來

四十三

進朝提上堂來宋進朝上堂双膝跪下施公便問宋進朝你打
死皇当的七人命敢寔說來宋進朝說大人在上就是小的打死的
施公說罷了好汗做事好汗当你真來是一條好汗吩咐裡在
班房明日以早再消又吩咐把趙王二客提上堂來

人役听言不怠慢　慌忙來到嚴神英　咔唠客官听我言
大人提你到堂前　康熙听言不怠慢　只个醜官把心变
跳去堂心不害　萬壽宮礼受大难　一言未了進宮跪
覌見醜官坐上面　當实醜官在两边　老王玉印供中间
康熙一見上房劍　三叩九拜把頭叅　黎民百姓不識見
只当康熙拜醜官　施公口礼再言問　咔唠客官听我言
為何路遠不占凃　失郄良两羔猪　拉倒打他罰板
押在班房不放還　趙王面向大堂跪　唬的胆戰不敢言
施公吩咐明早問　一律刑罪不容情　康熙胆戰心又驚

却說康熙見施公打王進忠唬的胆占心驚施不全說趙大客官
我且問你了的馬褂子不是金子的又不是艮子的為何開口
要一千两艮子據口就要八百两刻薄皇当差下去也打四十玉板
王進忠听打王子往上跪了一跪連忙說大人不必息怒了再將
我打上四十玉板把我掌權的饒了罷施公听說口中不言心内
暗想真乃是保国的忠臣說罷了我看你刑上加刑到也难受
暫且罷你饒了等到明天以早問律再消吩咐人役把趙王二客
原送到嚴神廟礼去罷又叫王礼進來王知県来到書房站
立一傍施公便說你把他二人当是何人一个姓王那就是鎮殿
將軍一个姓趙他就是康熙王子你快備上两匹大馬今夜
晚上放他出城他二人回京去罷又把宋進朝叫来便說我今
哄了人的眼目又說黃天堉口宋進朝伺候你去罷又說小千
宋黑了去到嚴神廟礼其你干父說知此事叫王進忠保

四十四

朕王子今夜晚上暗暗出城去罢回上北京去把周當貴便说
你為何把鎮關將軍打上四十个玉板只是向情施公跪下口稱小
千岁在上你不曉得他在观音堂前有失了君子的罪當
萬连忙把施公拉着起來不敢叫他下跪慌忙讓位坐下又吩
咐黄天覇你領上一千人馬把皇當圍了把索景拿了其義
綁下再的斬一齊杀了鷄犬莫留绝地三尺與我搜拣壹反
不多一時当下拿住索景搜西來的龍衣龍帽連下又搜
西來的八班玉帶施公说只就是賊的大必端

施公瞞哄衆黎民　到把康熙失一驚
谁知施公是好意　君臣暗暗出了城

康熙王出賣了七和小县　王進忠保定駕慌忙前行
康熙王催動馬頭礼行走　向人说来到了轉華山前
康熙王進山口容目观看　山上的松柏樹長的好看
康熙王说山後並無人烟　進忠说只山後有一營盤
又观見牛羊多山草茂盛　滿山中洲人馬好河兵將
只此話安且下莫可细表　再表那空中的龍王山神

混沌初分不计年　千年古洞把身安
要知我的真名姓　轉華山前老龍君

那说老龍说吾奉玉帝勅旨要救扎雀明王平安過山康熙
王災殃难縣玉帝念起他是有道的明君災殃改過受些
風寒只般時候代我的吩咐小卒見到起惡風暴雨一來保主
子過山二來迷住索龍索虎的營盤豈不是好哉

康熙皇爷身有难　惡風暴雨受飢寒
玉祖念他有道君　改過災难受風塵

康熙王抬起頭容目观看　見闪電合雷鼓一齊皆行
方緣見天氣晴日光又亮　霎時间天花黑風雨降臨

風又大雨又猛心打冷顫　抱衣裳全泡濕忍着天寒
鴦王的出京來走的甚緊　未代上猩猩血那件褐衫
紅褐衫今日在披到身邊　只大雨他不能落在身上
七和县不該把馬樹斫当　馬樹在只大雨不能沾身
背地礼恨了唠吏部天官　只醜官你做事礼上不端
你在那萬壽宮多受安然　怎知道鴦王的受只苦難
早知道西域來有只大難　不如我死在了廣神廟宴
代说着抬起頭四下观看　有一棵大楮樹權在面前
鴦王的在馬上细々观看　樹心礼有木大大柯洞閔
回頭來呼進忠走馬且站　君臣們下馬來避々風寒
王進忠接過馬拴在樹上　鴦王的避樹中好不溫暖
王進忠抬起頭四下观看　只地方好要緊到西孤懸
馬鞭子忙掛下打起刷鞭　我憁忙遞到了々王手面前
康熙々王在樹心忽然大夢　樹心礼睡着了孔雀明君
君臣們在樹心莫可细表　再表那山神爷地土神灵
都说山神爷土地神灵便说你我二神奉了玉祖勅旨要救
孔雀明王佛平安回上北京將他君臣二人坐馬冲散時他二人
龍行虎步走上几里總得安然一言未尽山神化起猛虎把
坐馬冲散土地神把王進忠撝了一拐棍忽然驚醒便说
萬岁不好了康熙说怎么樣了王進忠说猛虎把馬冲散了
康熙出来便说哎呀不好了往前一看怎么樣你二人放開大步
跑上走了　龍王傳將令　收回天上雲　山神合土地　各自去回宮
康熙爷放大步頭里行走　王進忠在後邊緊々随跟
有康熙代走着心中思想　放大步走几里要到燕山
他不顧水合泥往前斯走　王進忠天上看雨小天晴
康熙爷走几步脚心所疼　憁忙了抱辮子赤足而行

又十上

王進忠回頭來容目观看　見主子赤足行珠泪淋淋、
却说王進忠便吽萬岁你為何把靴子脱了抱在腰（懷）呢走，你
康熙说靴底了扔吊了腳心裏揸看疼的走不動了王進
忠说萬岁你把靴子穿上為臣把你背上走上几里你看前荷
若有个避風雨的地方你我站省一晚等到明天雨住了再走把
進忠原是保國臣　怔把康熙背在身
康熙爷听一言泪流满面　王進忠他本是保國忠臣
萬壽宫他挨了四十玉板　不雇疼把為主背在身上
背地礼罵了賊人索三　害的我今日个受只苦难
自古道人長言講的都好　人但是到难中必想恩朋
一想起養老院生身老母　二想起太子弟他在朝中
三想起朝内的文武滿汗　四想起我表兄文部天官
恨表兄施不全吏部天官　你為何不合我同回燕山
叁奏何我站在土台以上　王進忠把為王背在身上
正行走抬起頭容目观看　那边礼有一个[illegible]崖湾
说萬岁你容目细细观看　只地方好清净到也安然
康熙王進崖湾自各自念　張家湾睡着了真龍清汗
進忠的只个活安下莫表　再表那張保同赶驴來到
真龍睡看張家湾　號腳保童到此间
却说張寡婦便吽張保童你去把保童说還早礼你又说
你只个娃子你看天氣也晴了雨也不下了怕是崖湾站下客
了等着雇腳你去挣上几文資財母子們好麼用張保童
听说翻者起來往外一看吱呀真个天爷晴了便说媽媽你揌
不吽我閑上一天你吽我挣錢去把只个驴赶到几時㵪得富貴
一言未尽來到湾崖下驴不往前走了保童打了一鞭驴跪下
崖去了王進忠驚醒大失一驚大喍了一跳说甚么人張保童

便说爷爷我是个跳脚的个驴户康熙说我就不得明白了
進忠说他是來往送人的个脚户康熙说你往跟前來我问你
你姓甚名誰那礼人氏走那礼去的走那礼路遠走那礼
路近保童说我姓張名保童是張家庄的人氏代说着東方
天亮了見他二人身穿紬緞面代紅光此人不是非凡之人
我且问你〻们是何處來的姓甚名誰那礼人氏康熙说
我姓趙他姓王我们是北京順天府的人氏路上失了坐馬
你把我们送到个站處其係些艮子保童说走秦州四十里
走寧州一百二十五里康熙说把我送到秦州府去把保童驚敌
拉過驴來康熙说只个驴也是个千骨龍就能馱得到去你
保童说我的饑是个千骨龍慢说走四十里就是走北京順天府
也能駝得到去

康熙皇爷两腿疼　無奈騎了千骨龍
我若臣騎千龍頭礼行走　張保童在後邊緊〻隨跟
他本是小孩子不知礼義　料了咭北京的客官你听
清朝家坐者个康熙皇上　那位爷坐江山有些平常
他如今多听的索三之言　把我们山東人餓的可憐
王大人為我们上奏奏本　偏其着索三賊那个奸臣
他把那王大人拿到他府　細審问捜表章赵了奸心
索三賊上奏去奏了一本　康熙爷龍耳軟听了他言
準索三在府下細〻審问　索三賊他便就下了毒情
他吩咐把大人官錯脱了　索三賊裡大人要斬殺場
若不是施不全保本上奏　險些乎把大人殺在午门
人〻说他两家合好亲眷　康熙主他要的索家姑娘
索娘〻他坐的裕養正院　康熙王把索三不敢輕慢
亲眷好他不知索三專權　他裡定满汗官文武两班
現如今轉華山裕兵展將　要奪他康熙王錦秀江山

四十五

康熙爷听一言心中欢喜、　小孩子说此话大通道礼
心而礼恨索三大胆欺天、　众百姓那一个不骂索三
康熙说張保童莫说大話　怕的是你做官合他一般
保童说天降我胆能做官　在朝裏单訪看杀的赃官
康熙王听壹言心中喜笑　日後来把此人封官不小
咩保童罢闲話且莫细表　先進城我店房站在那好
張保童進了城台頭观看　孫大爷他還在店门立站
我鄉忙走上前作揖问安、　孫大爷六九年你到安然
有孫龍听此言满臉赔笑、　咩了声保童哥细听根苗
几多年未見你赶驴来到　我自当小哥々發了财了
張保童听此言哈々大笑　今日个跃當汗進城来到
有孫龍听一言不敢怠慢　咩夥计你打掃上房店院
有康熙坐上房保童便问　问客官你到此用些甚飯
康熙说别的飯我不想吃　你把那掃子馬端上几碗
我三人在一處同吃同飯　康熙王吃畢飯朦朧眼观
观進忠張保童睡着莫表　康熙王睡醒来细表分明
真龍眼朦朧　醒来观分明

却说康熙睡醒走出门来見王進忠睡着張保童頭枕驴
槽也睡着了又走出店门来观見許多的百姓身被口袋
竟往前走康熙随後跟上来到舍傍观見众百姓七个夥
八个一堆打火的吃煙的康熙便问你们是做甚么的人有那李
四说你可管我们做甚么有个張三说你只个采家好多的
不是人家问你也是个好意代说看装了一代烟康熙说
我不吃蔡張三说是你不知大清主子發出粮餉饑飢
我们口裏坐着个康大人是个赃官康熙说你们大人咩康
王龍么張三说我不知道你说他的名字不知因此城裏

又十九

人打的好麦籽我们鄉礼的人每一石麦籽系者七斗冰籽而着
只个時候眼看黑了還不開倉康熙听说粃生满面便说你
合他们衆人商量若有大胆的人把他的倉庫一齊搶了
祖看禍乱一面有我承當張三真農官鄉約去说合衆人覧
有那李四说此事幹不得 罢有那李耆老说也許你那人
怕是朝内来的代我亲自到跟前尚他來到跟前把此事
尚了一便康熙说随不全合我是个朋友你放心搶去你们
跟上我來 領上五十个人來把大门口架定你们快刁快搶
康熙望着好不樂我 刁的刁來搶的搶 好是螞蟻返窩樣
康熙救在大门上 只礼還说快刁搶 百姓一齊都上前
有我一人作主简 百姓刁搶一齊散 快頭孫虎观看見
就拿鉄绳把他拴 当時送在公堂案 老爺吩咐下了監
康熙進監不穩便 牢頭把他櫃來担 土地暗礼忙遮攔
康熙櫃床睡安然 山神土地忙吾站 只话案下莫细表
再表進忠張童保 二人睡醒睜眼看 观見太陽落西山
店礼店外都尋遍 不見康熙王子面 吽呿店主听我言
我家掌櫃在那边 孫龍听说忙答言 你的掌櫃我未見
你们不必甚慌乱 我弟回來问一番
却说孫龍言道你二人不必慌乱等兄弟回來各店中
去找尚着把他就找着來了一言未尽孫虎凶〻代醉走進
店门來了抬頭一看观見上面坐者二位客官面氏征光身
高大汗走到跟前代说着烜赵相好來了就要楮香
结拜孫龍言说也有者王進忠張保童孫龍孫虎他
们四个人八拜结交只话不提再说孫虎將衙门搶粮的事
细〻说了一遍王進忠说你把那人当是誰那就是大
清康熙〻王子孫虎听言嚇的酒氣全无唷了便说

大哥他是忠良的人身穿的甚么王進忠将康熈的參貌
穿代细々说了一遍孫虎说率領百姓搶粮的怕就是他
現如今下在監裏了如何救得出来張保童説我想今黑夜
之孫火化点草厰孫大哥火化草厰孫二哥你在街上大喊三声
文武官員听見都入草厰救火你我三人好救王子出城你看
只計妙何　火功之計不非輕　救出康熈天有功
有孫龍听此言不敢怠慢　战競々偷跑到草厰内邊
火神君領勅旨早到草厰　叫了声小卒兒你听我言
我御怔接凡火火化草厰　点着火你跟我各自回営
有孫龍点着火望上壹看　都怎么各草垜平大火光
有孫虎在街上大喊三声　文武官都听見各入草厰
四頭來領二人來到監门　鞭打吊那鎖子進入監內
張保童合孫虎私進衙役　王進忠揹背上康熈明君
到城门張保童打死二人　鞭打吊三環鎖四人出城
康熈王出城门開言便问　救我命怎出城細説原因
進忠説張保童定下火功　点草厰幾救下王公性命
有孫虎同結拜他来報信　我三人定火計答救王公
康熈説保童哥才大智廣　定只个火攻計誠然不輕
不封你張保童別的官員　封你个世爭王掌上朝班
叫孫虎現好心你来通信　封你个都二府你在朝中
保童説可憐了我的干龍　康熈説取了駙還要成龍
孫虎説兄放火生死難定　康熈説全死了封他龍君
有虎孫听此言眼流泪言　只句話怕兄長有命難存
都説長保童説王八你还不知我家中有母亲今日留下老人
照常康熈説你我進朝先搬你的母亲進京我且尚你那礼的
官清保童説淨盛州的官清康熈説想必就是孫自成

保童说怕就是的康熙说跪走盘州净盘州不知有多少路保童
说还有十里路了康熙说我们三人在後边你頭礼進城先找个店房㕶
他店主人與我们好遗些饭菜伺候千萬不用说出皇爷来了你就说
我们是財東保童说我知道那个说话放開大步去了

此事凡人都不知　鬼飛龍轉保童知
張保童領了命頭礼行走　康熙王他三人後边緊跟
路上的口喋话案下表闻　張保童先進城观看分明
有王忠还開店坐在铺面　走上前忙作揖且问安然
有王忠听此言满臉賠笑　㕶了聲張保童细听根苗
只几年未見你赶蹄來到　我自当小弄弄發了財宝
保童说今日个領客来到　領財東艮錢廣多住幾朝
只几年天年旱黎民荒乱　你的个買賣好做的長源
王忠说今年的買賣風光　我賣的猪羊肉飾丐粉湯
昨日个王大人進京上殿　他壹人奏准了康熙皇王
北京城來了个施公青天　领代着二十四肆台粮餉
一庫金一庫艮賑飢安民　各處的知县官開倉放粮
我的个人口見都也有限　打倉麦一石贰叁升有零
吃壹半留一半铺内賣外　我的只小買賣到也豐年
有王忠正喧嚷抬頭观看　見那边走來了几位客官
頭代着樹鬃帽身穿紬緞　足登的滿緞靴不是非凡
他不是官宦人武將滿汗　看此人他總在公侯內边
㕶夥计你總忙打掃存店　忙補点抱字画掛在上边
康熙王進上房台頭观看　新紅毡琴棋画各樣俱全
康熙王独坐在首席上边　張保童㕶王忠快望上端
有王忠听一言不敢怠慢　四楊礼先下上四塊洋盤
棹中间在下上四个湯碗　十三花菜碟子各樣俱全

康熙王叫了聲保童進忠　我四人在一處同吃同飲
却説張保童不知君臣礼義平々静々坐在上席抓把手塊吃了个
美味香甜康熙見他吃飯滿臉笑嘻々真像是龍虎吃食的
一般康熙吃畢心中發莫靠席睡着了張保童说你看他
又睡着了你我一天一夜都跪乏了恐怕你我睡他在跑了送腰
礼取下一根帶和把康熙的腿腳子綁住一頭子拴在我的手上頭挽
康熙爷的腿也睡着了王進忠合孫虎把门关住一个睡在门裏一
个睡在门外吾家見他把门关住自己應客去了再说康熙
正然睡着却忘么腳腕子礼疼々的利害忽然驚醒見得如此
將保童慢々放着地下用手把麻繩帶扣解开見王進忠
睡在门裏孫虎睡在门外把门开々輕々送他二人身上過去走出
门来到了城外觀見種田的甚是好看代走代看暫々走的遠了
忽然頭台一看有一丈高的崖壁中又飢餓見那山崖坡有一破窑房
门上遮着一塊草簾子内有烟氣相必有人么順坡走將下去來到窑房
门上咳嗽了一陣小提再说張金定听的窑门外边有人走出来一看门上
站着一人面代紅光两耳垂肩双手過膝身穿細緞就像帝王一般康
熙一見小姐便说此女子生的眉清目秀上下端正十分的美貌好像天仙
女一般張金定便问君子莫非錯行了路了么康熙说非是錯行路
敢來借水解渴賢大姐將你的凉水與我一碗張金定焉敢端了一
碗凉水遞與康熙接着過來飲了个自然小姐又问君子你餓
了么康熙说到也餓了小姐说还有我哥々吃了的一塊饃内與
你吃去罷康熙接着過來吃了个美味香甜便说小姐多謝
厚且向小姐窑内还有个么小姐说再無人说是我一人我哥々在山中
打虎為生去了康熙说我看你身長高大許配了誰家小姐嘆説
壹笑連説君子是你不知我兄弟名叫獅子頭張豹我名叫
張金定因為偏门防死了七个女婿因此無人要我了康熙所说

此人想必是个有富之人，必定我合他有些姻缘。乘此机會我合他調戲
看他如何。若还順我，一日進京，攜他入宫去罢。

休说此卷未造成　　听我把话说分明
姻缘本是前世定　　天降凤凰配真龍
康熙王听参人心中欢喜　　乘机會我把他番調耍兮
翻越來把小姐壹抱拉扯　　我看句知心话细说原故
咱两个學一个孔雀鸳鸯　　學一个吕洞賓戲過牡丹
有小姐听一言心中欢喜　　叫了声行路客听我吉兮
我兄長他打鹿眼前來到　　他看見只此事有命难逃
康熙王代说看眼欢意歡　　小姐说你去脱我把門閂
他两个在凌盤龍鳳相交　　正相會狮子頭張豹來到
有張豹打下个金錢花豹　　三股叉挑花豹回上窑中
走下山流下頭客目观看　　都忘了乱混了有人覷見
忙放下金錢豹壹声高叫　　叫了声小妹子快開門拴
有小姐听的叫说事不好　　叫客官我兄來你命难逃
康熙王听一言双膝跪倒　　你救我到後来报答恩劳
小姐说你藏在破缸裏面　　竹筐子盖缸口磊些砖咸
我兄長他進來不能看見　　等他走我送你回上京洸
張豹咸水月天把你睡死　　把兄長只叫的力尽口咔
小姐说不知兄几時到來　　把妹子只睡的日過午來
康熙王藏缸内且莫细表　　再表那張金定開了窑門

却说張金定把門開了，張豹说：“妹子，今当把你睡死了，把我叫了个
利害。你看我的肚子也飢了，你把那塊鹿肉拿來我吃。”小姐说：“哥哥，
那鹿肉叫猫兒吃了。”張豹说：“妹子，你怎合我作趣，現要來了。
只瞞野深山之内那孔來的猫兒？”張金定细思遮盖了，便说：“哥哥，
實不相瞞，我吃了。”張豹哈哈一笑：“你不是那人。”我亲自去找，把缸盖

王一接真个丢有了又見妹子站在破缸跟前遥住想必把鹿肉
放在破缸礼了便说小妹子你過來我看康熙所说哽的战战兢兢
把那竹筐裏的碗盞抖的乱响用手一接竹筐缸礼撤着一个人
張豹气的跑出门來拿起三股鋼叉就往裏跑康熙見事不好
跳出缸來有那張豹迎面就是一叉康熙順手劄子礼一脚把叉打
到地下了有那張豹抓起门上的大石頭就打小姐赶後之一把
拉住張豹忙了本方的土地神迎面当住張豹康熙跳出门去
跑了張豹把小姐摔到拿上三股鋼叉随后就打赶有那土地神
把張豹档住總未赶上霎時赶進城去不提再说王進忠張
保童孫虎合三人睡醒來不見康熙主子找了一會正在慌忙
之處現見一人赶的是康熙主子三人迎着慌忙讓過康熙把
張豹一的一下打倒睡到地下有那查街的巡役问了一便把三
人提上衙门裏走了王進忠進了衙门有那地方孫架千認
得是鎮展王爷膝敢請到二堂書房坐下且向鎮展王爷到此
為何王進忠说主子也未看礼孫架千说主子現在那礼王
進忠把前後的话对孫架千说了一便孫架千听言便说主子
平安不能進京只該怎麼王進忠说把世事王爷请来商議当時
把張保童請來孫架千说王爷坐奪主子怎么平安回京
總好保童说只也不难叫上几个木匠做上一个花花小轎裏面
掛上紫而紅綠綵綢外面拿釘子定住叫上八班轎夫抬進京去
豈不是好么孫架千说只个一面有我吩咐人役抬席两桌代
我亲自送一回眾百姓合店家自当是公候王爷都不知是皇
子張保童说王進忠你与孫架千说知此事背地说有那張
豹把他妹子也不用难為了对他说明白打發他回上山去罢
若是小轎造成做出來我们王子坐上我们一齊寫文送与施大人
知道豈不是好么 大人吩咐明 張豹喜心中 我今回山去 单等卷文

孫架子造下轎安下莫表
施不全坐書房心中思想
索三賊他命兇始兵聚將
我今日破不開索家營盤
康玉龍貪賍官犯罪非輕
施大人吽人役所我細表
依我說你二人不必開玩
轉華山你若是得盛回來
他二人領人馬代領兵將
李忠良領人馬對面安營
忙吩咐押索景即刻出城
施大人到大營返未坐定
索家的那營盤兵將甚重
施不全所此言心中歡喜
我隐忙傳下去壹道將令
施大人忙傳下二道將令
淮動馬進了營大喊三聲
有索龍合索虎正然夢中
翻起來忙上馬喊吽傳令
忙拿上馬鞍子口當盔甲
胡拡鎗乱抓刀胡杀乱砍
聖賢爷在雲頭容目觀看
索龍的人馬重兵多將廣
我脚忙提赵刀紅光閃閃
壹時間總把那賊根除斷
李忠良黄天埧圍住山嶺

再表那萬壽宮施公大老
各處官都皆文稟我知道
我一心要破他索家營將
文武官都笑我無有主閒
吽人役立杀在萬壽宮中
黄天埧朱進朝隨就來到
領人馬去破他索家營盤
那時節與你們官上加官
黄天埧朱進朝直奔山上
施元帥也覇了萬壽宮門
探子馬來報到轉華山中
黄天埧忙跪到稟報分明
我們的兵將少除非偷營
一句話提醒了施公大人
黄天埧朱進朝今夜偷營
李忠良領大兵今夜偷營
我二人騎看馬遲在暗中
耳所的偷營來大失壹驚
眾兵將都睡的迷了昏昏
手拿上纓纓盔脚上胡蹬
自杀自各杀各死了大半
吽閃平合閃鎖二位大仙
怕的是到明天起禍被盛
有閃平合閃鎖二位大仙
把索龍合索虎杀在營盤
壹時間要紅光東方發明

還有些怕死的扒山摩嶺　統把他殺了个風魔掃秦
回營來與元帥即刻稟明　施大人設香案大謝神恩
忙吩咐把戰馬一齊交苓　跨了壂騎上馬一齊回〻京
黃天堪宋進朝頭礼行走　再表那康應王坐小轎中
張保童進上房開言便問　叫子唠我的王細听分明
只几天坐上房咸了不動　难道說就在此不回北京
康應說那件事你的不仁　害的我在店房不好見人
那說張保童把小轎造齊抬到店倪放下走進上房门來便问
萬歲你羞也不羞康應說十分害的利害保童說卻害羞就該
回上北京康應說你們與我想个妙計送我回上北京纔是道礼保
童說我與王人造下一頂花〻小轎你出來坐在轎內把轎门関
往叁人看見豈不是好么康應說羞的我也不出去了你把轎子
抬到门口我坐在轎內誰也不道[知]張保童所說吩咐人役把轎
子抬到门口康應一見轎內掛的是采外修的欄杆便說保童你與我
做了一頂好轎隊忙坐在轎內保童把轎门関住便說快拿來釘子
任孫架千說哎呀唬死我了王進忠說哎呀不敢釘張保童說拿來我
釘叮〻噹〻把轎门釘住吩咐人役狀抬上走又說王進忠合孫虎我們也赶
身〻覺走了九月來到六股橋上憶忙稟大人得知文武滿汗九卿罷
八大朝臣舊老　宰相公侯王爷都未拿看手本接見大人施公所
說罢了罢了論赶再的官員都在順天府城门外还有則可只不
大康王爷他該也在順天府城門外接我纔是道礼只是未你
們的江山把我遠路風塵走了一回你就不能遠迎我先與記
下你的一筆賬王子回京我合你面礼塗人又报王子來到六股
橋上施公听說連忙下轎接迎便問王子你好么康應說再不
提了且問醜官你也回來了施公說回來了你我同進京到養老
宫塊見了國母那時再叙话罢康應說你把我圈了个利害施公

説那个就好〻王子免得受苦吩咐人役抬進宮去
康熙轉回京　文武百官迎　保童進小轎　抬進二王入宮
私訪山東轉回京　文武滿漢都接迎　六股轎上俱相會
康熙遇見施大人　耳听号炮响三声　皇城裏面都听真
頭隊走的武官將　文武滿漢緊跟上　後边走的是孫虎
后軍都府也行呼　二隊走的黄天璵　八台總鎮跟随他
三隊走的宋進朝　騎馬逍遥緊跟到　四隊走的押人官
押走索景進順天　五隊走的李忠良　九門提都緊跟上
六隊走的張金建　獅子張豹也跟緊　七隊走的閻富貴
御兒干兒也跟随　八隊走的老王印　龍頭拐杖也跟緊
九隊走的施大人　前護後擁緊随跟　十隊走的康熙王
八班轎夫緊跟上　十一走的張保童　世事王爷同路行
十二走的王進忠　鎮兵將軍緊随跟　施公正走台頭看
大康王爷南门站　施公下轎把頭磕　大康王爷忙拜見
皇后國母站门前　手裏拿的龍頭拐　施公一見忙前來
御忙下轎躬身拜　三叩九拜把頭磕　問聲國母安不安
皇后台举施不全　叫聲醜官听我言　你們今日都回轉
不見我兒康熙面　施公只礼開言講　康熙王爷在後边
一言未尽到午门　吩咐抬到養老宮　皇后一見入台轎
到叫裏黑外不曉　時緣過去一丁轎　不知台的甚么人
當業孫〻把我請　老太皇后進了宮　放下花花轎一丁
康熙轎内尚母亲
人役台進宮　皇后失一驚　康熙進朝班　施公心放寬
都説皇后又問你爺末了怎么不見康熙施公説啟奏國母
得知轎内坐的就是王子老后听説你快〻把兒放者出來康
熙听説便叫母亲你叫他們快把轎門開了把我閣了一个利害

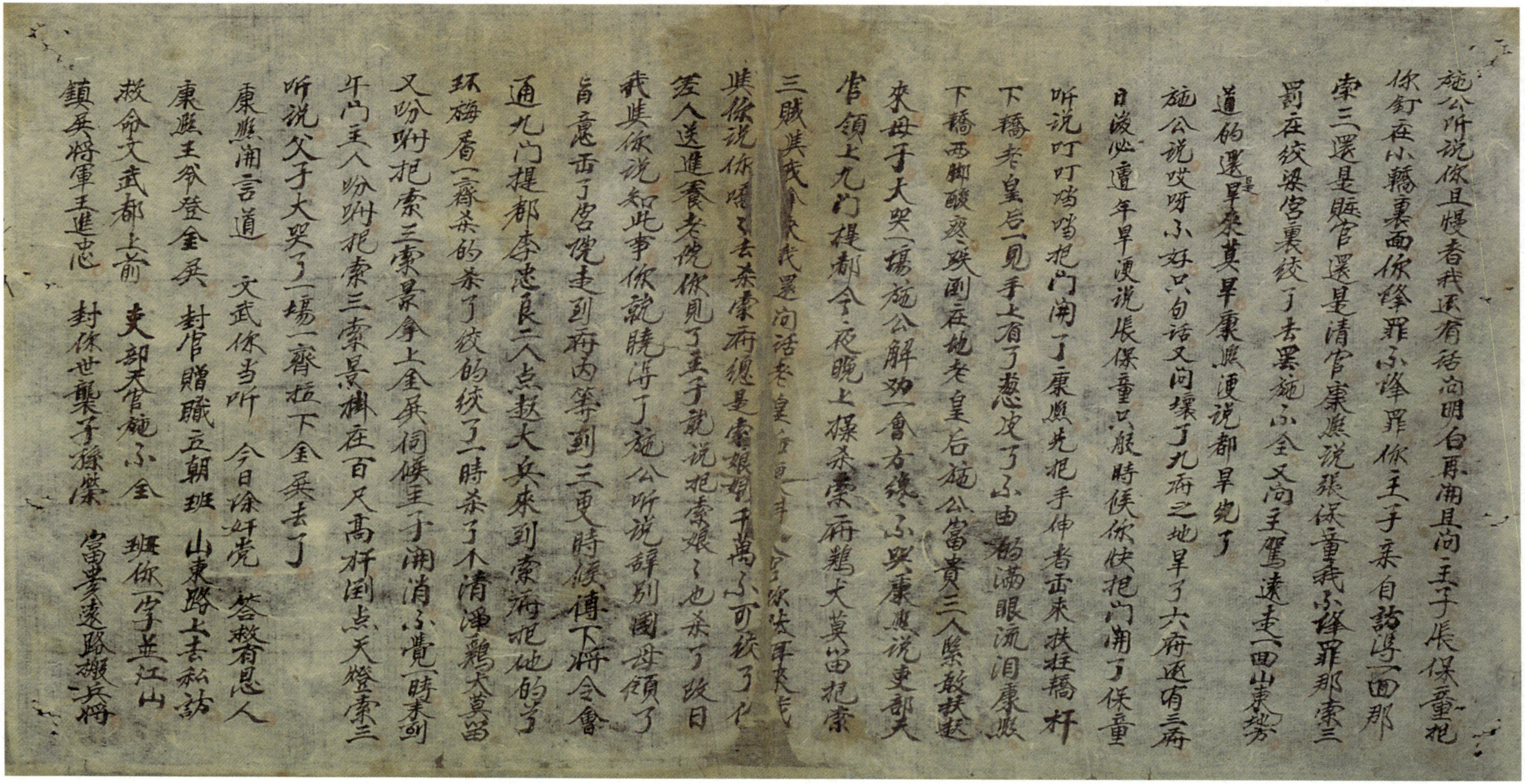
施公听说你且慢，查我还有话问明白。再开且问三王子，张保童把
你钉在小轿里面，你缘罪不缘罪？你王一子亲自访得一回，那
索三还是赃官，还是清官？康熙说，张保童我不缘罪，那索三
罚在绞梁宫里绞了去罢。施不全又问王驾，远走一回山东，劳
道的还早来莫早？康熙便说，都早完了。
施公说，哎呀，不好，只白话，又问坏了九府之地，早了六府，还有三府
日后必遭年旱。便说张保童，只般时候，你快把门开了。保童
听说，叮叮当当把门开了。康熙先把手伸出来，扶住轿杆
下轿。老皇后一见，手上有了葱皮了，不由的满眼流泪。康熙
下轿，两脚酸痰，跌倒在地。老皇后、施公、富贵三人紧赦扶起
来，母子大哭一场，施公解劝一会，方才不哭。康熙说，吏部天
官领上九门提都，今夜晚上抄杀索府，鸡犬莫留，把索
三贼其我[illegible]我还问话老皇[illegible]你法军衣长
其你说你[illegible]去杀索府，总是索娘娘千万不可绞了他。
差人送进养老院，你见了王子就说，把索娘娘也杀了，改日
我其你说知此事，你就晓得了。施公听说，辞别国母，领了
旨意，出了宫，跪走到府内，等到三更时候，传下将令，会
通九门提都李忠良二人，点赵大兵，来到索府，把他的家
环梅香一齐杀的杀了，绞的绞了，一时杀了个清净，鸡犬莫留。
又吩咐把索三、索景拿上金殿，伺候王子开消，不觉一时来到
午门，主人吩咐把索三、索景斩在百尺高杆，倒点天灯。索三
听说，父子大哭了一场，一齐拉下金殿去了。
康熙开言道：文武你当听，今日除奸党，答救有恩人。
康熙王爷登金殿，封官赠职立朝班。山东路上去私访，
救命文武都上前。吏部天官施不全，班你一字并江山。
镇兵将军王进忠，封你世袭子孙荣。当孝远路搬兵将

封你衔兜赶兵王　叫声野人来进朝　九门提都你坐上
長保童來听我言　当兵封你世军王　朝裏朝外由你当
先斩後奏三朝剅　八台總鎮黄天壩　打破磚華功勞大
别的官員不封你　封你山東坐遛寨　叫声孫虎听我言
為王其你説细端　你兄其王点草蔽　乘口封你總龍王
你其為王報過信　后军都府你坐上　山窑住的那張豹
封你国舅三朝綱　你的妹子張金莲　為王招他西宫娘
監内選上王洪同　封你王事護国臣　七和县礼王知县
封你濟南道台官　宾州城礼孫察干　選進京來君王見
唐家座上唐四海　選進京來領本分　周氏張氏二婦人
為王差人掫進京　别的官員不封他　為王封他賢孝宫
封官一畢開金口　武文两班衆爱卿　你们皇壽設香案
答謝五日謝龍天

却説康熙吩咐文武官員，下宫礼設五菓道場共僧
一千答醮五天報謝神恩。道場圓滿那時節都去請官上任皇宫
吩咐一畢退兵入宫去了。文武两班聽得此言紧敢來到皇壽宫
礼設五醮愿康熙早朝畢也到皇壽宫降香。文武两班九卿四廂
八大朝臣公侯王爷都頑着王子降香正是：
康熙進了宫　來到萬壽宫　手焚满把香　大謝衆神恩
康熙王下金殿　來到宫院　耳听的衆和尚　齊念經点
我忙忙進經堂　把香焚上　三叩首跪經堂　口念清陽
頭卷經奉通上　各處神灵　保佑我善天下　国泰民安
貳卷經通奉上　江土神位　保佑我文共武　四季平安
叁卷經通奉上　十大祖師　保佑我十三省　百姓安戶
康熙王奉通了　真經三卷　又焚香又祝告　過往神仙
一炷香我敬其　五方五帝　二炷香敬其了　各處神祇

三炷香我敬奠聖賢老爷　四炷香敬奠了各處龍君
五炷香我敬奠各處城隍　六炷香敬奠了黑虎灵官
七炷香我敬奠土地神灵　八炷香敬奠了雷部神灵
九炷香我敬奠三代宗祖　十炷香敬奠了十帝閻君
十一炷敬奠了中正傑士　十二炷敬奠了脱骨老臣
直五日驟願滿送神歸位　衆神灵还本位各守香燈
康熙王還果願回宮去了　文合武滿漢官各回府中
把只場還願話御作表道　看几句劝世話再説分明
忍耐些而總為真　莫做虧心昧良心
自古善恶終有報　遠報兒孫近報身
一劝你劝行孝神灵　作善人天保佑多逢善根
二劝你不可十恶不……　作恶人天降災受魔難
三劝你孝父母……　行善人天……　……壽禄永長
四方……
五劝你ゝ……
六劝你ゝ不……
七劝你ゝ不可欺強押
八劝你ゝ不可私心用　……殺娸你
九劝你ゝ不可欺孤押貧　……孤滅了寡……
十劝你ゝ不可依公挾私　……伙了私來世礼要了
劝世人行好事多行方便　行好事來世礼當貴
若不信看世人貧富不等　貧的貧富的富各有緣因
也有那受富貴高樓大廈　那是他前世礼存心正大
也有那受貧賤光陰不加　那是他前世礼不行善話
世上人總莫学行事奸詐　日後來死陰司必不怕啗
善者繼恶者從仍轉人家　總不如行方便福田種下
孔雀明王寶卷終　念者听者各記心
所究若是不肯記　免得災殃到你身
民國十九年三月初一日何中選謹録費力抄成本

康熙私訪到山東

觀音寺私去出身

私到山

一戶秦世美

實征貳

原額正草

荒蕪貳

一戶范宗文

實征叁束

原額正草肆束

荒蕪壹束陸分

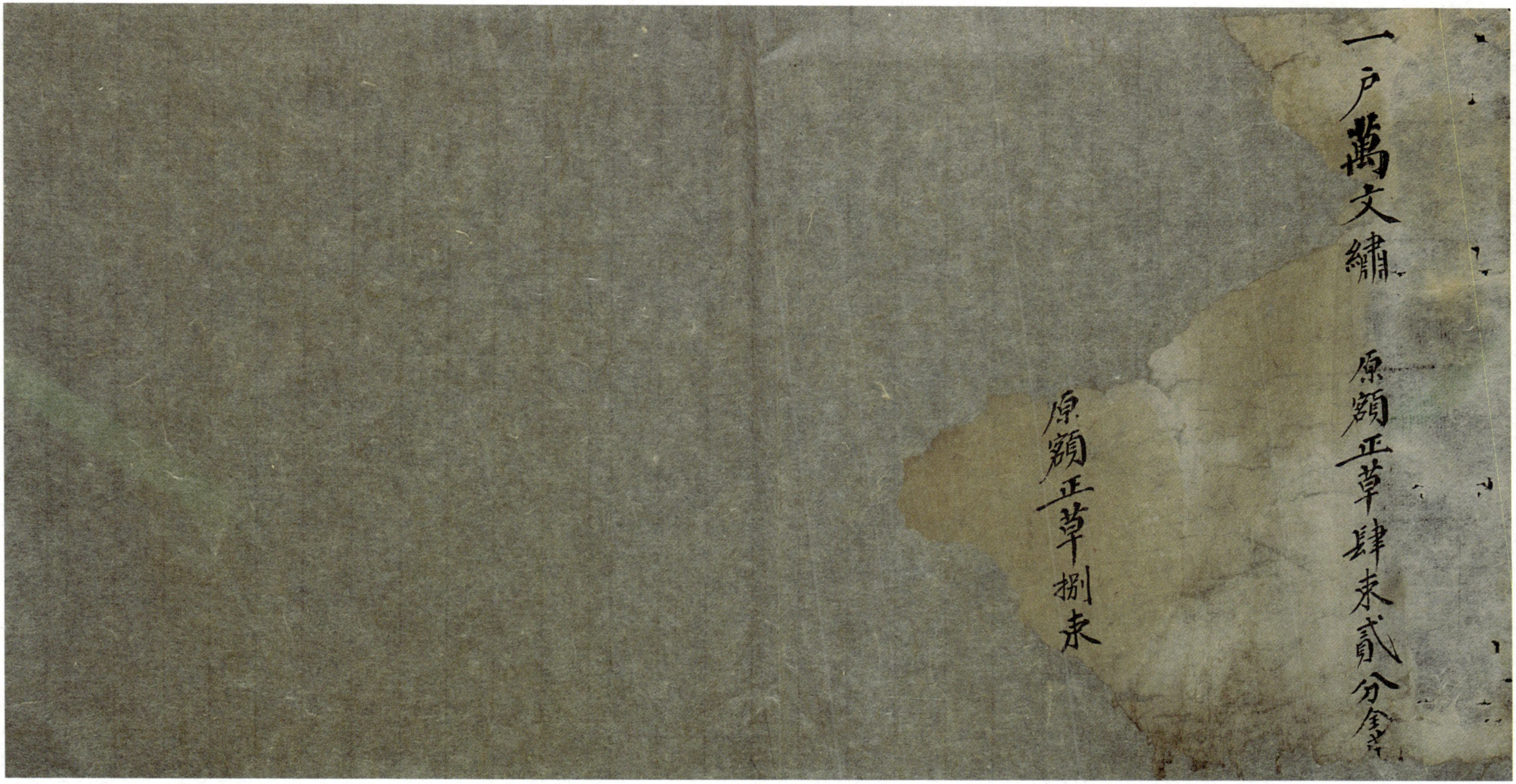
一户萬文繡
原額正草肆束貳分釐
原額正草捌束

李长青游地狱

一卷　刻本

1册，线装。作者不详。

版式：白口，四周双边，单黑鱼尾，无行格。

行款：8行22字，小字双行同。

开本尺寸：27.8厘米×14.4厘米。

版框尺寸：20.0厘米×12.5厘米。

肃州（酒泉）建康郡（高台县）刊本，出版年代不详。车锡伦《中国宝卷总目》著录。

此宝卷讲述同治元年蓝大顺在陕西作乱，攻破汉中府，杀人无数。府学李长青被砍杀后入地狱，由于他在阳世行善积德，被城隍爷送回阳间。临走时，城隍爷让判官刘瑞图引导李长青游观十殿，『回阳好将果报传与世人，劝人改恶迁善』。宝卷叙述李长青的所见所闻，点明阳世犯下的丑恶不法之事，到了阴间都会被阎王爷惩罚，以此警醒世人引以为戒，同时也呈现地狱森严的管理制度。

宝卷内容新颖，文字鲜活，是描写地狱生活比较丰富的作品。刻印一般，有错字，有破损，已修复。

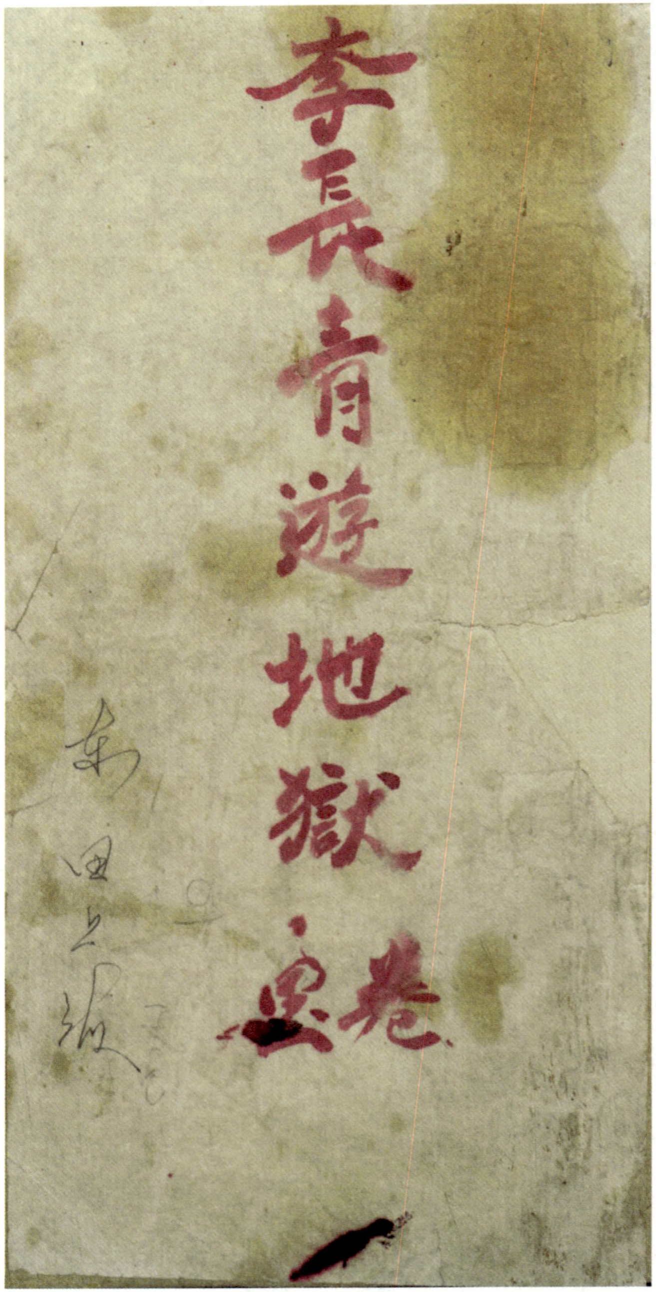
李長青遊地獄·全卷

奉行十殿報應例案

同治元年藍大順作亂行至陜西同長毛賊攻破漢中府城殺人無數府學教 李長青平生好善被賊一刀砍在衆人尸中當時昏死 日方纔還陽説出地獄善惡報應昏死之時見有牌坊 座上面寫者陰陽界三字内有城隍點死屍之名見好善者拱手敬之命金童玉女手執幢旛寶盖送至東嶽殿前 考善惡善多者送上天堂中平者即送投生見作惡 八怒而大罵叫牛頭夜叉押往西嶽殿前掛號解到十殿閻 點死衆屍之名未點長青名字因問側邊唱名的鬼卒 何不點我的名乎鬼卒答曰黑簿上無有你的名字長青急忙上跪城隍面前稟道城隍爺在上府學李長青叩見城隍即起身答曰李善士請起長青問曰賊破漢中老爺何不大顯威靈救濟百姓城隍答曰漢中人民善少惡多應該如此長青曰為何我無名字城隍曰因你平生好善故黑簿上無有你的名字爾陽壽未滿叫判官劉瑞圖 前你引府學老爺去遊十殿爲

這陰曹善報應回陽好將果報傳與世人勸人改惡遷善
異日來此免受地獄之苦說畢拱手而退

劉判官說道

我引你到陰曹去把刑看　一路上將來由細說的端
世人死先要到城隍寶殿　掛了號纔送至西嶽殿前
將生平善惡事問了一遍　方解到十王殿問刑之官

長青行至山坡見有無數許多大狗問道這些狗在此何故判答曰

這就是陽間人喂的家犬　老了那主人拉來賣錢

這些犬在陰府陰魂不甘　野犬村等主人要報含冤

長青又走一湾只見那些有許多的牛馬滿山長青問道這是何故判官答曰

這牛馬在陽間酬償前債　筋力衰那主人就壞心田
牽市途求高價賣與屠宰　石灰水灌咽喉五臟油煎
都在這牛馬村寃魂不散　等主人來到此要把命填
陽間人他未曾親眼看見　那知道地府中王法森嚴
陽間有十八刑蕭何註典　陰與陽雖異地理法同然
陽衙門就好比森羅寶殿　那吏書亦好似陰曹判官

那差人就如同牛頭馬面　設監卡及牢房地獄一般
十八刑大清律上面定典　你知道我今日畧對你言
第一刑打嘴把違是小犯　第二刑打小板在於腿間
第三刑用滿杖四十大板　第四刑帶板枷三五十天
第五刑壓損子又跪鐵煉　第六刑上綳子不得縮弱
第七刑用拶指痛之無厭　第八刑上夾棍眼泪不乾
第九刑用腦箍骨髓要濫　第十刑問坐徒一二三年
十一刑問流罪幾千里遠　十二刑辦充軍外國海邊

七

十三刑是遣戍里有萬千　十四刑問絞罪絞死眼翻
十五刑是斬首腦殼砍斷　十六刑問凌遲痛苦難堪
十七刑是分屍四體皆散　十八刑骨挫灰罪大無邊
陽律例陰律條不錯半點　不一時來至在鬼門關前
無常爺鷄脚神關門立站　進關門望鄉臺就在上邊
台刑樣如弓月八十里遠　五十丈雖不高背靠刀山
李老爺你不信上臺去看　普天下各州縣都看得完
長青聽說上臺去看見漢中府城衙門都被賊占他就上頭傷心啼哭乃判官即答曰

休啼哭你妻子未遭大難　有聖神保佑他逃在龍安
長青又往四川龍安一看見他妻子就要開口呼叫而判官答曰
你莫喊陰與陽隔了天遠　下台去過黑洞淶河橋前
長青隨判官過了黑河洞見洞口上寫鑽大金字四個乃是人生不免四字又有三條岔路判官曰
人有生必有死個個不免　三條路走的人不得一般
上一等忠和孝實在體面　金童接玉女迎快樂天仙
中一條走的人善惡相半　到東嶽掛了號投生陽間
下一條走的人全無尼乇　做的事盡都是萬惡滔天

八

長青問道人死了總到陰間　不知他是善人惡人判官答曰
那善人頭頂上紅光閃閃　作惡的頭頂上冒出黑煙
平常人腦殼後白光一線　不必問就知道善惡心田
這一座淶河橋是塊木板　有銅蛇和鐵狗他把人餐
長青在橋上一看見那橋下一條路走的人盡被那惡鬼又下去河內了乃判官答曰
你看這男和女怕有千萬　在水內被銅蛇咬得慘然
過了橋進城池就是頭殿　殿角下孽鏡臺右邊高懸
青公來在台下見台高丈餘鏡大十圍向東懸掛上寫對字人人世
莫作惡孽鏡台下無好人乃鬼卒押些犯人下台判官曰

跪這些他不認陽間罪犯
在鏡中看見了生平事件
拚起來跪在那秦廣大殿
打開了善惡簿惡有千萬
有三台北斗神在人頭上
有家先並土地錄其過犯
竈府君無私曲時刻點撿
只等你日子到陽壽已滿

將孽鏡照出來叫他自觀
一個個盡都是啞口無言
明朗朗天在上一報一還
長青曰普天之下有千萬人數人的善惡何
神覩眼看見寫在簿上來對判官曰
日遊神夜遊神記在簿間
人身中三尸神不能隱瞞
三十夜把善惡奏上南天
天曹簿地府簿陽曹簿翻

拿你來在此處三曹對案
那一傍補經所你且細看
這僧道圖利市只曉要錢
今日裡帶鐵枷跪唸補完
身受刑痛入骨諷誦艱難
押之在第二殿去上刀山
這刀山看見了心驚膽戰
又呵風並罵雨逆賊反叛

無一個逃脫了一罪一愆
長青觀見有些和尚道士跪地
念經問道這是何故判官答曰
或落字或落句或未全唸
落一卷補十卷加倍賠滿
心毒人差下去四十大板
長青來在二殿見刀山白如銀雪惡鬼想望
罪人往上一拋週身掉過肖直這作何罪犯判官曰
在陽世只為他恨地怨天
食王祿不報恩汚吏貪官

把三綱並五常一概扭轉
奴欺主下犯上一切過犯
轉回來看劍樹人鬼成串
他不孝父和母忘了老年
只顧他妻和子有喫有穿
咒老人早些死口出惡言
到此日方纔知報應昭然
長青問這宗王法

臣弑君子弑父無法無天
到此日方知道王法森嚴
長青問道這在生作何過犯判官曰
飢與寒有病患他全不管
婦人家全不把翁姿孝唸
把丈夫不當人任性作賤
這還有磨子刑把人推濫
犯了何等的罪過判官答曰

十

皆因是在生時壞了心田
置大斗和小秤進出兩般
搶人貨偷人物又使機關
有私讐教盜賊攀害牽連
推成泥孽風吹又把魂還
長青一看油鍋燒的飛滚
這為他在陽世罪惡多端
當幕賓受了賄殺人筆尖

使奸詐用暗箭謀人財產
拐婦女引少年到處逃竄
圖財寶謀人命行至遠縣
到今日方纔知這樣悽慘
這還有油鍋煎更勁難看
札有數人問這犯何罪判官答曰
為官的得了銀把案顛轉
當書吏得了錢改供換卷

當差的要錢使拿人作難　不出錢搓磨盡又要蠻幹
用非刑更比那王法還厲　治死了還說是病死保店
把罪過推在那問刑之官　有牢頭即禁子治死囚犯
當代書寫詞狀亂改亂添　為武將太平年受王恩典
離亂年一個個怕死當先　赶軍餉害百姓如同反叛
到此時油鍋扎甚是慘然　不用怕隨我來去到三殿
寒冰獄男和女吽苦連天

長青來在三殿听說寒冰地獄見男女無數赤身露體頭長白毛在那吽唸長青他也說道冷獄作何罪犯判官

在生時父母冷他全不管　並不思娘睡濕兒在乾睡

十一

家豪富一家人概縫綢緞　威逼人水中死心壞不甘
為後娘把前娘兒女嫌賤　小爸媳受饑寒害死九泉
把奴婢若打罵十磨九難　賣米粮賣貨物糶水賤錢
這一陣冷起來皮糠肉戰　轉過去那一傍便是火山

長青來在大山見些撥火的鬼卒生的紅髮手執鐵叉押些罪人燒得污焦巴黑問道這些罪人在生作何過犯判官荅曰

這罪人在生時心焦火鑽　占不動他就是冒火冲天
陰陽火害的人妻離子散　平白地他又要放火燒山
有私讐暗地裡放火一線　燒房屋害得人口喊皇天

心火冒把父母拿來埋怨　到如今燒得他尸骨不全
長青看了一陣詫得難當問道拿如何方法可以消熱過去判官答曰
熱得狠快想你父母恩典　除卻了心頭火自消狠煙
長青一想生身父母恩典果然就不熱了真可妙判官曰
這一陣你心中慾火消散　到四殿黑暗獄慢慢來觀
長青來在四殿手扯判官衣服隨着判官遊了半天過去
問道這人在生作何過犯受了此罪判官答曰
這些人一平生心如墨染　不怕神不怕鬼萬惡滔天
欺神像滅聖賢三教經典　忘八則只把拿銀錢苦貪

十二

害孤兒欺寡婦謀人田產　做假銀那中間灌的銅鉛
做生意全莫得良心發現　用錢文短少數又攙毛錢
行醫人用假藥害人不淺　使邪術去迷人又放悶煙
黑暗獄罪惡多難以盡嘆　那一傍便就是血河池邊
長青一見血河腥氣難聞有無數女人坐在河內問道只
些女人在世生男育女汚穢天地在此受罪否判官答曰
這些婦坐血河不為別件　並非是在陽間育女生男
仙佛聖都皆是父母生產　豈都是坐血河受這罪愆
坐血河為的是婦女不善　他把那二翁婆全不當然

每日裡在廚下肆無忌憚　但不動打碗盞怒氣連天
大小月身不潔竈房遊轉　煙沖上烤鞋襪又烤衣衫
早晨家他纏脚向對竈面　吃了飯竈頭上擺一大攤
冷起來一雙脚竈究一鑽　細娃兒提屎尿都在竈邊
坐血河他不知何日得滿　轉過去五殿上細看一翻
長青來在五殿見那將軍柱上掛了幾婦只見惡鬼將舌
頭拡出尺長用刀再割破判官答曰
拡舌獄掛這婦能說會辯　凡百事由着他一張嘴翻
在娘家刁嫂子先後爭戰　吵得來一家人全不安然

十三

出嫁時不由他公婆教管　說一句還十句他心纔甘
他在那丈夫前更不消嘆　惹着他牛皮氣就要冒煙
或背時或倒竈由他亂嗲　指東瓜比葫蘆兒罵幾天
總誇他後嫁人甚是能幹　此小事就禍起背舌枕邊
先後間每日裡說長道短　刁丈夫要分家各坐一邊
說嫂嫂與弟媳他把強占　那一傍擇花所這是新添
因此上那惡鬼把舌割斷
長青一看見些惡鬼押些婦女鬼將鉄圈燒紅叫那婦人帶起又將鉄釘
燒紅釘在木板像挖字八仙花樣叫他手揮完判官曰

這婦女平素間愛的妖艷　臉打粉愛妖嬈額搽柳煙
他穿衣件件要欄杆載滿　燈籠褲卍字格架在兩邊
高底鞋雕空了粉粧內面　卯在地說他走步步金蓮
卧單上挑龍鳳又挑字眼　帳簷子繡日月又繡八仙
為艷粧汚穢字銀錢抛散　五殿上纔把這地獄新添
擇花所是鉄釘釘在木板　他平生做多少要他擇完
嘆不盡這刑法又聽叫喚　長青抬頭一看只見有城一座並不見有人聽見哭聲是何地獄判官答曰
此乃是叫喚獄緊把門關　在生時把五谷全不上算

十四

多喂些鷄和鴨好把肉餐　細娃兒吃飯時概不檢點
喂猪牲還要拿米谷來攙　因死後關在獄拿來餓飯
未說畢見婦人挪在高杆　長青見高杆挪一婦人惡鬼拿刀把肚破開腸肚肝肺掏出一堆問道婦人犯的何罪判官曰
挪這婦他心腸不如牛犬　又打胎又溺女罪大無邊
他說是兒女多房慾不便　每日裡要喫飯又要衣穿
有了孕暗地裡就把藥辦　喫了藥打下來血包一團
如不然生下來就要蠻幹　或灰包或燒酒尿桶淹滲
衆惡鬼把毒腸狠他割斷　莫憐憫我們走六殿去觀

長青來在六殿見此惡鬼把人〻下碓窩又有二鬼鄉在舂碓問道
這些人犯等何等罪過判官答曰

碓舂獄這些人狼心狗膽　婦人家謀丈夫貪愛少年
最可恨吹來客口能舌辯　刁子女賣院房徒弄媒錢
當龜漢開院房並開淫館　那節女去作賤其心何甘
那女子無奈了捨下臉面　浪蕩子只見得意馬難拴
只有那胭花院害人不淺　害多少好女子又害佳男
那男鬼總把那酒色貪戀　刁人妻拐人婦作科姦犯
少年子他引誘走州過縣　到晚來好與他共枕同眠

到今日一個個拿來舂濫　孽風吹還了魂又抱銅杆

長青一看見殿墀外有一銅女那傍有個銅男又見一鬼卒拖來個男子抱住這
個女子又見拖來個女子抱住一個銅男幾根銅柱都把得有人柱內俱空燒紅炭
見幾個惡鬼卒拿來些罪人將兩手足捆在銅柱上面乃抱住就不得脫了
兩判官答曰

這銅柱見嫖客他就會變　變一個美貌女同他上前
抱倒起是銅人內燒紅炭　燒得你週身上燃起出焰
化成灰孽風吹又還魂轉　嫖幾回抱幾回痛苦難堪
女人家不正道照樣所辦　押他去抱銅男週身燒消
看起來淫為首陰刑甚慘　那一傍又坐的幾位賭官

長清一看果有四人賭錢坐的是鐵棹子鐵板橙打的鐵牌都燒紅的判官曰

賭錢人在陽世他不信勸　說打牌玩意耍莫得罪愆
拋正業壞良心家業飄散　帶壞了人與已多少佳男
為賭博出盜賊又出命案　陰間刑纔制得這般森嚴
慢慢走隨我來去到七殿　有一把天平戥擺在中間

長清問道造此物件而秤何物判官答曰

那一把天平秤稱人過犯　秤讐氣罰受罪不能屈冤
愛與人結冤讐不忍不善　好鬭氣使黑心打入陰山

那一傍鋸子解請你觀看

長青看見問道此人生平作何罪犯鋸解分身法乃判官曰

鋸的是陽間人不為正端　打蝦蟆筌魚鰍又捉黃鱔
殺牛馬打龜蛇捕獵遊山　射飛禽宰猪羊傷胎破卵
一生平他總圖口腹香甜　唆弟兄不和睦又用暗箭
害得人夫與妻骨肉不全　損橋梁拆路道不修片善
到今日分解獄鋸作兩片　鐵床獄他二人再喫片烟

長青一看床上有二人對面睡着吃烟說地獄都有人玩吸洋烟是何故判官答曰

在陽世充假哥玩的洋烟　他說是喫洋烟莫得罪犯

引壞了好多的子弟少年　有正業他不做是事懶辦
一心想圖便易刁對弄錢　女人家吃洋烟無恥下賤
這是那親丈夫勾引下山　妻兒女做出醜他全不管
把祖宗好田産燈下燒完　死陰曹拿鉄床用火煅煉
拿他去鉄床上睡吸洋烟　銅烟竿燒紅了指着口接
痛得他死去後又把魂還

長青説吃烟多有為病吃的不能丢脱有少年無知吃的為應酬吃的此罪用何方能救答曰

陽世間現有傳玉歷經典　能奉行這卷經赦罪消愆
能傳送廣勸化萬罪皆免　時記心傳説者功德無邊

幽冥福報編　十七

這刑法不希奇再往下看　砍腦頂割耳根就在下邊

長青問曰犯的何等罪拿來使砍腦髓割耳根判官答曰

砍腦頂割耳根不為別件　為的是愛聽那婦人之言
他父母説的話全不聽見　那婦人説一句如聖旨傳
有這種莫腦髓用刀砍濫　把耳躲拿割脱決不姑寬
陰法多看不完來在八殿　銅汁獄不由人心驚胆戰

長青来在八殿看見銅汁地獄只見悪鬼把銅燒化把人口刁開灌進口内問道犯的何罪要喝銅汁受此難當慘苦判官答曰

這一座銅汁獄令人胆戰　用銅鉛燒成水灌下喉咽

這些人在陽世心惡口善　立邪教習異端聚衆弄錢
勸別人奉他教一家無難　功圓滿要成神又要成仙
江湖上巧言語説得花現　安門坎窖釵環要撿金磚
有銅匠化寶錢銅汁灌咽　有醫卜並星相一言難嘆
有端公和道士只圖要錢　有陰陽害得人傾家破産
使主人興詞訟懂禍兩邊　當鄉約説的話光取兩面
弄銀錢全憑他三寸舌尖　到今日方知道王法難犯
銅汁水下了肚腸係心肝　那一傍又套去罪犯一串

十八

用毒蛇鑽窍竅實在慘然

長青有見些惡鬼把人口刁開又見一鬼捉蛇一条從口内放進犯何罪判官答曰

這犯人那舌頭好似利劍　有説無無説有害人多端
或時説某家女跟人趕漢　又説是某家婦長偷少年
再不然逢着人鐔子就訕　尖腦殼燒火老混名亂安
人有事他進去兩邊説濫　因此上拿毒蛇放在身間
隨我來到九殿去把刑看　阿鼻獄那苦情總叫慘然

長青來在阿鼻地獄週圍千里黑暗沉沉問道只是犯的何罪打入此獄受苦判官答曰

阿鼻獄有千里週圍一轉　有銅墻和鉄壁甚是廣寬

此一重大地獄真是凶險　進了獄並不是一二三年
為男子把四恩不報半點　為女子把七出都已犯全
逞横豪凶惡輩殺人作亂　偷搶人財和寶刲墓開棺
有和尚並道家飯戒常犯　入空門反把那酒色來貪
學傍門食陰棗說把丹煉　作淫書畫春宮引動心猿
種種的大過惡難以盡算　那還有大地獄名號無間

長青一看無間地獄盡是銅墻鐵壁中間用的刑法是銅是鐵是石是火盡是重物問道在生作何過犯受此罪苦判官答曰

無間獄甚寬濶盡是惡犯　把天理盡滅絕一概不沾

臣不忠子不孝弟兄生怨　夫不和妻不順朋友生嫌
不說嫖就講賭糊行亂幹　不貪酒便貪財做事心偏
三綱壞五常滅人倫改變　六親疎八則忘禽獸一般
讀書人假聰明不務正傳　耕田人晴和雨時常怨天
為工匠使奸計暗地盤算　為商賈心不正巧使機關
做買賣把天理不存一點　或挽沙或發水假貸賺錢
百十行都莫得良心一片　還有那無業輩遊手好閑
莫得事他在那街頭遊轉　鬬撼撼尋究究無故生端

設圈套專學的拐搖撞騙　罪受滿變牛馬十倍賠還
撞套人善銀錢百倍還轉　又還有忘恩輩負義之男
陽有報陰有報遲早不免　外設有小地獄畧對你言

長青說道此小地獄那些人受的甚麼罪在生因做何犯判官答曰

剝皮獄為的是把人坟犯　㧐眼獄他變把賬目改添
惟丢了無名帖纔剮他臉　砍腳獄是訟師興詞告官
腰札獄多只為豪强霸佔　抽腸獄皆因是假借不還
剮肚獄在陽世明瞞暗騙　割腎獄在陽世占假姻緣

鉄狗獄為的是好吃牛犬　飲血獄翻是非亂發狂言
搗打鏈梜手獄拳他手腕　剐骨獄為的是骨肉相殘
鉄衣獄治的是妖婕小旦　鐵驚獄治要兒又去鬧官
鏟皮獄鏟龜子他不要臉　石壓獄胭花女雞把身翻
刺嘴獄因他變咀咒發怨　塞口獄為的是訕謗聖賢
沸湯獄無老少不分親眷　碎身獄為的是不敬祖先
酒瘋客到陰曹要把尿灌　耍光棍拿他來要抱鉄竿
割腸的多只為年無片善　抽筋獄為的是月有多愆

小地獄百多所難以盡嘆　殿角下枉死城立在右邊
長青說枉死城乃是陽間受寃枉死的受罪是也不是判官曰
盡都是尋短路自死之犯　並不是受寃死鬼魂住焉
受寃死受屈死無辜之犯　豈拿來在城中寃上加寃
此乃是寃枉人未死之犯　陽壽滿在此城受罪幾年
有些是尋短命自把命短　或吊頸或刎喉投水吞烟
今日間受苦罪失悔不轉　自尋死受枉罪難出城圈
還有那戌亥日痛得真慘　候陽壽日期滿総提出圈

長青說這些大小地獄受罪滿了就該放他投生是也不是判官曰
罪小的十八獄重重受滿　即解至轉輪殿投生陽間
或貧窮或下賤六畜轉變　罪大的無間獄難把身翻
受痛苦不知道何日得滿　坐地獄想投生千難萬難
長青曰這人死了陽間兒女修齋破地獄與十王行文燒紙可免地獄之苦判官曰
陽間人只仗持唸經拜懺　無大孝焉能够就免罪愆
這地獄非容易孰能破濫　除非是西方佛孝子目連
陰曹府又不用銀錢通幹　那怕他燒紙錢堆積如山

長青曰地府不用銀錢又拿作何方法可以解的罪愆判官曰

除非是孝順子改惡向善　看經文作善果悔罪消愆

把陰功行一千脫人一難　行一萬陰德事度脫九玄

只徒這修善果別無主見　徒做齋離地獄難上又難

長青曰地府只有十王然普天之下若千人數莫非人死了都要十王關明方可發落投生陽間嗎判官答曰

萬歲爺坐北京六部掌管　閻羅王坐酆都十殿司權

陽間人犯了法州縣定案　罪小的只解到州道衙前

罪大的解上省過司遊院　焉能够盡解至邢部秋官

幽冥福報編　二十二

陰曹府無罪的城隍定案　即詳文東嶽殿投生人天

步小罪解府州城隍判斷　罪大的方枷在十王殿前

若再有犯大罪惡孽已滿　解酆都打入在黑暗獄間

任凴你銅金剛鐵打羅漢　那怕你在陽世舉貢生員

那怕你人馬多雄兵百萬　那怕你公與侯一品高官

十八曹大地獄受罪已滿　變禽獸與水族萬劫難翻

陰曹府地獄多定有鉄案　有一部玉歷經普天下傳

皆因是地府中刑法難慘　地藏王心不忍懇恳上天

同十殿跪凌霄通明寶殿　請赦書下陰曹傳與陽間
書的名玉歷鈔陰曹鉄案　奉玉旨體行者准赦罪愆
將玉歷傳世人陰功久遠　准轉世享榮華福報身邊
傳得多送得多名登仙卷　照你的傳勸功為神為仙
那一部玉歷經慈恩非淺　能成仙能富貴體行要專
幽冥中諸鬼神再查案件　體行者瞞不過日夜巡弁
陽世人求兒女求免病患　求功名求壽元求超祖先
許此愿送玉歷大有靈驗　竈神前祝告畢申奏上天

諸鬼神齊保佑他的心愿　加福祿加壽元不遭禍冤
李老爺記心中回陽普勸　傳與人陰功大福壽無邊
不信者是他人善根淺鮮　自作惡受罪時悔後遲難
務須要將我話刻成書卷　一一的記清楚望你耐煩
作成書傳勸世各處普散　寞王爺保佑你名列仙班
隨我到投生處你再細看　長青來在殿外十分熱鬧有穿戴

頂的有衣冠平常的有施衣落食的有披六畜皮子的種種不一見牌上寫有詩曰為人容易做人難再要作人恐更難與生福地無難處口與心同却不難又看這邊有一老婆婆執壺斟茶眾人都在乃些吃茶長青不覺口中發渴心想上前也要一碗茶吃乃判官急忙向前而止曰

那漘婆他賣茶切莫去餐
是處女壽八十鶴髮童顏
上帝爺勅封他十殿外前
藥茶內有五味苦澁酸甜
這就是陽間人起病根源
這都是他前生善惡印證
印遲早印輕重皆有分定
只有那善全者不在此論

他本是孟漘婆神出在前漢
長齋戒入深山修到後漢
施藥茶迷却了生前事件
吃茶後就帶了二分病患
長青曰於本枝生為何與他病災禍患是何緣故而判官答曰
投生時將善惡印在他身
壽與夭禍與福不差毫分
又有那惡全者不在此斟

為善者印福壽並印顯達
功多者過又輕福多災少
印病災印福壽不得錯亂
這都是上天爺慈悲淺露
若有人效法古遇災而懼
前生事愧無知而今絕悔
上天爺慈悲大不加悔罪

為惡者印災害並印窮困
功小者過又重福少災生
印遲早印輕重各自依分
暗使人遇災懼側身修行
對上天發誓愿叩祝竈神
從今後悔前非改過回心
保佑你禍轉福又種來生
長青說今生行善可以禍轉為福也就罷了又說種於來生那有這便當的事我全不信而判官答曰

循環理今生受前生所做　來生受都又是今生種因
若果能修善行天律批定　倘積有大善果九祖超昇
長青曰今生好與前生印證這話難使人信乃判官答曰
你不信試看那覩相算命　看相的視人相一望而清
算命的把八字一推而定　貧與富福與禍自然而成
壽與夭弱與强如同一印　這都是幽冥中善惡妙因
天地間轉輪廻陰陽理定　因此上善惡事不差毫分
只有那為善的方可換命　如不然要想好萬萬不能

二十五

說不完禍轉福又往前進　放投生你看來轉輪大車
醧忘臺迷魂湯迷了本性　吃罷了就要進轉輪之車
長青一看轉輪車上寫有生道隨緣四字兩邊有對聯上寫兒女債有討債有還債有宿債是假兒女有夫妻緣有善緣有惡緣有前緣非是真夫妻又見那些穿好穿歹之人與他披六畜皮子的都從那車口內進去是何緣故判官曰
六條路各樣人走往一連　上一條走的是為官為宦
子孫賢福壽多富貴雙全　一一條走的是衣食豐滿
又不愁又不焦快樂無邊　三一條有妻子田地有點
一平生焦到老又不得閒　四一條走的人貧窮下賤

一輩子苦到老衣食難全
五一條或痴聾喑啞病患
無衣食一平生困苦不堪
六條路是禽獸牛馬猪犬
有蟲蛇並虫蟻水族百般
生天道與佛道人道遊轉
地獄道餓鬼道畜生道邊
六道中並四生胎卵濕化
由轉輪放投生現形陽間
這就是地府中一部例案
還陽世即傳與善男信女
若有人把此書傳送一卷
陰曹府免了他十種罪愆
若有人把此書傳送百卷
地府中註陰德功果一千
若有人刷書本四處傳散

身死後免地獄即可昇天
聽此書就起心回心向善
生者昌死者吉快樂無邊
把此書記心中切莫忘玩

長青說着來天地之大無所不有奈世間有等自作聰明的有此世情不能大通的又有陰陽循環之理不能見到的他說人死了氣散了尸埋了無身受罪了他說不知了如此者來還是曉得痛苦這三魂是不能死的判官答曰

來在這臭得很屎糞池邊
糞池中那一人你可看見
他的名叫白起秦國武官
在生時殺降將四十餘萬
到如今千百載還在受愆
皆因他心惡毒受罪難滿
你看這變牛馬一位大官
李林甫為宰相唐朝年遠

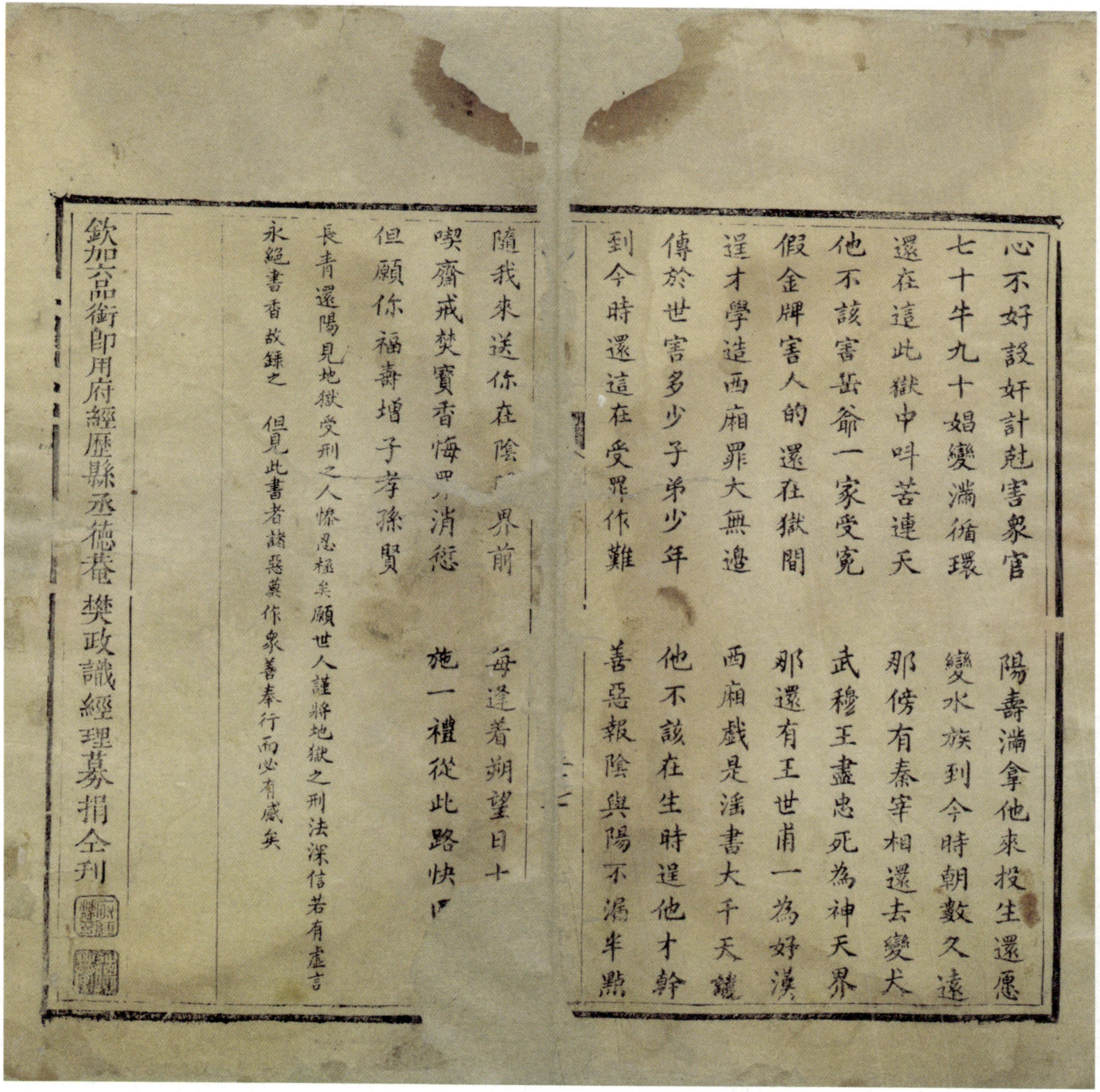
心不好設奸計尅害衆宮
七十牛九十娼變滿循環
還在這此獄中叫苦連天
他不該害岳爺一家受冤
假金牌害人的還在獄間
逞才學造西廂罪大無邊
傳於世害多少子弟少年
到今時還這在受罪作難

陽壽滿拿他來投生還愿
變水族到今時朝數久遠
那傍有秦宰相還去變犬
武穆王盡忠死為神天界
那還有王世貞一為好漢
西廂戲是淫書大千天譴
他不該在生時逞他才幹
善惡報陰與陽不漏半點

二

隨我來送你在陰[illegible]界前
嗳齋戒焚寶香悔罪消愆
但願你福壽增子孝孫賢

每逢着朔望日十
施一禮從此路快[illegible]

長青還陽見地獄受刑之人慘忍極矣願世人謹將地獄之刑法深信若有虛言
永絕書香故錄之　但見此書者諸惡莫作衆善奉行而必有感矣

欽加六品銜即用府經歷縣丞德菴樊政識經理募捐全刊

十王聖誕日期列後

幽冥教主地藏王菩薩 七月三十日聖誕

一殿秦廣大王 二月初一日聖誕

三殿宋帝大王 二月初八日聖誕

五殿閻羅天子 正月初八日聖誕

七殿泰山大王 三月[illegible]聖誕

九殿平等大王 四月[illegible]聖誕

每逢 十王聖誕日[illegible]

七遍戒殺放生依期

詩曰

湛湛青天不可期

善惡到頭終有報

[illegible]焚香祭祀

酆都大帝 九月初九日聖誕

二殿楚江大王 三月初一日聖誕

四殿五官大王 二月十八日聖誕

六殿卞城大王 三月初八日聖誕

八殿都市大王 四月初一日聖誕

十殿轉輪大王 四月十七日聖誕

[illegible]誦唸 十殿冥王救世真經或三遍

壽功德浩大無量矣

未曾舉念神先知

只爭來早與來遲

孫仲壽 康[illegible]

盛應時 楊兆順 [illegible]

又 酒泉孫壽有 捐錢陸百貳拾

梁培潤 閆中舉 殷存財

袁張氏，捐錢陸百貳

存祿 各捐錢伍百文

文 敬印傳送壹百部為超薦

[illegible]本身福壽延年印施叁拾部

叁拾伍串玖百肆拾文

郡印經社社維文俊等公印造貳[illegible]

目连救母幽冥宝传

二卷　清嘉庆二十一年（1816）刻本

1册，线装。清王镛著。

版式：上黑口，四周双边，单黑鱼尾，无行格。

行款：8行20字。

开本尺寸：24.6厘米×12.8厘米。

版框尺寸：18.5厘米×12.5厘米。

《目连救母幽冥宝传》，建康郡（高台县）王镛刻本。车锡伦《中国宝卷总目》著录。

宝传系宝卷一种类型，其内容为仙佛的传记故事，故名『宝传』。《目连救母幽冥宝传》又称《目连宝卷》《幽冥宝传》《幽冥传》。宝卷前有序（残缺），末题：『时大清嘉庆二十一年夷则月序于金庭馆。』上卷末有题记：『大清光绪十六年岁次庚寅新春黄道上元吉日超脱九玄』『建康郡善信金声王镛虔诚谨录』。

《目连救母幽冥宝传》讲述傅家三代持斋行善，最后生小儿萝卜。父去世后，萝卜往杭州求道访师，得名目连。目连的母亲刘氏，家中甚富，然而吝啬贪婪。她趁儿子外出时，开斋破戒，宰杀牲畜，大肆烹嚼，作恶多端，从不修善。当目连回家时，其母设誓，矢口否认，结果咒应身亡，堕入地狱，刹那间就入了饿鬼道。目连极有道心且孝顺，成道后以神通力看见母亲受种种苦，于是以神通力运饭给其母吃，不料饭刚进母嘴便化为火炭。目连无计可施，十分悲哀，又祈求于佛。目连历尽艰辛，往西天求佛救母，遍游十殿，终于救母出离地狱，进入天堂。其孝心至诚，得证佛果。

《宝传》采用散韵相间、讲唱结合的手法，在散文的叙事中时加插『诗曰』，概括和强调前文内容，叙事诗句有十字、十一字方式，不拘格式，重在叙事。句中使用排比句手法，增强了故事的感染力。

以主之哉是在貢於誠而已矣
不虛則心有所主豈但不[illegible]訕
知其千錯百折而難回也[illegible]
況幽冥之事吾主之吾先
冥早主之於幽冥之先也[illegible]
冥之爲何豈非爲[illegible]者
生有刊刻幽冥[illegible]

告之且欲以幽冥之所當須主者而早有
以主之無待吾教並以佈告天下使人人
皆預爲主之亦無待吾教不獨爾仙佛可
期卽吾亦豫主於幽冥之中也豈不休哉

旹

大清嘉慶二十一年衷則月序於金庭館

目連救母幽冥寶傳

西江月調

世間善惡兩類，果報看來無偏，暗室衾影細究研，神靈刻刻窺鑒。造孽多遭凶報，積德可列仙班，報應遠近甚顯然，絲毫不漏半點。

爾時梁武帝登基以來，存心好道，廣積福田，勤修善果，傳下旨來，命人創修廟宇，五里一寺，十里一菴，有鰥寡孤獨無衣無靠者，收留於菴觀寺院之內，在釋者為僧，在道者為道，好善之士，施捨錢米，並皇上又發銀兩以供口食，每日釋道經懺，早晚焚香，消解他歷劫罪愆，經聲响亮，驚動天地神靈，無不欽羨感徹西方二十八祖，名達摩尊者，欽領法旨，臨凡來度武帝，不識西來大意。 達摩見梁武帝難以度轉，聞神光講經說法，盡善盡美，只講的天花亂墜，地湧金蓮，達摩來至臺前，拱手而言，曰：講經者何意也？神光曰：無非想超昇天堂，躲脫閻君。達摩用手捻筆，拿紙遂畫一餅，

曰、你若飢了食此可以充飢神光曰、此是紙餅何以
充飢達摩曰、你講此經、白的是紙黑的是字焉能超
昇天堂、躲離閻君神光聞言惱怒手舉素珠迎面打
來、打吊達摩門牙二齒欲要吐出恐有大旱三載不
忍黎民遭此塗炭無奈將牙連血吞入腹內、
祖師恐後人悞入此套不能返本皈根將素珠十粒化
為十殿閻君以顯邪正這 祖師往熊耳山養牙去
了神光恍惚不見僧人忽然現出十位尊神神光曰、
你是何神到此為何、答曰、吾是十殿閻君前來勾你
的真魂早入地府、神光曰、吾日每講經說法未必不
能躲閻君答曰、汝不能也、神光問曰、誰人能躲答曰、
時緣那位僧人能躲閻君神光即時屈膝跪地告曰、
大神慈悲饒我不死得復遇那僧人、指示超脫之法、
不忘大恩言畢十大尊神杳然不見彼時神光尋到
熊耳山前、面壁九載跪求大道手執戒刀砍去左膀、
紅血齊腰達摩尊者見之不忍將先天大道授與神

光從此東土立下道根不提、　却說梁武帝在位四
十八年、日每好善、豈知天地無私、報應不差分毫反
賊侯景領定人馬將梁武帝圍困台城內無粮草外
無救兵餓死台城、這天加奇報、是何故也、因武帝前
生是一樵夫、打樵之時有一念之差、猴食乾粮、尋猴
洞而塞之、群猴受餓而死、今轉侯景、圍困台城以報
前世之仇、打柴養母極其孝順、心性純良、廣積陰隲、
一日大雨滂沱、見有破廟一座、　被其雨淋一時
心中不忍、施笄笠以遮金身、種下佛緣、所以今生貴
為帝王、掌立朝綱、不迷本性、勤培善功、惜乎不識達
摩西來妙玄、難成正果、自武帝去世、厥後文武諸臣、
扶元帝復位、掃滅侯景、誅盡八茴、清查盡忠之臣、有
後裔者、準陰世襲、元帝即命各州府縣、標下皇榜、天
下減罪有三等、免粮一次、恩科一塲、人民無不稱讚、
有王舍城中、傳家莊前、一人姓傅、名天斗、婦人李氏、
日每好善、吃齋修行、愛惜物命、傅天斗係二甲進士

出身、後為湖南長沙府、知府、因武帝、困在台城、天斗
押粮被候景拿獲、以受其戮、後李氏看破名利富貴、
是假、日每看經念佛、立志不染紅塵之事、凡府中大
小男女、不準殺生害命、積功培德、樂善好施、李氏有
一侄兒名李倫、自天斗一死、府中大小事概是李倫
代辦、這李倫面善心惡、出言庥張、李氏好善之人、不
以為然、李倫一日在外、見皇上有榜、清查遇難盡忠
後裔、以蔭世襲之情、回家報與姑母得知、李氏正念

經畢、下了經堂、坐在靜室、李倫入室、作禮而言曰、愚
侄與姑母請安叩喜、李氏曰、喜從何來、答曰、天子曉
諭、各處清查、有忠臣之後、應當世襲、想我姑父、
昔日在朝做官、被賊屈誅、今表弟應受世襲、
李氏不言、思忖一會、謂李倫曰、家裕清閑、不喜官宦、
古人有云、不願今世重重貴、但願來世個個賢、侄可
知之否、言畢往經堂而去、李倫見是如此、不敢多言、
私自想道、天子有恩、姑母煩不如意、豈不把這場好

被賊匪之誅甚是可恨、今天子有道褒封世襲、表兄
歹自不愛、一則辜負聖恩、二則不顯親名、自此胥來、
你真為不孝之罪人矣、李倫言之剴切、傳崇听之悲
傷意欲不受世襲、後人道其不美、死入九泉、又難見
父顏、故幾應允、問曰、此事何以安之、倫曰、原在本縣
投報申文、上司必然批究、崇曰、既如此、待弟禀告母
親、倫曰、姑母不遂、反為不美、大事齊備、再禀不遲、隨
時、李倫行至王舍城中、禀明縣官、縣官察問李倫將某

事、白白抛棄不成、不如去到書房會過表弟幾是、隨
來至書房、傳崇迎接入室、李倫曰、恭喜表弟、如今喜
氣臨門、崇曰、何喜之有、答曰、天子曉諭、天下凡遇難
盡忠之後、恐該世襲、如何不喜、傳崇也不以為然、即
信而言曰、何必去求官、求官造孽、寬不貪名與利、快
樂似神仙、李倫答曰、表弟甚愚痴、現成福不知、既然
沒名利、為何苦讀書、想姑父昔在寒窗苦用功夫、後
得二甲進士、求官遠行、受無邊之勞、為一世之官、從

年上任𥿻會進朞年押粮，何處受斃，一實禀告縣官申文，上司本奏天子，天子降旨，子頂父職，仍坐長沙知府，即批札文，王舍城中，御本縣官，料理明白，即日走馬上任，紅報報與傅府，李倫滿面歡喜，通報姑母得知，李氏推而不受，喚其子傅崇訓戒一番

李氏女，坐客堂，心中酸痛　傅崇兒，听為娘，講說分明
想你父，坐寒窻，苦把功用　入個學，中個舉，還望高陞
會了進，回家來，人人欽敬　揚名聲，顯父母，滿門光增
皇王爺，倒旨意，即要上任　長沙府，管萬民，亦算身榮
候景賊，造了反，撞過關境　把皇上，有道君，困在台城
當家官，命兒父，粮草運動　見大令，如山倒，誰敢久亭
你的父，為國王，苦把忠盡　偏遇着，候景賊，就把命傾
到如今，只落得，屍骨無影　合家人，想難見，好不傷情
樹大了，狂風吹，他先擺動　名頭高，必有險，至理要明
為娘的，看破了，世俗情景　棄凡俗，抛塵緣，想樂清平
吃長齋，守長戒，常樂清靜　富與貴，名與利，一概看輕

不料想元帝爺掛定榜文、　父有功蔭其子也是好情、
誠恐怕年幼人犬理不懂、　一念差造下罪自身躭承、
彼時李倫言道、皇上有旨、豈敢違悞、降罪下來、難免
滅門之禍、須當打点赴任、莫要自招其罪、李氏被李
倫說的也不敢推辭、只得應允、心中常有不樂之意、
傳崇領了文憑、擇就吉日、隨帶家人、一仝李倫告辭
母親赴任而去、李氏見子同倫赴任而去、心常不樂、
思想此事終為不美、不覺思成一病、竟自臥床、每日
王氏經理、婆婆疾病、萬望病愈、日每焚香禱告天地、
懇祈婆婆病好、想命人前去送信、又思老爺方纔出
門、報憂則為不利、故未送信、王氏只得盡心侍奉、請
醫調治、按下不表、单言傳崇自辭母以後、隨帶文憑、
同家人行了數月、走到湖南長沙府、舊官交印、傳崇
接印陞堂、排衙降香、諸事以畢、懸放告牌、定於三八
出告、傳崇上任數月、清廉正直、不能貪愛銀兩、於是
李倫在衙想了一會、私自嘆曰、做官原來發福、如此

為官豈能廣積金銀，肥家潤身。李倫自想不良之意，
生出斂財之方，一則好富表弟，二則要肥已身，因此
用計，串通門公蕭名自然，要如此如此。門公見李倫
如此之說，極合心意，正是口渴想尋泉，端來胆水人。
兼之李倫他是官親，豈不甚美，於是門公與李倫遂
同暴虐百姓，呈壯講錢，黎民有冤難伸，傳崇被李倫、
蕭自然二人蒙蔽，虧民全然不知，不上一載，一府人
民怨恨者甚多，衙中堆積金銀無數，富者有錢得生，

貧者無錢難活，眾百姓喊天叫地，無可奈何。李倫孽
積如山，惡氣冲天，上天聞知，查明此事，皆蕭自然、李
倫之過，上帝倒旨，命五雷擊蕭自然，顯化李倫，以免
暴虐黎民。雷神領旨下界，正是六月十六日，霎時風
雨大作，霹靂一响，火光熖熖，不見門公，與李倫項刻
雨息風散，天清地朗，只日蕭自然不像人形，李倫一
傍扎跪，尚還有氣，傳崇對天悔過，禱告在地，醒而未
死，後將蕭自然收屍安埋，衙內無不驚駭，府中百姓，

人人稱美者來天眼恢恢疎而不漏傳崇正在衙中料理事務忽報家中下書人到傅崇心驚即命下書人進衙那人叩頭將書呈上傅崇折書觀看哎呀一聲昏倒在地半响不醒家丁扶着少時還魂轉來不覺奄啕痛哭而謳曰

觀書信不由我珠淚下滚　為子的未在家侍奉娘親
都只為有道王封官涖任　領文憑到長沙來管萬民
臨行時辭母親還把兒訓　那知道兒離家母不安寧
到此時纔來了一封書信　方纔知我的娘一命歸陰
兒思想有母親養兒育等　一點恩都未報又未送終
都只為民事煩途遠難逰　還望娘在陰灵恕兒罪名
肖門公與表兄天加報應　此件事到教我辦之不情
今日裡又來了這叚音信　提起來不由我實亡傷心
恨不得生羽翼飛入故境　恨不得一時間步入舍城
哭聲天我傅崇何等苦命　享爵祿今為了不孝之人
我的娘竟辭了塵世路徑　喊不應生身母心中疼痛

這一陣哭得我昏迷不醒　因為官未把娘養老送終

傅崇哭泣速醒滿衙人等無不吊淚李倫剛纔受譴

甚是軟弱乃向眾人言曰如今姑母已死表弟悲傷

甚切須當勸解一面命房内造文報名丁憂又命家

人打点行囊候新官上任不一日上司得文另命官

員到任傅崇隨帶家人上船回至王舍城内來到府

中見一灵柩痛哭一場夫婦商議打点喪事守孝凡

家中事務仍是李倫招理不料王舍城天旱三載顆

粒未收滿城黎民無不啼飢傅崇夫婦視之悲切便

叫李倫曰吾母歸西未曾賑濟修德以盡為子之道

現今年歲飢饉黎民遭此危困不如施些銀糧救急

濟難願母灵魂早登極樂兼之為弟三十餘歲膝下

無嗣必要積些陰隲萬一感天麟兒早降也不絕傅

門香煙一一分派李倫李倫巧言答曰兄當從命奈

今表弟丁憂未曾為官恐其坐吃如山崩曾不想金

銀難積豈可妄費况今之人無多天良施濟與他過

後忘恩、依兄主見、一則救人、二則不敗家、三則有名、
兄意如何。崇曰、是何主見。倫曰、將我們所積的銀粮、
借與鄰朋、約註無利、待下年豐收、照本收回、一可利
人、二不損己、三者洛佀好名、豈不兩全其美。傅崇夫
婦依從此言、遂將放借牌高掛府門、仍命李倫經管、
人人得聞、貧富無粮者、俱來借之、問利若干、倫曰、借
銀還原秤、借穀還原斗、並不取利、於是王舍城中、人
人稱讚、說傅家濟貧、不論遠近、皆來借之、不上一月、

放出銀六萬有餘、穀三千餘石、報與傅崇、喜之不盡、
言說表兄真乃辦事得力、按下不表、那李倫瞞過傅
崇夫婦、私造一秤、內灌水銀、私造一斗、內藏雙底、故
意壞定、借穀還原斗、借銀還原秤、這是李倫設下巧
計、而眾人不知、反道李倫存其天良、正是口甜心苦、
真奸狡心中暗藏殺人刀、报應昭彰、毫不爽、待至臨
終、屍燬焦、此言李倫臨死之時、暫且不提、却說傅崇
讚念表兄放穀放銀、作此善事、夫婦歡喜、辦事有功、

年近四十，尚未聚親，遂命媒人説合，鄰近謝姓之女，
配婚。這倫李聚妻成家，待至一週年，歲豐收，人人都來
還債。李倫原斗原秤，總難交足，衆皆不服，難解其情，
都在思忖，誰知李倫性情強暴，口内言道：世間之人
真不知好歹，不要利息，尚不足心，不無一打二罵，誰敢
少欠。這李倫用盡機謀，假斗假秤，欺人，積下黑氣，直
冲灵霄，驚動　上帝，遂命功曹，查其善惡，知李倫天
良喪盡，造下異種惡氣，傳祟尚未知，任其外人擺佈
逞勢強暴，一一録奏。　上帝聞奏大怒，即差破敗二
星下凡，傳家投生，以敗無義之財，又謂功曹曰：等李
倫臨終之時，命火帝真君下凡，將房屋身體用火焚
化，以報假斗假秤，狡猾奸貪，強暴之惡，且説傳祟一
日在内堂閑遊，忽然毫光一閃，墜入内室，不見，祟也
不解其意，不上一月，王氏身懷六甲，始知星光下凡，
祟心中歡欣，孕至十月臨盆，所生二子，眉清目秀，甚
是愛人，乳名金果、銀果，遂請奶母撫養，長至八歲，送

學攻書、學名傳仁、傳義、日每在學、不以讀書為務、只
以頑耍為事、李常常引誘、教以奸巧、不知善行、及至
十三四歲、嫖賭嚼搖、無所不為、估壓鄉黨、強奸婦女、
浪費家財、一連數日、不入學堂、其先生姓王、原係舅
侄、不得不對傳崇直言、崇仔細查訪、纔知李倫置造假
斗假秤、二子時常使用、遂將二子喚來、一一考問、方
知李倫不仁、引壞其子、即將李倫逐出、永斷往來、又
將二子打罵教訓一番

見奴木不由我心頭火冒　想起你、做的事、實在難饒
年輕人、把善行、應該趂早　你為何、假斗秤、嫖賭逍遥
論傳門、這樣人、就該不要　提起來、當把你、油煎火熬
真乃是傳門中香煙缺少　四九春、纔有你、二個根苗
生下來、父把兒、當如珠寶　豈知道、兒長大、不如草茅
細思想、是為父、把兒失教　養子孫、如不教、父罪難逃
兩奴木、往前跪、听父訓誥　把你那、不好處、快快丟拋
自古來、治酒筵、原為禮教　雖無量、要有節、不亂為高

若吃醉，迷了性，亂説亂笑　是彬明，與親族，齊把唇搖
男女配，首一条，人倫大道　普天下，憑媒妁，纔能承祧
貪歡樂，愛妖嬈，自把罪造　素席面，必要選，美味羊羔
金和銀，他本是，前生修到　不許多，不許少，憑定神曹
命裡無，那怕你，黑心去找　找得來，遇橫事，一旦冰消
天大事，便當要，和平計較　養性情，習忍耐，免把氣淘
輕微事，切記着，性莫暴燥　言不謹，行不慎，終必禍招
人摠要，講天良，纔算是好　虧心事，瞞不過，天地神曹

父曾記，長沙府，眼前現報　蕭門公，刻民財，雷打火燒
抓李倫，儀門外，挺然跪倒　為父的，替悔罪，纔把愆消
今放下，現眼報，若不知曉　天地間，循環報，豈肯輕饒
從今後，把斗秤，一火燒了　休善行，學好樣，心性固牢
得人身，生中華，可算至寶　不知修，隨地獄，苦海滔滔
這篇言，兒切莫，不當緊要　時体貼，常遵行，纔有下稍

傳崇訓子一畢，即将往年，斗秤焚化，不准二子出外。

夫妻二人，体母之志，日每念經拜佛，廣行善事，一日

王舍城中有一天星橋，陡然水漲打塌，鄰人化資修補，傅崇樂助一人承應，無費民財，待至完功，共費用錢三千六百串，毫不慳吝，一点善念感天，上帝早知其情，命五雷將二子收回，李倫受譴，使受大災病不離床，不一時雷雨大作，將二子結果，有人報到天星橋塌了一洞，又報到二位少爺被雷打死，李倫病急，傅崇夫婦聞報，氣倒在地，家人扶住半响方醒，放聲大哭將起來了，

見二子，被雷打，咽喉哽哽　止不住，傷心淚，即往下傾
這件事，好叫人，猜疑不定　做善事，反叫我，該絕後根
老天爺，不爭眼，令人心痛　可憐我，兩個兒，一齊歸陰
想昔年，在長沙，天神顯應　蕭門公，雷打死，是為戲心
我傅崇，細檢点，心可自問　並未曾，暗地裡，惱怒神明
逢天旱，我也曾，借貸不吝　上年借，下年還，利息不生
王舍城，天星橋，塌斷路徑　我也曾，不惜資，把橋造成
無非是，為後人，多培德行　求天佑，傅門中，固蒂根深

有金果合銀果到還聰俊　暗地裡我傅崇答謝神恩
恨李倫不該造假斗假秤　誘二子不學好刻薄不仁
我也曾加打罵時刻教訓　把李倫絕來往不許入門
這兩載金銀兒亦加猛醒　比當初所行為大不相同
我只望從今後由此精進　也不枉我傅崇日每善行
從早間塌了橋人來報信　枉費我三千銀化為灰塵
正在那經堂上憂氣不醒　又听得雷聲响兒喪殘生
年半百兩個兒一齊喪命　到百年有何人送上山林

老天爺死我兒不大要緊　怕的是說為善忘絕後人

夫婦哭畢遂備棺槨衣衾埋葬又發銀補修橋梁這且不表却說李倫惡貫滿盈大壽該盡病體十分沉重想起當年之事愧悔不已對妻長嘆一聲哎是我錯了這纔是馬不臨崖不退步人不遭難不回心

有李倫自覺得病體沉重　怕只怕不久日要入幽冥
想生平愛財利未積德行　瞞着心昧着己由我性情
我昔日心藏有無端弊病　到今日想該悔悔之不贏

隨表弟去上任、由我擺弄
為甚麽心不足、苦把錢掙
我二人、私地理、把計設定
一家飽、千家怨、人人惱恨
此時節、上天爺、大顯報應
嚇的我跪儀門昏迷不醒
上天爺發慈悲不要我命
姑母死了了憂回轉故郡

我就該、存好心、修積來生
打主意、總會合、姓蕭門公
誰無錢想有理、萬萬不能
害良民自造孽、罪惡不輕
蕭自然波雷打、誰人不驚
虧表弟替悔罪哀告天神
我就該心田回繫記心中
凡内外、大小事、一人担承

天乾旱、米粮貴、黎民受困
開倉庫、施銀粮、貧民救急
瞞表弟、私造下、假斗假秤
斂錢財、萬萬貫、主人受用
把此言、傳出去、世人速醒

傳表弟、與弟妹、發了善心
大不該、阻人善、暗算計生
只害得、個個人心内不平
造下了無邉罪、你自身躭
切莫學、我李倫、姓蕭門公。

李倫嘆畢、一時頭昏眼黑、忽見群鬼入宅、手舉銅錘
鐵棒、打的李倫、口吐鮮血、暴肚而死、謝氏見李倫已
死、哭哭啼啼將兒抱起、去叫鄰人、抬棺入殮、方纔出

門忽然狂風大起火光冲天　房廊屋屍化為灰塵一
物未留　謝氏見得大放悲聲哭起來了
人纔死火又焚大禍不斷　悲啼哭咽喉破口叫蒼天
夫即死就不該被火煅煉　遭火焚就不該死我夫男
人一死家起火是何意念　有房屋合器皿盡化灰烟
只剩下我母子門外立站　孤單单無依靠好不可憐
細思想受悽慘把夫埋怨　你為何造下了無限罪愆
受責諠你當要改了莫犯　夫不該自痴迷冤上加冤

十八

叓過門這些話全然不嘆　病臨危無常到纔說實言
明瞞人暗瞞天背地使箭　害得那衆貧民個個喊天
只圖你用巧計暗把錢賺　怎知道今日裡報應顯然
睡牙床活看見惡鬼出現　拿銅鍾合鐵棒來至面前
打的你口吐血不住叫喊　最可憐臨死時肚子暴穿
兒又小妻一人曾能入殮　請隣友來備辦衣衾槨棺
猛听得風聲响回頭觀看　火光起頃刻間焚了家園
凡器物未搶出豆大一点　這一陣好一似刀割心肝

19

妻愁你到陰司怎遊十殿　各地獄諸刑罰自身承担
你自作你自受到也還沒　連累我母子們怎受熬煎
謝氏正在啼哭衆憐人一齊近來勸論一番謝氏止
住眼淚不提却說傅崇聞听此言心就不忍雖李倫
前次管家作事有過想這人死不記仇也是當初心
不明處遂命人將謝氏母子收留府中安身後人詩曰

貪愛民財何足欣　死亡又遭火焚身
銀錢萬貫難消受　只落臭名傳萬春

九

且說傅崇一見李倫之子甚是慘悽便好言恤撫一
番又想起二子死有三七即命家人備辦錢紙來到
墳前一見墳墓不由人大放悲聲痛哭起來了

夫有傅崇在墳前悲聲大放　妻哭一聲我的兒你在何方
夫兒死後父每日淚珠長淌　妻無一日無一夜娘不悲傷
夫我夫婦兩個人四十將降　妻沒後嗣緣行善感格上蒼
夫吃齋素常念佛崇嗣懸望　妻修道路濟貧窮不惜錢粮
夫天星橋三千銀一人承當　夫遇乾旱曾施捨飢民沾光

夫感蒼天緣差兒靈性下降
夫一見面、為父的暗喜心上
夫况我兒生下來、原非魯鹵
夫十一歲出麻疸、依然無恙
夫又恐怕書不讀、流於浪蕩
夫只說是我的兒、直往前長
夫誰知道無情劍、平空下降
夫眼睜睜你二個都把命喪

妻十月滿生下你弟兄一雙
妻娘把兒當明珠、不離身傍
妻論品貌與姿質、非同尋常
妻你的父與為娘、放下愁腸
妻請先生、把姣兒送入學堂
妻百年後送二老、化紙燒香
妻陡然間落暴雨、雷擊而亡
妻前生過今生惡、難解其詳

夫可惜我從前時、一番虛望
夫早晚間還記得兒的模樣
夫兒死在陰曹府、不把父想
夫思姣兒不能見、墳前瞭望

妻可惜兒你生得、相貌堂堂
妻怎奈何一死後、永不還鄉
妻我二老一想起、兩淚汪汪
妻要相逢除非是夢理一場

夫婦哭罷、起身歸家、行至中途、偶遇一個神象迎面而來、王氏驚駭、把夫抱住、傅崇一見、慌惚不定、停有良久、也不解其意、夫婦歸家、不覺身懷有孕、十月滿足、生下一子、取名傅象、及至三天、鄰人黃遊擊與劉

萬筠、會同諸親前來賀喜、傳崇備筵欵待、酒至半酣、
傳崇將小兒抱出、與諸親叩謝、這劉萬筠、一見此子、
眉清目秀、動了他一番的心事、向黃遊擊施禮、而言
曰、弟前日所生一女、有心與傳府、結門姻親、榮兄作
媒、不知肯否、黃遊擊笑道、天上無雲不下雨、地下無
媒不成親、遂辭萬筠、來見了傳崇、言其此事、傳大喜、
即時納聘、以定終身之事、衆客筵畢告辭、歸家不表、
且說謝氏母子、自李倫死後、就在傳府存身、自思也

非長久之計、遂託王婆作媒、嫁與張長秀、李狗亦隨
母下堂、稟明傳崇、也不想阻、隨他去了、這傳象長至
六七歲上、傳崇見兒無有扶使、即託人買一家人、扶
使、卻說王舍城中有一孩童、父母雙亡、無錢埋葬、傳
崇聞言、發下銀粮、備棺擦埋、將幼童帶至府中、起名
伊利、早晚書房扶侍公子讀書、光陰似箭、日月如梭、
公子年長十六、身入黌門、傳自思我兒今已入學、理
應婚配、即請黃遊擊過府、議明此事、擇就良辰吉日

遊擊告辭去到劉府，說明此事，劉萬鈞一一理應，先備辦裝奩，等候吉日。萬鈞思想女兒過門，無有扶侍之人，買來了環小子二人，起名金蓮、金枝，亦作陪嫁。不覺光陰易過，轉眼即到，萬鈞將劉氏四娘叫出堂來，說道：兒呀！你如今身長袖大，出閨之時，看看離家，細听為父有几句良言，訓教你听。

劉萬鈞，在堂前，將女教訓。我的兒，听為父，細說分明。
自古道，女長大，原出外姓。怎比得，男兒輩，隨着双親。
到今朝，出閨門，父把兒訓。你與我，爭口氣，效法古人。
周太姒，咏關雎，幽閒貞靜。漢班固，註七篇，誡女之文。
曹大家，烈女傳，古今可証。兒果能，体得古，為父光增。
不比兒，在娘家，嬌養性情。到婆家，凡百事，加倍小心。
為婦女，在厨下，灶君當敬。莫惡言，莫使氣，惱怒神灵。
事公婆，須當要，時刻謹慎。有吩咐，一听見，即忙起身。
敬丈夫，還要你，件件柔順。出入間，當賓客，切莫搖唇。
和妯娌，更當要，父而敬之。切不可，仗娘家，勢耀壓人。

家庭内，穀合米，雜粮各等　養命寶，莫拋撒，免惱天神
凡穿戴，要樸素，紅祿當禁　莫艷妝，莫綉字，四德常存
這些話，我的兒，一一記清　也不枉，為父的，誥誡叮嚀
轉面來，叫金枝，金娄尔等　上前來，听老爺，細說分明
此一去，到傅府，須當謹慎　也不比，在我家，任意而行
有吩咐，你姊妹，須當從命　若違拗，自招禍，自受責懲
那時節，休怪我，不來問信　主教僕，又何須，外人說情

却說劉萬鈞，將女教訓畢已，待傅家迎親，這劉氏四娘，轉回綉閣，坐在一傍，忽听笙簫鼓樂，炮响連天，知是傅家迎親，一時母親嫂嫂進房，催逼穿戴，四娘見此情景，想起父母養育教誨之恩，霎時離家，不能报答，就哭起來了

一 劉四娘，在房中，穿戴幽雅　一想起，要離娘，珠淚如麻
見嫂嫂，進房來，咽喉哭啞　咱姑嫂，不能夠，常在一家
几聲炮，催着親，門外諠譁　眼睜睜，離別了，親生爹媽
一家人，都催我，上轎出嫁　頃刻間，別父母，去到人家

自幼兒，跟爹娘，隨身長大
劉萬篇夫婦見女未曾出來，走進繡閣說道：莫要哭了，出門去把
睜開眼，又不見，兒的爹媽
不用催，上前來，兒把禮叩
看上轎，還有個，甚麼話說
不能彀，在面前，接杯捧茶
是男兒，也還可，常伴親駕
自古女生外姓，怎能與男子相同

一旦間，到外姓，怎不悲嗟
劉四娘，只哭的，淚如雨下
萬篇說道：兒呀，不要哭了，外邊催逼的緊，上轎去罷
二爹娘，且听我，細說根芽
枉費了，二雙親，把兒教化
逗也怪不得你，長言道：男大要婚，女大要嫁，是古之常禮也
女孩兒，不能把，親恩報答
你二老，髮如銀，年紀高大

早晚間，缺少人，洗依漿紗
雖說是，請人工，也不值吓
兒呀，出嫁揺要與爹媽爭氣，不必憂心
我揺要，與爹娘，爭氣還家
二公婆，是活佛，時刻孝順
第二要，敬灶神，切不可，抛撒五谷
凡五穀，都愛惜，豈敢抛撒
妯娌們，如姊妹，和好為大

兒呀，不必躭心，請得人來，去做把
怎比得，自家人，內外通達
兒于歸，斷不能，惹人叫罵
第一要，公婆面前孝順，丈夫面前柔和纔好
待丈夫，如賓客，謹慎無差
廚房中，每清晨，一該掃把
第三妯娌，須要和睦，行止坐卧，俱要有個規矩纔好
出入間，兒恭敬，不敢諠譁

第四穿戴揔要樸素些尔不可描花綉字
凡龍鳳與字跡断不綉扎
劉四娘催逼急難以盡話
這女子各樣嫁奩都辦齊了你還扯着怎的
可惜了辦嫁奩銀錢枉花
似牡丹揷瓶内空望發芽
見嫂嫂手扯衣忙把禮下
姑嫂們洒淚别有囑託話

顔色衣惹人笑兒不穿他
兒呀不用哭了上橋去罷
手扯住二爹娘眼淚汜汜
可惜了你把兒枉引養大
到如今縱有女不能算吓
嫂嫂一傍劝道莫要哭了上橋去罷
多承你煮茶飯打般奴家
妹去後煩嫂嫂代孝爹娘

二十五

妹妹放心為嫂記下
凡衣衾與茶飯調停為佳
屋簷水滴舊窩点点不差
妹本當與嫂嫂常常講話
淚汪汪辞祖宗上橋去罷爹娘呀嫂嫂呀

二爹娘年高邁莫當戲耍
你孝親子孝你加倍長價
妹妹説的為嫂一一記下莫哭罷了外边催逼得緊
又怎奈催上橋聲乱如麻
我好似箭離弓直往前發

這劉四娘上五彩花橋黄遊擊與衆位隨即告辞橋夫一路抬上鼓樂喧天好不熱閙得緊這纔是才郎貌女成婚配又如那織女牛郎會七夕於是他夫婦

洞房花燭，自此夫倡婦隨。你敬我愛，這且不表，却說李狗隨母下堂去，到張家，成人長大，不學好樣，專一嫖賭嚼摇，習學廚子，殺猪為業，好吃懶做，繼父管束不住，飄流在外，遇匪人犯案，扯拉在內，將近拿獲。幸得逃脱，潛隱數年。一日來至傳家莊上求乞，收留傳崇看其李倫面上，收入府中，以作使用。不題此時傳崇功圓果滿，將近昇天，自知其情，遂將傳象夫婦唤近前來，囑咐一番

有傳崇，坐庭前，自嗟自嘆　神恍惚，心不寧，要歸九泉
自覺得，在陽世，不能久站　傳象兒，近前來，囑咐一番
家中事，為父的，從今不管　凡內外，你夫妻，一一承躭
你今日，宜恭敬，不可厭倦　听為父，諾誡你，几句良言
咱傳門，有几輩，代代行善　吃長齋，戒殺生，廣積福田
施惻隱，好生德，人人當幹　存其心，養其性，究其根源
讀五經，觀詩書，体聖意念　把仁義，禮智信，五倫習全
更還有，八個字，時刻檢点　是孝弟，與忠信，禮義廉恥

守王法遵制度循循款款　無愧天不怍人何等安然
閑無事觀聖經稍把悶散　切不可借權威想做高官
父昔年長沙府曾把民管　少打点未慎行造下過愆
李表叔與門公害民不淺　上天爺降譴責果報顯然
那時節為父把功名看淡　禮不通造下罪自已填還
有傅崇與姣兒正把話嘆　忽听得半空中鼓樂喧天
猛看見二童子面前站立　打一躬接善人去歸西天
一霎時喉中响就把氣斷　夫婦們只哭得死而復還

如是傅象夫婦見父親屬咐已畢無疾而終夫婦二人哭啼悲哀死而復生遂命人備辦棺木入殮齊醮超荐送老歸山不題卻說這劉氏有一侄兒名劉義外號呌劉假此人有些能幹常在傅府辦事如是傅象將外事一概命劉假經理內事有金婁李狗金枝伊倆照應這傅象夫婦日每守孝在堂看經念佛報答父母够勞之恩三年服滿守父遺訓亦不求官家有萬金樂享天然豈不快哉後人有詩讚曰

不貪名利樂田園　拜佛念經度晚年
是是非非不入耳　何曾惹得外人嫌

如是傅象日每無事只講修身持齋好施廣積陰功無善不為心思以延母壽誰知大數有定王氏也無病而終傅象夫婦號泣悲哀謹備衣衾棺槨送至祖山安葬已畢夫婦回家守制盡禮日每以看經念佛好善樂捨望超父母早昇天堂速登極樂時有

燃燈諸佛在雲端觀看傅府善氣盈庭毫光燦燦屈指一算傅象夫婦原是佛根種子其知看經念佛不知修真養性怎成正果不覺此心發現須當下凡指醒

燃燈佛坐雲端慧眼觀看　見傅府善盈庭毫光燦然
屈指算他夫婦佛根一轉　自知道念佛經去結善緣
不曉得身中有寶貝無限　性不修命不了怎出塵寰
一究兒功夫深不求指点　豈能彀性復初返本還原
日每間口念佛木魚敲爛　揔難免陰司路躲脫五閻
亦不過把你的罪孽消滅　可超拔累刼的殺生之寃

命終時，到陰曹，閻君欽羨
成正果，離不了，真修實煉
正講說，觀見那，傅宅不遠
觀長家，打一躬，拿禮相見
小伊俐，听此言，不敢怠慢
禀主人，有道長，門外立站
叫伊俐，你問他，化米化麵
快快去，問清白，我好備辦

或為神，或為人，即是高遷
無極體，太極用，復還先天
化一位，貧道長，站立門前
禀員外，有貧道，來化善緣
急忙忙，走至在，傅象身邊
念弥陀，化善緣，氣相不凡
或化銀，或化錢，或化衣衫
喜只喜，今日裡，結個善緣

二十九

伊俐一听，來到大門，說道僚家東人吩咐問你化些甚麼，與你備辦。道長遂取出一帖，交與伊俐拿去請你東人觀看。伊俐接在手中，來至經堂，交與傅象展開目用一觀。貴府善行全，因而來募緣，不羡金銀寶，豈愛衣服穿，真心化一点，修性了塵凡，急尋灵明地，快煉紫金丹，輪迴也能免，定許超祖玄，一日功行滿，永證八寶蓮。又曰：經本佛祖傳，念誦也枉然，口間神氣散，怎能養精元。傅象看畢，思想此人定非尋常之人遂即出外迎接來至經堂分賓主坐下象曰道長居住那座名山道長答曰家住在人山常看日月歡閑來觀花景悶來听鳥喧一時如粟米一時遍大千忽然遊海島忽然到灵山來至瑶池殿王母會群仙吃的酩酊醉不覺到此間又曰有緣度有緣駕定彩蓮船果肯將舟上直上大羅天傳象听得此言上前施禮俯伏跪地求師開示燃燈笑而言曰着你善根深厚未迷本性一听即醒

燃燈佛未開言一聲便叫　有傳象你听我細說根苗
一殺生二偷盜淫慾除了　四酒肉五妄語一概丟拋
再傳你佛法僧皈一三寶　這三皈合五戒莫犯絲毫
指示你虛無穴迴光返照　凡行止與坐卧莫離此遥
命悟空下北海看守炉灶　羣陰撥元體現清氣上朝
把藥物自製得不嫩不老　車轉任崑崙地加火烹熬
返六神至善所一意相抱　雌雄劍高舉起降伏魔妖
出者玄入者牝溫養至寶　也勿忘也勿助煅煉丹膏

31

久久的功行滿緣、有吉兆、 赴蟠桃、受勅封、快樂逍遥
於是傳象順禮而受之 曰蒙師指示此道從何處發
萊答曰、此先天大道至玄至妙、天下皆無神鬼不測
之事、只有達摩過此中華、來度武帝、武帝不識、轉至
杭州、得遇神光、將道遺於此地、听吾吩咐、此道君不
傳臣、父不傳子、如有洩漏、恐遭天譴、後有人求之、必
在杭州一轉、自然明心見性、而證佛果也、象曰弟子
記下、但師尊所言之詞、不能全曉、望師慈悲、以筆書

之、道長不辭、隨捻筆在手、一一書寫、後書無影道人、題
付與傳象收存、即時告辭、象苦留不住、只得送行、臨行
之時、道長復叮嚀囑曰、 道在目前急早悟 掌穩稍
桅好過湖、 任是風波搖不動、 方顯男兒大丈夫、
言罷一揖而別、伊倆相送、見道長言語甚奇、戀戀不捨、
道長即知其意、將道一一指示、曰得此大道、謹防考㥲
功成圓滿、自有吉祥、言畢飄然而去、伊倆謹記於心、盡
忠於主、他主僕亦是、混俗和光、暗修妙道、不提、却說有

道即有魔，無魔不能成其正果。自道長與傳象所言
之詞，被李狗劉假在外听去，說有寶貝無數，不懂甚
麼寶物，將此言逢人就說，我家主人寶貝無數，另修
一房裝之。這一講，講得王舍城中人人皆知，傳入衙
中，衙中之人暗打主意，作下傳象藏寶不現之詞，遞
入公堂。縣官信以為實，即差衙役把傳象提在公堂
審問。傳象毫不知音，縣官想弄他銀錢，糊裡糊塗，命
入寄卡。這劉氏在家，一听此言，魂飛天外，遂命人把

33

他父親請來，議論此事。劉萬鎰無計可施，忽李狗從
外而入，言說皇上倒旨，苗蠻作亂，朝中空乏，有人捨
銀助濟軍餉，高官得做，駿馬任騎。萬鎰聞听此言，與
劉氏說道：你家廣有金銀，以助軍餉，高官得做，可免
此禍。遂命伊俐劉假進京，打点六部，投文捐銀三萬，
助餉。六部奏明皇上，天子聞奏大喜，即傳聖旨，從王
舍城赴銀，命傳象進京引見。王舍城縣官接了旨意，
嚇的魂不付體，急將傳象迎出卡來，親自上前陪罪，

傅象自思受難是我消孽也不在意遂回至家中綸
知其故將銀三萬發與欽差一路同行來至京中見
了皇上封官象曰父有遺命不敢違拗只求守服天
子聞奏嘉其忠孝遂封員外郎劉氏封為一品夫人
歸家樂享田園賜汝誥封各自退班辭朝而歸一路
行程來至中台山平安縣夜宿不提卻說
瑤池金母駕坐無極宮中思念青提下世歷劫造下孽
冤深重群魔攙擾終到岸枝桂與青提有緣命他下

三十三

凡投生修性了命心意堅真不畏魔難功成超拔青
提方稱大孝以作榜樣使大地男女知修性命還原
返本超宗拔祖同歸極樂以報宗祖父母之恩即命
準提菩薩下凡成全此事準提菩薩即時領旨東來

準提佛領敕旨離了西境　坐雲頭飄蕩蕩迤邐而行
老金母為兒女慈愛甚重　觀青提業冤深難把岸登
綸命吾離極樂怎敢拗令　引桂枝下紅塵傳家投生
前有緣今報答早已註定　善惡報毫不爽天理彰明

囑咐你、下東土、莫迷本性　怕的是、失灵光、難回瑶京
志堅剛、不畏勞苦修性命　超青提、稱大孝、好立奇勳
那時節、見老母、總有封增　作榜樣、遺後世、萬古標名
使大地、男共女、齊發猛醒　知回頭、誠其意、正心修身
性復初、居其所、還原返本　超九玄、拔七祖、大報娘恩
正行走、睜慧眼、往下一瞬　見紅光、冲雲端、即知其情

如是準提菩薩觀見紅光朗朗，即知傳象（京歸王家）在此投宿，（遂命）桂枝無形化為有形，像似蘿苜，長街來賣，驚動員外。店門瞧看，見人手執一物甚奇，長有尺餘，如金如玉一般。言說：識者一文不取，不識者千金不賣。

如是傳象說伊倒將此人叫來，提蘿苜一觀。象曰：此貴重之物。那人問曰：你可識知？象曰：吾早識破。那人說：員外可愛此物麽？象曰：好物人人皆愛。如此送與員外。遂叫伊倒取銀十兩，那人不愛，轉眼不見，俱皆說奇。員外與劉假伊倒將蘿苜收拾，帶回家去，放在神堂。夫婦相見，將上京之事、蘿苜情由說了一遍。劉

35

氏遂勸曰夫君從莫听外人之言免召禍喚象曰賢
妻話講那裡去了為夫受灾受難是我前世今生之
罪孽家中所費之銀是祖父為官在衙自不小心李
倫作弊刻氏之財理應除去只要一心食齋念佛行
善積德甚麽招禍善功圓满必有吉祥如是傳象仍
然看經念佛有遠近隣人聞听傳象回家帶來蘿苩
甚奇這人來往不斷觀看奇物把劉氏吵鬧甚是不安
劉四娘坐香房心中憂悶　為行善惹下了几多禍根

三十三

遭寃枉夫受磨監牢囚困　听此言不由人膽战心驚
同我父想良策主意打盡　費白銀三萬整救出獄門
聖天子念助餉龍心喜辛　旨意下有奨賞要加勅封
忙備辦小家人伊俐想送　我文夫同京差去至京城
加官職不願做守父遺訓　改封為員外郎樂享長春
與劉假同伊俐轉回故郡　平陽縣又遇者一位奇人
手棒者一蘿苩如金貴重　送與了我的夫帶回家庭
驚動了遠近人都來看問　這几日吵鬧得甚不安寧

走上前，將蘿苜，用手捧定　一時間，噴鼻香，感動心情
食一口，滿嘴香，無窮妙味，　頃刻間，被劉氏，乾淨獨吞
恍惚時，身輕爽，心會神領　六甲孕，不覺得，結於腹中
有員外，合夫人，十分有幸　十月滿，將臨盆，腹内疼痛
滿屋中，瑞氣盈，通香撲鼻　有萬道，霞光閃，天鼓氣鳴
劉四娘，只痛得，人事不醒　神恍惚，查宴間，嬰兒降生
傳員外，听此言，心中傚倖　因受孕，照蘿苜，起了乳名

員外聞報，夫人生下一子，知是善德感天，降下此子，滿炉焚香，答謝神恩，思想夫人，因食蘿苜受孕，起(乳名)。叫蘿苜，書名吉祥，於是傳象，歎天喜地，日每修省，行善積德，更加十分倍，自此勤修苦煉，不知不覺蘿苜長至五六歲上，聰明過人，凡讀書識字，(目過)不忘，心性純良，也知看經念佛，善知經中之情，傳象一見，心想此子，必是(西方)佛子，也不敢洩漏一究，一日蘿苜問父曰，日每修行極好，在於何處，父曰，了生死，超極樂，蘿苜又問曰，何以下手，父曰，不必再問，道在杭州，非天命

不敢亂傳，如有洩漏，恐遭天譴，蘿苫將此言，謹記在心，日後長大，定要杭州求道，以了生死大事，如是傳象，年近三十二歲，功圓果滿，夢中忽見青衣童子，前來說道，稟知員外，善功滿足，午刻歸西。傳象醒來，自覺壽數已盡，即叫劉氏、吉祥，站立堂前，洒淚而言曰，

有傳象未開言淚流兩行　叫一聲妻合兒細听衷腸

劉氏曰，夫君有話，即講何必吊淚

到今生總能彀同居一堂　我和你前生理緣法結定

夫妻兒女，前生修就，這有何必望齒

誰不想一家人白頭相望　那曉得到今日天各一方

夫君未必遠行，就是出外不久速回，何必吊淚傷心

偶然間青衣童來到經堂　昨夜碗睡牙床三更時後

他來做甚麼，此事便奇，

他說我持齋素善功無量　奉佛旨來接我早歸天堂

那是夢中之話，未定日期，何必信他

我總將你母子諄誡端詳　說今朝午時刻定然同往

又無疾病，說死，難道就死，嗎，再不必狐疑心了，

惟願得是假言誰個不想　若是真時刻到雨下分張

未必就死了，那有人死之時自己就曉得，我是不信

叫賢妻仔細听莫說誑言

我的話、身死後、切記莫忘、
想賢妻、到我家、受盡苦況。
為妻的孝翁婆理所當然
將洗衣、奉茶水、疊被鋪床、
為姣兒、曾受過、辛苦萬狀。
撫養兒女、人之常情、何念
十年多、並未有、酒肉沾嘗、
我死後、你母子、不可改樣。

叫你莫信、你要信、你有傳言、說來我听
早晚間、不辞勞、侍奉爹娘、
待丈夫、就如同、賓客一般。
婦人家、理應當所、做執業
與傳門、接起了、炉內之香、
到我家、從丈夫、素齋供養。
你家食素、為妻怎敢不從
守齋戒、自然的、日每安康。

來到你家、就吃齋的、難道還開齋、不成嗎
生受譴、死墮獄、自遭罪殃、
吉祥兒、這些話、謹記莫忘。
爹爹之言、為兒記下、但終身大事、未能詳明
仔細思、左右難、越加愁腸、
父怕兒、年幼小、無大志量。
爹爹放心、為兒雖然年幼終不能改其志
求明師、指点你、修身妙方。

倘若是、有改悔、便把禍釀、
夫君不必躭心、為妻記下
行善事、積陰功、不可怠荒。
听此言、叫為父、愁眉不放、
朝夕檢点、爹爹不必憂悶
有差錯、墮地獄、無限悽凉。
想修身、離不了、杭州一往、
謹遵父訓、佩服不忘

我一死，將你母盡心孝養　多多講此，善惡報穩他心腸
爹爹放心，兒在母親上面，不敢忤逆　常言道婦女家知識不廣，
旁邊人几句話便迷天良　是歹人兒記下總不來往
斷不可留奸猾府中隱藏　凶人遠避，兒遵訓斷不敢收留惡人
正講話忽覩見童子來到　捧詔書接引父去歸西方
爹爹你又講出夢話嗎哎　捨不得妻合兒抬頭懸望
劉氏　妻呀，吉祥　兒呀　從今後離別了母子一雙
傅蘿苩見爹爹一時命喪　止不住傷心淚，慟哭一場

三十九

我的父空勞力，把兒撫養　兒何曾盡孝道侍奉茶湯
思想起劬勞恩未曾報上　我今日到做了不孝兒郎
劉氏母子見員外一死，甚是悲哀，謹備椰棺，擇日掩
做齋七日，遂送至雲卧山前，安葬已畢，傅蘿苩命人策
起茅蓬守墓盡孝，日每虔誦报恩經以答深恩，苦守
三年歸家奉母，孝道至切，仍在經堂看經念佛，以体
父志，一日思念想起人生如花轉眼即卸，紅塵樂景
難享百年，天壽窮通誰能早知，我今雖然吃齋看經

念佛好善樂施，不明經中玄妙，忘曉得修性了命之所返本還原之功，終不能成其正果，倘若迷昧，一失人身，生死轉輪迴，苦海無邊，好不悲哉！父在言說道在杭州，遠訪明人，莫悞終身大事，曾聞千刼修來得轉人，預知前世種來因，此身不向今生度，更待何時度此身。言畢，遂稟明母親，要去杭州求道，劉氏道：兒呀，不可遠遊，家中有吃有穿，持齋好善，看經念佛，即是修行，還求甚麼道呢？

叫母親請在上容兒細稟　一樁樁一件件訴說分明
嘆人生在世間如同做夢　生而死死而生輪迴無停
張為男李為女苦楚受盡　人轉畜畜轉人從古到今
貪恩愛如長枷枷住頸項　求名利如鎖鍊捆身法繩
名與利恩合愛羅網隔穿　看不破解不脫甘墮火坑
自造罪自承當自已受用　孽鏡台照得你胆战心驚
凡世人若戀着紅塵美景　活百歲如瞬息轉眼即傾
今雖然吃長齋方知猛省　亦不過是體貼天地好生

朝看經，暮念佛，解罪消愆　如敲打，與唱念，怎能超昇
凡一切，有為法，如夢泡影　盲修煉，空勞力，苦死無成
歸極樂，必須要，修性了命　復乾初，返本原，可回瑤京
辭母親，到杭州，明師拜請　早得了，先天道，即便同程
父母在，不遠遊，此禮早醒　兒豈敢，把孝念，不存中心
倘若是，得大道，了凡成聖　那時節，報父母，養育之恩
非是兒，話妄語，古有明証　釋迦佛，超先祖，同坐大雄

母親不必苦阻，兒今實意要去。劉氏知覺阻擋不住，

四二

命伊俐、金枝陪伴蘿葍，遂辭了母親，竟往杭州城而去了。在路行程，不覺月餘，來至杭州，尋一避靜房屋住下，遂命金枝歸家探母。丟下伊俐、主僕二人，暗暗打听至人不提。如是傅府自從蘿葍、伊俐去後，家中之人，概是歹人，不信善果，無惡不作。怎奈李狗、劉假二人，與劉四娘前生俱有冤債，所以他二人見劉氏吃齋好善，念佛修身，常有不悅之心。傅象未死，蘿葍在家，真是一正壓百邪，他二人也不敢糊動。今員外

已死少東人又不在家中他們肆行無忌常將葷酒殽味每對劉氏四娘說得津津有味甘美無窮就把劉氏四娘心引動了三分從此經也懶誦神也懶敬日每常與金婁劉假李狗閑談開口講殽味出口講殺生凡一切貧民僧道來此化齋也不進前了這一日李狗見劉氏在旁遂向劉假說道想我昔年殺猪造廚那個時節把之葷殽能辦出幾樣味來或小炒或黃燜或熬或炖鷄要煎炒鴨要清炖辦出來香味

無比這劉氏听在心中思想美味不知何樣日每思念夜夜夢見食鷄其味甚佳遂向李狗道我常夢見食鷄鴨是何故也李狗須以巧言答之老夫人齋期已滿是神聖点化叫你開齋劉氏說我傅府食素三代原是長齋那有此理李狗道你言食齋是為修身依我看來吃素造下罪孽還是自不醒悟夫人不信听我道來

老夫人再不必心性執拗　坐一旁你听我細說從頭
食五葷飲美酒前生修就　有佳殽合美味享福之由

天造下諸牲物肥人腹口　你不食上天怒豈無愆尤
明放着現眼報目前就有　老夫人真痴迷還不回頭
問員外持斋戒該無罪垢　平白裡被官長牢禁獄囚
多虧了劉外公計謀打就　施白銀三萬兩總把罪贖
回家來該開齋那事不做　誰知他仍照前恒心不丢
未悔心只惹得上天惱怒　短壽元三十二就把命喪
五閻君差小鬼活活捉走　因此上無病疾命歸陰曹
到地獄想吃喝怎能得够　只落得悔斷腸心中憂愁

四十二

枉置下萬貫財生未享受　到如今還恐怕罪孽不休
吃不吃喝不喝人世空走　把酒肉好美味付於東流
老夫人細細揣想想前後　我李狗説這話周也不周

如是劉氏听李狗之言，就恍恍惚惚，不知好歹，悶悶不樂，轉入内宅去了。他二人見此情景，知夫人有開斋之意，遂在外買鷄一隻，厨下熬炒，熟時，劉假説道：今天這殺比前日更加美味。這劉四娘早有開斋之心，聞听此言，心猿意馬拴不住了，上前用手拿起聞了一下，其氣甚香，取而食之之果然味美，即忙吽道，劉假金婁，李狗听夫人吩咐，買此猪羊，先祭天地，我好悔罪開齋，三人听說歎天喜地，不一日件件辦，殺猪宰羊，備辦酒筵，請衆親友，大開五葷，驚動地盤業主，嘆道傅府三代未曾殺生，持齋好善，迄今劉氏四娘，自無定見，被寃孽纏擾，殺害牲灵，大開五葷，可惜可嘆，吾不免變化一位老者，勸他一番

地盤主，坐廟堂，自嗟自嘆　嘆劉氏，真正的，可算無緣
傅門中，有三代，食齋好善　朝看經，暮念佛，廣種福田

感動了，上皇爺，發下慈念　總差下，佛根子，降你家園
杭州城，求神光，指示一貫　到後來，功圓滿，必證西天
一家人，歸極樂，逍遥無限　你母子，永不離，何等安然
持齋戒，知修身，緣法非淺　你緣何，無定見，志向不堅
有劉假，與李狗，日每攪亂　修行人，怕有孽，寃魔來纏
自立功，苦行善，他也不敢　魔與考，有定數，天眼遥觀
開齋戒，殺生灵，過又重犯　十殿王，最惱恨，犯戒女男
只等你，大限來，惡貫盈滿　差無常，把你魂，拿至陰間

犯戒罪少不了苦遊十殿　獄獄苦殿殿刑自身承躭
那時節纔想起神前有願　永隨在鐵圍城難把身翻
細思想這苦楚實不忍見　我要到傳府中看看的端
正行走猛然間抬頭觀看　見惡氣遮滿天好不慘然
放生場即改成殺生之院　芝蘭室竟成了凶房几間
來至在客庭前高聲叫喊　這此人盡都是無恥無廉
應諺要勸世人吃齋行善　體上帝好生心天良保全
問你們到此地為的那件　貪酒肉圖吃喝只顧飽餐

四三

凡一切好言語昧心不嘆　只恐汝到死後難對蒼天
衆鄰人听此言羞容滿面　一個個怕遭懲各回家園
劉四娘一听得無語回轉　有劉假與李狗來至跟前
叫老漢你何必吵鬧不斷　這美味你不餐真算愚憨
來來來我請你坐在上面　咱三人吃一個喜報三元
有老者罵狗奴真不要臉　汝把那無恥語敢對我言
可惜這行善人被你擾亂　到陰司準備着抽腸割肝
傳劉氏少不下去把狗變　那時節纔後悔人身難翻

傅氏門中，三代吃斋，你們如今真個胆大，就敢開斋，
听我良言相勸，一齊痛改前非，可免三途之苦。劉氏
四娘心中發怒，手拿鋤頭，照定老者打來，只听嗳喲
一聲，腦漿流出，竟然嗚呼哀哉。劉假李狗、金娄三人，
吃得醉迷不醒，一旁說道夫人，打的好，上前一看，已
竟死了，抬到花園去埋，這有何妨。這劉氏一時心焦
煩燥，叫李狗到壺酒來喝，獬李、厨房点火，火点不着，劉
氏着急，催了幾回不來，問是何故，李狗言道不知怎
的火点不出。劉氏怒道，必是皂君之過，遂吩咐金娄
快用大糞潑之，這金娄果然如此，污得皂君急忙走
去。一日家内之人，俱未得閑，劉氏想吃葷菜，遂拿肉
一方去切，未曾提防，把指拇切去一塊，鮮血淋淋，疼
痛難忍。一時惱怒，說道這家堂神聖，壹概盡都作怪，
吩咐金娄、李狗，將家堂神像、經堂諸物，用火焚化。只
見一股毫光，冲上九天，驚動燃燈，雲頭觀看，知是劉
氏善念改為惡念，心中不忍，同元始撥雲下凡變化

一僧一道前來点化於他、手敲魚鼓簡板、來至堂前、
高聲而歌曰、　道曰、莫惹災、莫惹災、搃
要自巳心想開、一切性命天地養、怎麼你樂他該哀、
僧曰、莫惹災、莫惹災、搃要自巳心想開、你不吃齋佛
不怪、怎麼吃齋又開齋　道又曰、莫惹災、莫惹災、搃
要自巳心想開、吃他身體充你腹、怎麼你活他該埋
僧又曰、莫惹災、莫惹災、搃要自巳心想開、生前造下
無邊罪、怎麼去到孽鏡臺

二位僧道未曾歇畢、惹得劉氏心中煩惱、順手執着
梟門扛子、一陣亂打、口內亂罵、忽然金枝歸家、报杭
州之信、未及開言、夫人眼花、當二個僧道劈頭一棍
將金枝打死、那僧道早巳不見、金娄上前一看、是他
兄弟、放聲大哭、劉氏道、死了死了罷、不必啼哭、明日
多殺幾個猪羊、祭奠祭奠、就是了、遂把金枝埋葬、不
提、從此傳府逃帖成風、無一餐不傷生靈、自要生前
有酒肉、那怕死後見閆君、罪惡至極、灶君本奏

玉帝倒旨傳下冥府，酆都大帝，命一殿秦廣王，發下提牌，遂命餓鬼前去捉拿不題。單言蘿苜杭州求道，日每打听。這一日伊俐從外而來，道小東人，老奴打听，慧光寺中來往不斷，有人受戒，此處必然有道。蘿苜大喜，隨同伊俐，來至寺中，探問明白，果然有道，遂上前求祈開示。長老曰：求吾開示，須要看破紅塵，目空色相，培德修行，方可傳授。蘿苜件件依從，遂焚香設供，禀告諸佛，跪受三皈五戒。又一日長老見寺中無人，

叫道傳蘿苜，我看你心性純良，善根遠大，站在一旁，听我秘傳先天大道，須要謹記心中。

有長老，坐禪堂，忠言便叫　站一旁，細听我，指示爾曹
長生訣，先天道，古來稀少　自無始，並未曾，洩漏此爻
只因那，梁武帝，存心好道　感動了，達摩祖，繇下東郊
誰知他，無緣分，不識法寶　至杭州，遇為師，留下根苗
如有緣，朝聞道，夕死也妙　要自立，洪誓願，心中堅牢
傳蘿苜，听此言，雙膝跪倒　告虛空，時往來，諸位神曹

倘弟子，今有緣，得了大道　有反悔，五雷轟，永不昇起
長老僧，聞此言，哈哈大笑　有志男，果算得，佛根一条
我今日，即與你，改了名號　改目連，永遠宗，即可高超
申表文，啟奏與　老母知曉　地府中，抽姓氏，天榜名標
指示你，先天的，虛無一究　四時行，百物生，不離此爻
行般若，波羅蜜，毫光朗照　一元復，翻卦象，性與命交
九九功，甚辛苦，莫畏魔考　志不堅，連祖玄，隨下陰曹
道長指示以畢，目連叩謝諸佛菩薩，又謝長老教誨之恩，

四十九

轉入內室，自思先天大道，今已得之，可了性命，無不
歡喜恭悟七日，辭別長老，歸家探母，長老早知他母，
有犯佛規也，不敢留他，遂書西江月一紙，付與目連，目連
接過觀看　讀曰，　緣深得遇大道，回家復命歸根，
誠心誠意孝娘親，仔細謹慎謹慎，灵山視之不遠，欲
往難步難行，飢寒冷凍苦無禁，更險虎嘯龍吟，提防
蛇女出現，找尋嬰兒相因，勿忘勿助意思存，恍惚自
見天真，斯時陰符下降，身赴冥徑尋親，十八地獄盡

遊行遍觀不見形影錫杖明珠明照地獄化作蓮城

親面一覩固本真孝傳萬古名馨

上卷目連求道訪明師　　下卷劉氏開齋墮地獄終

大清光緒十六年歲次庚寅新春寅道上元吉日超脫九玄

建康郡善信金聲王鏞虔誠謹録

目連救母遊地獄下卷

却說目連、將師所錫之帖、念了兩遍謹記在心告辞
師傅、戀戀不捨、洒淚而別遂與伊㑳同路行程、不一
日、路過金剛山偶遇賊人、帶領嘍囉、興圍打獵擄上
山寨不由分說、要綁出開刀、一時賊頭忽然眼昏、只
見觀音菩薩雲頭吽道張有達休得無禮此是目連
僧人、他本是西方桂枝一轉、你當結拜、求乞指示、你
乃金剛星下凡急早回頭、後得功圓果滿同登善果

有達、速醒、吩咐嘍囉快將二人、解下椅來、目連主僕
二人上帳、與有達見禮、觀音菩薩空中吽道、目連你
母在家、大開五葷、毀壞佛堂、殺生害命、罪惡至極、灶
君本奏　玉帝、上帝倒旨、傳下冥府、即刻就要發牌、
早早回家、與母相見、一時雲收霧散他主僕叩謝神
恩心中憂悶、有達遂吩咐他人焚香同目連答謝天
地、八拜結交、目連即要告辞、有達苦留不肯放行、目
連無奈、命伊㑳前去、打听家務不題、這張有達一聲

吩咐山上嘍囉听我本大王今蒙菩薩指醒吃斋行
善永不做殺害生命之事不嫌沒濟者隨大王在此
修行有不願者各自散去言畢只見眾嘍囉紛紛亂
走也有天性未迷在此修行如是有達遂與目連日
每講經說法不題這伊俐一路行程來至傅府門首
抬頭一看大不同前自嗟自嘆曰夫人果真開齋方
知菩薩之言不虛來至堂中見了夫人叩頭施禮劉
氏一見伊俐回來面上失色伊俐將杭州城求道歸

家金剛山遇賊菩薩点化信得脫難又問老夫人家
中之事劉氏道怎麽不見你少東人呢伊俐說大王
苦留不肯放回劉氏四娘听得此言怒從心上起罵
道奴才你那鬼話哄我言趂菩薩長短明明將你少
東人 謀害是也不是手執棍棒將伊俐考打李狗在
旁扯住夫人伊俐纔得脫身逃走金剛山報信可恨
這金婁李狗日每吃肉當頭也是他惡貫滿盈報應
到期日每吐血看看將死這一日劉假對金婁李狗

說你們吐血有病是把肉吃的多了不顧人天之報
應看我劉假實不能好言還未畢忽然狂風大雨只
听空中雷鳴把劉假打死跪在院井之中劉氏心内
害怕遂命人請僧道禳解那一切僧道皆被劉氏打
罵怕了俱不敢來劉氏听說心中冒火手執大棍上
前將劉假死屍打了一陣大罵不休從此見僧便打
見道就罵只鬧得天昏地暗諸神皆驚鬼都懼怕惡
之極矣劉氏一日想道金娄李狗將死劉假雷打死

三

蘿苔回來伊俐赶出門去我也未做害事家中無人
是何報應正在痴疑忽然蘿苔與伊俐歸家上前施
禮道母親萬福兒回來了劉氏睁眼一看果是蘿苔
遂問道怎麼如今纔回教娘時刻罣心目連道恕兒
不孝之罪母親為何開齋這句話問的劉氏無言可
答停有良久說道為娘開齋誰人說的目連曰菩薩
說的這劉氏被目連問得羞变成怒大喊一聲甚麼菩
薩千里迢迢他就能知此事為娘何時開齋明明伊俐

說的遂拿棍照伊俐打去，目連扯住，方纔罷休，一手扯着來在花園，拿一把香，焚起，說道那說空的話菩薩，我何曾開齋，上有青天，下有后土，指着葵花樹盟誓，倘若開齋火焚葵花，言畢，只見葵花樹火光皆起，劉氏一見昏倒在地，目連扶起，半時方醒，面如土色，不似人形，說道打鬼打鬼，蘿菖兒與為娘捧杯茶來，目連前去捧茶，劉氏又將伊俐來打，這一切惡鬼奉閻君之命，前來捉拿劉氏，來至花園近前看見手執銅錘

四

鐵叉，將劉氏打的魂飛魄散，活捉活拿去了，目連棒茶回來，伊俐道夫人氣絕，目連聞言，昏倒在地，半時方醒，大哭起來了

一見母廢了命肝腸哭斷　叫几聲不答應心如箭穿
萬不想我母子今朝分散　纔相逢即離別怎麽心安
這纔是我目連福命薄淺　把娘恩毫未報付於深淵
為兒身費盡了勞碌無限　生下我不孝子枉在人間
一見兒當作了寶貝出現　三年乳勤撫養移濕就乾

稍有疾便把兒日夜点檢　若是哭就一夜不得安眠
等待兒病體好心緣稍緩　又恐怕衣单薄感冒風寒
飢與食寒與衣時刻照管　教兒言吝兒笑抱在懷邊
緣學立母抱兒打學立站　緣學走又怕兒脚軟常牽
兒長到十一二母長掛念　麻痘症又提防心中長懸
撞過了鉄門坎憂慮緣展　送學下攻詩書以啟愚頑
為姣兒費心機千千萬萬　無非是望兒大送老歸山
父臨終曾吽兒杭州一轉　辞母親到別境年數緣還

五

得大道兒想回將母來看　金剛山遇菩薩指示的端
兒回家見母親容顏大变　提開斋指蔡花喊地吽天
葵樹燃母當時魂飛魄散　那提防頃刻間一命歸天
這如今母子情一刀割断　兒在陽母在陰好不慘然
養育恩深似海毫未報点　細思想吽為兒心內難安
眼睜睜我目連孝有缺欠　傷心淚滚下來洒濕胸前
不孝罪這終身不能得免　恨不得隨母親去見五閻
目連僧只哭得死而復返　縱然是鉄石人也要淚漣

哭一陣、又一陣、哀聲不斷　有伊側、走上前、苦勸一番
伊側道、少東人、老夫人已死、哭也枉然、不如備辦入
殮、於是目連止住眼淚、命人備辦衣衾棺槨入殮停
柩在堂、這金斐李狗吐血而亡、目連命人、埜埋山崗、
一日有人報道被雷繫出、二人屍首、群狗爭而食之
目連伊側、皆言報應不爽、每日早晚痛哭、母魂這一
日、正是回煞之期、目連哭了一塲、倒在灵前、合衣而
寢、只听陰風颯颯、响聲一片、回煞來了、世間之人不
知怎樣回煞、凡行善之人、臨終之日、即有金童接引、
魂魄皈依、歎歎喜喜、一直而行、死無踪跡、那有惡煞、
這劉氏四娘、罪惡至極、衆惡鬼在花園、銅錘鐵叉亂
動亂打、三魂七魄、七零八落、留下凶煞不收、如何不
怕、所以把他真魂拿至陰陽界掛號、三曹法官考查
明白、遂命真魂回家、收此惡煞、即差夜叉小鬼、隨後
到家、來捉魂魄、這劉氏四娘、真魂歸家、門神土地、不
敢阻擋、竟至堂上、叩謝已畢、前後各房一看、開櫃揭

箱把生前誥封往頭上　一戴竟不能戴忙把鞋脚上
一穿禁不能穿心中懐凝　來到鏡前一照只見面不
如生滿面凶惡自已　一見大叫一聲哎喲我好後悔
珠淚滾滾在灵前觀見目連合衣而卧叫道痛心兒呀
見蛟兒不由我淚珠下滾　夢寢中听為娘細說根芽
我不是别一個與兒講話　本是你親生娘今日回家
我只說長住世兒伴娘駕　又誰知别蛟兒地角天涯
你的父一生來功行浩大　吃長齋听祖訓不愛奢華

七

娶為娘生下你一樣教化　喜行善愛施捨口念菩薩
自那日兒的父辞塵去罷　兒要去杭州城拜師出家
恨金娄與李狗還有劉假　他不該勸開齋動娘心花
一時間本性迷把罪造下　貪美味終日間好酒殽佳
把神前洪誓願當成戲耍　殺猪羊傷生灵又犯戒法
若有人來勸我我便打罵　誰知道罪彌天神灵鑒察
十殿王差惡鬼真實駭怕　執銅錘與鐵叉把娘捉拿
陰陽界孽鏡台一一看罷　三曹官審一遍就把怒發

說為娘開齋戒罪過更大　脱苦惱除非來西天釋迦
命惡鬼押解我一路敲打　打的娘渾身痛急行回家
冷浸浸悶懨懨陰風颯颯　淚汪汪哭哀哀悔爛肝花
見我兒在灵前連衣卧下　夢相逢知我兒孝行可加
念為娘養育你身長高大　到西天求佛員把娘救拔
若不然為娘的難轉造化　怕只怕地獄内難受刑罰
娘本待與姣兒長久叙話　衆惡鬼催逼緊不敢掙扎
捨不得行孝兒心中欠掛　手扯着目連僧眼淚汜汜

劉氏扯着目連不丢，諸鬼見目連毫光閃閃，不能上前，遂求本音堂上，傳家善神，将劉氏抓起，丢在諸鬼面前，衆惡鬼抓住，就是几銅鍾鉄义，打得劉氏血水淋淋，用繩拴住，一直扯去了，此時目連驚醒，叫道娘呀，連叫數聲，不見人影，方知母子夢中相逢，放聲大哭哎喲，疼兒的娘呀

時變間夢寢中母子相見　夢醒來又不見母在那邊
止不住傷心淚把母叫喊　喊不應兒的娘淚如湧泉

自死後兒與娘未曾會面　萬不料今夜晚母子團圓
進門來如在生四處遊轉　把衣服與鳳冠拿起戴穿
不能寀娘又用明鏡照面　又听得長嘆聲後悔前愆
淚悲啼咽喉哽哭聲不斷　在灵前一見兒淚珠漣漣
你言說三官堂罪過難犯　娘不該開五葷受盡顛連
是金奴與劉假李狗赳見　刁娘親改善行造此罪愆
無限苦受不過難以盡嘆　搃望兒打救娘早離苦惱
救苦難離不了佛祖開眼　求佛旨必要我親到西天

我母子正在把衷腸叙嘆　眾惡鬼用鐵繩拴到陰間
明顯顯與母親時辮分散　親骨肉今離別好不慘然
無奈何站堂中憑空叫喊　叫不應生身母心中痛酸
想當初娘為兒費力千萬　茶與飯衣與食件件週全
那一樣兒若是視之不見　兒叫喊娘聞听即到身邊
到如今娘一死九泉有難　眼睜睜陰陽隔不能近前
有罪孽養兒女難替一線　非比那無有子該受孤单
替不得娘的罪兒有何面　枉生我目連僧長在人間

兒有心見佛祖求祈恩点　好容易凡夫體怎到西天
思一思想一想無有主見　到叫我目連僧千難萬難
勤修行加苦功勇力前辦　不超拔我的娘誓不心甘

如是目連僧哭的死而復生，孝心至誠感動了觀音老母，变一貧婆來至傅家門首，說道傾長家通傳就說有一貧婆前來化斎。伊俐報與目連，目連道請他進來。伊俐听說，把貧婆迎至堂上，見了目連，施了一禮。貧婆問道：小師傅，如何眼目哭腫？見問又哭起來了。

掌婆婆動問我珠淚難忍　不由人把娘親又叫幾聲
婆婆道：你母親死了，小師傅何必這樣傷心嗎？
一想起養育恩未報寸分
婆婆道：親恩至大，報不完的。是你母親因何而受苦？
娘受苦見一旁置若罔聞　他不該哄娘親大開五葷
因金婆與劉假李狗不正　迷心性人勸他便使棍打
何不用人解勸，不必開斎就是。你何不苦勸他哩？
只打的有善人不敢進門　初相見憐老娘一命歸陰
杭州城去年半方緣歸郡　養育恩未報答子職未盡
即死不能復生，師傅何必悲想。

不孝罪，令久下，實不甘心
昨夜晚在靈堂更深夜靜
即見令堂，難道説都未説嗎
囑咐我快打救脫離牢籠
三曹官皆說娘，開齋犯禁
令堂叫小師傅，如何救法哩
母命我到西天拜懇師尊
為母親到不辭，山窮水盡

小師傅，縱然傷心、難道令堂能活不成
夢寢中見母面，真是傷情
哭啼啼他叫我，目連名姓
令堂自言，因何犯罪受苦嗎
傷生灵污神聖，其罪非輕
救苦難，離不了，佛祖慈憫
西方拜佛路程又遠，你一人，怎敢上前
全無人指路途不敢登程

十一

無人指路，也就罷了，又何兩眼，哭腫嗎
因此上，日夜裡大放悲聲
自古道人心同，替我恩忖

眼睜睜，娘受苦，兒怎安靜
好再不必哭了，再哭連我也，哭將起來了
尊婆婆，你看我傷不傷情

婆婆道真乃大孝小師傅，真心求佛，這也不難，昔日我在終南，得來一個方法，可以見佛，目連听言，倒身下拜，懇求慈悲，父後救出我母，大恩不忘，婆婆道想往西天，其中苦惱甚多，恐你受不得，那些苦楚，目連道，只要請來 佛旨，救出我母，脫離苦難，就是亡死八活，捨身亡命，都怨不恨，婆婆見目連孝心真切，遂在懷中取一書本，付與目連，你要身披鞍，口念此書，三步一拜，五步一跪，往西而行，不可退志，若有苦難，自有神灵護持，言畢，目連揚開看書，即時不見婆婆，那裡去了，知道神聖指示，雙膝跪地，叩謝神恩，向伊倒道蒙神指引，定要如此行之，遂將鞍收拾，揹在背上手拿板櫈一根，將書放在上邊，去至灵前，辭別母親將伊倒囑咐一番

目連僧，跪靈前，悲聲大放　哭一聲，兒的母，難見親娘
柏娘親，難受那，地獄苦況　兒今去，求佛旨，要到西方
仔細思，報親恩，無有別樣　往西天，又何虛千里奔忙
這几日，兒晝夜，前思後想　不救母，豈算得，塵世兒郎
從早間，把行裝，整頓停當　辭母親，兒今日，奔走他鄉
老母親，在地獄，暫收磨障　兒立志，求佛祖，解釋罪殃
也不枉，母子們，生死相望　也不枉，老娘親，養兒一場
向灵前，三叩首，淚流兩行　悽慘慘，揹鞍張，哭出孝堂

伊俐見目連如此模樣心中不忍
勸曰少東人何必這樣性急嗎

手扯手你听我訴說衷腸
今相别心不忍也是無妨
大小事如我在不可疎荒
你盡忠我盡孝各遵規章
一句話問得我難以回講
今出門問歸期無有定向
切不可把目連罣在心上

見伊俐來勸我痛徹心上
我與你自幼兒同來同往
這家中我一去靠你執掌
囑咐你緊緊記刻刻莫忘
少東人此去西天何時纔能回來
說出來咽喉哽令人悲傷
或是遠或是近難知端詳
還恐怕二世裡纔能同鄉

怎不叫一同行事有可量
倘若是不歸家定有别樣
且莫說我目連不能了當
速帶信金剛山張兄去望
好兄弟再不能道德談講
叙不盡離情話如水波浪
伊俐甚是悲傷送出大門目連誠心誠意三步一拜
五步一跪直往西行見者人人傷悲個個稱孝於是

報娘恩非骨肉難感上蒼
伊俐奇莫改心立志堅強
為母親又何懼生死存亡
拜囑他忙偷閒求仍燒香
你叫他勤忝悟莫悞時光
真乃是母有難心内着忙

伊俐在家操持家務，忙裡偷閒恭禪打坐不題。單言目連，在路行程毫無退志求佛救母。後人有詩讚曰：

孝念感格虛空神　誠心竟往西天行
若非求佛超母罪　焉得脫離酆都城

如是目連，日拜天神諸佛，夜拜古廟，灵真受盡千般苦難，毫無一点退志，不覺來至一山，甚是險峻，前無招商，後無旋店，天色將晚，正是寒冬，天氣雪花飄飄，冷風凄凄，忽听林中唧唧喳喳，好不駭人。這目連雖不害怕，心內也有三分驚懼，又想道：天色黑了，路上無人，不知去處，風雪透體，寒氣徹骨，正是哭天無路，喊地無門，身靠古樹，仰面長吁，嘆道：天呀天呀，好苦。

站樹下不由人仰天長嘆　究真原這情景寔在可憐
我目連為母親受盡苦難　身披鞍到天竺乞佛救援
報母恩怎辭得山高路遠　扒高山越峻嶺來至此間
從清早吃了飯前路急赶　又只見天降雪撒落平川
放大步往前行忘却午膳　心止想救母難不可遲延

前行走、要尋個、招商旅店　萬不料、天色晚、無處安眠
睜開眼、黑漆漆、星斗不見　孤單單、靠樹下、又飢又寒
老天爺、既吹風、莫落雪点　既落雪、莫吹風、尚還可安
你緣何、風與雪、兩不斷欠　活活的、凍死我、受苦目連
肚内飢、身又冷、条条打战　怕的是、今夜晚、有命難全
縱然間、我目連、死而無怨　痛娘親、坐地獄、何日了然
望老天、施惻隱、把我憐念　打救我、母子們、同出苦海
有菩薩、坐雲頭、暗裡瞧看　觀目連、真算得、有志奇男

十五

若受得、諸魔考、果無二念　管保你、身清平、去上西天
這一陣、哭得我、慈悲發現　用手兒、指一指、化坐茅巷
楊柳枝、化尊神、坐在上面　淨水瓶、化一盏、紅燈高懸
有老母、安停妥、抽身不見　等只等、純孝子、來到此間
目連僧、睜愁眉、用目瞧見　恍惚時、見紅燈、懸掛面前
想必是、這莊村、離此不遠　不由得、精神展、喜在眉尖
我不免、到那裡、借宿一晚　暫停身、避風寒、待至明天
目連想道、必定此處有人、遂照紅燈而來、走至門首叫道

家中有人麽連叫數聲不見答應遂入宅去抬頭一
觀並無一人只見上面有一尊菩薩目連即倒身下
拜起得身來四面一觀只見左邊有一破棹棹上几
個点心內中無人那裡有此点心用手一模尚有熱
氣忽然肚中飢餓拿起便吃心中一想吃不得自古
道廉者不受嗟來食志士不飲盜跖泉況有無人豈
不犯了偷盜麽依然放在棹上忽然外面有人道賣
人身果目連想道人身果有賣的麽開口叫道我買

二十六
67

那人道開門便見目連把門開了乃一男一女年紀
不過十七八歲攙着果子向目連道你買麽目連說
正是此果價要几文嬰兒奼女答曰論此果千金不
賣若是你買一枚要七文銅錢目連問道果出何處
答曰三义樹上纔有問曰然何半夜纔賣答曰此果
要人靜方得得時就賣問曰要何人方得答曰老者不
見少者不識俱不能得只有我姊妹二人方可易得
問曰你怎知之答曰前番有一黃婆慣知吾等是他

教的，又問曰，此果食之，有何貴重，答曰，得食者長生不老，問曰，你二人怎麽有尔不食，答曰，得者食，不得食者，必化之，故我二人來賣，目連取七文銅錢，買了一枚食之，其味甚佳，連食三枚，目連又買，二人不賣，遂出門去了，目連遂打坐涵養，忽然睡去，霎時醒來，天色將明，茅菴不見，知有神聖点化，叩謝神恩，將鞍披上，又往前行，扒山越嶺，慢慢而走，過了數里，又見山又高大，又陵險峻，雖難步難行，看來到還有此景，

十七

致麖鹿，啣花，羊兒跪乳，泥牛耕田，目連見之，稍有歎容，忽想起母親，陰司受罪，真乃悽慘人也

目連僧入深山苦楚受盡　只走得雙足痛寸步難行
為娘親身不辞山高路峻　走一山又一嶺崎嶇曾層
身又倦體又麻神昏不定　山高大路窄峽真正駭驚
只怪我目連僧生就苦命　身雖勞為報恩不敢少停
來至在山角下見此美景　有麖鹿啣花草走入山林
這老麖為鹿兒朝夕忙遊　我的娘為孩兒也費辛勤

目連僧念彌陀又往前進　見羊羔跪乳食答報娘恩
這禽獸都知道報恩返本　我目連不盡孝何以為人
山上景解不脫心中愁悶　陡然間黑雲起地暗天昏
正行走見赤龍攔住路徑　常存我鉄石念不畏不驚
我若是不孝子禮該報應　遭雷打被龍孤天理彰明
有雷公見目連孝心真誠　化一道紅雲起歸上天庭
觀情景方知道佛祖考徳　忙叩謝虛空中過往神靈
即起身口不住諸佛念誦　三步拜五步跪又往前行
毫不敢有放肆恭恭敬敬　上西天全憑這一点真誠
目連僧心切切正盼路徑　忽然間狂風起胆战心驚
一霎時只吹得山摇地動　此境中花果木七散八零
諸惡類遇此風不見形影　我目連去那理暫把身停
猛抬頭見岩山有一崆峒　入峒中候風息好向前行
坐中宮把六門緊緊封定　閑無事尋知止調息和平
知定靜能安慮無窮妙用　此好似仙佛地景界不同
有目連始終畢忽然夢醒　抬頭看前來了一位牧童

69

手牽着大白牛坵田耕種　有人行外必然大風息停
出峒來見牧童一聲便請　上西天那條路求乞指明
那童兒口唱道異理不懂　牽着牛跟着牛即是路程
目連僧听此言昏昏如夢　少不得正望着中路而行
正行走又來至一坐峻嶺　上懸着餓虎牌吃人凶虫
若有人上西方要加猛勇　心堅真意誠正念佛千聲
一時間虎現形跳躍走動　目連僧一見得自覺心驚
在前山惡風起辛未喪命　今來到餓虎山必把命傾

十九

我縱然今一死到也乾淨　最可憐我的娘受苦幽冥
天地間善惡報絲毫不紊　吉與凶生合死要靠天庭
有目連把佛號不住念誦　忽來了伏虎將手拿鉄繩
走上前將猛獸鎖套項頸　喊野畜切不可在此橫行
回頭來叫賢弟莫要驚恐　苦已盡甘自來道果圓成
小東人莫遲延直往前途　自有人護佑你西方路徑

如是目連正在驚駭，忽見二人將虎伏起，心纔放下，想道此二人是我那裡會過，就忘記了。有一位口叫

賢弟黑面長髮好似金剛山，有達兄那一位，口叫東
人，好似家人伊俐他二人，如何得到此地，又將猛虎
鎖去。正在疑惑，忽有人叫道，蘿苜急行，天將晚了。目
連抬頭一看，乃是父親，双膝跪地，口叫爹爹快打救
為兒來，傳象叫道兒呀，為母求佛，只要心真，無有妨
碍。目連問曰，此是何處，答曰，善德堂，父閑居在此。又
問曰，時纔那二人，他是何人，答曰，伊俐有達是也。問
曰，到此何事，答曰，功行圓滿，證了菩提。問曰，孩兒今

何如，答曰，我兒尚早。話說到此一時不見，目連心中
歡喜道，辛喜父親有達伊俐俱得正果，猛想起父得
高超，母在地獄受罪，心中焦燥，將鞍披身，口念佛經，
直往西行，遠遠望見一座高山，四面懸岩，一望無涯，
俱是山林樹木，黑暗沉沉，無有去徑，目連又驚又怕，
東看西望，草茅之下，尋一條崎嶇小路，慢慢而行。却
說此山名為賽崑崙，上下六十四里，一概盡是樹木
林間，霧氣騰騰，又無招商旅店，觀音菩薩早知目連

從此徑過遂化一座茅菴玉女化為妣文老母化為黃婆開座店房等候目連到來考他道念如何

有老母坐茅菴用目觀看　青的山綠的水却也幽然
左金童右玉女常常隨伴　淨水瓶楊柳枝洒落塵凡
白鸚歌在一旁聲聲不断　只叫得普天下國泰民安
大慈悲在凡間救苦救難　度醒了多合少信女善男
看日月走東西忙忙似箭　只催得青髮童轉成老年
觀塵世盡都是痴迷蠢漢　一個個提不醒大夢一般

二十二

只曉得行奸巧銀錢積讚　豈知那身外物怎能保全
勸世人存好心多存善念　積下了好兒孫同把光沾
若不信你把那目連觀看　苦立志求佛祖超拔九玄
作惡人全憑着利口巧辯　心不良比如刀舌似蜜甜
每日裡謀害人晝夜盤算　全不怕上天鑒一報一還
盡都是愛酒色財氣貪恋　没几個積陰德廣種福田
雖然是家富毫銀錢萬貫　身死後帶不上半文銅錢
空手兒去至在幽冥寶殿　十殿君查善惡分出愚賢

明朗朗，孽鏡照，誰敢強辨
差小鬼，押着你，遍遊十殿
狼牙棒，打得你，皮破肉爛
受不盡，地獄刑，聲聲叫喊
塵世人，若吃齋，能把佛念
過金橋，即現出，霞光閃閃
十閻君，聞听得，迎接下殿
無罪犯，何懼那，牛頭馬面

展開了，生死簿，罪過萬千
一樁樁，一件件，自己填還
下油鍋，鋸分屍，又上刀山
到臨危，抱佛腳，也是枉然
身死後，童女迎，寶蓋幢幡
諸惡鬼，見善人，不敢近前
極恭敬，賜坐位，不準朝叅
逍快樂，也任隨，散步閑翫

有老母，在茅菴，正把世嘆
觀看他，只走的，渾身是汗

猛抬頭，見目連，來到此間
為母親，真不辭，千水萬山

如是目連僧，撥草尋路，只走得渾身是汗，抬頭又見，天色將晚，正在憂慮，猛然一看，見一老媽媽與二位二八女子，自言自語，不知講些是麼，目連上前深深施了一禮，道老媽媽，請了，婆婆道小師傅施禮為何，目連道天色將晚，不能前行，求媽媽慈悲借宿一晚，大恩不忘，婆婆道，說甚麼大恩，茅菴草舍，如不嫌棄

住下無妨，動問小師傅，因何這個模樣，那裡去呢，目連聞听，不由兩眼落淚，媽媽請坐，听我道來

叫媽媽細听我一言稟告　題起來不由人珠泪號淘
家住在王舍城人人皆曉　我父母常念經學習賢條
傅門中三代人吃齋學好　生下了傅蘿苩薄命一条
方九歲我父親辞世去了　单撇下老娘親把兒訓教
我一心杭州城苦求大道　回家來我的娘命歸陰曹
他不該開五葷皈戒犯了　自造下無邊罪地獄難逃

三十三

歸家來託一夢方纔知曉　受不盡獄中刑寔寔難熬
他叫我上西天把佛哀告　五閆君見佛旨纔能恕饒
細思想養育恩粉身難報　因此上往西天不憚煩勞
過了那溝與澗淵泉河道　走了些崎嶇路嶺峻山高
受千辛並萬苦我纔來到　問媽媽借一宿暫住昏宵
人說是黃連苦我敢比較　我目連比黃連不差分毫

婆婆道：你這個孩子，苦也苦的好，苦盡有甜來，苦的不在行，我看你是個苦瘋子，罷你娘死了，要去西天

求佛、你就未听人說、死了死了、人死就了、還有甚麽、
陰司地獄受苦受難、這是一則、二則你往西天求佛、
你未想這西方佛、人人可求到的麽、況東土到西方、
十萬八千里路、無影無形、知道那是西天哩、恐怕你
走不到西天、把你一輩子事、躭悞了、目連笑道、媽媽
真乃愚見、不明大道、你言人死就罷了麽、人在生行
善無拘無管、若人在陽世、恃勢辱良、行奸弄巧、作下
非理之事、遇見對頭、告到官前、就有牢獄枷鎖、夾棍

板子、等等刑罰、難道人死、就罷了、不成、自古道、陽有
陽律、陰有陰条、凡人在陽間、造下無邊罪過、陰司治
下、無限地獄、古言人有不明之事、天無不報之条、循
還天理、豈有差謬、你言西天求佛、人不能到、古人有
云、心即是佛、佛即是心、只要一心求佛、終無改悔、那
有不到之理、又云、三教聖真、凡人做、只怕凡人心不
真、你言自東至西、十萬八千里路程、無人得到、只要
除却十惡、改去八邪、堅心立志、一意歸中、有何難哉

天堂雖高攀援可登，西方雖遠志穩能行，目連一篇言語說得婆婆，不言不語，側身往後邊去了，姹女手捧香茶一盞，來到目連面前，輕言細語道：小師傅請茶。目連接過吃茶已畢，盞落平地，不一時把飯，擺在棹上道：小師傅請來，餬眉來言，眼去，目連毫不動心，飯罷天色昏暗，姹女照上銀燈，目連觀看，側邊有榻，遂在榻上打坐參禪，萬緣掃盡，一霎時恍惚杳冥去了，姹女手捧香茶來至面前，見目連正在杳冥之際，用

三十五

手一推，把目連推醒，問曰：更深夜靜，來此何事？女子答曰：與師傅送茶。目連道：又勞費心，放在平地，安歇去罷。女子答曰：小師傅，不必痴愚，我在後堂，奉媽媽之命，與你倍伴來了。目連聞听此言，战战兢兢起身說道：休得無禮

目連僧，听此言，憂愁滿面　战战兢，起身來，即便開言
我本是，修行人，紅塵不染　把風花，與雪月，丟在一邊
染紅塵，情意牽，不能上岸　貪風流，身體虧，性難保全

心清靜，常守着，無字正念　苦立志，報娘恩，要上西天
留一宿，我沾你，恩義不浅　到府上，勞款待，我心不安
尊大姐，有几句，良言相勸　莫煩惱，細听我，講說一番
你本是，名門女，有體有面　豈學那，賣花娘，無恥無廉
為女子，切莫把，節義看淡　遵三從，體四德，纔算淑賢
學幽閒，與貞靜，言行不乱　遺留下，美名聲，萬古流傳
小女子，走上前，忙陪笑臉　尊一聲，小郎君，莫把奴嫌
進門來，奴與你，捧茶端飯　無良心，反說奴，無恥無廉

陪郎君，非是奴，自作下賤　時終間，夢寢中，菩薩訓言，
他言道，傳家子，宿在前店　你二人，天造就，今世姻緣
禀明奴，母親曉，與你陪伴　因此上，會郎君，來到此間
好夫妻，成婚配，天造姻眷　真果是，千里緣，令使線牽
有姹女，走上前，不顧臉面　目連僧，阿彌陀，口念几番
任憑你，口說的，天花墜亂　想成婚，除非是，地覆天翻
目連被女子，百般調戲，慾心全無半点，口內常念阿
彌陀佛，觀音老母，一旁觀看，喜氣滿面，善根深厚，算

得佛家棟梁，用手一指，燈光不見，目連昏昏沉沉，倒在榻上睡去。菩薩遂書箋帖，留在面前。目連醒來，抬頭觀看，天色明亮，睡的茅霸，不見房屋，盡見身邊有帖，拿起觀看：目連為母，立志貞堅，遇難不畏，見色不貪，功圓果滿，菩提登仙。吾本觀音，指云一番。看畢起的身來，拜謝神聖，身披鞍張，口念佛號，往西而行。觀音老母見目連功圓果滿，不能脫殼，遂命白猿前去引他脫身。白猿領命下凡，這一日，目連在登程口內

三十三

發渴，將書本鞍張放下，河中渴水去了。白猿將書與鞍拿起就走。目連抬頭觀看，忙赶便叫：道畜生休得無禮，這書鞍是菩薩所賜，要往西天去的。這猴兒那裡肯听，越越赶跑。白猴見赶之甚急，往岩下一跳。目連救母心切，那論高低，也要赶去，看看赶之近前，只見白猴一步跳在火內。目連一看，只見烈火騰騰焰有數丈。目連心內着急，哭道：天呀天，㖿我為母親求佛全靠此書，方能得到西天，如今書已焚壞，怎往前行。

費盡心苦，我母不能相救，事到如今，還要這命做甚，罷ヒヒ，不如拜過父母，養育之恩，捨身罷了，即望王舍城中一拜，拜畢，將頭抱住，就往火中一跳，覺得昏迷不醒，早有五龍，將目連僧，捧至大雄寶殿，目連睜一看，上面坐着佛祖，金剛排列兩旁，目連上前頂禮，而言曰：弟子拜懇，求佛祖慈悲，搭救母親，出離苦海，佛曰：你今功行圓滿，當證佛果，七祖盡可超昇，但尔母開斋破戒，打佛罵祖，不遵規法，焉能超拔，吾前有示弟子俱忘，听我宣來，

佛家心慈悲，皈戒甚精嚴，誠進無返意，共登大願船，稍有違吾戒，難逃地獄前，佛法無私曲，佛禮當守全，無外孝弟忠，遵禮義廉恥，只要守皈戒，自有妙諦詮，道德果精熟，跨鶴歸西天，如若破斋戒，永隨不登蓮，（佛家皈戒，此處獨詳，特斋守戒，佩服不忘）

目連敬听一遍，心中想道，為母求佛，費了千心萬苦，纔到佛前，今佛不準救母，又往何處去求，我若不能救母，縱成佛果何益，遂跪在大雄寶殿，哀哀悲痛，搖

求我佛慈悲，超度我母，兒在極樂逍遥，母親地獄受
罪，其心何忍，西方那有，不孝之佛乎，言畢，哭倒在地，
目連僧，在雷音，哀哀上跪　佛祖爺，坐上邊，細听隱微
蒙慈悲，度弟子，恩加十倍　證佛果，苦堅貞，未把心灰
我的母，現今在，地獄受罪　費千辛，並萬苦，不能解危
母受苦，兒享福，心中有愧　西方景，逍遥樂，無心去窺
在陽間，自開斋，今受大累　傷生灵，違天律，敗壞佛規
論佛法，該當要，地獄永墮　念我母，女流輩，不知是非

三九

是金娄，與李狗，劉假心昧　他不該，哄我母，開斋胡為
他三人，為口腹，仍貪滋味　此時節，連我母，致入罪魁
今受過，無限刑，也該知悔　求佛祖，發洪恩，拔罪釋回
自古言，塵世上，母依子貴　兒登果，母受罪，於理有虧
我目連，不證果，心也不悔　祈佛祖，賜佛旨，與母解危
若不然，母子們，不能相會　言至此，不由我，珠淚双垂
大雄殿，只哭得，諸佛吊淚　釋迦尊，心不忍，發了慈悲
於是佛祖見了目連，為母心真，算得孝子，乃曰，你母今在

地獄受罪、本不該赦、念你孝心真誠、賜你佛旨一道、行至地獄、無有阻隔、遍遊十殿、尋着你母、即可超拔。目連討恩領旨、下殿竟往幽冥而來、却說劉氏陰魂被惡鬼夜叉押解來至一殿、早有李狗、劉假在案、秦廣王曰：你三個孽種、金婁、李狗受人義養、不報大恩、慫恿開斋、計串害主、劉假天良喪盡、背親向疎、致尔姑母殺生害命、勸他開斋、該當何罪、你將金婁、劉假畏法不言、惟有李狗狡猾饒舌、見冥王、叫便說：王爺容稟、

有李狗扎跪在幽冥寶殿　尊一聲冥王爺細听我言
傳劉氏吃五葷自已情願　查看實與小人真是無干
我雖然有幾句言語相勸　他也是愛美味心甘意歎
自拿起自張口自已吞咽　並無有一個人估住他飡
我李狗與傅府原係親眷　況主僕未必然話都不談
誰不言劉四娘大開葷厭　難道說冥王爺你不知焉
若問其別的言我不敢辦　勸開斋這個罪小人不躭
叫李狗你不必巧口舌辯　听冥王把情由細說一番

他爲主、你爲僕、每日倍伴　勸其善、德其惡、禮所當然
傳劉氏、心歪斜、尒等當諫　用好言、扶正他、不可斜偏
你三人、倘若有、良言相勸　惡念起、知改悔、復把善遷
何至於、開五葷、天律干犯　尒等輩、也有福、那有罪愆
爲甚麽、殺生灵、胡行亂幹　你三人、盡講的、無忌之言
上智人、已先正、還正人善　下智人、成其善、在人保全
傳劉氏、無智慧、德行薄淺　聞你言、心不定、神昏倒顛
自造下、無邊罪、你把誰怨　免不過、地獄刑、自已填還

三十一

冥王審、罪犯三人不言、向劉氏曰、你可知罪、劉氏云、女子不知、王曰、爲婦女的、當知從夫、所爲生死不改、方爲婦道無虧、尒到傅府、非止一年、傅家特齋、非止一代、傅象存時、你隨吃齋、傅象方死、你背夫改行、前後一人、彼此兩心、你有何說、劉氏曰、小女原夲從夫持素、非有他意、不料夫君一死、我兒蘿卜出外、被李狗三人、說亂一時迷惑、因受三人套害、望冥王爺詳察、李狗听得此言、便大聲說道、冥王爺听小人說來、傳

表嬸說的話盡是扯誑他吃齋我並未曾勸他他說
夢見吃肉我纔說莫是齋吃滿了菩薩吁叫他開齋
麼今冥王面前說小人們套哄於他這佪話只可以
哄冥王爺便哄小人不過望冥爺莫信他的冥王道
休得饒舌王就依你說你言菩薩叫他開齋可是那
尊菩薩說來這李狗無言可答冥王劉氏曰你怎不
洗心滌慮只因一念之差遂致群魔入究使你性情
顛倒其始也夢由心起意為情牽開齋破戒恣食生

灵神堂概行毀傷灶君擅敢汚穢甚至拒佛法惡言
罵元始打燃燈買殺牲命餘年白骨堆積如山頃刻
青花現底造出無邊苦惱不思何日脫離摠之罪在
於僕究之還歸於主李狗他三人之罪或可寬然此
可以例男子而不可以例女子今將開齋考究其實
劉氏雖有此心未有是舉其成敗只在一言聞耳你
三人不能阻之隔之反而挑之引之罪為魁首何辭王
職陰曹權衡因果報應執法如鏡絲毫不漏今定尔

罪，照律施行，金娄、李狗、劉假、宋等，應該抽腸破肚，拔舌挖眼，之磨推鋸解，油鍋刀山，諸地獄等々之罪，受滿，打入阿鼻地獄，永無出脱之期，而傅劉氏遍遊十殿，殿殿拷打，獄獄受刑，諸般刑苦受盡，打入鐵圍城中，言畢，遂命鬼卒拿去執法，只見猙獰惡鬼，照判施行，受盡魔難，解往二殿，楚江王，聞知犯鬼解到，遂即陞殿，審問一番，將各樣獄刑受遍，命鬼卒，解往三殿，殿殿如此，受刑去了

在生置下千金產　死後難帶半分毫
功名富貴皆虛幻　只有陰功能保全

於是目連和尚領了佛旨，陰曹尋母，駕定祥雲，來至陰陽界鬼門關前，抬頭一觀

目連僧坐雲端，用目觀看　一霎時，來至在，鬼門關前
見鬼差，解鬼魂來往不斷　地府中，與陽世大不一般
陰慜重寒冷氣，透入肝胆　黑暗々霧沉沉，看不見天
凡人死到此處掛號分判　善者善惡者惡都不免焉

現放着孽鏡台，何固強辯　照生前所行的，不錯半点
不怕你心毒計，明瞞暗騙　這奸巧伶俐輩，觀見胆寒
陰曹府論善惡不分貴賤　善者超惡者墮，賞罰無偏
身富貴無善功閻君惱恨　受刑法那論你王侯高官
來的來去的去鬼魂不斷　看不見我的娘，好不心酸
摟雲頭只落在陰陽地面　去見了三曹官，細問根源

目連僧來至陰陽界鬼門関，早有鬼卒觀見毫光閃閃，知是西方金仙，遂禀明判官，判官出階迎接，來至大殿，施禮已畢，判官曰：大仙往那裡去，到此為何？答曰：我乃目連僧是也，領佛祖勅旨，找尋母親，你可知曉？判官曰：你母前三年，就在此掛號，陽間造下十惡不赦之罪，解至一殿，受刑去了。目連一听，遂悲慟不止，告辞而行，竟往一殿走了。目連抬頭一看，見多少罪犯，此間受苦，無不悲傷。暗想我母造下大罪，豈能受得此苦，不覺嘆曰

陰陽界鬼門関一一走到　尋不見我的娘心内愁焦

左思想右籌度無有計較
我母子要相逢怕難會到
細思想男女修各宜趁早
論生死大限來何分老少
任你有金銀廣門君不要
切莫説我為善再等年老
有多少望鄉台在把親叫
有多少把妻子會之不倒

看起來坐地獄冥王不饒
縱然有佛勅旨怎滅律條
莫等待身死後悔遲不饒
壽與天那管你貧賤富豪
善者超惡者墮不漏分毫
須恐防斷了氣要歸陰曹
有多少哭兒女珠淚嚎啕
有多少把丈夫不忍拋了

有多少哭親戚恩義未報
有多少哭田地房屋拋料
有多少哭衣食枉自苦造
有多少捨不得也要捨了
行善人歸冥境還是榮耀
前幢幡後寶蓋熱〻鬧〻
或成佛或成仙上帝封誥
見幾個作惡鬼號啕喊叫

有多少哭鄰友從此絶交
有多少哭金銀未帶分毫
有多少哭奴僕不能代勞
有多少受不得也要受熬
童男女來接迎散沒逍遙
唸彌陀正過了金橋銀橋
上天堂遊海島不染塵囂
猙獰鬼執銅錘背上亂敲

打在那奈河橋底下睡倒　蛇嘬血狗吞肉魂散魄消
歹魂扇扇幾扇魂又還了　又押解往前殿不肯輕饒
見幾個害人的寃寃相報　見幾個殺生的刀又還刀
見幾個壞天良剖腹剮究　見幾個說誑話舌拔牙敲
見幾個斬手足不行正道　見幾個挖眼目亂把人瞧
見幾個忘八德受盡苦惱　見幾個背五倫雷打火燒
見幾個愛風流銅人常抱　見幾個汚字跡發放扁毛
假三教胡作為皆有惡報　學九流喪天良罪過難逃

三十六

凡士農與工商存心要好　大千界男女們修善為高
陽世人由俗染無惡不造　那知道死歸陰自把禍招
陰曹府這刑苦世人誰曉　為母親來遊冥緣知分爻
男合女听我勸行善為妙　敬天地禮神明報親劬勞
守王法遵師訓敬重三寶　了萬緣掃四相意馬拴牢
謹三皈嚴五戒不惹煩惱　樂清閑証道果早出塵囂
莫說是別人善我就不造　又莫說別人惡我也橫豪
豈知道為善事各人自了　陰陽界孽鏡台刑法不饒

87

若不然隨地獄無人可保　縱然有賢子孫難把身超
我今日親眼見特為衆告　願世人急改過莫犯天條

目連嘆畢來至一殿早有鬼卒報與秦廣王說道大孝目連身領佛旨尋母來了冥王聞報抬頭一看只見毫光閃閃直透殿前冥王下殿迎接來至殿上施禮已畢分賓主坐下目連道我奉佛旨遊冥尋母動問冥王我母劉氏在於何處王曰你母開齋破戒殺生害命貪圖口腹打僧罵道穢污諸神過惡至極在此諸獄刑法受盡早已解往二殿去了目連听得此言告辞尋母尔去了

目連僧听此言愁容滿面　陰曹府這刑法真正森嚴
我的娘也在此不能無險　娘有難兒散蕩其心何安
走上前施一禮即忙下殿　辞別了一殿王來至獄間
正行走抬頭看睜眼又望　見刀山似麻林胆战心寒
山上邊現掛者罪人無限　耳听得悲切切叫苦連天
衆男女身掛的皮破肉爛　血淋淋往下滴真是可憐

目連僧一見得口中嗟嘆　勸世人切不可自縱心猿
刁唆人背五倫骨肉離散　哄騙拐恃強橫凌辱善男
凡種種不良心切記莫犯　也免得身死後要上刀山
言罷時即起身不可久站　身奉者佛勅旨無有阻攔
大小獄各地頭一一遊遍　尋不見老母親心似刀剜
我只得二殿上去把王見　問一問我的娘今在那邊

目連僧二層地獄遊遍，不見劉氏娘親，心如刀絞。來至二殿，楚江王聞听，下階迎接，將目連迎至殿上。施禮已畢，分賓主而坐。王曰：不知大孝善士駕至，未曾遠迎，多有得罪。目連道：那有冥王之罪，冒撞殿宇，是小僧之罪。敬問冥王，我在一殿問説我母劉氏解至二殿，為甚遊不見？王曰：前有罪犯劉氏，從此殿過，罪苦受滿，解往三殿去了。目連聞听，心似油煎，遂即告辞，往三殿而來。

目連僧辞冥王心中酸慟　領佛旨尋母親來到幽冥
觀此獄這刑法比前更重　有惡鬼押解人往來不停

89

在陽間無忌憚強橫惡甚 到陰曹悽慘慘難步難行
又只見把人足用繩拴定 掛在那無情樹哀哀連聲
目連僧看罷了急往前進 又只見挖二目痛苦難云
有一座平秤台罪犯数等 用秤鈎掛他心量其輕重
觀罷了此獄刑甚是可憫 抬頭看又觀見一座獄門
衆惡鬼將罪犯用繩綁定 執鋼刀把皮剥鮮血淋淋
勸世間男共女修善要緊 切不可恃己勢嚇詐愚人
凡斗秤出與入且勿兩等 賣米粮如發水天神怒嗔

三十九

古蒼頡造字跡當情當敬 習醫理學堪輿不可不精
如見人妻和女戲言要禁 以己心度人心仔細品評
日每間造罪孽自不知醒 一旦間歸冥府受苦難禁
在生時作惡尤地獄受用 或倒吊或挖目或用秤稱
又還有剥皮獄刑法更重 勸世人早向善方免此刑
在三殿諸地獄一一遊盡 找不着我的娘那裡去尋
娘有難我只得急行前進 去見了三殿王細問分明
目連獄中遊遍不見他母哀哀慟哭來至三殿宋帝王

一見下殿迎接來至殿上在禮畢已目連曰我領佛旨遊冥尋母所有地獄一一遊遍未見我母那裡去了王曰你母造罪深重地獄諸刑受盡押至四殿而去目連聞所悶々不樂辭別冥王竟逕四殿而來了

目連僧遊地府尋母不見　悶懨々手搥胸口叫蒼天
觀陰曹黑沉々無邊無岸　耳听得衆鬼魂啼飢叫寒
也不知來到了甚麽地面　見一籠火焰々惡鬼凶残
將手足盡綁倒燒成火炭　一個個口叫苦心似油煎

四十

有目連正行走抬頭觀看　又只見抽筋獄受苦不堪
拿鬼犯來抽筋刑法凶險　只痛得條々战有口難言
睜眼觀寒氷獄冷風透胆　用鉄叉把罪人挑在一邊
只脫得赤条々身無寸線　冷寒氷透骨體冷凍可憐
觀此獄這刑法心驚胆战　勸世人早改過要把善遷
切不可賣假藥悞人病患　切不可造假貸將人哄瞞
切不可借神明募化誆騙　切不可毒魚鰕惱恨上天
引人賭引八嫖造罪不浅　唆人爭唆人訟都是過愆

眾鬼卒把罪人鋼叉若定 下油鍋只燒得皮焦肉崩
皆因他在陽世强惡凶横 違君子親小人不把善行
亂五倫忘八德豺狼性情 揚人惡撩人善敗人聲名
住公門不修善銀錢貪吞 知肥已不顧人家業凋零
造下了無邊孽嗚呼喪命 五殿前下油鍋定不容情
目連僧問娘親鬼卒不應 我只得悲切切再往前行
又觀見一地獄甚是凶狠 把犯鬼來開剖抽腸剜心
不明白走上前一聲動問 在陽間因何故造罪深慘

四三

鬼答言謗三教正道不信 食斋戒他不愛勸人開葷
有僧道不守規酒肉當頓 玷辱了仙與佛諸聖群真
目連僧听一遍心中默運 我的娘免不脱這重獄門
又問道我的娘可曾過境 望鬼哥莫煩燥說與我听
答曰有傳劉氏刑苦受盡 勅旨到轉別獄我不知情
有目連聞听得心中酸慟 去見了五殿王細問分明
目連尋母遊遍諸獄不見 心甚不忍來至五殿閻羅
天子早知其意犬孝目連 奉旨遊冥救母遂下殿迎

勸世人存好心改惡行善　縱有那地獄刑怎得沾連
這此獄都走進細查細看　並未見我的娘他在那邊
獄中刑諸法律令人難嘆　我的娘受此苦十分可憐
言至此悲切切心肝痛爛　只得去見冥王細問的端

目連見獄中刑法森嚴，細想母親怎能受苦此刑，悲悲切切，來至四殿五官王。聞听下殿相迎，目連就忙施禮，未曾上殿，遂問道：听説我母來至四殿，怎麽找尋不見？五官王曰：你母罪重如山，處處受刑，押往五殿去了。

四十

目連僧遊地獄觀此情景　陰曹府與陽世大不相同
是善人到此地極其恭敬　有牛頭合馬面喜笑盈盈
這判官與小鬼拱手便請　冥王爺親下殿施禮相迎
無善功到此地諸鬼惱恨　十殿王一見了打罵不停
展開了生死簿依律罪定　發之在各獄中又受非刑
幸喜得吾一生未迷本性　識破了循環理立志修行
倘若是貪風流痴迷不醒　到於今墮地獄也是傷情
心思想自嗟嘆正行路徑　睜眼看一地獄令人战驚

接來至殿上，施禮已畢，分賓主坐下，目連道我今奉
旨遊冥救母，言來至五殿，怎麽不見閻羅天子，答曰，
你母不能為一家之主宰，輕听奴僕播弄，大開五葷，
殺害生命，毀經滅像，欺聖污神，無惡不作
上天怒恨，造有極惡之罪，吾陰曹十殿冥王，豈有狥
情，不能賞善罸惡之理，三曹共議你母罪孽，不能赦
宥，殿殿受刑，打入鐵圍城中，永無出期，時總解往六
殿去了，大孝目連依我看來，且自繳旨去罷，可不必枉

四三

勞你神想見你母，萬萬不能，目連道，如此說來，不救
我母，誓不甘心，冥王道，善惡不報，何未之見也，目連
道，我若救出我母，你便怎講，閻羅道，每月前來朝你
二次，若救不出你母，你便怎講，目連答曰，你無超昇
由你十王處治，遂與閻羅打賭結掌，悲悲啼啼，下殿而來，

目連僧悲啼啼淚流兩行　最怕的犯王法身無主張
我的母由已性造下孽障　在地府受諸刑好不悽凉
五殿王照律行不肯發放　墮地獄無出期永受苦殃

听此言不由人痛徹心上　只急得目連僧頭冒火光
森羅殿與閻君打賭結掌　救不出我的母誓不返陽
有目連正行走抬頭懸望　見腰斬地獄門好不悲傷
那鬼卒將人腰砍斷血淌　問此人受刑法所為那樁
鬼答言在世間不敬尊長　忘八德背五倫不孝爹娘
言畢時一拱手急急前往　又只見銅汁獄令人着忙
把鬼犯用法繩一一綑綁　用銅汁灌口中疼痛難當
問此鬼犯何罪受這苦況　鬼答曰造誣言誹謗善良

四十四

苛索財逼押人房屋佃當　肥己身不管人一家死亡
尋娘親觀獄刑神昏飄蕩　抬頭看鐵磨獄就在那旁
見鬼卒團團轉磨聲响亮　把一人只磨的無有尸腔
這尸骨如粉碎頃刻即喪　有鉄狗爭血吃如同喝湯
問生前犯何法受此孽障　鬼答云假三教不務正行
儒五常釋五戒五行俱忘　違背了三教禮失缺天良
目連僧聞此言該背罪賬　世間人那一個不遭此殃
吾修行到地獄無阻無擋　各獄中都觀盡未見我娘

正行走見一獄令人害怕　又見者抽腸獄其苦無涯
將人綁刀破腹腸肝割下　衆鬼卒扯的扯拉的在拉
問鬼卒受此刑為的是啥　他不該習刀筆害人傾家
在陽間造謡辞念唱玩耍　使男女听聞者都發心花
看刑獄真果是報應不假　勸世人有則改無則省察
急行走我不必在此談話　尋娘親不管他閑事紛雜
往前進抬起頭用目望下　觀見了血湖獄水生紅霞
凡婦女身不潔把罪造下　坐血河赤条条蓬頭散髮

四十五

每壹天三飡血不食就罵　見鬼卒使錘打把他逼押
睜開眼俱是血心驚胆怕　有銅蛇合鉄狗唧唧哌哌
縱然有兒合女誰來救駕　又哭天又哭地兩眼望瞎
這婦女悲切切咽喉哭啞　血河苦搃難受不能上扒
目連僧血湖池一一看罷　不見我生身母他在那塌
一時間縐眉愁心似刀劊　見冥王我只得細問根芽

目連遊過諸獄，尋母不見，心中悲傷，來至六殿泰山王。閻報，即忙下殿迎接，來至殿上，冗施禮已畢，目連道各獄遊遍，怎不見我母，那裡去了。冥王道：你母罪大至極，受此刑苦，不能超脫，押解七殿受罪去了。目連聞言，即施禮告別，往八殿而來。

有目連七殿中尋母不見　辞别了泰山王珠淚不乾
我母子今日裡不得會面　不由人心發焦愁鎖眉尖
十殿王心似鐵不施慈念　看起來實難救娘出九泉
睜愁眉各獄中細細瞧看　見坑中炭燃着火光焰天
衆惡鬼把罪人放在內面　只燒得肉成團其苦難言

問鬼卒受此刑何等罪犯　鬼答曰貪口味傷生不堪
全不體天地德好生之念　又凌孤又逼寡一味奸貪
觀罷了此獄刑往前行趲　只見得炮烙刑好不慘然
將罪犯綁之在銅柱上面　滿身上只烙得油流肉乾
問鬼卒受此刑是何罪犯　鬼答曰挾私仇陰毒硬頑
又還有參厨夫住味烹煆　傷四生朝夕殺造下罪愆
听罷了思娘親忙把路赶　見鉄床壓一人苦不可觀
只壓得七孔血流出滿面　苦哀哀悲切切搃不放寬

盼母親不得見珠淚下降　思一思想一想心內發慌
在地獄也不可久久遊蕩　去見了七殿王細問端詳
目連和尚尋母不見痛哭一塲來至七殿卞城王聞
報大孝目連奉旨尋母抬頭一看只見毫光閃閃直
透殿前知是目連來也遂下殿迎接來至殿上施禮
已畢分賓主坐下目連問道聞听我母來至此地怎
又不見王曰你母前者到此諸獄刑法受過解至八
殿而去了

四十七

目連僧听此言雙淚滾下　尋不見生身母實實無法
辭别了六殿王少侍陪駕　心罣欠老娘親眼淚汜汜
想母親只想得忘却身價　盼我娘只盼得兩眼昏花
鬼怕的諸獄刑娘受拷打　遊地獄走得我渾身酸麻
正行時觀此州心驚膽怕　碓舂獄實森嚴將人嚇殺
有鬼卒執鋼义罪人押下　霎時間把鬼犯舂成內渣
問此鬼受刑法却是為啥　鬼答曰絡搶刼惡賊犯法
還有等毁古廟神像焚化　還有等貪口腹生灵宰殺

問鬼卒受此刑是何罪犯　鬼答曰皆因他利口狂言
謗佛道毀聖賢輕慢良善　持斋戒他言是邪術異端
目連僧听一言口吁長嘆　真乃是人可瞞天不可瞞
諸獄中盡觀罷娘又不見　我只得尋冥王再問一番
目連僧來八殿獄中遊遍未見母親心甚不安來至殿上，平尋王聞听，大孝目連到，此下殿迎接目連施禮遂問八殿王道我母解至此地為何遍遊不見王曰你母早已到此獄中将刑受遍解往九殿去了

有目連聞此言忙拿禮奉　尋娘親辞王爺不能久停
急忙忙往前進找尋路徑　我的母怎受那無限苦刑
思想起不由人心中酸痛　尋不見生身母怎樣回程
五閆君他不該結黨賭勝　言我母罪孽大不得超昇
細思想還是娘主意不定　他不該開了齋日毎殺生
自造下無邊孽受罪理應　也難怪五閆君大發雷霆
又看見毒蛇獄盤旋繞動　只唆得男合女齊哭傷聲
問鬼卒這些鬼罪犯何等　卒答曰是陽間乖巧精灵

或打蛇又毒害魚蝦喪命　到陰司毒蛇獄來受此刑
正行走抬頭看又是凶景　觀了那鋸解獄令人心痛
此獄內眾鬼魂悲哀傷慟　倒綁起使鋸解真真苦情
叫鬼卒把鬼犯過惡來禀　言工匠使法令害人家傾
目連僧聞此言心不安靜　嘆塵世盡都是迷昧痴人
勸世人在陽間速發猛省　切不可依已見任性所行
歸地獄諸刑苦由他擺弄　到此時想後悔悔之何能
有目連各獄中一一遊盡　找不過生身母行止不寧

四九

去見了都市王細細再問　看我娘他又往何處而行
目連各獄遊遍心中驚憂尋母不見來至九殿都市
王聞听大孝目連來此問母遂下殿迎接來至殿上
施禮已畢分賓主坐下目連問道奉旨尋母來至陰
曹九殿尋母不見動問王爺我母如今現在那裡安
身王曰你母罪重不赦九殿大小地獄二百八十九
層皆已受盡打入鐵圍城阿鼻地獄受罪去了目連
听得此言遂告辞下殿正直來在鐵圍城中只見黑

100

暗沉沉、不見星斗、高有數丈、圍轉俱是生鐵鎔成。上
掛各條罪名無數、若是到此獄之人、不放投生陽世、
第一等雷擊死者准入此獄　第二等逆弒父母者入此獄
第三等臣弒君者入此獄　第四等刻害忠良入此獄
第五等欺幼殺孤入此獄　第六等奴僕反主准入此獄
第七等為善不終違法反戒准入此獄　第八等穢經汚神者入此獄
第九等欺天滅理者入此獄　第十等弟犯兄者入此獄
十一等妻謀夫者准入此獄　十二等亂倫欺姦者入此獄

此摠大地獄以上各條、所犯的罪孽、遊遍九殿地獄、
受盡無邊苦惱、然後發在此獄、受飢餓寒冷、永墮沉
淪、不能超昇。依此戒之、毋違特示。
目連一見各條、心中愁慮、想母不能超出苦惱、心中
何安、遂駕祥雲、越城救母、誰知此地陰風飄颯、黑氣
騰騰、不能近前、哀慟不止、此獄不破、我母如何超昇、
不如去到西天、求佛慈悲、來救我母、於是離了陰曹、
駕定祥光、來到西天、見了佛祖、叩頭合掌、頂禮慟哭。

哀哀稟道蒙佛祖慈悲賜旨尋母九殿遊遍不見細
問其詳我母在鐵圍城中不能超出望佛祖慈悲打
救我母出苦　如來佛言三番两次求吾慈悲想你
母親罪孽深重你若救出其不違三曹之法律目連
听得此言即在大佛寶殿哀哀痛哭起來
听佛言三曹議母不可救　不由我目連僧珠淚長流
無奈何大雄殿哀哀上叩　尊一聲佛祖爺細听從頭
我為母不辭苦緣往西走　一心想救出母方能罷休
蒙佛祖賜勅旨恩同地厚　遊九殿救我母不能出頭
現如今鐵圍城在把罪受　無奈河回雷音望佛解憂
慈悲恩母開齋寃造李狗　有金奴與劉假前世因由
用巧計哄我母茹葷飲酒　無非是寃報寃仇要報仇
雖說是傷生灵賞還非偶　我情願積大善代母加修
若不然我目連願替母受　乞佛祖搭救母早離獄囚
說甚麽三曹議不能救宥　今念我進了道也把情留
目連僧大雄殿痛哭破口　佛祖爺垂憐憫惻隱下投

佛祖見目連為母心切情不得已遂謂目連說賜你錫杖一根凡大小地獄一振即開賜你紅珠一丸地獄暗黑不明紅光一照通天徹地光明目連接過錫杖紅珠謝恩退班而出遂駕祥雲就奔鐵圍城而來

不題且說三曹官與閻羅天子商議將劉氏一案論你所犯罪孽應該永墮地獄有他兒大孝目連遊冥尋母有功罪免一等發放山西平陽縣王家莊投生商議畢遂即詳文與轉輪王押去於是目連接落雲頭來到鐵圍城邊錫杖一頓振開鐵圍城明珠一照黑氣層層盡化為白光如同白晝一般城中惡鬼紛紛外逃目連來至城內尋了半個時辰方纔尋過母子相會抱頭大哭

（母）劉四娘一見兒傷心淚墜　（兒）目連僧與娘親抱哭一堆
（母）萬不想母子們今日相會　（兒）一見面兒與娘又喜又悲
（母）自那日娘回家與兒同聚　（兒）娘叫兒往西天求佛解危
（母）都只為為娘的開齋造罪　（兒）也是那眾家人惹禍生非

103

母　我自從到陰司娘更受罪　兒　兒不孝未急早救母災危
母　每一殿娘也曾多受汚穢　兒　奈冥刑不肯饒母必吃虧
母　三官堂酆都帝隨處責備　兒　兒披鞍上西天百折不回
母　虧我兒千里路不辞勞瘁　兒　不孝子救母遲忙把罪陪
母　像我這行孝兒天下無對　兒　也不過我母子生死相隨
母　古今來報親恩我兒為魁　兒　怎比得先古賢底豫無違
母　母子們只哭得如酒大醉　兒　久離别今相逢珠淚下垂

目連見他母親哭得如酒大醉、半時方醒、抬頭不見母親、驚恐不已、問道我母那理去了、旁有一鬼答曰、十殿命鬼卒抓去、目連聞听、手拿錫杖明珠、竟往十殿而來、於是轉輪王、接了三曹詳文一看、命鬼卒將劉氏真魂抓來、放發投生去了、轉輪王見霞光閃閃、直透殿前、知是大孝目連來也、遂下殿迎接、來至殿上、施禮已畢、分賓主坐下、目連問道、時纔鐵圍城中、王與母親說話、一時不見、聞說你母命鬼卒抓至此地、又往那裡去了、轉輪王曰、善哉善哉、你母豈能救

乎想他輕听，奴僕播弄開了五葷，罪惡之極，時緣，三
曹會下，放你母投生去了，目連不信，遂拿過生死簿
查看，發放平陽縣，投生一隻白犬，目連查清，嚎啕痛
哭離了陰曹地府，轉回家來

目連僧離陰曹哀哀悲慟　哭一聲生身母這樣苦情
費千辛緣求得佛祖慈憫　賜勅旨到陰司來尋娘親
鬼門関見一見凶惡之境　到此地誰個不胆战心驚
心思想人一生養育情重　捨這身拚者死要到幽冥

幸喜得冥王爺大有惻隱　覩面時觀容顏極其敬欽
題娘親陰曹府神鬼怒恨　一個個咬銀牙切齒生嗔
十殿王照寔行依律判定　殿殿刑獄獄苦毫不順情
一听得此言語心中酸痛　辞閆君下殿來要把娘尋
找一殿又一殿尋之無影　几二百八十獄俱皆遊行
尋不見問冥王緣知情景　罰之在鐵圍城不能昇超
听一言緣來在鐵圍城近　週垣圍盡都是生鐵煉成
駕祥雲我欲待要把城進　霧沉沉黑暗暗不能進身

105

没奈何回頭迳西方路輕　雷音寺大雄殿佛前求情
佛祖言三曹議依律罪定　救母親違天律冥冥不能
听此言抱佛脚哀哀悲痛　只哭得佛祖爺發了慈心
賜錫杖與明珠兩件交送　第二次到地府緣破獄門
用錫杖開鐵圍天摇地動　紅珠照陰氣退現出光明
進鐵圍見母親相愛相敬　扯者手抱者頭哭訴苦情
那目連只哭的人事不醒　睜開眼看娘親無影無形
問鬼卒言輪王命人拴定　因此上執錫杖上了公庭

見冥王我看他何言答應　他講道三曹令發放投生
展開薄細查看過惡太甚　知他言實不虛果是真情
受千辛並萬苦真寔無幸　到如今兒在西娘在東存
目連僧正行走用目瞧定　見一室仔細看自巳家門
進門庭眾家丁向前接應　問情由一個個淚落長傾
萬貫財尽交與家人安頓　我要到平陽縣去尋娘親
凡家中諸佛經一概收盡　備辦了經担兒即便起程
陰曹府這法律絲毫不紊　我的娘苦受罪怎得超昇

任發放揺難尋無踪無影　難道說我目連罷了不成
心思想自嗟嘆正赶路徑　抬頭看又到了平陽縣城
正行走見牌匾高懸如鏡　防惡犬在前面咬害傷人
目連僧見了牌即知情景　來之在府門外暫把足停
呼老翁施一禮出言便問　老翁言叫師傅不要高聲
我家下有一犬凶惡得狠　且問你到我家所為何因

老翁言畢見白犬已在目連面前站立雙眼流淚老翁一見犬吃一驚便向目連問道這是何故目連道此非別也這是我母劉氏王舍城人氏因持齋反戒殺生害命犯了佛規地獄受苦我也尋遍十殿未能救出閻君發放此處投生多蒙撫養感謝不忘求員外捨之捨與貧僧何如員外見此事真奇遂捨與目連將犬放在經篋將經收拾一頭遂辭了員外挑起就行員外見此情由始知天理循環陰果報應看破紅塵也就發心斋戒修行不題單說目連將經與母担在眉上思想經若在前豈不背母親母若在前豈不

輕了佛祖，只得橫担在肩，直往前行，真正是誠可格
天，目連來在深山忙的城隍土地，小鬼將樹分開，以
使目連平担而行，時來在西天，雷音寺放下經担，來
至大雄寶殿，俯伏在地，求佛慈悲
如來佛曰，我弟子果立大志，救出你母，名傳千古，孝
顯天下，遂叫達摩領旨下殿，使動佛法，將劉氏換去
畜皮，好來受封，如是達摩領旨下殿，來在金階，將白
犬喚來，口念佛號，照白犬，吹了一口，霎時轉為人身，

目連一見，笑容滿面，達摩問道，劉氏青提，還是吃素，
還是食葷，這劉氏縱脫了畜皮，不醒人事，貪圖口腹
聞听此言，便忙答道，我還吃葷，達摩聞听，呀呀哑，將
文帚一掃，仍是一犬，目連見之，哭倒在地，哭了一會，
來至佛殿，俯伏在地，求佛超拔
我佛如來，開詔勅封，曰，目連，功果圓滿，九
玄七祖，俱受天爵

傅象封爲福德金仙
張有達封爲金剛大帝
伊俐封爲金童仙子
目連封爲幽冥教主
鎮守幽冥
劉氏青提封爲獅子吼佛每逢朔望
大吼三聲十王殿前來朝賀

幽冥教主弟子目連係爲母遊冥打破鐵
圍城放走八百萬餓鬼命係分性下凡投
胎脫化黃巢收回八百萬餓鬼若是有功
自有封贈言畢衆皆謝恩各自退班後黃
巢收惡鬼之時錯斬一孕婦論天律該墮
地獄一次念其極孝超拔青提以證佛果
故立下七十二願撤空地獄纔加封幽冥

教主地藏王菩薩
此書因果傳世間善惡報應甚森嚴為人始
終皆如一莫學口是心非男目連行孝天
下少十磨九難結佛緣看來因果毫不爽
仇報仇來寃報寃從此看破迷途路丟去
恩愛學清閑因果報應藏弃世人思道如
是觀遠出魔者能精進何愁功滿果不

九轉功成無外理高懸紅日照人間
非相掃塵垢一點碧桃獻佛前有人參透
禪機語翻身跳出苦海邊
湛湛青天不可欺　未曾舉念神先知
善惡到頭終有報　只爭來早與來遲

勞你神想見你母萬々不能目連道如此說來不救
我母誓不甘心冥王道善惡不報何未之見也目連
道我若救出我母你便怎講閻羅道每月前來朝你
二次若救不出你母你便怎講目連答曰祿無超昇
由你十王處治遂與閻羅打賭結掌悲々啼々下殿而來

目連僧悲啼々淚流兩行　最怕的犯王法身無主張
我的母由已性造下孽障　在地府受諸刑好不悽涼
五殿王照律行不肯發放　墮地獄無出期永受苦殃

三

甘肃省图书馆藏
河西宝卷整理汇编 ③

甘肃省图书馆　编

影印编

浙江古籍出版社

七真天仙宝卷

四卷三十二回　清光绪二十九年（1903）刻本

4 册，线装。作者不详。

版式：白口，四周单边，单黑鱼尾，无行格。

行款：8 行 23 字。

开本尺寸：24.3 厘米 ×15.2 厘米。

版框尺寸：18.7 厘米 ×12.8 厘米。

牌记题：『光绪癸卯年柳月重刊，天仙宝传。』『板存安定门外肃昌泰，有人刷印送者，板不取资，问东华观文星堂便知。』卷首有《七真天仙传序》，署『康熙壬辰年桂月上浣日京都北皋双龙寺礼义堂』。序后有绣像十一幅，并配有诰文，依次为钟祖正阳、吕祖纯阳、韩祖湘子、王祖重阳、马祖丹阳、孙祖清净、邱祖长春、王祖玉阳、刘祖长生、谭祖长真、郝祖广宁。卷端题『新镌天仙宝传卷一，孚佑帝君，叙于京都紫山房，海源子校证』。版心刻『七真传』。正文前文字使用红色印刷，卷末附所有捐资者姓名及所捐银钱数量。

车锡伦《中国宝卷总目》著录，称『兰州肃泰昌重刊本，二册。卷首康熙壬辰（1712）序』。车锡伦在《明清民间宗教与甘肃的念卷和宝卷》一文中指出，包括《七真天仙宝卷》在内，『甘肃当地刻印的几种祖师传记和因果报应故事宝卷……实为某个民间教团（先天道或其支派）所为』（载《敦煌研究》1999 年第 4 期）。

《七真天仙宝卷》，又名《天仙宝卷》《七真天仙传》《七真天仙宝卷》《七真传》，主要讲述王重阳度化全真七子的故事，是宣扬全真祖师王重阳及其七位弟子丘处机、刘处玄、马钰、郝大通、谭处端等修道的过程中，各自心路历程的宝卷唱本。全书以修炼内丹成仙为主题，在展示道家内丹功的基础上，将『全精』『全气』『全神』与儒、佛思想文化进行巧妙结合。

宝卷采用通俗的说唱文体，浅显易懂的词汇，富有韵味的诗词行文，对道、释、儒三教义理进行深入浅出的剖析，是一部教化道教门徒和广大民众的劝善著作，也是研究全真教史及其修道义理的经典之作，对道教的发展，尤其是对全真道的传承有重要的作用。

光緒癸卯年柳月重刊

天僊寶傳

陽

板存安定門外肅昌泰有人刷印送者板不取貲問東華觀文星堂便知

七眞天僊傳序　寶傳賦　以題爲歌

天地無言，聖賢有筆，觀妙觀空，萬卷
丹經，如是得來，造字造書，三藏靈文，
錄玆演出，月照窻影，湧瀉醍醐，漿風，
引花香滴滴，波羅容人之善惡，諦聽
若雷書之邪正，靜觀如日，君王有道
南生祖師，有五宗[illegible]人好善，此降眞人

七眞傳　卷一

而七天生聖帝，國產良臣，七朶金蓮，
以降世九州，善士而沾恩，治世安邦，
輔國佑民，道成天上，書遺紅塵，
王陽老祖，度衆於慈海之苦，
孚佑帝君，化迷於孽山之辛，先以闡道
於五祖，後而接引於七眞，留與跡於
人間，出陽神於天京，四生六道，有感

必乎、三界十方無求不保、流芳年遠
而丹書之更易、未免無訛遺、後歲深
而道情之添改、更多虛杳清其首尾、
而不符查其前後、以難攷古、傳抄寫
月卧以花眠、老本謄錄酒醉。而肉飽
天宮、豈容酒色之狂徒、皇殿焉蓄。蕪
蔓之賤草、故爾出家為僧為道者、而

七眞傳　卷一　敘

頗多、因而修道成仙成佛者以稀少、
嗚呼勞勞平生落空亡哀哉碌碌歲
月、枉待老、
帝
君不忍、演正道以垂乩鸞關化將旁
門而掃、不辭苦辛、何畏煩惱乎佑叙
於京都北阜、雙龍寺、付諸梨棗取名
天仙寶傳、德垂千古妙道、

老祖施度世之金針
帝君造救世之寶卷法演三十三回而
回回波羅密詩題六十四首而首首
佛優曇闡明七眞修行奥妙引証三
教悟道格言三乘九品之果證五仙
十善之定遷陰功果報之情況旁門
外道之異端句句而細剖章章以精

七眞傳　卷一　一

研誠為考金之藥石實乃渡海之慈
船闢旁引正而三教之聖典概行藏
内破迷修身而萬卷之丹經盡已色
函在
儒釋道者修性鍊命最易居妖邪旁者
改邪歸正何難眞是照萬邪之寶鑑
實能顯三教之心傳付梓剞劂刷印

廣佛普運於山川徧流於宇宙而明
七真之修行以作萬世之慈航無明
師而授道者當積德以感天有因由
而得書者宜凈手以捧讀不難大道
而得傳何愁奇緣以不遇遵此書地
獄可逃修此道
瑤池可步

鍾呂二祖造法船諸仙七真指雲路願
人人而上天堂望個個以離地獄樂
矣讚之序歡而敘之賦

峕

康熙壬辰年桂月上浣日京都北皐雙
龍寺禮義堂

鍾祖正陽

七真傳　卷一　三

正陽祖師誥　志心皈命禮

黃芽得道。白雪成眞。配水火於一炁之中。運陰陽於三華之頂。胎息刀圭。熟悟本來之體。嬰兒姹女。試知靈府之根。度衆生於苦海。顯聖跡於靈霄。洪願不窮。好生為念。大悲大願。大聖大慈。正陽繼派。終南洞天帝主。飛行救刧天尊

呂祖純陽

純陽呂祖誥　志心皈命禮

玉清內相。金闕選仙。為三教之師。判五雷之令。黃粱夢覺。忘世上之功名。寶劍光輝。掃人間之妖怪。黃鶴樓中留勝跡。玉虛殿上鍊丹砂。演法門香火。作玄嗣梯航。大聖大慈。大仁大孝。靈應祖師。天雷上相。孚佑帝君。興行妙道天尊。

韓祖湘子

韓仙寶誥

志心皈命禮

道覺髫齡。行修總角。爲學人之模範。托跡韓門。啟英傑之玄風。恩承帝闕。叔父度回。九三之煩惱未憚。妻室轉化。五二之苦衷。何堪道果成於終南。醇醪吸於平地。大悲大願。大聖大慈。蓬萊上宮。御前侍節。恒陽品笛帝君。仙闕接引天尊。

王祖重陽

七眞傳　卷一　六

重陽祖師誥　志心皈命禮

北宋後殿。仙籍明賢。輕財好施。任強盜取。提携幸得鍾呂。悟道直貫陰陽。甘河鎮內。傳秘語五篇。東極雲中。現金蓮七朶。視富貴若浮雲。遵道德如至寶。四世續音。七眞始祖。大悲大願。大聖大慈。重陽廣敎。興玄育德帝君。妙化輔極天尊。

馬祖丹陽

丹陽祖師誥　　志心皈命禮

伏波苗裔。閬苑飛仙。領袖諸眞。為重陽之高弟。精融丹液。開後學之津梁。梳三髻以示誓。不忘師戰千魔。以能權臻大道。惟一丹田煖擁。遂三玄闕神周。濟世無窮。靈機罔測。大悲大願。大聖大慈。全眞領教。丹陽抱一上仙。無為普化天尊。

孫祖清靜

清靜祖師誥　志心皈命禮

青霞繼派。河南調賢。捨恩割愛。破相毀容。棄家忘身。不作兒女之室。離生別死。罔貪琴瑟之歡。始得重陽開示。繼從丹陽琢磨。先斬赤龍。女裝男辦。次煉丹砂入聖超凡。大悲大願。大聖大慈。全眞體道。清靜慧悟上仙。女師領派元君。

邱祖長春

七眞傳　卷一　九

長眞祖師誥　志心皈命禮

寗海從眞。龍門啟派。受苦三千。立功百代。長陽消陰。捨恩割愛。神機顯於金元。仙跡留於蜀寨。大悲大願。大聖大慈。二天翼教。承先啟後。宗師接引群賢。虎符頒道大夫。雷霆行省。通明上相。宣德行化眞君。通權達變。和惠大帝。演教天尊

王祖玉陽

七眞傳　圖卷一

玉陽祖師誥　志心皈命禮

天資純粹。道力堅凝。持身奉母悟道。拜
師成舊泉於荒蕪之間。群沾井惠施。鉄
鞋於當路之石共樂通衢。獨立危崖九
載。躋身樂境三年。方方療病。處處現身
大悲大願。大聖大慈。全眞洪教玉陽。卓
華上仙。輔玄助妙度人。無量天尊。

劉祖長生

七真傳　卷一　二

長生祖師誥　志心皈命禮

孝友傳家。善良處世。生兆紅霞入夢之祥。瑞顯紫氣盤山之異。燒丹立命。方知起死回生。擲傘騰空。莫覓來情去意。海市於主醮壇。拔陽神於虛空地。道通幽玄神算仔細。大悲大願。大聖大慈。全真廣敎。體道上仙。崇修蘊德天尊。

譚祖長真

長真祖師誥　志心皈命禮

金蓮種異。玉葉呈祥。初稱不溺不焚。長著克修克證。忍辱鍊無明火。共識慈祥。陽神現古廟中。群遵道力。書龟蛇能使火而無殃。占星斗。便知凶以應吉。吐甘露而療疾。舉慧劍以斬妖。大悲大願。大聖大慈。凝神上仙。玄德崇教天尊。

郝祖廣宝

七眞傳　卷一　十三

廣宝祖師誥　志心皈命禮

靜穆修眞證。慮悟道。少精周易。跡匿卜筮之中。拜師重陽。猛省大道之勢。窮年靜坐。而水火。顛倒早就。對人不語。而龍虎會合已成。高風自在。遺範無邊。大悲大願。大聖大慈。積功累德。全眞翼教。廣宝。恬然上仙。太古澄悟天尊。

新鐫天仙寶傳卷一

孚佑帝君　叙於京都紫山房　海源子　校證

天仙寶傳卷一目錄

天仙寶傳卷之二目錄

天仙寶傳卷之三目録

天仙寶傳卷之四目録

廿六回　飛昇極樂　劉眞人　性赴帝前
廿七回　爕理陰陽　娼妓院　色魔煉正
廿八回　包含天地　達摩祖　道法指南
廿九回　變化無窮　三十六　異端說破
三十回　隱現莫測　七十二　旁門說穿
卅一回　脫苦離魔　衆賢徒　共成大道
卅二回　逍遥物外　七眞人　同登瑶天

天仙寶傳全卷總目錄終

第一回　會合陰陽　終南山　三仙傳道
度人船（鍾呂韓二仙講八德遇王媽唱十惡）　開金鎖（大魏村與喜知設天仙廂重陽求道）
第二回　闢開關竅　夢東海　七朶金蓮
闖鴻濛（三仙指示王祖功程唱十惡八邪三皈）　一剪梅（三仙夢卅洞遊海見金蓮指引迷徒）
第三回　陰永投鉛　賜天命　道傳後學
照幽燈（王祖勸妻講幽冥經）　西江月（花園呂鍾傳丹爲道天仙府重陽領命太白賜天書）
第四回　陽德發現　响地雷　碑顯前緣
一陽復（雷擊土窟）　洸塵埃（窟現孔明碑）

第五回　攢簇五行　馬丹陽　捨家引衆

三棒鼓 不二勸夫宗神廟 遇重陽 浪淘沙 王祖講十條十品 馬孫夫婦授道

第六回　和合四象　孫不二　毀貌調賢

步步嬌 重陽講佛法僧解 男戒白虎赤龍縊 駐雲飛 王祖試馬孫不二 毀貌調賢

第七回　採藥歸壺　棲霞縣　邱機仙訪

滿天飛 孫姑講善惡報 新水令 邱祖各府訪道宗 神廟遇孫

第八回　昇陽聚鼎　馬尾堡　王祖傳道

望遠行 不二引邱 梅花引 王祖與邱傳道

七真傳　卷一

靈祖大帝

新鐫七眞天仙寶傳凡列

一此書、原係天仙所降、並非凡夫僞造、理宜誠意正心、不可狐疑褻瀆、知此者、方可讀七眞天仙傳

一此書、三教貫徹一理、五星連成一珠、功周道德、南華、丹就百家諸子、知此者、方可讀七眞天仙傳、

一此書、理窮一貫、三才性盡一本、萬殊天機不洩而洩道妙不露而露、知此者、方可讀天仙七眞傳

一此書、粗看陰功果報、勸善規過、詳細藏函大道、玄妙精

微、性理旁通、知此者、方可讀七眞天仙傳

一此書、深觀深者益深、淺看淺之見淺、篇篇明以顯道、回回暗以隱玄、知此者、方可讀七眞天仙傳

一此書、道遺叅同、悟眞法闡、三教心傳、休當記書歌詞、莫作小傳俗說、知此者、方可讀七眞天仙傳

一此書、看時洗手焚香、唸日虔心漱口、勸人勵己、最易證果成眞、何難知此者、方可讀七眞天仙傳

列聖同讚竹枝詞

達摩老祖　讚曰　七真天仙寶傳傳演發乎乩鸞鸞筆判
出七真源源流相續不斷斷去名利恩愛愛學古聖先賢
賢賢易色煉金丹丹熟脫殼道顯、

觀音古佛　讚曰　七真天仙寶傳傳演三十二回回回五
頁不兼該該應五行品彙彙詩六十四首首以目錄為街
佪頭四字頂上飛飛龍九五得位、

果老張仙　讚曰　七真天仙寶傳傳演七真修行行遍天涯

七真傳　卷一　十九

度原人人緣結了數省省都有仙佛佛仙無有惡心心
收玄關煉虛靈靈光超凡入聖、

拐李大仙　讚曰　七真天仙寶傳傳演故本不真真人豈
能食五葷葷乃四生性命命屬陰陽一體體好生之心心
懷惻隱不忍吞吞此蔬食菲飲、

鍾離老祖　讚曰　七真天仙寶傳傳演闡道之書書中玄
妙萬法舒舒暢天機洩露露盡性與天道道德雙全復初
初體八德是良圖圖謀修行大路、

純陽吕祖　讚曰　七眞天仙寶傳傳演道德金剛剛犍忠
正煉純陽陽火陰符昇降降似金科感應應同洗手焚香、
香進不獨供神堂堂中潔白為上、
韓祖天仙　讚曰　七眞天仙寶傳傳演三教盡色色羅萬
象論卦爻爻抽象換為妙妙道三乘九品品評詩調推敲、
敲竹喚龜搽鯨茜茜兩秀寶成寶、
彩和大仙　讚曰　七眞天仙寶傳傳演善惡顯然然或行
惡墮九泉泉飲寶鼎烹煉煉顯金丹脫殼殼脫書詔三天、

天人交接開普度普度三期道顯、
何姑大仙　讚曰　七眞天仙寶傳傳演頗有禪機機非野
狐把人欺欺世盜名罷極極爾游僧野道道僧不守清規
規戒不守墮沉溺溺水九泉受累、
國舅曹仙　讚曰　七眞天仙寶傳傳演清濁兩分分開酒
色財氣葷葷濁迷眞乳性性命雙修為貴貴在齋戒潔清
清靜無為修上乘乘分三乘九品、

羊盧谷錄

新鐫七眞天仙傳卷之一

孚佑帝君　叙於京都紫雲山房　海源子校證

第一回　會合陰陽　終南山　三仙傳道

詩　會運交宫旨降流　合心共膽駕慈舟
曰　陰濁㩘靜天堂近　陽氣純全上斗牛

度人船　混沌初開乾坤始奠星辰而移轉日月以往來五行分性於五老八卦定位於三才鍾呂韓祖類旨將

凡度重陽七眞得道脱塵埃得道脱塵埃

夫以混沌未分以前陰陽包乎道以其無形也鴻濛既判而後道通乎天地取其有象也然烝質形雖具而猶未離故曰渾淪天地既分含精絪縕化生萬物天地者陰陽之根本萬物之祖宗物之最靈者爲人與天地並爲三才然亦不越乎陰陽五行也粤自陰陽互交五行錯綜時五老由此而生焉迨及盤古三才首君有子七人皆不能治世至於天皇定君臣之位五運始興大化始立至於地皇因其治而治既没之

後互相推委至於人皇弟兄九人、皆化民成俗、因號九皇氏、
空桑之西北、而作者有軒轅氏、民皆歸附讓位祝融、祝融去
世、人民無主、群皆尊崇伏羲、既立龍馬負圖、後訪鬱華、得悟
隱語召集諸子言畢、而崩傳及神農、嘗百草以療民疾、荷鋤
洞外方能解脫、若夫唐堯虞舜、承於道之始、禹湯文武繼夫
道之中、溯厥由來、莫不祖祖相傳、燈燈相續、自胡成度世臨
凡、直指單傳、已興釋門、及後雙承白馬、道領儒門世遠年湮、
人徃風微、大道鮮有不廢墜者矣、爾時

無極老母慧眼遥觀、斯世衆生、不敬三寶、不明性命、十惡不
善、越迷越墮、心實不忍、設下彌綸大會、邀集名山洞府、福地
洞天、蓬萊海島、諸仙千真朝謁、三教共赴大會、只見　彌綸
會上、金光四射、紫氣逼人、
老母升八寶之台、登九光之座、而言曰、今當延康刼數、將值
大宋人心丕變、大道不得一貫、靈根沉溺於苦海、該命何星
下世、拯此聾瞶、　玉帝　三教　五老出班擎拳長跪、上白
曰、斯時際運奇欲、世界迍邅、大道難於一綫之傳、昔皆由世

無度世文人，出耳不如命　八景宮，巢父下世，度醒衆生，指
破迷途，後作玄門樑引，想自巢父，乃當日堯帝訪賢，同許由
隱於箕山，潁水修道成真，爲天心登封縣，五岳血食之神，今
當下世，許由代司其職，後功成道備，永證天爵，又命太白星，
將　玉虛門下，七賢送下塵凡，脫化七朵金蓮，接續道根，夫
命七賢者，乃雄陶，方回，續牙，伯陽，東不訾，秦不虛，皇甫是也，
先年涿鹿河大戰蚩尤，各立微功，後隱麗山，蒼梧繡嶺下，溫
泉遯迹成真，今該下世，立功分派已畢，

三教　五老越班而出

玉帝　領旨回宫

無極先天光一叚　性聚一團道在先　混沌世界何分辨
性復生氣漸開天　前元刼終於亥半　一元復始係子前
道本無形視不見　繞纈清氣立象天　天開於子一陽現
清輕上浮十重天　初乘月輪居下面　二乘名曰水星天
三層啟明金星煥　四重日輪照大千　五曰火星熒惑現
六層木星轉盤環　七層中土一輪滿　第八恒星五斗天

第九宗動氣統管　九層天門九陽關　一萬八千運限滿
大道彌綸兩曜兼　盈虛消長隨運變　元亨利貞補於乾
無極大道性一貫　掌握萬化十重天　地闢於丑直下貫
微塵凝聚土一山　其名崑崙丑會建　脉發四大部州間
人生於寅陰陽半　卯會萬物纔生全　辰逢水刦是龍漢
巳會赤明火燒天　六陽以足聖人顯　三清五老降下凡
三皇五帝年代遠　二帝三王有心傳　一十六字將道演
朝聞夕死成聖賢　人心危微道心顯　允執厥中精一傳

文武周孔道德顯　遺留五經四書篇　聖賢仙佛古今鑑
不離須臾這個圈　仙佛本是人修煉　只怕凡夫心不專
語雖粗俗甚淺淺　乃是接續古流傳　人果真心無二念
蒼天自有默主權　倘若一朝功成滿　好作三期榜樣觀
前朝古人難盡嘆　七眞寶傳說根源

且說　玉帝奏了　老母之命敕令巢父下世脫化王重陽又命太白金星送七賢下世脫化七朵金蓮接續道根恐其貪戀紅塵迷昧本性復命鍾呂韓三仙下界指示大道且說

大宋天子有道政和在位歲次壬辰風調雨順國泰民安軍
民人等同做顴天大醮報答天覆地載之恩

大宋天子登寶殿　政和在位壬辰年　上徽河清並海宴
下兆舜日與堯天　含哺鼓腹民熊煖　普天匝地建醮筵
君臣齋戒皇宮院　香烟直透九重天　三教五老共議嘆
無極老母作主權　濟世婆心存一片　不忍佛子墮塵凡
敕令上帝把刼挽　拯救黎民出深淵　衆星齊集通明殿
各聽分派下塵凡　天地輪廻分惡善　恩施動植與飛潛

上帝敕令且不嘆　再說七賢下大千

太白金星奉命送七賢下界將靈性化為七朶金蓮置於東
海河岸未曾說透原因當囘　玉帝駕前繳旨不提這七朶
金蓮不明本來面目靈性在海岸遊竄遇着三仙指示

鍾呂韓祖奉帝命　乘鸞駕鶴落紅塵　各顯道妙無窮盡
船開大願度緣人　善惡輪廻不一等　分明六道與四生
一朝來至河岸徑　金蓮靈性海岸行　鍾呂韓祖明指引
從頭指點前世因　七朶金蓮初相認　俯伏跪地謝師恩

古來今往說一陣　源遠流長續道根

卻說三仙在海岸相遇，七朵金蓮與他說明原因，復又指示道，爾等後現於東海，海中轉化七眞，皆師事重陽，各己醒悟，叩頭拜謝，投往福地而去，後話不提，再說王重陽之化身乃唐堯時之潔士，此古今所共聞者也。

七眞來歷難盡嘆　同書單把重陽言　堯帝訪賢天下衛
訪着巢父讓江山　巢父同言我不願　抽身走至黃河邊
路遇許由把牛看　牽牛河邊喂水還　二人相會說一遍

七眞傳　卷一　十六

共同修衍到仙山　道高不把果位站　二次化身又下凡
投往陝西咸陽縣　脫化大魏村內邊

卻說陝西省大魏村，有一人姓王名維善，十三代好善，娶妻趙氏，亦持齋樂施，一日悶坐香房，偶睡片時，忽夢見尊者，手捧仙桃一枚，異香滿室，心中愛慕尊者，己知其意，即將桃賜與趙氏，接在手中，飲於腹內，驚覺自此有孕，至三十六歲得一男，取名中孚，號嚞，自幼嫻習弓馬，娶妻朱氏，亦頗賢淑，

再說中孚把世降　眉清目秀相貌堂　品行正直無欺罔

幼而習武秉性剛　高堂父母命早喪　滿腹韜略志軒昂
得中武舉標皇榜　官拜指揮坐朝堂　娶妻朱氏無生養
零丁孤苦鮮雁行　日月逾邁四十上　身逢讒臣遭禍殃
暗本奏君把旨降　一朝削職歸故鄉　夫妻竭力自供養
一塵不染度日光

却說王中孚在朝性情剛烈，被讒臣浸潤，貶職歸故，因此識透名利，看破紅塵，只冀修仙了道，奈無明師指示，常常抑鬱於懷，未知道從何而得

中孚王嚞心煩悶　未知如何可修眞　寒來暑往祗自省
常嘆大禹惜寸陰　前思後想心悲憫　夫妻祗自怨殘春
三仙閑遊觀玩景　見有白氣往上昇　展開慧眼往下瞬
大魏村內有賢人

却說陝西咸陽縣大魏村，有一王媽媽，家屋富足，中年失志寡居，膝下兼無後嗣，正與中孚僅鄰，久已看破紅塵，誓願修仙了道，凡遠近往來募化者，總是欣然樂從，毫無一點吝嗇之心，室中設立佛堂，又常辦會，唸經做佛事，齋供僧道往來，

任扎，因此人呼爲王善媽媽。故爾善氣感格，三仙將身化變，醜陋不堪，來至王媽門前化齋。

三仙郎把形容變　兩個老道一童男　身上道袍稀汜濫
尫羸殘疾甚可憐　來至王媽門前站　尊聲施主聽我言
為人行孝是首件　生養死葬理當然　第二弟道莫待慢
兄要忍讓弟要寬　第三忠字休缺歉　忠君報國心莫偏
第四信字要實践　前語定要復後言　若能依此方為善
不枉為人在世間　看來世事真可嘆　愚者愚來賢者賢

王媽聽罷火星蹔　嫌貧愛富出惡言　吩咐工人往外趕
抽身便把門來關

且說王媽根基原來淺薄，見得三仙身上衣服藍縷，吩咐奴婢趕出門去。中孚一見王媽門前吵鬧，便上前解勸，見得三人相貌不凡，郎將道長請往他家

大雪紛紛满天散　三位道人在化緣　中孚王喆有仙眼
他與王媽隔牆垣　聞聽吵鬧出來看　其時序屬隆冬天
郎把三人相一遍　品貌端莊俱不凡　連忙上前去解勸

道長請至我廳前　來到廳堂拿禮見　賓主坐下把話談

開金鎖、仙長來何地貧道發瑤池、問仙長三位貴姓、請員外一覔測、知金重口對口、日韋十合十、此是貧道三人姓秦、請員外細測之、難猜天機難猜天機。

王中孚吽安童齋供辦整　請仙長莫嫌棄淡飯疎情
那三仙也假意將飯用請　齋用畢要告辭雲遊別行
王中孚便開言仙長請聽　留仙駕在寒舍寬住幾旬
鵝毛雪紛紛下天氣寒冷　你三人諸靜坐談叙常情

七眞傳　卷一　廿九

却說三仙將飯用畢、假意告辭、中孚留住説道風雪甚大、豈可行路、候風雪住了、再走不遲、三仙道恐風雪十天半月不晴、又當如何、中孚說莫道十天半月、就是三兩月不住情願供養、三仙道實在擾煩太甚、中孚又問道你三人雲遊天下、可有超生了死悟道修眞的道理否、三仙回言道有、今日閑暇無事請坐聽我道來、

主客們坐書房道情談論　請仙長講修行弟子願聞
鍾離祖講道德員外請聽　臣盡忠子盡孝八德五倫

此人道入世學師不多訓　出世法言天道又是一層
德爲本道爲善天命爲正　無極性太極氣皇極象形
一貫道貫三界有感即應　虛靈性物欲徹埋𣱸眞人
想修行先要把五葷戒盡　體上天好生德存乎義仁
要戒殺合放生行善爲本　宜唸經與刷書究孽消清
訪明師求大道天命率性　指點你至善地中央黃庭
捉金烏擒玉兔日月返本　收朱雀拿玄武水火相親
打開了太極圈有動有靜　接來了萬法王至虛至靈

七眞傳　卷一　三一

這就是神仙道員外你聽　享清福五百年又落紅塵
還有那金仙道安爐立鼎　收離火燒坎水煅煉鉛精
待等候一陽現地雷响應　仰彌高鑽彌堅三車法輪
放六合退藏密復初返本　此乃是金仙道萬劫長生
再講那天仙道萬殊歸鼎　金木交水火濟武煉文烹
火候足沐浴功清清靜靜　退陰符天氣降元性歸根
結就了黍米珠感靈顯應　積外功三千八脫殼飛昇
超九玄拔七祖忠孝兩盡　享清福樂無窮永不下生

王中孚聽師言就把禮頂　願拜到仙師下悟道修行

却說中孚時聞所言、跪地頂禮、願拜門下為徒、三仙道、吾怕你受不得魔難考懲、古人云、道高尺魔高丈、勞筋骨、餓體膚、百謀不順、爾如何受得這一切磨難、中孚再三哀懇道、任他千磨萬難、情願承躭、永無二意、三仙方肯應允、

三仙師發慈悲將話應允　跟為師到終南方可修行
不覺得住七日天氣晴穩　王中孚假燒香收拾出門
叫一聲朱氏妻夫上南嶺　文公廟去燒香急速回程

七眞傳　卷一　廿一

同三師一路行終南而進　翻高山越峻嶺不畏苦辛
走到了天仙廟恭拜神聖　請恩師發慈悲指點修行
三仙師心歡喜且將名更　將中孚改為了重陽道名
叫賢徒請十獻供儀安頓　為師的好與你奏表申文
王重陽聞此言喜之不盡　急速的辦供儀菓品香燈
此一回只說到這裡安頓　再且聽第二回希見罕聞

詩曰

二祖長安度賢徒　仙佛本是凡人修
傳授玄妙有緣分　道德雙全萬古留

第二回　闢開關竅　夢東海　七朵金蓮

詩　闢闢鴻濛兩儀張　開開太極禮虛皇

曰　關關透徹法輪轉　竅竅光明見性王

闢鴻濛　王重陽誠心跪在地將真香三揷金爐內立誓願稟告玉皇帝。三曾神佛仙。聖賢位想修行名利恩愛棄進道門半途而廢請靈官鞭身粉碎。

重陽將誓來立了　正陽帝君把表燒　吽聲弟子細聽到

你聽為師指道高　這裡就是玄關竅　森羅萬象一竅包

這裡就是回光照　聖日聖月兩相交　這裡就是玉波竅

火龍抬頭搭天橋　這裡就是煉丹灶　金童玉女守中爻

老君太極懷中抱　四大天王斬邪妖　高高山上清泉冒

滴滴瓊漿勝香醪　久久守開這一竅　壽終超凡樂逍遥

此段說的神仙道　再把金仙吐根苗　三心四相都掃了

離火放在坎水燒　日精月華比海照　玉液瓊漿起波濤

移山倒海三次到　龍争虎鬭兕哭嚎　悟空又把龍宮鬧

太公金鈎釣獨鰲　去濁留清龍虎嘯　汞火燒鉛離坎交

待等杳冥恍惚到　陰極自有陽來朝　七日來復一陽曉
急速進火莫遲勞　青龍駕火蓮池繞　白虎與波海水潮
牛羊鹿車來海島　精氣神寶運鵲橋　北斗南辰前後繞
三花聚鼎五炁朝　此段說的金仙道　再把天仙表根苗
金烏玉兔黃庭照　文武火候把丹燒　懷中太極緊緊抱
高掛慧劍斬邪妖　待候鉛乾汞盡了　清靜沐浴不動搖
乾坤灌滿歸根竅　面壁脫胎樂逍遙　此段說的天仙道
勤叅苦煉休憚勞　日就月將功成了　多積外功感天曹

七眞傳　卷一　卅三

功滿三千三官保　目有丹書下天曹　脫殼飛昇受封號
九玄七祖盡高超　不在凡間受煩惱　永住聖境樂逍遙
三教聖人一個道　法不二門祖根苗　未奉天命妄洩道
照誓果報不差毫　傳道已畢神送了　重陽頂禮謝師勞
只要弟子修得到　永不忘恩把師朝　傳達之事且不表
重陽悟道不辭勞　晝夜叅悟玄中妙　時刻不離這一爻
不到一七關開了　至善堂中放光毫　有動有靜有玄妙
無私無欲無動搖　神仙功夫已得了　金仙天仙九節高

却說三仙傳道已畢，吩咐弟子就在此廟勤叅幾日功夫則到家看陽道今
日每勤叅苦悟，忽然至善堂中毫光閃閃，三仙喜幸言道今
乃黄道吉日，再聽為師傳你三皈五戒

三仙開言把話表　細聽為師示爾曹　黄道吉日講玄妙
三皈五戒吐根苗　一皈元神為佛寶　二皈元氣法寶高
三皈元精為僧寶　上藥三品煉丹膏　一不殺生體天道
仁德二字感天曹　二不妄取與偷盜　以義為利過終朝
三不邪淫有品貌　禮義威儀不動搖　四不酒肉葷戒吊

淡泊明志性香飄　五不妄語信實好　言而有信品行高
儒家三綱為領要　釋家三皈是根苗　道祖三清為至寶
三教一家不差毫　孔聖五常不可少　仁義禮智信為高
如來五戒是總要　殺盜淫慾妄概抛　太上五行誰能少
金木水火土為高　有了三皈三花貌　有了五戒五炁朝
三花五炁共八寶　煉成舍利脫塵囂

却說三仙指明三皈五戒，又將十惡八邪講論一番

三皈五戒講明了　十惡八邪說一條　一惡殺生慈悲少

二惡忠孝兩字抛　三惡妄取與偷盜　四惡邪淫萬罪招
五惡貪婪是非道　六惡嗔恨心如刀　七惡咒罵言語暴
八惡兩舌陰陽燒　九惡謬言毀謗道　十惡嫉妒謗神曹
一邪眼望美色好　二邪耳聽惡言招　三邪口過生命嚼
四邪鼻聞酒肉醪　五邪心中雜念繞　六邪意馬亂動摇
七邪脚走旁門道　八邪手摸美色嬌　十惡八邪由心造
十八地獄受煎熬　吩咐弟子謹記到　切忌莫犯這數條

一剪梅　三仙禪林講洞章　日月輝煌　燈燭輝煌　要別賢徒往天堂　奏明神王　繳旨神王　引至橋下　飲瓊漿　甘露飄香　玉液飄香　雲端現蓮瑞　乜朶金光　萬道霞光

三仙師暗讁量與徒分手　叫重陽同為師散步閑遊
王重陽問恩師何方擺渡　小弟子担行李伺候同儔
那三師便答道甘河行走　來至在山脚下景衆悠遊
見一座石拱橋不新不舊　橋底下有一洞好談情由

却説四人來至甘河橋見硐清静進洞坐下三師道我身還藏得一壺酒拿出斟上一盃遞與重陽只見熱氣騰騰一股

酒氣直入鼻中，重陽聞得酒香，接住飲在腹內，霎時神清氣
爽，三仙又斟上一盃，連飲數盃，忽然恍惚倒在地下，

三仙師將甘露化為美酒　賢弟子飲幾盃壽延千秋
王重陽便拱手師尊恩厚　小弟子怕犯戒不敢入喉
那三師吩弟子只管領受　不比那糟糠酒這名醍醐
王重陽忙謝恩飲過數斗　忽然間昏沉沉夢魂雲遊

却說重陽昏倒在地，只見三師，來至面前，將他扯起，引到山
中遊玩名山古硐，曉行夜宿，行至東海岸上，玩景看花，只見

海內現出七朵金蓮，開得十分茂盛，實在好看，三仙吩咐道
爾日後成仙得道，前來度這七朵金蓮，以成正果，重陽說七
朵金蓮又不是人，如何度他，三仙道這七朵金蓮而今以出
世了，各有姓名，你今回家，須要修煉身心，說畢，一路遊玩，

夢魂中同恩師東海行走　見海內七朵蓮艷色悠悠
三仙師吩弟子天機洩露　萬朵蓮為萬靈九六根由
午會中十四運三期普度　到後來開普度九一圓收
海西岸七朵蓮大者為首　好似那比斗星倒掛金鈎

無極母分性光蓮花綿秀　應運降尋善家借母性投
七朶蓮化七眞玄門作祖　到後來是重陽七個門徒
爾即刻回家去內功勤做　丹成了領天命度衆行修
吾本是漢鍾離領旨來度　咱原來呂洞賓接引門徒
俺乃是韓湘子同師一路　這說的眞情話謹記心頭
為師的離別你各自分手　回天宮繳玉旨要上斗牛
王重陽在夢中留師不住　此一別到何時纔得同儔
三仙師吽弟子金丹煉就　奉天命在土窑相會一周

七眞傳　卷一　卅七

有重陽恩難捨扯住師手　忽然的騰空去化為虗無
三仙師繳玉旨通明殿走　見上帝交玉旨細奏情由
且不表那三師繳旨吩訢　回頭來叙重陽夢中悲愁
哭一聲三仙師將我來度　師的恩我重陽怎能得酧
蒙師尊將大道一一傳授　分別後怕難得同師雲遊
此二回只說到這裡分手　再且聽下三回酒醒情由

詩曰
七眞祖性注花中　朶朶毫光射碧空
金瓣層層如護法　蓮蓬疊疊似神童

第三回　陰汞投鉛　賜天命　道傳後學

詩　陰陽合和共三家　汞火焰熖放赤霞

曰　投入龍宮燒坎水　鉛光凝結産黄芽

照幽燈　雪花飛瑤台。望夫君未見回來。家奴今何在呼

使用細聽開懷。你去找員外。四方覔急去莫挨。天人有

命差小。奴婢接主回來。接主回來。

家丁小子領了命　四方八面把主尋　終南山下到處問

甘河橋下睡一人　家奴橋下去相認　果然員外不差分

鼻中有氣叫不醒　就將員外抬回程　整睡七日方纔醒

駭壞一家老少人

却說家奴、把員外抬回家來、睡了七日、方纔醒轉雙目睁開、番身扒將起來説道莫非我做了一個夢、眞乃奇怪夫人道、管他是甚麽人、咱們各務正業、斷不可胡思亂想、員外道明明是神仙、你偏不信、我想人生中華、是有根基的若是得緣、失緣、那時追悔不能我有良言、賢妻請聽、

員外醒來把話論　為夫得道學修行　受了三皈五戒正

從此夫妻各修身　夫人請聲員外聽　人生一世草一春
為人只要心田正　何必隔單戒五葷　我勸員外休要信
想要修行萬不能
話說夫人故意問道修行有甚好處夫君不必聽信旁人之言員外道人生如花轉眼即卸紅塵樂景難享百年一失人身萬刼難得豈不悲哉想你婦人家五漏身體造罪更甚聽我說段幽冥經
員外開言你且聽　聽我說段幽冥經　陽間造罪不打緊
陰司受罪好傷情　男子罪惡猶可論　女人本是五漏身
大小之月身不浄　堂前厨下穢神明　血水流河人吃飲
又燒浄茶供神靈　殺牲害命心腸很　三從四德那裡遵
百歲光陰容易混　壽滿小鬼捉三魂　押解十殿地獄進
將簿展開看分明　一問公婆可孝敬　二問尊長可盡心
三問丈夫可和順　四問厨堂可潔浄　五問三從四德訓
六問戒殺與放生　七問五穀可减省　八問血盆可唸經
九問仙佛可常敬　十問齋戒可記清　問得眼花無口應

善惡簿上註分明　善功浩大為神聖　善多惡少上等人
善惡兩平是中等　惡多善少下賤人　惡貫滿盈人身盡
胎卵濕化變四生　不孝公婆父母等　陰雷百次擊靈魂
咒罵天地風雨很　烙鉄烙嘴拔舌根　穢污灶君龍王等
血水血塊估住呑　抛撒五穀合米粉　餓鬼築沙肚膨疼
殺鷄宰鴨害牲命　磨推鋸解刀截身　煮蚕烹鱉湯傷命
油鍋湯池蒸三魂　不敬丈夫行不正　魂騎木馬抱銅人
將書揉花字不敬　扡目來世瞎眼睛　三十六獄說不盡

獄罪受滿坐血盆　血水滔滔掩齊頸　臭氣薰薰實難聞
口渴便把血水飲　肚饑又將血塊呑　那時呼天天不應
要想懺悔悔不能　丈夫兒女誰知信　獨自承當受苦辛
坐滿三年六月正　四生六道發轉輪　叫聲夫人你且聽
這是一段幽冥經　若能忌口修性命　死後不入地獄門
金童玉女來接引　逍遥快樂上天庭

話說夫人聽罷員外之言，如夢初醒，當時拜謝，從今以後要願忌口修行。

夫人聽罷將禮頂　為妻愚蠢理不明　果然地獄這凶很
一心忌口學修行　從今五葷都戒盡　自後夫妻姊妹們
員外一聽喜不盡　同做龍華會上人　不言夫人把道進
把話分開別有因　玉皇勅旨傳天命　太白交與重陽身

西江月　不表夫人從善。且說重陽修行。朝叅暮採打坐
勤。五行四。相合並修至三年五載。靈台結就真人。想去
雲遊訪師尊。度人未領天命。

玉皇爺三月三登了寶殿　諸仙官衆文武齊來朝叅

七真傳　卷一　四一

玉皇爺開金口金星聽選　賜天命王重陽好把道傳
太白星領玉旨謝恩下殿　出天門駕彩雲落在終南
且把這太白星放下不嘆　將鍾呂與重陽細說根源

却說重陽修行、夫人從善、至來年三月三鍾呂韓祖早在中途等候重陽赴縣、忽然遇着三師、一手扯住、師徒分別、今日重逢真人三生有幸、不知三師往何方而去、三仙道今乃三月三、王母娘娘蟠桃大會、俺同衆仙去赴會的、隨稽首道前承欵洽之情重陽道師徒在此又取起笑來了、那蟠桃大會

乃是金仙赴的師傅，又不是大羅金仙，焉能赴會。你我師徒
聚有二三十天，還未問姓名。鍾祖道：我乃漢室枝葉，覆姓鍾
離，名權。呂祖道：我乃唐朝進士。隨代韓湘一路。重陽大驚道：
鍾離洞賓乃是大羅金仙，豈是你這個模樣。我在八仙菴常
常禮拜，鍾離祖頭挽雙髻，赤紅面皮，落腮鬍鬚，穿八卦衣。洞
賓爺頭帶純陽巾，身穿淡黄袍，九股縧縚，背一口寶劍，三綹
髭鬚，面如青粉。韓湘子頭挽雙髻，口吹玉簫，丰彩過人。豈是
你這般模樣。三仙道：你要見那個模樣，不難。隨即吹了一口

七真傳　卷一　四二

氣，現出本相。重陽驚訝，果是神仙，倒身下拜，懇祈赦罪。三仙
道：不知者不為過。吾前次傳爾金丹大道口訣，勤叅苦煉，再命
你出外度此緣人，消除冤孽。重陽道：今日師徒離別，幾時相
逢。三仙說：只聽空中雷响，土窑擊出，我師徒相會。言畢，化作
清風，竟往花薗而去、

話說畢化清風隱而不見　來之在花薗內講道談玄
化就了三仙長花薗遊衛　與丹鳳傳大道規戒精嚴
昨日裡要閙倦花薗遊玩　鍾呂祖傳授我一竅玄關

王重陽聽妻言悔未接見　恭喜你交菩薩好大奇緣
叫夫人你在家勤修苦煉　為夫的去雲遊普度良賢
硬着心辭夫人走出外面　朱丹鳳送出門珠淚漣漣
王重陽出門來無有主見　好比那無舵舟任風盤旋

却說重陽，聞知朱氏妻得了大道悔未接見自恨無緣，依然出外雲遊仍至秦嶺終南山，天仙廟參禪打坐忽聽半空中，鼓樂喧天，高叫王重陽快來接旨，重陽忙排香案迎接，

太白星捧玉旨落在上殿　叫一聲王重陽接旨朝參

七眞傳　卷一　四十三

因為你有大功兼有大善　感動了上皇爺心喜神歡
賜天命交與你寶貝三件　受天爵立品級好把道傳
第一寶玉敕旨傳道法卷　第二寶無相印精怪不沾
第三寶夜明珠妖邪隔斷　頌受了三件寶通幽達玄
你奉了上天命職高位顯　小普度莫辭勞苦海撑船
交代畢王重陽謝恩地面　愚弟子少智慧難開高賢
吾這裡再賜你天書一卷　講玄妙講變化許多機關
吩咐畢駕彩雲天宫而轉　通明殿繳玉旨不敢遲延

王重陽送金星倏然不見　起身來將天書仔細詳觀
說天文說地理說惡說善　講日月講五星講女講男
說四生說六道說化說變　講仁義講道德講鬼講仙
說先天說道德說修說煉　講前朝講後漢講聖講賢
說八卦說六爻說隱說現　講三皈講五戒講妙講玄
說五行說四相說葷說厭　講三花講五炁講汞講鉛
說三乘說九品說眞說幻　講三綱講五常講仙講凡
說生尅說制化說治說亂　講三災講八難講孽講冤

說單傳說普度說經說卷　講陰功講果報講復講還
說三還說九轉說離說坎　講大道講天機講苦講甜
說不盡這天書無窮化變　不由我王重陽喜在心間
看完了將禮頂即忙收檢　又何愁化不轉三教大賢
撐寶筏駕慈舟四方而勸　也不知那裡是七朵金蓮
此三同只說到這裡落點　再且聽下四回傳道根源

詩　道德五千隱玄機　傳留後世度群迷
曰　後來有緣遇逢者　學佛成仙希聖基

第四回　陽德發現　響地雷　碑顯前緣

詩　陽氣純全顯性光　德隆領命駕慈航
曰　發鳴天鼓土窑破　現出石碑字幾行

一陽復　領天命度原人來至仙山林四方找八面尋誰
個肯修行說破口。走濫跟未見一人聽我好傷心我好
傷心再三又來長安地滿街唱勸文。

重陽領命天涯走　四方八面駕慈舟　山遙不怕高低路
水深那怕尖石頭　遊過幾縣與海口　走過幾省並幾州

無有一人善識透　誰肯跟我把行修　無奈又往長安走
滿街勸善找源流　大街小巷都勸誘　旁觀一見罵不休
拖衣落食十方走　好吃懶做把行修　化有銀錢吃酒肉
嫖娼博賭及詐偷　祖師清規何曾守　不如俗人一下流
攻乎異端由你做　僧道半是楊墨徒　重陽有口難分訴
忍氣吞聲回廟圻　轉至鄠縣甘河渡　藏在土窑把已修

却說重陽在長安勸化，俱是醉生夢死，無人回首，仍至土窑
打坐。金星慧眼遥觀重陽未去度人，將本奏於　玉帝、

重陽違命不擺渡　雷擊土窖醒迷徒　不表玉帝傳雷部
又説鍾呂知情由　三祖空中話議就　造一石碑埋窖頭
碑記之上天機露　七朶蓮花説根由　名姓鄉關都説透
五雷擊出知從頭　不表三祖碑造就　且説雷部擊窖頭
風伯雨師把旨奉　雷公電母捲雲頭　霹靂一聲電光透
上窖擊成仰丸溝　重陽移避土窖後　雷轟電閃雨不休
重陽駭得横身抖　戰戰競競滿心憂　口呼皇天頭連叩
諸大百神聽從頭　莫非弟子在刼數　今日五雷把命收

莫非齋戒不清楚　前來顯報將簽鈎　莫非前世多罪咎
今世報應到了頭　莫非未去將凡度　領了天命不駕舟
悔過情由概行訴　風雷雲雨傾刻收　見一石碑窖頭露
用水洗净看情由　孔明石碑年代久　七朶金蓮祖源流

洗塵埃　風風雲雲雲雲風雨雷雷電電電電雷鼓駭退
我青龍。震死我白虎。洪雨飛狂風吼。驚得魚鱉蝦兒倒
河遊。駭得牛羊麃兒滿山走。

有重陽將碑兒用水洗净　從起頭以至尾細看分明

這名叫孔明碑前已算定　端說的王重陽七真之名
有一個王帝君陝西之省　咸陽縣小地名大魏庄村
宋徽宗國政和壬辰歲正　十二月廿二日子時降生
他名諱王喜知重陽後更　遇鍾呂得大道元霄飛昇
有邱祖家住在山東之省　登州府棲霞縣濱都地名
誕於那宋高宗十八國政　戊辰歲正十九午時降生
他名諱邱處機長春後更　丁亥年七四九跨鶴上昇
有馬祖住在那山東之省　登州府寧海縣他有二

七真傳　卷一　四二

誕於那宋徽宗保和國政　癸卯年五二十寅時降生
他名諱馬王寶丹陽後更　十二月二十七脫殼飛昇
有劉祖住在那山東之省　萊州府武宮庄是他安身
誕於那宋紹興十七年正　秋七月十二日卯時降生
他名諱劉處玄長生後更　鶴山上二月六脫殼飛昇
有譚祖住在那河南之省　河南府洛陽縣寶庄貴村
誕於那嘉泰皇癸卯年正　季春月初一日酉時降生
他名諱譚處端長真後更　丁未年秋七月十二飛昇

有郝祖生在那山東之省　登州府文登縣生長成人
誕於那宋徽宗保和眞正　庚申年正朔三申時降生
他名諱郝太古廣陵後更　十二月十三日駕鶴上昇
有王祖生在那山東之省　濟寧縣東坪鄉坐落地名
誕於那宋徽宗保和國政　壬戌年三初十巳時降生
他名諱王處一玉陽後更　雲光硐孟夏月廿二飛昇
有孫祖生在那山東之省　登州府寧海縣生長成人
誕於那宋宣和元年國政　甲辰年孟初三亥時落塵

他名諱孫不二清靜後更　癸丑年正初四脫殼飛昇
這八祖碑記上大數註定　埋土窑雷擊出碑現前因
重陽祖碑着完望空禮頂　這一吓度緣人有了定憑
用綵筆將碑文一一謄盡　照碑文依府縣去尋原人
且把這謄碑事按下不論　又且聽他師尊夢考功程

郝說王重陽被雷驚駭、甦醒轉來、將碑文謄寫已畢、仍回硐中、參禪打坐、忽然一夢黄昏恍忽之間只見三位師尊空中冉冉而來、

有重陽在夢中忙將禮頂　跪塵埃三叩首迎接師尊
蒙恩師傳大道天命率性　為弟子十二時未敢放輕
每日裡搭天橋日月合並　黃庭宮有動靜放出光明
没弦琴無孔笛有聲响應　左嬰兒右姹女無情相親
先天炁後天炁呼吸轉運　三關開九竅通日月法輪
有内藥有外藥自知效應　用武火用文火止足自明
或杳冥或恍惚藥識老嫩　知採藥知得藥機有淺深
煉外丹煉内丹知止定靜　修先天修後天元亨利貞

蒙山茶玉液酒醍醐常飲　香蟠桃人參果火棗長吞
這身中無限景一言難盡　望恩師赦弟子妄言功程
那三師叫弟子内功大進　還須要積外功十方度人
說畢了跨雲鶴將身而隱　王重陽哭恩師不見影形
忽然間甦醒來望空禮頂　時夢中看見了三位師尊
此四回只說到這裡安定　再且聽下五回山東度人

詩　碑文暗造與重陽　顯出七真姓字香
曰　前曉因由傳大道　緣人個個上天堂

第五回　攢簇五行　馬丹陽捨家引衆

詩　攢化調元斗指寅　簇合四象洞生春

曰　五方採訪蓬萊客　行盡天涯覓故人

三棒鼓　三師顯聖造碑文。七朵金蓮却有憑。甲子年前起。四方找原人過了東坪地界。來在登州大城寍海貴縣。宗神廟裡且安身。有緣遇知音。

重陽碑文來騰過　辭了仙硐自在窩　土窑改為活人墓

醉仙橋下有大羅　上天有命怎能躲　離了潼關過黃河

不畏山高路難過　不辭遠近受奔波　來至登州城一座

寍海縣内尋着落　宗神廟中把身躲　四方八面唱善歌

不表王祖有下落　且說馬姓一根坷

却說這甘河橋，乃是當年三仙飲酒之處，後人稱為醉仙橋，王祖在山東度人，在此修了一座大廟，聚衆招徒，千百餘人度化出世，超凡者不少，此窩改為祖師菴，土窑改為活人墓，此是後話，王祖來在山東，登州府，寍海縣，手提鉄鑵，在街前化緣，晚宿宗神廟，遨遊歲月，二十餘年，並無一人求道，再說

臨潼縣有一人、姓馬名五寶字宜甫、配妻孫氏、家資百萬、夫
妻三十餘歲、膝下已有三子、夫婦原有道根、眞性不昧、一日
孫夫人言道、妾身看透世事、常言說、財帛是假、生死是眞、你
我縱有兒女銀錢家財、奴僕使用、只等無常一到、半點兒都
代不去、妾有七字良言、員外請聽、

人生在世一場空　生死二字妙難窮　縱有黃金堆北斗
難把陰司路買通　人生好比一張弓　終朝每日逞英雄
有朝一日弓弦斷　四體着地一場空　為人恰似採花蜂

朝走西來暮走東　採得百花成蜜後　到頭辛苦一場空
時纔聽得三更鼓　翻身不覺五更鐘　勸夫回頭細思想
世事南柯一夢中　彭祖壽高顏命短　運早甘羅晚太公
命苦途窮惟阮籍　家屋富足數石崇　孔明神算吐血死
龐統聰明遇箭凶　蓋世英雄無迴避　祿粮命盡也歸空
夫妻本是同林鳥　大限來時各西東　始皇長城今何在
韓信智喪未央宮　董卓曾操奸枉用　遺留臭名在世中
蘇秦張儀善會講　說合六國把侯封　自古帝王君將相

不修怎得為三公　富貴只怕閻君喚　欲躲閻君早修行
修身為本聖經訓　寸陰是惜禹書中　稟明夫主別納寵
妻願修行悟玄功

孫氏說畢，問了一聲員外，愚妻之言，夫可聽否？馬玉道：你乃女流，怎知古今事跡？夫人道：妾身幼小曾讀過烈女書傳，丹經古籍，俱已看過。馬玉道：依你說，富貴是假，要做些甚麼纔算是真？孫氏道：惟出家修行，一塵不染，無罣無礙，身超三界，任意逍遥，就算一樁美事。馬玉道：恐福薄命淺，修煉不成，反惹人耻笑。孫氏道：若是真心不二，自然有成。馬玉大驚，說道：你乃閨中女流，我本堂堂男子，反不如一女流。我一有修行之心，從來未對妻說。咱祖籍原不是此處人氏，乃是陝西省扶風縣人，因當年逃難山東入籍，算來已有六代人了。夫人現有三子，到陝西拜坟祭祖，遂我心願，那時再出家修行。說畢，各自安寢。那一夜孫氏偶得一夢，醒對夫言說：見一道人，言我夫妻有善根，勸我修行。員外說：世上僧道吃齋唸經，誰個能成神仙？不過苟圖衣食，傍佛逃生。夫人不要錯了念頭。

聽我道來

員外當時開言說　為夫有話妻聽着　心血不足夢魂多
修行悟道無下落　出家在外受奔波　孫氏勸夫請聽着
今生富貴是如何　皆因前世修善果　故爾榮華享福多
員外勸妻理論錯　存心就是修大羅　夫妻恩愛多快活
何必吃齋唸彌陀　孫氏勸夫理論錯　魚水同歡日不多
純善無道紅福爵　可能成仙登大羅　員外請聲夫人坐
依你主意又如何　修行卅經我看過　無有明師道難摩

孫氏勸夫將道學　不愁明師指玄窩　夢中神人明說過
宗神廟裡看若何

却說馬玉夫妻，你講我說，疑惑不定，心想不信，又怕錯過緣法，只得依神人之言，去到宗神廟訪問一回。

員外聽畢喜不過　夢若不靈枉張羅　不信又怕緣法錯
去到廟中問如何　孫氏送夫河邊坐　訪師求道要謙和
你若憤髙緣法錯　紅塵苦海難受磨　員外點頭把河過
來在廟中訪大羅　叅神已畢客堂坐　重陽一見笑哈哈

客官貴府那裡坐　有何貴幹上山坡　弟子訪道把仙學
師傅可能傳道麽　王祖點頭雖未學　畧知大概道不多
馬玉頂禮請家坐　求師開示養太和　王祖心喜似還可
就到家中講金科　客廳請坐齋用過　員外孫氏問大羅

浪淘沙　請聲大眞人。弟子講玄門投拜師傅學大道逃。脱廻輪。免了生死。員外夫人聽。貧道講經。在止於至善。照耀金庭。行深般若波羅密。呼吸育青。

有王祖請員外夫人細聽　你聽我講十條修行難經

第一條遵八德行孝為本　第二條捨銀錢衆善奉行
第三條割恩愛五葷戒盡　第四條存忠恕推已及人
第五條體陰騭善功多挣　第六條講慈悲買物放生
第七條誦經典勤把神敬　第八條修内功晝夜殷勤
第九條低心性不耻下問　第十條效前賢普度原人
依得我這十條便把道進　倘若是少一條進道不能

馬玉夫妻時聽王祖之言、滿心歡喜、上前禀道、求師傅開示、指引我夫妻好悟前程、日後修成、永不忘恩、王祖曰。爾夫妻

既要進道靜坐聽吾道來

重陽祖請夫妻洗耳靜聽　你聽我說一本無字眞經

我這道名先天三教首領　豈是那三十六外道旁門

先天道包三才萬殊一本　天之道以無極紫微北辰

地之道以太極須彌山頂　人之道以皇極中央黃庭

天地道大矣哉權且勿論　我把這修仙道畧表根生

第一品名率性日月合並　玄牝門若打開逃脫廻輪

第二品名煉己萬緣掃盡　無人相無我相混沌乾坤

第三品名築基龍虎降定　精氣神不洩漏身體康寍

第四品名採藥天氣下運　挾泰山超北海水內點燈

第五品名得藥一陽返本　海中間現出了紅日上昇

第六品名三車牛羊鹿運　仰彌高鑽彌堅日月法輪

第七品名武火煆煉三品　八卦爐燒金丹鬼哭神驚

第八品名文火温養寶鼎　不可忘不可助息息歸根

第九品名沐浴清清靜靜　無天地無人我杳杳冥冥

第十品名退符歸根復命　者十段名周天地平天成

這就是無字經神仙綱領　　有緣者得傳授脫殼飛昇
有馬玉合夫人喜之不盡　　我二人心情願拜師修行

却說王祖講道已畢、馬玉夫妻倒身下拜、口稱師傅、時聽所言、如夢初醒、願修茅菴一座、供養師傅到老、如何、王祖道、我還有未了的心事、即時告辭、馬玉道、有甚心事未了、王祖說、欲化一座庄園房屋田地、全全與我、半點不留、馬玉言、恐防外面遇不着、又當如何、王祖曰、我還遍遊天下、各處去找、只等無常一到、喉中氣絕、方肯罷休、馬玉夫妻思想師傅所言

正與我夫妻念頭相合、願將田地房屋全全捨了、半點不留、王祖彼時不信、馬玉回言、願請人作証、王祖依言、馬玉即請鄉約族長到家、告訴道、我夫妻出家修行、將家財什物全捨與道、張故請你們來、作一見証、立張文憑、族長聽得此言、大不悅、服當時一同憤恨而去、馬玉一見此情、心中思想、即對夫人商議、這鄉約族長俱是貪財好利之徒、當即取出一千銀子、去到鄉約家中、鄉約接見馬玉、取出銀子、言道煩勞作証、權為謝敬、鄉約見銀、滿心歡喜、將銀收下、馬玉又道者、

還有五百、勞煩鄉約、與我族叔通傳、若是依從、請到家中、書
文画押、鄉約說你且回去、我與你族叔論妥、即來馬玉去後
鄉約即時去對馬魁說、馬玉拿來銀子一千、請我二人作証、
馬魁道、難到一千銀子、就將這大家業、賣了不成、鄉約說、你
聰明一世、糊塗一時、你想你侄兒一心修行、將家業全捨與
那風魔道人、你我暫且應允、等你侄兒出家修行去了、那時
將這風魔道人打死、他乃是遠方之人、誰與他伸冤削恨、若
不打死、把他趕出門去、這家業豈不是你的、何必得罪馬玉

夫妻、馬魁聽畢、大笑道、多承指教、當時邀集來到馬玉家中、
叫聲賢侄、前日是我亂言、今日快請那位老道長出來、我們
甘願作証、馬玉夫妻、請王祖上坐、拿了紙筆、將田地房屋全
全捨與王重陽名下、半點不留、立約為據、族長鄉約、一同画
押、席罷各散、馬玉夫妻、即辦下香燭菓供、請王祖陞堂、求師
開示、二人立下洪誓、王祖示曰、

重陽祖便開言員外請聽　吾怕你受不得魔難考懲
道高尺魔高丈古人言論　這大道非比那小道旁門

先天道最貴重立誓方准　依我得條規法纔許入門
有馬玉合夫人喜之不盡　至善堂排供儀請師申文
重陽祖將二人道名重更　馬丹陽孫不二天榜標名
我夫妻跪壇前將誓立定　倘若是半途廢五雷劈身
重陽祖傳大道初指率性　九轉功以待後步步高陞
我夫妻得傳授起把禮頂　如若是道修成永不忘恩
請恩師進茅菴修眞養性　我已經將家財捨於道門
任隨師辦善事弟子遵命　培外功修内果望師看承

重陽祖聽徒言喜之不盡　果然是有仙緣樹大根深
普天下結大緣你當接引　立奇功證外果拔翠超群
眼目下將内功時刻用勁　男歸左女歸右各守黄庭
每日裡調功夫出玄入牝　掃三心飛四相會合六神
不久日玄關開有動有靜　他夫妻滿心喜跪謝師恩
此五回只說到這裡按定　再且聽下六回損貌來因

詩　捨恩割愛學神仙　家事忘懷少罣牽
曰　引誘原人歸正道　衆生早步玉清天

第六回　合和四象　孫不二　毀貌調賢

詩　和氣陰陽會五三　合三會五採優曇

曰　四時八節總歸一　象換爻抽女變男

步步嬌　悟透玄關先天道，勝過一品官。不怕無常拴。富貴風雲。富貴風雲恩愛閃電。恩愛閃電光陰霎時間，何不早修煉。免受地獄煎。免受地獄煎。

却說馬玉得道年三十五，不二得道年三十二，夫妻跪地謝恩，言道承師尊指引，夫妻就此拜別，王祖道，你夫妻去了，誰

七真傳　卷一　五十九

人服侍於我，馬玉道，請人服侍，王祖曰，請人服侍不了，要你夫妻親自服侍，數年，再去不遲，夫妻遵命，

丹陽不二遵師言　早晚打坐悟先天　黃道吉日看經卷

二人求師講道玄　重陽祖師將道嘆　三皈五戒吐根原

皈字白反是何件　教人返照白玉天　一皈元神佛寶占

二皈元氣法寶言　三皈元精僧寶貫　佛法僧寶是先天

佛字旁邊人修煉　左邊彎弓是初三　西南方上一陽現

七日來復大易傳　加上兩直雌雄劍　上弦下弦月半邊

法字右邊水三點　煉精化氣冲三關　左邊去字土厶串
厶（音思）積淨土擒眞鉛　離己坎戊刀圭面　土生萬物法寶全
僧字傍邊人好善　兩點日月返照觀　田是丹田潛龍見
紅日離火燒坎田　煉鑛分金黃河轉　佛法僧寶返先天
心不思慮元神現　身不動搖元氣添　意不思淫元精滿
三元三寶三皈全　這是三皈經一卷　再將五戒吐妙玄
戒字干戈二十件　教人很心戰邪猿　一戒殺生有四件
心口手眼都一般　二戒偷盜有四件　心想手取眼口貪

三戒邪淫有四件　身心耳目情相連　四戒酒肉有四件
胎卵濕化舌莫沾　五戒妄語有四件　哄人財物及訟奸
五四二十戈下面　七筆成字七情删　三皈清淨三寶現
五戒精嚴五德全　此為五戒經一卷　二徒頂禮謝師言

却說王祖將皈戒講畢、夫妻謝恩。丹陽上前稟道：弟子有一事不明、男子白虎怎降、祈師指示、

丹陽請師問一件　男降白虎是何言　王祖訓誨教不倦
白虎眞經說一篇　男子十六乾陽滿　後天淫精聚丹田

名為白虎生慾念　若不降倒必漏丹　修道切莫起淫念
三關九竅要坐穿　煉精化氣三車轉　結成至寶在玄關
倘有淫心未斬斷　邪火淫精聚丹田　三關未開難化變
夢中必定走眞鉛　天一生水丹本散　三寶不足怎結丹
這是一本白虎卷　弟子牢牢記心間
却說王祖講畢，丹陽頂禮謝恩。孫不二上前，稟道弟子也有一事不明，女子赤龍怎斬，祈師指示。
孫姑請問師一便　女斬赤龍是何言　王祖聽說笑滿面

赤龍眞經說一篇　女子十四天癸現　血名赤龍慾火煎
一月之期行一遍　陰汞下奔出玉關　三十時辰兩日半
切忌不可運周天　穩坐禪床不動念　目觀兩乳心守玄
三車法輪起在坎　倒轉黃河水生天　迢迢默運泥丸殿
暑暑一定又照前　晝夜功夫不間斷　赤龍歸位女變男
三日包滿衣襟換　周天火候仍照前　一年十二卦爻變
坎化為坤離化乾　此為赤龍經一卷　萬兩黃金不亂傳
孫姑頂禮跪地面　弟子今朝幸有緣　謝恩已畢去遣[illegible]

侍俸恩師更賴煩

駐雲飛　道德高超。三花聚鼎五氣朝。青龍山上繞。白虎水中跑。空中竹吹簫。三菩提。文武火燒煅煉無價寶。金丹成熟。飛身蓬萊島。快樂逍遙。

馬丹陽孫不二大志已立　試一試他凡心動不動移
有王祖出陽神變化調戲　叫丹陽上長街買桃一回
馬丹陽聞聽得師要桃吃　連忙的去買桃走到華池
變一個美佳人十七八歲　面美貌金蓮小笑笑嘻嘻

七真傳　卷二　六三

攔住了馬丹陽再三調戲　馬丹陽道心穩任說[illegible]依
免強的折開手走到街地　買了些桃李果唱歌而回
見師尊獻果品恭敬誠意　他師尊見丹陽大有根基
割恩愛捨家財又能忍氣　肯敬神勤打坐更守清規
叫一聲我賢徒要你外去　師命你去雲遊度人回西
叅方規交與你心中熟記　任隨你走天下無人相欺
馬丹陽聽吩示辭別頂禮　進丹房叫孫妹細聽端的
為夫的遵師命勸化愚昧　你在家勤修煉侍俸恩師

卻說王祖試了丹陽的道心、見他根基深厚、傳他叅方規矩
命你出外度人、丹陽領命、拿上盤費孫氏送夫出門、回轉侍
傣恩師、更加勤謹、

馬丹陽去雲遊且自不記　又且聽孫仙姑回傣恩師
呈供膳到內堂排開中儀　請師傅用午膳細聲禀提
午膳畢又將那晚膳預備　每日裡三餐飯不敢慢遲
早問安夜送睡眞來仔細　由恐怕不到處得罪尊師
有王祖見孫氏眞心實意　還須要施考懲試他根基

待來日暗暗的心生一計　倘若還是眞心傳他規矩

卻說王祖那日在茅菴中、恭禪打坐袖內一算、已知孫不二
魔劫已滿、該他成道日期我不免使一個身外之法、變了一
位書生、闖進孫夫人房中、說道、女徒弟、想我師徒前世有緣、
今生纔共一處、從前受饑受寒精神全無、色心未動、而今受
你夫妻供養飽食煖衣、身體強壯、慾火難禁、趁丹陽未在家
中、何不了了凡情、孫氏聽得此言、大吃一驚、我當師傅、是有
道德之人、誰知纔是好色狂徒即速出去、不然叫聲家奴拿

你見官、王祖道、不怕的、孫氏只得退出房去、心中煩、惱想要
張揚、反惹人恥笑、只得隱忍、候他退出房去、再想道理、候了
許久、不見動靜、進門去看、杳無形影、心中疑惑不定、想必師
傳效一輩古人、栁下惠坐懷不亂故事、心想一計、若師傳再
來、將房門鎖住、又看如何、一日果見王祖又來、在小房中纏
綿調戲不堪、郎忙退出、將房門鎖住、來至堂前、叫聲家奴小
子、同我來在小房捉賊、嚷起家奴一路、竟從茅菴門前而過、
見得王祖、在裡面與衆人講道談玄、孫氏一見自覺滿面通

紅、喝退家奴、將房門開了、並無踪跡、孫氏大驚、莫非出了鬼
怪、噯𠯈、我明白了、想必是師傅的化身、前來我試道心、未可見
得、孫氏暗自嗟嘆、如此高人、還不求道、更待何時、當郎進得
茅菴、倒身下拜、言道、小小女徒、不願在家、祈師傳傳我煆煉
功夫、女徒也好出外度人、王祖曰、你有一件大病、出不得門、
孫氏道、有那一件大病、王祖說、你旀二八容貌出衆、世上人
見了、誰不想與你合偕、豈不是你一件大病、焉能煆煉身心、
怎麼悟得上乘、孫氏道、你說我年輕貌美、悟不得上乘功夫、

有何難哉比時羞愧難當於是進得厨房將花容損壞臉向
油鍋傾刻奇形怪像

孫不二聽師言滿臉羞愧　進厨房毀花容世間罕稀
將清油來熬滚撒水既濟　臉向油傾刻間好似鍾馗
吃生姜長肉腦巴巴帶帶　見師尊把重陽駭得一嘻
王重陽假不曉問其來歷　孫不二毀花容稟師得知
有王祖誇不二世間無比　果算得眞修行祖師根基
孫不二辭恩師要把功立　重陽祖傳黍方出外規矩

或河南或陝西四境由你　見善人便指引到此皈依
有孫姑辭師傅收拾盤費　吽家奴合小子細聽端的
你主母去雲遊勸化愚昧　爾等輩侍俸師不可慢欺
早與晚捧茶湯總要仔細　切不可太荒疎任意糊為
出了門回頭望對天施禮　要學那觀音母大慈大悲
此六回只說到這裡止矣　再且聽下七回怎樣施為

詩　毀容立志度原人　貌似鍾馗有誰覩
曰　調理陰陽歸正覺　賢良節烈動天神

第七回　採藥歸壺　棲霞縣　邱機仙訪

詩　採收七魄捉三魂　藥出玄關入牝門

曰　歸局丹爐分濁鑛　壺中更有別乾坤

滿天飛　日月光華。東西南北把緣化。朮樵手中拿。葫蘆腰間掛。邁步走天涯。到處吾家。十方不怕。勸化乾坤、修煉仙家。一日功果成。好把雲鶴跨。

却說孫不二、得了金丹大道、王祖命他到洛陽度人、不二拜謝師尊、假裝風魔、身穿破衲襖、竟往河南洛陽而去、一路化

飯充飢、曉行夜宿、到了洛陽、白日長街化齋、夜間古廟安身、有人問他、便糊言亂語、面上醜陋不堪、每日每街前化齋也有與他吃的、也有不與他的、過了一年、那日遇着兩個叫化子、動了色心、走來調戲、忙了土地龍神、使起飛沙走石、將叫化打退、衆人說道、那個風婆娘、還有邪法、因此無人敢欺、剛過一月、又來幾個叫花子前來調戲、復被土地駭退、如此數次所以名傳四方、都說他是個邪魔妖怪、有的說好、有的說歹、議論紛紛、且說孫氏來到長街、化緣勸善、唱到

孫姑毀容把緣化　要勸善人學仙家　穿街不怕惡人罵
去鄉何畏虎狼蛇　萬貫家財不肘架　美貌花容油湯疤
各州府縣都走罷　惡人十戶有七家　有的不肯來打發
還有開口就叨嫣　四方八面齊勸化　並無一人理視咱
却說孫姑，毀壞花容，遍處勸化，並無一人回首，我看塵世之人盡都是爭名奪利，十惡不善，誰肯來學我出家修行，縱有出家，不過傍佛逃生，苟圖衣食，那有眞心悟道的，不如仍到長安勸化一番，有何不可。

七眞傳　卷一　六七

孫氏長安把緣化　陰功果報唱根芽　忤逆不孝遭雷打
不忠於君該天殺　呵風罵雨罪孽大　欺壓庸愚理有差
不信神靈胎卵化　愛貪酒肉變蛆蝦　今將行惡畧唱罷
又把行善表根芽　忠孝二字最為大　五倫八德學到佳
吃齋唸佛轉菩薩　採藥煉丹是仙家　周濟貧困善不假
刊經刷書善積下　修橋補路騎騾馬　塑像穿金着羅紗
買物放生壽元大　敬惜字紙享榮華　善字門中甚廣大
一言難盡說與他　陰功果報來世話　總比修行成仙家

中天玉皇最為大　無非修行管天涯　太上老君無窮代
燃燈古佛三辭駕　雪山煉性是釋家　觀音修行魔考大
火焚白雀坐蓮花　令婆辭朝生死怕　長生不老樂無涯
鍾離當年官高大　投拜玄甫煉丹砂　呂祖進士也莫罷
職封八仙誰不誇　湘子修行受考打　後度全家上天涯
古往仙佛難盡話　千萬諸佛活菩薩　若問仙佛多少駕
山上麻林水中沙　我勸世人修行罷　百歲光陰電火霞
曾記兒童貪頑耍　轉眼就是白頭髮　今日脫了鞋和襪
未知來日再穿他　夫妻恩愛難留駕　銀錢難買六輪車
無常一到好害怕　十八地獄受考打　罪大四生去變化
罪小一生苦到家　善心買動玉皇家　功成脫殼朝玉駕
為有修行善積下　依功定奪享榮華　滿街唱了這此話
並無一人學仙家　天色已晚回廟罷　把話分開論別家

折水令　出家常在外。悟道行遠孤。走遍崎嶇。走遍崎嶇。何日明師遇幾時。大道修。出家想逃生死路。道難訪。道難訪。令人好悲愁。我對誰個訴。

孫仙姑同宜海投下不講　又且聽將邱祖細說端詳
登州府棲霞縣邱家庄上　濱都地二十里是他家鄉
他父母多好善仙子投往　宋高宗十八年國號紹央
孟春月十九日午時下降　生凡世多聰俊相貌堂堂
取名諱邱處機調愛撫養　無奈他多疾病又愛生瘡
家貧寒少讀書幼把牛放　命運苦十六歲父母雙亡
那士農合工商一概不想　每日裡想出家修煉性王

却說登州府、棲霞縣濱都地、二十里鋪有一人、姓邱名處機

七真傳　卷十　六九

本是異時雄淘轉世、所以根基甚大、今雖在七賢數內大者爲守復又下世、以了前緣故爾出世家道貧寒、一十六歲父母雙亡、士農工商、一概不想、只冀修行悟道、奈無明師指示、只得各處遍遊、訪求大道、

到登州訪明師拜求道講　說的是煉南宮步斗踏罡
萊州府遇一師求把道講　說的是採戰功盜陰補陽
青州府遇一師求把道講　說的是八段錦動功過場
東昌府遇一師求把道講　說的是大字氣驅魅除殃

兗州府遇一師求把道講　說的是煉外丹卻病妙方
濟南府遇一師求把道講　說的是三皇藥松脂山姜
平陽府遇一師求把道講　說的是守心血一念不忘
太原府遇一師求把道講　說的是小週天氣運膀胱
大同府遇一師求把道講　說的是吐呐法早吸太陽
路安府遇一師求把道講　說的是守臍法壽命延長
西安府遇一師求把道講　說的是調息法萬物歸藏
延安府遇一師求把道講　說的是守泥丸以健純陽
鳳翔府遇一師求把道講　說的是煉玉液四體安康
鞏昌府遇一師求把道講　說的是打餓死避穀休粮
慶陽府遇一師求把道講　說的是煉藥法身如樹椿
漢中府遇一師求把道講　說的是降乩鸞以判禍殃
興安府遇一師求把道講　說的是遊魂法夜步天堂
歸德府遇一師求把道講　說的是過陰府見得閆王
彰德府遇一師求把道講　說的是煉符法口吐金光
河南府遇一師求把道講　說的是吸童精而補腦腔

下湖廣遇一師求把道講　說的是當和尚見得法王
上四川遇一師求把道講　說的是做道人朝得玉皇
有的說唸經典消我罪障　有的說善果修能躲無常
有的說存好心積德為上　你何必受辛苦訪道參方
邱處機聽不完世間情況　收拾了回家去路過咸陽

卻說邱處機各處訪道未遇明師指示仍然收拾回家路過咸陽聞聽有一女道姑實在有道兼又善講歸家拜辭墳墓田地交與家族一人竟徃寧海而去

七眞傳　卷一　七十一

有邱機辭墳墓寧海而往　一心想求明師指示參方
說有個女道姑實在會講　說的是修行話芝蘭生香
聞此言不由人喜從心降　求大道離不得要走外方
今住在寧海縣宗神廟上　我不免到彼處訪問仙娘
邱處機到此地四方探訪　宗神廟拜孫姑求問洞章
此七回只說到這裡落放　再且聽下八回得道生香

詩　邱眞訪道離塵寰　機發千門萬戶船
曰　訪仙遇緣不易得　道閤本處領玄關

第八回　昇陽聚鼎　馬尾堡　王祖道傳

詩　昇清降濁有明師　陽消陰長星斗移

曰　聚凝乾宮文武煉　鼎爐瑞氣透須彌

望遠行　走遍崎嶇羊腸路。受盡坎坷牛角尖。為性命。訪神仙。雲遊足跟都走穿。省與府。州和縣。歷盡山川。受過飢寒。學了此京廣雜貨萬寶全。

却說洛陽地界，有個宗神廟，乃是供的聖母娘娘，因年代久遠無人焚獻，竟成冷廟一座。孫姑住此看守香火，修

日每街前化緣勸善，居士愛聽他的善言，常送些柴米供儀，也有為疾病，也有求子嗣的，來廟燒香，便乘機勸人為善，誰知人有誠心，神必感應，從此許願者頗多，無不應驗，人人都稱說不休，聲名遠播，故爾邱機聞知來訪。

孫姑棲身宗神廟　邱機聞知特來朝　諸大神聖齊叅到
轉拜孫姑問根苗　弟子紅塵着迷了　想把輪廻四生逃
出家訪尋先天道　無有明師指高超　聞聽仙姑有玄妙
望祈指引路一條　孫姑聽說微微笑　請聲方士聽根苗

你今學的那些道　怎知低來怎知高　邱機將道從頭表
一門一戶說數條　孫姑聽完哈哈笑　盡是旁門鬼搗椒
你今所學盡外道　有修無成枉徒勞
邱機聞聽所學盡是外道有修無成遂低心求教指示迷途
孫姑說吾將大道畧問幾條你可知道否
孫姑開言方士吽　吾將大道問幾條　天地人物如何造
人生何處長根苗　那裡是你玄關竅　那裡是你須彌坨
怎麼吽做迴光照　怎麼吽做搭天橋　如何名吽龍虎嘯

七真傳　卷　十三

如何名吽鬼神嚎　甚麼吽作無價寶　甚麼吽作玉液醪
怎使水火來顛倒　怎使金木兩相交　何為鱉苗嫩合老
何為火候文武燒　怎知鉛乾汞盡了　怎使牛女渡鵲橋
那是三花頂上巍　那是五炁崑崙潮　朝屯暮蒙如何曉
嬰兒姹女如何交　怎麼辨別冥冥杳　怎麼辨別恍恍潮
那裡是你煉丹竈　那裡是你搭天橋　乾遇巽時何節到
地逢雷處何卦爻　分清別濁功怎到　移爐換鼎是何條
水中生金何化造　火內長木何根苗　朝進陽火那一道

暮退陰符是何文　上弦下弦如何找　先天後天如何急
歸根復命在那竅　溫養脫胎功怎調　三十六宮何關竅
七十二候怎樣調　一言難盡玄中妙　不過大概問幾條
若能明曉這些道　不愧出家穿道袍　邱機聽畢駭一跳
俯伏在地拜恩高　蒙師將我傳授了　不枉人世走一遭

郤說邱處機訪了多年大道，未遇明師指示，今來宗神廟偶得孫姑指示，總要拜在門下為徒。孫姑道，師徒二字原有緣分，你我無有師徒之分，豈敢妄[illegible]。邱機道，弟子前因師傳是譙，孫姑說，你且聽我道來。

孫姑便把道友叫　你我有緣遇今朝　未奉天命不傳道
指你明師路一條　寍海縣南你去找　馬家員外訪根苗
有一明師世間少　重陽老祖道德高　邱機謝恩他去了
直往寍海求高超

梅花引　九夏山高，雪花飄，仙童報，水姑攀，喜鵲門前叫。風吹竹頭簫，必有貴客到，接引賢僚，同上天曹，其功不小，不由人喜在眉稍

且說馬玉奉命、出外度人、今日回家、聞聽人言、妻毀花容、瘋
瘋顛顛、往西而去、郎時拜現祖、望祈說明、妻子出外情由、玉
祖與他說明、馬玉歡喜、拜謝不乞、彼時隣近人人都說馬員
外入了邪教、他夫妻妄想神仙、把一個朽木匪人、供儻家中、
村中有一老人、姓潘名義、長年近八旬、說道、列位目下天乾、
數月、我們何不試他一試、衆人言、此計甚妙、一同來至[illegible]庵
問天乾何日降雨、玉祖[illegible]我非神仙、[illegible]
東土地廟、問[illegible]大衆聽
七[illegible]
人說管他、就去問土地爺看是知
聲雷响、大雨傾盆、衆皆悅服、內有一人
外、十餘年、杳無影信、也來在菴問其他兄幾時回、玉祖[illegible]
你母便知、魁理隨走隨想、回至門首、母問你兄何日歸來、魁
理回言、他說問母便知、母道好奇怪、時纔我在床上瞌睡夢
見爾兄、驅逐駝騾、滿載歸家、母子正言之間、忽有人叩門、開
門看時、果見其兄押着行李而歸、叅拜母親、一家聚首、自此
王祖名滿乾坤、聲聞四境、此時投師學道者、約有三千餘人、

馬玉又重修數間房屋來者俱有安身之所這且不題單說邱機得孫姑指引來在馬玉門首禀告入內馬玉接進款待乞畢一同引至丹房拜見王祖

有邱機訪大道為的性命　得指引來至在馬玉家中
進門來參主人禮恭必敬　馬員外款待畢細說道情
邱處機將訪道情由細禀　一庄庄一件件[illegible]分明
馬丹陽聽此言即忙薦引　引邱[illegible]
有邱機進丹房跪把情懇　[illegible]
重陽祖便開言從頭細問　把你[illegible]
有邱機將姓名出家細禀　為試[illegible]
重陽祖心暗喜莫得綱領　假意[illegible]不[illegible]試
呼一聲邱道友別處訪問　我這裡無有道莫[illegible]前程

話說王祖見邱機來意甚誠假意不收把頭一擺丹陽知師不收將邱機扯進客堂捧上飲食丹陽道自從師傳闡教以來不論老幼男女求道俱有幾句話吩咐想必與你無緣不然見你一言不發把頭一擺定是不收依我說不如趁早回

去別求門路，免得躭悞你的前程。邱機道：我的主意在家早
已拿定，不管收與不收，總要在師傅面前，不離左右，服侍到
老。若再不收，跪死塵埃，亦無怨恨。

有邱機跪塵埃哀告情懇　倘師傅不收我…
馬丹陽講人情再三討准　求恩師收留他
跪多久發慈悲方肯應允　齊起來
看良辰排供儀申文表進
邱長春跪爐前誓愿立定
師傅一無極圈萬物包盡
三傳你搭天橋赤龍接應
五傳你掃三心混混沌沌　六傳你…
七傳你太極圖懷中抱緊　八傳你西天…
九傳你坐中宮圓明一性　十傳你甘露…
這就是神仙道弟子記緊　久久的關開了再將丹昇
邱長春得大道謝恩禮頂　小弟子若道成永不忘恩

郜說王祖收了邱機，更名長春，傳授大道。邱機私喜自言曰：

我一十九歲出家至今二十七歲纔得玄關大道玉祖吩[illegible]

俻辦香燭供儀再聽為師傳你金仙之功採藥之法

邱長春玄關開內有效應　領採藥金仙功復申表[illegible]

有長春跪神前禮恭必敬　傳口訣叫弟子[illegible]

一傳你請護法諸邪壓鎮　二傳你投六神[illegible]

三傳你定乾坤[illegible]立鼎　四傳[illegible]

五傳你取祖氣[illegible]飲

七傳你採投鉛[illegible]運

七[illegible]

九傳你[illegible]法

抽坎陽填離陰

話說長春得了金[illegible]

道弟子外丹雖結內果未純速[illegible]

爾天仙之功聽吾道來

邱長春闔竅通外丹結定　為師的又表奏天仙[illegible]

再傳你收四門百神聽令　再傳你掃三心萬脈歸

再傳你用武火煆煉三品　再傳你用文火温養胎

再傳你沐浴功無為清靜
再傳你養胎法移爐安鼎
再傳你脫殼功前知後應
者就是天仙道弟子記謹
郤說邱長春得了
磨難考徵爾
再傳你退陰符灌滿乾
傳你面壁功滅跡
得你過九霄對
道之過
道

吃的是粗茶飯
或行止與坐卧護守
此八回只說到這裡接
詩　王祖敕旨選梗楠
曰　道德雙全龍虎伏
七眞天仙傳卷一終
鐫刻板

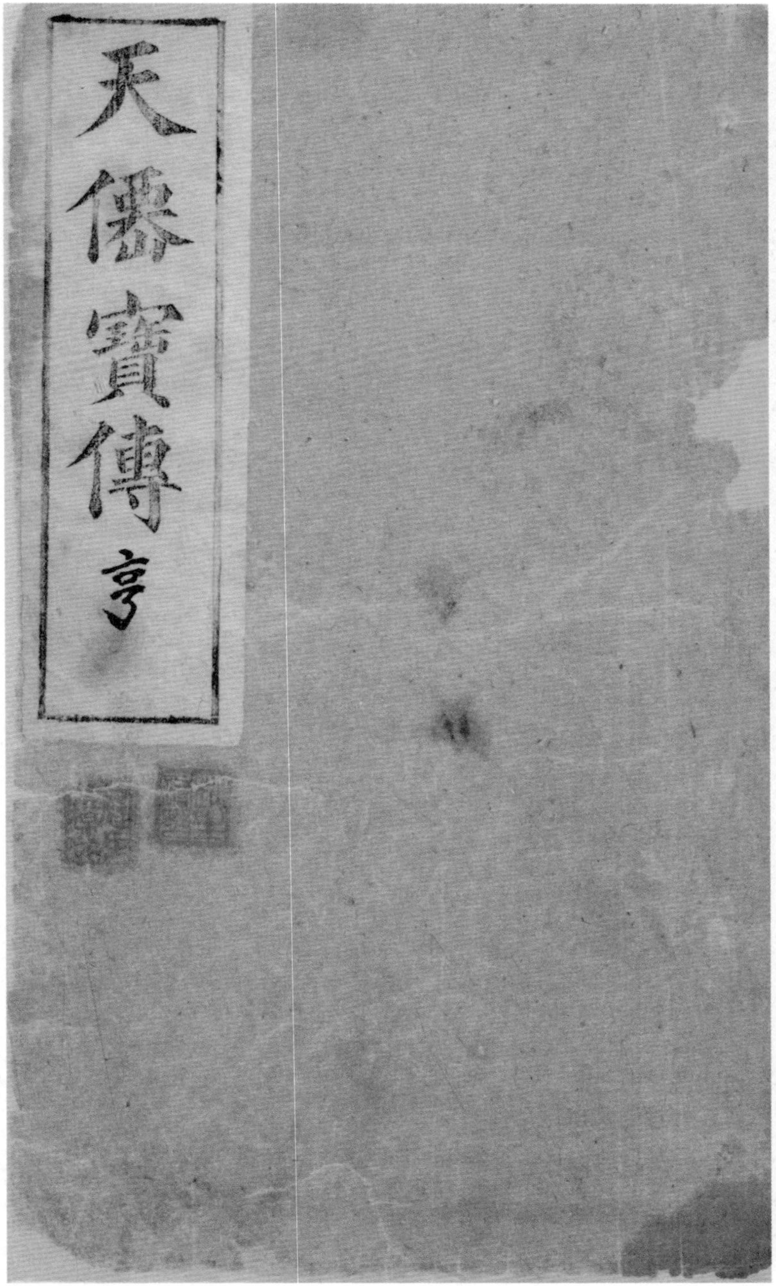

天儤寶傳 亨

天儤寶傳 卷贰

七真傳　卷二　一

七眞傳卷之二 新鐫

孚佑帝君 叙於京 都紫雲山房海源子 校證

第九回 虎向水生 郝太古 華西逢度

詩 虎嘯龍吟鼓巽風 向運北斗轉玄功

曰 水晶化出先天母 生佛生天赴紫宫

浮生夢 春花飄香萬物茂盛漸漸長。一泒好時光。三才氣昇降。人生不久長花草一般樣。石火電光到不如去將道訪學一個長生不老方。不枉人世走一場。

徽宗天子登龍殿 有道明君出聖賢 登州所管文登縣

太平村裡降神仙 他父名叫郝萬年 母親趙氏多淑賢

保和六年金蓮現 正月初二得一男 眉清目秀眞體面

年方七歲拜聖賢 取名太古學號嗅 發憤攻書不貪頑

滿腹詩書文才貫 功名不務想學仙 丹經看罷數十卷

不遇明師是枉然 勤習周易把命算 四海飄流訪道玄

太古訪師吾不嘆 又表丹陽去調賢

却說登州府，所管文登縣，太平村，有一人，姓郝名萬善，娶妻趙氏，性多賢淑，正月初二生一男，眉清目秀，二老視若掌珠，取名太古，幼而穎異，長而慈仁，讀書好學，家室巨富，常有好道之心，未獲玄妙之術，數習周易，卜卦算命，遍訪明師，飄流出外，來在華陰廟内算命，偶遇丹陽在内遊玩。

丹陽來在華陰縣　華陰廟内去遊觀　掛起招牌把命算
出言應對不非凡　卜卦算命多應感　丹陽也去卜流年
太古開口說一遍　道長貴造好學仙　丹陽一聽滿不敢

心中沉思有半天　便將衷腸來說顯　二人不覺共寒暄
丹陽開口亦稱讚　先生根基更不凡　若將大道來修煉
後來必然可成仙　太古聞言笑滿面　嘆無明師把道傳
丹陽說道何憂患　大道何妨問根源　太古生來知機變
便將玄妙問根源　何處是你娘親面　甚麼叫做是玄關
丹陽從頭講一遍　本是父母未生前　父精母血兩相半
玄珠一顆伏中間　太極陽陰兩對面　五行八卦胎中安
無極動靜有極現　有極動靜太極圓　太極動靜皇極顯

皇極動靜兩儀全　兩儀動靜四象散　四象動靜八卦連
半月生陽陽長滿　半月生陰陰長全　五臟六腑經絡串
三百六十骨節圓　一本萬殊娘親面　萬殊一本是玄關
玄是玄黃金庭殿　關乃關口主持間　無窮奧妙難盡嘆
天機不敢盡洩穿　說一半來留一半　休笑貧道發狂言
太古駭得橫身汗　明師就在眼面前　作色整容拏禮見
今朝弟子遇奇緣　俯伏跪地戀師面　總祈明師把道傳
却說太古聞聽丹陽之語，頓開茅塞，口稱師傅，弟子探訪多

年，未遇明師指點，今聞師言，真如夢初醒，願拜門下為徒。丹陽曰：我未奉天命，不敢傳你大道，指引爾一條去路，我家有一明師，號曰重陽老祖，在彼設教收徒，你同我一路去見他，必然收留。說畢，一路回家。
丹陽同行把話嘆　你想修行有些難　吃的粗茶並淡飯
穿的破濫道袍衫　十惡八邪不許犯　三皈五戒守精嚴
還有八十並一難　半途而廢墮九泉　太古同言那且淡
道心不昧任從天　丹陽暗暗來稱讚　我今不能把道傳

有一明師住海縣　跟我一路拜師前
唸阿彌　自幼想逃生死路　阿呀阿彌陀。不知行是怎樣修。
彌呀彌陀佛。不知道是怎樣務。阿彌陀佛。今日有緣明
師遇。彌呀彌阿佛。惟[illegible]指引菩提樹。摩訶摩訶南無。
郝太古見重陽三跪九叩　蒙師傅指引我早上船舟
有重陽施考懲假粧不度　自言道無德行不敢收留
你還須往別處尋師訪友　訪尋那有德行方把道求
郝太古哭啼啼哀告良久　跪塵埃不離地再三叩頭

因訪道習周易卦命叅透　為修行捨性命恩愛全丟
華陰縣遇馬師指引出路　引弟子至此處來把行修
倘若是大真人道不我誘　任跪死這膝前不往別投
却說丹陽引太古來見王祖，假意不收，丹陽上前講了許多
人情方纔相允。王祖曰，爾既願皈依，預備香燭供儀對神立
下誓愿，然後傳你大道。太古遵命。
黄道日設供儀香燭齊備　重陽祖傳大道鬼哭神愁
郝太古跪神前誓願立就　倘若是半途廢靈官鞭收

重陽祖將大道一一指透　指點他玄關竅太極之圖
黄庭宫收回了金烏玉兎　雙林樹拴意馬又鎖猿猴
用火龍搭天橋迎接甘露　漕溪水撒紅蓮潤潤骷髏
打開了太極圖神仙功就　再傳你採藥法金仙可求
掃三心飛四相雜念没有　挾泰山超北海坎離相投
採日精受月華玉液言酒　攀龍木斷金虎壓鎮鰲頭
玄武水朱雀火勾陳為土　合成了八寳舟濁去清留
傒後來一陽復龍飛九五　牛羊鹿運三車海水倒流

三花聚五炁朝八寳結就　又傳你火候功天仙可求
捉金烏擒玉兎返照斗口　四天王不管事守定丹爐
八卦爐煉大聖七七四九　煉就了舍利子無價寳珠
火候足退陰符沐浴清静　將乾陽灌坤陰返本還無
九轉功十叚錦絲毫不漏　單候你外功滿高上玉樓
脱凡體超九玄同登天路　這纔是大丈夫勝過王侯
郝太古聞此言傾心俯首　師尊恩泰山重怎樣為酧
逢朔望講道德太古伺候　請恩師將祖性指破情由

重陽祖愛弟子天機洩透　無極母分性光彌須山頭
有一個吸魂瓶五老看守　將性光收瓶內立鼎安爐
那性光凝結時玄珠為主　收日月光入瓶兩眼精髓
收五星光入瓶五臟結就　收六合氣薰郁六腑成周
收地氣散而聚無中生有　收天氣伏瓶中輕清上浮
收周天三百六星辰運度　生周身三百六心竅穴軀
收八萬合四千星斗之數　生八萬共四千毛孔竅究
三千六年光滿煉成火候　有五老揭金瓶掀開玉爐

七真傳　卷二　七

一個男一個女眉清目秀　名老陰名老陽配合夫婦
有其神無其體神氣交媾　化太陽化太陰接續傳流
共化為九六億皇胎結縷　生為魂死為魄祖性根由
魂升天魄降地兩下分走　善則彰惡則癉綱維最休
這就是金丹道並無虛謬　我弟子須要謹記心頭
此九回只說到這裡丟手　又且聽下十回劉祖原由

詩　華山峰底遇知因　西虎東龍自相親
曰　逢着丹陽為接引　度回太古上瑤京

第十回　龍從火出　劉長生　山東遇緣

詩　龍吟虎嘯煉丹砂　從望曲江月影斜

曰　火内栽蓮運子午　出玄入牝聚三花

瑞仙鶴　修行悟大道快樂更逍遥。不怕無常他來叫。不怕四生長角毛。不怕海涸龍現爪。不怕山崩虎脱毛，任隨他龍争虎鬧。任憑他地動山揺。腮邊常代三分笑。

太古得道我不論　卯師出外度緣人　東南西北踪無定

未見那個肯修行　那日回到山西省　夜宿古廟夢師尊

重陽師傳來指引　萊州府内有善人　朗然是名劉是姓

家住武宫寶庄村　愛講孝弟與忠信　禮義廉耻謹凛遵

不知修眞與養性　你去他家走一巡　前朝後漢你休論

單講行孝衆古人

却説萊州府武宫縣寶庄村，有一人姓劉，名朗然，字處玄，道號長生。自幼讀書聰明，立志不婚。得遇卯祖傳授金丹口訣，受盡無邊苦楚，方成大道。當其得道之日，正遇韓太師名介曹，在朝専權，年已半百，素有好道之心。今聞福州劉處玄得

了金丹大道有長生不老之方、太師欲往探問其道、時處玄
道果圓成、天光發明、於二月初六日、鳴鼓齊集、處玄對衆而
言曰、韓太師欲往我處求道、奈韓子殺機正熾、豈聞吾道哉、
吾即欲赴仙鄉之約、爾等以後勿懈眞修、告畢、曲肱而逝、著
有仙樂集、太虛集、盤陽集、安閒集、及道德經註解、陰符經黃
庭述、留傳於後世、門人殯葬之時、有宋披雲、邱長春、俱來送
葬、葬畢、邱宋分身不題、求錢一日太師於路遇長春、乃問曰、
人與仙俱死耶、何見修為、長春曰、人死為鬼、人見懼之、鬼死

為聻、鬼見懼之、聻有罪則有陰刑、滅其形、謂之還空、即落頑
空矣、仙者、元神皈根、性命復體、與道合眞、眞靈不昧、謂之眞
空、而上天堂矣、豈同凡夫之死哉、韓太師醒悟、同朝奏主、封
處玄羽化為輔化眞人、此是後話、再說邱處機出外度人、夜
宿古廟、夢師指示、言處玄與我有師徒之分、爾即前去度化
一回、長春醒來、謹遵師命、竟往武宮而去、

長春醒來把禮頂　來到武宮劉家村　進門便把施主請
聽我貧道唱勸文　第一行孝是大碑　歷山耕田順親心

傲弟害他不生恨　苦盡甜來管萬民　第二行孝劉邦聖
母親染病不安寧　怕母難活嘗大糞　晝夜煎藥侍母親
第三行孝是曾參　耕田採桑養雙親　甘旨膏梁把親敬
疏食菜羹自認承　第四行孝是閔損　後母蘆花襖衣衿
父知欲將母休定　苦留晚母在家庭　第五目連多孝順
十八地獄把母尋　翻江倒海苦受盡　孝心感動鬼神驚
第六行孝是董永　七歲喪母家道貧　賣身為僕作殮殯
後遇仙姑配其身　第七行孝劉子性　父母年染病沉沉

七七真傳　卷二　十

母親思想鹿乳飲　裝鹿取乳救母親　第八行孝江革遜
揹母逃難遇賊兵　哭替母死苦哀懇　感動賊兵恕其身
第九陸續七歲正　隨父朝王去見君　吳王賜橘他不飲
懷橘奉母得孝名　第十行孝唐氏女　祖母年邁家道貧
年歲凶荒飢餓甚　媳喂祖乳顯孝心　十一吳猛把親省
家貧無帳身喂蚊　未晚床塌先去困　任蚊食飽免傷親
十二王祥幼聰敏　為母求魚臥寒冰　雪深三尺獨耐冷
果然得魚奉母親　十三郭巨家貧困　採樵養家實艱辛

10

每日茶飯不夠頓　埋兒省米養雙親　十四楊香多孝順
他父楊豐把田耕　父被虎咬無棒棍　赤拳打虎親得生
十五壽昌年幼嫩　母親逃荒離家庭　壽昌長大高官任
辭官尋母卯計春　十六庾黔嘗大糞　因父染病日深沉
醫生診脉論此症　味苦不死便得生　十七黃香七歲正
寒天與親煖蓆衾　夏天執柄扇其枕　蚊蚋遠避蔚親心
十八姜詩順母命　妻子龐氏有孝心　卯姑刀咬把過論
順從母意休妻身　十九萊子踰晚景　堂前年高日憂心

七真傳　卷二　十一

每將班衣來舞完　人稱戲彩以娛親　二十行孝是蔡順
年荒鮮食養雙親　採取桑果度親命　自己吃些苦菜根
廿一孟宗哭冬筍　母親染病想筍吞　跪在竹林將神懇
哭出冬筍救母親　廿二王裒多孝敬　母親死後哭坟塋
他母胆小怕雷震　每逢雷响伴親坟　廿三安安七歲正
父親休母去修行　安安讀書思慕甚　積得米粮看娘親
廿四丁蘭幼犟性　不遜親言孝不行　臨終刊木來悔恨
感動神天試他心　奉勸世人孝為本　也學前朝衆古人

唱罷拱手員外請　到底是假還是眞

散風雲　員外心喜歡。道長拏禮叅。施主請請安。仙長那名山。唱的是善言胸懷有玄關。白米送一斗。銅錢送一錁。好好將人勸。不要米合錢。只化員外學神仙。

劉長生問邱師如何修煉　凡夫輩怎能得成神成仙

邱祖言你先把五葷戒斷　以萬物為一體宗仙根源

戒五葷本是你出家規欵　馬牛羊雞犬豕不可妄貪

這三教為一家有何分辨　遠庖廚忍生死儒聖所言

只要你不殺生便是大善　遵入德敦五倫方為聖賢

諺語云牢從牛獄字從犬　倘若是妄貪圖報應循環

且說邱祖說到此處，員外大驚，想道莫非神人點化，此番不悟，待等何時，自此戒只永不沾葷。

劉員外眞孝子一言動感　從今後發誓願酒葷不沾

有邱祖勸員外早些修煉　但願得修一個大羅神仙

講修行無非是多行功善　若除了聖人道必是異端

德行道性命學各是各件　朝聞道夕死可古聖所言

劉員外細思想道大深遠　他能說聖賢道求他授傳
請一聲大眞人大發慈念　聖人道我不知望祈指穿
卻說劉員外聞聽所言聖人大道恐其理深難窮遂依心求
教懇祈師傳將大學說明願拜為徒。
邱祖言在明德止於至善　知止定定后靜靜而能安
安后慮陰陽合上下運轉　慮后得時採藥藥苗上返
得此藥老還少百病不纏　不得傳怎能知貫通豁然
那五經與四書道貫一半　世人迷不知曉道藏書篇

七眞傳　卷三　十三

只要你立大志久不生厭　凡夫輩亦可以希聖希天
劉員外聽此言心驚胆戰　此莫非活神仙下了塵凡
雙膝兒跪之在道長前面　望恩師指示我大道玄關
且說劉員外聽了此番言語，心中醒悟，即忙跪地求道。邱祖
曰：我未奉天命，何敢輕減？我引你至寧海馬丹陽家去見王
祖。說畢，收拾行裝，即刻起身，來至丹陽家中，見了王祖。見其
眞心，擇就黃道吉日，脩辦果供齋儀，立誓申文，更名長生，傳
授三皈五戒。長生頂禮畢，請問孔聖之道可有戒否。

劉長生忙頂禮問師一遍　孔聖人這大道戒在那邊
重陽祖叫弟子你且漫嘆　聖賢書隱皈戒不指不穿
以萬物為一體葷腥戒勉　有沽酒曾不食戒酒之言
氣未定戒在色遇色罔亂　氣方剛戒在鬭遇鬭莫前
氣既衰戒在得莫生妄念　存其心皈元神明心可觀
養其性皈元氣浩然氣煉　易習坎皈元精何無戒焉
戒慎乎其不覩戒字針砭　孟子云往女家毋違戒言
孔先聖將規戒未說明顯　細思索無一戒不隱書篇

江漢濯秋陽暴日月同伴　有宮牆高萬仞孰得比肩
端木賜言夫子文章可見　有天道合性命不得聞焉
想夫子呼曾參吾道一貫　門人問曾子唯忠恕兩端
此其中有性理露出明顯　若天道存中庸萬物育焉
劉長生聽此言橫身是汗　小弟子不明理求師指穿
此十回只說到這裡落點　再且聽十一回說的處端

詩　山南不覺見同人　東海龍宮現寶珍
曰　遇得卯師接引度　緣綠相續有良因

第十一回　會合西東　譚處端　求須正道

詩　會見陰陽採汞鉛　合和四象煉先天

曰　西方佛祖駕寶筏　東土衆生上慈船

雌雄劍　修行人。好快樂。嗳喲喲。好快樂。至善堂中有極樂。玄關竅。有。鼓樂。嗳喲喲。有。鼓樂。肚飢猿猴現桃菓。口渴仙女提酒喝。嗳喲喲。提酒喝。

朔望請師將禮頂　丹陽一心去度人　孫姑也來把情懇
都想出外辦功程　重祖開言二徒聽　禮義廉恥要遵行

勸人先要用目瞬　倘若根薄無緣人　度他學道要考証
看他真心不真心　二人同時離勝境　拜別師徒合師兄
度人先往河南省　女東男裝往前行　相訪來在洛陽境
譚家庄前遇緣人　觀音閣中神顯應　孫姑就在廟中存
白日化善到處混　夜晚古廟去安身

且說馬丹陽孫不二。二人發下大願。出外度人。來在洛陽地界。古廟安身。譚家庄有一人。姓譚名處端字通正。號長生自幼父母俱逝家屋平常。喜聞大道。中年患癱。持齋修行。孫祖

观

引他拜師重陽，事之如父，每日晨早，捧水與師盥洗，洗畢，師
命餘水洗患瘡處，久而得愈，竟傳授大道，後至丁未歲道果
圓成，作詩而逝，末句有云：湧出陽神，獨自歸，辭塵之日，異香
蒲室，著有雲林集，此是後話，再說處端每日在廟唸經，孫姑
見有善根，乃向前問道，可知經中之妙義否

處端在廟把經唸　孫姑進內將經盤　仙長誦經因何幹
有請善人講的端　道長若問把經唸　想逃輪迴到西天
誦經若能天堂衛　古佛當初唸何言　唸經不能成仙眷

七真傳　卷二　一六

唐僧取經為邪端　經者徑也隨人唸　他與性命何相干
有人叫我南宮煉　肉身騰雲可上天　邪法無非把人攙
命盡酆都出世難　有人叫我學採戰　盜陰補陽壽命延
損人利己天折算　你想長生反短年　有人叫我外丹煉
五金八石煉汞鉛　外藥只可却病患　他與性命不相連
有人叫我動功煉　八叚之錦守丹田　動功只可除病患
旁門小道成真難　有人叫我去妄念　清淨無為勝叅禪
豈以無為作至善　還從有為立根源　有人叫我自心看

16

尾閭肚臍似泥丸　其間陰陽難會面　孤陰寡陽豈抽添
有人叫我把氣煉　前降後陞起湧泉　運氣只可把病散
不知玄關怎結丹　心上臍下名一半　肝肺中間是玄關
玄關本是無極殿　詎能位列五濁間　這不是來那不算
到底玄關在那邊　惟道獨尊豈輕賤　天機大道不亂傳
朝丹池　師傅發慈心。弟子拜玄門。求領玄關大道。永不
忘恩。叫聲譚施主。你怕不能行。九九八十一難星。顛倒
考徵。請恩師。講分明。任他赴湯蹈火。永無二心。

七真傳　卷二　十七

有孫姑叫施主你且靜聽　五月五雙眼橋有一至人
五月五雙眼橋訪其名姓　你若是猜得透與佛有因
投拜他接引你好把道進　倘若還解不破難遇師尊
譚處端聽此言心中倦悶　明明的不收我推委別人
五月五也不知是何名姓　考得我凡夫輩心意不甯
千哀求孫仙姑推委不肯　故意而試一試才智何能
譚處端想隱語似有情引　朝想來暮想去猛然明心
那五月是屬馬必是他姓　那五日是端陽定是他名

馬端陽猜透了必然一定　雙眼橋是呂字純陽應庭

純陽廟覓至人求乞指引　一心心來之在呂祖山門

却說孫姑說了幾句隱語處端言曰時聞所言句句法語字字元音弟子有緣幸遇道姑願求慈悲指示大道有日功成萬刧不忘孫姑曰未奉天命不敢妄傳我引你進廟可也

譚處端隨孫姑呂祖廟進　馬丹陽果然的在此安身

見馬祖忙頂禮求乞指引　衆孫姑指引我來見師尊

馬丹陽將譚生細細考問　把你的訪道情說個原因

馬丹陽準了情引他到省　寍海縣馬尾堡來見師尊

王重陽見譚生品行端正　想必是棟樑材樹大根深

譚處端求大道十分哀懇　重陽祖傳大道更名長眞

受三皈和五戒誓願立定　培外功修内果步步高陞

却說馬丹陽引處端至馬尾堡見了王祖細說一遍王祖見譚生品行不凡根基深厚遂擇吉日備辦香燭供儀奏表申文立下誓願更名長眞始傳大道時逢

上皇勝會王祖吩咐門人齊集經堂聽吾講說心印妙經

重陽祖臨經堂焚香恭敬　叫弟子聽吾講玉皇心經
精氣神為三寶上藥三品　上元神中元氣下品元精
杳冥者陽極陰混混沌沌　恍惚者陰極陽槃苗發生
存無者存元神無極宮定　守有者守元精有極陽生
陰之極必生陽上下相應　那先天長生槃傾刻而成
回風時天氣降回陽返本　混合時和四象攢簇五行
滿百日河洛數玄功靈應　默玄關朝上帝斗口元神
十二年為一紀周天卦定　十二時無間斷脫殼飛昇

七眞傳　卷二　十九

有傳授為知者易悟玄牝　無明師為昧者大道難行
履踐者為日月乾坤腳運　呼為陽吸為陰養育氣精
吸汞火出玄門下入戶牝　若亡無若存有不垢不塵
氣綿綿不疎忽有動有靜　神性蒂氣命根定固海深
人各有天一精長生槃本　精合神神合精水·火相親
神合氣為三寶三元三品　氣合體為一家結就眞身
三千六外旁門不得其正　說天仙九節功皆是強名
骨為石肉為土神能入進　神飛形精化氣飛昇崑崙

守丹田名入水不溺元性 守玄關名入火不焚元神
神依氣氣依形生神根本 形生氣氣生精精依氣盈
彫衰弱殘頹敗修身反勝 那法身如松柏四季長青
精氣神三品藥一理而論 這三寶無窮妙不可看輕
聚則有散則零收放效應 七竅通乃四象放出光明
離聖日坎聖月日月合並 光返照耀金華中五黃庭
一得丹永得仙逍遥無盡 那法身透虛空自然身輕
太和氣冲周身道德膺運 寒為閉瓊為塞散開骨竅

得了丹身則靈感靈顯應 不得丹旁門道陰神終傾
丹在身非白青五色合並 誦為念持為修萬遍功靈
那功夫玄妙理自明效應 此講的是玉皇心印妙經
此心經萬法祖無上三品 叮嚀你諸門人切莫看輕
有衆生齊稱揚跪地授領 非三世有奇緣焉得焉聞
十一回只說到這裡收韻 再且聽十二回玉陽原因

詩曰

求則得之舍則離 領承金丹透仙機
正門削盡三千六 道德雙全萬福齊

第十二回　昇降水火　王玉陽　得逢真仙

詩　昇聚神氣結玉甌　降濁分清坎離抽
曰　水生枯木葉還茂　火煉金丹壽永秋

望北斗　拜師學神仙。纔知身中別有天。日浩浩。月圓圓
金烏相伴玉兎眠。北斗七星顛倒掛。南斗六星順盤旋　順盤旋
好機緣。無窮奥妙在裡邊）

譚祖落點把心放　回頭又表王玉陽　他家住在山東壤
濟寧州管東平鄉　黌門秀士已望上　誰知母親病在床

服藥不效命將喪　求神不靈無主張　玉陽日夜悲心想
不如吃齋救老娘　果然神靈如影響　母親未久即安康
玉陽見母身強壯　早晚焚香誦經章　玉皇心經唸幾藏
拜佛吃齋禮虛皇　看破紅塵把道訪　百様丹經腹内藏
看來左道旁門廣　那様纔能上天堂

且說濟寧府東坪鄉、有一人姓王名處一、字玉陽、生于金皇壬戌年三月初十、午時生、幼而敏慧、長而慈仁。十八歲為黌門秀士、因母年老、長染疾病、故而廢學、未能上達、常在家中

侍奉老母，問安視膳，左右不離，衣不解帶，藥必親嘗。平日喜
看三教經典，素有好道之心，爲母乞壽，叩許持報恩齋三年，
誦報恩經一藏，廣積陰功，好善樂施，及至母死，終身茹素。看
破紅塵，一心要訪明師。重陽老祖早知太古與處一有緣，乃
命太古往濟寧接引賢良。太古領命而去。

太古遵命濟寧往　不知那位是賢良　受盡千般罪魔障
不覺訪到東坪鄉　聽說孝子有名望　黌門秀士王玉陽
進門就把善歌唱　請聲施主聽端詳　聽我將這酒字唱

七眞傳　卷二　二十二

好似陰司迷魂湯　杜康造酒在世上　迷眞亂性惹禍殃
酒醉氣大放胆量　酒醉亂性發顛狂　酒醉失禮慢尊長
酒醉意馬竟飄揚　酒醉心猿多放蕩　酒醉許多損元陽
劉伶溺酒遭仙謗　桀紂因酒喪家邦　勸君回頭將道訪
修行自有美瓊漿　長生美酒無足量　波羅蜜多味更香

却說太古來至東坪鄉，在玉陽家中，將酒字歌唱了一段。玉
陽道：唱得好，何不把色字唱來。太古又歌曰：

放下酒字將色唱　美貌佳人似無常　令人一見魂飄蕩

紅羅錦帳擺戰場　富貴功名都不想　嬌妻幼子丟一旁
為色纔挪風流帳　為色不孝二爹娘　為色父母失供養
為色弟兄各參商　好色多病無生長　好色家業必敗亡
紂王江山妲妃喪　寵愛褒姒周幽王　勸君回頭把道訪
身中自有真陰陽　空郎色今多快暢　煉精化氣躲無常
且說太古將色字唱畢　王陽又叫將財字唱來　太古復歌道
放下色字妝財唱　人人為他苦奔忙　士農工商難盡講
強取強求心不良　大稱小斗將人誆　輕出重入造罪殃

七真傳　卷三　二十三

也有為財為工匠　也有為財作妓娼　也有為財天涯往
也有為財薄高堂　也有為財不來往　也有為財敗倫常
石崇恃財身早喪　何曾仗財後不昌　勸君回頭把道訪
身中三寶富貴長　煉成金剛天堂上　富勝王侯永無疆
却說太古唱完財字　王陽又叫將氣字唱來　太古又歌道
放下財字將氣唱　氣字更比財字長　一朝氣冲斗牛上
龍爭虎鬬逞豪強　也有氣大不自量　也有賭氣遭禍殃
也有暴氣逆族黨　也有怒氣惱爹娘　也有氣勝遭禍廣

23

也不氣大惹災殃　霸王因氣烏江喪　周瑜特氣少年亡
勸君回頭將道訪　身中太和氣味香　浩然正氣天地養
神與氣清日月長　酒色財氣是魔障　勸君跳出四堵墻
靈芝草　玉陽請道長齋堂把茶喝，談道情講理學，三千
六百旁門多，九十六品假衣鉢，太古指示破，玉陽把頭
磕，可憐憐愛昀昀弟子今後有下落。
有玉陽頂一禮要把道進　太古說你難受億萬考懲
道高尺魔高丈古言品論　如切磋如琢磨大道光明

王玉陽便開言老師請聽　那磨考都不怕只怕閻君
既不畏吾引你去把道進　寧海縣馬尾堡拜見師尊
師郎是大至人何必謙遜　指點我先天道永不忘恩
非是我說套言推委不允　皆因我未奉命不敢應承
郄說王陽聞聽太古唱罷酒色財氣，遂跪地求道。太古曰：我
未奉天命，不敢妄傳，你既要進道，即日收拾行裝，與我一路
往濟盛馬尾堡而去
郝太古與王陽濟盛而進　來至在馬尾堡參拜師尊

重陽祖見王陽逐一細問　你爲何不求官要想修行
小弟子求官爵沒得那命　縱爲官得富貴等似浮雲
你爲何值英年將口來禁　馬牛羊雞犬豕以養人身
此六畜是人轉同一性命　孟子云遠庖厨勉人戕生
你爲何不婚配香烟傳蔭　不孝三無後大聖人詳中
論情理是活話非有一定　聖門中有幾多獨善其身
聖與神仙合佛前世根本　凡夫輩能成仙地下無坎
有胎卵合濕化修煉成正　難道說三才體不如獸禽

七眞傳　卷二　二十五

重陽祖聽此言暗暗喜幸　至此時便將他收入玄門

却說王祖見王陽對答不窮，心中暗喜，收入玄門，三考六問，毫無二心，遂擇吉日，排開供儀炳燭焚香，立誓申文，然後傳授大道，時逢朔望，王祖講說三乘，王陽上前稟道，弟子請師講夢授尊經一卷。

王玉陽受皈戒勤修性命　朔望日重陽祖講說三乘
頂一禮稟師尊弟子有懇　請恩師講一卷夢受眞經
重陽祖隨徒念就把經論　南爲離無爲虛中央黄庭

觀世音廻光照菩薩自性　佛元神法元氣僧為元精
佛有因佛有緣採藥功進　天氣降汞投鉛佛法相因
濁氣去清氣留常樂我靜　那朝念觀世音後上崑崙
那暮念觀世音潛下踡井　那念念從心起三轉法輪
言念佛不離身四相返本　天羅神為武火烹煑乾坤
地羅神為文火溫養性命　人離難難離身沐浴靜清
一切者衆災殃離了塵境　化為塵言的是大道修成
言摩訶是撲面免受風進　言般若是收盤恰似真人

波羅密飲甘露醍醐下潤　潤轉了無根樹松柏長青
昔周朝妙莊王得下冤病　橫身上起亮泡好似魚鱗
觀音母夢中受止痛立應　遺後世因呼為夢受真經
誦此經消冤孽不待言論　悟此經成仙佛脫殼飛昇
吽一聲衆弟子仔細詳審　能體貼能遵行百日功靈
十二回只說到這裡放定　但當聽十三回南北原因

詩　得道看破虛假浮　逢着明師好上舟
曰　真偽二條生死路　仙家本是凡人修

第十三回　三車法輪　邱劉譚　南京擺渡

詩　三花五炁放毫光　車轉崑崙入黃房

曰　法郎眞空空郎色　輪廻免脱上天堂

鷓鴣天　七朶金蓮已度完。還有許多小奇緣。三千八百功未滿。難廻西方極樂天。南方去。南方還。普勸世人悟妙玄。逢惡化他爲大善。遇善勸他學神仙。

重陽祖師正養靜　忽然一念罣在心　七朶金蓮已度盡
大道不磨不光明　一來磨他衆火性　二來磨他孽重人

三來還有小緣分　逢惡化善善化神　邱劉譚徒你且聽
同師一路往南行　丹陽有功領天命　王郝二人往北京
不二在家勤坐靜　邱機同你看守門　衆位弟子齊遵命
收拾一路共起身

卻說王祖與衆講道。一見邱機來聽。就不講了。非止一次。往往皆然。衆人皆以他與師無分。王祖一日靜坐。忽然對衆言曰。七朶金蓮已經度盡。還有些小緣分未度。遂命劉譚隨我往南。馬王郝一同往北。不二在家同邱機看門。吩咐已畢。邱

時起身邱機帶上岩瓢慌忙趕上王祖罵道叫你看門爲何
不遵師命該打邱機道弟子性命都是捨了的就打死也要
去劉譚講情王祖只得由他去訖三人前行走到午刻王祖
在樹下坐定言道你們化些飯來我食二人化的飯王祖吃
了餘剩分食惟邱機捧飯至前王祖一脚踢翻起身就走邱
機將飯拾起吃了拿起岩瓢趕上王祖照樣拼磨一月有餘
師徒來至南京城外王祖假意吩咐道你們化些錢來在街
上買些酒肉來我吃衆徒不敢違令上街化錢買了些酒肉

送到師傅面前王祖把酒倒了言道肉且放下我想吃纔吃
衆徒不解其意只當師傅果真想吃肉師徒行程不覺又有
三月之久王祖暗暗的將靈芝草化作肉形掛在壁上臭氣
難聞王祖叫衆徒把肉取來我吃只見肉上蛆虫亂跑王祖
伸手拿了一塊連肉代虫幾口嚼吞腹內說道好香我不忍
獨食你們大家都來請吃三人即速上前聞着臭氣又見蛆
虫遍走實在惡心欲待不食恐師傅見怪正在思量之間劉
見邱機把心一很抓了一塊擱在口內王祖道便宜了邱機

孽障日後功成，頭名天仙，就是於他劉譚也吃了些。吃罷起

身，王祖吩咐行李交與卯機一人担上。

王祖吽聲劉譚聽　行李交與卯長春　你們一路緣化分

長春跟我一路行　劉譚二人遵師命　皆是師兄有孝懲

卯機担子收拾定　算來重有七十斤　卯機自幼莫大勁

担起行李把師跟　逢山也要往上遊　遇水也要背師尊

横身疼痛真難忍　兩肩磨得皮肉分　王祖便叫長春聽

形容枯瘦路難行　你去化齋散散悶　養惜幾日再前行

劉譚化齋沿路問　破難古廟見師尊　弟子勸善無人信

盡是殺生害命人　來見卯機把師問　這回把他受苦辛

劉譚二徒你且聽　長春化齋早出門　為師着他磨刦甚

故意使他歷艱辛　百般磋磨不怨恨　果然樹大根基深

不表師徒道情論　又說卯機化齋行　東家無緣西無分

一天難化米半升　自已吃了無餘剩　同廟無有對師尊

無奈每日吃一頓　三日積了米半升　拿回廟來把師[illegible]

師故異顏不做聲　相宿一晚話分論　將此行李[illegible]

不表沿路磨徒性　且說各處勸化人

却說師徒在廟歇宿一夜，次早起身，王祖吩咐三人將行李分担，一路勸化，來至河南地界，去到城邊，見了一人仰卧在地，無有頭首，知是犯法斬首，借此殺案以勸世人

師徒來至河南省　走到城邊見一人　見了一人地下困
無有頭首好驚人　想是犯法斬了頭　借此殺案勸世人
奉勸世人要讓忍　口角言語讓三分　三拳兩掌傷人命
犯法坐監好傷情　父比子南義割定　妻離子散悔不能

罪滿縣主不覆訊　押至法場問斬刑　人命若同螻蟻命
殺你好似殺畜牲　縱有親族何相認　頃刻之間喪殘生
奉勸世人把氣忍　免得冤仇結此身

却說王祖師徒在河南勸轉無數的人緣，又往湖廣武昌而去，見得店内無數差人考打賊盜，用盡嚴刑，師徒借此盜案以勸世人

師徒來到武昌省　見得店内數差人　考打賊盜甚凶很
横身上下鮮血淋　香火燒得要過命　搭子搭起嗶痛哭

想是為人不務正　自小父母驕養成　只說偷盜度活命
誰知犯法要受刑　大則還要斃性命　小則王法不容情
惟有賊盜人人恨　未見偷盜把家興　奉勸世人學謹慎
不可胡為自輕生　只要為人守本分　日後自然得豐盈
按下湖廣我不論　且說廣東勸化人

步蟾宮　遊三江。又走兩廣。引數人性命。修藏。孝雙親。萬物長養。除五葷。性天煌煌。受三般。神清氣爽。有的聽勸敦五倫。有的聽勸盡三綱。哎呀呀。盡三綱

來廣東古粵地又把善勸　見一人倒在地仰面朝天
他下身濫完了痛得叫呼　又是哭又是訴眞正可憐
有譚師心不忍細問一便　那病人想人救弊病說穿
我生平務旁門習的採戰　用丹藥玉連環不漏黑鉛
將婦女那元氣盜來運轉　也只想得長生益壽延年
又誰知天不容難逃神鑑　我今日遭報應善惡昭然

却說師徒見得此人横身朽濫譚師見心不忍用藥調治勸他改邪歸正自然疾病全愈借此採戰以勸世人

有譚師用靈藥療他病患　借採戰勸世人旁門少聞
習採戰是禽獸陰陽交戰　男盜女女盜男也講煉丹
莫說是得怪病報應凶險　他縱然能延壽難逃雷鞭
城外邊有一人姓朱名遠　他務的是異術盜取紅鉛
一見得此情景改為正傳　拜譚師務上乘大道先天
丢下了廣東省權且不嘆　師徒們往福建又走一番

却說師徒在廣東省、勸轉朱遠改邪歸正、又往福建而去、

師徒們一路上勸人向善　到福建遇一個文士解元

七眞傳　卷二　廿二

他名叫孫顯忠不修片善　將佛教合道門闢駁不堪
見師徒往滿街在把善勸　罵道人是楊墨攻乎異端
重陽祖請官人要把理辨　那楊墨與異端有何相干
太上爺如來佛孔聖稱讚　這三教遺萬世何出此言
孫顯忠答道人先聖久遠　後世人心奸詐敢比前賢
釋道遠後世人就無修煉　儒聖遠後世人為甚相傳
孫顯忠無言答顏色改變　低下頭求開示學道修仙

却說師徒在福建、勸轉孫解元進道、又往江西而去

有解元進了道且自不嘆　往江西沿路上又化善緣
到江西遇一位傅陛知縣　問道長你出家為的那端
我出家修大道想逃十殿　功果滿脫凡體逍遥九天
務大道還要死那都上筭　修性命就該要天地同年
古至今仙聖佛肉體要換　倘不死那肉身怎能昇天
一句話提醒了傅陛知縣　拜王祖修大道爵祿不貪

却說王祖在江西，勸轉知縣，棄官不做，又往浙江而去，

丢江西到浙江沿路勸善　見一人悟南宫口吐金蓮

他反說身內功盡是虛幻　使符法能騰雲繞有道玄
重陽祖見方士苦口相勸　你縱然能騰雲性命何干
儒釋道這三教修身首件　南宫術為護法怎能成仙
為索隱為行怪法術顯驗　無道德使鬼神反招罪愆
那方士聽此言拜師修煉　來江南東花宫且把身安
十三回只說到這裡落點　再且聽十四回甘肅四川

詩曰

南斗輝騰拱北辰　京都聖境度原人
擺開恩愛逃生死　度轉靈山貼骨親

第十四回　五寶運轉　馬王郝　北海撑船

詩　五炁朝元離返乾　寶光燦爛日月圓

曰　運來三家文武火　轉大法輪度善緣

駕寶筏　師傅師兄往江南。我哪我的老慈嚴度衆生受。

盡苦辛。我哪我的老師尊。苦海裡面把船撑。我哪我的

大蒼天。王馬郝兄往北京。我哪我的貼骨親。

重陽南去且不論　回頭又講往北京　重陽請聲孫妹聽

你在家中苦修行　兄同王郝往此省　不知何年轉回程

七眞傳　卷二　卅四

無事静室養天性　兄積外功與妹分　孫姑請聲老爺聽

為妹有言記在心　老爺度人將功挣　為妹替你唸此經

求神保佑無災病　度此善緣轉家庭　家中情由表不盡

師弟三人即起程　孫姑送兄古廟嶺　一動一静兩離分

却說王祖去在浙江、東花宫内安身、不表。且說丹陽在家經理衆弟子、想起師傅到南京之時、臨行吩咐我等三人、到北京度善、恐違師命　齊集商議拜别家園、同往北京而去、

三人同往北京省　趙州橋前遇緣人　有一舉人多孝義

為母朝山保安宝　他名叫做李茂盛　路逢丹陽在橋亭
馬師見他品貌正　苦口勸他學修行　舉人請尋仙長聽
修身無非盡五倫　五倫人人理當盡　若言修身又一層
儒家大道在心正　除此以外是旁門　貧道不明希賢聖
奉請老爺講聖經　何為天命之謂性　何為恐懼所不聞
何為知止而后定　何為明德在新民　何為定而后能靜
何為心正而意誠　何為人之而彥聖　何為中庸不可能
何為君子要務本　何為國治天下平　何為拳拳而弗膺

何為反求諸其身　何為齋莊與中正　何為博學與高明
何為存心以養性　何為修道而以仁　何為君子費而隱
何為齊家以修身　大學中庸道淺盡　知者方可為修身
駭得舉人無口應　倒身下拜學修行　吾是庸儒少學問
何敢與君作指陳　吾今願為把道進　拜見明師大智人
此時馬師心惻隱　便將大道傳其身

却説馬王郝三人、來至趙州橋、得遇舉人李茂盛、一心懇求大道、丹陽見他根基深厚、諌擇黃道吉日、詳開香燭供儀

下普愿能後傳授金丹大道傳授已畢往山西而去

丢下舉人我不論　又往山西走一巡　一人務的八段錦
逢人開口説長生　酒色財氣都不禁　吃的三厭並五葷
引誘男女多得很　恰似斂物以行淫　惡貫滿盈天報應
偶得疾病罪招承　丹陽借此把人訓　勸衆不可務旁門
自古大道講率性　何在搖頭脚手伸　受盡苦辛只却病
若是無德反損身　勸世不可將他信　要修還是務上乘
山西勸善人多很　改邪歸正赴玄門

却說三人來到山西，見風俗澆漓，人心奸險，苦口相勸改邪歸正者甚多，三人又往甘肅而去，

丢下山西赴秦境　甘肅一代勸化人　其地愛殺牛羊命
借此勸化體好生　天地萬物人一性　民物同胞聖人云
古來無室洞谷寢　寒天野獸作圍城　霜雪降下人寒冷
飛禽展翅遮其身　與鹿豕遊悲大舜　與木石居有聖人
牛馬騾駝驢猪等　馳驅載物比人靈　牛耕田地苦磨牲
播種耕耘養活人　羊食百物積草糞　羔裘如濡值錢銀

雞有五德冠尾正　有時報曉亦司晨　犬能守夜防賊侵
韓盧楚獚博稱名　豕食糟糠肥甘任　免得遭踏雷擊人
可恨世人無惻隱　不惜物命亂戕生　殺他一命還一命
吃了四兩還半斤　天生萬物有靈性　二十八宿作化身
屠牛宰猪終報應　豈知人命屬獸禽　古聖造字玄妙隱
肉字口內兩個人　六筆變化無窮盡　六道輪迴換口吞
大半宗親父母等　人往風微變獸禽　食了別人償他命
誤吃宗親不轉人　聞聲見死心不忍　齋戒沐浴聖人云

甘肅勸化蔡元定　廣東又度宋步雲

月上弦　勸過甘和陝。雲遊到四川。青羊宮裡會哪會神仙。會哪會神仙。善人不消勸。惡人勸善難。指點原人悟哪悟先天。悟先天。守玄關。好。哪好煉丹。

沿路上化善人無有其數　徐行時來之在四川城都
見一人愛貪財專一務賭　輸了錢做了個賊盜狂徒
踰人牆却被那主人拏住　經團練鳴官府命送嗚呼
勸世人守本分賊盜莫做　切不可昧良心銀錢枉求

大富命小富勤穷吃自有　富與貴貧與賤聽天所由
勸男女各修行早登覺路　能點石以成金富勝王侯
朱道安尹治平齊進門户　俱改惡以從善性復本初
却説三人在陕甘兩省勸化了無數缘人又到四川勸轉向
善修行者非止一二人緣勸畢又往廣西而去
離四川到廣西見人好鬭　不撒横便耍刀最愛撞頭
勸世人要忍讓遺體看厚　裝一個痴呆漢無慮無憂
凡百事效金人三緘其口　不生煩不生惱快樂悠悠

凡為人講甚麽龍争虎鬭　學好人勤耕讀不忮不求
韓甫清黎陽尉聽罷回首　將名利置度外苦把行修
却説三人來在廣西勸轉韓甫清黎陽尉皈依投誠竟往貴
州省而去
離廣西到貴州度人回首　有逆子不孝順出在貴州
一栎雷打死在城門樓口　借此事勸衆人早早回頭
父之精母之血十月胎受　兒遊生娘遊死好不難受
生下地赤條條無絲無縷　撫養兒費盡了萬苦千愁

學目連尋母親幽冥行走　效湘子度伯父上了玉樓
長成人順親意稱其孝友　生則養死則葬略把恩酧
沿路上勸化了逆子無數　伍冲虛來皈依度上慈舟

郝說三人在貴州，勸化伍冲虛皈依玄門，又往雲南而去、

離貴州到雲南去把人度　那花苗與南蠻禮義不周
勸了此中乘子小仙之數　范大成皈依時緊鎖猿猴
有丹陽同王郝想歸故土　前後算有九年各省雲遊
回至在山西省自己門首　進禪堂禮拜畢談叙情由

七眞傳　卷二　卅九

孫清靜內果成知前曉後　有五眼合六通陽神出頭
辦外功修內果功果兩就　也只等師傅回功成圓週
見夫君回家來即忙問候　此一回出門去共有九秋
同道兄出門去辛苦受夠　度緣人有多少上了慈舟
但願得上天爺空中默佑　無魔障無阻滯好把圓收
十四回只說到這裡分手　又且聽十五回火候來由

詩　北爐南鼎煆鹽和　海底金鰲湧浪波
曰　撑轉慈航度六九　船裝八寶上黃河

第十五回　武煉文烹　重陽祖　火中顯聖

詩　武火熖熖爐燒紅　煉成金剛謁蒼穹
曰　文蒸寶鼎聖胎就　烹煮山江造化工

山頭月　走遍諸省至江南。日月東西往來旋。北斗南辰前後布。八萬合四千。大小星辰胎中安。文烹合武煉。煉個月圓圓。有圓還有缺。不如煉成太陽乾。

却說馬王郝三人，領了師命，往北度善，各省雲遊，九載仍回山東。接下不表，且說王祖住在東花宮內，命邱劉譚在城內去講此善條，三人領命，來在東門，見一婦人哭泣上前問道，

三人一見問嫂嫂　母子哭泣為那條　婦人便對道長表
衣食不足命難逃　兒女大路受煩惱　年歲饑荒米價高
室如懸磬遭魔考　有食先要顧兒曹　自己餓得偏偏倒
怕的性命要結交　吽聲三位道長老　無有度用怎開消
三人助金賞嫂嫂　借此生字勸幾條　生男育女有甚好
幾個孝子報鞠勞　為兒為女罪孽造　魔難辛苦自已招
晋來還是修行好　道成一旦上天曹　講甚保後不為牢

一子成仙九族超　功圓果滿把恩報　超度先祖樂逍遥

却說三人行至東門，借此生字勸化世人，又轉南門見一老人呻吟不已，師徒不忍，上前問道、

來到南門見一老　骨瘦如柴脚打飄　咳嗽呻吟偏偏倒

衆人叫罵有今朝　叩師開言問此老　怎樣墮落無下稍

老人回言那知道　自幼行惡慣要刀　石火電光容易老

老來無錢受煎熬　借此老字將善表　衆位聽我說根苗

曾記兒童含頑笑　不知黑頭白了毛　看來為有修行好

七真傳　卷一　四一

先苦後甜上天曹　[illegible]煉長生永不老　三十三天樂逍遥

却說三人來至南門，借此老字勸化衆人，又往西門而去、

三人不覺西門到　只聽病人哭嚎啕　風寒暑濕並火燥

喜怒哀樂七情招　外感內傷難盡表　淫慾過度酒色勞

看來不如修行好　七情六慾化氷消　煉精化氣養三寶

却病延年過終朝　求師指點玄關竅　功滿脫殼上天曹

却說三人行至西門，借此病字勸化世人，又向北門而去、

三人又往北門到　看見抬喪哭悲嚎　借此死字講玄妙

鐵漢難把陰司逃　終身富貴福澤好　誰知一命赴陰曹
子孫難以把命保　妻妾恩愛兩離拋　行持不正惹人笑
糊行亂作家業消　罪輕地獄受磨考　罪重還要戴角毛
看來不如修行好　借假成真脫塵囂　真人出現永不老
不生不滅輪廻逃

却說三人，行過北門，借此死字以勸世人。又往什字街前，則見來往之人，俱是爲名爲利，受盡苦楚，借此苦字以勸世人。

三人四門都走到　轉至什字講根苗　什字街前甚熱鬧

南往北來語囂囂　鰥寡孤獨無依靠　痴聾瘖啞苦悲嚎
借此苦字把善表　衆位聽我說根苗　貪名受苦寒窩老
貪利受苦把心操　貪色受苦天不保　貪氣受苦惹煎熬
富者受苦賬難討　貧者受苦把力淘　跛子受苦路難到
瞎子受苦目難瞧　士農工商都想好　命不如人怎開交
借此苦字勸老少　紅塵苦海浪波濤　看來惟有修行好
苦盡甜來樂逍遥　功圓果滿丹書詔　脫殼飛昇上九霄
生老病死苦不了　同見師尊說根苗　勸化無數老合少

只有幾位學高超　重陽聽說哈哈笑　也是你們大功勞
放下勸化我不表　把話分開論別條
火燒天　杳冥恍惚到。蟾光透九霄。一陽發動。海哪海水
潮。七日陽來復。牛女渡鵲橋。三寶來到武哪武火燒煉武
文烹煅金鰲。大放毫光。結成無價寶。
都說重陽老祖，見得三徒辛苦，雖然受盡心性，未必純熟，不
如施一個考懲，看他們心志若何，乃叫三徒上前，你們各去
化柴回來，我要烤火，衆徒道時當三伏，師傅未必還冷，王祖

曰，陽極則陰生，你們曉得甚麽，三人遵命而去，
重陽祖與三徒駐足宮內　正是那三伏天雨雪霏霏
忽然的身寒冷便叫徒弟　去化些，好柴薪急速而回
有邱師往甲方化柴一背　有劉生往外方化柴一堆
有譚師往乙方化柴更美　他三人運三車將薪搬回
重陽祖將火爐安在離位　甲方木燒君火火响如雷
外方木為臣火火聲熿熿　乙方木為民火火焰威威
三方木逢一處燒起三昧　他四人守火爐圍住一堆

又則見鵝毛雪紛紛下墜　只聽得巽方中陣陣風吹
重陽祖見黑霧層層不退　陰氣生退陰符加紫助威
六月間下大雪是何運會　陽之極便生陰白雪霏霏
重陽祖見火小寒氣難退　借南方離為火火神相催
請北方火水未火神來濟　請東方火雷嗑火神益輝
請西方火澤睽火神同類　這四正為武火火發如雷
那三徒烤不過門外遠退　有重陽顯道法坐在火堆
衆門徒一看見駭得一唯　我師尊跳火中好不傷悲

火光大他三人難立門內　一個個忍不住哭在一堆
那火光漸漸勝聲如雷壘　怕的是連廟宇霎時化灰
他三人忙用水要把火退　重陽祖火中言不可妄為

却說王祖、正要借火煆煉他們的心性、衆徒不解其意、見師傳跳在火中、心欲不救、情又不忍、想救力又不能、正在兩難之際、忽聽火中師傳言話、三人悲喜交集、

衆門徒聽師言又懼又喜　他三人齊稱讚甚是稀奇
不多時又則見火光漸細　只聽得重陽祖再請神祇

請西北火天有火神來聚　請東南火風頂火神相攙
請西南火地晋火神集會　請東北火山旅火神助威
這四隅爲文火温養火細　又只見火中心好似風吹
他三人知顯聖放下心意　烤不過想出外乘凉一回
誰知道師使法六門緊閉　門匡扇似鉄溢這纔出奇
他三人無其奈靠壁而立　那火聲熱炎炎蒸得汗遺
却說三人受過不過、便欲退出門外、誰知王祖用法、預先將門緊閉、只得靠住牆背、横身蒸得汗遺、大哼性命休矣、

七眞傳　卷二　四五

邱長春受不過只哼命廢　怕的是我今夜性命有虧
劉長生受不過汗流夾背　怕的是此一回難解阨危
譚長眞受不過雙目墮淚　弟兄們怕的是死在一堆
哼的哼叫的叫火光不退　有龍吟合虎嘯呱呱唧唧
重陽祖顯神通掩了三昧　叫弟子不必哭着師作爲
十五回文武火隱之在內　要把話分兩頭纔知是非
詩　火候武煉及文烹　中正剛柔養法嬰
曰　顯出紅爐煅八寶　聖胎結就金剛身

第十六回　清靜沐浴　衆門人　水裡躲藏

詩　清風明月照華堂　靜退陰符透體涼

曰　沐滌熒星返本位　浴盤水德洗嬰郎

沐浴池　咿啝咿。三花同聚鼎。咿啝咿。五炁共朝元咿啝咿。三寶同結就。咿啝咿。五常共運乾咿啝咿。水火同既濟咿啝咿。五龍共吐水。咿啝咿。五龍共吐水。

不表三人烤不過　又言王祖唸玄科　請動黑龍來撥火

請動青龍潮浪波　請動赤龍忙不過　請動白龍赴銀河

請動黃龍位中坐　五龍吐水似滂沱　此時火候漸漸過

火坑化作白蓮窩　現出清涼池一座　王祖池中唸彌陀

吽聲門徒這裡躲　池中清涼真快活　三人連忙池中卧

一身輕爽甚快樂

郝說王祖見他三人受烤不過，即將火坑化為白蓮池，便吽弟子快來，三人閑起，文炎溫養橫身清爽，又見師傅請神、

王祖吽徒池中坐　又請九江並八河　水山蹇神忙不過

水雷屯神起浪波　水風井神忙撐舵　水火濟神[illegible]

水地比神熱退過　水澤節神出銀河　水天需神火中坐
一身清凉百脉和　退符歸根難星躲　八方水神返大羅
五龍歸位還本坐　王祖起身轉太和
却說王祖使了水火既濟工夫已經圓滿，送神歸天，復還本
位，打坐。三人上前，即忙謝恩。
王祖返本復打坐　師弟三人把頭磕　多承師尊打救我
不然性命焉逃活　師尊顯聖胆駭破　果然算得活彌陀
四面八方人識破　東花宮內出大羅　千年冷廟無人坐

七眞傳　卷二　四七

何方來了活彌陀　也有送米獻供菓　也有助金餽衣鉢
有送油鹽合柴火　有送菜蔬及麵餺　也有捐資求福果
也有皈依把道學　東花宮殿重修過　神像穿金甚巍峩
功圓招徒看香火　玄門興旺不消說
却說王祖在東花宮顯聖，遠近聞知，齊來朝賀，獻供者不計
其數。一時廟宇煇煌，煥然維新，召下門人，立下廟堂，轉黃河。
王祖一一來吩咐　即刻轉身到黃河　臨行忽來人一個
扯住王祖把道學　王祖開言快請坐　姓氏名誰那坐落

紅塵美景甚不可　因何出家受淡泊　姓鄭自覺本是我
看破紅塵學大羅　習了一此古董貨　末明大道枉受磨
王祖開言忙問過　可知玄關這一着　自覺回言略略可
臍上心下三寸多　王祖說是大有錯　中央後天返河洛
先天河圖天堂坐　豈在五臟六腑麼　祈師大道傳於我
以免弟子受奔波

却說王祖見得自覺求道，未知眞假，故意不收。自覺十分哀懇，王祖曰：大道豈可輕傳，還須辦供申文，立下誓愿，方可。自

覺依言行持，王祖只得收下。

收下自覺且丟過　無思道人把頭磕　弟子修行心無錯
要學騰空上大羅　王祖聽言笑不過　肉身怎能上大羅
抜宅飛昇有幾個　肉身成仙人也多　懇祈慈悲指點我
弟子感恩永不沒　祖言大道為正果　索隱行怪吾未學

且說無思道人，拜見王祖，要學騰空之法。王祖乃直言開導曰：異端之事，有何益哉。道人醒悟，遂拜師求教。王祖見意甚誠，將他收下。

纔將無思來收過　西方又來一嬌娥　頭上頭下似花朶
眉清目秀兩點脚　自幼持齋務道果　要學避穀不燒鍋
避穀無非不飢餓　他與大道不相合　風仙道結明道果
求師指點把頭磕

且說風仙道姑，自幼持齋習了此旁門小道，今聞王祖道高德大，前來拜問，避穀休粮，點石成金可成正否。王祖曰，無非石火電光而已，焉望證道成眞哉。仙姑醒悟，拜在門下。

收了仙姑且丢過　北方又來一老婆　壽活百歲身未破

自幼持齋唸彌陀　太陰煉就長生果　天地同年永遠活
採藥煉丹錯不錯　祈師指點便知覺　王祖說是下乘果
千年不死又如何　成仙還要培功果　只圖自了無着落
坤婆聞言心掉過　求師指示我願學

且說北方坤婆自幼煉藥煉丹，守身未破，上前拜問，似此可能長生否。王祖曰，此乃下乘之果，成仙須要外功内果方可有成。坤婆醒悟，懇求闡示，王祖將他收下。

坤婆落點且丢過　中央來了黄太和　要學上道把山破

東西南北任我梭　王祖說是心想左　你今說的非道學
行孫張奎土石過　二人未見成大羅　先天大道成正果
怪力亂神吾未學　太和醒悟自知錯　祈師指點大道學
王祖慈悲即撑舵　度得好歹徒甚多
院郎歸　五行攢簇四象合。南無阿彌陀三。才定位七政
羅。彌哪彌陀佛。男男女女一大夥。南無阿彌陀。收拾回家
過黃河。彌哪彌陀佛。
有王祖合衆徒山東而進　到湖廣東林寺定靜養神

那寺中有異人前事預定　衆人們俱尊他是個仙眞
不除酒不戒葷色慾不禁　又誰知煉的是耳報之神
有王祖講道德他也來聽　祖知道是旁門不得成眞
只圖他顧眼前衆人肯信　千名譽徒哺餟又哄錢銀
陰氣長陽氣消無常要命　打之在阿鼻獄難已超昇
聖人道並無有行怪索隱　只時得行善事忠主孝親
煉的是先天道窮源返本　三教聖合為一不二法門
假神仙李顯忠羞愧難禁　急忙忙低下頭懇祈天恩

望師長收留我大道門進　我弟子效犬馬侍奉師尊
有王祖發慈悲將話應允　收為了中乘子好護法門
却說王祖來在東林寺內，每日講道，有一李顯忠，自幼專務小道，煉了一個耳報神，衆人以為眞道，今被王祖說破旁門，顯忠愧悔難當，痛改前非，願拜門下，王祖將他收了。
重陽祖來訪道南華宮進　見道童和仙女千里認人
未曾來他就知師徒名姓　卯劉譚一見得大吃一驚
試問他有何術這大本領　馬知道我師尊入火不焚

二仙童說習的南宮符印　名叫做千里眼看事如神
請邱師稟王祖可了性命　倘若是不能了願拜玄門
王祖說這都是一時光景　如一朝有污穢符法不靈
了生死修性命全憑德行　培外功修內果方能有成
二道童聞此言如夢初醒　拜王祖為護道好護法門
將道童和仙女一齊收進　師徒們離此地又往西行
却說王祖在南華宮，收了道童仙女，又往西佛寺而去。
西佛寺有和尚會認邪正　正道香邪道臭鼻尖一聞

師徒來滿堂香和尚請進　齋堂上排供儀欵待眞人
有和尚來頂禮姓崔名景　求師傅指點我正道修行
劉長生禀恩師將他收進　重陽祖心喜歡收在玄門
却說王祖在西佛亲收了和尚又往北極宫而去
師徒們來掛單北極宫進　有道姑他名叫紅蓮龍英
見王祖忙叩頭來把教領　天何覆地何載人又何生
有胎卵合濕化是何根本　有東南合西北以何為根
有陰陽合消長進退何運　有刼數合運會三元怎分

重陽祖將情理一一剖盡　將天地合人物縷晰分明
有四生合六道行行表論　有氣數與運會樣樣指陳
這紅蓮合龍英喜之不盡　果算得活菩薩來降此臨
二道姑忙跪地求把道進　祈慈悲開示我性命長生
十六回收道姑權且勿論　再且聽十七回歸空受封
詩　水中沐浴似寒灰　底柱深藏獨占魁
曰　躲過三災並八難　眠時忽響一聲雷
天仙寶傳火侯秘訣後節

禮義堂攜刻

行住坐臥訣

明德言曰凡修行之人行路如同懷胎婦人不可重步不可急走時有恐傷丹田至寶亦不可取拿重物若傷胎息丹田所聚的丹寶皆能散也住者修行人或站或靠不拘時刻不離方寸內守中宮將手脚常常用力向中宮攢簇心肝肺腎四象會合中宮此言攢簇五行之功不拘行住坐臥皆可行此功也訣曰行住不離守丹窟自然調得龍虎安是也坐者非行坐之坐此乃活活潑潑之坐一切學人要識這一個坐字坐字二人一土是三家相見嬰兒姹女

黄婆也又名水火土又名雙劍揷眞土也旁門有頑空打坐有妄想死坐有清靜空坐有粧相假坐有哄賣迷人勸人打坐凡打坐者前聖祖傳受教莊嚴俗人之耳目也修行人煉初結胎之功切不可打坐至終脫胎時煉得陰盡陽純無睡魔無飲食無火候無陰陽保養仙胎調神出殼乳哺一紀到那時節不分晝夜全仗打坐靜功方纔是眞打坐也臥者凡睡覺時不可熟睡宜伸一隻脚縮拳一隻脚側身而臥用一隻脚手靠住玉枕孔子曰曲肱而枕之

自然常能驚醒氣血週流身中快暢若一沉眠恐怕三尸
六賊統領群魔侵境變化惡物擾害主翁或美貌姣娥盜
竊至寶將汝元陽真精盜去盜得骨髓乾枯無常一到悔
之不及人身至此失落多矣但修行人時時不離兩把慧
劍內外防備朝防陽魔暮防陰賊人能遣斬得開何難逃
脫輪迴、救苦天尊曰但憑慧劍威神力跳出輪迴五苦
門是也總而言之修行人行住坐臥不離這個離了這個
便是錯過、

詩曰 四般真作用 時刻莫相當 龍虎由他鬧
龜蛇在我持 漫須求姹女 先自養嬰兒
降得心猿住 金丹道可成

明德言文武火者武火猛勇精進之火文火悠悠綿綿之火
文 武火外丹之火在人身中取之修煉金丹先從外丹燒起
武 燒外丹火要從離宮發三昧火將火攝下燒煉坎中真水
火 候來火既濟煅出白金即名煅煉水鄉鉛抽出水中金此
候 一味白金非武火猛烹急煅不能出也訣曰此金不是非

凡金先天一味水中銀煆煉精氣神三寳陽文陰武制魄魂
此火得訣自知亦不得見也三手祖師云無根樹花正無
無象無形難畫圖又云無名姓却聽呼擒入三田造化爐
運起週天三昧火煆煉眞空返太虛此也外丹武火煉成
中宮黄庭内丹必就内丹只候外丹一點之間耳非別有
作為也内丹既成必用文火温養文火者乃先天之眞符
内丹黍米之珠也黍米乃金光謂之一點落黄庭即要此
珠也修煉金丹常用文火温養祖師有云温温火候調息

七眞傳 卷二後跋 五五

綿綿水火既濟鼎中煎不遇智者不亂言又曰時時守丹
窟刻刻守黄庭訣曰眞水眞火即陰陽二炁昇降發蟾光
龍争虎鬬飛白雪返變黄芽紫金霜是也武火後天火文
火先天火也先天後天異名極多至聖云知所先後則近
道矣水性下流火性炎上修煉金丹將河車運水上昇巽
風攝火下降（未濟變為既濟即是顛倒陰陽之妙煉金丹非此煆文武火功不能成也）
詩曰　從古不傳者　如何余敢論　因憐求道苦　拚死
吐眞言　温養功非易　烹鉛理天尊　（欵尋先種德有日遇明師）

天緣寶傳
利

天緣寶傳
卷叁

十七回　散盤退符　假裝病　王祖羽化
四朝元王重陽觀穴歸空　哭皇天衆門徒抬靈往陜
十八回　一貫大道　眞修行　衆徒忝禪
歸根竅重陽試馬孫心意　龍宮春王祖考衆徒行為
十九回　滅跡忘形　邱祖爺　餓死七次
風入松衆門徒齊拜師坟　菊花引邱祖爺一人受餓
二十回　天神顯化　玄穹帝　敕令三官
獅子序王忌廢道給糞　鯢浪兜邱祖背河償頭。

七眞傳　卷三　一

廿一回　百姓來朝　寶鷄山　講道論德
偏身香邱祖與賢論河圖　高陽台邱祖講觀音心經
廿二回　萬神拱服　龍門洞　說妙談玄
臨江詞邱祖談三教易經　錦堂月周相問大學中庸
廿三回　鬼伏神欽　受封贈　顯聖平賊
梅花魁邱祖輔朝政　一封書邱祖平西番
廿四回　陽純陰盡　顯法術　女變成男
喜遷喬邱祖顯聖女成男　山坡羊陸僧設計反害己

七眞寶傳卷之三新鐫

孚佑帝君　叙於京都紫雲山房海源子　校證

第十七回　散盤退符　假裝病　王祖羽化

詩　散去瓊花落湧泉　盤銘沐浴聖胎仙

曰　退陽下潤無根樹　符火煆煉日月圓

四朝元　時逢季冬。寒風陣陣吹。樹葉隕蘀。雪花片飛行。人路上受孤栖。來在故鄉地。喜雀門前攛。衆門人齊迎戚戚。南南北北。相聚一堆。好似龍華會。

不表龍英將道進　又說師徒回家門　路上緣法不消論

勸化男女許多人　不覺來到山東省　寍海馬府家廟庭

老幼男女相叩問　此回離家有幾春

却說王祖。同到山東寍海縣。衆門人齊來問候。過了數載時逢元旦佳節。王祖。呼衆徒上前說道。我的塵緣已盡。不覺癱瘓瘡三年。疼痛難忍。不久就要分別了。

重陽功圓果滿證　正月初一冊書臨　王祖上丹丕坐靜

忽有仙童報信音　想是天上有敕令　正月十五脫紅塵
王祖假裝身有病　橫身發熱不安寍　眾位門徒齊來問
師受風寒傷了身　急請明醫看師病　男女老少俱憂心
王祖吩咐眾徒聽　爾等不可延醫生　元旦丹書來詔定
正月十五歸天庭　眾徒聽說心難忍　不由珠淚往下傾
門人邊說邊又問　師尊便是不死人　曾記火中來顯聖
入水不溺火不焚　今朝偶然身有病　還說前日丹書臨
王祖開言眾徒聽　道成脫殼要飛昇　若是肉體無變更

名為守尸是下乘　不言眾徒心納悶　又說王祖卜佳城

却說王祖。功圓果滿。丹書下詔。眾徒見得有病。心中憂慮。言語紛紛。王祖吩咐不必嘈雜。關了方丈門。我要坐靜。

王祖打坐多清淨　晃朗一旦出元神　昇在空中用目瞬
鄠縣胡舘好地形　龍盤虎踞秀峰頂　左右開帳兩邊分
穿帳過峽起伏頓　龍虎環抱護穴心　窩中有突金星頂
八方周密錦羅城　玉帶纏腰水口緊　峰前明堂一掌平
天馬貴人旗鼓印　仙人打坐是眞形　坐北向南子午定

葬後必然發玄門　陰地看畢神入定　衆徒齊來看師尊

却說王祖。元神昇在空中。將陰地看就。元神復竅閉目不語。門人齊至問訊。都言數日未食可用飲食否。王祖搖頭說道

王祖搖頭不食飲　只待時辰便起身　我有一言你等聽
師母朱氏一路行　冊書來詔前註定　夫妻雙雙上天庭
衆徒聽罷心不忍　時刻不離王祖身　不覺吵鬧半月整
王祖吩咐衆門人　師歸爾等宜發憤　將軍上馬遊前程
外功内果要得緊　異日個個上天庭　衆徒討了師封贈

大衆頂禮謝師恩　王祖又叫衆徒聽　為師子時出陽神
尸骸移在陝西省　鄠縣胡館作佳城　繩索斷處穴已定
子山午向兼癸丁　香湯沐浴把衣更　師母同時別死生

哭皇天　恩師出陽神。好呀好傷心。丟下衆徒們。好呀好傷心。衆師度我們。好呀好傷心。日落還見面。好呀好傷心。師尊。一去不相親。好呀好傷心。哎呀我的師尊。

馬丹陽。哭恩師。心廣體胖　傳弟子。先天道。恩重如山
孫清靜。哭恩師。視之不見　為弟子。操盡心。羽化歸天

邱長春哭恩師大道一貫　賜金丹與弟子好度後賢
劉長生哭恩師溫良恭儉　與天地合其德四時行焉
譚長眞哭恩師勞而不怨　與日月合其明峻極於天
郝廣甯哭恩師止於至善　與鬼神合吉凶淵淵其淵
王玉陽哭恩師誨人不倦　講性命合忠恕明道本源
諸乾男哭恩師其言也詹　訓弟子修大道鑽之彌堅
衆坤女哭恩師禘自既灌　拂紅塵斬赤龍女轉成男
却說王祖脫化飛昇衆徒哭泣不止丹陽吩咐不必悲哀即

備衣衾入棺殯殮謹遵師命將靈柩抬往陝西而去
衆門徒一百餘抬靈往陝　先抬輕後抬重臭氣難堪
那衆徒心不眞難受熬煉　剛半月百餘人俱已散完
只留得七眞人相聚不散　請人抬都嫌臭重如泰山
他七人無其奈禱告祭奠　自此後那靈柩輕似毛氈
重反輕臭反香師把道顯　却原來試心思眞不眞虔
沿路上都有人欵待茶飯　他說是前有人開了飯錢
卯祖道你們抬我去前看　是何人開飯錢問其的端

跪上前見一人好似師面　急忙忙來扯住叫聲尊嚴
重陽祖罵邱祖太得詭見　今日裡洩漏了仙家機關
到後來遭魔劫餓死七遍　你還不急轉去將靈捧搬
言已畢邱王祖隱而不見　邱長春回頭來對衆所言
那衆人叫稀奇同聲稱讚　我恩師完成了大羅神仙
衆人們半月久抬龍鄠縣　也不知落何處肯往前搬
至二月十五日路過胡舘　忽然現大地形虎踞龍盤
郝廣甯明地理舉目觀看　有窩鉗和乳突穴心朗然

叫師兄往攏抬陡然繩斷　衆門徒悉驚異果應師言
且說七真人將柩抬至鄠縣繩索忽斷忙問四隣何人業產
隣人言曰是胡員外的地土七人急備禮物踵府叩見
衆弟子齊相問何人業產　隣人道胡員外買置多年
七真人備禮物討地拜見　胡員外忙扯起問其根源
馬丹陽向員外細說一遍　求員外發慈悲施土一棺
胡員外意歡容把頭兩點　令師尊前投夢討了此山
衆門人齊叩首同把恩感　我師傅默佑你富貴雙全

却說衆人、謝恩已畢、胡員外向衆言道你令師出身、老拙皆知、他是陝西人氏、武舉出身、好善樂施、人人稱為王善人、隔壁有個王媽媽家財頗富常供僧道唸經祈禱、感動鍾呂二祖、變化教化、前來度他、王媽媽無緣、令師接到家中、供養二十餘天、竟得傳授、方成正覺、所以此處有個口號、王媽媽燒晚香、便宜王重陽、我昨夜夢見你師討這塊陰地、說老拙與你師有緣、還講甚麼地價、着人破土開基、埋葬就是、七人聽罷、感謝不已、埋葬已畢、設靈祭奠

埋葬畢他七人設供祭奠　晝與夜哭恩師常室心間
百期滿哭一場各自四散　師羽化無主張各散洞天
馬丹陽孫清靜回他本縣　郝廣甯獨一人隱居華山
邱長春回棲霞苦修苦煉　劉長生返武宮採藥煉丹
譚長眞回洛陽心明性見　王玉陽回東坪悟道修仙
十七回只說到這裡落點　再且聽十八回考徒試端

詩曰

帝詔丹書報隱期　祖宗超拔上瑤池
功圓果滿脫凡殼　化度靈光撇却尸

第十八回　一貫大道　眞修行　衆徒參禪

詩　一箭射透九重鼓　貫通玄關悟眞空

曰　大悲大願脫凡體　道成逍遥上天宮

歸根竅　馬拴雙林樹猴鎖無影山。七情六慾掃哵掃淨

乾一心苦煉丹。龍從火裡出。虎向水中眠。三花五炁。結

哵結金丹。文武火炊然結成個金剛。不老神仙

王祖安葬且不表　又說七眞悟道高　丹陽清靜家廟到

男左女右把功調　邱師棲霞故鄉到　安居冷廟過終朝

白日化緣錢米討　夜晚打坐悟高超　郝師華山南峰到

山背古硐採藥苗　劉師萊州武宮廟　眞武殿内運鵲橋

譚師洛陽本縣到　觀音閣中把丹燒　王師東坪故鄉到

不捨晝夜煉丹膏　七人苦把功夫造　一心前進離塵囂

郝說七人各回原郡修道不提且說王祖飛昇之時　三師接

引性光一直朝見　玉帝討封受職阹

七眞修道我不表　再說玉帝登凌霄　巢父投凡修火道

脫化重陽歸天曹　三師接引駕正到　俯伏在地謝恩高

玉帝敕封職不小　輔極天尊管神霄　正陽加封職位好
救刼天尊管神霄　純陽加封賜旨誥　妙道天尊管雷霄
湘子封贈更見好　接引天尊伴凌霄　四人謝恩齊踴躍
無極宮中把母朝　金母一見哈哈笑　清静無為樂逍遥
却說孫夫人在洛陽煉性三車滿足無所不知變化無窮心
想我在此處吃了四方的血食理當報答而今現在破瓦窑
中修成大道不免顯個神通以勉後世化就兩位道人在街
坊抱住孫夫人的肩膊走一步親個嘴街上衆人見了厭惡

七眞傳　卷三　九

都說這風婆子與道士苟合以此禀官官即命人架起柴草
將窑門緊閉放起火來只說把他三人燒死誰知火烟冲天
忽然一個柞雷將瓦窑擊破三股烟洞現出三人形像孫夫
人坐在雲頭兩傍金童玉女又有邱祖馬祖接引上昇說道
多謝十方施主供養我等十有餘年今日道成歸空朝見神
王即此道謝但願人人清吉戶戶平安言畢化作清風而去
縣主與衆百姓見了即忙下拜吩咐衆百姓在此建立三仙
菴內塑孫祖邱祖馬祖的神像功果告峻題詩一首孫祖觴

行後歸洛，數十餘年，得衣鉢，留下仙蹟，立太廟，從今永作安
樂窩。於是洛陽男女向善，皆是孫祖之化功。且說孫祖，回至家
廟，經理門徒，叅禪打坐。王祖在天宮，忽然想起衆徒，恐其心
志不堅，不免下凡，考試他們道心如何。來至盍海，見有白氣、

早知孫不二　在此遂化一書生來到廟中

孫祖顯道且不表　又言王祖把賢調　見得衆徒在務道
晝夜行功不辭勞　不免下凡將他考　變一書生多俊俏
先將清靜來盤考　假意學道務高超　尊聲仙姑願領教

三心四相說幾條　清靜明知師傳到　假意不知半分毫
三心四相從頭表　先生仔細聽根苗　過去事物休追考
未來之事不迎招　現在事物隨天道　妄念不生三心掃
非禮勿視廻光照　非禮勿聽神不勞　非香不聞氣調好
非禮勿言搭天橋　視聽言動說明了　此名四相說分爻
書生一聽哈哈笑　字句精微說得高　吾本你師變化到
天命從今交爾曹　不二聽說忙跪到　領受天命在今朝
四禮八拜承師教　誓願無違跪塵囂　天命領畢恩謝了

領恩度衆立功勞　前後之事說明了　駕朶祥雲上九霄
丟下孫祖我不表　又將丹陽說一條
郄說馬丹陽在關西，聞聽夫人不在洛陽，回家去了，莫非受
若不過，退了修行念頭，不免回家度化於他。不日到家，看見
夫人的容顏比前更好，心中暗喜，各將悟道之事說了一遍。
夫人問道：你我出門，家內銀錢俱失落於衆人，如今一分無
存，怎好辦道？丹陽趁此機會顯他手段，便答道：沒有銀錢使
用，也是小事。夫人快快將牆上石蛋拿幾個來。夫人將卵石拿

了幾個，遞與丹陽，即時接在手內，畫了一圈，交與夫人之手，
而言曰：這是銀子否？快拿去換些錢來使用。夫人接在手內，
哈哈大笑：卵石變銀，有何出奇？你好比井邊汀江水中賣孔子
門前講孝經。夫人亦拿在手中，也畫了一圈，你看這是不是
黃蹲蹲的金子。丹陽大驚，方知夫人道成，比己更強。夫人又
道：卵石成金，何足為奇。走至廚房，見當日王祖招徒千百人
吃飯，一口大鍋能容十幾担水，叫工人挑十担油來，到滿，把
油燒煎，叫工人出去，把門閉了。夫人說：你我夫妻在油鍋內

洗澡顯個道法，丹陽道，那我不敢，夫人啞了一口，說道，枉受師傅大道，幹的何事，不敢在油鍋洗澡，還有面目見我丹陽道，莫非你敢下去不成，夫人道，這有何難，遂脫衣解帶，翻身跳在油鍋內，蹤跡全無，丹陽大驚，叫了幾聲夫人，不二扒將起來，說道，我正在快活，你怕我死了，丹陽倒身下拜，多承指教，贈詩一首，

入火不焚便是道，身在油鍋湯不着，金丹結成不壞體，這個功夫最難學，

作畢，見夫人穿上衣服，丹陽重新拜謝曰，我在關西回家，只說度化夫人，誰知反受你的指教，

從此拜別，竟往趙州橋安身，重陽化一美女前來考証，

重陽祖師祥光繞　霎時來到趙州橋　變化美人多俊巧
來到廟中將馬調　丹陽寬容不發笑　苦口勸化悟道高
美人請師要領教　何為八寶外丹苗　馬師便把姑娘叫
聽我貧道說分爻　天風地氣是兩寶　日精月華二寶高
玉液瓊漿為兩寶　鉛汞共八外丹苗　美人一聽哈哈笑
道德精明說得高　有道無法不顯耀　傳你騰雲上九霄
丹陽搖頭都不好　肉身騰雲是邪妖　美人一聽他去了

化作清風上天曺　丹陽駭得忙跪倒　原是師傅試高想
龍宮春　慧劍斬邪妖。赤龍搭天橋。玉兎卿。金烏叫。木魚
聲聲敲。青龍吟。白虎嘯。笙簫琴音鬧。雲滚滚。風漂漂。醍
醐勝香醪。那管他龍争虎鬬。我這裡快樂逍遥。

話說劉長生、自得了口訣、各省雲遊、至丙子年、在鄠縣師友相遇、問訓已畢、言道、何不將幾年、修煉功夫說出、大家評論、誰淺誰深、四人道、正是、丹陽道、昔日師傅傳我的口訣、叫我傳與大衆、謹遵師命、連你三人、共有四百餘人、個個俱是我

傳授、我纔行不上去、我看劉兄、與衆不同、道似大丹成就的樣子、何不把我們指點一二、劉祖說、我授你的口訣、你反來領教、其理不合、邱譚說、不是這樣講、師父引進門、修行在各人、想你我雖授口訣、無有苦志、比不上你、何妨指示、劉祖說、你們都說我比你們強、我看也只平常、但是而今性似清風、心如明鏡、你說你的工夫、丹陽說、共同修行、必要透徹、譚祖說、魔王處治、先天烈訣、邱祖說、除死方休、就是一訣、四人在此講道、鳥獸四面圍繞聽、四人講道、你看鳥獸都來靜聽、丹

陽道萬物一體皆然悟者都有緣分鳥獸既來聽道待傳授大道即曰大道門戶開單等有緣來若肯能死宗鳥獸上天台斬斷情凡除却煩惱心用力加工煉凡身即道身吟罷鳥獸醒悟俱皆下拜禮畢各散去此處記四仙姓名四世分宗萬古流傳再說劉真人回至武宮自知工夫圓滿在真武宮修煉王祖變一美女來試道心劉祖一見鎮定心猿吟詩一首曰丹田有寶休問道不戀嬌娥苦坐禪對景忘情超上界蟠桃赴宴樂陶然曰是時美女接口說道

劉長生真算得尊賢貴種　日夜裡勤修持蹈矩循規
孤單單獨一人火煉三昧　小姣娥來倍伴免受孤悽
望師傅要領教且施一禮　皺何老皺何嫩請指端的
劉長生拴意馬毫不動意　將皺苗老和嫩細說玄微
月坤復月臨泰皺嫩不及　月遯否月觀剝皺老不回
月壯夬月乾姤中和元氣　皺不老皺不嫩煉丹花魁
那美女聽此言稱讚盡美　我傳你採戰法壽與天齊
多謝了仙姑情一片好意　我從前領受了五戒三皈

七真傳　卷三　十四

那美女駕彩雲飄然而去　劉長生忙叩頭魂散魄飛
郝說邱祖自那日在華陰赴見王祖王祖罵他洩天機曰後
大餓死七次小餓死無數誰替你受苦你們將我埋了不可
回山東就在秦川任意逍遥募化乞食以度春秋說畢把袍
袖一展就不見了邱祖自葬師以後忘郝師言這裡一日那
裡一天無有定在仍回棲霞衣不供身食不充口熬煎歲月
王祖變一美女前來試他向前說道你這窮困如此我傳你
點石成金之法邱祖作詩而嘆曰非義之財莫妄貪窮通富

七真傳　卷三　十五

貴總由天聖人猶有絕糧日枉尺直尋耻萬年美女言曰
有美女見長春太得古噐　要有糧纔有道免受寒飢
你好比顏子淵瓢飲簞食　又好比范丹窮無食無衣
叫道長我替你想個主意　同我去到家裡認為夫妻
邱祖說修行人不貪富貴　再貧窮再魔考不把頭低
想夫子貧而樂富而好禮　我勸你拋紅塵同我皈依
女問道何為叫先天一炁　說得是小弟子願拜為師
杳杳冥便生陰陰極陽起　恍恍惚便生陽先天生炁

果然是道法高說得仔細　我傳你點石法成金稀奇
修行人不貪財學他無益　那仙姑滿臉笑跨鶴高飛
郤說郝太古自從安葬師傅以後得授丹陽口訣命他在北
京直顛化齋煉性過了數年方知本來面目想我遊來遊去
枉受勞碌不免尋一靜處前去務我的工夫一日來至趙州
橋見得旁有兩洞無水甚是寬濶每日化齋歸來就在橋洞
打坐一連坐了三年只坐得如醉如痴內也不出外亦不入
猶若朽肉一塊圍近小兒看見他巍巍不動如泥塑木雕無

異獨團與他用磚石砌起牆來把他圍住在內他也不理視
只是務他的工夫眾人與他取個混名叫活死人不提再說
王祖在空中慧眼觀見太古獨坐橋洞窮守空山死煉血性
不能立功怎成正覺不免化一老者前去磨磚點化於他於
是王祖化就老人拿了兩塊磚石朝夕在他面前磨來磨去
磨了半月嘈雜不堪只磨得心慌意亂太古說道你這老人
何不把磚拿在別處去磨老人曰我在此處求也方便焉之
清靜此乃官所之地你坐得靜我也磨得磚怎麼叫我拿在

別處去磨、太古回言道、把我的心性嘈雜亂了、務不成我的工夫、老人曰、我磨我的磚、你坐你的靜、有何不然、太古曰、我看你是個愚人、把那磚石儘磨、有何妙用、老人曰、你坐靜有何益處、太古曰、日後坐成一個神仙、老人曰、我這磚石、磨過三年九載、日後必成美玉、猶如明鏡一般、能照天地日月、太古笑曰、磚是磚、玉是玉、磨磚豈能成玉、老人曰、你說我這磚不能磨成玉、人豈能久坐以成仙乎、太上有言曰、欲求天仙者、當立一千三百善、欲求地仙者、當立三百善、成仙要有功

善、豈是坐得成的、有幾句良言、聽我道來、

郝太古我看你甚是愚蠢　又何苦在此地裝作死人
徒叅禪怎能夠得成神聖　光有道無德行盡是虛名
張剝皮五百年死守血性　只坐得滿身中一派純陰
遇誌公來點化度他不醒　到臨頭那陰魂入了猪身
有誌公化猪來捽死復性　指點他立功善方能成眞
你為何不培功化些緣分　到華山去設教多度原人
郝太古聽此言忙把禮頂　那老人忽不見上了天庭

却說譚祖常在八百里秦川煉性、酒色財心、一刀兩斷、只恨這一點氣心還未了、然更加愁悶、驚動王祖、大顯神通化了一座園亭、内賣酒飯、王祖變成賣酒的、坐在門下迎客、以好點化譚祖、時當早飯、譚祖前來化齋、王祖持拳將門牙損壞、譚祖拾起門牙、大笑而去、自己說該打、世人都照這樣打來、我纔好過心中全無嗔恨、王祖出言大罵、你乃瘋魔野道、清晨早起就化酒吃、出的甚麽家、還想成仙、你變驢去罷、譚祖全然不理、王祖見他不動煩惱、大道必成、正是一拳消盡平

生孽、損折門牙不動嗔、酒色財氣都除盡、何愁不做天外人、雲遊幾年、仍回洛陽觀音閣坐靜、王祖又變一美女、試他道心、毫無邪念、言道我傳你五遁法術、譚祖曰、道有三千六百門、人人各執一苗根、惟有此、子玄關竅、不在三千六百門、

有美女　便開言　且聽詳細　　我傳你　五遁法　自來食衣
譚長眞　稱仙姑　多謝美意　　那五遁　是旁門　難見阿彌
女弟子　須一教　沐浴滌洗　　說得是　我情願　拜你為師
講沐浴　眞清靜　卯酉兩起　　天生寅　沐生卯　寒熱溫炊

水生申沐浴酉熱氣浴退　故而是名沐浴卯酉東西
那仙姑消臉笑祥雲高起　落之在東坪鄉化一仙妃
且說王玉陽自與衆師兄分手以後、居於東坪雲光洞修煉
多年、志行堅固、俟後道成、心中思想我一生修仙伴道、原為
自己的性命、如今大道已成、還須體貼仙佛、闡教度世、常言
說度人即是度己、成己可以成人、聖經云成己仁也、成物知
也、我要顯此道法、著此靈異、感動此人、緣度化此男女、立此
功德纔好、所以驅神遣將、擂崖碎石、出神入夢、祈雨禱晴、扶

七真傳　卷三　十九

乩降鸞、起死回生、著大靈異、顯大神通、護國安邦、濟世救民
利物利人、種種事端難以枚舉、衆人將他靈應傳於京都、驚
動　宋帝、傳詔有請祈雨救旱、是時王玉陽領旨、有以文臣試
其法術、傳命設立百尺高台、一人登台祈雨、三日不應、用火
立焚、已經三日、陽光更烈、天高無雲、延至午刻、無有點雨、宋
王乃命武士架起柴樓、用火焚之、焚至正中、黑氣沖天、霎天
黑地、風雷大震、陡然作雲、沛然下雨、大降滂沱洪雨、盈川遍
地、水深一尺、徹去雨台、撲滅柴樓、玉陽全無損傷、真算得入

水不溺入火不焚因宋王封玉陽無量眞人後有嫉妬與以
鴆酒飯未嚥歸乃寓於水池之中池涸免後乃辭朝歸洞得
遇重陽祖師觀見玉陽功程將滿當化一美麗道姑前去考
他道心乃走進丹房見了玉陽口稱師兄一人孤身在此無
倈特來倍候玉陽只管務他的工夫

有道姑見玉陽宛轉調戲　調不動復頌教萬物藏歸
九十月諸萬物陽氣歸地　度嶺梅先開放十月佳期
含虛養精神足二年本底　待春來又發生萬物光輝

道姑說果算得仙家妙趣　我傳你護道法讀神呼雷
我正道憑善功感動天地　無功德使神將造罪成堆
那仙姑滿臉笑祥雲高起　走東方合東南查訪高低
遊南方合西南調整徒弟　到西方合西北乾坤功提
走北方合東北男女提携　往中央河南省調治皈依
十八回只說到這裡止矣　再且聽十九回餓刼懸機

詩　衆人八極返鴻濛　徒衆四方各務功
曰　參透先天希妙理　[illegible]

第十九回　滅跡忘形　邱祖爺　餓死七次

詩　滅除餓刼賜天恩　跡靜眞人出頂門
曰　忘卻假身神出現　形骸死去又還魂

風入松　三週年要去雲遊拜師墳。衆師兄都來仙境齊
跪墳台將師敬。我的師。有威靈到處顯過聖。變化無窮
盡現。身調功夫。又試衆徒心。看修行眞也不眞。

不表王祖施考証　又說三週拜師墳　衆位門徒齊來敬
展奠已畢敘道情　丹陽便把邱機問　衣服破濫不遮身

長春開言馬兄聽　食不充口衣不身　丹陽一聽心不忍
脫下道袍與長春　同我一路遊各省　勸此善人立功勳

卻說三週已滿衆徒都來墳前祭奠展奠已畢各自雲遊四散惟丹陽與邱機一路邱機說道師兄回家看望嫂嫂道行如何、丹陽曰、比我更強百倍、邱機大喜望東拜謝二人起程

二人同行老君嶺　忽然大雪墜紛紛　一連下了三日正
冷廟飢寒難出門　搭坐邱祖凍餓很　心想麵湯難得尋
驚動土祇去通信　夢中說與黃婆聞　黃婆送麵來救命

送至冷廟救真人　二人飽飽吃一頓　黃婆從頭說根生
若是後來將果証　懇祈超拔我凡人　丹陽開錢不承領
辭別下了雪山林　丹陽便把邱師問　皆是你今起貪心
邱祖便說事奇甚　起心動念驚鬼神　丹陽便把邱祖論
這回造罪不非輕　你言我語發火性　割斷蒲團兩邊分
邱祖好話都說盡　丹陽硬心不同行

却說邱機動了一點妄念，丹陽察知，把邱機苦辱一頓，翻身走出門外，將蒲團分作兩半，各執一半，抽身便走。邱機趕上

扯住衣襟，跪到雪地，請師轉回，弟子今後不敢犯戒。丹陽回首推倒邱機，揚長而去。邱祖無奈，只得回廟，大放悲聲，從今發誓，餓死不動妄念，寫一戒牌帶在身邊，上寫着：酒色雙忘財氣清，妄起貪心遭天刑，手接銀錢筋骨斷，騙人器物虎狼呑，口嘗滋味肝腸壞，暗動無名化灰塵，從今若不存心宗，墮在鄷都不轉人。戒牌代在身邊，獨自一人徃太行山而去。

不表丹陽回原郡　再說長春一個人　孤孤單單自悔恨
從今餓死不動心　太行山下去養性　大雪下了有七旬

一日二日有米粉　三日斷頓天不睛　四日無柴横身冷
五日餓得肚腹疼　六日筋骨如繩捆　七日昏死在廟庭
山神土祇忙得很　餓死眞人問責懲　運動茶飯與柴等
送至冷廟救眞人　道氣未盡忽又醒　白髮公公把飯陳
將飯用畢不見影　知是神人救殘生
却說邱祖在太行山下餓死神人救活只見雪住風止天氣清明又去化膳對天立誓逢緣只化杯米文錢若有餘積救濟殘疾誰知毫無緣分只得去到秦嶺雲遊

雲遊忽又到秦嶺　安宿子午古廟庭　天降滂沱大得很
一連七日不住停　邱師餓死地下困　七個強盜忽來臨
冷廟分贜好避靜　抬頭忽見一死人　摸他胸中還未冷
米湯灌口又還魂　七人相傳等一等　邱祖甦醒問衆人
我今原來命該盡　把我救活為何因　強徒同言道長聽
我等七個非好人　見你將死心不忍　前來打救你殘生
却說邱祖一心想尋死纔到無人之處又被這七個強盜將他救活問他困地情由邱祖道我願死不願活強盜笑道就

是螻蟻也貪生邪有人不惜命乎

七人一聽心不忍　我們打富來濟貧　送你白麵合米粉

又送布疋與錢銀　邱祖開言諸兄聽　無義之財不敢承

君子固窮守天命　不用人間造孽銀　奉勸七人早歸正

也學羅漢十八人　修成正果人欽敬　何必造罪墮沉淪

菊花引　七人一聽心着忙　菊花一朵黃　弟兄七人暗商

量　菊花一朵黃　我七人改邪歸正　菊花一朵黃　拜道長

修煉性王　菊花一朵黃

那七個大喻馬改惡從善　拜邱祖積功德消滅前愆

有邱祖吽大衆勤把經唸　各務農守本分感動上天

待後來罪過消有緣遇見　傳你們中乘法守定本原

那七人謝了恩留師供膳　願供俸勸邱祖莫去化緣

却說邱祖將七個強盜勸轉皈依、七人留住邱祖情願供傣、

邱祖再三不從分別而去、行至光棍梁滾龍坡乃秦蜀交界

此地有一祖師廟安身、忽然大雨傾盆、連廟代人、一並冲在

河內、幸遇打漁之人將他撈起、用姜湯灌口、少時甦醒轉來、

正是人不該死終有救、路逢絕處又得生、

有邱祖在此地險而又險　陡然間風雨作夜靜人眠
天昏黑漲洪水高低莫辨　連廟宇代人物一掃平川
此一回只說我命被水渰　到天明又來了打漁之船
有漁翁將邱祖打撈上岸　用姜湯來灌醒活命得還
這也是命如此該受磨難　無奈何也只得安命聽天

卻說邱祖拜謝漁翁救命之恩、又往四川城都而去、久聞青羊宮是仙境之地、內有方丈、相法通神、不免前去看相、若是

我有仙緣之分、我便一心務道、若無緣分、我便還俗、於是走進廟中、見得來往僧道、都有全席、代承、心中甚喜、時方丈將他看了一眼、忙叫把全席撤了、與他兩個饅頭、邱祖問道、這是何意、方丈曰、依得我看你像騰蛇鎖口、命該餓死、若今日吃了全席、以後二日都難遇緣、邱祖聽說、橫身汗下、說道、你看我相若能修仙、我便務道、若無緣分、我便還俗罷了、方丈曰、衣食尚無、還想成仙、豈不妄想、命中註定、還俗也該餓死、無有更改、邱祖告辭而去、仰天長歎、道命裡有時終須有、命

裡無時莫強求、

到城都青羊宮景致觀着　遇方丈看邱相餓刼説穿
有騰蛇來入口衣食缺欠　到後來該餓死休怪直言
邱長春心憂氣復回甘陝　見丐兒脚跌斷倒地哷天
那邱祖自忍飢施捨他飯　救人活願自死免受熬煎
白日裡化飲食供養乞漢　每一家只化他杯米文錢
是如此勤供養毫無埋怨　他自己甘心餓死無怨言

却説邱祖見一乞丐雙脚跌斷難以行走心中不忍每日化

緣供俸自忍飢餓忽然身受暑濕得了病患行動艱難餓了數日看看氣絶哷化不忍對衆哀求乞食救活

餓不死往回走路過郿縣　朝太白虔心意好上仙山
回轉來見一人石窖裡面　風將他吹下凹哷苦連天
有邱祖路相逢心不忍見　將藤索抛下去把他扯牵
又誰知脚石滑同滚裡面　爬不起與那人同死内邊
太白星遣刼神送下郿縣　用丹藥來灌口一命回還

話説邱祖醒轉山形不見知是神人打救心中思想既然不

死又去化緣於是積此銀錢米麵欲朝終南山行至秦嶺夜宿古廟陡遇強人將他行李概行搶完反捆縛在地靜無人知餓了幾日忽有挖藥人前來進食打救回陽。又去終南天仙廟宿了一夜下山而去廻想這樣苦命難以受磨望空禱告諸神復至長安化此錢文買一鉄鍊去到老林無人之處將頸項鎖在樹上餓死歸天早以驚動太白星君來也

有太白慧眼觀嘆聲可憐　吾不免下凡去救他命還
邱長春忽睜開昏花之眼　見一位老樵夫站立面前

罵一聲老樵夫枉行功善　我尋死不願活與你何干
太白星叫道長你且聽勸　那生死原有命富貴在天
有唐僧他受過八十一難　你纔受幾回考就不耐煩
話說畢化清風隱而不見　邱長春忙跪地叩頭萬千
人背時來尋死都不順念　死難死活難活真正作難
十九回只說到這裡挽轉　且聽那二十回惡報根源

詩　餓化一文米一杯　死生神救幾多回
曰　七還九返轉玄妙　次序天機有誰推

第二十回　天神顯化　玄穹帝　敕令三官

詩　天理不容報應彰　神通浩浩屋成塘

曰　顯來善惡驚人胆　化變無窮惟上蒼

獅子序　善惡有個天，南無阿彌陀，善惡有個天，南無阿彌陀，勸君學神仙，南無阿彌陀，勸君學神仙，南無阿彌陀，勝過王侯官，南無阿彌陀。

不言邱祖尋死路　又表惡人走地獄　邱祖行善神救護

王恩作惡天神收　家屋廣大頗富厚　為富不仁造罪徒

孝弟忠信全不做　禮義廉耻一概無　有一了環緣人數

姓李春花他名留　常把主人來瞞住　周濟貧困僧道徒

邱祖化緣他家走　遇着春花在外頭

話說鄗縣明家坡紫家驛有一王員外，良田萬頃，家有百餘人口吃飯，門上有一石獅子，猶如活的一般，吃飯時把獅子頭上一擊，响如銅鐘，衆人便知回家用飯，因此是人叫做响石頭王家。邱祖自太白星指點心中醒悟，仍然度善，近聞响石頭王家，便來門前化齋。王員外有一了環名叫李春花，賢

淑無比看見門外有人化緣即忙進內偷錢四百藏在袖內
掐米一升走出樓門
春花樓門來等候　快叫師傅將米收　錢藏米內袖裝就
急忙傾在岩瓢頭　邱祖嫌多不肯受　春花忙跪不回頭
邱祖唸起阿彌走　這回揹過如山垢　將錢拿來縫條褲
那怕有罪要遮羞　思想姑娘多賢淑　這個恩情何日酬
若是有緣將他度　對天願磕千萬頭
邱說邱祖想渡李春花未得其便不覺又過半月之久來在

王家門口只見顧工担糞肥田未見了頭少時員外回家邱
祖尊聲施主化個慈悲員外道常來我家化緣難道養活一
生不成馬糞道有要不要與你撮些邱祖道只要施主出得
手我也不敢說不要於是命工人撮了半掀馬糞邱祖無奈
伸起囊袋收了馬糞竟回廟而去
邱祖回廟氣難息　自己嗟嘆淚長流　皆因前世多罪咎
平空給糞有情由　天斷衣祿要順受　馬糞沖水吞入喉
食糞不敢黙供咒　上帝未聞供養投　太白金星拿本奏

便將王恩說根由　王恩據實情由訴　上帝聽罷惱心頭
郎傳聖旨詣雷部　風伯雨師聽從頭　郡縣王恩豎造就
十惡不善到了頭　雷打火燒雨又陡　要把庄基化水流
神將謝恩領旨走　限就七日把人收
那說王帝聞奏差風雲雷雨一齊下界把王恩庄廊人口一
概收盡化為長江重陽老祖早已知道托夢郎機打救了環
師祖次早去到王家門首等候了環出來連忙說道你家主
人惡貫滿盈不日當有大禍因你賢淑特來救你此乃天機

不可洩露你看石獅子口內流血便是時候到了騎在石獅
背上任其飛騰自有神人救護謹記勿忘
春花每日看獅口　隔壁屠戶問根由　春花便把情說透
屠戶冷笑漫點頭　夜將猪血抹獅口　春花早起看一頭
見血郎忙徃內走　洗澡更衣又梳頭　天上烏雲徃西走
狂風大起雨淋頭　春花騎獅不懸手　霹靂一聲鬼神愁
雷火燒房雨又陡　水火相濟片刻休　庄廊一概都無有
田地什物付東流　春花騎獅水蕩走　洪水横流落山頭

[illegible]祖早已來算就　接引春花把行修　女裝男扮[illegible]識透

送往甯海孫祖收　善惡終有報應受　又表三官騙人頭

鵝浪兒　員外一家都滅盡。嗳哪好可憐。只因為我吃馬

糞嗳哪我的天。不該與我馬糞殘。造的罪無邊這回代

過心不安。嗳哪我的天。霸河揹人消罪愆嗳哪消孽冤。

却說邱祖，將春花送至甯海，拜在孫祖膝下修行，不表。再言

邱祖在陜西鳳翔府有座土山，山底有一石洞，邱祖在洞內

修性，打坐三年，想起王家為我一人害了他全家的性命，真

七真傳　卷三　卅一

來帶過不淺，不如去到霸河揹人，以消我罪愆。

有邱祖將春花送過甯海　交與那孫仙姑好修靈台

細思想王員外一家損壞　皆因我去化緣惹出禍胎

這一回造的罪堆成山海　到霸河去揹人消我凶災

化三天揹二日除我冤債　不分男不分女揹去揹來

七仙姑變凡人絕色可愛　有邱祖心虔誠不敢邪歪

財神爺化客商金銀隨帶　將包袱遺河邊撿起送來

有杜康賣藥酒壽同世界　勸邱祖飲幾杯頭也不抬

靈祖爺假風魔要他揹載　反罵他不會揹言都不開
是如此三五年不敢懈怠　感動了太白星上奏天台

邱說邱祖在霸河揹人、五年之久、功苦已滿太白星空中觀見奏聞　上帝與他賜福消災、　上帝准奏、郎令三官大帝、隨帶天書下界、化作三位公差考試心性、

三官爺領玉旨不敢遲慢　到霸河變就了三位解差
隨挑着三人頭把人駭壞　叫邱祖先挑頭後揹人來
那邱祖也只得挑過河外　將人頭放河邊又繞轉來

一回回揹過河壓得氣喘　點人頭少一個怎得下台
我解的是皇犯文書上載　少一個命難活嗚呼哀哉
你真是害人鬼來把我害　定要你倍人頭纔得下台
不然的我三人性命有壞　只駭得邱祖爺目瞪口呆
但不知我這頭可能替代　若能替把我頭割將下來

話說差官過得河來見木籠內少了一個頭、吵鬧不休、邱祖道我這頭可能替代否、差官說可替、於是邱祖把頭伸起、差官持刀、望頭砍來、只見火星亂爆、邱祖昏倒在地、霎時醒來、

摸頭還在不見差官這就奇怪　手摸懷中有天書一本
見差官合人頭俱已不在　又則見一天書藏在胸懷
避靜處來展開把人駭壞　天罡書名六甲道祖傳來
首一卷十二章譴神驅怪　中二卷十二章治病消災
下三卷十二章安邦除害　上中下三十六道妙難猜
說天文說地理聖人下界　講經典講法語口吐蓮開
說齊家說治國誰個不愛　講丹經與普度品節賢才
看唸畢望空中謝恩禮拜　入靜室來打坐心花朗開

七真傳　卷三　卅三

能知曉前後事奧妙推解　重陽祖遺天書三官送來
性光復開智慧脉發千派　天眼開慧眼開佛眼亦開
法眼開肉眼開五眼無礙　天界通法界通幽冥通哉
智慧通心性通續命通泰　有五眼合六通悉明胸懷
從今後悟明了天地三界　也不枉受辛苦天有安排
二十回只說到這裡滿載　且再聽廿一回五炁朝來

詩曰
勅詔元神復性宗　仝他顯道警愚庸
三曹十地同欽仰　官府庶民概敬從

第二十一回　百姓來朝　寶雞山　講道論德

詩　百日功成道法靈　姓名恰似桂花馨

曰　來來往往無其數　朝拜活仙講妙經

遍身香　五體同春氣質重生重生氣質疊疊層層層層疊疊先受苦辛後來享榮榮華後享微微倖倖倖倖微微百姓求教講道論經論經講道香香馨馨馨已香已

却說邱祖得了天書自覺神清氣爽別有一重天地耳聞九天目觀萬里周身妙道與道合貞觀天地山河如同手掌看

絃一般想我修了六十餘年今日方見這一點工夫真乃脫體超凡不枉我修煉一場心上快樂自此邱祖緣法廣遇衣食豐盈想起當日方丈看相說我不能成仙必然餓死還須到四川青羊宮再看他說些甚麽即刻就往見了方丈方丈一見大驚雙手奉茶忙叫備席欵待邱祖道從前相我命該餓死吃不得全席而今却怎麽這般欵待相士道仙長今日相貌與前不同從前是螣蛇鎖口如今變成二龍戲珠了必然主大富貴日後要受二主王子供養邱祖說然何我一人

就有兩様的相法，方丈說，都是看人的氣色身分，便知他的吉凶禍福。仙長上年面色是騰蛇鎖口，如今成辦二龍戲珠，發於面上，故以此斷之。又道說除了陰功難看，相五行倒轉，別為元，不貪酒色合財氣，道不遠人，可做仙。說畢，作禮而別。邱祖仍回寶雞。

邱祖復回陝西省　智慧大開最聰明　寶雞山南去養性
蟠溪宮內煉天文　三十六章俱驗應　道法雙全顯威靈
與人驅邪又治病　符到符准水到靈　蟠溪宮內多顯聖

感化秦川多少人

却說邱祖智慧大開，仍回關西寶雞縣南山底修煉。此地乃昔年姜太公釣魚之處，有一故廟，名蟠溪宮，離長安有三百餘里，白日長安化齋，夜晚向蟠溪投宿。原來得道之人身體輕爽，故行走如飛，如是一人在此行持六年，感動秦川僧道文人學士，俱來尊仰，求所指示。

邱祖在此多顯聖　勸化男女無數人　有一秀士文學正
要請邱祖講易經　河圖根源請講論　其中奧妙實難明

邱祖開言先生聽　自古聖人不言明　河圖洛書難引証
生天生地又生人　承蒙先生高明問　貧道愚昧剖不清
先生低心將禮頂　講透弟子拜玄門　邱祖無奈將神敬
略將洛圖講三乘　中一太極土星鎮　北一太昊生水星
南一太初火星本　東一太始生木星　西一太素金星定
五太五星祖原根　水德在天辰星應　水德在地玄靈星
水德在人元精本　火德在天熒惑星　火德在地丹靈應
火德在人是元神　木德在天歲星宂　木德在地青靈名

木德在人為元性　金德在天太白星　金德在地皓靈正
金德在人是元精　土德在天名為鎮　土德在地元靈神
土德在人元氣應　此是河圖五點名
且說邱祖講明河圖總名，學正請將中體外用講說一番。
又把中體外用論　天一生水地六成　生水在天月雨並
生水在地江河行　生水在人膀胱定　成水在天衆水星
成水在地蘆州境　成水在人屬腎經　講了北方將南論
地二生火天七成　生火在天日雷震　生火在地是丙丁

生火在人心主定　成火在天衆火星　成火在地部州境
成火在人小腸神　説明南方又東論　天三生木地八成
生木在天風雷並　生木在地草木林　生木在人膽經定
成木在天衆木星　成木在地辰州境　成木在人肝將軍
説完東方將西論　地四生金天九成　生金在天天氣應
生金在地是金銀　生金在人肺經定　成金在天衆金星
成金在地賀州境　成金在人大腸經　講明西方中央論
天五生土地十成　生土在天雲氣並　生土在地土石名

生土在人胃經定　成土在天衆土星　成土在地須彌頂
成土在人是脾神　天數二十有五定　地數三十河圖名
五行四象都説盡　生天生地又生人　諸位明哲一聲請
這是一本河圖經　衆位乾坤將禮頂　姓文學正拜玄門
儒釋道教人多很　個個稱贊活聖人　也有猛醒把道進
也有還要過幾春　長春祖師去養靜　只等觀音會期臨

高陽台

講得天花而亂墜男女齊皈依。説得地湧金蓮生男女齊皈依。猶如聖人再出世。男女齊皈依驚動三

教衆乾坤、男女齊皈依、
邵說邱祖在蟠溪宮養靜、每逢朔望聖會男女朝賀不絕祈福消災求道各有不同今乃觀音勝會大衆敬神已畢齊集堂中、請師講經說法邱祖即整衣冠四禮八拜坐在齋堂男女排班將觀音心經與衆分解

有邱祖整衣冠忙把神敬　叫男女衆弟子排列均勻
今乃是觀音母壽誕聖景　且聽吾講一段心印妙經
衆弟子聽師言忙把禮頂　請師傅開愚昧弟子願聞

有邱祖便開言大衆請聽　何為叫觀自在菩薩心經
觀自在是廻光返照內應　自在寓有菩薩本命元神
那行深是採藥天氣下浸　那般若為搬運離火下焚
波羅密為甘露法雨陣陣　那多者飲不盡時刻有呑
時本是活子時藥苗發笋　那照見是陽光發現光明
五蘊空是喜怒哀樂滅影　度苦厄為脫離苦海沉淪
舍利子是金丹萬殊一本　不異空不異色聖凡二身
色即空空即色眞假一性　那受想受大道默想功程

行為持識為知一元返本 如是者為復初明善歸根
舍利子是諸法空相清淨 不生滅不垢靜永不下生
不增多不減少空中無命 無受想無行識無為功程
無眼耳無舌聲身意空盡 無色聲無香味觸法概清
無眼界無意識無無明盡 無老死無死盡法身長生
無苦寂集滅道逍遥樂境 無智者亦無得萬緣掃清
無所得故菩提運上乾鼎 薩者性埵者定一性圓明
依般若返先天波羅浪滚 密者甜多者膺海水上昇

七眞傳 卷三 卅九

故心無罣碍者無情牽引 無罣碍無恐佈毫無虛驚
那顛倒那夢想遠離不近 言究竟言涅槃守定黃庭
那三世諸位佛依此功進 依般若依波羅密多故成
阿留清耨去濁多羅萬姓 三藐者是三寶三花飛騰
三菩提為三車故知轉運 般若法波羅功甜密多盈
大神咒大明咒武火煆品 等等咒為文火溫養胎嬰
言能除一切苦沐浴清靜 眞實事不虛假故說心經
般若法波羅密功多咒等 是說的退陰符貫滿乾坤

言波羅僧揭諦由凡希聖　菩者菩提者昇薩為真人
婆者化訶者變威靈顯應　救三災合八難外功培深
叫一聲衆弟子留心記定　講的是觀音母心印妙經
却說郎祖講畢三教門人乾坤男女無不驚異頂禮言道
衆乾坤齊稱讚忙把禮頂　唸過了數多年纔知玄文
今日裡若不是師傳指引　一輩子吃迷齋唸的迷經
但只是衆弟子心性未定　有幾個如師傳跳出孽坑
有恩妻合愛子把人勾引　為名利為穿吃勞碌一生

七真傳　卷三　四十

當年前不明道只圖糊混　那曉得這紅塵陷人深坑
今日裡衆弟子如夢初醒　把我等男與女超出迴輪
從今後願進道戒飯守穩　把五害與十惡一一去清
掃三心飛四相同原返本　一心心務正果急修來因
望師傳發慈悲多來指引　倘異日功圓滿永不忘恩
廿一回只說到這裡止論　再且聽廿二回古藉原因
詩　講玄說妙貫古今　道高龍虎伏僊林
曰　論經談典真稀罕　德盛天人神鬼欽

第二十二回　萬神拱扶　龍門洞　說妙談玄

詩　萬法歸中苦志修　神欽鬼敬譽千秋
曰　拱高執着無牽掛　扶虎降龍顯道周

臨江詞　受盡千般苦。吃過萬樣虧。苦到今日。道德光輝。走盡天下路。受過世人欺。苦到今日。足食豐衣。學盡旁門道拜過無數師。苦到今日。三教歸一。

卻說邱祖離了蟠溪宮、又到隴州龍門洞住居、也不化飯、草衣木食、混度時光、夜宿岩洞、半夜窑頂忽落一塊石頭、將邱

祖肋腔打斷、忍住疼痛、也不嗔恨反言、該當如此、養了半年傷痕全愈、心想此乃天魔、久在地下睡卧、中了濕氣結成一身瘡毒、害了一場大病、死去活來、過了年餘、纔好、這為地魔好了、在街坊化飯、遇一惡少、打個要死不活、並不怨尤、這為人魔、恍忽之際、見一青面紅髮奇形怪像、前來拴他、邱祖任其所為、昂然不動、轉眼就不見了、這為神魔、忽又見懸樑自縊、投河落井、有頭無背、蜂擁前來索命、邱祖不懼、情願償命霎時又不見了、這為鬼魔、又見一群張牙舞爪、凶惡前來吃

他儘他來吃轉眼不見此為獸魔又見山精水怪魚蝦蛇龍齊來吃他邱祖不動怨又不見此為精魔有一老者頭頂金銀一盤跪在面前口稱師父妝下邱祖不受一脚踢倒老人不見此為財魔邱祖屢遇魔障不驚不怖是何故也嘗想太上云欲求天仙者當立一千三百善欲求地仙者當立三百善邱祖原來體太上題目求貧先學貧求死先學死受過十魔九難方成大道

實難六年原人度　邱祖起身到隴州　龍門硐裡身住就
十磨九難道果周　隴州有個王綸守　闢駁僧道與尼姑
聞說龍門一活祖　他來洞中問根由　見了邱祖頭不叩
昂然端坐問來由　開口講他是朋友　假意前來把道求
邱祖聞言不喜怒　細將修行講一同　聽說你今是活祖
與我儒家投不投　儒家道教一個祖　三教原來共一丘
我們儒家吃葷酒　你們不吃為何由　儒家七十吃酒肉
未滿就吃非儒流　儒家總要接續後　釋道孤寡楊墨徒
釋道原為開闢祖　周出孔聖在後頭　為何儒字他居首

稱為第二道三收　孔聖道高他為首　非吃五葷他為頭、
世人吃葷亦吃酒　獄字從犬牢從牛　既是三教共宗祖
請將聖經講一周
邦說邱祖講明儒教根由、三教從來綸守、又請講聖經、邱祖
曰、爾既要聞聖經、聽我道來、
邱祖講易三叩首　易經首章講情由　乾是純陽諸卦首
在上為天清氣浮　在下為君一國主　在人至善太極圖
元字在天為東斗　元字在地春為頭　元字在人仁慈有

元在大道得皈初　亨字在天為南斗　亨字在地夏季頭
亨字在人禮體守　亨在大道火候求　利字在天為西斗
利字在地是正秋　利字在人義氣厚　利在大道温養修
貞字在天為北斗　貞字在地冬天頭　貞字在人智慧有
貞在大道採皈收　伏羲文王周公述　六十四卦伏河圖
一部易經此為首　一本萬殊在此求　綸守驚駭把行修
邦說邱祖講罷易經、綸守駭異、願拜門下悟道修行、時朝中
有一個必宰相宋王傳旨命他出外巡查、聞知隴州出了聖人、前來訪問、

43

周必宰相長安走　閒聽活祖他姓邱　宰相暗地訪邱祖
裝作尋常一庸流　邱祖先知未露口　知有宰相把道求
宰相來至洞門口　迎接齋堂談情由　聞聽仙長是活祖
特來領教指迷途　邱祖微笑打拱手　貧道愚昧是下流
明知仙才高北斗　何必韞匵而藏諸　請問其目那一路
知之為知不強求

錦堂月　弟有一言。眞人請聽。懇祈大學在新民。更求天命率性大學。談中庸論。首章奧妙深性。與天道。不可得而聞。如若得聞。予願把道進。

邱祖爺早已知宰相盤問　無其奈也只得洩漏聖經
大成宮來焚香禮恭必敬　將大學和中庸剴切詳明
人得一乃為大萬殊一本　大學者是學道奧妙千層
論學字有隱義玄妙包盡　外臼（音臼）字是碓窩舂米衙明
左三木右四金金木交並　內爻字陰陽合二五之精
下安冖（音覓）挑日月廻光照定　明白了那一字子海坎坤
天一清地一寧人一爲聖　上南山下北海至善水晶

那之字是行持復初返本　這道字上兩點太極之形
左太陽右太陰抱一守竅　下自字觀自在道在自身
着走之通天路行往西境　十二筆周天卦長陽消陰
大學道在明德日月相並　日為離月為坎日月合明
明德者明五倫仁存惻隱　義和氣禮恭敬智慧信誠
在親民親作新民為衆姓　為革故為鼎新舊汚洗清
在止於至善地私欲掃淨　那至善為靈台人身黄庭
知得傳止妄念而后有定　有定者心君泰靜靜清清

而知止后有定定后能靜　靜之極必現陽西南生魂
靜后安安其所安爐立鼎　安後慮慮得藥雨施雲行
慮后得得其藥生聖之本　地雷復西南朋生我之門
物本末事終始次序逆順　以無極為一本萬物末名
從一本散萬殊順行凡徑　由萬殊歸元始逆行聖庭
這講的大學道三綱大領　若有人得傳授脫殼飛昇

却說邱祖言明大學妙義，宰相佩服其言，又請將中庸妙義剖晰詳明，邱祖不憚苦口而言曰

既要問中庸道聽我細論　天命者天之命施性與人
那靈性是真人肉身合並　生為魂死為鬼六道輪廻
變胎卵轉濕化上天不忍　因為此發大道率性功程
那率字藏大道莫現乎隱　率者帥為統領周身之神
中玄字為玄關君子務本　外四點為四相收回道心
下十字十字街各正性命　能率性之謂道不走廻輪
知率性即修道存心養性　那修字是九筆九轉功程
明修道之謂教教為教訓　儒得之為儒教儒門聖人

釋得之為釋教佛門果證　道得之為道教道門高興
道也者不可離自身率性　若可離非正道必是旁門
故君子守五戒行為謹慎　身外色眼不覩不驚其神
恐驚駭懼膽怯中宮守定　身外聲耳不聞譬如北辰
莫見隱可與言微露春景　莫顯微不與言守口如瓶
故然是學君子出言謹慎　慎其獨為自知中央黃庭
這講的中庸道首章率性　中庸者三十三章旨詳明
若有人得傳授由凡希聖　聖希天超刼外萬古長春

周宰相聽授畢如夢初醒　稱邱祖真好比凡間聖人
轉回朝奏當今必來詔請　君臣們學聖道好步三清
談叙畢施一禮打馬朝進　有邱祖禮恭敬送出硐門

却說周宰相辭别邱祖出了硐門行至中途自嗟自嘆曰

周宰相行中途再三思忖　想邱祖果算得出世超群
回思想我周必該有緣分　三千年纔能夠得會至人
常言道人難得中華難生　又道是道難遇至道難聞
嘆世上幾多人迷而不醒　得此身在中土造就孽坑

將人身失吊了千刼難挣　但不知到來世變獸變禽
趁此時洪福現好修上品　今生裡若不修待等何春
一路行一路想心口自問　我還要把此事奏明當今
回朝來修表章不可遲頓　即日裡把來由奏與明君
值朔望衆文武上殿奏本　有周相趨堂陛細說原因
廿二回只說到這裡止論　再且聽廿三回邱祖進京

詩曰

說明學庸首章機　妙法千層緊出奇
談破聖經率性理　玄關一竅少人知

第廿三回　鬼伏神欽　受封贈　顯聖平賊

詩　鬼妖喪膽魔心寒　伏虎降龍感動宮

曰　神佑當今龍意喜　欽傳旨詔到長安

梅花魁　梅花開哪開三冬。雪花飄哪雪飄空。周必宰相回朝中。老天爺。要見主人翁。見主人。受哪受敕封。平賊殺。立哪立大功。名揚四海耀祖宗。

却說宋皇帝登基、一直把邊夷狠烟掃滅、坐了九五、執掌乾坤、一統大業、一日駕設早朝、周宰相俯伏朝堂、尊聲我主萬

七眞傳　卷三　四八

歲、臣有本奏、今關西鳳翔府、出了大羅金仙、不敢隱瞞、祈主定奪、宋帝見奏、龍心大喜、傳旨即令周宰相、去到長安龍門硐中、迎接邱祖、不日到朝、文武出迎、宋帝登殿、邱祖見帝不拜、打了一個稽首、皇上見他不跪、心中大怒、大喝道、好個野道、縱然你是大羅金仙、也是吃朕水土、得成正果、理當拜謝、見朕不拜、豈無慢君之罪、理應取斬、念在臣相面上、吩咐武士、將他送在朝天宮安身、有事再詔、宋帝回宮、周相面代羞慚、出朝把邱祖埋怨說道、你今失禮、送在朝天宮中安身、你

的體面何在按下不提，

不言宋帝江山掌　且說賊寇出西番　戰表一封北京往
文武兩班奏君王　宋帝惱怒把旨降　李綱趙都聽元章
領兵十萬西番往　征戰賊寇一掃光　得勝回朝加陞賞
路途不可擾民良　二將領旨點兵將　五營四哨好威光
行至邊關營扎上　停兵三日擺戰場　番王有名貪妄想
長子名叫喜女娘　二子名叫怒難擋　三子名叫哀無常
三人武試難抵擋　個個道法比人強　四子叫做懼寃帳

七真傳　卷三　四九

五子名叫愛寶郎　六子名叫惡窮壙　七子名叫慾酒漿
還有伍家五員將　中營伍情武藝強　前營伍色會觀杖
後營伍味會使鎗　左營伍聲使鉄棒　右營伍害會吸光
統領六賊十二將　十二周天擺戰場　迷魂陣中人難量
管叫大將無主張　正東青龍名天綱　正南朱雀名灰揚
正西白虎名陷蕩　正北玄武名漂洋　中央勾陳名土炕
五惡大陣兇神忙　二比對壘打一仗　官兵大敗走忙忙
逆賊得勝且不講　二將兵敗無主張

一封書　賊子勝。王兵衰。好呀好悲哀。五惡陣。七雄歪。好
呀好悲哀。傷生命。破關街。好呀好痛哉。李綱帥趙都督
好呀好悲傷。修書信。搬兵來。好呀好痛哉

却說李綱趙都領兵十萬來到邊庭。賊勢猖狂。連夜攻打。踏了大營。黑夜之間。防備不及。提刀上馬。左背代傷。逃出大營。可憐十員大將。盡皆落馬。十萬精兵。半歸泉台。屍橫遍野。血水成河。回朝班兵。宋帝登殿。同文武共議退兵之策。衆臣緘口。無人敢當此任。况李綱趙都戰將魁首。猶抵敵不住。因此面面

相覷。文武忽然想起前日傳來邱道人。現在朝天宮安身。不免命他前去番邦平賊。必是上策。當時傳旨。命文武宣詔邱祖上殿。宋帝言道。命你代兵前去西番平賊。你可願去否。邱祖道。有何不願。宋帝言。要用多少兵將。邱祖曰。臣不用一兵一將。只要朝天宮兩個道童同我。那十八個弟子不戰番王投降。還要歷年進貢。每歲來朝。言畢。領旨往邊庭而去

李趙帥　打敗仗　修下書簡　回朝來　搬救兵　有道存焉
衆文武　聞此言　齊上金殿　再無人　願出陣　去征番邦

宋帝爺命邱祖領兵出戰　管叫他西番賊一掃狼烟
邱祖爺不用兵領旨下殿　代二童弟子隨去討賊蠻
縮地法來得快番營不遠　到邊庭擺戰場浩浩其天
乾開門金光陣甲戌威顯　坎休門黃泉陣甲子守關
艮生門五惡陣丁丑嚎噉　震傷門五雷陣丁卯驚天
巽杜門吼風陣甲辰龍轉　離景門火光陣甲午離炎
坤死門瘟瘴陣丁未陰險　兌驚門白虎陣丁酉凶殘
此乃是八卦陣神將聽點　只擒拏莫傷生謹記心間

却說邱祖擺下陣圖，手無寸鐵，出營討戰。番王一見，大笑道：你朝中再無良將，誰叫你來替死，勸你各自早去，留你一條草命，多活幾日。邱祖道：不必囂狂，點兵出戰。

邱祖爺叫番王點兵鏖戰　管教你衆反賊命喪黃泉
聽貧道來相勸歸順免戰　寫降書來獻上饒你命全
那番賊聽此言火星爆暴　擺陣勢將邱祖引入賊關
有邱祖進惡陣把道來顯　青龍陣吹肺氣青旗倒完
朱雀陣吹腎氣紅旗不見　白虎陣吹心氣白旗分邊

玄武陣吹冒氣黑旗不見　勾陳陣吹肝氣黃旗崩山
破開了五毒陣邱祖身轉　那鎗刀合劍戟毫不染沾

却說邱祖破了番王五惡大陣、鎗刀劍戟毫不沾身、轉出陣來、大叫番王、你敢入我的陣否。

邱祖爺罵你敢進我陣面　纔筭得有武藝戰法威嚴
那番王氣性大隨後追趕　一霎時擁進了八卦陣圈
金光陣放毫光能繞人眼　黃泉陣噴海水鎗炮不燃
五惡陣站五方人馬混亂　五雷陣轟轟响膽戰心寒

吼風陣如雷吼天昏地暗　火光陣噴火星衣裳燒完
瘟瘽陣放毒藥人馬病患　白虎陣有惡獸慣噬肺肝
邱祖爺呼弟子擒番為善　切不可傷生命仁德洪寬

話說番王走入陣中、千萬人馬、站立不穩、如醉如痴、口稱大仙饒命、邱祖道、快快寫下降書、方可保全性命、番王道、陣前無有筆硯、邱祖令割袍咬指、親筆寫下降書、反王依言、寫畢、交與邱祖、將賊寇放回營去、又送神將歸位、班師回朝、

邱祖爺收降書放賊回轉　送神將返本位各歸洞天

帥元帥領先鋒收兵回返　邱祖爺用五道快如雲翻
將降表呈主上侍立金殿　宋帝爺同文武心中喜歡
封邱祖護國師職位高顯　掛長生永不老快樂天仙
任憑你招門人打坐修煉　賜俸祿與衣單硐廟菴觀
邱祖爺謝龍恩步下金殿　來之在清靜寺養靜參禪
李綱帥受驚惶官職陞選　趙將軍受驚駭三級加添
衆兵將俱陞賞謝恩下殿　陣亡者設超度四十九天
生也安死也順陰陽兩便　衆都稱有道君洪福齊天

應該當邱祖爺要把道顯　有神聖暗扶持不足為難
宋帝主發軍餉重修寺院　即日裡來興工造就龍菴
塑三清合三教列聖培伴　兩廊中又塑下十二大仙
修樓台與殿閣前院後院　又造下有單房五千八間
邱祖爺招門徒在此修煉　進道者俱皆是文武百官
廿三回只說到這裡落點　再且聽廿四回道法顯勝

詩　顯道退兵八卦壇　聖心制敵最不難
曰　平寇未用三寸鉄　賊寇降書大國安

第二十四回　陽純陰盡　顯法術　女變成男

詩　陽魂長滿月中圓　純粹金光照眼前
曰　陰魄消完嬰兒就　盡心誠意會諸仙

喜遷鶯　天降仙娥臨皇家。一朶一朶花。十月胎足定根芽。一朶一朶花。國師算掛鳳無差。一朶一朶花。真人推算是女娃。一朶一朶花。女轉男兮美到佳。一朶一朶花

郎祖平賊我不嘆　又說娘娘懷胎元　有道天子登金殿
文武卿相同朝參　時宣國師入朝見　寡人有言聽的端

你們二人同排算　朕后胎孕定女男　國師八卦手中算
原來鳳體卦爻占　真人六通並五眼　也知是位女胎元

却說禪師算定是鳳，郎祖想道這個和尚果然有些道法，算得不錯。難道我也說是鳳不成。展指一算，原來天降一龍一鳳。外國王子生龍，我國生鳳，不若做個以龍轉鳳之術，氣死這個和尚。當時金殿奏道：

啟奏萬歲貧道算　天降真龍下塵凡　陀僧當時把話辨
明知是女強作男　長春賭算在金殿　倘若是鳳將頭懸

國師開言賭雙眼　倘若是男把眼捥　廟宇情願拿他占
職位情願讓他先　二人寫下画押單　憑着聖主文武官
話說邱祖與白雲禪師在金殿打賭文武百官同作見証立
下合同書畢各自散朝邱祖回宮運動神力
邱祖回宮暗打算　設立法台煉定南　抽爻換象陰陽變
静室排下八卦壇　戊己二土安中面　先天乾卦安在南
離東坎西坤北巽　艮居西北兑東南　巽位西南震對面
先天八卦對待安　踏罡步斗掌慧劍　換象抽爻女轉男

七真傳　卷三　五五

抽離外陽來交坎　坎卦外陰化為乾　抽坎内陽交離面
離卦中女變成男　抽乾三陽交坤娩　坤為老母變作男
抽震下陽凝巽換　巽為長女變成男　抽巽二陽交震面
震卦二陰變成乾　抽艮一陽交兑占　兑為少女變成男
抽兑二陽交艮伴　艮卦二陰化為乾　卦爻抽畢符法煉
六丁六甲聽我言　命你外國把龍換　送與皇后胎中安
神先運動休遲慢　管叫女子變成男　丁甲神聖領命辦
去至外國換龍還　娘娘睡着横身汗　果然胎形化成男

却說邱祖回宮命神將把胎形換過禪師那能得知至八月
十五果降真龍宋帝傳旨名選二人上殿文武朝叅

宋帝登了九五殿　宣詔二人來朝叅　叫聲國師你失算
你算是女偏生男　二人賭帖孤為見　失算要把眼睛剜
國師聞言唬破膽　三呼萬歲把恩寬　貶職以免剜雙眼
逐出京外不入鑾　邱祖請情職休貶　看在小臣臉面前
宋帝准旨看卿面　僧職不貶位要遷　從今休住白雲觀
另尋廟宇把身安　陀僧遵旨下金殿　清静小寺去叅禪

陀僧惡氣且不嘆　再說聖上封邱仙　真人八卦是妙算
不由孤王心喜歡　加封妙化真君宦　受享天爵在帝前
從今請住白雲觀　半付鑾駕助威嚴　邱祖謝恩回廟轉
白雲寺中去煉丹

山坡羊　有陀僧算女成男卦不靈為何因其中奥妙難
窮盡怒君王貶白雲却住清静惡死血心難活命袖中
八卦再算定邱道妖人六甲換骨變形可算道法勝
有陀僧心惡氣難以活命　細思想此回事無面見人

我不免用毒藥把他命損　管叫他飲下腹心性迷昏
將毒藥暗配起如何得進　猛然間想一計其妙如神
白雲寺老僧人不能走進　士子僧诓與我至愛相親
買活他將此藥下茶而飲　言未畢那士子來至山門
他二人暗設計主意打定　回寺去不多時下了無情

話說邱祖若遇吉凶禍福護法神將暗中扶持八卦一算便知，詳細偏偏這回迷昧不知皆因前世寃仇甚衆故而今飲毒藥上吐下瀉心神恍忽士子僧報知陀僧言邱祖頭髮落

盡好像我們陀僧聞言心喜忽然又生一計

有陀僧聞此言心中喜幸　忽然的生一計入害他身
有一寶名黃冠外國所進　聖賜我無髮帶空自收存
聖賜我一納襖水都不浸　將二寶退主上必送真人
無頭髮那黃冠必帶不穩　一叩頭落下來罪擬欺君
必然是來定罪職祿削盡　正說間王登殿一聲傳名
有國師退二寶俯伏奏本　邱真人是活仙有功之臣
想小臣無功勞冠襖愧領　臣情願退衣冠望賜邱真

宋帝爺開金口國師你聽　退衣冠是出氣冒瀆寡人
貶國師為禪師有名則應　從今後無旨詔不准面君
却說陀僧只說退還二寶以害邱祖，誰知龍顏惱怒，貶祿職，正在嗟怨，又聞主上宣邱祖上殿，旌表榮身。
宋帝爺宣邱祖上了金殿　為國家承愛卿費盡婁心
朕賜你黃納襖水火不進　賜黃冠定風珠無價寶珍
都說是邱祖爺頭髮落盡　又誰知髮重生又黑又深
那邱祖領受寶衣冠穿定　行三跪九叩禮拜謝皇恩

朝事畢下金階僧道廟進　氣壞了那陀僧用計不靈
我只說退二寶暗送他命　誰知道他頭髮落了又生
却說陀僧兩次用計，一心要害邱祖，誰知畫虎不成反類犬，忿怒不已，忽然又想一計，有一小徒名曰桐油精，於堪輿何不叫他前來，有何良策。
有陀僧叫桐油小徒你聽　這野道用何計可陷他身
那桐油尊師傳說不要緊　白雲寺白虎頭修一廟房
鐘鼓响吹西風白雲吹盡　雲從龍風從虎廟倒人傾

有陀僧聽此言計策妙甚　求大臣奏聖主建修廟庭
魏宰相至金殿將本奏上　清静寺僧人多無處安身
寺右邊地基寬修上幾進　王准旨取寺名西風之亭
却說陀僧在西風寺右邊修一西風亭懸起鐘鼓邱祖門人
知覺報與邱祖言道把左邊鐘倒掛鼓樓右邊鼓倒挂鐘樓
門人欲問來歷邱祖道過了三日，自然明白。
邱祖爺早己知計法兩定　鐘移東鼓移西風來倒行
西風亭擊鐘鼓果然風應　白雲寺敲鐘鼓反吹亂聲

不到那三日内風狂太勝　西風亭遭天火竟化灰塵
這正是想害人人反吉慶　把自己必害得莫處安身
陀禪師怪徒弟地理不應　怨桐油習風鑑未曾學精
將我的國師職貶個干净　把我的二寶物頂博出門
廿四回只說到此處止韻　再且聽廿五回談道原由
詩　女離反坎李生桃　變化無窮道法高
曰　成就飛龍宋帝喜　男兒立志逞英豪
天仙寶傳卷三終　禮義堂新鐫刻

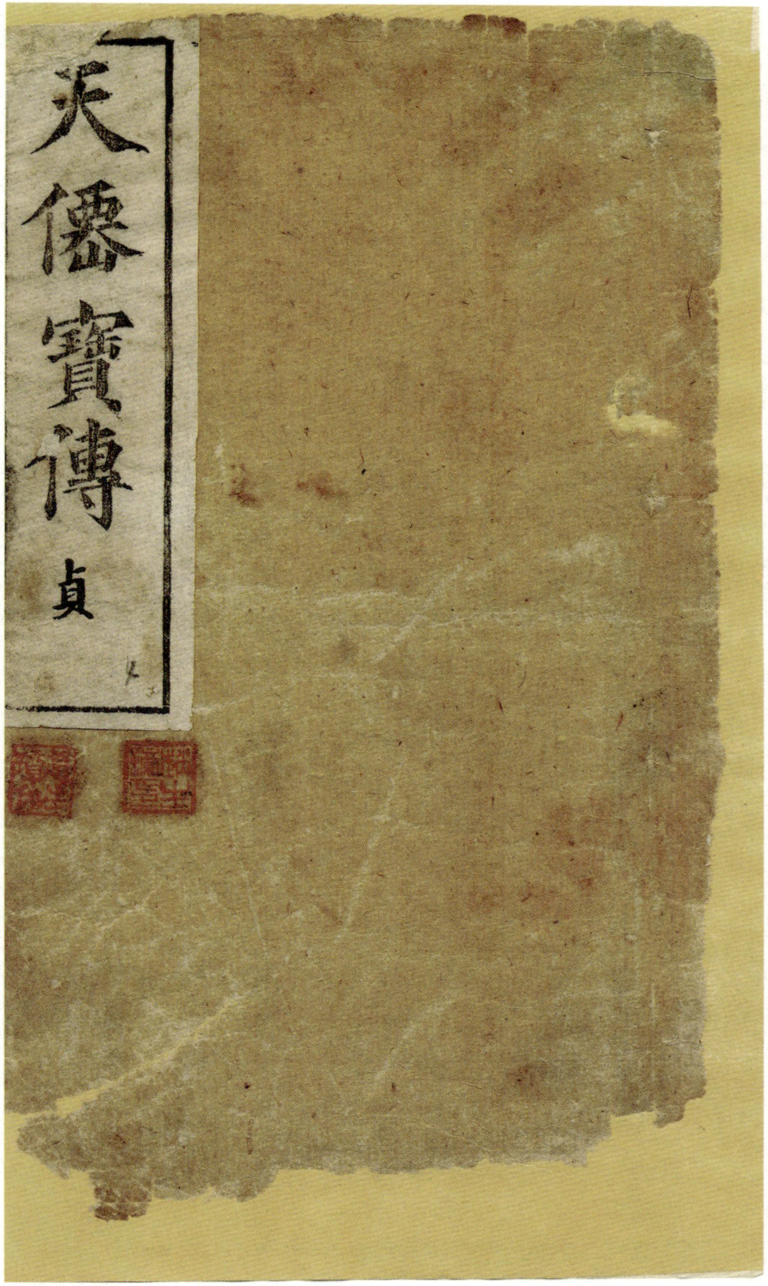
天儀寶傳
貞

寶傳

第廿五回　伴駕龍庭　邱祖爺　經設王面

晝堂春　邱祖與宋王設善鳳凰閣　邱祖修行　與宋王論三教

第廿六回　飛昇極樂　劉眞人　性赴帝前

觀星象　劉祖天宫觀星象觀天景　劉祖天台　天宫觀景二下

第廿七回　燮理陰陽　娼妓院　色魔煉正

紅繡鞋　色重陽試劉指示煉香羅帶　劉祖娼修　行院中煉色反勸

第廿八回　色涵天地　達摩祖　法術指南

一字禪　達摩與劉祖賜恩風送雲　達摩辨男女　與劉祖論周身之道理　求

七眞傳　一

第廿九回　變化無窮　三十六　異端攻破

耍孩兒　邱祖與衆賢辭朝設道　龍門硐　一枝花　邱祖與賢論旁正

第三十回　隱顯莫測　七十二　旁門設穿

皂羅袍　邱祖行善　與十假賢辨旁正　硐仙歌　邱祖設旁門法術　開七十二叢林

第卅一回　脫苦離塵　衆賢徒　共明大道

迎仙客　邱祖傳道　試衆賢叢林　道光明　邱祖化變試衆賢盤道

第卅二回　逍遥物外　七眞人　同登瑶天

普天樂　七眞與衆徒脫化　性圓明　七眞號　與衆徒俱受封

七眞天仙寶傳卷之四新鐫

孚佑帝君　叙於京都紫雲山房　海源子校證

第二十五回　伴駕龍庭　卭祖爺　經設王面

詩　伴主存誠論古今　駕前講道衆臣欽

曰　龍飛鳳翥弘天道　庭閣生輝炫聖心

晝堂春　修行嘞。悟道嘞。悟道修行是高超。騰雲上九霄。

龍吟嘞。虎嘯嘞。龍吟虎嘯眞逍遥。萬有化氷消。四害一

齊拋。四害一齊拋哇。

却說陀僧。千方百計。害卭祖不倒。反自招愆。又失了寶貝。財了戢衡。焚了寺院。無處安身。正在兩難之際。忽聖旨倒下。

陀僧師徒急得呼　害人不倒自招愆　只說自己有才幹

誰知天外還有天　修行不把五害斷　擅動無名起禍端

打賭輸頭就該斬　膽敢暗把毒藥叅　聽信頑徒起惡念

想害卭祖命歸天　一計未了二計現　又造西風寺幾間

風吹必把白雲散　那知卭祖有妙玄　暗將鐘鼓樓來拆

反將自己寺院燃　害得衆徒無處站　齊逃生路往外邊
這是害人天倉滿　聖旨發配在雲南　陀僧師徒且不嘆
又表邱祖功果圓
卻說邱祖、自陀僧發配之後、住在白雲寺、修眞養性、當日在
子午峪、三清廟、救了邱祖、十八個強盜聞聽邱祖平番受封、
俱至白雲寺求見邱祖、迎接入寺、分賓而坐、那十八人言道
昔日蒙師點化、弟兄特意前來求教、望乞收留、邱祖一一收
下、自今以後往來求教者、約有數百餘人、於是法門大展、一

七眞傳　卷四　三

日聖上設朝、文武排班、宣詔邱祖上殿、
宋帝駕坐金鑾殿　文武、大臣齊朝參　君臣朝事議一便
宣詔眞人講道言　邱祖冠戴上金殿　稽首頓首見龍顏
九龍口內把道嘆　宋帝從頭問根源　釋道兩門講修煉
儒家為何不曾言　仙佛二家經都看　為何不與聖同焉
請將三教說一遍　孤家也想學神仙
話說邱祖、在金殿講說、三教經禮、跪地謝恩、宋帝君臣、俱有
進道之意、再請邱祖講明修行之事、

邱祖當時同言嘆　修行之事非異端　第一在止於至善
釋道兩門叫先天　第二敬忠而以勸　釋道化人改心田
第三悟道一以貫　釋道三教共玄關　第四慎終以追遠
釋道度親上西天　第五貧而以無諂　釋道守貧不妄貪
第六勞而不敢怨　釋道苦功度人緣　第七誨人而不倦
釋道訓教最耐煩　第八學而不敢厭　釋道立志鉄石堅
第九雖愚必明顯　釋道德慧是高賢　第十萬物一體看
釋道色羅萬象天

邱說邱祖講明十條修行之故，名異理同，恐宋王君臣心意不堅，復將三皈五戒講論一番。

此是大概難盡嘆　三皈五戒說一番　君為臣綱乾道變
釋道皈依元神先　父為子綱天行健　釋道皈依元氣全
夫為妻綱卦名坎　釋道皈依元精完　此乃三皈理一段
儒家三綱理周全　三教原來一體看　又把五戒說的端
見生不忍見死面　釋道戒殺仁德全　君子固窮無阿諂
釋道戒偷義為先　戒之在色孔聖嘆　釋道戒淫禮正嚴

沽酒市脯不食桊　釋道戒肉智慧堅　言而有信不改變
釋道戒除妄語言　儒家三綱五常嘆　釋家三皈五戒嚴
道家三花五氣煉　這是三教理同然　邱祖說畢來朝見
赦臣放肆發狂言

鳳凰閣　齊稱讚。是仙才。儒教門。釋道兩教開。誰能將。三教排。儒也有三皈合五戒。眞奇哉眞妙哉請眞人把儒道細細而講來。君臣們。意樂胸懷。意樂胸懷。

卻說邱祖在金殿講得天花亂墜地湧蓮生宋帝君臣意樂

胸懷請邱祖將儒書大道仔細指開如果情理相合朕願皈依文武大臣同聲附和願拜玄門邱祖不敢違命躬身上殿領旨復又言曰

邱祖爺領王命不敢謙遜　十三經難盡講大概剖明
自天子至庶人修身為本　在釋道為普度勸人修行
生事之死葬之祭之以敬　在釋道度父母超拔先靈
以萬物為一體見死不忍　在釋道惜性命戒殺放生
非七十不食肉存其惻隱　在釋道躲輪迴戒除五葷

易乾道言變化名正性命　在釋道為雙修固蒂命根
率性道修身理天命謂性　在釋道奉天命傳道修真
有窮理合盡性以至於命　在釋道保性命養氣凝神
言太極合至善萬殊一本　在釋道玄關竅南無黃庭
與日月合其明樂天知命　在釋道為廻光返照功程
雲從龍風從虎見乎隱　在釋道為金木虎嘯龍吟
言大學道在明[illegible]孝弟曆　在釋道聖日月照耀金庭
有鳶飛合戾天不言而信　在釋道玄關開丹田通靈

比方強比宮黝坤道其順　在釋道名比海又名比辰
挾泰山超比海[illegible]中而應　在釋道為採藥乾去交坤
寂然動不動心定而后靜　在釋道名煉己築基功程
水流濕涉大川王三錫命　在釋道為抽汞三下水晶
用取女見金夫大君有命　在釋道名姹女去會兒嬰
本乎地而親下舍逆取順　在釋道分金鑛去濁留清
行其庭不見人田獲三品　在釋道精氣神三合妙凝
地雷復魚躍淵六六春信　在釋道為得聚一陽初生

言雲行合雨施源泉混混
那品物共流行盈科後進
本乎天而親上雷出地震
相見離火就燥上有火鼎
麗乎天能久照正位凝命
不明晦有攸往人欲净盡
物不可以久居受之以遯
不克征不獲身中正而應

在釋道轉黃河水湧崑崙
在釋道屬三寳車運法輪
在釋道三花聚五氣結凝
在釋道為武火煆煉寳珍
在釋道為文火温養胎嬰
在釋道名清净沐浴功程
在釋道為退符普度歸根
在釋道為面壁涵養眞人

說罷了釋道門儒教理論
三十而化愚賢德性堅定
五十而遍遨遊樂天知命
删詩書定禮樂品節詳明
上而升下而飲温温恭敬
樂韶舞放鄭聲法戒分明
後接續纔留傳思孟顏曾
只知道讀詩書博取功名

孔聖人生周末誰不稱尊
四十而纔明了生死之根
拜太上指大道禮義講論
拜萇弘習穿楊中直體正
拜師襄學琴音涵養天性
修春秋寓褒貶見麟止定
到而今後世人希賢希聖
誰能夠把性命參透精蘊

六經傳藏大道修身隱証　儒門中却也有玄關指引
儒門中却也有龜蛇翻身　儒門中却也有三花聚頂
儒門中却也有嬰兒常親　儒門中却也有武火上貫
儒門中却也有文火養神　儒門中却也有退符常運
儒門中却也有沐浴清靜　儒門中却也有貫滿乾坤
從元始至反終功成告竣　儒釋道共玄關法像飛昇

却説邱祖將三十六三教統經講畢頂禮謝恩赦小臣糊言妄語之罪宋帝與衆臣稱讚不已

有宋王合衆臣稱讚不盡　果然的三教合萬派一根
宋王爺龍心喜天爵銜贈　通明相加合惠大帝之名
有邱祖忙謝恩金殿禮頂　遵三教仰修行有道明君
宋帝爺想進道身口難禁　周宰相與衆臣拜了玄門
以下的文武臣依道而進　學了些却病法小術下乘
廿五回只説到這裡止韻　再且聽廿六回天宮觀星

詩　經演三乘度孝宗　談玄講妙驚雲龍
曰　王欽臣散加封後　面壁功成上九重

第二十六回　飛昇極樂　劉眞人　性赴帝前

詩　飛騰直上九重天　昇至凌霄玉帝前
曰　極妙玄關眞聖境　樂觀妃娥貶塵凡

觀星象　修行悟道學神仙。安爐立鼎煉金丹。煉個月團圓吚喲吚。煉個月團圓。太極有圓還有半。不如煉個太陽圓。萬刦太極圈吚喲吚。萬刦太極圈。

丢下邱祖且不嘆　回頭又把長生言　自從雲遊在鄠縣
遇着道友馬邱譚　各將修行説一遍　三人俱是丹陽傳

他們功夫到悟轉　昧者難行是急然　只有長生性靈變
體性圓明在眼前　三年九載苦修煉　看看外功內果全

却説劉眞人、自覺功夫滿足、走到華山、脱凡化體現出陽神、忽聽仙樂响喨、一隻仙鶴、飛至面前、有一仙童手捧丹書、髙聲叫道、劉眞人你而今功行圓滿、上天丹書來詔、先拜西池王母、考驗道行、然後轉見　玉帝、凌霄受封、常言銀子是假的、過不得灰池、神仙是眞的、怕的瑤池、瑤池多有美色考驗神仙道行、劉眞人來到瑤池、耳聽笙簫鼓樂、十分熱閙、仙童

引至　王母殿前倒身下拜弟子劉處玄、與老母慶祝萬壽
無疆、　王母問道、你的功果可曾完足否、處玄道弟子功果
並無缺欠、　王母即命仙童看坐宴時擺上玉液瓊漿、又命
仙女前來作樂、俱皆肅儀端容、美貌無雙、看了一會、心神恍
惚、又命仙童引到各宮遊玩、

劉祖來在瑤池殿　果然別有一重天　飲罷瓊漿合玉宴
又命各宮去遊頑　猛然睁開慧眼看　日月星斗在面前
上觀三十三天殿　下觀十八地獄菴　耳聞笙歌百鳥喚

五色祥雲起騰烟　來至頭層星斗面　紫微垣中看一番
北極紫微當中站　四輔四星排兩邊　后宮庶子大帝監
天皇大帝在中間　左樞右樞前門垣　上承下承後門邊
陰德大理前門站　華蓋傳舍護簷欄　勾陳衔文相連串
五帝內座在左邊　天柱六甲天皇管　天厨扶筐造父傳
樞精三師天牟伴　天理艮心斗中間　太陽三公四勢貫
天厨五狼天狗連　紫微星多難盡嘆　玄武衆星大暑觀
斗牛女虛危月燕　室壁天籥及天淵　貫索天雞共上建

狗國農文斃天田　天津河鼓共九坎　漸台天桴輂道前
牛郎離珠河東岸　織女溪仲河西邉　北方星宿難盡看
又到南天觀一番

却說劉眞人、來到北方、八天、觀星已畢、仙童又引到、南天、

將身來在太微垣　左執右執欄門前　上相次相左邉站
上將次將右邉旋　左轄右轄前門奠　勾陳即位後門延
諸侯宰臣往內院　五帝太子居中間　太微星多難盡玩
朱鳥七宿觀一番　井鬼柳星南方演　張翼軫星在於南

水府四瀆鐏越現　積水積薪積尸闕　天相天廟享酒宴
南極老人及軒轅　朱雀星多難盡看　又往東方觀一番

却說仙童引劉眞人、觀罷南方星象、又引至東方一觀、

將身來在天市苑　建閉鈎鈐東西咸　東海西海吳徐燕
市樓車市護門前　貫索女床門後建　斗斛列四河中環
帝座諸鎮候中院　天市星多難盡瞻　蒼龍七宿觀一遍
角亢氐房金光圓　心尾箕星大角現　三公周鼎共進賢
提攝平道和頤顯　天門南門隅不寬　天乳天幅一大串

騎陣將軍騎從官　積卒神宮魚黿蚌　傳說糠皮杵星觀

蒼龍七宿難盡玩　又往西方觀一番

却說仙童引劉眞人、觀罷東方星宿、又引往西方觀望。

將身來至少微苑　天度天廋天溷連　左史右史站兩半

附路閣道天陵沾　天大將軍在中院　天曹天閣共天船

天廩天詭合天苑　少微星多難盡觀　白虎七宿觀一遍

奎婁胃昴站西邊　畢嘴参星共相建　天河天街天節連

日月二星分兩半　九州珠口似月圓　五車咸池座旗門

七眞傳　卷四　十二

天高天陰諸王官　白虎星多難盡看　五斗星中觀一番

東斗一星啟明喚　南斗六星天河潛　天府天相天梁煥

天同天厨天機全　西斗四星白標現　高元典皇巨威連

北斗七星紫微垣　陽明真精眞人權　佐寘丹元北極演

中斗本是勾陳盤　天皇大帝斗中站　五斗星多難窺觀

要進三十六天殿　長明殿中朝帝顔

觀天景　恍朗朗、透虛空、諸天列宿布蒼穹、光昱昱、赤金紅、百般景致樂無窮、活潑潑、晶玲瓏、經天斗府路自通。

威赫赫。異相容。膽戰心怯毛髮鬆。

遊過了列宿天九霄而進　看一看諸天景上朝天尊

法輪天神霄宮看罷奇景　月星天煥耀宮光彩射人

速行天流珠宮光輝霞噴　日輪天丹赤宮炎熱薰蒸

光音天清霄宮仙音上進　雜地天諸寶宮煥然一新

險岸天神將宮異形猙獰　波利天碧玉宮無數眞人

究竟天耄霄宮天兵紛紛　如意天清靜宮仙女彈琴

容殿天萃虛宮景致清靜　善法天瑤草宮仙獸仙禽

七眞轉　卷四　十三

摩泥天丹霄宮不敢亂進　燄摩天丹霞宮赤光射人

娑利天涵養宮威風凜凜　威音天紫霞宮赤氣騰騰

細微天景霄宮天仙陣陣　大梵天太和宮仙女盈盈

無象天白玉宮罡風烈凜　無雲天玄眞宮無垢無塵

福生天玉霄宮無邊仙景　化樂天丹台宮寶貝成林

自在天瓊瑰宮仙樂好聽　善現天道德宮瑞氣騰騰

歡喜天振霄宮奇花香噴　周行天靈寶宮異果味馨

界分天大梵宮高眞出進　廣果天太乙宮仙子品評

無量天紫霄宮一片美景　梵輔天上清宮天將把門
智慧天玉清宮威嚴至甚　無想天太清宮仙妃成群
清靜天太霄宮真正聖境　無煩天玉虛宮拜謁諸真
光明天彌羅宮朝恭上聖　兜率天斗牛宮拜叩天尊
通明殿這美景一言難盡　玉帝問一件件細訴分明
賜仙衣賞綬帶十分僥倖　不覺得見宮女動了淫心
有玉帝合老母心中惱恨　將劉祖打下凡不準天庭

却說仙童引劉眞人遊遍天宮轉謁玉帝觀見兩旁站立

仙女十分絕色心內想道真乃金容可愛玉貌宜人比下界的宮娥彩女分外雅致微微動了一點色念

玉帝老母慧眼遥觀早已知他動了色心吩咐仙童將劉處玄扯出宮門打下天台還入俗體色心未退就來見我天上豈有好色神仙理該墮落打入輪迴處玄慌忙下拜再三哀懇祈求

玉帝老母大發慈悲弟子自今以後再不敢起妄念了

玉帝老母吩咐仙童快快將他扯出宮去仙童把處玄送出

天門一脚踢下塵凡、陽神復體甦醒轉來、定了一會、方纔知道又還原體、大放悲聲、哭將起來、可憐我修煉多年、受盡魔難修成正果、今見天宮仙女動了淫念、

玉帝老母、把我打落塵凡、前功已費、只恨自己心性不堅、五害之間自知四害就是這一點色心、未斷把一個神仙壞了、却又怎樣行為、心想從頭用功煉色山間又無美貌女子這又當如何、還須設法纔好、

劉長生神復體肉身甦醒　原來是出陽神遍遊玉京

想天宮真快樂果算勝境　悔不該見金容動了色心
這是我該萬死色心未盡　到天宮起邪念造罪海深
皆因我劉處玄無有緣分　從今後休再想復上天庭
細思量設法制淫念除盡　多積功悔前愆感動母心
倘若得雜念除紅塵抛盡　異日後還能夠証果成真
廿六回只說到這裡按定　再且聽廿七回設法制淫

詩曰

性光朗朗透雙林　赴會嫦娥意動淫
帝貶長生歸下界　前思後想改凡心

第二十七回　爕理陰陽　娼妓院　色魔煉正

詩　爕煉淫心很似刀　理中顯道意堅牢
曰　陰人化作乾元象　陽德不迷志氣高

紅繡鞋　悔濫我肝心。上九霄。嫦娥好看。心猿跑意馬亂。猿難鎖。馬難拴。嗳哪我的天。我把後世修行勸。若不把色心煉固堅。任隨你冲天好漢。只怕難過此一關。

劉祖八字金水勝　此人一生多好淫　強避陰人不相近
豈知色心未除根　陽神透出三天境　一見嫦娥難禁心

玉帝惱恨逐凡境　從新修煉這身心　性光入竅復甦醒
不覺凡間三日晨　下丹頓足自悔恨　如何這樣愛動心
思前想後心氣悶　這到斡的何事情　不表劉祖悔心性
又說王祖試凡心

却說劉處玄。正在悔恨。重陽袖中一算。劉長生修煉多年。善功圓滿。該他成道日期。怎麽未見前來拜我。慧眼遥觀。見劉長生。猶在自嗟自嘆。早知其意。暗想道。孽徒情慾未斷色心不除。如何過得考懲。大凡得道成眞者。十有八九。都難打過

瑤池況他初遊聖境焉知其中利害惱怒玉帝責貶下凡又要三年九載從新煅煉但他不知煅煉的功夫若何得成正果不免下凡變一道姑指示於他

重陽老祖早算定　知他又要幾年春　從前功夫概棄盡
斬斷邪念好成真　將身來在武宮境　變一美貌女釵裙
道家打扮多素靜　來與劉祖談道情　劉祖一見意守穩
好似嫦娥下凡塵　前日天宮遭報應　今朝又來墮落人
指住道姑罵一頓　回頭關閉丹房門　道姑隨身也跟進

劉祖驚奇駭吊魂　仙姑叫聲道長聽　修行原來要真心
心誠何怕美人進　心誠何怕嫦娥臨　避色難見進色陣
遠女難以見女神　要得色心根除盡　常見花容不動心
劉祖領教把禮頂　莫非神聖來指陳

却說劉祖跪地謝恩起來纔說領教問他誰知仙姑變了一隻猛虎頭大尾擺張牙舞爪將劉祖一口吞在腹內恍恍惚惚半時甦醒不見猛虎形影坐下思想

久坐一時心神定　便想此事為何因　收神歸竅候清靜

心花開放自知情　莫非師傅將我訓　煉色秘訣色指明
要得色心根剷盡　常見美容不動心　見色若是動心性
默想猛虎要吃人　這個良策好得很　望到虛空謝師恩
謝恩已畢去養靜　良策雖好怎體行　美貌花容豈能近
出家怎與俗相親　忽然妙計心想定　有輩古人我知因
坐懷不亂稱賢聖　炳燭待旦到天明　只要自己心拿穩
那怕仙女貌傾城　彈絃歌唱不亂性　百般風流不變神
心猿意馬牢拴緊　常想猛虎把我吞　或想死尸臭難忍

或想妖怪妄攝魂　或想蟒蛇來纏頸　或想惡獸來傷人
或想蜈蚣將烟噴　或想賴毒蛤螞精　老者當作姑娘嬸
中年好比姊妹們　年輕猶如女侄等　相見由如我親生
起初勉強歛心性　日久自然不動心

却說劉祖二下天台，蒙師點化，煆煉功夫，心想別樣的功夫都從手內做得出，惟有這煆煉色魔功夫實難行持，不怕修到千年萬載，一旦見了這些冤孽，就把心性迷昧，要如何行持纔好。想來想去，想起當日許眞君設教門下，進道的人，就有二千多人、怎奈心志不堅、枉費心思、整整修了半竟無一個有成、衆弟子都埋怨師傅、不傳眞道、許眞君無奈使了個考懲、將木炭上面化道靈符、每人叫上前來、各取一根、俱叫抱回丹房、脫衣而卧、上床之時、只見那木炭變作一個美貌佳人、十分絕色、眞有蘭蕙之質、掌舞之態、你想這些門人、日在深山修煉、何曾見過這樣樂趣、今日見此情景、心猿意馬難以拴住、好比混龍遊江一般、那裡還有守道之心、個個都不顧性命生死、任隨那些妖魅所爲、正是道德深似海、色魔

大如天、風流花下死、做鬼也心甘、可憐個個都被這些妖魅、引入迷魂陣中、把他們三年九載夙昔所煉的金丹寶貝、概行失落、還在迷而不醒、只待天明、還在床榻抱住木炭依依不捨、他師許眞君、早已知這些孽徒、俱要墮落、一早起來、即向衆徒丹房叩門、收取木炭、那些門徒正在貪花戀色、忽聞師傅叩門、急忙起身下床、開門嚇得目瞪口呆、眞君見此情景、忙叫衆弟子、還我木炭、衆人各自進內、取出木炭交與師傅、師曰、昨夜必有甚行動、你們可曾失却金丹否、衆徒勉強

不認弟子都眞心　修道並未失事，眞君道你們還在遮飾齊
來看你們所抱的木炭，上面不是你們的精氣，却是甚麽還
在強辨，此時個個知道瞞昧不住，只得認罪，内中僅有張世
千、世萬弟兄二人、未曾失事，師曰，你二人又未失事，二人道，
我弟兄當年修道不成，在烟花院内，修煉三載，方能如此，從
此看來，二千餘人，内中僅有兩個心性堅固的，我不免學張
氏弟兄在烟花内院煉性一回，說畢，回家典賣些田土，換成銀
子，代至黎春院中，修煉我的心性，原來這院房中，妓女不論

七眞傳　卷四　十

你老少僧道，只要你有錢就是了，當時一見劉處玄代了無
數銀錢到院，都來招呼劉老爺，猶如親人一般，
香羅帶　美女伴道人，交言不交情，身體洗潔淨，衣服要
換新，吹玉笛彈瑶琴，笙簫歌唱鬧沉沉，每日風光十二
辰，時時唱勸文，把那些娼妓女，化轉修了行。
有劉祖煉色魔觀空妙想　每日裡講善言勸化女娘
東娼院有美女如同畫樣　名桃花合梆花賦性温良
南娼院有美女嬌容氣壯　名桂花合菊花一身馞香

20

西娼院有美女聰明會講　名蘭花合荷花相貌堂堂
北娼院有美女眉如月樣　名蓮花合梅花十分艷粧
中娼院有美女調和情暢　中黃花四季花義氣更長
却說劉祖來至十花亭前，終日彈琴歌唱，閒暇無事，與衆妓女講些善惡果報，感動衆妓女，上前問道：想我們當娼之人，後來不知怎樣結局。劉祖言道：
劉祖爺便開言衆位細想　因前世淫心重今生當娼
多下賤為衆妻償還前帳　每日裡擦胭脂治容艷粧

七真傳　卷四　廿一

好淫人一見了魂魄飄蕩　把多少好子弟盡落汪洋
為貪色損性命又敗家當　不顧妻不顧子不顧爹娘
論娼妓造罪過一言難講　到死後森羅殿難見閻王
三十六惡地獄奇形怪樣　坐血河飲血水臭氣難當
變騾駝變牛犬雞鴨鳥獸　也不知千萬刦怎樣下塲
却說劉祖言畢，二花上前問道：不知當娼可能有成否。
只要你肯回頭俱是一樣　上天爺最慈悲改禍爲祥
漫道說你為人不能往上　那飛禽與走獸也有修藏

戒五葷除淫慾勤把生放　誦經典行方便改換心腸
二妓女問師傅修行到想　幼年人淫心大有何妙方
為師的有妙法對你細講　我也是為淫慾難上天堂
頗銀錢進院房為的那樣　故所以煉色心纔住院房
把你們當作我親女看望　比死尸如惡蛇又比虎狼
男與女煉色魔俱皆一樣　慾火動閉目想如日見霜
季黃花問師傅色都淡障　怕的是戒五葷悴面枯腸

却說劉祖聽畢，微微笑道：爾等未知其中好處，觀我有樣。

你看我未吃葷強強壯壯　富貴人食酒肉骨瘦皮黃
那牛馬吃百草力盛氣壯　人吃的膏粱味補脾潤腸
但進道身體中自有保養　吃蟠桃吞火棗又飲瓊漿
那十花聞此言真心修養　五娼院改為了十花亭庄
十花女歸了正權且不講　劉長生宿娼院靜養法王
廿七回只說齊這裡落唱　再且聽廿八回術法情場

詩曰

色空空色採三花、魔女女魔不染他
煉退邪淫古佛降、正心感動玉皇家

第二十八回　色涵天地　達摩祖　法術指南

詩　色羅萬象一心叅　涵養仙胎學指南
曰　天氣變雲雲變雨　地風成霧霧成曇

一字禪　喜歡。天笑歡天。一叚好奇緣。行衆善存心田。感動帝慈顏。感動帝慈顏達摩祖。下了凡賜命度女男。賜命度女男。

却説劉祖、在十花亭煅煉心性、做一個鬧中取靜、對景忘情、每日與衆妓女一堆、嘻笑作樂、揷花飲酒、彈琴歌唱、因此衆人、與他取個名號叫做揷花劉眞人、聲名遠播那些衆道友、都知他在烟花院內、飲酒作樂、個個嘆惜、知他迷了心性、悟道不成、再説西域二十八祖、道號達摩、聞聽劉長生修煉多年、而今二下天台、在烟花院內、修煉心性、恐其立志不堅、被色魔纏繞、耗散三寶、日後墮落苦海、枉費他半世功苦、我不免到武宮、烟花院內、觀其動靜、看他行為如何、倘若執迷不悟、勸他改邪歸正、指示他超凡入聖的功夫、也好同登彼岸、復將天命、交代於他、留於後世、免得把道根失落、説果高鶴

彩雲來至武宫院門，

達摩老祖領天命　來至武宫度長生　倘若十花有緣分
一齊度他上天庭　行到院門叫通禀　就説胡僧到此行
劉祖聽説忙請進　功夫未竣莫遠迎　達摩仔細來觀定
這個孽徒了不成　日每貪花把酒飲　還説揷花劉眞人
周身妓女來圍緊　笑的笑來云的云　彈琴歌唱不足幸
揺背抬脚手摸心　這般糊行迷心性　日後難免墮孽坑
開言叫聲長生聽　貧僧有話對你明　枉自當年受苦困

前功一旦化灰塵　修行原來要清静　烟花院内鬧沉沉
每日貪花把心混　奕棋頑耍亂心神　倘若在此迷了性
萬刦沉淪難轉身　我本西域一佛聖　道號達摩為上眞
因為算你根基正　前來度化上天庭　還不趁早回心性
收你為徒指性根　改道為僧復返本　不枉當年苦修行
劉祖聽言自思忖　怎知我的這段情　多蒙慈悲來指引
就在院房耍幾春　窮守空山有甚勁　一人孤修怎成眞
那有院房多齊整　隨呼隨到實殷勤　渴有妓女把茶炖

有了環把飯尋　閒來彈琴解愁悶　無事唱此、勸世文
二六時中勤養靜　進出扶侍都有人　此地實在好得很
勸你同我好修行　心堅那怕魔來侵　眞金不怕火來焚
達摩聞言不肯信　修行原要捨凡情　在家都説不清靜
那有院房能修成　惟恐一時迷了性　失却三寶悔不贏
劉祖見他不肯信　顯顯道法看分明

却説達摩、聽罷長生之言、當時告辭要去、那有院房修得成
長生言道、且慢一刻去、既然不畏辛苦、前來看我、無有敬意、

便叫妓女、燒一壺清茶、欵待眞人、只見衆妓女抱柴汲水、劉祖説、不用柴在鍋内燒、只用清水一壺、放在我夾窩裡便燒開了、衆妓女笑道、燒茶要在鍋裡、那有夾窩内能燒開茶、劉祖説、你們不信、拿來就試、妓女果然將壺捧至劉祖接住、放在夾窩内抱住、達摩想道、常言説要金剛之體、純陽之身、方能如此、未必他在院房内、日每與衆妓女貪頑、豈有不耗散精神道理、待我看他如何、則見劉祖把茶壺抱在夾窩内、一時三刻就煮起來了、便叫妓女、將茶葉放在碗内、泡起一盃清

茶雙手端在達摩面前，請禪師用茶。達摩接住想道：這就怪了，莫非他有邪術，方能如此。也未深信，劉祖見他不能信服，復又說道：蒙禪師不憚千里前來看我，無有敬意，叫妓女拿些麵來，合成饅首，放在我肚皮上，即時烙熟，以好待成禪師。衆妓女又笑道：烙饃原要在鍋內烙，那有肚皮上烙的道理。劉祖說：你們若不信，把麵合成挐來。劉祖把衣服解開放在肚皮上，傾刻之間，就熱騰騰的脹起來了。劉祖叫妓女將饃奉於達摩面前，請禪師用齋。達摩暗自驚異，未必他眞是純

陽之體金剛之身，遂放下心意，且叫劉長生，即曰：備辦香燭供儀申文表奏，吾好交代你的天命。長生遵命，不一時菓供備就，請師申文。

達摩祖師開言論　檀香五炷達瑤京　三天諸佛一聲請
靈官諸祖到壇庭　長生神前來跪定　諸大菩薩口內稱
弟子領命若不正　靈官鞭下把命傾　天命領畢送神聖
長生跪地謝師恩　達摩叫聲長生聽　三期普度有道根
已會大道神光領　二次奉命下凡塵　修行原要五戒靜

一戒不清難成眞　從今要把五戒斎　濁氣下墜清怎分
長生自此遵師訓　酒色財氣概除清　不表劉祖領天命
再講法術一段情　長生俯伏把禮頂　達摩佛祖請一聲
自古道法兩相並　有道無法不通靈　請把法術說來聽
畧說幾段護道身　達摩開言你且聽　仙眞法術分兩層
符法留傳治疾病　仙法大道自然靈　脫殼飛昇隨心性
如意變化件件能　或是理朝輔國政　或是打救落難人
劉祖又把佛祖請　古有護道法術名　又說能擎日月並

還說水裡能點燈　達摩開言弟子聽　邪是比語却非眞
迴光返照日月並　心守丹田水點燈　劉祖又將佛祖問
一切有法是假名　何為仙家有五遁　何為足下起祥雲
五臟心肝脾肺腎　元神能過五遁名　足下陽氣往上遶
便名足底起祥雲　何為入水水不浸　何為入火火不焚
心守丹田龍宮進　水火既濟自相親　心守玄關火光噴
神火相親火不焚　何為能將龍降定　何為能把虎來擒
心不動念神安穩　降龍皈依夢不生　淫心不動精不損

夜不漏丹白虎擒　何為逢凶將身隱　何為點石能化金
性收玄關神入定　無常難尋名隱身　汞比硃砂鉛投並
煉成金丹石化金　何為呼風風吼震　何為喚雨雨來淋
玄關吸氣天風應　丹田呼氣地風升　五氣朝元雲滾滾
甘露下降雨淋淋　何為使電電光迅　何為譴雷雷聲鳴
性光發現亮一陣　丹放毫光徹夜明　一陽初動地雷應
玉枕關開似雷鳴　何為蹬虎把海進　何為騎龍上天庭
氣為白虎姹女運　下到北海去濁清　震卦為龍一陽運

嬰兒騎龍上天庭　何為移山塞海景　何為海水湧崑崙
玄關便名靈山頂　汞去投鉛塞海濱　一陽發動三車運
黃河倒流上崑崙　何為役鬼請神應　何為呼將去譴兵
三魂為神木返本　七魄為鬼金歸根　心為法王四相順
調運五官百體兵　何為三十六變更　何為七十二化靈
三十六宮有春信　三十六變是他名　七十二候萬物成
七十二化有根生　劉祖謝恩將禮頂　多蒙佛祖發慈心
只望學法有靈應　誰知一概是虛名

風送雲　雲霧疊層層妄想塞滿心。起一陣大狂風吹散
雲霧見天星。見天星。放光明。九節玄功萬法靈。萬法靈。
有根生。道高龍虎伏。德重鬼神欽。

達摩言度神光普庵授命　有普庵傳曹洞黃梅幾人
自五祖傳慧能大道不紊　從六祖傳白馬道落俗門
羅八祖得大道身遭考證　將尸首分四門道歸天庭
自梁唐至宋元數百年整　到而今該當要大道顯明
到後來傳黃梅普度賢聖　從今後這大道又落紅塵

七真傳　卷四　廿九

達摩祖要返駕繳旨回令　傾刻間要辭別弟子長生
承佛祖栽培我奉了天命　這道妙甚深奧難以盡明

却說達摩將道根與長生剖細分明、天命交代已畢、言道吾要回天宮繳旨、長生復又問道承佛祖辦明道根、祈老祖再將人身中八卦、日月、與弟子說明、

達摩祖便開言長生你聽　有幾句奧妙話對你講明
有長生頂一禮從頭細問　一樁樁一件件煩師勞神
這玄關名中央至善方寸　故所以名南山又名西京

此用四斗北海又說東震　我弟子難分解聽吾判明
以五行而言者無極中正　此中央名黃庭河圖中心
以先天而言者離坎兩並　前南火後北水下木上金
以後天而言者西兑東震　離在上坎在下山海分明
這東西分左右弟子蒙混　看八卦論干支東木右行
世上人總以左東邊為性　那東西都難分這是何情
右手東左手西干支排定　心屬火面向南左為東林
問左陽合右陰陰弱陽勝　為甚麼右手強左手不伶

七真傳　卷四　三十

此左手屬東震一陽無勁　此右手屬西兑二陽剛能
五根指同筋骨血肉一性　為甚的無名指屈而不伸
大指拇性屬土四季分運　二食指係春木屈直顛能
三中指屬夏火獨長高勝　四無名係秋金剛直堅硬
故爾是金好沉伸之不能　五小指係冬水屈直任行
問髮眉合鬍鬚血肉生定　眉髮毛出世有鬚何後生
髮與眉他屬血嬰兒血勝　名血餘禀母血胎內生成
此鬍鬚他屬精幼小陽嫩　十六後精漸旺鬍鬚現形

男合女都是人父母生定　女為何十六後鬍鬚不生
男坎卦精為主有鬚無孕　女離卦血為主無鬚有經
問太陽本屬火山高近冷　下低山離火遠反來熱蒸
此太陽係離卦外陽火勝　近為陰遠為陽故有寒溫
叫一聲劉賢士不必細問　此天地萬物理恰似麻林

却說達摩講道已畢而復言曰人身雖小按合天地一體一明俱明何必多問吾回天宮長生拜送轉身回院

轉身回來之在十花亭進　那十花接劉師喜笑相迎

七眞傳　卷四　廿一

坐靜室問衆女齋戒嚴謹　或是進或是退細說分明
那十花無二意謹遵師訓　有劉祖試眞假果無二心
黃道日呈供儀神仙功領　指玄關守皈戒收回六神
十花亭傳道畢要往別省　那十花留恩師不必出門
劉長生到別省勸化歸正　四方訪度有緣調度乾坤
廿八回只說至這裡按定　再表那廿九回外道旁門

詩
曰

法顯威靈有道名　術流動靜高低分
指開道法通天地　南北西東度衆生

第二十九回　變化無窮　三十六　異端道破

詩　變凶變吉修蒙屯　化妙化玄煉魄魂
曰　無中生有留後世　窮源返本闢旁門

耍孩兒　修行悟道、快樂逍遥不怕閻君吽、不畏小鬼嚎、我這裡煉成金丹無價寶、買得動地府天曹、患難時、顯道行將我眞身保、太平時、回洞府、不愁不焦

却說邱祖得宋王寵幸（今春已滿八十有餘）命他隨代十八弟子、住在白雲觀修眞養性、一日在觀中打坐、忽見一童子手捧丹書、上前言道

邱機你的功行圓滿、　玉帝詔請空中仙樂响嘵、一隻仙鶴落在面前、邱祖一靈眞性、跨上仙鶴直到　王母宮中、考驗道行、轉至凌霄殿前、朝見　玉帝、打了一個稽首、　玉帝言道、邱機出家多年、道家規矩還未學習、　吾皇惱怒、吩咐將邱機打下塵凡、時重陽在側、看見邱機站立玉殿不跪、大吽邱機孽徒、見帝然何不下跪、邱機只當傲慢、慌忙磕了幾個頭、重陽祖師跪殿求情、　上帝怒氣、不肯准情、命他復身下凡、闡開七十二處叢林、學習禮義、待等功成完滿、後有旨詔

再來受封不遲，邱祖不敢違命，領旨下凡，原就一靈眞性，甦醒轉來坐在觀中，暗自追悔，

邱祖甦醒回陽轉　思前想後心悔難　時纔去把玉帝見
不行禮儀為那端　師尊跪殿講情面　上帝不肯把恩寬
命我下凡將道闡　七十二處去開壇　各州府縣把道顯
十方三界度人緣　玄門興旺白雲觀　烘烘烈烈幾多年
辭朝養靜又回陝　龍門洞裡悟妙玄　道友不時常來看
軍民人等齊朝參　一切僥倖我不嘆　江西有來知縣官

他的性名叫江漢　求見邱祖把道盤　請將五仙說一遍
為弟領教密秘言　邱祖便把五仙嘆　天仙地仙與人仙
神仙鬼仙共五件　從頭與你畧指穿　第一天仙立大善
九轉玄功盡領全　身內嬰兒出頭面　脫殼飛昇上瑤天
第二神仙把性煉　採取藥苗結金丹　性光透出如閃電
五百年滿又下凡　第三地仙把丹煉　響受百年在世間
名為下乘守尸漢　難逃三災水火煎　第四人仙行大善
來生脫化為大官　坐轎騎馬身榮顯　註人生死掌衡權

33
仙

第五兎仙苦功辦　依功大小受香烟　一點眞靈長不散
護國佑民在世間　五仙果位隨人煉　萬般難以及天仙
邹説邱祖説畢五仙、江瀵稱讚不已情願進道求師開示、邱
祖收下、又往盛京而去、有呉一成前來請問術流動靜之事、
盛京呉姓朝師面　請師分明這異端　邱祖見問説一遍
術流動靜剖眞言　術字門中法力顯　流字數學大易傳
動字門中動功煉　靜字門中為坐禪　四般都是大局面
不能成功上九天　成仙還要憑功善　道德雙修纔能全

七眞傳　卷四　卅四

邱祖説畢、一成稱羡不已、情願進道立功、邱祖收下、又往甘
省而來、有單姓前來、請問煉形煉法之事、求師指示、
甘省單功來朝見　請師煉形説一番　邱祖當時回言嘆
煉形煉法事多端　太陽煉形向日面　太陽之光吸丹田
大陰煉形是夜現　吸呑月光運泥丸　金液煉形一陽現
先天一炁返三田　玉液煉形甘露嚥　汩汩下吞周身旋
吸氣煉形將氣煉　後天陰氣存丹田　伏氣煉形存眞念
神存氣海氣綿綿　觀空煉形身不見　閉目默身俱杳然

眞空煉形默形塡　肉身好似一瓮罈　虛無煉形心似炭
清静無爲塵不沾　這是煉形功九件　不如大道守玄關
皈功頂禮謝恩點　從今情願悟妙玄

一枝花　奇哉怪哉。稀見罕聞。樂聽我胸懷。花開心開。術流動靜四果禪宗猜。三台靈台。煉形九品逐節講出來。金階玉階。貴賤不等。都是人安排。

邱祖說畢煉形之法，單生謝恩，情願進道，邱祖收下，又往西安而來，有常生請問運用之事，祈師指示。

西安省常養静禮恭必敬　請邱祖講氣運爲弟願聞
小週天吸濤氣直下丹井　從尾閭上夾脊運上崑崙
將赤龍迎甘露又往下運　下而上上而下上下無停
大週天從湧泉提氣上進　到尾閭上雙關左右兩分
從玄關上泥丸送下水晶　定一定又照前運轉無停

邱祖說畢修煉運用之事，常生稱讚不已，情願進道，祈師收下，又往蘭州而來，有陳生上前，以十二段錦請問講明

蘭州省陳修命前來請問　何爲叫十二段錦編功程

一段錦盤膝坐調息入定　二段錦搽兩目內轉眼睛
三段錦搽鼻柱能把肺潤　四段錦鳴天鼓二十四聞
五段錦叩齒牙三十六應　六段錦嚥甘露汨汨下吞
七段錦托天台轆轤轉運　八段錦抱天柱前後仰伸
九段錦抱腳心蹬出用勁　十段錦用兩手搽兩腳心
十一段搽丹田又揉外腎　十二段橫身上想火燒焚
這名叫十二段動功之錦　只可以却疾病成仙不能
陳修命謝慈恩忙將禮頂　為弟子纔明白內外情形

卯祖說明十二段錦，陳生心中醒悟，跪地求師開示，卯祖收下。又往廣東而來，有朱色劍，請問法輪轉運之事。

廣東省朱色劍志心皈命　請卯祖將法輪指示分明
卯祖爺便開言從頭細論　聽我把天地人法輪說清
天與地大法輪不時轉運　陰曹中六輪車亦為法輪
有旁門外酉車子午四正　左邊下右邊上三十六輴
我正門南向北北向南運　從前下往後上運轉無停
駕三車從黃河崑崙道頂　十二時上週天人人皆能

順生男逆成仙大道有准　倘若是運不動枉費精神

邱祖説明運轉之事朱生拱服願拜門下求師開示邱祖收下又往廣西而去有高心尚請問何謂安爐何謂立鼎

廣西省高心尚請問爐鼎　有邱祖將爐鼎講説分明

異端類女為爐男子為鼎　行三峰採戰功造罪海深

煉外丹泥爐鼎八卦變定　將五金合八石煅煉寶珍

古時節服此丹可以却病　還有些吃此藥髮白轉青

我正門丹田爐玄關為鼎　有移爐合換鼎不敢説明

邱祖將鼎爐之功説明高生佩服情願進道祈師指示邱祖收下又往山西而去有文生學正請問天乙癸水之故

山西省文學正上前叩請　問邱祖天癸水二八一斤

有異端二八女經水月信　名首經吞腹内也想長生

豈不知這癸水汚穢不淨　削三花穢元神速死入冥

先天道初八日八兩永應　二十三為下弦黒鉛半斤

前弦後後弦前圓缺月信　前八日後八日一斤之名

邱祖與學正言明癸水之故學正悔悟甘心進道求師收留

又從山東而去，有王生請問道家言酒肉二字是何故也、

山東省王文斗忙把禮頂　請師尊將酒肉二字辨明
無根樹言酒肉穿腸案証　又說是花酒仙古今羨欽
因聽得這些話清規不整　或僧道或在俗不忌五葷
食鳥肝飲兎髓將肉比論　飲甘露吞瓊漿比作酒名
有三花來聚頂戴花案証　故而是也戴花也吃酒葷
無知識信為實地獄自進　老君爺為道祖五戒三清
如來佛守三皈五戒嚴謹　孔聖人將五常一體相親

不戒葷滯隔竅清不昇鼎　不戒酒亂三花五氣不凝
不戒色精氣耗無有丹本　我請教你修的那路玄文
無根樹言花酒比譬之論　豈祖師留毒藥暗害後人
王文斗聽師言如夢初醒　這一吓我纔明丹經理深
若非是我師尊慈悲指引　險些兒誤入了萬丈火坑
廿九回只說到這裡止定　再且聽三十回說破旁正

詩曰

異名疊疊註丹章　端怕自家少主張
道德五千留正法　破開迷障上天堂

三十回 隱顯莫測 七十二 旁門設穿

詩 隱姓埋名採藥苗 顯靈道力在天朝
曰 莫遊曲徑行中道 測醒旁門七二條

皂羅袍 勸世人早些看破。行善事逍遙快樂。勸君莫把光陰錯。臨終失悔枉張羅。日月似箭。世事如梭。到臨危三災八難躲不過。重

却說邱祖。各省開導、仍回白雲觀中、隱居心中想起、上帝命我開七十二叢林、無有聖命、如何事好、今當大朝之

期不面奏與宋王討封、以好開叢林、

邱祖冠帶上金殿 二十四拜跪殿前 宋王龍心甚欣羡
鄉受風霜把心躭 再賜黃金三千萬 享用富貴樂安然
邱祖回言稱不敢 修行豈把名利貪 只要各省修菴院
七十二處叢林全 開壇闡教遂我願 立下宗派度人緣
各省州府緣度滿 回朝與主保江山 宋王準旨任卿選
一封聖旨天下傳

却說宋王準旨、各省修下叢林、又命在京地、與邱祖修行宫

一院又詔來十八弟子同享榮華心中思想而今各省叢林俱已修下我一人如何開導不免分身前去方能開導於是辭别弟子高駕祥雲直往河南而去

邱祖辭了京城境　分身又往河南城　來到叢林甚恭敬
仙長王雅出來迎　一見師傅把禮頂　大小門徒喜盈盈
聞聽老祖駕臨境　齊求開導指前程　王雅上前將事稟
前月遇着我官親　他有大道長生永　不戒三厭及五葷
他說皈戒不要謹　勸我不必忌酒葷　稟明師尊準不準

弟子不敢妄為行　邱祖開言將理論　道有三千六百門
内有數品可却病　也有眞心能成神　但是不守皈戒等
必定就是最下乘　却病延年都難準　漫說得道上天庭
王雅失悔幸未允　不然錯走外旁門

却說邱祖開導河南又往四川城都而去走到叢林有仙長周青率領弟子迎接上殿叅見已畢談道一番

城都周青把禮頂　請師旁正兩分明　邱祖開言從頭論
旁正二字只在心　旁門三千六百整　共有一百單八門

三十六品前講盡　再說七十二旁門　第一吃齋為上品
仁德二字體天心　第二放生救物命　消解罪愆及冤魂
第三修廟塑神聖　來世為官在朝庭　第四修橋補路徑
來生騎馬坐轎人　第五周濟貧與困　來生富貴多康甯
第六捨藥療疾病　來生無病享安寧　第七誦經消孽障
來生聰明伶俐人　第八佈施齋僧等　來生長壽無災星
第九敬字經典印　來生為官管萬民　第十埋葬尸骸等
來生投胎皇宮庭　這為十善來生證　雖是旁門也當遵

周青謝恩承指引　不然旁正分不清

却說邱祖開導四川已畢，又往雲南而去，有雲南仙長趙肖，率領衆徒前來迎接，坐下問道，

雲南趙肖把禮頂　請師指點修煉門　邱祖便將大概論
修煉之門講幾乘　有以守心元神定　兩眼觀鼻鼻觀心
有以泥丸為中正　三花五炁聚崑崙　有以心下臍上運
名為中央大黃庭　有以心腎坎離應　肝龍腑虎兩相親
有以臍輪為守命　鼻吸綿綿氣歸根　有以丹田神守定

夕守水府命長生　有以煉丹崑崙頂　重結聖胎肚中存
有以胎息為修命　無出無入壽長生　有以忌形為煉性
清靈善化為鬼神　有以運氣能却病　前下後上轉法輪
修煉之門畧以定　說了一層又一層　趙肖率衆把禮頂
蒙師慈悲指分明

却說邱祖開導雲南乙畢，又往福建而去，叢林仙長何有分迎接上殿，參見乙畢，請師分明吐納之功，怎樣行為，

邱祖開言從頭論　吐訥之門說幾乘　或是唸呵却心病

或是唸呼却肺經　或是噓氣療肝病　或有唸咽清氣吞
或有吹氣治腎病　有唸嘻字治横身　一字六遍六六整
名叫萬病可回春　或有最早清氣飲　有的夜氣運周身
有用藥料書作枕　有吸女氣往下吞　有聞鼻氣為返本
手摸脚掗鼻上聞　吐訥之門畧畧論　只可却病難成真

洞仙歌

說旁門道。旁門旁門。誤了多少人。除了為善與德行。還有南宫護道門。以外的是害人。最惡三峰採戰淫。先天梅子及海篆。八卦神丹地獄人。

却說邱祖開示福建，又往浙江而去，叢林仙長蕭貴眞率領
門徒迎接上殿，叅見已畢，祈師指示動功之門

浙江省這仙長貴眞蕭姓　　請師父動功門講説幾乘
有邱祖便開言從頭細論　　這動功樣數多畧提幾曾
也有的習站功手掌合定　　也有的習跪功五更遊行
也有的站八字左右扭頸　　也有的習黄鸝展翅飛輕
也有的却病法擦摸骨筋　　也有的習閉氣粧死駭人
也有的習身法上下搬運　　也有的習重擔能打五金

也有的習神打刀鎗箭棍　　也有的習武藝能戰能征
也有的進門來不見形影　　也有的千百里傾刻來臨
也有的在空中飛騰而進　　也有的習土遁地内遊行
說不完這動功一切弊病　　這都是虛圈套難保長生

却說邱祖開示浙江，辭別衆人，又往安徽而去，有仙長王元
道迎接上殿，求師指示服食之事，

有邱祖叫衆徒權且坐定　　聽為師把服食畧說根生
或者是服參芪能補腸胃　　或者是服獸臟以壯骨筋

或者是服硫黃殺諸蟲等　或者是煉丹砂又吞水銀
或者是服松脂外丹煉定　或者是食黃精身輕飛騰
或者是食首烏黑髮返嫩　或者是服芝草也想長生
或者是服桑丸年老轉本　或者是服商陸目見鬼神
或者是服女子起初月信　或者是服紅鉛取婦花心
或者是服陰棗能壯己腎　或者是食狗腎能戰能淫
這都是自造罪焉得成正　我弟子從今後切莫去行

卻說邱祖，關導安徽，又往湖南而去，有仙張張清，迎接上殿，

請問神科之事可是正否，

有邱祖吽衆徒你且細聽　這鬼神之為德杳杳冥冥
或抽籤與問卦吉凶指引　或測字合算命占課有靈
或飛鸞與大鸞請判劫運　或降相合降腳勸化凡人
或筆錄閉着眼寫字算很　或遊冥下陰曹得見閻君
有耳報顯神通能知報信　有救貧黃白術點石化金
有夾馬能飛騰快如風迅　有夜夢遊仙界看見鬼神
有避谷不吃飯飲食減省　有勸善不修道不戒五葷

有書符合煉咒能治疾病　有驅神合譴將收服邪精
神科門無邊岸難以說盡　我弟子擇其善三思而行

却說邱祖開導湖南又往湖北而去有仙長朱玉珍迎接至叢林坐下叅拜已畢請問邪正二字何所分辨

有邱祖便開言衆徒且聽　論旁門莫如這採戰之門
御女身行採戰盜陰補腎　這件事惱天地利己損人
也有的買美女以為爐鼎　嘔女舌為上峰服乳吞精
上中下為三峯醜態難聽　亦或有服首經以為延生

更有的採淫精以為丹本　亦或有盜玄珠運上崑崙
亦有的煉藥功追女月信　亦有的吞紅棗以調元精
亦有的吸男精也想壽命　亦有的噬交感欲為天眞
說不完造孽徒行怪索隱　勸世人切莫要去學旁門

却說邱祖開示湖北又往蘇州而去有仙長名熊春迎接上殿叅拜已畢請問眞僞二字

邱祖爺發慈悲從頭細論　叫弟子侍立側細聽師云
講起者方便門也多得很　畧畧的提幾件便知其情

也有的光行善內功不論　也有的光敬神不戒五葷
也有的光唸經不把道進　也有的光朝山妄想成眞
也有的為和尚不修上品　也有的為道士不悟功程
也有的指神聖歛財肥潤　也有的出了家奸盜邪淫
也有的假粧像丹經熟很　也有的畧明道憤高無人
說不完僧道俗槃病情景　也有些修正道死後為神

郄說邱祖開示蘇州、又往直隸而去有仙長王有道前來迎接上殿叅見已畢、請問善惡二字

有邱祖便開言有道且聽　善報善惡報惡遲早攸分
善功大來生轉富貴極品　善功小來世裡衣食豐盈
惡若少變四生好歹不等　惡若大打地獄永不翻身
怨比得修大道三乘九品　超九玄拔七祖大孝大仁
王有道聽完了忙把禮頂　為弟子從今後謹守遵行
三十回只說到這裡放定　再且聽三一回考試衆賢

詩

旁旁正正在人修　門路認眞不妄求

曰

談透叢林歸正道　穿開混沌見瀛洲

46

第三十一回　脱苦離塵　衆賢徒　共明大道

詩　脱凡入聖赴雲城　苦盡甘來度祖親

曰　離色超空朝上帝　塵埃頓息留芳名

迎仙客　終日行。未曾行。元神住黄庭。終日坐。未曾坐。元

神黄河過。有心行善方有善。無心犯惡也無惡。善惡原

來只在心。只分空貨與色貨。

却説邱祖、各省開導已畢，回至白雲觀，不覺光陰似箭，已有

九年，不知衆弟子、外功内果如何，將身變化，各處考試一番。

七眞傳　卷四　四七

邱祖講道勞不怨　心想出神看髙賢　禪功大定神聚煉

晃朗元神出玄關　變一美女眞體面　考試必大一髙賢

行至茅菴來拜見　假意投師將道盤　弟子叅師學修煉

疑思而問要耐煩　何謂悟道一以貫　何謂四時而行焉

必大驚奇不敢慢　尤恐弟子講不全　悟者夫子自稱講

道為無極一個圈　一為一本萬殊散　貫為貫串理通連

春夏生長秋冬煉　四時合序而行焉　美女微笑忽不見

必大叩頭謝女仙

却説邱祖、考試必大、心性不亂、又往寶雞而去

學正書房丹經看　化一美女站門前　聞聽先生會修煉
弟子領教求聖言　何謂在止於至善　何謂飛龍以在天
請師講明這兩件　弟子無疑拜活仙　學正躬身拿禮見
奉請姑娘聽的端　在止原來止妄念　至為極處最妙玄
善為至寶道德鑑　飛騰九五黃庭關　龍為陽德西南現
陽氣上昇九五天　吾今講得不貫串　者是咱家發狂言
仙姑一聽笑滿面　駕朶祥雲上九天

却説邱祖、考試學正、眞心悟道、又往綸守家而去

邱祖空中彩雲站　王綸守家看高賢　走進綸守修道菴
弟子領教聖人言　朝聞大道是何件　夕死可矣怎樣言
綸守恐妨師尊變　只得將道剖根源　朝為朝屯陽光現
夕為暮蒙陰氣傳　得聞聖道是至善　指明道心是玄關
道心惟微朝聞見　人心惟危夕死安　仙姑聽畢忙稱讚
果然高明見性天　仙姑告辭忽不見　綸守跪地望赦愆

却説邱祖、考試綸守、理明心圓、又往江南而去、

邱祖駕雲江南轉　猨自覺家着一翻　化一美女將猨見
弟子領教請妙玄　何謂龍虎來會面　何謂汞去投黑鉛
自覺聞言將道嘆　請聲姑娘你聽言　龍屬甲木盤東岸
虎屬庚金卧西邊　金木相交無極殿　龍爭虎鬬傾刻間
離火下降燒水坎　名為紅汞投黑鉛　仙姑聽畢笑滿面
轉身一步上雲端

却說邱祖，考察自覺心性堅牢，化一道姑，考試無思道人，

邱祖即把形容變　化一道姑山門前　弟子出家學修煉

一事不明求指穿　何謂睟然現於面　何謂四體以不言
無思道人稱不敢　就將聖經吐妙玄　仁義禮智道心現
齒白唇紅顏色鮮　大和一身四肢轉　無聲無臭有何言
道姑拱手忙稱讚　多謝仙長玉金篇　道姑告別形化變
化一道童試女賢

道光明　邱祖變化，走遍天涯，雲遊天涯，試眞假，逢男化女，遇女變男，考試他道心眞和假，考試他心花不花，考試才學佳不佳，噯呀呀，莫得一箇瓜

風仙姑正在那禪床打坐　見一位小書生笑笑呵呵
請一聲女仙姑懇求道果　甚麼是牛郎星來過天河
甚麼是大法王當中正坐　甚麼是織女星左右拋梭
風少女請仙兄仔細聽着　鉛投汞名牛郎來過天河
那元神名法王當中而坐　回光照名叫做織女提梭
也不知講得來錯與不錯　請仙兄將此道細剖玄科
却說邱祖考察風仙姑、心誠意正、化陣清風往北方而去、
邱祖爺化清風北方身躲　變一個老道士來見坤婁

老坤婁問道士為甚見我　老道言理不明拜求大羅
何為火何為候煉丹結果　那有為合無為求指規模
有坤婁不謙遜就把理剖　有為火無為候動靜兩科
邱祖爺忙稱讚才高理妥　忽然的駕祥雲上了大羅
却說邱祖考察坤婁、功果純熟、駕祥雲往廣東而去、
邱祖爺化美女廣東來到　朱色劍正在那降妖捉魔
見美女當作妖仗劍砍剎　小弟子來求教殺砍為何
請師傅將嬰兒姹女說破　女弟子多愚昧理深難摩

朱色劍將嬰姹從頭細說　女仙姑休笑我妄談玄科
坎為嬰離為姹陰陽水火　右瞳姹左瞳嬰金木交柯
懷聖胎名嬰兒乃是真我　男名嬰女名姹法身不訛
那美女忙稱讚才高穩妥　忽然的踏祥雲直上大羅

郄說邱祖考察朱色劍見色不迷，化陣清風，又往江西而去。

化清風變就了美女一個　傅知縣一見得兩淚如梭
問女子不在那家中靜坐　我本是修行人來此為何
邱祖爺當時變猛虎一個　駭得那傅知縣魂散魄落

七真傳　卷四　五一

忽一口吞腹內性命結果　半個時醒轉來不見此物

郄說邱祖考察傅知縣守道心真，篤駕祥光往福建而去。

邱祖爺至福建將身變過　試一試孫顯忠道學如何
孫解元正在那禪床打坐　見美女心恍惚意馬遍羅
那美女化蟒蛇實長不過　孫顯忠駭倒地口呼彌陀
大半是我師尊變化試我　從今後把色心一刀斬郄

郄說邱祖考察孫顯忠悔過自新，腳踏祥光往湖廣而去。

轉身兒到湖廣衆徒試過　趙蓬萊宋披雲道德若何

化美女來請教何為衣鉢　將二字剖明白我拜玄科
趙蓬萊便開言仙姑請坐　道為鉢德為衣眞傳規模
玄關竅名叫做紫金之鉢　周天功名叫做仙衣織羅
這是我發狂言打糊亂說　請仙姑將衣鉢指點根柯
邱祖爺滿臉笑將身藏躲　到河南遊陝西又過黃河
郝說邱祖考察趙蓬萊宋披雲勤慎守道、又往陝西而去、
有邱祖駕祥雲四方觀過　至河南往陝西徒衆許多
趙舟橋李大乘都去試過　果眞得心堅固如切如磋

龍英女李春花心意都可　見書生不動心可成大羅
韓甫清王棲雲圓滿功果　馮率性張守眞功果頗多
李太守宋披雲道德穩妥　那榮貴修大道法身不歿
遊四川過廣西考究不錯　或道友與師兄道德洪波
有坤女一個個赤龍斬脫　養就了萬法身出入如梭
三一回只說到這裡而落　再聽那三二回同登大羅

詩　共同萬國九州天　明透身中妙玄玄
曰　大衆一齊歸覺路　道全德備活神仙

第三十二回　逍遥物外　七眞人　同登瑤天

詩　逍遥海島會群仙　遥達蒼穹白玉天
曰　物我無間德溥大　外功内果滿山川

普天樂　一朶蓮花。蓮花一朶。三千功八百果。百千萬億都
把三災躲。道果成時。無人並無我。性命雙修。結就金丹果。
只候書詔。脱殼朝金母。脱殼朝金母。

不言邱祖道調整　且説七眞大道成　孫姑清静河南隱
何仙姑來常相親　日每講經談性命　來來往往半年春

河南洛陽土窑隱　先年在此度過人　如今在此養天性
外人反説不正經　故使道法來顯聖　變就道長兩個人
出入把他來隨定　捩捩擦擦不離身　衆人一見心火噴
封鎖窑門用火焚　火中成聖身現定　金童玉女兩邊分
衆人一見打冷徑　這纔□得是活神　仙姑凡體火燒盡
癸丑正四脱紅塵　五色祥雲齊捧定　重陽引他到天門

却説孫不二、功果圓滿、脱殼飛昇、老母命金童玉女、引至斗
牛宫、衆仙姬迎接、哈哈笑道、姐姐在凡間配合姻緣、調情取

[illegible]到也快活幾年、我當你長在世間、貪戀俗情、而今也看破紅塵復回天宮、眞乃三生有幸、孫祖道、你我俱是大羅金仙、怎麼笑我一人貪戀紅塵、分明是褒貶於我男女的神仙、那個有没下凡配過姻緣、貪過酒色、常言道、無酒無色道不全、多虧酒色成天仙、姻花巷裡出眞宰、風流鏡中有妙玄、孫祖又曰、不拾凡夫不成道、堪嘆世人迷了竅、誰知回頭登彼岸、鴛鴦枕上任你鬧、孫祖說、再不用取笑了、言畢、同見王母下拜道、弟子孫不二、與老母慶壽無疆、　王母見了不二大喜、吩

咐童兒、大排玉液瓊漿、衆仙姑都來相陪、霓裳迭奏、　老母道、孫不二暫且在玄天都、斗牛宮修煉、後有詔請、朝見玉帝、受封不遲、

孫姑脫凡我不論　又把丹陽表一程　見妻成道心悔恨
自抱情愧道未成　立志加功苦發憤　不舍晝夜來修行
百日已内玄功完　五眼六通漸漸明　重陽下詔前來引
正月初二上天庭

却說丹陽見妻道成、他也忙起來了、日每加功修煉、不覺三

五年、功果圓滿、看見師尊重陽、前來接引、言道、明日午刻歸
空、丹陽即𠮟李大乘、趙蓬萊、宋披雲、一齊將口訣傳清、坐在
堂中、一點靈性、直上天堂、朝見　玉帝、著有金玉集、漸悟集
精微集、語錄等集、行於世、壽活七十一歲、歸空遇仙派
按下丹陽吾不表　回頭又表譚長真　聞聽師兄辭凡境
他也加功苦修行　加功一月光圓鏡　加功二月水火烹
加功三月見本性　只知有性不知身　漸漸五眼六通應
丹書下詔報信音　丁未七月十二證　金童接引出陽神

七眞傳　卷四　五五

卻說譚祖、自重陽化變賣酒之人、將他門歹打吊、便不嗔恨
日每務他正果、作有雲林集、行於世、不過三載、道果圓成、作
詩一首、末有湧出陽神、獨自歸之句、王祖捧詔、脫殼飛昇
朝見　玉帝、南無派
譚祖成道不多論　又將郝祖說分明　他在華山把功掙
七十二洞立功勳　南峰反背養天性　猿猴獻菓奉眞人
日有仙禽作畫餅　夜有仙獸巡五更　飢有菓木當飯頓
渴有清泉潤靈根　聞聽師兄成了聖　他也勉力苦修行

月三十把神敬　失足落岩飛了身　凡體落在南岩境　一點真靈上天廷

且說郝太古在華山南峯背打了此石洞刻些聖像闡教掐

徒約有四百餘人留有太古集心經救苦經解修煉數年功 乃立教真言傳世

程圓滿丹書詔請辭別門人凡體落岩靈性直入天界過了

瑶池試了真假重陽老祖引他朝見　玉帝　派曰華山派

郝祖道成吾不論　又將劉祖說分明　當初淫慾未煉盡

上帝惱怒打凡塵　苦把色魔煉干凈　典賣田地培功勳

烟花院内煉心性　勤修苦煉九年春　煉精化氣氣化神

回至鶴山神入定　二月初六脫紅塵

且說劉祖二上天台走到瑶池仍見　老母命衆仙姬將劉

祖團團圍住故意調戲當他舊日動作仍然打他下凡誰知

他在黎春院煉得堅固穩如泰山毫不動意衆仙姬見他不

裡乃作歌以戲之曰我本瑶池一仙真人人見我都動心風

流俊秀誰不愛有心遇緣要配人前者上天愛惜我今不愀

彩為何因那些一點不到處為何粧呆不裡猜勸君回頭自

思想錯過光陰何處尋劉祖　亦作詩以答曰萬丈青松自我

抵滯那怕大風搖任你風波起萬丈巍巍不動半分毫劉祖
歌畢　王母見他心性果然堅固賜下坐位捧上瓊漿玉宴
飲畢命仙童引他朝見　玉帝著有修眞集六卷道德經註
解黃庭述留於後世　派曰　白鶴派

劉祖道成且不論　又把玉陽講一巡　聞聽師兄成神聖
玉陽着急勤發憤　身外世事都掃盡　晝夜不停將丹烹
雲光洞中多清靜　無人無我無衆生　四肢漸漸不知信
混混沌沌杳杳冥　恍惚元神出頭頂　四月廿二上天庭

七眞傳　卷四　五七

且說玉陽見衆道友功行圓滿歸了天界、他在雲光洞中、著
有雲光集、要異錄受於門人、曰、爾等各務道果、若有不明之
事、早些問我好與你們指示、不久我的功圓果滿該我成道
之期說畢、只見重陽祖師、在空呼吽、王玉陽今當飛昇之曰、
快來同我朝見　玉帝、派曰　崙山派

玉陽落點且不論　又將邱祖說分明　一見諸位都成聖
他也一心了紅塵　手下門徒死殆盡　他還在世壽長春
十八弟子歸了性　李氏春花與龍英　功行己滿來投逩

天臣催引上天庭　邱祖吩咐衆徒等　我的功果已圓成
上帝丹書來詔請　七月初九脱紅塵

卻説邱祖自八十歲、回到天宮、玉帝命下凡塵在各省開七十二處叢林、收了許多門人、至今現有一百二十歲昨夜正在禪床打坐、忽見童子手捧丹書、言玉帝詔請至丁亥歲七月初九午時飛昇七十二處、俱是一個時辰歸空、著有潘溪明道集、取經西遊記、行於世、立下宗派、派曰　道德通玄静　眞常守太清　一陽來復本　合教永圓明

立廟祭祀、上塑邱祖像、下面兩邊塑十八弟子像、俱有封號、名列於后、元宗太宗封長春演道主教大眞人、祠像於葬側

性圓明　道成同上天、彌哪彌陀佛道成上九天、消災延壽佛、丹書來詔選、阿彌阿彌陀、丹書來詔選、彌哪彌陀佛個個封仙宮、彌陀佛個個封仙宮、阿彌陀佛

那七眞捧丹書祥雲駕定　有重陽同鍾離湘子洞賓
南天門引賢徒長明殿進　教仙規傳禮度朝謁天尊
七眞人朝上帝禮恭必敬　行全禮俯伏地不敢做聲

上皇爺聖心喜各受封贈　封邱卿天狀元演教天尊
邱祖爺低着頭不謝不應　怒長春無禮義忍不謝恩
有邱祖忙叩首恭敬上稟　赦小臣不謝恩自有來因

且說邱祖受封，跪地不謝，躬身奏道，封臣天仙狀元，永享天爵，封贈已極，豈敢妄冀，但臣修行之時，大餓死七次，小餓死無數，方成正果，想後世修行之人，見臣如此之難，必不敢修，祈上帝大開鴻恩，賞賜幾分衣祿，赦免幾分魔難，則臣等沾感無暨矣

上皇爺聞此言心中喜幸　為修行把愛卿受了苦辛
自今後三分修十分感應　管教那後修者衣祿豐盈
邱祖爺謝帝恩慈悲德勝　小臣輩與後學永沐洪恩
上皇爺封丹陽全眞大聖　抱一子無為仙普化天尊
馬丹陽忙謝恩小臣禮頂　我卑職瞻帝澤永不忘恩
上皇爺封不二體眞清靜　慧悟仙女祖師頌泒元君
孫不二謝帝恩俯伏勝境　小女臣沐帝澤愧受封贈
劉長生跪通明至誠禮頂　尊一聲天齊主赦罪賜恩

帝赦罪封長生廣教大聖　體眞仙道範祖蘊德天尊
譚長眞見上帝禮恭必敬　赦小臣少功德仰瞻帝恩
封長眞凝神子上仙詔頌　慈悲聖玄德君崇教天尊
王玉陽朝上皇九叩禮頂　愍天恩大慈悲赦郤小臣
上帝喜封玉陽卓華大聖　輔玄子度世仙無量天尊
郝廣陵跪金闕見帝恭敬　小臣等蒙上帝詔回玉京
封太古全眞子殿前職頌　廣陵聖恬然仙澄悟天尊
七眞人受了封齋將禮頂　謝上帝大慈悲普被洪恩

且說七眞人受封已畢、各皆謝恩、復奏道、還有後徒門人男女並七十二處叢林、也有功行圓滿的、也有死後功行未滿的、也有內果無外功的、也有外功無內果的、齊至南天門下、懇祈　上帝分示

上帝封衆愛卿吩咐旨頌　爾諸位衆門徒老少乾坤
有內果無外功不好封贈　詔各宮去効力各立功勳
候三期普度時齊下凡境　度九六立奇功好受封贈
七眞人忙謝恩齊將禮頂　出通明拜三師朝謁諸尊

滿天宮諸斗府俱已朝盡　領玉旨接衆徒好上天庭
普天下衆賢徒男女衆等　那歸空有遲早等候諸生
歸一個接一個漸漸度盡　有一等上乘子引上玉京
有一等中乘子列仙勝境　有一等下乘子地下為神
將邱祖衆門徒一齊封贈　十八個大弟子位列上乘
宗披雲封通玄至道位鎮　加陞賞及明化一大真人
尹清和封通靈至德位鎮　李真常封通道一大真人
趙道監封中真相教位鎮　宗道安封元明普照真人

夏至誠封無為抱道位鎮　王志明封熈神資道真人
孫志堅封明誠體妙位鎮　余志可封純誠冲寂真人
張志學封扶教崇道位鎮　鄭志修封通為冲虛真人
孟志穩封重元大用位鎮　張志遠封體元冲悟真人
楊志靜封洞虛元通位鎮　慕志遠封悟真凝化真人
何志清封虛明守一位鎮　潘德冲封通元妙道真人
鞠志遠封保真學樸位鎮　李春花封女仙榜眼三名
七十二叢林中方丈衆等　封七十二護法護道真君

還有的衆女眞一齊封贈　一個個封仙姑永享安甯
且說七眞與衆門徒、一十八弟子並七十二叢林、男女老幼
有成天仙者、有成地仙者、有成鬼仙者、依功定奪大小俱有
封號、永受天福、各皆謝恩下殿上元天官讚曰

作勸世一段以勵後之修行者

勸世人早看破存心養性　學重陽修大道封為天尊
勸農人早看破偷閒養性　學長春修大道狀元頭名
勸工人早看破天命率性　學太古修大道天爵尊榮

勸商人早看破修心煉性　學長生修大道揀花眞人
勸老人早看破函養天性　學長眞修大道萬刼長生
勸少人早看破收心忍性　學玉陽修大道永脫紅塵
勸善男早看破清靜心性　學丹陽修大道快樂天庭
勸信女早看破明心見性　學不二修大道同赴瑤京

詩　同道成眞上斗牛　登天享福樂悠悠
曰　瑤池閬苑逍遙客　天地風光萬刼秋

七眞天仙寶傳卷四終　禮義堂新鐫刻

今將捐資姓名開列於左

吳昌道施銀拾兩
龔好潤施銀叁兩
張仁善施銀叁兩
志德店施銀叁兩
進德當施銀貳兩
吉有珍施銀貳兩
牛治美施銀貳兩
汪正中施銀貳兩

何明清施銀叁兩
蔡元湧施銀叁兩
吳惠眞施銀叁兩
王昌遠施銀貳兩
貴義隆施銀貳兩
中明壽施銀貳兩
馬登舉施銀貳兩
張明理施銀貳兩

李節士施銀貳兩
祁明智施銀貳兩
趙永年施銀貳兩
白悟眞施銀貳兩
范光彥施銀貳兩
裕懋店施銀壹兩貳錢
世誠和施銀壹兩貳錢
元發成施銀壹兩貳錢
鄒萬寶施銀壹兩

汪玉蓮施銀貳兩
孫善儒施銀貳兩
王堂訓施銀貳兩
牛立成施銀貳兩
李元春施銀壹兩
同新德施銀壹兩陸錢
永泰福施銀壹兩貳錢
信義隆施銀壹兩貳錢
張復本施銀壹兩

党有文施銀壹兩
劉登華施銀壹兩
趙　容施銀壹兩
牛統泰施銀壹兩
阿澍林施銀壹兩
王得興施銀壹兩
包福舉施銀壹兩
趙　忠施銀壹兩
周興高施銀壹兩

拜常昇施銀壹兩
蔡生祥施銀壹兩
李生發施銀壹兩
胡敏悟施銀壹兩
景有煌施銀壹兩
王　泰施銀壹兩
集益永施銀壹兩
鄧致中施銀壹兩
權生印施銀壹兩

拜常隆施銀壹兩
牛興邦施銀壹兩
謝化鳳施銀壹兩
張汝恩施銀壹兩
田成倉施銀壹兩
方好善施銀壹兩
阿生萱施銀壹兩
趙毓發施銀壹兩
陳遇元施銀壹兩

趙　悌施銀壹兩
賀　林施銀壹兩
張汝雲施銀壹兩
牛　氏施銀壹兩
董海福施銀壹兩
劉生傑施銀壹兩
吉廣占施銀壹兩
張好義施銀壹兩
李　昇施銀壹兩

[illegible][illegible]春施銀壹兩
慶豐恒施銀壹兩
梁棟才施銀壹兩
楊永固施銀壹兩
蔡　溫施銀壹兩
火成燃施銀壹兩
戴尚彥施銀壹兩
王遇臣施錢叁千文
武彥林施銀捌錢

張世榮施銀壹兩
宋克亨施銀壹兩
火文協施銀壹兩
張克愛施銀壹兩
阿游林施銀壹兩
火切燃施銀壹兩
汪清湖施銀壹兩
郭成明施銀捌錢
楊成禎施銀五錢

王正世施銀五錢
張滿倉施銀五錢
馬俊泰施銀五錢
張　名施銀五錢
祁守良施銀五錢
康永仕施銀五錢
芮學正施銀五錢
麻世榮施銀五錢
協義明施銀叁錢

安永福施銀五錢
祁生祿施銀五錢
祁文煥施銀五錢
張得榮施銀五錢
王生祿施銀五錢
袁　忠施銀五錢
薛占魁施銀五錢
沈生榮施銀五錢
林趙氏施銀八錢

65

西扶風縣劉守禎施銀五錢
張仁善施銀五錢
李生雲施銀五錢
楊春旺施銀五錢
張春德施銀五錢
張純德施銀五錢
劉　珍施銀五錢
馬鳳霄施錢壹串文
王有善施錢五百文

李培德施銀五錢
馬儀乾施銀五錢
趙皈正施銀五錢
張彩蓮施銀五錢
包玉霄施銀五錢
王魁永施銀五錢
李自峻施錢壹串文
楊濬霖施錢五百文

雷生春施錢五百文
方國楨施錢壹串文
王逮華施錢壹串文
宋有德施錢壹串文
林英存施錢七百文
張萬福施錢五百文
陸永德施錢五百文
王萬臣施錢五百文
孔慶蓮施錢五百文

魏得榮施錢五百文
羅光俊施錢壹串文
張有禮施錢壹串文
陳積恩施錢七百文
李田良施錢五百文
張得祿施錢五百文
王守忠施錢五百文
杜原性施錢五百文
林中美施錢五百文

收圆还乡

一卷 刻本

1册，线装。作者不详。

版式：白口，四周单边，单黑鱼尾，无行格。

行款：8行23字。

开本尺寸：24.1厘米×14.6厘米。

版框尺寸：21.0厘米×13.0厘米。

车锡伦《中国宝卷总目》著录。

此书序言说，当今儒释道之书汗牛充栋，内容越来越繁杂，闻道者有人，成道者有人，但是败紊正道，为魔者更有其人矣，如『贪酒色于财气迷真逐妄』『随波逐流、虚度光阴、空过岁月』『人心甚恶，其罪孽弥天』之现象。这些行为触怒了无生老母，她欲颠覆乾坤，重定人伦，被众佛跪地劝说，方才开恩，同意派元始天尊下东土唤醒大地众生，特演出《还乡宝卷》一书，以劝有缘乾坤善信趁早认祖归根，改邪归正，以『至贤之经章典籍』『辨别邪正』，这就是此书的主旨。

此宝卷讲述元始天尊请愿下东土，通过儒释道各方圣贤讲述三圣治世做人之道，唤醒大地众生戒除一切贪欲邪恶，敬奉天地、孝敬父母、夫妻恩爱、邻里和睦，回到本真的故事。其所谓的『回到家乡』，就是『回到开天之本真，回到做人之初心』，意为人们只要悟通『无为大道』就可以回到出身之地——『家乡』。作者认为人们失了本性，就找不到出路，因而沉沦苦海，受尽各种磨难，奉劝世人切莫被人间转瞬即逝的享乐和荣华所诱惑，应该赶紧参修『无为大道』，早日回归人们本来的『家乡』。书后奉劝读此宝卷者『但愿观是书者，天下修真养性，天下还本返乡』。

此宝卷叙言、卷尾、版心有残缺，已修复。刻工精良，文字流畅，有叙事，有说唱，有七字句、九字句、六字句，如『切莫大意兮，坠落性天，各有主张兮，拿稳定盘』『叹光阴，如梭巡，日往月来不住停』『奉劝你，年青人，不可错过美良辰』。全卷有标点。

文昌帝君收圓還[illegible]

且夫儒釋道教之書汗牛充棟矣自三皇五帝以[illegible]於今不一而足無非隱寓性與天道之宗旨預備末後三期以為[illegible]道之憑証已耳怎奈書愈多而人心愈驁烏得令人人同覺路個個共出迷津乎然由金鼠大開普度九州徧[illegible]朱牛轉盤收圓十方均沾聖澤當今之世聞道者有人得[illegible]亦有人修道者有人成道者亦有人更兼訕[illegible]有人敗柰正道為魔者更有其人矣斯時也

應運龍華之期在邇猶恐有悞良辰故老母震怒定要滅盡中華之人以充刦坑要重[illegible]天人倫爾時眾　諸佛不忍協同保本跪哭　瑶宮九晝夜老母方纔開恩　允於天尊願下南閻喚醒大地眾生歸家之路特演出還鄉寶卷一書以勸有緣乾坤善信赴祖歸根同登慈航辦功修果後來永享無疆之福而[illegible]但願覩是書者方方修真養性方方返本還鄉天下修真養[illegible]天下返本還鄉上[illegible]至於庶人壹是皆以修身為[illegible]

大 大齊同辦龍華勝會 界定然化成蓮花之邦。方可
安慰 老母之心。了却諸 佛諸 祖金爐大願。不枉
天尊。今日費盡心血著此寶卷之一片婆心耳。余因採諸人
間善惡路逕南關養性書屋。有玄珠山人手捧此書。囑吾一
覽。吾不禁歎然踴躍。觀其言雖淺正。淺正可以化愚蠢。六
於身心之藥言。閱其詞雖俗鄙。俗正可以破迷。真乃超凡入
聖之奥旨。今而後惟冀入世之善良。出塵之仙真。借此寶
照路之燈。免得行入邪徑。特此寶卷曉鈐高賢。自然

上 序 六

雲集。又何患九六皇胎不得同赴 瑤池而共歸古家
乎。余因雲水百忙之際。暫停鸞輿樂而秘為之叙
九天開化七曲文昌梓潼宏仁帝君奉 命降於養性南學

返鸞詞

靈霄棢位吾在先　殿文衡咱常權
諸生若體俺心意　論功堅賞我不偏

九天應元雷聲普化天尊掃壇 讚曰

旬司聲震九重閣　派 祖欺師定遭懲

若有暗逆天命者　火化霎時喪黃泉

九天糾察都統大元帥王靈官　讚曰

足踏火輪下天堂　諸生誓願我豈忘
最恨有始無終輩　一鞭誅他如泥漿

九天護法韋馱真人　讚曰

降魔寶杵掃狼烟　護持正道不二偏
假師假祖孽貫滿　照頭一下化灰纖

元始天尊　西江

玄黃子丑開闢，寅會九六臨凡。苦中作樂困塵寰。我
母靈山悲慘，先命燃燈下世。辰會普度南閻，二億收圓
班
瑤池宮内遊玩。
釋迦己會領旨，虎堂明設釣船。復度二億轉回還西方極樂
住棧餘有九十二億，迷魂陣裏戲頑。六萬餘年困深潭，未把
娘親顧盼。

却説此書故事，乃是混沌初分之時，三才未判之際，有一位
無極老真空，因他自無而生，名曰無生老母，坐在九十九天

之上。默運陽中輕清之氣，煆煉一萬八百年，使之上昇而成天體。復推運陰內重濁之氣，又煆煉一萬八百年，令其下降而成地形。此時既生天地，空空蕩蕩，無人住世。無生老母又逆運陰陽二氣於八卦爐中，煆煉一萬八千年之火候工足，結成嬰姹，散在宇宙之中，而為九六靈根，即三才者，天地人也。試思人與天地並列而為三才，非當小可。諸君靜坐，聽我從頭說來。

我在玉虛宮裏
慧眼遥觀諸衆生　自從寅會臨東土　年成六萬女
因在紅塵造孽重　結下寃罪海樣深　人人頭頂田
貫滿乾坤觸天神　招指推算這刦運　怎不教人珠淚
我母瑶宮悲聲放　大小佛聖膽戰兢　眼看刼運臨頭頂
失鄉兒女不回程　流浪東土迷真性　忘却家鄉老娘親
四大苦海串房簷　火坑裏面安其身　有朝一日大數到
墮落萬刦難出塵　故我慈悲多不忍　開個路引指迷人
靈山程途有十萬　還有八千最難行　怎奈迷途不動步
生生死死死復生　脫骨如山頭不轉　不念我母舊恩情

自從子丑開天地　寅時投生下東林　卯會之時無刼運
安然坐享太平春　四萬餘年交辰運　天開殺機降燃燈
却說元始天尊説道辰會乃是道門老子道君掌教燃燈道
人主持當時大開普度之際所度原人甚廣隨後設下考懲
等到收圓結果三月龍華將將只有二億仙人成真功成了
道之時火焚虛空故為龍漢初刦名曰無極又一萬八百年
巳滿直至己會大刼又臨釋迦又移花掌其佛教乃歸彌
主持斯時又大開普度度惺佛根亦多待後收圓之時又設
下奇考直至五月龍華恰恰僅有二億真佛子了道歸西之
時水淹崑崙乃是赤明次刦名曰太極又一萬八百年巳
乃是延康午會皇極應運人心不古更勝於前故三災八難
一齊降臨道落儒門彌勒掌教乃歸儒童主持而今大開普
度要救回九十二億殘零復差先天二億諸仙中天二億諸
佛盡下南閻飄散九州借母投竅所以四海之内方方有人
修真處處有人養信故善信乾坤乃儒家之人修老君之道
守釋迦之戒則三教共歸一原矣列位請聽

周葛子稱無生以至如今　誰是邪誰是正恒从自見
乙卯年立規十二章大道洪興　戊午歲水告峻高登佛座
丙乾金自承任代理盤心　王山祖大仁慈柔弱過勝
如君弱臣操權一般情形　眾領袖捐功名利欲心勝
上違規下敗道惱怒娘親　山丑春金卸世還歸原位
假金人隱慈航瞞哄諸生　瑶池母傳懿旨水精領令
騎青牛將天盤授與木星　黄河水清三日天下盡曉
有牡丹現瑞詳白鶴呈文　轉收圓掌道統天人親

崇增規二九八章章判清　末刧事金馬年海航身
白羊會皇極祖戊巳安身　天現彩飛鳳鳴花王呈瑞
龍繞寶珠當堂降征維新

却說元始天尊說道。先天青羊辰會。為一期普度中。天紅羊
己會。為二期普度。後天白羊午會。為三期普度。諸人皆曉。還
有現在龍華。分乘定品之時。幾人得明。俺今體　毋之意。立
願度盡眾生成佛。故節節點醒。智慧。章章指破迷津。令大眾
好遂前程。現在　水老大闡普度　木公辦理收圓。以及龍

華大會。故云三會圓滿。又云三回為定。且從前四億諸佛以及開天闢地。聖祖俱要等到三期大會。依功定果好安品級。並非虛語。諸般典籍歷歷可考。慧業文人。深研細究熟讀詳味機自現矣

切莫大意兮　墮落性天　各有主張兮　拿穩定盤
三生有幸兮　真假看穿　普度開荒兮　九州佈種
收圓結果兮　並非偶然　皇極應運兮　白羊會現
三會龍華兮　萬劫奇緣　遵奉天命兮　體母心意
違悖謬行兮　佛聖熬煎　是道則進兮　非道則退
古有銘讖兮　不放心間　如今三期兮　萬魔下世
借母投竅兮　等候時年　奪舍借房兮　誰人能見
迷昧性王兮　就在目前　九十六種兮　外道普徧
三千六百兮　作用倒顛　正道成傍兮　人難實透
高明看破兮　刹那之間　可嘆男女兮　非痴非蠢
性命當顛兮　怎成佛仙　隨波逐流兮　道魔不辨
認假失真兮　錯過機緣　全不究竟兮　君子三畏

違悖謗行兮 定墮深淵 試思進道兮 焚香一請
忙壞諸佛兮 不得安閑 佛旨一道兮 超度父母
抽丁拔黃兮 名標九天 善信賢良兮 多大本領
三曹聽令兮 事非等閑 所貴所重兮 老母天命
遵超違墮兮 法律森嚴 決不看情兮 無私鐵面
後悔莫及兮 空自淚憐 猶恐上當兮 瓜連七祖
自身無着兮 帶累九玄 錯過這回兮 難逢難遇
絮絮叨叨兮 奉告明賢

却說元始天尊說道。三會龍華乃雜法普興之時。千門萬教。皆來趕此一會。同考三期以魔萬靈。其事非小。又兼萬靈真宰職任。要由四億諸佛之中拔選。上天若不暗設奇考。又怎知誰假誰真。何以定其九品三乘。假如大開普度之時。所取的十地頂保、引、証、恩、堂、業已安定如一。若轉收圓之盤仍由普度門中交代。則上者上位。下者下職。若使有志不遠者終居於人下矣。故天心最公。決不偏護於誰。普度六滿收圓承盤。並非上天不明示於人。實由人之疎忽好勝。不賤聖賢之

12

舊迹耳。郎準得書觀看。不過讀其大畧而已。瞧了一遍郎置之高擱不以為奇。他不知聖賢仙佛著書立說費盡了三毛七孔之心。若太明洩天機猶恐上天責降。欲待暗藏深隱又怕衆生愚迷。難以衆悟只得若隱若顯露而不露將玄機奧妙盡藏於言下矣又若皇極木公之盤仍由普度門中易位其賢良品乘之下上。又何以得失之乎。此乃三期大事並非人力強為。然亦有定數耳。昔有古云。天定不能勝人人定可以勝天。斯時言也。以此二句而推。皆由人之自失奇緣系何

還鄉

13

以故我於每月朔望之期四時八節之日朝謁無極老母與諸　仙諸　佛談論普度收圓龍華十大會際此正逢末刦之年。天時在邇　余舉慧眼遥觀五斗天魔與千妖萬怪個個磨拳擦掌。要滅盡惡人普斷烟火踏破花花世界擾亂錦繡乾坤。吾於斯時乃告白　諸仙說道倘若萬魔下世邪九二殘零還望四億諸　佛救護如今連那萬靈佛真猶然恍兮惚兮。心無把柄信道不篤。又不認　祖歸根謹遵天命好比邪泥菩薩過河。連自己身體尚且難以保守。焉能

14

救度於他人乎。豈不是火炎崑崗。玉石俱焚矣。深可為嘆。
靈山會上。眾位　仙佛　聖賢　聽畢。各個默然無語。爾時
無極老母。高登八寶金蓮座上。耶舉佛眼而觀。乃垂盼睇之
容。啟慈悲之唇。而告諸眾曰。各位皇兒靜聽。我那東土失鄉
兒女。他竟忘却了先天面孔。常具後天好勝貪高之雄心。屢
要自逞聰明。為　娘三回九轉叫喚。他並不肯回頭一顧。這
正是子不戀爪。爪戀子。娘不捨兒。兒捨娘了。刻下越迷越深。
令為　娘費盡心機。差五老皇兒。以代我之勞。掌理天盤。命

收圓還鄉

15

那稍書遞信之人。處處指醒於他。勸他各人早早回頭遶岸。
轉回古家之鄉。以慰　娘心。他不惟不體我意。到反謗毀吾
之正道。為魔情殊可恨。他自以為是。歷代以來。一切典藉經
章。又不看不觀。諸般好言。不入於耳。高明賢士。又不親近於
身。似此行為。正是有岸不登。情願睜起兩眼。跳入苦海。舍正
路而不由。甘墮萬劫沉淪。豈不惜乎。

叫皇兒上前來聽吾吩咐　聽為娘將衷腸對你表卜
想從前命我兒去住東土　早晨去晚歸來不居凡塵

没奈何喚天元設法裁處 摘性元收八寶引眾沐浴
嬰與姹見水喜飄流戲舞 從此後閉天門難回故廬
貪酒色與財氣遂真逐妄 紅塵海是非浪怎能跳出
張家生李家死車輪轉性 一心心居娑婆永不還無
差燃燈與釋迦將兒救度 辰巳會四十萬救回天都
殘零子六萬千迷昧深了 復又差四億佛再下塵途
十人去九貪凡原人無路 把為娘氣得來四體不酥
水精兒掌普度收圓木星 三會事俱是娘親交囑咐

這本是天大事誰敢假做 有章程有條緒怎能揑出
白羊會妖術興吞雲吐霧 將皇兒心性迷作事糢糊
稱假師作假祖天命不顧 搶財寶壞規程信道不篤
今寄來此篇言皇兒須悟 若果是真正祖諸神擁扶
歷年有書帖章消息透露 內裏藏未來的天機條目
將從前秘密語兩相對住 經証身身証經定要合符
切不可自哄自性命要顧 連累那九玄祖地獄悲苦
聖賢書作把柄教人參悟 學子思活潑潑經綸刻骨

18

要通權兼達變能知時務
這如今雜法多皆非正路
試想你為生死超度父母
莫因為些小事將緣失悞
爾若要躲閻君脫離地府
忤逆子由自性謬行違觸
非為娘不慈悲嬰姹不顧
屢次的稍家書將兒喚住

惟天命不於常有德撑扶
吽皇兒切不可聽他支呼
捨凡情斷恩愛所為那軸
猶恐你命盡了輪迴難出
非為娘真天命再無別途
有王爺與韋馱定把他誅
大是兒小是女我心不毒
怎奈何迷不醒睡夢鼾呼

19

怕只怕斗牛宮玉旨倒佈
血成海骨堆山掃盡塵濁
到那時喊為娘不能救度
為娘的將真言一一剖露
叮嚀了重叮嚀早訪正路
睜眼間龍華會功果對簿

衆魔王一齊下遍地遭戮
五百雷一聲响無有皮膚
凶煞神不容情粉身碎骨
等到那盡頭處切莫怨吾
莫猶豫休觀望各自張鋪
分三乘定九品再不疎忽

却說無極老母。未曾嘆畢。眼觀失鄉兒女。千百之中。不惺一二。玲瓏痛傷。猶如劍刺。勃然大怒曰。吽聲各位皇兒知悉到如今。東土衆生。猶然執迷不醒。枉將為娘心血費盡。有何益處。快將我聚仙旗。高懸 瑶台。火速下詔善神。各歸本位 勅令一切 雷部。火部瘟部。一切凶神惡曜。急急領旨下世借體入竅。霎時之間。八方干戈齊起。將東土執迷不悍之乾坤。細掃烟塵。一概不留。將他靈性。壓入黑空浩刧之底千萬億刧。永無出期。好待為 娘重安天地。另治乾坤。再立人倫。以了我一片愁腸。免得二六眷戀於心。是時 三教聖佛仙真。位位心驚膽戰。兩班俯伏金階。哭跪丹墀。凢晝夜懇祈

慈母大開洪恩。兒 臣等情願保本慢慢善勸。如若東土衆生。再不回心。任 娘施為。是時 元始天尊。方纔領旨。願下紅塵世界。傳書遞信。救度原根早上菩提之岸。使人人向道。個個認 祖尋宗。顧守本來面目。錬就金剛之體。修成不壞之身。趁時辦功修果。聊備盤纏收拾行囊。轉回古家之鄉。以安我 母之心。以了諸 佛諸 祖。金爐洪願不枉我今日之一片婆心也。

雲端飄渺不辭勞　又下紅塵走一遭
體貼我母慈悲意　諄諄誥誡訓汝曹
先勸儒門大學士

莫倚翰墨要好刁 詩詞歌賦皮外學 八股文章如膚毛
君如不信將你問 從頭一二答根苗 存心養性怎麼用
疏食飲水樂那條 止於至善歸何地 明善復初學怎操
中庸天命性怎率 格物物格講息消 克已復禮功怎用
九經條目那樣高 天之明命諟何顧 定靜安慮得那爻
允執厥中甚訣竅 坐以待旦周公勞 浩然之氣如何樣
簞瓢陋巷樂那條 仁義忠信本天爵 鑽彌堅兮仰彌高
顏回三月不違仁 養心寡慾在身包 孔子五十知天命

收圓還鄉 五

當仁不讓於師曹 人人皆可為堯舜 守身為大士子標
誰能出入不由戶 性本相近習遠拋 一以貫之聖人訓
人能私道福滔滔 性與天道不可聞 不恭天命詐成爻
三畏九思與三戒 聖門遺書字牢牢 不知天命非君子
善言入耳蘽眉稍 萬物皆備我身內 三才惟人是靈苗
君子憂道不憂貧 飲食之人人賤拋 夜氣不足以存養
齋必變食休饕餮 三人同行師在內 莫浮得才自逞高
故天將把大任降 勞筋餓體志量超 文人學士真石了

句句對吾數一遭　果能明得其中理　不愧儒門逞矜驕
倘若順水打一棒　飄皮學問休放刁　早訪明師指玄妙
低心化氣學賢僚　不恥下問孔文子　千載文明誦聖朝
奉勸公侯伯子男　要學張良美名標　須將名利早看淡
伴君如羊伴虎交　龍君怒問斬者　那時方悔難開消
真惡子愛追魂票　酒色財氣困英豪　速忙跳出火坑好
訪仙學道甚高超　人生百歲瞬息過　難免地府墮陰曹
一失人身萬劫難　緊將吾言細推敲　莫當浮詞丟腦後

圓還鄉　十六

身體力行萬古標　功成果就丹書詔　九玄七祖樂逍遙
却說元始天尊。把儒門學士勸畢。靈山會上。一切聖真。皆大歡喜而言曰。爾南贍部州。文人士子。能體　天尊之意。捨却功名富貴。訪求性與天道。在火宅中苦煉勤修。積功累德則由儒可希賢。由賢可希聖。聖希天。自不難矣。又何愁不得轉回古家之鄉乎。爾時。　釋迦古佛。在羣仙會上說道。儒教門徒承蒙　天尊指示。心開茅塞。若那有根器者。自然回頭上岸。而作出類拔萃之人矣。只有我釋教門中。自從慧能六

祖。指法入火宅以後惟有修行之名。而無慕道之實所傳者
僅有衣鉢而巳。他們耑以摩頂受戒為真功夫。在那真心體
行者。不過敲打唱念早晚課誦為止考其真心作用明心見
性之實功行。全然模糊不懂盡是一些外牌腸矣枉自披剃
入山。斷恩割愛。又有何益。外面儼然大模大樣。滿腔全是憤
高執傲之心。每在人前誇口。說他乃是奉旨傳戒的大比丘
僧。好不尊貴。我們怎肯跪求於人。低心化氣於下面。有那些
不入他們儒教。各行各的前程罷了。爾僧尼輩。倘若懷此心

腸。就把念頭想差了。乃是自暴自棄之輩。是為謗佛逃生之
徒。怎能曉得生死性命大關節。後來聖道之貴重乎。俺當日
朝謁　娘親。在　瑤池宮中。聽聞我．　母。要掃盡塵寰普滅
人類。吾亦列班跪奏。苦苦哀求。准了本章。方纔得許今日之
哀腸想咱從前往掌　西方之教。東土空設廟堂。享受人間
香火。看看大劫將臨。眾僧尼輩。白喫施主粒米。何以消受。他
們又不體貼　吾意。未免覩物傷心。莫可如何。只得強何精
神。叮嚀一番

大眾僧尼細聽話　聽我從頭說根芽　咱在皇宮為太子
洪基不戀愛出家　何等卑屈於人下　受盡苦楚肉也麻
十載九考心不退　訪求燃燈指妙法　得受大道心無二
靈山頂上受熬渣　並未自高與自大　割切身體忘自家
功成果就把教掌　曾度二億站蓮花　西方勝景真幽雅
極樂世界誰不誇　漢帝金人曾入夢　中華誰不供養咱
空留遺跡作柄把　惱怒僧尼不效法　明心見性擲惱後
裝模作樣像菩薩　雖然摩頂來受戒　萬法歸一在那塔

三皈五戒不講究　般若舍利不詳查　敲敲打打圖好聽
演揚妙法是出家　倘若造下冤孽罪　死後地獄受惡辣
不能躲脫閻君駕　空自修行披袈裟　俺今特把眾指引
不可錯過好緣法　如今道落火宅下　我們釋門無抓拿
低心化氣訪求罷　若存高傲害自家　誘得真傳高人駕
加功進步鍊丹砂　培德消冤果自大　常親至人開性花
休學無知俗子輩　揹過虛名削了髮　酒肉終朝不離嘴
水漢洋煙口內呷　背地敢下無恥事　羞辱佛門遭天殺

把這人身要脫了　旁門最多莫走差　一切浮華丟開罷　九品金蓮誰敢拿　古來仙佛是榜樣　凡情俗事少理他　方知吾言非虛假　命盡刀山受刑罰

永世不得到中華　訪着真正天命道　參禪悟道纔算佳　不可自己假充大　庵堂寺院受香花　行些萬古不磨事　藥石金鍼語不差　定墮地獄阿鼻下

俺今重囑有緣子　跪求開示指靈芽　度已度人功德大　道從低得佛菩薩　修行原是為生死　依功定果享榮華　倘若辜負真情話　萬刼難得出塵沙

收圓還鄉　十九

却說釋迦古佛嘆眾真稽首而言曰。今得世尊指示愚蒙。惟愿大眾僧尼之輩。各具一片菩提之心。體貼我　佛之意。早訪正道。苦煉勤修。時常欽敬天下人。二六積功累果。休學從前憒高自大的牌場。若能得證萬朵五蓮。不枉出家修行一場矣。是時　老子道君對羣真而言曰。兔死狐悲。各傷其類。還有我道門中修行之人。更不可言。若提起來列位仙友休笑。你看他頭上挽了一個髻。身上穿一件大領衣。手中捏着一根便鏟。拿定一個　瀟然像個有道人之樣。不知他還右飲酒茹葷，終日十方募化善良的銀錢來修五臟廟。倘若遇有高明賢士問其修心煉性之工程、道德五千之微言、抱元守一之禪宗，超生了死之作用，是如何之行持，他乃墨者黑也，東扯葫蘆西扯葉，全不能明其半點之玄機，又不想出家修行，所為何事，並非曰只圖慕乎虛名，苟圖衣食而已。你且聽我講來。

道人二字是如何　定要身中有道學　抱元守一為根本
修心鍊性真著落　五行八卦顛倒用　精氣神全三品藥

以圖還鄉

降龍伏虎真妙手　取坎填離陰陽合　火裏要把蓮花栽
海底泥牛運黃河　恍恍惚惚無人我　杳杳冥冥有妙藥
迴風混合觀自在　三車九轉一剎那　兩高睜眼行火候
綿綿不絕最洒脫　溫養聖胎調真息　沐浴身輕得安樂
退符貫滿乾坤坐　泥丸開裂殼脫殼　功圓果滿丹書詔
永不投東住娑婆　若能明得這些理　隨地逍遙到處樂
你若閑目來枯坐　金丹二字摸不着　酒肉穿腸糊混過
到處募化扯風波　騙些謠言駭大眾　引誘無知墮邪魔

到頭無有好結果　十八地獄定難脫　說到此處肝胆破
猶如萬劍透心窩　轉回八景空中坐　觀音魔王降娑婆
收盡違規敗道貨　重來整頓舊山河

却說老子道君。未曾說畢。痛傷玲瓏。不能成語。衆仙真勸曰。道兄不必煩惱。伊輩若是我們一脉之人。從前雖然迷昧。如今得遇提醒。自可同歸覺路。跳上船槍。各逩前程。倘非仙根道器。任你哰破喉嚨。氣死瑶台。也是枉然。何必過於悲慼。不如且去八德池邉。觀看萬朶玉蓮。誰優誰劣。以定八方領

收圓還鄉　丰三

袖之盛衰可解一時之愁煩罷了。

老君八德去遊玩　元始又來說衷腸　三教門徒暫憫下
且將正道嘆一腸　普度本是光明路　差之毫厘又歸傍
諸君請來靜坐下　聽我從頭說端詳　歷代祖師接道統
口傳心授有憑章　或在天人來交接　事非兒戲豈尋常
三曹俱要歸掌握　邪魔鬼祟遠離疆　大小神聖皆擁護
倘若逆命墮汪洋　惟有紅塵無知輩　說來令俺笑斷腸
東扯西拉把衆哄　瞞天過海逞豪強　當個假祖雄糾糾

還發保引與頂航　有的他言代料理　又說十佛站十方
也有各自立門户　想方設計挣家邦　兩下角勝論輸贏
你弄強來我逞剛　不能服衆安天下　各懷私意霸一方
哄惑無知乾坤輩　隨波逐流墮汪洋　我看迷人迷到底
真正迷人難回鄉　醒酒且把醉漢看　緊將吾言記心傍
他們心腸對衆表　無非拴鎖與名韁　四堵鐵墻將他捆
身軟力弱内裏藏　有的明明知是假　混混賬賬過時光
有的騎虎難下背　等待時至又着量　我勸賢良拿把柄

各人生死各人當　各人喫飯各人飽　各人收拾轉還鄉
俺今且把賢良問　從頭對答說言章　為甚你今長齋戒
紅塵美景丢一傍　妻恩子愛抛別下　珍瑤美味不得嘗
清心寡慾甘淡泊　到底所為那一庄　你若脚登兩船上
定然落在陷東洋　馬到臨巖收韁晚　良友二六自掙量
看你無非為生死　想修性命躲無常　望起九玄拔七祖
脱離地獄上天堂　大衆今夜捫心想　真真假假細揣詳
不遵天命痴心望　猶如凡夫稱國王　跟着育師走冤枉

將來沒有好下場　各人趁早回頭轉　莫等有病上慈航
尋條正路歸家去　永不投東見親娘
却說元始天尊說道。普度收圓二者。皆是正道。一脉源流。無
有半點歪邪。除此二者。皆是異端邪術。但目下正中之傍。若
不說破。人難實耳。如普度門中。自乙丑年。金公歸空以後。上
天抽爻換衆盤交圓明。　老母纔將天命收了。所承的頂保
引証恩掌。以及開示衆生俱是天榜不能標名。地府不能抽
丁拔黃。此是要言。倘有半句虛言妄語。我色身困在東土。永

不轉回天宮。咱　瑤池靈性。願墮幽陰。俺人間泥塑金身。永
不享受香烟。吾今立下三宣洪誓大願。並非惑世誑民之語。
哄你凡夫到我　天宮方纔有人侍俸於我。亦非圖騙你凡
間金銀珠寶。與吾製造蓮臺。咱不過因　無極老母。發下雷
霆之怒。要減盡你下界愚夫愚婦。我心不忍情願保本。立愿
度盡衆生成佛。以安我　母之心。以了諸　佛諸祖金盤
大願。三者遵體　上帝好生之德好容易得一人身。上沾天
覆地載。日月照臨。下賴父生母育。師尊教誨。費盡無限辛苦。

一旦化為灰塵。其心何忍。三者我還有色身現在東土倒庄
分性等候時至。立功證果、與大衆俱係貼骨真親。正望提攜
輔助。俺家故此盡心竭力。直言無隱。再不包含。又如收圓門
中。從庚午年。圓明退隱。繫艇靜雅。分别渭涇。龍蛇混雜。紊亂
規模。不順　天命。所取領袖。盡是虛而不實。無憑可考。蓋原
天盤者。郎　瑶池金母之命令也。交付於掌道之祖。替
母救度九六佛根。故　三教聖真。俱要聽令。焉敢違命不遵。
所取之領袖。俱有諸　佛註册立號。上呈之表文。有功曾捧

函傳奏調辦之功果。又有仙真籙簿記掛點點。不能落空。此
乃是實而不虛也。如掌　天盤者。或是自稱。或是妖魔赴乱
亂傳。不入祖派之數。乃是違悖　天命。泯滅　老母。暗害佛
根墮落也罷。莫大焉。名為忤逆之子。三曹惱恨。　護法豈肯
替他捧函傳奏。開示衆生。冥王不能與他抽丁拔黄。可惜失
悞了多少修真之子。他們怎能得知內中機關。在那裡迷之
賢良。被他的領袖糊混。自以為是。豈肯格外推求。還有一等
糊塗愚頑。他自己不能認　祖尋根。反來阻塞善門。設些詭

訐。頷着他的後學。對　佛立些假誓。遮攩黃昏之人。背正向
邪。失悞功果。帶罪不輕。那曉得還是要照伊所發洪願。自受
果報。定不虛也。又有一班無知之輩。巧辨巧談。凡說是他們
翻根倒種。看他將玄關點在何地。另有一處。我就信了。殊不
知乃是指醒你脚踏實地。悄落空亡。猶恐一旦無常來。地獄
尚且不免。焉能成其佛　仙。這郎是虛而不實也。爾大衆賢
良。願歸虛乎。願行實乎。我亦不過將俺　天宮的道理剖明
定要如此安排。你們後來方有着落。切莫空熬口一場。等

收圓還鄉

到大刦臨頭。無有護身之訣。墮入刦中。替你可悲可恨。郎准
你逃得過。後來刦關到。那三會龍華之時。依功定果。賞及九
品蓮台。那時節。你的功在何處。果在何方。如今你不遵奉
天命。縱然從前。立有蓋世之功勞。還是忤逆之子。　仙佛聖
真。但記爾之罪過。誰敢與你註功。只落得暗自悲傷。搥胸頓
足。痛哭流涕而已。悉你後悔無及。故我今不辭苦口。諄諄切
切。三翻四復。訓誨汝曹。想俺仙家。又不學你們凡間衆生。貪
名圖利。哄你來歸於正道。我又有何益。不過是上體我

母之意，豈忍袖於旁觀，視民之死而不救乎。下念貼骨真親流落東土，陷於苦海，睡夢昏沉，如痴如醉。我不高聲喚醒其心，何安然。雖如此，費盡心血，但願眾信賢良，速發一片智慧之心，還須用意體貼，字字會悟，句句參詳，趁此風恬浪靜，同頭途岸，早歸故鄉，以不負吾今日之心意也。

龍飛鳳舞下瑤階　再將良言勸朋儕　人生百歲如春夢
切莫迷昧失本來　凡大修成仙佛體　要將塵垢盡掃開
大小領袖聽分解　有過速改是賢才　謹遵天命莫違拗

小人不知當邪歪　人人都有怪毛病　留在身中是禍殃
快快哭藥把根除　免得毒發喪靈胎　萬朵玉蓮莫當小
六萬餘年修積來　龍華對案定品位　早辦功果莫疑猜
有等愚夫生妄想　一步就要登天臺　稍有半點不遂意
捏是生非巧安排　心存嫉妒生嗔恨　欺師滅祖逞才華
散些良言將道敗　阻塞善門悮賢才　頭頂黑氣冲天界
護法神祇奏瑤階　將功拆過扣除了　分發斗牛去處裁
小則降災減壽紀　大則廢命失身骸　寄語良言心性改

敬上愛下莫痴獃　我母天命如山大　順存逆亡牢記懷
一層謹奉一層命　和氣一團喜盈腮　莫存私心與偏見
六合同春大道開　不久龍華雲時現　九關掛號見當陽

却說元始天尊說道。如今末劫之年。人心甚惡。罪孽彌天。莫說那入世之凡夫迷。昧本性。連那出世之仙真。個個猶如俗子之人心一般。得了大道。又不克己修身。栽培心上之地。以涵養性中之天。他們將聖賢之經章典籍。又不細玩推求。何以分别乎邪正。修來修去。修得顛顛倒倒。純是一腔固執心

性。全無半點活潑之氣質。哨同衆仙真。巡擦人間功果。在南天門慧眼一觀。看見東土衆生。又好氣。又好笑。有那奉命之人。去指醒於他。乃是為好而來。勸他趁早離脫迷魂大陣。跳出樊籠。他偏偏做出降魔守正的假牌塲來。道話不嘆。書不觀。說些閒言。撐塞裝模作樣。守死善道。他以為說他是遵先聖之格言。遇魔不投。守正不阿。是為有功於世道。他不想聖賢之經章典籍。以為末後印証憑據。正是教人辨别邪正。莫被旁門所愚惑。而失我萬劫不壞之前程。又怕後來之人。以

邪為正。將正當邪。故以書作把柄。為引人之路徑。豈不可觀
看乎。然不論書之好歹。我總細細閱歷。用心研究。如果是正
道。我就不要因循怠緩。錯過機緣。有悞性命大事。宜速速進
道之為妙。若然非道。我急早退步尋踪。莫被搧惑。用心格外
訪求。猶恐日月逝矣。嗚呼老矣。後悔枉然。能如此而行為。方
是見機而作之高賢。莫只守其愚忠。如夢未醒。你看我不來。
我看你不行。退步不前。逡巡畏縮。倘若那無常到來。你也要
等其伴侶。方纔行程。唉 那時節端怕不由你作主了。到不如

收圓還鄉

趁而今有這三分氣在。凡事由我做主。早尋一條超生了死
之正路。方算一個大丈夫之規模。立些奇功奇果。不枉投生
東林這一轉也。況且如今。真假已現原形。各省句稱的假
祖。難以敘述。請問可是由初 祖以來。燃燈相續之 祖派
乎。大地善友。若能如此推想。不辨而自知其真偽矣。夫三期
之道統非當小可。九六原人俱要這回定果成真。豈無有一
個掌 天盤之真祖。以續今日之道統乎。且夫 聖凡一理
國不可無君。道不可無 祖。又曰。天無二日。民無二王。道無

二祖此言通乎古今。達乎凡聖。奈乎世不揣其本。而齊其末。只以虛名假利。當作性命中之實功行其人不少。又況而今道場。猶如昔日列國一般。彼爭此奪。你謗我毀。請數高哲賢士。仔細推詳。如斯而已乎。吾不知其可也。

說罷了衆賢良還鄉道情　轉面來又再勸老年之人
一切的家務事須要看淡　兒孫輩凡情事少掛於心
你從前數十年造下冤罪　精氣神耗盡了都為兒孫
廣置下南庄田北庄地土　結的孽都還是歸於本身

倘若是你百年大數盡了　地府內孤單單好不悽情
在陰司受刑罰誰人探問　遭磨折與痛苦那個心疼
轉輪車分六道果報自受　那時節想懺悔萬萬不能
趁如今在陽世尋條好路　求明師傳授了無字真經
又不要去出家離鄉別井　火宅中修成了一位真人
解脫了十八獄萬般苦楚　方不枉老年人得道修行
肯積功與累果高增品位　不投東不下生萬古長春

却說元始天尊說道。下元甲子。三十年為一世。人活七十。古稱稀有。生死二字。到頭不知。今日難保明日之事。若不趁早尋條躲生死之路徑。真是想墮地獄矣。諸君細想。老年之人。猶要急時修養。你們年青之人豈不更要着忙乎。

嘆光陰 如梭巡 日往月來不住停 暫擱下 老年尊
又將少的再叮嚀 青年子 好修真 精氣神全易煉烹
學當年 湘子身 越墻修成一仙真 八仙會 有聲名
十度文公誰不尊 奉勸你 年青人 不可錯過美良辰
捨富貴 拋利名 效法梵王太子身 舜何人 予何人

只要有為定修成 但怕你 無志成 紅塵美景常掛心
戀子愛 拋妻恩 苦中作樂混光陰 無常到 不容情
不怕才儲八斗名 趁而今 在紅塵 一眼看穿假與真
學聖賢 修其身 尋訪明師指虛靈 參道果 建功勳
九品金蓮站上乘 報父母 養育恩 九玄七祖盡超昇
不枉自 大丈夫 龍華永標萬古名

却說何仙姑。偶在雲端。閑遊觀見 元始天尊承奉母命。闡演還鄉寶卷。度惺失鄉原人。然實幸機。待吾暫下塵凡。聊表幾句俚言。勸化婦女一番。以助元始一臂之力。這正是奇緣真難遇。今日幸相逢也。

提筆未寫淚兩行
糊糊混混過韶光
在生不知去懺悔
親兒熟女在那方
不如早把慈船上
不為人間恩愛忙

不由仙姑淚悲傷
生男育女造下罪
死後難逃十殿王
羅帳恩情歸何處
學我仙姑最高強
那怕是非如波浪

提起婦女冤孽重
孽續天地與三光
地獄受盡千般苦
獨自一人受悽涼
一世無有親夫主
訪仙學道鍊純陽

七男一女同修鍊
認真性命多修藏
魂飛魄散神飄蕩
滾油鍋中不放狂
世間女子後學輩
須當看破臭皮囊
早求明師指修養
留在身中是禍殃

留下美名萬古彰
有等迷人講修養
怎能鍊得長生方
惟求不愧於屋漏
切莫錯過好時光
說甚夫妻恩愛重
恭禪悟道守性王
堂上公婆多孝敬

以為標榜在火宅
一見美色亂性王
仙姑風流為第一
八仙會上把名揚
婦人本是五漏體
大限來時各分張
皮氣毛病没一點
順從夫郎莫逞剛

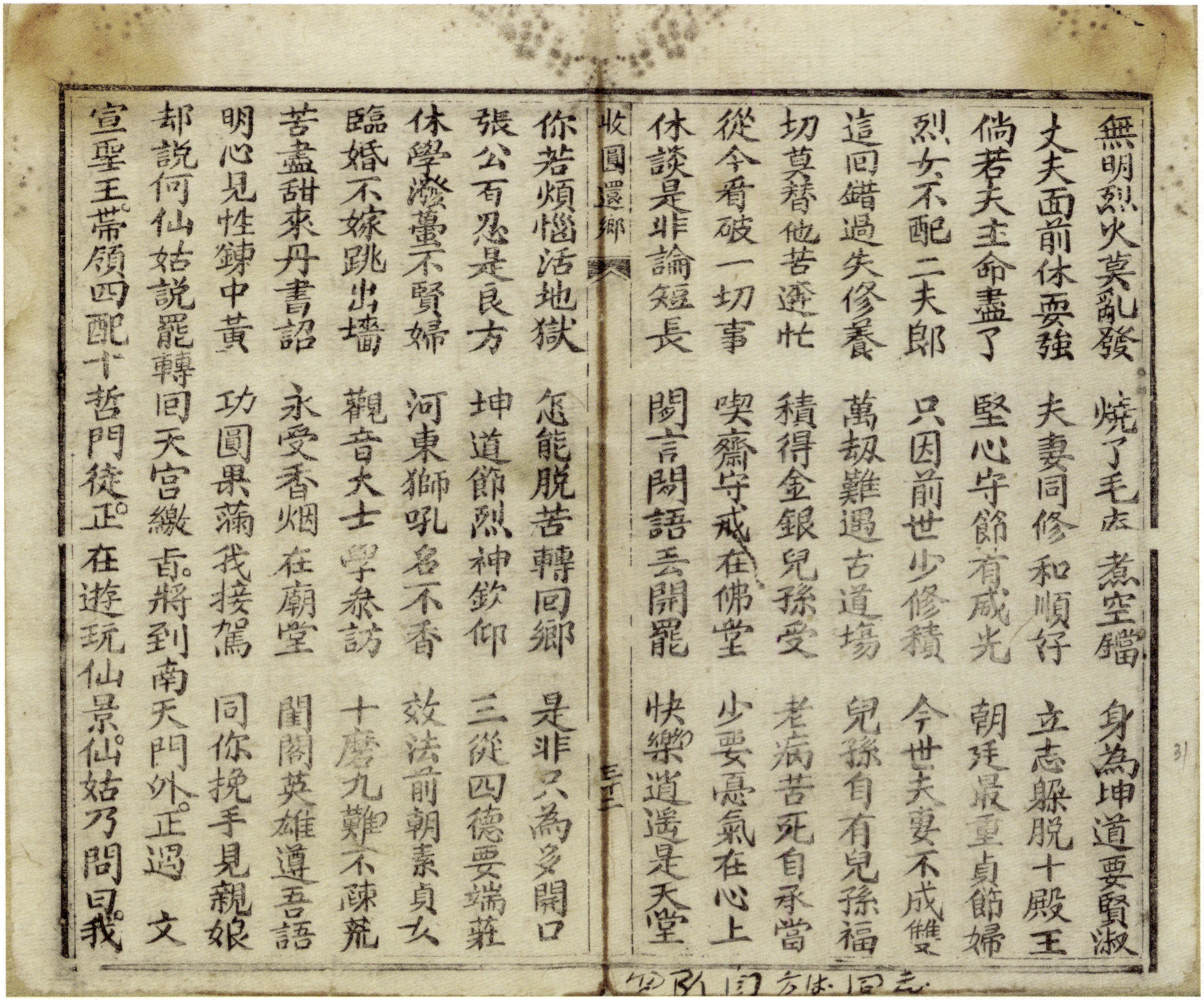
無明烈火莫亂發　燒了毛衣煮空鐺　身爲坤道要賢淑
丈夫面前休要強　夫妻同修和順仔　立志躲脱十殿王
倘若夫主命盡了　堅心守節有成光　朝廷最重貞節婦
烈女不配二夫郎　只因前世少修積　今世夫妻不成雙
這回錯過失修養　萬劫難遇古道場　兒孫自有兒孫福
切莫替他苦奔忙　積得金銀兒孫受　老病苦死自承當
從今看破一切事　喫齋守戒在佛堂　少要惡氣在心上
休談是非論短長　閑言閑語丟開罷　快樂逍遥是天堂

收圓還鄉　三二

你若煩惱活地獄　怎能脱苦轉回鄉　是非只爲多開口
張公百忍是良方　坤道節烈神欽仰　三從四德要端莊
休學潑蠻不賢婦　河東獅吼名不香　效法前朝素貞女
臨婚不嫁跳出墻　觀音大士學參訪　十磨九難不疎荒
苦盡甜來丹書詔　永受香烟在廟堂　閨閣英雄遵吾語
明心見性鍊中黄　功圓果滿我接駕　同你挽手見親娘
却説何仙姑説罷，轉回天宫繳旨。將到南天門外，正遇　文
宣聖王帶領四配十哲門徒，正在遊玩仙景。仙姑乃問曰：我

有幾句粗鄙之言。不識道兄肯聽否。丘曰。願聞仙姑說。道兄想你在儒門中。為萬世之師表誰不尊仰。三期刦至。你又身投東土。註經引典。大開普度也費了無邊之辛苦。卯凡夫俗子。他們不知。到也罷了。為甚你普度門中之人。實在固執。從前歷代祖師。所遺留之格言。教人切勿信邪投魔。乃是說三期大會。旁門最多。既得真傳實受。不要貪圖便益。棄正又去投邪。入了旁門外道。為害不淺。並非是教他邪正不分。道魔不辨。守死愚忠。不要認　祖歸根。抱穩普度的念頭連

收圓還鄉　三十三

老母的天命。都不遵奉。決無此理。自從道兄戊午年歸家。金公代理天盤乙丑春卸世以後。收圓結果的正宗。他們拿來當魔。全不理會。這如今新立了多少門戶。紊亂了你的正宗。代下了彌天罪過。枉費了道兄之前功。我到替你憐惜。你還在此散淡閑遊。刻下　元始天王。正奉我　母的懿旨。在闡演還鄉寶卷。你何不趁此速下塵凡。再去勸化一番。纔是道理。孔子曰多承仙姑指教。前此天人阻隔。縱有訴不盡的家腸。若不奉命。誰敢私自臨凡。亂談一二句天機。而今既然有

此奇緣深蒙厚愛提攜。敢不如命。我就此告別。得罪仙姑了。

水精子臨沙盤悲聲大放　舉慧眼觀衆生好不悽惶
為普度費盡了無邊苦況　降大災與大難諸佛先嘗
九九劫輪到咱天巳將亮　圓明至三期臨龍華舖張
衆領袖為甚的心存傲肆　將吾的真言語不自揣量
有書帖與詞章全不觀望　未來的天機事盡在內藏
妖術興邪法顯旁門最廣　有智慧分清白纔算棟梁
你為何把正道當作邪黨　視所以觀所由言的那庄

邪與正道與魔豈得一樣　高明人看一眼真假分張
今寄來這篇言遵行為上　快認祖急歸根免我愁腸
勸賢良一位位午夜思想　或公議或自稱急把祖當
試問他有那庄可為憑樣　不過是瞞哄你無志賢良
老實人守愚忠聽他言講　貪心人假修道入他門墻
智慧士他豈肯大鄉混賬　各人要回轉頭自已推量
性命根生死竅不可虛恍　腳踏著實在地免墮汪洋
再莫要生疑心東猜西想　再莫要不看書如聾如盲

再莫要多遲延漫漫看望　怕只怕命盡了要見閻王
再莫要等大傾一路轉相　他們的孽障了難以歸降
路不行不到站須要趕上　但怕你黑來了難找歇房
趁如今辦功果方有指望　不久間龍華會萬佛一堂
話未完忽聽得天鼓徹响　乘鸞輿上瑤階朝見吾皇

却說水精子。轉回　瑤宮復命。路過紫微宮。正逢　金公老人。與雲中講論玄機。水公說。道友你我返本還鄉以後。他們東土眾生實在痴愚。真正是有眼無珠。龍蛇難辨。無有通權

達變之志。各自妄稱師祖。違悖謬行。不遵　天命。帶了彌天大罪。如今到連累你我都拖下無邊過愆。這也是奴婢做下差錯事。帶牽主人訴不清也。金公說。事到如今。你我也把他們不奈何。只可憐那在下的乾坤男女。不知其中弊端。白白熬口一場。跟倒他們隨波逐流。虛混光陰。空過歲月。若是命根堅固。些微有點緣法的。等到葉落歸根之時。也還有個出頭之日。倘或壽元不長之人。一旦死了。只說是超凡入聖。得昇天界。那曉得還是墮入輪迴。豈不枉然。哦。這非是大道不

真。仙佛妄語。實由他們不畏天命。糊作亂為。自不真耳。如今閑話少叙。切莫錯過機緣。跟倒他們墮於孽海。若不設法以救之。是誠何心哉。改日再來奉培罷。道友請了。

慈雲靄靄離碧天　未了紅塵舊因緣　臨壇且將衷腸訴
乾坤牢牢記心間　想俺從前所做事　不由珠淚洒胸前
只因水翁歸西後　天盤未交代理權　猶恐一時難服衆
暫為隱瞞好鈞賢　不料木牛盤心轉　帯罪回西真可憐
老母發怒將我貶　多虧諸佛來救援　責我行事太錯舛

做壞榜樣在南閻　弄巧成拙把祖隱　至今循環及身邊
目下雜祖雜法顯　造下罪過大如天　承蒙天一指醒我
方來此處吐真言　拜上各位賢良友　謹遵天命免招愆
未入宮墻男和女　不可錯過好機緣　休學馬高金鐙矮
羝羊觸藩兩難間　有朝一日天開眼　空自望船流淚涎
急早遵吾切實語　功成同證大羅天　已登道岸乾坤輩
須改皮氣換心田　五戒三皈休欠欽　十惡八邪莫放顛
洋煙本是害人物　虧了神氣喪真鉛　若不戒除三寶損

煙波地獄受熬煎　千般苦楚難救舉　切忌不可入套圈
水漢洋煙休沾染　流入肺腑是禍愆　敗丹之物連根斷
一塵不染是明賢　同類之人要和氣　相親相愛又相連
先天同根一母產　失伴流落在南閻　毋分人我生嫉妒
不能佩服在心間　違規敗道滅師祖　爭強論勝識見偏
老母靈山常悲嘆　諸佛頓旨欽先賢　農工商賈尋出路
收拾還鄉早上前　悔我當初見識淺　不能正已化人先
慈悲太過生禍害　以致領袖發狂顛　有名無實空齋戒

收圓還鄉　三十七

認假為真失良緣　如今失悔悔不轉　天人阻隔難傳言
幸蒙慈母開恩赦　元始還鄉寶卷宣　借此奇緣通一線
拜上乾坤老幼賢　替母快把收圓展　看看大刦在眼前
候的領袖取齊了　乾坤改變換大下　還有一言說明朗
遵上和下引高賢　切莫由已偏見性　不聽約束自逞奸
違悖領袖郎違祖　違祖郎如違母顏　自已帶下彌天罪
不畏天命失靈元　奉告靈山親故舊　大小領袖聽根源
凡取領袖要斟酌　萬人之標非等閑　若是糊塗不考查

阻塞一方棟梁賢　拔選一位眞佛種　幹功立業妙無邊
行此奇功修奇果　儀型不愧聖先賢　龍華有朝開普選
巍巍端坐上品蓮　永不投東下塵世　常伴親娘福綿綿
却說元始天尊。聽金公老人演畢。乃說道。大地眾生。若能體
貼玉山老人之意。大齊同心向道。認　祖歸根。一則不失自
已本來面目。二則可消　金公往昔之過愆。三則不枉玉山
從前待領袖慈悲之一片婆心也。爾東土善信。不知仙佛救
世之苦衷。倘若化度原良。茂盛。龍蛇混雜。涇渭難分。不設希

奇顛連之考。道魔眞假難分。後來品位怎定。太考過甚了。又
把他弄得昏昏沉沉。事齊事楚。主張不定。但怕有悞良辰錯
過萬刦奇緣。滿天仙佛替為悲憫。自已不知憐惜。故我今不
煩註此寶卷一書。推冀一人看此寶卷。一人認道成眞。一方
看此寶卷。一方認道成眞。天下看此寶卷。天下認道成眞。乃
不負眾　諸佛。在　瑤宮跪哭保本一場。則　彌勒古佛九
月龍華大會。定有望矣。豈不樂乎。眞是吾之厚望也。
奉母命到中華著述寶卷　再轉勸士大夫文武百官

你前世多修積慈悲好善　或喫齋或戒殺造福萬端
上天爺無私庇依律判定　命閻君來發放侯伯子男
或督遵府州縣職居六部　或卿相掌朝綱位列金鑾
或入學或中舉聰明秀士　歷代中德澤洪品正行端
今生作來生受絲毫分定　富與貴貧與賤善惡循環
你果能看破了名利兩字　學前朝大聖人辭王入山
修成了大羅仙名揚後世　史冊中藉傳內萬古名傳
這些事須隨緣聽其自便　只要你分邪正好歹看穿

切不可將正道當作邪黨　觸怒了天地心鬼神不安
害善人來遭害皇蒼震怒　或絕嗣或除齡定不放寬
這如今旁門多剖白你聽　是邪教再不能齋戒精專
倘若他修正道遵守五戒　不殺生不偷盜酒色不貪
喫五暈飲三厭假名修煉　行的是外三教纔是異端
這一件修身禮儒書名訓　凡下字無節句隱藏機關
大人學講修養齋食必變　並無有喫酒肉得受心傳
為甚麼這如今道傳一貫　皆因為末刦到救度劣頑

道安邦道定國道通古今　非時至無天命誰敢亂傳
性天道端木賜不可得聞　承直指不偏示母命未傾
這玄機不說破實難強辨　那有個凡夫體修成仙班
實只為門普度諸佛下世　聖與賢俱倒庄分性塵寰
飄散在九州內五湖四海　火宅中栽玉蓮煉成金丹
中華內若無有天道鎮住　大鱗鰲要出世地覆天翻
三災動八難臨妖氣掃盡　移星斗改山河另換天盤
栽今日洩天機剴切詳訓　儒門中真君子細玩推觀

若有那孽种子作魔害道　謗正法誣善良來把訟搬
爾官員並士子要分曲直　切莫要由他們詭計奸貪
聖朝君欽賜你撫恤百姓　除強暴安善良纔是清官
並非是命你來助惡欺善　圖銀錢昧天良幽冥悲寒
從今後做一個護法官宦　吾佑你身榮顯子列朝班
陰隲廣扶助了萬人成道　百年後準許你入聖超凡
敗道漢在生前定遭天譴　到死後墮阿鼻永不身翻
天不蓋地不載仙佛最憾　惟此條不準赦子孫絕傳

諸君子切莫説無有報應　或來早與來遲佛量最寬
又看他可還有挽回心意　迷於前悟於後神也喜歡
此是我真實話奉天承命　你看他廊廟中聖與仙賢
他當日盡都是長齋守戒　得大道苦修煉名列仙班
不除葷雖正直難登佛位　或城隍或土地社令真官
如今人把前後再不推想　真實道當虛浮糊塗亂談
他不明天爵理其貴無比　有學庸四子書明明指穿
讀書人不體貼窮究妙義　口而誦心不唯怎授心傳

收圓還鄉　四十一

你又看近時人做齋打醮　或祈晴與禱雨禁葷不沾
齋數日就可以報答天地　豈有個長齋戒不是正端
過此後文武官遵吾訓語　聰明人智慧士打破機關
體我意有大難諸佛救度　不久間龍華會共佛一堂
郄說元始天王說罷。文昌帝君稽首而言曰。承衆　天尊訓
誨爾文武官員。雖不守戒修身。存心養性。若遇有無知匪徒。
毀謗大道。棱是論非。你即挺身出來遮擋。分解邪與正。阻擋
衆魔風。不致驚駭道場。護持原根　佛種。功成果就。以勵善

人是富貴之淳風有朝。上至　天子賢　王。中至　公侯將相
下至眾庶黎民。人人皆以修身為本之期一到。那時節誰不
尊仰。你從前護道的大功勳。等侯分乘定品之際。蓮臺品位
決有一尊矣。奈何　文武士子。有此一庄奇緣奇遇之美事。
世人何樂而不為乎。是時　張三丰真人。正在快樂喜慶
天宮閒耍。忽見
是　元始天尊。在註演還鄉寶卷。護擁百萬羣真。有瑞氣貫
於太空。觸動真人靈機。霎時降臨壇中。對　天尊稽首而言

收圓還鄉　四十二

曰。爾東土愚蒙。深操道兒的玲瓏了。　倘有瘋狂惺心歌一
段。代我演來。以救九六膏肓之疾。不識道兒以為可否。
元始曰。願聞其詳。真人乃信口而歌曰。
瘋狂惺心還鄉記。惺心瘋狂記還鄉。我今不演。　元始文
武護道金章。特將得道修真乾坤論一場。有的修行數十
載。不知身中有無邊景况。極樂無疆。有的終日講參訪。不
知至善之地在何方。也有要採三品妙藥煉中黃。他又不
知涇渭難分。皂白與青黃。也有方纔端身正坐上。降不住

那瞌睡大王被他帶領魔兵將將靈魂牽引到處張。南北東西四處劇。不知到了那一鄉。四大將軍難把關。口來保望。八萬四千雄兵將。懶得上疆場。三百六十上將。軟癱做一堂。衝散了左右四位老臣相。只剩下一位孤王。三軍埋頭々忽讓。普賢開爐响叮噹。十二重援絕糧道。怎能吞玉液瓊漿。革斷仙茶聖飯。餓壞了斗牛宮中。歷山老母娘東偏西倒神飄蕩。被那三尸六賊戰敗了。性中王殺得那日月不明難遣將。却喜壞了天聾地啞。出來逞豪強。白馬將

軍。放開四蹄偷營去刦寨。惹得那悟空盜桃喜洋洋。三位反王。平空設下瞞天迷魂陣。八面埋伏陰魔廣。不許元帥中軍帳內守黄房。勸賢良早早醒。却南柯夢也。免得墮落苦海狂洋。有的煆煉陰與陽。不知來刦臨頭怎下場。他把無字真經記熟在心上。上丹之時猶如唄文章。有的他將十惡八雅。猶如護身盔甲様。三皈五戒。丟在耳邊廂也。有頭隻慈船。放在陸地上。還將梔子花兒菸袋手中裝。一盞孤燈點在牙床帳。口中含着殺命鎗。面黄皮瘦鬼王様。腹

中厭氣憤出來。衝倒四大天王。怕只怕三寶耗散骷髏晃。
一病懨懨赴黄粱。可惜堂堂英雄將。願將金銀買罪受刑
傷。墮落在烟波地獄受悽惶。獄内所存無别行。只有鐵床
鐵被與鐵鎗。算來只有千金的分量。拿來送你消愁腸。那
其間難得哭來也要壓你嘗一嘗。用口一級猶如烈火樣。
燒壞了靈魂飄渺在火床壁。風還魂仍受罪。萬死千生無
了場。纔悔煞在生有道不修養。他人辦功我不怯。到如今
誰人與你說情方。乾坤衆賢良看你哈了洋煙之人到底

收圓還鄉　四古

強不強。我今奉了　母命。先將敗路對你講。休等到臨危
之時就無有好下場。有的得了大道陰陽無昇降。不知離
女坎男。姓李或姓張。精氣與神。不知顧惜來保養。怎知道
陰陽交媾鍊黄房。修得些有形有象幻景眼中望。耳聽些
笙蕭鼓樂閙花腔。有的修行把那性王搞狂妄。百般事兒
要佔強。稍有一點不合相他就要内中作魔殃。勾引匪徒
毀道場。曾不記昔日立了洪誓大願怎了賬。　韋馱
靈官站兩傍。值日功曹。緣緣毫毫將他孽罪過總來記旋。

報應到了管教他身化膿血無屍腔。帶累那九玄七祖幽
冥不歡暢層層地獄受罪殃。有的得了性命不恭訪。還在
置下南田想北庄。捨不得愛子嬌妻美容相。又怕悞了紅
塵美景好風光。也有領了皇極慈航到處蕩搶功奪果掙
家事。不知天命二字是個甚麼樣。二六時時違悖不知詳
輕師慢道良心喪墮落在黑空浩刼難出疆。有的他把八
個字兒拋在荒郊上。名雖得道修還是個忘恩負義郎。有
的見人勤辦外功內果上。蓮位高增聲名揚。他的心中就

收圓還鄉　四五

有許多不舒暢實不佩服在心傍。這等人他怎知將軍宰
相肚中囊可能撐船把馬放。他不識聖人腹內要把天地
裝。有的得道數十春。說他功高德廣留焉而聞後賢證蓮
邦。他不能聽天安命潛修養。滌慮洗心痛改腸。偏要學那
烏龜縮頭閑巖腔。他不知千刼修來一刼享。只昧德今生
造罪。不管後來萬刼忙。有的見人威整佛綱自已不得循
規蹈矩。修身治家邦。猶如將他果位奪去的一樣。識神當
權。寃心又窄腸。無中生有來毀謗。猶如與他結下十大冤

仇在心傍。有的領袖心毒如虎狼。一件事兒不合相巴。不
得他一但身亡。有的得道無如多混賬。不修不煉不叅詳。
不飛三心掃四相專望天時一到。就想龍華赴會場。九品
金蓮坐上方。也有貪圖便宜。去投旁門上了當。連累那三
曹聖真盡着忙。又要替他天榜削名望。送去雷部空中藏
又還要將他父母與九公。貶在地府受苦況。終朝痛哭淚
兩行。若是過惡重難量。滅去壽算勾去見閻王。罪孽稍微
小。逃過刦關。等候道明來比賬。雲城外面照誓果報一掃

收圓還鄉　四十六

光。惟有欺師滅祖真情狀。準備五雷器身囊。身壞臭名張。
運累九祖無下場。若那旁門萬端不把　無極老母慈船
上。到後來帶累那八百天雷都不得安康。打了東方憤高
驕矜客。又掃西方違悖謬行郎。誅罷南方假稱師祖輩。又
戮北方不畏　天命。噁開齋破戒之人盡滅亡。所以應為
百事行。發的洪誓大願盡歸雷部掌。黑籍簿上再不錯一
庄。可嘆而今賢良太懞懂。昏已行的事業。一派假牌腸失。
落祖根不知詳。怕只怕大刼臨頭。又將誰人作主張。那個

傳你避難真訣方。龍華會上。誰人領你見當陽依功定果。
那個保你證蓮邦。三會會案對位次後悔無及。空自哭斷
肝腸。我今奉告一切旁門。各人趁早回頭想急速改邪來
歸圓。切勿違正又投旁。又不窮究往昔規章。細閱歷代錦
囊。習些口頭禪。無中生有論短長同類之人疑詞又興浪
以下而漫上。不能合一堂受人恩德反將仇報上管教他
血流成河化長江。也有因病喫藥。迷昧了性王。帶過招惹
冤魂借此孽緣來要賬。牽扯他把酒量嘗。獻鬼祀神。暗把

收圓還鄉

生命傷。犯了大戒不思量。也有許些善功。消孽不繳賬。謹
呈空表見無皇。有的他將銀錢猶如性命樣。教他出錢立
善功。猶如刀割肝腸。你不能重道輕財。捨財培德廣。又怎
望冤消罪脫超凡入聖證天堂。也有難捨凡情。諸般美景
況。後來怎把聖中清福享。到那時望着那有功有果的四
海九州把名揚。　彌勒古佛親口來封勅。賞賜九品玉蓮
金牖輝煌。霞光萬道沖宇宙。瑞氣千條佈道場。各人放出
所修的奇珍異寶。你纔知南化蓮京東土郎是天堂。倫到

你名下兩眼翻白。痴痴望纔悔煞甘甘白白空在佛門混
一場。俺今特此奉命來㕶喚。大志奇男淑女娘。休爲名利
恩愛把你仙緣前程悞。錯過這回失修養。十二萬年難遇
龍華古道場。休將瘋顛之話不拿放心上。卻原來是救刦
的靈章。莫謂言語太刻剥衝動乾坤大賢良。你就惡氣在
心傍。抛棄功果。不煉長生方。我仙家學的郎中。乃是對症
下藥。能醫膏肓。採你的脉理。調下藥湯。說你之過差醜腸
定要當做輔弼贊襄不枉我老仙臨凡一場。咱再不學你

中圓還鄉

凡夫之腔。全是阿㥦逢迎相向。他怎肯絮絮叨叨對你講。
勸你悔過遷善强。我今重囑咐男女不可錯了好時光。速
忙加功須進步。道果圓收趁早轉回古家鄉。乾坤有朝一
日高登金蓮上。纔知吾言不顛狂。賢良果能遵此訓。恭喜
你大眾們。一位位高登菩提永遠伴　親娘。
卻說元始天王。聽三丰真人歌畢。乃合掌稱揚道此一篇惺
心仙詞。說透人情。真可謂盡善盡美之要言。爾賢良等。但能
心領　神會。身體力行。佩服於五內。謹遵　聖訓。非除是從。

又何愁不得證上品之金蓮乎。咱今告白　靈山親眷。有緣
得覩是書者。定是三生有幸。種下萬刦奇因。須當焚香頂禮。
看　神而閱。宜存恭敬之心。熟讀詳味。照書訪求高明。遵奉
天命。度已度人。立意普結善緣。邀約貼骨真親收拾歸家。朝
拜　娘親。各人了却　瑶宮。金爐洪愿。不枉投生東林這
一轉也。切莫疑信相半。以為此寶卷。不是俺　仙家。承奉
母命。飛鸞親演。亂存一片俗子凡夫之奸心。辜負了羣　真
救世之苦衷。違悖了　老母之　天命。此等忤逆之子。他不

收圓還鄉　四九

願安居　瑶宮。甘心墮於孽海。　護法諸　神。定要記過。直
奏　天曹其人決非　仙根　佛種。他日數盡。永歸東海沃
燋石下。萬刦難有出期矣。爾時　無生寶地。奉
命護卷的　仙佛　聖真聽畢。以及　天龍八部。大小
神祇。人非人等。皆大歡喜。信受奉行。作禮而退。
關聖帝君返鑾讚曰
寶卷新演號還鄉　元始天王費衷腸　若非三期親母命
怎會萬仙聚一堂　開言句句談妙奥　醒世聲聲唱靈章

嗟龍奇男登覺路　度脫淑女出迷疆　果能刊刻傳天下

替母約伴赴選場　功高無上神欽仰　萬品玉蓮朶朶香

蓋天古佛又偈

平生忠義貫長虹　歿後投師玉泉中

若非天命超凈土　怎封相位伴玄穹

幽冥教主地藏王古佛　讚曰

咱為救母列幽陰　賞罰無私最堪憐　一意超出生身母

十主朝賀目連僧　而今寶卷傳東土　他日蓮花化南城

收圓還鄉　五十

三會返本歸凈地　下伴瑶池老娘親

中元二品赦罪地官　讚曰

八德池邊九蓮開　預備末後待英才　元始親演還鄉卷

諸佛道從登寶臺　天堂有路光明去　地獄無門黑暗來

苦樂兩途爭一念　勸君牢牢記心懷

三官大帝　又偈

四海釣賢一部書　刊刻流傳惺迷途

挽回九六原來客　永不投東在天都

彌勒古佛　讚曰

普傳還鄉一部書　度惺皇胎出塵途　收回乾坤九六數

圓滿維新三會圖　歸圓須尋真道祖　根深宜煉舊山谷

復勅神員護寶卷　命差力士守麟窟　龍章鳳篆神欽仰

華光瑞現射天竺　西乾東震輪流轉　南通北達循環出

菩提若能勤參悟　薩仙註册把功錄

親娘瑤宮懸望汝　著留寶筏渡諸佛

嵩塲助筆斗口魁星顯應代撰返鸞讚曰

清朝一統至道光　微妙心傳四海揚　天上仙佛投東土

宮中聖賢到南邦　皇極五老臨法會　金殿萬靈赴選場

闕裏掛號查善信　內外標名見當陽　元亨利貞超塵世

始知大道非尋常　萬殊一本還鄉卷　法船四海度迷疆

天下化成蓮花國　尊德樂善玉葉郎　忝母勅令尋原種

命俺代選著經章　親娘皇胎本同體　演出寶筏釣歸航

還原返本須認祖　鄉黨鄰里共一堂　寶聚忝珠宜煆煉

卷藏玄機細參詳　乾離收圓本性悟　中央龍華正相當

一掃千門除萬教　體貼吾皇得
遵依辦功忙修果　行住瑶池伴親娘
真水池中一玄居士　讚曰
儿為善長已非常　覺悟尋真早還鄉　四九期臨龍華會
八八時到列選場　儀型作則垂千古　勇猛為心在一腔
佛郎人今人郎佛　任君搜求舊典章
刋刻流傳九州地　刻刻遵守莫遺忘
天應元雷聲普化天尊又偈

收圓還鄉　五十二

乘鸞跨鶴離仙都　八部正神左右扶
雷公電母前引路　霎時之間至南都
奉母命離仙都暫下塵嚣　睜慧眼觀紅塵許多蹊蹺
我今日來臨壇非為別件　為的是眾原人難回天宮
困東土六萬年三期劫到　儒釋道聖佛仙齊下東郊
註千經並萬典汗牛充棟　將大道天機事內裏藏包
奈眾生多迷昧不明奥妙　視經典如故紙置之不瞧
僧道門不窮究性命訣要　儒門上枝葉尋水上浮飄

我觀這三教人盡是糊鬧　混光陰延歲月終無下稍
瑤池母在靈山珠淚常吊　望嬰兒和姹女早回故鄉
命諸佛開普度暗來援引　喚不醒世上人詭計奸刁
原來客冤孽大魔考齊降　起皇風格異類鬼哭神嚎
又連好都受害魂皆嚇吊　男和女老與少胆戰心毛
眾仙真無奈何瑤池請令　願捨身項災刦救護佛苗
咱想起紅袍會頂難仙友　不由得玲瓏內滾油煎熬
物會生人怕死一般情性　爾細思又細想仙佛恩勞

掌道祖一個個費心不少　方接續先天道四海傳交
垂寶訓註書籍玄機內隱　留末後待良知識透情由
方辨得道與魔邪正不奈　分得開清與濁不能混淆
故所以費心血留為憑証　如天梯引度人得上九霄
並非是歷代祖逞才爭勝　以法語掮惑人有誤賢僚
眾賢良將書帖視如故紙　不究竟其中理玄妙根由
辨不清邪旁門三千六百　與外道九十六雜法蹊蹺
不踐跡不入室聖人明訓　原來好謹記心細玩推膲

倘若是不明白其中訣竅　訪高明細剖透内裏息消
切莫要自傾高自以為是　不可入堯舜道德賊之曹
欲登高必自卑並非虛渺　低得過萬人下方纔高超
讀聖訓閲詞章真誠玩索　莫學打順水棒皮外飄飄
務須要睜着眼脚踏實地　穿釘鞋杵楞杖穩步天橋
自然的行大道不入邪徑　起凡聖登聖境快樂逍遥
第一要遵天命切莫違拗　若違悖娘親怒罪過難消
你試思進道時焚香一請　有韋馱與靈官護法觀瞧

收圓還鄉

申表文那功曹雙手捧上　直送到瑶池宫註册名標
三官爺又將表傳下地府　性得過十閻君俯伏陰曹
焚寶香開函讀謹遵天命　生死簿抽了丁冤鬼悲嚎
原來客你們有多大本領　就能够通天地感動三曹
不過是遵瑶池娘親母命　故所以衆諸佛誰敢停挠
歷代祖掌道統奉天承命　或口傳或心授天人接交
上行下下奉上各方行道　護法神傳功曹簿奏天曹
到日後龍華會分乘定品　坐蓮臺享清福萬古名標

倘若是衆賢良違悖天命　不認祖由自性天理難饒
謬行的自棄甘墮苦海　那怕你立下有蓋世功勞
化爲有失前程忤逆不孝　墮黑空大浩劫長夜悲嚎
勸賢良畏天命第一訣要　遵祖規休好勝莫使奸刁
順天存逆天亡古今一理　聖與凡俱皆是一樣規條
我聞伊輔成湯忠肝義膽　保紂王坐江山也算英豪
南邊誅北邊剿東征西戰　在沙腸也立下汗馬功勞
皆因爲逆天命不識時務　守愚忠扶助王心無二條

又誰知真天命實難扭轉　只落得絕龍領花化烟消
截教門有多少道德之上　不能够通權變枉把命抛
又還有碧遊宮通天教主　也不能將天命扭得分毫
小封神遺留下如今執照　此一時比一時暗藏息消
凡天命猶如此何况聖命　勸賢良謹遵依體行爲高
閱詞章觀經典方有把柄　是道進非道退纔是仙曹
切草學小有財難聞大道　不窮究其中理玄妙根由
未升堂怎入室宫墻外望　怎能得見其中景至逍遥

性命根生死事還要角了　他喫飯不能够飽你饑嫎
况如今諸般事安排已定　轉眼間龍華會就在眉稍
趁如今早加功叅玄悟妙　也免得臨嫁時纔把脚包
忽然間東風起船就攏岸　悄望胎落苦海我母心焦
那時節方纔悔悔就遲了　只落得痛悲傷珠淚[illegible]湖
分三乘定九品果位失帛　上者下下者上一不錯絲毫
勸爾等智慧士見機而作　早回頭辦功果方是賢僚
稱大忠稱大孝名標紫府　超九玄拔七祖纔算英豪

收圓還鄉

切莫學淺見輩愚忠守定　不能够展經綸怎得高超
各人的智與慧有大有小　你怎肯迷惺了自隨塵囂
勸辦功苦修果方有指望　並無有逆天命得赴蟠桃
我也曾在瑤宮同觀刦簿　看起來不由我魂胆俱消
普天下乾與坤老老少少　在刦者難枚舉多如蝟毛
或水火或刀兵百千億萬　遭饑饉瘟疫症屍積山包
有三災並八難一齊下降　十人内死九丁骨滿荒郊
千妖怪萬魔王擾亂塵境　踏破了花世界纔把旨交

倘若是那時節無有天命　就是那彌勒佛也要魂消
不奉命唸真經也不靈驗　諸佛真不護持魔怪愆纏
吞色殼奪性王命也難保　帶累那九玄祖痛哭陰曹
眾仙友你各人回頭轉想　訪高明車盤心莫逞奸刁
如今人多迷昧性王顛倒　重名利把道德輕如毫毛
見幾多違天命糊行亂搞　稱假師作假祖有犯天條
發堂口取天恩無有數目　百而千千而萬萬億相交
取不盡用不完上下糊鬧　哄他人哄自己怎赴瓊瑤

收圓還鄉

我今日明說來你自揣量　祖師假頂航虛天忌更曉
申表文奏上天佛不管事　天榜上無有名輪迴煎熬
又不能躲閻君何苦乃爾　地獄內生死簿性命穩牢
任隨你開幾省佛門罪冠　陽壽滿還是個忤逆兒曹
縱然是你從前奉了真命　不活潑違母命可也算高
又況且聖與凡天命靡常　惟有德可居之一旦承挑
超九玄拔七祖通天徹地　不個是遵天命不犯天條
你試思這天命要不要緊　遵者超違者墮守定一爻

俺斯時破開了迷魂大陣　原來客早抽身各尋根苗
普度展收圓臨龍華憑據　畏天命畏大人聖言昭彰
水精翁黃馬歲書帖顯耀　朗江城定萬靈言不虛飄
有玄機和奥妙處處皆露　眾賢良不搜求心懷憤高
我今日絮叨叨非為别樣　不說來骷骨親不知根苗
你自想入佛門三道洪願　立下的洪誓願註册高標
左韋馱右靈官朗朗証照　佛門中無刑罰誓願承招
若有些差錯處照誓呉報　有欺師並滅祖怎能恕饒

將賢良天榜名削除去了　入黑籍送雷部等候時交
一霎時天機變時候至了　設雲城分功果考查賢條
那時節不奉情無私鐵面　龍華會道成時屍滿荒郊
雷部中存得有賢良名號　十八省有千萬令我心焦
逃得個百般刦難逃雷部　九蓮燈八寶鏡考功考果
善與惡俱現出朗朗彰昭　我特此發慈悲承奉娘命
借鸞筆將書信寄與仙胄　趁如今急早的謹遵天命
有差錯速懺悔懇求赦消　破戒的急早復切莫怠緩

點香燭辨功果明師訪高　高明師纔能够性理剖透
明白了玄機事萬有皆拋　切莫要由自己毛病皮氣
目因循自畏縮混過終朝　莫[illegible]到臨渴時方來掘井
老娘親不恕饒怎樣開交　玉帝爺不開恩看你怎了
衆諸佛難保你本定墮塵囂　我今日並非是逞財好勝
講一些糊言語朦哄賢僚　也不是想你們香烟侍俸
也不學凡夫客詭計奸刁　不過是體天地好生之德
畧畧的表幾句你們知消　免得俺那時節勞神費氣

雷部神享清福快樂逍遥　話雖俗但願你個個尊貴
乾與坤能運行九蓮登高　他日裏方知吾忠肝義膽
一家人慶團圓萬福來朝　果能有大德人捐資刊板
秘客語徧傳與皇胎兒曹　吾佑你辦功成修果果就
他日裏靈山會總報恩膏　衆仙友體母意抄寫印送
自有那值日神暗記功勞　[illegible][illegible]轉原來客同歸一道
慰娘心了佛願勝塔天曹　倘若是看此文疑惑不定
恭喜你隨刦坑永離翻勾　是俺家仙鄉客見了惺悟

梵寶香着神閱細玩推瞧　口而誦心而唯各自懺悔
万纔可跳得出萬刼塵勞　有一句哄大眾不學雷部
我色身在東土不得高超　僧[illegible]你眾賢良不遵我訓
六三期歌大有空自悲嚎　一年雷擊得你肉爛骨碎
纔曉得吾所言並非蹊蹺　爾莫謂天眼高不見報應
善瓶盈惡貫滿纔知分消　叮嚀了復叮嚀遵行遵行
上乘位證玉蓮萬古名標　有金童捧懿旨母命宣詔
辭仙都別佛侶步上雲霄　偈曰

觀此寶卷不回心　東海沃燋五下人
任你功高難贖罪　纔知天命貴如珍

考取賢才篇

賢才十二名。智慧有淺深。也有好動。有也有好靜存。割心學得否剖肺是誰人。打得三巴掌吐而。笑盈盈爾等莫哄我。惱你不得行。誰人先上陣。收圓第一[illegible]正副百單八。方纔起根根。吾到想說破爾等心不真。真心是怎樣。微露一二分此番考頭頂。有些作難人。爾等真心者。只管講我聽。非是太煩瑣

吾本奏　世尊先考男六個女的要六名權取十二位九六
隨後跟到底怎麽取不妨講你聽吾若不講破華胥縣才心
誰人沒毛病誰人没怨嗔誰人没[illegible]誰人没[illegible]心誰人真
捨得誰人不說人誰人有天眼誰人捨死生誰人遵師命誰
人守靈根誰人忍得下誰人笑盈盈誰人讓得過誰人低血
心誰人有和氣誰人化無名誰不分彼此誰不論輸贏誰不
犯人病誰不起貪心誰不欺師長誰不滅祖根誰不說長短
誰不與競爭誰不想利已誰不戀愛恩二十六句話怕要考

的人依得五六句勉強取一名要想做頭項十个的外人三
把西蜀蓮花表你聽吉佛七十二蓮臺五百尊羅漢十八
個三十六花根朶要池內發你們沒眼睛對佛立大願吾還
要把憑考懲顛來倒顛倒考你們不講佛頭項先講一凡情
三請諸葛亮九試劉伯温六獻美人計十借一千金貸賈三
家店就是行家人筏要纏三轉話講三遍全你們真捨得吾
今試一番紋銀化一萬黄金要三千鮮米五百石銅錢堆如
山不久天機變頭頂你站前本來鐵羅漢豈讓人當先且看

委靡漢爲能坐金蓮。吾今要擇選一百單八盤誰立冲天願
金花朵朵鮮。生成是寶貝。上得[illegible]車盤。是那粉碎石。一車幾
半邊。休笑吾語淺。句句是真言。爾[illegible]後遲慢[illegible]人家拈大
齊念一念。字字要體穿。花戲鬧臺點脚色扮周全。一個好正
旦。小生梆梆尖。如上好小旦。洞中戲神仙全靠三花臉遛場
有萬千。唱得最好看傳名留四川班長好身段。一木三串錢
個個不走散人人拗趣耍。後臺應得遠紅火有幾年。蓋過千
广萬取名聯壁班

湘祖成仙传

四卷二十四回　清光绪庚子年（1900）刻本

2册，线装。作者不详。

版式：白口，四周双边，单黑鱼尾，无行格。

行款：8行23字。

开本尺寸：21.4厘米×13.7厘米。

版框尺寸：17.5厘米×11.8厘米。

牌记依次题『光绪庚子秋月重刊』『湘祖成仙传』『板存肃州印经社』。卷首有《新刻韩祖成仙宝传序》，署『道光元年乾月望日二五道人虔诚熏沐序于朝阳古硐』，并有绣像『天花真人像』一幅。目录页有『冯忠儒章』『周忻仁章』钤印。车锡伦《中国宝卷总目》著录。

《韩祖成仙宝卷》又称《韩祖成仙传》《湘子成仙传》《湘子宝卷》《鸳鸯宝卷》《韩湘子成仙》。内容叙述韩愈长兄官至尚书，却中年无子，去城隍庙求子，天宫白鹤下凡投胎至韩愈兄妻腹中，出生后起名湘子，不幸的是韩湘子幼丧父母，被托付给韩愈及其妻抚养。韩愈为七岁的韩湘子找寻老师，最终延聘了钟离权和吕洞宾，韩湘子跟着二人开始学习求长生。湘子长大后，与韩愈同僚的女儿林英订婚，又与钟、吕二仙学习修行之术。韩愈很愤怒，不赞同韩湘子学仙。韩湘子为了在终南山修道成仙而逃离叔父韩愈家，得成正果，为八仙之一。韩湘子成仙后，就试图度化自己的叔父、婶母和妻子，但韩愈始终不悟。韩愈官至礼部侍郎，因谏迎佛骨，被贬至潮阳，路经蓝关，雪拥不前，湘子出而点化，护送至任。潮阳有鳄鱼为患，韩愈作《祭鳄鱼文》驱之，湘子施法相助，鳄鱼遁去。唐宪宗闻之，了解韩愈之冤，欲召回复职。韩愈伪死不赴，遂入卓韦山学道。林英之父因感韩愈全家遭遇，辞官回乡，亦往卓韦山修行。后韩、林两家皆得成正果。

此宝卷刊刻精良，文字清晰娟秀，绣像精美，属宝卷之上品。

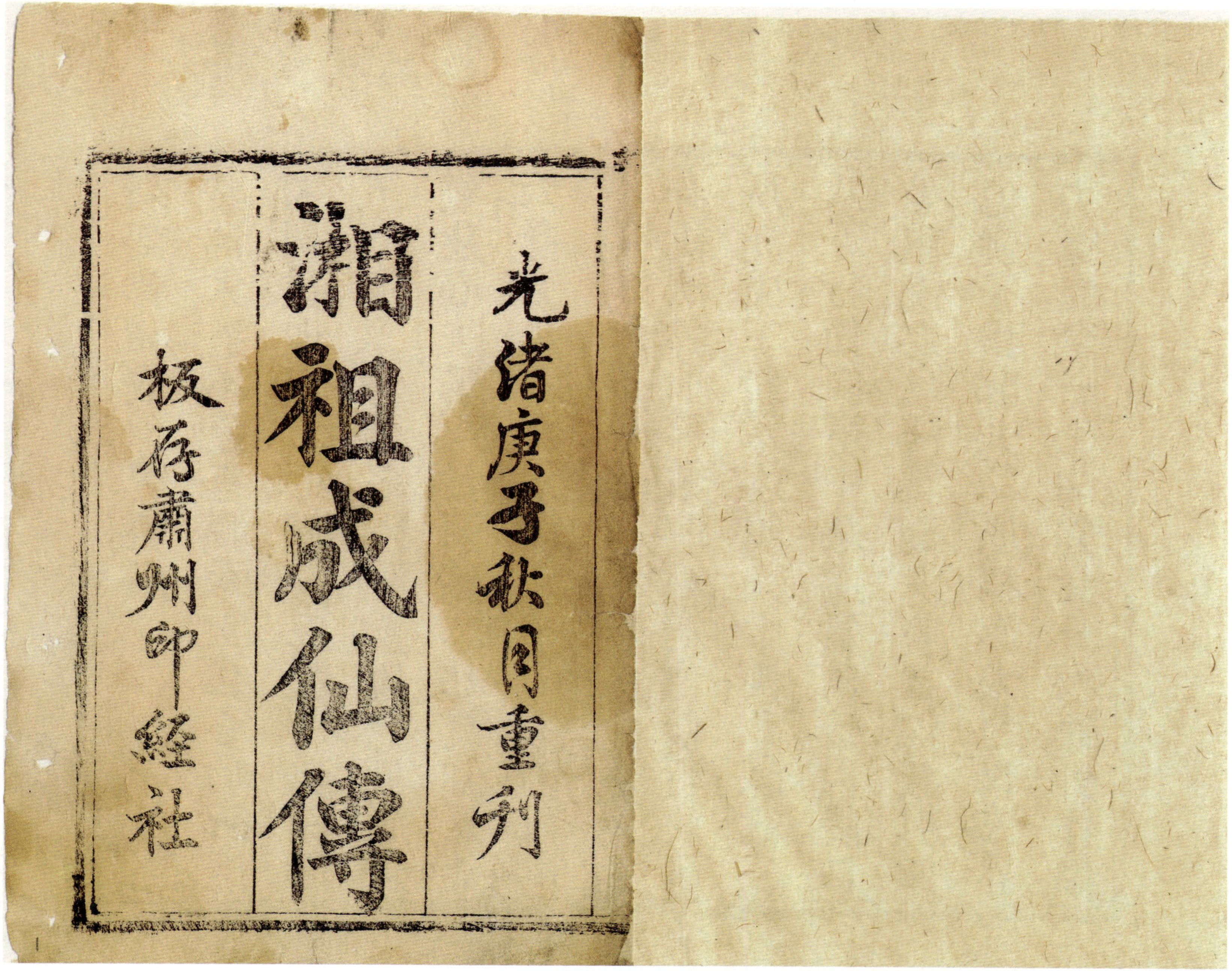
光緒庚子秋月重刊
湘祖成仙傳
板存肅州印經社

新刻韓祖成仙寶傳序

常聞大道不遠每聽天堂在心仙云借物闡道聖曰正心修身三教經典鋪滿五行洞章佈盈名利恩愛亂意酒色財氣迷心失了率性悟性忘却良知良能天降三災八難黎民九死一生佛祖現

身說法韓仙降像演經將他修行故事所託戊丁二人述編二十四品練就三八五行節節事中藏道篇篇情內隱眞愚讀淺之見淺智觀深者益深接引四億佛子指醒九二原根志大超出三界力微完全一生內爲金丹秘訣外作勸

善書文地獄天堂顯曜陰功果報分明
成佛作祖寶筏忠孝節義銘箴可爲小
補廣助厚望大地普遵三十六句俗語
以作寶傳序文

道光元年乾月望日二五道人虔誠勳
沐序於朝陽古硐

天花真人像

新鐫韓湘成仙寶傳目錄

目錄　一

二

新摘韓湘成仙寶傳卷之一

天花
真人 顯聖傳眞情

第一回 出身過繼

詩 混沌初開不計年 國王有道鎮山川
曰 風調雨順民安樂 陰功浩大降神仙

話說這樁事出在唐憲宗永平昌黎縣有一韓文公弟兄有二位科甲官高隆韓愈是兄弟韓休爲長兄進士翰林院、加陞尚書封中年都無子行善求兒童城隍把本奏白鶴下天宮投生韓休下強祖又勝公、

不講前朝並後漢 單言湘子學神仙 唐朝憲宗登龍殿
民安國泰樂豐年 永平府中昌黎縣 韓休韓愈爲大官
韓休爲長多好善 呂氏夫人更淑賢 韓愈爲弟高官顯
杜氏夫人結良緣 爲官清正直忠胆 只奈膝下少兒男
弟兄夫人去許愿 娘娘廟裡求兒男 城隍上奏長明殿
玉帝宣詔太白仙 那位小仙有凡念 送他下凡做兒男

一回 一

太白領旨遊行遍　查到玉清老祖前　白鶴仙童有凡念
奏明玉帝定的端　玉帝聞奏遂心願　就將白鶴送下凡
老君正在煉丹轉　一見金星問根源　太白從頭說一遍
道祖喚鶴到殿前　玉帝差你人身轉　韓休臁下爲兒男
白鶴頂禮承照看　猶恐迷性難歸天　老君慈悲開言勸
鶴童只管心放寬　你今下凡人身轉　吾差天仙把道傳
白鶴領命回頭轉　太白同到天河邉　白鶴來在水邉站
飲了十口白玉泉　後來不忘修行念　轉修上乘到瑤天

抬起頭來四方看　芦茅長得清雅鮮　一翅飛在芦茅站
芦茅一閃落河邉　太白吩咐莫遲慢　一程來到天門関
出了天門往下看　望見凡人好可憐　四大部洲看一遍
人人都被名利牽　酒色財氣四鬼漢　迷誘凡人不修仙
生老病死心情願　胎卵濕化轉變還　人人概是痴呆漢
個個都被耦絲纏　士農工商難盡嘆　貪嗔痴愛結仇冤
直乃苦海無邊岸　一失人身萬刼難　這些閑言我不嘆
一心徑往到長安　彩雲飄飄似標箭　長安就在眼面前

撥開雲頭往下看　呂氏夫人夢裡眠　城隍土地兩邊站
送子娘娘見金仙　金仙交代他不管　回繳玉旨駕雲端
娘娘來到夫人面　叫聲夫人你聽言　因你夫妻多好善
天賜麒麟你膝前　後來修行度親眷　超拔父母上瑤天
說罷將鶴回光轉　化來紅日照身邊　醒來橫身都是汗
十月胎足降生男　乳名湘子實体面　滿門歡喜鬧喧天
接下湘子我不嘆　又把芦茅表一翻

話說那王母八卦手中排，便叫仙娥女去送仙芦才將他

一回　三

靈性送林府去投胎。仙女領母命逍遙天河來，便把芦姑叫請你下天台，王母有旨意，萬物轉三才，投胎林府內配合韓秀才，芦姑遵母命歡喜到塵埃。

芦茅姑施一禮不敢違命　隨仙女離河岸出了天門
想起我一芦茅有何僥倖　到不如下凡去轉過人身
也是我王母娘大施惻忍　念其我萬物体難得上乘
我本是鴻朦氣凝露結定　三千年結一柯芦茅之形
又三千纔能夠變化通性　到日今又三千方轉人身

古聖云人難得世俗不信　那異類修個人五百餘春
勸世俗既得人早修性命　倘若是失吊了萬劫難臨
雲端上來得快長安將近　交於那送子娘送到林門
王夫人肚六甲女體坤順　夢見了一月亮落在肚心
不却得十月滿腹疼一陣　生下了一花童取名林英
且將這林英事按下不論　再把那過繼事畧表分明

話說韓相公不却三歲正、他父名韓休、忽然得重病、夫妻來商量、將子好安頓、二爺他無兒、時常心愁悶、湘子繼他身、一心好照應、我病重十分、閻王要鈎命、呂氏便開言、老爺休急性、再去請良醫、調治夫君病、

韓休便把賢弟請　為兒有言聽分明　弟兄無子皆由命
只有一子在韓門　為兄今日染重病　只隔閻王紙一層
你姪今年三歲正　過繼叔父養成人　倘若我今絕了命
湘子只當你親生　你嫂呂氏須照應　不可忘了弟兄情
韓愈便把兄長請　哥哥你今放寬心　自古長嫂當母敬
侄兒過繼如親生　呂氏便把弟媳請　還要耐煩厚看成

杜氏夫人遵嫂命　弟媳焉有不用心　呂氏便把孩兒丟
杜氏接抱喜吟吟　一喜一憂數註定　把話分開別有因
話說那韓休臨死、分咐話眼見衆鬼、神橫身似棒打、我今
活不成、房屋要倒架、又見寃鬼來指定、我叫罵權衡屑了
氏錯把犯人殺牛馬與猪羊、胎卵共濕化、地獄衆寃魂披
頭又撒髮、橫身戰兢兢、好不心害怕、
叫一聲呂夫人珠淚滾滾　爲夫的有言語緊記在心
我與你夫妻恩前生註定　自幼來到如今相敬如賓

一回　五

我只說同偕老享福不盡　又誰知大限來兩下離分
從今後再不能我親你敬　我死後你不必常要憂心
轉面來悲哀哀又把弟請　我今日大限來弟兄離分
我死後你嫂嫂弟要照應　你姪男當親生耐煩撫成
分咐畢氣息斷兩眼貼定　一家人只哭得死後復生
安葬事多熱鬧何待言論　若要知後來事下回分明
詩　出了天門降下凡　身投韓舍作兒男
曰　過繼叔父如親子　繼代傳宗萬萬年

第二回訓姪遇仙

詩　象簡烏紗紫色衫　朝臣待露五更寒

日　平生不負男兒志　拜做皇家禮部官

話說韓文公便把公子叫湘子聽爹傳慌忙就來到恭敬立面前爹爹何指教文公便開言我兒那知道孩兒七歲童當把詩書教你要學斯文切莫糊亂跳發憤讀詩書要把古人效一日成了名好戴烏紗帽

孩兒今年七歲正　當要用心攻書文　光陰似箭閃電過

一回　六

日月如梭雷聲鳴　甘羅十二宰相印　太公八十拜周君

孟子父死遵母命　打柴負薪朱買臣　老泉聽采官高品

可見書中出黃金　湘子開言一聲稟　爹爹不必過操心

我父囑言兒遵命　讀書豈有不用心　一心要往學堂進

不分晝夜唸五經　要學古人多發憤　見做擎天柱一根

為願後來陞官品　不枉爹娘一片心

話說那韓愈聽完喜在心便把張千叫長街訪先生請來貧窮漢才學要高明張千領爺令城內去訪尋到底洪福

大驚動李老君分咐鍾離祖又傳呂洞賓下凡度湘
鶴轉天庭二仙領了命火速下紅塵

有二仙領法旨不敢待慢　跨雲鶴駕彩鳳站立雲端
左金童右玉女對對排站　前幢旂後寶蓋快樂無邊
勸世人急回頭早把丹煉　訪明師求大道超拔九玄
吹開了五色雲往下一看　看見了世上人造罪多端
那酒色與財氣宇宙鋪滿　害得那迷途輩難出此圈
這都是閑操心難以盡嘆　又只見韓文公賽金橋前

二回　七

又只見前後隨威風八面　又只見兩旁的文武相連
唱道人如雷吼威勢凶險　看起來為高官真是威嚴
依我看不過是眼前休面　一世官九世窮好不可憐
我師徒在空中將形化變　化作了二老道攔他馬前

話說張李報道人攔馬前文公住了轎便把道人傳道人拱拱手大人兩体安道長你貴姓仙鄉那名山到此有何事與吾說的端家住白雲裡下山訓蒙男要問二人姓金重兩口述道長何才幹讀書有幾年

12

大人要問才能幹　貧道攻書五百年　五經四書倒能念
五車書史盡讀完　三韜六畧不消嘆　師父賜俺一花籃
內有四季景好看　春夏秋冬百花鮮　天地日月星辰現
萬國九洲一統觀　內中好處難盡嘆　得了此寶是神仙
洞賓開言把話嘆　貧道讀書三五天　孔孟文章般般羨
世間無書不讀完　武韜文畧任那件　師父賜我葫芦頭
那日無事進去玩　過了四十單九天　天堂地獄般般見
地理天文樣樣全　那日走出返童面　得了此寶是神仙

二回　八

話說那道人說的是道話，文公他不知拍手笑嘎嘎，口出稀奇言，必然才高大尊聲，大仙兒老夫請貴駕，吾有一蒙童拜在仙兒下，道人便開言只要不棄咱，只在七八年，文章高世雅，文武兩全才，朝冠蟒袍掛。

韓大人聞此言滿臉發笑　莫非是我的兒緣法頂高
將道長請府中書房坐倒　叫湘子進書房來把師朝
有湘子正在那牙床眠窖　時纔間做一夢真果蹊蹺
夢見了大羅仙府門來到　他叫我進玄門學道爲高

正醒時又只見安童來報　慌忙忙到書房用目一瞧
見爹爹施一禮有何指教　或學文或習武開導那條
有韓愈叫公子那曾知道　那一旁見師傅深揖躬腰
二道長見湘子微微而笑　好一個美公子相貌高超
天庭起是貴人五官顯耀　短龍眉長鳳眼虎背龍腰
將後來必然是棟梁材料　中狀元陞宰相地動山搖
話說韓大人、聽完呵呵笑誇獎太過言、我見望師教倘若成了名感恩、就不小、開言叫安童酒晏快辦到、道長遵大

二回　九

人五葷概不要貧道持長齋、存心古聖效韓愈便開言老夫請領教六畜供人身、如何要戒吊、
尊聲大人請細聽　請聽貧道說源音　自古萬物有根本
不是平空來發生　天地人物同一性　五行總把八卦生
乾卦化馬備鞍蹬　運物運粮又騎人　坤卦化牛氣力勝
耕田種地有功臣　震卦化龍把雨運　魚鱉蝦蟖震卦生
巽卦化鷄知天信　子午卯酉定時辰　坎卦化猪積草糞
米湯水漿兌地傾　離卦化鳥飛禽命　春夏秋冬報好音

艮卦化狗防賊侵　不嫌家貧守五更　兑卦化羊是熱性
皮衣毛毡俸雙親　二十八宿是根本　七政四餘號天星
十二地支天生定　人人都屬獸與禽　古來人畜一處同
飛禽展翅遮雪冰　古時無房野俱寢　夜間野獸作圍城
人身靠畜煖寒冷　人愛畜物畜愛人　時至午會役天倫
六陽已足便生陰　人心不古變天性　茹毛飲血傷牲靈
禽獸從此結仇恨　所以禽獸纔害人　殺他一命還一命
人又轉畜畜轉人　個個都有親宗本　誰保不變獸與禽

二回

吃了別人還可恐　貪了祖人罪不輕　凡夫迷昧不肯信
六道輪迴換口吞　故此忍口存惻隱　仁德二字體天心
幾句俗言隨人信　説與大人聽一聽　韓愈聞言打冷澟
仙兒之言理通文　張于李萬齋廚請　造下素席待善人
卧虎山上打掃净　便送相公攻書文　擇就良辰學堂進
湘子從師拜聖人　此回説到這裡定　且聽下回接前因

詩　訓教相公學好人　姪兒湘子當親生
曰　遇逢二祖傳玄妙　仙聖同流不夜燈

第三回　二仙傳道

詩　南岩脚下茅芦居　卧虎山前好讀書

曰　右岸遮蓬藏玉兔　左邊翠柏隱金烏

話說那師徒孤單在南學來一彩和仙便把學童作吽[illegible]

韓相公爲師有話說或是修神仙或是求人爵湘子便[illegible]

言師尊你請坐弟子全不知求師細指破怎麼成得仙[illegible]

樣輔朝閣求師剖白明只要有下落

有呂祖吽弟子你且細聽　享人爵習文武侍君治民

〈三回　十一

教你的大文章韜畧諸等　教你的大學問講武談文

教你的那詩詞未甚要緊　教你的治國法五典三墳

奪文魁占鰲頭官陞一品　揚名聲顯父母榮耀一生

吃的是那五葷三厭諸等　穿的是那錦繡龍鳳紬緞

有嬌妻並美妾恩愛歡幸　命好的有孝子又有賢孫

這便是享人爵好處難盡　說與你賢弟子歡不歡心

有湘子施一禮又把師請　請問那天爵事弟子願聞

有鍾祖說天爵好好細聽　守三皈持五戒悟道修行

那五葷並三厭都要戒盡　酒與色財與氣慨要除清
先與你申道文天榜標姓　次傳你無極圖套住六神
傳你的採藥法有老有嫩　傳你的運三車日月法輪
傳你的文武火有把有柄　傳你的沐浴工滋滿乾坤
煉一顆黍米珠感靈顯應　脫了殼如意化身外有身
到那時功果滿丹書詔請　受天爵見老母逍遥玉京
這就是天爵事弟子你聽　且看你願那頭隨你之心
有湘子聞此言喜之不盡　爲弟子心情願悟道修行

三回　十二

有呂祖便開言弟子你聽　古人言人一世草活一春
依吾說做官好快樂僥倖　享榮華樂無窮美女陪身
修神仙雖然好苦楚難盡　受磨難八十一全要真心
倘有些差持處將坡來滾　打在那九泉下永不翻身
韓湘子聽完了起把禮頂　你弟子一心心情願修行
不怕他八十一苦難凶很　任憑他就要命捨我肉身
望恩師發慈悲施個惻隱　將大道傳弟子永不忘恩
他二師吽弟子且莫急性　眼前下年紀幼把書讀明

那湘子 天性高 甚是聰敏 讀詩書 過不忘 晝夜不分
話說那 張千進學 送家信 說是太夫人 忽然得重病 請來
眾醫生 百方都不應 長街八字排 走的難限 逆蘇馬顛翻
顛閻王 要鈎命 夫人父 相公回家莫遲 湘子聽此言
嚇都急 忙辭別 我師母 回家把孝盡

七歲孩童能知孝 走出學堂跌壹跤 張千扯起家中跑
走進母房看年高 呂氏一見孩兒到 一手扯住泪悲嚎
為娘今日病重了 百藥不應半分毫 為娘之病怕難好

三回 十三

不久就要赴陰曹 我兒讀書龍門跳 脫了藍衫換紫袍
進陞三級還嫌小 官陞一品爲高 吩咐我兒當行孝
體行八字是英豪 林中烏雅聲聲叫 又見無常把手招
祖氏夫人來看嫂 妯娌相會這一朝 看到兩眼昏
一靈真性空中飄 不表夫人他死了 且聽湘子哭嚎啕
十月懷胎恩難報 三年乳哺母劬勞 移乾就濕受煎熬
晨昏定省費心焦 粉骨碎身難盡孝 恩如山怎報答
三歲之上父死了 八歲未滿母命拋 辛苦叔嬸看待好

猶如親生待得姣　手捧紙錢來跪倒　落氣錢財親手燒
又拈眞香對天表　祝告天曹與地曹　父母爲兒將罪造
爲兒替親把罪消　從此五葷都戒了　長齋長戒把親超
韓愈便把姣兒叫　我兒拜天爲那條　爹爹問兒是言告
親恩海深泰山高　思來想去難盡孝　兒許長齋報劬勞
韓愈聽說心煩惱　不懂人事小兒姣　生養死葬爲盡孝
那有持齋報劬勞　嬸娘扯起香房跑　寬心話兒哄姣姣
齋醮數日多熱鬧　呂氏安葬在荒郊　無益之言我不表

第三回　十四

又把湘子說根苗

話說韓相公，今日起得早，半月未上山，詩書都忘了，辭別我爹媽，一心學堂跑，見了二師尊，雙膝就跪倒，痛傷我的娘，他今辭世了，我今立長齋，師傅你不曉，願求大道玄竅，身到蓬島，二師便開言，弟子志向好，有鍾祖和呂祖二仙議論，就與那韓湘子擺供申文。

叫一聲我弟子誠意恭敬　先天道非小可地府抽丁
總要你立長志勇猛前進　任千磨並萬難不退道心

還要你立洪誓上天方准　三教經古法則誓願爲憑
古彌陀四八願天盤掌定　觀音母十二願度盡衆生
有湘子跪神前誠心告稟　千千佛萬萬祖諸大百神
倘若是進道後五戒不謹　退了道開了齋雷火燒身
純陽祖一見他發誓不吝　就將那先天道傳與他身
這就是至善地生身根本　這就是無縫鎖不二法門
這就是玄關竅最上一等　這就是無極圈套住六神
這就是黃庭宮百脉朝應　這就是紫府地萬派一根

二三回　十五

這就是無根樹金烏棲隱　這就是靈台山玉兔藏身
這就是回光照日明返本　這就是搭天橋赤龍朝真
這就是太極圖臍中抱緊　這就是甘露水下潤靈根
這就是神仙道弟子你聽　還有那金仙道漸漸高陞
道傳畢韓公子起把禮頂　有勞了我恩師操了金心
倘若是我弟子神仙有分　千萬刼也不忘二師之恩

詩曰

二祖長安攜度舟　仙家本是凡人修
傳玄授妙有根本　道德五千古聖留

第四回議婚成親卷之二

詩　朝臣待漏五更寒　鉄甲將軍夜渡關

曰　山寺日高僧未起　算來名利不如閒

話說中秋日大人韓文公與那林學士共同李河東、清早朝王罷、閒坐朝房、宮河東爲媒証韓林結親、俏林府有一女、許配韓相公、兩家都歡喜、姻緣天相從、林國轉回府、夫婦話說通、王氏心歡喜、我女造化豐、

有林國發八字河東收定　送到府韓大人喜笑相迎

接後堂待酒晏喜之不盡　爲小兒把大人操了金心

擇良辰備六禮插香爲定　林府中辦陪奩捨得金銀

叫林安與林福你把話聽　請幾個木工匠來到府門

他二人聽此言不敢遲屯　急忙的上大街去請木工

真乃是福分大神仙知信　有魯班和張郎即下凡塵

挑的是木匠器般般齊整　他二人來府前請見大人

林大人叫木匠二位貴姓　能彫龍能畫鳳手藝可精

有魯班便開口大人請聽　我姓公他姓張家住白寔

我的巧賽魯班誰個肯信　莫說是修浮口安下難尋
修龍樓做鳳閣般般答應　做方器攏圓木件件都能
林大人聞此言喜之不盡　開一單照數點樣樣交清
話說林學士聽言喜洋洋、分咐辦木料、家丁晝夜忙先做
棹櫈椅、後做櫃貧箱、一對洗臉架、三間繡閣床、俱用公母
笋、能折又能裝、一切諸器物、樣樣要成雙、共抬二十四盡
用油滕光、罩子開起了、木匠看端詳、
木匠接罩用目看　這些器物有何難　開山斧頭只見砍

四回　七

鑽鑽梆梆鬧喧天　八仙棹子真好看　紫檀印心烏木邊
椅兒做得真體面　彫的劉海戲金蟬　洗臉架兒盤龍現
沐浴盆中白虎眠　衣櫃鳳凰牡丹站　廂上白鶴戲彩蓮
小器小皿難盡嘆　惟有牙床更可觀　前後修的對合面
中間修的洞中天　梭羅門兒安兩扇　自已開來自已閉
上有朱雀朝下看　下有玄武往上闚　左有金烏把翅閃
右有玉兔將身翻　上安二四天花板　下安一個草蒲團
後頭牙床安一面　使個手脚不圓圓　四角安起分離板

中間一線分兩邊　織女隔在河西岸　牛郎又隔河東邊
七月七日會一面　還是顏歡意不歡　夫妻同床難會面
陰陽差錯守孤單　牙床裝奩打齊攢　又請大八看一翻
林爺從頭看一遍　果然樣樣造週全　這些巧工世少見
莫非魯班下了凡　工價交清賞賚嘆　張郎魯班駕雲端
銀匠銅匠器皿赶　裁縫忙得夜不眠　按下林府我不嘆
把話分開說別端

話說韓文公，把那書期報良辰是花朝日期將來到分咐

四回

那張千、去把公子叫、走到學堂門、唱得好熱鬧、魚鼓與金鐘打得吆吆吽、張千留神聽、唱的那一道、句句勸善言聲聲吐玄妙、唱的勸世文莫把罪孽造、

嘆富人不行善愛把勢充　强與弱無常到一場大空
嘆貴人不行善愛把權弄　高與低無常到一場大空
嘆貧人不行善愛把計用　愚共聰無常到一場大空
嘆賤人不行善愛把醜弄　男和女無常到一場六空
嘆殺生傷了仁自已不懂　命換命無常到一場大空

嘆偷盜傷了義只圖寬用　欠怨債無常到一塲大空
嘆邪淫傷了禮萬惡罪重　精血枯無常到一塲大空
嘆酒肉傷了智換吞換用　吃一世無常到一塲大空
嘆忘語傷了信只把人哄　造口孽無常到一塲大空
嘆修行多爲善功高德重　超九玄拔七祖空而不空
話說唱完了、張千進學中先見二道長、次請大相公大人
傳家令、請回府衙中、師傳來吩咐、弟子緊記胸、今日回府
去不比平常同、白虎大張口要吃小嬰童、又擺紅爐鼎要

四回　十九

把金剛熔酒色與財氣四魔用力攻
湘子領了恩師命　五戒精嚴緊記心　行在路上把張間
吽我回家可知因　恭喜相公喜臨近　銀河初渡賀雙星
湘子一聽打冷禁　十三將滿就定親　心想偷跑逃性命
張千最難見雙親　爹媽說話我見聽　隨轎一路去迎親
湘子迎親定不肯　吹吹打打到林門　一家大小喜不盡
酒晏齊備款衆人　後堂又把家晏飲　母女分別好傷心
吽聲林英上坐定　爲娘有話聽分明　女兒年輕骨又嫩

今年方滿十三春　去到婆家要和順　三從四德要討心
公婆面前多孝敬　丈夫身邊要溫存　頭上脚下收端正
謹守閨門要清貞　大小之月要潔淨　切莫褻污祖神靈
吩咐一遍淚雙滚　嚎啕大哭好傷心　小姐開言把話論
生身老母且寬心　三從四德遵母命　五倫八字討得清
十月懷胎孝難盡　三年乳哺母費心　梳頭洗脚神勞盡
碎身難報父母恩　養兒在家把孝盡　丈夫外相冗費心
不能在家常侍敬　越思越想越傷心　娘女哭得一團聲

四回　　二十

林爺上前叫一聲　母女且把珠淚忍　梳粧之時要辭神
收拾停當把轎進　八夫旗傘擺成群　路上熱鬧嘆不盡
不却到了韓府門　結蠟交拜洞房進　湘子偷眼看林英
面白辱紅脚三寸　好似仙女下凡塵　湘子不肯共枕寢
床頭打坐到天明　小姐便把公子問　為何不與奴相親
湘子開言賢妹聽　有話來日對你明

詩　議定陰陽月未圓　婚姻簿上未修全
曰　成雙成對不成配　親恩親愛未親眠

第五回林英問門

詩　修行悟道學神仙　孤枕不同小姐眠
曰　四季白花空茂放　好輪明月不團圓

話說韓相公便叫林英妹，非是不同眠，怎知其中意，七歲就修行，煉的先天氣，保守精氣神，不與賢妹會，林英聞此言，吊下傷心淚，既是要修行，為何把奴娶，明明把奴嫌，甚麼先天氣，不孝本有三，無後為第一

有林英問相公你且細聽　奴勸你切不可亂思糊行

自古來那神仙原有根本　有幾個凡夫輩上了天庭
周公禮配陰陽古人治論　那伏羲與女媧定下人倫
你雖然不要奴未甚要緊　你違悖父母意孝心何存
有湘子便開言賢妹請聽　你說的是常礼人之大倫
豈知我看破了世間情景　任富貴恩愛重幾十年春
男和女活一世罪孽造盡　縱壽高活百歲難逃迴輪
倘若是失人身萬劫難定　趁此時年紀輕正好修行
惜精氣養谷神勤修性命　我身中靈丹藥不度子孫

26

我父親定賢妹兄不知信　請賢妹另改嫁莫悞青春
有林英尊相公言不中聽　豈有那官宦女另嫁夫君
韓湘子叫賢妹你守貞靜　到後來我度你同上天庭
我二人如姊妹你親我敬　不却得半月久來見師尊
朝讀書夜悟工勤修性命　九節工領齊了常轉法輪

話說林小姐日夜思夫君，那日房中坐，不由淚滿襟。春來不下種，苗從何處生。今生不和氣，前世少修行。孤單守寡，何不戒五葷。一則順夫意，二者修來生。忽然想父母兩

五回　三

年未回門不免把爹問回家看雙親

林英小姐來告稟　啟稟婆婆老年人　自離娘家兩年正
今想回家看雙親　稟明公婆准不准　媳婦遵命不妄行
杜氏夫人開言論　便把孝媳叫一聲　自到我府二年近
未曾回府看雙親　備就禮物和轎等　公子一路去過門
林英領了公婆命　一心收拾看雙親　張千去把公子請
湘子不肯去過門　他師開言弟子聽　夫妻一同到林門
和光混俗人事盡　何必執拘惹風塵　湘子遵了師傳命

夫妻雙雙一路行　湘公便把小姐請　回府好言奉雙親
小姐便說休納悶　你妻不是下賤人　齋素就說把孝盡
一口同音哄雙親　不說二人主意定　把話分開別有因
話說路中行、不却林府到、叫聲跟隨人、前去把信報、彩女
夫人迎、嗟呪三大炮、大人接相公、兩傍吹大號、相公下龍
車、小姐出鳳轎、夫婦拜爹娘、鼓樂好熱鬧、後堂擺下茶、林
英把話告、辦席用清油、葱蒜都不要、
有林英尊父母一言告稟　我二人盡孝道戒除五葷

五回

亖

只可辦素席面總要潔淨　稟明親切莫殺鷄鴨猪牲
他父母聽此言心中納悶　爲甚麽年輕輕戒除五葷
萬物中人最貴三才之品　馬牛羊鷄犬豕供養人身
自古來盡孝道侍奉爲本　那有個食長齋盡了孝心
攻異端思害夾聖人言論　勸賢婿和女兒切莫痴心
有湘子啟岳丈恭敬上稟　孟子云非七十不能食葷
體上天好生德無極之本　見其生不忍死存乎一仁
天地間諸萬物但同一性　那飛禽與走獸一體同生

有林爺叫賢婿此話宜問　爲甚麽宰牲物祭天奠神
韓湘子便開言岳父請聽　殺四牲祭天地以有來音
交午會周文王後天卦論　人不善打畜道置下迴輪
罪孽大投畜殺萬劫返本　那文王將四牲祭奠百神
那先天衆神聖一見不忍　必然的赦前罪速轉人身
將祭肉與老人年幼不准　年久遠亂風俗老少但吞
天生物天反食那有肯信　虎雖狠不吃兒神豈食牲
諸萬物同一體聖人言訓　世上人不細究造罪海深

五回　三十四

體仁義反將那異端比論　正當邪善當惡何處寃伸

話說那林爺聽完啞了口賢婿雖年輕才學高北斗說的金玉言絲毫理不紐枉我爲大官今日真丢醜仁義都不知枉在陽世走萬物人轉生那個沒宗祖倘若轉獸禽怎麽認清楚自把祖宗吞此理從何有

林爺便把管厨叫　素席潔淨要辦高　林英那日娘盤挎
面帶憂容爲那條　莫非嫁粧辦少了　莫非公公婆不賢
莫非丈夫不和好　莫非有喜心煩焦　莫非有病洗身了

莫非忌口心內腦　小姐便來開言道　請聲母親聽根萏
粧衣今生用不了　公婆待兒恩情高　夫君合好世難找
身中喜事無分毫　無病無痛無煩惱　食素身康心不嘈
我憂雙親年紀老　少在家中伴年高

話說王夫人便把了環叫姑娘帶愁容你門皆知道春香把眼瞅碧桃把嘴嘜、林英見此情、眼精都估吊、怕的說窒言、就把相公叫、兩人暗議量同把辭來告母友哭哀哀、分別家鄉、到叫了二爹娘、夫妻對面笑、

五回　廿五

他夫妻進綉房點燃燈亮　那林英望相公眼淚汪汪、
有湘子叫妹妹不必糊想　你恩情我愚兒終身不忘、
倘若是我後來仙家有望　我定然來度你同上天堂、
那林英聽此言珠淚常淌　心難忍扯住手坐到天光
到次日那相公辭別學上　見恩師忙頂禮談叙家常
有林英在房中空思枉想　且不提到後來怎樣下場

詩　林下多陰物少生　英雄一世枉勞心
曰　回頭思想歸家路　門外迷途夢裡行

第六回韓愈責侄

詩　湘子山中讀聖賢　老夫時刻罣心間

日　有朝一日功成就　四海名揚萬古傳

話說文公叫李萬與張千，公子在南學讀書心可專，張李回言道相公愛貪玩，日日把道情唱夜參佛老禪，那日墻頭聽魚鼓鬧喧天，文公聽此語，口中吐青烟，便把張千叫急上卧虎山湘公叫回府指教小兒男

有張千和李萬忙把山上　一句話不要緊惹下禍殃

到墻頭聽裡面在把話講　我二人聽一聽又待何防

只聽得叫徒弟魚鼓拿上　聽為師唱一段報應昭彰

嘆世上多少人糊思亂想　為名利弄得個晝夜奔忙

有一千想一萬心不滿壙　有了富又想貴高官顯揚

造罪孽暗地裡神鬼記賬　只候你陽壽滿去見閻王

善惡簿孽鏡台絲毫不放　到那時不怕你舌箭唇鎗

善功多照善簿發放昇賞　惡若多依惡簿計定罪殃

十八重惡地獄奇怪難講　那䏘卵與濕化四牲悽傷

31

勸世人早回頭修行為上　道成時那裡有這些樓滓
有湘子頂一禮恩師在上　請唱段大道玄無極洞章
鍾離祖發慈悲開言就唱　你聽我唱一段大道鴻荒
自無極生太極陰陽顯象　從太極化皇極兩儀分張
化太陰化太陽兩輪來往　生少陰生少陽四像成雙
東天市西少微太微南上　北紫微中天樞五垣天皇
東斗一西斗四南斗六郎　北斗七中斗五五斗星光
有週天三百六列宿四放　生五星化六合七政輝煌

化八卦生九宮森羅萬像　天地人三才玄道在中央
人本是一小天聖人言講　世萬物共一性幾人推詳
有湘子聞洞玄喜從天降　請恩師將身中微吐清香
呂祖爺細聽得天文師唱　我也來說一段身中文章
人身中一天地一個家長　人身中二日月二個陰陽
人身中三靈寶三魂飄蕩　人身中四相合四大天王
人身中五臟腑五氣昇降　人身中六根全六神見娘
人身中七魄魂七竅開放　人身中八卦炉八寶放光

八身中九宮神九曲珠亮　人身中十字街十全金剛
若有人識破了十段錦樣　管教他成天仙謁見玉皇
師說完頂一禮稀聞稀講　不修行那聽得這些文章
話說那張千走進聖賢宮，免過二道長，又請大相公奉了大人命請駕回府中。弟子辭師傅回家，見爹翁大人一見，怒發。跪二堂中，教你攻詩書，為何打魚簡學甚神仙道干把異端攻，手拿家法板打死這泥虫。
罵聲畜牲真可恨　為何這樣不成人　叫你攻書往上進

六回　宍

為何每日唱道情　湘子回言爹爹聽　此是何人報假音
韓愈叫聲畜牲聽　張李豈能說虛文　湘子聞言心頭恨
便罵狗才不是人　說是道非由你性　我在何處唱道情
韓愈喝聲休糊論　不必錯怪他二人　且將詩書背我聽
文章詩詞若何能　考較一翻難過問　四書五經焦祀生
韓愈不由咬牙恨　活活打死小畜牲　手拿一根無情棍
咬定牙關下無情　上打雪花來蓋頂　下打枯樹來盤根
便打便罵越起恨　三歲過繼撫成人　只望讀書達上品

33

見做孽天柱一根　出怪弄醜你做盡　攻乎異端學長生
淵子打得無途遊　橫身上下血淋淋　張李後房送一信
驚動夫人小姐身　婆媳連忙三堂進　一見相公好傷心
林英急得雙脚蹬　跪在地下講人情　夫人上前來保本
老爺息怒饒妓生　我見遭了何等命　如何打得不像人
夫人搶了無情棍　扯起妓兒問情因　老爺氣得咽喉硬
夫人那裡知此情　叫他讀書多發憤　誰知悟道學修行
杜氏便把老爺請　且聽妾身把話明　當日錯將道人請

六回　三九

只會講道說修行　舉人秀士你不請　端端請的修行人
爹爹責法不要緊　別人談論兩樣心　妓生慣養年輕嬌
弟兄二人一條根　老爺聽勸情理正　當初不該請道人
從今不可學堂進　就在府衙攻書文　張千去把道人請
我兒另外從先生　張千便往學堂奔　鍾離呂祖早知圖
粉壁牆上寫傳信　我本天仙下紅塵　一個本是鍾離祖
一個原來呂洞賓　時來時去九年近　凡人怎知半毫分
二仙雲端來駕定　飄飄蕩蕩往前行　四大部洲一眼瞬

終南山上等學生　張千走進書房問　不覺道長那里存
纍童前來一言稟　二位長長上天庭　我等凡夫怎知信
他是鍾離呂洞賓　他在墻上寫心印　張千抬頭看分明
別了長安地　離行卧虎山　文公緣法少　湘子福洪寬
半路重逢會　槐陰再遇緣　不迷修道意　度你上終南
多讀詩書少做官　誠心訪道樂安然　但能脫却生死路
便是蓬萊洞府仙
張千看完回送信　大人在上聽分明　二位道長早知信

六回　卅

各自歸隱不見形　粉壁墻上留詩信　說是仙家降凡塵
韓愈聞言打冷噤　學俸未取半分文　凡夫肉眼不能認
那知仙家下紅塵　不表韓愈半疑信．回頭又說母妻們
夫人便把湘子訓　誰個教你學道情　惹得你父心頭恨
打在兒身痛娘心　林英上前將夫問　從今再莫學修行
夫君受刑奴難忍　扯進香房換衣襟
詩　韓官禮部家嚴刑　愈栲嬸妻俱講情
曰　責打相公為正理　姪兒就此脫紅塵

第七回　越墻成仙卷之三

詩　念佛念書共念經　修仙修聖同修真
曰　有朝一日功程滿　來度爹娘妻子身

話說韓相公、可恨那張李、當面却象人、背後便是鬼、我定家法刑他們、心暗喜、今日私上山走進學房裡、不見二師尊、忽然抬頭、起墻上題詩、文本是師親筆、從頭念一遍、不由雙淚流、辭家上終南、要把師尊會

見粉墻流詩跡　珠淚滾滾　這一陣　不由我　刀割肝心

七回　三十

虧恩師多奈煩常時教訓　又教凡又傳聖詞賦詩文
回家中辭爹娘暗寫書信　不說明怕的是父母罣心
韓湘子提羊毫珠淚下滾　辭父母上終南去尋師尊
莫說兒不行孝忘了根本　學古聖道成時來度雙親
三歲中父親亡七歲母寢　多虧我叔嬸們撫養成人
送讀書娶完配心血用盡　總殺身也難報生養之恩
倘若是我日後仙家有分　我好來度叔嬸朝謁三清
又轉拜我賢妻耐煩守靜　過幾年來度你同上天庭

情由長悲切切難以吐盡　一封書放棹上珠淚長傾
瞞過了那張李滿衙人等　正是那十五夜月朗星明
登城望數丈高心無懼禁　默立關飛下城毫無損身
站起來回頭看一尸地困　心害怕往前跑一身飛輕
細思想我進道九年將近　莫非是今夜脫脫殼飛身
正行時見古廟月光照定　我不免拜神像待等天明
進廟來參諸神禮恭必敬　把真香來焚起嘆過五更
一更裡謝神恩虛空照應　這一下逃脫了萬丈火坑

七回　主

二更裡謝親恩劬勞未盡　多蒙了我叔嬸撫養成人
三更裡謝師恩慈悲接引　傳我的先天道煉就法身
四更裡謝妻恩不生仇恨　紅羅帳守孤單躭悞青春
五更裡謝皇恩風調雨順　報不盡天地德五谷養人
紅日出又起身終南而奔　來立在雙林樹歇憩乘陰
陽至極陰符生昏沉不醒　一夢間就見了五殿閻君
醒轉來駭得我橫身無勁　站起來往前走滿身汗淋
見老伯立庵前我把路問　到終南那條路請伯指明

話說那者伯原是鍾離變彩和化姑娘開一水食店賣的長生茶煮的黍米飯姑娘美容貌十分本好看老伯問相公終南何貴幹湘子便開言訪師把丹煉老伯叫相公修行定難煉我有一女兒許你結姻眷

湘子上前拿禮敬　伯伯好意不敢承　我今進道九年正
三皈五戒在其心　老伯言語相公聽　人活一世草一春
空門虛幻難定信　幾個修道成了真　若是凡夫蓮臺證
天上仙佛是蔴林　湘子開言老伯聽　話不投機枉勞神

七回　三

你有千金別許聘　管我修成修不成　姑娘棒茶多恭敬
便把相公尊一聲　奴家見你品貌正　眉清目秀可愛人
不是奴家誇獎盡　好似仙童下凡塵　相公若與奴家聘
總死九泉也甘心　相公莫嫌奴愚蠢　挑花秀朵件件能
琴棋書畫不要緊　詩詞歌賦般般精　相公若怕損性命
教你採戰保陽精　相公若怕生疾病　教你却病六字經
相公若怕遭窮困　教你點石就化金　相公若想高官進
教你韜略賽古人　夫婦合好忠孝盡　接起香烟再修行

也是相公好福分　五百年前所修成　倘若相公不應允
奴今撞死命歸陰　湘子聽完忙答應　多謝姑娘好夏心
任你說的天花墳　要想成親萬不能　若還再來求婚娉
我也撞死見閻君

話說老伯言相公你且聽、婚姻前世修、那有强免定認得、我二人終南引你進、湘子便開言、從來不相認、鍾離叫相公、誰傳妙心印、知道師臨凡、雙膝來跪定、鍾離扯起來、弟子離凡境、同師傌彩雲、好把三天進、

那湘子到好處且自不表　又把那家中事細說根苗
有李萬叫張千事不好了　大相公昨夜晚私自而逃
那張千聽此言心驚胆跳　急忙忙上城樓四處一瞧
見一人似相公城下睡覺　忙出外到身邊細看分毫
來扶起無有氣叫聲不好　大相公越墻死怎得開交
韓大人就說過怕他偷跑　將公子託我們時把心操
昨夜晚本留神大禍來到　我二人這狗命怕也難逃
正啼哭起狂風尸不見了　諸神靈埋凡設須彌山凸

他二人不見尸這就狠好　就說是昨夜晚相公私逃
那張李也只得朝上傳報　他二老一聽得大哭嚎啕
進書房見書信棹上放倒　急忙忙來拆開仔細觀瞧
林小姐聽此言急得搥膈　韓大人看完信大哭悲嚎
韓大人將書簡從頭念了　急得那老夫人跌了一跤
哭一聲我姪兒修行亂跑　倘若是有失悮怎麽開交
可憐你我只望棟梁材料　又誰知你做了朽木柴蒿
這也是我韓門背時倒灶　無後人枉費我在朝官高

杜夫人哭姪兒昏死幾道　林小姐哭得那險乎命拋
一家人淚汜汜時在難表　有使用合了環觧勸年高
有韓愈吽張李二人跪倒　你大人吩咐話丟在九霄
那張千和李萬開言說道　這本是我小人未把心操
請大人傳下令終南去找　望大人且息怒把俺恕饒
這一段情由事難以盡表　你且聽下一回再吐根苗

詩　越山涉水訪恩師　墻下捨身抛了尸
曰　成就大羅誰個識　仙家玄妙幾人知

第八回　林英自嘆

詩　奴家每日淚悲啼　鸞鳳不和各自飛

曰　守節守貞久久守　閨來閨去長長閨

林英香房坐、思夫好傷心、雖然未共枕、仝床三年、春不怪夫心狠、只恨那道人、別個你不度、端勸我夫君、又恨那木匠床鋪有來因、不知何法術、鸞鸞兩離分、明明在床睡、滿鋪難我尋、又怪那張李、挑燈轉火行、

子時中嘆夫君一陽發爭　哭聲夫在外面冷冷清清

你怎不與父母來把孝敬　到後來那一個坡蔴捧靈

丑時中嘆夫君二陽中正　哭聲夫在外面無有親人

你怎不與父母早晚俸敬　到後來四八節誰個祭坆

寅時中嘆夫君三陽泰定　哭聲夫在外面孤坐獨行

你怎不與父母時把安問　到後來家務事誰個持撐

卯時中嘆夫君四陽壯勝　哭聲夫在外面訪道修行

你怎不與父母來把心順　到後來做高官四海揚名

辰時中嘆夫君五陽上滚　哭聲夫在外面恐遇惡人

你怎不與父母接宗傳蔭，　到後來怕要絕韓府嗣根
巳時中嘆夫君六陽足定　哭聲夫在外面陰降陽昇
你怎不與父母上呼下應　到後來好家財付與何人
午時中嘆夫君一陰下侵　哭聲夫早歸家來看雙親
你不可在外面東逃西奔　回家來與你妻成配婚姻
未時內嘆夫君二陰漸滲　哭声夫早歸家來盡孝心
你不可在外面孤行獨寢　回家來與你妻仝床共枕
申時內嘆夫君三陰相混　哭聲夫早歸家文武官陞

八回　三十七

你不可在外面饑寒受盡　回家來與你妻仝享華榮
酉時內嘆夫君四陰上噴　哭聲夫早歸家佐君治民
你不可在外面山水常運　回家來與你妻種個兒嬰
戌時內嘆夫君五陰漸冷　哭聲夫早歸家享福安寧
你不可在外面妄想仙境　回家來與你妻共意同心
亥時內嘆夫君六陰純勝　哭聲夫早歸家配成乾坤
你不可在外面藏身躲隱　回家來度你妻早上天庭
十二時來嘆完眼淚流盡　哭不轉奴的夫好不傷心

頭暉眼精花花園散愁悶悶倦叫碧桃桃花正開勝勝過
月月紅花朵朵嫩嫩花空自開開過翻天印印打那大
蓮蓮生佛聖命命裡少烟緣緣淺皆獨困困龍也上天天
上多清靜靜想奴的夫夫妻少緣分
林英散悶花園彌　石榴花見一片紅　蜜蜂採得花心動
青枝綠葉緊包龍　紅子白瓤開口縫　花不結菓一場空
海棠開得花心湯　胭脂花開一片紅　蝴蝶又把花心弄
蓮花層層緊包龍　楊花風吹滿天縱　白菓花開空不空

八回　三八

牡丹花開迎彩鳳　優曇花開隱金龍　黃菊花開香蘇蘇
白梅花開雪飄空　四季白花隨時充　看來到頭一場空
松柏長青不怕凍　百花開熱不如松　將花比人都瞎弄
無常一到萬事空　轉回綉房愁眉綢　看見櫥櫃一片紅
內裝百物有何用　扇插擺包一場空　抬頭看見梳和篦
頭繩粉盒一片紅　胭脂水粉今何用　不愛梳妝一場空
低頭看見鞋脚蓋　褲褪綉鞋一片紅　繡龍綉鳳今何用
不愛花草一場空　平光看見羅帳縫　看見錦被一片紅

相公修行遠方蹤　鋪床疊被一場空　揭開帳門花香薛
看表枕頭一點紅　孤枕獨眠寔悲痛　夢夫醒來一場空
不見林英長悲痛　把話分開說根宗

話說杜夫人、便把老爺叫、姣兒去修行二老將誰靠、你我壽滿亡、無人披蔴孝、文公听妻言、不由珠淚吊、不該打我兒、今日悔不了、何方去修行、那裡叅玄妙、也是我韓門背時、又倒灶、送子讀詩書、無故修甚道、

有文公在府衙長聲短嘆　哭一聲我的兒好不可憐

三歲時過繼我撫養調辦　他父親辭陽世魂魄歸天
七歲時母親死真寔傷慘　戒口祿報親恩有了九年
娶婚姻送讀書費盡心念　只望他到後來爲官爲官
又誰知他無福糊思亂幹　聽信那二道人妄想神仙
打漁鼓唱道情下流下賤　我故此責打兒好不可憐
就從那生了心私逃外面　一家人只哭得珠淚不乾
急着人四方我影信不見　也不知好合歹只靠皇天
只禀告虛空神有靈有驗　保佑我湘子兒急早回還

袮一個肥猪頭與神還願　許三本大戲愿以謝蒼天
有夫人想姪兒神昏意亂　哭一聲我的兒痛斷心肝
雖然間不是我親生親撿　也虧我撫養大當做寶折
一怨我命帶孤前少修煉　皆今生莫下輩缺少兒男
二怨我到今生少行功善　自無子過繼兒都難團圓
三怨我少德行孝道缺欠　故然是少兒女只有銀錢
四怨我享福祿五輩三厭　那銀魚與蝦米性命堆山
五怨我長穿過綾羅紬緞　一件衣蚕兒命幾萬幾千

六怨我洗血水龍王穢厭　對天晒又穢了過往神仙
七怨我父母恩未報半點　翁姑前少伺奉父母格天
八怨我丈夫前那有美善　少溫存不忍讓言無恭謙
九怨我無口德糊說亂辯　罵丫環兒奴婢待下不寬
十怨我氣量窄多心多念　當夫人享洪福未行善緣
皆因我無生長兒女不見　觀音母多保佑湘子回還

詩曰　林內花香無蝶梂　英豪放在土中埋
白從春夢空歡喜　嘆惜光陰不再來

九回　南壇祈雪

詩　君王有道坐長安　管理山河萬萬年

曰　朕坐龍廷纔九載　偶逢天旱井生烟

話說那唐王登坐龍廷殿、韓愈李河東林國共朝見唐王傳旨意求雪救乾旱、准住十五天、大雪鵝毛現、倘若無雪臨滿門都受難、三臣領旨行、南壇設香案誠心拜虛空紅日天天現大禍要臨門、怨氣朝天嘆、

唐王天子登龍殿　那有天乾正三年　皆因官民不信善

九回　卌二

不忠不孝欺了天　黎氏餓死一大半　井中起火樹生烟
唐王無奈坐龍殿　求雪旨意往下傳　半月有雪加官選
半月無雪問罪愆　求了十二紅日現　眾臣怨氣冲上天
王帝傳旨救厄難　正陽純陽聽的端　差卿下凡走一轉
去度韓愈悟先天　他本捲簾仙根面　因飲玉酒貶下凡
正陽帝君拿禮見　啟奏玄穹上帝前　臣今把他度不轉
度有他姪在終南　上帝慈悲將他選　度親立功理當然
玉帝准本傳詔選　湘子俯伏見慈顏　玉帝分咐下凡轉

化爾叔爺學神仙　於今正在危急難　正好勸他莫貪凡
湘子謝恩把本轉　叔父官大有威權　小臣無職法難顯
有道無法不威嚴　玉帝心喜封官宦　天花真人普度仙
賜你龍帶無長短　賜你紫羅八卦衫　賜你雲鞋五遁顯
賜你八寶紫金冠　賜你花籃無窮妙　百般奇花不凋殘
四季不謝長景現　無窮變化在裡邊　上裝三十三天殿
下裝萬國九州山　賜你葫芦一寸半　蓬萊山下長根源
四海之水裝不滿　無邊變化實顯然　內有龍魚鼋鼈蟮

還有無底彩蓮船　賜你魚鼓和簡板　降龍伏虎頃刻間
賜你降魔金圈甩　千妖萬怪一齊閑　湘祖謝恩下了殿
轉謝三師及諸天　朝駕以畢天門轉　五色祥雲到凡間
我今要把凡人變　莫等凡夫識機關　兩個牧童來應見
開口稱聲大羅仙　倒身下拜拿禮見　弟子今朝才有緣
湘祖與他把話歎　怎知俺是大羅仙　牧童說是毫光閃
齒白唇紅顏色鮮　湘祖隱形再化變　險乎仙體洩漏凡
如今變個醜陋漢　看那牧童是何言　牧童看到仙不見

一路驚張到面前　便問這位一醜漢　可曾看見大羅仙
湘祖答曰未曾見　你今問他爲那端　拜他爲師學修煉
躲脱生死免熬煎　何不拜我把丹煉　我今就是大羅仙
牧童答曰不要臉　世間難尋這樣仙　湘祖説是不好看
放心大胆往長安　遍街擺的是香案　求雪不下叫皇天

話説寒冬天時逢冬至節虔誠也枉然未見風雪䨮林園李河東便把主意設出下招術文各處盡粑貼必有異人來恐能求下雪正在沾榜文湘祖望衆説俺是大羅仙出

賣風雲雪去稟你大人快來將俺接

守榜官請仙長暫且少等　待我進府衙內去稟大人
三大人聞此言叫聲請進　傳號官請道長隨我跟行
那韓祖到頭門兩足站定　出家人心正大要走中門
傳號官報大人道長話論　他説是立心正不履側門
韓文公聞此言心中惱恨　這中門聖駕走誰敢亂行
林大人勸親家何必動性　又恐怕真仙到搭救凡人
求下雪就救了普地性命　就開了那中門仙長請行

有湘祖大搖擺頭門面進　到二門又不走站在池心
傳號官問仙長如何立定　要大人低下頭親自來迎
有韓愈聽此言怒氣湧頭　那裡來這妖道大得高心
李河東勸韓爺未甚要緊　主迎賓理當然恭迎真人
那衆官齊跪下把禮來頂　請仙長何手段求雪降臨
限三日求下雪方可活命　倘若是太遲延大禍臨身
要那些祭禮物我好安頓　轉在那南壇下真香來焚
有韓祖便開言衆位細聽　壇中心擺河圖先天五行

上擺盞主命燈照住玉井　下擺爐客性香對向金燈
金烏蜡重八兩左邊放定　玉兔燭要半斤右邊安存
五德菓擺五方以信爲本　五行菜擺五位以土爲遵
八仙茶玉液酒陰陽不混　三寶香净水瓶安在中心
焚一道求雪表三曹討准　運離火投坎水熱氣上騰
燒得那海龍王發了火性　湧海水從黃河直上崑崙
忽然間起狂風烏雲滾滾　只見那鵝毛雪蓋地紛紛
啟大人下白雪未甚要緊　看貧道顯手段黑雪來臨

傾刻間天地黑寒風凍冷　果然的那黑雲遮天飛凝
把那些眾大人喜之不盡　這道長果算得術士異人
正下時又住了大人請問　如何的不下了所為何情
有韓祖便開言眾位細聽　按尺寸應年數不差分毫
乾一年只要雪一尺一寸　旱三年三尺三還要多深
韓大人叫張千拿尺來擕　剛剛的三尺三這事驚人
有湘祖來送神乾坤按定　送風伯和雨師速上天庭
送四海眾龍王水府請進　送萬山諸百神各返乾坤

九回　四十三

只見那滿天雲散之千盡　傾刻時大太陽萬里無雲
韓大人叫仙長莫甚相敬　謝金銀一萬兩切莫嫌輕
有湘祖請大人眾位細聽　修行人不貪財不要金銀
只化你韓大人同俺歸隱　修大道煉金丹躲脫閻君
有韓愈他無緣千說不信　反將那活神仙趕出府門
回天宮繳玉旨按下勿論　又請聽下一回怎樣分明

詩　南海慈雲上下忙　壇前誠意告三光
曰　祈來白雪恩沾仰　雪遇太陽水滴江

第十回火內生蓮

詩　人生七十古來稀　誰個長生不老時

白　今日古稀會一面　老夫壽上古人時

話說韓文公、遊遍三堂、坐滿朝文武官、都來把壽貢獻、開中門、齊把鼓樂作、同來拜壽星、飲晏好快活、韓祖在樽、南運氣採靈藥、想起叔父生、下凡去朝貢、口吹無孔笛、蹁彩雲鶴、到了自府門、長官把話議、韓湘便把門來進　請與貧道禀大人　就說道童府門等

特來府上慶壽星　文公吩咐不能准　異端冒瀆衆官卿

道童又將話來禀　再與文公説分明　舉手能擎日月餅

伸手能點海內燈　林國聽説准請進　頑些戲法慶大人

韓湘聞請搖擺進　手無片禮見大人　將手拱起請一請

道聲無量壽長生　文公便把道童問　將何寶物送大人

家住何府並何郡　從頭一二説分明　湘祖聞言將語禀

貧道家住在白雲　不與當朝做百姓　不與皇王還粮銀

日有仙食作晝餅　夜有明月做長燈　日猿獻菓瓊漿飲

野鹿啣花獻黃庭　喜時八仙同勸飲　問來仙女彈瑤琴
行動龍車鳳輦運　五百靈官緊隨身　大人千秋來賀慶
無有禮物唱道情　文公聽說心惱恨　滿口糊言窮無憑
分咐打他四十棍　將這野道打出門　湘祖便把大人請
照定說來大人聽　家住永平昌黎縣　鼓樓街前黑漆門
八字牌坊石灰粉　畫的獅子共麒麟　尊聲大人請細聽
就是俺的洞府門

話說文公言道童休糊嘆、你這出家人冒認府衙眷林國

三十回　四七

勸親家、看在鄉親面、文公賜新衣、又賞酒合飯、不枉拜府門、把我鄉親盼、不要大人衣、破納俺不換、俺這破納頭、千生難得見、此名無縫衣、豈在等閑看、

請大人聽俺說納頭故卷　非緞紬非羽蔴亦非皮綿
這本是八寶丹煉成一片　穿不濫浸不濕燒他不燃
到暑時穿此衣橫身打戰　三九天穿此衣汗水熱炎
韓文公聽此言就要試驗　叫李萬將木炭燒一火山
湘祖爺跳火中連滚三轉　請大人看我衣顏色更鮮

有文公觀此寶稀聞罕見　請道童賣與吾多給銀錢
尊大人買道袍聽把價嘆　我要金堆須彌銀塞海邊
要神王與鬼王來作証見　要人王與龍王來過價錢
韓文公聽此言笑容滿面　笑道童一件衣大話遮天
有湘祖尊大人此話不算　我還能紅火內種出金蓮
將蓮子拿一顆放在火面　忽然的長出了萬朵彩蓮
蓮蓬上又長起鰲魚獨站　鰲頭上又生起四大名山
山上面七十二幻景好看　見高山流下來白水清泉

有仙童合美女對對擺站　有野鹿共白鶴又有白猿
滿衙官見此景拍手稱讚　韓文公滿心喜上山遊頑
有林國叫親家此是術幻　倘若是落下來骨化青烟
韓文公聽此言魂飛魄散　倖喜得太上君聽之又懸
踩寔地把景致細細觀看　又只見朝陽洞現出詩篇
有唐王夢一弓搭上二箭　進佛骨諫君王朝奏九天
君王怒將韓愈朝陽謫貶　捨家園受辛苦路遙八千
秦嶺上白雲橫家丁不見　那馬夫被虎咬雪擁南關

話說詩看畢文公怒氣生下不欺羣臣上不欺當今那有
謫貶理朝陽八千程叫聲這野道假術欺哄人睜眼仔細
看堂上甚麼人不怕犯王法來此糊亂行道開言道大
人聽分明睜眼滿堂上一概是假人

任隨金銀堆北斗　無常一到萬事休　官高難免生死路
口氣不來葬荒坵　珍饈百味難入口　夫妻恩愛也難留
小鬼押你到地獄　閻君殿前訴情由　那個人世無罪垢
十八地獄難台頭　一失人身萬難復　胎卵濕化苦無休

怎比修行丹煉就　不生不滅勝王侯　風寒暑熱染不透
閻王小鬼見低頭　變化無窮隨心就　這是真人壽無秋
俺是真人誰猜透　誰個跟俺把行修　文公說是我猜透
猜你是個教化頭　湘祖謝恩不敢受　自古三位教化頭
昔日老君把凡度　金華寶杖度春秋　留下金木水火土
五行原是老君留　大人若問真名路　龍尼第一教化頭
昔日釋迦把凡度　九環賜杖化春秋　戒除殺盜淫妄酒
五戒原是釋迦留　大人若問真名路　牟尼第一教化頭

昔日孔子把凡度　盧伯點杖延春秋　仁義禮智信留就
五德原是聖人留　大八若問真名路　仲尼第三教化頭
奉勸大八早看透　跟俺教化把行修　文公不愛修行路
趕出道人免躊躇　湘祖騰雲來賀壽　送隻仙海唱情由
唱聲大八早惺悟　莫等風來壞了舟　八不遵難看不透
馬不臨巖韁不收　這個海子是怪獸　唱詞犯諱莫來由
大八不愛仙鶴獸　送隻仙鶴解憂愁　仙鶴嘹聲萬萬壽
跨鶴高飛白玉樓　奉勸大八早看透　免得秦嶺受憔憂

十回　五十

文公又喜又發怒　句句傷吾爲何由　那來瘋道賀吾壽
好吃懶做天下遊　多謝大八封贈厚　說起瘋癲有根由
張良他懶官不做　李聃他瘋倒騎牛　韓信不懶把命閻
霸王不瘋烏江休　徐公他懶登雲路　孔明不懶葬荒坵
弁尼他懶雪山走　妙善他懶香山遊　文公聽說心重怒
趕出野道遠方遊　湘祖無奈騰空走　下回再來化迷途

詩　火候秘傳文武烹　內丹純熟外功勤
曰　生仙生佛登雲路　蓮蕊層層捧聖人

第十一回 杜氏自嘆

詩 兩鬢白髮似銀絲 遲末修行悔後

曰 手拿青銅明鏡照 今年老似去年時

話説杜夫人、靜坐把兒嘆、自從這幾年、夢都未夢見、叫聲小梅香、花園去遊玩、牡丹放白光、芍藥吐紅艷、蘭草有清香、碧桃定好看、菊花朵朵黃、金灯擺擺戰、春生夏開花、秋定冬收斂、思念我姪兒、幾時得見面、

正月裡是新春萬物發芽 嘆姪兒在那裡悟道修行

二月裡是花朝萬物出梗 嘆姪兒抛別了老年雙親

三月裡是清明萬物嬌嫩 嘆姪兒抛別下嬌妻林英

四月裡是立夏萬物齊整 嘆姪兒抛下了家族諸親

五月裡是端陽萬物茂盛 嘆姪兒捨家園田庄金銀

六月裡是三伏萬物花噴 嘆姪兒捨口腹三厭五葷

七月裡是立秋萬物結定 嘆姪兒捨榮華富貴功名

八月裡是中秋萬物凋損 嘆姪兒別恩愛斷了後人

九月裡是重陽萬物漸冷 嘆姪兒別煩惱獨自單身

十月裡小陽春萬物歸隱　嘆姪兒別牽纏冷冷清清
冬月裡一陽生萬物養性　嘆姪兒別拖累濁淨身輕
臘月裡要過年萬物動性　嘆姪兒別望礙不肯回程
十二月嘆完了眼花心悶　轉香房神恍惚一夢黃昏

話說那韓祖閑坐玉善堂垂簾養天性慧光見嬸娘花園把俺嘆不忍淚兩行俺今成仙道欠壞我嬸娘不免下凡去便駕五色光來至香房下嬸母算平床叫聲養身母夢裡聽端詳你兒來託夢謹記在心察

十一回　卅三

嬸娘夢內仔細聽　姪兒從頭訴分明　家住永平昌黎郡
韓湘就是我的名　三歲之上父喪命　七歲之內母歸陰
姪兒過繼叔嬸引　多蒙叔嬸撫成人　送讀完娶心費盡
為兒不孝去修行　丢下叔嬸少奉敬　拋下賢妻守孤燈
我今修成天仙品　說與叔嬸莫操心　一勸我娘養天性
常養性情神氣精　二勸我娘學修命　接命添油壽長春
三勸我娘戒葷腥　淡泊明智古人云　四勸我娘積善陰
廣積陰功修來生　五勸我娘把經論　消解冤劫眾孤魂

六勸我娘早安頓　由恐無常到來臨　七勸我娘少憂悶
惜身重命莫操心　八勸我娘把氣忍　閉門養氣少開聲
九勸我娘常安靜　閉了六門養虛靈　十勸我娘莫遲頓
趁此還有氣三分　我娘若還口不禁　怕的死後受苦情
倘若無常來取命　牛頭馬面好驚人　判官拿簿惡恨恨
小鬼提釘貼眼精　鬼門關前掛號令　孽鏡堂上照分明
善惡兩行無私隱　平生功過自對明　判官將簿呈上稟
一聲唬哈好驚人　押至丹墀來跪定　善惡從頭訴分明

倘若你不寔招認　銅鎚鐵棍不留停　善多過少富貴品
功過兩平是常人　功少過多下賤等　惡貫滿盈變畜牲
胎卵濕化照過定　一失人身萬劫臨　十八地獄苦受盡
纔下血湖受苦情　飢來血塊當飯頓　渴時血水當茶吞
倘若忍住不食飲　小鬼執鞭打你身　坐滿三年六月整
血水吃下幾千斤　那時叫天天不應　你想噉地地無門
夫妻兒女不能問　那個把你嘆一聲　那時纔想修行命
心想口說不得行　地獄苦楚言不盡　畧說几句我娘聽

叫聲我娘速快醒　爲兒辭別轉天庭

話說湘祖去，夫人醒轉來，求見痛心子，不由好悲哀，夢中見兒面，對娘訴情懷，叫娘休罣欠，成道上天台，思念爲娘者，駕雲下凡來，細細來勸化，叫我吃長齋，他叔定不准，老身好難哉，說起地獄苦，將後怎安排。

杜夫人　細思想　無有主見　惹得我　爲娘的　珠淚漣漣
一愁我　年紀邁　精神耗散　二愁我　有管束　不能自專
三愁我　那五葷　無他不慣　四愁我　那美酒　丟他不完

五愁我　神氣衰　難受熬鍊　六愁我　韓大人　豈容隔單
七愁我　氣不接　難把經唸　八愁我　骨頭硬　難把腳盤
九愁我　怕人笑　放不下臉　十愁我　無計心　難學真言
這是我　心中事　難以調辦　姑負了　我的兒　一片清天
好只好　將銀錢　廣積諸善　濟貧困　周孤窮　遍結善緣
修橋樑　置義度　來往方便　買官山　葬尸骨　又修菴觀
塑神像　放生靈　又刊善板　縱不能　到好處　免犯罪愆
叫一聲　林英女　娘有話嘆　時纔間　娘夢見　湘子回還

一說是丢父母未把孝獻　二說是拋賢妻獨守孤單
三說是他在外苦修苦煉　四說是他成了大羅神仙
五說是叫爲娘廣行大善　六說是捨銀錢要買福田
七說是戒除了五葷三厭　八說是進道門採藥鍊丹
九說是陰司中十分凶險　十說是血湖池好不可憐
醒來時不見了好不傷慘　怎望得我的兒親自回還
問一聲林英女娘把話嘆　我的兒成配了也有三年
他未曾與賢媳同心共胆　他也曾紅羅帳與你合歡

十一回　五五

我的媽問此話含羞兩臉　提起來我夫君仙佛臨凡
每夜裡在床頭打座修煉　三年正並未有仝枕共眠
我說是無後人香烟要斷　他說是成了道萬代香烟
粉壁墻提詩句罵奴下賤　身中有靈丹藥不度兒男
杜夫人聽此言嘆聲可慘　爲娘的纔知道假配姻緣
婆悲淚媳傷慘香房各轉　再且聽下一回接續前篇

詩曰

杜心拋別二雙親　氏姓林英淚洒襟
自到韓門眉未展　嘆聲不絕好傷情

第十二回　湘子寄書

詩　破納層層身掛飄　縱橫自在任逍遥

曰　閑時紫府燒靈𤆬　悶下長江釣獨鰲

話說韓祖爺天宮閑遊玩，忽然玄關朝神中八卦算，原來我嬸娘賢妻同罡欠，不免又下凡。我把形容變，變個小道童，寄書把嬸勸。來到自府門，便把門官見，說是韓同年帶來家書卷，張千便開言，拿來我觀看。

道童開言把話嘆　尊聲門官聽俺言　同年叫俺親自見

家信親交嬸母前　張千說是你少站　一聲號令往內傳
夫人聽說笑滿面　莫是我見帶書還　叫聲梅香引來見
側門引進問根源　道童見了夫人面　不由兩淚落胸前
兩鬢白髮慈根見　臉皮打縐似蛇斑　夫人便把道童問
見我為何珠淚連　夫人怎知情中卷　湘子與我直同年
他修家書把母嘆　交與貧道送府前　昨日天宮飲下宴
不知失落那重天　到此懷中摸未見　故耳急得淚不乾
夫人聽說氣滿面　受人之託當戲頑　自從分别未見面

望見望得眼精穿　人不回來見書卷　或好或歹把心安
你今失了書信卷　勝如割了一葉肝　夫人不必憂心嘆
且聽貧道說根源　一遍寫來一遍看　書中之言記得全
既然記得說一遍　細細從頭說根源　家住永平昌黎縣
父親朝中爲大官　三歲父死真傷慘　七歲母又喪黃泉
多虧叔嬸心操濫　撫養成人十三年　叔嬸待兒似龍蛋
送讀完娶勞千般　見把紅塵看得淡　訪仙學道上終南
丢下叔嬸長罣念　拋別賢妻守孤單　爲見辛苦把丹煉

十二回　五七

脫殼飛身壽萬年　修信前來無別件　奉勸叔嬸早辭官
一憂君怒將職貶　二憂藍關馬不全　三憂跟隨猛虎趕
四憂朝陽路八千　五憂分別孤獨慘　六憂年邁舉動難
七憂嬸妻無照管　八憂叔父難回還　九憂家財空積攢
十憂無常在眼前　一愁眼老不看見　二愁耳老聽大言
三愁鼻老涕流臉　四愁舌老難開言　五愁手老似麻桿
六愁脚老腔骨酸　七愁心老神困倦　八愁意老不記言
九愁腹老難容飯　十愁身老百病纏　一勸世事宜看淡

二勸周濟莫惜錢　三勸救濟人落難　四勸刊刻善書篇
五勸施藥救貧漢　六勸放生仁德全　七勸彌陀宜早念
八勸敬神要誠虔　九勸訪師學修煉　十勸私慾掃淨干
叔嬸若是依我勸　後來請師把道傳　這是同年親口嘆
一字不差記得全
話說聽完了，不覺淚哀哀，我見修書信，何不親自來，老身將言問，道童聽開懷，生于何年月，從頭報，將來生于甲子歲，花朝降塵埃，午時三刻，丙子午卯酉排，果然不差錯，與姪一氣來，能知修行路，可曉母懷胎。

同年娘你問我懷胎情景　你請聽同年兒說段根生
父的精母的血兩儀結定　好一似太極圖一陽一陰
一月裡那五元中央合混　我的娘時作嘔愛吃酸腥
二月裡那五易四象相應　我的娘不思飯昏昏沉沉
三月裡那五烝老陽結定　我的娘想桃李混混時辰
四月裡那五德老陰氣勝　我的娘四肢軟兩足懶行
五月裡那五臟太陽始正　我的娘心內慌飲食懶吞

63

六月裡那五行太陰光輝 我的娘血氣衰難打精神
七月裡那五臟中陽方定 我的娘面皮黃話懶開聲
八月裡那五脂中陰外浸 我的娘無氣力懶得動身
九月裡那五音少陽內應 我的娘腰酸疼睡臥不寧
十月裡那五色少陰嬌嫩 我的娘橫身散嬰兒降生
這就是十月胎苦楚受盡 又還有三年乳分外操心
杜夫人叫道童說得情正 男子們怎知道懷胎廉因
𠯗一聲同年媽怎知玄蘊 這就是修行人生化情根

十二回 五十九

同年兒既知道修行情景 把你的修行話說來我聽
尊一聲同年媽聽俺細稟 你若問修行事從頭到明
有傍門三千六難以數盡 有正道不二法萬劫難聞
有單傳和普度三教為本 有邪正和內外法則要清
有外丹三皇藥切不可信 有五金和八石不能為真
有南宮煉符法難了性命 有三峯採戰功造罪海深
有呼吸六字經却病許准 有調息和運氣小術傍門
有吐納換清濁八段之錦 有嚥氣與吞霞晒背吸精

有術流氣動靜四菓之品　有盧無同滅宫圓神之名
有服乳吞紅鉛梅棗諸等　有九十共六品外丹物成
有七二合毒四太丹之品　有飛鸞和降像苻詭請神
這傍門三千六言之不盡　都不能成正果廣修無成
叫一聲同年兒正門講聽　年老邁也可能悟道修行
講正門先要把五葷戒盡　受三皈守五戒八字五倫
臣盡忠子盡孝積善爲本　訪明師求一貫三教一門
至善地南無究玄關一品　一築基二煉已三採藥根

十三

四得葯五攜車武火六等　七文火八沐浴九貫乾坤
這就是大道名三教心印　勸夫人早看破急速修行
有夫人聽完了心中納悶　我怎能丢得脫三厭五葷
多拜上我湘子蒙捎書信　你叫他親身來接度雙親
叫了環送道童金銀二定　也不枉下凡來送信一呈
修道人不貪財要他則甚　辭別了出府外早上天庭

詩　湘江度過到崑崙　子母相逢金水生
曰　寄在乾宫木火養　書來詔請見娘親

65

第十三回 花籃題聖

詩 修行悟道樂安然 勝過朝中文武官
曰 散淡逍遥真快樂 為何不學佛和仙

話說文公壽壽滿七十一、一朝文共武武文慶壽期期到
思韓湘湘祖度愚迷迷在名和利利害幾人知知道養育
苦苦心度叔回回頭就是岸岸上攜天梯梯當有九步步
步白雲飛飛上天宮去去來度親歸

湘祖雲中似標箭 長安不遠在目前 吹開雲頭把霧散

十三回 三

來在自家府門前 一見門官把話嘆 請你將言往內傳
門官不許亂朝見 湘祖隱身二堂前 見了叔父賀壽誕
賀聲長生壽萬年 文公一見道童面 罵聲李萬與張千
把守府門為何幹 來人不報為那端 道童開言把話嘆
大人不必怪門官 他們不准俺朝見 騰雲駕霧到堂前
你今見吾為那段 從頭照實[illegible]真言 大人古稀另添算
貧道來府慶壽仙 慶壽禮物是那件 未必空手說空言
說起禮物世少見 無價貴寶在花籃 取出壽軸放棹案

便請大人把寶觀　分咐展開看一遍　原來墨水畫條單
這箇畫條不稀奇　老夫衙內堆積山　道童開言把話嘆
畫多不值半文錢　不能說話怎吃飯　看來死畫不足觀
韓愈罵聲瘋道漢　那有畫人把話言　道人請聲大人看
墨畫美人把琴彈　落下地來丹遲站　賀聲大人壽南山
奉勸大人早向善　跟我師傅學神仙　功成得赴蟠桃宴
玉帝駕前為仙官　文武公卿齊稱讚　果然仙畫不非凡
仙女美貌多好看　喜壞滿堂眾位官　韓爺便把道童讚

十三回　卆三

要買仙畫多少錢　我要金子千千萬　我要銀子萬萬千
八仙為中並作見　方可買得畫一開　文公聽說火心燦
這個瘋子說狂言　不買畫條賞酒飯　吃了早些離堂前
畫條相送大人看　以做壽禮不要錢　貧道不食葷席面
只化美酒接老仙　分咐張千合李萬　大麴燒酒抬十罈
看你何物來收斂　看你一人怎樣搬　花籃取出一物件
一個葫芦三寸三　大人說是太得小　半壺酒兒裝不完
道童說是儘裝滿　只怕大人不肯添　倒了十甕不見滿

文公分咐休要添　張千李萬低頭看　纔齊葫芦半中間
請韓大人快來看　裡面景致真可觀　又有日月星光現
又有海水浪滔天　又有蛟龍遊水面　又有猛虎卧深潭
又有騧蛇相會面　又有一隻彩蓮船　一個猿猴舡頭站
一個黃鳥船尾拴　五百靈官在扯牽　觀音老母把枕撒
三寶中倉只裝滿　五色帆蓬遮雲天　仙童在把鉄牛爆
仙女又在把羊牽　野鹿挪車黃河轉　毫光萬道照眼前
白浪千層湧波岸　這個景致世少觀　大人不信你來看

十三回　卆三

莫說小人講妄言

話說韓文公且把張李罵、罵你亂糊言、言的是天話、話問這野仙、仙童會術法、法堂酒幾鐔、鐔鐔都裝、下下在何方、裝裝滿我鐔罷、罷了韓大人、人心貪念、大大道有妙玄、玄酒都到下、下次我又來、來此把緣化、

有文公叫道童你且細聽　這葫芦賣與我你要多銀
韓大人買葫芦恐少緣分　不要銀不要錢不要黃金
我只要韓大人辭官歸隱　守三皈持五戒悟道修行

有文公叫道童休要糊論　叫張千和李萬趕出府門
尊一聲韓大人休要嗔恨　化幾個素點心回接師尊
叫左右將點心抬出幾瓻　你看他這些糢怎樣施行
那道童將花籃丹墀放定　幾瓻糢盡裝完不見影形
有文武眾官員都不肯信　一個個低着頭細看分明
這個說花籃內無邊仙景　那個言有日月照耀金庭
這個說有青山樓台水井　那個講有綠水江海波騰
這個說有白虎能把海進　那個言有青龍土得山林

十三回　六十四

這個說有玉皇當中坐定　那個言有諸天眾仙兩分
這個說有王母在把仙請　那個講觀音母在度眾生
這個說三教聖坐成一品　那個言四天尊在演三乘
這個說一十八羅漢講狠　那個講三千佛慈悲太仁
這個說有火龍在地珠滚　那個言有仙娥在彈瑤琴
說不完這花籃無限情景　請大人你來看是假是真
韓文公叫道童你把話聽　將花籃賣與我保你功名
有道童多謝了大人照應　講功名那件事難動俺心

任隨你墜到那官高一品　怎比俺修大道不老長生
就不要你花籃末甚要緊　休要說那修道我不要聽
你還有甚手段做來散悶　你與我眾文武散散精神
這不難看俺的仙家本領　管教你眾大人見過稀文
卩中內唸真言俺把仙請　請來了一十八羅漢真人
請來了二十四諸天衆等　請來了二百六列宿星君
請來了四十八無爲大聖　請來了五百雷風雨雷神
請來了六十四八卦神等　請來了七十二黑煞之神

十三回

請來了八十一魔王擺陣　請來了九十六仙女成羣
請來了十方的仙佛首領　請來了水晶宮魚鱉蝦精
駭得那韓文公只叫饒命　唬得那衆官員棹下藏身
請大仙把法收魂散魄盡　我衆人願跟你入山修行
那道童送諸仙還原返本　罵一聲這野道打出府門
湘祖爺度叔父心血費盡　化不轉衆迷途枉自操心

詩曰

花花世界苦無休　籃內妙玄師傳留
顯化二堂誰個識　聖人也是凡人修

第十四回私度孀娘

詩　自從盤古度春秋　六道輪迴轉見愁
曰　畜變人來人變畜　仙家不忍攜慈舟

話說韓湘子度叔不轉，來今朝私度孀膺，雲下天台來此，長安地，轉過鼓樓街，走到自門首，魚鼓打起來了。環朝廟報夫人聽，開懷門前魚鼓响，莫非相公來。夫人聞此語，快快請進來了。頭請道長，夫人有命差，

了環便把道人請　夫人有請唱勸文　跟我一路側門進

來見夫人把禮行　夫人便來將言問　你今會唱那段文
老身思姪多愁悶　唱段古人散散心　道童便把夫人請
請聽貧道說古人　天開於子一陽定　天生五星放光明
玄玄上人爲根本　化生五老爲天神　地闢於丑中黃鎮
四大部洲分五行　盤古神王山川定　天干地支此會生
寅會二陽三陰並　半陰半陽產原人　九十六億皇胎聖
散在天下立人倫　卯會萬物天生定　胎卵濕化號四生
辰會道家纔顯聖　老君一化號然燈　巳會釋家闡門定

古佛如來度眾生　午會三皇五帝應　都是得道上天庭
堯舜禹湯周孔聖　儒家大興治五倫　顏曾思孟講率性
老聃彭鏗談修真　觀音老母運台鎮　南海岸上他爲尊
張良辭朝學歸隱　修成天仙誰不問　正陽純陽帝位定
入仙會上有女人　往古至今言不盡　都是凡夫修煉成
我勸夫人修性命　也學前朝眾古人　杜氏夫人將言問
今時怎比古時人　我看善惡無報應　天地空罰不均平
行善反來不昌勝　作惡家中廣金銀　請問道童如何論

一二與我唱分明　道童請聲夫人聽　聽我唱段因果經
今生富貴如何定　前生捨財周貧人　今生貧窮如何定
前生尅苦眾窮民　今世聰明如何定　前生廣唸三教經
今世愚蠢如何定　前生賤賛字經文　今生體面如何定
前生捨財裝佛身　今世醜陋如何定　前生恥笑怪相形
今世華屋如何定　前生捨財造廟庭　今世茅屋如何定
前生鵲窩作柴焚　今世有穿如何定　前生捨財裝金身
今世決衣如何定　前生放火燒山林　今世有食如何定

前生五名當寶珍　今世少食如何定　前生五谷看得輕
今世為官如何定　前生必是修行人　今世下賤如何定
前生必是貪淫人　今世啞子如何定　前生言語罵神靈
今世營利如何定　前生與人息禍因　今世目明如何定
前生好看善書文　今世眼害如何定　前生作賤字紙文
今世耳聰如何定　前生愛聽勸世文　今世耳聾如何定
前生不肯答應人　今世聲好如何定　前生愛唸三教經
今世破喉如何定　前生好唱淫詞文　今生智慧如何定

十四回　六八

前生養性又存心　今世魯鈍如何定　前生仗才欺壓人
今世身香如何定　前生潔淨敬佛神　今世體臭如何定
前生酒肉佛前薰　今世脚跛如何定　前生挖了閃脚坑
今世半語如何定　前生笑人唸佛經　今世矮子如何定
前生端做短事情　今世躭子如何定　前世低頭起歹心
今生有子多孝敬　前生必是行孝人　今世子孫多傲性
前生忤逆二雙親　今世子多不成正　前生造下討賬人
今世無兒孤獨命　前生不養女兒身　今世無妻分床被

前生作賤妻妾身　今世父母早喪命　前生把親不當人
今世壽高又無病　前世施藥更放生　今世短壽多災病
前生殺生害命人　今世坐轎騎馬等　前生修橋砌路[illegible]
今世遊玩多閑靜　前生布施又齋僧　榮枯得失前生定
胎卵濕化自造成　要知前世善惡性　且看今生受人身
要知來世何等命　看你今生作何因　天堂地獄由人進
報應昭彰不差分　打一拱手夫人請　這是一本因果經

話說杜夫人便把道童叫、這本因果經、玄中又有妙驚人

十四回　完

之晨鐘醒夢之大炮、普勸世上人、何必把非造果報甚分明、聞聽駭一跳、從今存心田、要把古人效、我有一姪兒終南修大道、請問這道童、你可會過面、

有道童拱拱手滿臉發笑　尊一聲老夫人細聽根苗
把諱名請說出俺才知道　那終南修行人多似牛尾
老夫人便開言道童聽到　我姪兒韓湘子歲數不高
我當是問誰個恐有不曉　原來是親老庚多年相交
他如今在終南成了大道　脫凡體證金身快樂逍遙

他爲何成了仙不來盡孝　全不念養育恩自幼劬勞
可憐的他妻子空房守老　那林英思想他珠泪長拋
請道童將此信與我說到　你勸他回家來相會一遭
有道童忍不住珠泪下吊　勸一聲老夫人不必心焦
這個信我用心將他送到　叫同年早歸家來看年高
他言說累次的勸過一老　他只想把叔嬸度上天曹
他只想勸叔嬸將葷戒吊　他只想勸叔父早去辭朝
他只想勸叔嬸早參玄妙　他只想勸叔嬸守道爲高

十四回　七十

他只想一家人都修大道　他只想一家人盡赴蟠桃
杜夫人聽此言珠泪下吊　苦了我痛心見果把心操
叫了環開鎖櫃取出大寶　賞道童帶口信以酬煩勞
有道童辭夫人此寶不要　勸夫人早修行好步靈霄
深施禮出府門將身隱了　招雲鶴騰紫霧離却塵囂
這一回度嬸娘也是空跑　勸不轉我叔嬸好不心焦

詩　私來相府唱玄功　度轉黃婆把信通
曰　嬸母回頭早向善　娘親同到斗牛宮

第十五回林英問卜

詩　思念夫君夜不眠　淚如洪雨洒胸前
日　不知何日回家轉　相會一面也心甘

話說林小姐悶坐在香房、思想韓公子、每日淚兩行、林英嗟聲嘆、哭啼修仙郎、何日得相見、幾時來成雙、夫婦各分別、燒了斷頭香、你今悟大道、虧奴守空房、信音全不曉、修行在何方、請師來占卦、吉凶判端詳、

林英香房多納悶　思想夫君泪淋淋　春香碧桃一聲請

姑娘悲淚爲何因　林英說是有勞問　思念姑爺不回程
你今二人長街進　請位卜卦一先生　了環領了姑娘命
去到街方走一巡　東街走到西街正　南街走到北街存
來在什字等一等　只等算命卜卦人　不表了環什字等
便說韓湘早知音　妻子思念心難忍　我又下凡走一程
五色雲中來駕定　飄飄蕩蕩下紅塵　可嘆凡夫都糊混
那個回頭學修行　百歲光陰如雷迅　幾十餘年過一生
上至王侯下百姓　死到頭來不回心　怎比仙家長生春

12

快樂逍遥不記春　時在雲端把話論　不却來到長安城
仙家容顔來退盡　裝成卜卦一先生　卜卦招牌手拿定
來到什字街中心　了環一見把話問　算命占卦可有靈
叫聲大姐你且聽　文王八卦斷如神　了環即便來請進
我家姑娘問行人　引及花園後門進　小姐隔簾看先生
好像姑夫不敢認　二人隔簾把話明　請聲仙長你貴姓
那座名山悟長生　尊聲姑娘你且聽　我今無姓又無名
不會存心與養性　只會卜卦講子評　小姐一聽打冷禁

十五回　七十二

險乎錯認奴夫君　開口便把道長請　請占一課問行人
了環捧水把手淨　沉檀三次爐內焚　文方四寶來排定
道長拱手請神靈　伏羲文王周孔聖　六丁六甲八卦神
六爻已成裝世應　體用相尅難回程　林英聽說泪難忍
請聲道長細判明　看他命根穩不穩　或是死來或是生
道長又把姑娘稟　應爻枉相無炎星　六爻純陽無陰混
莫非得道上天庭　先生占卦本有準　奴夫原是修行人
他今成仙孝皆盡　皆要于凡度雙親　再請道長仔細論

13

看他到底可回程　道長又來排算定　一一從頭報分明
初一二三陽氣嫩　潛龍勿用陽難昇　初四初五二陽定
現龍在田難回程　初六七八三陽定　名爲上弦半陽陰
初九初十壯卦論　陽氣旺相想回程　十一二三五陽勝
嬰兒思想姹女身　十四十五乾天應　陰陽對面不相親
十六七八一陰進　天風姤卦有信音　十九二十天山遯
行人收拾漸起身　廿一二三否卦正　陰氣下降半天心
廿四廿五陰氣勝　看到行人要回程　廿六七八陽要盡

行人只隔一張紙　廿九三十日月並　夫妻團圓定乾坤
林英聽說喜不盡　看他何月轉回程　道長又來排算定
一一從頭報分明　三月二月無音信　正月臘月枉操心
冬月十月不用問　九月八月無音信　七月六月不通信
五月四月轉紅塵　林英聽說心中悶　梗梗還有一年春
小姐取出銀一定　道長莫嫌謝禮輕　道長不要金銀定
願與小姐結成婚　小姐一聽怒氣恨　丁環與我打出門

話說那林英，悶坐香房裡，想起奴夫君，又惱又歡喜，惱者

14

不歸家喜成神仙位夫若成天仙奴家成地鬼喜不早回
來夫妻難相會問卦與打時枉自勞心力晝夜守孤單吊
盡傷心淚開口叫了環花園散愁悶

林小姐仝了環花園散悶　我把這四季花比嘆夫君

到春來桃花香百花齊旺　望奴夫不回來好不傷心

到夏來荷花香百花茂盛　望奴夫未見信珠泪滴淋

到秋來菊花香百花子噴　望奴夫無踪影望斷不宁

到冬來梅花香百花謝盡　望奴夫一場空茶飯懶吞

十五回　十四

正月裡是立春陽和美景　我只想同夫君早晚相親

二月裡是驚蟄萬物發笋　我只想同夫君和氣一生

三月裡是清明花葉俱嫩　我只想同夫君生死同心

四月裡是立夏枝節漸硬　我只想同夫君共孝雙親

五月裡是芒種萬物茂盛　我只想同夫君一路修行

六月裡是小暑萬花吐噴　我只想同夫君養性存心

七月裡是立秋百實結定　我只想同夫君致回六神

八月裡是白露秋風漸應　我只想同夫君掃去七情

九月裡是寒露葉落花梗　我只想同夫君火降水昇
十月裡是立冬萬物歸隱　我只想同夫君運轉乾坤
冬月裡是大雪一陽漸提　我只想同夫君文煉武烹
腊月裡是小寒雪花飛粉　我只想同夫君共赴瑤京
一不貪做奶奶高官大任　奴愛的與韓仙守定黃庭
二不貪穿美衣龍鳳綉錦　奴喜的與韓仙築基採精
三不貪食美味山珍海笋　奴愛的與韓仙煉已吞神
四不貪金銀廣持世充恨　奴愛的與韓仙採取五靈

十五回　七十五

五不貪好了環噉吽隨應　奴愛的與韓仙去濁留清
六不貪美華屋明窗如鏡　奴喜的與韓仙三轉法輪
七不貪有兒女精氣耗盡　奴愛的與韓仙火候煉烹
八不貪身體强無災少病　奴愛的與韓仙沐浴法身
九不貪長生訣壽同混沌　奴愛的與韓仙脫殼飛昇
十不貪傍門法行怪索隱　奴愛的與韓仙法不二門

詩　林內牡丹空發生　英雄節志守孤燈
曰　問神求鬼何靈應　卜卦抽籤枉操心

16

第十六回畫山現景　卷之六

詩　貪利圖名滿世間　不如破衲道人閑

曰　家鷄有食湯鍋近　野鳥無根天地寬

話說那韓仙遐遥蓬萊島去、歲度林英不却、對年了、今朝叔父生慶壽、紅鹿跑誠意來下凡、五色祥雲繞、空中慧眼觀、叔嬸容顏老、深願向空門、回頭修行好、勸叔早辭官清閑、躲煩惱、看看樹根枯、怕的風吹倒、

韓仙雲頭往下看　望見嬸娘在堂前　不免修書將嬸勸

勸我嬸娘結善緣　書信落在玉棹案　夫人檢起用目觀
將書看完淚滿面　哭聲姪兒韓神仙　正在嘀哭把姪嘆
大人一見問根源　夫人起身拿禮見　姪兒丢下一書篇
韓愈將書看一遍　果然姪兒成了仙　一十八年未見面
今日纔見一書篇　二人正在把姪嘆　來了慶壽衆位官
朝見已畢排酒宴　湘子騰雲到席前　姪兒下凡賀壽誕
長生不老一壽仙　文公抬頭舉目看　那來野道假認官
扯下責打四十板　纔知老夫法戒嚴　道童說是不認識

那有官打送禮仙　文公説是何物件　甚麼禮物擺上前
修行之人無別件　魚鼓簡板唱善書　文公説是也可算
唱些詞調賀衆官　道童拱手拿禮見　十盃美酒慶壽仙
一盃美酒慶壽誕　壽與天齊不計年　二盃美酒誠意獻
髮白轉青性命堅　三盃美酒呈上面　長生不老一洞仙
四盃美酒用言勸　我勸大人早辭官　五盃美酒多行善
廣積陰功感格天　六盃美酒早修煉　早拜明師指玄關
七盃美酒卦爻換　取坎填離成先天　八盃美酒老嫩辨

十六回　七十七

不老不嫩正結丹　九盃美酒運九轉　文武火候要師傳
十盃美酒金光現　超凡脫殼上西天　唱完拱手拿禮觀
不知喜歡不喜歡　文公説是何足算　有甚寶物敬壽仙
我有一桃呈上獻　大人吃了定上天　一個毛桃不稀罕
吾吃還有衆位官　湘子將桃來化變　一十十百百變千
衆官説是假術幻　此桃吃了損壽元　湘子聽説笑纖
千桃收來捏一團　此桃不用賞黃犬　變隻白鶴飛上天
衆官説是儉一儉　吃了必變飛禽仙

話說那韓文公，便把道童叫，走獸變飛禽，可算有玄妙，既知有妙玄，跟吾去修道，我問這道童，修行那些妖道童，便開言大人請聽到，也不穿蟒袍，也不帶紗帽，一日功果感五色祥雲罩玉帝駕下臣你看妙不妙

每文公叫道童你今聽到　修行人沒幾個上了天曹
尊一聲韓大人聽俺細表　非是那真善人怎能登高
古今來聖佛仙却也不少　未必是平空的步得靈霄
仲尼聖講五德成了大道　牟尼佛立五戒職掌三曹

十六回　七十六

龍尼祖說五行統領道教　有千仙和萬祖凡夫高超
三千佛三千聖三千仙道　未必是不是人修上天曹
韓文公叫道童仔細聽到　這些聖他都有仙佛根苗
倘若是凡夫體成得大道　那地下無有人成了荒郊
有道童聽此言真乃可笑　尊一聲韓大人且聽根苗
古至今有四生成仙不少　那人身三才體豈難昇超
文公言那善惡少有應效　作惡富行善貧這是何條
古今來善惡人都有奇報　善與惡賞與罰不差分毫

那善報與惡報也有遲早　或來生或今世非在一朝
那富貴與貧賤六根缺少　那甚麽不一樣異種千條
又有那萬物中四生六道　誰該人誰該畜不差分毫
文公言那修行不如官好　食珍饈并百味烏沙蟒袍
雖然是為官宦前世修行　未必你到來世還有今朝
楚霸王死烏江誰個不曉　可惜那三齊王十大功勞
張子房他看破將官辭了　修成了大羅仙何等逍遥
三國中那孔明天下難找　到今日只落得一箇坟包

十六回　七十九

古至今為高官羊伴虎跑　那一個到後來有甚結稍
勸大人早把那高官辭了　修成個大羅仙快樂逍遥
叫道童將名姓照寔上表　那鄉郡與名諱細說根苗
俺本是韓湘子修成大道　領玉旨度叔嬸早上天曹
我姪兒不是你這樣相貌　頭面白肉皮嫩虎背龍腰
有道童將本來面目現了　請叔父舉聖眼過細一瞧
韓文公見姪兒珠淚下吊　果然是我的兒下了靈霄
你皆有金丹藥吃了不老　年紀邁學修煉難把神陶

長生丹知壽酒仸官不少　請叔父同嬸母步雲登霄
我登天只怕要魂都駭吊　倘若是落下來性命雙抛
我叔父怕騰雲另設計較　畫一山蹬是地步步登高
有文公同衆官呵呵大笑　忽然間平地裡陡起山坡
那文公與林國前行上跑　那衆官上不及山離塵壕
又只見白猿猴會把路找　牛羊鹿拖車輪載的仙桃
又只見那日月毫光朗照　左金童右玉女吹笛吹簫
又只見上天梯高撻險曜　到天門搭一塊朽木窄橋

那文公同林國叫聲不好　快轉去保性命莫過此橋
湘子爺站天門只是喉叫　有姪兒護持你穩步九霄
他二人各回頭往下只跑　恍惚時落下地衆問根苗
駡姪兒沒孝心恩將仇報　明明的來害我險把命抛
有夫人合林英內房知道　只哭得那婆媳泪如手接
此一回只說到這裡止了　又且聽下二回接起前稍

詩　畫水畫山更畫雲　山雲水路幾千程
曰　現橋度父空勞力　景致萬般枉費心

第十七回湘子化齋

詩　寃家前日下瑤池　奴在綉房影不知

曰　真乃無緣難相見　除非夢裡覩顏慈

話說林英姐悶坐在綉房思夫難見面開口總梅香婧爺

回相府怎不離端詳了環便回話姑娘聽言章休怪小姐

俾未曾到二堂內外兩相隔有花不聞香我等知道了姑

爺上天堂這也休怪爾花園焚信香

了環花園香案排　小姐焚香跪塵埃　一不焚香富不敗

十七回　仝一

只求見夫早回來　二不焚香貴千載　只求夫君下瑤堦

三不焚香求後代　只求韓仙下天台　四不焚香身不壞

只求湘爺落塵埃　五不焚香衣花彩　只求寃家全心懷

六不焚香無病害　只求奴夫花園來　七不焚香共枕懷

只求一堆挨一挨　八不焚香壽百載　只求明晶指靈台

九不焚香圖自在　只求三寶結聖胎　十不焚香圖恩愛

只求同夫到蓬萊　焚香已畢九叩拜　起身來至望天台

話語香飄渺一直冲天台韓仙慧眼照林英哭哀哀辭別

眾仙友彩雲飛排徊吹散五色雲輕輕落塵埃且把形容
變頭大嘴又歪一身牛皮癩背 肶脚又瘸搖搖又擺擺走
進花園來請聲林小姐阿彌化一齋
林小姐見和尚身打冷漂 你莫是山中怪水内妖精
叫一聲林小姐你且細聽 我本是大羅仙降下凡塵
你說你是仙家奴就不信 天宮上沒得你這樣醜形
莫嫌我形相醜頗有道德 下凡來指迷途度化眾生
既然是大羅仙到此則甚 俺今夜到花園來化善心

十七回　八十三

你爲何白日裡不下凡境 夜晚間來花園不是好神
那凡人來化齋白日糊混 俺仙家來化齋夜晚降臨
你爲何不往那前衙而進 爲甚麼走進了後花園門
那凡人化善緣前門來應 俺仙家進後門來見林英
知我名可是仙我要盤問 盤古王開天地何人爲尊
幾多年爲一元幾多爲運 幾多會幾多世幾多星辰
幾多天幾山海幾多靈性 幾多虫幾多獸幾多飛禽
幾多神幾多仙幾多儒聖 幾多祖幾多賢幾多真人

那和尚叫小姐你且細聽　自混沌開闢來無極掛中
有元和與運世邵子所定　十二萬九千六一元之程
萬八會三十世三百六運　有八萬零四千大公星辰
無極化九六億先天靈性　五大山四大海發源祖根
有肉蟲三百六以人爲正　有鱗蟲三百六以龍爲尊
有圓毛三百六獅子頭等　有羽毛三百六鳳凰獨麟
有甲蟲三百六烏龜首印　共千八八和畜胎濕化生
三千佛三千仙三千賢聖　千千佛萬萬祖無數真人

十七回　八三

林英說這些話書已註定　我又把天星事畧問根生
甚麼星頭對頭回光照緊　甚麼星嘴對嘴守定黃庭
甚麼星下北海把基築穩　甚麼星來煉已雜念掃清
甚麼星運離火外丹結定　甚麼星車坎水直上崑崙
甚麼星紅似火煅煉三品　甚麼星黑如墨陰符退清
甚麼星他爲主上下相運　甚麼星統週天貫滿乾坤
甚麼星鎮東西南北投奔　甚麼星屬日月西降東昇
韓仙爺請小姐俺有話問　你凡人怎知道這些奇文

我雖然凡夫輩親音指引　蒙師中傳了我無字真經
那天星與地理有何要緊　得道人開智慧通古貫今
你把那天星事說來俺聽　若不錯總算得天上真人
這不難請小姐奈煩細聽　你聽俺把天星來說根生
金木星頭對頭回光照緊　水火星嘴對嘴守定黃庭
五老星下北海把基築穩　六合星來煉已離念掃清
九紫星運離火外丹結定　牛張鬼車坎水直上崑崙
尾室星嘴翌星煅煉三品　黑煞星黑如墨陰符退清
紫微星他為主上下相運　北辰星統週天貫滿乾坤
東西斗鎮東西往來投奔　有起明和長庚東降西昇
俺本是大羅仙天機洩盡　我今宵到花園來度你身
既然是仙臨凡還要盤問　一一的說得是奴信是真
是誰人三歲時父親喪命　是誰人七歲時死了母親
是誰人全妻床他不共枕　是誰人捨恩愛終南修行
韓湘子三歲時父親喪命　韓湘子七歲時亡了母親
韓湘子全妻床他不共枕　韓湘子捨恩愛終南修行

林小姐聽此言喜之不盡　果然是一神仙降下紅塵
大眞人發慈悲請帶口信　多拜上韓公子很心夫君
奴爲他眼淚水都流乾盡　奴爲他心恍惚坐卧不寧
他若是念妹情親來指引　若還是很得心穩坐天庭
請和尙將此言說與他聽　奴謝你那黃金又謝白銀
奴與你做一件衲襖大領　紫金冠登雲鞋你莫嫌輕
俺不要衲頭襖紫金冠頂　俺不要登雲鞋與那金銀
俺看上林小姐金蓮三寸　俺看上林小姐貌似觀音

化小姐同着俺修真養性　修成了純陽體好見夫君
說此話不由奴心中惱恨　明明的調戲奴甚麽度人
叫了環你與我手執棒棍　活活的打死你這個妖精
春香來拿繩索將他手綑　韓湘子騰起雲現出原身
叫一聲林英妹苦修性命　你本是真守節世間難尋
因爲你思念我心中難忍　親身來勸賢妹休罣我身

詩曰
湘子修行鉄石心　子前午後唸眞經
化妻早上菩提岸　齋戒精嚴修上乘

第十八回點石化金

詩　夫人悶坐香房間　思想姪兒淚不乾

日　但得親來會一面　愁腸百結一齊刪

話說杜夫人朝夜把氣惡枉自為高官孤老少嗣後過繼一姪兒不能伺左右撫養十幾年修行登雲路長到府衙來把他叔父度勸叔早修行高官都莫做修成大羅仙兒得走地獄老爺不行善反來招罪娠

韓湘終南閑遊戲　正與道友下圍棋　耳燒面熱百脈聚

十八回　八十六

八卦排算便得知　原來嬸母多嘆惜　悶坐香房淚悲啼

辭別道友下凡主　五色祥光似鳥飛　漁鼓簡板敲打起

相府門首化飯依　夫人正在流痛淚　又聽梅香報消息

見一道童生得美　口唱道情化慈悲　莫非公爺化變的

特來報與太太知　夫人分咐請進會　道童施禮笑嘻嘻

夫人說是休見禮　為甚長街叫飯依　未甚出家紅塵棄

家住那裡姓名誰　我家住在極樂地　上領玉旨化飯依

若問名姓說與你　上十下十日對草　木目相並三點水

了明一字名諱杌　看破紅塵終南去　訪仙學道把家離
投拜明師鍾離呂　修成大羅上天梯　你是神仙我請你
請尋湘子早些回　湘子仙兄難尋覓　俺領王旨勸皈依
看你神仙沒甚味　上別父母下拋妻　修成正果真有味
上度父母下度妻　夫人尊坐莫嫌棄　聽俺唱個十樣迷
第一迷酒耗元氣　酒後無德惹是非　第二迷色想亂意
闖頭覓縫用心機　第三迷財[illegible]良昧　絲毫不能把自虧
第四迷氣爭閑氣　不忍不讓惹是非　第五迷名想來當

十八回　卆七

官陞一品還嫌底　第六迷利設巧計　尅薄成家把愚欺
第七迷恩難拋棄　妻妾恩深難捨離　第八迷愛兒女害
替兒當奴心不厭　第九迷吃好美味　五葷三厭養肚肥
第十迷貪不足意　心比高高還嫌低　有人若除十迷地
不走地獄上天梯　夫人聽完不悅意　這些戲文不投機
夫人不愛十迷戲　聽俺唱個十難皈　富人也想神仙位
財帛相累難皈依　貴人也想神仙位　身係國家難皈依
貧人也有神仙位　衣食逼迫難皈依　賤人也想神仙位

無有根基難皈依　鰥人也想神仙位　思想妻子難皈依
寡人也想神仙位　思想丈夫難皈依　孤人也想神仙位
思想兒女難皈依　獨人也想神仙位　無倚無靠難皈依
老人也想神仙位　酒肉香甜難皈依　少人也想神仙位
恩愛相纏難皈依　有人跳出十迷地　脱殼飛昇朝紫微

話說杜夫人這戲唱得好遍地是凡夫怎麽修得道一朝
次一朝難把古人效聞言叫道童一事將你靠謝你百兩
銀將我湘子找若還見回來再謝十個寶道童便開言夫

全八

十八回

人你聽倒修行不貪財橫身是珠寶

杜夫人聽此言呵呵大笑　笑道童說大話全無根苗
人身中血肉體那裡有寶　你何不將寶貝拿來我瞧
尊一聲老夫人仔細聽到　俺將這身中寶略說幾條
第一件無極圖萬邪套了　第二件淨水瓶裝盡三曹
第三件長生酒飲之不老　第四件松木劍能斬邪妖
第五件靈丹藥醫病就好　第六件上天梯步得靈霄
第七件無孔笛吹得响叫　第八件日月鏡放出輝毫

第九件没絃琴彈得玄妙
這身中十樣錦畧表一表
這道童說此話皆是虛竅
俺仙家點頑石成金成寶
杜夫人叫梅香去把石找
嘆孀娘還是那貪心未了
眾梅香稟夫人石頭難找
見夫人起貪心實在好笑

第十件八寶丹服吞身超
說不盡這身中無數根苗
難當金難當銀有甚為高
俺仙家當得個統鐲富豪
請道童點成金與我觀瞧
俺仗個飛石法不見絲毫
又分咐拾石獅點成金貓
講不起顯道法試試低高

六神合百脈聚日月返照
取三花並五氣配成葯料
取三光和五行打成一道
製三尸殺五賊神嚎鬼叫
返三清謁五老丹葯成了
將靈丹和金液石獅搭好
杜夫人見金獅喜之不了
請仙童點一對好也不好

放六合退藏密仰之彌高
駕三車運五氣海水上潮
開三關洗五臟搭起鵲橋
放三昧譴五雷掃去邪妖
運三田攝五湖玉液如膠
傾刻間變金獅瑞氣千條
果然的這道童手段是高
顯你的仙家妙萬古香標

我點單不點雙夫人休憐　那一個等你姪點成金鰲

我姪兒他也曾點石玄妙　多點些金共銀萬代富豪

你姪兒不愛財只愛修道　縱然有堆積廣何人受消

提起來我的兒珠淚下吊　全不念我二老撫養劬勞

湘祖爺聞此言喉嚨硬了　我不免現本象愈𡞞心焦

老夫人你姪兒那旁來到　果然的我姪兒下了天曹

哭一聲我的兒今朝來了　苦了你好狠心老少盡拋

從今後再不可外面糊跑　在家中同你妻侍養年高

十八回　九十

叫了環請小姐快快來到　叫安童請老爺來會小姣

湘祖爺見陣勢有些不好　倘若是妻扯住難得脫逃

忽然間將形隱就不見了　有老爺合夫人大哭悲豪

有文公怨夫人怎不扯倒　林小姐怨嫛婆莫許他逃

韓大人見獅子一個變了　杜夫人將道童細說根苗

此一回就說在這裡止了　又且聽下一回接起前稍

詩　點石變金世罕稀　石頭忽變一金獅

曰　化玄化妙人不識　金滿三車奪聖基

第十九回韓愈謫貶

詩　千方百計度雙親　迷昧深泥枉費心

曰　何日度回叔共嬸　劬勞方報二三分

話說韓湘祖悲淚見師尊弟子領玉旨下凡度雙親千言勸不惺迷昧似海深請師定良策弟子好施行三師共相議同朝玉皇尊玉帝傳下旨遣難纔回心衆仙謝恩起鍾離定計行簡板變佛骨進上唐憲君

湘子領旨主意定　彩和師傳一同行　二仙雲中把計定

簡板化成佛骨形　先報一夢傳個信　唐王與臣說根生

一人手持一弓柄　搭上兩箭射寡人　此簡夢兆奇得很

或凶或吉判分明　林國啟奏萬歲聽　一弓兩箭佛字形

西方佛國把寶進　鎮壓中華保太平　唐王聞奏喜不盡

分咐侍候進寶人　二位道人把寶進　呼詔文武衆大臣

唐王登殿將臣問　那位愛卿辦假真　韓愈啟奏萬歲聽

那有佛骨進當今　死骨入朝大不幸　必定要損忠良臣

唐王准了韓愈本　將這妖道問斬刑　道人啟奏皇宮聽

你國無有識寶人　此寶出在西域境　百百年數修煉成
修成真人果位證　脫下凡骨在雷音　送來唐王早晚敬
鉄統山河萬萬春　皇官聽說來奏稟　唐王聞奏喜在心
衆臣將寶來請進　毫光萬道瑞千層　真乃貴寶東土進
險乎惧斬進寶人　唐王當時傳旨令　韓愈欺君問斬刑
一聲號令將手綑　武士押解五朝門　韓愈橫身打冷噤
駭得三魂少二魂　姪兒之善我不信　今日看來果是真
早知忠臣死非命　該同姪兒學修行　文公止要廢性命

十九回　九十二

湘祖空中請神明　林國何東來保本　死罪已免要充軍
不許領帶家眷等　謫貶朝陽八千程　限定五十四天正
若多一日問斬刑　叫聲張千合李萬　回府收拾就起程
家人小子一聲稟　急壞杜氏老夫人

話說韓文公天大禍來臨、脫去蟒袍衣、瑕落朝冠帽、走進府門來、夫人駭一跳、了環稟姑娘、林英把爹叫、一家哭哀哀、親朋都來到、大禍臨了頭、親朋也難照、太平是官親、患難都難靠、夫婦難分離、催文又來到、

杜夫人見文公珠淚下吊　爲何事惱君顏向奴說明
恨只恨西域國把寶來進　說甚麽是佛骨當作貴珍
唐君王喧老夫文武衆等　同來看此佛骨何益當今
是老夫忠心更大得急性　奏本章切不可信定爲眞
佛祖爺他本是西天大聖　怎能得將他骨進於東林
縱然是眞佛骨也是不幸　死尸氣入朝中必損忠臣
唐王君聽奏章將本來准　就要把進寶人定下斬刑
進寶人再三的求情哀懇　總說是無價寶至貴至尊
唐王君他親自將寶來認　忽然的放毫光瑞氣騰騰
衆文武與唐王稱讚不盡　進寶人不要管各回雷背
林親家圓夢兆佛骨來應　封華相陞一品四海揚名
傳聖旨將我斬衆官保本　免死罪貶朝陽八千路程
不許我帶家眷三年離政　候皇上有赦文纔得回京
一難捨我夫人恩愛情勝　二難捨我皇上有道明君
三難捨我手下呼喚相應　四難捨我家中許多金銀
五難捨我媳婦育節貞靜　六難捨我箱櫃緞疋綢綾

七難捨我府中多少美錦　八難捨我朝中三厰五軍
九難捨我親戚官高極品　十難捨我朋友相愛相親
杜夫人聽此言喉嚨急硬　手扯手臉挨臉淚似雨傾
第一憂我夫君獨爾孤影　第二憂我夫君白髮慈根
第三憂我夫君路途受命　第四憂我夫君壽過七旬
第五憂我夫君獨睡孤枕　第六憂我夫君路受苦辛
第七憂我夫君少人偹徹　第八憂我夫君思念奴身
第九憂我夫君難聞家信　第十憂我夫君幾時回程

十九回　九四

韓文公聽妻哭實心難忍　這一陣好似那亂箭穿心
一不該貪富貴机謀用盡　二不該做高官羊入虎羣
三不該心偏向佛仙不信　四不該打姪兒逼去逃生
五不該貪口腹殺牲害命　六不該毀齋戒惱怒佛心
七不該愛美色精神耗盡　八不該逞能幹亂做章程
九不該姪度我假意不認　十不該爭閑氣好勝持能
一家人只哭得傷慘難忍　府門外又來了押解催文
叫張千和李鸛送爺到任　那容你再遲延半個時辰

有張千合李萬將馬帶定　有夫人隨後送難捨離分
送夫君一里亭未淚難忍　怕的是我老爺難受辛苦
送夫君二里亭烏鴉報信　怕的是我老爺難回府門
送夫君三里亭雪下一陣　怕的是我老爺難過山林
送夫君四里亭風吹起冷　怕的是我老爺難受冰寒
送夫君五里亭奴把夫問　怕的是我老爺難捨妻身
送夫君六里亭頭都走暈　怕的是我老爺難離酒軍
送夫君七里亭喉嚨哭硬　怕的是我老爺難會妻身

送夫君八里亭口請神聖　怕的是我老爺難受災星
送夫君九里亭眼淚流盡　怕的是我老爺難行路程
送夫君十里亭要尋自盡　怕的是我老爺難活幾春
韓文公勸夫人休要廢命　請回府等三年我就回程
他二人在路上飽哭一陣　杜夫人與文公很心離分
那文公忍痛淚打馬前行　老夫人望不見哭回府門

詩　韓信韓成韓愈官　愈忠愈恕孝愈成究
曰　謫榮休職自心取　貶在潮陽路八千

第二十回林英服藥

詩曰
孤身獨自在空房　思想兒夫珠淚汪
公公謫貶朝陽去　不知何日轉還鄉

話說林小姐悶坐在綉房，公公遭謫貶，婆婆哭斷腸，丈夫修行去，奴家守空房，這是大不幸，家敗又人亡，朝朝思湘子，夜夜想韓郎，但得會一面，死也閉眼睛，身中作寒冷，茶飯不想，嘗造了甚麼孽，夫妻不成雙、

丈夫不回心望欠　望夫不來淚漣漣　正月望夫難見面
立春雨水節過完　二月望夫桃花現　驚蟄春分不回還
三月望夫百花艷　清明谷雨是枉然　四月望夫萬物鮮
立夏小滿沒倚烟　五月望夫龍船玩　芒種夏至眼望穿
六月望夫火星燦　小暑大暑受熬煎　七月望夫七月半
立秋處暑淚不乾　八月望夫萬物斂　白露秋分漸漸寒
九月望夫葉落散　寒露霜降好可憐　十月望夫雪飛遍
立冬小雪亦徒然　冬月望夫一陽現　大雪冬至痛心肝
臘月望夫一年滿　小寒大寒不見還　憂愁痛哭淚濕衫

横身骨節似箭穿　五心發燒神氣倦　夢魂顛倒欠安[illegible]
了環請姑來吃飯　茶飯不肯進喉咽　春香說是病因險
思念姑爺命在天　要請明醫把病看　姑娘有病莫當頑
不說了環把話嘆　又表韓祖在雲端　設計將叔朝陽貶
雪擁南關馬不全　慧眼遙觀林英面　思俺得病受熬煎
面黄猶如黄紙染　骨瘦如柴真可憐　我今親去把病探
與他靈丹保壽元　吹開雲霧把氣散　退了容顏到街前
手拿招牌滿街輥　了環一見問根源　我今請你把病看

二十回　九七

婦科可以學精嚴　大姐要問我手段　你今聽我說奇言
瞎子能醫光明見　啞吧能醫吐真言　駝子能醫腰伸展
跏子能醫打猴拳　老者能醫轉少面　女人能醫變成男
少粮能醫不吃飯　無衣能醫不穿綿　賊人能醫貴高顯
貧人能醫有銀錢　惡人能醫成良善　善人能醫成神仙
一路走來一路嘆　不却來到府門前　了环敢稟姑娘面
請來醫生到樓前　小姐一見道童面　好像夫君不敢言
兩臉含羞難見面　叫聲了環掛珠簾　便請道長把脈[illegible]

可能懸絲探脈源　道人說是何足算　懸絲吊脈當賊頑
將線拿至五尺遠　浮沉遲數說根源　三十六脈分明辨
心脈洪大肝脈弦　脈不應時病凶險　五勞七傷來相纏
了環說是不高見　道人說病是糊言　又不背馱與挑担
又未受打共跌蹉　五勞七傷從何見　你與姑娘說的端
道童五勞從頭嘆　從頭一一說根源　女子無夫火勞見
憂心太過血勞沾　思想不休脾勞倦　久久哭泣勞在肝
睡多傷氣肺勞患　何在背駝與肩担　再把七傷說一遍

《二十回》　九十八

姑娘小姐你聽言　喜多傷心神耗散　怒多傷肝魂不安
樂多傷腎精血欠　悲多傷肺氣不全　思多傷脾不受飯
久坐傷血百病翻　久卧傷氣身困倦　這是七傷表根源
林英說是醫高見　奉請仙長把方傳　道童開單將藥撿
開的硃砂與黑鉛　日精月華各錢半　龍牙虎爪一錢三
玉液甘露把藥煎　甘草共爲九轉丹　打開包袱將藥撿
九珠靈丹俱週全　吩咐了環把藥煎　登時服了病即安
林英吩咐謝禮辦　謝你黃金一錢三　道童說是不要見

出家不愛金銀錢　小姐與我歇一晚　勝如金銀堆滿倉
小姐聽言火星爆　野道如何發狂言　吩咐丫環拿棍趕
一棍打下見本源　丫環叫聲姑娘看　原來姑爺轉回程
話說韓湘子現出本來人，林英抬頭看，果然是夫君，雙手來扯住，眼淚似雨傾，奴家想死了，不見你回程，夫今成了道，虧奴守孤燈，自從越墻去，時時罣在心，累次回府來，奴家不知音，一去十幾載，虧你很得心。
有湘子叫賢妹仔細請聽　非是哥心腸很不知此情

二十回　九十九

別父母拋妻子只爲性命　道未成恐染凡故怕回程
我也曾到花園親來接引　我也曾來占卦問過行人
我也曾到南壇祈雪救命　我也曾到大堂火裡蓮生
我也曾到二堂花籃顯聖　我也曾到三堂畫山騰雲
我也曾現原像度過叔嬸　我也曾夢中來寄過信音
今日裡到綉樓與妹看病　無非是念賢妹一點真心
林小姐叫冤家你把奴引　奴同你到終南一處修行
奴只願同哥哥挨連相近　奴豈肯犯淫戒墮落夫君

我本當接賢妹仙山養性　又恐怕我岳父他來要人
又況且是單傳我師不肯　你若走那一個敬俸雙親
我告辭到南關搭救叔命　到後來請觀音來度你身
那林英聽告辭雙手扯定　將回來就想走萬萬不能
要留哥在家中同把孝盡　也免得二老者常望衷心
父母在不遠遊前聖之訓　爲甚麼毫不體所爲行情
依妹勸在家中存心養性　等父母終了世再入山林
那林英扯住手雙淚下滚　湘祖爺假粧死兩腳長伸

二十回　一百

驗得那林小姐魂飛魄盡　忽然間那尸首不見影蹤
走出來叫了環此事瞞緊　你姑爺到綉房化爲風雲
正說是見一老一聲有請　我特來與小姐報個良音
我看你守活寡年輕骨嫩　你何不另改嫁我做媒人
叫了環將這老飽打一頓　那老者見不好跑出側門
也不說那林英心煩納悶　再且聽下一回接起前因

詩　林英染病多幾年　葯草常吞是枉然
曰　服下靈丹百病掃　藥醫假病占人言

第二十一回 火焚飛昇

詩 只說同夫一夜棲 誰知月出又啼酉
曰 一時恩愛夫君死 半刻問頭形影飛

話說那林英越想越煩惱，難捨相公情，故耳親熱倒拜是有凡情夫婦雙修好，苦把仙兄留，忽然不見了相公，隱了身奴家魂駭吊，幸喜不見凡，不然大禍到長齋十八年來何不成道去在六秋亭早死把夫找、

春香碧桃你且聽 姑娘賜你衣共銀 在家修行功難進

六秋亭上悟長生 香房沐浴把身淨 一身衣裳都換新
梳頭包脚多齊整 隨帶紅綾帕一根 辭了錦被合花枕
辭了首飾共金銀 辭了箱櫃和衣鏡 辭了諸物出房門
將身且把上房進 辭別婆婆老年人 雙膝跪地把話稟
婆婆在上聽分明 想是媳婦生壞命 一生不見丈夫身
公公受貶家不幸 我今辭婆去修行 莫怨媳婦不孝敬
修成正果度婆身 夫人一聽心急悶 勸聲賢媳行孝人
這是我家大不順 骨肉折散兩離分 老爺謫貶潮陽郡

姪兒終南求回程　媳婦又要學歸隱　丟下你婆靠何人
婆婆不必心納悶　媳婦不違六秋亭　夫人吩咐了環聽
好逝扶侍姑娘身　辭別婆婆亭上進　不許了環上樓行
望空禮拜來坐定　回光返照煉虛靈　觀音夢傳心經印
目在菩薩顯威靈　八卦一時元神定　手拿紬綾帕一根
一拜公婆孝未盡　二拜父母養育恩　三拜五谷養性命
四拜天地覆載恩　五拜皇王忠孝盡　六拜日月照臨恩
七拜觀音傳心印　八拜虛空過往神　九拜太夫醫我病

二十一回

十拜三教眾天尊　將綾套住自己頸　拴於梁上下無情
不言林英尋自盡　又表韓祖顯威靈　山神土地一齊請
六秋亭上救林英　先救林英荒郊嶺　後將秋亭用火焚
山神土地領法令　不敢遲延半時辰　火弓火箭車火印
土公土母共土神　一齊都來救靈性　土神將魂攝山林
山神放火亭燒盡　滿天紅光好驚人　了環上房報一信
姑娘燒死六秋亭　夫人急得雙脚頓　跑倒亭前看分明
火光焰天烟未盡　口嗽皇天倒在塵　了環不住來哭醒

43

嚎啕大哭好傷情　一哭林英多孝順　早晚問安又慇懃
二哭林英守節靜　毫無風波臭名聲　三哭林英愛潔淨
頭脚收拾色色新　四哭林英好德行　三從四德樣樣遵
五哭林英把口禁　戒去三厭及五葷　六哭林英獨臥閨
平生無夫伴他身　七哭林英眼淚盡　思夫淚流幾千斤
八哭林英相貌正　眉清目秀似觀音　九哭林英多聰敏
詩詞歌賦件件能　十哭林英好苦命　寃屈守寡獨平生
只說我兒養天性　六秋亭上喪殘生　吩咐家使赫府衙

二十一回　百三

快與林府送信音　不說林英尋自盡　把話分明別有因
話說衆土神救魂到山嶺放下昏沉沉半時方新醒兩眼
望家鄉都城不見　影疑想到陰司涼風陣陣冷來一上
地婆便把小姐引林英便開言婆婆你貴省我今死陰時
將奴那殿引婆婆叫姑娘聽我講根本
叫一聲小大姐你今聽到　這地名陰極山還是陽曹
你爲何孤單單一人坐倒　你姓甚那裡住細說根苗
有林英叫婆婆姓名來表　我姓林嫁韓府公公官高

奴丈夫名湘子修行去了　守節志十八載孤身獨熬
我公公貶朝陽生死不曉　想我命不如人早赴陰曹
也不知是何神將奴來保　遇婆婆發慈悲指路一條
婆婆叫林小姐休要煩惱　就在這山頂上修行爲高
山又高路又遠實難走到　那婆婆將他背上了山鉋
將小姐送茅庵安頓爐灶　丹房中草蒲團遍地鋪郭
茅庵中掛一軸觀音聖貌　佛前燈永不熄放出輝毫
左淨水右淨茶擺得熱閙　金香爐銀燭臺香烟飄飄

二十一回　百四

那仙桃與仙菓件件辦到　叫小姐三日後我來相朝
說罷時那婆婆仙下一跑　丟小姐在茅庵好不心焦
韓湘子在雲中將身變了　變一個美書生來把親招
進門來深作揖哈哈而笑　叫一聲林英妹細聽根苗
我非是别一個唐王老表　俺今年十六歲訪選美嬌
昨夜晚觀音母託下夢兆　他叫我到茅庵來把親招
我一見林英妹生得美貌　果然的菩薩話不差分毫
有林英聞此言大聲罵道　那來的混賬鬼將奴戲調

45

扯落你到衙門把冤呼了　那時節怕你的狗命難逃

口便罵手拿棍關頭打倒　喇一聲林英妹把我命饒

我本是你丈夫親自來到　六秋亭來救你到此山坳

有林英來頂禮滿臉發笑　那叫你回回來變化戲僚

那一回來試奴魂都駭吊　想夫君難會面故詩壽天

多虧夫將奴救恩情難報　這一吓我合你同上天曹

辭祖爺叫賢妹丹書來詔　請觀音來度你南海登高

叫賢妹你在此懃參玄妙　爲哥的到南海去把佛朝

二十二回　百五

駕彩雲頃刻時南海就到　朝老母苦哀告放聲悲嚎

我賢妻蒙菩薩空中指教　求慈悲早度他脫却塵勞

觀音母准了本將他度了　俟三期再下凡接度賢僚

有老母發性光祥雲下繞　傾刻間到南海把母來朝

母封贈天花姑蓮前領照　他夫婦同謝恩慈悲恩高

林小姐成了道按下不表　又且聽下一回接起前稍

詩　火候工夫非等間　焚燒秋亭萬里烟

曰　飛身陰極土婆引　昇在南岩一洞仙

第二十二回文公走雪

詩 一付朝奏九重天 謫貶朝陽路八千

曰 雲横秦嶺家何在 雪擁南關馬不前

話說韓文公行路到秦嶺起陣大狂風聲聲只叫冷李蕭
共張手凍得縮起頭空中雪花飛地下起油滓文公馬難
行脚滑走不穩凍得哼皇天末何這樣很寸步都難行人
馬只是艱孤嶺無店家今晚怎安盤

文公便把張李叫 這樣寒冷怎開交 前無宿店後無廟

今夜我們命難逃 不由傷慘淚下吊 悔憾當初心太高
鍾呂神仙把書教 假意不知半分毫 姪兒成仙我也瞧
變化度我指迷條 箋次下凡府衙到 仙法顯聖手段高
謫貶朝陽他先曉 點化爲叔學高超 也是老夫性太劣
全然不信半分毫 今時果有大難到 悔濫肝腸枉途勞
文公啼哭我不表 又說湘祖助後稍 未和師傅請聽到
叔父南關在悲嚎 八不遭難意不了 事不臨頭心不焦
再譴狂風並虎豹 火上加油催一稍 一時狂風吹吊嘯

大雪粉粉剪鵝毛　豺狼虎豹聲聲叫　行人駭得魂魄飄
文公叫聲不好了　主僕今日喪荒郊　三人雙膝來跪倒
祝告虛空共三曹　一悔貪心無大小　官陞一品還想高
二悔嗔心恨不了　王法之上情不饒　三悔痴心太不好
見人美色心想僚　四悔惡口言暴燥　開口罵人罪難消
五悔兩舌反與好　面是背非陰陽燒　六悔綺語使詭道
繆言強辯罪自招　七悔妄言信實少　花言巧語過終朝
八悔殺身孽不小　手掌威嚴鬼哭嚎　九悔盜身生計較

非義取財成富豪　十悔淫心話難表　誰人不愛美貌姣
十惡不赦自已造　今日受難命怎逃　哭聲姪兒太忠孝
搭救愚叔命一條　撥下文公我不表　又說湘爺變化高
變個魚翁在把釣　張千李萬問根苗　雪堆成山路難找
請指朝陽路一條　假粧耳聾聽不倒　文公上前深躬腰
未曾開言先陪笑　老兒貴姓住那垉　這樣寒冷還把釣
那有魚兒吞鈎鏈　魚翁便把客官叫　寒冰地獄釣韓熬
尊聲老兒你聽倒　我是當今大官像　奸臣所害職貶了

謫貶朝陽路八千　雪擁南關路難我　請指招商路一條
話說韓湘袒開口叫客官若問招商店前去三百三叉無
住家只四面少人烟前途路崚險遍野是荒山文公聽此
語駭得胆戰寒回去也是死前行命難全叫聲釣魚友臺
府在那邊借歇一晚功德有萬千
有魚翁叫客官休要見怪　我家住雙林樹地名南岩
不多大一間房無內無外　只怕你老客官住之不來
你但去就要受三皈五戒　五葷人要想住一夜難挨

有文公聞此言心中不愛　我情願來凍死都不吃齋
哭一聲我姪兒你今何在　你叔父看看的嗚呼哀哉
那魚翁見文公迷頭不解　世界上那裡有這樣痴呆
我不免將身隱另設調擺　噴口水路成河阻隔塵埃
那漁翁往前行傾刻不在　又只見一雪船河內飄來
有稍公拿竹篙船尾枕擺　叫一聲迷路人早上船來
我這船雪做成原人可載　只渡人不渡馬不渡奴才
那文公叫張李把我難壞　聽稍公說此話好不悲哀

我看那雪般兒怎能渡海　縱然死死一處怎捨丟開
湘祖爺見叔父法船怕跡　譴神虎將張李送回家來
那文公喊皇天張李咬壞　丟下我孤單單好不悲哉
聽開了流淚眼船入不在　我只得騎上馬回頭慢挨
將騎上跌一跤馬腳損壞　那文公哭死了一時醒來
肚中飢身上冷日落西界　天色晚無房火時刻難挨
那湘祖化茅庵菓食卓擺　文公見歡天喜走進門來
我今夜有救星不得凍壞　將菓品用腹內美味暢懷

二十二回　百九

這茅庵多景致華麗光彩　莫非是我姪兒設下蓬萊
正說是韓湘祖躬身下拜　願叔父早皈依好上靈台
韓文公見姪兒如星下界　你保我到朝陽治民回來
與你嬸又團圓相親相愛　這是你盡大孝遂父心懷
勸叔父你未何痴迷不改　死到頭不回心天良盡埋
父鬚髮如蔴根年紀老邁　還要貪名與利酒色氣財
辭叔父不曾開兒歸天界　有文公來扯住聽兒安排
既然是聽兒爲食齋守戒　頂師傳傳大道守定靈台

吹一口先天氣供儀齊擺　叫父親朝上跪立下誓來
有文公發虔心九叩三拜　我若是有退悔打下天台
韓湘祖申道文直上天界　指玄關教回光守定性胎
將花籃送父親穿吃在內　饑則食渴則飲冷有衣來
替父親去朝陽爲官三載　候兒轉接父親同上天堦
囑託畢辭父親祥雲高跦　那文公難捨兒送出庵來
有湘祖駕風雲來得是快　幾千路一時間到了界牌
變文公坐大轎執事前擺　化張千變李萬前去安排

二十二回　（版心）

到朝陽上了任房班朝拜　三八日去放告不要民財
清如水明如鏡不敢爲歹　把一縣都化成品節賢才
不却得到三年噩魚作害　要童男合童女祭祀期來
湘祖爺見稟帖稀奇古怪　不要男不要女有我安排
做一道噩魚文親自祭拜　那噩魚皈了正妖風息哩
衆百姓都沾光留名萬代　候三年期限滿盡忠了骸

詩　文章都是虛安排　公積私傾要限財
曰　走盡天涯歸舊路　雪花飛處蓬萊

第二十三回地府尋親

詩　從來國正天心順　自古官清民自安
曰　不知三年期限滿　假粧一病喪黃泉

話說一清官未告他先曉善者更純良惡者都學好不出
兩三年沾恩就不少忽然昇了天文書晝夜跟唐王觀看
文富時封贈姊封爲大忠臣靈魂到蓬萊普修文公祠饗
世香烟表除魚立大功名陽天下曉

韓祖替叔把忠盡　孀娘數盡赴幽冥　先天八卦早算定

二十三回　亘

張千李萬作後人　五色祥雲來駕定　來到長安祭奠墳
變一老者來家問　大人與我是官親　翻來覆去從頭問
張李二一說根生　我家無有親生本　只有一姪去修行
二老將奴來改姓　以作韓門後代根　可恨道人佛骨進
謫貶朝陽八千程　雪擁南關馬難進　神虎送我回家庭
我爺生死不知信　家中急死老夫人　今年死了兩年整
弟兄兩個掛掃坟　前日聞聽朝中信　我爺朝陽命歸陰
爲官清正三年任　行善除妖立功勳　忠臣大廟修[illegible]整

春秋祭祀孝至誠　不知靈柩何安頓　路遥八千無櫬靈
冢常情由言不盡　說與尊親得知聞　湘祖聽畢不多論
急速告辭往外行　出了府門天宮進　靈霄請旨度陰靈
長明殿上把旨請　玉帝御旨下幽冥　湘祖謝恩喜不盡
急速地府接親魂　來到一殿通一信　秦廣大王出來迎
叩拜玉旨多恭敬　湘祖便把大王稱　來度父母與嬸娘
要請大王開赦文　名姓年月冊簿論　上仙父母已超昇
杜氏正在血河困　韓休呂氏天地門　湘祖謝恩血河進

二十三回　百三

十八地獄看分明　秦廣送在二殿境　楚江二王出來迎
拜罷王旨把話論　湘祖從頭說分明　說罷告辭往前行
孽鏡台前走一程　惡傳展開不招認　鏡照善惡甚分明
剝皮地獄血氣腥　宰殺牲命受此刑　滑油山上人跌輥
虓葷食過路難行　抽筋地獄眼睁定　煮蠶抽絲取蚌筋
碓舂地獄骨渣粉　米谷發水賣與人　平秤台上輕重論
扭纏提索欺愚人　割舌地獄痛難忍　是非咒罵謗善人
銅柱地獄青烟憤　只因在世愛邪淫　楚江送在三殿進

宋帝接旨看分明　湘祖告辭多急性　要到血湖接娘親
油鍋地獄湯翻滾　在生爲廚水湯牲　來在挖眼地獄邊
邪看美色貼雙親　刺嘴地獄攢嘴勁　誹齋謗戒笑修行
鋸解地獄肉絲噴　好事刁散破婚姻　斬截地獄節節損
做事短見下無情　宋帝送至四殿近　伍官大王出來迎
上讀王旨把話問　血湖還在那邊存　大王說是不消問
再過三殿看分明　來在惡蛇地獄近　打蛇攢龜毒河律
鉄床地獄看難忍　皆因生前欺壓人　狐狼地獄惡狠狠

二十三回　百三

在生咬騙害良民　餓鬼地獄瘦得很　生前五谷太看輕
伍官陪進五殿進　閻羅將旨看分明　吩咐判官陪駕引
送到六殿轉回程　望鄉台上男女等　望家痛哭好傷情
挖心地獄鮮血滲　口善心惡使搗迍　糞池地獄臭得很
不敬字紙穢神明　焚燒地獄聲難聽　放火燒山毀廟庭
雍推地獄骨碎粉　忤逆不孝故粉身　吊脚地獄打棒棍
挑燈撥火是非人　判官送到六殿進　下成出府接旨文
話畢陪駕將路引　血湖池中走一巡　來在炮熔地獄近

不孝翁姑及雙親　瓮盆地獄皮脫盡　身體不潔獻灶君
銅汁地獄口灌進　毒心惡口昧良心　來在血湖波浪滾
血水流河罪不輕　坐滿三年六月整　血水吃了幾千斤

話說那韓祖血河見娘親，叫聲孃娘母湘子姪兒臨杜氏抬頭看，嚎啕大放聲，此罪實難受，悔恨未修行，在生不肯信，死後方是真，叫孃休啼哭，跪聽讀赦文，赦文唸完了，杜氏得超昇，叫聲眾鬼使，送在天地門。

韓祖爺離血湖七殿不遠　我不免將十殿都去看完

二十三回　百四

到七殿秦山王出府迎見　談敘畢陪仙駕各獄遊頑
刀山獄劍樹獄血水凶險　當屠行習反叛傷命結冤
黑岸獄無間獄苦楚難嘆　黑良心為賊盜死後蒸煎
銅蛇獄鉄狗獄將身扯濫　在生時扯是非詞狀弄錢
到八殿平等王出朝仙面　一路說度親事來到獄前
釘錠獄拔毛獄苦楚情忝　搞釘鎚割鬍子詭計奸貪
寒冰獄火坑獄冷熱兩件　當面人背地鬼陰陽火燃
平等王他告辭回轉宮殿　到九殿都市王把話細談

來到此被胙獄仔細觀看　在生前懷仇恨結孽結冤
釘殺獄鷄鵲獄橫身噴濫　宰鷄鴨套鵲兒打鎗遊頑
愛河橋七寸寬高有一萬　是惡人扠下橋只叫苛憐
將身兒來至在轉輪十殿　轉輪車分六道投生世間
那胎卵與濕化六道轉變　富貴樂貧賤苦急此修仙
看完了十殿獄苦楚難嘆　天胞門見父母哭泣漣漣
有韓俅和呂氏杜氏同見　他父母與嬸娘哭在一團
叫一聲大孝子大悲大願　不是兒苦修行地獄坐穿

二十三回　百五

為父死受獄罪七年有半　為母死坐血河整有三年
赦書來說我兒誠心修煉　纔赦脫地獄苦罪孽萬千
為嬸死有兩年受罪十殿　坐血河不多久不過一年
幸虧了我的兒盡大孝念　不然還到何日纔把身翻
湘祖爺尊三老牀雙膓膝　哃你兒會我叔度上中天
此一回只說到這裡落點　又且聽下一回怎麽收圓

詩　地獄苦楚有千般　冥府閻君盡會完
曰　尋到血湖見嬸面　親娘親父又團圓

第二十四回湘門昇仙

詩　守定花籃學悟真　天仙辛苦八千程
日　朝陽上任三年滿　我姪不回好憂心

話說韓文公獨坐玄關，靜不見我兒回，心中多納悶，心想回長安門岩阻路徑。思想我夫人生死也難定，思想好家財，一概都拋盡。思想那酒，飯未曾食一頓，思想我姪兒。一去杳無信，無事觀花籃，見景消愁悶。文公在庵獨自坐，悶悶懨懨不安樂。打開花籃無縫鎖，花籃裡面寶貝多。看見真人在打坐，嬰兒姹女笑哈哈。

一喜金童站在左　二喜玉女右邊羅　三喜猿猴來獻菓
四喜牛郎過天河　五喜美酒常有喝　六喜織女勤拋梭
七喜長生三品藥　八喜做媒一黃婆　九喜青龍常湧羅
十喜白虎巡山坡　一愛星斗打成夥　二愛日月兩相摩
三愛木魚聲可賀　四愛釘鐺音碎鉢　五愛笙簫與鼓樂
六愛琴音及打鑼　七愛百花不謝朵　八愛樓臺及山河
九愛美女陪打坐　十愛仙童唱山歌　一有天堂仙成夥

二有世界景致多　三有皈食肚不飢　四有玉液口不渴
五有異香常聞着　六有百鳥音太多　七有風雲雷電火
八有慧劍斬妖魔　九有龜蛇結成夥　十有雲城盡包羅
春天萬物發生願　夏天萬物花開多　秋天萬物結子菓
冬天萬物返根柯　三十六景難盡剖　無價貫寶少人摩
不表文公將景說　又言四人上山坡

話說韓湘祖便把三老尊濶降清昇了、同見鸞彩雲一陣狂風起、不要半時辰、車章山到了、進了茅庵門、文公來接

二十四回　百十七

倒、團圓喜相迎好悲又好笑、這場奇事情弟兄又重見夫婦月再明、湘祖頂師傅、指點無字經、

他三人得大道去關勤守　掃三心飛四相返本還無
有湘祖辭四老耐煩等候　候爲見奏上帝來下丹書
叩辭別四個老祥雲駕就　頃刻間到天宮來見師傅
同師尊到通明把本來奏　尊一聲天齊主聽說從頭
領玉旨下凡間把親來度　度叔嬸車章山撓道來修
替叔父到朝陽盡忠官做　祭鱷魚除民害又到地獄

三十六大地獄善惡不漏　血湖池度嬸娘脱了苦懸
天地門接父母山上等候　怒小臣多安爲請旨定讞
玉帝爺坐長明開了金口　丹書下將伊等接上斗牛
韓真人謝了恩三跪九叩　辭師傅駕彩雲來下丹書
出天門見南海霞光一路　原來是林英妹駕的雲頭
虛空中來相會把話細訴　叫哥哥聽妹妹細説根由
我領了觀音旨去把親度　妹無才短言詞話語不周
請仙兄同着妹長安一走　報父母養育恩孝心永留

二十四回　亘六

我二八在雲端把話議就　此一事是單傳奏明斗牛
有觀音倒了旨皆能上數　又何必太重煩上帝心頭
我如今有丹書不敢遲入　到山上見父母再去雲遊
他子妹見過了四老之後　來長安度二老去把行修
有林英叫哥哥八卦算就　看二老有仙根可能回頭
我仙家有五眼何必起數　回光照那二老死在須臾
岳父病火尅金黃皮恬瘦　岳母疾木尅土飯不入喉
也只好度陰魂神道之路　這金丹先天道無緣得求

59

我兩個變鬼兵夢中去度　試一試他二老回不回頭
叫一聲林宰相吾來取壽　喊一聲王夫人地獄去遊
林宰相睜眼看馬面勒手　王夫人又只見站立牛頭
他二人也不怕喊叫左右　將此妖來砍濫熬些蠟油
吼一聲這二老寔在糊塗　因你的陽壽滿來把命鈎
我一品當宰相死歸天路　爲甚麽還要到十殿地獄
修善者上天堂人人可做　作惡者歸地府那在王侯
不欺君不虐民那有惡簿　我二老多好善賑濟貧流

既好善你就皆持齋把素　拜明師傳大道苦把行修
提持齋不由我氣封喉口　我女婿持長齋一家盡休
我女兒持齋戒節志永守　火燒死他骨尸一點未留
你女兒脫凡體觀音來度　你女婿超凡殼天宮閑遊
任你說我不信戒肉忌酒　那怕他當神仙難比王侯
勸不轉鉄心腸我們去走　到頭殿度陰魂去把行修
到三十陽光盡頭殿等候　請出了觀音旨赦卻慾尤
領二老駕陰風車韋山走　親家們重相會談叙一周

60

他二仙請觀音南宮煉度　那陰鬼化陽神好上斗牛
觀音母大慈悲文武火候　沐浴池淨法身天宮能遊
五色雲來托起三官保奏　跪長明俯伏地懇恩情求
玉帝爺發慈悲開了金口　封韓愈捲簾星享受天祿
杜夫人封月德天爵享受　封韓休文曲星位陞原頭
呂夫人封月恩下民默佑　封林英天花姑萬古名流
封湘子大覺仙真人寶籙　封林國文昌星位坐諸候
王夫人封月福金冠帶就　穿仙衣繫綵帶逍遙無憂

二十四回　百三十

有文公不謝恩玉帝惱怒　貶他為土地神謝恩樂悠
眾仙官賀晏畢辭駕回首　大覺仙哭叔爺大没來頭
封捲簾職不小未何不受　封土地忙謝恩是何情由
枉費我一片心千辛萬苦　到今日只落得土地名留
勸世人也學我紅塵看透　位證在大覺仙逍遙永秋
超九玄拔七祖天福享受　也不枉出世來走了一頭

詩曰

滿堂父母脫凡坵　門裡真人出外遊
昇在天堂受職位　仙家本是凡人修

王暘倫捐錢貳串四百文　李子明捐錢壹串五百文
劉明善　趙存德　張建棠　張子誠　李學寅
張子祥　趙維祥　張定國　　　　　張學武
張學貴　張鳴聲　趙得一　王成正　趙桂珍
陳節貞　范有緣　蕭維本　馬應主　羅希珍
羅希彥　羅好成　徐立功　劉正剛　姜純善
俞見暘　康子穩　杜蔚薪　王伏倫　盧長安
宋良謨　徐得祿　柴興善　劉世道　王舉慶
王百川　竇學得　竇士元　李玉思　楊殿邦
盛國卿　竇見賢　方理堂　謝銜恩　劉　裕

王中喜　倪希賢　以上各捐佈施錢壹串貳百文
王伏千　趙廷蘭　楊　彪　孫信士　李興成
景兆旗　岳吳氏　王　會　李興有　張應剛
葛生相　各捐錢壹串文　馮氏捐錢貳串文整
孔子仁　王永和　運文芳　呂尚勤　李文清
吳修貞　高見科　各捐施錢八百文　邢恒德
王天命　羅希天　鄧興成　王正祿　王永言
　　　　葛天才　張建功　車彩連　葛王氏
孔子貞　王元珍　王惠貞　吳習連　馮祿宗
各捐錢六百四十文　柴生有捐佈施錢五百文

新刻韓祖成仙寶傳全部

王兆英　白玉賢　朱玉璋　張德盛　于楊氏
閆王氏　蔣玉相　各捐佈施錢六百文
李[illegible]先　羅希珠　各捐佈施錢四百八十文
王治舜　王自成　楊邁氏　羅習順
王者宥　蕭治禮　馬如壯　石正安　各捐二百四十文

63

小儿祭财神宝卷

一卷　抄本

1册，线装。作者不详。

行款：8行，22—25字不等，红格。

开本尺寸：24.2厘米×14.3厘米。

《小儿祭财神宝卷》为无名氏之作，内有多处钤印，字迹模糊，无法辨认，仅有『高台县儒学记』较为清断。车锡伦《中国宝卷总目》著录。

故事发生的地点是『陕西省东南宁羌县』，并称『这一段故事出在大明崇祯年间』，据此语及抄写纸张之印推断，宝卷应作于清代。据《明史》和《清史稿·地理志》，陕西省汉中府下设宁羌州（原为宁羌卫），『多羌戎之民』。

该宝卷记述陕西宁羌县有一员外王璋，前妻亡故，丢下小儿金怀，年方九岁。三年后，王璋续娶陈氏，陈氏带来与前夫所生的女儿秀英。王璋外出，陈氏与他人有染，被金怀知晓。陈氏便视金怀为眼中钉，通过巧设毒计，骗取员外信任，然后冒财神之名，要金怀为牲祭祀。王璋被财、色所惑，终于将亲生儿子绑上祭台。后来在秀英及老师的帮助下，金怀幸免于难，陈氏被处以极刑，王璋成了阶下囚。

此宝卷抄写字迹清秀工整，错误较少，破损之处有补字，卷尾残，已修复。

却說這一段故事出在大明崇禎年间陝西省東南寧羌縣有一員外
姓王名瑋八里莊居住家豪大富騾馬成群倉粮成廒積金滿
庫娶妻劉氏夫妻二人慈悲好善齋僧布施年及四十有餘缺
無子息夫妻商議東廟降香西廟求神求得一男半女不料善
心感動了觀音菩薩早知其意即命案下左金童下凡投胎脫
化王门為子劉氏身懷有孕十月滿足生下一子眉清目
聰明伶俐不覺光陰似箭日月如梭孩兒長了九歲員外
兒學讀書而夫人劉氏身傳重病还能起身服藥不應
神不靈未久而命回西域王瑋父子二人哀聲不止請了親戚鄰
右治辦衣衾棺槨闲吊念經以畢權厝安葬員外回到家中惜
無人拉把孩兒心中思想再娶繼室一來拉把孩兒二者與我鋪
床疊被請來親戚朋友商議此事可通不可通合衆大家言說
此事甚好家中無人主治內事怎樣成家過日人說王瑋時運敗
了不多幾日娶來陳氏婦人到家過了幾日就起了不良之
心有前房代來女兒名叫秀英聰明賢德還有前房代來
的三百銀子陳氏每日調唆員要害他兒若還不死日後

必受他的害淘他的氣陳氏用計害子不知是怎樣害法

婦人害兒童　小姐淚紛紛

湛湛青天不可欺　過往神靈必早知

善惡到頭終有報　只爭來早與來遲

有王璋自思想年近五旬　家中內再無個行孝之人

本朝中他也有文武大臣　人老了無兒子靠誰送終

世上的萬般事皆由之定　再表起寧羌縣細說分明

縣城外八里莊有我　我的名叫王璋有名財東

我先輩他也曾積德累功　娶下劉氏女旦惠溫終

守三從抱四德中饋稱能　夫妻們纔混了四十餘春

可嘆我夫妻們無個後人　又降香又求神特為兒童

施善念感動了南海觀音　命金童下凡來投生吾門

劉氏妻不覺得身懷有孕　十月滿生下來一個兒童

忽听的天鼓鳴响了三声　王門中生下了一個貴人

生下兒夫妻們心中喜幸　即忙忙與孩兒起了乳名

起名叫王金懷看如寶珍　不覺得拉扯了九歲有零

去把兒送南學攻讀書文
天降災劉氏妻身染重病
茶不思飯不想湯水不用
又求神又卜卦服葯不應
劉氏妻自覺得不能起身
我若是陽光盡閻王要命
就當上我死後別事勿論
兒衣服兒茶飯誰人照應
倘若是久以後再娶重婚
若要是糊塗蟲來到家中
明白的侍奉你必恭必敬
老員外念婦人臨死叮嚀
我的話念結髮記在心中
劉氏妻叮嚀畢嗚呼喪命
忙穿衣殮棺中停在堂中
父子們眼流淚哭的傷心

再提起我老妻令人傷心
睡在了牙床上不能起身
有山珍合海味不能沾唇
用千方合百計總然是空
叫一声我的夫你听分明
家中事誰替你內外操心
丢下了金懷兒誰人拉成
你不可難為他念他母終
你總要打听個明亮婦人
誠恐怕生妻心折害兒童
糊塗蟲到教你每日淘神
我死後黃泉路也能干心
切莫可當作了耳邊之風
老員外父子們大放悲声
請親鄰合户族治辦事情
擇良辰選吉日開吊諷經

請七僧與八道超度亡魂
發剌到祖塋外權整攢墳
父子們到家内自思自忖
你今日去幽冥不管家事
父子們受孤單三年有整
即忙忙請親友别作議論
一來是我穿吃無人伺奉
因此上把你們請來議論
大家說員外爺該娶婦人
合該是王璋的時運不興
總是個作禍鬼長舌婦人
秀英女他年紀十一歲正
設酒筵待親朋三日之整
不表那王員外待客事情
員外爺坐高堂心中納悶
閑言說金懷兒你听分明

起薦畢抬靈柩發送出门
王員外父子們才回家中
越思想越寒心怎過光陰
丢下只金懷兒他靠何人
家内中大小事無人操心
我心想娶継室撫抱兒童
二則是家内中無有主人
不知道只個事通也不通
娶者來好與你治掌家中
娶了個陳氏婦來到家中
代來个小女兒名叫秀英
倒比他陳氏母分外聰明
怎娶了攪家鬼不賢之人
再表起南學中讀書之人
王金懷從南學來到家中
你去到後堂裡認你母親
你係顧不重我

5

却說王瑋使叫孩兒你進前來爲父與你說知我今與你娶了個母親你遵父母到後宅裡去認母親見禮问安二來母子相會金懷言說孩兒遵命了來到後宅見了母親金懷上前口稱母親孩兒有禮媱婆說道你只個東西來在面前行的甚麽禮還是初一的十五的罵得金懷無言可答羞的滿面通紅大放悲声哭上出門去了

王金懷來認母媱婆不應
王金懷出了門珠淚滚滚
自從母去世了三年有零
金懷兒代走着出了門庭
王金懷進花園又哭又行
不知道短命鬼哭的何情
不說那陳氏婦心中懷恨
怨爹爹母臨終再三叮嚀
却怎麽娶了個不良之人
他見父口說的風調雨順

到氣的攪家鬼悲上心中
思想起生身母不由寒心
你的兒今遇了對頭仇人
後婚媱他跟上就听墻根
媱婆子園门外仔細又听
我陳氏听分明心不容情
再提起王金懷大放悲聲
娘的言父不听娶來後婚
攪乱家不賢良你但名声
背地裡他心相想不良之人

5

兒看他五形上生的不正　兎的頭虼的眼鷹鵰鼻準
他見你就貼情暗生毒心　初見兒他就想提刀殺人
有金懷在花園自念自誦　有婬婆他听見怒氣冲冲
扭回頭急忙忙來到房中　咬牙瀾要害他一個狗命
哭啼啼坐在牀叫罵媒人　壞天良把老娘送在禍坑

於是婬婆坐在牀上口口聲聲叫罵媒人，你說是人前行一步受不盡的榮華富貴，不料想到了王家反受了多少的惡氣。思前想後，到不如前房那個和尚，他看我就如他的親娘一般。反來到他家中，見不得我了，教我怎樣活人。來到他家未過上一月，他的兒子背地裡又作賤我，冷淡我的心腸。老娘今日心生一計，叫你父子二人不得團圓，我要害你一個家敗人亡。我在家中好不安然，自在想了一會，有了有了，有我前房代來的三百兩銀子，小房牀下埋上一百兩，東書房埋下二百兩。老員外他若中了我的計，我立刻叫你小短命死的活不成了。

有陳氏定巧計神鬼不明　要害他王金懷一命歸陰
終朝家每日間害兒童　叫你命要死在我的手中

王員外酒喝醉回到家中　夫妻們睡在床嘚〻嚷〻
忽听得城楼上鼓打三更　有陳氏驚醒來便把計生
設虛情用假意喜笑盈〻　急忙把老員外叫了幾声
我今夜作了個發財睡夢　夢財神賜與我三百紋銀

陳氏媼婆睡在夜至三更心中生出一條說計來便叫員外說道為妻的方纔明〻白〻做了一夢〻見我們家中的福祿財神與我說了一夢他說我是上方的財寶星下凡說我命裡有三斗三升黃金葉子合該是你的時運來了財神爺說的明白他在小房床簷下賜銀二百兩書房床簷下賜銀一百兩不知是真是假我們二人把燈拿上去看一回便知真假二人遂即走到小房牀前他把地皮挖開不多不少剛〻的一伯兩又到書房牀下挖開不多不少的又挖了二百兩員外拿銀在手滿心歡喜心中暗想把只婦人不可錯看了從今以後把他當作福祿財神要好好的看待

王員外得銀子三百兩整　手兒裡把陳氏當作財神
今夜晚得了銀心中喜幸　我家中娶來了福祿財神

有婬婆心不善又把計生　泪汪汪動哭声坐在房中
不知道他哭着又為何情　老員外忙開口問了幾声
你今日煩惱的甚麽事情　從頭兒至尾兒說我來听
婬婆說我的言不好說明　說出來叫人說後娘心狠
員外說那個事不遂你心　你放心說出来我便依從
畫虎畫皮難畫骨　知人知面不知心
婬婆便說只要員外爺依從我便與你說明我纔哭者只因
為我昨夜三更又連做了三夢頭一夢做的好夢第二夢做的
道也罷了惟有第三夢做的實是凶多吉少員外又問你做
了些甚麽夢婬婆說我夢見財神爺說王金懷孩兒他是上
方的左金童下凡他是命大之人你與我押不住他又說到了
五月十三日捨了王金懷的性命祭奠家堂財神你若依從此
事我老兩口受不盡的榮華富貴兒也有了女也有了你若
不捨王金懷的性命自今以後要死個家敗人亡我想來你
必定不捨孩兒我看你心上害疼不如我今日把我女兒領上去
到尼姑寺中削髮為僧走罷管你後來家敗不敗人亡不

亡後來免得親戚朋友還說你娶了個二房老婆是一個破敗
星把你一家都妨窮了怕外人恥笑不如我早些兒自己取個方
便員外听說罷頭低下口中不言滿眼流淚心裏思想但若捨
了王金懷的性命斷了我王门之後若不捨王金懷的性命我今
日要離别活財神妻兒目下二人不得相逢自古常言道滿
牀兒女不如半牀的夫妻我寧捨了我的金懷兒祭了財神怎捨
得恩愛的活財神妻兒出了门庭今日死心塌地捨兒定要
祭奠財神便是

9

人說娘後乞子後
今日定下狠毒計
有王璋他听了婦人言論
全不念親生子骨肉恩重
我今日相勸你不必傷心
到五月十三日還愿酬神
媱婆子听丈夫主意決定
清酒飲白人面變成通紅

父听母言如聖旨
要害親兒赴陰司
夫妻們主意決要害兒童
急忙把財神妻叫了幾声
我一定捨金懷祭了財神
對上天還了願保佑安寧
听殺兒喜的他心中高興
有白銀也買轉黑人之心

王員外中奸計糊塗不明 叫孩兒小冤家你活不成
到五月十三日兒的命盡 一定要殺了你祭奠財神
定下了牢籠計夫妻決定 同作弊要害兒一命歸陰
不表那王員外夫妻二人 再提起李氏女秀英花童
秀英女剛〻的出了樓门 耳内裏忽听得母的声音
听我母調唆父要害我兒 他言說殺了他祭祀財神
他代來三百銀我也分明 哄丈夫他說是財神賜銀
秀英女听母言怒氣上升 把親娘恨一声心腸太狠

有心去到房中问他一声 又恐怕老父親他再多心
氣的那秀英女無計所生 回上房到繡樓暗自思忖
哭一声我哥〻你不知间 誰知到我的母生了毒心
我與你雖不是一母所生 怎恐间殺死你祭了財神
秀英女哭半日長嘆一声 忽然生一條計來下樓中
哭啼〻下了樓到母房中 勸一声生身母听兒言情
兒的母你不可害哥性命 害死他落一個不賢名声
我的母趁早些轉意回心 祭財神不要緊名声難听

不說那英秀女主意決定　勸母親改心腸刀下留人
有王瑋他異日出了家门　單丟下秀英女母子二人
我母女到此间三月之整　你不該調唆父想殺我兄
我們代多少銀我也分明　你為何埋銀子哄信父親
父耳軟中奸計受了愚弄　要與母害哥哥一命歸陰
你今日害死了王門後人　有誰人來與你挂孝守靈
我今日苦勸你好好回心　誰不說你賢良萬古留名
倘若是你不能轉意回心　落一個攪家鬼萬世罵名

我哥哥書念成得了功名　就是你為母的也有功程
你要是害死他天加報應　父死後有誰來拜掃墳塋
秀英女前後話一一說明　氣的那媱婆子心裏害疼
秀英女事到此叫罵母親　你心中怎忍间謀害兒童
世界上那有娘折子害孫　無故的枉害人天理難容

媱婆說道為娘說的盡是實話你只顧了頭反拿血口噴人大大無禮小姐說你既然無有害人的心你對天發個誓我纔放心媱婆無奈只得對天盟誓說道為娘若有害人的心日後

犯到寧羌縣的手中叫趙老爺千刀萬剮了

陳氏母當天院立誓發盟　過往神早知道記在簿中
有一日呪言犯碰你時運　因千刀合萬剮死個難辛
過往神查分明回了本宮　再把那秀英女表說分明
辭別了母陳氏即上樓亭　思想起自個事好不寒心
我哥〻在學中怎知此情　有誰人憐念你去把信通
五月節十三日眼看至近　我哥〻怎造下這個災星
秀英女心不忍主意拿定　除非我親自到去把信通
等我哥那一天出了學门　一樁〻一件〻與他說明

却說王金懷那日先生放學回家來到堂前見了父親躬身施禮问安已畢員外便叫金懷兒爲父有話與你說知你今日讀書只可再讀三日在師傅面前告假回來五月十三日爲父許下愿心却怎麼又到學堂之中告假回來與神還愿千萬莫要悞了日期金懷听信父親之言一直上學去了

王金懷將出门來了秀英　上前去忙把哥叫了几声
你在學怎能知家中事情　陳氏母與爹〻起了毒心

代銀子三百兩床下埋定
五月中十三日日期將近
你今日要不听妹妹實信
王金懷听此言怒上心中
世界上那裡有這些事情
王金懷說罷話徉常出門
背地裡把我母心中惱恨
有小姐哭啼上上了樓亭

哄信又說神賜要害你身
他一定殺了你要祭財神
到十三想活命萬萬不能
你說的父害我全然不信
為父母他豈能折害兒童
羞的那秀英女滿面通紅
怨哥哥我說明你怎不听
千千恩萬萬想心中何恐

不說那秀英女上了樓庭
王金懷讀詩書三日之整
素日家我走路也有精神
無奈何往前走強打精神
太白星駕祥雲空中顯聖
撥祥雲往下看八里莊村
吾今日發慈悲大顯神通
用手指刮黑風地暗天昏

再表那南學內讀書之人
今日個告了假且回家中
却怎樣今日個兩腿發困
驚動了空中的過往神靈
眼觀見塵世上人到難中
左金童今日裡大難臨身
我不救他的難再等何人
刮的那王金懷失迷路徑

四面之八方上辨别不清　不知道由者腿又到學中
進學间趺一跤昏〻沉〻　躺在地多半會不得明醒
太白星撥開雲也落地中　急忙叫王金懷我說你听
你若是往前走就有災星　你若是往後退便出火坑
有金星嗎咐畢駕雲騰空　忽然间驚明白金懷書生
我今日告了假且回家中　却怎麼又到了學堂之中
從今日神與我說個分明　父與母想殺我纔是真情
行走到講堂上施禮躬身　即忙〻把師傅叫了幾声
有先生听的叫開言便问　回家去你怎麼又到學中
王金懷忙上前開言回稟　請師傅在上听述說原因
因門生親生母早辞凡塵　家中内無有個操心之人
父又娶陳氏母來到家中　調唆了我的父他也變心
他今日老兩口要害我命　殺了我他一心祭奠財神
望師傅你把我憐念一声　請你去救了我說個人情
師若是你不信我家訪问　現有我秀英妹他把信通
有先生听一言怒氣沖〻　罵一声王金懷信口糊論

你的父他為你费盡心情
卽然是這個事你先前行
王金懷听師傅說了一声
上了路往前走不敢消停
到門前手拍門高叫幾声
有婬婆到跟前双手開门
放進來他忙把門户鎖緊
有金懷他心疑開言便問

纔送你到學中來把書攻
我急忙就起身後邊緊跟
他急忙出學房先回家中
八里莊離不遠面前所存
門内裡來的是婬婆婦人
纔來了送命的金懷兒童
我看你短命的那裡飛騰
你白天鎖者门所為何情

婬婆說我鎖門為還應心
他不來你便去不得安静

把你們這地方無有禮行
今日個要定静祭奠財神

却說婬婆便叫金懷兒娘今日鎖門因為孤莊獨院遠者二三里近者一半里路纔有人家只因你父把我娶來三月有餘客也未待東也未酬今日我做些酒肉我們好吃你們這個地方的人全然不守規矩這個來了那個走了我們與神還願他們出一夥進一夥打打攪攪也不安静因此我心上不悅把門鎖了金懷听了此言口中不言心内思想他是小處來的也罷大處來的也

罷來到堂前躬身施禮叫声父親今日就該早些祭神還願王
璋听的孩兒說滿眼落淚使叫金懷說道人喜的神喜我們還
願連别人不同先吃幾杯酒後再還願忙吩咐家人擺上酒來
我們吃了再好祭神

有王璋忙吩咐祭神事情　婬婆子听一言不敢消停
八仙棹擺酒筵甚是齊整　各樣的好美味件件鮮新
他夫妻把酒席安排一定　夫妻們坐上面好不威風
王金懷坐一旁恭恭敬敬　婬婆子忙與兒把酒來斟
酒飲了兩三巡王意打定　有王璋他開言叫声兒童
少吃菜你把酒好好多飲　吃醉酒我們再祭奠財神
高一盃低一盃酒氣太盛　冷一盃熱一盃酒氣撲人
孩兒說我喝醉神昏不定　傍邊裡喜壞了婬婆婦人
有王璋兩眼中珠淚滚滚　今日個做此事令人傷心
若要是殺了我親生兒童　誰與你到堂前事奉終身
但若是不捨我親生兒童　神與我賜白銀怎報神恩
說婦人下厨房把鍋洗淨　洗淨鍋燒熱水再洗兒童

有員外他說了一片言情
燒熱時急忙忙端來一盆
把渾身上下衣一齊脫盡
點油蜡和香燈獻上供供
把孩兒渾身上洗的乾淨
他夫妻手点香祝告財神
祝告了多半會財神不領
有媱婆他忽然巧計又生

把媱婆忙了個不得消停
快與兒把身上洗个乾淨
澆上水從頭上洗到腳心
供棹下跪倒了夫妻二人
指在了供棹前兒放悲声
財神爺喜喜的你快領牲
我夫妻也沒有二意三心
兒頭上又倒酒又用水淋

激的那王金懷打了冷禁
就把他夫妻們忙个不停
指在了案打（板）上兩手按定
有老賊拿刀子飛毛利刀
抖精神走上前心驚一掉
叫緣（冤）家你今日莫怨父親
且說王璋老賊手拿鋼刀前來到了案板跟前媱婆又接（把）血盆
放好老賊叫了一声兒呀今日為父與你個零干把你到了鬼门

他說是財神爺喜領只牲
走上前用繩索把兒綁定
案板下放一個接血大盆
媱婆子磨石上又把水淋
有老賊把鋼刀拿在手中
我送你見閻王別處投生

瀾上你念為父的一声好處我就知道了那時金懷的酒氣過了向
道為父的今日綁着孩兒為的何事員外听言往後退了幾
步便叫兒呀因昨夜晚上你的母親做了三夢財神他與你母
託夢賜了三百兩銀子當真得手財神又說兒的命大我的命
小我们老兩口兒也抑不住你叫我捨了你的性命祭了財神我
兩口子受不盡的榮華富貴但若不捨你的性命我一家要
死个家敗人亡不如我把你捨了為父也落個安然我兒你到了
陰曹地府不必怨我父的我今听了你母的言也由不得我了後

悔也是遲了孩兒一听此言吓的魂飛天外

真耒娘後老子後　古今俗語不虛傳

听此言不由我嚇了三魂　又叫天又喊地大放悲声
戰兢〻把爹〻叫了幾声　你听兒有句話說個分明
母生我兩三歲若是無命　那時節出痘疹早喪幽冥
你養兒十三歲心血費尽　今日個怎把兒祭了財神
我的母為生我粉骨碎身　三年乳挪乾濕把兒拉成
父也曾未容易長把兒哄　或跟前或隨後也費神精

母懷兒十個月吊胆提心
你念起我的娘他早喪命
你不念伺候你必恭必敬
倘若是你剛強自行自動
臨終後有誰人坐草守靈
人生來先造死然後造生
古今來殺豬羊献牲設供
你何必許兒子來還願心

臨產時發昏送死裏逃生
你念起娘丟我一個小童
难道說你不念夫妻恩情
若有病誰與你去請醫生
到清明合寒食誰來上墳
生合死貧與富命由天定
只也是還願心祭天真神
拿鋼刀殺死我要祭財神

你是兒親生父心怎這狠
母殺我他隔着肚皮一層
三十歲無有兒花不鮮紅
五十歲無有子斷了後人
七十歲無有子人不尊敬
萬貫財無人守勞而無功
王金懷只哭的兩泪紛紛
我燒了黃昏紙領上幾分

殺了兒祭財神豈不寒心
你殺我难道說不担賭名
四十歲無有子落一場空
六十歲無有子枯樹倒根
八十歲無有子落個孤魂
誰是你當家的守業之人
王瑋賊全不听當作耳風
送你到陰曹府別去投生

那老賊走上前怒氣冲冲
拿鋼刀來殺兒就下無情
合該是不得死終有救星
頭頂上有青天必顯靈應
有王瑋定要殺親生兒童
忙了那家宅內土地尊神
普天下神聖廟向南開門
有神靈救人难不愛金銀
却說本宅土神慌忙來到佛堂報知衆神說道今天上方左童有难吾神前去救他說罷來到佛堂觀見左金童綁在桀上就如領就的神羊一般望着老賊吹了一口仙氣夫妻二人昏倒在地
有王瑋如殃打昏迷不醒
婬婆子跌倒地就如泥神
手內的鋼刀子全拿不動
四稍上無力氣沒有精神
不說他夫妻們兩個壞人
桀子上哭壞那上方金童
吓的那王金懷魂不付身
好比那鳥入籠不能脫身
陳婬婆好比那催命鬼魂
王瑋賊又好比五殿閻君
泪好似雲中雨不住滚滚
氣好似山上雲霧蒸騰騰
不知道前世裏有何仇恨
大睜上兩個眼跳進火坑
哭一声生身母你早辭塵
怎知到兒今日到了难中
哭媽媽你把兒叫在幽冥
娘兒們閻君前去訴冤情

哭一声小妹〻乍不知澗
小妹〻早説明怨我不听
王金懐這哭的悲声大震
秀英女忽听見人的哭声
急忙〻下楼来要看分明
見哥〻綁桊上珠泪滚〻
有老賊拿刀子殺氣騰〻
氣糊塗多半會心中繞明

眼看〻姊妹〻不得相逢
怨自己自尋死無有救星
驚動了綉楼上小姐來臨
莫非是我哥〻到了难中
來到了上房中去问真情
頭低下放着個接血大盆
秀英女一見了吓掉三魂
罵老賊做此事太〻無情

你要害來殺我送我性命
生毒心听婦言折子害孫
天留下霜合雪佛爺留經
天留下雨合露萬物降生
人留子防備老生養死殯
草若死根還在来春發生
你今日若殺了親生兒童
秀英女用手指恨声母親

不該把我哥〻喪了残生
我今日来勸你細听分明
人留子接嗣續草木留根
佛留經他特為勸化愚人
草留根来春發不錯時辰
人若死無有子誰葬你身
幾千年並萬代落下罵名
心不良攛掇父折子害孫

你要害快些来把我命送　不該害我哥〻王門後人
折子孫你該犯何等罪重　臨死後打地獄永不翻身
有牛頭合馬面兩邊站定　押你進十八獄不能超生
十八獄各樣刑教你受盡　到那時再看你悔不悔心
秀英女越思想怒中火騰　只個事氣的我如何能恐
若要是只個事能放手順　除非是我與你死後安寧
氣的那秀英女急往前奔　有山神合土地急忙前迎
照小姐吹口氣我神護擁　秀英女當時間力大無窮

却說来了山神土地四方揭諦早知其意来到小姐面前吹了一口仙氣當時小姐力大無窮又有金剛神前来助力把他夫妻二人打罵了一頓言道金童有难玉女打救正是

有山神合土地齊来護擁　助小姐李秀英力大無窮
照小姐吹仙氣叫你救命　他有難你不救再等何人
李秀英神助力怒氣上冲　神與我賜袖鏈拿在手中
秀英女他間言叫罵幾声　為父母做此事禮上不通

倚你大壓他小羅把何等
你今日無有個疼兒之心
手拿起鉄袖錘便打你身
打的他把鋼刀料在地中
有小姐轉身來叫罵母親
傷天心越理法把母來問
你今日無緣故把兒命送
你今日全無個兒女情分

折害兒祭了神乍不寒忍
為兒女也無有父母之情
照着你恨心賊就下無情
打了個倒栽葱不能起身
手指定媎婆子無故害人
折兒女害子孫天理何容
害死兒祭財神豈有此人
秀英女當時下也翻眼睛

手拿鎚照往母就下無情
左打又右打母怒氣上冲
打的他老兩口不能得命
吾神聖上前去把法收盡
望小姐吹仙氣收了神通
秀英女兩手軟全無精神
秀英女多半晌纔得明醒
秀英女急忙〻速往前進

兩袖鎚打的他跌在埃塵
打的他兩個人迷〻昏〻
忙了那家宅內土地尊神
如不然他夫妻命活不成
兩袖鎚跌落在當地之中
當時下發了迷不知西東
大睜上兩個眼看不分明
急忙把殺人刀撲在手中

上前来到案前解開麻繩　把哥哥叫幾声不必躭驚
早以裡我説明怨你不听　大睁上兩個眼跳進火坑
死了我為妹的不大要緊　險些兒打哥哥命喪幽冥
我原是女流辈作救你身　蒙衆神使法力大顯神通
我一定寧羌縣去把寃伸　前後门齊上鎖作麼出门
有小姐忙叩頭祝告神靈　諸神灵有應驗保我出門
再保佑我哥哥得了活命　拜天地謝神靈答報佛恩
南海岸坐的是救苦观音　你作麼不救我難中之人
秀英女對上天許了願心　他兄妹兩個人哭在房中
有小姐把哥哥叫了幾声　叫哥哥你如今且放寛心
有老賊合媼婆速速昏昏　他就是明白了也活不成
妹今日趂早些来救我兄　你有難我不救再等何人
且不表他兄妹哀哀連声　再表那南學裡姓劉先生
先生在南學中心内發悶　耳又燒眼又跳坐卧不寧
急忙間換了衣走出學门　出了门往前走不敢消停
一直兒来到了八里莊村　眼观見莊内中殺氣騰騰

墙又高前後門閉挪牢硬 四下裡進不去乍麼救人
那先生跪门外祝告神靈 祝告那過往神顯徊感靈
先生的誠心動感應蒼穹 感動了紫竹林救苦觀音的
觀音母坐蓮台掐指算定 左金童他有难我早知聞
左金童右玉女大難臨身 親身來答救他难中之人
駕祥雲離南海不能消停 一直兒來到了王家莊門
念真言合咒語大施惻隱 觀音母顯神通站立雲中
吹仙氣門上鎖跌落地中 定然是王金懷有了救星

劉先生見門開心中喜幸 急忙ㄟ進门來先謝神恩
謝了恩来到了上房之中 案子上綁的是金懷兒童
王瑋賊如殃打迷ㄟ昏ㄟ 婬婆子如酒醉不能起身
有先生見此事心中惱恨 可恨那只老賊枉活一生
你听了老婆話害死兒命 有一日無常到你靠何人
燒紙錢那些事暫且勿論 你屍首誰與你埋在土坑
到那時一塊席把你捲定 誰披麻誰代孝必喂狼虫
指在了荒郊外無人葬殯 你白骨献當天誰念一身

盤古氏開天地自古到今
殷紂王听妲己江山不穩
周幽王寵褒姒不理朝政
晉獻公信驪姬重耳出奔
溫瑞林听王氏媳婦逃命
你今日耳躲軟要殺兒童
那先生講今古越生惱恨
我定然要打你糊塗之虫

世间上那有個這樣狠心
到臨危摘星樓火自焚身
到臨危犬戎主大鬧鎬京
殺在了驪山下日晒尸靈
王花兒到臨了点了天燈
有千古合萬代落下罵名
那裡有好比方說與你听
手指着王璋賊便下無情

打的他王璋賊哀告饒命
我管你听不听去寫狀呈
寫畢了忙上前放下學生
用左手領的是金懷兒童
那先生代走着喊了几声
有左隣并右社上前來问
將前後怎的事一一說明
我老汗今活了八九十春

從今後老婆話我再不听
寧羌縣不告你實不為人
放下來與金懷出了莊门
用右手又托的秀英前行
驚動了本莊的左右隣人
刘先生從頭尾細說分明
有眾人听見了恨罵幾声
未經過殺了兒要祭財神

打死你這個賊無人償命
有眾人拉老賊擠〻擁擁
要打那王璋賊手脚乱動
叫了声眾鄰舍且莫乱動
大眾人看住他不可放鬆
把定他姊妹們就往前進
有先生擊堂鼓把冤喊鳴
趙知縣坐大堂房班站定

除却了這禍害有誰憐心
一周圍站下了七八十人
傍邊裡忙壞了救命先生
打死他誰做了對頭之人
我到了寧羌縣去把冤伸
一直兒來到了寧羌縣中
驚動了街坊上多少人听
叫上來擊鼓的他是何人

將三人提到堂公堂站定
家住在陝西有漢中府城
有先生他這裡把話回禀
他二人未開口洙泪洒胸
因小兒親生娘早去凡塵
他代來白銀子三伯兩整
到五月十三日救我祭神
大老爺你不信現有憑証

大老爺在上邊細問原因
寧羌縣八里莊有我家门
叫過來王金懷姊妹二人
先把那大老爺叫了幾声
父又娶後繼母來到家中
哄信父埋床下要殺兒身
多虧了我師傅救兒性命
只鋼刀拿上来你看分明

趙知縣听此言怒氣冲冲　我本縣未經過這個事情
發火籤並火票標上姓名　要提他王瑋賊夫妻二人
有原差拿籤票不敢消停　出衙門一直到王家莊门
王家的夥計們往裡傳稟　莊门外進來了二個差人
我姑娘他把你告在縣中　拿籤票他來要提你二人
夫妻們听此言魂不附身　上天去天又高入地無门

却說趙知縣差了兩個衙役要拿王瑋夫妻二人用鉄繩鎖了代到知縣堂上稟知老爺犯人拿到知縣听言即升大堂教他們堂下听審

知縣官坐大堂威風凜凜　有三班合六房不敢消停
坐大堂喊一声百人諾應　要審那王瑋賊犯法之人
你夫妻在家中做何事情　吓的他老两口战战兢兢
有老爺在堂上开言再问　他夫妻往前跪不敢出声
你為的甚緣故害兒性命　幹實兒招承了免動大刑
有王瑋往前跪即忙叩稟　大老爺在上邊細听原因
因小的元配妻他早辭塵　丢下了小孩兒無人拉成

家中内無有人娶了重婚
代來銀三百兩牀下埋定
怨小的耳懸軟听信婦人
他說是財神爺與他託夢
他又說財神爺賜來金銀
殺死兒祭了神家中安寧
限五月十三日主意決定
綁在案將拿刀還未及用
打的我夫妻們迷〻昏〻
誰料想秀英女他把冤伸
稟老爺這就是小的實情
知縣官在堂上怒氣冲〻
拍公案用一手婬婆指定
喝一声拉下去上了夾棍
把王璋只打的哀〻悲慟
婬婆子在一傍哀告饒命

娶下了陳氏婦纔是禍根
定巧計要害我金懷兒身
白銀子買轉了黑人之心
殺死了金懷兒要祭財神
他命裡有黃金三斗三升
如不殺要死但家敗人窮
等小兒學中來送他殘生
秀英女舒鉄鎚要打我自
倒我葱跌當地人事不醒
公差來他把我提到堂中
公堂上並不敢哄了大人
罵一声王璋賊不如畜牲
你這個賊潑婦設計害人
着實拷着實打不要放鬆
生了死〻了生就像鬼形
氣的那知縣官怒髮直冲

喊衙役把娼婆着寔拷審　用非刑照實打不良之人
叫老爺施個恩饒了我命　兩手上打的他血水淋淋
眼看看娼婆子不能得命　知縣官恨罵他不叫放鬆
審的他娼婆子昏迷不醒　死去了多半會方纔還魂

却說趙知縣有心把他夫妻二人千刀萬剮，我尊萬歲爺的律條按律定罪。王瑋的心硬耳軟，把他的兩耳割了，叫他遊街三天，仍收獄中，再听發落。知縣又將娼婆賤人折子害孫，叫他在街上遊街，跟上几名衙役，再叫他把害

子的情由走一步喊一声，喊够三天。把他綁在什字街千刀萬剮。知縣又叫劉先生多虧你救他姊妹二人的性命，我賞你五十兩銀子，你領他兄妹二人回你家去。又說先生我本縣作了媒証，把李秀英配與王金懐做一個兄妹夫妻，况且秀英救了金懐的性命，他也是聰敏賢德之女，不知先生意下如何。先生說道父師的高才明断，生員心中也是這個主意。知縣又說先生你好好看顧他兄妹二人，就如你的兒女一般，好好教訓他，後來若要成名，再令他二人完婚。那一日王瑋的罷

浩[illegible]猪[illegible] 步[illegible]乳他二 [illegible] 笑就亥岁

教他父子團圓去罷 你們下堂本[illegible]打点拢门

王金懷是金童下了凡塵 婬婆害祭財神多虧神靈

到日後做高官安親揚名 父子們團圓了大謝神恩

李秀英是玉女也下凡境 劉先生救他們恩如山重

劉先生是上方文曲星君 不做官救人难大右 法功

那婬婆破敗星狗肺狼心 從今後娶再婚讒[illegible] 斤